LES INSTITUTIONS DE LA FRANCE
SOUS LA RÉVOLUTION ET L'EMPIRE

OUVRAGES DU MÊME AUTEUR
―――

Les Commissaires aux Armées sous le Directoire, Paris, Presses Universitaires de France, 1941, 2 vol. in-8°.

Fragments des Mémoires de C.-A. Alexandre, sur sa mission aux armées du Nord et de Sambre-et-Meuse, Paris, Presses Universitaires de France, 1941, un vol. in-8°.

Mémoires inédits de E. L. H. Dejoly, sur la journée du 10 août 1792, Paris, Presses Universitaires de France, 1947, un vol. in-8°.

Histoire de l'Atlantique, Paris, Bordas, 1947, un vol. in-8°.

HISTOIRE DES INSTITUTIONS
publiée sous la direction de Louis HALPHEN
Membre de l'Institut, Professeur à la Sorbonne

LES
INSTITUTIONS
DE LA FRANCE
SOUS LA RÉVOLUTION
ET L'EMPIRE

PAR

Jacques GODECHOT
*Professeur à la Faculté des Lettres
et à l'Institut d'Études politiques de Toulouse*

PRESSES UNIVERSITAIRES DE FRANCE
108, BOULEVARD SAINT-GERMAIN, PARIS
—
1951

DÉPOT LÉGAL
1re édition . . . . . . 1er trimestre 1951
TOUS DROITS
de traduction, de reproduction et d'adaptation
réservés pour tous pays
COPYRIGHT
by *Presses Universitaires de France*, 1951

AVANT-PROPOS

Voici le premier volume d'une collection nouvelle dont le titre — Histoire des Institutions — laisse apparaître avec une netteté suffisante, espérons-nous, l'objet et l'esprit.

Aucune des nombreuses Histoires générales qui se publient en France ou à l'étranger ne sauraient, cela va de soi, consacrer aux institutions des divers États dont elles évoquent le passé une place suffisante pour contenter ceux qui, par delà l'évolution d'ensemble des peuples, veulent discerner avec netteté les cadres à l'intérieur desquels s'opère cette évolution et le mécanisme constitutionnel et administratif qui le commande. Pour s'y arrêter à loisir, il faut disposer de plus d'espace que dans une Histoire générale et se voir délivré du souci de narrer les multiples événements qui jalonnent et conditionnent la vie des peuples. Aussi, à côté des histoires proprement dites, a-t-on vu partout se multiplier ces « manuels d'institutions » que réclame notre curiosité.

Mais il ne s'agit point ici, à proprement parler, de simples « manuels d'institutions ». L'Histoire ne se met pas en tableaux, si l'on ne veut pas courir le risque de la déformer ou même de la tuer. Car l'Histoire est mouvement et continuité. Aussi les collaborateurs de cette entreprise sont-ils résolus à ne jamais oublier qu'ils sont historiens, et non juristes, quoiqu'ils aient le ferme espoir d'être utiles aux juristes comme aux historiens ; et, pour tenter de ne décevoir ni les uns ni les autres et, par surcroît, si possible, d'intéresser les simples curieux d'Histoire, ils s'efforceront de suivre l'évolution des institutions dans leur déroulement, sans jamais les séparer de leur ambiance historique ni des conditions, même accidentelles, de leur développement.

Ce faisant, ils ne prétendent nullement innover. Ce n'est pas au pays de Montesquieu, de Tocqueville, de Fustel de Coulanges, qu'il est, pensons-nous, utile de justifier une telle entreprise, et l'on voudrait seulement ne pas se montrer trop indigne de prédécesseurs aussi illustres.

On voudrait toutefois se garder en même temps de tout esprit de système, et l'on préférera toujours la netteté au brillant, dût-on même encourir parfois le reproche d'être un peu terne et sec ; car notre objet reste strictement et exclusivement d'information et d'explication scientifiques. Mais nous espérons que ce souci d'objectivité pure et simple n'interdira pas l'accès de nos volumes à ceux qui pensent avec raison que l'Histoire n'est pas et ne doit pas être une science réservée aux seuls initiés.

L'ordre dans lequel se succéderont nos volumes sera fonction des possibilités plus ou moins grandes et plus ou moins rapides de réalisation. Mais nous ferons notre possible pour répondre de notre mieux aux exigences les plus pressantes du savoir historique et nous nous emploierons à ne négliger aucun des aspects essentiels de l'activité humaine.

Louis HALPHEN.

N. B. — *Pour éviter toute équivoque, disons tout de suite qu'il ne sera question dans le présent volume ni des institutions militaires, ni des institutions de l'Église catholique, qui feront l'objet de deux volumes spéciaux, cette collection devant traiter d'ensemble les problèmes qui les concernent.*

LIVRE PREMIER

LES FONDEMENTS

CHAPITRE PREMIER

LES IDÉES NOUVELLES A LA FIN DU XVIIIe SIÈCLE[1]

I

LA MONARCHIE ABSOLUE ET LES IDÉES NOUVELLES LA THÉORIE DE L'ABSOLUTISME[2]

L'absolutisme monarchique avait atteint son apogée en France aux environs de 1680. Il s'était établi lentement au cours du XVIe siècle et du début du XVIIe en combinant trois éléments d'origines diverses : l'un, emprunté à Rome, était le principe de la souveraineté du Prince ; l'autre, héritage du christianisme, faisait du souverain le représentant de Dieu sur la terre ; le troisième enfin, légué par le régime féodal, représentait le roi comme le suzerain universel, propriétaire éminent de toutes les terres du royaume. L'État, dans ces conditions, ne se distinguait pas du Prince. « L'État c'est moi », déclarait Louis XIV.

---

1. BIBLIOGRAPHIE GÉNÉRALE. — A. Bayet et F. Albert, *Les écrivains politiques du XVIIIe siècle* (Paris, 1904, in-8º) ; F. Brunetière, *Études d'histoire littéraire*, t. IV (Paris, 1901, in-12) ; L. Brunschwig, *Spinoza et ses contemporains* (Paris, 1923, in-8º) ; E. Carcassonne, *Montesquieu et le problème de la constitution française au XVIIIe siècle* (Paris, 1927, in-8º) ; Paul Hazard, *La crise de la conscience européenne au XVIIe siècle* (Paris, 1935, 3 vol. in-8º) ; du même, *La pensée européenne au XVIIIe siècle, de Montesquieu à Lessing* (Paris, 1946, 3 vol. in-8º) ; H. Michel, *L'idée de l'État* (Paris, 1893, in-8º) ; A. Monod, *De Pascal à Chateaubriand* (Paris, 1916. in-8º) ; D. Mornet, *La pensée française au XVIIIe siècle* (Paris, 1926, in-16) ; du même, *Les origines intellectuelles de la Révolution* (Paris, 1932, in-8º) ; Ch. Morazé, *La France bourgeoise* (Paris, 1946, in-8º) ; Ph. Sagnac, *La formation de la société française moderne* (Paris, 1945-1946, 2 vol. in-8º) ; H. Sée, *Les idées politiques en France au XVIIIe siècle* (Paris, 1925, in-8º). — QUESTIONS A ÉTUDIER : Malgré les remarquables études de Paul Hazard, les différents courants d'idées politiques entre lesquels se sont partagés les écrivains du XVIIIe siècle n'ont pas encore été déterminés avec toute la netteté désirable. Il serait bon d'étudier, notamment, dans quelle mesure les philosophes ont traduit l'opinion de la classe sociale à laquelle ils appartenaient. Albert Mathiez a esquissé une telle étude dans le compte rendu qu'il a consacré au livre de M. Carcassonne sur Montesquieu (cité plus haut) dans les *Annales historiques de la Révolution franç.*, 1927, p. 509-513.

2. TEXTES ET OUVRAGES A CONSULTER. — Les sources sont très nombreuses. Il faudrait citer tous les ouvrages des philosophes et des écrivains politiques du XVIIIe siècle, ainsi que l'*Encyclopédie*, et d'innombrables pamphlets. On en trouvera la liste dans les principaux travaux suivants : Ch. Bastide, *Locke* (Paris, 1906, in-8º) ; du même, *Français et Anglais au XVIIIe siècle* (Paris, 1912, in-8º) ; G. Lefebvre, *La Révolution française et le rationalisme*, dans les *Annales histor. de la Révolution franç.*, 1946, p. 4-34 ; D. Mornet, *Les sciences de la nature au XVIIIe siècle* (Paris, 1911, in-12).

Et Bossuet développait dans sa *Politique tirée de l'écriture sainte* cette idée que l'État et le Prince étaient deux notions confondues en une seule personne.

L'autorité du Prince n'a d'autre limite que son propre intérêt, ou ses obligations envers Dieu. Le but de l'État est de fortifier et d'augmenter la puissance du roi à l'intérieur comme à l'extérieur. Ainsi l'État a-t-il pour préoccupations essentielles l'organisation de l'armée et la levée des impôts, sans lesquels il ne saurait vivre. L'État protège ensuite la religion, non parce qu'elle est vraie, déclare Turgot, mais parce qu'elle est utile.

La raison d'État est l'instrument naturel d'une politique qui ne connaît d'autres fins que la puissance. La raison d'État présente en outre cet avantage qu'elle permet d'éliminer la morale de la politique : l'État absolu ne connaît donc pratiquement aucune limite à sa volonté. Contre lui, il n'est pas de droit qui vaille. Si les particuliers ont des droits, les uns par rapport aux autres, ils n'en possèdent aucun au regard de l'État. Il n'est pas d'excès de pouvoir dans l'État absolu ; il n'est pas d'acte arbitraire que la raison d'État ne permette de justifier ; pas de recours qu'elle ne puisse rejeter. L'unique remède offert par Bossuet aux maux des « citoyens », ce sont « les prières et la patience contre la puissance publique ».

Certes, la pratique apportait quelques atténuations à la rigueur de ces principes, mais ils formaient encore la base même du gouvernement monarchique, comme le prouve une déclaration de Louis XV au cours du lit de justice tenu à Paris, le 3 mars 1766 : « C'est en ma personne que réside la puissance souveraine... ; c'est à moi seul qu'appartient le pouvoir législatif, sans dépendance et sans partage, c'est par ma seule autorité que les officiers de mes cours procèdent non à la formation, mais à l'enregistrement et à la publication de ma loi... L'ordre public tout entier émane de moi, j'en suis le gardien suprême ; mon peuple n'est qu'un avec moi, et les droits et les intérêts de la nation... sont nécessairement unis avec les miens et ne reposent qu'en mes mains... »

Au moment où l'absolutisme monarchique, étayé par le classicisme dans les lettres, atteignait son apogée, on voyait apparaître des idées nouvelles qui le menaçaient dans son existence même. Ces idées se sont développées à partir d'une triple source : la philosophie cartésienne, les découvertes scientifiques, la pensée anglo-hollandaise.

C'est Descartes qui, en posant dans son *Discours de la méthode*, publié en 1637, les bases du rationalisme moderne, porta les premiers coups à l'absolutisme naissant. On se contentera d'indiquer ici les principales thèses de Descartes qui devaient bouleverser la pensée moderne. Descartes établissait tout d'abord l'identité de l'être et de la pensée (« Je pense, donc je suis »), puis il démontrait que la connaissance était objective. La science permet d'atteindre la vérité. La vérité peut donc être connue, mais à la condition d'employer une méthode appropriée. Et cette méthode, Descartes l'explique. C'est celle du

« doute méthodique », à laquelle on a donné le nom de son inventeur. C'est la méthode « cartésienne ». La méthode cartésienne permettra un jour de tout connaître : le monde est donc intelligible, il n'y a plus de mystère. Le progrès pourra être infini, on pourra connaître toutes les lois de l'univers, discipliner toutes les forces de la nature, les mettre au service de l'humanité.

Ainsi c'est sur terre que les hommes installeront un jour le paradis. La doctrine cartésienne s'oppose, on le voit, à la vieille morale chrétienne qui plaçait le paradis dans le ciel, qui niait que tout fût explicable, que tout fût accessible à l'entendement humain. Sur le plan politique, le cartésianisme opposait aussi la raison à l'autorité, la logique à l'arbitraire, la justice à la raison d'État.

Descartes toutefois fut peu lu, et d'ailleurs très critiqué de son vivant. C'est indirectement seulement, et après sa mort que son œuvre a été connue de la masse des hommes cultivés, surtout à travers le *Parallèle des anciens et des modernes* de Perrault ou les ouvrages de vulgarisation de Fontenelle. Son influence ne se fera vraiment sentir en France qu'au cours du XVIIIe siècle.

Tout autant que l'œuvre de Descartes, les progrès scientifiques venaient jeter le doute dans l'âme des hommes de la fin du Grand siècle : les découvertes de Galilée bouleversent la physique des Anciens ; le calcul des probabilités perfectionné par Pascal et Fermat, la notion de gravitation universelle développée par Huyghens et Newton, la circulation du sang découverte par Harvey, l'existence de l'infiniment grand et de l'infiniment petit démontrée par le télescope et le microscope, construits à cette époque, sapent les idées courantes qui étaient tirées de la Bible ou des œuvres d'Aristote. Galilée, Copernic expliquent que la terre n'est pas le centre du monde. Buffon, en répandant leurs idées dans son *Histoire naturelle*, qui connut un immense succès, apporta lui aussi sa contribution à la gigantesque entreprise qui chaque jour s'échafaudait contre l'autorité de la tradition. Il montra que l'homme n'était pas non plus le centre de la nature, qu'il n'était qu'un accident sur cette terre, accident elle-même dans l'univers. Il développa la notion de relativité des choses, de contingence des phénomènes naturels. Ainsi, il n'y avait pas de vérité absolue, tout était relatif. Certes, Buffon fut attaqué, la Sorbonne condamna quatorze propositions tirées de son œuvre ; mais, la célébrité de Buffon ne fit que grandir.

Si la pensée de Descartes n'avait été que tardivement et indirectement connue en France, elle avait déposé en Hollande des germes qui devaient rapidement lever, et la pensée philosophique, politique de la Hollande et de l'Angleterre, fille de Descartes, devait plus tard pénétrer à son tour dans notre pays.

Dès 1670, le Hollandais Spinoza crée l'exégèse moderne dans son *Traité théologico-politique*. Il y soumet la Bible à une critique scientifique, qu'il étend bientôt à tout absolutisme. C'est aussi en Hollande où il était réfugié, qu'un autre disciple de Descartes, Pierre Bayle rédige son célèbre *Dictionnaire*, dans lequel il attaque les croyances de son temps et se fait le défenseur de la tolérance.

Les hommes qui dirigèrent la révolution anglaise de 1688 étaient imbus de ces idées, et au premier rang de ceux-ci on trouve le philosophe Locke, qui avait vécu longtemps en Hollande et deviendra le théoricien de cette révolution. La France connaîtra la révolution britannique par l'Histoire de Rapin-Thoiras, huit volumes parus en 1729 ; les œuvres de Locke furent elles-mêmes traduites pour la plupart en français à partir de 1700.

Les quatre principaux ouvrages de Locke sont les *Lettres sur la tolérance* (1689), le *Traité du gouvernement civil* (1690), l'*Essai sur l'intelligence* (1690) et *Le christianisme raisonnable* (1695). Dans ces livres, Locke oppose à la théorie du droit divin, celle du contrat social. A l'origine, pense Locke, les hommes vivaient à « l'état de nature » et jouissaient de quelques « droits naturels », étudiés déjà par le jurisconsulte Grotius : la propriété, la famille, la religion. La société s'est formée par suite du consentement, exprimé ou tacite, des hommes qui ont reconnu un chef. Mais ces hommes ont donné leur consentement sous la réserve expresse que leurs « droits naturels » seraient respectés : tels sont les termes du « contrat social ». Si les hommes vivant à l'état de nature ont donné directement leur consentement, ils forment une démocratie directe. S'ils ont choisi des représentants, ceux-ci constituent le pouvoir législatif et le régime est représentatif. Dans tous les cas, le pouvoir exécutif, c'est-à-dire le chef, est subordonné au législatif, qui peut le déposer s'il a violé les conditions du contrat social : Locke justifiait ainsi la révolution de 1688, la déposition de Jacques II et le bill des droits imposé à Guillaume d'Orange. Locke ajoutait que l'état devait protéger les religions, sauf toutefois le papisme, mais ne s'identifier avec aucune d'elles. Il plaçait ainsi la tolérance au nombre des principes fondamentaux de l'État moderne.

L'œuvre de Locke a une importance considérable. Dans le domaine philosophique, il a ouvert la voie à l'empirisme, au positivisme. Dans le domaine théologique, il inaugure le déisme. Dans le domaine politique, enfin, Locke a été le premier théoricien du régime de la monarchie constitutionnelle et représentative fondée sur le droit naturel, le contrat social et la souveraineté du peuple.

En Angleterre, Locke eut de nombreux imitateurs et continuateurs dont les œuvres, elles aussi, pénétrèrent en France. Bolingbroke, dans *Le roi patriote*, s'efforça de rendre sa prééminence à l'exécutif, tout en maintenant un pouvoir législatif distinct. Schaftesbury, par ses *Lettres sur l'enthousiasme*, devait enseigner à Voltaire le maniement du ridicule. Toland, Collins, Tindal, Tillatson, s'attaquèrent à la religion révélée. Leur influence fut grande dans la France du XVIIIe siècle. Les écrivains les meilleurs, les philosophes les plus célèbres ne cessèrent de cribler de leurs attaques le gouvernement absolu. Leurs desseins toutefois, et leurs tendances étaient variés. On peut les grouper en trois catégories : un premier groupe comprend les écrivains hostiles à l'absolutisme, mais qui se réclament des vieux principes aristocratiques et même féodaux. Le second est composé d'écrivains d'origine bourgeoise qui voudraient instituer un despotisme « éclairé » par les conseils des philosophes. Le troisième enfin comprend ceux qui désirent établir un régime vraiment démocratique.

II

LA PENSÉE ARISTOCRATIQUE ET FÉODALE[1]

Fénelon promu par Louis XIV gouverneur du duc de Bourgogne, fils du dauphin, eut un moment l'espoir de gouverner la France sous le nom de son élève. C'est dans cet espoir qu'il construisit une véritable théorie du gouvernement. Il faisait appel au « droit historique » qui justifiait la domination de la noblesse sur le peuple, mais ne reconnaissait pas au roi un pouvoir absolu ; aussi se montra-t-il hostile aux nouveaux impôts, créés pendant la guerre de Succession d'Espagne, et qui prétendaient peser également sur la noblesse, le clergé et le tiers-état. Il était hostile à l'absolutisme, à l'arbitraire. Il attaqua les agents de l'absolutisme royal, les ministres, les « commissaires », et surtout les intendants.

Sans doute inspira-t-il les *Soupirs de la France esclave*, ce pamphlet, paru en 1689, qui critique l'ascension de la bourgeoisie et réclame le retour à la féodalité comme à un âge d'or. En tout cas, c'est cette année là que parurent les *Aventures de Télémaque*. Salente, la cité idéale est gouvernée par les seuls aristocrates. En 1695, Fénelon écrit les *Remontrances à Louis XIV sur certains points de son administration*, en 1710 des *Mémoires sur la guerre de succession d'Espagne*, en 1711 l'*Examen de conscience sur les devoirs de la royauté*, suivi d'un *Supplément*. De ces différents ouvrages on peut dégager un corps de doctrine. Fénelon veut « fermer » la noblesse, arrêter les anoblissements. Les nobles domineront les États, « États de diocèse » à la base, « États de province » à l'échelon intermédiaire, « États généraux » au sommet. Ceux-ci se réuniront tous les trois ans, ils auront pour mission principale de voter les impôts et de surveiller l'administration. Mais ils devront aussi donner obligatoirement leur avis sur la guerre. Ainsi on évitera les guerres dynastiques, telle que la guerre de Succession d'Espagne, à laquelle Fénelon se montre violemment hostile.

Fénelon fut approuvé ou imité par toute une série de disciples : les ducs de Chevreuse et de Beauvilliers, Vauban, Boisguilbert, Massillon — qui n'hésitera pas à s'écrier dans ses sermons : « Un prince se doit à ses sujets. Ce sont les peuples qui, par l'ordre de Dieu, les ont faits tous ce qu'ils sont, c'est à eux à n'être ce qu'ils sont que par les peuples... » Comme Fénelon, comme Massillon, l'abbé de Saint-Pierre est hostile aux guerres dynastiques, et même à toutes

---

1. TEXTES ET OUVRAGES A CONSULTER. — Mêmes textes qu'au § I, p. 3 ; E. Carcassonne, *Montesquieu et le problème de la constitution française au XVIIIe siècle* (Paris, 1927, in-8º) et le compte rendu d'A. Mathiez dans les *Annales histor. de la Révol. française*, 1927, p. 509 ; voir aussi les ouvrages cités à la bibliographie générale, en tête de ce chapitre.

les guerres ; c'est pourquoi il rédige un projet de paix perpétuelle. Il est amené ainsi à critiquer la monarchie absolue dans son essence même, qui est le droit de faire la guerre pour la seule gloire du roi.

Fénelon s'en était pris surtout au despotisme des ministres et des intendants ; il n'avait guère attaqué les Parlements, car ceux-ci durant tout le règne de Louis XIV avaient été privés de leur droit de remontrance. Saint-Simon, au contraire, combat, dès 1716, les prétentions parlementaires dans sa *Réfutation de l'idée du Parlement d'être le premier corps de l'État*. Saint-Simon rêve d'un gouvernement qui serait aux mains des seuls grands seigneurs et il ne se consolera pas de l'échec du système des conseils ou « polysynodie » institué par le régent en 1715.

C'est aussi aux nobles que Boulainvilliers veut remettre le gouvernement. Dans ses *Lettres sur les anciens parlements de France, que l'on nomme États généraux*, dans son *Précis historique de la monarchie française* et dans son *Essai sur la noblesse* parus le premier en 1727, les deux autres en 1732, Boulainvilliers essaie de montrer qu'à l'origine tous les Français étaient libres, la royauté élective et non absolue ou despotique. La noblesse, d'après lui, descend des Francs, qui ont conquis la Gaule. Ses privilèges se justifient par le droit de conquête. Il faut donc que la noblesse reste une caste fermée, mais Boulainvilliers admet qu'elle doit payer sa quote part des impôts. Comme Fénelon, Saint-Simon à des mots violents contre le despotisme des ministres, des intendants et contre les prétentions du Parlement.

A la différence de ces auteurs, Montesquieu, issu de la noblesse de robe et premier président du Parlement de Bordeaux, se fait l'apologiste des Parlements. Tout en voulant, comme Fénelon, amoindrir l'absolutisme monarchique au profit de la seule noblesse, il réserve une large place à la noblesse de robe composée en majeure partie d'anoblis. Dans ses *Lettres persanes* publiées en 1721 et dans son *Esprit des lois*, paru en 1748, il s'efforce de justifier tous les privilèges de la noblesse, notamment l'exemption d'impôts, les justices seigneuriales, les droits féodaux. Il veut, en outre, ménager un grand rôle dans l'État au Parlement, et alors que Locke et Bolingbroke n'avaient distingué que deux pouvoirs, le législatif et l'exécutif, il leur en ajoute un troisième, le judiciaire, ces trois pouvoirs devant rester rigoureusement séparés. La noblesse — d'épée ou de robe — est le pilier de la monarchie : « Abolissez, écrit-il, dans une monarchie les prérogatives des seigneurs, du clergé, de la noblesse et des villes, vous aurez bientôt un État populaire, ou bien un État despotique... Point de monarque, point de noblesse ; point de noblesse, point de monarque. »

On comprend que ces idées aient été accueillies avec faveur par toute la noblesse, singulièrement par les parlementaires. L'*esprit des lois* sera jusqu'en 1789 la véritable Bible des parlements, qui y puiseront tous les arguments dont ils essaieront d'étayer leurs remontrances. Après 1789, tous les modérés, Feuillants, Clichyens et autres s'abritèrent derrière Montesquieu. Mais aucun des partisans de la démocratie n'invoquera *L'esprit des lois*. Les tenants de l'absolutisme avaient pourtant essayé de lutter contre les champions du droit historique. Dès 1734, l'abbé Dubos avait essayé de prouver dans l'*Histoire critique de l'établissement de la monarchie française* que la noblesse n'était pas d'origine franque, que la monarchie absolue était la fille légitime de l'Empire romain et que la bourgeoisie avait, dès ses débuts, été la fidèle alliée du trône. Le marquis d'Argenson, dans ses *Considérations sur le gouvernement ancien et présent de la France*, écrites en 1737 et publiées en 1764, avait bien glorifié les rois affranchissant les serfs et luttant contre le « monstrueux régime féodal ». Ni l'un ni l'autre n'avaient pu entamer le prestige que Montesquieu devait tout autant à son talent littéraire qu'à son rôle de défenseur de la noblesse. Il fallait à la monarchie absolue, pour lutter contre les idées de Montesquieu, de plus prestigieux champions.

III

LES PARTISANS BOURGEOIS DU DESPOTISME ÉCLAIRÉ[1]

Les défenseurs de la bourgeoisie, singulièrement de la haute bourgeoisie, voyaient dans la monarchie le plus sûr rempart contre les prétentions de la noblesse. Ils pensaient surtout que l'autorité absolue du roi pourrait seule contraindre les privilégiés à payer leur part des impôts. Au « droit historique » invoqué par Fénelon ou Montesquieu, ils opposaient le « droit naturel ». Voltaire fut le porte-parole le plus illustre de cette tendance. Dans sa *Lettre sur l'impôt du vingtième*, du 16 mai 1749, il réfuta les remontrances des Parlements, hostiles à l'égalité devant l'impôt. Il publia ensuite, toujours dans le même dessein, l'*Extrait du décret de la Sacrée Congrégation de l'Inquisition de Rome, à l'encontre du libelle intitulé : Lettre pour le vingtième*, et la *Voix du sage et du peuple*. Ces pamphlets parurent avec non seulement la permission, mais la tacite approbation du chef de la censure lui-même, le directeur de la Librairie Malesherbes et de la favorite du roi, Mme de Pompadour : le pouvoir recherchait l'appui des philosophes qui voulaient bien l'aider dans sa lutte contre les privilégiés. C'est grâce à cet appui que les philosophes, dans la seconde moitié du XVIIIe siècle, purent, à peu près librement, développer leurs attaques contre le régime et tracer les grandes lignes de la société future. Voltaire

---

1. TEXTES ET OUVRAGES A CONSULTER. — Mêmes sources qu'au § I ; Boscary, *L'assemblée provinciale de la Haute-Guyenne* (Paris, 1932, in-8º) ; G. Bourgin, *Les communaux et la Révolution française*, dans la *Nouvelle Revue historique de droit français et étranger*, ann. 1908, p. 690-751 ; Dubreuil, *La palinodie de Marmontel*, dans les *Annales histor. de la Révol. franç.*, ann. 1922, p. 319-333 ; Egret, *Le Parlement de Dauphiné et les affaires publiques dans la deuxième moitié du XVIIIe siècle* (Grenoble, 1942, 2 vol. in-8º) ; G. Lefebvre, *Les paysans du Nord pendant la Révolution française* (Paris et Lille, 1924, 2 vol. in-8º) ; Lévy-Schneider, *L'abbé Morellet pendant la Révolution*, dans *La Révolution française*, t. LVII, 1909, p. 289-304 ; A. Lichtenberger, *Le socialisme au XVIIIe siècle* (Paris, 1895, in-8º) ; A. Mathiez, *La place de Montesquieu, dans l'histoire des doctrines politiques du XVIIIe siècle*, dans les *Annales histor. de la Révol. franç.*, ann. 1930, p. 97-112 ; P. Renouvin, *Les assemblées provinciales de 1787* (Paris, 1921, in-8º) ; G. Weulersse, *Le mouvement physiocratique en France* (Paris, 1910, in-8º).

écrivait, à ce sujet, à d'Alembert, le 13 novembre 1756 : « Pendant la guerre des parlements et des évêques, les gens raisonnables ont beau jeu, et vous avez le loisir de farcir l'*Encyclopédie* de vérités qu'on n'eût pas osé dire il y a vingt ans... »

Voltaire s'attaqua sans répit aux prétentions de la noblesse et des parlements au nom de l'absolutisme royal dont il a fait l'éloge dans le *Siècle de Louis XIV*. Son *Commentaire de l'Esprit des lois* est une réfutation en règle de Montesquieu et sa tragédie intitulée les *Lois de Minos* écrite en 1773 fait l'apologie de la suppression des parlements, que Maupeou essaye de réaliser.

Le régime préconisé par Voltaire est donc un régime absolu, un despotisme, mais au sein duquel le souverain écoutera avec complaisance les conseils des philosophes, et surtout de Voltaire... Ce que Voltaire veut réformer, ce sont les parlements, refuges de l'injustice, ce sont les privilèges financiers de la noblesse, c'est surtout la toute puissance de l'Église. Il réclame l'égalité fiscale, l'abolition de la mainmorte, dernier vestige du servage, le rachat des droits féodaux. Mais il ne croit pas que le peuple puisse jamais jouer un rôle dans l'État ; il ne croit même pas que le « despotisme éclairé », qui permettra aux philosophes de faire entendre la voix de la « raison » puisse faire triompher le « droit naturel ».

L'influence de Voltaire dépasse toutefois le cadre très limité de ses revendications politiques ou sociales. Par ses critiques acérées, par son ton persifleur, il a répandu dans la bourgeoisie française l'habitude du scepticisme et de la fronde à l'égard des pouvoirs établis. Il l'a, en un mot, rendue « voltairienne ». Ce qui était la préparation la plus efficace à la Révolution.

Les amis et les disciples de Voltaire au premier rang desquels on trouve d'Alembert, Diderot, Morelly, d'Holbach, les abbés Raynal et Morellet, Marmontel et quantité d'autres plus ou moins célèbres, exposèrent leurs doctrines, non seulement dans nombre d'ouvrages particuliers, mais surtout dans l'*Encyclopédie*, qui fut entre eux et leurs lecteurs un véritable lien.

L'*Encyclopédie* n'était pas faite pour les pauvres. Son prix, très élevé pour l'époque — 270 livres — suffisait à lui seul à la réserver aux classes riches. C'est à l'usage de ces riches qu'elle développe le programme des philosophes.

Dans l'ordre intellectuel, ceux-ci veulent suivant l'exemple de Descartes, substituer à la révélation, à la tradition, à l'autorité, le rationalisme, l'expérimentation. Ils désirent une morale utilitaire et tolérante. Ils ne combattent pas l'Église, mais seulement certaines de ses tendances, ils espèrent la convertir au progrès, et d'ailleurs ils ne conçoivent pas une Église séparée de l'État. Beaucoup de prêtres étaient gagnés à ces idées et fournirent près du tiers des collaborateurs de l'*Encyclopédie*. Naturellement, les encyclopédistes entendent rénover l'instruction publique, afin que les lumières puissent atteindre le plus grand nombre.

Dans l'ordre politique, l'*Encyclopédie*, pas plus que Voltaire, n'est hostile à la monarchie, mais elle ne reconnaît pas le droit divin des rois. Pour les philosophes, la monarchie repose sur l'utilité sociale. Le pouvoir doit être confié aux plus savants. Donc il faut abolir les privilèges, permettre l'accès de tous à toutes les carrières, réformer l'organisation d'une justice où les juges forment une caste héréditaire qui applique des châtiments barbares, réprouvés par la raison ; il faut surtout réformer le système fiscal et établir l'égalité devant l'impôt.

Dans l'ordre économique, les encyclopédistes maintiennent et même déclarent sacrée la propriété, premier des droits naturels de l'homme. En conséquence, ils n'envisagent pas la suppression des droits féodaux, qui sont une forme de la propriété ; tout au plus consentent-ils à leur rachat. En revanche, ils réclament la liberté de l'industrie et du commerce, favorable aux riches. Ils demandent l'abolition de toute règlementation, sans souci des conséquences. Révolutionnaires, les encyclopédistes le furent donc, mais jusqu'à un certain point seulement. Et tous ceux qui vécurent assez longtemps pour franchir le cap de 1787 se retrouvèrent dans les rangs des adversaires de la République et de la démocratie, ce dont il n'y a guère lieu de s'étonner.

Le groupe des physiocrates et des économistes ne compte pas d'écrivains aussi réputés qu'un Montesquieu, un Voltaire, un Diderot. Les chefs du mouvement Quesnay et Gournay ne tiennent guère de place dans l'histoire de la littérature. Un Turgot, un François de Neufchâteau, un Dupont de Nemours sont surtout connus par leur activité politique. Néanmoins, les physiocrates ont eu, à la fin du XVIIIe siècle, pendant la Révolution, et même bien au delà, une influence considérable. C'est qu'ils ne s'intéressaient pas seulement aux questions politiques. Ils mettaient l'économie au premier rang de leurs préoccupations. Or l'alimentation, l'augmentation de la richesse, sont des notions infiniment plus capables de toucher le populaire que la forme du gouvernement. Les physiocrates sont, de tous les philosophes du XVIIIe siècle, ceux qui se firent peut-être le mieux entendre et le plus sûrement comprendre. On peut dire que la majorité des membres des assemblées révolutionnaires étaient des disciples convaincus des physiocrates.

Au reste, on peut dégager des œuvres des physiocrates une doctrine complète de gouvernement, tant au point de vue économique qu'au point de vue politique.

La doctrine économique des physiocrates a été, par eux, mise au point pendant la guerre de Sept ans : les misères provoquées par le conflit avaient attiré leur attention sur la nécessité d'augmenter la production. Aussi ont-ils étudié les problèmes relatifs à l'agriculture, à l'industrie, à la propriété.

L'agriculture, selon les physiocrates, est la source de toutes les richesses, car seule elle donne ce qu'ils appellent un « produit net », c'est-à-dire un bénéfice net. L'impôt doit donc, autant que possible, porter sur ce bénéfice, donc être assis sur la terre. De plus, l'agriculture, à les en croire, favorise les bonnes mœurs et assure la défense même de l'État, puisque l'immense majorité des soldats est issue des classes paysannes. Aussi l'État doit-il avoir pour politique de développer l'agriculture ; il doit favoriser autant qu'il lui est possible l'extension de la culture et de l'élevage en diminuant les terres en friche, en améliorant la culture des autres. Pour commencer, il faut partager les biens communaux dont le rendement est faible, abolir la vaine pâture qui empêche chaque propriétaire de cultiver son champ à sa guise, permettre les clôtures qui facilitent la création de prairies artificielles et les essais de cultures nouvelles, abolir les droits d'usage, tels que le glanage, qui diminuent la production, supprimer le monopole de la chasse, nuisible aux cultures, supprimer les dîmes, les corvées qui pèsent trop lourdement sur le cultivateur, autoriser le rachat de certains droits féodaux abusifs.

Pour que l'impôt unique pesant sur la terre seule soit suffisant sans surcharger le propriétaire, l'État devra pratiquer une politique de haut prix des grains, donc accorder la liberté de la circulation des céréales, abolir les péages, les douanes intérieures, les octrois, les droits de marché qui augmentent artificiellement le prix de vente du blé, faciliter la circulation des céréales en améliorant les chemins, tolérer enfin l'exportation des grains. Ainsi le propriétaire s'enrichira, pourra facilement payer ses impôts et, par voie de conséquence, l'État résoudra aisément les difficultés financières qui l'assaillent. Telle était la doctrine des physiocrates. Certains d'entre eux bornaient leurs projets à ces réformes de l'agriculture. D'autres auxquels on donne plus particulièrement le nom d'économistes envisageaient aussi une réorganisation de l'industrie et du commerce.

Pour eux, toutefois, si l'agriculture reste la principale source des richesses, elle doit aller de pair avec l'industrie, capable elle aussi d'en produire. Mais ils estiment qu'il faut modifier le régime de cette industrie : ils demandent l'abolition de la réglementation qui en entrave l'essor ; ils réclament la suppression des corporations, des jurandes et des maîtrises qui brisent toute initiative, la diminution des impôts (notamment du vingtième d'industrie) qui grèvent lourdement les prix de revient, l'abolition des douanes intérieures, et même extérieures, car certains vont jusqu'à recommander le libre échange.

L'industrie une fois libérée de ces entraves, il faudra développer surtout les manufactures travaillant les produits tirés du sol français, les draperies, les toileries (tandis qu'on délaissera les industries de la cotonnade et de la soierie transformant des matières premières importées). Les industries croîtront grâce au machinisme : la « machinofacture » remplacera la « manufacture ». Et les produits fabriqués, ainsi multipliés, seront diffusés dans tout le pays grâce à de grands « comptoirs », ancêtres de nos grands magasins.

Économistes et physiocrates se rencontrent lorsqu'il s'agit du régime de la propriété. Pour eux la propriété joue un rôle très important dans la vie économique : c'est un droit naturel capital, à la condition qu'on rende la propriété pleine et entière, telle qu'elle existait en droit romain. La propriété doit être débarrassée de toutes les réserves dont le droit féodal l'a entourée. Donc plus de mainmorte ni de serfs, plus de propriétés indivises, plus de tenures de tous genres. La propriété doit être « inviolable » et « sacrée », et toute atteinte à la propriété réprimée avec la dernière sévérité comme un affreux sacrilège. Le prêt d'un capital ne doit pas être gratuit comme l'enseignait la morale chrétienne : il doit entraîner le versement d'un légitime intérêt — qu'on cessera d'appeler « usure ». Cette conception de la propriété, qui sanctifiait toutes les inégalités sociales amenait les physiocrates à imaginer un régime politique doté d'un pouvoir fort, capable de protéger la propriété et la liberté contre ceux qui seraient tentés de protester au nom de l'égalité.

Ainsi économistes et physiocrates rejettent tout autant le gouvernement de l'aristocratie privilégiée que celui de la démocratie. Ils conçoivent, comme Voltaire, une sorte de despotisme éclairé qu'ils appellent le « despotisme légal ». Mais le souverain, au lieu de prendre conseil des philosophes demandera leur avis aux propriétaires fonciers et aux grands industriels, seuls représentés auprès de lui. D'ailleurs, la liberté de presse et d'opinion, le développement de l'instruction, indispensables au progrès de l'agriculture et de l'industrie, limiteront d'eux-mêmes l'absolutisme. Les physiocrates s'imaginent que les vieux pays agricoles, l'Égypte ancienne ou la Chine, ont possédé un tel gouvernement, et ils l'estiment capable de donner le bonheur aux Français.

Ainsi économistes et physiocrates envisagent une société fondée sur la seule richesse, pourvue d'une morale utilitaire qui sera le contrepied des enseignements du christianisme. Cette doctrine, si elle n'eut pas le retentissement de celles de Montesquieu, de Voltaire ou de Rousseau, eut des prolongements pratiques de bien plus grande conséquence, elle est à la base des principales institutions françaises de la Révolution et de l'Empire ; elle est à l'origine du capitalisme moderne.

IV

LA PENSÉE DÉMOCRATIQUE[1]

En face de tous ces penseurs qui ne faisaient au peuple, dans leurs projets de gouvernement, qu'une place minime, seul Jean-Jacques Rousseau et un petit nombre de ses disciples se sont efforcés d'imaginer un État démocratique.

Par ses origines mêmes, Rousseau était prédisposé à donner au peuple une place prééminente dans son système, car c'était lui-même un homme du peuple. Fils d'un petit horloger, il avait connu une enfance malheureuse. Naturellement religieux, artiste, musicien, il avait très tôt réfléchi sur les inégalités de la société et sur les injustices de la condition humaine. Il apporte au mouvement des idées du XVIIIe siècle finissant, non pas la marque du prolétariat, encore incapable de s'exprimer, mais celle du petit artisanat, intermédiaire entre la classe des ouvriers et celle des bourgeois.

Il exposa pour la première fois ses idées politiques dans le *Discours sur les arts et sciences* qu'il envoya en 1750 à l'Académie de Dijon. A l'entendre,

---

1. OUVRAGES A CONSULTER. — Les mêmes qu'aux paragraphes précédents.

les arts et les sciences n'avaient pas perfectionné une humanité, qui n'était jamais revenue au bonheur de « l'état de nature ». Puis ce furent, en 1755, le *Discours sur l'inégalité* et, en 1762, le *Contrat social*.

Reprenant les idées de Grotius et de Locke, Rousseau expliquait que l'État s'est trouvé formé par l'union des individus vivant sous les lois naturelles le jour où ceux-ci, renonçant à l' « état de nature », ont conclu entre eux le « contrat social ». Le contrat substitue aux personnes des contractants une « personne publique » ou « république ». Dans la « république », le pouvoir législatif est souverain, le pouvoir exécutif lui est subordonné. Le législatif a « l'inspection sur le pouvoir exécutif ». Le législatif a le rôle capital, et c'est par là que Rousseau s'écarte de Locke.

Pour Rousseau l'état idéal, c'est la petite république comme Genève, sa patrie, comme Athènes dans l'antiquité. Les citoyens peuvent y exercer directement le pouvoir législatif. Dans les grands États, en effet, la démocratie directe ne pourra être appliquée, les citoyens devront élire des représentants ce qui n'est qu'un pis-aller à ses yeux. Quant à l'exécutif, il pourra très bien être confié à un monarque, car Rousseau n'attribue pas au mot république le sens précis que nous lui donnons. Mais le peuple devra conserver le droit d'insurrection, et Rousseau critique violemment le régime britannique dans lequel l'État a été confisqué par une aristocratie restreinte.

Dans un régime où le législatif est à peu près tout, Rousseau accorde à l'État des pouvoirs considérables ; comme Taine l'a justement écrit, Rousseau a transféré « la souveraineté du prince au peuple ». Aussi son État est-il quasi omnipotent : il peut remédier à l'inégalité des fortunes par les lois sur les héritages, par les impôts, par la limitation même de la propriété foncière. Ainsi Rousseau se place, par ses conceptions sur la propriété, aux antipodes des physiocrates. L'État doit organiser l'instruction, qui sera égale pour tous, accessible à tous et d'ailleurs obligatoire. L'État régentera la vie même des citoyens, il prohibera le luxe amollissant et inutile, il pourra, s'il le juge bon, interdire les spectacles. L'État enfin règlementera la religion, car Rousseau, pas plus que les autres philosophes de son temps, ne conçoit un seul instant que l'Église puisse être séparée de l'État.

Les idées de Rousseau eurent une influence immense, presque égale à celles des physiocrates à la fin du XVIIIe siècle. Ce n'est donc pas une doctrine philosophique et politique qui dirige les Français dans leurs aspirations révolutionnaires, mais tout un bouillonnement d'idées parmi lesquelles il leur faudra choisir, et que la monarchie, du reste, avait déjà partiellement essayé d'appliquer.

CHAPITRE II

LES EXPÉRIENCES RÉFORMATRICES ET LA NAISSANCE DE L'IDÉE DE SOUVERAINETÉ NATIONALE[1]

I

LES EXPÉRIENCES RÉFORMATRICES, DE 1750 A 1789[2]

Les idées nouvelles, développées par les philosophes, n'avaient pas été sans influencer dans le cours même du XVIIIe siècle, la monarchie absolue. Celle-ci se débattait dans d'inextricables difficultés, surtout financières, et elle essaya d'abord d'appliquer les remèdes proposés par Voltaire et ses amis qui conseillaient de supprimer les parlements afin de briser ainsi la plus redoutable opposition aux nouveaux impôts. Plus tard, sous le règne de Louis XVI, et toujours pour accroître, en fin de compte, les revenus de l'État, elle se laissa tenter par les théories des physiocrates, et l'un d'eux, même, Turgot, devint un moment le chef du gouvernement. Enfin, de 1787 à 1789 de nouvelles réformes administratives, politiques et économiques furent encore expérimentées, mais trop tard pour sauver le régime : l'idée de souveraineté nationale s'opposait désormais avec trop de violence à toute réforme se réclamant de l'État monarchique absolu.

1. BIBLIOGRAPHIE GÉNÉRALE. — On trouvera les sources de ce chapitre dans les publications des philosophes et autres écrivains politiques ; aux Archives nationales, dans la série E ; dans les archives départementales, on consultera la série C et les fonds des parlements et autres cours de justice. — On consultera les ouvrages de Carcassonne, Égret, Michel, Morazé, Mornet, Renouvin, Weulersse cités au chapitre précédent. Voir, en outre, Léon Cahen, *Condorcet et la Révolution française* (Paris, 1903, in-8º) ; G. Gurvitch, *L'idée de droit social* (Paris, 1934, in-8º) ; Georges Lefebvre, *Quatre-vingt-neuf* (Paris, 1939, in-8º).
2. OUVRAGES A CONSULTER. — R. Bickart, *Les parlements et la notion de souveraineté au XVIIIe siècle* (Paris, 1932, in-8º), thèse de droit ; Égret, *Les derniers États du Dauphiné, Romans, sept. 1788-janv. 1789* (Grenoble, 1942, in-8º) ; Ernest Perrot, *Les institutions publiques et privées de l'ancienne France jusqu'en 1789* (Paris, 1935, pet. in-8º) ; Piétri, *La réforme de l'État au XVIIIe siècle* (Paris, 1935, in-16) ; Rébillon, *Les États de Bretagne de 1661 à 1789* (Paris, 1932, in-8º) ; Schaefflé, *L'Assemblée des notables* (Paris, 1924, in-8º), thèse de droit. — QUESTIONS A ÉTUDIER : Les réformes administratives que la monarchie préparait à la veille de la Révolution mériteraient d'être étudiées de près. Il conviendrait aussi d'examiner comment ont été appliquées, dans les différentes provinces, les réformes ébauchées de 1770 à 1789.

La guerre de Sept ans avait laissé le trésor du royaume en fort piteux état. Or, en 1763, il fallait non seulement solder les dettes de la guerre, mais encore reconstruire la marine qui avait été totalement détruite. Pendant quelques années on vécut d'expédients. Mais l'abbé Terray, appelé au Contrôle général des Finances en 1770, jugea qu'il fallait refondre complètement le système des impôts. Il désirait créer un impôt unique, établi sur la terre, et proportionnel aux fortunes, alors qu'à cette époque, plus on était riche et moins on payait d'impôts, relativement du moins. Mais il fallait s'attendre à une opposition acharnée des parlements, qui d'ailleurs, depuis 1715, avaient fait échouer toute tentative sérieuse de réforme.

Le collègue de Terray, le chancelier Maupeou proposa de supprimer purement et simplement les parlements, comme le demandaient Voltaire et plusieurs écrivains politiques. Maupeou divisa donc le ressort du Parlement de Paris en cinq circonscriptions. Il subsistait bien à Paris même un parlement, mais il n'était plus qu'une ombre de lui-même, puisque dans un ressort réduit, s'il conservait le droit d'enregistrer les lois, il lui était formellement interdit de présenter des remontrances. De plus, les nouveaux juges et les membres du nouveau parlement n'étaient plus des « officiers », propriétaires de leurs charges, sur qui le pouvoir royal n'avait, pour ainsi dire, aucune prise, mais devenaient de véritables fonctionnaires, payés par le Trésor et qui pouvaient être révoqués et privés de leurs traitements s'ils désobéissaient. Cette réforme importante, qui devait être petit à petit étendue à toute la France, fut célébrée avec enthousiasme par Voltaire, mais se heurta à une opposition acharnée. La plus grande partie de la noblesse de robe la boycotta. Et comme les parlementaires, à la suite de Montesquieu, déclaraient qu'ils étaient les représentants du peuple, et comme le peuple crut que ces hommes, qui ne tenaient leur charge que de leur richesse, disaient la vérité, Louis XVI, qui monta sur le trône en 1774 et désirait fort être un roi populaire, se laissa facilement persuader qu'il le deviendrait, s'il rappelait les parlements. Ceux-ci furent réinstallés en grande pompe. La monarchie commit ainsi une faute énorme, à laquelle elle ne devait guère survivre.

Parallèlement à ces vains efforts pour réorganiser le système judiciaire et fiscal, la monarchie tentait d'appliquer une partie du programme des physiocrates : il s'agissait de favoriser l'agriculture afin d'assurer un rendement plus élevé des impôts. En 1753, la première société d'agriculture est fondée, en Bretagne. A partir de cette date, des sociétés de ce type se multiplient dans toutes les provinces. En 1760, le roi ordonne la formation d'un « Comité d'agriculture » composé de cinq conseillers d'État et de trois agronomes. Ce Comité est chargé de présenter au roi des suggestions sur les perfectionnements à réaliser dans la production agricole. Très vite on voit appliquer dans certaines provinces une idée chère aux physiocrates, la suppression de la vaine pâture ; on accorde aussi le droit de clore. On pensait, par ces mesures, augmenter le rendement de la terre. On ne remarquait pas que les paysans pauvres, qui, pour tous biens, ne possédaient qu'une ou deux vaches, ou quelques chèvres, allaient se voir réduits à la misère, puisque, forcés de vendre leurs bêtes, qu'ils ne pouvaient plus mener paître.

Effectivement les édits de clôture se multiplient à partir de 1767, année où les intendants sont aussi chargés de mener une vaste enquête sur la vaine pâture. C'est d'abord à la Lorraine qu'on accorde le droit de clore, puis, en décembre 1767, au Béarn, en mai 1768 aux Trois-Évêchés, en mars 1769 à la Champagne, en août au Roussillon ; en 1770 et 1771, trois nouvelles provinces, la Bretagne, le Hainaut et la Flandre obtiennent le même droit.

En même temps, le gouvernement promulgue des édits favorables aux défrichements : le 16 août 1761, un arrêt exempte d'impôts pour dix ans les terres défrichées. Le 8 août 1762, elles sont en outre exemptées des droits d'insinuation, de franc-fief et de centième denier. Le 29 juillet 1764, ces exemptions voient leur effet porté à une période de vingt ans ; de plus, la dîme est considérablement allégée, puisque le roi prescrit qu'elle ne sera plus levée qu'au cinquantième.

Les physiocrates ne critiquaient pas seulement la vaine pâture ; ils s'attaquaient aussi aux paquis communaux, qui, à leur dire, ne rapportaient pas assez. Qu'ils fussent nécessaires aux pauvres, les physiocrates n'en avaient cure. Et leurs théories étaient appuyées par toute la noblesse, car celle-ci faisant valoir que les communaux étant d'anciennes concessions des seigneurs, il convenait que, lors du partage, ils fussent avantagés. Ils réclamaient donc le tiers des communaux au nom du « droit de triage ». Dans une enquête menée en 1770, le Comte d'Essuile conclut au partage des communaux entre les seuls propriétaires de la commune, le seigneur obtenant naturellement le tiers. On voit combien un tel partage lésait les pauvres, et à quel point il devait aggraver la misère du prolétariat rural.

Le gouvernement royal n'avait pas attendu la publication du comte d'Essuile pour ordonner le partage des communaux. Le premier édit date de juin 1769 et s'applique aux Trois-Évêchés. Pendant dix ans les édits vont se succéder : en octobre 1771, ce sont les généralités d'Auch et de Pau qui sont touchées ; en janvier 1774, la Bourgogne ; en 1777 la Flandre ; en 1779 l'Artois ; en 1781 le Cambrésis... Si le droit de triage est toujours accordé au seigneur, du moins le mode de partage varie-t-il selon les provinces. En Bourgogne, les lopins de terre ont été proportionnels aux impôts payés par chacun ; en Auvergne, ils ont varié avec le nombre de bestiaux, en Champagne, ils ont suivi la taille, dans les Trois-Évêchés, la terre a été divisée entre les feux, elle est transmissible seulement à l'aîné de chaque famille ; en Gascogne, le partage s'est fait par ménage.

Réforme profonde, qui affecte une partie notable du sol de France et qui, si elle améliore partiellement le produit de la terre, comme on disait, a du moins pour conséquence de prolétariser des masses importantes de la population, qui constitueront à la fois un personnel tout prêt pour les émeutes révolutionnaires, un réservoir où la France puisera sans cesse des soldats, de 1789 à 1815, et la main-d'œuvre de la grande industrie naissante.

C'est l'industrie et le commerce que les économistes veulent développer ; et, pour cela, ils demandent qu'on leur accorde d'abord la liberté. « Laissez faire, laissez passer », tel est leur mot d'ordre. Le gouvernement les suit, d'abord timidement. En 1758, il accorde la franchise de circulation dans tout le royaume aux laines françaises et étrangères. En 1763, cet avantage est étendu au bétail et en 1768 aux cuirs.

Mais c'était surtout pour les grains, denrée fondamentale, que les économistes et les physiocrates réclamaient la liberté de circulation. Une première mesure est prise en faveur des céréales le 25 mai 1763 : les péages sur les grains, farines et légumes sont abolis. Puis, afin d'amener une hausse du prix du blé, le gouvernement accorde, toujours au cours de cette année 1763, la liberté du commerce des céréales dans tout le royaume, et même, le 21 novembre 1763, il autorise l'exportation des farines. La récolte de 1764 s'annonçant bonne, le roi permet au cours du mois de juillet, d'exporter par terre et par mer les « grains, graines, grenailles, farines », ce qui porte le cours de blé de 14 livres, 16 sous le setier en 1763 à 28 livres, 16 sous en 1770.

Les salaires n'avaient pas suivi la même courbe ; aussi les émeutes s'étaient-elles multipliées, et les parlements mêmes, pour se rendre populaires au moment où ils étaient, comme on l'a vu, menacés, avaient présenté des remontrances. Le « Triumvirat » Terray, Maupeou, d'Aiguillon, soucieux de s'appuyer sur les classes populaires, dans leur œuvre réformatrice hostile aux privilégiés, rétablit en 1770 la règlementation.

Quatre ans plus tard, à l'avènement de Louis XVI, c'est un économiste notoire, Turgot, qui est appelé au Contrôle général. Il essaie de pratiquer une politique libérale, abolit à nouveau les péages, rétablit la liberté de circulation des céréales ; mais son expérience échoue encore plus vite que la précédente devant les émeutes populaires, la « guerre des farines » et, pour d'autres motifs, l'opposition des « privilégiés ». En 1773, Turgot est contraint d'abandonner la place.

Pourtant économistes et physiocrates ne s'estiment pas vaincus ; en 1787, ils obtiendront encore une fois le rétablissement de la libre circulation des grains.

L'Ancien régime ne réglementait pas seulement le commerce extérieur. Il bridait tout le commerce colonial et le commerce extérieur.

Le commerce colonial était soumis, comme d'ailleurs cela se faisait en Angleterre ou en Espagne, aux prescriptions minutieuses du « pacte » ou système colonial. Les colonies ne pouvaient trafiquer qu'avec la métropole. Les économistes déclaraient que de telles prescriptions n'avaient plus raison d'être. Déjà, et à plusieurs reprises pendant les guerres, afin de permettre aux colonies isolées de la France, de subsister, le système avait été partiellement suspendu. Après la conclusion de la paix, en 1763, on y pratiqua fréquemment de nouvelles brèches. En 1763, les colons anglais d'Amérique sont autorisés à commercer avec les Antilles, moyennant certains droits, par les ports francs de Sainte-Lucie et de Saint-Nicolas. En mai 1768, le commerce extérieur de la Guyane est déclaré libre. Après la guerre d'indépendance des États-Unis, en 1784, les navires étrangers sont autorisés, moyennant acquittement de certaines taxes, à vendre quelques produits, nommément désignés, dans les colonies françaises.

Quant au commerce de la France avec les pays étrangers, il était protégé par une muraille douanière dont les fondations avaient été posées par Colbert. Si les économistes ne réclamaient pas l'abolition de tous les droits de douane et l'institution du libre échange, du moins désiraient-ils un abaissement considérable des tarifs. Conformément à leurs idées, le gouvernement négocia avec l'Angleterre, en 1786, un nouveau traité de commerce, connu sous le nom de traité d'Eden, du nom du négociateur anglais, qui réduisait dans une large mesure les droits de douane. Ce traité devait, certes, stimuler la production française, mais aussi entraîner la mévente et le chômage dans l'industrie, provoquer une crise économique, qui précipita sans doute la Révolution.

L'industrie française elle-même était, comme le commerce, soumise à une étroite réglementation que les économistes s'efforçaient de briser. Dès 1754, ils obtiennent une première satisfaction, lorsque le gouvernement autorise la fabrication des bas au métier ; cinq ans plus tard, il permet la libre fabrication des toiles peintes, en 1767 celle des porcelaines imitées de la Chine. Après l'échec des tentatives de Turgot pour supprimer toute la réglementation industrielle, le gouvernement, par lettres patentes du 5 mai 1779, accorde la liberté de fabrication du drap. Toutefois les draps confectionnés conformément aux anciens règlements continueront à porter une marque distinctive. Ces avantages sont étendus à tous les lainages en juin 1780.

L'industrie sous l'Ancien régime était non seulement réglementée, mais elle était encore réservée à quelques personnes privilégiées, et les privilèges avaient parfois une durée perpétuelle. A la suite des réclamations des économistes, le gouvernement ramena, le 24 décembre 1762, tous les privilèges accordés antérieurement à une durée de quinze ans, et décida qu'ils ne seraient plus transmissibles. La même année, les habitants des campagnes obtiennent le droit de fabriquer librement des étoffes destinées à la vente. En 1765, les nobles reçoivent l'autorisation de pratiquer le commerce de gros sans déroger. Seuls les magistrats sont exclus de cet avantage.

C'étaient surtout les corporations, avec leurs jurandes et leurs maîtrises, qui gênaient le développement de l'industrie moderne, c'est-à-dire capitaliste. En 1757, un économiste, Cliquot de Blervache publie un mémoire sur la suppression des jurandes, maîtrises et corporations ; le gouvernement royal décide, en 1761, de procéder à une enquête sur la question. Mais il faut attendre l'accession de Turgot au gouvernement pour voir réaliser cette réforme. Turgot supprime les corporations sans accorder aucune indemnité aux maîtres, qui pourtant avaient pour la plupart acheté leur charge. Les jurandes et maîtrises sont également supprimées ; mais Turgot ne prend aucune disposition pour assurer le sort des ouvriers, il maintient même avec une rigueur extrême les règlements qui interdisent les coalitions, les grèves, les associations secrètes telles que compagnonnages et confréries, sous peine de prison. Cet édit souleva une grave agitation, le Parlement de Paris fit des remontrances, et dès la chute de Turgot, maîtrises, jurandes et corporations furent rétablies comme par le passé. L'Assemblée constituante devait plus tard, dans ce domaine, comme dans beaucoup d'autres, reprendre à son compte l'initiative de Turgot.

Si c'est dans le domaine économique que la monarchie fit incontestablement le plus gros effort pour appliquer quelques-unes des idées des écrivains du XVIIIe siècle, elle s'inspira aussi de leurs conceptions en matière administrative. La notion de souveraineté populaire répandue par certains philosophes pénètre rapidement dans les cercles gouvernementaux. Elle y est certes transformée, réduite, mais l'idée survit qu'il est nécessaire de consulter plus fréquemment le peuple par l'intermédiaire de ses représentants, soit aux États provinciaux, soit aux États généraux. En 1758, l'intendant Chaumont de La Galaizière rédige un mémoire sur les États provinciaux. Dix ans plus tard le gouvernement tente une première expérience dans le comté de Boulonnais : Il crée un « Corps administratif », composé de huit administrateurs et de douze conseillers désignés par une « Assemblée » formée de huit députés du clergé et de la noblesse, de cinq des villes et de six des villages. Ce « Corps administratif » avait pour mission de surveiller la répartition de l'impôt et d'arrêter le programme des travaux publics. Ce n'était là toutefois qu'une tentative bien timide, bien limitée. En 1775, c'était un grand corps de l'État, la Cour des aides qui réclamait la convocation des États généraux. Elle s'exprime ainsi dans ses remontrances du 6 mai : « Personne ne doit vous laisser ignorer, Sire, que le vœu unanime de la nation est d'obtenir les États généraux ou du moins les États provinciaux. » La même année le secrétaire de Turgot, un physiocrate comme lui, Dupont de Nemours, rédige son mémoire sur les « municipalités ». Il prévoit dans toute la France une série d'assemblées représentatives. A la base, les « municipalités communales », élues par les propriétaires possédant 600 livres de rente dans les campagnes ou un immeuble de 18.000 livres dans les villes ; car ne l'oublions pas, les physiocrates n'étaient pas des démocrates. A l'échelon supérieur, il y aurait dans chaque « élection » (c'était une circonscription fiscale) une municipalité élue par les municipalités communales. Les « municipalités d'élections » éliraient à leur tour des « municipalités provinciales », qui désigneraient enfin une « municipalité nationale ». Ces assemblées se réuniraient périodiquement pour discuter des questions relatives aux impôts et aux travaux publics. Leurs membres seraient tous égaux, il n'y aurait plus de distinctions fondées sur les privilèges ; mais les municipalités n'étaient munies que d'un simple pouvoir consultatif, et, dans l'intervalle de leurs réunions, elles ne remettaient leurs pouvoirs à aucun corps permanent. Malgré toutes ces réserves, qui faisaient des « municipalités » des organismes infiniment moins dangereux pour le gouvernement royal que les parlements eux-mêmes, Turgot ne put appliquer le projet de son secrétaire.

C'est Necker qui tentera le premier l'expérience. Le 12 juillet 1778, il institue une « Assemblée provinciale » du Berry. Un tiers de ses membres est nommé par le roi ; il choisit les deux autres tiers. Les ordres privilégiés n'ont pas plus de députés que le Tiers État. Dans l'intervalle de ses sessions, l'assemblée désigne une commission intermédiaire et un procureur syndic comme dans le projet de Dupont de Nemours, l'assemblée a un rôle purement consultatif, elle ne s'occupe que des impôts et des travaux publics. Cependant la réforme fait grand bruit, provoque des polémiques : c'est Letrosne qui publie en 1779 son livre sur l'*Administration provinciale et la réforme de l'impôt;* c'est Augeard qui édite sa *Lettre d'un bon Français sur l'administration provinciale.* Aussi Necker installe-t-il une nouvelle assemblée, à Montauban, pour la Haute-Guyenne, il en prévoyait deux autres encore, à Grenoble et à Moulins ; mais l'opposition des intendants et des parlements fit échouer ce dernier projet.

Calonne, qui succéda à Necker, reprit purement et simplement le mémoire de Dupont de Nemours et le soumit à l'Assemblée des notables ; mais celle-ci le repoussa parce qu'elle désirait que les privilégiés disposassent dans chaque assemblée, de la moitié des sièges. Brienne, le dernier contrôleur général de la monarchie absolue, tenta lui aussi la réforme administrative, dont il pensait qu'elle pourrait peut-être sauver le régime. Dans chaque paroisse, il institua en 1787 des « municipalités » qui, outre le curé et le seigneur, membres de droit, comprenaient des délégués choisis parmi les imposables payant 30 livres de contributions et élus par ceux qui étaient taxés à 10 livres au moins.

Au-dessus, des « assemblées d'élection » (appelées aussi « assemblées de département » ou « de district ») et dans chaque généralité, une « assemblée provinciale ». Les membres de ces assemblées devaient être élus à partir de 1790 ; mais auparavant la moitié d'entre eux, nommée par le roi, cooptait l'autre moitié. Le Tiers État devait avoir autant de représentants que les autres ordres privilégiés. Entre les sessions, siégeait une « commission intermédiaire » nommée par chaque assemblée. Naturellement, comme dans les projets précédents ces assemblées s'occupaient seulement des travaux publics et des impôts ; surtout des impôts, car Brienne espérait que les assemblées provinciales lui accorderaient une augmentation de l'impôt du vingtième et lui permettraient ainsi de combler une partie du déficit. Or, presque toutes refusèrent, et, de plus, les parlements firent entendre un concert de protestations, qui dégénéra même en révolte, notamment à Toulouse et à Grenoble. Le garde des sceaux Lamoignon essaye alors, pour imposer la réforme, de revenir à la solution tentée par Maupeou : la suppression des parlements. Il ne fit que provoquer de nouveaux troubles, et le 21 juillet 1788, l'assemblée révolutionnaire de Vizille, composée de 165 nobles, de 50 délégués du clergé et de 325 députés du Tiers État réclamait la convocation pour 1789 d'États généraux où le Tiers État serait égal en nombre aux privilégiés, et où le vote aurait lieu par tête

En attendant, l'assemblée de Vizille convoquerait le 10 septembre 1788, à Romans, des États provinciaux du Dauphiné, composés selon les principes de Vizille et élus par des électeurs payant de 8 à 10 livres d'impôt dans les campagnes, 40 livres à Grenoble. Les États de Romans reprirent les revendications de Vizille et déclarèrent : « Il ne faut pas que le gouvernement puisse obtenir d'une province ce que l'assemblée générale de la nation lui aurait refusé. »

Ainsi les expériences de réforme administrative de l'Ancien régime, incomplètes, comme ses tentatives dans le domaine économique ou le domaine social — essai d'émancipation des serfs et des protestants, — avaient échoué. La cause de cet échec doit sans doute être recherchée, d'une part dans le caractère velléitaire des réformes, d'autre part dans l'impuissance du gouvernement royal à briser l'opposition des privilégiés ; mais aussi dans le fait que le peuple français n'avait plus confiance en des réformes imposées par le pouvoir. Conscient de sa force, le peuple voulait participer lui-même à l'élaboration des réformes, il désirait que celles-ci fussent dictées, par la « volonté nationale ». Le mot de « Nation » venait en effet d'apparaître. Nous avons vu l'usage qu'en font les États de Romans. Et avant d'aborder l'étude des institutions révolutionnaires, il est nécessaire de nous demander comment on comprenait en 1789 la notion d'État et l'idée de Nation.

II

LA NOTION D'ÉTAT ET L'IDÉE DE NATION EN 1789[1]

Peut-être moins sous l'influence des idées des philosophes que sous la pression de la réalité des faits, singulièrement des transformations économiques, la notion d'État avait évolué depuis le XVIIe siècle. Louis XIV déclarait : « L'État, c'est moi », et ce faisant, s'imaginait avoir tous les droits, y compris celui de disposer librement de la propriété et de la vie de ses sujets. Louis XVI n'aurait sans doute plus osé énoncer pareil adage. Les idées de Grotius, de Locke, de Voltaire, des encyclopédistes et des physiocrates avaient tellement pénétré les esprits de la classe dirigeante, la notion de propriété s'était à ce point affermie qu'on admet communément, à la veille de la Révolution, l'existence au-dessus de l'État de droits naturels imprescriptibles, au premier rang desquels se trouve la propriété — la propriété, d'ailleurs, étroitement liée à la liberté.

---

1. OUVRAGES A CONSULTER. — P. Bastid, *Sieyès et sa pensée* (Paris, 1939, in-8º) ; A. Mathiez, *La Révolution française et la théorie de la dictature*, dans la *Revue historique*, t. CLXI (1929), p. 304-315 ; C. Roy, *Du pouvoir constituant dans les différentes constitutions de la France et dans les principales législations étrangères* (Poitiers, 1893, in-8º), thèse de droit ; Ph. Sagnac, *La législation civile de la Révolution* (Paris, 1898, in-8º) ; F. Zweig, *Die Lehre vom Pouvoir constituant* (Tübingen, 1909, in-8º). — QUESTIONS A ÉTUDIER : A. Mathiez a attiré l'attention des historiens sur la notion de pouvoir constituant et l'a analysée chez Sieyès. Il serait intéressant de reprendre la question, notamment en ce qui concerne les autres écrivains politiques de la fin du XVIIIe siècle.

Qu'est-ce en effet que la propriété si ce n'est la liberté d'user et d'abuser de ce qui vous appartient ? La préoccupation de la majorité des révolutionnaires de 1789 est donc de réduire le plus possible les attributions de l'État.

Seuls les disciples peu nombreux de Rousseau, appuyés, il est vrai, par la grande masse inconsciente des prolétaires de l'agriculture, de l'artisanat et de l'industrie pensent, au contraire, à donner à l'État une puissance nouvelle et estiment que le droit de propriété n'est pas supérieur ou antérieur à l'État, mais lui doit d'exister ; ils jugent même que l'État est supérieur à la religion et peut la changer s'il le désire. Mais les hommes politiques qui appartiennent à cette tendance ne pourront se faire entendre avant 1793, et, aux environs de 1789, on oppose généralement à l'État la volonté de la Nation.

Qu'est-ce que la Nation ? Sieyès répond que c'est un corps d'associés, vivant sous une loi commune, formé par le droit naturel et représenté par une même législature. Le roi fait partie de la nation, il ne s'identifie plus avec l'État. La souveraineté est partagée entre le roi et le peuple. Dès le 10 septembre 1788, l'intendant du Dauphiné ouvrait les États de Romans en déclarant que le « roi... n'attend... que le vœu de la nation » pour lui donner de meilleures institutions. C'est ainsi que la souveraineté nationale prend place dans l'État à côté de la souveraineté royale.

A côté de la souveraineté royale ? Beaucoup pensent qu'il faudrait dire : au-dessus de la souveraineté royale. C'est tout au moins l'opinion de Sieyès, qui écrit : « La nation existe avant tout, elle est l'origine de tout ; sa volonté est toujours légale ; elle est la loi elle-même. Avant elle et au-dessus d'elle, il n'y a que le droit naturel. » Sieyès — et son opinion est importante, car il eut une influence capitale sur l'œuvre de l'Assemblée constituante — distingue trois échelons de lois : d'abord les lois naturelles qu'il n'est au pouvoir de quiconque de modifier ; ensuite les lois constitutionnelles, qui sont en quelque sorte l'application pratique des lois naturelles : seule la nation peut les changer, car seule elle possède le pouvoir constituant ; enfin, les lois ordinaires, confectionnées par les représentants de la nation et le roi (qui n'est lui-même, au fond, qu'un représentant du peuple). Ces lois ordinaires doivent être aussi rares que possible, car les pouvoirs du roi, des représentants du peuple, et de l'administration, c'est-à-dire, en fin de compte, de l'État, sont limités au maximum par les lois naturelles et par la constitution.

Cette distinction entre pouvoir constituant et pouvoir constitué a été un trait de génie de Sieyès. Elle permettra d'accorder au corps constituant des pouvoirs exceptionnels, vraiment dictatoriaux, tout en ne concédant à l'État que des attributions restreintes.

Le pouvoir constituant, explique Sieyès, résulte d'une délégation spéciale et directe du peuple, pour la rédaction de la constitution. Il n'est limité que par le droit naturel — que Sieyès cherche d'ailleurs à définir dans son projet de déclaration des droits. Mais ce droit mis à part, « non seulement la nation n'est pas soumise à une constitution (même pas à celle qu'elle aurait pu faire antérieurement par ses délégués munis du pouvoir constituant), mais elle ne peut pas l'être... ». L'assemblée des représentants du peuple ne doit tenir aucun compte de la division en « ordres », vestige de la féodalité ; le vote doit avoir lieu par tête. Mais à quelles conditions la constitution sera-t-elle valable ? Va-t-on requérir l'unanimité ? Sieyès ne le pense pas. La majorité doit suffire pour établir la constitution, car les hommes, lorsqu'ils ont formé une société, ont implicitement accepté de se soumettre à la majorité. « Une association politique, écrivait Sieyès est l'ouvrage de la volonté unanime des associés ; son établissement est le résultat de la volonté de la pluralité. Toutefois il faudra éviter de modifier les lois constitutionnelles. C'est pourquoi Sieyès propose d'entourer le pouvoir constituant d'un grand prestige, et de rendre difficile la modification des lois constitutionnelles, d'entourer la constitution d'une solide barrière, ou encore d'envisager la réunion d'assemblées constituantes à des époques fixes, mais éloignées.

Les idées de Sieyès eurent, nous l'avons dit, une influence considérable sur les débuts de l'Assemblée constituante. Le règlement royal du 24 janvier 1789, satisfait en partie aux revendications de Sieyès ; il accorde le doublement du Tiers avec représentation non seulement des villes, mais des campagnes, et la délégation du clergé comprend des députés élus par les curés.

C'est sur la proposition de Sieyès que le Tiers se proclamera « Assemblée nationale » les 10, 15 et 17 juin 1789, et c'est encore sous son inspiration que sera rédigé le serment du Jeu de paume. L'importance de la doctrine de Sieyès apparut surtout lorsque le roi refusa de promulguer les décrets du 4 août. C'est alors que l'Assemblée affirma la supériorité du pouvoir constituant, qu'elle déclara que les lois constitutionnelles étaient applicables immédiatement, et, par conséquent, échappaient à tout veto royal. Le pouvoir constituant différait donc des pouvoirs ordinaires, puisqu'il concentrait en lui à la fois le législatif et l'exécutif (certains diront même le judiciaire).

Le 27 août, Camus demanda qu'on lût à l'Assemblée tous les articles des cahiers relatifs à la future constitution, en hommage à la souveraineté nationale, et à titre d'avertissement pour Louis XVI. Le 29 août, on exposa à la tribune un projet de constitution où il était dit que la sanction royale n'était point nécessaire pour la constitution. Le 7 septembre, le vicomte de Beauharnais distingua nettement, comme le faisait Sieyès, les « assemblées nationales constituantes » des « assemblées législatives ». Le 14 septembre, ce sont Mirabeau et Barnave qui proclament la supériorité des lois constitutionnelles sur le pouvoir royal : « Lorsque à la dernière séance, vous les avez envoyées à la sanction, c'est à la promulgation que vous avez entendu les présenter... »

Le roi essaya de discuter. Le député Chasset répliqua le 18 septembre : « Les arrêts du 4 août sont des objets de pure constitution, ce sont des productions du pouvoir constituant ; ils sont susceptibles d'une sanction pure et simple, c'est-à-dire la signature du roi, le sceau du royaume et la promulgation. » Robespierre ajouta que la sanction royale devait seulement constituer

« l'authenticité » des décrets, non leur « approbation ». Et Barnave, quelques jours plus tard, montre que le roi ne pouvait refuser la constitution, « autrement un seul homme, parce qu'il est le chef de la nation aurait le droit de lui dire : voilà votre volonté, ce n'est pas la mienne. Voilà vos moyens d'être heureux et libres, je ne les adopte pas ». Le conflit ne se termina que par l'intervention du peuple de Paris, qui le 4 octobre, marcha sur Versailles et, le 5, ramena Louis XVI dans la capitale. Le roi dut alors céder, en apparence du moins, car il expédia une protestation secrète au roi d'Espagne. Mais dès lors il approuva tous les textes constitutionnels.

Ainsi, à partir du 5 octobre 1789, la théorie de Sieyès est passée dans les faits. L'Assemblée constituante, représentant la nation souveraine, exerce une véritable dictature légale au nom du pouvoir constituant : c'est en vertu de ce pouvoir qu'elle va doter la France d'institutions nouvelles après avoir déterminé tout d'abord quels étaient les « droits naturels », supérieurs à l'État, au roi et à la volonté même de la nation, en rédigeant la *Déclaration des droits de l'homme et du citoyen.*

CHAPITRE III

LA DÉCLARATION DES DROITS DE L'HOMME ET DU CITOYEN[1]

I

LES ORIGINES[2]

Que la *Déclaration des droits de l'homme et du citoyen* ait été, selon les idées du siècle, la transcription des droits naturels imprescriptibles, supérieurs à la volonté de la nation elle-même, personne ne le nie.

Les constituants, malgré leur apparente irreligiosité et en dépit des railleries

---

1. BIBLIOGRAPHIE GÉNÉRALE. — On trouvera des comptes rendus des débats relatifs à la *Déclaration des droits* dans le *Procès-verbal de l'Assemblée constituante* et dans les *Archives parlementaires*. Voir aussi les principaux journaux : les *Révolutions de Paris* ; le *Courrier de Provence*, de Mirabeau ; le *Point du jour* ; le *Mercure de France*, etc., et les mémoires de La Fayette, Malouet, Bailly, etc. Les textes essentiels ont été publiés par E. Blum, *La déclaration des droits de l'homme, texte et commentaire* (Paris, 1902, in-8º), et par Bouchary, *La Déclaration des droits de l'homme et du citoyen et la constitution de 1791* (Paris, 1946, in-8º). Voir aussi A. Aulard et Mirkine-Guetzévitch, *Les déclarations des droits de l'homme et du citoyen* (Paris, 1929, in-8º). Consulter E. Bourgeois et A. Métin, *La déclaration des droits de l'homme et du citoyen* (Paris, 1900, in-8º) ; M. Deslandres, *Histoire constitutionnelle de la France de 1789 à 1870*, t. I (Paris, 1932, in-8º) ; Fany, *Études sur les déclarations des droits* (Paris, 1938, in-8º).

2. OUVRAGES A CONSULTER. — A. Aulard, *La révolution française et la révolution américaine*, dans le recueil de ses *Études et leçons*, t. VIII (Paris, 1921, in-16) ; le comte Bégouen, *Les élections aux États-généraux de 1789 dans la sénéchaussée de Castelnaudary*, dans le *Bulletin de la Soc. scientifique de l'Aude*, 1939, p. 136-151 (contient un projet de déclaration rédigé par Cafarelli du Falga) ; Borgeaud, *Établissement et révision des constitutions en Amérique et en Europe* (Paris, 1893, in-8º) ; J. Egret, *La révolution des notables, Mounier et les monarchiens* (Paris, 1950, in-8º) ; G. Jellinek, *Die Erklärung der Menschen-und Bürgerrechte* (Leipzig, 1896, in-8º, 53 p. ; trad. franç., Paris, 1902, in-8º ; 2ᵉ éd. allemande, 1904) ; E. Boutmy, *La Déclaration des droits de l'homme et du citoyen et M. Jellinek*, dans les *Annales des Sciences politiques*, t. XVII (1902), p. 415-443 ; Jellinek, *Réponse à M. Boutmy*, dans la *Revue de droit public*, t. XVIII (1902), p. 385-400, et dans la 2ᵉ édition du livre (1904) ; voir encore, à propos de cette controverse : G. Chinard, *Notes of the french translations of the « Forms of government or constitutions of several United States » 1778-1783*, dans le *Yearbook of the American philosophical Society*, 1943, p. 88-106 ; Klövekorn, *Zur Entstehung der Erklärung der Menschen- und Bürgerrechte* (Berlin, 1911, in-8º, fasc. 90 des « Historische Studien » d'Ebering) ; Georges Lefebvre, *Quatre-vingt-neuf* (Paris, 1939, in-8º) ; V. Marcaggi, *Les origines de la Déclaration des droits de l'homme de 1789* (Paris, 1904, in-8º). — QUESTIONS A ÉTUDIER : Il serait utile de rechercher les projets de déclarations des droits qui ont pu être rédigés en même temps que les Cahiers de doléances. Celle que M. le comte Bégouen a retrouvée et publiée (voir ci-dessus) en 1939 montre qu'on peut faire encore des découvertes dans ce domaine. Une étude comparative de tous ces projets pourrait être fort instructive.

voltairiennes, avaient tous été élevés par l'Église, et sans doute, ne pouvaient-ils concevoir une société qui ne fût régie par un décalogue, transposition dans l'ordre civil et politique des commandements de Dieu. Mais cette attitude, en quelque sorte inconsciente, a pu être renforcée chez eux par des exemples étrangers, par la tradition politique française et par les ouvrages des philosophes.

La Déclaration d'indépendance des États-Unis, du 4 juillet 1776 avait éveillé en France une grande sympathie. Mais c'était une déclaration visant une situation très particulière, et les droits généraux de l'homme n'y étaient que rapidement rappelés en un seul paragraphe. Ces droits, c'étaient l'égalité, le droit à la vie et au bonheur, le droit d'établir un nouveau gouvernement ou une nouvelle constitution.

Ce n'est pas cette brève énumération, banale au demeurant, qui a pu servir de modèle à la *Déclaration des droits de l'homme*. Mais la Déclaration d'indépendance a été accompagnée, ou suivie par de nombreuses déclarations des droits, qui précèdent les constitutions des différents États américains. Celles de Virginie, de Maryland, de Caroline du Nord furent promulguées en 1777, celle du Vermont en 1779. Le Massachusetts adopte la sienne en 1780 et le New Hampshire en 1784. Certes, si on examine l'ensemble des six déclarations, on doit reconnaître qu'on y trouve déjà la plupart des articles de la déclaration française, mais rien ne prouve que les constituants français se soient inspirés d'un ensemble assez mal connu en France en 1789. De plus, il y a une différence essentielle entre les déclarations américaines et la déclaration française. Les déclarations américaines, tout imprégnées de pragmatisme, sont conçues pour être invoquées devant les tribunaux par les citoyens lésés. Au contraire, la Déclaration française de 1789 est un véritable morceau oratoire ; c'est un exposé de principes philosophiques et politiques. S'il y a donc eu influence, on ne saurait retenir l'idée d'une imitation servile.

On doit rejeter aussi toute idée de copie de certains articles de la célèbre *Pétition des droits*, rédigée par le Parlement d'Angleterre en 1689. Encore moins faut-il penser, comme certains l'ont suggéré, qu'il y ait trace dans la Déclaration française d'une influence exercée par les idées protestantes, qui y auraient pénétré précisément par l'intermédiaire des déclarations américaines.

Plus sérieuse est l'opinion de ceux qui veulent rattacher la Déclaration de 1789 aux précédents historiques français. Les anciens États généraux, les cours souveraines avaient, depuis le moyen âge, souvent publié des déclarations faisant allusion à des « lois fondamentales » de l'État ou même à des « droits imprescriptibles » de l'homme. Parmi les constituants, on compte nombre de parlementaires, d'hommes imbus des vieilles traditions juridiques et historiques de la France, Adrien Du Port, par exemple, conseiller au Parlement de Paris, Durand-Maillane, autre parlementaire, les célèbres avocats Thouret, de Rouen et Tronchet, de Paris, pour ne citer que les plus réputés. Comment croire que ces hommes n'ont pas songé, en rédigeant la Déclaration de 1789, aux actes célèbres qui jalonnent l'histoire de France ? Dès 1355, les États généraux avaient fait entendre, au nom de la liberté, une protestation contre le « droit de prise », c'est-à-dire de réquisition royale. Aux États de 1484, Philippe Pot et Masselin avaient déclaré que le peuple « a le droit d'administrer le royaume par ceux qu'il a élus » et le droit de consentir l'impôt. Mais ce sont surtout les remontrances des cours souveraines, pendant le XVIIIe siècle, qui annoncent la Déclaration des droits de l'homme. Les remontrances du Parlement de Paris, en 1755, font allusion aux lois fondamentales du royaume, « qui sont immuables » et celles du 4 mars 1776 exposent que « la première règle de la justice est de conserver à chacun ce qui lui appartient, *règle fondamentale du droit naturel...* ». Le 18 février 1771, la Cour des aides avait déclaré, de son côté : « Dieu ne place la couronne sur la tête des rois que pour procurer aux sujets la *sûreté* de leur vie, la *liberté* de leur personne et la tranquille *propriété* de leurs biens, Il existe en France... quelques droits *inviolables* qui appartiennent à la nation.

Enfin, un an à peine avant la réunion des États généraux, le 3 mai 1788, le Parlement de Paris énumérant de nouveau des lois fondamentales du royaume signalait le droit d'accorder des subsides, l'inamovibilité des magistrats. « le droit de chaque citoyen de n'être jamais traduit en aucune manière devant d'autres juges que ses juges naturels... et le droit, sans lequel tous les autres sont inutiles : celui de n'être arrêté par quelque ordre que ce soit que pour être remis sans délai entre les mains de juges compétents... ». Ne reconnaît-on pas dans ces différentes remontrances le style des hommes de 89 ?

L'influence des philosophes a certainement été considérable. Elle s'était d'ailleurs déjà fait sentir dans les déclarations des cours souveraines. C'est Grotius qui le premier a exposé le « droit naturel ». Pufendorf a précisé : « Les hommes étant tous égaux, sont tous également libres... De la liberté naturelle on conçoit chacun comme maître de soi-même et indépendant de toute autorité de ses semblables. » Ces principes sont peut-être connus de certains constituants par la lecture directe des œuvres de Grotius et de Pufendorf, mais la majorité est entrée en contact avec eux par l'intermédiaire de Locke, de Voltaire, de Rousseau, de l'*Encyclopédie* et surtout des physiocrates.

L'action des physiocrates a, sans nul doute, été prépondérante. Certains d'entre eux étaient d'ailleurs membres de la Constituante. Ce sont eux qui avaient eu l'idée d'un « code de la nature », c'est-à-dire d'un ensemble de lois qu'on ne pourrait violer en vain : La Déclaration de 1789 ne constituait-elle pas un tel code ? A la base de ce code, ils plaçaient, à la différence de Rousseau, la propriété, premier des droits naturels. L'homme, disaient-ils, est d'abord propriétaire de sa personne. Il est donc libre. Et sa liberté ne s'arrête que lorsqu'elle nuit à autrui. La propriété foncière et mobilière est la conséquence directe de la propriété de la personne. Condorcet, qui avait été l'ami de Turgot et se classait parmi les physiocrates les plus remarquables, demandait dans une brochure intitulée *Idées sur le despotisme* et publiée en 1788, qu'on réunît tous ces droits naturels de l'homme en une déclaration qui serait proclamée « avec solennité » et établirait « que la puissance législative ne pourra, sous quelque forme qu'elle soit instituée, rien ordonner de contraire à aucun de ces articles ». Et, dans un autre ouvrage publié en 1789, les *Réflexions sur les pouvoirs à donner par les provinces à leurs députés aux États généraux,* Condorcet conseillait de « refuser tout secours pécuniaire, à quelque titre que ce soit, avant que les droits de la nation ne soient reconnus et constatés... Des hommes qui n'en jouiraient pas ne seraient pas libres, la charte qui constate leur reconnaissance est le premier devoir des États généraux... ». Mirabeau, qui se rattache aussi à l'école physiocratique, professe de semblables idées.

Il n'est donc pas étonnant que de nombreux « cahiers » aient expressément exigé des députés aux États généraux la rédaction d'une « déclaration des droits de l'homme » qu'on oppose le plus souvent aux « droits féodaux ». C'est le Tiers de Draguignan qui écrit : « Au moment de la renaissance des droits de l'homme, de la liberté civile et individuelle, l'abolition des vestiges de la servitude de nos pères est un acte bien digne du gouvernement... Les droits seigneuriaux offensent l'homme comme homme... (il faut) espérer que S. M. et les États généraux rétabliront l'homme dans ses droits primitifs sacrés... et imprescriptibles, en abolissant tous ces droits qui l'avilissent... » Le Tiers du Poitou déclare : « Il n'est que temps de rédiger dans une charte, égide des droits de la nation, les articles nécessaires pour assurer à chaque citoyen sa liberté et sa propriété... » La noblesse même de Paris prescrit à ses députés de demander « qu'il soit fait avant tout une déclaration explicite des droits qui appartiennent à tous les hommes et qu'elle constate leur liberté, leur propriété, leur unité... ». La noblesse des Béziers ne s'exprime pas différemment : « Que l'assemblée générale s'occupe, comme d'un objet vraiment préliminaire de l'examen, la rédaction et la déclaration des droits de l'homme et du citoyen, déclaration qui servira de base à toutes les lois, soit politiques, soit civiles, qui pourront émaner, tant à présent qu'à l'avenir de toutes les assemblées nationales... »

Certains cahiers — ceux du Tiers de Paris, de Nevers, de Chavannes, de Rennes — contiennent même des projets de déclaration. Mais le cahier le plus précis de tous, à cet égard, est celui du Tiers de Nemours rédigé par l'économiste Dupont de Nemours. La Déclaration, dit-il, sera enregistrée dans tous les tribunaux, publiée plusieurs fois l'année dans toutes les églises, insérée dans tous les livres destinés à l'éducation de la première enfance... Que nul ne puisse être reçu ni installé dans aucune charge, place ou office de judicature, de magistrature ou d'administration, sans avoir, en présence de la compagnie ou de l'officier qui le recevra, répété de mémoire cette déclaration et fait le serment d'y conformer sa conduite...

II

LES TRAVAUX PRÉPARATOIRES ET LA DISCUSSION[1]

Aussitôt que l'Assemblée nationale se fût déclarée constituante, elle aborda, comme beaucoup de cahiers le demandaient, la rédaction de la *Déclaration des droits de l'homme*. L'assemblée se trouvait en présence, non seulement des projets contenus dans les cahiers, mais d'une vingtaine de projets élaborés par les députés : Le 9 juillet, elle prenait connaissance d'un projet rédigé par Mounier au nom du Comité de constitution ; le 10, elle recevait ceux de La Fayette, de Lally-Tollendal et de Servan, le 21 celui de Sieyès, le 27 celui de Clermont-Tonnerre, synthèse des cahiers ainsi que ceux de Target et de Champion de Cicé parlant au nom du Comité de constitution. Le 1er août, Thouret et Crenière déposaient leurs projets à la tribune, le 4 août, Sieyès et Gouge-Carton faisaient connaître les leurs, en même temps que le sixième bureau de l'Assemblée présentait le sien. Le 12 août, on entendait ceux de Bouché et de Rabaud Saint-Étienne, le 17 ceux de Mirabeau et du Comité des cinq, le 21 enfin celui de Boislandry.

Ces projets sont inégalement intéressants ; beaucoup se ressemblent d'ailleurs ; presque tous, en tout cas, sont profondément imprégnés des idées des physiocrates. Deux d'entre eux seulement, ceux de Servan et de Crenière, ont été inspirés par la philosophie de Rousseau. Pour eux, les droits naturels, imprescriptibles, inviolables et sacrés comprennent le droit pour chaque citoyen de concourir à l'organisation des pouvoirs publics, de fixer la composition et la durée des assemblées nationales et le droit de voter l'impôt. Ni la propriété ni la liberté ne figurent au nombre des droits naturels chez Servan ou chez Crenière.

Les autres auteurs placent, au contraire, la liberté au premier plan. Pour Thouret, c'est de la propriété que dérivent tous les autres droits. Pour Condorcet, les droits fondamentaux sont la liberté, la propriété, la sûreté. Mounier, Target, Rabaud Saint-Étienne, Boislandry partagent à peu près la même opinion. Un des projets les plus importants est celui de Sieyès. Il comprend un exposé systématique, suivi d'une déclaration en trente-deux articles.

Sieyès recherche d'abord quel doit être le but de la société : il pense qu'elle doit donner à ses membres le bonheur. Comment atteindre ce but ? En assurant à chaque homme la liberté, qui lui permet la propriété de sa personne, puis celle des objets extérieurs, extension de la propriété personnelle. Le but de la loi sociale est « d'égaler le droit du faible et le droit du fort ». Sieyès distingue ensuite les « droits civils » — propriété, liberté, sûreté — des « droits

---

[1]. OUVRAGES A CONSULTER. — Outre ceux de la p. 26, Walch, *La déclaration des droits de l'homme, travaux préparatoires* (Paris, 1903, in-8º).

politiques ». Si les droits civils sont possédés par tous, il n'en est pas de même des droits politiques, qui n'appartiennent qu'à quelques-uns, les « citoyens actifs ». Il appelle ainsi ceux qui versent une contribution « volontaire » modique, comme signe d'un intérêt « effectif » et d'une participation réelle aux affaires Sieyès place encore dans sa déclaration la liberté de penser, de parler ou de se taire, la liberté du travail. Sieyès ne parle pas de la résistance à l'oppression. Nul ne doit résister à la loi, ni à la police, qui a pour rôle de la faire appliquer. Mais tout ordre arbitraire ou illégal sera sévèrement puni. Par qui ? Sieyès ne le précise pas. Le projet de Sieyès est donc typiquement libéral et aurait encore pleinement satisfait la bourgeoisie individualiste qui détenait le pouvoir sous Louis-Philippe.

Certains députés, Camus, l'abbé Grégoire, Lubersac, évêque de Chartres, le duc de Lévis proposèrent de joindre à la déclaration des droits une déclaration des devoirs. Lubersac affirmait que l'expression « si flatteuse de droits » devait être accompagnée des « devoirs comme correctifs ». L'abbé Grégoire affirmait que l'homme était plus porté à user de ses droits qu'à remplir ses devoirs. On leur répliqua que toute précision à cet égard était inutile, car les devoirs résultaient des droits et que les devoirs seraient fixés par la constitution.

Dès le 9 juillet, un comité avait été chargé d'examiner tous ces projets et de préparer le texte qui serait soumis à l'Assemblée. Un nouveau Comité de constitution fut élu le 14 juillet. Il fit un premier rapport les 27 et 28 juillet et proposa à l'Assemblée de voter la *Déclaration des droits* avant d'examiner les textes constitutionnels proprement dits. Cette proposition était dictée, non seulement par les prescriptions de plusieurs cahiers importants, mais aussi par une tactique révolutionnaire, parce qu'il s'agissait de consolider au plus tôt par un texte solennel les premiers résultats de la Révolution.

La bataille s'engagea entre patriotes et ceux qu'on appelait déjà les aristocrates sur cette question de l'urgence d'une déclaration des droits. Les patriotes citaient l'exemple des Américains et affirmaient qu'il était indispensable d'établir, pour commencer, un véritable « catéchisme national ».

Malouet défendit les royalistes. « La déclaration, étant écrite dans tous les cœurs », disait-il, « n'était pas nécessaire pour rompre les fers de la tyrannie ». Il l'estimait en outre dangereuse, car elle allait proclamer un certain nombre de principes qui pourraient être profondément modifiés par les lois positives. « Si vous n'indiquez aucune restriction, pourquoi offrir aux hommes l'usage de droits dont ils ne peuvent jouir dans toute leur étendue ? » Il ajoutait que les Français étaient mal préparés à cette proclamation, qu'ils n'avaient pas, comme les habitants des États-Unis, une longue habitude de l'égalité et de la propriété, que la déclaration pourrait provoquer des troubles. Mirabeau lui-même partageait cette opinion : « C'est un voile qu'il serait imprudent de lever tout à coup, c'est un secret qu'il faut cacher au peuple jusqu'à ce qu'une bonne constitution l'ait mis en état de l'entendre sans danger... » Beaucoup d'autres députés étaient de cet avis. Gaultier de Biauzat, député du Tiers de Clermont-

Ferrand, écrivait à ses commettants : « Nous avions pensé qu'il était inutile et dangereux d'insérer une déclaration des droits de l'homme dans une constitution. »

Après une journée de débats on put croire que les aristocrates allaient triompher. Leur victoire aurait signifié sans doute le maintien des privilèges, la création par la constitution d'une Chambre haute, comme en Angleterre. Un certain nombre de députés du Tiers les soutenaient pour sauver les privilèges de leurs villes. La proclamation de l'égalité des droits entraînait, au contraire, *ipso facto* la disparition de tous les privilèges.

Par un véritable paradoxe, ce sont de jeunes nobles, libéraux naturellement, qui emportèrent le vote de principe en faveur de la Déclaration. Le 1er août, le comte de Montmorency déclara : « L'objet de toute constitution politique, comme de toute union sociale ne peut être que la conservation des droits de l'homme et du citoyen. Les représentants du peuple se doivent donc à eux-mêmes, pour guider leur marche, ils doivent à leurs commettants..., à leurs successeurs..., aux autres peuples... ; ils doivent enfin, sous tous les rapports, donner à leur patrie comme préliminaire indispensable de la constitution, une déclaration des droits de l'homme et du citoyen. » Le comte de Castellane parla à peu près dans les mêmes termes. Non seulement la déclaration serait une arme contre l'arbitraire royal, mais elle mettrait fin aux troubles révolutionnaires qui désolaient les campagnes : « Le vrai moyen d'arrêter la licence était de poser les fondements de la liberté. » Ce dernier argument semble avoir eu une forte influence sur l'Assemblée, car c'est le 4 août, quelques heures avant de voter l'abolition de la féodalité, et dans la même intention — afin d'apaiser les jacqueries — que la Constituante vota le principe qu'une déclaration des droits précéderait la constitution et serait établie d'urgence.

Après ce vote de principe, la Constituante se demanda si elle prendrait pour base de ses travaux le projet de Mounier ou celui de Sieyès. Finalement, elle confia à un nouveau comité de cinq députés le soin d'examiner les différents projets, de les fondre en un seul et de présenter son travail le 17 août. Mirabeau lut cette synthèse au jour dit, mais elle suscita de violentes critiques et de vives objections : L'abbé Grégoire demandait qu'on rappelât dans le préambule l'existence de Dieu ; Rabaud Saint-Étienne et le duc de Lévis trouvaient confus le texte proposé.

Le lendemain, 18 août, l'Assemblée décida que le Comité prendrait pour base de son nouveau travail les projets présentés par La Fayette, Sieyès et le sixième bureau (il s'agissait d'un des trente bureaux entre lesquels les membres de l'Assemblée avaient été dès le début répartis) ; puis on discuta pour savoir si la déclaration serait présentée sous forme d'articles comme le demandaient La Fayette et Mounier, ou si elle aurait une forme raisonnée, selon le vœu de Sieyès. La majorité préférait une série d'articles. Le 19 août, la Constituante adopta presque tout le projet du sixième bureau. Il se composait de vingt-quatre articles clairs, précis, concis, rédigés en grande partie sous l'inspiration de l'archevêque de Bordeaux, Champion de Cicé, un libéral. Mais, au cours de la discussion, beaucoup de ces articles devaient être totalement transformés. Certains furent abrégés ; plusieurs autres furent joints ; d'autres encore, furent, au contraire, divisés ; enfin on coiffa le tout d'un préambule, œuvre de Mounier et de Mirabeau.

Parmi les questions qui donnèrent lieu aux plus vives controverses, figurait d'abord la question religieuse. Le projet de préambule contenait les mots : « En présence du législateur suprême de l'univers. » Laborde de Méréville demanda qu'il ne fût pas question de Dieu. « L'homme, dit-il, tient ses droits de la nature ; il ne les reçoit de personne. » Malgré cette protestation, la Constituante maintint une invocation à l'Être suprême jugeant indispensable une telle invocation pour rallier la grande masse des Français, profondément catholiques. Quant à ceux qui ne professaient point le catholicisme, ils étaient déistes et ne pouvaient s'offusquer du terme « Être suprême ». Enfin, il ne faut pas oublier que les membres du clergé composaient le quart de l'Assemblée.

Le clergé aurait voulu d'ailleurs que la Déclaration reconnût le catholicisme comme religion d'État. Il n'admettait même la tolérance que sous une forme très détournée : « Tout citoyen qui ne trouble pas le culte établi ne doit point être inquiété. » Mirabeau protesta. Il déclara que la tolérance elle-même ne pouvait se défendre, que c'était la liberté de conscience qu'il fallait inscrire dans la Déclaration : « La liberté la plus illimitée de religion est, à mes yeux, un droit si sacré que le mot tolérance qui voudrait l'exprimer me paraît en quelque sorte tyrannique lui-même, puisque l'existence de l'autorité qui a le pouvoir de tolérer attente à la liberté de penser, par cela même qu'elle tolère et qu'ainsi elle pourrait ne pas tolérer. » Et quand l'article, si restrictif, sur la tolérance eut été voté, il écrivit dans le *Courrier de Provence* : « Nous ne pouvons dissimuler notre douleur que l'Assemblée Nationale, au lieu d'étouffer le germe de l'intolérance, l'ait placé, et comme en réserve, dans une Déclaration des droits de l'homme. » Mirabeau démontrait que cet article pouvait permettre l'interdiction du culte public aux non-catholiques.

C'est aussi ce que le pasteur protestant Rabaud Saint-Étienne montra à la tribune. Finalement, l'Assemblée décida de modifier l'article qu'elle avait déjà voté, et sur la proposition du comte de Castellane, adopta le libellé suivant : « Nul ne peut être inquiété pour ses opinions, même religieuses, pourvu que leur manifestation ne trouble pas l'ordre public établi par la loi. »

Après cette longue et vive discussion, l'Assemblée vota, le 26 août, sur la proposition d'Adrien Duport, l'article 17 qui définissait le droit de propriété. Le lendemain, le comte de Montmorency proposa un article prévoyant le droit de réviser la constitution. Cette motion fut ajournée, mais sur la proposition de Bouché, la Constituante proclama que la *Déclaration des droits de l'homme et du citoyen* n'était « pas finie ». Si, dans le cours de la discussion de la constitution, l'Assemblée relevait quelque article qui méritât « d'être inséré dans la Déclaration », elle pourrait modifier son œuvre. En fait, lorsque à la veille de se séparer, en août 1791, on proposa de réviser la Déclaration, Thouret répliqua que c'était impossible, que la Déclaration était connue de tout le peuple sous sa forme primitive, qu'elle avait acquis un caractère « religieux et sacré » auquel il serait désormais dangereux de toucher. La *Déclaration des droits de l'homme et du citoyen* est donc restée telle qu'elle a été votée du 20 au 26 août 1789.

III

ANALYSE DE LA DÉCLARATION DES DROITS[1]

Sous sa forme définitive, la *Déclaration* comprend un préambule et dix-sept articles qui ne sont pas disposés avec un grand souci de la logique. Le préambule, œuvre majestueuse et déclamatoire a été rédigé par Mounier et Mirabeau, sauf l'invocation à l'Être suprême qui a été ajoutée par un amendement de l'Assemblée. On peut joindre au préambule l'article 2 qui définit les « droits naturels et imprescriptibles de l'homme » d'après les idées de Grotius, Locke et des physiocrates : ce sont la liberté, la propriété, la sûreté et la résistance à l'oppression.

A la liberté sont consacrés de nombreux articles. L'article 1 déclare que les hommes naissent et demeurent libres ; les articles 4 et 5 précisent que la liberté est le droit de faire tout ce qui ne nuit pas à autrui, que ses bornes ne peuvent en être déterminées que par la loi. Les articles 7 à 9 établissent les bases de la liberté individuelle ; ils seront repris par le code pénal et le code de procédure criminelle. Tout homme est présumé innocent jusqu'à ce qu'il ait été reconnu coupable ; la loi ne peut avoir d'effet rétroactif, elle ne peut prescrire que les peines nécessaires, idées empruntées tant aux philosophes anglais de la fin du XVIIe siècle, qu'au célèbre criminaliste italien Beccaria. La liberté d'opinion est définie par les articles 10 et 11, la liberté de la presse par l'article 11. Robespierre avait protesté contre les restrictions contenues dans cet article, qui fait allusion aux « abus » de la liberté d'opinion ; il avait demandé, mais en vain, qu'on déclarât la presse libre, sans restriction. La Déclaration ne mentionne ni la liberté du domicile, ni la liberté des cultes, ni celle de l'industrie ou du commerce, ni la liberté de réunion, ni la liberté d'association, ni la liberté d'enseignement.

L'égalité est inscrite dans l'article 1 : « Les hommes naissent... égaux » ; mais elle ne figure pas dans l'énumération des « droits imprescriptibles ». Sieyès avait d'ailleurs défini l'égalité comme s'appliquant aux « droits », et non aux « moyens » qui sont la manifestation de ces droits ; or nous avons vu qu'il

---

1. OUVRAGES A CONSULTER. — Outre ceux des p. 26 et 30, voir Georges Lefebvre, *Quatre-vingt-neuf* (Paris, 1939, in-8°). — QUESTIONS A ÉTUDIER : L'accueil fait à la *Déclaration des droits de l'homme* en France et à l'étranger n'a été, jusqu'à présent l'objet d'aucune étude approfondie. L'examen des journaux d'août et septembre 1789 pourrait fournir un solide point de départ à une telle étude.

en profitait pour établir l'inégalité politique, en distinguant les citoyens en deux groupes : les « citoyens actifs » et les « citoyens passifs ». L'article 6 pourtant précise que la loi est égale pour tous : il établit donc l'égalité judiciaire et précise qu'il n'y aura pas, pour l'admissibilité aux emplois, d'autres distinctions entre les citoyens que leurs capacités individuelles. L'égalité fiscale, qui avait fait couler tant d'encre depuis le milieu du XVIIIe siècle est consacrée par l'article 13, qui donne ainsi satisfaction à la revendication la plus répandue dans les cahiers de doléances.

Le droit de propriété, qui figure parmi les « droits naturels imprescriptibles », comme le demandaient les physiocrates, est définie selon leurs vœux à l'article 17 : la propriété est inviolable et sacrée. Ainsi ni l'influence de Rousseau qui pensait que la propriété a été créée par la loi, ni même celle de Montesquieu et de Voltaire, qui admettaient certaines restrictions au droit de propriété, n'ont pénétré dans la Déclaration. La Déclaration suppose que tous les citoyens sont propriétaires. Rédigée par des nobles ou des bourgeois, elle oublie la classe la plus nombreuse, celle des indigents, qui ne possèdent rien.

La souveraineté, déclare l'article 3, réside dans la nation. Il n'est donc plus question du roi, à moins qu'on ne considère celui-ci (c'était la tendance de la majorité des constituants) que comme un mandataire de la nation. Cette souveraineté nationale n'est pas divisible ; la nation ne pourra plus être fractionnée entre différents ordres ; ni les parlements ni aucun autre corps ne pourraient plus se prétendre les dépositaires de la souveraineté nationale. Celle-ci ne doit s'exercer que dans l'intérêt de ceux qui sont gouvernés, et non de ceux qui gouvernent.

L'article 6 définit la loi : elle est l'expression de la volonté générale. Elle établit elle-même l'ordre public (article 10), mais tout trouble apporté à l'ordre public doit être réprimé. Cette définition parut dangereuse à Robespierre, et même à Mirabeau. C'est là, écrivaient aussi les *Révolutions de Paris*, « une courroie qui s'étend et se resserre à volonté ». Elle servira « à tout intrigant qui sera parvenu à son poste, pour s'y maintenir ; on ne pourra ouvrir les yeux à ses concitoyens sur ce qu'il a fait, sur ce qu'il veut, sans qu'il dise qu'on trouble l'ordre public ».

Un article entier, l'article 16, est consacré à la séparation des pouvoirs : « Toute société dans laquelle la garantie des droits n'est pas assurée, ni la séparation des pouvoirs déterminée, n'a point de constitution. » C'était la traduction d'une des idées essentielles de Montesquieu. L'article fut voté malgré une certaine opposition, menée surtout par Robespierre. Montesquieu, lorsqu'il bâtissait sa théorie de la séparation des pouvoirs, avait en vue l'amoindrissement du pouvoir exécutif au profit du législatif et du judiciaire — dont il était un membre éminent. Les constituants firent le même raisonnement : pour eux, la séparation des pouvoirs était destinée à affaiblir le pouvoir royal ; elle ne devait d'ailleurs s'appliquer qu'aux « pouvoirs constitués », puisque, comme nous l'avons expliqué, dans le pouvoir constituant tous les pouvoirs se trouvaient confondus en droit, selon la théorie de Sieyès, et en même temps en fait, selon la plupart.

A côté de ces principes fondamentaux, quelques articles traitent de questions un peu moins importantes. L'article 12 déclare que l'armée est soumise à la nation : il s'agit d'empêcher le roi de renouveler le coup de force qu'il avait tenté le 12 juillet. L'article 13 précise que les impôts doivent être votés par la nation ou ses représentants ; il postule donc l'existence d'une représentation nationale. L'article 15 enfin établit la responsabilité des fonctionnaires : « La société a droit de demander compte à tout agent public de son administration. » Article très vague qui pose un principe général, mais n'entre pas dans les modalités d'application. Un citoyen, par exemple, aura-t-il le droit de poursuivre un fonctionnaire pour abus de pouvoir ?

On peut remarquer que la Déclaration énumère deux catégories de droits, les droits de l'homme et ceux de la nation. Les droits de l'homme sont exposés dans les articles 2, 4, 7, 8, 9, 10, 11, 17 : ce sont la liberté en général, plus particulièrement la liberté de penser, d'écrire, l'égalité et la propriété. Les droits de la nation sont contenus dans les articles 3, 6, 12, 13, 14, 15, 16. Ils comprennent la souveraineté nationale, le droit de faire la loi, d'organiser la force publique, de voter les contributions, d'avoir une représentation, de demander des comptes à ses agents et de diviser les pouvoirs publics.

Comme nous venons de le voir, cette Déclaration des droits est incomplète. Elle est en outre tendancieuse : elle est la transposition de l'idéal, non pas de la nation tout entière, mais d'une certaine fraction de celle-ci, qui a pris le pouvoir en juin et juillet 1789. Mais il convient surtout d'y distinguer des caractères négatifs, la Déclaration visant des abus très précis de l'Ancien Régime, et des caractères positifs la Déclaration formulant des principes essentiels du régime nouveau.

Aulard l'a fort bien dit, la Déclaration est avant tout une machine de guerre dressée contre l'Ancien Régime. Ses rédacteurs ont voulu abattre telle ou telle institution considérée par eux comme pernicieuse. D'abord le fondement même de l'absolutisme : la France n'est plus la propriété du roi, mais celle de toute la nation. Ce ne sera plus la volonté arbitraire du monarque ou d'un de ses ministres qui fera la loi, mais la volonté nationale. Les lettres de cachet et la torture sont implicitement abolis par la Déclaration. L'accès aux charges de l'État, aux fonctions publiques ne sera plus réservé aux seuls privilégiés : tous les citoyens y seront admissibles. L'insurrection du 14 juillet enfin n'est plus une révolte blâmable, c'est un acte louable de résistance à l'oppression. Ainsi la Déclaration des droits constitue d'abord l'acte de décès de l'Ancien Régime.

Aussi n'est-il pas étonnant que les différents articles aient reçu un développement proportionnel, non à l'importance théorique des principes qu'ils énoncent, mais à l'ampleur des abus qu'ils doivent réprimer, c'est-à-dire, en fin de compte, à la fréquence des doléances exprimées par les Cahiers. Si la liberté religieuse est à peine développée c'est que très peu de cahiers se plaignent du sort des protestants ou des juifs. Si le droit de propriété est considéré comme inviolable et sacré, sans autre définition, c'est que les idées des physiocrates avaient profondément pénétré dans le peuple français à partir de 1750 et que la monarchie elle-même ne contestait plus ce droit. En revanche, on établit minutieusement que les expropriations pour cause d'utilité publique donneront droit à une juste et préalable indemnité, parce que beaucoup de Cahiers se plaignent des lenteurs apportées par le gouvernement au règlement des indemnités et qu'on prévoit le rachat des droits féodaux. La Déclaration insiste sur la liberté individuelle, à cause de l'abus des lettres de cachet dont des philosophes, comme Voltaire, eurent à pâtir. Elle insiste sur la loi, parce qu'il faut l'opposer au « bon plaisir » du roi ; elle insiste sur l'égalité des droits parce que les Cahiers réclament l'admission de tous à tous les emplois.

Si la liberté de l'industrie et du commerce a été réservée c'est que, comme nous le verrons plus loin, les Cahiers, et par suite les députés, étaient très divisés sur ce point. Il n'est pas fait allusion à la liberté de réunion parce qu'on ne veut autoriser ni les coalitions ouvrières ni les grèves. La liberté d'association n'est pas mentionnée parce que les congrégations religieuses auraient pu l'invoquer : or les constituants désiraient, sinon les supprimer, du moins en réduire sérieusement le nombre. Le droit à la vie, au travail, donc à l'assistance n'est pas mentionné, non plus que le droit à l'instruction, ni la liberté d'enseigner, parce que, sous l'Ancien Régime, assistance et instruction publique étaient aux mains de l'Église et que très peu de Cahiers demandaient la modification de cette situation.

La Déclaration est donc une arme destinée à défendre les constituants et les classes qu'ils représentaient contre le despotisme du roi et de la minorité de privilégiés qui l'entouraient ; elle ne protège nullement les autres classes de la nation, notamment les pauvres, contre une éventuelle tyrannie de ceux qui désormais détiennent le pouvoir.

La Déclaration n'est pas seulement une arme contre l'Ancien Régime : c'est l'assise première de la société future. Et, en ce sens, elle dépasse souvent le but que ses rédacteurs se sont assigné. En voulant exposer des principes généraux, ils ont été bien au delà de ce qu'exigeait le régime oligarchique qu'ils voulaient construire.

Tout d'abord la Déclaration a une allure républicaine, alors qu'en 1789 il n'y avait sans doute pas un seul républicain dans l'Assemblée constituante. Les mots de roi, de monarchie ne sont pas prononcés. Il n'est question que du citoyen ou de la nation. La Déclaration implique le suffrage universel des hommes et des femmes, des blancs et des noirs : or les constituants avaient la ferme intention d'appliquer un étroit suffrage censitaire. La Déclaration suppose l'abolition de l'esclavage ; nulle part il n'est spécifié que les droits de l'homme ne sont pas valables aux colonies ; au contraire, les rédacteurs ont insisté sur leur caractère universel.

L'égalité des droits peut avoir sur plusieurs points une portée que les constituants n'avaient pas soupçonnée. Ne s'appliquera-t-elle pas, par exemple, au droit de propriété ? Mais si ce droit est égal pour tous, il sera nécessaire d'opérer une nouvelle répartition de la terre. La résistance à l'oppression, donc la révolte, se trouve légitimée. Et pas seulement pour le 14 juillet 1789, déjà passé, mais pour le futur. La Déclaration sanctionne d'avance la journée du 10 août 1792. Tout régime restreignant les droits de l'homme devient abusif ; il n'a pas été prévu par la Déclaration. Pourtant un député, Gouy d'Arsy avait demandé qu'on précisât qu'en temps de guerre certains droits pouvaient être momentanément restreints ou suspendus. On ne tint pas compte de son amendement.

Enfin, la Déclaration contient en germe le système de referendum puisque l'article 6 prévoit que les citoyens ont le droit de concourir « personnellement » à la formation de la loi et que l'article 14 les autorise à « constater par eux-mêmes... la nécessité de la contribution publique ».

La *Déclaration des Droits de l'homme et du citoyen* de 1789 n'est donc ni une copie servile des déclarations américaines ni une transcription hâtive des idées philosophiques qui avaient alors cours. C'est, au contraire, un texte qui tient le plus grand compte des contingences historiques ; mais c'est aussi une œuvre profondément humaine. Quoique rédigée par la bourgeoisie, et dans l'intérêt de la bourgeoisie, elle dépasse, et de beaucoup, ce que la bourgeoisie voulait réaliser. Comme elle n'établit pas explicitement la liberté économique et ne condamne pas non plus la réglementation, comme elle ne donne pas de la propriété une définition précise, la Déclaration peut être considérée comme la charte, non seulement de la démocratie politique, mais aussi de la démocratie sociale.

Dès sa promulgation elle eut un profond retentissement en France et dans le monde. On avait pu considérer avec sympathie auparavant la *Pétition des droits* britanniques ou les déclarations américaines ; mais ceux qui n'étaient ni Anglais ni Américains ne pouvaient y voir autre chose qu'un exemple à imiter ; au contraire, la Déclaration française se présentait comme un dogme de valeur universel, chaque homme pouvait la faire sienne.

Par la suite, on rédigera, de par le monde, nombre de déclarations des droits. On en a constitué un gros recueil. Mais il n'y aura désormais pas un proscrit qui, du fond de son exil, pas un persécuté qui, du fond de sa cellule ou de son camp de concentration n'invoquera contre l'arbitraire et la tyrannie, les droits de l'homme en songeant à la Déclaration française de 1789. Cette Déclaration est devenue non seulement le dogme de la Révolution et de la liberté, mais, comme l'a dit Michelet : elle est devenue « le *credo* du nouvel âge ».

LIVRE II

LA MONARCHIE CONSTITUTIONNELLE

BIBLIOGRAPHIE GÉNÉRALE

Voici les ouvrages de base, utiles pour chacun des chapitres de ce livre II, et sur lesquels nous ne reviendrons plus :

1° SOURCES. — On trouvera les textes des lois et décrets votés par les assemblées révolutionnaires dans plusieurs collections officielles : La collection Baudouin (75 volumes de 1789 à 1799), la collection du Louvre (23 volumes de 1789 à 1799) et le *Bulletin des lois* (22 volumes de 1789 à 1799). Mais le recueil le plus accessible et le plus maniable est celui de Duvergier, *Collection complète des lois, décrets, ordonnances...* (24 volumes de 1789 à 1824). Les plus importants de ces textes ont été publiés par L. Cahen et R. Guyot, *L'œuvre législative de la Révolution* (Paris, 1913, in-8°).

Les arrêtés des autorités locales ont souvent été imprimés ; il n'en existe pas de recueil complet ; mais, dans plusieurs départements, ils ont fait l'objet de publications particulières.

Les assemblées révolutionnaires ont publié leurs procès-verbaux ; mais on consultera avec profit *L'Histoire parlementaire de la Révolution*, de Buchez et Roux (1833-1838) et les *Archives parlementaires* de Mavidal et Laurent, ainsi que la réimpression du *Moniteur*. Les répertoires de Dalloz et de Sirey rendront aussi de grands services. Pour plus de détails sur les sources, nous renvoyons à l'excellent ouvrage de Pierre Caron, *Manuel pratique pour l'étude de la Révolution française*, 2ᵉ éd. refondue (Paris, 1947, in-8°) et au livre de P. Villat, *La Révolution et l'Empire* (Paris, 1936-1938, 2 vol. pet. in-8°, t. VIII de la collection « Clio »).

2° OUVRAGES. — Les institutions de la France pendant la Révolution et l'Empire n'ont pas, jusqu'à présent, fait l'objet d'ouvrages généraux. En 1851, Laferrière a publié une *Histoire des principes, des institutions et des lois pendant la Révolution*, qui est très sommaire. Le juriste belge, Prosper Poullet a consacré un livre fort important aux *Institutions françaises de 1795 à 1814* (Bruxelles, 1907, in-8°) ; mais, écrit naturellement du point de vue belge, cet ouvrage néglige en outre les institutions économiques et sociales. Sur les institutions juridiques, fort mal connues, de cette période, deux ouvrages essentiels : P. Sagnac, *La législation civile de la Révolution* (Paris, 1898, in-8°) et P.-P. Viard, *Histoire générale du droit privé français de 1789 à 1830* (Paris, 1931, in 8°). L'histoire constitutionnelle la plus complète et la plus récente est celle de M. Deslandres, *Histoire constitutionnelle de la France* (Paris, 1932, in-8°). On se reportera enfin à toutes les grandes histoires de la Révolution et de l'Empire : Aulard, *Histoire politique de la Révolution française* (Paris, 1926, 6ᵉ éd., in-8°) ; Jaurès, *Histoire socialiste de la Révolution* (Paris, 1922-24, 2ᵉ éd., 8 vol. in-8°) ; Sagnac et Pariset, *La Révolution et l'Empire* (tomes 1, 2 et 3 de l'*Histoire contemporaine de la France*, publiée sous la direction d'E. Lavisse, Paris, 1920-1922, 3 vol. in-8°) ; Mathiez, *La Révolution française* (Paris, 1922-24, 3 vol. in-16), complétés par la *Réaction thermidorienne* (Paris, 1929, in-8°), et *Le Directoire* (Paris, 1934, in-8°) (publié par J. Godechot, d'après les manuscrits de l'auteur) ; Lefebvre, Guyot et Sagnac, *La Révolution*, et Lefebvre, *Napoléon* (tomes XIII et XIV de Peuples et Civilisations, publiés sous la direction de MM. Halphen et Sagnac (Paris, 1930 et 1939, in-8°) ; Lefebvre, *Les thermidoriens* (Paris, 1937, in-16), et *Le Directoire* (Paris, 1947, in-16) ; L. Madelin, *Histoire du Consulat et de l'Empire*, 13 vol. parus (Paris, 1937-48, in-8°) ; H. Sée, *Histoire économique de la France*, t. II (Paris, 1942, in-8°). Voir aussi l'ouvrage suggestif de P. Duclos, *L'évolution des rapports politiques depuis 1750* (Paris, 1950, in-8°).

CHAPITRE PREMIER

LES INSTITUTIONS POLITIQUES. LA CONSTITUTION DE 1791, SES PRINCIPES FONDAMENTAUX ET LEUR APPLICATION[1]

Les États généraux, composés de 1.155 députés des trois ordres, dont environ 600 du tiers état se transformèrent en Assemblée nationale constituante le 17 juin 1789. Dès le 19 juin, l'assemblée nomma un premier comité chargé de s'occuper des subsistances. Elle créa ainsi petit à petit, de nombreux comités, qui allaient doubler les ministres et bientôt même se substituer à eux pour gouverner la France. Le 6 juillet, la Constituante élit un comité de Constitution composé de 30 membres, et elle décide de se mettre aussitôt à rédiger la constitution, pour l'élaboration de laquelle elle s'est réunie et que ses membres ont juré de promulguer avant de se séparer. Mais, qu'est-ce que la Constituante entend par « constitution » ? Ce mot était-il bien clair pour elle ? Avait-il pour tous les députés la même signification ? N'a-t-il pas changé de sens au cours des débats ?

---

1. TEXTES ET OUVRAGES A CONSULTER. — Sur l'Assemblée constituante, voir surtout le *Procès-verbal de l'Assemblée constituante*, les journaux parisiens contemporains, ainsi que les mémoires des principaux membres de la Constituante. La *Correspondance* du Marquis de Ferrières a été publiée par M. Carré en 1934 (Paris, in-8°). Voir aussi Aulard, *La société des Jacobins* (Paris, 1889-1897, 6 vol. in-8°). On trouvera le texte de la Constitution de 1791 — comme de celles qui l'ont suivie — dans Duguit et Monnier, *Les Constitutions de la France depuis 1789* (Paris, 1898, in-8°). — En ce qui concerne l'origine des réformes de la Constituante, il faut se reporter aux œuvres des écrivains politiques du xviiie siècle, et surtout aux cahiers de doléances de 1789, dont Miss B. Hyslop a établi un *Répertoire critique* (Documents inédits sur l'histoire économique de la Révolution française, Paris, 1933, in-8°). — Généralités sur la Constituante : G. Lefebvre, *Les bureaux de l'Assemblée nationale en 1789,* dans les *Annales historiques de la Révolution française,* 1950, p. 134-140 ; Olive H., *L'action exécutive exercée par les comités des assemblées révolutionnaires,* thèse de droit (Aix-en-Provence, 1908, in-8°) ; Belin-Mabillon, *La logique d'une idée-force. l'idée d'utilité sociale pendant la Révolution française (1789-1792)* (Paris, 1939, in-8°). — QUESTIONS A ÉTUDIER : L'histoire de l'Assemblée constituante en tant qu'Assemblée n'a pas encore été écrite. La plupart de ses comités mériteraient également une étude, les procès-verbaux de quelques comités seulement (mendicité, agriculture, droits féodaux) ont été publiés.

I
LA CONSTITUTION[1]

Précisément la notion de constitution était assez obscure, et au fur et à mesure que l'assemblée avança dans ses travaux elle fut amenée à la préciser et à la rectifier.

Au début, c'est-à-dire en juin ou juillet 1789, l'assemblée entendait par constitution un contrat passé entre elle-même, au nom de la nation, et la monarchie, pouvoir de fait qu'elle acceptait comme une donnée qu'il ne lui était pas possible de changer. Elle pensait au début que le roi pouvait modifier les propositions de l'assemblée, et que la constitution serait le résultat des discussions qu'elle aurait avec le souverain.

Mais, devant l'opposition systématique de Louis XVI à la promulgation des décrets du 4 août qui abolissaient le régime féodal, l'Assemblée adopta très vite les idées de Sieyès sur le pouvoir Constituant et considéra que le roi ne pouvait rejeter une disposition constitutionnelle, qu'il n'avait donc pas à la « sanctionner », mais seulement à l'accepter.

Il en résultait, et nous l'avons déjà signalé, que la nature même de la monarchie était modifiée. Le roi n'était plus un pouvoir de fait, — et le mot roi ne figure pas dans la Déclaration des Droits ; le roi ne tient ses pouvoirs que de la constitution, il est ou un représentant du peuple, ou même seulement un simple fonctionnaire, le premier fonctionnaire de l'État. L'assemblée n'alla toutefois jamais jusqu'à proclamer officiellement cette doctrine, jusqu'à déchirer le voile, comme disait Mirabeau, parce qu'en voulant aller au fond des choses, on aboutissait directement à la République.

Qu'elle fût considérée comme un contrat ou comme une émanation des vœux de l'assemblée, il y avait encore deux manières de concevoir la constitution : on pouvait estimer que l'assemblée avait pour tâche de rédiger les traditionnelles « lois fondamentales » de l'État, ou encore qu'il lui fallait construire une constitution entièrement neuve, sur les données de la « raison ». La majorité des constituants étaient au début partisans de la notion traditionnelle ; seuls quelques députés, dont Sieyès, estimaient que la Constituante n'avait pas à transcrire des lois non écrites, mais à faire du neuf. Ce furent eux, par exemple, qui, le 20 juin 1789, proposèrent de déposer le roi, de

---

1. TEXTES ET OUVRAGES A CONSULTER. — Sur la notion de Constitution : la très importante thèse de droit de P. Duclos, *La notion de constitution dans l'œuvre de l'assemblée constituante* (Paris, 1932, in-8º) (compte rendu par Lefebvre dans les *Annales histor. de la Révolution franç.*, 1934, p. 473-476) ; voir aussi Delagrange, *Le premier comité de constitution de la Constituante*, thèse de droit (Paris, 1899, in-8º) ; J. Egret, *La révolution des notables* (Paris, 1950, in-8º) et A. Saitta, *Le costituenti francesi del periodo revoluzionario, 1785-1795* (Firenze, 1946, in-8º). — Sur la théorie de la séparation des pouvoirs, outre le livre de Duclos : Duguit, *La séparation des pouvoirs et l'Assemblée constituante de 1789* (*Revue d'Économie politique*, 1893) ; Carré de Malberg, *Contribution à la théorie générale de l'État* (Paris, 1920-22, 2 vol. in-8º) ; Ch. Eisenmann, *L'esprit des lois et la séparation des pouvoirs* (*Mélanges Carré de Malberg*, Paris, 1933, in-8º) ; Mirkine-Guetzévitch, *Les problèmes constitutionnels de la Révolution française* (*Revue de synthèse*, 1934).

décider, immédiatement après, que la France était une monarchie et de replacer solennellement Louis XVI sur son trône. Mais cette résolution fut repoussée à la presque unanimité, ce qui montre bien quelle était encore à cette date la tendance des députés.

La majorité estimait donc que l'assemblée avait à mettre par écrit des lois fondamentales traditionnelles qui accordaient au roi le gouvernement et la plus grande partie du pouvoir législatif, à la nation une partie seulement du législatif, celle qu'elle avait normalement exercée lors des anciennes réunions d'États généraux. C'était d'ailleurs l'attitude qu'avaient adoptée la grande majorité des rédacteurs de cahiers, qui, lorsqu'ils revendiquaient une constitution, n'entendaient pas qu'on en fabriquât une de toutes pièces, mais qu'on restituât à la France son ancienne constitution, viciée, pensaient-ils, par le développement de l'absolutisme.

Le premier comité de constitution, présidé par Mounier fut presque entièrement composé de députés partisans de la constitution « traditionnelle ». Il pensait que la constitution n'avait pas à inventer des pouvoirs, mais à organiser ceux qui existaient. La séparation des pouvoirs est empruntée aux ouvrages de Montesquieu non comme une construction logique et *à priori*, mais comme une nécessité pratique : il était indispensable de diviser les pouvoirs pour empêcher toute restauration de l'absolutisme. Le constituant d'Antraigues déclara le 2 septembre 1789 : « La réunion des pouvoirs dans le peuple constitue la démocratie ; partout ailleurs elle constitue la tyrannie. » Nonobstant l'article 16 de la Déclaration des droits, les constituants estimaient donc que certains régimes pouvaient fort bien fonctionner sans que les pouvoirs fussent divisés. D'ailleurs, eux-mêmes, en vertu, d'une part, de la théorie du pouvoir constituant réunissaient pour un temps les trois pouvoirs, et, d'autre part, au nom de la tradition, accordaient au roi en septembre 1789 le droit de veto suspensif qui lui conservait une partie du pouvoir législatif. Les constituants ont considéré pendant longtemps que la « souveraineté nationale » exprimait les droits de la nation dans le cadre traditionnel et obligatoire de l'État monarchique, et c'est pourquoi ils n'ont pas destitué Louis XVI après la fuite de Varennes.

Au fur et à mesure que l'assemblée poursuivait ses travaux et que se développaient les conflits entre le roi et les privilégiés d'une part, la nation de l'autre, la majorité des constituants abandonnaient peu à peu l'idée de fixer par écrit les lois fondamentales traditionnelles pour se ranger à l'avis de ceux qui voulaient construire une constitution d'après des principes purement juridiques.

Comme le roi avait refusé de sanctionner les décrets du 4 août, ou plutôt ne les avait « acceptés » que contraint et forcé, l'assemblée dut cesser de considérer que la constitution était un contrat librement discuté entre le roi et la nation. Elle fut amenée à décider que la nation (donc ses représentants), était supérieure au roi. Le roi n'était plus à la fois qu'un représentant de la nation et le premier fonctionnaire de l'État.

L'assemblée adoptait implicitement l'attitude qu'elle avait rejetée le 20 juin, c'est-à-dire qu'elle « recréait le pouvoir royal ». C'est pour cette raison qu'elle fut amenée à inventer des formes nouvelles et solennelles destinées à légitimer les pouvoirs nouveaux : le serment royal, le cadre précis des élections législatives, les cas extraordinaires de convocation du pouvoir constituant...

C'est ainsi qu'à travers de multiples hésitations qui marquent la lente évolution de la pensée collective, la constitution de 1791 sera finalement fondée à la fois sur le droit historique et la souveraineté nationale : la difficile conciliation des deux principes entre lesquels on avait hésité, allait instituer une des faiblesses principales de la constitution élaborée.

La lutte des deux tendances que nous venons de décrire nous explique pourquoi l'Assemblée constituante n'a pas discuté la constitution selon un ordre logique. Ses préoccupations subirent, à un extrême degré, l'influence des circonstances extérieures. En août 1789, elle commence par adopter la Déclaration des droits de l'homme et les décrets abolissant le régime féodal ; puis elle passa aussitôt à la question primordiale de la sanction royale et du veto, pierre d'achoppement des traditionalistes et des novateurs. En septembre, en même temps qu'elle s'efforçait d'obtenir la sanction du roi pour les décrets du 4 août, elle étudia le fonctionnement du pouvoir législatif, de la nomination et du rôle des ministres.

Le 5 octobre, le peuple de Paris vient à Versailles contraindre le roi à sanctionner les décrets du 4 août ; le 6, il emmène la famille royale à Paris. L'Assemblée doit la suivre : elle va s'installer dans la salle du Manège, non loin des Tuileries et c'est là qu'elle poursuivra ses débats deux années durant. Peu d'assemblées jouirent d'autant de considération et de prestige que la première Constituante. Un public élégant et cultivé suivait avec assiduité ses séances ; c'est seulement dans l'été de 1791, après la fuite de Varennes que le populaire envahit les tribunes. Jusqu'à cette époque, c'était surtout le faubourg Saint-Germain qui se pressait pour écouter les orateurs les plus célèbres et souligner leurs discours d'applaudissements discrets. On peut dire que la Constituante a travaillé dans la plus entière liberté, qu'elle n'a subi de pression d'aucune sorte.

Après l'adoption du régime monocamériste, le premier comité de constitution composé de « traditionalistes » est profondément modifié. Le nouveau comité comprend surtout des « patriotes » de la tendance de Sieyès.

La fin de l'année 1789 est marquée par le vote des lois sur les élections, sur les divisions administratives de la France et les autorités locales, sur le nombre des députés à la future Législative et surtout par les discussions relatives à l'attribution des biens du clergé à la nation, c'est-à-dire l'étude des moyens destinés à résoudre la crise financière, cause essentielle de la réunion des États généraux.

En 1790, la Constituante met sur pied l'organisation judiciaire, établit le droit de paix et de guerre, puis se consacre surtout à l'étude de la constitution civile du clergé. La deuxième partie de l'année 1790 est tout entière occupée par les discussions relatives aux troubles militaires et aux difficultés religieuses qui agitent la France.

Ces troubles occupent encore de nombreuses séances de l'année 1791, puis la fuite de Varennes, le 20 juin, et ses conséquences accaparent l'attention de l'assemblée qui trouve néanmoins le temps de voter une loi sur les ministres, une autre sur la résidence des fonctionnaires, une autre encore sur le droit de pétition. Elle décide aussi qu'aucun de ses membres ne pourra faire partie de la future Législative.

Les troubles qui ont suivi la fuite de Varennes et qui ont été marqués par les premières manifestations républicaines émeuvent beaucoup de députés. Aussi, l'assemblée décide-t-elle de revoir les textes déjà votés, et elle y apporte des retouches caractérisées par un sentiment nettement hostile à la démocratie. Le 5 août, la constitution terminée est distribuée aux députés; de longs débats y sont consacrés jusqu'au 4 septembre, sans qu'ils entraînent d'autres retouches que des retouches de détail. Le texte définitif, voté le 4 septembre est présenté aussitôt au roi. Celui-ci fait connaître son « acceptation » le 13 septembre et prête, le lendemain, le serment prévu. Les constituants devaient se séparer quelques jours plus tard, le 30 septembre.

La constitution de 1791 porte naturellement la trace des conditions dans lesquelles elle a été élaborée.

Elle se ressent de la toute-puissance que l'assemblée s'est accordée et qui ne lui permet pas de concevoir avec clarté le jeu des différents pouvoirs lorsque ceux-ci se trouveront séparés ; elle reflète la méfiance des constituants envers les classes prolétariennes qui n'étaient pas représentées et dont l'action ne s'est traduite que par des émeutes, que l'assemblée s'est efforcée de réprimer énergiquement ; elle conserve enfin les marques de l'absence de tout esprit de coordination dans lequel les textes ont été votés.

La constitution proprement dite n'envisage d'ailleurs que le fonctionnement des pouvoirs publics. L'organisation administrative, judiciaire, financière, militaire, économique, coloniale, sociale et religieuse[1] ont fait l'objet de lois séparées, souvent plus importantes que la constitution elle-même, puisque certaines d'entre elles sont encore en vigueur aujourd'hui tandis que la constitution n'a eu qu'une durée éphémère de quelques mois.

La constitution de 1791 est précédée d'un préambule qui rappelle les principes fondamentaux établis par la Déclaration des droits de l'homme, « l'égalité » et la « liberté ». Comment ces deux institutions nouvelles vont-elles être appliquées dans le domaine civil et politique ? Il importe de les examiner avant d'aborder l'étude de l'organisation des pouvoirs publics.

1. Nous n'étudierons pas ici l'organisation de l'armée et de la garde nationale qui doit faire l'objet d'un volume spécial de cette collection. — En ce qui concerne les institutions religieuses, nous n'étudierons que celles qui sont liées à la Révolution. Les institutions de l'Église catholique seront décrites dans un volume spécialement consacré à ce sujet.

II

L'ÉGALITÉ[1]

La constitution, comme la Déclaration des droits affirme que « tous les citoyens sont égaux en droit ». Il était donc important de déterminer d'abord comment la qualité de citoyen pouvait être acquise, ou perdue. C'est l'objet du titre II de la constitution.

1. TEXTES ET OUVRAGES A CONSULTER. — Sur les protestants, Arch. nat. AD XVII, 49. Sur les juifs, *id.*, AD XVIII c, t. CXI, sur les noirs, D XXV. Voir également les documents indiqués en tête du chapitre. — Sur *la liberté et l'égalité*, en général, voir F. Battaglia, *La liberta et l'eguaglianza nelle dichiarazioni francesi dei diritti, dal 1789 al 1795*, Bologna, 1946, in-8°. — Sur *l'égalité* ; à propos des femmes : Dessens, *Le féminisme et la Révolution française*, thèse de droit (Paris, 1904, in-8°). A propos des protestants, Dedieu, *Histoire politique des protestants français de 1715 à 1794* (Paris, 1925, 2 vol. in-8°) ; Durand, *Histoire du protestantisme pendant la Révolution et l'Empire* (Paris, 1902, in-12) ; E.-G. Léonard, *Le protestantisme français de la Révocation à la Révolution*, dans l'*Information historique*, 1950, p. 134-140 ; Lévy-Schneider, *Les protestants et la Révolution dans le sud-ouest*, dans la *Révolution franç.* t. XXXIX (1900), p. 11-25 ; du même, *Jeanbon Saint-André* (Paris, 1900, in-8°) ; Lods, *Les Luthériens d'Alsace devant la Constituante*, dans la *Révolution franç.*, t. XXXVIII (1900), p. 523-551 ; sur les juifs : R. Anchel, *Napoléon et les juifs* (Paris, 1928, in-8°) ; du même, *Les juifs de France* (Paris, 1946, in-12) ; Chobaut, *Histoire des juifs d'Avignon et du Comtat à la veille de la Révolution*, dans la *Revue des études juives* (1937), t. CI, p. 5-52 et CII, p. 3-39 ; J. Godechot, *Comment les juifs élurent leurs députés en 1789*, dans la *Revue des études juives*, 1925, p. 48-54 ; du même, *Les juifs de Nancy de 1789 à 1795*, dans la *Revue des études juives*, 1929, p. 1-35 ; B. Hagani, *L'émancipation des Juifs* (Paris, 1927, in-12) ; L. Kahn, *Les juifs de Paris pendant la Révolution* (Paris, 1898, in-8°) ; Abbé Léman, *L'entrée des israélites dans la société française* (Paris, 1886, in-8°) ; Liber, *Les juifs et la convocation des États-Généraux*, dans la *Revue des études juives*, 1912, t. I, p. 185-210, t. II, p. 89-108 et 244-277, 1913, t. I, p. 89-133, t. II, p. 161-212 ; Lucien-Brun, *La condition des juifs en France depuis 1789* (Paris, 1900, in-8°) ; Malvezin, *Histoire des juifs à Bordeaux* (Bordeaux, 1895, in-8°) ; Ph. Sagnac, *Les juifs et la Révolution*, dans la *Revue d'hist. moderne et contemp.*, 1899, p. 5-23 et 209-224. Sur les noirs, voir P. Boissonnade, *Saint-Domingue et la question de la représentation coloniale aux États-Généraux* (Paris, 1906, in-8°) ; A. Brette, *Les gens de couleur libres et leurs députés en 1789*, dans la *Révolution franc.*, 1895, t. II, p. 325-345 et 385-407 ; J.-J. Chevallier, *Barnave* (Paris, 1936, in-8°) ; L. Deschamps, *L'assemblée constituante et les colonies* (Paris, 1898, in-8°) ; Elicona, *Moreau de Saint-Méry* (Paris, 1934, in-8°) ; Jameson, *Montesquieu et l'esclavage* (Paris, 1911, in-8°) ; Gaston-Martin, *La doctrine coloniale de la France en 1789* dans les *Cahiers de la Révolution*, n° 3 ; du même, *Histoire de l'esclavage dans les colonies françaises* (Paris, 1948, in-8°) ; L. Leclerc, *Les Lameth et le club Massiac*, dans les *Annales histor. de la Révolution franç.*, 1933, p. 461-463 ; du même, *La politique et l'influence du club de l'hôtel Massiac*, dans les *Annales histor. de la Révolution franç.*, 1937, p. 342-363 ; B. Maurel, *Un député de Saint-Domingue à la Constituante*, dans la *Revue d'hist. moderne et contemp.*, 1934, p. 227-252 ; P. Russier, *Les colonies pendant la Révolution (Cahiers de la Révolution*, n° 3) ; L. Lokke, *Le plaidoyer de Malouet en faveur de l'esclavage en 1789*, dans les *Annales histor. de la Révolution franç.*, 1938, p. 193-204 ; Saintoyant, *La colonisation française pendant la Révolution* (Paris, 1930, 2 vol. in-8°) ; L. Sciout, *La révolution à Saint-Domingue* (Rev. des questions hist., 1898) ; E. D. Seeber, *Anti-Slavery opinion in France during the second half of the Eighteenth century* (Baltimore, 1937, in-8°). — QUESTIONS A ÉTUDIER : L'attitude de l'Assemblée à l'égard de l'égalité des femmes mériterait une nouvelle monographie. Le problème de l'égalité des protestants, et surtout celui de l'émancipation des juifs n'ont pas été l'objet de travaux exhaustifs. M. Debien travaille à un grand ouvrage sur l'émancipation des noirs. La question de l'égalité des hommes de couleur libres doit faire prochainement l'objet d'un article de MM. Debien et Godechot dans les *Annales historiques de la Révolution française*.

Possèdent la qualité de citoyen : les personnes nées en France de père français ; celles qui sont nées en France de père étranger, mais résidant en France ; les personnes nées à l'étranger de père français, mais revenues en France et ayant prêté le serment civique : les personnes nées à l'étranger mais descendant d'un Français ou d'une Française expatrié pour cause de religion, revenant demeurer en France et y prêtant le serment civique ; les étrangers nés à l'étranger de parents étrangers, mais résidant en France depuis cinq ans de manière continue, y ayant acquis des immeubles ou épousé une Française, ou formé un établissement de commerce, et ayant prêté le serment civique ; les étrangers naturalisés par le pouvoir législatif pour des considérations importantes, sans autre condition que le serment civique.

La qualité de citoyen se perd : par naturalisation à l'étranger, par condamnation aux peines comportant la dégradation civique (sauf, bien entendu, le cas de réhabilitation) ; par jugement de coutumace, par affiliation à tout ordre ou corps étranger supposant des preuves de noblesse.

La qualité de citoyen conférait tous les droits civils. En revanche, seuls les citoyens actifs, c'est-à-dire ceux qui payaient une contribution égale à trois journées de travail au moins et qui remplissaient quelques autres conditions que nous préciserons plus loin jouissaient des droits politiques. Est-ce à dire que les étrangers fixés en France et non naturalisés n'auraient pas les mêmes droits civils que les Français ? Avant 1789, effectivement, un étranger ne pouvait ni recevoir de legs, ni tester, il n'était autorisé à transmettre sa succession qu'à ceux de ses enfants nés en France, dans les autres cas, ses biens étaient dévolus à l'État en vertu du droit dit « droit d'aubaine ». Dans la plupart des pays étrangers il en allait de même. Malgré cette situation, le décret du 6 août 1790 supprime sans réciprocité le droit d'aubaine : les étrangers devaient jouir désormais des mêmes droits civils que les Français.

Un citoyen français ne différait donc plus d'un étranger que par la jouissance des droits politiques. Mais la question n'était pas si simple qu'elle paraissait, car il existait en France différentes catégories de personnes pour lesquelles l'acquisition des droits civils et politiques, dont ils étaient privés sous l'ancien régime, allait soulever des questions plus ou moins graves : à savoir les femmes, les comédiens, les serfs, les protestants, les juifs, les hommes de couleur.

Sous l'ancien régime, la femme considérée comme inférieure à l'homme, ne jouissait d'aucun droit politique. Du point de vue civil même, sa condition comportait de nombreuses infériorités. Les femmes ne pouvaient être témoins aux actes d'état civil. Dans les pays de droit écrit, et en Normandie, elles étaient incapables de s'engager pour autrui. Lors de l'ouverture d'une succession, la sœur recevait une part plus petite que le frère.

La question des droits politiques de la femme fut posée à la **Constituante**. Robespierre réclama le suffrage des femmes, mais sa motion fut repoussée à la presque unanimité, et les femmes ne reçurent aucun droit politique. En revanche, la Législative leur accorda le 20 septembre 1792, le jour de la victoire de Valmy, l'égalité des droits civils. Désormais, la femme put s'obliger pour autrui et paraître comme témoin dans un acte d'état civil. Toutefois, la Constituante ne précisa pas le statut de la femme mariée. Or, sous l'ancien régime, la femme mariée était frappée de nombreuses incapacités...

Sous l'ancien régime, le métier de comédien était réputé infamant. Il en résultait un régime d'exceptions, à vrai dire surtout religieuses. Les comédiens ne pouvaient recevoir la bénédiction nuptiale — donc se marier — ni être enterrés en terre sainte. Depuis longtemps les esprits cultivés s'insurgeaient contre cette règlementation, elle persistait cependant encore en 1789. Robespierre prit la défense des comédiens. La sécularisation de l'état civil leur accordera *ipso facto* tous les droits civils en septembre 1792. Nombreux d'ailleurs furent ceux qui jouèrent un grand rôle dans les événements révolutionnaires.

En 1789, il y avait encore environ 1.500.000 serfs en France, répartis surtout en Franche-Comté, dans le Jura, en Champagne, Bourgogne, Bourbonnais, Marche, Nivernais. De 1770 à 1778, Voltaire avait mené une vigoureuse campagne en faveur de l'émancipation des serfs. A cette époque le servage se traduisait essentiellement par la « mainmorte », c'est-à-dire l'incapacité de tester ; et le « droit de suite », c'est-à-dire le droit pour le seigneur de poursuivre le serf là où il se réfugiait, et de le faire ramener par la force à sa glèbe natale.

En 1779, un an après la mort de Voltaire, le roi, enfin ému par la campagne menée en faveur des serfs, interdit le droit de suite dans toute la France, et abolit la main morte sur les terres de la couronne, en invitant les seigneurs possesseurs de serfs à l'imiter. Ceux-ci firent presque tous la sourde oreille. Quatre seulement suivirent l'exemple royal. Mais les chanoines de Saint-Claude, dans le Jura, qui étaient parmi les plus gros possesseurs de serfs du royaume refusèrent d'émanciper leurs mainmortables jusqu'en 1789, et ne s'y résignèrent que sous la menace de l'émeute.

La mainmorte et la servitude personnelles abolies en principe dans la nuit du 4 août le furent en fait par le décret du 15 mars 1790. Les serfs devinrent alors sans difficulté des citoyens, actifs ou passifs, selon leur richesse.

Avant 1789, il y avait en France environ un million de protestants habitant surtout l'Alsace, le Languedoc (notamment Montauban, Castres, Nîmes, les Cévennes), le Dauphiné, la Saintonge, la Picardie et la Normandie. A part les protestants alsaciens dont le statut religieux avait été garanti par les traités de Westphalie, les protestants étaient privés en France de tous les droits civils et politiques depuis la révocation de l'édit de Nantes (1685). Le gouvernement de Louis XV avait maintenu rigoureusement les dispositions prises sous Louis XIV ; le sort des protestants ne s'était guère amélioré que depuis l'avènement de Louis XVI et surtout depuis l'accession d'un protestant, étranger il est vrai, Necker, au Contrôle général des finances. En 1783, le baron de Breteuil, secrétaire de la maison du roi avait prescrit à l'intendant du Languedoc de ne plus appliquer les lois dirigées contre les protestants. Toutefois, dans certains cas particuliers — les mariages mixtes par exemple, — on continuait à persécuter les protestants.

Malesherbes, ancien secrétaire à la maison du roi s'intéressait aux protestants, en même temps qu'aux juifs et préparait leur émancipation. En 1784, il publia un *Mémoire sur le mariage des protestants* réclamant pour eux un état civil. La Fayette, de retour des États-Unis, où il avait pu voir pratiquer la tolérance se fit aussi le champion des protestants. Il gagna à ses idées le ministre de la marine, comte de Castries, et alla rendre officiellement visite aux communautés protestantes du Midi. C'est alors qu'il entra en rapports avec un pasteur de Nîmes, P. Rabaut, et son fils, Rabaut Saint-Étienne. La Fayette mit en relations les Rabaut avec Malesherbes et l'avocat Target. Plusieurs ouvrages parurent alors réclamant l'égalité pour les protestants : le *Second mémoire sur le mariage des protestants* de Malesherbes, deux livres de Rulhières, le *Mémoire sur le mariage et l'état des protestants* et le *Rapport général sur la situation des calvinistes en France, les causes de cette situation et les moyens d'y remédier*, et deux livres de Rabaut Saint-Étienne, *Le Vieux cévenol* et les *Réflexions impartiales sur la situation présente des protestants et sur les moyens d'en changer*.

Après cette campagne de presse, le gouvernement avait publié l'édit sur les protestants du 19 novembre 1787, qui n'avait été enregistré qu'après une vive opposition, par le Parlement de Paris, le 19 janvier 1788 et par le Parlement de Toulouse, le 17 mars seulement.

Cet édit accordait aux protestants un état civil : les mariages protestants produiraient désormais les mêmes effets que ceux des catholiques. Les pasteurs étaient autorisés à tenir des registres de mariage, mais la validité devait en être constatée par des officiers de justice ou des curés. Les protestants étaient donc loin d'avoir obtenu l'égalité avec les catholiques. Malgré cela, le clergé catholique dénonça violemment l'édit du 19 novembre 1787. Plusieurs cahiers du clergé réclamèrent en 1789 l'abrogation de cet édit, d'autres admettaient à la rigueur que les protestants fussent pourvus des droits d'électeurs, mais s'opposaient à ce qu'ils fussent éligibles.

Les protestants, eux, demandaient dans leurs cahiers, l'égalité complète, religieuse, civile et politique.

Quelques cahiers rédigés par des paroisses catholiques soutenaient les revendications protestantes ; d'autres, au contraire, leur étaient hostiles, par exemple ceux de Besançon, de Rhodes en Lorraine, de Champs en Auvergne, de Livré en Bretagne.

Aux élections en 1789, les protestants furent électeurs et éligibles. Ils firent preuve d'une grande activité politique et élurent plusieurs pasteurs, Rabaut Saint-Étienne à Nîmes, Rabaut-Pomier à Montpellier, Jean Bon Saint-André à Montauban, Soulier à Montpellier, Alba Lasource à Castres, Mingaud à Puylaurens (près de Castres). Une quinzaine de protestants, au total, furent élus aux États-Généraux, et Rabaut Saint-Étienne présida même l'assemblée constituante en mars 1790.

Dès le 21 août 1789, Rabaut Saint-Étienne avait proposé à la Constituante d'accorder la liberté religieuse, mais nous avons vu comment sa motion avait été atténuée pour former l'article 10 de la Déclaration des droits. Le 24 décembre 1789, l'Assemblée déclara que les protestants seraient admissibles à tous les emplois. En fait, ils jouissaient depuis la réunion des États-Généraux de l'égalité des droits. Mais l'Assemblée constituante voulut aller plus loin encore, et réparer dans la mesure du possible les injustices commises par l'édit de Nantes : les 10 juillet et 10 décembre 1790, elle décréta que les biens des protestants qui avaient été confisqués cent ans plus tôt, sous Louis XIV, et se trouvaient encore aux mains de l'État, seraient restitués aux descendants des propriétaires lésés.

La situation des juifs en France, était, avant 1789, beaucoup plus complexe que celle des protestants, car certains d'entre eux étaient considérés comme des Français et jouissaient de droits assez étendus, tandis que d'autres ne jouissaient d'aucun droit.

Les juifs avaient été expulsés de France en masse par Philippe le Bel, aussi ne trouvait-on dans le royaume que ceux qui habitaient des provinces récemment annexées (Lorraine, Trois-Évêchés, Alsace,) et ceux qui étaient entrés clandestinement en venant de pays voisins où ils étaient nombreux (Allemagne, Comtat Venaissin, Portugal). Les juifs formaient en France deux groupes différents à tout point de vue : ceux du Midi, et ceux de l'Est.

Les juifs du Midi se partageaient eux-mêmes en trois communautés, celle de Bordeaux, celle de Saint-Esprit, près de Bayonne, et celle de Carpentras. A Bordeaux, on comptait une centaine de familles, anciens « marranes » portugais. Ils étaient relativement assimilés, très mêlés à la population et jouissaient de la plupart des droits. Ils prirent part aux élections des députés aux États généraux, quatre d'entre eux furent nommés électeurs au second degré, et l'un d'eux, David Gradis faillit même être élu député.

A Saint-Esprit, faubourg de Bayonne, il y avait environ 3.500 juifs qui étaient en butte aux vexations de la municipalité, les commerçants bayonnais craignant leur concurrence. Ils revendiquaient cependant depuis longtemps l'égalité des droits, et, au cours d'un procès qu'ils avaient eu en 1764, leur avocat s'était écrié : « Ils sont régnicoles, ils sont français, ils sont citoyens de Bayonne comme les habitants du faubourg des Chartrons le sont de Bordeaux... » Ils participèrent eux aussi aux élections de 1789.

Lors des persécutions de Philippe le Bel, beaucoup de juifs méridionaux s'étaient réfugiés en Avignon, terre pontificale. Ils y étaient encore nombreux en 1789 ; mais certains d'entre eux avaient émigré dans toute la Provence, et notamment à Carpentras.

Les juifs de l'Est formaient une masse importante et moins assimilée. Dans les Trois-Évêchés de Metz, Toul et Verdun, on en comptait 3.000 fixés surtout à Metz. Ils n'avaient aucun droit et étaient astreints à payer, non seulement les mêmes impôts que les autres habitants, mais certaines taxes spéciales telles qu'une somme annuelle de 20.000 livres au profit du duc de Brancas et de la comtesse de Fontaine.

Dans le duché de Lorraine, 180 familles seulement, nominativement désignées étaient tolérées. Elles possédaient des droits très limités, leurs membres pouvaient se marier et faire du commerce.

En Alsace, on comptait plus de 20.000 juifs concentrés dans 187 communes. Comme à Metz, ils payaient des taxes spéciales souvent vexatoires, droits d'habitation, de péage, de protection, etc. Ils n'avaient pas le droit de résider à Strasbourg et ne pouvaient y passer qu'entre le lever et le coucher du soleil. Néanmoins, les juifs alsaciens détenaient une partie importante du commerce local, certains d'entre eux, les frères Cerfberr, par exemple, s'étaient enrichis dans les fournitures aux armées ; beaucoup pratiquaient l'usure. Aussi, la population leur était-elle souvent hostile et avait-elle obtenu en 1784 une aggravation de la règlementation à laquelle ils étaient soumis ; le gouvernement avait essayé de limiter leurs mariages.

A Paris enfin, il n'y avait guère que 500 juifs en 1789, la plupart originaires de l'est. Ils étaient sous la surveillance de la police, et considérés comme des étrangers.

Dans les années qui précédèrent la Révolution, il y eut en France un mouvement en faveur de l'émancipation des juifs, de même qu'on réclama à cette époque l'égalité des droits pour les protestants ou les noirs.

A l'origine de cette agitation, il faut sans doute placer la publication en français de l'ouvrage du Berlinois Dohm, la *Réforme de la situation politique des juifs*, paru en 1783. En 1787, la Société royale des sciences de Metz, mit au concours la question suivante : *Est-il possible de régénérer les juifs ?* Trois réponses furent primées, celles de l'abbé Grégoire, de l'avocat Thierry et du bibliothécaire royal Zalkind Hourvitz. Au même moment, Mirabeau publiait son livre sur *Mendelssohn et la réforme politique des juifs*.

Tous ces auteurs concluaient à la possibilité de régénérer les juifs par l'assimilation. Pour cela ils s'accordaient à demander, pour commencer, d'accorder aux juifs tous les droits civils et politiques.

Louis XVI qui en 1784 avait supprimé les péages corporels pesant sur les juifs réunit une commission chargée d'examiner les moyens de leur accorder l'égalité des droits. Malhesherbes après avoir réalisé la réforme de la condition des protestants par l'édit du 19 novembre 1787, préparait un texte analogue sur les juifs lorsque la convocation des États généraux fut décidée. Nous avons dit que les juifs méridionaux furent électeurs. Dans l'est, au contraire, ils ne participèrent pas aux élections, à part ceux, peu nombreux, qui avaient pu obtenir individuellement des « lettres de naturalité ». Mais les juifs ne restèrent pas à l'écart du grand mouvement de 1789, leurs communautés élurent des députés qui devaient porter aux États généraux leurs cahiers particuliers de revendication.

Les juifs de l'est allaient rencontrer à l'Assemblée constituante une certaine hostilité, car beaucoup de cahiers de paroisses d'Alsace et de Lorraine se plaignaient d'eux. Mais ils trouvèrent un chaleureux défenseur dans la personne de l'abbé Grégoire, curé d'Embermémil, en Lorraine.

Dès le 26 août, les juifs de Paris demandaient à l'assemblée les droits de citoyens ; le 31, ce sont ceux de Lorraine et d'Alsace qui revendiquent les droits promis par la Déclaration que l'assemblée vient de voter. Le 1er septembre, l'abbé Grégoire propose à ses collègues de discuter de la condition des juifs. Le 14 octobre une nouvelle députation des juifs de l'est se présente à la barre de l'assemblée, mais celle-ci ne prend aucune décision. Les 21, 23 et 24 décembre seulement la Constituante aborde la question à propos de l'admissibilité des non-catholiques aux emplois publics. Clermont-Tonnerre, Robespierre, Custine, Adrien Duport, défendent les juifs. Au contraire, l'abbé Maury, l'évêque de Nancy La Fare, Reubell député d'Alsace, d'autres encore, leur témoignent de l'hostilité. Robespierre prononce à cette occasion un discours remarquable : « Comment a-t-on pu opposer aux juifs les persécutions dont ils ont été les victimes chez différents peuples ? Ce sont, au contraire, des crimes nationaux, que nous devons expier en leur rendant les droits imprescriptibles de l'homme dont aucune puissance humaine ne pouvait les dépouiller... Songeons qu'il ne peut jamais être politique, quoi qu'on puisse dire, de condamner à l'avilissement et à l'oppression une multitude d'hommes qui vivent au milieu de nous. Comment l'intérêt social pourrait-il être fondé sur la violation des principes éternels de la justice et de la raison, qui sont les bases de toute société humaine ? »

Reubell et de Broglie demandèrent l'ajournement qui fut finalement voté, de sorte que l'Assemblée ce jour-là décréta seulement l'admissibilité des protestants aux emplois.

Les journaux patriotes protestèrent. Le *Courrier de Gorsas*, la *Gazette de Paris*, le *Courrier de Provence*, de Mirabeau prirent la défense des juifs. Les juifs de Bordeaux envoyèrent le 28 janvier une délégation à l'assemblée pour lui remontrer que la décision du 24 décembre marquait pour eux une régression, puisqu'en fait, ils jouissaient déjà de tous les droits. Talleyrand les soutint. Malgré l'opposition de Reubell et de l'abbé Maury, la Constituante accorda par 374 voix contre 224, les droits de citoyens aux juifs de Bordeaux, de Bayonne et d'Avignon.

Les juifs de l'est poursuivirent leur campagne. Beaucoup d'ailleurs s'étaient engagés dans la garde nationale. A Paris, où ils étaient plus de cent gardes nationaux, ils obtinrent l'appui de la Commune, qui intervint en leur faveur à l'Assemblée, le 24 février 1790, mais la question fut ajournée, et elle ne reçut pas une meilleure solution le 23 mars ni le 13 juin. Le 2 septembre encore, lorsque l'Assemblée décide d'admettre les non-catholiques aux fonctions judiciaires, elle fait une réserve formelle en ce qui concerne les juifs de l'est. En effet, ceux qui leur étaient hostiles, soit par tradition, soit par crainte de la concurrence avaient suscité contre eux une vive agitation, en Alsace notamment, et une campagne de presse dont certains journaux parisiens se firent l'écho.

C'est le 27 septembre 1791, seulement, trois jours avant de se séparer, que l'Assemblée constituante accorda, à la demande d'Adrien Duport, les droits de citoyens aux juifs de l'est. Malgré une ultime protestation de Reubell l'Assemblée « révoqua tous ajournements, réserves et exceptions insérés dans les précédents décrets relativement aux individus juifs qui prêteront le serment civique, qui sera regardé comme une renonciation à tous privilèges et exceptions introduits précédemment en leur faveur... ». Une loi votée le 13 novembre 1791 par l'Assemblée législative confirma ce vote. La grande majorité des juifs français prêta serment à la fin de 1791 ou au début de 1792 et acquit de ce fait la qualité de citoyen.

En 1789, toutes les colonies françaises étaient des colonies « à esclaves ». C'étaient en effet des colonies « de plantations » où l'on cultivait le coton, l'indigo, la canne à sucre, toutes cultures auxquelles les blancs n'étaient pas capables de se livrer sous les rudes climats de l'équateur ou des tropiques. En 1789, d'après Moreau de Saint-Méry, on comptait pour la seule colonie de Saint-Domingue (la plus importante, il est vrai) 450.000 esclaves et 30.000 hommes de couleur libres contre 40.000 blancs. La situation était d'ailleurs en fait encore plus complexe, car les hommes de couleur libres et les blancs étaient eux-mêmes très divisés sous le rapport politique, économique et social.

Parmi les blancs, il faut distinguer entre les grands planteurs, gros propriétaires d'esclaves, ennemis naturels de toute idée d'émancipation, et les « petits blancs » (gens de loi, commerçants, soldats, domestiques, aventuriers de toutes sortes) plus ou moins hostiles ou favorables selon leur métier, à l'affranchissement des noirs.

Parmi les gens de couleur libres, il y a les mulâtres, descendants le plus souvent de blancs et de femmes esclaves noires, souvent riches, eux-mêmes propriétaires de nombreux esclaves, et les noirs devenus libres par affranchissement, assez mal vus des mulâtres. Les mulâtres sont souvent hostiles à l'émancipation des esclaves, les noirs libres y sont favorables.

Parmi les cahiers de doléances rédigés en France en 1789, il n'y en a qu'un petit nombre qui aborde la question de l'émancipation des noirs : dix-neuf réclament l'abolition de l'esclavage, quinze demandent son adoucissement, neuf se contenteraient de l'interdiction immédiate de la traite. Il n'y en a qu'un, il est vrai que c'est celui de Nantes, pour réclamer non seulement le maintien de la traite, mais encore les faveurs de l'État pour les négriers !

Il existait en outre en France un groupe de philanthropes qui réclamaient l'émancipation des noirs. C'était la *Société des amis des Noirs* fondée en 1787, à l'imitation des associations analogues qui existaient alors aux États-Unis et en Angleterre. Elle était organisée comme une loge franc-maçonne et comptait parmi ses membres Brissot, Sieyès, Condorcet, Mirabeau, La Fayette, le duc de La Rochefoucauld, l'abbé Grégoire, Pétion... Elle réclamait, pour l'immédiat, l'interdiction de la traite ; puis la suppression progressive de l'esclavage. Il n'est pas impossible, comme ses ennemis l'en accusaient, que ses campagnes aient été soutenues secrètement par les Anglais désireux de s'assurer le monopole de la traite et soucieux d'affaiblir les colonies françaises dont la prospérité gênait leur commerce.

Pour lutter contre les *Amis des Noirs*, les riches propriétaires coloniaux qui résidaient habituellement en France, les armateurs et les négriers des grands ports de l'Atlantique, d'anciens administrateurs de colonies, quelques députés influents avaient fondé le *Club Massiac* — du nom du planteur, le marquis de Massiac, dans l'hôtel duquel il s'était installé. Le Club Massiac était hostile non seulement à l'affranchissement des esclaves, mais même à l'octroi des droits de citoyen à tout homme de couleur.

Dès la séance d'ouverture des États généraux, il fut question des noirs. Necker, peut-être par manœuvre de diversion, fit allusion dans son grand discours au « malheureux peuple dont on a fait un barbare objet de trafic... ». Louis XVI avait, dit-on, approuvé ce passage.

La question noire fut posée de nouveau le 8 juin 1789 lorsque huit députés élus spontanément par les colons de Saint-Domingue sollicitèrent leur admission aux États. Le Tiers décida que les députés étaient valablement élus, mais réduisit leur nombre à six. Mirabeau fit alors remarquer que les hommes de couleur libres, et moins encore les esclaves, n'étaient représentés par ces députés.

Pendant la nuit du 4 août, il fut question d'affranchir les esclaves, au moment même où la France abolissait la féodalité, mais un des députés de Saint-Domingue, Gouy d'Arsy s'opposa avec énergie à cette proposition. La question, en effet, était complexe et méritait étude. C'est pour cette raison que la Constituante créa le 2 mars 1790 un Comité des colonies qui comprenait parmi ses treize membres les Lameth apparentés à de grands propriétaires coloniaux, et le célèbre avocat Barnave.

Pendant ce temps la Déclaration des droits de l'homme était parvenue aux colonies. Les mulâtres réclamaient la jouissance de leurs droits, certains blancs prenaient leur défense. Mais les grands planteurs voulaient maintenir l'esclavage ; ils faisaient assassiner ceux qui parlaient d'affranchir les noirs.

En France même, l'avocat Dejoly s'efforçait de faire reconnaître l'égalité des droits pour les hommes de couleur libres.

Il était nécessaire que l'Assemblée donnât au problème une solution urgente. Barnave fut chargé de présenter un rapport sur la question : il adopta le point de vue du club Massiac, proposant de laisser aux assemblées coloniales (formées des seuls blancs) la décision dans toutes les affaires intéressant les colonies. Le décret proposé par Barnave fût voté le 8 mars 1790, à une grande majorité. Une instruction du 28, précisait les termes du décret. Était considéré comme citoyen actif aux colonies tout homme âgé de vingt-cinq ans, propriétaire d'immeuble ou contribuable, domicilié depuis deux ans. Il n'était donc pas question de gens de couleur ou d'esclaves, légalement les mulâtres et les noirs libres remplissant les conditions requises devaient être citoyens actifs. En fait, les « grands blancs » les firent écarter des urnes, et les troubles redoublèrent. Un colon qui voulait affranchir ses cent cinquante esclaves fut voué au mépris et subit toutes sortes de vexations.

Les mulâtres avaient envoyé à Paris des délégués, Raymond et Ogé, qui menèrent, en faveur des gens de couleur, une vigoureuse campagne ; à Saint-Domingue les mulâtres se révoltèrent.

Néanmoins, l'Assemblée persista dans son attitude. Le 12 octobre 1790, elle décida qu'elle ne prendrait aucune décision sur l'état des personnes aux colonies, sans prendre l'avis des colons blancs, le 15 mai 1791 elle précisa, sur la proposition de Reubell qu'elle ne délibèrerait jamais « sur l'état des gens de couleur qui ne seraient pas nés de père et de mère libres, sans le vœu préalable, libre et spontané des colonies ». Les gens de couleur, nés de père et de mère libres, pourraient faire partie des assemblées coloniales. Les hommes libres par affranchissement, ou nés d'un père ou d'une mère esclave formeraient une classe intermédiaire, dont les droits seraient fixés par les colons. Quant aux esclaves, ils seraient considérés légalement comme des mineurs. Tels étaient les termes d'une instruction publiée par la Constituante, le 29 mai 1791, mais ces dispositions n'étaient pas reprises par la « constitution coloniale » votée par l'Assemblée quelques jours plus tard, le 15 juin. La question n'était toujours pas résolue et, aux colonies, grands planteurs et mulâtres s'opposaient de plus en plus violemment. Un nouveau débat eut lieu à la Constituante le 22 septembre 1791 ; il mit aux prises Barnave, avocat des planteurs et Robespierre, comme toujours, défenseur des opprimés. Finalement le 24 septembre 1791, quelques jours avant de se séparer, la Constituante, revenant sur toutes ses décisions antérieures, adoptait un décret qui privait tous les hommes de couleur des droits de citoyen !

Ainsi les bourgeois qui formaient la majorité de l'Assemblée reniaient, en ce qui concerne les noirs, la Déclaration des droits de l'homme. Ils n'avaient pas su se désolidariser des hommes de leur classe qui possédaient des intérêts coloniaux. Ils préféraient rejeter une partie des Droits de l'homme, plutôt que de porter la moindre atteinte à la bourse de certains d'entre eux. Pour se justifier, ils proclamaient qu'en agissant ainsi ils sauvaient les colonies ! En réalité, ils venaient d'en décréter la perte, car dès que la décision du 24 septembre parvint aux colonies, notamment aux Antilles, elle y déchaîna la plus effroyable guerre civile qui s'y fût jamais produite.

III

LA LIBERTÉ[1]

Le préambule de la constitution de 1791 après avoir affirmé l'égalité politique, précisait, comme la Déclaration des droits de l'homme, que les citoyens devaient jouir de la liberté individuelle, de la liberté de la presse, de la liberté de réunion et d'association, de la liberté de pétition. C'étaient là des affirmations de principe dont il importe d'étudier l'application.

---

1. TEXTES ET OUVRAGES A CONSULTER. — Sur la liberté de la presse : Avenel, *Histoire de la presse française depuis 1789 jusqu'à nos jours* (Paris, 1900, in-4°) ; B. Bois, *La vie scolaire et les créations intellectuelles en Anjou de 1789 à 1799* (Paris, 1929, in-8°) ; L. Gallois, *Histoire des journaux et des journalistes de la Révolution* (Paris, 1845, in-16) ; E. et J. Goncourt, *Histoire de la société française pendant la Révolution* (Paris, 1889, in-12) ; Hatin, *Histoire politique et littéraire de la presse en France* (Paris, 1859, in-16) ; Labadie, *La presse à Bordeaux pendant la Révolution* (Bordeaux, 1910, in-8°) ; Le Poitevin, *La liberté de la presse depuis la Révolution* (Paris, 1901, in-8°) ; Matton, *Histoire de la presse française*, t. II (Paris, 1944, in-8°) ; Söderhjelm, *Le régime de la presse en France pendant la Révolution* (Paris, 1900-1901, 2 vol. in-8°) ; G. Weil, *Le journal* (Paris, 1935, in-8° de la collection l' « Évolution de l'humanité ») ; G. Walter, *Hébert et le père Duschesne* (Paris, 1946, in-12) — Sur la liberté du théâtre, voir Bossuet, *Histoire administrative des rapports du théâtre et de l'État* (Paris, 1880, in-8°) ; Cahuet, *La liberté du théâtre*, thèse de droit (Paris, 1902, in-8°) ; P. Courteault, *La révolution et les théâtres à Bordeaux* (Paris, 1926, in-8°) ; D'Estrée, *Le théâtre sous la Terreur* (Paris, 1913, in-8°) ; Ch.-G. Étienne et Martainville, *Histoire du théâtre français depuis le commencement de la Révolution jusqu'à la réunion générale* (Paris, 1902, 4 vol. in-8°) ; Hallays Dabot, *Histoire de la censure théâtrale* (Paris, 1862, in-8°) ; Y. Jamelot, *La censure des spectacles*, thèse de droit (Paris, 1937, in-8°) ; Welschinger, *Le théâtre de la Révolution* (Paris, 1896, in-16). — Sur la liberté de réunion, A. Aulard, *La société des Jacobins*, t. I, Introduction (Paris, 1898, in-8°) ; I. Bourdin, *Les sociétés populaires à Paris jusqu'à la chute de la royauté* (Paris, 1937, in-8°), de la même, *La société de la section de la Bibliothèque* (Paris, 1937, in-8°) ; C. Brinton, *The Jacobins* (New-York, 1931, in-8°, voir le compte rendu par Mathiez dans les *Annales histor. de la Révolution franç.*, 1931, p. 450-452) ; De Cardenal, *La province pendant la Révolution, histoire des clubs jacobins* (Paris, 1929, in-8°) (avec une abondante bibliographie) ; Challamel, *Les clubs contre-révolutionnaires* (Paris, 1895, in-8°) ; A. Cochin, *Les sociétés de pensée et la Révolution en Bretagne* (Paris, 1926, 2 vol. in-8°) ; Gaston-Martin, *La franc-maçonnerie française et la préparation de la Révolution* (Paris, 1927, in-8°) ; du même, *Les Jacobins* (Paris, 1945, in-16) ; Mathiez, *Le club des cordeliers pendant la crise de Varennes* (Paris, 1910-13, deux plaquettes in-8°) ; du même, *Marat, père des sociétés fraternelles*, dans les *Annales révolutionnaires* (1908), p. 661 ; G. Walter, *Les Jacobins* (Paris, 1946, in-8°) ; le livre de B. Fay, *La franc-maçonnerie et la révolution intellectuelle au XVIIIᵉ siècle* (Paris, 1935, in-8°), est fort contestable. — Sur la liberté de pétition, Paul Samuel, *Du droit de pétition sous la Révolution*, thèse de droit (Paris, 1909, in-8°). — QUESTIONS A ÉTUDIER : De la presse parisienne, si abondante et si intéressante, on ne connaît bien que quelques journaux. Beaucoup d'autres mériteraient d'être analysés, leurs auteurs étudiés, leurs ressources évaluées. La presse provinciale reste quasi inconnue ; malheureusement, il est très difficile de trouver des collections complètes de journaux départementaux. Le théâtre à Paris sous la Constituante est encore mal connu, celui de province, à peu près totalement ignoré.

LES INSTITUTIONS POLITIQUES

La Déclaration des droits de l'homme avait déjà garanti d'une manière précise la liberté individuelle ; nous verrons plus loin comment les institutions judiciaires et le code de procédure pénale organisèrent solidement les normes de cette liberté. Mais dès le 8 octobre 1789, la Constituante avait aboli les pratiques les plus odieuses de l'ancien régime, la lettre de cachet, l'emprisonnement arbitraire, l'absence de défenseur, la torture, c'est-à-dire la question préalable, l'interrogatoire sur la sellette, la procédure secrète, le serment prêté par l'accusé à l'instruction.

Mais ce n'étaient là que des mesures provisoires et transitoires. Le « Comité pour la réforme de la jurisprudence criminelle », créé le 10 septembre 1789, allait, en s'inspirant de l'*Esprit des Lois*, de Montesquieu, du *Traité des délits et des peines* de Beccaria, des ouvrages de Voltaire, du président Dupaty et de Marat, entreprendre la grande œuvre de réforme de toute la législation criminelle.

L'histoire de la liberté de la presse est infiniment plus complexe, et les conséquences politiques et sociales en ont été plus importantes.

Sous l'ancien régime, la presse était soumise à une étroite réglementation qui existait encore, en principe, en 1789. Il n'y avait à Paris que quatre grands journaux. La *Gazette de France*, l'ancêtre, fondée par Théophraste Renaudot, le 1er mai 1631, le *Mercure de France* qui datait de 1672, le *Journal de Paris* publié pour la première fois le 1er janvier 1777 et le *Journal général de la France*, créé en 1785. Seuls les deux derniers étaient quotidiens.

La liberté de la presse était réclamée en France depuis longtemps ; dès 1776 Condorcet avait publié un *Fragment sur la liberté de la presse*. Elle avait été établie en fait par arrêt du Conseil du 5 mai 1788, qui invitait « tous les savants et personnes instruites à adresser au garde des sceaux tous les renseignements et mémoires propres à éclairer le gouvernement ». Cet arrêt équivalait à la suppression de la censure préalable, sans le visa de laquelle, sous l'ancien régime, aucun imprimé ne pouvait paraître.

A la suite de cet arrêt, la France fut inondée de pamphlets, de brochures, de libelles de toutes sortes. C'est à l'abri de cet arrêté que Mirabeau, que Condorcet, que Sieyès, que Target, pour ne citer que les plus connus publièrent leurs ouvrages les plus classiques. Près de 2.500 mémoires furent imprimés. Le Parlement, débordé essaya de réagir. Il cita par devant la Grand'chambre le Dr Guillotin, auteur d'une *Pétition des citoyens domiciliés à Paris*, mais le Parlement, embarrassé de son audace, n'osa ni condamner, ni acquitter « afin de ne pas compromettre les restes d'une autorité déjà trop peu respectée ».

La liberté de la presse avait été débattue avec passion dans les Cahiers de 1789. Le clergé en général s'y montrait hostile. « Que la liberté soit soumise à une inspection aussi sévère qu'éclairée... », écrivait le clergé d'Amiens. Et le clergé de Rouen de réclamer, au cas où la liberté de la presse serait accordée, « que l'on condamne à des peines sévères tous les auteurs, libraires ou colporteurs qui seraient convaincus d'avoir composé ou distribué des écrits contre la religion ou les mœurs... ».

La noblesse et le Tiers, en revanche, sont favorables à la liberté et réclament avec véhémence l'abolition de toute censure préalable. « La liberté de la presse est un droit naturel » déclare le Tiers de Clermont. La noblesse de Châtillon-sur-Seine réclame avec instance cette liberté. Tout au plus envisage-t-on, comme le Tiers d'Amiens, la répression des écrits séditieux, contraires à la religion et aux bonnes mœurs, mais certains cahiers désirent confier la répression des délits de presse au jury.

Lors de la réunion des États généraux, encouragé par cette tendance de l'opinion publique et par l'inaction du gouvernement à l'égard des auteurs de brochures publiées depuis un an, Brissot pensa qu'il pourrait éditer un journal sans demander l'autorisation de quiconque et annonça la prochaine publication du *Patriote français*, qui porterait cette épigraphe, empruntée à un journal anglais : « une gazette libre est une sentinelle qui veille sans cesse pour le peuple ». Le prospectus de ce journal attaquait violemment la censure et glorifiait les journaux, sans lesquels, disait Brissot, la révolution des États-Unis n'aurait pas eu lieu.

Le prospectus fut interdit. Ce qui n'empêcha pas Mirabeau de lancer le prospectus d'un autre journal, les *États généraux*. Le gouvernement essaya d'endiguer cette poussée. L'arrêt du Conseil du 6 mai défendit « expressément à tous imprimeurs, libraires ou autres, d'imprimer, publier ou distribuer aucun prospectus, journal ou autre feuille périodique... » sans autorisation. Le lendemain, le journal de Mirabeau était interdit comme « injurieux, portant avec lui, sous l'apparence de la liberté, tous les caractères de la licence... ».

Cet arrêt produisit une grosse émotion. L'assemblée des électeurs du Tiers de Paris, qui était encore réunie vota, sur la demande de Target, et à l'unanimité, une protestation. Mirabeau tourna d'ailleurs la défense gouvernementale en publiant sous forme de journal des *Lettres à ses commettants*. Devant cette habileté, le gouvernement fut forcé de céder. Le directeur général de la Librairie écrivit aux rédacteurs du *Journal de Paris* et du *Mercure de France :* « la juste impatience du public ayant porté le roi à trouver bon que toutes les feuilles périodiques et tous les journaux autorisés rendissent compte de ce qui se passe aux États généraux, en se bornant aux faits dont ils pourront se procurer la connaissance exacte, sans se permettre aucune réflexion ni commentaire, M. le garde des sceaux m'a chargé de vous notifier les intentions de S. M. ». C'était avouer l'impuissance du gouvernement et autoriser en fait la liberté de la presse. Celle-ci allait être sanctionnée par l'article 11 de la Déclaration des droits de l'homme, et jusqu'au 10 août 1792, la presse française jouit d'une liberté telle qu'elle n'en avait jamais connue, et telle qu'elle ne devait, sans doute, plus en connaître par la suite. C'est pour cette raison que la presse française des trois premières années de la Révolution est si intéressante à étudier.

Les journaux de cette époque étaient bien différents par l'aspect et le

LES INSTITUTIONS POLITIQUES

contenu de ce qu'ils devaient être cent ans plus tard. La plupart d'entre eux paraissaient sur petit format, in-12 ou in-8°. Seuls quelques rares journaux étaient publiés en in-4° (le *Journal de Paris*, le *Patriote français*, par exemple). L'*Union* et le *Moniteur* étaient seuls in-folio. Imprimés sur du papier de qualité médiocre, rude au toucher, ces journaux étaient mal composés, criblés de fautes. Leur titre s'accompagnait souvent, à la mode anglaise, d'une épigraphe, parfois latine. En tête, le sommaire. Parfois des illustrations : les gravures sur bois des *Révolutions de Paris* sont des documents historiques importants. En dernière page une publicité embryonnaire. Les journaux quotidiens étaient rares. Seuls d'ailleurs les quotidiens s'intitulent « journal ». La plupart des gazettes paraissent seulement deux ou trois fois par semaine. Le prix était généralement de 2 sous le numéro.

En 1789, la Presse n'est pas encore une grande industrie. Elle en est au stade artisanal. Parfois l'auteur est en même temps l'imprimeur ; c'est le cas d'Hébert et de Prudhomme. Plus souvent l'imprimeur exploite quelques auteurs, il cherche à obtenir le plus de profit possible des journaux qu'il imprime. Mais le tirage est faible, il atteint 17.000 exemplaires au maximum.

Certains journaux, consacrés essentiellement à la polémique, ne renferment qu'un seul article ; c'est le cas des *Révolutions de France et de Brabant*, de Camille Desmoulins. Le plus grand nombre cependant se targuent de fournir des informations du monde entier, celles-ci ne sont naturellement pas communiquées par des agences, mais tout bonnement empruntées à des journaux étrangers. On voit apparaître à cette époque les journaux du soir. Ils connaissent un vif succès car ils donnent très rapidement le compte rendu des séances de l'Assemblée. L'un d'eux, le *Journal logographique* publie même un compte rendu sténographique.

Les journaux se multiplient à Paris à partir du 6 mai 1789 ; très vite, ils se divisent en catégories qui coïncident avec les grands courants de l'opinion politique. Les aristocrates ont pour organes, outre les deux « vieux » journaux que sont la *Gazette de France* et le *Mercure de France*, rédigé maintenant par Mallet du Pan, des journaux plus nouveaux, tels que *L'Ami du Roy* de l'abbé Royou et deux feuilles violentes et satiriques, *Le journal général de la cour et de la ville* connu sous le nom de *Petit Gauthier* (du nom d'un de ses rédacteurs, Gauthier de Syonnet) et les *Actes des apôtres* rédigés par Peltier, Suleau et Rivarol.

Les députés modérés, qui forment la majorité à la Constituante, ont pour moyens d'expression le *Journal de Paris*, un des plus répandus, avec plus de 12.000 abonnés. Il eut successivement pour rédacteurs Garat, Condorcet, Regnault de Saint-Jean d'Angely et Roederer. Le *Journal de Paris* publiait un *Supplément* qui était une sorte de tribune libre — mais payante — où chacun pouvait s'exprimer. On y lut des articles d'André Chénier, de Dupont de Nemours, de La Rochefoucauld. Les députés modérés ont eu à leur disposition encore nombre d'autres journaux, plus ou moins éphémères tels que le *Journal des amis de la constitution monarchique*, le *Postillon de Calais* (du nom de l'auteur du journal), *L'Ami des patriotes*, etc.

Les journaux dits « patriotes » sont célèbres : Mirabeau publie le *Courrier de Provence*, qui a remplacé les *Lettres aux commettants*, Brissot édite le *Patriote français*, Carra et Mercier sont les rédacteurs des *Annales patriotiques* qui paraissent avec cette épigraphe : « On peut acquérir la liberté, mais on ne la recouvre jamais. » Le *Courrier de Versailles* de Gorsas reçoit des subventions du ministère de l'Intérieur. *La bouche de fer* de l'abbé Fauchet est une feuille très curieuse. C'est l'organe du *Cercle social*, société maçonnique à laquelle on peut adresser des communications en les jetant dans une boîte aux lettres en forme de bouche — d'où le nom du journal, — qui publie certaines de ces lettres.

L'extrême-gauche exprime ses points de vue dans quelques journaux qui firent sensation à l'époque et restent une source importante de documentation pour l'historien. Les *Révolutions de Paris*, dirigées par Prudhomme et qui ont pour rédacteur en chef Loustallot, jusqu'à sa mort prématurée en septembre 1790. Fabre d'Églantine et Chaumette le remplaceront. Avec pour épigraphe : « Les grands ne nous paraissent grands que parce que nous sommes à genoux. Levons-nous », ce journal se fait l'apôtre de la démocratie. Il est concurrencé par les *Révolutions de France et de Brabant* dirigées par Camille Desmoulins. Plus pamphlet que journal, cette feuille a grand succès, surtout auprès du public cultivé, qui seul pouvait comprendre les allusions perpétuelles à l'antiquité gréco-latine. Le *Défenseur de la Constitution* de Robespierre, parut pendant les six derniers mois de l'Assemblée législative. *L'Ami du Peuple* de Marat s'efforçait de dénoncer les traîtres, de découvrir sans cesse de nouveaux complots. Il n'était dépassé en violence que par *L'Orateur du Peuple* de Fréron. Enfin le *Père Duchesne*, rédigé par Hébert était, plutôt qu'un journal, une suite de tracts paraissant irrégulièrement. Il plaisait au peuple par la trivialité de son langage. D'abord assez modéré, il s'efforça bientôt de dépasser en violence *L'Ami du peuple*.

Au milieu de cette débauche de journaux, quelques feuilles restaient neutres et s'efforçaient de donner à leurs lecteurs une impartiale information. C'était le cas surtout du *Moniteur*, fondé le 24 novembre 1789 et qui devint vite un journal officieux, publiant les textes des lois et des décrets. La *Feuille villageoise* qui tirait à 17.000 exemplaires apportait aux paysans des conseils utiles, vulgarisait les découvertes scientifiques.

Paris n'avait naturellement pas le monopole de la presse. Alors que, sous l'ancien régime, la province ne connaissait que quelques rares feuilles locales portant la plupart du temps le nom d'*Affiches*, les journaux se multiplient à partir de 1789. Citons les *Affiches de Rennes*, le *Journal du département de la Meurthe*, par Sonnini, le *Patriote d'Auvergne* ; en Alsace, le *Strassburgische Zeitung* et le *Courrier de Strasbourg*...

Le tableau de la presse française en 1789 serait incomplet si l'on ne mentionnait les *Almanachs* paraissant chaque année et qui étaient d'excellents instruments de propagande politique. *L'Almanach des honnêtes gens* rédigé en 1789, par Sylvain Maréchal est remarquable par la violence de son anticléricalisme. *L'Almanach du Père Gérard*, œuvre de Collot d'Herbois, antiroyaliste connut une vogue extraordinaire et fut traduit en anglais, allemand et hollandais. Au contraire, les *Étrennes aux gens de bien* de Rivarol étaient violemment contre-révolutionnaires.

Les pouvoirs publics s'émurent naturellement de ce bouillonnement d'idées, de la violence des opinions quotidiennement exprimées, des calomnies déversées en masse, des excitations au meurtre, au pillage, à la violence. Dès le 24 juillet 1789, la municipalité de Paris, pourtant issue de la Révolution du 14, arrêtait que les « colporteurs d'imprimés sans nom d'auteurs, et propres à produire une fermentation dangereuse seraient conduits en prison ». Le 31 juillet, un arrêté soumettait les caricatures à la censure préalable. Mais ni l'un ni l'autre de ces deux arrêtés ne furent exécutés.

Après la marche sur Versailles du 5 octobre 1789, Marat, accusé d'avoir poussé le peuple « à nommer un tribun et à l'armer de la force publique », est déféré au Châtelet à la demande de la Commune de Paris, mais s'enfuit.

L'Assemblée constituante pressait, de son côté, le Comité de constitution de fournir un projet de loi sur la presse. Sieyès le présenta le 20 janvier 1790. Après un éloge de la liberté de la presse, Sieyès énumérait les abus de cette liberté. C'était à son avis la sédition (c'est-à-dire l'excitation à désobéir aux lois), les injures au roi, les outrages aux bonnes mœurs, l'excitation directe ou indirecte au crime, les accusations calomnieuses. Sieyès estimait que dans tous les cas, il fallait punir non l'imprimeur ou le gérant, mais l'auteur. Toutefois, grande innovation, Sieyès proposait de soumettre le délit de presse à un jury composé, autant que possible, d'intellectuels, choisis au nombre de dix par l'accusé, et de vingt par l'administration.

Ce rapport, assez bien accueilli par l'Assemblée fut violemment attaqué par les journaux. Marat écrivit : « Ce projet contient les bases destructives de toute la liberté ; c'est un pendant de la loi martiale. » Brissot affirma que « le meilleur remède à la *licence* de la presse était la liberté ». A la suite de ces protestations, l'Assemblée ajourna le vote du projet de Sieyès.

Naturellement, la presse extrémiste redoubla de violence. La Commune de Paris dénonça de nouveau Marat le 28 juin 1790, l'accusant d'avoir publié « un appel incendiaire contre la loi et l'Assemblée nationale », Malouet dénonça à la tribune les « calomnies », de Camille Desmoulins, qui excitait le peuple contre le roi, les ministres, La Fayette, la municipalité (31 juillet 1790.) L'Assemblée, émue, demanda au procureur du roi près le Châtelet de poursuivre « comme criminels de lèse-nation, tous auteurs, imprimeurs et colporteurs d'écrits excitant le peuple à l'insurrection ». Mais, le 2 août, sur les réclamations des députés de gauche, Desmoulins fut mis hors de cause. Quant à Marat, il échappa une nouvelle fois aux poursuites.

La fuite de Varennes amena naturellement un redoublement de violence des journaux de gauche qui réclamaient maintenant l'institution de la république. Après avoir réprimé le mouvement républicain, l'Assemblée décida que « toutes les personnes qui auraient provoqué le meurtre, le pillage, l'incendie... soit par des placards ou affiches, soit par des écrits publiés ou colportés, seraient arrêtées sur le champ et remises aux tribunaux pour être jugées ».

Le 23 août 1791, Thouret proposa un nouveau projet de loi sur la presse. Cette fois, le projet fut voté, malgré l'opposition de Pétion, de Robespierre, de La Rochefoucauld. Étaient punissables les délits de presse suivants : toute provocation à désobéir aux lois, à toute incitation à l'avilissement des pouvoirs constitués, à la résistance aux pouvoirs publics, les calomnies volontaires contre les fonctionnaires publics (qui pourraient être poursuivies par ceux qui en seraient les victimes) et les calomnies contre toutes personnes privées, à la requête de celles-ci.

Le jury seul était compétent. Il devait déclarer : 1º Si l'écrit dénoncé constituait un délit ; 2º Si la personne poursuivie était coupable. Cette loi fut insérée dans la constitution, titre III, chapitre V, articles 17 et 18.

Au cours de la dernière séance de l'Assemblée constituante, Adrien Duport présenta un projet de loi plus général sur les délits d'impression, mais ce projet fut ajourné. En fait, la loi du 23 août 1791 ne fut guère appliquée, et pratiquement, la presse française continua de jouir de la même extraordinaire liberté qu'auparavant jusqu'à la journée du 10 août 1792, qui fut en partie son œuvre : les premières restrictions n'apparurent qu'alors, conséquences des opérations de guerre et du triomphe des extrémistes.

Avant 1789, le théâtre n'était, bien entendu, pas libre. Les auteurs devaient soumettre leurs pièces à la censure avant de les faire représenter. Sous le rapport de la morale, les censeurs s'étaient certes montrés très indulgents au cours du XVIIIe siècle ; Crébillon fils, un des écrivains les plus licencieux de l'époque fut même censeur sous Louis XVI. Mais il n'en allait plus de même, dès que la politique ou l'administration du roi étaient en cause. On sait qu'il fallut l'intervention personnelle de Marie-Antoinette pour que le *Barbier de Séville* pût être représenté. Suard, le dernier censeur de la monarchie, accepta une pièce que la Comédie française avait refusé de jouer parce que trop indécente, mais repoussa le *Mariage de Figaro*, qui fut finalement monté malgré la censure (1784). Il interdit aussi *Charles IX ;* ni le 14 juillet, ni la nuit du 4 août ne le firent revenir sur sa décision, *Charles IX* ne put être représenté que le 4 novembre 1789. Les auteurs commençaient cependant à s'émouvoir. Le 24 août 1790, La Harpe rédigeait une pétition réclamant la liberté complète des théâtres pendant qu'à la Comédie française, M.-J. Chénier prononçait un violent réquisitoire contre la censure, « bonne à tuer les chefs-d'œuvre et à protéger l'immoralité des théâtres de bas-étage. » A l'Assemblée, Robespierre et Mirabeau attaquaient la censure pendant que seul, l'abbé Maury en prenait la défense.

La loi des 13-19 janvier 1791 accorda enfin la liberté au théâtre. L'article 1er stipulait que tout citoyen pourrait construire un théâtre public et y faire représenter des pièces de tout genre, à condition de déposer préalablement à l'établissement de son théâtre une déclaration à la municipalité. Cet article consacrait donc la liberté du « commerce » des théâtres. L'article 6 donnait la liberté aux pièces ; il n'y aurait plus désormais d'examen préalable ni de censure : « Les entrepreneurs et membres des différents théâtres seront à raison de leur état sous l'inspection des municipalités ; ils ne recevront des ordres que des officiers municipaux, qui ne pourront arrêter ni défendre la représentation d'une pièce, sauf la responsabilité des auteurs et comédiens. »

Les pièces à tendance politique se multiplièrent alors, le théâtre devint un instrument de propagande révolutionnaire ; mais les salles connurent vite l'atmosphère des réunions publiques. Même dans les pièces classiques, ce qui semblait allusions aux événements contemporains, était immédiatement l'objet de manifestations passionnées. L'Assemblée décida qu'un commissaire de police assisterait à chaque représentation, pour assurer l'ordre, mais cette mesure s'avéra souvent insuffisante.

La liberté de réunion mentionnée déjà dans la Déclaration des droits fait, en outre, l'objet d'un article du titre I de la constitution, qui précise : « Les citoyens ont la liberté de s'assembler paisiblement et sans armes, en satisfaisant aux lois de police. » En fait, cette liberté va être restreinte aux seules associations et réunions politiques ; les associations corporatives, professionnelles seront interdites, nous le verrons, comme contraires à la liberté du travail, les associations religieuses seront plus ou moins traquées ; beaucoup de congrégations religieuses seront supprimées. Ainsi la liberté de réunion et d'association s'est-elle appliquée d'abord seulement aux clubs et aux sociétés politiques. Dans quelle mesure ceux-ci furent-ils jugés « dangereux pour l'ordre établi » et victimes des lois de police ? C'est ce que nous allons examiner, en passant en revue cet extraordinaire phénomène que constitue en 1789 la multiplication des sociétés politiques à Paris et en province.

Les sociétés politiques, les « clubs », comme on les appelle alors ne sont pas un produit de la Révolution. Ces sociétés, auxquelles on a généralement appliqué le nom de « sociétés de pensée » sont apparues vers 1770, sous l'influence sans doute de la franc-maçonnerie. Bientôt, il y en eut dans toutes les grandes villes de France. A Moulins, une société réunit les bourgeois « pour l'échange de leurs connaissances et de leurs talents ». A Clermont-Ferrand, on s'assemble afin de préparer « des améliorations pour l'avenir en fouillant le passé ». Le *Musée* de Bordeaux, fondé en 1703, a pour objet de « concourir à l'établissement de l'égalité parmi les hommes ». On rencontre des sociétés analogues à Lyon, Bourg, Rodez, Nantes, Montauban, Castres,

Saint-Brieuc, Colmar (où elle prend le nom de « Tabagie littéraire »), Lille et naturellement Paris.

Ce furent, en général, les membres de ces sociétés philosophico-littéraires qui formèrent le noyau des clubs révolutionnaires. A Bergerac, 42 des 58 membres de la « Société mesmérienne », plus les deux tiers des adhérents de la Loge fondèrent le club, en 1789.

Mais la société des Jacobins qui devait étendre depuis Paris ses ramifications sur toute la France, a une origine quelque peu différente : elle est issue d'une réunion de députés aux États généraux. Ce furent d'abord les députés bretons qui prirent l'habitude de se rencontrer avant les séances de l'Assemblée dans un café de Versailles. Ils furent bientôt rejoints par des députés de toutes les régions de France : La Révellière-Lépeaux, député d'Anjou, des représentants de la Franche-Comté, du Charolais, etc. Puis certains des membres les plus influents de la Constituante adhérèrent à la réunion : Bailly, Robespierre, Mirabeau, Sieyès, Barnave, les Lameth...

La réunion émigre à Paris avec l'Assemblée en octobre 1789. Elle s'élargit alors, reçoit des non-députés, le peintre David, le médecin Cabanis ; des savants tels que Thouin, Condorcet ; des journalistes, des officiers, des avocats, des négociants, des artisans (le menuisier Duplay par exemple). Bientôt le club s'installe dans le réfectoire du couvent des Jacobins, rue Saint-Honoré : d'où le nom de Jacobin. Ce club restait très fermé ; seuls les membres de la riche bourgeoisie, plus tard les citoyens actifs pouvaient en faire partie, la cotisation était d'ailleurs très élevée, 24 livres par an. Le titre officiel était « Société des amis de la constitution », ou « Société de la Révolution ». Pendant la crise de Varennes, le club rédigea une pétition en faveur de l'établissement de la République. Un assez grand nombre de membres qui n'approuvaient pas cette attitude quittèrent la société et allèrent fonder une nouvelle réunion au couvent des Feuillants.

La « Société des amis de la constitution » était loin d'être la seule société politique de Paris. Il existait dans chaque quartier, plus exactement dans chaque « section », des sociétés populaires ou fraternelles. Marat avait beaucoup contribué à leur fondation. C'était, par exemple : « Les amis de la Loi », « Les amis de la Liberté et de l'Égalité » ; la « Société fraternelle de l'un et de l'autre sexe », siégeant aux Jacobins (et qu'il ne faut pas confondre avec le club célèbre), elle avait été fondée par l'instituteur Dansard, en 1790. Dans ces sociétés, on lisait et l'on commentait les décrets de l'Assemblée. A la différence du club des Jacobins, aucune cotisation n'était exigée ; les membres étaient tous égaux, le tutoiement et l'emploi du mot citoyen étaient de rigueur.

L'une des plus importantes de ces sociétés fraternelles était celle des « Amis des droits de l'homme et du citoyen », siégeant aux Cordeliers, qu'on appela bientôt le « Club des Cordeliers ». Elle compta pour membres les révolutionnaires ardents qui habitaient le quartier du Luxembourg : Camille Desmoulins, Fabre d'Églantine, Brune, Danton, Momorot, Marat, Sergent,

LES INSTITUTIONS POLITIQUES 65

Legendre, Hébert, etc. Les Cordeliers tenaient quatre séances par semaine, comme les Jacobins. Mais ils étaient de tendance infiniment plus démocratique. Leur but était de réaliser dans les faits l'égalité inscrite dans la Déclaration des droits. C'est aux Cordeliers que se produisirent, après la fuite de Varennes, les premières manifestations républicaines. La plupart des membres des Cordeliers étaient présents au Champ-de-Mars lors de la manifestation républicaine du 17 juillet 1791.

C'est à cette époque que toutes les sociétés fraternelles de Paris formèrent un « Comité central » qui fit une violente campagne contre le suffrage censitaire.

Les Sociétés populaires de tendance révolutionnaire n'étaient pas les seules. Il y avait à Paris de nombreux clubs contre-révolutionnaires. Ils eurent sans doute moins d'influence que les autres, mais certains d'entre eux furent importants. Le « club de Valois » avait été fondé dès le 11 février 1789, donc avant la réunion des États généraux, au Palais-Royal. On le disait orléaniste et il compta parmi ses membres beaucoup de futurs jacobins : La Fayette, Talleyrand, Sieyès, les Lameth... C'était un véritable club, au sens anglais du mot : il occupait plusieurs salons, ses membres pouvaient y lire les journaux et les livres récents tout en absorbant des boissons.

Nous avons parlé plus haut du Club de l'Hôtel Massiac, fondé par les planteurs pour lutter contre l'émancipation des hommes de couleur. Il vécut du 20 août 1789 au 10 août 1792.

Le « club des Impartiaux » s'installa à la fin de l'année 1789 dans le couvent des Grands Augustins. Il comprit les membres de la droite de l'assemblée : Malouet, l'évêque de Nancy La Fare, Mallet du Pan... Pour être admis parmi ses membres il fallait signer les « Principes des Impartiaux », qui étaient : le maintien de la Constitution, le rétablissement du catholicisme comme religion d'État, la répression de la licence de la presse...

Ce club se dispersa dans le courant de l'année 1790, la plupart de ses membres rejoignirent le « club monarchique » ou « Club des amis de la constitution monarchique », dont le président fut Clermont Tonnerre. Ce club avait pour emblème une balance en équilibre, dans l'un des plateaux on voyait un bonnet rouge, dans l'autre une couronne. Cette société fut en butte à une violente hostilité de la population ; elle disparut après le 10 août 1792.

La « Société de 1789 » limitait le nombre de ses membres à 660 et leur demandait une très forte cotisation de 60 livres, plus 40 livres de « deniers d'entrée ». Aussi seuls les bourgeois riches en firent-ils partie ; on trouve cependant parmi ses membres, au début, de futurs Jacobins, tels que Bailly, Brissot, Dupont de Nemours, Guillotin, Sieyès... En 1790, la société affirma nettement ses tendances contre-révolutionnaires.

Le dernier, et peut-être le plus célèbre des clubs contre-révolutionnaires est celui des Feuillants, fondé en juillet 1791 après la scission des Jacobins. Il essaya d'entraîner à sa suite la majorité des sociétés populaires de province, affiliées aux Jacobins, mais n'y parvint pas. Les Feuillants jouèrent un rôle important dans l'histoire politique de la Révolution ; ils dirigèrent la politique de la Constituante en août et septembre 1791 et celle de la Législative jusqu'en août 1792.

En province chaque ville tant soit peu importante possédait une société politique, et quelquefois elle en possédait plusieurs. Le plus souvent, le club était issu de l'ancienne société de pensée ; ailleurs il se forma spontanément par la réunion de citoyens qui se groupaient pour lire et commenter les lettres des députés. Les premiers clubs de province naquirent dans le deuxième semestre de 1789 : à Dijon (11 août), Bayeux, Grenoble, Lille, Strasbourg, Dax, Castres. La plupart apparurent en 1790, surtout au moment des « fédérations » ; certains ne se formèrent qu'en 1791. En Alsace, les commissaires du roi envoyés dans la province pour rétablir le calme créèrent eux-mêmes des sociétés populaires en 1791.

Le mouvement ne partit pas nécessairement des grandes villes, Vervins posséda son club avant Soissons, Montignac avant Périgueux, Salers avant Aurillac... Quelquefois dans les cités importantes, des clubs de quartiers se développèrent, comme à Paris.

Dès leur formation, ces sociétés eurent l'idée de correspondre entre elles. On avait déjà vu ce phénomène se produire aux États-Unis, lors de la guerre de l'Indépendance. Le club de Bordeaux écrivait : « Il faut qu'une ligue générale des amis de la France forme un rempart inexpugnable contre lequel viendront se briser les armes de l'aristocratie. Nous ne formons qu'une même société dont les membres sont placés à différentes distances... ». La société parisienne des Jacobins favorisa cette tendance à l'affiliation, et bientôt on distingua en France les « sociétés affiliées » dont les membres avaient accès au « Club de Paris » et les « sociétés correspondantes » qui se bornaient à « l'échange d'informations ». En juin 1791 on comptait dans les départements 406 clubs affiliés aux Jacobins de Paris.

Les unions ne se formèrent pas seulement sur le plan national, il y eut des groupements à l'échelon provincial : le 3 juillet 1791, se tint à Valence un congrès de vingt-deux clubs de la région, le 8 mai 1792, une *Société centrale patriotique* se forma à Clermont-Ferrand, groupant un grand nombre de sociétés locales. Des comités départementaux furent créés dans le Var, l'Hérault, le Tarn, le Gard, la Saône-et-Loire, le Doubs, la Gironde, l'Yonne.

Comment se recrutaient les membres de ces sociétés ? Pour la plupart ils appartenaient à la bourgeoisie et à la petite noblesse. La cotisation était d'ailleurs toujours élevée, même si elle n'atteignait pas 24 livres comme à Paris. Les femmes faisaient souvent partie des sociétés populaires ; rarement elles en étaient exclues, c'est pourtant le cas à Cherbourg, où l'on dit avoir peur « que ce sexe enchanteur n'influence les opinions... ». Il y a parfois des Clubs purement féminins. On en rencontre à Paris, Dijon, Besançon, Ruffec, et même au Mas-d'Azil (Ariège) et à Vic-de-Bigorre.

Les Clubs provinciaux tenaient leurs réunions en général deux fois la semaine, lors de l'arrivée du courrier de Paris. Le bureau, qui dirigeait l'assemblée était composé la plupart du temps d'un président, de vice-présidents, de secrétaires, d'archivistes, de trésoriers, etc. C'était le bureau qui recherchait un local pour les séances ; on s'installait en général dans un couvent, souvent aux Jacobins. A Montauban, pourtant, le club logea dans l'ancien palais de la Cour des aides. La salle des séances était décorée d'emblèmes patriotiques, de drapeaux, et surtout d'un grand tableau de la Déclaration des droits de l'homme et d'une reproduction en plâtre de la Bastille fournie par le « patriote » Palloy.

De 1789 à 1792, les séances de tous ces clubs furent calmes et académiques. Elles étaient surtout employées à la lecture des journaux : La société de Montauban en recevait 15, celle de Strasbourg 27... Aucune des sociétés populaires ne s'abonna à *L'Ami du peuple* ou au *Père Duchesne* avant 1792.

Les sociétés populaires provinciales ont été en grande majorité « patriotes » ; il ne faudrait pas croire cependant qu'il n'y en ait pas eu de modérées, voire de franchement hostiles à la Révolution : ce fut le cas des « Amis de la paix » à Limoges et à Sarlat, des « Vrais amis de la Révolution et de la paix » à Tulle, des « Vrais catholiques amis de l'ordre et de la paix » à Millau, des « Amis du peuple de Grenoble », des « Amis de la monarchie » à Vannes, de la « Société des amis du roi » de Poitiers, des « Vrais Français » d'Alès, etc. Naturellement la présence dans une même ville de clubs de tendances différentes entraînait des rivalités, des troubles. A Dijon, le club des « Amis de la paix » dut fermer en mars 1790 par suite des désordres. Il se reconstitua en juillet sous le nom d' « Amis du roi », mais fut bientôt une seconde fois obligé d'interrompre ses séances. Des troubles semblables eurent lieu à Arles, Pamiers, Soissons, Marseille, Perpignan, etc.

Après la fuite de Varennes, la majorité des clubs se rallia aux Feuillants, mais lorsqu'ils furent mieux informés des événements parisiens ils changèrent d'opinion. Certains clubs provinciaux, ceux de Tulle et de Montpellier, par exemple, firent une active propagande en faveur de la république, et leurs conseils furent écoutés.

Toute cette fermentation engendrée par l'extrême multiplication des clubs dans toute la France devait naturellement avoir ses répercussions à l'Assemblée. Le 28 février 1791, Foucauld de Lardimalie, député de la noblesse du Périgord, demanda à la Constituante d'interdire les sociétés populaires. L'Assemblée se borna à leur défendre de présenter des pétitions. Après son arrestation à Varennes, Louis XVI rejeta la responsabilité des troubles du pays sur les clubs. Robespierre défendit au contraire les clubs à la tribune de l'Assemblée ; mais, malgré son discours, un article fut inséré dans la loi municipale de juillet 1791 pour obliger les fondateurs de sociétés politiques à en faire préalablement la déclaration à la municipalité.

Cette minime restriction parut insuffisante aux aristocrates. Le 21 août 1791, le ministre de la Justice Duport-Dutertre déclara : « Il est impossible que les tribunaux puissent juger, que les administrations puissent administrer si des associations d'individus qui ne peuvent et ne doivent avoir qu'une force d'opinion s'érigent en corps politique et, constitué, s'établissent non seulement les surveillants et les censeurs des juges, mais encore leurs supérieurs et leurs maîtres... »

Le Comité de constitution fut chargé d'étudier les moyens de restreindre la liberté de réunion. Le Chapelier présenta son rapport le 29 septembre. Les clubs, dit-il, ont été utiles au début de la Révolution ; mais leur affiliation, leurs pétitions sont devenues dangereuses et d'ailleurs inutiles puisque « la Révolution est terminée ».

Robespierre répondit à Le Chapelier en prononçant l'éloge des sociétés populaires. Néanmoins la Constituante vota une loi déniant aux clubs l'existence publique, le droit d'exercer une influence sur les autorités constituées, les droits de pétition et de députation. La Constituante se sépara aussitôt cette loi votée, mais la Législative ne l'appliqua point. C'est ainsi qu'elle accepta de recevoir le 19 octobre une adresse du club de Lisieux, et, le 7 décembre, une lettre de la société populaire d'Auch.

La campagne contre les clubs reprit au début de 1792. Vaublanc parla contre eux à la tribune de l'Assemblée et André Chénier les attaqua violemment dans le *Journal de Paris*, en traitant leurs membres de « farceurs, chevaliers d'industrie, voleurs... ». Il est vrai que Marie-Joseph, le frère d'André, répliqua en soutenant les clubs.

Le 28 avril 1792, François de Nantes fut chargé par la Législative d'un rapport sur les clubs. Il en montra l'utilité et conclut : « Les amis de la Liberté sont dans toute la France, mais ses amants sont dans les clubs... Peut-être quelques clubs ont-ils outrepassé leur rôle. Qu'on sévisse alors contre eux, mais qu'on laisse les huit cents autres en repos. »

Une troisième offensive fut dirigée par Delfau, le 24 juin 1792. Pastoret, chargé d'un nouveau rapport, déclara : « L'ancien régime, dont on sait que la tolérance n'était pas la principale vertu, permettait les réunions littéraires, les associations maçonniques, les confréries religieuses, et nous défendrions des rassemblements qui ont pour objet la discussion des plus grands intérêts de la patrie ! »

En réalité, en juin et juillet 1792, les sociétés populaires étaient plus puissantes que jamais. Beaucoup s'étaient mises en permanence lors de la proclamation de la « Patrie en danger ». Elles eurent un rôle décisif dans le renversement du trône et l'organisation de la défense nationale. Ainsi c'est grâce à l'entière liberté dont les associations politiques jouirent de 1789 à 1792 que la Révolution put se développer.

La liberté de pétition était très importante aux yeux des hommes de 89. Sous l'ancien régime, chacun était libre d'adresser une pétition individuelle au roi, mais il était interdit de faire circuler des pétitions collectives. Il était notamment défendu de déposer des pétitions chez les officiers publics ou ailleurs, dans l'intention de recueillir des signatures, et il était pareillement interdit de solliciter par lettres des signatures. Le 19 septembre 1788, le parlement de Paris avait encore rendu un arrêt sur ce sujet, à propos d'une pétition rédigée par le Dr Guillotin, et signée par de nombreux citoyens, en faveur du doublement du tiers.

Malgré ces défenses, les pétitions collectives et individuelles affluèrent à partir du 5 mai 1789, adressées, les unes à l'Assemblée nationale, les autres au roi. Elles se présentaient sous les formes les plus diverses, mais étaient le plus souvent apportées par des délégations qui défilaient à la barre de l'Assemblée. Le 31 août 1789, par exemple, les « citoyens du Palais Royal » adressent à la Constituante une pétition contre le veto. Devant l'afflux des députations, l'Assemblée décida, le 15 octobre 1789, de ne plus recevoir que les pétitionnaires de Paris et des autres communes de France. Les pétitions, après avoir été remises à l'Assemblée étaient réparties entre les divers comités, chargés d'en faire le rapport. L'assemblée statuait en dernier ressort.

Les pétitions n'en continuèrent pas moins d'encombrer l'Assemblée, aussi essaya-t-elle de les réglementer par le décret du 14 décembre 1789. Dans son article 62, il reconnaît aux citoyens actifs le droit d'adresser des pétitions collectives aux administrations départementales et de district, au Corps législatif, et au roi, « sous condition d'en donner avis aux officiers municipaux » et de ne députer que dix citoyens pour déposer ces pétitions ou adresses. La loi n'était applicable qu'aux départements ; un règlement analogue, concernant la ville de Paris, fut voté le 21 mai 1790.

Le nombre des pétitions ne diminua pas. Certaines étaient importantes. Le 8 février 1790, la Commune de Paris déposait à la Constituante une pétition, rédigée par Condorcet, et hostile au régime censitaire. Le 10 novembre 1790, les quarante-huit sections de Paris faisaient porter par Danton une pétition réclamant la démission de trois ministres, leur jugement par une Haute Cour de justice et l'interdiction pour eux de sortir de la capitale avant d'avoir obtenu le *quitus*.

Devant le flot grandissant des pétitions, les lois de 1790 parurent insuffisantes. Ce fut le Directoire du département de Paris qui bientôt fut amené à réclamer de l'Assemblée constituante, par la voix de Pastoret, le 26 avril 1791, une loi sur le *droit de pétition*, distinguant les pétitions des autorités constituées, de celles d'une réunion *quelconque* de citoyens. Le Chapelier fut chargé de présenter un rapport sur la question. Il estimait que le *droit de plainte*, individuel, appartenait à tous les individus, le *droit de pétition*, au contraire, droit politique, était conféré aux seuls citoyens actifs ! Robespierre attaqua violemment une définition aussi arbitraire, et l'Assemblée le suivit partiellement, car elle accorda le droit de pétition individuellement à tous les citoyens. Mais elle prohiba les pétitions collectives, sauf celles des assemblées de communes et de sections, et seulement sur des matières d'intérêt municipal.

Il en résultait que les sociétés populaires perdaient tout moyen de se faire entendre de l'assemblée. En fait, elles ne tinrent aucun compte de cette loi. Après la fuite de Varennes, elles accablèrent de nouveau l'assemblée de pétitions. L'une des plus importantes fut celle que rédigea le club des Cordeliers pour demander que les assemblées primaires fussent consultées sur le sort du roi. L'assemblée refusa d'entendre la lecture de cette pétition comme inconstitutionnelle. C'est alors que les Cordeliers la déposèrent au Champ-de-Mars, sur l'autel de la Patrie et provoquèrent ainsi la journée révolutionnaire du 17 juillet. Cette pétition, et d'autres, inspirées du même esprit, poussèrent la Constituante à voter la loi du 29 septembre 1791, dont nous avons déjà parlé, et qui déniait aux sociétés populaires tout caractère officiel et, par conséquent, leur rappelait l'interdiction de présenter des pétitions.

Cette loi ne fut pas plus observée que la précédente, par la Législative, qui reçut sans distinction pétitions individuelles, pétitions collectives émanées de corps constitués ou pétitions rédigées par une réunion quelconque de citoyens. La Législative ne revint à la lettre de la loi que pour refuser deux pétitions de tendance réactionnaire ; celle dite « des huit mille » gardes nationaux de Paris protestant contre la formation d'un camp de 20.000 fédérés, et celle de La Fayette, du 28 juin 1792, dénonçant l'activité des sociétés populaires. Par contre, elle fut contrainte d'accepter le 20 juin 1792 la pétition présentée par les citoyens armés des faubourgs Saint-Antoine et Saint-Marcel protestant contre le veto opposé par le roi aux décrets de l'assemblée relatifs à la constitution du camp de 20.000 fédérés et à la déportation des prêtres non assermentés. Durant le mois de juillet, elle accepta de même de nombreuses pétitions réclamant la déchéance du roi et la proclamation de la république.

Au total, malgré les efforts des deux partis extrêmes, la liberté de pétition, comme la liberté d'association ou la liberté de la presse, resta très large pendant les trois premières années de la Révolution.

Ainsi, dans le grand mouvement qui les emportait vers la création d'un régime politique nouveau, les hommes de 1789 résolurent l'alternative de l'égalité et de la liberté en mettant l'accent sur cette dernière. Dans l'égalité, ils ne virent qu'un moyen donné à la bourgeoisie pour accéder aux places que se réservait la noblesse. C'est, après de multiples hésitations qu'ils accordèrent l'égalité aux juifs, ils la refusèrent aux mulâtres et aux esclaves. Encore ne s'agissait-il là que de l'égalité civile, et nous allons voir comment ils organisèrent l'égalité politique.

La liberté, en revanche, eut toutes les faveurs de la classe qui fit la Révolution de 1789. Elle leur était indispensable pour abattre l'ancien régime. Mais, qu'on y prenne bien garde. Cette liberté, inscrite dans les lois, fut souvent « à sens unique ». Si les journaux royalistes et aristocrates purent paraître sans trop de difficultés jusqu'au 10 août 1792, les clubs de droite, nous l'avons vu, furent souvent victimes des séditions populaires. Les assemblées et surtout la Législative, adoptèrent deux politiques différentes à l'égard des pétitions : repoussant celles des réactionnaires, acceptant celles des patriotes. Toutefois, égalité et liberté ne sont pas d'hypocrites étiquettes recouvrant une marchandise falsifiée, mais les deux termes d'un idéal que les Constituants de 89 ont proposé à l'avenir, et que seul un respect trop marqué des intérêts matériels les empêcha de réaliser du premier coup.

CHAPITRE II

LES INSTITUTIONS POLITIQUES : LA CONSTITUTION DE 1791 ET L'ORGANISATION DES POUVOIRS PUBLICS[1]

La Constituante a voulu rendre au peuple la souveraineté. C'était là un article essentiel de la Révolution. On inscrit la souveraineté nationale dans les lois, et on chante : « Le peuple souverain s'avance. » Mais il existe bien des manières pour le peuple d'exercer la souveraineté. Il peut en user directement ou bien la déléguer à des représentants. En ce cas, qui jouira du droit de vote ? Qui pourra être élu représentant ?

I

SOUVERAINETÉ NATIONALE[2]

La souveraineté nationale est réglée par le titre III de la constitution, qui écarte délibérément la démocratie directe ; non seulement le peuple

---

1. BIBLIOGRAPHIE GÉNÉRALE. — Outre les documents cités au précédent chapitre, p. 41, voir les papiers du comité de Constitution, D IV, aux Arch. nat., les principaux journaux parisiens, les mémoires et correspondances des députés à la Constituante. — Voir, en outre les ouvrages cités au précédent chapitre, p. 42 et consulter les suivants : Alengry, *Condorcet, guide de la Révolution française* (Paris, 1903, in-8°) ; Du Bus, *Stanislas de Clermont-Tonnerre et l'échec de la Révolution monarchique* (Paris, 1931, in-8°) ; Mirkine-Guetzévitch, *Le droit constitutionnel de la Révolution française*, dans la *Revue polit. et parlementaire*, 1932, p. 510-5 ; du même, *Les origines françaises du régime parlementaire*, dans le recueil des *séances et travaux de l'Acad. des sciences morales et politiques*, 1932, p. 32-3 ; H. Olive, *L'action exécutive exercée par les comités des assemblées révolutionnaires*, thèse de droit (Aix-en-Provence, 1908, in-8°). — QUESTIONS A ÉTUDIER : Pas plus que pour l'Assemblée nationale, on ne possède pour la Législative une étude sur l'organisation même de cette assemblée, en tant que telle (composition, fonctionnement, etc.). Un tel travail apporterait une utile contribution à l'histoire générale de la Révolution.

2. TEXTES ET OUVRAGES A CONSULTER. — Ameline, *L'idée de souveraineté, d'après les écrivains français du XVIIIe siècle* (Paris, 1904, in-8°) ; Charau, *Essai sur l'évolution du système représentatif*, thèse de droit (Dijon, 1909, in-8°) ; Koch, *Les origines de la prohibition du mandat impératif*, thèse de droit (Nancy, 1905, in-8°) ; Ch. Seignobos, *Études de politique et d'histoire. La séparation des pouvoirs* (Paris, 1934, in-16) ; J. Sentou, *Impôts et citoyens actifs à Toulouse au début de la Révolution*, dans les *Annales du Midi*, 1948, t. 61, p. 159-179. — QUESTIONS A ÉTUDIER : Il serait utile d'entreprendre une étude des électeurs et des éligibles en se servant des rôles des impôts et des procès-verbaux d'élection conservés dans les archives départementales ou municipales. On s'apercevrait que la détermination de la qualité d'électeur ou d'éligible a été extrêmement arbitraire, malgré le cens, et a beaucoup varié d'une commune à l'autre, parfois même d'un quartier urbain à l'autre.

LES INSTITUTIONS POLITIQUES

ne participe au gouvernement que par l'intermédiaire de « représentants », mais ni le référendum, ni le plébiscite, ni le droit d'initiative, ne sont prévus. Sieyès estimait que la très grande majorité des Français n'avait « ni assez d'instruction ni assez de loisirs pour vouloir s'occuper directement des lois qui gouvernent la France ».

La nation n'exerce donc sa souveraineté que par l'intermédiaire de ses représentants, les députés élus, d'aucuns y ajoutent le roi, considéré comme premier représentant du peuple.

La constitution précise que les représentants ne peuvent recevoir de « mandat impératif » (titre III, chapitre I, section III, article 7). En effet, le député représente la nation tout entière, et non seulement sa circonscription électorale. Celle-ci ne saurait donc lui donner de mandat impératif. La Constituante restreint en fait la souveraineté nationale à un simple droit d'élire. Par là, elle montre son vrai visage ; elle montre qu'en fait, elle a peur de la démocratie.

Cette peur de la démocratie apparaît encore dans le partage du droit d'élire. En effet, le droit de suffrage n'est accordé qu'à une très petite minorité de Français ; les femmes sont écartées en masse malgré l'intervention de Robespierre à l'Assemblée et un article de la citoyenne Palm Aelders (à vrai dire, une intrigante Hollandaise), dans le *Patriote français* du 1er avril 1791. Les jeunes gens sont également exclus du droit de vote, puisque l'âge électoral est fixé à 25 ans.

Mais ce n'est pas tout ; l'Assemblée constituante a suivi le subtil raisonnement de Sieyès qui distinguait des « citoyens passifs » et des « citoyens actifs ». Tous les citoyens, disait Sieyès, sont « passifs », par rapport aux droits civils ; un petit nombre est « actif » par rapport aux droits politiques.

Pour être « citoyen actif », il fallait donc : être âgé de plus de 25 ans, être domicilié depuis un an dans la ville ou le canton, ne pas être domestique, être inscrit à la garde nationale de son domicile, avoir prêté le serment civique, n'être, ni en état d'accusation, ni failli, ni insolvable non libéré et surtout, payer une contribution directe égale à trois journées de travail. C'était là une condition fondamentale. Le suffrage était donc censitaire. Seuls les riches pouvaient voter.

Non seulement le suffrage était censitaire, mais il était à deux degrés, nouvelle précaution contre toute tentative de régime démocratique. Les citoyens actifs en effet n'élisaient pas directement les députés. Ceux-ci étaient élus par des électeurs nommés eux-mêmes par les assemblées primaires composées de la totalité des citoyens actifs.

Un nouveau cens était exigé des électeurs du second degré. Ils devaient être propriétaires ou usufruitiers ou fermiers d'un bien évalué à la valeur locale d'un nombre de journées de travail variant de 150 à 400 environ, suivant l'importance des communes. Trois millions de Français étaient dans ce cas, mais le nombre des électeurs ne devait pas dépasser le centième des citoyens actifs.

Si un cens supérieur était exigé des électeurs, ceux-ci pouvaient, par contre, choisir les députés parmi tous les citoyens actifs sans distinction.

Avec ce système, la France comptait environ 4.300.000 citoyens actifs, sur 7.000.000 de citoyens (non compris les femmes). Il y avait beaucoup moins d'électeurs qu'aux élections de 1789. En effet, à cette époque, tout Français payant une contribution directe quelconque avait eu le droit de voter pour la désignation des députés aux États généraux.

Le nombre des électeurs du second degré était plus restreint encore. Il n'atteignait pas mille pour le département de Paris, et dans les autres départements il variait de 200 à 600. Sans doute était-il, pour toute la France inférieur à 50.000. Quand on aura rappelé que le système instauré par la charte de 1814 créa un corps électoral de 72.000 Français, on se rendra compte des restrictions apportées à la souveraineté nationale par la Constituante de 1789.

Encore le système que nous venons de décrire fut-il voté tardivement, fin août 1791, et ne fut-il pas même appliqué aux élections à l'Assemblée législative. La Constituante avait en effet établi pour commencer un système, encore moins démocratique, si possible, et qui était caractérisé par l'exigence du marc d'argent.

Dans le premier système, le cens exigé des électeurs au second degré n'était pas extrêmement élevé. Il suffisait de payer une contribution directe égale à dix journées de travail. Par contre, on avait fixé un cens d'éligibilité très élevé : il fallait payer une contribution directe égale à un marc d'argent, c'est-à-dire à 50 francs et posséder, en outre, une propriété foncière quelconque. Ce système réservait donc les places de députés aux membres de l'aristocratie terrienne, comme en Angleterre, à la même époque.

Robespierre mena une très violente campagne contre le marc d'argent, et il fut aidé par les journaux de Marat, Desmoulins, Loustalot. Dès le mois de février 1790, vingt-sept districts parisiens protestèrent contre le « marc d'argent ». Mais la Constituante ne céda que le 27 août 1791. Elle supprima le cens d'éligibilité, mais augmenta, comme nous l'avons vu, le cens des électeurs au second degré.

La journée de travail était donc à la base du calcul des divers cens. Combien valait-elle ? La Constituante précisa qu'il fallait entendre par journée de travail, la journée du manœuvre non qualifié, c'est-à-dire une livre au maximum et dix sous au minimum.

Cette souveraineté, déjà si modeste, les Constituants vont encore la réduire en la divisant par la séparation des pouvoirs. Nous avons vu ce qu'il fallait penser de la séparation des pouvoirs, dans le chapitre précédent, à propos des caractères traditionnels de la constitution ; nous avons dit que cette séparation inventée par Montesquieu pour amoindrir le pouvoir royal avait été maintenue dans la même intention par l'Assemblée constituante. Mais cette distinction toute pragmatique de la séparation des pouvoirs n'est même pas appliquée dans la pratique, puisque le roi, à qui la Constituante accorde le pouvoir exécutif, participe aussi au pouvoir législatif par l'intermédiaire du droit de veto, et que l'Assemblée intervient dans l'exécutif en fixant les dépenses publiques, la nature, la quotité, la durée et le mode de perception des contributions ; en répartissant les contributions indirectes entre les départements et en fixant chaque année le nombre d'hommes et de vaisseaux de l'armée et de la marine.

En réalité le mot *pouvoir* reste très vague, en dépit de Montesquieu, dans l'esprit des constituants. Par exemple, le premier comité de constitution présentait, dans un projet qui fut rejeté, une chambre haute comme un troisième pouvoir ! On parlait aussi des pouvoirs militaire, administratif, ministériel. La distinction classique des « trois pouvoirs » ne correspond donc à aucune réalité. En fait, les constituants ont déterminé les pouvoirs de la nation, exercés par ses représentants et les pouvoirs du roi.

Quant au soi-disant « pouvoir judiciaire », il n'a existé que dans l'esprit de Montesquieu. Il est plus exact de parler d'une fonction judiciaire, qui n'a rien de commun avec un pouvoir et que nous étudierons plus loin, en examinant les institutions judiciaires. Pour l'instant, nous allons nous borner à passer en revue les pouvoirs de la nation et les pouvoirs du roi. En fait, les discussions à l'Assemblée ne suivirent pas cet ordre qui nous paraît logique, et qui, au demeurant, avait été proposé par Castellane et Lameth. Les contingences politiques forcèrent l'Assemblée à traiter d'abord la question de la sanction royale, puis l'organisation de l'Assemblée législative, enfin l'élaboration des lois.

II

LES POUVOIRS DE LA NATION[1]

La nation exerce sa souveraineté avons-nous dit par l'intermédiaire de ses représentants. Ceux-ci forment l'assemblée législative. Comme l'assemblée constituante concentrait, selon la théorie du pouvoir constituant, tous les pouvoirs entre ses mains, elle a tendu à donner, malgré la division des pouvoirs, les attributions les plus étendues à la Législative.

La Législative est une chambre unique. Elle est permanente, choisit le lieu de ses séances et la durée de ses sessions. Elle est nombreuse, car les constituants estimaient qu'un grand nombre de députés représenteraient mieux la nation qu'un petit nombre, elle compte 745 membres. Les députés sont répartis entre les 83 départements proportionnellement à trois facteurs : le territoire,

---

1. TEXTES ET OUVRAGES A CONSULTER. — Outre les ouvrages déjà cités dans les précédentes bibliographies de ce chapitre, voir : Denis-Farge, *La procédure des délibérations dans les trois premières assemblées révolutionnaires*, thèse de droit (Toulouse, 1929, in-8º).

la population, la fortune. C'est ainsi que le territoire de chaque département est représenté par trois députés, au total 249 ; 249 autres députés sont répartis entre les départements proportionnellement à la population de chacun, enfin il y avait encore 249 députés, répartis entre les départements proportionnellement au montant des contributions directes de chacun. C'est une conception très originale. On a cherché à représenter à la fois la population, les intérêts locaux, et les intérêts financiers. Chaque département était donc assuré d'avoir au moins cinq députés.

L'assemblée législative est élue pour peu de temps, deux ans seulement. La fréquence des élections pouvait, dans une certaine mesure, pallier le caractère insuffisamment représentatif de l'Assemblée. Le renouvellement avait lieu de plein droit après l'expiration de la législature. L'assemblée ne pouvait être dissoute.

Les députés doivent prêter le serment de « vivre libre ou mourir, de maintenir de tous leurs pouvoirs la constitution du royaume, de ne rien proposer ni consentir qui puisse y porter atteinte, et d'être en tout fidèles à la nation, à la loi et au roi... ».

Les députés sont inviolables. Ils ne peuvent être arrêtés que pour crimes constatés en flagrant délit, ou après avis du Corps législatif décidant qu'il y a lieu à accusation.

L'assemblée est indépendante, elle s'ajourne ou se réunit comme il lui plaît. Toutefois, le roi peut la convoquer entre deux sessions. Le roi peut venir assister aux séances de l'assemblée, mais, en ce cas, celle-ci cesse aussitôt de délibérer. Les ministres n'ont accès à l'assemblée que s'ils le demandent, et seulement « pour donner des éclaircissements sur leur administration ». Ils ne peuvent prendre la parole qu'avec l'autorisation de l'assemblée. Ainsi la responsabilité des ministres ne figure dans la constitution qu'à l'état embryonnaire, et le régime parlementaire n'est pas même envisagé, car les ministres sont totalement indépendants de l'assemblée, qui n'a que très peu de prise sur eux.

L'assemblée, avons-nous dit, est à la fois permanente et unique. Revenons sur ces deux points capitaux qui caractérisent le système législatif adopté par les constituants de 1789.

La permanence de l'assemblée fut décrétée par la Constituante le 9 septembre 1789. Les constituants avaient encore nettement présents à l'esprit les tentatives que le roi avait faites en juin et juillet 1789 pour disperser la constituante, et qu'il allait d'ailleurs renouveler quelques semaines plus tard. La permanence signifiait, en effet, qu'il était impossible de disperser, ajourner, dissoudre l'assemblée. Tous ses membres devaient s'efforcer de se réunir quelle que fût la situation. La constituante rompait ainsi avec la tradition à laquelle s'étaient conformés les anciens États généraux. Tous les orateurs attribuaient en effet à la périodicité, c'est-à-dire à la non permanence des États, leurs échecs répétés.

LES INSTITUTIONS POLITIQUES

Quant à l'unité, elle n'a été admise qu'après de longues discussions. Le premier comité de constitution avait déposé un rapport de Lally-Tollendal concluant à l'organisation de deux chambres, une « chambre des représentants » et un sénat. Lally faisait valoir qu'ainsi les pouvoirs seraient équilibrés entre le gouvernement et chacune des chambres, qu'ainsi, la fonction législative aurait été partagée entre ces trois pouvoirs et que les rivalités trop vives seraient apaisées. Deux chambres, poursuivait Lally, auraient l'avantage de la modération : « Une assemblée unique ne sera jamais liée par ses délibérations. Un instant d'exaltation lui fait brusquement annuler ce qu'elle aura le plus sagement décrété. » Le sénat assumerait le rôle de défenseur de la constitution, il en rappellerait les termes à la chambre des représentants. Quant au roi, il aurait l'avantage de s'appuyer tantôt sur une chambre, tantôt sur l'autre.

Les bicaméristes ne faisaient d'ailleurs pas du sénat le pendant exact de la chambre des lords d'Angleterre. Ils ne le composaient pas seulement des membres du clergé et de la noblesse. Les sénateurs, dans le projet Lally, devaient être nommés soit par le roi et la chambre des députés, soit par le roi et les états provinciaux, mais choisis dans toutes les classes de la nation. Ils ne seraient pas héréditaires, mais possèderaient leur fauteuil à vie. Il y en aurait environ 200. Mounier proposait un projet légèrement différent. Il imaginait un sénat de 300 membres élus pour six ans parmi les citoyens de plus de 35 ans propriétaires d'immeubles rapportant plus de 10.000 livres de revenu. Ces projets furent violemment combattus par les monocaméristes, Sieyès, Rabaut, Thouret, Tronchet, Target. Rabaut-Saint-Étienne déclara : « La nation étant une, la représentation doit être une. » Le dualisme anglais, expliquait-il, était empirique, il ne correspondait pas à la logique ; appliqué en France, il mènerait fatalement à une reconstitution de l'aristocratie. C'était l'évidence. Établir deux chambres, ç'eût été pour l'assemblée constituante qui venait de faire la Révolution se condamner elle-même.

Les débats furent passionnés. L'agitation, dans la salle, fut si grande que le président de l'assemblée dut démissionner. Finalement le 10 septembre 1789, les monocaméristes l'emportèrent par 490 voix sur 701. Le Comité de constitution démissionna et les bicaméristes Mounier, Bergasse, Champion de Cicé, Lally-Tollendal et Clermont-Tonnerre furent remplacés par leurs adversaires Thouret, Target, Tronchet, Desmeuniers, Rabaut-Saint-Étienne.

C'est dans ces conditions particulièrement difficiles que l'assemblée unique fut instituée.

L'assemblée législative est dotée de pouvoirs très importants, législatifs pour la plupart, en partie même exécutifs.

L'Assemblée a l'initiative des lois. Le roi a seulement la possibilité « d'inviter le corps législatif à prendre un objet en considération ». Les constituants craignaient beaucoup que le roi n'usât de son prestige pour faire voter des lois qui fussent en contradiction avec les vœux intimes de l'assemblée.

Un projet de loi, pour être voté, doit d'ailleurs faire l'objet de trois lectures, à huit jours d'intervalle. Après la première lecture, le projet doit être imprimé et distribué. La discussion doit se dérouler devant 200 députés présents au moins ; le vote devait avoir lieu à la majorité absolue des suffrages ; mais la déclaration d'urgence dispense de toutes ces formalités.

Les lois sont discutées et votées hors de la présence des ministres, ceux-ci n'interviennent que si « l'assemblée leur accorde la parole ». L'assemblée constituante toujours sous le coup des souvenirs récents de l'absolutisme craignait une immixtion constante d'un gouvernement — choisi uniquement par le roi — dans les affaires de l'État.

Un texte, une fois voté par l'assemblée législative, n'est encore qu'un *décret ;* et, pour devenir « loi », il doit être revêtu de la sanction royale. Le roi signe après avoir inscrit la formule : « Le roi consent et fera exécuter. »

Mais le roi, en vertu de son droit de veto, peut refuser sa sanction. Il écrit alors « Le roi examinera ». Le roi doit faire connaître son avis dans les deux mois. Son veto n'est d'ailleurs que suspensif, et, si deux législatives successives votent de nouveau le même texte, la loi devient exécutoire. C'est-à-dire qu'un projet de loi peut être suspendu pendant une période de deux à six ans, selon qu'il a été voté pour la première et la troisième fois à la fin ou au début d'une législature.

Il faut, en outre, remarquer que tous les textes relatifs à l'établissement, la prorogation et la perception des contributions sont dispensés de la sanction royale.

L'assemblée peut aussi tourner le veto en s'adressant directement au peuple par des proclamations : c'est ainsi qu'elle appela le peuple aux armes le 11 juillet 1792 en proclamant « la patrie en danger ».

Les pouvoirs de l'Assemblée en matière de finances, son droit de fixer annuellement les effectifs des armées de terre et de mer, l'influence qu'elle peut avoir par ses proclamations réservent donc à l'Assemblée législative une part importante de l'exécutif, quoique la constitution proclame : « Le pouvoir exécutif réside tout entier dans les mains du roi. » En fait, les pouvoirs du roi, eux, comprennent la majeure partie de cet exécutif, mais aussi une notable fraction du législatif.

III

LES POUVOIRS DU ROI[1]

Malgré l'abandon d'une partie de son pouvoir exécutif à l'Assemblée, malgré le désir sincère manifesté par beaucoup de constituants, de rogner les pouvoirs de l'exécutif, le roi reste encore fort.

---

1. Textes et ouvrages a consulter. — Outre les ouvrages cités au cours des précédentes bibliographies, voir, sur le droit de paix et de guerre : Basdevant, *La Révolution française et le droit de guerre continentale* (Paris, 1904, in-8º) ; Dufraisse, *Histoire du droit de paix et de guerre* (Paris, 1867, in-8º) ; Mirkine-Guetzévitch, *La technique parlementaire et les relations internationales* (Paris, 1937, in-8º) ; du même, *La Révolution française et l'idée de renonciation à la*

Tout d'abord la monarchie est conservée. Le roi est maintenu. On l'a, à vrai dire en quelque sorte restauré, lorsque après Varennes, on a réinstallé Louis XVI sur son trône, mais les pouvoirs du roi, en 1791, ne sont plus ce qu'ils étaient en 1788, ils sont strictement limités et précisés. Louis XVI n'est plus « roi de France par la grâce de Dieu », il est tout bonnement « roi des Français ». Tout un monde sépare ces deux formules. La première faisait de la royauté un sacerdoce, du roi un véritable thaumaturge, doté même du pouvoir magique de guérir miraculeusement certaines maladies, telles que les écrouelles, c'est-à-dire le scrofule. Maintenant plus de droit divin. Le roi a cessé d'être un maître ; il n'est plus qu'un chef, voire le premier représentant du peuple. Sa personne reste toutefois « inviolable et sacrée ». Inviolable comme tous les députés. L'épithète « sacré » est le dernier vestige de l'ancien aspect religieux de la royauté.

La succession au trône est fixée par la constitution, et non plus par une loi fondamentale de l'État, quelque peu mystérieuse, et prêtant d'ailleurs à discussion. Le titre III, chapitre II, section 1, article 1 de la constitution transcrit bien la prétendue « loi salique » :

« La royauté est indivisible et déléguée héréditairement à la race régnante, de mâle en mâle, par ordre de primogéniture, à l'exclusion perpétuelle des femmes et de leur descendance. » Mais l'article 3 s'empresse d'ajouter que le roi est soumis à la loi.

« Il n'y a point en France d'autorité supérieure à celle de la loi. Le roi ne règne que par elle, et ce n'est qu'au nom de la loi qu'il peut exiger obéissance. »

D'ailleurs, pour régner, il faut que le roi commence par prêter serment à la constitution. S'il s'abstient du serment, il « est considéré avoir abdiqué la royauté ».

La constitution prévoit encore pour le roi d'autres causes de déchéance : s'il se met à la tête d'une armée pour en diriger les forces contre la nation ; s'il ne s'oppose pas, par un acte formel à une telle entreprise qui s'exercerait en son nom, s'il sort du royaume et n'y rentre pas après avoir été invité à le faire par l'Assemblée, il est déclaré déchu.

Après sa déchéance, ou son abdication, le roi n'est plus alors qu'un citoyen comme un autre ; il peut être jugé, mais seulement pour les actes postérieurs à son abdication.

Sous l'ancien régime, les biens de l'État étaient biens du roi. La constitution de 1791 adopte la règle inverse. Tous les biens du roi sont désormais dévolus à la nation. Par contre le roi reçoit un traitement, une « liste civile », dont il n'a d'ailleurs même pas l'administration, car celle-ci est gérée par un agent spécial.

guerre, dans la *Révolution franç.*, 1929, p. 255-268. — QUESTIONS A ÉTUDIER : Les ministres de Louis XVI, après 1789, et les ministères n'ont pas tous fait l'objet de travaux approfondis. Quelques études sur ces questions compléteraient utilement nos connaissances sur le fonctionnement du pouvoir exécutif de 1789 à 1792.

Le roi est entouré d'une garde d'honneur, mais soigneusement limitée en nombre ; des précautions spéciales sont prises pour qu'il ne puisse en abuser. Elle ne doit pas dépasser 1.200 hommes à pied et 600 cavaliers, tous astreints au serment (titre III, chapitre II, section I, article 12).

La constitution examine avec minutie le problème de la régence, qui avait provoqué tant de crises sous la monarchie absolue. Désormais les femmes sont exclues de la régence, et le régent n'a même plus la garde du roi mineur. Dans le cas où le roi mineur n'a aucun parent mâle ayant prêté le serment civique, le régent est élu par une assemblée formée d'un député par district : un tel régent est un véritable président de la république. Ainsi le régime instauré par la constitution de 1791 confine à la république par certains de ses aspects.

Le statut de la famille royale est également réglé par la constitution. Le prince héritier cesse de porter le titre « féodal » de dauphin pour prendre celui de Prince royal. Il ne peut sortir du Royaume sans le consentement du roi et un décret du Corps législatif.

Il est interdit aux membres de la famille royale de recevoir des apanages réels. Toutefois, les fils puînés du roi pourront être dotés d'une rente, à partir de l'âge de vingt-cinq ans.

Le roi ne gouverne pas seul ; il partage le gouvernement avec des ministres, dont le nombre et les attributions sont fixés par le titre III, chapitre II, section 4 de la constitution.

Les ministres sont choisis et révoqués par le roi ; ils ne dépendent que de lui : on voit par là que le régime constitutionnel instauré en 1791 ne porte aucun caractère parlementaire.

Les ministres prêtent serment, ils sont responsables des délits commis par eux contre la souveraineté du Peuple et la constitution, des attentats à la propriété et à la liberté individuelles. Mais c'est là une responsabilité pénale, dont ils doivent répondre devant une Haute-Cour et non une responsabilité politique justiciable de l'assemblée législative.

Les ministres doivent présenter chaque année l'aperçu des dépenses de leurs départements, et la justification de celles qui correspondent à l'année écoulée, car c'est l'Assemblée qui vote les crédits de chaque ministère.

Les ministres ne peuvent être choisis parmi les députés à l'Assemblée, ni parmi les membres du tribunal de cassation, ni parmi les « hauts jurés ». Disposition très importante qui montre combien les constituants étaient éloignés du régime parlementaire. Cette mesure n'a d'ailleurs pas été adoptée en vertu d'une théorie quelconque, hostile au parlementarisme, mais par suite des circonstances : l'Assemblée constituante voulait empêcher Mirabeau — qu'on disait vendu au roi — de devenir ministre. Mirabeau d'ailleurs désirait beaucoup obtenir un portefeuille et s'efforça d'empêcher le vote de cette loi. Il prononça à ce propos un discours dans lequel il se fit le champion du régime parlementaire :

« Les premiers agents du pouvoir exécutif, dit-il, sont nécessaires dans toute Assemblée législative, ils composent une partie de son intelligence. Les lois discutées avec eux deviendront plus faciles, leur sanction sera plus assurée et leur exécution plus entière. Leur présence préviendra les incidents, assurera notre marche, mettra plus de concert entre les deux pouvoirs auxquels le sort de l'Empire est confié... »

On assura Mirabeau que les « comités » de l'Assemblée s'occuperaient de la liaison avec les ministres. Les adversaires du régime parlementaire répliquèrent qu'en Angleterre les ministres corrompaient le Parlement, qu'un membre de l'Assemblée, nommé ministre, cesserait, par cela même d'exercer sa fonction de député. A quoi Mirabeau répondit que l'article qu'on voulait insérer dans la constitution ne visait que lui et proposa qu'on bornât l'exclusion des fonctions ministérielles à lui seul. L'Assemblée passa outre et écarta ainsi sans doute le régime parlementaire, dont Mirabeau s'était, en quelque sorte, fait le prophète.

La constitution limita le nombre des ministres à six : le ministre de l'intérieur et celui des contributions publiques héritèrent des attributions de l'ancien contrôleur général des finances, les quatre autres ministres, guerre, marine, affaires étrangères et maison du roi existaient déjà sous l'ancien régime.

Ces ministres devaient travailler isolément, ils n'étaient pas solidaires les uns des autres, il n'y avait ni conseil des ministres régulier, ni président du conseil. L'Assemblée pensait affaiblir encore par ce moyen l'exécutif.

C'est par l'intermédiaire des ministres que le roi exerce, en fait, son pouvoir exécutif puisque « aucun ordre du roi ne peut être exécuté s'il n'est contresigné par le ministre ou l'ordonnateur du département ».

En aucun cas d'ailleurs, l'ordre du roi, verbal ou écrit, ne pouvait soustraire un ministre à sa responsabilité.

Ainsi le gouvernement — c'est-à-dire le roi, assisté de ses ministres — dirige l'administration, s'occupe du maintien de l'ordre et de la tranquillité publique. Le roi est le chef suprême des armées de terre et de mer. Il doit veiller à la sûreté extérieure du royaume, en maintenir les droits et possessions.

Le roi — c'est-à-dire le gouvernement — nomme les deux tiers des contre-amiraux, la moitié des lieutenants-généraux, des maréchaux de camp et des capitaines de vaisseaux. Il nomme la plupart des fonctionnaires de l'administration de la marine, les commissaires près les tribunaux, les commissaires de la trésorerie et les préposés à la régie des contributions.

Quant aux autres fonctionnaires, ils sont, comme nous le verrons, en majeure partie élus.

Le roi a le droit d'annuler les actes des administrateurs de départements. Il peut même suspendre ces administrateurs, mais à la condition d'en informer le corps législatif, qui peut annuler la mesure de suspension.

Le roi peut intervenir pour rétablir l'ordre, mais seulement si tout un département est troublé, et il doit, en ce cas, informer le corps législatif de son action.

Telles sont les fonctions exécutives du roi. Mais il possède encore une partie importante du pouvoir législatif, en vertu du droit de veto, et il partage avec l'Assemblée le droit de déclarer la guerre et de conclure la paix.

On comprendrait mal le droit de veto si l'on ne se reportait aux circonstances dans lesquelles il a été discuté et voté, c'est-à-dire à la période qui s'étend du 31 août au 11 septembre 1789. La Déclaration des droits et les décrets du 4 août venaient d'être votés. Le roi, qui s'estimait lésé dans ses pouvoirs par ces textes, et d'ailleurs pressé par les privilégiés, refusait sa sanction. Les aristocrates approuvaient cette attitude et demandaient qu'on accordât au roi le droit de « veto absolu ». Les patriotes, au contraire, étaient hostiles à tout veto. Les modérés s'efforçaient de concilier les extrêmes, ils préconisaient pour le roi un droit de « veto suspensif ». Non seulement l'Assemblée, mais la capitale et même tout le pays étaient divisés par cette question, si importante, du veto ; à la Constituante, les champions du veto étaient Mounier, Lally-Tollendal, l'abbé Maury, Mirabeau. Son adversaire, Sieyès. Les conciliateurs, qui prônaient le veto suspensif avaient pour chefs Pétion, les Lameth, l'abbé Grégoire, Rabaut-Saint-Étienne, Barnave.

Les partisans du veto alléguaient que le roi seul représentait l'intérêt général, que seul il représentait le peuple en face de l'Assemblée qui pouvait devenir une aristocratie, que seul il pouvait défendre le peuple contre l'omnipotence des députés.

Sieyès répliquait que le roi, n'ayant pas qualité pour faire les lois, ne pouvait les empêcher par un veto. Si toutefois une loi votée par l'Assemblée attentait au pouvoir exécutif, le roi aurait toujours la ressource d'en appeler au pouvoir constituant, de demander l'élaboration d'une nouvelle constitution. Lanjuinais, objectait aussi qu'il était impossible d'accorder au roi une parcelle du pouvoir législatif.

Les conciliateurs, partisans du veto suspensif estimaient qu'il fallait faire le pays juge dans un conflit entre le roi et l'Assemblée : si le pays élit deux fois de suite une majorité favorable à la loi frappée de veto, il aura prononcé sa sentence. Mais les tenants du veto absolu, répondaient, sous l'influence des événements qui se déroulaient depuis 1789, que le pays suivrait toujours l'Assemblée et jamais le roi, que les députés élus après un veto considéreraient qu'ils étaient munis d'un mandat impératif, alors que les mandats impératifs avaient été interdits par la constitution.

Finalement, le « veto suspensif » fut voté le 15 septembre 1789 par 673 voix contre 336. Parallèlement au droit de veto, le roi reçut, dans une certaine mesure, le droit d'initiative législative, puisqu'il pouvait, ainsi que nous l'avons dit à propos de l'Assemblée, « inviter le Corps législatif à prendre un objet en considération... ».

Le roi en tant que chef de la diplomatie française était chargé d'entretenir avec l'étranger les relations diplomatiques, de répartir selon les besoins les forces de terre et de mer dont il assumerait la direction en cas de guerre, de surveiller les préparatifs de guerre ; mais il ne pouvait déclarer la guerre qu'après un vote formel du corps législatif. De même il n'avait le droit de conclure un traité de paix, de commerce ou d'alliance que sous réserve de la ratification du corps législatif.

Ces dispositions n'avaient été arrêtées qu'après des débats particulièrement animés. Ces débats n'avaient pas été provoqués par l'application d'un plan préconçu, mais, comme la plupart des grands débats de la Constituante, par une circonstance fortuite : l'Angleterre et l'Espagne contestaient mutuellement leurs droits sur la région de Nootka Sund, en Amérique du Nord, au nord de la Californie. Ces deux pays faisaient des préparatifs de guerre ; or la France était liée à l'Espagne par une ancienne alliance, le « pacte de famille », et c'est pourquoi le ministre des Affaires étrangères, Montmorin vint communiquer à la Constituante, le 14 mai 1790, un ordre du roi prévoyant l'équipement de quatorze vaisseaux. Aussitôt la Constituante se demanda qui aurait le droit de déclarer la guerre, le roi ou l'assemblée ?

Naturellement la droite soutenait le droit du roi, la gauche celui du corps législatif. Et, comme dans l'affaire du veto, le centre essayait de concilier les extrêmes en partageant le droit de guerre et de paix entre le roi et l'assemblée. Les députés étaient guidés par cette idée, qu'en cas de conflit, l'assemblée serait toujours pacifiste, le roi toujours belliqueux. Il fallait donc modérer le roi en le forçant à prendre l'avis de l'assemblée. Le corps législatif serait en quelque sorte garant du maintien de la paix.

Les députés voulaient maintenir la paix, non en vertu d'un pacifisme sentimental, mais par crainte de l'accroissement considérable de pouvoir et de prestige qu'une victoire donnerait au roi. Un roi victorieux serait un roi fort, donc un roi dangereux pour un régime constitutionnel représentatif.

La Chambre fut peu à peu amenée à élargir le débat au cours des discussions qui durèrent du 15 au 20 mai 1790. Elle s'efforça de réduire au minimum les risques de guerre, et, par suite, fut amenée à poser la question de la paix universelle et perpétuelle que l'abbé de Saint-Pierre d'une part, le baron d'Holbach de l'autre, dans *Le gouvernement fondé sur la morale* avaient déjà abordée.

Robespierre alla au cœur de la question, lorsqu'il demanda à l'assemblée de manifester que : « suivant des principes bien différents de ceux qui ont fait les malheurs des peuples, la nation française, contente d'être libre, ne veut s'engager dans aucune guerre, et veut vivre avec toutes les nations dans cette fraternité qu'avait commandée la nature ».

Le duc de Lévis proposa alors à l'assemblée de voter la motion suivante :
« L'assemblée nationale déclare de la manière la plus solennelle que jamais la nation française n'entreprendra rien contre les droits d'aucun peuple, mais qu'elle repoussera avec tout le courage d'un peuple libre et toute la puissance d'une grande nation, les atteintes qui pourraient être portées à ses droits. »

La discussion allait prendre ce texte pour base. Le curé Jallet s'écria le 16 mai : « Une nation n'a pas plus le droit d'attaquer une autre nation qu'un individu d'attaquer un autre individu. Une nation ne peut donc donner à un roi le droit d'agression qu'elle n'a pas... Que toutes les nations soient libres comme nous voulons l'être : il n'y aura plus de guerre... »

Pétion est du même avis, Clermont-Tonnerre aussi : « Le droit de guerre, dit-il, se réduit donc, en dernière analyse, à celui de repousser par la force toute atteinte véritable... à la propriété, ou à la liberté nationale... ». Dupont de Nemours, Mirabeau, parlèrent encore dans le même sens. Finalement l'assemblée adopta, le 22 mai 1790, le décret suivant :

« La nation française renonce à entreprendre aucune guerre dans la vue de faire des conquêtes et elle n'emploiera jamais ses forces contre la liberté d'aucun peuple. » Ce décret, qui dépassait de beaucoup les événements qui en avaient amené le vote, qui dépassait même l'état de la civilisation à cette époque, fut inséré en tête du titre VI de la constitution.

En même temps que la Constituante proclamait ainsi qu'elle renonçait à toute guerre offensive, elle fixait qui déciderait d'une guerre défensive. La gauche insistait pour que ce droit fût exclusivement confié aux représentants de la nation. Mirabeau intervint comme d'habitude, pour suggérer un compromis entre les intérêts du roi et ceux de la nation. Le 20 mai 1790, il expliqua que le roi était plus à même que l'assemblée de savoir si l'ennemi préparait la guerre. C'est donc lui qui devait proposer à l'Assemblée la déclaration de guerre. L'assemblée se prononcera alors par oui ou par non sur la proposition du roi. Mirabeau combattait surtout l'initiative de l'assemblée en matière de guerre. Il n'était pas persuadé qu'une chambre serait toujours pacifique.

Barnave professait l'opinion contraire : « On ne peut contester que l'acte qui nécessite après lui l'augmentation des impositions, la disposition des propriétés, qui peut anéantir la liberté publique, dissoudre la machine politique, doit être confié à ceux qui expriment la volonté générale. » Barnave se disait persuadé que confier le droit de guerre exclusivement à l'assemblée, c'était assurer la paix.

Mirabeau prit encore une fois la parole le 22 mai et son éloquence, ses arguments finirent par l'emporter. L'assemblée vota à la presque unanimité que le roi aurait le droit de proposer la déclaration de guerre, mais que l'assemblée devrait donner son avis, et pourrait l'accepter ou la repousser. Le 1er août, pour affirmer encore son action, l'assemblée créa un « comité diplomatique » qui se superposa au ministre des Affaires étrangères.

L'opinion publique fut moins unanime. Beaucoup de journaux, de gauche surtout, firent remarquer que le roi restait libre de ne pas proposer la déclaration de guerre, alors que celle-ci pouvait être indispensable à la défense du pays, dans ce cas l'assemblée était désarmée. Au contraire le roi pourrait ordonner des préparatifs militaires et rendre ainsi inévitable une guerre désapprouvée par la nation. Le vote de l'Assemblée, intervenant trop tard, ne pourrait, dans ce cas, plus rien changer aux événements.

En fait, comme cela se produit souvent en politique, les événements déjouèrent les prévisions des hommes. A peine deux ans après ces débats passionnés, l'Assemblée législative votait d'enthousiasme sur la proposition du roi, la déclaration de guerre au roi de Bohême et de Hongrie qui ne menaçait pas sérieusement la France (20 avril 1792) !

Les constituants pensaient avoir élaboré une œuvre durable, et ils voulurent lui assurer les garanties d'application les plus efficaces.

La constitution devait fonctionner automatiquement, même au cas où le roi tenterait un coup de force. C'est ainsi que les assemblées électorales ne devaient pas attendre une convocation gouvernementale pour s'assembler. Tous les deux ans, les assemblées primaires se réunissent de plein droit le deuxième dimanche de mars, les assemblées du second degré, le dernier dimanche du mois.

La force armée, même en cas de trouble, ne peut intervenir au cours des opérations électorales que sur l'ordre exprès du président de l'assemblée.

L'assemblée législative, elle aussi, se réunit de plein droit, le 1er mai qui suit les élections, elle vérifie elle-même ses pouvoirs et elle est déclarée constituée lorsque 373 de ses membres sont présents, ou au plus tard le 31 mai, quel que soit le nombre des députés ayant pris possession de leur siège. L'assemblée nomme son bureau.

Le roi ne peut ni suspendre, ni dissoudre l'assemblée. Il ne peut sans autorisation expresse ou réquisition de l'assemblée, faire passer ou séjourner aucun corps de troupes de ligne dans un rayon de 30.000 toises autour de l'assemblée.

L'assemblée désigne le lieu de ses séances et dispose, pour se protéger, des forces qui, de son consentement, stationnent dans la ville où elle siège. Ses membres jouissent de l'immunité parlementaire, c'est-à-dire qu'ils ne peuvent être « recherchés, accusés, jugés en aucun temps pour tout ce qu'ils auront dit, écrit ou fait dans l'exercice de leurs fonctions... ». En cas de crime commis par un de ses membres, les poursuites doivent être soumises d'abord à l'Assemblée, qui statue : c'est ainsi que lorsque le Châtelet sollicita la levée de l'immunité parlementaire contre Mirabeau et le duc d'Orléans, impliqués dans les événements du 5 et 6 octobre 1789, la Constituante refusa.

L'assemblée jouit donc d'une indépendance extrême, qui doit la garantir contre tout coup de force.

Il n'en est pas de même des ministres, qui sont soumis à un contrôle assez étroit de la part de l'Assemblée : ils peuvent être mis en accusation devant la Haute-Cour pour actes commis dans l'exercice de leurs fonctions, ils doivent rendre compte régulièrement chaque mois et même à tout moment, sur requête de l'Assemblée, de l'état de leurs fonds et de la marche des affaires, ils doivent présenter un compte général à leur sortie de charge et ne peuvent s'éloigner de la capitale sans avoir obtenu un quitus.

Les ministres, toutefois, ne peuvent être révoqués que par le roi. Le Comité de constitution avait bien proposé que l'Assemblée pût déclarer qu'un ministre avait perdu sa confiance, mais la Constituante ne donna aucune suite à ce projet, pas plus qu'elle ne suivit Mirabeau lorsqu'il suggéra le 1er septembre 1789, d'accorder au roi le droit de dissoudre l'Assemblée. Ainsi les ministres, malgré le contrôle auquel ils sont soumis, jouissent encore d'une certaine autonomie, et les constituants pensaient que cette double indépendance du législatif et de l'exécutif garantissait la durée de la constitution.

C'est pourquoi ils avaient voulu rendre toute révision de la constitution aussi difficile que possible. Les constituants avaient prévu deux éventualités : soit le changement complet, c'est-à-dire l'abrogation de la constitution, et son remplacement par une autre, soit la révision partielle. Mais les constituants étaient si persuadés de la pérennité de leur œuvre qu'ils s'étaient contentés de prévoir la possibilité du changement, sans en étudier les modalités.

Par contre, ils avaient fixé les règles de la révision partielle. Pour qu'elle fût possible, ils avaient décidé que trois législatures consécutives devaient en émettre le vœu ; mais la révision ne pouvait faire l'objet d'un vœu qu'après quatre années de fonctionnement. D'où il résultait que la première révision n'était possible, au plus tôt, que dix ans après l'entrée en vigueur de la constitution. Le roi ne pouvait s'opposer à la révision. Celle-ci serait opérée par une assemblée spéciale comprenant 249 députés de plus que le Corps législatif ordinaire. Cette assemblée n'avait le droit de délibérer que sur les articles qui étaient spécialement désignés pour la révision. La Constituante, fière de son œuvre, qui avait conféré le pouvoir à la bourgeoisie, se méfiait désormais de toute tentative de révision ; elle craignait la toute-puissance des « conventions », qui pourraient, en vertu de la théorie de Sieyès sur le pouvoir constituant, réviser la constitution dans un sens plus démocratique. C'est pour cette raison qu'au cours des discussions qui eurent lieu en septembre 1791, la Constituante mit de tels obstacles à la révision. Lorsque le roi eut « accepté » la constitution — qu'en vertu d'ailleurs de la supériorité du pouvoir constituant, il ne pouvait refuser — et quand il lui eut prêté serment, le 14 septembre 1791, l'assemblée constituante crut avoir mené la Révolution à son terme.

Elle n'avait fait, en réalité, qu'en précipiter le cours. Le peuple, mis en branle par les grands événements de 1789, ne pouvait se contenter de l'égalité de façade qui lui avait été accordée. L'absence de collaboration entre le gouvernement et l'assemblée, aggravée du fait que l'un et l'autre détenaient à la fois des parties de l'exécutif et des fragments du législatif, l'existence surtout du droit de veto du roi allaient précipiter les conflits et la constitution de 1791 ne devait connaître finalement que dix mois d'existence...

CHAPITRE III

LES INSTITUTIONS ADMINISTRATIVES : L'ORGANISATION TERRITORIALE[1]

L'assemblée constituante bouscula tous les cadres de l'ancienne administration et créa une organisation territoriale entièrement neuve ; rationnelle et étroitement hiérarchisée : le territoire français fut divisé en départements, les départements en districts, les districts en cantons et ceux-ci en communes. A vrai dire, c'est de l'administration communale que l'assemblée s'est d'abord occupée ; elle en a fixé, pour l'essentiel, les traits par la loi du 14 décembre 1789 parce qu'elle voulait faire procéder aussi rapidement que possible à la mise en place des municipalités nouvelles, légales, qui devaient remplacer les organismes révolutionnaires, au pouvoir depuis les troubles de juillet-août 1789. Mais, nous étudierons l'organisation territoriale de la France dans l'ordre logique, partant du haut de la pyramide pour en atteindre les bases, après avoir préalablement jeté un coup d'œil sur les divisions administratives de 1789 et examiné les projets de réforme élaborés sous l'ancien régime.

I

LE CADRE TERRITORIAL ET LA FORMATION DES DÉPARTEMENTS[2]

En 1789, les frontières de la France coïncident grossièrement avec les frontières actuelles, sauf sur les Alpes, où la Savoie et le comté de Nice font

---

1. BIBLIOGRAPHIE GÉNÉRALE. — Les sources essentielles de l'organisation territoriale de la France sous la Constituante se trouvent aux Arch. nat., D IV bis et NN ; dans les archives départementales, série L, et dans les archives communales. Consulter aussi A. Brette, *Atlas des bailliages de 1789* (Paris, 1894, in-folio). — Aucoc, *Controverses sur la décentralisation administrative*, dans la *Revue polit. et parlem.*, 1895, t. IV, p. 7-35 ; de Ferran, *L'organisation départementale et la constitution de 1789*, dans la *Nouvelle Revue historique du droit français*, 1877, p. 239-290 ; Lebègue, *Thouret* (Paris, 1910, in-8º). — QUESTIONS A ÉTUDIER : Si les études de détail sur la formation des départements, des districts, des communes sont nombreuses, ainsi qu'on le verra plus loin, à part la thèse de Lebègue sur *Thouret*, il n'y a encore aucun ouvrage synthétique sur les divisions de la France par la Constituante. Voilà une question qui mériterait d'être reprise à la lumière des nombreux travaux analytiques parus récemment.
2. TEXTES ET OUVRAGES A CONSULTER. — Outre les documents qu'on trouve dans les archives nationales et départementales on pourra consulter un certain nombre de procès-verbaux d'assemblées départementales qui ont été imprimés tels que : S. Lacroix, *Le département de Paris et de la Seine pendant la Révolution* (Paris, 1904, in-8º) ; Th. Gauthier, *Analyse des déli-*

partie du royaume de Sardaigne. Ailleurs les différences sont minimes. A la frontière des Pays-Bas, Philippeville et Marienbourg, avec les sources de l'Oise sont français, de même que Sarrelouis, au nord de la Lorraine, et Landau, en Alsace.

Cependant, les frontières de l'ancien régime n'ont pas la rigidité qu'elles auront plus tard. Nombre de villages sont partagés entre diverses souverainetés, et il y a de multiples enclaves de part et d'autre. Les plus importantes sont Mulhouse, en Alsace, alliée des cantons suisses, Montbéliard, qui appartient

bérations du Directoire des Hautes-Alpes (Gap, 1895, in-8º) ; *Procès-verbaux du Directoire de la Charente-Inférieure* (Saintes, 1906-1909, 2 vol. in-8º) ; *Procès-verbaux des séances du département de l'Hérault* (Montpellier, 1889-1898, 4 vol. in-8º) ; F. André, *Délibérations de l'administration départementale de la Lozère et de son directoire, de 1790 à 1800* (Mende, 1882-86, 5 vol. in-8º) ; Bonnefoy, *Histoire de l'administration civile dans la province d'Auvergne et le département du Puy-de-Dôme*, t. II et III (Paris, 1900-02, 2 vol. in-8º) ; G. Guigue, *Procès-verbaux des séances du conseil général de Rhône-et-Loire* (Trévoux, 1895, 2 vol. in-8º) ; G. Durand, *Délibérations du Conseil du département de la Somme* (Amiens, 1909, in-8º) ; *Procès-verbaux de l'administration départementale de l'Yonne, 1790-1800* (Auxerre, 1889-1913, 7 vol. in-8º). — Sur la formation des départements, il existe d'assez nombreuses études dont voici les principales : Albitreccia, *La formation du département de la Corse* (Paris, 1938, in-8º) ; Appolis, *La formation du département du Tarn*, Bibl. de la Rev. du Tarn (Albi, 1938, in-8º) ; Arnaud, *La révolution dans le département de l'Ariège* (Toulouse, 1905, in-8º) ; Biernawski, *La formation de l'Allier* (Moulins, 1909, in-8º) ; Boivin-Champeaux, *La Révolution dans le département de l'Eure* (Évreux, 2e éd., 1895, in-8º) ; Brossard, *La formation des départements du Rhône et de la Loire*, 1905 ; Bruneau, *Les débuts de la Révolution dans le Cher et l'Indre* (Paris, 1902, in-8º) ; Bucheron, *Les origines du département d'Indre-et-Loire* dans le *Bul. soc. arch. de Touraine*, 1932 ; Delon, *La Lozère pendant la Révolution* (Clermont-Ferrand, 1922, in-8º) ; Desgranges, *La formation territoriale du département de la Haute-Vienne* (Paris, 1942, in-8º) ; Dubois, *Histoire de la Révolution dans l'Ain*, t. I et II (Bourg, 1930-32, 2 vol. in-8º) ; L. Dubreuil, *Les Côtes-du-Nord pendant la Révolution* (Paris, 1909, in-8º) ; Du Chambon, *La formation du département de la Charente* (Ruffec, 1934, in-8º) ; Fray-Fournier, *Le département de la Haute-Vienne pendant la Révolution* (Limoges, 1909, 2 vol. in-8º) ; Gailly de Taurines, *La formation territoriale du département des Ardennes* (Paris, 1933, in-8º) ; Geroch, *La formation des départements du Rhin en 1789*, dans la *Rev. d'Alsace*, 1925 ; Hennequin, *La formation du département de l'Aisne* (Soissons, 1911, in-8º) ; Hubert, *La formation du département de l'Indre*, dans l'*Introduction au répertoire numérique de la série L, Indre*, Châteauroux ; Jolivet, *La révolution dans l'Ardèche* (Largentière, 1930, in-8º) ; Jouany, *La formation du département du Morbihan* (Vannes, 1920, in-8º) ; Jusselin, *L'administration du département de l'Eure-et-Loir pendant la Révolution* (Chartres, 1935, in-8º) ; Lebaindre, *La formation du département de la Manche*, thèse de droit (Caen, 1911, in-8º) ; Le Breton, *La formation du Calvados* dans la *Nlle rev. hist. du droit fr. et étranger*, 1893, p. 746-773 et 1894, p. 96-124, 236-277, 372-402 ; G. Mage, *La division de la France en départements*, thèse de droit, Toulouse, 1924, in-8º ; Matter, *La formation du Cher* (Paris, 1899, in-8º) ; F. Mège, *La formation du Puy-de-Dôme*, dans les *Mém. Acad. sc. belles-lettres et arts de Clermont-Ferrand*, 1873, p. 175-509 ; Dr L. Merle, *La formation territoriale du département des Deux-Sèvres*, dans les *Mém. de la soc. hist. et scient. des Deux-Sèvres*, 1938 ; Patriae Amans, *Les départements français*, dans la *Rev. de Géog.*, 1889 ; Peyre, *Le département de l'Aube, son origine, ses transformations jusqu'en l'an VII*, dans les *Mém. soc. acad. de l'Aube*, 1929, p. 119-182 ; Porée, *La formation du département de l'Yonne* (Paris, 1905, in-8º) ; Rouvière, *La formation du département de l'Hérault*, thèse de droit (Montpellier, 1917, in-8º) ; Saint-Léger, *Histoire de Flandre et d'Artois* (Lille, 1913, in-8º) ; Sol, *La révolution en Quercy* (Paris, 1930-32, 4 vol. in-8º) ; Viguier, *Les débuts de la révolution en Provence* (Paris, 1895, in-8º) ; Villepelet, *La formation de la Dordogne*, 1908 ; Wahl, *Les premières années de la Révolution à Lyon* (Paris, 1894, in-8º). — QUESTIONS A ÉTUDIER : On voit par cette longue liste de livres, que la formation de nombreux départements a déjà fait l'objet de monographies. Néanmoins, il est toujours très instructif d'étudier la formation d'un département, il convient donc de poursuivre ces recherches.

au duc de Wurtemberg, le comté de Salm, en Lorraine, dont le prince est vassal immédiat de l'Empereur, et le Comtat Venaissin, avec Avignon, qui fait partie des États pontificaux.

A l'intérieur, les divisions administratives de la France étaient multiples et incohérentes : il y avait des généralités ou intendances, des bailliages et des sénéchaussées, des pays d'élection et des pays d'État, des provinces ecclésiastiques et des diocèses, des gouvernements militaires et des commandements en chef, des divisions judiciaires, parmi lesquelles les ressorts des Parlements étaient les plus importantes. Nulle part les limites des circonscriptions des divers types ne coïncidaient entre elles.

La « province » était de toutes ces divisions, la plus vivante ; mais sous le rapport administratif, elle était sans valeur propre. Chaque province avait ses lois, ses coutumes, ses traditions, son patois, parfois ses États provinciaux ; mais ce n'était qu'un cadre vide.

L'unité administrative la plus importante, sous l'ancien régime, était l'intendance ou généralité, de création relativement récente. La plupart n'avaient guère plus d'un siècle d'existence. Quelquefois généralité et province coïncidaient. C'était le cas en Bretagne, Languedoc, Provence... Ailleurs il arrivait que la province fût divisée entre plusieurs généralités : ainsi, la Normandie, qui comprenait les trois généralités de Rouen, Caen et Alençon. Ailleurs encore une généralité était formée de plusieurs provinces : ainsi, celle d'Auch, qui comprenait la Guyenne et la Gascogne. Au total, il y avait 34 généralités dans la France de 1789. A la tête de chacune d'elles était placé un intendant, grand personnage qui avait personnifié au cours du XVIIIe siècle l'absolutisme monarchique dans sa circonscription.

La généralité s'était ainsi superposée à de multiples autres circonscriptions administratives ; ses limites formaient un complexe inextricable, les enclaves y abondaient. L'administration royale n'arrivait même plus à se retrouver dans ce dédale ; lors des élections aux États généraux, elle s'adressa à des bailliages qui n'existaient pas, en oublia d'autres, par contre, qui étaient bel et bien vivants.

Beaucoup de cahiers demandaient une réforme complète de ce chaos administratif, ils réclamaient à la fois une simplification des divisions territoriales, et surtout le rapprochement du chef-lieu administratif et de l'administré. De plus les constituants pensèrent que le meilleur moyen de détruire à tout jamais l'ancien régime, c'était de supprimer l'esprit provincial qui s'opposait à l'esprit national, c'est-à-dire aux réformes et au progrès.

Pas plus dans le domaine administratif qu'ailleurs, les constituants n'innovèrent. Dès longtemps l'administration monarchique avait étudié des projets de réforme. En 1764 déjà, d'Argenson avait demandé que le royaume fût divisé en « départements » c'est-à-dire en circonscriptions administratives moins étendues que les généralités.

En 1787, lorsque la monarchie avait créé les « assemblées provinciales », elle avait imaginé une circonscription spéciale, intermédiaire, entre la province et la commune, et elle lui avait donné tantôt le nom de « subdélégation », tantôt celui de « département ». Ce mot était emprunté à l'expression, courante sous l'ancien régime, de « département de l'impôt », c'est-à-dire répartition des contributions. Les physiocrates conseillaient de donner aux nouvelles circonscriptions une étendue telle qu'un habitant de la région la plus éloignée ne mît pas plus d'un jour pour se rendre au chef-lieu, c'est-à-dire que ces divisions administratives devaient avoir chacune en moyenne 10 lieues de rayon. On prévoyait qu'elles seraient elles-mêmes subdivisées en « arrondissements de districts » calculés, de telle sorte que les administrés pussent aller au chef-lieu de l'arrondissement et en revenir dans la même journée. Enfin les divisions administratives devaient, pensait-on, coïncider avec les divisions judiciaires.

Certains réformateurs avaient même proposé de donner aux divisions nouvelles des formes géométriques, à l'instar de ce qui se faisait aux États-Unis. C'est ainsi qu'en 1779, Letrosne demandait que la France fût divisée en 25 généralités, 250 districts, 4.500 arrondissements tous carrés, dans la mesure du possible. L'année suivante, le géographe Robert de Hesseln publiait une carte de France construite selon ces données. On y distinguait neuf « régions », 81 « contrées » (total à retenir car nous le retrouverons bientôt), 729 « cantons », etc. En 1788, Condorcet, dans son *Essai sur les assemblées provinciales* approuve, en général, les projets des réformateurs, mais remarque qu'il faut s'efforcer de « concilier les changements avec les convenances locales ».

De ces discussions on retrouve quelques échos dans les « cahiers ». Le Tiers du Puy-en-Velay demandait que « la France fût divisée en nombreux départements, qu'il n'y eût dans chacun qu'un même tribunal royal, et une même administration pour la répartition de l'impôt ». Le cahier du Tiers de Nemours, rédigé par l'économiste Dupont, déclarait : « Il faut que chaque bailliage ait son assemblée de députés ; car, puisque les bailliages deviennent une division politique pour la convocation des États généraux, il faut qu'ils en soient une aussi pour l'administration des provinces. » Le cahier ajoutait qu'un nouveau découpage de la France en bailliages lui paraissait nécessaire ; il faudrait observait-il, tenir compte de la superficie et de la population, chaque nouveau bailliage étant peuplé de 60 à 100.000 habitants. Mais il faudrait conserver sans changement les paroisses, « unités respectables du grand tout que forme le royaume ».

La discussion du projet de réforme administrative fut facilitée par les décrets consécutifs à la nuit du 4 août. Le plus gros obstacle en effet, à l'unification territoriale de la France était constitué par les privilèges des différentes provinces. Or ces privilèges avaient été abolis : « Une constitution nationale et la liberté publique étant plus avantageuses aux provinces que les privilèges dont quelques-unes jouissaient et dont le sacrifice était nécessaire à l'union intime de toutes les parties de l'empire. Tous les privilèges particuliers des provinces, principautés, pays, cantons, villes et communautés d'habitants, soit pécuniaires, soit de toute autre nature, étaient abolis sans retour, et devaient demeurer confondus dans le droit commun de tous les Français. »

Dès la fin juillet, Adrien Duport avait déposé un projet de réorganisation administrative. Il proposait de diviser la France en 70 départements d'égale étendue, subdivisés eux-mêmes en districts et en municipalités. L'élaboration de la Déclaration des droits empêcha ce projet de venir en discussion ; mais, le 31 août, Lally-Tollendal en déposa un autre. Il proposait de créer des districts égaux, peuplés chacun de 150.000 habitants. Sieyès avait déjà publié en 1788 une étude sur la division de la France. Il prévoyait 50 « provinces », divisées chacune en 40 « arrondissements », formés à leur tour de 20 paroisses. En août 1789, il modifia ce premier projet et proposa une division géométrique en 89 « départements, formés chacun de 9 communes » plus Paris.

Après la démission du premier comité de constitution, le 12 septembre 1789, Thouret devenu l'un des membres les plus écoutés du comité suivant, se fit l'avocat de la réforme administrative. Il prit pour base le projet de Sieyès et fut chargé de le « rapporter » à la Constituante. Le rapport de Thouret, présenté le 29 septembre 1789 avait pour but, de donner à la France non seulement de nouvelles circonscriptions administratives, mais aussi des assemblées locales, qui géreraient ces nouvelles divisions.

Thouret avait pris pour base de ses travaux, le territoire, la population, la richesse (évaluée d'après le montant des contributions). Il proposait de tracer 80 départements, en plus de Paris ; chaque département formerait, autant que possible, un carré de 18 lieues de côté. Il serait divisé en 9 « communes » (ou « districts ») de 6 lieues de côté ; et chaque district serait lui-même divisé en neuf cantons de 4 lieues de côté.

Les cantons devaient être combinés de telle manière qu'ils comprissent en moyenne 680 citoyens actifs, lesquels formeraient l'assemblée primaire du canton. Enfin les départements devaient grouper des territoires tels qu'ils fussent à peu près aussi riches les uns que les autres.

A la tête de chacune de ces circonscriptions il y aurait une assemblée, l' « Assemblée primaire » des citoyens actifs du chef-lieu de canton, l'assemblée des citoyens payant une contribution égale à dix journées de travail, à raison de un pour 200 au chef-lieu du district. Enfin, au chef-lieu du département, une assemblée de 81 délégués nommés par les assemblées de districts et formée de contribuables payant une somme au moins égale à dix journées de travail, et choisis de la manière suivante : 27 en fonction du territoire, 27 en fonction de la population et 27 en fonction des contributions.

Les assemblées départementales nommeraient seules les députés à l'Assemblée nationale. Chaque assemblée était normalement représentée par un « directoire » siégeant en permanence. Remarquons que ce projet ne prévoyait pas d'assemblées communales ou municipales. Thouret proposait de ne placer à la tête de chaque commune qu'un « bureau » ou une « agence » étroitement soumis à l'administration cantonale, disposition qui sera appliquée plus tard, par la constitution de l'an III.

Les événements des 5 et 6 octobre 1789 vinrent encore une fois ajourner l'étude de la réforme administrative. On se borna à dresser une carte de France, avec des départements tracés selon le projet de Thouret, et chaque député put en prendre connaissance. C'est donc devant une assemblée suffisamment avertie que la discussion s'engagea le 3 novembre. Thouret s'efforça de répondre aux principales objections. On lui reprochait de créer des départements trop petits : « Craignons, répondit-il, d'établir des corps administratifs assez forts pour entreprendre de résister au chef du pouvoir exécutif, et qui puissent se croire assez puissants pour manquer impunément de soumission à la Législative. » Le souvenir des prétentions des Parlements hantait, on le voit, Thouret. On lui faisait aussi un grief de détruire les anciennes provinces : « Elles seront divisées, mais continueront à avoir une existence morale, répliquait Thouret. » Et il ajoutait qu'à son avis, l'esprit national ne tarderait pas à prévaloir sur l'esprit provincial.

Mirabeau présenta un contre-projet. Il aurait voulu que la France fût divisée non en 81, mais en 120 départements, et que ceux-ci ne fussent plus à leur tour subdivisés. De plus, — et c'était le point important, à ses yeux — Mirabeau attaquait le principe même de la division géométrique, et la cascade d'élections nécessaires pour constituer les différentes assemblées provinciales. Enfin Mirabeau regrettait la disparition des provinces et demandait qu'on les conservât, comme cadre des futurs départements.

De nombreux orateurs intervinrent dans le débat. Barère aurait voulu que la division fût fondée, non sur le territoire, mais sur la population, Barnave attaqua le système électoral, Bengy-Puyvallée présenta de pénétrantes critiques. Il ne serait pas possible, dit-il, de constituer dans chaque département 81 cantons comprenant chacun 680 citoyens actifs ; beaucoup n'en auraient pas même 200 ! De plus une division géométrique se concilierait mal avec une répartition égale de la population, certains départements du Nord compteraient plus d'un million d'habitants, d'autres dans le Centre ou les Alpes n'atteindraient pas 200.000. Thouret répondit encore une fois à ses adversaires. Il admettait qu'on rajustât son projet, qu'on ne s'en tînt pas aux limites géométriques, mais il combattit vivement la proposition de Mirabeau ; 120 départements lui paraissaient trop, chacun eût été trop petit.

L'Assemblée se rangea à l'avis de Thouret et décida de prendre son projet comme base de discussion.

L'assemblée constituante décida finalement que la France serait divisée en un nombre de départements qui pourrait varier de 75 à 85. Ceux-ci seraient subdivisés en districts, à raison de six à neuf par département. Les députés de chaque province seraient consultés sur les nouvelles limites.

LES INSTITUTIONS ADMINISTRATIVES

En ce qui concerne les assemblées locales, la Constituante s'écarta beaucoup du projet de Thouret. Elle établit une municipalité par commune, une assemblée par district, et une autre pour chaque département. Le souvenir des intendants et de leurs subdélégués étant odieux, l'assemblée décréta que les autorités locales seraient directement subordonnées au roi représenté dans chaque commune et dans chaque district par un procureur syndic, dans chaque département par un procureur général syndic. Mais ces procureurs et procureurs généraux syndics ne seraient non pas nommés par le pouvoir exécutif, mais élus par les mêmes électeurs que les membres des assemblées locales. Quant aux assemblées locales elles-mêmes, elles devaient être étroitement hiérarchisées depuis le département jusqu'à la municipalité. Le canton ne possédait aucune administration propre.

Les députés se mirent aussitôt à l'œuvre pour déterminer le nouveau découpage de la France. Très vite ils résolurent d'abandonner tout système géométrique et même de respecter autant que possible les limites des anciennes provinces. C'est ainsi qu'on prévit trois situations : les grandes provinces divisées en plusieurs départements, les moyennes provinces formant chacune un seul département, les petites provinces qui devaient s'unir soit entre elles, soit à des fragments d'autres provinces pour former un département. Dans chacun de ces cas, les députés des provinces devaient s'entendre pour fixer les nouvelles limites. Un comité formé de quatre députés, Dupont de Nemours, Bureaux de Pusy, Aubry-Dubochet et Gossuin, tranchait les difficultés en prenant des décisions à la majorité. Il s'était adjoint un expert, Cassini, l'auteur de la fameuse carte de France, ancêtre de notre carte d'état-major. Les parties qui s'estimaient lésées, pouvaient appeler des décisions du Comité à l'Assemblée.

Les travaux de division furent en effet marqués par de violentes discussions. Telle province ne voulait pas être jointe à telle autre, beaucoup de villes prétendaient au rang de chef-lieu de département, ou, au moins de district. L'Assemblée pour apaiser des conflits insolubles dut décider que le chef-lieu pourrait « alterner » entre cités rivales, et que d'ailleurs tous les corps administratifs n'étaient pas tenus de résider au chef-lieu.

Le 15 février 1790, le travail était terminé : la France était divisée en 83 départements. Dans leur rapport, les commissaires Dupont de Nemours et Bureaux de Pusy déclaraient : « Le Comité s'est borné à respecter les décisions prises par les députés de provinces, à moins qu'il n'y eût obligation démontrée ou des réclamations ou contradictions aux décrets de l'assemblée nationale... Le comité a pensé que la nouvelle division du royaume devait offrir à l'esprit l'idée de partage égal, fraternel... et jamais celle d'une dislocation du corps politique, et que, par conséquent, les anciennes limites de provinces devaient être respectées toutes les fois qu'il n'y aurait pas utilité réelle ou nécessité absolue de les détruire. »

Ainsi l'on avait conservé, comme le demandait Mirabeau l'essentiel de l'ancien cadre provincial. Toutefois les départements ne prirent pas les noms des anciennes provinces. Les noms de ces provinces rappelaient soit l'origine des anciens habitants de la province (Bretagne, Normandie, Bourgogne, Auvergne, Gascogne) soit leur langue (Languedoc) soit le nom de leur fondateur (Lorraine), etc. L'Assemblée eut un moment la velléité de donner aux départements un simple numéro d'ordre, ou les noms des chefs-lieux. Finalement elle leur choisit des noms géographiques indiquant soit les montagnes (Hautes et Basses-Pyrénées, Hautes et Basses-Alpes, Vosges, Puy-de-Dôme, Cantal, Lozère, Jura, etc.), soit les mers voisines (Manche, Morbihan, Pas-de-Calais, etc.), soit les côtes (Côtes-du-Nord), soit les fleuves les traversant (Seine-Inférieure, Haute-Loire, Haute-Garonne, Rhône-et-Loire, etc.), soit leur position (Finistère, Nord).

Les grandes provinces furent facilement divisées : la Provence forma trois départements, la Bretagne cinq, la Normandie cinq. Il fut par contre plus difficile de grouper les petites unités territoriales. On dut joindre le Velay à une partie de l'Auvergne et Brioude pour former la Haute-Loire, la ville de Montauban au Quercy pour créer le Lot. Au cours des conflits, la Constituante prit pour règle d'attribuer les territoires contestés au département ayant la plus grande importance économique, ou la représentation politique la plus influente.

Malgré un grand désir d'unité, la Constituante ne put supprimer absolument toutes les enclaves qui étaient la plaie de l'ancien régime. C'est ainsi qu'il subsista dans les Basses-Pyrénées, au nord de Pontacq deux enclaves relevant des Hautes-Pyrénées : c'étaient des pâturages qu'on ne pouvait retirer aux communes qui les possédaient. Plus importante fut l'enclave de Valréas dans le département de la Drôme, et qui relevait du Vaucluse.

Enfin, l'assemblée constituante, faute de pouvoir accorder des villes rivales, dut fréquemment décider l'alternance des chefs-lieux. Mais on ne tarda pas à constater les inconvénients de cette mesure : frais très élevés dus à l'entretien de plusieurs bâtiments administratifs, au transport fréquent des archives, etc. L'alternance fut supprimée dès le 11 septembre 1791.

Pour bien comprendre comment se sont créés ces nouveaux cadres de la vie française il est indispensable de quitter Paris, et d'aller étudier sur place, dans quelques provinces la création des départements :

Les habitants de l'Albigeois apprirent de 23 décembre 1789 que la Constituante avait décidé de créer un département qui aurait Toulouse pour chef-lieu, mais ce n'est que le 5 février 1790 qu'ils furent certains que leur province formerait elle-même un département. Ce fut alors une lutte vraiment épique entre Albi et Toulouse, pour les régions de Castres et du Lauragais, Cordes, Rabastens, Sorèze, Puylaurens... Les villes contestées envoyèrent des délégués à Paris, soumettre leurs vœux à la Constituante. Finalement le département d'Albi fut formé de tout l'Albigeois, plus le diocèse de Lavaur et quelques communes des diocèses de Toulouse et de Montauban. Le 26 février, il reçut le nom de département du Tarn et fut divisé en cinq districts (et non six ou neuf comme il avait été prévu au plan primitif). Les districts furent ceux de Lacaune (sept cantons), Castres (onze cantons), Lavaur (sept cantons), Albi (douze cantons), Gaillac (onze cantons). Le chef-lieu devait alterner entre Albi, Castres et Lavaur. Lorsque l'alternat fut supprimé, le chef-lieu fut fixé à Castres et devait y rester jusqu'au 27 brumaire an VI (17 novembre 1797).

Assez loin au sud de l'Albigeois, le comté de Foix avait devancé les discussions de la Constituante et proposé, le 14 novembre, à l'assemblée un projet de département avec Foix pour chef-lieu. Celui-ci devait comprendre, avec l'ancien comté, tout le diocèse de Mirepoix. Pamiers, après plusieurs difficultés se rallia à ce projet mais en revendiquant plusieurs administrations départementales. Ce fut Toulouse qui présenta les plus sérieuses objections. Elle désirait que son futur département englobât tout le comté de Foix. Il en résulta un violent conflit entre Toulouse et Foix. Toutes les villes contestées envoyèrent des émissaires à Paris, présenter leurs points de vue. Mais le député de Pamiers, Vadier, que son rôle à la Convention rendra célèbre plus tard, tint bon et fit décréter la formation d'un département de l'Ariège composé du comté de Foix, du diocèse de Pamiers et du Couserans. Le chef-lieu devait alterner entre Foix, Pamiers et Saint-Girons. Les gens de Mirepoix poussèrent des cris, mais durent se contenter d'une administration de district.

De l'autre côté du Rhône, la Provence constituait une assez grande province, nettement délimitée. Il s'agissait de la diviser en départements sans y joindre aucun lambeau des territoires voisins.

Les habitants d'Aix qui voulaient maintenir l'importance administrative de leur ville désiraient que la Provence ne formât qu'un seul département ; ceux de Marseille, méprisant les Aixois, réclamaient un département de Marseille distinct de celui d'Aix. Le Comité de division décida que la Provence formerait trois départements. Les députés de Marseille protestèrent, réclamèrent en tout cas un département pour leur ville, avec toutes les côtes de Provence : Draguignan et Grasse ne voulaient rien entendre de cette solution. Les délégués de Marseille déclarèrent alors qu'ils consentaient à un département réduit à la ville même et à la banlieue de Marseille mais, même pour ces prétentions réduites, ils ne purent obtenir gain de cause, car le Comité décida que la Provence formerait un département de l'est, un de l'ouest et un troisième du nord. Les Marseillais s'efforcèrent d'obtenir pour leur cité l'administration du département de l'ouest, qui reçut le nom de Bouches-du-Rhône, mais ils furent encore une fois battus. Le chef-lieu fut placé à Aix. Les rivalités entre Aix et Marseille s'exaspérèrent au point que, le 23 août 1792, les Marseillais marchèrent sur Aix et ramenèrent triomphalement à Marseille l'administration du département, ce qui n'empêcha pas le chef-lieu de demeurer à Aix jusqu'en 1800.

Le département de l'est de la Provence, qui reçut le nom de Var était relativement bien délimité par le Verdon, au nord, le Var à l'est et la mer au sud. Mais il était complètement déséquilibré sous le rapport économique : toute la vie commerciale se concentrait, en effet, le long de l'unique route, qui longeait la côte, où l'on trouvait la ville la plus peuplée, Toulon, avec 30.000 habitants. Si l'on choisissait Toulon pour chef-lieu, les habitants du nord-est du département ne pourraient s'y rendre en l'espace d'une journée, contrairement aux prévisions de Thouret. Aussi Draguignan, Brignoles et Grasse revendiquaient-ils avec ardeur l'administration départementale. Néanmoins Toulon l'emporta, et, en compensation, les districts furent multipliés : on en créa neuf, afin que les administrés pussent au moins aisément se rendre au chef-lieu du district, à défaut du chef-lieu du département. Draguignan devait prendre la place de Toulon comme chef-lieu le 9 floréal an V (28 avril 1797).

Le département du nord de la Provence reçut le nom de Basses-Alpes. Il était peu peuplé et mal pourvu de routes. Le choix de Digne pour chef-lieu fut unanimement approuvé. On avait voulu aussi établir neuf districts afin de faciliter aux populations des vallées reculées le contact avec les administrations, mais on y renonça devant les frais énormes qu'eussent entraînés ces neuf districts pour un département très pauvre ; et on n'en créa que cinq.

Remontons le Rhône. La véritable capitale de la vallée est Lyon, qui, sous l'ancien régime, était le chef-lieu d'une petite généralité. Cette généralité fut à peu près intégralement transformée en un département qui reçut le nom de Rhône-et-Loire. Le Beaujolais et le Forez, petites provinces qui auraient voulu former un département à part protestèrent, mais ne furent pas écoutés. Le département du Rhône-et-Loire fut divisé en six districts, deux pour Lyon, les autres ayant comme chefs-lieux Villefranche-sur-Saône, Roanne, Montbrison et Saint-Étienne. Cette situation durera jusqu'à la révolte de Lyon en 1793. La Convention divisera alors le département en deux : celui du Rhône et celui de la Loire (décret du 29 brumaire an II, 19 novembre 1793).

Au sud de Lyon, sur la rive droite du Rhône s'étendent, accrochés aux flancs du massif Central, de petites provinces, dont aucune ne semblait assez grande pour former à elle seule un département. Par exemple, il fallut adjoindre au Vivarais un certain nombre de communes du Nîmois pour former le département de l'Ardèche, qui fut divisé en sept districts.

A l'ouest de l'Ardèche le vieux pays du Gévaudan était lui aussi, trop petit pour former un département. A l'origine on en prévoyait le partage entre les départements de Nîmes et du Puy. Mais, en présence des réclamations répétées des habitants et de leurs députés, le Comité consentit à la formation d'un département dont le chef-lieu alternerait entre Mende et Marvejols, et qui serait composé de neuf districts. Ce département devait s'appeler « Hautes-Cévennes », mais les catholiques firent remarquer que ce terme pourrait évoquer le protestantisme, dont beaucoup de fidèles habitaient les Cévennes et l'on finit par adopter le nom de Lozère, le sommet le plus élevé du département.

Au nord du massif Central, la petite province du Bourbonnais était destinée à former un seul département, l'Allier. Elle reprit avec l'Auvergne une vieille querelle historique et s'efforça de récupérer 80 paroisses, que le maréchal d'Effiat avait fait annexer en 1630 à la généralité de Moulins. Les Auvergnats voulaient d'autant moins les restituer, que ces communes possédaient le terroir le plus riche de la province. Pour trancher le différend, les deux provinces nommèrent chacune deux commissaires qui furent chargés de procéder à la délimitation définitive. Parmi les commissaires, figurait Destutt de Tracy, qui sera plus tard un des chefs du groupe des « idéologues ». La commission prononça un jugement digne de Salomon, en partageant le territoire contesté. Moulins, capitale du Bourbonnais demandait naturellement à devenir chef-lieu de l'Allier. Mais l'autre ville du département, Montluçon, faisait valoir la grande distance — 17 lieues — qui la séparait de Moulins : ses observations ne furent pas retenues.

La province voisine, le Berry, était plus grande. On admit qu'elle serait divisée en deux départements, et qu'on prendrait pour limites celles de la généralité de Bourges qui coïncidaient à peu près avec le Berry historique. Toutefois on laisse au Nivernais les communes de la généralité (notamment la Charité-sur-Loire) qui se trouvaient sur la rive droite de la Loire. Dans ce cadre, le Bourbonnais forma le département du Cher composé de sept districts, et celui de l'Indre, composé de six districts. Le chef-lieu du Cher fut, naturellement, installé à Bourges ; mais, dans l'Indre, la compétition fut vive entre Issoudun et Châteauroux, qui finit par l'emporter.

Au sud-ouest du massif Central, le Périgord était une petite province aux limites simples, sans enchevêtrement ni enclaves. Le Périgord forma le département de la Dordogne, composé de 9 districts. On convint que le chef-lieu alternerait entre Périgueux, Sarlat et Bergerac.

Au nord du Périgord, l'Angoumois était, au contraire, trop petit pour former à lui seul un département. Il fallut lui adjoindre des lambeaux du Poitou, de la Saintonge, du Limousin qui ne se laissèrent pas déposséder sans protester. La ville de Confolens fut notamment l'objet de querelles épiques avant d'être définitivement attribuée au nouveau département, qui reçut le nom de Charente. Le chef-lieu fut fixé sans discussion à Angoulême, et le département partagé en six districts.

On voit par ces quelques exemples combien l'œuvre de la Constituante tint compte à la fois des projets de Sieyès et de ceux de Thouret, qui voulaient créer 80 circonscriptions environ, d'étendue à peu près égale, en même temps que des conseils de Mirabeau, qui demandait qu'on respectât autant que possible les anciennes limites provinciales. La division nouvelle de la France n'a donc pas été, comme on l'a dit souvent une œuvre arbitraire, hâtive, sans bases locales ; mais un compromis habile entre les nécessités d'une administration moderne et les données de la géographie et de l'histoire.

II
LES ADMINISTRATIONS DÉPARTEMENTALES[1]

La Constituante décida que le département serait administré par un « Conseil général » composé de 36 membres élus pour deux ans et renouvelables par moitié chaque année. Les conseillers étaient élus par l'Assemblée électorale du département, et choisis parmi les citoyens payant une contribution directe égale à dix journées de travail, c'est-à-dire possédant les qualités requises primitivement par la Constituante, des électeurs au deuxième degré.

Le Conseil général ne siégeait pas en permanence. Il désignait pour le représenter pendant l'intervalle de ses sessions, un « directoire du département », composé de huit membres rétribués. Ce directoire était l'agent d'exécution du Conseil général. Il devait s'occuper des contributions, de l'assistance, des prisons, des écoles, de l'agriculture, des ponts et chaussées, etc. Il pouvait, pour faire appliquer les lois et décret, prendre des arrêtés.

En face du Conseil général et du directoire, le roi, avons-nous dit, était représenté par un procureur général syndic élu pour quatre ans par les mêmes électeurs que le Conseil, et rééligible une fois. Le procureur général syndic avait pour mission essentielle de requérir l'application des lois, mais il suivait toutes les délibérations du Conseil général et du directoire avec voix consultative. Il communiquait directement avec les ministres.

Il était précisé que les Conseils généraux de départements n'avaient, en aucune mesure, le caractère représentatif. Ils différaient donc en cela des anciens États provinciaux, et même des assemblées provinciales de 1787. Les Conseils généraux étaient uniquement des organes administratifs. Le roi pouvait annuler ceux de leurs actes qu'il jugeait contraires aux lois ou aux ordres reçus ; en cas de désobéissance réitérée, il pouvait même suspendre les Conseils et traduire leurs membres devant les tribunaux. Seule l'Assemblée législative avait le droit de dissoudre un Conseil général et d'ordonner de nouvelles élections.

Ainsi la loi ne transformait nullement, comme on s'est souvent plu à l'écrire, les départements en de petites républiques autonomes, mais elle les subordonnait assez étroitement à l'autorité royale. Abandonnons maintenant, le domaine de la théorie pour voir comment, en fait, les administrations départementales se sont formées, et quelle fut leur activité.

Le roi ne laissa pas à la seule initiative des habitants l'élection des assemblées départementales. Mais il nomma, sur la proposition du ministre de l'intérieur

---

1. TEXTES ET OUVRAGES A CONSULTER. — Les mêmes qu'au paragraphe précédent. — QUESTIONS A ÉTUDIER : Lorsqu'on étudiera les administrations départementales, on s'efforcera de déterminer avec soin les classes sociales et les milieux auxquels leurs membres appartenaient. On portera aussi attention au pouvoir réglementaire de ces administrations et à l'usage qu'elles en ont fait. Une étude synthétique des procureurs généraux syndics donnerait lieu à d'utiles précisions sur le personnel administratif de la France en 1790-91.

Saint-Priest, dans chaque département deux ou trois commissaires chargés de surveiller sur place (en fait d'orienter) les opérations électorales. Les commissaires furent choisis parmi les membres de la noblesse de robe, du clergé, de la haute bourgeoisie ; bref, les notables de chaque département. Dans l'Ariège les commissaires sont le maire de Foix, d'Artiguières, ancien membre de la « commission intermédiaire » de 1787, donc habitué à ces opérations, Font, curé de Serres, et, Larroque, de Saint-Girons. Dans les Bouches-du-Rhône, on note parmi les trois commissaires la présence de d'André, dans les Basses-Alpes, celle de l'évêque de Sisteron. Dans l'Ardèche, Montgolfier est un des trois commissaires.

Cette nomination de commissaires surprit la population qui y vit souvent une insupportable ingérence du gouvernement royal dans les affaires locales. Les protestations furent nombreuses surtout dans les départements de l'Ardèche, du Cher, de l'Indre, et, en général, on se défia de l'action des commissaires. Ceux-ci devaient essentiellement convoquer les assemblées électorales et trancher les conflits qui pouvaient s'élever. Pour convoquer les assemblées électorales, les commissaires demandèrent donc aux municipalités les listes des citoyens actifs. Celles-ci durent être dressées en hâte, car alors se posa la question de la valeur de la journée de travail. En général elle fut fixée, non en fonction de sa valeur réelle, mais des tendances politiques. Elle ne fut d'ailleurs pas uniforme dans chaque canton. Dans l'Ariège, la journée de travail primitivement cotée vingt sous fut abaissée à 12, de sorte que, pour la seule ville de Foix, le nombre des électeurs passa de 330 à 350. Dans l'Ardèche, par suite de la valeur inégale de la journée de travail les deux cantons de Largentière et de Joyeuse comptèrent 5.300 citoyens actifs, alors que les cinq cantons du district de Tournon n'atteignaient pas 3.800.

Les élections étaient à deux degrés, les assemblées primaires se réunissaient dans chaque canton, au chef-lieu, où elles subissaient l'influence des ruraux et des gros propriétaires fonciers, de sorte que les électeurs du deuxième degré étaient toujours de riches bourgeois. Les assemblées électorales du second degré siégèrent au chef-lieu du département, en mai ou juin 1790. Elles étaient peu nombreuses, composées de 300 à 600 électeurs au maximum. Leur choix fut, naturellement, en harmonie avec leur propre composition. Toutefois elles se soucièrent souvent de donner au Conseil général une base territoriale, quoique la loi n'exigeât que la nomination de deux conseillers par district. Ainsi dans l'Ariège, l'assemblée décide de nommer un administrateur par canton, soit 28 et de choisir les huit autres dans les cantons les plus peuplés ; dans l'Allier on choisit cinq administrateurs pour chacun des districts, soit 35 plus un conseiller supplémentaire pour le district de Moulins. Dans l'Ardèche, ce sont les ruraux qui, pour combattre l'influence des citadins, qu'ils redoutent, exigent aussi la nomination de cinq conseillers par district, soit 35, plus un pour le district de Largentière, le plus peuplé. L'Assemblée électorale fut violemment troublée par les discussions relatives à cette question, on va jusqu'à y

« brandir des pistolets ». Dans la Lozère on choisit aussi sept conseillers par district, plus un pour le district de Mende, il en va de même dans le Cher et l'Indre, et sans doute dans la plupart des départements. Une étude statistique complète nous manque ; elle pourrait fournir des résultats intéressants sur la mentalité des populations en 1790 et la défiance des campagnes à l'égard des villes.

Les élus furent, en général, pour le moins de bons bourgeois, souvent des aristocrates ou des membres du clergé. Dans l'Ariège les anciens privilégiés eurent la majorité, dans l'Allier on compte 24 propriétaires fonciers, 8 hommes de loi, 4 avocats ; dans le Tarn, 13 propriétaires, 16 avocats, 4 hommes de loi, 2 officiers, 1 médecin ; dans l'Ardèche, aristocrates et gros propriétaires ruraux ont la majorité. Nulle part on n'élit de véritables paysans. Aussi, dans toute la France, les Conseils généraux de département sont-ils caractérisés par leurs opinions modérées. Ce caractère se retrouve dans la personne du procureur général syndic. Dans la Lozère, c'est Rivière, ancien lieutenant général du Gévaudan, un homme du métier par conséquent, d'ailleurs député à la Constituante ; dans le Cher c'est Dumont de La Charriage, ancien procureur général syndic de l'Assemblée provinciale du Berry choisi lui aussi pour sa compétence ; dans l'Indre le procureur est Collet de Messine, futur candidat à la Législative, porté pour cette raison à flatter ses électeurs plutôt qu'à les diriger. Il serait intéressant d'entreprendre pour toute la France une étude des procureurs généraux syndics ; elle serait révélatrice des tendances de l'esprit public des électeurs.

La loi était muette sur l'organisation intérieure des administrations départementales. Celles-ci héritèrent des archives des intendances ou des subdélégations, parfois des assemblées provinciales. La plupart du temps elles conservèrent les employés de ces anciennes administrations et modelèrent leurs bureaux sur les leurs. L'administration départementale de l'Allier se divisa, par exemple, en quatre bureaux. Le « bureau des détails » s'occupait de l'assistance, de la police, de l'éducation, de l'hygiène, de la justice, tous objets qui ne requéraient encore, en 1790 que peu d'attention de la part du Conseil général du département. Le « deuxième bureau » se consacra uniquement aux impositions, tâche capitale. Le « troisième bureau » consacra son activité aux ponts et chaussées qui sous l'ancien régime avaient accaparé les soins des intendants et des assemblées provinciales. Le « quatrième bureau », enfin, fut chargé de la vente des biens nationaux, qui était une affaire entièrement nouvelle.

Les administrations départementales furent vite absorbées par des affaires dont le nombre ne cessera de croître. Par exemple, le directoire du département de l'Ariège doit s'occuper de la répartition des contributions directes, de la police générale, c'est-à-dire de la circulation des vagabonds et mendiants, des directives à donner à la maréchaussée, de l'organisation des hôpitaux et des prisons, de l'ouverture des ateliers de charité, de la gestion des domaines nationaux, des forêts, des rivières et des chemins, de l'entretien des églises et des presbytères, des travaux publics, des perfectionnements à introduire dans l'agriculture, de la surveillance du commerce, de l'entretien des routes et canaux, de l'instruction publique.

La plupart du temps, les administrations départementales exécutèrent ponctuellement les ordres reçus de Paris. Cependant il y eut parfois des résistances, voire des refus d'obéissance et des conflits. Par exemple, le directoire du département de l'Indre discute pendant un certain temps un ordre ministériel et refuse même de l'exécuter. Finalement menacé de suspension par le roi, il se soumet. Le pouvoir central était donc loin de manquer de prise sur les départements. Plus fréquents peut-être furent les conflits, à l'intérieur du département entre l'administration départementale et les administrations de district ou de commune. Ils pouvaient être graves lorsque le Conseil général de la commune avait à lutter contre la municipalité du chef-lieu, c'était en plus petit, la reproduction de la lutte entre la Commune de Paris et l'Assemblée nationale. A Châteauroux, par exemple l'administration de district et la municipalité prirent plusieurs initiatives sans avoir consulté au préalable d'administration départementale, et celle-ci n'osa sévir. Toutefois, jusqu'à la chute de la monarchie, tous ces rouages administratifs fonctionnèrent convenablement. Ce n'est que plus tard, en 1793, lorsqu'il y eut décalage entre l'esprit de la Convention et celui des administrations départementales encore composées de gros propriétaires fonciers que les conflits devinrent vraiment graves et finirent par engendrer la crise fédéraliste.

III

LES ADMINISTRATIONS DE DISTRICT[1]
LES ASSEMBLÉES DE DISTRICT

Le district est géré, comme le département par un Conseil général, mais celui-ci ne compte que douze membres. Il nomme dans son sein un directoire permanent de quatre citoyens. Il y a un procureur syndic de district chargé de représenter le roi en face du Conseil général et du directoire. Le procureur syndic est élu comme le Conseil général du district par les mêmes électeurs

---

[1]. TEXTES ET OUVRAGES A CONSULTER. — Outre les documents d'archives, déjà cités, on consultera : Mourlot, *Recueil des documents d'ordre économique contenus dans les délibérations des municipalités du district d'Alençon* (Paris, 1907-1913, 3 vol. in-8°). — Les ouvrages relatifs aux départements et cités à la bibliographie du § I consacrent en général un certain nombre de chapitres aux districts. Quelques études concernent les seuls districts. — On citera notamment A. Claude, *Le district de Neufchâteau* (Clamecy, 1933, in-8°) ; Corgne, *Pontivy et son district pendant la Révolution* (Paris, 1938, in-8°) ; Garrigues, *Les districts parisiens pendant la Révolution* (Paris, 1932, in-8°) ; Rossignol, *Histoire du district de Gaillac* (Toulouse, 1890, in-8°). — QUESTIONS A ÉTUDIER : Comme pour les départements, on s'attachera à la composition des administrations de district, à leur fonctionnement, à l'usage qu'ils firent de leur pouvoir réglementaire.

que les Conseils généraux de départements, la durée du mandat est la même.

Les actes de l'administration de district peuvent être annulés soit par les autorités départementales, soit par le roi. Si leurs actes « compromettent la sécurité ou la tranquillité publique » les administrateurs de district peuvent être suspendus par l'administration du département, à charge pour celle-ci d'en rendre compte au roi, qui pourra soit confirmer la suspension, soit, au contraire, la lever. Le roi peut même suspendre une administration de district sans aucune intervention du département, mais seul le Corps législatif peut dissoudre l'administration de district et la renvoyer, en cas de besoin, devant les tribunaux.

Les administrations de district sont essentiellement les « yeux et les bras » des administrations départementales, leur rôle ne cessera de grandir jusqu'au 9 thermidor an II (27 juillet 1794).

Les assemblées de district furent élues à la fin du mois de juin 1790. Le nombre des électeurs était évidemment très faible. Pour le district de Neufchâteau, dans les Vosges, par exemple, il n'y avait que 64 électeurs. De même qu'on avait réparti, lors des élections départementales, les membres du Conseil général entre chaque district ; on s'efforça d'attribuer à chaque canton un représentant au conseil général de district. Dans le district de Neufchâteau, qui comprenait dix cantons, les électeurs auraient voulu choisir un conseiller de district dans chaque canton, mais le commissaire du roi qui n'était autre que le célèbre économiste François de Neufchâteau s'opposa à cette manière de procéder, et déclara qu'on devait nommer les membres du conseil général de district sans aucune distinction d'origine. Dans d'autres départements, au contraire, on passa outre à cette objection.

Les membres des administrations de district furent de plus petits bourgeois que ceux des administrations départementales. On vit même souvent des paysans — à vrai dire gros propriétaires — siéger dans les districts. Le district de Neufchâteau comprit, en 1790, un militaire, trois laboureurs, sept hommes de loi et un négociant.

Les administrations de district étaient chargées avant tout de la répartition des impôts entre les communes, et de la vente des biens nationaux, mais elles avaient aussi à s'occuper de l'assistance, de la garde nationale, des travaux publics et notamment de l'établissement des listes de citoyens actifs.

Les administrations des districts du Tarn répartirent ces attributions entre quatre bureaux chargés, l'un des domaines nationaux, l'autre des contributions, le troisième des ponts et chaussées, le dernier de l'assistance et de l'enseignement. A Neufchâteau, on ne créa que trois bureaux : l'un s'occupait de l'agriculture, du commerce, des ateliers de charité, des manufactures, des biens nationaux, le deuxième des routes, du desséchement des marais, le troisième, du contentieux (notamment des impôts).

Les administrations de district eurent du mal à se mettre en marche. Elles ne se rendaient souvent pas compte qu'elles étaient subordonnées à l'administration départementale. Dans les Bouches-du-Rhône, le Var, les Basses-Alpes les districts entendent être tenus pour les égaux des administrations départementales. Dans l'Allier, les conseils de districts sont plus révolutionnaires que les assemblées départementales et ne s'entendent pas bien avec elles. Partout, elles se plaignent de la lenteur, parfois de la mauvaise volonté de l'administration du département. Le département, de son côté, est débordé par les districts, il demande souvent qu'on en réduise le nombre. Les liaisons régulières entre chef-lieu de district et chef-lieu de département sont d'ailleurs difficiles à établir. Dans les Vosges le district de Neufchâteau s'entend avec celui de Mirecourt pour entretenir avec Épinal un courrier régulier, mais il leur en coûte 400 livres par an.

La grande préoccupation des districts est bien vite la vente des biens nationaux. Naturellement l'importance des domaines mis en vente varie beaucoup d'un district à l'autre ; mais l'administration du district est toujours chargée du gros travail préparatoire, de l'inventaire, puis de la mise en vente proprement dite.

La tâche financière des districts n'est pas moins importante. Il leur faut d'abord liquider les impositions de l'ancien régime, puis surveiller l'établissement des matrices des contributions foncières et mobilières. Ce sont souvent aussi les districts qui prennent à leur charge l'émission des « billets de confiance » lorsque le numéraire vient à se raréfier.

Les districts s'occupent, en outre, des travaux publics de leurs circonscriptions (entretien des routes, dessèchements de marais, lutte contre les inondations). Ils doivent surveiller les partages des biens communaux.

Ils jouent même parfois un rôle politique, certains s'occupent de l'établissement des sociétés populaires, de la célébration de la fête de la Fédération en 1790, de l'arrestation dès 1791 de certains suspects. Les districts ont aussi à collaborer à la défense nationale : formation des gardes nationales, levées de volontaires, ravitaillement des troupes, réquisitions militaires, à partir du moment où la guerre a commencé, en avril 1792. Les districts, plus près des habitants des campagnes, mieux au courant de leurs besoins et de leurs vœux jouent un rôle qui devient de plus en plus important.

IV

LES MUNICIPALITÉS DES COMMUNES[1]

Entre les districts et les communes, il existait encore une circonscription administrative, le canton. Mais le canton n'avait aucune autorité à sa tête. Il était seulement l'unité électorale élémentaire. C'est au chef-lieu de canton

---

1. TEXTES ET OUVRAGES A CONSULTER. — Les documents essentiels sont naturellement conservés dans les archives municipales. Un certain nombre ont été publiés : Giraud, *Abrégé des actes des assemblées délibérantes de Montluçon* (Montluçon, 1898, in-8°) ; Daupeley, *Sommaire des délibérations de la commune de Nogent-le-Rotrou pendant la Révolution* (Nogent-le-Rotrou,

que se réunissaient les assemblées primaires ; on trouvait aussi au chef-lieu de canton le juge de paix.

La vie politique et administrative locale réside dans les communes. Deux tendances s'étaient manifestées à l'Assemblée Constituante. Les uns désiraient constituer de petits groupements politiques de 4.000 habitants environ. Ainsi les campagnes, pensaient-ils seraient libérées de l'influence des prêtres et des nobles. De plus le canton se prêtait mieux à l'organisation des travaux publics que le cadre étroit de la commune. Tel était le plan de Condorcet et de Sieyès. Mais la majorité des députés repoussa ce projet et décida que chaque paroisse aurait sa municipalité. Comme nous l'avons dit la loi municipale fut même votée avant l'organisation départementale, car il s'agissait de « légaliser » au plus vite les municipalités qui avaient surgi spontanément depuis le 14 juillet 1789 dans nombre de villes et de villages, et qui avaient été, la plupart du temps composées d'un noyau d'administrateurs anciens, auxquels des citoyens élus avaient été adjoints.

1906, in-8º) ; *Archives de la ville de Brest ; Procès-verbaux des séances du Conseil général de la commune, 1789-1795* (Brest, 1895-96, 2 vol. in-8º) ; *Procès-verbaux des délibérations du conseil municipal de Brest, 1790-99* (Brest, 1894, 4 vol. in-8º) ; P. Lesourd, *Les registres de délibérations de la commune de Montbazon (Indre-et-Loire)* (Tours, 1893, in-8º) ; J. Falk, *Notes chronologiques sur les délibérations municipales de la ville de Vienne (Isère)* (Vienne, 1906, in-8º) ; Kerviler, *Procès-verbaux du conseil municipal de Saint-Nazaire, 1790-92* (Saint-Nazaire, 1890-92, 2 fasc. in-8º) ; A. Combes, *Analyse des registres municipaux de la commune de Cahors pendant la Révolution* (Cahors, 1920, in-8º) ; Chandon de Briailles et Bertal, *Table alphabétique des registres des délibérations de la ville d'Épernay* (Paris, 1904, 14 vol. in-8º) ; E. Rousselet, *Actes et délibérations de l'autorité municipale de Nancy, 1789-94* (Nancy, 1880, in-8º) ; A. Rendu, *Analyses des délibérations de Maignelay (Oise)* (Paris, 1894, in-12) ; Deseille, *Tables sommaires des délibérations municipales... de Boulogne-sur-Mer* (Boulogne-sur-Mer, 1874, 2 vol. in-8º) ; Tison, *Délibérations municipales de Calais, 1790-95* (Calais, 1930-33, 2 fasc. in-12) ; G. Guigue, *Procès-verbaux des séances des corps municipaux de la ville de Lyon* (Villefranche, Lyon et Trévoux, 1899-1935, 12 vol. in-8º) ; Besançon, *Procès-verbaux des séances des administrations municipales de Villefranche-sur-Saône, 1789-1800*, 1905, in-8º ; Tambour, *Les registres municipaux de Rennemoulin (S.-et-O.)* (Corbeil, 1903, in-12) ; *Documents pour servir à l'histoire de la Révolution française dans la ville d'Amiens* (Paris, 1889-1910, 7 vol. in-8º) ; A. J. Parés, *Délibérations du conseil municipal de Toulon, 1789-1804* (Toulon, 1932, in-8º) ; C. Benoist, *Analyse des actes et délibérations de l'administration municipale de Limoges* (Limoges, 1889, in-8º) ; Ch. Demay, *Les procès-verbaux de l'administration municipale de la ville d'Auxerre pendant la Révolution* (Auxerre, 1894, in-8º). Pour Paris, on se reportera aux volumes d'Étienne Charavay, *Assemblées électorales de Paris* (Paris, 1890, 1894 et 1905, 3 vol. in-8º) et au recueil de Sigismond Lacroix, *Actes de la Commune de Paris pendant la Révolution* (Paris, 1894-1914, 16 vol. in-8º). — On trouvera des études sur les municipalités dans les ouvrages consacrés aux départements et aux districts cités dans les bibliographies des § I et III. Parmi les études spécialement consacrées aux municipalités on retiendra : Denis, *Les municipalités de Nancy* (Nancy, 1910, in-8º) ; Fournier, *Histoire politique de la municipalité de Guingamp de 1788 à 1791* (Saint-Brieuc, 1934, in-8º) ; Hamon, *La vie municipale dans les communes du canton de Passais*, thèse de droit (Rennes, 1909, in-8º) ; Mellié, *Les sections de Paris* (Paris, 1898, in-8º), à compléter par A. Soboul, *Les papiers des sections parisiennes* dans les *Annales hist. de la révolution franç.*, 1950, p. 97-108 ; Millot, *Le comité permanent de Dijon* (Dijon, 1926 in-8º) ; Trouillard, *La municipalité de Laval de 1790 à l'an IV*, thèse de droit (Rennes, 1913, in-8º). — Questions a étudier : C'est surtout à propos des municipalités qu'il conviendrait d'étudier la manière dont elles usèrent du pouvoir réglementaire que la constitution et les lois leur conféraient. De telles études apporteraient des éclaircissements, non seulement sur l'histoire administrative, mais encore sur l'histoire économique de la Révolution.

C'est la loi du 14 décembre 1789 qui régit en effet les municipalités. Dans chaque commune — c'est le nom nouveau des paroisses — les citoyens actifs élisent au suffrage direct, parmi les contribuables payant une contribution égale au moins à dix journées de travail, les membres du Conseil général de la commune.

Comme les conseils généraux de département et de district, comme aussi les « communes » révolutionnaires, le conseil général de la commune est réparti en deux échelons : les notables, dont le nombre varie de 6 à 42, suivant la population de la commune, et les officiers municipaux, dont le nombre varie aussi, mais de 3 à 21. Les officiers composent le corps municipal, élément actif et permanent du conseil général de la commune, analogue aux directoires de département ou de district. Le conseil général de la commune de Paris est régi par une loi particulière votée le 21 mai 1790, et promulguée le 27 juin. Il se compose de 144 notables élus à raison de 3 par chacune des 48 sections de la capitale. Le corps municipal compte 48 officiers municipaux élus par les sections, parmi les notables. Il y a enfin un « bureau municipal » de 16 administrateurs, choisis par le conseil général au scrutin individuel, parmi les 48 officiers municipaux. Les 32 officiers municipaux qui ne font pas partie du « bureau », forment le « Conseil municipal » de Paris.

Tous les membres du conseil général de la commune sont élus par les assemblées primaires pour deux ans, et renouvelables par moitié chaque année. Dans les villes importantes, il y a, comme à Paris, autant de sections de vote que de quartiers, et, en principe un officier municipal par section.

A la tête de la commune, on trouve un maire élu pour deux ans par tous les citoyens actifs, et rééligible. Comme à l'échelon du district ou du département, il existe aussi un procureur de la commune élu dans les mêmes conditions que le maire. Il représente le roi au conseil général de la commune, mais aussi les contribuables. Il est leur avocat d'office dans les affaires contentieuses, et fait aussi fonction d'accusateur public devant le bureau municipal siégeant comme tribunal de simple police. Par ailleurs, il a voix consultative dans toutes les affaires. Dans les villes de plus de 10.000 habitants, le procureur de la commune est assisté de substituts.

Le conseil général de la commune doit se réunir pour toutes les affaires importantes : acquisitions ou aliénations d'immeubles, impôts extraordinaires, dépenses locales, emprunts, travaux, etc. Les affaires moindres ressortissent au corps municipal. Celui-ci traite par exemple, de la gestion des biens de la commune, du budget, des travaux publics, de la voirie, de la répartition et de la perception des contributions directes, des versements de fonds. Les municipalités ont un pouvoir réglementaire assez étendu, notamment en matière économique, puisque la loi du 22 juillet 1791, autorise les maires à taxer le pain et la viande de boucherie, à l'exclusion de toute autre denrée. Les municipalités prennent des arrêtés intitulés « délibérations ». Elles ont, en outre, le droit très important de requérir la force publique, c'est-à-dire l'armée ou la garde nationale, et de proclamer la « loi martiale », — qui supprime temporairement toutes les garanties de liberté individuelle — lorsqu'elles estiment que l'ordre est troublé. Pour indiquer que la loi martiale est appliquée, la municipalité arbore le drapeau rouge.

Ainsi les municipalités quoiqu'elles puissent être suspendues dans les mêmes conditions que les assemblées de département et de district disposent de pouvoirs considérables. Au profit de qui ces pouvoirs vont-ils jouer ?

Les municipalités ont un caractère et un recrutement différent selon qu'on considère les communes urbaines ou les communes rurales.

Dans les villes, en effet, les nouvelles municipalités sont beaucoup plus largement recrutées que sous l'ancien régime où elles étaient, soit nommées par le roi, soit élues par un petit nombre de personnes. Elles sont, dès 1789 de tendances assez démocratiques.

Mais, dans les villages, la loi du 14 décembre 1789 marque une véritable réaction sur la situation antérieure à 1787. A cette époque, le « syndic », chef du village, était élu par tous les habitants. La loi du 14 décembre au lieu de revenir à cette pratique regrettée de tous les paysans, s'était bornée à reproduire la loi de 1787 sur les assemblées provinciales, qui avait remis tout le pouvoir politique et administratif aux propriétaires fonciers.

Chaque commune, même Paris, n'a qu'une municipalité. Mais, dans les communes, il s'est créé spontanément des assemblées tant soit peu illégales qui vont avoir une grosse influence sur la marche de la Révolution.

La loi spécifiait, avons-nous dit, que dans les communes de plus de 25.000 habitants, chaque « section » serait l'unité de vote où se rassemblerait l'assemblée primaire. Ces assemblées eurent bientôt des bureaux et des comités permanents qui intervinrent dans la vie de la commune et s'arrogèrent le droit de contrôler les actes de la municipalité. Ce fut le cas notamment des 48 sections de Paris, des sections de Lyon, Toulouse, etc.

L'assemblée des électeurs primaires ne pouvait se réunir dans chaque section en dehors des élections sans une convocation expresse du conseil général de la commune, mais cette convocation ne pouvait être refusée dans les villes de plus de 4.000 habitants lorsqu'elle était réclamée par un sixième des citoyens actifs, dans les autres communes lorsque 150 citoyens la réclamait. On appela souvent ces assemblées : assemblées de section.

Les municipalités furent élues en janvier, février ou mars 1790, en général au milieu d'un grand élan d'enthousiasme. Ces élections, en effet, étaient les premières depuis les élections aux États généraux ; elles confirmaient d'une manière tangible le succès de la révolution. Dans la grande majorité des communes de France, ce furent les « patriotes » qui triomphèrent, et les administrations municipales furent, en général, plus révolutionnaires que celles des districts et surtout que celles des départements. Néanmoins, il y eut des exceptions. Dans l'Ariège, on reprocha à quelques curés d'avoir dirigé les élections et fait voter pour ceux qui leur plaisaient. En Provence, la pression électorale fut assez forte, et les municipalités d'ancien régime essayèrent, et réussirent souvent à se perpétuer au pouvoir. Les maires, choisis la plupart du temps parmi les hobereaux locaux se comportèrent en petits tyrans, firent casser les élections des individus qui leur déplaisaient et nommer leurs clients. Dans l'Ardèche, les élections municipales donnèrent lieu à une lutte acharnée entre « patriotes et aristocrates ». Ceux-ci, pour essayer d'obtenir la majorité, racolèrent tous les électeurs récalcitrants. « On arracha des citoyens de leur lit. Ils arrivèrent à l'assemblée en bonnet, en robe de chambre, sans bas. On y vit apparaître des hommes qui gardaient depuis longtemps la retraite la plus profonde, indifférents à tout... Des gens malades, soutenus par d'autres, arrivaient dans la salle... » Malgré cela, les « patriotes » furent élus dans la majorité des communes.

Dans le Cher, dans l'Indre ce fut une véritable vague qui balaya tous les syndics de l'ancien régime. Les nouvelles municipalités envoyèrent des adresses de remerciements à l'Assemblée nationale. Celle de Neuvy-en-Dun écrivit qu'elle se félicitait d'être délivrée « de la fureur seigneuriale, féodale et aristocratique ».

Dans les campagnes, les municipalités furent formées de patriotes assez modérés ; dans les villes on élut des gens « éclairés ». Souvent le curé fut choisi comme maire ou procureur de la commune, en tout cas comme officier municipal.

Toutes ces nouvelles municipalités étaient très imbues de leurs nouveaux pouvoirs et voulaient agir avec beaucoup d'indépendance. Souvent elles désobéissaient aux ordres du district ou du département. Les conflits entre municipalités et administrations de département ou de district furent nombreux. La municipalité de Châteauroux, par exemple, refusait de communiquer les mercuriales au district. Elle s'efforçait d'acheter des biens nationaux sans en avertir l'administration de district. La municipalité de Bourges était en conflit perpétuel avec le directoire du département.

Mais le grand défaut de l'organisation municipale, qu'on déplore par toute la France, c'est l'ignorance des municipalités rurales, chargées de travaux importants et minutieux, tels que l'établissement des matrices des contributions. Ces municipalités sont la plupart du temps incapables d'y subvenir. Dans un assez grand nombre de municipalités rurales, on ne trouvait pas même un citoyen sachant écrire. Impossible naturellement de renouveler par moitié chaque année ces petites municipalités rurales, faute de compétences. Plusieurs directoires de départements, celui de l'Allier notamment, proposèrent la création de commissaires chargés de surveiller, de renseigner, d'activer les municipalités. Ailleurs, on demanda la suppression des municipalités rurales et l'adoption du projet Sieyès-Condorcet sur les municipalités cantonales.

Mais l'Assemblée Constituante tint bon. Elle fit confiance aux paysans. Ceux-ci cherchèrent à s'instruire, à se hausser, comme on disait, au niveau des circonstances, et petit à petit les municipalités campagnardes fonctionnèrent de façon plus satisfaisante. Ce fut toutefois l'existence des municipalités urbaines, plus démocratiques et plus instruites, qui empêcha la France de devenir un jouet aux mains de l'aristocratie foncière et industrielle laquelle, en 1792, détenait les places essentielles au sein des administrations des districts et des départements.

CHAPITRE IV

LES INSTITUTIONS JUDICIAIRES[1]

Parmi les institutions de l'ancien régime, celle qui provoquait sans doute les critiques les plus véhémentes et d'ailleurs les plus justifiées, était la justice. Il nous faut en rappeler rapidement les grands traits avant d'exposer les tentatives de réforme et les projets de réorganisation dont elle fut l'objet avant 1789.

I

LA JUSTICE SOUS L'ANCIEN RÉGIME[2]

La justice française sous l'ancien régime était caractérisée par le nombre élevé des juridictions. Rien qu'à Paris, elle comprenait les commissaires du Châtelet, le Châtelet, le Bureau de l'Hôtel de ville, le Présidial, les Chambres du Parlement, les juridictions seigneuriales. L'enchevêtrement de leurs ressorts, dont les limites, au reste, étaient souvent mal connues, la lenteur et le coût de la justice, la barbarie de la procédure criminelle, avec les questions « préparatoires » et « préalables », l'interrogatoire sur la sellette ; la cruauté des châtiments, la sévérité des peines pour les petites gens, qui contrastait avec une extrême indulgence en faveur des privilégiés, le nombre des magistrats et

---

1. BIBLIOGRAPHIE GÉNÉRALE. — Les archives judiciaires postérieures à 1790 ont fait dans la plupart des départements l'objet de versements récents aux archives départementales, mais elles ont été rarement utilisées. Consulter aussi les *Mémoires du chancelier Pasquier*, t. I, 1893.
— OUVRAGES GÉNÉRAUX : G. Aron, *Les grandes réformes du droit révolutionnaire* (Paris, 1910, in-8°) ; Boncenne, *Théorie de la procédure civile*, t. I (Paris, 1829, in-8°) ; J. Bourdon, *La réforme judiciaire de l'an VIII* (Rodez, 1941, 2 vol. in-8°) ; Esmein, *Histoire de la procédure criminelle en France* (Paris, 1882, in-8°) ; du même, *Précis de l'histoire du droit français de 1789 à 1814* (Paris, 1908, in-8°) ; Hiver, *Histoire critique des institutions judiciaires de la France de 1789 à 1848* (Orléans, 1848, in-8°) ; Lebègue, *Thouret* (Paris, 1910, in-8°) ; Matter, *L'histoire juridique de la Révolution*, dans les *Annales révol.*, 1919, p. 429-458 ; Michon, *Essai sur l'histoire du parti feuillant : Adrien Duport* (Paris, 1924, in-8°) ; E. Seligman, *La justice en France pendant la Révolution*, t. I (Paris, 1910, in-8°) ; Viollet, *Histoire du droit civil français* (Paris, 1905, in-8°).
— QUESTIONS A ÉTUDIER : Il ne faut pas se laisser abuser par cette bibliographie. La plupart des études publiées avant 1900 sont médiocres parce que leurs auteurs n'ont pu avoir communication des archives judiciaires. Il importe donc de rajeunir ou de renouveler tous ces travaux synthétiques en s'attachant notamment au nouveau personnel judiciaire, à la valeur des tribunaux, à leur efficacité.
2. TEXTES ET OUVRAGES A CONSULTER. — Sur les revendications des cahiers de 1789 : R. Aubin, *L'organisation judiciaire d'après les cahiers de 1789*, thèse de droit (Paris, 1928, in-8°) ; Desjardins, *Les cahiers de 1789 et la législation criminelle* (Paris, 1883, in-8°).

auxiliaires de la justice, qui comprenait, outre les juges et le parquet, une foule d'avocats, de procureurs, d'huissiers, de notaires et tabellions, de greffiers, etc.

Juges et procureurs étaient, en général, peu aimés, ils se faisaient les défenseurs acharnés d'un ordre de choses favorable à leurs intérêts, mais que la majorité des Français estimait périmé. Seuls les avocats recrutés dans la moyenne, voire la petite bourgeoisie, admettaient une réforme judiciaire et souvent même s'en faisaient les défenseurs.

Une campagne violente agitait, en effet, le pays depuis 1760, en faveur d'une réorganisation de la justice. Déjà Montesquieu avait adressé à l'organisation judiciaire de véhémentes critiques. Mais ce fut Voltaire qui porta les coups les plus rudes à l'édifice judiciaire de l'ancien régime dans ses écrits en faveur de Calas, condamné à être roué par le Parlement de Toulouse (1762), en faveur du chevalier de La Barre, en 1766, de Sirven en 1767, de Morangies en 1772 et de Montbailli en 1775. Dans plusieurs autres livres il avait vivement attaqué l'organisation même de la justice française.

Mais le mouvement réformiste n'était pas exclusivement français. Les ouvrages les plus importants en faveur de la réorganisation judiciaire avaient même paru à l'étranger, en Angleterre et en Italie. C'est là que Beccaria avait publié, en 1762, le *Traité des délits et des peines*, traduit en français en 1766 par Morellet sur le propre conseil de Malesherbes, alors directeur de la Librairie ; Voltaire en écrivit un commentaire enthousiaste.

La même année 1766, l'avocat général du Parlement de Grenoble, Servan, traita dans son discours de rentrée, de la réforme de la justice criminelle.

A la suite de cette campagne, le gouvernement royal opéra une première réforme en abolissant, le 24 août 1780, la question préparatoire, c'est-à-dire la torture qu'on faisait subir aux inculpés pour leur arracher des aveux. Mais la question préalable — la torture destinée à obtenir des condamnés les noms de leurs complices — subsistait toujours, de même que quantités d'autres pratiques du droit criminel qui semblaient indignes du « siècle des lumières ».

Les réformateurs poursuivaient donc leur œuvre, aidés souvent par les grands corps savants. A partir de 1780, nombreuses sont les académies qui mettent au concours la rénovation de la justice. En 1780, c'est l'académie de Châlons-sur-Marne, elle décerne ses prix à Brissot et à un avocat d'Aix nommé Bernard ; c'est l'académie de Berne qui a pour lauréat Marat, c'est aussi l'académie de Metz, qui couronne Robespierre.

Cinq ans plus tard, une affaire, d'où paraît résulter une erreur judiciaire, fait rebondir la campagne de réformes : Lardoise, Simore et Bradier, inculpés de vol, sont condamnés à la roue par le Parlement de Paris à une majorité de neuf voix contre trois. Or l'un des juges qui avaient voté en faveur des accusés, Fréteau était persuadé de l'innocence des condamnés. Fréteau était le beau-frère du président du Parlement de Bordeaux, Dupaty, qui, acquis aux idées nouvelles, avait renoncé à exercer ses fonctions pour ne pas continuer à appliquer une législation qu'il jugeait surannée. Il avait mis à profit ses loisirs pour voyager en Italie, d'où il avait envoyé des lettres qui constituaient une véritable apologie de l'œuvre de Beccaria.

Dupaty se fit le défenseur de Lardoise, et après avoir lu le dossier que Fréteau lui avait communiqué, publia un mémoire en faveur des trois hommes, qu'il estimait victimes d'une erreur judiciaire. Ce mémoire qui était une condamnation de toute la justice criminelle de l'ancien régime produisit une impression considérable. Condorcet — qui allait épouser une nièce de Dupaty — en profita pour publier contre les magistrats une véhémente diatribe. Le mémoire de Dupaty fut condamné à être brûlé, ce qui ne fit qu'augmenter sa célébrité.

En 1788, Lamoignon dans l'ultime effort de l'Ancien régime pour se réformer, supprimait les Parlements. Il en profitait pour apporter quelques améliorations à la procédure criminelle : l'interrogatoire « sur la sellette » était aboli, les jugements des cours souveraines devraient désormais être motivés, la question préalable était elle aussi supprimée. Les accusés qui viendraient à être acquittés devraient être dédommagés de leur emprisonnement. En réalité, cet édit ne fut pas plus exécuté que celui qui supprimait les Parlements. Néanmoins, les cours elles-mêmes se rendaient compte de leur impopularité croissante. Aussi essayèrent-elles de donner quelques satisfactions à l'opinion publique. Le Châtelet fit une enquête auprès des procureurs sur les réformes à introduire dans la justice, le Parlement de Paris créa une commission chargée d'étudier la réforme de la justice, les procureurs de Marseille rédigèrent un programme de réorganisation de la justice, ceux d'Orléans se bornèrent à proposer une diminution sur les frais de vente des immeubles.

Ces projets étaient de bien mince importance eu égard aux multiples doléances et projets figurant dans les cahiers de 1789. Les vœux des cahiers sont les uns relatifs à l'organisation générale de la justice ; d'autres particuliers à la justice criminelle ; d'autres enfin ne concernent que la justice civile.

Les cahiers demandent d'abord l'unification de la législation : ils réclament une loi unique pour tout le royaume. Le Tiers d'Amiens demande un code civil et criminel, « le plus simple possible, et uniforme pour tout le royaume ». Le Tiers de Quimper va jusqu'à exiger la suppression des Parlements. Le clergé de Sézanne précise qu'il faudra une cour souveraine dans chaque province, mais dépourvue de pouvoir politique.

Les cahiers demandent aussi que les limites des ressorts des tribunaux soient fixées de manière claire et invariable, pour éviter les conflits de compétence entre les juges ; que les privilèges de juridiction, les juridictions d'exception, les justices seigneuriales soient abolis ; qu'il y ait pour tout le royaume un seul tribunal administratif.

Le clergé de Saintonge demande la suppression de la vénalité des offices, et le Tiers d'Alençon propose que les juges soient élus. Mais c'est là un cas assez rare, la plupart des cahiers demandent que les juges soient nommés par le roi, sur une liste de présentation établie par les assemblées locales, mais ils seront inamovibles et désormais payés par l'État.

Touchant la justice criminelle, les projets abondent et sont inspirés par les nombreux ouvrages publiés sur la matière dans les années qui précèdent. Les cahiers réclament des garanties sérieuses en faveur de la liberté individuelle ; ils demandent qu'aucun citoyen ne soit arrêté ou contraint de comparaître devant le juge, sauf en cas de flagrant délit, ou au cas où il serait désigné par la « clameur publique », que tout individu arrêté soit interrogé dans les vingt-quatre heures. Dans tous les cas, il demande qu'il n'y ait prise de corps que si la peine encourue est personnelle et si le décret d'arrestation a été signé par trois juges au moins. Les cahiers demandent que tout accusé soit assisté d'un conseil, désigné d'office, ou choisi par l'accusé, que les accusés soient dispensés de prêter serment, que l'instruction et le jugement des causes criminelles soient publics, que les jugements soient motivés, avec indication précise des lois invoquées. Naturellement, les cahiers demandent aussi la suppression de la torture, la modération des peines, qui devront être proportionnées aux délits, la suppression des supplices barbares qui venaient s'ajouter à la peine de mort. Ils demandent que la condamnation d'un individu n'entraîne plus l'infamie pour tous ses parents ; que les prisons soient améliorées, les cachots souterrains supprimés, l'interrogatoire sur la sellette aboli.

Les cahiers du clergé d'Artois, de la noblesse d'Auxois, de Péronne, de Saintes, du Tiers d'Alençon, de Bordeaux, d'Autun, de Melun, préconisent le jugement des procès criminels par le jury. Le Tiers de Domfront, d'Étampes, de Paris, de Vannes, souhaite l'indemnisation de ceux qui ont été arrêtés à tort. Les vœux en faveur de la suppression des prisons d'État sont nombreux : citons ceux de la noblesse de Calais, des trois ordres de Montfort-L'Amaury et de Riom, du clergé de Verdun, du Tiers de Versailles. La noblesse de Lille estime que l'aliénation mentale doit entraîner l'irresponsabilité des inculpés. D'autres cahiers préconisent la mise en liberté sous caution, la répression bénigne des délits peu importants, tels que les infractions au droit de chasse, sévèrement châtiés sous l'ancien régime...

Les cahiers contenaient donc un programme complet de législation criminelle. Ils étaient moins prolixes au sujet de la justice civile. Ils réclamaient avant tout une réforme de la procédure entraînant une moindre durée des procès et surtout la diminution des frais. Certains cahiers vont jusqu'à réclamer la gratuité complète de la justice. D'autres demandent l'institution de juridictions arbitrales, de justices de paix, à l'instar de l'Angleterre et des Pays-Bas.

II
LA DISCUSSION DE LA RÉFORME JUDICIAIRE A LA CONSTITUANTE[1]

C'est au cours de ses premières séances que la Constituante songea à donner à la France une nouvelle organisation judiciaire.

Il n'est pas étonnant d'ailleurs que la Constituante se soit intéressée à ce problème peut-être plus vivement qu'à d'autres, si l'on songe que l'Assemblée nationale comptait parmi ses membres une très forte minorité d'hommes qui, de près ou de loin, touchaient à la justice. Près de trente députés étaient des conseillers aux divers Parlements : d'Éprémenil, Lepelletier de Saint-Fargeau, Lefèvre d'Ormesson, Roederer, d'André... ; une trentaine étaient des baillis d'épée, parmi lesquels on note surtout d'Andlau, le chevalier de Boufflers, d'Avaray, le baron de Batz. Plus de 200 étaient des magistrats des juridictions inférieures, un nombre égal étaient des avocats, d'autres, des notaires ; il y avait, en outre, deux procureurs.

Dès le 17 août, Bergasse avait présenté, au nom du comité de la constitution un rapport sur ce qu'il appelait le « pouvoir judiciaire ». Après avoir résumé les doléances des cahiers, il proposait une nouvelle organisation de la justice sur les bases suivantes : un juge de paix dans chaque canton, des tribunaux intermédiaires, une cour de justice par province ; la suppression des juridictions d'exception. Les juges seraient choisis par le roi sur des listes triples de candidats désignés par les assemblées primaires. Il réclamait des garanties pour la liberté individuelle, à l'imitation de *l'habeas corpus* britannique ; la publicité de l'information et les débats, l'institution de jurys, l'adoucissement des peines, l'amélioration de la police.

Mais l'Assemblée nationale était alors en train de discuter la Déclaration des droits de l'homme. Elle ajourna le projet Bergasse après en avoir retenu les principes fondamentaux, qu'elle inscrivit dans les articles 7, 8 et 9 de la Déclaration des droits de l'homme.

La question était compliquée, et la réforme de la justice pouvait entraîner de profondes répercussions. Tous les députés étaient d'accord pour modifier profondément la justice criminelle ; ils l'étaient beaucoup moins dès qu'on abordait la justice, et surtout la procédure civiles. La réforme de la justice présentait, de plus, un aspect politique. L'assemblée constituante se méfiait beaucoup des Parlements qui, lors de la convocation des États généraux, s'étaient faits les défenseurs des méthodes de 1614. La majorité de l'Assemblée voulait donc, non seulement supprimer les Parlements, mais éviter qu'à l'avenir aucune cour de justice pût jamais émettre des prétentions analogues à celles du Parlement. Le principe de la séparation des pouvoirs était en effet invoqué,

---

1. TEXTES ET OUVRAGES A CONSULTER. — Le *Procès-verbal de l'Assemblée constituante* et les journaux parisiens de 1789-1791.

non seulement pour rogner le plus possible les pouvoirs du roi, mais aussi pour diminuer ceux des gens de justice, pour les contraindre à ne s'occuper que de justice. Au contraire, l'Assemblée ne songera pas une minute, que ce principe même de la séparation des pouvoirs s'opposait à ce qu'elle confiât aux corps municipaux, assemblées administratives élues, des pouvoirs de justice ! C'est sans doute, par suite de la difficulté d'accorder ces différentes tendances, et pressée aussi par l'opinion publique, que la Constituante décida de procéder d'abord aux réformes partielles des abus les plus criants.

En effet, le 10 septembre 1789, sur la demande expresse de la Commune de Paris, la Constituante chargea une commission de sept membres de présenter un projet de réforme immédiate du droit pénal. Thouret fut nommé rapporteur de la commission. Son rapport fut à peu près intégralement adopté et devint la loi du 10 octobre 1789. Cette loi instituait toute une série de mesures provisoires destinées à augmenter les garanties des accusés. Des « notables » seraient immédiatement adjoints aux juges dans chaque ville. Tout accusé devrait comparaître devant le juge dans les vingt-quatre heures. Les jugements seront publics. L'accusé sera assisté d'un avocat, non seulement au cours du jugement, mais pendant tous les actes de l'instruction. L'interrogatoire sur la sellette, les « questions », le serment des accusés étaient naturellement abolis.

Sept jours après la promulgation de la loi, le Parlement de Paris tint sa première audience criminelle publique selon les formes nouvelles. Et c'était encore pour juger le fameux Lardoise, qui avait été gracié à la suite du retentissant mémoire de Dupaty, mais qui était impliqué dans une nouvelle affaire criminelle !

L'existence des parlements, de plus en plus hostiles aux réformes, inquiétait toutefois les constituants. Une loi du 3 novembre 1789 mit les parlements en vacances : plus jamais ils ne devaient se réunir.

La Constituante compléta encore ces mesures provisoires en décidant, le 21 janvier 1790, sur la proposition du Dr Guillotin, que les mêmes délits seraient punis des mêmes peines, que ces peines ne rejailliraient pas sur la famille des condamnés, que la confiscation des biens ne pourrait pas être prononcée, et que les corps des suppliciés seraient remis à leurs familles, si elles le demandaient, pour recevoir une sépulture ordinaire.

Le Dr Guillotin avait proposé le même jour que tout condamné à mort eût la tête tranchée par une machine, mais la Constituante ajourna sa décision sur ce point particulier.

Les constituants rédigeaient pendant ce temps des projets de réforme complète de l'organisation judiciaire. Bientôt ces projets furent au point. Les principaux émanaient de Thouret, avocat au Parlement de Rouen, d'Adrien Duport, conseiller au Parlement de Paris, de Lanjuinais et de Le Chapelier, tous deux avocats à Rennes, de Target et de Tronchet, avocats à Paris, de Sieyès. Le 24 mars 1790, l'Assemblée décida que l'appareil judiciaire serait entièrement reconstruit, et elle passa immédiatement à la discussion des trois principaux projets, ceux de Thouret, d'Adrien Duport et de Sieyès.

Thouret plaçait à la base de son système un grand nombre de juges de paix élus pour deux ans par les assemblées primaires, assistés de prudhommes assesseurs, et chargés des causes inférieures à 500 livres. Dans chaque district, un tribunal composé de cinq juges élus parmi les citoyens ayant vingt-cinq ans d'âge et trois ans de pratique, et d'un procureur du roi nommé par le gouvernement. Le tribunal de district du chef-lieu faisait office de tribunal d'appel pour les causes inférieures à 3.000 livres. Thouret prévoyait l'institution de cours d'appel comprenant plusieurs départements. Un jury siégerait pour le jugement des causes criminelles. Une Haute-Cour, unique pour toute la France, jugerait les procès politiques.

Le projet d'Adrien Duport était plus directement inspiré des institutions britanniques. Il soumettait aussi bien les causes civiles que les causes criminelles à des jurés ; il prévoyait, comme en Angleterre, des juges ambulants, allant de district en district. Les juges seraient élus par le peuple sur une liste d'aptitude établie par les directoires de département. Il n'y aurait pas d'appel. L'arbitrage devait être généralisé, surtout dans les campagnes, grâce aux juges de paix.

Le projet de Sieyès était sensiblement différent. Il plaçait au chef-lieu de chaque département, un tribunal de douze juges, qui feraient des tournées dans tous les cantons. Ces juges pourraient être révoqués par le peuple par le moyen de « scrutins d'épreuve ». Le tribunal comporterait, en outre, un jury, mais composé seulement d'hommes de loi. Sieyès, comme Thouret, prévoyait une Haute-Cour nationale, et aussi une Haute-Cour de révision. Les juges devaient être rétribués par les justiciables grâce à un système assez curieux : les parties consigneraient chacune une somme au début du procès, celle qui appartenait à la partie perdante resterait acquise au tribunal.

L'Assemblée distingua dans ces projets quatre points importants qu'elle décida d'aborder successivement : la constitution de jurys, l'adoption du système des « assises » et des juges « itinérants », le mode de nomination des juges, la création d'un tribunal de cassation.

Le projet de Sieyès, trop compliqué et qui n'avait pas pour lui la force de l'expérience, fut vite abandonné et l'Assemblée s'efforça de combiner les systèmes d'Adrien Duport et de Thouret. Tous deux demandaient l'institution d'un jury, mais Thouret le réservait aux seuls procès criminels. L'assemblée hésita longuement entre les deux solutions, mais beaucoup de députés montrèrent combien il était difficile de distinguer, en matière civile, entre le fait et le droit. Malgré les brillantes interventions de Lameth et de Robespierre, et les votes de la gauche, le jury fut écarté dans les procès civils, et institué seulement en matière de justice criminelle.

Le caractère ambulatoire des juges fut également l'objet de vives discussions. Ses partisans faisaient valoir qu'on empêcherait ainsi la reconstitution de la magistrature de l'ancien régime, mais ses adversaires objectaient qu'elle enlèverait de la majesté à la justice. L'Assemblée était aussi très divisée sur la question des tribunaux d'appel. La plupart des députés craignaient de ressusciter les anciens parlements en établissant des tribunaux d'appel. Le 20 juillet 1790, Pétion proposa de porter les appels d'un tribunal de district à un autre. Cette proposition fut adoptée, on décida que les sept tribunaux les plus voisins d'un tribunal de district lui serviraient de tribunaux d'appel.

L'immense majorité des députés était hostile à l'institution de juges professionnels. Elle aurait voulu voir généraliser le système des juges de paix ; la vénalité des charges, les prétentions des parlements l'avaient indisposée contre le « métier » de juge ; pour elle, la fonction de juge ne devait être qu'un accident honorable dans une carrière vouée à la gestion des affaires publiques. Pourtant on souhaitait exiger des juges de districts quelques connaissances juridiques. Aussi la Constituante décida-t-elle que les juges seraient élus parmi les hommes de loi ayant cinq ans d'exercice. Pas un instant, on ne songea à exiger le diplôme d'une Faculté de droit, tant celles-ci, en 1789, étaient discréditées. Toutefois, certains membres de la Constituante proposaient que l'élection ne portât que sur deux candidats à la fonction de juge, le choix final entre eux étant laissé au roi : ils furent battus et l'élection pure et simple décidée à une petite majorité. Le roi n'était représenté dans le tribunal que par un commissaire nommé par lui et chargé de requérir l'application de la loi, mais l'accusateur public était élu, tout comme les juges.

III

L'ŒUVRE JUDICIAIRE DE LA CONSTITUANTE[1]

La loi du 16-24 août 1790 qui organisait la justice en général, et plus particulièrement la justice civile, contient l'essentiel de l'œuvre judiciaire de la

---

1. TEXTES ET OUVRAGES A CONSULTER. — Outre les documents indiqués p. 109, à la bibliographie générale du chapitre, voir Casenave et Douarche, *Les tribunaux civils de Paris pendant la Révolution* (Paris, 1905-1907, 2 tomes en 3 vol. in-8°).

Sur les juges de paix et les différentes juridictions arbitrales, voir Bernard, *La justice de paix dans le canton de Cleden-Cap-Sizun* (Quimper, 1933, in-8°) ; A. Bourrut, *La justice de paix de Magny à la fin du XVIIIe siècle* (Mantes, 1904, in-8°) ; Darnis, *Les tribunaux de famille dans le droit intermédiaire*, thèse de droit (Paris, 1903, in-8°) ; Eysseric Saint-Marcel, *Les justices de paix des district et arrondissement de Sisteron, leur personnel, 1790-an X-1900* (Sisteron, 1902, gr. in-8°) ; Ferret, *Les tribunaux de famille dans le district de Montpellier*, thèse de droit (Montpellier, 1926, in-8°) ; Forcioli, *Les tribunaux de famille d'après les archives du district de Caen*, thèse de droit (Caen, 1932, in-8°) ; Gagnon C., *La justice de paix d'Ygrande, Études sur la révolution dans l'Allier* (Moulins, 1940, in-8°) ; H. Garnier, *La justice de paix du canton nord d'Aurillac pendant un siècle* (Compiègne, 1891, une plaquette in-8°) ; E. J. Guérin, *Les justices de paix de Saintes depuis 1790 jusqu'à nos jours* (La Rochelle, 1915, in-8°) ; Jeanvrot, *Les juges de paix élus sous la Révolution*, dans la *Révolution franç.*, 1883, t. 4, p. 865-886, 998-1019, 1091-1105 et t. 5, p. 46-55, 137-146, 266-279, 306-320, 394-407, 533-538 ; Lévrier, *Notice sur la justice du canton de Celles (Deux-Sèvres)* (Melle, 1890, une plaquette in-8°) ; Sahler, *La justice de paix du canton de Desandans (Doubs)* (Montbéliard, 1912, in-8°) ; Uzureau, *Les juges de paix du Maine-et-Loire en 1791*, dans l'*Anjou hist.*, 1904-5 ; Viard, *Les tribunaux de famille dans le district de Dijon (1791-92)*, dans la *Nlle rev. hist. du droit fr. et étranger*, 1921, p. 242-267.

Constituante. Ses dispositions les plus importantes ont passé dans la constitution, chapitre V, titre III. Elle a été complétée par un certain nombre d'autres lois, notamment celle du 16 septembre 1791 sur la justice criminelle, et par le code pénal du 25 septembre 1791.

La loi distinguait trois sortes de juges : les arbitres, les juges de paix et les juges proprement dits. Des arbitres pouvaient être nommés en toutes matières, et choisis parmi n'importe quel groupe de citoyens « ayant le libre arbitre de leurs droits et de leurs actions » après simple accord des parties.

L'institution des juges de paix a été empruntée, plus qu'à l'Angleterre, à la Hollande, dont Voltaire avait rendu célèbres les « faiseurs de paix ». Ces juges recevaient de faibles indemnités ; ils devaient être plus citoyens que juges. Très nombreux, puisqu'on en comptait au moins un par canton, ils étaient élus pour deux ans, parmi les citoyens remplissant les conditions d'éligibilité aux

Sur les tribunaux civils : Douarche, *op. cit.* ; du même, *La justice à Agen pendant la Révolution*, dans la *Révolution franç.*, 1892, t. 22, p. 45-82, 242-268, t. 23, p. 199-234, 493-519 et 1893, t. 24, p. 32-62 ; Eysseric Saint-Marcel, *Les tribunaux de Sisteron, leur personnel de 1790 à 1900* (Sisteron, 1900, gr. in-8º) ; Grivel, *La justice civile dans le district de Montpellier*, thèse de droit (Montpellier, 1928, in-8º) ; S. de La Chapelle, *Histoire judiciaire de Lyon et des départements de Saône-et-Loire et du Rhône depuis 1790* (Lyon, 1880, in-8º) ; L. Legoux, *Les tribunaux de district en Ile-et-Vilaine*, thèse de droit (Rennes, 1912, in-8º) ; Legoux, *Recherches sur la procédure civile appliquée à l'époque révolutionnaire par le tribunal de district de Toulouse*, thèse de droit (Toulouse, 1933, in-8º) ; Uzureau, *Le tribunal du district d'Angers 1790-1795*, dans l'*Anjou hist.*, 1905-6, p. 418-426.

Sur les tribunaux criminels et la justice correctionnelle : Caladou, *La police correctionnelle et municipale à Montpellier en 1791-92*, thèse de droit (Montpellier, 1930, in-8º) ; Combier, *La justice criminelle à Laon pendant la révolution* (Paris, 1882, 2 vol. in-8º) ; Masson, *La révolution pénale en 1791 et ses précurseurs*, thèse de droit (Nancy, 1899, in-8º) ; Pons-Devier, *Le tribunal criminel des Basses-Pyrénées*, dans la *Rev. hist. et archéologique du Béarn et pays basque*, 1923-24, nos 62 à 72 ; Richard, *Le tribunal criminel des Basses-Pyrénées, d'après une étude récente*, dans les *Annales histor. de la Révolution française*, 1926, p. 59-69 ; Robillard de Beaurepaire, *Le Tribubunal criminel de l'Orne pendant la Révolution* (Paris, 1866, in-8º) ; Thomas, *Le Tribunal criminel de la Meurthe, 1792-99*, thèse de droit (Nancy, 1928, in-8º) ; Vercier, *La justice criminelle dans le département de l'Hérault*, thèse de droit (Montpellier, 1925, in-8).

Sur le tribunal de cassation, Chénon, *Origines, conditions et effets de la cassation* (Paris, 1882, in-8º) ; Houguet, *La chambre des requêtes de la Cour de cassation* (Paris, 1906, in-8º) ; Marty, *La distinction du fait et du droit...*, thèse de droit (Toulouse, 1929, in-8º) ; Renouart, *Tableau de la composition personnelle du tribunal de cassation*, dans la *Rev. hist. du droit fr. et étr.*, 1861, p. 39-67 et 160-176 ; du même, *Le tribunal et la Cour de cassation : notices sur le personnel* (Paris, 1906, in-8º) ; Tarbé, *Lois et règlements à l'usage de la Cour de cassation* (Paris, 1840, in-8º). — Sur la Haute-Cour de justice : Jamin, *Des hautes-cours de justice sous la Révolution*, thèse de droit (Paris, 1908, in-8º) ; sur la juridiction administrative, De Peslouan, *Histoire de la juridiction administrative sous la Révolution et l'Empire* (Dijon, 1907, in-8º) ; sur les juridictions consulaires, Leclerc, *La juridiction consulaire de Paris* (Paris, 1909, in-8º).

Sur la magistrature, en général : Jeanvrot, *La magistrature* (Paris, 1882-83, 2 vol. in-8º) ; du même, *Les juges élus sous la Révolution*, dans la *Révolution franç., op. cit.*, p. 116 ; R. Marie, *Le recrutement de la magistrature à l'époque révolutionnaire*, thèse de droit (Rennes, 1909, in-8º) ; Martin-Sarzaud, *Recherches historiques sur l'inamovibilité de la magistrature* (Paris, 1881, in-8º).

Sur les avocats : Fournel, *Histoire des avocats*, t. II (Paris, 1813, in-8º).

Sur les notaires : Malliard, *Le notariat sous la Révolution*, thèse de droit (Lille, 1908, in-8º).

— QUESTIONS A ÉTUDIER : Il y aurait lieu d'étudier dans chaque département les principaux tribunaux et la jurisprudence qu'ils appliquèrent. Nous manquons d'études sérieuses sur le tribunal de cassation, sur les bureaux de paix, sur les auxiliaires de la justice.

conseils généraux de départements et de districts, par les assemblées primaires. Mais on n'exigeait d'eux aucune compétence juridique spéciale.

Les juges des tribunaux de district étaient élus eux aussi, mais pour six ans. Ils doivent être obligatoirement choisis parmi les juges ou hommes de loi ayant cinq ans d'exercice et trente ans d'âge. Ils reçoivent un traitement de l'État. La vénalité des offices était, naturellement, abolie, et la justice était, en principe, rendue gratuite. Les juges ne devaient plus porter la robe, défroque de l'ancien régime, mais un costume analogue à celui de tous les fonctionnaires, habit noir et chapeau à plumes.

Quoique la loi ne l'ait pas formellement énoncé, la justice civile comprend quatre degrés au maximum : la conciliation, l'arbitrage, le jugement par les tribunaux de districts, l'appel, porté également devant un tribunal de district.

Dans l'esprit des Constituants, la conciliation devait diminuer le nombre des procès, donc l'importance de la magistrature, qui, à leur avis, était exagérément nombreuse sous l'ancien régime. Aussi la Constituante inscrivit-elle la procédure de conciliation dans la constitution de 1791, et cette disposition fut reproduite dans toutes les constitutions suivantes jusqu'à la fin de l'Empire. La conciliation avait lieu devant le juge de paix du canton, si les deux parties étaient domiciliées dans le même canton ; sinon l'affaire était portée au « bureau de paix » du chef-lieu de district. Ce bureau de paix était formé de six citoyens — dont au moins deux hommes de loi — choisis pour deux ans par le conseil général de la Commune.

La conciliation était obligatoire dans toutes les affaires, sauf celles qui intéressaient « la nation, les communes et l'ordre public », et les affaires commerciales.

En cas d'échec de la conciliation, les juges de paix devaient connaître sans appel de toutes les causes inférieures à 50 livres, avec appel des causes allant jusqu'à 100 livres. Pour le prononcé des sentences, le juge de paix devait être assisté de prud'hommes assesseurs dont les fonctions étaient gratuites.

Si, après échec de la conciliation, les parties en présence ne voulaient pas recourir au tribunal, elles pouvaient essayer un arbitrage, procédure très recommandée par la loi, qui proclamait en son article 1er : « L'arbitrage étant le moyen le plus raisonnable de terminer les contestations entre les citoyens, les législateurs ne pourront faire aucune disposition qui tendrait à diminuer soit la faveur, soit l'efficacité des compromis. » La constitution elle-même reconnaissait solennellement le droit absolu des citoyens à « terminer définitivement leurs contestations par la voie de l'arbitrage ». L'arbitrage était d'ailleurs obligatoire pour toutes les affaires « de famille », c'est-à-dire les contestations entre mari et femme, père et fils, grand-père et petit-fils, oncle et neveu, frères et sœurs ou alliés au même degré, pupilles et tuteurs... Dans ce cas, l'arbitrage était soumis à un « tribunal de famille », formé de quatre parents, amis ou voisins.

Les causes évoquées par les bureaux de paix, les arbitres, les tribunaux de famille, allaient en appel par devant les tribunaux de district, qui jugeaient également en première instance les causes plus importantes. Dans chaque district, il y avait un tribunal composé de cinq juges élus et d'un ministère public. A Paris, il y avait huit tribunaux de district, au total 553 pour toute la France. Les appels avaient lieu, comme nous l'avons dit, d'un tribunal de district à un autre, choisi parmi les sept tribunaux les plus voisins. La Constituante aurait voulu rédiger un code civil et un code de procédure civile, mais elle n'en eut point le temps. Les tribunaux de district jugeaient donc d'après les coutumes et avec la procédure de l'ancien régime, celle de l'ordonnance de 1667.

Les causes commerciales n'étaient portées ni devant les bureaux de paix, ni devant les tribunaux de districts ; mais elles étaient soumises à des juges spéciaux, élus dans toutes les villes de commerce et grands ports par l'assemblée des négociants, banquiers, manufacturiers, capitaines de navires, marchands de la ville. Ces juges de commerce étaient choisis parmi les commerçants âgés de trente ans et établis depuis cinq ans.

Pas plus que les causes commerciales, les causes intéressant, comme nous l'avons dit, la nation, les communes et l'ordre public n'étaient soumises aux tribunaux ordinaires. Elles relevaient de tribunaux administratifs qui étaient les directoires de district ou de département. Toutefois les tribunaux de district étaient compétents en matière de contributions indirectes, voirie, eaux et forêts.

La Constituante n'avait pu établir entre la justice correctionnelle et la justice criminelle la distinction à laquelle nous sommes accoutumés. On ne l'opèrera que plus tard, sous l'Empire. Toutefois, nous pouvons, parmi les lois votées par la Constituante, distinguer ce qui ressortit soit à l'une, soit à l'autre.

Les Constituants ne parlaient pas de justice correctionnelle, mais seulement de police, et celle-ci était divisée en deux catégories, la police municipale confiée aux municipalités et la police correctionnelle du ressort des juges de paix.

La police municipale englobait tous les petits délits, les infractions aux arrêtés municipaux. Le jugement en était attribué par la loi des 19-22 juillet 1791 à un « tribunal de police municipale » composé de trois officiers municipaux (cinq dans les villes de plus de 60.000 habitants, neuf à Paris). Ainsi ce « pouvoir judiciaire » qui d'après l'article 16 de la Déclaration des droits de l'homme aurait dû être séparé du législatif et de l'exécutif, était confié à un pouvoir administratif élu, essentiellement politique et dépendant à la fois du législatif et de l'exécutif. Mais les constituants ne s'étaient pas inquiétés de cette apparente contradiction, car, comme nous l'avons dit à plusieurs reprises, pour eux la séparation des pouvoirs n'était qu'une machine de guerre dressée contre le roi et les parlements — ou les organismes qui pourraient tenter de les remplacer. Le tribunal municipal pouvait prononcer des peines d'amende, jusqu'à 500 livres et des peines d'emprisonnement jusqu'à huit jours. On pouvait faire appel devant un tribunal de district — à Paris devant le tribunal d'appel de la police municipale — mais les appels n'étaient pas suspensifs. Ainsi l'accusé d'un délit municipal ne trouvait guère de garanties dans la loi, d'autant que le tribunal de police municipale pouvait être mû par des motifs purement politiques. Mais quels devaient être les habituels justiciables de ces tribunaux ? Ceux même dont la loi donnait la surveillance constante aux municipalités, qui devaient en dresser des listes, les gens sans aveu (c'est-à-dire sans profession régulière), les suspects (c'est-à-dire ceux qui n'avaient pas effectué une déclaration de résidence) et les « malintentionnés » (c'est-à-dire les individus ayant fait de fausses déclarations). En somme tous citoyens qui n'étaient représentés ni à la Constituante ni dans les conseils municipaux et au profit desquels la société bourgeoise issue de la Révolution de 1789 ne se souciait pas de prodiguer les garanties.

Les délits plus importants étaient jugés par un « tribunal de police correctionnelle », formé au chef-lieu de chaque canton, soit par le juge de paix assisté de deux assesseurs, soit par deux juges de paix et un assesseur, soit par trois juges de paix, selon que la ville comptait un, deux ou trois juges de paix. Dans les villes de plus de 60.000 habitants, ce tribunal était formé de six juges de paix, de neuf à Paris. Les tribunaux de police correctionnelle jugeaient les délits contre les mœurs, le trouble apporté à l'exercice des cultes, les insultes et violences, les homicides par imprudence, les outrages aux agents de l'autorité, la mendicité et le vagabondage, les petites affaires de vol et d'escroquerie. Les peines comportaient des amendes et l'emprisonnement jusqu'à deux ans. Les appels allaient, comme pour les tribunaux de police municipale, devant les tribunaux de district, à Paris devant le tribunal d'appel municipal. Comment le tribunal pouvait-il être informé des délits commis ? Les constituants comptaient sur la « dénonciation civique ». Le procureur de la Commune devait alors engager les poursuites. La partie lésée pouvait également déposer une plainte, soit à la gendarmerie, soit entre les mains du procureur de la commune.

L'organisation de la justice criminelle fit l'objet de nombreuses séances à la Constituante. Sa discussion commencée le 26 décembre 1790 aboutit à une loi votée le 7 février 1791, mais qui ne fut promulguée qu'après plusieurs remaniements, le 16 septembre suivant.

La Constituante supprima la partie publique chargée de rechercher les crimes. Ici, comme en matière correctionnelle, on comptait sur la dénonciation, les « rumeurs ». La gendarmerie et le juge de paix devaient rechercher le coupable ; ils étaient, disait la loi, chargés de la « police de sûreté ».

L'inculpé était placé par le juge de paix sous mandat d'arrêt, ou mandat d'amener et transféré au chef-lieu du district, pour y être incarcéré. Un des juges du tribunal de district était nommé « directeur du jury » et chargé d'instruire l'affaire. Après examen du dossier, il proposait, soit un non-lieu, soit le renvoi de l'accusé devant le « jury d'accusation ». Ce jury était composé de citoyens tirés au sort sur une liste de 200, choisis tous les trimestres par le procureur-général-syndic sur une liste générale où tous les citoyens actifs devaient se faire inscrire. Le directeur du jury d'accusation entendait alors les témoins en l'absence du prévenu. Le jury décidait si l'inculpé devait, ou non, être renvoyé devant le tribunal criminel.

Dans chaque département, il existait, en effet, un tribunal criminel formé d'un président et d'un accusateur public élus dans les mêmes conditions que les juges des tribunaux de district, de juges pris à tour de rôle dans les tribunaux de district, d'un greffier, d'un commissaire du roi et d'un jury de jugement de douze jurés, choisis comme les membres du jury d'accusation. Les jurés pouvaient être récusés, mais préalablement à la comparution de l'accusé.

Dès que l'accusé était renvoyé devant le tribunal criminel, l'accusateur public prenait la direction de la poursuite. Le commissaire du roi avait pour fonctions de requérir l'application de la peine devant le tribunal criminel ou de se pourvoir en cassation, en cas de violation de la loi.

Si la Constituante n'avait pu, faute de temps, modifier la procédure civile, elle s'était attachée, au contraire, à réviser toute la procédure criminelle. Les avis étaient très partagés à ce sujet. Admettrait-on la procédure écrite, comme c'était l'usage en France ? Ou imiterait-on l'Angleterre où toute la procédure était orale ? Finalement, la Constituante s'était rangée à l'avis de Thouret, qui préconisait un système mixte : les dépositions seraient mises par écrit lors de l'instruction et lues à l'audience avant déposition orale des témoins. Juges et jurés étaient autorisés à noter par écrit ce qui leur paraissait important, à condition que les débats n'en fussent pas interrompus.

Comment se déroulait donc un procès criminel ? Le greffier commençait par donner lecture de l'acte d'accusation. Puis le président interrogeait l'accusé. L'audition des témoins de l'accusation et de la défense venait ensuite. L'accusé avait le droit de présenter des observations sur les dépositions des témoins. Après les dépositions, l'accusateur public prononçait son réquisitoire auquel l'accusé ou ses défenseurs répondaient. Le président résumait alors les débats, puis le jury se retirait pour délibérer. Il fallait une majorité de dix voix sur douze pour obtenir une condamnation. Le jury devait se demander si le fait était constant, si l'accusé en était convaincu, s'il l'avait commis avec intention. Un verdict négatif comportait l'acquittement. Si le verdict était affirmatif, la condamnation était prononcée sur la réquisition du commissaire du roi, après délibération secrète des juges. Certains constituants avaient proposé, comme les cahiers le réclamaient, d'accorder une indemnité aux victimes d'erreurs judiciaires, l'Assemblée ne les suivit pas.

La Constituante acheva l'organisation de la justice criminelle en élaborant un code pénal qui forma la loi des 25 septembre-6 octobre 1791, rapportée par Lepelletier de Saint-Fargeau, ancien conseiller au Parlement de Paris.

Ce code supprime tous les « crimes imaginaires », c'est-à-dire les crimes d'hérésie, de lèse-majesté divine, de sortilège, de magie « dont la poursuite vraiment sacrilège a si longtemps offensé la divinité, et pour lesquels, au nom du ciel, tant de sang a souillé la terre... ».

Mais le code impose aux juges des règles fixes dans l'application des peines ; il leur enlève toute latitude d'appréciation et va jusqu'à interdire toute grâce et commutation de peine, dans la crainte d'une réapparition, par ce biais, des juridictions d'exception dont avaient joui les privilégiés avant 1789.

La loi réclamait des peines trois conditions : elles devaient être durables, publiques et rapprochées du lieu du crime. Mais en punissant le coupable, on devait s'efforcer de le rendre meilleur.

L'échelle des peines prévues par la loi comprenait la mort, les fers (c'est-à-dire les travaux forcés, avec maximum de vingt-quatre ans), la réclusion, la détention, la déportation, la dégradation civique, le carcan (utilisé seulement pour les femmes et les étrangers auxquels ne pouvait s'appliquer la peine de la dégradation civique). Toutes les autres peines de l'ancien régime (telles que le pilori, l'amende honorable, les mutilations, etc.), furent supprimées. L'Assemblée hésita beaucoup cependant, en ce qui concerne la « marque », moyen pratique aidant à reconnaître les repris de justice à une époque où l'on ne connaissait encore ni la photographie, ni l'usage des empreintes digitales.

Lepelletier de Saint-Fargeau avait même proposé de supprimer la peine de mort et de la remplacer par le cachot obscur, avec de la paille pour couchette, du pain et de l'eau pour aliments. Robespierre avait chaudement soutenu cette proposition ; mais elle fut finalement écartée après un discours de Brillat-Savarin que d'autres activités devaient rendre plus célèbre. Si la peine de mort fut maintenue, il fut toutefois stipulé qu'elle ne consisterait plus qu'en la « privation de la vie » et ne serait plus accompagnée de supplices, tels que ceux de la roue, qui étaient d'un usage courant en 1789. Tout condamné à mort aurait la tête tranchée en public. Les crimes punis de mort étaient la trahison, les complots contre la paix publique, la forme du gouvernement ou le roi, la contrefaçon du papier-monnaie, l'incendie volontaire, l'assassinat, etc. Le 25 mars 1792, la Législative décida que les condamnés à mort seraient décapités par une machine due à l'invention du Dr Louis et qui reçut abusivement le nom de « guillotine ».

La Constituante prévit aussi le cas où une erreur judiciaire se produirait et prescrivit les formes de la procédure de réhabilitation.

L'Assemblée constituante établit une distinction fondamentale entre les prisons destinées aux personnes détenues préventivement (les « maisons d'arrêt et de justice »), et les prisons établies pour peines. Il devait y avoir au moins une maison d'arrêt et de justice auprès de chaque tribunal criminel.

Quant aux prisons pour peines, elles comprenaient les bagnes destinés aux condamnés aux fers, les « maisons de force » où devaient être enfermées les femmes et filles condamnées à la réclusion, les « établissements spéciaux » destinés aux condamnés à la gêne, enfin les « maisons de correction » où devaient être retenues les personnes condamnées par voie de police correctionnelle. Toutes ces prisons étaient placées sous la surveillance, non des autorités judiciaires, mais de l'administration municipale du lieu où elles se trouvaient, et sous la haute surveillance de l'administration départementale, qui en nommait les geôliers. La Constituante voulait éviter ainsi le maintien des prisons infectes de l'ancien régime ; elle ne réussit que partiellement dans son dessein.

Malgré les dangers de voir restaurer une sorte de Parlement, la majorité des constituants demandait la création d'une juridiction suprême. Mais, précisément pour empêcher que cette juridiction outrepassât jamais ses pouvoirs, les députés s'efforcèrent de lui donner une organisation très différente des parlements de l'ancien régime. Beaucoup proposaient de la sectionner ou de la rendre « ambulante », un petit nombre seulement réclamait la permanence dans la capitale. Dans son projet, Thouret prévoyait une chambre sédentaire à Paris, mais six chambres d'instruction siégeant dans différents centres provinciaux. Merlin de Douai s'éleva contre ce système, il montra les difficultés qu'engendrerait la dispersion des chambres et se prononça énergiquement pour une assemblée unique siégeant à Paris. Mais il conseilla de limiter d'une manière très stricte les attributions de ce « tribunal de cassation ». Il aurait pour mission d'annuler toutes les procédures dans lesquelles les formes auraient été violées, ou qui contiendraient une contravention au texte de la loi. Seuls les jugements des juges de paix ne seraient pas passibles du recours en cassation, parce qu'ils devaient être rendus « en équité ». Le tribunal n'aurait pas le moindre droit d'interpréter la loi : il lui était interdit de connaître jamais « du fonds des affaires ».

Le tribunal de cassation était composé de juges élus par les départements, en nombre égal à la moitié des départements, parmi les juges et hommes de loi ayant dix ans d'exercice. Ceux-ci seraient nommés pour quatre ans et le tribunal serait intégralement renouvelé tous les quatre ans, les juges sortants devant être remplacés par d'autres, élus par les départements qui n'avaient pas voté lors des précédentes élections. Le tribunal était composé de deux sections, l'une civile, l'autre criminelle. Si le pourvoi était admis, le tribunal jugeait l'affaire. Lorsqu'un vice de forme était reconnu, le procès était cassé et renvoyé devant un autre tribunal de district (ou de département, pour les affaires criminelles). Si après deux cassations, un troisième tribunal persistait dans la jurisprudence des deux premières, l'affaire devait être soumise obligatoirement au Corps législatif.

Le tribunal de cassation avait donc, en fait, pour mission d'établir en France l'unité de jurisprudence. Cependant Robespierre et Le Chapelier contestaient cette mission. Pour eux la jurisprudence n'existait que par suite de la multiplicité des coutumes, l'unité de législation à laquelle la Révolution devait aboutir ferait, pensaient-ils, disparaître toute jurisprudence, et le tribunal de cassation n'aurait d'autre rôle que de veiller à l'application de la loi. « Le tribunal de cassation, déclarait Robespierre, n'est point le juge des citoyens, mais le protecteur des lois, le surveillant et le censeur des juges, en un mot, il est placé en dehors de l'ordre judiciaire, et au-dessus de lui, pour le contenir dans les bornes et dans les règles où la constitution le renferme... »

La constitution de 1791 avait prévu dans son chapitre V (article 13), l'existence d'une Haute-Cour de justice, formée de membres du tribunal de cassation et de hauts-jurés élus à raison de deux par département. Cette cour devait connaître des délits commis par les ministres et agents principaux du pouvoir exécutif, et des crimes contre la sûreté de l'État, lorsque le Corps législatif aurait rendu un décret d'accusation. La cour ne devait se rassembler que sur réquisition du Corps législatif.

Ce fut le 12 novembre 1791 que la Législative décida pour la première fois de réunir la Haute-Cour. On venait de lui dénoncer qu'un receveur général des finances, nommé Varnier, incitait ses employés à émigrer. En fait, les juges ne furent pas choisis parmi les membres du tribunal de cassation, non encore installé, mais ils furent élus par l'Assemblée. La Haute-Cour devant siéger à une distance d'au moins quinze lieues du Corps législatif, elle fut installée à Orléans.

La Constituante considéra que le monopole de la défense réservé à l'ordre des avocats était un privilège, et que d'ailleurs l'ordre même des avocats était une corporation et devait, comme telle, disparaître. Elle institua donc la liberté de la défense. Chacun put se choisir le défenseur qu'il lui plut, ou bien se défendre lui-même. En fait la grande majorité des avocats continua d'exercer le métier et les avocats de profession furent choisis comme « défenseurs officieux » dans la plupart des procès.

Les procureurs étant très peu nombreux à l'Assemblée constituante et les cahiers se montrant violents à leur égard, car on leur attribuait la prolifération des procès, les frais exorbitants qu'ils entraînaient et leur lenteur), les procureurs durent tant bien que mal essayer de se défendre, et, pour ce, se grouper ; ils proposèrent qu'on réduisît leur nombre et qu'on diminuât les frais. Mais Thouret déclara que le maintien des procureurs serait un obstacle à la réforme. La Constituante les supprima donc le 15 décembre 1790, ce qui ne l'empêcha pas, dès le lendemain, de les ressusciter sous le vieux nom féodal d' « avoués ». Tronchet estimait qu'il était indispensable que certaines personnes présentant des garanties suffisantes, fussent autorisées à représenter les parties lors des procès ; seule la plaidoirie restait libre et accessible à tous. Les avoués devaient d'ailleurs être supprimés le 29 octobre 1793, pour ne reparaître que plus tard sous le Consulat.

La Constituante réforma aussi le notariat. Sous l'ancien régime, il existait de multiples notaires ou tabellions, les uns royaux, les autres seigneuriaux, certains, même, aspotoliques. La Constituante les supprima et institua des « notaires publics », nommés à vie, ayant chacun une résidence déterminée, mais possédant le droit d'exercer dans tout le département de leur résidence. En fait, la plupart des anciens tabellions devinrent notaires publics ; à l'avenir, ils devaient se recruter au concours, et la vénalité des offices fut supprimée. Mais l'État ne remboursa que la finance du titre, les nouveaux notaires durent acquérir la clientèle et les minutes, de sorte que, dans la pratique, la vénalité, et même l'hérédité persistèrent non seulement pour les charges de notaire, mais pour tous les offices ministériels, y compris ceux d'huissiers, dont les fonctions furent maintenues à peu près sans changement. Quant aux greffiers, ils furent désormais choisis par les tribunaux.

IV

LE FONCTIONNEMENT DES INSTITUTIONS JUDICIAIRES DE LA CONSTITUANTE[1]

Les tribunaux des juges de paix, les bureaux de paix ou de conciliation connurent, dès leur création, un vif succès. Toutefois, il fut difficile de recruter au début un grand nombre de juges de paix et d'assesseurs compétents. A Paris, on se plaignait dès 1792 du manque d'expérience de certains d'entre eux. De plus comme les assesseurs des juges de paix remplissaient leur fonction gratuitement, ils n'étaient pas toujours très assidus, parfois ils se dispensaient de venir siéger, et l'audience devait être levée, ce qui, contrairement à l'esprit de la loi, ralentissait le cours de la justice. En province, les juges de paix furent peut-être mieux choisis, du moins dans les cantons du chef-lieu de district.

Les bureaux de paix ou de conciliation fonctionnèrent aussi de manière satisfaisante. Le bureau de paix de Montpellier par exemple fut constitué le 13 novembre 1790. Parmi ses membres figurait Fabre, le futur député de l'Hérault à la Convention. Parfois les parties comparaissaient volontairement devant le bureau dans la seule intention de faire enregistrer leur accord. Le plus souvent, une citation était nécessaire. Lorsque la conciliation échouait, le bureau de paix en dressait un procès-verbal qu'il transmettait au tribunal de district. A Montpellier, sur 327 affaires appelées en conciliation devant le bureau de paix, 141 conciliations réussirent, tandis que 142 échouèrent, les autres affaires ayant été renvoyées devant des juridictions différentes pour incompétence. Résultat, en somme, remarquable, qui prouve que l'institution était utile et viable. Pour porter sur cette question une conclusion définitive, il serait bon toutefois de multiplier les monographies et d'étendre les enquêtes à toutes les régions de France.

1. TEXTES ET OUVRAGES A CONSULTER. — Se reporter à la bibliographie du paragraphe précédent.

Nous sommes mal renseignés sur les arbitrages des affaires civiles ou commerciales, car ils n'ont guère laissé de traces dans les archives. Par contre, les arbitrages des affaires de famille qui avaient lieu par devant les tribunaux de famille sont parvenus jusqu'à nous. Il semble, autant que le petit nombre des études publiées jusqu'à présent permette de se prononcer, que les tribunaux de famille aient moins bien fonctionné que les tribunaux de paix. Beaucoup d'affaires leur échappaient, ou bien encore ces tribunaux étaient dénaturés ; on y faisait figurer de véritables hommes de loi. A Montpellier, à Toulouse, les parties, au lieu de s'adresser, selon la lettre de la loi, à des parents ou à des amis, préféraient recourir aux lumières d'anciens hommes de loi plus ou moins réputés, et qui n'étaient qualifiés d'amis que pour la circonstance. Ces praticiens se conduisirent parfois en arbitres désintéressés, mais ils cherchèrent parfois aussi à complaire à ceux qui les avaient choisis et qui, secrètement les rétribuaient. Le métier parut même si lucratif que certains hommes de loi se spécialisèrent dans l'arbitrage des affaires de famille. La procédure était assez expéditive, quoiqu'en somme peu économique. Sa principale utilité fut de soustraire au grand jour du prétoire, où l'audience eût été publique, des affaires que les familles préféraient laisser dans l'ombre. Dans le district de Saint-Germain-en-Laye, les tribunaux de familles ne prononcèrent que 45 jugements du 11 décembre 1790 au 1er mai 1792. Dans le district de Montpellier, au contraire, 574 sentences furent rendues, dans un laps de temps quadruple il est vrai, du 25 novembre 1790 au 16 juin 1796. Les tribunaux de famille semblent avoir arbitré surtout des questions de succession, puis des liquidations de dettes, des donations, des séparations de biens, des affaires de loyer, de dot, de tutelle, des interdictions de mineurs.

Les élections des juges aux tribunaux de districts eurent lieu dans le courant de novembre 1790. Les choix semblent avoir été partout excellents, les électeurs donnèrent leurs voix à des hommes de loi connus, non seulement pour leur compétence, mais aussi pour leur dévouement aux idées nouvelles. A Paris, le premier élu fut Fréteau, un des promoteurs de la réforme de la jurisprudence criminelle. Les suffrages désignèrent ensuite le célèbre jurisconsulte Merlin de Douai, des juristes notoires tels que Thouret, Target, Treilhard, Lefèvre d'Ormesson, Tronchet, Bigot de Préameneu, Hérault de Séchelles... Les électeurs de Versailles nommèrent Robespierre... A Montpellier ce furent d'anciens conseillers à la Cour des aides, supprimée par la Constituante qui trouvèrent dans le tribunal de district un nouvel emploi ; à Agen, sur les neuf juges titulaires ou suppléants, sept avaient fait partie du présidial ; à Nérac au contraire, tous les juges étaient des hommes nouveaux.

Les commissaires du roi furent eux aussi, semble-t-il, bien choisis. D'ailleurs les nominations n'avaient pas été faites arbitrairement ; mais le gouvernement avait consulté au préalable les députés de chaque département. Parmi les commissaires, on peut noter Abrial, le futur ministre de la justice de l'Empire. A Montpellier, le commissaire fut un ancien conseiller à la cour des aides. A Dijon, toutefois, le tribunal se plaignait du commissaire, qu'il estimait hostile au nouveau régime judiciaire. « Les réquisitions du commissaire du roi, écrivait le tribunal, sont le comble de l'égarement, et sont la suite du plan qu'il a formé d'avilir le tribunal dans l'opinion... » Le conflit s'envenima au point que le tribunal en vint à interdire au commissaire l'accès des audiences pendant un mois, mais cette décision fut annulée par le tribunal de cassation.

Cependant les tribunaux de district ne manquaient point de travail. Les causes s'étaient accumulées pendant la période de transition. A Montpellier, le tribunal montra la plus grande activité et les juges se firent remarquer par leur intégrité. La plupart du temps d'anciens procureurs se transformèrent en avoués et des avocats en défenseurs officieux. C'est ainsi que le célèbre Berryer plaida pour le trésor public contre un sujet britannique qui réclamait 800.000 livres d'indemnité à la France au sujet d'un vaisseau capturé pendant la guerre d'indépendance des États-Unis. En général, peu de non-professionnels se hasardèrent à plaider, et encore moins de justiciables assurèrent leur défense personnelle. On note, dès la création des tribunaux de district, une importante augmentation des causes de séparations de biens et de corps, venues en appel des tribunaux de famille : évidente conséquence de l'émigration. A Paris, les causes affluèrent à un point tel que plus de 4.400 étaient en retard à la date du 8 juillet 1792. Mais, à part la lenteur consécutive à l'accumulation des affaires, les tribunaux de districts ne suscitèrent aucune plainte, et le système des juges élus ne donna lieu à aucune critique sérieuse pendant les premières années de son fonctionnement.

Les tribunaux criminels ne furent organisés qu'au début de 1792, puisque les lois qui réglaient leur fonctionnement ne furent promulguées qu'à la fin de 1791. Entre la disparition des parlements et l'installation des tribunaux criminels, il y eut donc un hiatus au cours duquel les tribunaux de districts jugèrent au criminel, sans le concours des jurys.

Toutefois, les membres des tribunaux criminels furent élus dans le courant de 1791. Les choix furent aussi pertinents que pour les juges des tribunaux de districts : on note par exemple parmi les élus : à Paris, Adrien Duport, président du tribunal criminel, Robespierre, accusateur public. Comme Robespierre et Duport ne pouvaient s'entendre, Robespierre démissionna et fut remplacé par Pétion, puis lorsque ce dernier fut devenu maire de Paris, par Treilhard. A Montpellier, c'est Cambacérès, le futur archichancelier de l'Empire qui devient président du tribunal, et Gas, le substitut du procureur de la commune qui est élu accusateur public. A Nancy, un homme de loi Mangin, administrateur du département devint président du tribunal, et le juge de paix Thomassin, accusateur public. Plus tard, ils seront remplacés par Régnier qui devait être nommé grand-juge par Napoléon et par Boulay de la Meurthe, député et homme politique. Le roi choisit, pour son commissaire, un ancien substitut du Parlement de Nancy, Thiériet de Luyton. A Pau, le président est un professeur de l'Université, nommé Perrin, et l'accusateur public un membre du directoire du district, Saint-Jean. Les jurys semblent avoir été composés de petits bourgeois, artisans et commerçants des villes, assez peu de paysans. A Paris, les réunions du tribunal criminel eurent lieu tous les mois, pendant la deuxième quinzaine. Au début, les avocats manquaient d'expérience, et plaidaient comme devant les juges professionnels des parlements, à grand renfort de citations latines que les jurés ne comprenaient pas. Mais ils s'adaptèrent vite et surent prendre le ton et les manières propres à convaincre un jury. Les affaires ne manquaient pas. A Paris, lors de la première session ouverte le 15 avril 1792, le tribunal eut à juger des voleurs, des assassins, des fabricants de faux assignats. Il prononça sept condamnations à mort, trois pour assassinat, quatre pour faux assignats, neuf condamnations aux fers et à des peines plus légères, huit acquittements. La première session du tribunal criminel de Montpellier s'ouvrit le 15 février 1792. Sur 41 accusés jugés pendant l'année 1792, quatre seulement furent condamnés à mort ; encore étaient-ils contumaces, vingt autres furent condamnés à des peines d'emprisonnement variant de un mois à deux ans, huit aux fers et neuf furent acquittés. Les juges s'étaient montrés sévères surtout pour les voleurs et falsificateurs de papier-monnaie. De 1789 à 1799, le tribunal criminel de la Meurthe prononça 60 % de condamnations et 40 % d'acquittements, c'est-à-dire une proportion d'acquittements beaucoup plus élevée que de nos jours (23 % en 1933). Les affaires jugées peuvent se répartir ainsi : 50 % de crimes contre les biens (40 % en 1933), 19 % de crimes contre les personnes (41 % en 1933, non parce que la criminalité était faible sous la Révolution, mais parce que les assassins échappaient beaucoup plus facilement qu'aujourd'hui), 14 % de crimes politiques et 17 % de crimes divers. Le tribunal — et sans doute en fut-il partout ainsi — suppléa à l'absence des « circonstances atténuantes », et à la fixité des peines en s'efforçant de graduer les châtiments et surtout en « correctionnalisant » toutes les affaires peu graves. A Pau, le tribunal ayant trouvé trop sévère une sentence prononcée par le jury, fit appel, comme la loi l'y autorisait, à trois jurés adjoints. Les nouveau jury prononça effectivement une sentence qui permit d'appliquer une peine plus légère. Malgré l'élection des juges et de l'accusateur public, on ne s'est pas plaint, du moins dans les tribunaux criminels qui ont été l'objet d'études approfondies, de la partialité de la justice. Au contraire, on loue en général les juges et les jurés et l'on se plaît à reconnaître que le système de justice criminelle inaugurée par la Constituante a parfaitement fonctionné.

Les élections des juges au tribunal de cassation eurent lieu en mars 1791. Quarante-deux départements y participèrent. Beaucoup de députés à la Constituante furent élus juges ou juges suppléants, la plupart des juges élus étaient d'ailleurs des hommes de métier et des hommes de valeur. Hérault de Séchelles, ancien conseiller au Parlement de Paris fut nommé commissaire du gouvernement près le tribunal. Les premières années d'activité du tribunal de cassation ne présentent qu'un assez médiocre intérêt, car il dut strictement limiter ses jugements aux erreurs de droit les plus flagrantes et aux violations de la loi si formelles qu'elles impliquaient une véritable rébellion du juge contre la règle légale. Ce n'est que petit à petit que le tribunal fut amené à interpréter la loi et à établir ainsi une jurisprudence ; il n'insistera vraiment sur cet aspect, aujourd'hui si important, de son rôle, qu'au temps de l'Empire.

Le système judiciaire créé par l'assemblée constituante nous apparaît donc comme logique, cohérent, presque complet : il n'y manque qu'un code civil et un code de procédure civile. La justice avait été singulièrement rapprochée des justiciables, et, si la gratuité ne fut pas réellement établie, les frais furent considérablement diminués. Les peines furent adoucies, la justice criminelle humanisée. Les juges sont désormais indépendants du gouvernement, mais ils ne lui échappent que pour tomber sous la coupe des électeurs. Il ne semble pas qu'ils aient subi sérieusement les conséquences de cet état de choses. L'expérience, en tout cas, fut intéressante et riche d'enseignements. L'organisation judiciaire de la France par la Constituante a sans doute été une des parties les plus réussies de son œuvre.

CHAPITRE V

LES INSTITUTIONS FINANCIÈRES[1]

Les difficultés financières sont à l'origine immédiate de la convocation des États généraux. Dans l'esprit du roi et des ministres, les États généraux ne devaient avoir d'autre objet que le redressement de la situation financière de la France. C'est dire combien l'œuvre financière de l'Assemblée constituante, si elle n'a constitué qu'une partie de ses travaux, a cependant revêtu d'importance. On ne peut toutefois en aborder l'étude sans avoir rappelé les grands traits du système financier de l'ancien régime et sans avoir indiqué les remèdes proposés par les cahiers de 1789.

I

LE SYSTÈME FINANCIER DE L'ANCIEN RÉGIME[2]

Le système financier de l'ancien régime se caractérisait par son absence de logique : l'impôt, pesait proportionnellement plus lourdement sur les pauvres que sur les riches ; il semblait aux hommes de 1789 que les riches ne payaient pas au prorata de leurs moyens, et cela était exact dans beaucoup de provinces.

Les impôts directs comprenaient essentiellement : la taille, la capitation et les vingtièmes.

La taille, impôt de classe, pesait sur les seuls roturiers et sa forme variait d'ailleurs selon les régions. Tantôt elle était « personnelle », et, comme son nom l'indique, frappait les individus en fonction de ce que nous pourrions appeler les « signes extérieurs de la richesse ». Tantôt, au contraire, elle était « réelle » et prenait l'aspect d'un impôt foncier.

---

[1]. BIBLIOGRAPHIE GÉNÉRALE. — Aux archives nationales, on consultera les papiers du Comité des finances, D VI, et ceux du Comité d'aliénation des biens nationaux, D XXII et Q 2 ; dans les archives départementales, les séries L et Q. Beaucoup de documents financiers sont conservés dans les archives communales, séries F et G.
Des documents importants ont été publiés : Camille Bloch, *Les contributions directes* (Paris, 1914, in-8º) ; du même, *Procès-verbaux du Comité des finances de l'Assemblée constituante* (Paris, 1922, in-8º) ; Pierre Caron, *Tableaux de dépréciation du papier-monnaie* (Paris, 1909, in-8º) ; R. Schnerb, *La péréquation fiscale de l'Assemblée constituante* (Paris, 1936, in-4º, de la collection des Doc. inédits sur l'hist. écon. de la Révol. fr., comm. dép. du Puy-de-Dôme).
— OUVRAGES GÉNÉRAUX : Harsin, *Les doctrines monétaires et financières de la France, du XVIe au XIXe siècle* (Paris, 1928, in-8º) ; M. Marion, *Histoire financière de la France*, t. II (Paris, 1914, in-8º).
[2]. TEXTES ET OUVRAGES A CONSULTER. — L'ouvrage essentiel sur les finances de l'ancien régime est celui de Marcel Marion, *Histoire financière de la France*, t. I et II (Paris, 1914, in-8º).

La « capitation » était, théoriquement, due par tous, mais le clergé s'était « abonné », la noblesse, d'autre part, ne payait pas partout en proportion de ses revenus ; en fin de compte, le poids en retombait sur les roturiers, sous forme d'un impôt proportionnel à la taille. Quant aux « vingtièmes », c'était un impôt sur le revenu ; mais, en fait, il ne touchait, lui aussi, que les roturiers, car le clergé s'était abonné et la noblesse était très faiblement taxée.

Les impôts indirects étaient très nombreux, mais peu productifs, car mal levés selon le désastreux système de la « ferme ». Le plus clair de leur produit restait entre les mains des « fermiers généraux » chargés de la collecte. La gabelle était un impôt sur le sel, très variable selon les régions — on distinguait les pays de grande, de petite et de moyenne gabelle, et les pays rédimés, qui en étaient exemptés. La gabelle donnait lieu à une active contrebande. Source de fraudes et de procès, elle était détestée. Les « aides » étaient des taxes sur les boissons alcoolisées ; elles pesaient lourdement sur le vin. On appelait « traites » les multiples douanes intérieures. Il faut encore ajouter à ces impôts indirects quelques monopoles, tels que les douanes, les péages, etc.

Les États généraux avaient pour mission principale de combler le déficit. Ils ne pouvaient le faire qu'en votant des taxes exceptionnelles. Puis il leur fallait formuler des règles budgétaires précises, afin d'éviter la réapparition d'un nouveau déficit. Ces différentes questions avaient été examinées dans les cahiers de doléances de 1789.

Les cahiers se plaignent à peu près tous de la mauvaise répartition des impôts. Le cahier du Tiers du bailliage d'Usson, en Auvergne, contient cette formule caractéristique : « Les impôts sont excessifs, ils frappent essentiellement sur la classe la plus pauvre et la plus misérable... » Aussi les cahiers demandent-ils la destruction complète du système financier de l'ancien régime, et l'établissement de l'égalité devant l'impôt. Pour l'avenir, afin d'éviter le retour d'une situation financière aussi catastrophique, les cahiers réclament le vote annuel des impôts par des États généraux périodiques. Certains cahiers vont jusqu'à réclamer la suppression totale des impôts indirects.

Le gouvernement, lui, était à peu près sans programme. Dans son grand discours d'ouverture des États généraux, Necker s'efforça de masquer le déficit, il n'avoua que 56 millions, au lieu de 160, et ne proposa, pour le combler, que des expédients. L'Assemblée nationale, lorsqu'elle fut constituée, ne se pressa pas de résoudre la crise financière, qui constituait une arme dangereuse contre le gouvernement. En effet, tant que cette crise n'était pas terminée, le roi, sans argent, sans crédit, ne pouvait guère se passer de l'Assemblée. L'Assemblée, tant qu'elle se sentit menacée, aggrava même la crise, au lieu d'y porter remède. Ainsi, le 15 juin, l'Assemblée refusa un emprunt destiné à parer aux besoins les plus pressants. Le 17 juin, le Tiers réuni en Assemblée nationale, déclara « nuls et illégaux tous les impôts existants, comme établis sans le consentement de la nation » mais il en ordonna néanmoins le « maintien et la perception jusqu'au jour où les États seraient dissous, pour quelque cause que ce fût ». L'Assemblée décida qu'elle ne s'occuperait de l'examen et de la consolidation de la dette publique « qu'après l'établissement de la constitution », qui, dans son esprit, devait comporter un nouveau système d'impôts, et elle mit les créanciers de l'État « sous la garde de l'honneur et de la loyauté de la nation française ». Ainsi, la Constituante distinguait dans sa tâche deux parties distinctes : d'une part, l'élaboration d'un nouveau système financier, d'autre part, le comblement du déficit par le recours à des mesures exceptionnelles.

Dès le 23 juin, le roi reconnut le droit des États de voter impôts et emprunts, d'allouer des sommes déterminées aux différents ministères, de se faire rendre compte chaque année de la situation financière, d'améliorer les impôts existants et, éventuellement, d'en créer de nouveaux. Le roi admit aussi la suppression des privilèges pécuniaires. Mais comme il refusait à l'assemblée le droit de discuter l'abolition des ordres et du régime féodal, celle-ci persiste dans son attitude négative au point de vue financier. Le 14 juillet, après la victoire, elle renouvelle sa garantie aux créanciers de l'État, mais se préoccupe de consolider les bases du régime nouveau en votant, ainsi que nous l'avons vu, la Déclaration des droits. Elle n'aborde les problèmes financiers qu'à l'extrême fin de 1789 et elle ne crée le nouveau système d'impôts qu'en 1791. La discussion des mesures exceptionnelles destinées à combler le déficit et celle des mesures permanentes qui devaient en éviter le retour furent étroitement liées ; mais, pour la clarté de l'exposé, nous étudierons d'abord le système financier et les impôts nouveaux, ensuite les mesures destinées à combler le déficit, qui amenèrent, en fin de compte, la création du papier-monnaie.

Il fallait toutefois que l'État vécût en attendant l'aboutissement des discussions de la Constituante. Et c'est pourquoi celle-ci vota toute une série de mesures provisoires. Le 9 août 1789, elle accorda au gouvernement un emprunt de 30 millions à 4,5 %, mais cet emprunt échoua. Aussi le 27, la Constituante autorisait-elle de nouveau le ministre des Finances à emprunter 80 millions à 5 %. Cet emprunt ne fut que difficilement souscrit ; le 12 mars 1790, 47.000.000 seulement l'avaient été. Le 7 septembre, pour satisfaire une des revendications les plus généralement exprimées, l'Assemblée abaissa le prix du sel dans tout le royaume et abolit le « sel du devoir », quantité de sel que chaque consommateur devait obligatoirement acheter. Pour faire passer dans les faits l'égalité devant l'impôt, proclamée dans la Déclaration des droits, l'Assemblée décida que les privilégiés, en attendant la mise en application des nouveaux impôts, paieraient désormais la taille ; la charge des roturiers, étant d'ailleurs diminuée de la somme due par les anciens privilégiés.

Tout ceci ne faisait guère entrer d'argent dans les caisses de l'État, d'autant plus que les contribuables, dans l'espoir d'une exonération totale, cessaient de payer les impôts qu'ils devaient. Aussi, le 19 septembre 1789, Gouy d'Arsy proposa-t-il d'instituer une taxe patriotique de 1,5 à 2 % sur tous les capitaux. Necker, en qualité de ministre des Finances, intervint pour dire qu'un impôt du quart du revenu net serait préférable. Mirabeau appuya la proposition du ministre, et l'Assemblée vota la contribution patriotique. Les contribuables étaient tenus de déclarer leurs revenus avant le 1er janvier 1790, s'ils possédaient plus de 400 livres de revenu annuel. Ceux qui avaient un revenu inférieur étaient invités à faire des dons patriotiques. La contribution était payable par tiers les 1er avril 1790, 1791 et 1792. Mais les déclarations et la confection des rôles subirent beaucoup de retard. En 1793, la contribution n'était pas encore entièrement payée ; sur 159 millions qu'on en espérait, il n'en était guère rentré plus de 110 dans les caisses de l'État. En fait c'est à peine si ces mesures fiscales provisoires permirent à l'État de vivoter. Seule la création du papier-monnaie lui donna les moyens de s'acquitter de la plus grande partie de ses obligations, ce à quoi pourtant, comme nous le verrons, il n'était point destiné.

II

LE NOUVEAU SYSTÈME D'IMPOTS[1]

Les constituants s'efforcèrent de substituer aux impôts anciens, lourds, injustes, mal répartis, des « contributions » modérées, autant que possible exemptes d'arbitraire, équitablement réparties sur tout le territoire et valables seulement pour un an. Ils pensaient que, devant l'équité des nouveaux impôts, personne ne chercherait à s'y soustraire, que les contribuables devanceraient même les vœux du législateur et s'empresseraient de les payer. C'est pourquoi le système fiscal de la Constituante est caractérisé par l'absence à peu près totale de moyens de contrainte. Les constituants s'efforcèrent en outre d'établir

---

[1]. TEXTES ET OUVRAGES A CONSULTER. — Bardet, *Les impôts communaux sous la Révolution* (Paris, 1912, in-8º) ; Briffaud, *Un receveur des finances sous la Révolution, le citoyen Hézon, receveur du district d'Évreux,* thèse de droit (Caen, 1908, in-8º) ; Brouillard, *Des impositions extraordinaires sur le revenu pendant la Révolution à Bordeaux,* thèse de droit (Bordeaux, 1910, in-8º) ; Boidin, *Un impôt sur le revenu sous la Révolution, la contribution patriotique... dans la Meurthe* (Nancy, 1910, in-8º) ; de Cardenal, *Le citoyen de 1791 payait-il plus d'impôts que le sujet de 1790 ?* (Paris, 1936, in-8º, publié par le « Comité des travaux hist. et scient., t. XXII) ; du même, *L'imposition sur les ci-devant privilégiés pour les six derniers mois de 1789* (publié par la *Commission de recherches et de public. de doc. relatifs à la vie écon. de la Rév. fr.,* ass. générale de 1939, t. II, Paris, 1945, in-8º) ; Hugues, *Histoire de la contribution patriotique dans le Bas-Languedoc* (Paris, 1919, in-8º) ; Mallet, *La politique financière des Jacobins,* thèse de droit (Paris, 1913, in-8º) ; Minoret, *La contribution personnelle mobilière pendant la Révolution,* thèse de droit (Paris, 1900, in-8º) ; Richecœur, *La contribution patriotique dans le département de la Loire-Inférieure,* thèse de droit (Rennes, 1936, in-8º) ; R. Schnerb, *Les contributions directes à l'époque de la Révolution dans le Puy-de-Dôme* (Paris, 1933, in-8º) ; du même, *L'impôt foncier en France depuis la Révolution,* dans les *Annales d'histoire écon. et sociale,* 1938, p. 116-137 ; du même, *De la Constituante à Napoléon, les vicissitudes de l'impôt indirect* dans les *Annales,* 1947, p. 16-30. — QUESTIONS A ÉTUDIER : Comme on le voit par la bibliographie précédente, l'étude départementale des impôts établis par l'Assemblée Constituante est à peine commencée. Il importe de consacrer de nouvelles études tant aux impôts directs qu'aux indirects. Il conviendrait aussi d'écrire quelques monographies sur le personnel du service des contributions.

uniquement des impôts directs, et si quelques impôts indirects subsistèrent, ce fut parce que leur but n'était pas uniquement fiscal.

Pour atteindre toutes les fortunes, les constituants créèrent trois contributions directes : la « foncière », la principale, et de beaucoup la plus importante devait atteindre le revenu que les physiocrates tenaient pour fondamental, à savoir le revenu de la terre. La « mobilière » devait peser surtout sur les revenus industriels et sur les rentes. La « patente » enfin atteignait plus particulièrement les revenus commerciaux. La proportion de chaque impôt montre bien quel était le dessein des constituants : De la contribution foncière ils attendaient un revenu de 210 millions de livres qui formeraient les trois quarts des contributions directes. La mobilière, en rapportant 60 millions, représenterait environ le cinquième du total, et la patente avec 12 millions ne s'élèverait qu'au trentième des impôts directs.

Les physiocrates auraient voulu que la contribution foncière fût la contribution unique, la « subvention territoriale », comme ils l'appelaient, parce que seule la terre produit un « bénéfice net ». Mais les constituants ne les suivirent pas, d'abord parce qu'il eût été, malgré tout, injuste d'exonérer complètement les industriels et les rentiers, dont le nombre ne cessait d'augmenter ; ensuite, parce qu'il eût été maladroit de taxer lourdement la terre au moment où le gouvernement allait jeter sur le marché, ainsi que nous allons le voir une masse considérable, de biens nationaux. Toutefois, la Constituante voulant assurer à l'État un revenu fixe décida que la contribution foncière serait, comme la taille ou la capitation de l'ancien régime, un impôt de répartition, c'est-à-dire que chaque année, une somme fixée par l'Assemblée nationale serait répartie entre les départements, puis entre les contribuables, au prorata des revenus de chacun. La foncière devait être proportionnelle au revenu net de chaque propriété et ne comporter que des exceptions très rares et dictées par les intérêts évidents de l'agriculture. Certains députés avaient suggéré que cette contribution fût payable en nature ; elle rentrerait ainsi plus facilement, pensaient-ils. Mais la majorité ayant écarté cette proposition, l'Assemblée décida que la contribution foncière serait payable en espèces.

La loi du 17 mars 1791 précisa que la contribution foncière serait payée dès l'année 1791 et fixa les modalités de la levée. La somme à répartir entre les départements était comme nous l'avons dit de 240 millions, plus un sol par livre, c'est-à-dire 12 millions, destinés à parer aux non valeurs éventuelles et à garantir la rentrée effective de 240 millions.

La levée de l'impôt entraînait un double travail, considérable, assez compliqué et en tout cas fort long. D'une part les autorités locales devaient fixer l'assiette de la contribution en dressant la liste, par sections, des biens imposables : Les « matrices » des rôles fonciers ainsi obtenues devaient indiquer le « revenu net » pour une moyenne de quinze ans. Pour trouver celui-ci, lorsqu'il s'agissait de maisons, on opérait une déduction d'un quart, d'un tiers lorsqu'on avait affaire à une usine. Opération compliquée pour des municipalités ignorantes, parfois entièrement composées d'illettrés !

D'autre part, l'Assemblée, après avoir arrêté le chiffre de la contribution, en répartissait le montant entre les départements, compte tenu des ressources, préalablement calculées, de chacun d'entre eux. Les administrations départementales devaient opérer une semblable répartition entre les districts et ceux-ci agir de même à l'égard des communes. Les officiers municipaux estimaient alors « combien de sous et de deniers pour livre doivent être perçus, pour remplir la somme demandée ». Toutefois, la contribution foncière ne pouvait être supérieure au sixième du revenu net de la propriété. Cette dernière répartition entraînait de nouvelles opérations encore plus compliquées et échappant souvent à la compétence des officiers municipaux des communes rurales.

Les demandes de décharges devaient être adressées aux directoires de districts, et, en appel aux directoires de départements. Ceux-ci avaient le droit de prononcer des dégrèvements, mais les sommes correspondantes devaient être récupérées l'année suivante, soit sur les autres communes du district, soit sur les autres districts du département.

La perception de l'impôt n'était pas simple non plus. Elle devait être confiée par adjudication pour chaque commune ou groupe de communes à un receveur, solvable, donnant caution suffisante et s'en chargeant au plus bas prix. Il était payé à raison de six deniers par livre de contributions. Si aucun adjudicataire ne se présentait, la commune était autorisée à offrir une rétribution de neuf puis de douze deniers. Si même à ce taux, personne ne voulait se charger de la collecte, le conseil général de la commune devait désigner un de ses membres qui toucherait douze deniers par livre. La contribution était payable par douzièmes, à la fin de chaque mois, les retardataires étaient passibles d'intérêts qui se montaient à 6 % pour les quatre premiers mois, 5 % pour les quatre suivants et 4 % pour les autres. Le défaut de paiement entraînait la saisie des fruits et des loyers. On ne pouvait ordonner de contraintes par corps que contre les contribuables ne possédant pas de fruits saisissables, c'est-à-dire propriétaires de maisons non louées ou de bois non exploités. Ainsi les fonds seuls étaient imposés. L'idéal des physiocrates était presque entièrement réalisé, mais cet idéal était loin de représenter la perfection.

Outre les difficultés qu'allait entraîner, pour les municipalités, le calcul du revenu net portant sur une moyenne de quinze ans, il en existait d'autres : il n'y avait pas de cadastre en France, il fallait demander des déclarations aux propriétaires. Or moins d'un centième des déclarations se révélèrent exactes. Naturellement, les propriétaires eurent, en général, tendance à sous-estimer leurs revenus ; par contre, les municipalités « patriotes » s'efforcèrent de charger les anciens privilégiés, ou les domaines de la nation. De plus, comme la contribution foncière était payable dès 1791, toutes les opérations préalables qui eussent normalement exigé beaucoup de temps furent précipitées et effectuées dans le plus grand désordre. La Constituante commit, en somme, une double erreur ; celle de vouloir lever tout de suite la contribution nouvelle, et d'en confier l'administration à des autorités élues, nullement préparées à cette tâche, alors qu'un corps de techniciens eût été indispensable.

La contribution foncière parut lourde au début. Malgré la modicité apparente de son taux, elle chargeait exagérément ceux qui avaient déclaré exactement leurs propriétés, tandis que beaucoup bénéficièrent de la fraude. Il est vrai que dès 1792 elle fut payée en papier monnaie déprécié, et qu'alors, on cessa d'en dénoncer le poids, mais les plaintes devaient reparaître plus tard, sous le Directoire, après le retour de la monnaie métallique.

Il était beaucoup plus difficile d'atteindre les revenus mobiliers que les revenus fonciers. Il fallait, pour les évaluer, soit demander aux contribuables des déclarations — sans valeur, si on ne les vérifiait pas, et les constituants répugnaient à tout ce qui pouvait ressembler à une inquisition fiscale — soit se fonder sur les signes extérieurs de la richesse. Mais quel signe choisir ? On proposa de se fonder sur le loyer. Sous l'ancien régime déjà, la capitation des non-taillables de Paris était assise sur le loyer. Ce projet ne fut pas voté sans longues discussions. Ramel avait proposé un impôt sur les portes et fenêtres, Rey la taxation des fonctionnaires au vingtième de leur traitement, la division des commerçants en six classes, et la taxation des professions libérales à des sommes déterminées. Du Buat, député du Berry, aurait préféré un impôt progressif sur le revenu : six deniers pour livre de 600 à 2.000 livres de revenu, un sol de 2.000 à 10.000, deux sous au-dessus de 10.000. Lavenue suggérait qu'on taxât seulement les rentes mobilières, et il eut du succès, car l'Assemblée constituante était, dans son ensemble, assez hostile aux rentiers, « gens qui vivent de nos erreurs, s'enrichissent de nos besoins et de nos pertes... dont les fortunes rapides augmentent toujours en proportion des malheurs publics... ». Mirabeau pourtant prit la défense des rentiers.

La loi du 13 janvier 1791 fixa les modalités de la contribution mobilière. Elle était composée de cinq taxes différentes : une taxe égale à trois journées de travail, due par tous les contribuables, ayant quelques facultés foncières et mobilières. Le paiement de cette seule taxe conférait les droits de citoyen actif et le rôle devait comprendre les noms de tous les contribuables, même de ceux qui n'avaient aucun moyen. Ces derniers étaient inscrits en queue.

La seconde taxe portait sur les domestiques. Elle s'élevait à trois livres pour le premier domestique homme, six livres pour le second, douze pour chacun des autres ; une livre dix sous pour une domestique femme, trois livres pour la seconde, six pour chacune des autres.

Une troisième taxe était établie sur les chevaux et mulets. Elle se montait à trois livres pour chaque cheval et mulet de selle ; douze livres pour chaque cheval de carrosse ou de cabriolet.

La taxe la plus importante devait atteindre les revenus de l'industrie et les richesses mobilières. Elle était proportionnelle au revenu, à raison d'un sol par livre. Le revenu était estimé d'après le loyer selon le barème suivant : un loyer de moins de 100 francs était réputé égal à la moitié du revenu ; un loyer de 100 à 500 francs, était estimé au quart, un loyer de 1.000 à 1.500, au cinquième, de 1.900 à 2.000 au cinquième et demi ; de 2.000 à 2.500 au sixième et ainsi de suite. Tous les contribuables étaient donc tenus de déclarer leur loyer, et celui-ci devait être vérifié par les officiers municipaux.

Certaines exceptions, toutefois, étaient prévues : les contribuables possédant des revenus fonciers avaient le droit d'en déduire le montant, déjà imposé à la contribution foncière. Les fonctionnaires et les pensionnés étaient taxés d'après leur traitement, même si leur loyer laissait présumer un revenu moindre. Ainsi dès cette époque les fonctionnaires étaient étrangement défavorisés du point de vue fiscal.

Les charges de famille entraînaient une légère diminution de l'impôt : les contribuables chargés de trois enfants étaient placés dans la classe inférieure, ceux qui en avaient six étaient descendus de deux classes.

Les manouvriers et artisans avaient droit aussi à un dégrèvement, ils étaient placés deux classes au-dessous de la leur ; s'ils figuraient dans la dernière classe, leur cote était réduite de moitié. Par contre, les célibataires du sexe masculin âgés de plus de 36 ans se voyaient inscrits dans la classe supérieure à la leur.

La sixième et dernière taxe enfin était une taxe d'habitation variant entre le trois centième et le quarantième du revenu calculé d'après le loyer. Elle était destinée à compléter, le cas échéant, le chiffre de la contribution fixé par l'Assemblée nationale.

La contribution mobilière ne devait être levée qu'une fois sur chaque contribuable, par conséquent elle ne devait porter que sur sa résidence principale, c'est-à-dire celle dont le loyer était le plus élevé. Chaque contribuable était tenu de remplir annuellement une déclaration indiquant le nombre de ses domestiques, le prix de son loyer, le nombre des enfants à sa charge, sa profession, et les sommes qu'il avait payées au titre de la contribution foncière dans les divers départements. Ces déclarations étaient adressées aux municipalités qui avaient la charge de les contrôler. Elles devaient aussi dresser d'office les déclarations des contribuables négligents.

Nous retrouvons là le principal défaut de la contribution foncière : on exigeait trop, de municipalités généralement ignorantes, en tout cas débordées de travail et incapables de répondre à tout ce que l'Assemblée attendait d'elles. Le 26 mai 1792, sur 40.000 communes, 14.000 seulement avaient terminé la confection des matrices de la contribution mobilière de 1791. Un seul département, le Doubs avait liquidé ses 607 rôles. Par contre, la Vendée n'en avait confectionné que neuf sur 370, le Gers et la Corse n'en avaient établi aucun. A la fin de 1793, les rôles de 1791 n'étaient pas encore tous mis à jour !

Dans les campagnes, très peu de contribuables habitaient dans des immeubles de location, les rares locataires furent écrasés par l'impôt. Il en fut de même des fonctionnaires, seuls contribuables dont le revenu réel était connu des municipalités. Et par fonctionnaires, il faut entendre aussi les curés, les juges de paix, les gardes forestiers...

La Constituante hésita longtemps avant de répartir les contributions foncières et mobilières entre les départements.

Normalement, il eût fallu attendre que chaque département eût calculé son revenu foncier et établi les matrices de la mobilière. C'eût été trop long. On pouvait aussi répartir les contributions proportionnellement à la superficie, ou à la population de chacun, ce qui eût été injuste. Finalement on adopta une solution qui en apparence paraissait plus équitable, mais qui en réalité était médiocre. La répartition eut lieu proportionnellement au chiffre des impôts payés sous l'ancien régime. Un tel calcul était doublement fâcheux : d'abord les impôts de l'ancien régime étaient eux-mêmes injustes, et l'Assemblée le reconnaissait, puisqu'elle les supprimait. En outre, les départements n'existaient pas alors, et il fallut évaluer arbitrairement ce que payait le territoire qui avait formé le département ! Pour certaines provinces ce procédé s'avéra même inapplicable : La Bretagne, par exemple payant sous l'ancien régime plus d'impôts indirects que d'impôts directs, on dut répartir les contributions nouvelles proportionnellement à la population de chaque département breton.

Mais la répartition de l'impôt entre les départements n'était que la partie la plus simple du travail. Il fallait que les administrations départementales procédassent à une répartition entre les districts. Pour cette opération, elles avaient été laissées sans instructions. Certaines prirent comme base de leur répartition les anciennes contributions directes, d'autres, les seuls vingtièmes, d'autres encore tinrent compte de la superficie de chaque district, ou du nombre des citoyens actifs qui y résidaient. Les districts durent enfin répartir les sommes fixées par le département entre les communes. Cette cascade de calculs devait entraîner une masse énorme d'erreurs et d'injustices qui défigurèrent complètement les contributions créées par la Constituante. Il y eut pour 48 millions de livres de demandes en décharge ou dégrèvement, alors que la Constituante n'avait prévu à cet effet qu'une somme de douze millions.

En présence d'une telle masse de réclamations et de tant de retards dans l'établissement des rôles, la Constituante décida, le 13 juin 1791, de nommer des commissaires chargés d'aider les communes en difficultés. Les commissaires devaient, aux frais des municipalités, aider les officiers municipaux dans l'établissement des matrices et des rôles. Mais ils ne purent faire œuvre utile, car, recrutés la plupart du temps, parmi les anciens employés des vingtièmes, ils inspiraient de la méfiance aux communes. De plus, craignant de n'être pas payés, ils ne manifestaient guère de zèle...

La contribution mobilière n'atteignait que d'une manière insuffisante les revenus commerciaux ; de plus les commerçants venaient de bénéficier de la suppression des jurandes et maîtrises et des taxes qu'elles comportaient. Il parut donc logique de leur imposer une « patente ». Celle-ci devait être proportionnelle au loyer de la boutique, du magasin ou de l'atelier à raison de deux sous par livre jusqu'à 400 livres, deux sous six deniers de 400 à 800 livres, trois sous au-dessus de 800 livres. Les municipalités recevaient pour leur budget une somme de deux sous par livre sur la totalité de la patente de la commune.

La loi comportait quelques exceptions : la patente des boulangers était diminuée de moitié, par contre les aubergistes, restaurateurs, marchands de vin, fabricants et débitants de cartes à jouer, fabricants et débitants de tabacs étaient astreints à payer le double. Les marchands forains, colporteurs et autres, qui n'avaient pas de boutiques, étaient redevables d'une patente spéciale. Tout individu exerçant sans être soumis à la patente était passible d'une amende égale au quadruple de la patente et de la confiscation des marchandises. Tout patenté pouvait requérir la saisie et la confiscation des marchandises vendues par un non-patenté, la moitié du produit des amendes et confiscations était versée au dénonciateur. Le procureur de la commune recevait la charge de rechercher les fraudeurs.

L'application de la patente fut difficile, au début, dans les campagnes, la paysanne qui débitait un peu de mercerie ou le cultivateur qui, à l'occasion, servait un repas et vendait une bouteille de vin, répugnait à payer patente. Aussi ne rapporta-t-elle pas les douze millions qu'on en escomptait, mais, en 1791, seulement quatre millions huit cent mille livres. Elle ne fut rigoureusement levée que dans les grandes villes, où les municipalités étaient heureuses de percevoir les deux sols par livre qui y étaient attachés. Dans le département de la Marne, par exemple, la patente ne fut levée qu'à Reims et à Châlons. A Paris, il fut malaisé souvent de distinguer entre le loyer industriel et commercial et le loyer du logement familial. On dut arbitrairement fixer aux deux tiers du loyer total la part correspondant au loyer du local professionnel.

La Constituante se montra inquiète de ce demi-échec de la patente ; aussi, malgré sa répugnance à confier la levée des impôts à un corps de fonctionnaire, créa-t-elle des « visiteurs de rôles » : il y en eut au maximum six par département ; à leur tête, au chef-lieu un inspecteur général. Les visiteurs étaient chargés de vérifier dans chaque commune les rôles des patentés, à l'occasion ils devaient aider les municipalités à établir les matrices des contributions foncières et mobilières, et, d'une manière générale, s'efforcer de résoudre toutes les difficultés relatives aux impôts. Les visiteurs étaient nommés par le gouvernement. Ils donnèrent toute satisfaction et l'on constata vite une grande différence entre les districts dont les rôles étaient surveillés par des « visiteurs » et ceux qui n'en possédaient point. Mais, recrutés, eux aussi, parmi le personnel de l'ancien fisc, notamment parmi les contrôleurs des vingtièmes, ils étaient naturellement mal vus des municipalités qui les accusaient de perpétuer les pratiques de l'ancien régime. Ils furent parfois attaqués avec violence, ce qui n'empêcha pas en 1792, 59 départements de demander l'augmentation du nombre des visiteurs. La Convention héritant des préjugés généralement répandus contre eux, finit cependant par les supprimer le 4 décembre 1792.

Nous avons dit que les impôts indirects de l'ancien régime étaient unanimement détestés. Beaucoup de constituants considéraient d'ailleurs que le principe même de l'impôt indirect était antidémocratique. Aussi furent-ils à peu près tous radicalement supprimés. Une proposition de maintenir un léger droit du vingt-cinquième de la valeur des boissons alcoolisées fut rejeté à une grosse majorité. Les octrois, malgré les ressources, souvent importantes, qu'ils apportaient aux municipalités, furent supprimés le 19 février 1791, quoique Dupont de Nemours eût demandé à l'Assemblée de les maintenir, après quelques réformes.

Les droits sur le tabac donnèrent lieu à de longs débats, la question était d'ailleurs fort compliquée. La fabrication du tabac était un monopole du gouvernement, mais qui ne s'appliquait pas aux provinces « réputées étrangères » c'est-à-dire à l'Alsace, la Franche-Comté, l'Artois, le Hainaut, les Flandres, le Cambrésis. Ces provinces pour maintenir leur situation, réclamaient donc l'abolition totale du monopole. Par contre les députés des autres régions étaient assez favorables au monopole, mais en demandaient l'extension à la totalité du territoire français. Le 12 février 1791, la Constituante vota par 372 voix contre 360 la liberté de la culture, de la fabrication et de la vente du tabac. Elle conserva la prohibition d'importation du tabac étranger fabriqué, et greva le tabac étranger en feuilles d'un droit de 18 livres 15 sous à 25 livres, par quintal.

Les droits d'enregistrement étaient, sous l'ancien régime tout aussi impopulaires que tous les autres impôts indirects. Mais il était indispensable de les maintenir, car ils servaient à contrôler les mutations de propriété, et par suite à tenir à jour les matrices des contributions foncières et même mobilières. La Constituante se borna donc à simplifier le régime de l'enregistrement en s'efforçant d'éliminer les abus et les vexations qui le caractérisaient avant 1789. A cet égard, la loi du 5 décembre 1790 est très importante. Elle énumère les droits d'enregistrement : ils porteront désormais sur les actes de notaire ; les exploits d'huissiers, les actes judiciaires, les actes sous seing privé produits en justice et portant mutation d'immeubles, les titres de propriété ou d'usufruit d'immeubles.

Au regard des sommes à payer, la loi distingue trois classes d'actes : ceux dont les objets ont une valeur déterminée : les droits varient alors de cinq sous à quatre livres pour cent livres ; les actes dont les objets ne sont pas évalués (contrats de mariage, testaments, etc.), qui sont taxés au quinzième du revenu des contractants, calculé d'après leur cote d'habitation, avec minimum de trente sous ; enfin tous les autres actes, pour lesquels on devra payer des droits fixes, variant de cinq sous à douze livres. Les droits de succession ont très faibles : cinq sous par cent livres en ligne directe, un pour cent pour les successions entre époux, deux pour cent pour les parents en ligne collatérale, trois et quatre pour cent pour les parents à un degré plus éloigné.

Au total le tarif est très modéré. Les constituants avaient pensé, pour cette raison, qu'il n'y aurait aucune fraude, aussi n'avaient-ils prévu que des sanctions bénignes (paiement d'un droit double sur les valeurs dissimulées) et n'avaient-ils imaginé aucun moyen propre à révéler les fraudeurs et les contraindre au paiement.

Les droits de timbre, très attaqués depuis longtemps, avaient déjà fait l'objet en 1737 d'une sérieuse réorganisation que la Constituante ne fit que confirmer. Étaient passibles d'un droit de timbre les minutes ou expéditions d'actes pouvant être soumis à l'enregistrement, les registres des municipalités, universités, hôpitaux, fabriques, notaires, huissiers, les quittances de rentes payées par le Trésor ; les quittances des droits de douane, d'octroi ; les dividendes d'actions ; les lettres de change. Il existait un « papier timbré » dont le prix variait alors selon la dimension, de quatre sous à une livre. On pouvait aussi faire timbrer le papier ordinaire. La loi ne prévoyait, pour les fraudes, que des sanctions illusoires, et d'ailleurs inefficaces.

On pourrait classer dans les impôts indirects les droits de douane, mais ceux-ci étaient plutôt destinés à diriger le commerce et protéger certains secteurs de l'économie ; aussi les étudierons-nous dans le chapitre consacré aux échanges. Il faut également noter parmi les impôts indirects le produit des postes, qui fonctionnaient sous la Révolution comme avant, sans changements notables ; le monopole des poudres et salpêtres, les droits de marque sur les objets d'or et d'argent, la loterie, qui est maintenue malgré de nombreuses protestations.

L'énumération des contributions que la Constituante impose aux Français serait incomplète si on ne mentionnait les impôts dus aux collectivités locales au bénéfice des budgets départementaux et municipaux. Ils ne sont pas négligeables. En effet, les départements avaient à leur charge des frais d'administrations importants (tribunaux, prisons, frais de perception des impôts, travaux publics, auxquels s'ajoutèrent bientôt l'assistance et l'instruction publiques lorsque ces services furent retirés au clergé). Au total, 57 millions pour toute la France, soit un peu plus du dixième des dépenses de l'État. Pour y subvenir, les départements devaient prélever quatre sous additionnels par livre sur les contributions foncières et mobilières. Mais, par suite des retards énormes que subit la rentrée de ces deux contributions en 1790 et 1791, les finances départementales restèrent dans un état très précaire. D'ailleurs on dut bientôt constater que les budgets départementaux seraient plus importants qu'on ne l'avait prévu, ce qui était naturel car la Révolution avait multiplié les services publics. Il n'est pas étonnant que les sept départements du Languedoc aient eu un budget de quatre millions, alors que l'ancienne province dépensait à peine quatre cent mille livres. La modernisation d'un État ne peut s'opérer sans entraîner un gonflement des dépenses.

Si la situation des départements s'avéra précaire, combien plus lamentable encore fut celle des communes ! Après la suppression des octrois, la plupart des villes se trouvèrent sans ressources. Rouen avait 147.000 livres de revenus pour 4 millions de dépenses annuelles ; Grenoble, 37.000 pour 127.000 de dépenses. Les frais ne cessaient d'augmenter. Les municipalités devaient équiper la Garde nationale, payer les fêtes qui se multipliaient, accorder des secours aux indigents... Il leur fallait aussi liquider les dettes anciennes, souvent fort élevées, celles de Grenoble dépassaient 130.000 livres. Beaucoup de municipalités essayèrent d'emprunter, mais l'argent devint rare. Toulouse ne put se procurer que 12.000 livres pour couvrir un emprunt de 300.000 livres à 5 %. La principale source de recettes des villes fut à cette époque le « seizième », qu'elles étaient autorisées à prélever sur le bénéfice des reventes de biens nationaux. Mais leur situation serait rapidement devenue catastrophique si l'Assemblée n'avait voté les lois des 29 mars et 5 août 1791 : Désormais l'État prendrait à sa charge la dette des villes, lorsque celle-ci avait été contractée pour le service du Trésor. Les villes étaient autorisées à vendre leurs biens nationaux pour rembourser le restant de leurs dettes, et à retenir sur les impôts de 1790 les sommes indispensables au paiement de leurs dépenses habituelles. Elles pouvaient percevoir, en outre, un rôle additionnel aux contributions foncières et mobilières. La situation financière des villes s'améliora, mais ne s'assainit pas pour autant. Souvent encore, le gouvernement dut venir à leur secours.

Nous avons vu que l'Assemblée constituante s'était efforcée de réduire au maximum les fonctionnaires des finances, et avait confié aux contribuables eux-mêmes la collecte des impôts. Cependant il fallait centraliser les sommes perçues entre les mains d'un personnel stable et prévoir aussi des employés chargés de payer les mandats de dépenses. Il fallait également un organisme central de répartition, un Trésor public. La Constituante créa, en effet, trois catégories de fonctionnaires : des receveurs, des payeurs, des trésoriers.

Dans chaque district, il devait y avoir des receveurs élus pour six ans par les administrations des districts, et rééligibles. Le receveur était tenu de fournir, en immeubles, un cautionnement égal au sixième des sommes à recevoir chaque année. Les collecteurs des contributions remettaient entre leurs mains les sommes qu'ils avaient perçues. Les receveurs centralisaient aussi le produit des impôts indirects. Il n'y avait pas de receveur départemental, la Constituante avait craint de restaurer les receveurs tout puissants de l'ancien régime. Les receveurs de districts, mal recrutés, mal payés, sans espoir d'avancement furent des fonctionnaires médiocres.

Les contributions indirectes ne furent pas affermées comme avant 1789, mais mises en « régie intéressée ». Les régisseurs généraux étaient nommés par le roi qui les choisissait parmi les employés de grade inférieur ayant au moins cinq ans d'ancienneté. Les régisseurs généraux présentaient au ministre une liste triple de candidats aux postes importants ; ils nommaient directement des employés subalternes. Les employés de la régie remettaient les fonds qu'ils percevaient aux receveurs des districts.

L'acquittement des dépenses était confié dans chaque département à un « payeur général », institué par la loi du 24 septembre 1791. C'était un grand personnage, largement doté d'un traitement qui pouvait atteindre 10.000 livres par an. Il était nommé par les commissaires de la trésorerie nationale et devait fournir un cautionnement en immeubles ou effets publics. Il était chargé d'acquitter toutes les dépenses, à la décharge de la trésorerie nationale, et en vertu seulement d'une ordonnance de celle-ci.

La trésorerie nationale fut créée par la Constituante de manière à demeurer aussi indépendante que possible du roi et des ministres. L'Assemblée redoutait en effet toujours qu'un coup de force ne fût possible si le roi venait à s'emparer des caisses publiques. Le Trésor national fut confié à l'administration de six commissaires de la Trésorerie nommés par le roi, mais chargés chacun d'une mission différente. Le premier était responsable de la recette, le deuxième des dépenses du culte et de la liste civile, le troisième de la dette publique et des pensions, le quatrième de la guerre, le cinquième de la marine et le sixième de la comptabilité. Réunis, ils formaient un comité chargé d'examiner les demandes de fonds de tous les ministères. Ils ne pouvaient leur opposer de refus, tant que ces demandes se tenaient dans les limites du budget ; en revanche ils devaient les repousser lorsqu'elles excédaient ces limites. Tous les quinze jours, ils devaient présenter au Corps législatif et au roi le compte général des recettes et dépenses lequel devait être publié chaque mois.

Pour vérifier l'exactitude de ces comptes, des députés avaient proposé d'instituer une « cour de comptabilité », élue comme le tribunal de cassation ; mais l'Assemblée avait repoussé cette création, par crainte de ressusciter l'ancienne Cour des comptes. Le décret du 17 septembre 1791 institua un simple bureau de comptabilité de quinze membres, nommés par le roi et divisés en cinq sections. Toute contestation relative aux commissaires de la trésorerie nationale, au caissier principal de la trésorerie, et, en général, à tous les hauts fonctionnaires des finances devait être portée devant lui. En revanche, les contestations intéressant les receveurs de districts et les payeurs de département devaient être soumises aux tribunaux de district.

Les Constituants pensaient avoir réalisé ainsi un appareil parfait. Ils pensaient que, dès la première année, les recettes marqueraient une plus-value notable, tandis que les dépenses se révèleraient inférieures aux prévisions. Hélas ! il fallut déchanter. Alors qu'on attendait 587 millions des contributions de 1791, elles n'en produisirent que 469. Alors que les dépenses normales dépassaient 566 millions, le déficit atteignait près de cent millions ! Une augmentation des contributions paraissait nécessaire. Mais alors n'allait-on pas atteindre le chiffre des impôts de l'ancien régime qui se montait à 692 millions ? C'est ce qu'on voulait éviter à tout prix... Mais les constituants pouvaient disposer, pour combler le déficit annuel de moyens bien tentants. C'étaient ceux que venait leur fournir le système qu'ils avaient créé pour résoudre l'ensemble du problème financier qui avait été à l'origine directe des États généraux.

III

LA SOLUTION DE LA CRISE FINANCIÈRE : LA VENTE DES BIENS NATIONAUX ET LA CRÉATION DU PAPIER-MONNAIE[1]

En créant un système financier nouveau, la Constituante a fait œuvre durable : avec des retouches, des perfectionnements que lui apporteront les gouvernements qui se succèderont jusqu'en 1815, l'œuvre fiscale de la Constituante était, somme toute, encore en vigueur en 1914, 125 ans plus tard. Mais la Constituante n'avait résolu là qu'une partie — et sans doute la plus facile — du problème qui avait provoqué sa réunion. Il lui restait à combler le déficit, c'est-à-dire à trouver le numéraire nécessaire au remboursement de la dette de l'État. La question était donc singulièrement vaste. Il s'agissait de savoir si les députés feraient appel au numéraire existant en France ou s'ils en crée-

---

1. TEXTES ET OUVRAGES A CONSULTER. — Sur la monnaie et le papier-monnaie : Aftalion, *Monnaie, prix, changes* (Paris, 1927, in-8°) ; Braesch, *Finances et monnaie révolutionnaires* (Paris, 1937, in-8°) ; Bonnet, *Les expériences monétaires contemporaines* (Paris, 1929, in-8°) ; Ciani, *Les monnaies françaises, de la Révolution à la fin du premier Empire, 1789-1815* (Paris, 1931, in-4°) ; Dulles (Miss E. Lansing), *French franc* (New York, 1930, in-8°) ; J. E. Harris, *The assignats* (Cambridge (U. S. A.), 1931, in-8°) ; Hubrecht, *Les assignats dans le Bas-Rhin* (Strasbourg, 1931, in-8°) ; du même, *Les assignats à Bordeaux*, dans les *Annales historiques de la Révolution franç.*, 1939, p. 289-301 ; G. Lefebvre, *Les paysans du Nord pendant la Révolution* (Paris et Lille, 1924, in-8°) ; H. Martin, *Le papier-monnaie sous la Révolution française*, dans les *Annales hist. de la Révolution franç.*, 1924, p. 14-41 ; Morini-Combi, *Les assignats* (Paris, 1926, in-8°) ; Nogaro, *La monnaie* (Paris, 1945, in-8°) ; Sédillot, *Histoire du franc* (Paris, 1939, in-8°).

Sur les billets de confiance : Aubert, *Les billets de confiance à Douai*, dans les *Annales hist. de la Révolution franç.*, de 1924, p. 161-162 ; Béranger, *Les billets de confiance à Caen*, dans les *Ann. révol.*, 1912, p. 278 ; Mathiez, *Le prétendu décret du 19 mai 1790 sur les billets de confiance*, dans les *Annales hist. de la Révol. franç.*, 1931, p. 438-440 ; Montjean, *Les billets de confiance en Seine-et-Oise pendant la Révolution* (Versailles, 1932, in-8°).

Sur les banques et les compagnies financières : Bigo, *La caisse d'escompte*, thèse de droit (Paris, 1926, in-8°) ; Bouchary, *Les manieurs d'argent à Paris à la fin du XVIIIe siècle* (Paris, 1940-42, 3 vol. in-8°) ; du même, *Les compagnies financières à Paris, à la fin du XVIIIe siècle* (Paris, 1940-42, 3 vol. in-8°). Sur le marché des changes : Bouchary, *Le marché des changes* (Paris, 1938, in-8°). Sur les emprunts : J. Aurejac *Les emprunts sous la Révolution*, dans les *Cahiers de la Révolution*, t. VII (Paris, 1938, in-8°). QUESTIONS A ÉTUDIER : L'histoire de l'établissement de l'assignat est, dans son ensemble, assez bien connue. Mais quelques études de détail sur la circulation des assignats, des billets de confiance et du papier-monnaie en général dans telle ville ou tel département seraient les bienvenues... Les études de M. Bouchary ont comblé une lacune importante en faisant revivre les banquiers et les compagnies financières de l'époque révolutionnaire ; mais elles ne concernent que Paris. Nous ignorons à peu près tout de l'organisation du crédit en province.

raient, sous forme d'un papier-monnaie gagé sur telle ou telle valeur. En 1789, la théorie qui avait généralement cours pendant le XVIIe siècle, celle de Colbert, notamment, qui attribuait à l'or et à l'argent une valeur intrinsèque avait perdu beaucoup de son crédit. Les économistes et les physiocrates, reprenant les idées déjà exprimées par Malestroit et Jean Bodin au XVIe siècle pensaient que l'or et l'argent n'avaient qu'une valeur de représentation. Mais, se souvenant de l'échec du système de Law, ils se montraient généralement hostiles au papier-monnaie. Ils pensaient que le total du numéraire en circulation ne devait pas dépasser le revenu annuel des terres, et conseillaient de borner la circulation du papier aux lettres de change. En tout cas, il est un fait aujourd'hui incontestable, c'est qu'en 1789, il n'y avait pas assez de numéraire en circulation en France. L'augmentation considérable du nombre des consommateurs, conséquence de l'évolution démographique de la France avait amené une hausse des prix à partir de 1750. Les achats à l'étranger, consécutifs au traité de commerce franco-anglais de 1786 avaient provoqué, en outre, des sorties d'or importantes. Ainsi le déficit financier se compliquait d'une crise monétaire, dont les contemporains d'ailleurs ne se rendaient pas compte. Aussi, malgré leurs idées, les constituants allaient-ils être fatalement amenés à créer sous une forme ou sous une autre une monnaie nouvelle.

Les cahiers, reflétant la tendance de la France, condamnaient le papier-monnaie, mais beaucoup conseillaient de vendre les biens du clergé pour combler le déficit. Calonne, d'ailleurs, lorsqu'il était au contrôle général des finances, avait encouragé sous main la rédaction d'une « Requête au roi », où il était affirmé que seule la vente des biens du clergé pourrait redresser la situation financière de l'État. En mai et juin 1789, l'opinion commune considérait qu'il fallait vendre les biens du clergé pour rembourser la dette. Cette opinion fut exprimée pour la première fois à la tribune le 6 août par Buzot : Ce jour-là plusieurs ecclésiastiques regrettèrent que les dîmes eussent été toutes supprimées. Souvent les dîmes, disaient-ils, étaient des « fondations pieuses » et il fallait les assimiler aux biens de l'Église. Buzot leur répliqua que les biens du clergé étaient propriété de la nation et que celle-ci était en droit d'en disposer comme bon lui semblait. Lacoste et Alexandre de Lameth soutinrent Buzot et affirmèrent que l'État avait le droit de s'emparer des biens de l'Église, à condition de donner aux curés un traitement convenable.

C'est environ un mois plus tard, le 19 septembre que le député Gouy d'Arcy fit un premier rapprochement entre les biens du clergé et le papier-monnaie. Constatant l'échec des emprunts des 7 et 27 août, il proposait, pour parer aux besoins urgents du Trésor, d'émettre pour 400 millions de mandats nationaux gagés sur le futur « don gratuit » du clergé. Pour la première fois l'Assemblée était entretenue d'un projet de papier-monnaie. Le 24 septembre, Dupont de Nemours reprenait le projet. Il évaluait à 160 millions les revenus du clergé, y compris la dîme. Or, disait-il, sur cette somme, 113 millions seulement servent au culte et aux œuvres d'éducation et de charité. Il restait donc chaque année 47 millions dont on pouvait disposer pour combler le déficit. Ainsi Dupont de Nemours ne mettait pas en doute le droit de l'État à disposer des biens de l'Église ; mais il n'envisageait que l'utilisation du revenu et ne retenait pas la proposition de créer un papier-monnaie gagé sur ces biens.

Le 10 octobre ce fut un évêque, Talleyrand, qui proposa lui-même la remise à l'État des biens du clergé. Il appuyait sa proposition d'arguments habiles. Selon lui, le clergé n'avait pas la pleine propriété de ses biens. Ils lui avaient été remis, non à raison de son état, mais en raison de ses fonctions. Si la nation assumait ces fonctions, il était légitime que la jouissance des biens lui fût attribuée. Ceci étant établi, Talleyrand, à la différence de Dupont demandait la vente des biens du clergé qu'il estimait à deux milliards. Ils seraient payés, soit en rentes perpétuelles à 5 %, soit en rentes viagères à 10 %. La vente des biens du clergé permettrait, selon Talleyrand, non seulement d'éteindre rapidement le déficit, mais de créer une caisse d'amortissement de la dette publique. La discussion de la proposition de Talleyrand dura plus d'un mois, mais au cours de cette discussion, dès le 13 octobre, Mirabeau avait posé plus nettement les termes du problème. Il fallait, disait-il que les biens du clergé fussent décrétés propriétés de la nation, à charge pour celle-ci de pourvoir aux frais du culte, de telle manière qu'aucun curé ne reçût un traitement inférieur à 1.200 livres, logement non compris.

Les adversaires de la propriété ecclésiastique, Thouret, Treilhard, Barnave, Le Chapelier, abondèrent dans le sens de Talleyrand. Ils démontrèrent que l'Église ne possédait pas le droit « d'user et abuser » de ses biens (puisque, par exemple, elle ne pouvait les vendre) qu'elle ne pouvait, en conséquence, être regardée ni comme propriétaire, ni comme usufruitière, mais seulement comme administratrice. La propriété des biens n'appartenait pas à l'Église, mais à l'ensemble des fidèles, donc à la nation. De plus, le clergé constituait avant la Révolution un ordre. Or les ordres avaient été abolis. N'existant plus, le clergé ne pouvait être propriétaire ; ses biens devaient revenir à la nation. Enfin les orateurs invoquaient la raison d'État en reprenant un argument singulièrement impressionnant que Turgot avait développé dans l'*Encyclopédie* : « Si tous les hommes qui ont vécu avaient un tombeau, il aurait bien fallu, pour trouver des terres à cultiver, renverser ces monuments stériles et remuer la cendre des morts pour nourrir les vivants. »

A côté de ces arguments juridiques et économiques, d'autres députés faisaient valoir des arguments politiques : La dissolution de l'ordre du clergé sera illusoire, disaient-ils, si on lui laisse ses biens. La vente des terres du clergé multipliera les propriétaires et consolidera la Révolution.

Le 23 octobre, la « Société royale d'agriculture », composée surtout de physiocrates adressa un mémoire à l'Assemblée pour lui demander l'aliénation des biens communaux, ecclésiastiques et domaniaux.

Le clergé n'était pas dépourvu de défenseurs. Boisgelin, l'abbé Maury,

Sieyès, l'évêque d'Uzès, l'abbé d'Eymar, Camus, s'efforcèrent de réfuter les arguments des partisans de la vente. D'abord ils démontrèrent que le clergé était pleinement propriétaire ; les mineurs, les interdits n'ont, observaient-ils, pas le droit de vendre leur patrimoine ; ils n'en sont pas moins propriétaires. Les biens du clergé, sans doute, sont une propriété collective, mais la propriété collective ne mérite pas moins de respect que la propriété individuelle. Enfin le clergé estimait que ce n'était pas l'ordre, dans son ensemble, qui était propriétaire des biens, mais tel établissement, tel monastère, tel chapitre.

D'ailleurs, ajoutaient les orateurs du clergé, la mise en vente simultanée d'une grande masse de biens entraînera une baisse considérable de leur prix. Si, pour éviter cet inconvénient, on ne met en vente les biens que petit à petit, la grande masse de ceux-ci, placée sous séquestre, perdra rapidement de sa valeur ; et l'on citait comme exemple les biens des Jésuites, dont la liquidation avait entraîné une véritable gabegie. L'abbé Maury prétendait que, de quelque manière que la vente eût lieu, les biens du clergé n'iraient pas à des cultivateurs, mais seraient la proie de « spéculateurs avides ». Il ajoutait que la dignité du clergé et la majesté du culte seraient compromis, si les prêtres étaient assujettis à un « salaire dégradant ». A quoi les adversaires du clergé rétorquaient que l'emploi fait par celui-ci de ses revenus le déconsidérait bien davantage.

Certains députés, Malouet, l'abbé Gouttes, l'abbé Grégoire, essayèrent de proposer une transaction. Si la nation, dirent-ils, n'a pas sur les biens du clergé un droit de propriété, elle a du moins un droit de souveraineté. Elle peut donc distribuer ces biens de manière que chaque évêché, chaque cure, chaque monastère soit doté de revenus suffisants ; et employer le superflu aux besoins de l'État. Cette solution fut repoussée, car la majorité de la Constituante tenait à la vente avec l'arrière-pensée qu'un clergé salarié serait plus étroitement dépendant de l'État — car nul, comme nous le verrons, ne songeait alors à séparer l'Église de l'État.

C'est pour cette raison que l'Assemblée mit, par 568 voix contre 346, le 2 novembre 1789, les biens du clergé à la disposition de la nation, à charge pour celle-ci de subvenir aux frais du culte et autres services publics dépendant du clergé, étant bien entendu qu'aucun curé ne recevrait moins de 1.200 livres par an, plus un logement et un jardin.

La Constituante avait émis là surtout un vote de principe. Le clergé n'était nullement dépossédé. Il restait en fait propriétaire et administrateur de ses biens. La nation ne s'était attribué qu'une hypothèque sur les biens du clergé, et elle n'avait pas encore décidé comment elle utiliserait cette hypothèque.

La situation du Trésor ne pouvait permettre de laisser cette question longtemps en suspens. Douze jours après le vote de la nationalisation des biens du clergé, le ministre des finances Necker proposa à l'Assemblée un plan de mobilisation de ces biens. Ce plan était appuyé en secret par la Caisse d'escompte, la plus grosse banque de Paris. Necker fut combattu surtout par Mirabeau, qui se fit en réalité l'avocat d'un autre groupe de banquiers, dirigé par Clavières.

Necker vint déclarer, le 14 novembre, à la tribune que les besoins du Trésor étaient urgents, mais que, le crédit de l'État étant nul, il ne pouvait émettre avec succès un papier-monnaie gagé sur les biens du clergé. Il demandait qu'on s'adressât pour cette opération à la Caisse d'escompte, banque privée qui avait beaucoup prêté au Trésor, et dont les billets circulant dans la région parisienne, ne subissaient aucune dépréciation.

Necker estimait le déficit pour 1789 à 90 millions, et le déficit à prévoir pour 1790 à 80 millions au moins. Il fallait donc une somme de 170 millions. Necker proposait qu'on transformât la Caisse d'escompte en Banque nationale, qu'on élevât son capital de 100 à 150 millions par l'émission de 12.500 actions nouvelles de 4.000 livres chacune. La circulation des billets de la caisse pourrait être portée à 240 millions, dont 170 seraient avancés à l'État, à un intérêt de 3 %. L'État rembourserait son avance à la Caisse en vendant chaque mois, du 1er janvier 1791 au 31 mai 1792, pour 10 millions de livres de biens du clergé. La direction de la vente serait confiée à une « Caisse de l'extraordinaire », qui opérerait les ventes, en recouvrerait le montant et le verserait à la banque.

Ainsi une certaine quantité de papier-monnaie serait mise en circulation, mais pour un temps limité. Ce projet fut très violemment attaqué, et d'abord parce que Necker était devenu très impopulaire. De plus les députés trouvaient exorbitant l'intérêt de 3 % versé par l'État à la banque. Enfin les constituants répugnaient à la création d'une banque nationale. Comme les Whigs en Angleterre ou les républicains aux États-Unis, ils craignaient que le roi ne profitât de la banque pour se passer de l'Assemblée si celle-ci venait à lui refuser le vote des impôts. Enfin les députés ne pouvaient admettre que le crédit de la Caisse d'escompte, dont l'encaisse métallique ne se montait qu'au quart des billets en circulation, fut meilleur que le crédit de l'État.

C'est pour toutes ces raisons que la Constituante réserva bon accueil au contre-projet de Mirabeau. Celui-ci pourtant n'était pas plus poussé que Necker par l'intérêt général. S'il attaqua Necker avec violence, c'est qu'il le soupçonnait d'avoir été à l'origine du vote qui l'avait exclu du ministère, et, s'il s'élevait contre la Caisse d'escompte, c'est qu'il plaidait pour le groupe financier de Clavières.

Mirabeau déclara donc que la nation était assez puissante pour se passer de banque et émettre elle-même du papier-monnaie. Les députés Lavenue et Gouy d'Arsy approuvèrent Mirabeau et exaltèrent le papier-monnaie national. Cernon déclara : l'argent n'est autre chose qu'un signe. On peut le remplacer par d'autres signes qui lui sont préférables, lorsqu'à l'avantage d'un moindre volume, d'un moindre poids, ils joignent celui de représenter des valeurs réelles, plus solides encore, impossibles à enlever, contre lesquelles on peut à volonté échanger ces signes... En conclusion, Cernon réclamait l'émission d' « assignats » de 25, 50, 100 livres pour une somme égale à la valeur des biens mis en vente. Les assignats seraient exclusivement admis en paiement des biens nationaux et ne porteraient pas intérêt. Nul danger de hausse des prix, affirmait Cernon, car les assignats n'entreraient pas dans le circuit général de la monnaie. Ils seraient absorbés par la vente des biens du clergé, et détruits dès leur rentrée dans les caisses du Trésor. Ces assignats garantiraient en outre la solidité de la constitution. « Comment supposer, s'écriait Cernon, que la constitution puisse être renversée lorsque plusieurs milliards en assignats, répartis sur la surface du royaume donneront à tous les citoyens un égal intérêt à la maintenir et à la défendre ? »

Les partisans de la Caisse d'escompte contre-attaquèrent. Dupont de Nemours plaida la cause de la Caisse. Lavoisier, administrateur général de la Caisse, présenta un rapport qui montrait sa situation sous un jour très favorable.

Une commission chargée de vérifier les comptes de la Caisse la combla d'éloges, le 4 décembre 1789.

L'Assemblée ne parvenait pas à se décider entre les deux systèmes. Cependant il y avait encore des députés hostiles aux billets. Talleyrand ne voulait point d'assignats, car disait-il, la mauvaise monnaie chasse la bonne. Bouchotte exposait que les paysans gardaient le souvenir de la faillite de Law et n'accepteraient qu'avec répugnance le papier-monnaie. Le banquier Laborde de Méréville proposa alors de créer une grande banque nationale, bien plus considérable que celle que Necker prévoyait, et analogue, en somme à la banque d'Angleterre.

Une commission de dix députés fut nommée pour examiner le projet. Elle le repoussa et proposa seulement le renforcement de la Caisse d'escompte, la création d'une « Caisse de l'extraordinaire » et l'émission de 400 millions d' « assignats ». L'Assemblée devait se prononcer avant le 31 décembre, date de l'échéance. Les 17 et 18 décembre, la Constituante discuta les propositions de la commission des dix, elle entendit encore les discours de Gouy d'Arsy, de Reubell, qui proposait un emprunt forcé, de Pétion qui s'indignait que l'État ne pût émettre lui-même le papier-monnaie dont il avait besoin.

Finalement, les 19 et 21 décembre l'Assemblée décida la création d'une Caisse de l'extraordinaire destinée à recevoir les produits de la contribution patriotique et de la vente de 400 millions de biens nationaux. Ces biens nationaux seraient immédiatement mobilisés par une émission de 400 millions d'assignats en billets de 1.000 livres portant intérêt à 5 %. Les assignats devaient être acceptés de préférence en paiement des biens nationaux.

La Caisse d'escompte ferait à l'État une avance de 170 millions destinés à couvrir les déficits de 1789 et 1790. Cette avance lui serait remboursée en assignats. Les billets de la Caisse d'escompte seraient désormais reçus dans toutes les caisses publiques et remboursés à bureaux ouverts. Le capital de la Caisse d'escompte était porté de 100 à 200 millions par l'émission de 25.000 actions de 4.000 livres donnant un dividende invariable de 6 %.

L'assignat ainsi créé n'était donc pas un véritable papier-monnaie, mais une « obligation » gagée sur les biens nationaux, ou encore une espèce de bon du Trésor. Seuls les billets de la Caisse d'escompte devaient tenir lieu de monnaie de papier.

Cette opération aurait pu fort bien réussir, mais à une double condition : 1º que le budget de 1790 fût conforme aux prévisions sans entraîner un déficit supérieur à 80 millions ; 2º que les ventes des biens nationaux eussent lieu rapidement et dans de bonnes conditions. Or les choses ne devaient nullement se dérouler ainsi. De plus, la coexistence des trois émissions — assignats, billets de la Caisse d'escompte, actions de la Caisse d'escompte, porta préjudice à la fois aux trois catégories de papiers mis en circulation. Les actions se placèrent lentement et les billets de la Caisse d'escompte, qui jusqu'alors n'avaient subi aucune dévaluation commencèrent à perdre de leur valeur jusqu'à 6 % en août 1790. Enfin, toute cette combinaison était excellente pour la région parisienne, où les billets de la Caisse d'escompte étaient acceptés de longue date, mais, en province, où ils étaient inconnus, on les refusa, et la situation alimentaire de Paris, déjà médiocre, en fut aggravée, car, faute de pouvoir payer les subsistances en province, les Parisiens cessèrent d'être ravitaillés.

Très rapidement il apparut à la Constituante que la décision adoptée les 19 et 21 décembre 1789 ne serait capable de résoudre, ni la crise financière (car le déficit en 1790 paraissait chaque jour plus grand qu'on ne l'avait escompté), ni la crise monétaire car la Révolution entraînait une stagnation du commerce qu'on attribuait souvent, et avec raison, à la trop faible quantité de numéraire en circulation. Dès le 26 janvier 1790 on proposa à la Constituante d'émettre de véritables assignats-monnaie pour ranimer la vie économique. Quelques semaines plus tard, le 6 mars, c'était Necker qui venait avouer à l'Assemblée l'insuffisance de ses prévisions. Par suite de la rentrée médiocre des impôts, le déficit à prévoir s'élevait non pas à 80 millions, mais au moins à 294 millions ! Et Necker de suggérer à l'Assemblée toute une série d'expédients, de petits moyens qui produisirent la plus mauvaise impression et enlevèrent à Necker lui-même les derniers vestiges de sa popularité. Le 10 mars, Bailly conseilla d'accélérer la vente des biens nationaux en cédant d'abord aux villes la première tranche de 400 millions qui avait été jetée sur le marché. Les villes revendraient ensuite ces biens ; elles conserveraient le seizième des bénéfices, pour subvenir aux œuvres d'assistance. Elles rembourseraient l'État en obligations, sur lesquelles seraient émis des billets de 200 à 1.000 livres, portant intérêt à 4 %. Effectivement la Constituante décréta le 17 mars l'aliénation de 400 millions de biens nationaux au profit de la municipalité de Paris, et des villes qui en feraient la demande. Ainsi la Constituante renonçait aux services de la Caisse d'escompte ; elle montrait par son vote qu'elle considérait que les billets de la Caisse étaient discrédités, et se proposait maintenant de donner confiance aux acheteurs pour que les ventes eussent lieu rapidement, et de répandre les assignats afin que les acquéreurs se présentassent nombreux. C'est pour cette raison que le 9 avril 1790, Chasset proposa d'enlever immédiatement au clergé tous ses biens, de les placer sous le séquestre d'une administration nationale et de salarier les prêtres. Les acheteurs pourraient désormais avoir la certitude de conserver leurs acquisitions. D'autre part, le Comité des finances demanda à la Constituante d'émettre immédiatement pour 400 millions d'assignats-monnaie, à cours forcé : les billets de la Caisse d'escompte devaient être échangés contre des assignats qui, eux, seraient acceptés, non plus seulement dans la région parisienne, mais dans toute la France. L'Assemblée vota ces deux propositions. Le décret du 14-20 avril 1790 place sous l'administration des directoires de district ou de département tous les biens ecclésiastiques, à l'exception des églises, hôpitaux, collèges, établissements de charité. La dîme devait cesser d'être perçue à partir du 1er janvier 1791, le clergé devant être salarié dès cette date, les frais du culte et les dettes du clergé étant pris en charge par l'État.

Le décret du 17 avril 1790, voté malgré une vive opposition de la droite, décide que les 400 millions d'assignats créés par décret le 21 décembre 1789 auraient cours, mais ne porteraient intérêt qu'à 3 % (au lieu des 5 % prévus d'abord) et seraient divisés en coupures de 1.000, 300 et 200 livres. Ces assignats devaient servir d'abord à l'échange des billets de la Caisse d'escompte, jusqu'à concurrence de la dette de l'État envers la Caisse, puis à l'extinction des « anticipations » de recettes émises par le Trésor, et enfin au paiement des rentes. Les intérêts produits par les assignats se calculaient par jour, ils étaient payables par le dernier porteur. Comme on manquait d'assignats imprimés, les premiers assignats furent simplement des billets de la Caisse d'escompte surchargés de la mention : « promesse d'assignat ».

Qu'étaient-ce que 400 millions d'assignats par rapport aux deux ou trois milliards de biens du clergé ? Ne fallait-il pas émettre un montant d'assignats bien plus considérable, sensiblement égal, même, à la totalité des biens de l'Église, et en profiter, non seulement pour combler le déficit, mais pour rembourser la dette ? L'extinction complète de la dette serait la grande œuvre de la Révolution ! De plus la vente de tous les biens du clergé aurait pour conséquence, pensait-on, la création d'une classe nouvelle de propriétaires qui deviendraient les défenseurs de la Révolution. Enfin la mise en circulation d'une grande masse de numéraire ne pourrait que stimuler l'agriculture, l'industrie et le commerce. La Constituante prit donc des mesures, dont elle pensait qu'elles prépareraient l'aliénation totale des biens nationaux et la création d'une nouvelle tranche d'assignats.

Le 14 mai elle décréta que les biens nationaux seraient divisés en quatre classes : Les biens ruraux estimés à 22 fois le revenu net calculé d'après les baux, ou fixé à dire d'experts ; les rentes et prestations en nature, évaluées à vingt fois le revenu net ; les rentes et prestations en argent estimées à quinze fois le revenu, enfin les autres biens (maisons urbaines, terrains à bâtir, etc.) estimés par experts.

L'assemblée arrêta aussi les conditions de vente. Les offres faites par les municipalités devaient être au moins égales aux estimations ; lors de la revente, les municipalités devaient verser à l'État les 15/16 du bénéfice et en conserver un seizième.

Les particuliers se voyaient offrir des délais de paiement avantageux. Ils ne devaient verser dans la quinzaine de l'achat que 12 % du total, sauf pour les terrains urbains et les étangs, pour lesquels le premier acompte était de 20 %, et les bois, maisons et usines, sur lesquels on devait acquitter sans délai 30 %. Les autres paiements s'échelonnaient en douze annuités avec intérêt de 5 %. Il faut noter que les biens du clergé étaient vendus francs de tout privilège, hypothèque, etc., avantage très rare à cette époque lors des ventes ordinaires.

De plus, les estimations étaient fort basses, car elles étaient effectuées d'après des baux, qui la plupart du temps étaient calculés très bas. Toutes ces conditions ne pouvaient que favoriser les acquéreurs sans fortune. Mais une condition devait les écarter de la vente : Il était prévu que celle-ci aurait lieu aux enchères, et en principe en bloc. Ainsi les riches obtiendraient toujours la préférence, à moins d'une entente préalable entre tous les habitants d'un village. Il est vrai que les acquéreurs pouvaient procéder au morcellement et revendre facilement, car, pendant cinq ans, les biens nationaux pouvaient être revendus avec des frais minimes — un droit uniforme de quinze sous. Mais cet article, sans avantager réellement les prolétaires ruraux, ouvrait la porte à la spéculation.

Le 9 juillet 1790, la Constituante décida que tous les biens nationaux pourraient être mis en vente, sauf les forêts et les biens dont le roi se réservait la jouissance. En effet, depuis le décret du 14 mai, les soumissions affluaient et la vente des biens nationaux allait bon train. Le succès des ventes, en même temps que les besoins du Trésor posaient la question d'une nouvelle émission d'assignats. Beaucoup de députés pourtant y étaient hostiles. Ils évoquaient le spectre de l'inflation, le souvenir du régime de Law. Le débat passionna l'opinion. Le club des Jacobins de Paris se prononça nettement pour les assignats. Désormais un homme favorable aux assignats fut, *ipso-facto*, considéré comme un « patriote ». A la Constituante, Necker prit, au contraire, parti contre toute nouvelle émission d'assignats. Mirabeau, qui le détestait, prononça dans un grand discours, l'éloge du papier-monnaie, et il emporta l'adhésion de la grande majorité de l'Assemblée. Necker dut démissionner le 3 septembre 1790. La discussion continua cependant, longue, passionnée. On décida de consulter les places de commerce. Sur 33 villes, 27 se montrèrent hostiles aux billets ; seules les cités de Bordeaux, Tours, Lorient, Rennes, Saint-Malo, Auxerre envoyèrent des réponses affirmatives, et encore souvent accompagnées de réserves. Les autres villes exposèrent que l'assignat perdait déjà 5 à 6 % de sa valeur, et que de nouvelles émissions ne pourraient qu'en accélérer la dépréciation, ce qui entraînerait la hausse des prix et aggraverait la misère des ouvriers. On consulta aussi les administrations de département, de district ; les réponses, dans leur majorité, furent hostiles à l'assignat. Le conseil général du Morbihan écrivait par exemple : « Depuis Law [le papier-monnaie] est un objet de répugnance, et même d'effroi. L'annonce seule de son émission révolte les esprits... »

Devant l'arrivée de ces adresses, les députés « patriotes » firent une campagne dans leurs provinces ; ils suscitèrent des lettres réclamant des émissions d'assignats. En général les sociétés populaires écrivirent pour demander de nouveaux assignats. A Paris, 36 sections sur 37 se prononcèrent pour l'assignat. Les journaux patriotiques poussaient à en créer. *Les Révolutions de France et de Brabant* écrivaient : « Malouet et Dupont sont contre les assignats, *ergo* les assignats sont une opération patriotique et salutaire. »

Mirabeau enleva le vote par un nouveau discours, le 27 septembre 1790. Il invoqua l'exemple des États-Unis : « Enfin, j'entends les Américains dire aux Français : Nous avons créé pendant notre révolution de mauvais papier-monnaie, et cependant, ce papier, tel quel nous a sauvés... Et vous qui avez une Révolution à terminer, vous qui, à côté de grands besoins, possédez de grandes ressources... vous n'oseriez vous confier à cette mesure ?... »

Malgré les ultimes arguments des adversaires de l'assignat, Maury et Bergasse-Laziroulle, l'Assemblée, surtout pour alléger l'impôt des intérêts de la dette qu'on se proposait de rembourser, se décida à émettre une nouvelle tranche de papier-monnaie. Le 29 septembre elle vota par 508 voix contre 423 l'émission de 800 millions de nouveaux assignats, en portant ainsi le total à 1.200 millions. Ces assignats auraient cours forcé, et, grosse innovation, ne porteraient pas intérêt. Ainsi la Constituante créait pour la première fois un véritable papier-monnaie. Les nouveaux assignats devaient servir à rembourser la dette constituée de l'État, et la dette du clergé. La Constituante décida, en outre, qu'aucune nouvelle émission d'assignats ne pourrait avoir lieu sans un décret du corps législatif et qu'il n'y aurait jamais pour plus de 1.000 millions d'assignats en circulation, sans que le total des assignats émis pût dépasser la valeur des biens nationaux.

La Constituante compléta son œuvre en décidant le 8 octobre que les nouveaux assignats comporteraient des petites coupures, de 50, 60, 70, 80, 90, 100, 500 et 2.000 livres.

Si les desseins de la Constituante avaient été respectés, la situation financière de la France eût été sans doute assainie. Mais il en fut des décrets de septembre comme de ceux d'avril : les assignats ne servirent que partiellement aux fins qu'on voulait leur fixer. Les besoins du Trésor étaient tels et les impôts rentraient si mal que les assignats étaient engloutis dans le gouffre des dépenses de l'année, sous forme d'avances de la Caisse de l'extraordinaire au Trésor, au fur et à mesure qu'ils étaient imprimés.

Cette émission massive de papier eut cependant quelques effets bienfaisants. Elle accéléra encore la vente des biens nationaux, et en fit monter les prix. En effet, les paysans, méfiants, s'efforcèrent de se débarrasser au plus vite des assignats et achetèrent des biens nationaux. Mais, pour éviter de recevoir de nouveaux billets, ils cessèrent de porter au marché leurs produits, et la crise du ravitaillement s'aggrava. Les habitants des villes dépensèrent le papier plus facilement que le numéraire, ce qui donna un coup de fouet au commerce intérieur et à l'industrie ; mais, le commerce extérieur diminua. La dette fut en partie remboursée, à concurrence de 783 millions au 30 juin 1792.

Les 1.200 millions d'assignats fondirent d'ailleurs avec rapidité. Le 17 mai 1791, le Trésor n'en possédait plus que 189 millions, 170 millions d'assignats étaient rentrés, et avaient été brûlés. L'Assemblée décida d'émettre sans délai pour 160 millions d'assignats nouveaux. Le 28 septembre 1791, elle porta le « plafond » de l'émission de 1.200 à 1.300 millions. Aussi l'assignat perdit-il chaque jour un peu plus. A la hausse des prix se joignait d'ailleurs une grave crise monétaire. La Constituante en donnant cours forcé aux assignats n'avait nullement interdit la circulation des monnaies métalliques : mais celles-ci disparaissaient devant l'assignat. Très vite on manqua de pièces d'or, d'argent, et même de bronze. La Constituante ne s'émut que lentement des difficultés constantes que cette pénurie entraînait. Mais les particuliers s'efforcèrent de la pallier en créant des « billets de confiance », qui augmentèrent la masse de papier jetée sur le marché, et qui, malgré le nom donné à la nouvelle série, étaient loin de mériter toujours la confiance générale. L'échec des billets de confiance accélèrera la dépréciation de l'assignat.

Dès le début de 1790 la pénurie de petite monnaie s'était fait sentir. On avait alors utilisé, pour faire l'appoint, les coupons d'intérêt des premiers assignats. Mais ce fut un expédient très insuffisant. Les sections de Paris réclamaient l'émission urgente de petites coupures, de 3 à 24 livres. Devant la carence de l'Assemblée, des associations se formèrent, en province d'abord, qui imprimèrent des petites coupures qu'elles remettaient en échange d'assignats. Il semble que Lyon et Bordeaux aient été les deux premières villes de France où de tels billets circulèrent. Le 6 décembre 1790, le club des Jacobins de Bordeaux décida la formation d'une « Caisse patriotique » chargée d'échanger les assignats contre de petits « billets de confiance ». Dans la plupart des villes de province, ce furent en effet les sociétés populaires qui créèrent les caisses patriotiques. La Caisse de Bordeaux réunit un capital de 40.000 livres. Elle échangeait les assignats de 200 à 1.000 livres moyennant une retenue de 1 % contre des « mandats » de 25 livres. Ces mandats pouvaient, à leur tour, être échangés contre des « bons de caisse » de 10 à 15 livres, en principe réservés aux ouvriers. Les bénéfices réalisés par la Caisse étaient employés à acquérir de la monnaie métallique, car l'assignat perdait alors 12 %. Dans d'autres villes, les caisses émirent une plus grande variété de billets, allant parfois de un sol jusqu'à 25 livres. A Paris, soixante-trois espèces différentes de billets de confiance se trouvèrent ainsi lancés dans la circulation.

La Constituante qui voulait réserver les assignats à l'acquisition des biens nationaux répugnait à émettre des billets de faible valeur. Elle pensa qu'elle pouvait remédier à la disette de monnaie en faisant frapper de nouvelles pièces, et, le 11 janvier 1791, décréta la frappe de 15 millions de pièces d'argent de 30 et de 15 sous, de 6 millions en pièces de cuivre de 3, 4 et 12 deniers. On utilisa à cette fin les cloches et l'argenterie des églises désaffectées. Mais la fabrication fut lente, et d'ailleurs, dès leur apparition, les nouvelles pièces allèrent rejoindre les anciennes dans les cachettes. Force fut donc bien à la Constituante de décréter, le 6 mai 1791, la fabrication de 100 millions d'assignats de 5 livres. Mais, le 20 mai, elle reportait son espoir sur les pièces de métal et ordonnait d'en accélérer la frappe, puis décidait qu'elles seraient réparties entre les départements, proportionnellement à la population de chacun d'entre eux.

Cependant on avait plus que jamais besoin des billets de confiance. L'Assemblée pouvait-elle se désintéresser de leur sort, auquel, bon gré mal gré, l'assignat était lié ? Le 20 mai 1791, la Constituante approuva la création des « caisses patriotiques », mais n'exigea d'elles ni garantie, ni cautionnement. Elle se borna à faciliter leurs émissions en exemptant les billets de confiance des droits de timbre et d'enregistrement, à condition qu'ils fussent payables à vue.

Au fur et à mesure de la mise en circulation des assignats de 5 livres, les billets de confiance parurent moins utiles. Peut-être aussi suspecta-t-on leur authenticité ou la solvabilité de certaines caisses. Toujours est-il que les demandes de remboursement en assignats se firent plus nombreuses. Certaines caisses se trouvèrent à découvert. Les unes avaient spéculé avec les assignats de leur capital, et avaient perdu. D'autres avaient émis plus de billets qu'elles n'avaient d'assignats en caisse. La « Caisse patriotique de la Maison de secours » de Paris fit un krach de plusieurs millions. Les billets de confiance se discréditèrent dès lors rapidement. Le 30 mars 1792, l'Assemblée législative prohiba les billets émis par les caisses particulières, seules restant autorisées les coupures émises par des caisses publiques. Encore celles-ci furent-elles à leur tour interdites le 2 novembre 1792.

Mais ces mesures intervenaient trop tard. Les scandales provoqués par les billets de confiance avaient rejailli sur l'assignat et en avaient précipité la dépréciation.

La dépréciation de l'assignat n'a, d'ailleurs, pas seulement été fonction de la masse de papier jetée sur le marché, ou du discrédit attaché aux billets de confiance. Elle a varié avec le prix des denrées, avec le prix de l'or et de l'argent et le cours des changes.

A cet égard, on peut distinguer, de 1790 à 1792, trois périodes dans la dévaluation de l'assignat. Pendant la première, qui s'étend sur les deux années 1790 et 1791, la baisse du papier a été provoquée surtout par les sorties d'or et d'argent consécutives à l'émigration et aux importants achats de blé effectués à l'étranger par le gouvernement français. La dépréciation est donc surtout fonction de la hausse du prix de l'or et de la baisse de la livre sur le marché des changes. Elle atteint 5 % en janvier 1791, 15 % en juillet, 25 % en décembre.

La deuxième période, qui va de janvier à mai 1792, est marquée par la hausse des prix provoquée par la crise alimentaire et surtout par la constitution de stocks en vue de la guerre qui approche. De plus les émissions d'assignats se succèdent rapidement. Nous avons vu que la Constituante en avait fixé le « plafond » le 28 septembre 1791 à 1.300 millions. Or la Législative l'éleva le 17 décembre à 1.600 millions en autorisant l'émission d'assignats de 25, 10 et 5 livres pour une valeur globale de 100 millions, et quelques jours plus tard, les 23 décembre et 4 janvier, elle ordonnait la fabrication de coupures de dix, quinze, vingt-cinq et cinquante sous ! Ce fut surtout l'apparition de ces petites coupures qui provoqua la hausse des prix de détail. Aussi n'est-il pas étonnant que la dépréciation ait été de 32 % en janvier, de 40 % en avril.

De mai à la fin de l'année 1792, s'étend la troisième période durant laquelle l'assignat s'améliore progressivement. Pourtant le plafond de la circulation a été porté à 1.700 millions le 30 avril, à 1.800 le 13 juin, à 2 milliards le 31 juillet. C'est-à-dire qu'elle atteint sans doute finalement la valeur totale des biens nationaux restant à vendre, y compris les collèges, palais épiscopaux et autres immeubles, dont la vente avait été primitivement réservée. Mais ces émissions sont compensées par une meilleure rentrée des impôts, facilitée il est vrai par la circulation des assignats, mais consécutive aussi à l'établissement complet du nouveau système fiscal. De plus, la mise sous séquestre des biens des émigrés vient augmenter la valeur du gage des assignats, enfin la victoire de Valmy donne confiance dans le nouveau gouvernement. Aussi l'assignat remonte-t-il. La dépréciation, qui était de 40 % en mai, n'est plus que de 27 % en septembre et 30 % fin octobre, c'est-à-dire que l'assignat était coté plus haut qu'au début de l'année ! La situation financière de la France, au moment où l'Assemblée législative se sépare est loin d'être désespérée. Des fautes, dues surtout à l'inexpérience des députés ont, certes, été commises ; la Constituante, notamment, a eu le tort de laisser circuler à la fois le numéraire métallique et les assignats ; elle a eu le tort surtout de laisser les caisses patriotiques proliférer sans les surveiller. Mais, une fois le système fiscal bien établi, la vente des biens nationaux pouvait absorber la masse des assignats en circulation, à condition toutefois que le papier ne servît plus à payer les dépenses courantes. Malheureusement la guerre, en multipliant les besoins de l'État, va nécessiter de nouvelles et massives émissions d'assignats qui ne tarderont pas à compromettre l'amélioration financière de la fin de 1792.

CHAPITRE VI

LES INSTITUTIONS ÉCONOMIQUES : LA TERRE[1]

La Constituante, où dominaient les physiocrates, devait nécessairement intervenir dans l'économie, ne fût-ce que pour établir dans ce domaine, la liberté, réclamée par ces théoriciens. De plus, l'abolition de la féodalité, la mise en vente des biens de l'Église, obligèrent l'Assemblée à créer toute une législation économique.

[1]. BIBLIOGRAPHIE GÉNÉRALE. — Documents nombreux aux Archives nationales dans les séries : D XIV (Comité féodal), D XIX (Comité ecclésiastique), D VI (Comité des finances), D XXII et Q 2 (Comité d'aliénation), D XIII (Comité d'agriculture), F 10 (agriculture), F 11 (subsistances). Dans les archives départementales, voir les séries L et surtout Q.
La commission chargée de rechercher et de publier les documents relatifs à la vie économique de la Révolution a publié un grand nombre de volumes contenant pour la plupart des documents relatifs à la terre et à l'agriculture : G. Bourgin, *Le partage des biens communaux* (Paris, 1908, in-8°) ; du même, *L'agriculture, instruction, recueil de textes et notes* (Paris, 1908, in-8°) ; F. Gerbaux et Ch. Schmidt, *Procès-verbaux des Comités d'agriculture et de commerce de la Constituante, de la Législative et de la Convention* (Paris, 1906-1910, 4 vol. in-8°) ; P. Caron et Ph. Sagnac, *Les Comités des droits féodaux et de législation et l'abolition du régime seigneurial* (Paris, 1907, in-8°) ; *Recueil de textes sur la vente et l'administration des biens nationaux* (Paris, 1928, in-8°) ; *Documents relatifs à la vente des biens nationaux dans les Bouches-du-Rhône* (publ. par P. Moulin, Marseille et Paris, 1910-11, 4 vol. in-8°) ; *la Gironde*, publ. par M. Marion, Benzacar et Caudrillier (Bordeaux et Paris, 1911, 2 vol. in-8°) ; *l'Ille-et-Vilaine*, par Guillou et Rebillon (Rennes et Paris, 1911, in-8°), *le Rhône*, par Charléty ((Lyon et Paris, 1906, in-8°) *la Sarthe*, par Legeay (Le Mans, 1883-86, 3 vol. in-8°), *le Gard*, par Rouvière (Nîmes, 1900, in-8°). *les Vosges*, par L. Schwab (Épinal et Paris, 1911, in-8°), *l'Aveyron*, par Verlaguet (Millau, 1931-1933, 3 vol. in -8°), *les districts de Toulouse et de Saint-Gaudens*, par H. Martin (Toulouse et Paris, 1916 et 1924, 2 vol. in-8°), *l'Yonne*, par Porée (Auxerre et Paris, 1913, 2 vol. in-8°), *le district de Tulle*, par Forot (Tulle, 1905, in-8°), etc. Voir aussi M. Bruchet, *L'abolition des droits féodaux en Savoie* (Annecy et Paris, 1908, in-8°) ; A. Young, *Voyages en France*, éd. Sée (Paris, 1930, 3 vol. in-8°) ; Berland, *Les dommages de guerre après Valmy* (Paris, 1931, in-8°).
— OUVRAGES GÉNÉRAUX : Aulard, *La révolution et le régime féodal* (Paris, 1919, in-16) ; Marc Bloch, *Les caractères originaux du régime rural en France* (Paris, 1931, in-8°) ; du même, *La lutte pour l'individualisme agraire dans la France du XVIIIe siècle*, dans les *Annales d'hist. écon. et soc.*, 1928, p. 329-381 et 510-556 ; G. Bourgin, *L'agriculture, la classe paysanne et la Révolution française*, dans la *Rev. d'hist. des doctrines écon.*, 1911, p. 382-386 ; O. Festy, *L'agriculture pendant la Révolution française, les conditions de production et de récolte des céréales* (Paris, 1947, in-8°) ; G. Lefebvre, *Les paysans du Nord pendant la Révolution française* (Paris et Lille, 1924, in-8°) ; du même, *Les recherches relatives à la répartition de la propriété foncière à la fin de l'ancien régime*, dans la *Revue d'hist. mod.*, 1928, p. 103-125 ; du même, *La place de la Révolution dans l'histoire agraire de la France*, dans les *Ann. d'hist. écon. et sociale*, 1929, p. 506-523 ; du même, *L'assassinat du Comte de Dampierre*, dans la *Revue hist.*, 1942, t. CXCII, p. 241-252 ; A. Meynier, *La terre et les paysans de la Révolution à l'Empire*, dans la *Révolution franç.*, 1936, p. 118-133 et 314-339 ; Plandé, *La propriété foncière à Rieux-Minervois*, dans la *Rev. géog. des Pyrénées*, 1933, p. 384-395 ; Ph. Sagnac, *La propriété foncière d'après Loutchisky*,

I

LA SITUATION DE LA TERRE EN 1789[1]

En 1789, le tiers environ du sol français appartenait en fait aux paysans. En fait, non en droit, car les privilégiés, nobles et membres du clergé qui possédaient le reste des terres prétendaient être aussi propriétaires « éminents » de la plus grande partie des biens roturiers, et percevaient sur ceux-ci, pour marquer leur droit, des redevances féodales de toutes sortes : cens, rentes, champart, etc. Une autre caractéristique de la terre française en 1789 est son morcellement : que la propriété ou la tenure soit petite ou grande, elle est divisée en un très grand nombre de parcelles. A côté des terres cultivées, il existe, en outre, de vastes étendues qui appartiennent soit aux communautés (ce sont les biens communaux : pâquis, forêts, landes, étangs), soit au roi (ce sont les biens « domaniaux »), soit aux seigneurs. Enfin les paysans jouissent depuis un temps immémorial de droits d'usage sur l'ensemble des terres cultivées, les biens communaux ou domaniaux : droits de glanage, de vaine pâture, de parcours, d'affouage, etc. Pour que ces droits pussent être exercés (notamment la vaine pâture et le parcours) il était interdit de clore, sauf dans les provinces où, depuis une époque récente, le roi avait publié des édits de clôture. Il était interdit également de cultiver à sa guise ; toutes les terres d'une même « saison » devant être couvertes des mêmes récoltes : c'était la « contrainte de sole ».

Un petit nombre seulement de paysans possédait en tenure une quantité de terre suffisante pour les nourrir. Beaucoup d'autres exploitaient des terres en qualité de fermiers ou de métayers, selon les régions. Leur sort était très variable, suivant qu'ils avaient loué directement au propriétaire, ou qu'ils avaient traité avec un fermier général, ou même un sous-fermier. Souvent les métayers n'étaient pas autorisés à conserver la moitié de la récolte, mais seulement le tiers parfois même le quart. Enfin une partie très importante de la population paysanne — d'autant plus nombreuse que la population avait augmenté rapidement durant le XVIIIe siècle — ne possédait ni tenure, ni ferme, ni métairie. Elle n'avait pour toute richesse que ses bras. C'étaient les « brassiers » ou « journaliers », qui trouvaient de temps en temps une embauche précaire comme ouvriers agricoles.

Du sort lamentable des journaliers, on rencontre bien peu d'échos dans les écrits du temps, car ces prolétaires ruraux n'avaient aucun intérêt commun

---

dans la *Revue d'hist. moderne et contemp.*, 1901-2, p. 156-171 ; du même, *La division du sol pendant la Révolution*, dans la *Revue d'hist. moderne et contemp.*, 1903-4, p. 457-470 ; E. Soreau, *Ouvriers et paysans de 1789 à 1792*, Paris, 1935, in-8°) ; du même, *La révolution française et le prolétariat rural*, dans les *Annales hist. de la Révolution franç.*, 1932, p. 28-36, 116-127, 325-335 ; 1933, p. 25-48 ; Théron de Montaugé, *L'agriculture et la vie rurale dans le pays toulousain depuis le milieu du XVIIIe siècle* (Paris, 1869, in-8°).

1. TEXTES ET OUVRAGES A CONSULTER. — Voir la bibliographie précédente. On se reportera surtout à G. Lefebvre, *Les recherches relatives à la répartition de la propriété foncière à la fin de l'ancien régime*, article cité plus haut.

avec la classe bourgeoise où se rencontraient les écrivains politiques et les philosophes. Le sort parfois misérable des métayers et des fermiers n'éveillait guère plus d'intérêt.

En revanche, les droits seigneuriaux qui pesaient également sur les tenanciers bourgeois et paysans provoquaient des plaintes amères. Les droits seigneuriaux étaient variés, selon les régions de France ; ils étaient parfois assez lourds, toujours vexatoires : on pouvait les diviser en quatre grandes catégories : les « droits personnels », qui touchaient, comme leur nom l'indique, surtout les individus : la servitude personnelle et les droits honorifiques, tels que le droit de banc à l'église, etc. ; les « droits réels » constitués par des redevances en argent ou en nature : cens, champarts, etc. ; les « monopoles » que le seigneur s'était petit à petit arrogés : péages, four et moulin banaux, droit de chasse ; enfin les « droits de justice », qui comportaient l'exercice de la haute et de la basse justice avec la perception des taxes, amendes, etc., qui les accompagnaient.

Depuis 1750, les philosophes, les économistes et les physiocrates, bientôt appuyés par les Sociétés d'agriculture et les Assemblées provinciales, avaient demandé une modification profonde du régime domanial et du régime rural. Tout d'abord, ils avaient réclamé l'abolition des droits féodaux, en cela d'accord avec l'unanimité des paysans. Mais là n'étaient pas bornés leurs vœux, et, pour augmenter le rendement de la terre, en améliorant l'agriculture, ils avaient souhaité l'extension à toute la France du droit de clore et, corollaire indispensable, l'abolition des droits collectifs, droit de parcours, vaine pâture, contrainte de sole. A cet égard, les paysans étaient fort divisés. Les propriétaires et les riches fermiers ne voyaient qu'avantages à la réforme. Mais les pauvres dont le plus clair des biens était constitué par une vache et quelques chèvres ou moutons étaient extrêmement inquiets de ces innovations qui allaient priver leurs animaux de tout pâturage, surtout si les biens communaux étaient partagés. Forcés de vendre leurs quelques bêtes, les paysans pauvres iraient rejoindre la masse sans cesse croissante des prolétaires ruraux. Les physiocrates n'en avaient cure. Ils s'étaient préoccupés de la manière de réaliser leurs projets, et, d'accord avec bon nombre de juristes et même de feudistes tels que Boncerf et Guyot, forts de l'exemple qu'avait donné dans ses États le roi de Sardaigne en 1771, ils préconisaient le rachat des droits féodaux. Ils demandaient, en outre, le partage des communaux proportionnellement à l'étendue des terres de chaque propriétaire et de vastes remembrements afin de constituer de grands domaines d'un seul tenant où des méthodes nouvelles de culture pourraient être appliquées, à l'instar de l'Angleterre.

Ce sont ces tendances qu'on trouve reproduites dans les cahiers de doléances. Les paysans pauvres et surtout les journaliers n'avaient guère pu se faire entendre lors de la rédaction des vœux ; aussi leurs intérêts avaient-ils généralement été sacrifiés.

Les cahiers du Tiers sont unanimes à demander la suppression de tous les droits féodaux. Certains cahiers préconisent le rachat au denier 20 ou au denier 30 (c'est-à-dire à 20 ou 30 fois la valeur du droit annuel), mais ils spécifient que le seigneur devra produire chaque fois un titre original prouvant que le droit n'a pas été usurpé par lui. Certains cahiers, ceux de Lens, d'Auxerre, de Forcalquier, souhaitent que le rachat soit obligatoire. Quelques cahiers de la noblesse, ceux qui ont été rédigés par des nobles « libéraux », ou par des seigneurs acquis aux idées physiocratiques, se montrent aussi favorables à l'abolition des redevances féodales.

Unanimes en ce qui concerne la suppression des droits seigneuriaux, les cahiers sont divisés au sujet des autres réformes du régime rural. Si le Tiers de Comps, près de Draguignan, réclame le droit de clore et l'abolition des usages, beaucoup de cahiers de Lorraine et du Béarn — où la clôture avait été autorisée par édit royal — y sont hostiles : c'est le cas, par exemple, des cahiers de Metz, Thionville, Mirecourt ; ou Laruns, dans l'Ossau.

II

L'ABOLITION DU RÉGIME FÉODAL[1]

Si les cahiers représentent, malgré tout, une partie de l'opinion rurale, la Constituante, elle, la reflétait imparfaitement. Aucun paysan, en effet, ne siégeait à l'Assemblée nationale. Les députés du Tiers étaient en majorité des avocats et des membres des professions libérales, qui ne s'étaient guère préoccupés des questions rurales. Sieyès, pas plus dans son célèbre opuscule *Qu'est-ce que le tiers état ?* que dans ses *Instructions à prendre par les assemblées de bailliages* ne se soucie des problèmes agraires, et il conseille tout bonnement de rejeter l'examen des abus de la féodalité après le vote de la constitution. Sans doute l'Assemblée eût-elle suivi ce conseil si la révolte des campagnes et la « grande peur », qui l'accompagna, ne l'avait forcée à se préoccuper d'abord des revendications paysannes.

C'est pour arrêter les émeutes villageoises qu'un petit nombre de nobles acquis aux idées nouvelles et partisans d'une réforme agraire, proposa, dans la

---

1. TEXTES ET OUVRAGES A CONSULTER. — Aux sources citées à la bibliographie générale de ce chapitre, p. 157, on ajoutera L. Dubreuil, *Les vicissitudes du domaine congéable en Basse-Bretagne*, documents (Paris, 1915, 2 vol. in-8°), de la Coll. de doc. inédits sur l'hist. écon. de la Révol. fr. ; Beudant, *La transformation de la propriété, en droit intermédiaire* (Paris, 1892, in-8°) ; Ferradou, *Le rachat des droits féodaux dans la Gironde*, thèse de droit (Paris, 1928, in-8°) ; Le Lay, *Le domaine congéable sous la Révolution*, thèse de droit (Rennes, 1941, in-8°) ; Garraud, *Le rachat des droits féodaux et des dîmes inféodées en Haute-Vienne*, thèse de droit (Poitiers, 1939, in-8°) ; Guéronik, *Le mouvement ouvrier et paysan de juillet 1789 à juillet 1794*, thèse de droit (Paris, 1940, in-8°) ; Millot, *L'abolition des droits seigneuriaux dans le département du Doubs et la région comtoise*, thèse de droit (Besançon, 1941, in-8°) ; M. Marion, *La dîme au XVIIIe siècle et sa suppression*, thèse de droit (Paris, 1912, in-8°). — QUESTIONS A ÉTUDIER : Malgré les quelques études récentes citées plus haut, les conditions précises dans lesquelles le régime féodal fut aboli en France restent encore mal connues. De nouveaux travaux, sur cette question, mériteraient d'être entrepris, dans le cadre départemental.

nuit du 4 août, par les voix du vicomte de Noailles et du duc d'Aiguillon, la suppression gratuite et immédiate de certains droits féodaux — les droits personnels — et le rachat des autres par les « communautés ». On sait comment ces suggestions furent acceptées dans l'enthousiasme et comment l'assemblée vota le principe de l'abolition de tous les privilèges.

Aussi bien, la Constituante n'avait-elle voté qu'un principe pendant la nuit du 4 août. Les décrets furent rédigés durant les jours suivants, du 5 au 11 août, et provoquèrent de vives discussions. Beaucoup de privilégiés regrettaient d'avoir cédé au mouvement généreux de la célèbre nuit et s'efforçaient de diminuer dans la pratique l'importance et la valeur de leurs concessions. Le clergé, notamment, désirait sauver ses dîmes. La dîme, faisait-il valoir, n'était pas un droit seigneurial, mais un impôt dont le produit servait à l'entretien des ministres du culte et des services publics assurés par l'Église. On persuada toutefois les membres du clergé de renoncer à cet impôt impopulaire, en leur promettant, nous l'avons vu, de les salarier. Les dîmes levées par le clergé furent donc abolies. Mais il y avait des dîmes perçues par des particuliers, parce que l'Église les leur avait vendues : elles étaient alors une véritable propriété. Aussi ces dîmes, dites « inféodées », furent-elles déclarées rachetables.

Quant aux droits féodaux, l'Assemblée précisa que tous les droits personnels et honorifiques étaient abolis, mais que les droits « réels », les plus lourds devaient être rachetés. Aussi l'article premier du décret n'était-il pas exempt d'hypocrisie lorsqu'il déclarait : « L'Assemblée nationale détruit entièrement le régime féodal », puisqu'en fait, les articles suivants le rétablissaient, en précisant que tous les droits réels restaient payables jusqu'à leur rachat — rachat dont les conditions et les modalités n'étaient point fixées et pouvaient fort bien s'avérer inexécutables. Ainsi l'Assemblée avait repris le 11 août la plus grande partie de ce qu'elle avait accordé le 4. Et, malgré cette excessive modération, Louis XVI poussé par les privilégiés, refusa sa sanction au décret ! Il ne l'accorda que contraint et forcé par le soulèvement de Paris, les 5 et 6 octobre 1789. C'est finalement le 3 novembre seulement que les décrets du 4 août furent promulgués !

Restait en tout cas à fixer les conditions dans lesquelles les rachats auraient lieu, et à préciser, ce qui n'était pas toujours facile, quels seraient les droits rachetables et les droits abolis gratis. C'est à cette fin que la Constituante forma le 9 octobre un « Comité des droits féodaux ». Il comprenait surtout des députés du Tiers, mais aussi quelques nobles et des membres du clergé. La plupart, en tout cas, possédaient des fiefs ou percevaient des droits féodaux. Les commissaires les plus éminents étaient le jurisconsulte Merlin (de Douai) et le célèbre avocat Tronchet, tous deux très versés dans le droit féodal. De par sa composition, il est facile de prévoir que le Comité serait amené à restreindre autant que possible la portée des actes du 4 août.

Les droits personnels pouvaient être considérés comme des propriétés, donc inviolables et sacrés ; et il n'y avait aucune raison alors de les abolir gratuitement. Le comité des droits féodaux admit la fiction que tous ces droits avaient été soit usurpés sur l'État, soit créés par la violence. Il maintint donc leur suppression gratuite. Restait à dresser la liste de ces droits personnels. Or les droits féodaux très nombreux, différents selon les provinces, constituaient un véritable imbroglio. Il était très difficile pour certains de les classer, soit parmi les droits personnels, soit parmi les droits réels. Il y avait, par exemple, des corvées qui étaient attachées aux personnes, d'autres à la terre.

La loi du 15 mars 1790, qui règle les modalités d'abolition du régime féodal, énumère un certain nombre de droits qui doivent être considérés comme personnels et sont abolis gratuitement : ce sont, entre autres, tous les droits de main-morte, les prestations et corvées personnelles, les droits et charges représentatifs de servitudes personnelles.

Sont également abolis sans indemnité les monopoles, tels que le droit de chasse et les banalités, les droits de justice.

Toutefois si le seigneur peut présenter un titre authentique prouvant l'origine réelle des corvées, banalités, monopoles, etc., ces droits devront être rachetés. A défaut du titre primordial, le seigneur peut aussi présenter deux reconnaissances conformes, soutenues par une possession ininterrompue depuis quarante ans.

Le droit de triage, c'est-à-dire le droit auquel les seigneurs prétendaient, d'accaparer le tiers des biens communaux, lorsqu'ils étaient partagés, était lui aussi aboli ; et sur la proposition de Robespierre, avec effet rétroactif depuis 1769. Toutefois seuls les actes de triage effectués en Lorraine depuis cette date furent effectivement annulés.

Le Comité des droits féodaux estima que tous les droits qui ne figuraient pas dans la liste précédente devaient être considérés comme des redevances pour la location perpétuelle de la terre. Elle les présuma tous légitimes et écarta l'hypothèse d'une usurpation par le seigneur — sauf preuve du contraire, toujours très difficile, à administrer, par le tenancier. Or il y avait des droits réels qui avaient été usurpés : la Constituante les légitimait et contraignait les paysans à les racheter. Par un véritable paradoxe, l'Assemblée nationale se faisait complice des pires abus du régime féodal ! Elle s'efforçait de rétablir dans leurs droits les seigneurs qui avaient perdu leurs titres dans les incendies de l'été précédent, ou même ceux qui y avaient volontairement renoncé. Ainsi, les seigneurs dépourvus de titres pouvaient les remplacer par la preuve testimoniale d'une possession ininterrompue depuis trente ans ; ceux qui avaient renoncé à leurs droits pouvaient, dans les trois ans, faire reconnaître la nullité de leur renonciation.

Étaient rachetables tous les droits conférant une jouissance perpétuelle. En revanche, les droits ne conférant qu'une jouissance provisoire étaient classés dans la catégorie des baux. La jouissance provisoire s'étendait jusqu'à 99 ans. Pour éviter la reconstitution du régime féodal, la Constituante

LES INSTITUTIONS ÉCONOMIQUES

interdisait pour l'avenir tout bail pour une durée supérieure à la vie ou à 99 ans. Il ne faut pas croire que cette mesure, d'ailleurs logique, ait été unanimement bien accueillie ; souvent, des paysans pauvres pratiquaient le bail à rente foncière qui engageait leurs descendants, mais leur permettait de ne payer chaque année qu'une somme minime. Il fut parfois difficile aussi de classer certains baux, soit dans la catégorie des locations provisoires, soit dans celle des loyers perpétuels. Ce fut le cas notamment des baux à « domaine congéable » pratiqués uniquement en Bretagne, et qui ne furent pas déclarés rachetables.

Le rachat devait être individuel, et non effectué par toute la commune. Mais chaque individu devait racheter en même temps tous les droits affectant la même parcelle, les droits annuels et les droits « casuels », c'est-à-dire les droits exceptionnels, qu'on ne payait que lors des mutations, tels que les droits de « lods et ventes ». Souvent ces droits casuels n'étaient exigibles qu'en cas de vente ou de succession en ligne indirecte.

Ainsi dans beaucoup de familles paysannes, où la terre passait normalement aux enfants, les droits de lods et ventes n'avaient jamais été payés. Les paysans furent très mécontents d'avoir à racheter un droit qu'ils ne payaient jamais. La faculté que leur accorda le décret du 13 avril 1791, de racheter seulement une partie des droits casuels, ne vint guère modifier la situation.

Dans le cas où une rente pesait sur plusieurs fonds, les rachats partiels n'étaient pas autorisés. Tous les redevables devaient racheter et l'entente était souvent difficile à réaliser.

Lors du rachat, les paysans devaient s'acquitter de tous les arrérages jusqu'à trente ans. Or ceux-ci étaient constants, car, par suite des troubles, les droits féodaux n'avaient plus guère été payés depuis 1787.

Quant au taux du rachat, il avait été fixé à vingt fois le droit annuel, lorsqu'il s'agissait d'une redevance en argent, à vingt-cinq fois lorsqu'il s'agissait de droits payables en nature. Le rachat des droits casuels se montait à la valeur d'une seule échéance. Au total, cela formait des sommes fort importantes au moment où le paysan voulait réserver ses fonds à l'acquisition de biens nationaux.

Aucune procédure d'ailleurs n'avait été fixée pour contraindre au rachat un seigneur récalcitrant. Ainsi l'abolition du régime féodal qui figurait à l'article premier du décret du 3 novembre 1789, était une véritable illusion ; pis, une duperie. En fait le rachat était impossible.

Les textes législatifs élaborés par la Constituante n'amenèrent pas l'apaisement que celle-ci avait espéré. Au contraire, les troubles qui avaient quelque peu diminué à la nouvelle de la nuit du 4 août, ou lorsqu'on avait connu l'article premier du décret du 3 novembre : « le régime féodal est entièrement aboli », reprirent avec violence après la loi du 15 mars 1790. Beaucoup de seigneurs refusèrent d'observer la loi et prétendirent percevoir encore les banalités par exemple, quoiqu'elles eussent été supprimées sans indemnité. Ils refusèrent aussi les rachats proposés par les paysans.

Quant aux paysans ils furent au plus haut point déçus. Après avoir été gonflés d'espoir quand ils avaient lu, en novembre que le régime féodal était aboli, ils considérèrent la loi du 15 mars comme une véritable contre-révolution. La présomption de possession en faveur des seigneurs, l'admission de reconnaissances récentes au lieu des titres primordiaux leur parurent un défi à la justice. Enfin les conditions mêmes du rachat semblaient irréalisables : quel cultivateur allait payer 1.200 livres, donc se priver de 60 livres de rente pour racheter les lods et ventes, qu'il comptait bien, en toute hypothèse, n'avoir jamais à payer sur un fonds dont le cens était fixé à 10 ou 12 livres ? Aux yeux des paysans, les bourgeois furent tenus pour responsables de cette véritable trahison. Les habitants des villes, satisfaits de la liberté qu'ils avaient acquise ne s'étaient plus souciés des intérêts des ruraux qui restaient courbés sous le joug seigneurial. Dans l'été de 1790, les émeutes reprirent, notamment en Bretagne, dans le Quercy, en Rouergue, au Périgord, dans l'Orléanais, jusqu'aux portes de Paris, à Étampes, par exemple. Certaines régions, pourtant, restèrent calmes, dans l'Aube, les droits féodaux furent payés jusqu'en juin 1793, dans le Doubs jusqu'en 1802 ! Ailleurs, le papier-monnaie dévalué facilita les rachats.

La Constituante fut ennuyée et même embarrassée par la persistance des troubles agraires, mais elle avait une conception telle de la propriété qu'elle se refusa à modifier en quoi que ce fût son œuvre ; aussi les émeutes rurales persistèrent. Pendant toute l'année 1791, les campagnes restèrent en état d'alerte, ce qui explique que le roi ait été si facilement arrêté à Varennes lors de sa tentative de fuite. Le comte de Dampierre fut assassiné, moins parce qu'il était venu saluer le roi sur le chemin du retour, que parce qu'il se refusait au rachat des droits seigneuriaux. Ce que les paysans réclamaient, c'était d'ailleurs l'abolition totale, immédiate et gratuite du régime féodal. Toute distinction entre les droits personnels supprimés sans indemnité, et des droits réels qu'il fallait racheter leur paraissait contraire à l'esprit de la Révolution.

La Législative, formée entièrement d'hommes nouveaux, venus directement de leurs départements, n'adopta pas la même attitude que la Constituante. Les députés s'étaient montré émus par les troubles ruraux auxquels ils avaient assisté, dans leurs campagnes et ils résolurent, pour les faire cesser, de satisfaire, en partie du moins, les revendications paysannes. Toutefois il fallut une nouvelle révolution, celle du 10 août 1792 et la chute même du trône, pour qu'ils se décidassent à modifier les textes de la Constituante. Le décret du 25 août abolit les derniers vestiges de la main-morte, celui du 28 août annula tous les triages opérés non plus depuis 1769, mais depuis 1669. Les communes devaient rentrer en possession des parties de leurs domaines usurpées par les seigneurs, à moins que ceux-ci ne pussent présenter un titre de vente valable. Toutes les terres « vaines et vagues » étaient censées appartenir aux communes à moins que les seigneurs ne pussent fournir un titre indiscutable, ou la preuve d'une possession ininterrompue depuis quarante ans.

En ce qui concerne les droits féodaux, la Législative adopta donc une attitude diamétralement opposée à celle de la Constituante. Alors que la Constituante admettait *à priori* la légitimité de ces droits et demandait aux paysans de faire la preuve, le cas échéant, de leur usurpation, la Législative, au contraire, tint pour acquis que ces droits avaient été usurpés et réclama des seigneurs qu'ils fissent, eux, la preuve de leur légitimité.

Dès le 18 juin 1792, la Législative abolissait les droits casuels sans indemnité, sauf démonstration faite par le créancier que ces droits n'avaient point été usurpés. Et dans ce cas, elle accorda au paysan la faculté de racheter à part les droits casuels et les droits annuels. Les décrets des 20 et 25 août 1792 étendirent cette législation à tous les droits réels. A moins que le seigneur ne pût produire le titre primordial, tous les droits étaient abolis gratuitement. De plus, les seigneurs ne pouvaient exiger plus de cinq années d'arrérages, au lieu de trente. Enfin, revenant aussi sur une loi de la Constituante, la Législative déclara rachetable la « rente convenancière » du domaine congéable de Bretagne.

Par suite de la grosse difficulté éprouvée par les seigneurs pour produire les titres primitifs, il ne subsista plus qu'un petit nombre de droits réels rachetables. En septembre 1792, la terre était pratiquement libérée. Ce fut la journée du 10 août 1792, bien plus que la nuit du 4 août 1789, qui abolit le régime féodal. Aussi comprend-on l'ardeur avec laquelle les paysans armés défendirent, à Valmy, le sol dont ils étaient enfin devenus les maîtres !

III

LA NOUVELLE RÉPARTITION DU SOL[1]

La Révolution n'émancipa pas seulement le sol. Elle en effectua une répartition nouvelle par la vente des biens du clergé, et, plus tard, de ceux des émigrés.

---

1. TEXTES ET OUVRAGES A CONSULTER. — Sur la vente des biens nationaux : Delaby, *Le rôle du Comité d'aliénation dans la vente des biens nationaux en 1790-91* (Dijon, 1929, in-8º) ; G. Lecarpentier, *La propriété foncière du clergé et les ventes des biens ecclésiastiques dans la Seine-Inférieure*, dans la *Revue hist.*, 1901, t. 77, p. 70-82 ; G. Lefebvre, *Les recherches relatives à la vente des biens nationaux*, dans la *Revue d'hist. moderne*, 1928, p. 188-219 ; M. Marion, *Histoire financière de la France*, t. I (Paris, 1915, in-8º) ; du même, *La vente des biens nationaux* (Paris, 1908, in-8º) ; Riché, *La vente des biens du clergé dans le district de Poitiers*, thèse de droit (Poitiers, 1935, in-8º).

Sur les biens communaux : Japiot, *Les biens communaux*, thèse de droit (Paris, 1907, in-8º) ; Laur, *Le plateau du Larzac, contribution à l'histoire des biens communaux avant et après la Révolution*, thèse de droit (Montpellier, 1929, in-8º) ; Voir aussi : Robin, *Le séquestre des biens ennemis sous la Révolution française* (Paris, 1929, in-8º). — QUESTIONS A ÉTUDIER : Si beaucoup d'ouvrages ont été consacrés à la vente des biens du clergé, on connaît mal, en revanche, les réactions paysannes à l'égard du partage des communaux et des mesures de la Constituante relatives aux droits d'usage, au droit de clore, à la contrainte de sole. Les archives départementales, et surtout les archives communales, ainsi que les minutes notariales, pourront fournir les éléments de telles études.

Nous avons vu les raisons pour lesquelles les biens du clergé avaient été dévolus à la nation. La distribution de ces immenses domaines aurait pu donner l'occasion de créer en France, un grand nombre de nouveaux propriétaires en facilitant l'achat des terres à la masse considérable des prolétaires ruraux.

Mais les conditions de la vente des biens nationaux ne facilitaient guère, malgré les apparences, les acquisitions par les pauvres.

Certes, les domaines du clergé étaient vendus francs de rentes, prestations foncières, droits seigneuriaux. Certes, les acquéreurs obtenaient de grandes facilités de paiement puisqu'ils ne devaient verser dans les quinze jours que 30 % sur les bois, maisons, usines, 20 % sur les étangs et terrains à bâtir, 12 % seulement sur les champs, prés, vignes, bâtiments d'exploitation rurale, le solde étant payable en douze ans, par annuités égales, à 5 % d'intérêt, avec faculté de libération anticipée. Les frais étaient minimes, le droit d'enregistrement étant fixé à quinze sous.

Mais la vente avait lieu aux enchères, au chef-lieu de district, de sorte que les pauvres se voyaient systématiquement écartés. Mais les enchères étaient ouvertes à la fois sur l'ensemble et sur les parties d'un bien compris dans une seule et même estimation, et la propriété n'était divisée que si le total des enchères partielles était supérieur au prix le plus haut offert pour la vente en bloc. Mais les baux en cours ne pouvaient être résiliés, ce qui opposait un sérieux obstacle au morcellement. Toutes conditions particulièrement favorables aux riches.

Pour que la vente profitât aux paysans pauvres, il aurait fallu en réalité, adjuger les terres aux communes rurales, à charge par elles de les répartir en petits lots vendus à bon compte et sans enchère, ou cédés à cens perpétuel aux cultivateurs pauvres. Ou bien encore que les paysans d'une même localité s'associassent pour empêcher les prix de monter. Ce qui se produisit parfois, mais rarement.

D'ailleurs, en vendant les biens du clergé, la Constituante songeait beaucoup moins à donner de la terre aux paysans qui n'en possédaient pas, qu'à réaliser les plus gros bénéfices possibles afin de combler le déficit et rembourser la dette. Elle voulait effectuer une opération financière, non une révolution rurale.

Les premières ventes connurent un gros succès, et les prix montèrent vite. Les conditions générales étaient en effet favorables. Beaucoup de Français, surtout dans la bourgeoisie et l'ancienne noblesse, disposaient d'importantes disponibilités. La cessation des emprunts d'État, le remboursement des offices, le rachat des droits féodaux, l'interruption, de fait, de la levée des impôts, avaient amené les riches et les demi-riches à se constituer des réserves de sommes appréciables en argent liquide. Les émissions d'assignats renforcèrent encore la tendance à l'achat. Les ventes, de plus, ne furent nullement contrariées par le clergé, qui se montra, en général satisfait d'être salarié par la nation.

LES INSTITUTIONS ÉCONOMIQUES

Aussi, de 1789 à 1791, les prix de vente dépassèrent-ils très largement les estimations, comme le montrent les exemples suivants :

Départements	Estimations	Adjudications
Nord	23.350.000	40.900.000
Pas-de-Calais	34.900.000	53.400.000
Paris	20.280.000	44.320.000
Aube	10.800.000	18.000.000
Haute-Garonne	10.290.000	15.000.000
Morbihan	4.000.000	4.800.000

En moyenne, les prix de vente furent supérieurs du tiers, ou de la moitié aux prix d'estimation.

Dans certaines régions, en s'associant, ou parfois en usant de la violence, ou encore en circonvenant les experts afin d'obtenir des estimations très basses, les paysans arrivèrent à acheter des terres, et même à en acquérir plus que les bourgeois. Dans le Cambrésis, le Laonnais, le Sénonais, dans une partie de la Flandre, dans le district de Saint-Gaudens, les paysans purent acquérir jusqu'à dix fois plus de terres que les bourgeois.

Mais il semble bien que dans la majeure partie du territoire, la vente des biens du clergé ait profité surtout à la bourgeoisie et aux paysans riches. Dans le département du Cher, par exemple, on constate une très nette prépondérance des acquisitions bourgeoises :

Districts	Achat des bourgeois	Achat des paysans
Sancerre	1.567.000 livres	900.000 livres
Aubigny	740.000 —	147.000 —
Sancoins	1.230.000 —	275.000 —
Vierzon	2.400.000 —	410.000 —

Même en tenant compte des propriétés urbaines, achetées nécessairement par la bourgeoisie, on est forcé de constater que cette classe a littéralement accaparé une grande partie des domaines ruraux.

La noblesse d'ailleurs n'est nullement restée à l'écart des ventes. Parmi les acquéreurs on relève de grands noms comme les Colbert de Maulevrier, les Escoubleau de Sourdis, les Crillon. De futurs chefs de la révolte vendéenne ne furent pas les moins empressés aux adjudications. Cesbron d'Argonne, d'Elbée, Bonchamps achetèrent des biens nationaux. La reine Marie-Antoinette elle-même fit l'acquisition d'un domaine. Dans le seul département de la Vienne, 55 nobles figurent au nombre des acquéreurs.

Les membres du clergé, non seulement, avons-nous dit, ne s'opposèrent pas à la vente, mais souvent participèrent aux achats. Nombre de curés se firent adjuger les biens de la cure dont ils avaient coutume de jouir. Des prêtres qui allaient refuser le serment se portèrent acquéreurs. Dans la Vienne, on compte 134 acheteurs ecclésiastiques.

Lors des discussions qui précèdent la mise en vente des biens du clergé, un certain nombre de députés, l'abbé Maury notamment, avaient exprimé la crainte que les biens du clergé ne fussent la proie des juifs, des spéculateurs. On n'a pas encore pu établir la proportion des juifs alsaciens qui achetèrent des biens nationaux, il ne semble pas qu'elle ait été bien importante. A Bordeaux, ils ne dépassèrent pas le vingtième des acquéreurs. A la campagne, de 1789 à 1792, du moins, peu de spéculateurs participèrent aux adjudications. Il n'en fut pas de même dans les villes. A Bordeaux, par exemple, on constate que plusieurs architectes achetèrent avec l'intention de revendre.

Dans l'ensemble, les acquéreurs de biens du clergé, durant les trois premières années de la Révolution, furent surtout des capitalistes qui désirèrent effectuer un placement sûr, indépendamment de toute opinion politique. Les acheteurs ne furent pas tous des « jacobins », ni même des « patriotes », et tous les jacobins ne furent pas acquéreurs. Au total, le nombre des propriétaires ruraux augmenta certainement. Mais ce furent surtout les paysans déjà propriétaires ou les gros fermiers qui profitèrent de l'opération. Bien peu de petits métayers ou de petits fermiers, encore moins de journaliers, purent, grâce à la vente des biens nationaux acquérir une propriété. Aussi ces ventes provoquèrent-elles en fin de compte une nouvelle déception chez les prolétaires ruraux, et refroidirent-elles encore l'enthousiasme révolutionnaire des campagnes.

Après la révolution du 10 août, l'Assemblée législative ordonna la vente des biens des émigrés, qui avaient été placés sous séquestre. Elle aurait voulu qu'à la différence des domaines du clergé, les terres de l'ancienne noblesse profitassent surtout aux pauvres ; et c'est pourquoi elle décida que ces terres seraient vendues par « petits lots de 2, 3 ou 4 arpents au plus » et payées en quinze ans. Mais la vente aux enchères profita cette fois encore aux bourgeois. La Convention s'efforcera toutefois, nous le verrons, de faire accéder les paysans à la propriété des émigrés.

La répartition du sol allait se trouver modifiée non pas seulement par la vente des biens nationaux, mais aussi par les partages des communaux. Nous avons vu que l'opinion était très divisée à cet égard. Beaucoup de cahiers étaient hostiles aux partages et demandaient même l'abolition des anciens partages et du droit de clore. Dans certaines régions, en Lorraine notamment, les populations étaient très attachées aux droits collectifs, notamment à la vaine pâture et au droit de parcours. Au cours des troubles agraires qui se prolongèrent presque sans interruption de 1789 à 1791, des clôtures furent renversées et la vaine pâture fut rétablie sur des terres qui avaient été closes. Les sans-culottes de Parly, dans l'Yonne, écrivaient au sujet d'un édit de clôture : « Cette loi ne peut avoir été faite que par des riches, et pour des riches, en un temps où la liberté n'était qu'un mot et l'égalité qu'une chimère... » La Société populaire d'Autun dénonçait la « ligue parricide des agriculteurs égoïstes, des propriétaires avares et des fermiers avides qui en convertissant en prairies artificielles la majorité de leurs terres, privent le peuple de pain ». En effet, tout partage de communaux, toute autorisation de clore, toute suppression du droit de parcours et de la vaine pâture entraînait pour les pauvres l'obligation de vendre les quelques bestiaux, chèvres ou moutons qu'ils menaient paître sur les terres communes. Ainsi les paysans non propriétaires, les manouvriers ou journaliers privés de leurs dernières ressources ne pourraient plus compter, pour vivre, que sur une embauche toujours aléatoire, en un temps où les campagnes étaient surpeuplées.

Mais il n'y avait pas de manouvriers ni à la Constituante, ni à la Législative. Aussi ces deux assemblées, loin de revenir (comme Arthur Young l'avait craint) sur les réformes agraires favorables aux capitalistes, déjà commencées par la monarchie, ne firent-elles que les confirmer. La Constituante n'abolit aucun édit de partage, et seule l'agitation paysanne l'empêcha de prescrire pour toute la France la division des communaux.

En ce qui concerne, en effet, les biens des communes, la Constituante distingua d'une part les maisons, terres labourables et rentes : ces biens étaient laissés à la disposition des collectivités, qui restaient libres de les affermer, de les vendre ou de les administrer directement. D'autre part, l'Assemblée nationale examina le sort des pâturages ou paquis. Nous avons vu qu'elle annula les « triages ». Mais, avant d'ordonner un partage général, conformément au vœu secret de la majorité des députés, elle prescrivit de procéder à une grande enquête. Le 12 août 1790, elle invita les administrations de département à lui faire des propositions sur la manière la plus équitable, à leur avis, de partager, vendre ou affermer les paquis communaux. Les réponses affluèrent, mais souvent contradictoires. Malgré cela, la Législative décida, le 14 août 1792, le principe du « partage obligatoire » entre tous les habitants de la commune ; toutefois elle ne précisa pas le mode de partage, et en attendant les communaux devaient rester indivis. La Convention modifiera, nous le verrons, cette loi.

Par biens communaux, la Constituante entendait les domaines appartenant sans conteste aux communes. Mais il existait dans beaucoup de régions, surtout dans les pays de montagne et en Bretagne, d'immenses étendues de terres « vaines et vagues ». La Constituante, par sa loi du 13 avril 1791 maintint le *statu quo* à leur sujet, reconnaissant les appropriations anciennes, qu'elles fussent le fait des seigneurs ou celui des communautés. Par contre, la Législative attribua, le 28 août 1792, aux communes, toutes les terres « vaines et vagues » qu'elles réclameraient dans un délai de cinq ans, et dont le seigneur ne pourrait pas produire le titre de propriété original ou pour lesquelles il ne pourrait produire la preuve d'une possession ininterrompue depuis quarante ans. Si la commune et le seigneur présentaient des titres d'une égale valeur, la commune aurait la préférence.

Comme les terres vaines et vagues, les chemins vicinaux étaient souvent contestés entre communes et seigneurs. La Constituante abolit tous les droits et prétentions des seigneurs sur les chemins vicinaux et en transféra la propriété aux communes, à charge pour elles de les entretenir (loi du 28 septembre 1791).

La Constituante reconnut aussi aux communes, le 20 juin 1790, la propriété de leur nom. Parfois, en effet, les seigneurs les avaient débaptisées : elles furent libres de reprendre leur ancien nom, ou tout autre nom de leur choix.

L'hostilité de la Constituante à l'égard de la propriété collective laissait présager son attitude à l'égard des droits d'usage qui paraissaient à la plupart des députés constituer une atteinte intolérable à la liberté et à la propriété individuelles.

Par la loi du 5 juin 1791, la Constituante abolit la contrainte de sole et l'assolement obligatoire. Elle déclara que chaque propriétaire était libre de varier à son gré la culture et l'exploitation de ses terres.

Elle n'osa pas, à cause de l'agitation paysanne, alors endémique, supprimer la vaine pâture et le droit de parcours, mais elle ne révoqua pas les édits royaux qui dans certaines régions les avaient interdits.

Bien plus, par la loi du 28 septembre 1791, elle autorisa les clôtures dans toute la France, les propriétaires ayant clos leurs champs conservaient toutefois leur droit de participer à la vaine pâture, mais ce droit était réduit dans la proportion de la superficie distraite de la communauté des terres. Elle interdit aussi en tout temps la vaine pâture sur les prairies artificielles, même lorsque celles-ci tombaient dans la période des jachères.

En fait, ces dernières mesures restèrent à peu près lettre morte, car le morcellement des campagnes françaises était tel qu'il était impossible à un cultivateur de se soustraire aux servitudes de fait, que la configuration des parcelles et leur imbrication lui imposaient. Pour que ces décisions de la Constituante fussent suivies d'effet, il aurait fallu, comme en Angleterre lors du mouvement des *enclosures*, procéder à un remembrement général des terres. Mais ni les bourgeois, ni les riches paysans qui détenaient désormais la majorité du sol n'osèrent en prendre l'initiative. Sans doute avaient-ils obscurément conscience qu'un remembrement, qui consacrerait définitivement leur prééminence à la campagne, se heurterait de la part des prolétaires à une résistance telle qu'il ne pourrait s'accomplir sans luttes violentes.

IV

LE DROIT DE PROPRIÉTÉ[1]

Après avoir détruit la propriété féodale, après avoir provoqué et facilité un des plus grands transferts de propriétés qui ait jamais eu lieu en France, la Constituante, se devait, afin que son œuvre ne fût pas éphémère, de fixer le droit de propriété par des règles précises et aussi immuables que possible.

Alors que la propriété, sous l'ancien régime, était souvent indivise ou collective, la plupart du temps diluée ou émiettée par le droit féodal, l'Assemblée nationale voulut que la propriété fût entièrement libre, et le droit de propriété absolu, au sens romain du terme : le propriétaire devait avoir le droit d'user et d'abuser de ses biens, sauf les restrictions nécessitées par l'intérêt général évidemment constaté.

En conséquence, le propriétaire pourrait cultiver librement son domaine, choisir ses productions, travailler la terre quand et comme il lui plairait, user des instruments agricoles qui auraient ses préférences. Le droit de clore et de déclore était inséparable du droit de propriété ; il en était en quelque sorte le signe visible. Aussi la loi du 28 septembre 1791 déclara-t-elle : « Le droit de clore et déclore ses héritages résulte essentiellement du droit de propriété et ne peut être contesté à aucun propriétaire. » Ce droit allait à l'encontre de l'ancienne législation française. On aurait pu lui opposer souvent l'intérêt général. Les constituants en firent néanmoins un droit absolu et voulurent n'y apporter aucune entrave.

Après avoir ainsi réglé la propriété du sol, la Constituante fixa celle des cours d'eau. Pour profiter à tous les propriétaires riverains, le cours d'eau devait rester libre : « Nul, déclara-t-on, ne peut se prétendre propriétaire exclusif des eaux d'un fleuve ou d'une rivière navigable et flottable. » La propriété des rivières navigables fut donc reconnue à l'État ou aux communes, de même que les « lais et relais » de la mer, les routes et les chemins.

Toutefois, contrairement au droit ancien qui les attribuait au roi ou au seigneur, la Constituante reconnut aux riverains la possession des alluvions des rivières et des îles qui pouvaient se former dans leur cours. Quand une

---

1. TEXTES ET OUVRAGES A CONSULTER. — Outre les sources citées à la bibliographie générale de ce chapitre, p. 157, on se reportera aux grandes lois révolutionnaires publiées par Duvergier, et aux procès-verbaux de la Constituante ou de la Législative.
L'ouvrage essentiel est celui de Ph. Sagnac, *La législation civile de la Révolution* (Paris, 1898, in-8º). Voir aussi P. Viard, *Histoire générale du droit privé français de 1789 à 1830* (Paris, 1931, in-8º), et le livre de Beudant, cité p. 160. — QUESTIONS A ÉTUDIER : Si les ventes de biens nationaux ont fait l'objet de travaux considérables, on regrette que les transferts de propriétés privées pendant la Révolution n'aient pas été étudiées. Pourtant il y a là un élément essentiel de la vie économique. Les minutes notariales — dont beaucoup sont maintenant déposées dans les archives départementales — fourniraient les éléments de telles recherches. Il serait utile d'étudier les contrats de location dans les premières années de la Révolution. Ici aussi, les minutes notariales fourniraient de précieuses indications.

rivière abandonnait son lit pour s'en tracer un nouveau, l'ancien était accordé aux propriétaires des terrains où la rivière avait établi un nouveau cours, à titre d'indemnité.

Restait à régler une question importante, celle du gibier vivant sur les propriétés. Appartiendrait-il aux seuls propriétaires, ce qui aurait pour conséquence d'exclure du droit de chasse tous les non-propriétaires ? Telle était la position prise par Merlin (de Douai). Robespierre fit valoir qu'une telle façon de voir aboutirait à reconstituer au profit des propriétaires, l'ancien monopole de la chasse, aboli au cours de la nuit du 4 août. Il proposa que la chasse fût libre sur le terrain d'autrui après l'enlèvement des récoltes. Mais l'Assemblée avait une telle conception du droit de propriété qu'elle suivit Merlin. Elle attribua également les essaims d'abeilles aux propriétaires du terrain sur lequel ils se fixeraient et non à celui des ruches qu'ils avaient pu quitter. Et, avec la même logique, elle accorda les fruits tombés, non au propriétaire de l'arbre, mais à celui de la terre sur laquelle ils tomberaient.

Il était pourtant des cas où le droit de propriété devait être restreint. La Déclaration des droits de l'homme avait déjà précisé, en son article 17, que l'État pouvait faire procéder à des expropriations pour cause d'utilité publique, « lorsque la nécessité en a été légalement constatée et l'exige évidemment, et sous la condition d'une juste et préalable indemnité ».

Il fallait aussi que le droit de propriété de l'un ne gênât pas l'autre, autrement dit, la Constituante admit des servitudes au profit des voisins. L'ancien régime avait accumulé les sortes de servitudes de ce type. L'Assemblée nationale les réduisit au minimum, elle maintint les prescriptions les plus essentielles du droit romain ou de la coutume de Paris.

Fallait-il aussi laisser les propriétaires libres de ne plus cultiver leurs champs ? Cette conception allait à l'encontre de la doctrine des physiocrates. Les constituants établirent donc des servitudes au profit de l'État. Celui-ci reçut le droit de contraindre un propriétaire à cultiver ses champs, à défricher ses marais ou ses landes. En cas de refus, l'État pouvait l'exproprier, quitte à l'indemniser en lui rendant une partie des terres mises en cultures ou des marais desséchés. En fait cette procédure fut peu employée, par suite de la rareté des animaux de labour : il était pratiquement impossible, alors, de procéder à de grands défrichements.

Le propriétaire du sol était-il aussi propriétaire du sous-sol ? Jusqu'en 1744, l'ancien régime l'avait admis. Mais, à cette date, une loi très importante avait pratiquement conféré à l'État la propriété des mines, et cette loi avait provoqué une certaine recrudescence d'activité industrielle. Mais beaucoup de constituants considéraient comme attentatoire au droit de propriété de reconnaître à la nation la possession du sous-sol. Mirabeau fit triompher une thèse intermédiaire. La loi des 27 mars-12 juillet 1791 reconnut que les mines étaient à la disposition de la nation qui pouvait en concéder l'exploitation.

Le concessionnaire devait alors indemniser le propriétaire de la surface, qui était ainsi juridiquement reconnu comme propriétaire du sous-sol. Le propriétaire de la surface conservait d'ailleurs la pleine et entière jouissance des mines à ciel ouvert et de celles qui étaient situées à moins de cent pieds de profondeur. Loi paradoxale, et d'application difficile, qui bouleversa les exploitations et ralentit l'essor économique.

La Constituante fixa naturellement les conditions dans lesquelles la propriété foncière pourrait être transférée.
L'Assemblée appliqua à la vente les principes du droit romain. La vente impliquait un transfert de propriété à caractère définitif. Les retraits féodaux ou lignagers, fréquents dans le droit coutumier, étaient interdits. Pour assurer la stabilité des ventes, seule la « preuve écrite » devait faire foi désormais. Mais le débiteur ne pourrait plus en aucun cas être emprisonné à cause de sa dette.

Dans l'ancien droit, le prêt hypothécaire existait, mais il présentait un grand nombre de variétés, selon les coutumes régionales. La monarchie avait au cours du XVIIIe siècle essayé, mais en vain, d'établir un système d'hypothèques uniforme. Plusieurs cahiers réclamaient l'établissement d'hypothèques publiques. Le Comité des contributions proposa effectivement l'organisation des hypothèques publiques, mais la Constituante n'eut pas le temps de discuter ce projet, qui devait d'ailleurs être facilité par la fixation du taux légal maximum de l'intérêt à 5 % (décret du 12 août 1789). Il sera réservé à la Convention d'organiser le nouveau régime des hypothèques.

La Constituante fixa les règles de la location. Désormais les contrats de location ne durent porter atteinte ni à la liberté des fonds, ni à la liberté des personnes. L'Assemblée stipula qu'on ne pourrait louer ses services qu'à temps, et sa terre que pour une durée maxima de quatre-vingt-dix-neuf ans ou trois vies humaines (loi du 29 décembre 1790). Les rentes foncières perpétuelles restaient autorisées, à la condition toutefois qu'elles fussent toujours rachetables au bout de vingt ans.
L'Assemblée nationale ne fit rien pour remédier à la brièveté des baux ruraux, souvent dénoncée comme un obstacle au progrès agricole.
Au contraire, elle décida que certaines catégories de biens ne pourraient plus faire l'objet que de conventions à court terme. Les biens des femmes mariées et des pupilles ne pourraient plus être loués que pour une durée inférieure à neuf ans. Les baux des biens nationaux devaient également être conclus pour trois, six ou neuf ans. Les baux supérieurs à six ans pourraient être résiliés par l'acquéreur, sauf clause contraire, si celui-ci désirait exploiter lui-même directement la terre. La tacite reconduction des baux fut abolie. En cas de calamité agricole, le fermier ne fut dispensé de son loyer que s'il

avait perdu au moins les deux tiers de la récolte. On voit combien toutes ces conditions étaient favorables aux propriétaires et défavorables tant aux locataires qu'à l'agriculture elle-même.

Les transferts de biens fonciers les plus fréquents avaient lieu par succession. Or le droit successoral était extraordinairement varié en France à la veille de la Révolution. La coutume changeait presque avec chaque paroisse. Toutefois, on peut en ramener les dispositions à trois grands types : dans tout le Midi, le droit romain prédominait et assurait, malgré quelques restrictions, la liberté de tester ; dans le Nord, le droit coutumier apportait, au contraire, de graves entraves à cette liberté ; la loi fixait ceux qui obligatoirement devaient hériter et stipulait le partage égal du patrimoine entre les héritiers naturels, afin de maintenir le bien dans la famille ; enfin la noblesse était régie par un droit successoral particulier, qui avantageait considérablement l'aîné des mâles. C'est ce qu'on appelait le « droit d'aînesse » et le « privilège de la masculinité ».

D'une manière générale, ces trois systèmes tendaient à concentrer la richesse chez un petit nombre de privilégiés de la fortune, qu'ils fussent soumis au droit romain dans le midi ou au droit féodal dans le nord, et à assurer le partage égal des héritages chez les pauvres.

Les Constituants voulurent substituer, pour des raisons plus politiques que juridiques, à ces systèmes compliqués, divers et jugés par eux injustes, un droit successoral, uniforme pour toute la France, et assurant l'égalité des héritiers. Ils prirent comme base de leurs travaux le droit coutumier, mais en le débarrassant de sa complexité, de ses multiples exceptions, pour lui donner une simplicité romaine. Le droit successoral féodal, implicitement aboli par les décrets du 4 août, le fut effectivement par la loi du 15 mars 1790, et la règle de l'égalité des partages, dans les successions *ab intestat* fut étendue au Béarn et à la Normandie où le droit d'aînesse s'était introduit jusque dans les successions roturières (loi du 8 avril 1791). Allait-on supprimer partout en France la liberté de tester ? Dès la fin de l'année 1789, un certain nombre de sociétés populaires avaient envoyé des pétitions en ce sens, car, avec le suffrage censitaire, la liberté de tester pouvait avoir de graves incidences politiques. En effet, tel père pouvait, en déshéritant un de ses fils dont les opinions lui déplaisaient, l'empêcher d'être citoyen actif. Mirabeau, dans un grand discours qu'il avait préparé juste avant sa mort, avait pris parti contre le libre droit de tester. Mais beaucoup de députés méridionaux défendirent la liberté successorale. Robespierre leur répondit. Selon lui, le droit de propriété cessant avec l'existence, le propriétaire ne pouvait disposer de ses biens après sa mort. D'ailleurs l'inégalité des partages tendait à renforcer l'inégalité politique. Pétion fut encore plus net : « S'il est libre à des pères et des mères de déshériter leurs enfants — car la réduction à la légitime est une véritable exhérédation sans cause — si vous leur laissez cette puissance, vous les laissez maîtres de faire des citoyens actifs, éligibles ou inéligibles. Vous dépouillez des citoyens sans nombre de leurs droits politiques... » Mirabeau proposait de réduire au dixième du patrimoine, Tronchet au quart, la portion des biens, ou quotité disponible, dont pourrait disposer le testataire. Mais ni la Constituante, ni la Législative ne donnèrent de conclusion au débat que la Convention devait plus tard essayer de trancher.

Quoique leur œuvre ait été sur bien des points incomplète, il n'en reste pas moins que les deux premières assemblées ont poussé à l'extrême le droit de propriété ; mais elles n'ont toujours considéré que le droit de l'individu, jamais celui de la famille ou de la société. Et c'est cet individualisme outrancier qui est un des traits les plus caractéristiques de l'œuvre économique des révolutionnaires de 1789 à 1792.

CHAPITRE VII

LES INSTITUTIONS ÉCONOMIQUES : LA PRODUCTION INDUSTRIELLE ET ARTISANALE[1]

Sous l'ancien régime, la production industrielle et artisanale était strictement réglementée, la grande industrie encore peu développée et la majeure partie de la production industrielle sortait de petits ateliers d'artisans. Les artisans étaient groupés en corporations englobant en une même association les maîtres, les compagnons et les apprentis du même métier. Toutefois, pour se défendre contre les exigences des patrons et s'entr'aider, les ouvriers avaient formé, de longue date, des associations plus ou moins secrètes, parce qu'illégales, qu'on appelait des « compagnonnages ». Les compagnonnages aidaient les jeunes dans leur apprentissage en leur facilitant le « tour de France », mais ils formaient aussi des « cellules », d'où partaient les ordres de grève. Toutefois, les compagnonnages étaient nombreux et souvent rivaux, l'esprit de classe était embryonnaire chez les artisans.

La grande industrie, qui en est à ses débuts, se concentrait en des manufactures soumises à trois régimes différents. Les unes, dites royales, étaient administrées par des régies. En général, elles fabriquaient des objets de luxe — les Gobelins — ou des armes — Ruelle. Les autres étaient simplement subventionnées par le roi. Les troisièmes, enfin, ne recevaient aucune subvention

---

[1]. BIBLIOGRAPHIE GÉNÉRALE. — On trouvera des documents aux Archives nationales, notamment dans la série D et dans les archives départementales (série L) et communales (série F). Voir Ch. Schmidt, *L'industrie, instruction, recueil de textes et notes* (Paris, 1909, in-8º) ; Gerbaux et Schmidt, *livre cité*, p. 137 ; A. de Saint-Léger, *Les mines d'Anzin et d'Aniche pendant la Révolution* (Paris, 1935 et 36, 2 vol. in-8º). — OUVRAGES GÉNÉRAUX : Ballot, *L'introduction du machinisme dans l'industrie française* (Paris, 1923, in-8º) ; G. et H. Bourgin, *L'industrie sidérurgique en France au début de la Révolution*, de la *Commission d'hist. écon. de la Révol.* (Paris, 1920, in-8º) ; Letaconnoux, *Le comité des députés extraordinaires des manufactures et du commerce, et l'œuvre de la Constituante*, dans les *Ann. révol.*, 1913, p. 149-208 ; Pétrof, *Les questions industrielles et commerciales dans les cahiers des députés du tiers état aux États-Généraux de 1789*, dans la *Revue du ministère de l'instruction publique de Russie*, 1911, juin-juillet (en russe) ; M. Rouff, *Les mines de charbon en France au XVIIIᵉ siècle* (Paris, 1920, in-8º) ; Sauzet, *La législation industrielle de la France*, dans la *Rev. d'éco. pol.*, 1892, p. 353-402 ; H. Sée, *Études sur la vie économique en Bretagne, 1772-an III* (Paris, 1930, in-8º) ; Wahl, *Les premières années de la Révolution à Lyon* (Paris, 1894, in-8º).

de l'État, mais n'en étaient pas moins soumises à des règlements nombreux et minutieux, qui, en théorie, devaient garantir la bonne qualité du produit fabriqué. Enfin, il était une forme de la production intermédiaire entre l'artisanat et la manufacture : c'était celle qui dépendait des « marchands fabricants » donnant le plus souvent à filer et à tisser des textiles, parfois à confectionner des pièces de mécanique ou des objets de bois aux paysans pendant la morte-saison. Mais cette production elle-même était souvent soumise à des règlements.

L'extraction des matières premières n'était pas libre non plus. Nous avons déjà fait allusion au grand édit du 14 janvier 1744, qui avait conféré, en fait, à l'État la propriété du sous-sol. Cet édit exigeait que tout exploitant d'une mine fût pourvu d'une autorisation délivrée par le contrôleur général des finances. L'exploitation de la mine elle-même était soumise à une étroite surveillance gouvernementale. Il était interdit de cesser l'exploitation avant que le filon fût épuisé et qu'on se fût bien assuré qu'il ne s'en trouvait pas d'autres au-dessous. La sécurité des ouvriers mineurs devait être garantie ; la loi réglait minutieusement le diamètre des puits, la largeur et l'étayage des galeries...

Depuis 1760, se dessinait en France un courant hostile à cette excessive réglementation. Les économistes en demandaient l'abolition, lorsqu'un des leurs, Turgot, étant parvenu en 1774 au contrôle général, s'était efforcé de réaliser en partie leur programme. Il avait aboli les maîtrises et jurandes, c'est-à-dire les corporations. Cette mesure avait favorisé surtout les patrons, en mesure désormais de fabriquer à leur guise et de produire à meilleur marché, quoique en moins bonne qualité. Les ouvriers et les consommateurs s'étaient montrés mécontents, les premiers parce que les salaires avaient diminué, les seconds parce qu'ils n'avaient plus désormais pu compter sur la qualité à laquelle ils étaient habitués. On avait craint aussi la désertion des campagnes : le nombre des maîtres n'étant plus fixé, on avait supposé que beaucoup de villageois allaient gagner la ville et y tenir échoppe. Effectivement, à Paris on avait compté en quelques mois un afflux de plus de 10.000 nouveaux cordonniers et d'une quantité de boulangers. Beaucoup d'anciens compagnons, d'ailleurs, s'étaient établis maîtres. Mais l'édit avait soulevé une violente hostilité des parlements et contribué beaucoup à la chute de Turgot, le 12 mai 1776 et quoique l'édit eût été finalement rapporté au mois d'août suivant, on n'en avait pas moins constaté une légère atténuation des règlements de corporations et certains métiers étaient demeurés libres.

Les économistes toutefois persistaient à réclamer la liberté de l'industrie. Necker, sans reprendre toute la réforme de Turgot, s'était efforcé de leur accorder satisfaction. Après une grande enquête sur les besoins et les possibilités de l'industrie, il avait assoupli la législation économique par l'édit du 5 mai 1779. Celui-ci avait donné aux fabricants le choix entre l'entière liberté et la soumission à des règlements, d'ailleurs simplifiés. Les marchandises conformes aux règlements — qui avaient été publiés en 1780 et 1781 — devaient porter des marques spéciales. Le public préférait les marchandises marquées ; la liberté économique avait semblé ainsi recevoir assez mauvais accueil. Cependant les assemblées provinciales demandèrent après 1787, l'établissement de la liberté complète. Il ne faut pas s'en étonner, car les industriels siégeaient dans toutes ces assemblées, et ils avaient intérêt à la liberté qui leur valait de plus gros profits.

I
LES VŒUX DES CAHIERS DE 1789[1]

Les ouvriers étaient encore bien moins représentés aux États généraux que les paysans. Les ouvriers des corporations avaient toutefois participé aux élections primaires et rédigé des cahiers. Les ouvriers de la grande industrie, par contre, avaient été la plupart du temps écartés des élections. Mais les cahiers de villes, et les cahiers de bailliage n'avaient guère tenu compte des doléances de la classe ouvrière. De sorte que les cahiers de 1789 représentent plutôt l'opinion des bourgeois sur les ouvriers que les revendications des travailleurs eux-mêmes.

Les cahiers contiennent, touchant les corporations, des vœux très contradictoires. Certains cahiers en demandent le maintien en faisant valoir qu'elles protègent les ouvriers. D'autres, au contraire, en réclament la suppression parce que archaïques, ennemies du progrès, c'est-à-dire du libéralisme économique et du machinisme.

Les cahiers des ordres privilégiés se montrent, en général, hostiles aux corporations. Les cahiers du Tiers sont les plus divisés. Ceux de Pont-à-Mousson, Dijon, Marseille, Reims, Rouen, Lille, Nancy sont partisans des corporations. Celui des faubourgs de Paris y est hostile. Le cahier du Tiers de Paris s'exprime ainsi : « Les administrations provinciales, et particulièrement l'administration de Paris, examineront avec attention s'il convient de maintenir, de réformer ou de supprimer les corporations. »

Neuf cent quarante-trois cahiers primaires de corporations nous ont été conservés. Parmi ceux-ci, 41 seulement demandent l'abolition. Sur 40 cahiers de ville ayant traité la question, 26 sont favorables aux corporations, 14 hostiles. Sur 81 cahiers de bailliages, 30 les défendent, mais 51 les combattent. D'une manière générale, les grandes villes, les régions les plus développées au point de vue industriel telles que les régions du Nord et la Lorraine, sont les champions du régime corporatif. Les villes moyennes, de 10 à 25.000 habitants,

---

[1]. TEXTES ET OUVRAGES A CONSULTER. — On se reportera surtout aux cahiers de doléances de 1789, dont on trouvera la liste dans : Miss B. Hyslop, *Répertoire critique pour les cahiers de doléances de 1789* (Paris, 1933, in-8°) ; R. Picard, *Les cahiers de 1789 et la classe ouvrière* (Paris, 1910, in-8°) ; B. Hyslop, *French gild opinion*, dans l'*Amer. hist. rev.*, 1939, p. 252-271. — QUESTIONS A ÉTUDIER : Un petit nombre de cahiers de corporation ont été jusqu'à présent publiés. Or, seules, leur recherche et leur publication, permettront de se faire une opinion plus précise des revendications ouvrières en 1789. L'article de Miss Hyslop cité ci-dessus indique la voie qu'il convient de suivre.

sont divisées ; les petites villes, les campagnes sont la plupart du temps hostiles. Il est probable qu'il y a là une question de concurrence : les prolétaires, très nombreux à la campagne à cette époque, pensaient que la disparition des corporations leur permettrait de trouver plus facilement du travail. En tout cas, on ne peut tirer des cahiers aucune indication nette sur les vœux des Français, et spécialement des intéressés. Il semble, malgré tout, que les ouvriers se soient montrés satisfaits du régime.

Les ouvriers n'ayant pu faire entendre que rarement leur voix, il est bien difficile de savoir, d'après les cahiers, quelles améliorations ils souhaitaient. La question du chômage, du droit au travail, de l'assistance, n'est pour ainsi dire pas abordée dans les doléances de 1789. On assimile les chômeurs aux oisifs, et on demande, non qu'on les aide, mais qu'on les punisse ! Tel est formellement le vœu du cahier de Saint-Mesme, en Touraine.

Les compagnonnages qui apportaient aux ouvriers un utile soutien, sont, en général, attaqués, parce que les cahiers ont été rédigés par les maîtres qui voyaient surtout en eux une coalition permanente contre leur arbitraire en matière de salaires. Le cahier de Draveil, dans la région parisienne, demande que les compagnonnages soient interdits, leurs membres poursuivis et tout ouvrier muni d'un « livret ». Le cahier des menuisiers de Marseille, celui du Tiers de Montpellier expriment le même avis. Cependant, les ouvriers chapeliers, serruriers et tailleurs de pierre de Marseille se plaignent de l'interdiction dont leurs associations ont été frappées et en demandent le rétablissement.

Plusieurs cahiers examinent le problème des salaires, mais jamais sous l'angle de l'intérêt ouvrier. S'ils se plaignent des bas salaires, c'est parce que ceux-ci ont pour conséquence l'émigration des ouvriers et que la France se trouve ainsi privée d'une main-d'œuvre habile au profit de concurrents étrangers. Les cahiers du Tiers de Toulon, de Chailland, dans le Maine, expriment cette opinion. Celui de Mareil souhaite que les salaires soient fonction du prix du blé. Des cahiers visiblement inspirés par les patrons demandent la fixation des salaires de manière générale et définitive : on pensait éviter ainsi des coalitions et des grèves.

Quelques cahiers suggèrent le paiement d'une retraite aux vieux ouvriers, d'autres proposent en leur faveur des allègements fiscaux.

Beaucoup estiment que les ouvriers ne travaillent pas assez, qu'il y a trop de fêtes chômées, que le machinisme engendre le chômage : cette remarque était juste, et, au cours des troubles de 1789-1792, les ouvriers révoltés brisèrent souvent les machines, tenues par eux pour génératrices de chômage et de misère.

Fallait-il maintenir la réglementation de l'industrie, ou établir la liberté comme Turgot et Necker avaient essayé de le faire ? Les cahiers sont, sur ce point aussi divisés que sur les corporations. Le Tiers de Paris prie les États généraux d'examiner si l'intérêt du pays commande le maintien ou la suppression des règlements. De nombreux cahiers reflètent l'incertitude de l'opinion et se montrent favorables à une « réglementation libérale » jugée nécessaire pour « soutenir la bonne fabrication et maintenir le bon ordre parmi les fabricants ». Les régions exportatrices décrivent les avantages de la réglementation, qui, disent-elles, garantit la qualité et permet d'exporter facilement.

Certaines provinces demandent même une aggravation de la réglementation. Les pays forestiers, craignant la dévastation des bois, estiment que le nombre des « pompes à feu » doit être rigoureusement limité. La noblesse de l'Agenais souhaite qu'aucune manufacture ne soit installée sans l'agrément des États provinciaux.

Les cahiers rédigés par des libéraux — comme celui de Nemours, œuvre de l'économiste Dupont — sont hostiles à la réglementation, nuisible, disent-ils, à l'essor de l'industrie et propres à favoriser les fraudes. Ils critiquent l'administration des manufactures, coûteuse, encombrante et d'esprit retardataire. Ils réclament la suppression des manufactures royales ou privilégiées. Les cahiers du Tiers de Draguignan, du Nivernais déclarent que ces établissements pourraient prospérer sous la direction de particuliers, mais dépérissent entre les mains du roi.

En revanche, les mêmes qui se plaignent de la réglementation lorsqu'elle est contraire à leurs intérêts, s'en prennent aux marchands manufacturiers, qui utilisant la main-d'œuvre rurale, produisent à bon compte et concurrencent les manufactures établies dans les villes...

Parmi ces nombreuses revendications contradictoires, il allait être malaisé pour la Constituante de prendre parti. Elle devait surtout décider de deux grands problèmes, celui des associations corporatives et ouvrières, et celui de la réglementation. Fallait-il abolir les corporations et donner à chacun le droit de travailler à sa guise ? Fallait-il interdire aussi les compagnonnages, les associations ouvrières ? D'autre part l'État devait-il renoncer à réglementer les manufactures, à protéger l'industrie de luxe ou celle des fabrications de guerre par un statut particulier, à garantir les inventions nouvelles par des privilèges ?

II

L'ABOLITION DES CORPORATIONS ET DES ASSOCIATIONS OUVRIÈRES[1]

Les nobles et bourgeois libéraux qui abolirent les privilèges pendant la nuit du 4 août étaient pour la plupart hostiles aux corporations qui gênaient

---

1. TEXTES ET OUVRAGES A CONSULTER. — Biaugeaud, *La liberté du travail sous l'assemblée constituante* (Paris, 1939, in-8°) ; Connay, *Les compagnonnages* (Paris, 1909, in-8°) ; E. Coornaert, *Les corporations* (Paris, 1940, in-8°) ; du même, *Les corporations*, dans l'*Information hist.*, 1946, p. 107-109 ; F. Dreyfus, *La Rochefoucauld-Liancourt* (Paris, 1903, in-8°) ; Defrenne, *La Coalition ouvrière et le droit de grève*, thèse de droit (Paris, 1903, in-8°) ; Drioux, *Les coalitions*

leurs affaires. Ils décidèrent que les jurandes et les maîtrises devaient être considérées comme des privilèges et le député Chasset proposa leur abolition. Mais ils hésitèrent à prendre une telle décision. Or, au fur et à mesure que le temps passait, les intérêts des ouvriers et des patrons divergeaient. Les patrons s'enrichissaient, achetaient des biens nationaux, spéculaient. Les ouvriers, au contraire, payés en assignats dévalués, voyaient leur misère s'accroître. Les patrons perdaient leur attachement aux corporations pendant que les ouvriers voyaient leur salut dans la reconnaissance légale des associations ouvrières.

La Constituante n'aborda le problème central des corporations qu'incidemment, à propos de la discussion de la loi sur les patentes, le 15 février 1791. Le député d'Allarde demanda alors l'abolition des jurandes et maîtrises, parce qu'elles constituaient, disait-il, des « privilèges exclusifs ». Le lendemain, il déposa un projet de loi prévoyant la suppression des maîtrises érigées en offices : les maîtrises de perruquiers, barbiers, étuvistes ; ainsi que la suppression de toutes les autres jurandes et maîtrises à dater du 1er avril 1791. Le projet fut voté le 2 mars 1791 et promulgué le 17. Ainsi les corporations étaient supprimées, la liberté du commerce et de l'industrie semblait établie. La loi de l'offre et de la demande allait, seule, régir la production.

Les ouvriers pensèrent que cette loi allait avoir pour corollaire la liberté d'association, donc la reconnaissance des compagnonnages. Du moment qu'il était loisible aux patrons d'augmenter les prix sans désormais redouter la réglementation corporative, n'était-il pas logique que les ouvriers eussent

d'ouvriers et de patrons (Paris, 1884, in-8°) ; Fallex, *Les coalitions ouvrières en 1791*, dans la *Revue bleue*, 1891, p. 658-661 ; de Fels, *L'organisation professionnelle au XVIIIe siècle*, dans la *Revue de Paris*, 1914, t. III, p. 362-387 et 628-652 ; Garmy, *La mine aux mineurs de Rancié (1789-1848)* (Paris, 1943, in-8°) ; Germain-Martin, *Les associations ouvrières au XVIIIe siècle* (Paris, 1900, in-8°) ; Guéronik, *op. cit.*, livre cité p. 160 ; B. Hyslop, *French gild opinion*, cité p. 178 ; Jaffé, *Le mouvement ouvrier à Paris sous la Révolution* (Paris, 1924, in-8°) ; Lallemand, *La révolution et les pauvres* (Paris, 1898, in-8°) ; Levasseur, *Histoire de la classe ouvrière* (Paris, 1903, in-8°) ; Lichtenberger, *Le socialisme et la révolution française* (Paris, 1899, in-12) ; P. Louis, *Histoire de la classe ouvrière en France*, nlle éd. (Paris, 1946, in-16) ; Mathiez, *L'œuvre sociale de la Révolution française*, dans la *Grande Revue*, t. CX (1922), p. 203-220 ; du même, *L'importance du prolétariat en France à la veille de la Révolution*, dans les *Annales histor. de la Révolution franç.*, 1930, p. 497-524 ; du même, *Les corporations ont-elles été supprimées en principe dans la nuit du 4 août ?*, dans les *Annales hist. de la Révolution franç.*, 1931, p. 252-257 ; Picard, *Les cahiers de 1789 et la classe ouvrière* (cité p. 178) ; Pouthas, *La Constituante et la classe ouvrière*, dans les *Ann. révolut.*, 1911, p. 153-182 ; Reynoard, *Les ouvriers des manufactures nationales sous la Révolution* (Paris, 1917, in-8°) ; Riffaterre, *Le sentiment du Tiers-état sur les corporations en 1789*, dans la *Révolution franç.*, 1929, p. 289-309 ; E. Soreau, *La loi Le Chapelier*, dans les *Annales hist. de la Révolution franç.*, 1931, p. 287-314 ; du même, *Ouvriers et paysans*, cité p. 158 ; Tarlé, *Studien zur Geschichte der Arbeiterklasse in Frankreich während der Revolution*, Schmollers Forschungen, Heft 132. (Leipzig, 1908, in-8°) ; du même, *La classe ouvrière et le parti contre-révolutionnaire*, dans la *Révolution franç.*, t. LVII, 1909, p. 304-327. — QUESTIONS A ÉTUDIER : On connaît fort mal les conditions dans lesquelles disparurent les corporations, ainsi que les réactions des ouvriers et artisans à ce sujet. Il serait bon d'étudier également ce que sont devenus les compagnonnages après 1789, et comment la loi Le Chapelier a été appliquée.

le droit de se grouper pour imposer aux patrons des augmentations de salaires ? D'ailleurs, une loi du 21 août 1790 ne déclarait-elle pas : « Les citoyens ont le droit de s'assembler paisiblement et de former entre eux des sociétés libres, à la charge d'observer les lois qui régissent tous les citoyens... »

Aussi les ouvriers, comme les patrons, crurent-ils trouver leur intérêt à l'abolition des corporations. Seul Marat critiqua cette mesure. La Constituante y appliqua quelques corrections de détail concernant certaines professions importantes pour l'hygiène ou la moralité publiques. Ainsi, elle décida par la loi du 14-17 avril 1791 que les pharmaciens ne pourraient s'établir sans diplôme ; par la loi du 31 mars-3 avril, que les orfèvres resteraient soumis à la surveillance de la police pour le titre des objets d'or et d'argent ; par la loi des 12-28 juillet, que les hauts fourneaux ne pourraient être installés sans autorisation du Corps législatif... Mais c'étaient là des mesures de détail. L'organisation corporative était bel et bien abolie, et pour l'empêcher de se reconstituer, les députés insérèrent dans le préambule de la constitution cette phrase : « Il n'y a plus ni jurandes, ni corporations de professions, ni maîtrises. »

Les jugements des contestations relatives aux salaires furent dévolus aux juges de paix, mais la Constituante montra l'esprit de classe qui l'animait en marquant, à l'occasion des affaires de coups et blessures entre ouvriers et patrons, une différence entre les deux catégories : à délit égal, les premiers étaient plus sévèrement punis que les seconds. La justice n'était donc plus la même pour tous, en dépit des affirmations solennelles de la Déclaration des droits de l'homme.

La Constituante régla enfin la question du remboursement des maîtrises. Celui-ci s'effectua lentement, le plus souvent en assignats dévalués, de sorte que les patrons furent souvent lésés.

Les ouvriers espéraient, avons-nous dit, que la suppression des corporations allait ouvrir pour l'industrie une ère de liberté et que, par conséquent, leurs associations allaient être légalement reconnues. Ils attendaient avec impatience cette reconnaissance ; car, avec la dévaluation de l'assignat et les troubles économiques consécutifs à la Révolution, les conflits relatifs aux salaires se multipliaient.

Dès le 18 août 1789, les compagnons tailleurs se mettaient en grève et demandaient à la municipalité de Paris de leur garantir 40 sous par jour. Le 4 septembre de la même année, les ouvriers cordonniers se « coalisaient » afin d'obtenir une augmentation de salaire. En 1790, on signale des coalitions et des grèves à Lyon, à Marseille, à Caen, où les travailleurs du canal maritime quittent le chantier. Partout les ouvriers réclament des augmentations de salaires, la diminution de la journée de travail et la baisse du prix du pain.

L'Assemblée nationale ne voulait voir dans ces conflits économiques que des émeutes injustifiées troublant l'ordre public et qu'il fallait réprimer par la force. A plusieurs reprises la « loi martiale » fut proclamée contre les rassemblements ouvriers. L'Assemblée était persuadée que quelques meneurs — qu'elle croyait, sincèrement ou non, payés par les contre-révolutionnaires — provoquaient grèves et coalitions. Elle se rendit compte, en tout cas, que chaque fois le mouvement avait pris naissance dans les compagnonnages, et beaucoup de députés en vinrent dès lors à l'idée qu'il fallait interdire les associations ouvrières au même titre que les corporations, parce qu'elles portaient atteinte à la liberté de l'industrie.

Une agitation particulièrement grave des charpentiers parisiens allait donner à l'Assemblée nationale l'occasion de sévir.

Fin avril 1791, les charpentiers de Paris se coalisent et réclament une augmentation de salaire. La municipalité de Paris leur adresse, le 29 avril, une proclamation où il était dit : « La liberté doit exister pour tout le monde, même pour les maîtres », qui doivent fixer à leur guise le taux des salaires. La proclamation s'achève sur le souhait d'un retour au calme et à la conciliation. Mais l'agitation persiste. Les charpentiers pressent la municipalité d'intervenir, de fixer un nouveau tarif de salaires et décident de continuer la grève en attendant. La municipalité de Paris déclare alors nuls, inconstitutionnels et non obligatoires, les arrêtés pris par les ouvriers... pour s'interdire respectivement et pour interdire à tous les autres ouvriers le droit de travailler à d'autres prix que ceux fixés par les dits arrêtés ; elle « fait défense à tous ouvriers d'en prendre à l'avenir de semblables, déclare, de plus, que le prix du travail doit être fixé de gré à gré, entre eux et ceux qui les emploient... ».

Cet arrêté resta lettre morte. L'agitation grandit. Les charpentiers formèrent une « union fraternelle des ouvriers en l'art de la charpente » qui décréta que le prix de la journée de travail ne pourrait être inférieur à 50 sous. Ils élaborèrent un règlement en huit articles, véritable contrat collectif, qu'ils demandèrent à la municipalité de faire accepter par les patrons. La municipalité refusa et sollicita l'Assemblée d'intervenir. C'est à ce propos, et, en somme tout à fait incidemment, que la Constituante allait voter la loi Le Chapelier, une des lois les plus hostiles aux ouvriers qui aient jamais été promulguées et une des lois les plus durables de l'Assemblée Constituante, puisqu'elle ne fut révoquée qu'en 1864 !

Ancien avocat au Parlement de Rennes, Le Chapelier nous apparaît dès 1789, comme un des champions de la bourgeoisie libérale. C'est lui qui préside l'Assemblée le 4 août 1789 ; c'est lui qui fait voter l'organisation des gardes nationales, c'est-à-dire l'armement de la bourgeoisie ; c'est lui qui rapporte la loi supprimant les jurandes et maîtrises ; c'est lui qui demande la réglementation du droit de pétition, qui aboutit à fermer la bouche aux sociétés populaires.

Le Chapelier monte à la tribune le 14 juin 1791, pour défendre son projet. Les compagnonnages, dit-il, sont assimilables aux corporations. Certes, l'Assemblée a reconnu aux citoyens le droit de s'associer : « Il doit être permis à tous les citoyens de s'assembler, mais il ne doit pas être permis à tous les citoyens de certaines professions de s'assembler pour leurs prétendus intérêts communs... » Autrement dit, le droit d'association ne sera reconnu qu'aux fidèles suppôts de la bourgeoisie libérale. Sera-t-il donc interdit aux ouvriers de se grouper pour s'entr'aider ? Le Chapelier estime que l'assistance mutuelle n'est qu'un prétexte. Les compagnonnages se forment, prétend-il, sous « le motif spécieux de porter secours aux malades, aux indigents et aux sans-travail... ». Quant au bien-fondé des revendications ouvrières en matière de salaires, ce n'est pas à l'assemblée à en discuter. « Je ne veux pas, poursuit Le Chapelier, examiner quel doit être raisonnablement le salaire de la journée de travail... » Il avoue seulement que le salaire « doit être un peu plus élevé qu'il ne l'est à présent... » ; mais il condamne toute association ayant pour but la hausse des salaires et demande l'interdiction des compagnonnages. Plusieurs membres de la droite en profitent pour réclamer l'interdiction de toutes les associations politiques. Gaultier de Biauzat leur répond en déclarant qu'il faut maintenir le principe de la liberté d'association et se borner à interdire les sociétés ouvrières.

La loi, votée séance tenante par l'Assemblée, rappelle d'abord l'abolition des corporations. Celle-ci doit, à l'entendre, entraîner la suppression de toutes les autres associations ouvrières : « Les citoyens d'un même état ou profession, les entrepreneurs, ceux qui ont boutique ouverte, les ouvriers et compagnons d'un art quelconque ne pourront, lorsqu'ils se trouveront ensemble, se nommer ni président, ni secrétaire, ni syndics, tenir des registres, prendre des arrêtés ou délibérations, former des règlements... » La loi interdit toute pétition adressée au nom d'une profession ; elle déclare inconstitutionnelles, attentoires à la liberté et à la Déclaration des droits de l'homme, toutes délibérations tendant à fixer un prix : la loi livrait donc les ouvriers à l'arbitraire des patrons ; elle les vouait à la misère perpétuelle.

Les auteurs ou instigateurs de délibérations ouvrières devaient être poursuivis devant le tribunal de police, ils étaient passibles de 500 livres d'amende, de la suspension pendant un an des droits de citoyen actif et de l'exclusion des travaux ordonnés par les administrations publiques. En outre, si les délibérations, motions, affiches des ouvriers assemblés contenaient des menaces contre les employeurs ou les autres ouvriers, les auteurs et instigateurs de ces menaces seraient passibles de mille livres d'amende et de trois mois de prison. Ceux qui attenteraient par la violence à la liberté du travail seraient poursuivis devant les tribunaux criminels comme perturbateurs du repos public. Les attroupements d'ouvriers étaient qualifiés de séditieux, ils devraient être dispersés par la force. Telle était la loi qui, au nom de la liberté, ravalait l'ouvrier au rang de l'esclave.

Elle fut étendue le 20 juillet 1791 aux travailleurs agricoles et aux domestiques. Quelques jours plus tard, le sort des ouvriers papetiers fut encore aggravé : La Constituante décida qu'ils ne pourraient quitter leurs patrons sans préavis de six semaines signifié par-devant deux témoins, à peine de cent livres d'amende. Les maîtres embauchant un ouvrier coupable étaient passibles de 300 livres d'amende. Pourquoi les ouvriers papetiers ? C'est qu'ils fabriquaient les assignats, et que toute interruption dans l'exercice de cette industrie eût été catastrophique pour l'État...

Il faut remarquer que, lors du vote de la loi Le Chapelier et des mesures qui la complétèrent, aucun député « de gauche » ne prit la défense des travailleurs. Robespierre, Pétion, qui, à la Constituante, s'étaient faits les défenseurs attitrés des classes laborieuses restèrent muets. Marat, dans son journal critiqua la loi, mais du seul point de vue politique, il croyait que le but essentiel des constituants était d'écarter les travailleurs de la vie politique en les empêchant de s'associer.

Pourquoi ce silence ? Certains historiens, notamment Jaurès ont expliqué que les députés démocrates ne voyaient dans la loi qu'une mesure de circonstance provoquée par une grève locale. D'autres ont dit, avec plus de raison, que les députés « patriotes » craignaient que les associations ouvrières, les compagnonnages ne devinssent des centres de propagande contre-révolutionnaire. Marat demandait, non pas qu'on les supprimât, mais qu'on les réorganisât de telle sorte que les ouvriers pussent facilement accéder au patronat et qu'ils fussent, en tout temps, assurés d'un salaire suffisant.

Que beaucoup de députés aient vu dans la loi Le Chapelier une mesure de circonstance ou un moyen de lutte contre la propagande révolutionnaire qui, incontestablement, se manifestait dans les milieux ouvriers, il n'en reste pas moins que cette loi fit triompher une conception économique, sociale et philosophique : celle de l'individualisme bourgeois, celle de l'égoïsme libéral, celle du capitalisme moderne. Aussi a-t-elle duré trois quarts de siècle, pendant tout le temps que la société qu'elle caractérise a dominé la France. Faut-il en conclure que le sort des ouvriers empira ? Ce serait inexact. S'il ne s'est pas amélioré, par rapport à l'ancien régime, du moins les compagnonnages, sociétés secrètes avant 1789, se perpétuèrent-elles. Il y eut encore des coalitions, des grèves motivées par des demandes d'augmentation de salaires et d'une diminution des heures de travail. Mais la société nouvelle, fondée en 1789 possédait désormais l'arme permettant de réprimer légalement toute revendication ouvrière, et elle ne se fera pas faute d'en user.

III

L'ABOLITION DE LA RÈGLEMENTATION INDUSTRIELLE[1]

La suppression des corporations, l'interdiction de toute association ouvrière laisse présager la politique de la Constituante en matière de réglementation

---

1. TEXTES ET OUVRAGES A CONSULTER. — Se reporter aux précédentes bibliographies. En ce qui concerne la loi sur les mines, voir, outre le livre de M. Rouff, déjà cité, p. 176 ; P. Sagnac, *La législation civile, op. cit.*, p. 171. — QUESTIONS A ÉTUDIER : L'abolition de la réglementation

industrielle. L'abolition complète de celle-ci ne pouvait faire de doute, même si l'on édictait des mesures nouvelles pour protéger les inventions.

Nous avons déjà parlé de l'édit de 1744 qui réglementait minutieusement les exploitations minières. Cet édit qui avait, en fait, reconnu à l'état la propriété du sous-sol, avait fait l'objet de nombreuses protestations dans les cahiers de doléances. Néanmoins, un grand nombre de constituants, et la majorité des membres du Comité de l'agriculture et de l'industrie estimaient qu'il fallait maintenir les principales dispositions de cet édit qui avait suscité en France un remarquable essor industriel. Malgré cela, et malgré un éloquent discours de Mirabeau qui voulait conserver à la nation la propriété du sous-sol, l'Assemblée vota la loi du 27 mars 1791 qui rendait les mines aux propriétaires de la surface. La nation conservait seulement le droit de consentir à l'ouverture de toute nouvelle exploitation. Ce consentement ne pouvait d'ailleurs être refusé au propriétaire du sol lorsqu'il n'exploitait qu'une partie du fonds correspondant à l'étendue de sa propriété en surface. Toute la réglementation relative à la sécurité des ouvriers était abolie. Cette loi, nettement rétrograde, entraîna l'interruption de nombre d'exploitations, et des difficultés, souvent inextricables entre anciens concessionnaires et propriétaires de la surface.

La suppression des règlements relatifs aux mines, celle des jurandes et maîtrises devaient naturellement avoir pour corollaire la disparition de l'administration industrielle qui avait beaucoup proliféré pendant les dernières années de l'ancien régime. La loi des 27 septembre-16 octobre 1791 supprima tous les emplois de directeurs, inspecteurs et administrateurs des manufactures. Les manufactures privilégiées disparaissaient aussi. Mais un des buts des privilèges accordés jadis par le roi à tel ou tel industriel était de protéger une invention nouvelle. N'était-il pas juste de conserver à l'inventeur la propriété de son invention et de lui assurer par un raisonnable monopole de son exploitation le revenu qu'il était en droit d'en attendre et qui constituait en quelque sorte le salaire de ses efforts ?

C'est pour atteindre ce but que l'Assemblée constituante décida de créer des brevets d'invention.

La Constituante prit pour modèle, sur la proposition de la Chambre de commerce de Normandie, la législation britannique qui avait déjà substitué aux privilèges industriels le système libéral des brevets. Le chevalier de Boufflers fut chargé de présenter un rapport sur cette question, et la loi fut votée le 31 décembre 1790, promulguée le 7 janvier 1791.

industrielle et ses conséquences n'ont fait l'objet d'aucune étude. Il serait donc utile d'entreprendre d'abord des monographies de détail en examinant une industrie ou une corporation dans une ville. Ce n'est qu'après ces travaux préliminaires, que pourra être rédigée la synthèse qui nous manque.

Boufflers expliqua qu'il fallait considérer l'invention comme la propriété de l'inventeur : « Ce serait attaquer les droits de l'homme dans leur essence que de ne pas regarder une découverte industrielle comme la propriété de son auteur... ».

Toutefois, pour ne pas reconstituer les anciens privilèges, il fallait limiter la durée des brevets. Ceux-ci étaient accordés pour une période de cinq, dix ou quinze ans, à la volonté de l'inventeur. Le Corps législatif seul avait le pouvoir de proroger la durée l'un brevet pour les grandes inventions auxquelles quinze années n'auraient pas permis de procurer une rémunération suffisante ; le Parlement britannique avait usé d'une disposition analogue en faveur de Watt.

A l'expiration du brevet, les inventions étaient rendues publiques. Afin que cette publicité fût possible, la loi exigeait la remise par l'inventeur, lors de sa demande de brevet, d'une description sincère et complète de son invention, sous peine de déchéance. En cas de procès, cette description devait être produite en justice.

Ces dispositions firent d'assez nombreux mécontents. Les savants craignirent de voir diminuer leur autorité, les bureaux perdirent le prestige que leur conférait le droit d'accorder des privilèges ; les industriels redoutèrent la multiplication de procédés rivaux et l'apparition de concurrents dangereux. Effectivement un certain nombre de secrets de fabrication durent être dévoilés, par exemple celui de la fabrication de la soude selon la méthode Leblanc, et celui du métier à lacets de Perrault.

Le brevet (qu'on appelait aussi « patente ») donnait à son détenteur le droit de fonder des établissements, destinés à l'exploiter, dans toute l'étendue du royaume. Il pouvait céder ce droit à d'autres, disposer de son brevet comme d'une propriété, c'est-à-dire le vendre et poursuivre les contrefacteurs.

La loi distinguait trois sortes de brevets : les brevets dits « d'invention », « de perfectionnement », « d'importation ». Les inventeurs devaient acquitter, pour obtenir un brevet, une taxe relativement modique : de 300 livres pour cinq ans, de 800 pour dix ans, de 1.500 pour quinze ans. Mais aucun examen préalable n'était institué ; la délivrance du brevet suivait automatiquement l'acquittement de la taxe. Une seule restriction : l'inventeur ne pouvait, sous peine de déchéance, prendre un autre brevet à l'étranger.

La Constituante ne se borna pas à créer cette législation protectrice. Elle voulut encourager les inventions. Elle organisa à cette fin un « Bureau de consultation des arts et métiers », composé de quinze membres de l'Académie des Sciences et de quinze autres personnes, « versées dans différents genres d'industrie ». Ce bureau devait diriger des expériences destinées à « l'avancement des arts utiles », fournir des modèles, donner son avis sur les récompenses à décerner à ceux qui feraient des découvertes dans les arts utiles et renonceraient à se munir d'un brevet. Le bureau examina effectivement un certain nombre d'inventions et concéda à quelques inventeurs des locaux, choisis généralement parmi les biens nationaux, il accorda aussi des facilités de paiement pour achats faits à l'État, mais les récompenses qui étaient distribuées ne furent guère qu'honorifiques.

Le régime interventionniste de l'ancienne monarchie, minutieux et compliqué, était donc remplacé en 1792 par la loi sur les brevets, et par des encouragements bien anodins aux inventions nouvelles : les économistes libéraux avaient fait triompher complètement leur doctrine en matière d'organisation industrielle.

CHAPITRE VIII

LES INSTITUTIONS ÉCONOMIQUES : LES ÉCHANGES[1]

Sous l'ancien régime, le commerce, comme l'industrie, était étroitement réglementé. L'ordonnance du commerce de 1673, appelée aussi du nom de son inspirateur, « code Savary », régissait encore, en 1789, tout le commerce français. Elle énumérait les juridictions commerciales et en précisait le fonctionnement ; elle indiquait les règlements auxquels les sociétés de commerce devaient être soumises, fixait la législation des banques, remplissait, en somme, l'office d'un code commercial. Cette grande ordonnance avait été complétée par plusieurs autres, notamment le « Code noir » relatif au trafic des esclaves, l' « ordonnance de la marine » qui réglait certaines questions relatives au commerce maritime. Enfin, un grand nombre d'édits avaient fixé les conditions de circulation et de vente de certaines denrées, à l'intérieur ou à l'extérieur de la France.

Les conflits, en matière de commerce, étaient généralement portés devant les juridictions consulaires, qui existaient, à Paris depuis 1563 ; en province, elles avaient été créées progressivement surtout au cours du XVIIIe siècle. Mais leur compétence était mal définie, et leur jurisprudence infiniment variée, aussi avaient-elles peu d'autorité. Les conflits de compétences étaient constants entre tribunaux consulaires et surtout entre ceux-ci et les autres juridictions civiles. A Paris, l'Hôtel de Ville jugeait tous les différends entre

---

1. TEXTES ET OUVRAGES A CONSULTER. — Aux archives nationales, consulter D XIII, papiers des comités de commerce de la Constituante et de la Législative et les séries F 11 et F 12. Gerbaux et Schmidt, *Procès-verbaux des Comités d'agriculture et de commerce* (Paris, 1907, in-8°) ; P. Caron, *Le commerce des céréales, instruction, recueil de textes et notes* (Paris, 1907, in-8°) ; Voir aussi les archives des chambres et tribunaux de commerce.
D'Avenel, *Histoire économique de la propriété, des salaires...* (Paris, 1894-1898, 4 vol. in-8°) ; Kovaleski, *La France économique et sociale à la veille de la Révolution* (Paris, 1910-11, 2 vol. in-8°) ; C.-E. Labrousse, *Esquisse du mouvement des prix et des revenus en France au XVIIIe siècle* (Paris, 1933, 2 vol. in-8°) ; du même, *La crise de l'économie française à la fin de l'ancien régime et au début de la Révolution* (Paris, 1944, in-8°) ; Levasseur, *Histoire du commerce en France*, t. II (à contrôler de près ; Paris, 1912, gr. in-8°) ; Letaconnoux, *Les transports en France au XVIIIe siècle*, dans la *Rev. d'hist. moderne et contemp.*, 1909, t. II, p. 97-114 et 269-292 ; Mathiez, *La vie chère et le mouvement social en France sous la Terreur* (Paris, 1929, in-8°) ; R. Picard, *Les cahiers de 1789 et la classe ouvrière*, cité p. 178.

« marchands de l'eau », mais la « Chambre des bâtiments » prétendait connaître aussi nombre d'affaires commerciales. En province, les maîtrises des eaux et forêts et les baillis disputaient les causes aux juges consulaires. Partout, la justice consulaire était très onéreuse.

Mais les règlements les plus sévères étaient relatifs à la circulation des grains. La plupart du temps, celle-ci n'était autorisée qu'à l'intérieur d'une seule province. Le commerce des grains n'était pas libre. Les laboureurs, meuniers, boulangers, officiers de justice ne pouvaient être en même temps « blatiers », c'est-à-dire marchands de grains.

Les blatiers devaient, pour exercer leur profession, être munis d'une autorisation des officiers de justice. Ils devaient tenir registre de toutes leurs opérations. Par crainte des accaparements, il leur avait été interdit de former entre eux des associations. Ils étaient forcés d'approvisionner les marchés, mais ne pouvaient y faire leurs achats qu'après les boulangers et autres habitants. Toutes ces opérations étaient soumises à la surveillance constante de la police. Sauf pour l'approvisionnement de Paris, tout achat de grains hors marché était interdit.

Les cultivateurs qui n'avaient pu écouler en un marché tout le grain qu'ils avaient apporté, ne pouvaient le remporter chez eux ; ils devaient obligatoirement le déposer à la halle afin de le remettre en vente au marché suivant. On pensait éviter ainsi la hausse des prix.

Les boulangers étaient tenus de se constituer des réserves de grains ou de farine, ils devaient avoir constamment du pain à l'étalage, et il leur était interdit de refuser d'en vendre. Le prix du pain était toujours taxé par la municipalité, de même que le prix de la viande. Les mercuriales, ou listes de ces prix, étaient soigneusement tenues à jour, affichées, et publiées dans les feuilles locales.

En cas de disette, les cultivateurs pouvaient être « contraints à la vente », c'est-à-dire que le gouvernement pouvait user du droit de réquisition à un prix maximum fixé par lui. D'ailleurs, pour stabiliser les prix, le roi entretenait des « greniers d'abondance » qu'on vidait pendant les famines.

Toutes les autres denrées étaient astreintes au paiement de droits sur les foires et marchés : « droits de havage », « de petite coutume », « de halle », « d'étalage », etc. A plusieurs reprises, au cours du XVIIIe siècle, le gouvernement avait essayé, sous l'influence des physiocrates et des économistes, d'établir la liberté commerciale, et surtout la libre circulation des grains. Les deux principales tentatives avaient été effectuées en 1763, et par Turgot en 1774. Mais chaque fois la libre circulation avait eu pour conséquence un sensible renchérissement des prix dont le poids était retombé sur la classe laborieuse. Le prolétariat, dont les salaires n'augmentaient pas parallèlement au prix du pain, se soulevait, réclamait le retour à la réglementation. L'agitation la plus violente donna lieu à la « guerre des farines », qui provoqua, en 1776 la chute de Turgot. Aussi les pauvres étaient-ils hostiles à la libre circulation des grains, tandis que les propriétaires y avaient intérêt, puisqu'elle augmentait leurs bénéfices.

Même libre, la circulation des denrées se heurtait à d'autres et multiples obstacles. Sans parler de la difficulté naturelle des communications — mauvais chemins, quoique en cours d'amélioration au XVIIIe siècle, navigation difficile, variété extrême des poids et mesures, — il fallait compter avec les innombrables douanes intérieures et péages. Louis XIII avait autorisé en 1621 les provinces frontières à placer leurs bureaux de douane à leur volonté, soit vers l'intérieur, soit vers l'extérieur. La Bretagne, le Maine, le Dauphiné avaient adopté la première solution, la Bourgogne préféré la seconde. Mais les pays réunis depuis cette date avaient tous conservé les anciennes barrières douanières, de sorte que la France comprenait en 1789 des provinces « réputées étrangères », et des provinces de « l'étranger effectif ». Colbert, qui aurait voulu supprimer toutes les douanes intérieures, n'était arrivé qu'à grouper sous un tarif unique les provinces du bassin parisien qui avaient formé depuis lors « les cinq grosses fermes ».

La plupart des villes possédaient des octrois ; il fallait payer un péage sur un grand nombre de ponts, et certains de ces péages étaient célèbres, tels le trespas de « Loire », la « traite vive de Nantes », la « traite morte de Bretagne »... Beaucoup de ces péages avaient eu leur utilité, ils avaient permis d'indemniser le constructeur du pont ou de la route, mais, dans la plupart des cas, les frais ainsi engagés étaient remboursés depuis longtemps. De même, les octrois des villes avaient eu pour but de couvrir, à l'origine, telle ou telle dépense particulière ; mais les recettes avaient été détournées de leur objet. Aussi à plusieurs reprises, au cours du XVIIIe siècle, en 1708, 1779, 1787, le gouvernement avait-il essayé de supprimer les péages, les « traites », comme on les appelait, et certains octrois, mais il s'était heurté constamment à l'hostilité de la « Ferme générale ».

Le commerce extérieur était tout aussi réglementé que le commerce intérieur. Le système protectionniste établi par Colbert avait été appliqué pendant tout le XVIIIe siècle. Cependant, en 1786, sous l'influence des économistes, le gouvernement français avait rompu avec le « colbertisme », et signé avec l'Angleterre un traité connu sous le nom du négociateur anglais, Eden, qui engageait la France dans la voie du libre échange. Toutes les prohibitions, qui étaient nombreuses de part et d'autre, avaient été supprimées, les vins français largement dégrevés à leur entrée en Angleterre, et les tarifs sur les produits fabriqués diminués de 10 à 12 %. Toutefois, les soieries françaises restaient interdites en Grande-Bretagne. Les Britanniques avaient profité de ces avantages pour envahir le marché français. Afin d'accroître leurs exportations ils avaient vendu même à perte et pratiqué ce qu'on devait appeler plus tard la méthode du *dumping*. Aussi les commerçants et surtout les industriels français avaient-ils regretté le traité et souhaité le retour au régime protectionniste.

I
LES VŒUX DES CAHIERS[1]

Les cahiers demandent la refonte générale de toutes les lois commerciales et la rédaction, avec le concours des commerçants, d'un code de commerce réglant les attributions de la justice commerciale, la législation des faillites, la tenue des livres, l'organisation des sociétés commerciales, la répression des fraudes... Ils s'accordent à réclamer la multiplication des juridictions consulaires et la limitation de leur compétence. Toutefois, quelques cahiers estiment qu'une juridiction commerciale n'est pas indispensable et que toutes les affaires pourraient fort bien être soumises aux tribunaux ordinaires ; certains suggèrent qu'on pourrait adjoindre quelques commerçants aux juges des tribunaux civils lors de l'examen de litiges commerciaux.

En tout cas, les cahiers insistent pour que les juges consulaires, si leur existence est maintenue, soient élus par un corps électoral assez large. Les cahiers désiraient aussi une réduction des frais de justice. Ils insistent sur la nécessité de fixer avec précision la compétence des tribunaux de commerce, tant en ce qui concerne le territoire, qu'au regard des affaires. On souhaite leur voir soumises les ventes de fonds de commerce, ainsi que les litiges de navigation, les conflits entre employés et patrons, les affaires relatives aux lettres de change, mandats, billets, etc., les faillites.

La sanction des faillites préoccupe en effet beaucoup les rédacteurs des cahiers. Les faillites s'étaient multipliées sous l'ancien régime. On se plaint que certains commerçants malhonnêtes considèrent la faillite comme le plus sûr moyen de faire fortune. Aussi les cahiers réclament-ils la répression de l' « abus des faillites » et le châtiment sévère des faillis. Ceux-ci échappaient fréquemment à la justice en se réfugiant dans des « lieux d'asile », tels que l'enclos du Temple, à Paris, où l'on ne pouvait les poursuivre. D'autres obtenaient avec une facilité déconcertante des « arrêts de surséance », c'est-à-dire l'interruption des poursuites dont ils étaient l'objet. Pour obtenir un tel arrêt, il fallait le consentement des deux tiers des créanciers, mais, à Paris, il existait de véritables agences de faux créanciers toujours prêts à donner leurs noms, moyennant finance.

Les cahiers demandent la création d'administrateurs judiciaires de faillites ; ils demandent aussi qu'on renonce à la prise de corps tant que la malhonnêteté du failli n'aura pas été démontrée.

1. TEXTES ET OUVRAGES A CONSULTER. — On se reportera surtout aux cahiers de doléances de 1789, dont on trouvera la liste dans Miss B. Hyslop, *Répertoire critique* (cité p. 178).
Le livre de R. Picard, *Les cahiers de 1789 et la classe ouvrière* (cité p. 178) renferme, malgré son titre, de nombreuses indications sur les vœux des commerçants. — QUESTIONS A ÉTUDIER : Malgré les précieuses indications qu'on rencontre dans l'ouvrage de R. Picard, cité plus haut, il conviendrait de reprendre la question et d'étudier les vœux des commerçants français en 1789.

Si la faillite échappait souvent à l'action de la justice, la loi édictait, en revanche, des peines terribles contre le banqueroutier, dans certains cas, même la peine de mort était applicable. Les cahiers estiment ces peines trop sévères et leur préfèrent des châtiments infâmants tels que le fouet, la marque, l'affichage, la privation des droits civils et politiques. Ils insistent pour que le gouvernement obtienne des États étrangers l'extradition des faillis et banqueroutiers.

Les rédacteurs des cahiers pensent que le nombre des faillites serait réduit si les commerçants étaient astreints à se conformer à des règles strictes en matière de comptabilité. Tout failli qui ne pourrait présenter des livres en règle serait réputé banqueroutier.

Enfin, pour donner au failli comme à ses créanciers une garantie supplémentaire, les cahiers estiment qu'on devrait créer une juridiction d'appel des tribunaux de commerce.

A la veille de la Révolution, il n'existait en France qu'un très petit nombre de chambres et de bourses de commerce. Les plus importantes étaient celles de Paris et de Lyon. Les cahiers désirent la généralisation de ces institutions, mais aussi la soumission des courtiers près des bourses de commerce à un contrôle rigoureux.

Ce furent surtout les habitants des villes, donc des commerçants, qui rédigèrent les cahiers. Aussi n'est-il pas étonnant qu'ils se soient élevés contre la réglementation, protectrice des pauvres et limitatrice des profits. La plupart des cahiers sont, par suite, hostiles aux restrictions à la circulation des denrées. Le Tiers de Valognes déclare : « Le commerce devrait être libre comme l'air qui sert à voiturer une partie des marchandises... » La noblesse de Mantes n'est pas d'un autre avis : « Il faut que les lois conservent à l'avenir à tous les individus leur liberté naturelle de travailler, d'acheter ou de vendre... » Le Tiers de Pithiviers fait chorus en affirmant : « Le commerce ne fleurit qu'à l'ombre de la liberté. » Certains cahiers réclament pour la noblesse le droit de commercer. On ne s'en étonnera point, car les revenus fonciers de la noblesse avaient baissé au point qu'il lui était indispensable de trouver d'autres moyens d'existence ; et si l'égalité d'accès aux fonctions publiques était décrétée, la noblesse allait se voir privée de son monopole des grades militaires et de la plupart des offices de justice : d'où la nécessité de lui accorder d'autres débouchés.

Si la bourgeoisie désirait l'abolition de la réglementation lorsque celle-ci était préjudiciable à ses intérêts, elle en réclamait, en revanche, le maintien, ou même l'aggravation lorsqu'il s'agissait de défendre les positions acquises. C'est ainsi qu'elle proposait la limitation du colportage. Les colporteurs faisaient, en effet, à cette époque, une active concurrence aux commerçants établis, et ils vendaient moins cher parce qu'ils ne payaient pas d'impôts. Les colporteurs étaient, de plus, accusés de toutes sortes de méfaits, de vol et parfois d'assassinat. Aussi certains cahiers vont-ils jusqu'à suggérer l'interdiction du colportage ; d'autres se contenteraient d'une réglementation rigoureuse : obligation de posséder un domicile fixe, de payer les impôts normaux, d'être inscrit à une corporation, interdiction de vendre en dehors des foires et marchés. Naturellement, tel n'était pas l'avis des colporteurs eux-mêmes. Nous n'avons d'eux que le cahier de ceux de Marseille ; mais il est caractéristique : les colporteurs, disent-ils, ne travaillent pas, la plupart du temps, pour eux-mêmes ; ils sont les commis de marchands en gros, et l'on ne saurait en conséquence, les soumettre à la loi commune.

Certains cahiers proposent aussi d'interdire le commerce à certaines communautés religieuses — telles que les Jésuites, — et aux juifs, concurrents redoutés. Ces revendications prouvent que le libéralisme économique de la bourgeoisie ne dépassait guère le cadre de ses propres intérêts.

Naturellement, les cahiers sont presque unanimes à réclamer l'abolition des traites et des péages et même des octrois. On proteste peut-être plus encore contre les vexations auxquelles ils donnent lieu que contre les entraves qu'ils mettent à la circulation. Le Tiers du Luc, en Provence, écrit : « On ne peut faire un pas sans être assailli par une meute de commis, de gardes, qui fouillent avec une dureté intolérable, et surtout avec peu de loyauté, le malheureux voyageur. »

On estime d'ailleurs que ces multiples droits nuisent à l'industrie et au commerce des produits nationaux, car les marchandises étrangères en sont souvent dispensées : Ils encouragent donc la fraude et la contrebande. Cependant les provinces « réputées étrangères » et les pays de « l'étranger effectif » demandent le maintien de leurs privilèges de franchise dans leur commerce extérieur. Tels sont les vœux du Tiers de Mirecourt, de Colmar, de Saint-Mihiel, de Haguenau, de Metz. Les commerçants de Besançon font exception, ils déclarent placer leur patriotisme au-dessus de leurs intérêts et accepter, dans l'intérêt national, le recul des barrières jusqu'aux frontières.

Les cahiers souhaitent la suppression des multiples droits perçus dans les foires et marchés, et l'extension du régime des foires franches. Les cahiers du Tiers du Poitou, de la noblesse de Béziers et quelques autres estiment désirable l'unification des poids et mesures, soit par l'adoption d'un système nouveau et plus logique que les anciens, soit par l'extension à toute la France des unités en usage à Paris.

La spéculation, qu'on appelait alors « agiotage », n'avait cessé de croître à la fin du XVIIIe siècle. Les cahiers s'en plaignent et proposent plusieurs mesures destinées à y mettre fin, telle que l'interruption des emprunts d'État, et la conversion au nominatif de tous les titres au porteur. Les cahiers du clergé examinent le problème du prêt à intérêt que l'Église avait de tout temps condamné en la confondant avec l'usure. La plupart de ces cahiers estiment qu'on peut autoriser le prêt à intérêt, mais que la loi doit prescrire un taux d'intérêt légal, et raisonnable qu'ils proposent de fixer à 5 %.

Les cahiers contiennent peu de vœux relatifs au crédit ou à la Banque. Seule la noblesse de Saint-Quentin souhaite la création dans toutes les villes de succursales de la Caisse d'escompte de Paris.

Le commerce extérieur constitue la véritable pierre de touche du libéralisme économique des cahiers de 1789. En effet, si les rédacteurs de ces cahiers avaient pratiqué un libéralisme doctrinaire et systématique, ils auraient dû se montrer partisans de l'abolition de la réglementation du commerce extérieur, comme de celle du commerce intérieur. Or seuls quelques rares cahiers, ceux du Tiers de Bayonne et d'Herblay, celui des merciers d'Orléans réclament l'abolition complète des douanes et l'établissement du libre échange.

Les autres désirent, au contraire, dans leur immense majorité, le maintien des droits de douane et des tarifs protecteurs. Ils se bornent à suggérer une réforme du régime douanier, notamment l'unification et la simplification des tarifs, l'abandon du système de la ferme. On demande que les droits de douane favorisent le commerce et l'industrie de la nation. Mais naturellement les suggestions varient selon les intérêts de chacun.

Le traité d'Eden de 1786 est presque unanimement attaqué. Beaucoup de cahiers en demandent la révision, certains, même, l'annulation. On le rend responsable du déclin des manufactures, du chômage, de la stagnation du commerce. Seul le cahier de la noblesse de Saint-Mihiel défend le traité, mais Saint-Mihiel est en Lorraine, province « réputée étrangère » ! En tout cas, les cahiers estiment généralement qu'aucun traité de commerce ne devrait être conclu sans l'avis des Chambres de commerce et l'approbation des États généraux.

Si le commerce extérieur de la France doit être protégé, du moins tous les Français devraient pouvoir y participer ; aussi les compagnies de commerce privilégiées sont-elles attaquées par beaucoup de cahiers, notamment la Compagnie des Indes dont le privilège suspendu en 1769 avait été rétabli en 1785.

Le commerce colonial était soumis au système de l'« exclusif », ou « pacte colonial », en vertu duquel, seule, en principe, la France pouvait acheter ou vendre aux colonies. Si les cahiers coloniaux dénoncent avec violence ce système, ceux de la métropole, pour leur part, s'en déclarent tous satisfaits, et les cahiers du Tiers de Bayeux, du Cotentin, du pays de Caux, du Maine, du Quercy, de Marseille s'élèvent même contre l'arrêt du 30 août 1784, qui avait dérogé à l'« exclusif » en ouvrant les colonies à certaines marchandises étrangères. Ce que désirent les négociants français, c'est la liberté pour tous les ports de France de commercer avec n'importe quel autre pays. Ils s'en prennent, par exemple, au privilège du port de Marseille, qui avait le monopole du commerce du Levant.

Ces revendications montrent ainsi, que les commerçants français ne se placent pas au-dessus de leurs intérêts particuliers. On ne relève pas chez eux le moindre souci de l'intérêt général : la liberté du commerce intérieur comme le protectionnisme aux frontières, ne pouvaient engendrer qu'une seule conséquence : la hausse des prix, et, par suite, l'aggravation de la misère du prolétariat, mais aussi l'enrichissement de la bourgeoisie commerçante.

II

LA CONSTITUANTE ET LE COMMERCE INTÉRIEUR[1]

Les constituants s'empressèrent de satisfaire les revendications des commerçants. Dès le 29 août 1789, la circulation des grains était déclarée complètement libre à l'intérieur, et cette décision était renouvelée le 18 septembre suivant.

Mais ce n'était là encore qu'un principe. Aussi la Constituante s'efforça-t-elle d'abattre rapidement tous les obstacles à la libre circulation des marchandises. Le 5 novembre 1790, elle abolissait les douanes provinciales et décidait le report de toutes les douanes aux frontières, malgré les protestations des députés alsaciens et lorrains. Toutes les « traites » étaient abolies et le principe des octrois condamné. Ceux-ci furent supprimés complètement à la date du 1er mai 1791, par la loi du 19 février de la même année. Les péages furent assimilés aux droits féodaux rachetables. Leur abolition posait la question de l'entretien des routes et des ponts. Comme la corvée avait également été supprimée avec les droits féodaux, il fallut élaborer une nouvelle législation

---

[1]. TEXTES ET OUVRAGES A CONSULTER. — Sur le commerce des grains et sur les subsistances en général : Adher, *Le comité des subsistances de Toulouse* (Toulouse, 1912, in-8°) ; Afanassiev, *Le commerce des céréales en France au XVIIIe siècle* (Paris, 1894, in-8°) ; Brunschwig, *Les subsistances à Strasbourg de 1789 à 1793* (Strasbourg, 1932, in-8°) ; L. Cahen, *La question du pain à Paris pendant la Révolution*, dans les *Cahiers de la Révolution*, n° 1 ; Dutil, *La circulation des grains dans l'Aude à l'époque révolutionnaire*, dans la *Révolution franç.*, 1905, t. 48, p. 97-114, et 205-234 ; Binet, *La règlementation du marché du blé en France au XVIIIe siècle et à l'époque contemporaine*, thèse de droit (Paris, 1939, in-8°) ; Evrard, *Les subsistances dans l'Eure* (Bull. d'hist. écon. de la Révol., 1909) ; C.-E. Labrousse, *op. cit.*, p. 189 ; Letaconnoux, *Le commerce des grains au XVIIIe siècle*, dans la *Revue d'hist. moderne et contemp.*, 1906-7, t. 8, p. 409-445 ; Sangnier, *La crise du blé à Arras, 1788-96* (Lille, 1943, in-8°) ; Sur le commerce intérieur : Chobaut, *La foire de Beaucaire, 1789-1796*, dans les *Annales hist. de la Révolution franç.*, 1929, p. 359-371 ; Sée, *Études sur la vie économique en Bretagne, 1772-an III*, cité p. 176 ; voir aussi le volume publié par la *Commission de recherches et de publication des documents relatifs à la vie économique de la Révolution, assemblée générale de 1939*, t. II, *Le mouvement des prix, les subsistances* (Paris, 1945, in-8°).

Sur les banques et les compagnies financières : Bigo, *La caisse d'escompte*, thèse de droit (Paris, 1927, in-8°) ; du même, *Une grammaire de la Bourse en 1789*, dans les *Annales d'hist. écon. et soc.*, 1930, p. 499-510 ; Bouchary, *Les compagnies financières à la fin du XVIIIe siècle* (Paris, 1940-42, 3 vol. in-8°) ; du même, *Les manieurs d'argent à la fin du XVIIIe siècle* (Paris, 1940-42, 3 vol. in-8°) ; du même, *Le marché des changes à Paris de 1778 à 1800* (Com. des recherches... Mémoires et documents, t. VII (Paris, 1938, in-8°) ; Courtois, *Histoire des banques en France* (Paris, 1881, in-8°) ; Lévy-Bruhl, *Histoire de la lettre de change en France aux XVIIe et XVIIIe siècles* (Paris, 1933, in-8°) ; Ch. Poisson, *Le Directoire des achats* (Paris, 1933, in-8°).

Sur la réglementation du commerce : Leclerc, *La juridiction consulaire en France pendant la Révolution* (Paris, 1909, in-8°) ; Lévy-Bruhl, *Un projet de code de commerce à la veille de la Révolution* (Paris, 1937, in-8°). — QUESTIONS A ÉTUDIER : Du commerce intérieur français, on ne connaît guère que l'organisation du commerce des grains. Les foires, les marchés, les banques, les chambres de commerce, les tribunaux consulaires sont à étudier.

des ponts et chaussées. Elle fut fixée par le décret du 22 décembre 1789, qui mit à la charge des départements l'entretien et la construction des routes et des petits ponts. Les grands ponts étaient du ressort de l'État. Mais il s'agissait d'organiser une administration entièrement nouvelle, ce qui demanda du temps. Faute de crédits suffisants et de personnel qualifié, les administrations départementales négligèrent les chemins, qui tombèrent peu à peu en ruine, de sorte que de nouvelles entraves à la circulation et au commerce apparurent. Pourtant le 30 mars 1790, la Constituante accorda 30.000 livres à chaque département pour l'entretien des routes ; elle vota encore une somme globale de 15 millions pour cet objet le 16 décembre 1790. La Législative abolit pratiquement la plupart des péages en décidant que tous ceux dont les titres originaux ne pourraient être produits seraient supprimés sans indemnité (décret du 25 août 1792).

C'est aussi pour améliorer la circulation intérieure, en se conformant aux vœux des cahiers que la Constituante adopta le principe d'un système uniforme de poids et mesures, dont elle décréta qu'il serait décimal et fonction des dimensions de la terre : le mètre devait avoir pour mesure la dix-millionième partie du quart du méridien terrestre ; mais les nouvelles mesures ne seront établies que plus tard.

Mirabeau proposa d'appliquer aussi le système décimal aux monnaies, de choisir une nouvelle unité monétaire et d'établir un nouveau rapport entre l'or et l'argent ; mais l'Assemblée ne prit aucune décision en la matière.

La réglementation des foires et marchés fut abolie, toujours dans la même intention d'activer le commerce intérieur. Néanmoins, la Constituante maintint le privilège de certaines foires qui réunissaient un grand nombre de marchands et de chalands. C'est ainsi que la célèbre foire de Beaucaire continua d'attirer les foules, comme par le passé, chaque année du 22 au 30 juillet. Elle conserva son curieux « tribunal de la conservation », juridiction exceptionnelle qui fonctionnait seulement pour les forains. Les lois des 18-23 mai et 31 mai-8 juin 1792 s'efforcèrent de faciliter encore les opérations commerciales de la foire en créant à Beaucaire un bureau de douanes spécial. La foire de 1790 fut cependant moins active que celles des années précédentes, mais cela tint surtout à l'absence de beaucoup de personnes que la fête parisienne de la Fédération avait attirées. La foire de 1791 par contre, fut, malgré la fuite de Varennes et la crise politique qui suivit, extrêmement brillante, et celle de 1792, malgré la guerre, encore meilleure.

La libre circulation des marchandises favorisait évidemment les commerçants. Mais les consommateurs subissaient en maugréant la hausse des prix. L'augmentation du prix du pain amena rapidement des troubles. Dès le 21 octobre 1789, un boulanger était massacré à Paris. Les prolétaires s'efforçaient d'empêcher la circulation des convois de grains. La Constituante toutefois ne voulait à aucun prix renoncer à la liberté commerciale et elle manifesta par de nombreux décrets, les 5 octobre et 16 novembre 1789, 2 juin, 12 août,

15 septembre 1790 et 22 juillet 1791, qu'elle entendait persister dans ses intentions. La Constituante pensait obtenir la baisse des prix en jetant sur le marché des grains achetés à l'étranger, à Dantzig, Königsberg, Riga, Amsterdam, et revendus à perte. Alors qu'en 1788, la France avait importé pour 13 millions de livres de blé, elle dépensa pour cet objet plus de 73 millions, en 1789. Ces importations massives n'amenèrent pourtant qu'une baisse insuffisante des prix. Certains députés proposèrent alors de rétablir, comme sous l'ancien régime, une « taxe » ou un « prix maximum » des grains ; mais leurs suggestions furent repoussées au nom de la liberté du commerce ; et si les municipalités gardaient la possibilité de taxer le pain et la viande, elles n'usèrent que rarement de ce droit.

La récolte de 1791 ayant été médiocre dans le centre et le midi de la France, le prix des grains monta de nouveau dès la fin de l'année. Les troubles qui s'étaient quelque peu apaisés, recommencèrent, plus violents. Les prolétaires réclamèrent derechef la taxation. A Étampes, le 3 mars 1792, le maire Simoneau qui refusait de taxer le pain fut massacré par la foule qui l'accusait de complicité avec les accapareurs. La Législative l'honora comme un martyr et fit célébrer en son souvenir, le 6 mai 1792, une fête funèbre solennelle, ce qui montre que les députés de 1791 étaient aussi hostiles à la réglementation que leurs prédécesseurs, les constituants. Pourtant les insurgés d'Étampes trouvèrent d'éloquents défenseurs en la personne du curé de Mauchamp, Dolivier, et surtout de Robespierre. Celui-ci prononça à ce sujet un grand discours aux Jacobins le 28 mai 1792, pour réclamer énergiquement l'abandon du libéralisme économique et le retour à la taxation. Il fit, en outre, dans son journal, le *Défenseur de la Constitution*, une énergique propagande en faveur de la pétition que Dolivier avait présentée à la Législative au profit des prolétaires insurgés.

Les consommateurs ne réclamaient d'ailleurs plus seulement la taxation du pain, mais celle de toutes les denrées de première nécessité, notamment de la viande et du sucre. Le sucre était, en effet, devenu rare par suite des troubles coloniaux, et son prix avait triplé depuis 1789. Au début de 1792, il y avait eu à Paris plusieurs violentes manifestations pour exiger la taxation du sucre ; des épiceries en gros avaient été pillées, et le sucre qu'on y avait trouvé avait été vendu à bas prix par les manifestants.

Après le 10 août, les troubles économiques ne firent que croître, et les émeutes intérieures combinées avec les nécessités de la guerre obligèrent le gouvernement à revenir, bien malgré lui, à la taxation. Dès le 14 août, l'administration du département de la Haute-Garonne ordonnait aux municipalités de surveiller les commerçants en grains, suspects d'accaparement : la liberté du commerce des grains, se trouvait ainsi, en fait, supprimée dans ce département. Cette suppression n'allait pas tarder à s'étendre à toute la France. Le 3 septembre, la Législative proclamait l'amnistie en faveur de tous ceux qui s'étaient vus condamner pour des délits concernant la libre circulation des grains. Le lendemain, elle autorisait la réquisition des grains pour l'armée et,

LES INSTITUTIONS ÉCONOMIQUES

quelques jours plus tard, les 9 et 16 septembre, elle donnait aux autorités civiles le droit de réquisitionner les grains : la législation d'avant 1789 était en partie rétablie ; la liberté commerciale avait vécu.

Comme les cahiers le désiraient, la justice commerciale fut réorganisée par la loi du 16 août 1790. Les juges des tribunaux de commerce durent être élus par l'assemblée des négociants, banquiers, marchands, manufacturiers, capitaines de navires, etc., parmi les commerçants âgés de plus de 30 ans et établis depuis au moins cinq ans. Les causes iraient en appel devant les tribunaux de district.

La liberté complète du commerce devait avoir pour conséquence le développement des banques, des sociétés financières, donc du crédit. La négociation des valeurs était d'ailleurs rendue à peu près libre, les bourses de commerce et les bourses de valeurs cessaient d'être réglementées, les professions d'agent de change et de courtier de commerce de subir des restrictions.

Il n'y avait encore que peu de banques en France, en 1789. L'échec de Law avait découragé ses imitateurs possibles. Alors qu'on comptait à Paris 21 banques en 1703 et 51 en 1721, il n'y en avait pas encore 70 en 1789, et la plupart de faible importance. La plus grande de ces banques était la « Caisse d'escompte », fondée en 1776 par le Genevois Panchaud, qui avait longtemps séjourné à Londres, où il avait observé de près le fonctionnement de la Banque d'Angleterre. La Caisse d'escompte se proposait de concourir à la réduction du taux de l'intérêt. Elle était organisée comme une société en commandite et faisait l'escompte des lettres de change et effets de commerce au taux maximum de 4 %. Elle émettait des billets. Son capital était fixé à 15 millions souscrits en actions de 3.000 livres chacune. La Caisse d'escompte avait beaucoup prêté à l'État, notamment sous les deux ministères Necker ; on a vu que celui-ci aurait voulu obtenir de l'assemblée Constituante, sa transformation en banque nationale. Mais l'opposition acharnée de Mirabeau avait fait échouer cette tentative, et les décrets des 19-21 décembre 1789 associèrent seulement la Caisse d'escompte à la vente des biens nationaux. Quelques mois plus tard, lors de la création des assignats-monnaie, la banque fut écartée de cette fonction. La Caisse d'escompte redevint dès lors une banque privée. Elle ouvrait des comptes courants à tous ceux qui le désiraient, acceptait en dépôt tous effets et papiers, éventuellement des lingots d'or et d'argent, moyennant un léger droit de garde. Elle prêtait sur titre et naturellement pratiquait surtout l'escompte. La Caisse continua normalement ses opérations jusqu'au début de 1792. Mais, à cette date, le banquier Clavière devint ministre des finances. C'était un concurrent et un adversaire acharné de la Caisse. Il s'efforça, malgré la liberté théorique du commerce d'en obtenir la suppression, qui fut effectivement décidée un an plus tard par la Convention.

Cependant beaucoup d'autres sociétés financières furent créées grâce à la législation nouvelle, après 1790. La Caisse Lafarge ouvrit ses portes le 26 mars 1791 sous le nom de « Caisse d'épargne et de bienfaisance ». Elle était organisée sous la forme, alors très en vogue d'une « tontine », c'est-à-dire qu'au bout d'un certain temps, ses actions devaient être réparties entre les seuls actionnaires survivants : les riches souscrivant généralement plus d'actions que les pauvres, ces derniers finissaient par être favorisés. Ainsi Lafarge promettait à tout porteur d'une action de 90 livres un revenu de 15 livres au bout de quinze ans, en cas de survie. La Caisse eut un assez vif succès, et après plusieurs transformations, ne disparut que cent ans plus tard, en 1888. D'autres tontines furent créées sur ce modèle, « tontine des vieillards », « tontine des pères de famille », « tontine patriotique », etc.

La « Caisse de commerce », fondée le 17 décembre 1791, était surtout une banque d'escompte. Elle pratiquait l'escompte des effets de commerce au taux élevé de 6 à 6,5 % par mois. Elle émit des « billets de commerce », gagés sur les effets présentés à l'escompte ; mais ces billets subirent une dépréciation parallèle à celle des « billets de confiance ». La caisse fut à cette occasion l'objet d'une perquisition en juin 1792, et les scellés furent apposés sur ses locaux ; ils devaient y demeurer jusqu'à la fin de la Législative.

Les compagnies d'assurance se développèrent. Les plus importantes étaient alors la « Royale-incendie », fondée en 1786, et la « Royale-vie », qui datait de l'année suivante. Elles utilisèrent leur capital pour agioter sur l'assignat, mais ne furent pas inquiétées par le gouvernement.

D'autres sociétés encore se créèrent : « Compagnie des illuminations de Paris et autres villes », « Compagnie Perreau ou des carrosses de Paris », « Compagnie des pompes antiméphitiques de Paris », « Compagnie des blanchisseries, etc. Le libéralisme économique était favorable à toutes ces sociétés qui, si elles développaient le commerce, répandaient aussi le goût de la spéculation.

III

LA CONSTITUANTE ET LE COMMERCE EXTÉRIEUR[1]

Alors qu'en matière de commerce intérieur le libéralisme économique triomphe, dans le commerce extérieur, la réglementation est non seulement

---

1. TEXTES ET OUVRAGES A CONSULTER. — Sur le commerce extérieur, maritime et colonial : Barrey, *Le commerce maritime du Havre, du traité de Paris à la paix d'Amiens* (Paris, 1906, in-8º) ; L. Deschamps, *La révolution et les colonies* (Paris, 1904, in-8º) ; M. Lhéritier, *Liberté, Bordeaux et la Révolution française* (Paris, 1947, in-8º) ; Manger, *Recherches sur les relations économiques de la France et de la Hollande pendant la Révolution française* (Paris, 1923, in-8º) ; P. Masson, *Marseille depuis 1789*, dans les *Ann. de la Fac. des Lettres d'Aix*, t. X, 1916 ; Nussbaum, *Commercial policy in the french revolution, a study of the career of G. J. A. Ducher* (Washington, 1923, in-8º) ; Pollio, *Le commerce maritime pendant la Révolution*, dans la *Révolution franç.*, 1931, p. 289-321 ; Treille, *Le commerce de Nantes et la Révolution* (Paris, 1908, in-8º) ; Voir aussi C. Bloch, *Le traité de commerce de 1786 entre la France et l'Angleterre* (Paris, 1908, in-8º) ; et F. Dumas, *Étude sur le traité de commerce entre la France et l'Angleterre* (Toulouse, 1904, in-8º).
— QUESTIONS A ÉTUDIER : Aucun ouvrage n'a été jusqu'à présent consacré au tarif douanier de la Constituante et à son application.

maintenue mais même renforcée. Ce libéralisme de la bourgeoisie n'était pas doctrinal, il n'était que l'expression de ses intérêts matériels et s'arrêtait avec eux.

Un certain nombre de ports — Dunkerque, Lorient, Bayonne, Saint-Jean-de-Luz et surtout Marseille — jouissaient sous l'ancien régime de privilèges nombreux : ils étaient ports francs et possédaient même le monopole du commerce dans certains pays : Marseille avait le monopole du commerce du Levant, Dunkerque celui du commerce des pays du Nord. Mirabeau se fit naturellement l'avocat du port de Marseille, le décret du 1er août 1791 maintint dans ses grandes lignes l'ancienne franchise du port et l'étendit même à toute la ville.

Le « Comité d'agriculture et du commerce » avait été chargé d'élaborer un rapport sur la réorganisation du système douanier. Ce rapport fut mis au point à la fin de 1790 par Goudard, fabricant de soieries à Lyon, de Fontenay, fabricant de tissus et armateur à Rouen, et Roussillou, négociant de Toulouse.
Goudard était partisan d'un régime très protecteur : l'industrie française de la soierie étant menacée par la concurrence étrangère, il condamnait la liberté économique en matière de commerce extérieur : « Votre comité admire la théorie qui repose sur la liberté indéfinie. Mais il ne lui paraît pas sage de s'en faire les disciples uniques, parce que ce serait prononcer la destruction de notre industrie. » Goudard reprenait donc le programme mercantiliste et ne proposait la suppression des tarifs douaniers que sur quelques matières premières indispensables. La plupart des autres devaient être soumises à un droit de 1/2 à 1 1/2 %. Sur les produits fabriqués il proposait d'instituer des droits qui pouvaient atteindre 30 %, notamment sur les eaux-de-vie. Enfin, il demandait à l'Assemblée de prohiber l'entrée de quatre-vingt-six articles parmi lesquels le sucre, les soieries, les dentelles, la quincaillerie, la chapellerie, les tapis, les coutils, la porcelaine, etc.
A la sortie de France, Goudard envisageait aussi quelques prohibitions, portant sur certaines matières premières. Goudard enfin déclarait qu'il ne réclamait pas la rupture des traités de commerce existant entre la France et les principaux États européens — Grande-Bretagne, Suisse, villes hanséatiques et Russie — mais il en déplorait les dispositions trop libérales et souhaitait qu'ils fussent, de fait, annulés par le patriotisme des Français qu'il invitait à boycotter les marchandises étrangères.
Un fabricant de mousselines de Versailles, Boislandry, répliqua à Goudard. Il s'élevait contre les prohibitions : « Un tarif prohibitif, déclarait-il, est un attentat contre le droit des gens, c'est une déclaration de guerre qui nous expose à de funestes représailles. En adoptant un tarif plus modéré, vous assurerez au trésor public plusieurs millions qui, par les prohibitions, deviendraient la proie des contrebandiers... »

Boilansdry estimait que les droits de douane ne devaient en aucun cas dépasser 12 %. Begouen, député du Havre répliqua à Boislandry en attaquant la liberté avec une violence inaccoutumée à l'Assemblée constituante : « Si on adoptait le système sinistre de la liberté, la population serait réduite de 25 millions à 15 sous peu de lustres ! » Goudard révisa quelque peu son premier projet dans un sens plus libéral, et l'Assemblée vota finalement le 1ᵉʳ décembre 1790 un décret admettant seulement quelques prohibitions et fixant en principe à un maximum de 20 % les droits sur les autres marchandises. Mais elle renvoyait la confection du tarif détaillé aux deux Comités réunis de l'agriculture et du commerce, d'une part, et des contributions, de l'autre.

Si le Comité d'agriculture et commerce était surtout composé de protectionnistes, par contre celui des contributions comptait des économistes libéraux notoires tels que La Rochefoucauld-Liancourt, Talleyrand, Dupont de Nemours. Sous leur influence, une nouvelle enquête eut lieu, et Goudard dut présenter à la Constituante un rapport beaucoup plus empreint de libéralisme que les précédents. Il se montrait moins violent contre le traité de commerce avec l'Angleterre, et déclarait même que, si celui-ci était convenablement appliqué et si la valeur des marchandises importées était exactement déclarée à l'entrée, il ne serait peut-être pas si défavorable à l'économie française. Il classait ensuite toutes les marchandises en onze groupes. Le premier comprenait des marchandises admises en franchise, telles que la farine, le fer, le cuivre ; le onzième était constitué par des produits tels que les vins, liqueurs et eaux-de-vie frappés de droits de 15 %. Vingt-deux articles restaient prohibés, notamment le tabac fabriqué, le fils de lin et de chanvre, les soieries, les navires....

A la sortie, les produits du sol et de l'industrie étaient affranchis de tout droit. Quelques marchandises devaient acquitter des taxes assez faibles ; les exportations de certaines matières premières, telles que les bois de construction, le minerai, le charbon étaient interdites.

Le tarif proposé par Goudard restait donc protectionniste, mais il était assez modéré, quoique beaucoup moins libéral que celui que Calonne avait soumis à l'Assemblée des notables en 1787. Certains produits, notamment la quincaillerie et la ferronnerie, étaient même soumis à des droits plus élevés que ceux que Colbert avait édictés lors des fameux tarifs de 1664 et 1667. Au cours de la discussion, l'Assemblée réduisit quelques taxes, et finalement le projet fut voté sans modifications importantes le 12 février 1791, puis promulgué le 15 mars suivant.

La Constituante ne se montra pas plus libérale à l'égard du commerce colonial qu'à l'égard du trafic avec l'étranger. Malgré les violentes protestations des députés coloniaux, le système de l' « exclusif » fut maintenu, et les colonies continuèrent à être privées du droit de commercer avec qui bon leur semblait.

En revanche, la Constituante abolit les privilèges des compagnies de commerce. Celui de la Compagnie des Indes fut supprimé par la loi des

LES INSTITUTIONS ÉCONOMIQUES

3 avril-2 mai 1791. Le commerce de tous les Français avec le Levant et les pays situés à l'est du cap de Bonne-Espérance fut déclaré libre, mais le monopole de Marseille pour le commerce du Levant fut maintenu, puisque tous les bâtiments de commerce venant de cette région étaient tenus d'y faire quarantaine afin de diminuer les risques d'épidémie.

Les mesures adoptées par la Constituante ne provoquèrent pas, touchant le commerce extérieur, les réactions qu'elles auraient suscitées en temps normal. En effet, la baisse continue des changes allait renforcer la barrière protectionniste dont la France s'était entourée, en augmentant le prix des marchandises étrangères et, par contre, elle facilite, en revanche, les exportations françaises en dépit des tarifs douaniers étrangers. Au début de 1789, l'écu français de trois livres valait à Londres 29 deniers sterling 1/16. Lors de la création de l'assignat monnaie, en avril 1790, il tombe à 25 3/4, au moment de la fuite de Varennes il descend à 22 3/8. La chute s'accélère sous la Législative, pour atteindre le minimum de 15 lors de la déclaration de guerre, en mars et avril 1792. L'arrivée au ministère des finances de Clavière, banquier connu de toute l'Europe, puis la victoire de Valmy, redressent la courbe du change, l'écu français remonte à 20 à la fin de septembre 1792. L'évolution du change avec Amsterdam présente une physionomie analogue. Alors que l'écu de trois livres vaut 55 deniers et demi de gros en janvier 1789, il passe à 50 en avril 1790, à 43 3/8 en juin 1791 et tombe à 27 en mars 1792, pour se redresser à 38 après Valmy.

Il n'est pas étonnant, dans ces conditions, que le commerce de la France ait été prospère. Les exportations augmentèrent sensiblement en 1791 ; et permirent au début de 1792, à la balance commerciale d'atteindre presque l'équilibre. En 1789, celle-ci était, en effet, légèrement déficitaire, avec 929 millions pour les importations et 803 pour les exportations. Les colonies tenaient la plus grande place dans ce commerce extérieur, avec un total de 492 millions sur un total d'un milliard environ : on comprend pourquoi la Constituante a tant tenu à maintenir le « pacte colonial ». Ensuite venait la Hollande avec 150 millions, puis l'Angleterre et l'Espagne, chacune avec 146 millions, puis le Levant et les villes hanséatiques dépassant 130 millions. Les autres pays étrangers suivaient avec des sommes nettement inférieures. La Constituante s'était efforcée de maintenir cette hiérarchie en instituant un tarif douanier conforme à la tradition commerciale de l'ancien régime.

La politique de la Constituante et de la Législative en matière de commerce montre beaucoup mieux que tout autre exemple, à quel point les députés de ces deux assemblées étaient peu les théoriciens perdus dans les chimères qu'on s'est parfois plu à dépeindre. Ils n'ont pas hésité à transgresser les principes du libéralisme pour sauvegarder les intérêts de leur classe, qu'ils confondaient d'ailleurs avec ceux de la France entière, à laquelle ils s'identifiaient.

CHAPITRE IX

LES INSTITUTIONS SOCIALES : L'INDIVIDU ET LA FAMILLE[1]

La Révolution de 1789 n'a pas seulement modifié profondément l'organisation politique, administrative, économique de la France. Elle a atteint la société jusqu'au plus profond d'elle-même ; elle s'est efforcée de donner à la famille une structure nouvelle et aux actes les plus importants de l'individu, une signification différente.

I
L'ANCIEN RÉGIME ET LES VŒUX DES CAHIERS[2]

Sous l'ancien régime, la famille était régie par l'Église catholique en ce qui concerne sa structure morale ; par des coutumes, variées selon les provinces françaises, en ce qui concerne son organisation matérielle. Les non-catholiques n'avaient pas droit de cité et les lois ne s'occupaient pas d'eux.

L'état civil constate l'existence même de l'individu et les liens qui l'attachent à la famille. Or, en 1789, le clergé est le seul maître de l'état civil. C'est lui qui, traditionnellement, doit tenir registre des actes de baptême, de mariage et de décès. La monarchie toutefois était intervenue à plusieurs reprises depuis le XVIe siècle pour réglementer une activité aussi essentielle à la vie de l'État. Dès 1579, elle avait ordonné aux membres du clergé de remettre aux juges ou greffiers des juridictions royales les « grosses », c'est-à-dire les copies des

---

[1]. BIBLIOGRAPHIE GÉNÉRALE. — On consultera surtout les *procès-verbaux* de la Constituante et de la Législative, et pour l'application des lois nouvelles, dans les archives départementales, les archives judiciaires et les minutes notariales, récemment versées, ainsi que les registres de l'État civil sur lesquels les divorces sont mentionnés. — OUVRAGES GÉNÉRAUX : Outre les livres fondamentaux de Sagnac et Viard, déjà cités, voir : Brissaud, *Manuel d'histoire du droit français* (Paris, 1898, in-8º) ; Colin et Capitant, *Cours élémentaire de droit civil français*, nlle éd. (Paris, 1945, in-8º) ; Chénon, *Histoire générale du droit français, public et privé*, t. II (Paris, 1929, in-8º) ; Esmein, *Précis élémentaire de l'histoire du droit français, 1789-1814* (Paris, 1908, in-8º).

[2]. TEXTES ET OUVRAGES A CONSULTER. — Les cahiers de doléances de 1789. Cf. le répertoire de Miss Hyslop, cité p. 178.

registres de baptêmes, mariages et enterrements. En 1691, des fonctionnaires spéciaux, les greffiers conservateurs, sont chargés de recueillir et classer ces registres. En 1705, le gouvernement de Louis XIV institue des contrôleurs de registres et en 1706, des contrôleurs d'extraits de registres. De nouveaux officiers sont encore prévus par un édit de 1709, les greffiers-gardes conservateurs alternatifs. Mais le clergé supporte malaisément cette tutelle, il s'en plaint souvent dans ses assemblées, il veut rester le seul maître de l'état civil. En 1736, le gouvernement veut obliger le clergé à tenir deux registres, signés chacun par les parties et leurs témoins ; mais les curés restent souvent négligents. Les registres sont mal rédigés, parfois les curés ajoutent aux actes des interprétations personnelles sur les qualités ou les défauts des comparants ; quelquefois ils acceptent de fausses déclarations, enfin beaucoup de registres se perdent ou sont détruits, d'autres sont si mal tenus qu'on a peine à s'y reconnaître. Malgré ces critiques, le clergé tenait essentiellement à conserver l'état civil, parce que c'était pour lui le meilleur moyen d'empêcher les non-catholiques d'accéder à l'égalité des droits. Malgré la résistance du clergé, la monarchie reconnut pourtant, comme nous l'avons vu[1], un état civil officiel aux protestants en 1787, mais elle n'osa pas aller jusqu'à la laïcisation complète de l'état civil. Cette question préoccupait peu, à vrai dire, le peuple français, car seuls un petit nombre de cahiers la traitent. Quelques-uns suggèrent qu'on pourrait exiger du clergé plus de régularité dans la tenue des registres. La paroisse de Molières, près de Paris, voudrait, « pour la sûreté et la tranquillité des familles, et pour leur assurer des successions qu'elles perdent plusieurs fois par l'inobservance des lois », que l'état civil fût correctement enregistré. Aucun cahier, toutefois, ne propose de confier à l'État l'enregistrement des naissances, mariages et décès.

Sous l'ancien régime, le mariage dépendait de l'Église sous le rapport des conditions morales, de l'État sous le rapport des intérêts matériels. L'Église s'efforçait de multiplier les mariages, aussi en avait-elle fixé l'âge minimum très bas, 12 ans pour les filles, 14 ans pour les garçons. Elle n'exigeait pas le consentement des parents. En revanche, elle interdisait les mariages entre consanguins jusqu'au quatrième degré canonique, c'est-à-dire que les petits-enfants de cousins germains n'avaient pas le droit de s'unir. La monarchie responsable de l'ordre public exigeait, pour sa part, le consentement des parents jusqu'à l'âge de 30 ans pour les hommes, de 25 ans pour les femmes, y compris les veuves, sous peine d'exhérédation, de nullité du mariage, et interdisait le mariage aux prêtres, aux moines, aux religieuses ; elle ne connaissait pas le divorce, mais pouvait, dans certains cas bien déterminés, prononcer l'annulation du mariage. Les cahiers ne se plaignent guère de cet état de choses. Quelques-uns d'entre eux s'élèvent, à la suite des philosophes, notamment de

1. Voir p. 49.

Diderot et de Bernardin de Saint-Pierre, contre le célibat des prêtres. Le Tiers de Versailles écrit : « Nous regardons cet article comme essentiel pour éviter le scandale que, malheureusement, plusieurs prêtres autorisent en troublant souvent l'union des ménages... » Les cahiers de Bois-d'Arcy, près de Versailles, de Chalais, dans la sénéchaussée de Saintes, du district des Théatins de Paris, de Châteaudouble, dans la sénéchaussée de Draguignan, de Bellocq en Béarn, contiennent des plaintes semblables... Mais ce furent surtout des brochures publiées lors de la réunion des États généraux qui firent campagne en faveur du mariage des membres du clergé.

Beaucoup plus rares sont les cahiers qui préconisent l'institution du divorce. Signalons surtout celui des Théatins de Paris, et celui de Châteaudouble. Les *Instructions données par S. A. S., Monseigneur le duc d'Orléans à ses représentants aux bailliages*, œuvre de Sieyès, souhaitent la reconnaissance du divorce par l'État. Quelques cahiers du clergé, en revanche, mettent l'Assemblée en garde contre tout projet tendant à instituer le divorce.

Les intérêts matériels des époux étaient réglés avant 1789 par des régimes matrimoniaux très variés, selon les provinces. Dans les pays de droit écrit, les intérêts des conjoints étaient entièrement séparés, il n'y avait pas de masse de biens communs, la femme ne pouvait participer aux affaires du mari, ses biens constitués en dot étaient inaliénables. Le système était conçu de façon à assurer la conservation des fortunes dans les mêmes branches familiales. Les pays de droit coutumier, à l'exception de la Normandie, étaient régis par des lois différentes, qui laissaient cependant la plupart du temps à chaque époux des biens propres et mettaient en commun une partie des apports. Aussi les époux avaient-ils intérêt à accroître la fortune commune par leur travail et leurs économies. Partout, la femme était placée dans une condition juridique inférieure au mari. Dans beaucoup de provinces et notamment le sud-ouest, la communauté de biens était réduite aux acquêts. Il y avait naturellement de multiples formules intermédiaires. Les cahiers ne contiennent aucun vœu relatif au changement de ces régimes, ni à l'unification de la législation dotale.

Les rapports entre enfants et parents étaient réglés par des lois différentes dans les pays de droit écrit et dans ceux de droit coutumier.

Dans les provinces où s'était conservé le droit romain, la puissance du père de famille, l'antique *paterfamilias*, était restée intacte. Il était le maître absolu de sa famille, y compris des fils mariés, à moins qu'ils ne fussent légalement émancipés. Les petits-enfants étaient placés sous l'autorité de leur grand-père, tant que celui-ci vivait. Le fils non émancipé ne pouvait donc ni tester, ni emprunter ni s'obliger. Il ne possédait en toute propriété que les fruits de son travail personnel. Le père était chargé de l'administration et avait droit à l'usufruit des biens qui pouvaient être dévolus au fils par héritage.

Là où le droit coutumier était en vigueur, le père de famille ne jouissait pas d'un pouvoir aussi absolu. La mère y était associée et l'autorité conjointe des parents sur leur fils cessait lorsque celui-ci atteignait de 20 à 25 ans selon les localités, et toujours lorsqu'il se mariait. Les parents n'avaient pas droit à l'usufruit des biens des enfants. Cette conception était plus humaine et, semble-t-il, plus chrétienne.

A ces régimes fondamentaux enfin, s'étaient superposées les dispositions de divers édits royaux, qui tous avaient tendu à renforcer le pouvoir du père de famille, considéré comme l'image du pouvoir royal absolu. C'est ainsi qu'une ordonnance de 1684 avait fortifié le droit de correction des parents : ils étaient autorisés à faire emprisonner sans jugement et sur simple demande, leurs enfants jusqu'à l'âge de 25 ans. A Paris deux prisons, Bicêtre et la Salpêtrière étaient destinées à cet usage, et elles étaient toujours fort peuplées. Divers édits, en 1559, 1579, 1639 avaient décidé que les enfants se mariant sans le consentement de leurs parents seraient déshérités et pourraient être condamnés jusqu'à la peine de mort. Enfin les parents riches ou nobles avaient la possibilité de faire enfermer leurs enfants dans une prison d'État, telle que la Bastille, par lettre de cachet, même lorsqu'ils étaient âgés de plus de 25 ans.

Les cahiers ne renferment que de très rares vœux demandant l'adoucissement de cette législation. Celui du Tiers de Paris hors-les-murs suggérait l'institution de tribunaux de famille chargés de juger les litiges entre parents ou enfants et de prononcer des sanctions équitables.

Les enfants illégitimes étaient fréquents, sous l'ancien régime. Mais considérés par les lois, sinon par les mœurs, comme des réprouvés, les « bâtards » ne possédaient aucun droit ; ils ne pouvaient prétendre à aucun bien, ni de leur père, ni même de leur mère. S'ils étaient reconnus par leur père, ils continuaient à être placés dans une condition juridique inférieure, dont ils ne pouvaient sortir que par le mariage de leurs parents.

La recherche de la paternité était toutefois permise, elle avait pour but de procurer à la mère les moyens d'acquitter les frais d'accouchement, et les sommes nécessaires à la nourriture de son enfant ; mais les bâtards ne pouvaient succéder à personne et leurs biens tombaient, à leur mort, dans le domaine de leur seigneur ou dans celui du roi.

Cette condition déplorable avait provoqué l'indignation des philosophes. Robespierre, dans un discours prononcé à l'Académie d'Arras, en 1786, s'en était préoccupé. Aussi un certain nombre de cahiers proposent-ils une modification de la législation, sur les enfants naturels. C'est le cas des cahiers du Tiers de Tréguier, de Lannion, de Dinan, de Saint-Brieuc, de Vernègues en Provence, de Saint-Germain-du-Puy, près de Bourges... Ils protestent surtout contre la dévolution des biens des bâtards, mais aucun ne demande l'assimilation des enfants naturels aux enfants légitimes.

II

LA LÉGISLATION DE LA CONSTITUANTE ET DE LA LÉGISLATIVE[1]

La Constituante n'aurait sans doute jamais modifié un état de chose qui ne soulevait pas de protestations, si elle n'y avait été contrainte par les autres réformes qu'elle avait entreprises.

En effet, la nationalisation et la vente des biens du clergé, la Constitution civile, que nous étudierons dans le chapitre suivant, et surtout le schisme qui divisa l'Église de France, forcèrent l'Assemblée à s'occuper de l'état civil.

Les prêtres « réfractaires », autrement dit ceux qui n'acceptaient pas la Constitution civile, s'efforçaient d'empêcher les fidèles de confier le baptême ou le mariage de leurs enfants aux prêtres constitutionnels. Or, seuls ces derniers tenaient les registres de baptêmes, mariages et décès. Les personnes qui se mariaient par devant les prêtres réfractaires et les enfants baptisés par eux se trouvaient donc privés d'état civil officiel.

Dès le 14 mai 1791, le corps municipal de Paris déposa une pétition où était dénoncé le cas des enfants baptisés par les prêtres réfractaires et ainsi privés d'état civil. Bailly qui avait lu la pétition devant l'Assemblée, déclara que dans un État où la liberté des cultes était reconnue, il était nécessaire que la constatation des naissances, mariages et décès fût confiée à des fonctionnaires civils. Lanjuinais, qui était membre du Comité ecclésiastique de l'Assemblée, soutint Bailly. L'Assemblée décida que la question ferait l'objet d'une discus-

---

1. TEXTES ET OUVRAGES A CONSULTER. — Sur l'état civil : Braesch, *Le mariage civil en octobre 1792*, dans la *Révolution franç.*, 1909, t. 56, p. 221-224 ; O. Martin, *La crise du mariage en droit intermédiaire* (Paris, 1901, in-8º) ; Mathiez, *Les conséquences religieuses de la journée du 10 août 1792 : La déportation des prêtres et la sécularisation de l'état civil* (Paris, 1911, in-8º) ; Soanen, *Notes sur la sécularisation de l'état civil dans le district de Thiers*, dans les *Annales hist. de la Révolution franç.*, 1938, p. 360-365 ; E. Sol, *L'état civil en Quercy* (Paris, 1927, in-8º).

Sur le mariage et le divorce : Cruppi, *Le divorce pendant la Révolution*, thèse de droit (Paris, 1910, in-8º) ; Damas, *Les origines du divorce en France*, thèse de droit (Bordeaux, 1897, in-8º) ; Mallet, *Le divorce pendant la période intermédiaire*, thèse de droit (Paris, 1900, in-8º) ; Russe, *Le divorce par consentement mutuel*, thèse de droit (Paris, 1909, in-8º) ; Thibaut-Laurent, *La première introduction du divorce en France sous la Révolution et l'Empire, 1792-1816*, thèse de droit (Montpellier, 1939, in-8º) ; Roger, *Le régime dotal limousin d'après les contrats de mariage des minutes notariales depuis la fin du XVIIIe siècle jusqu'à nos jours*, thèse de droit (Paris, 1930, in-8º) ; Saint-Macary, *Les régimes matrimoniaux en Béarn avant et après le code civil*, thèse de droit (Bordeaux, 1942, in-8º) ; Sourdois, *Mariage et divorce*, dans la *Revue gle de droit*, 1909, p. 411-426, 487-500 et 1910, p. 18-40, 97-109, 192-209, et 325-341.

Sur la famille et les enfants naturels : André, *La révolution et la filiation naturelle*, thèse de droit (Paris, 1906, in-8º) ; C. Brinton, *French revolutionary legislation on illegitimacy, 1789-1804* (Cambridge (U. S. A.), 1936, in-8º) ; E. Masson, *La puissance paternelle et la famille*, thèse de droit (Paris, 1910, in-8º) ; Thomas, *La condition de l'enfant en droit naturel*, thèse de droit (Paris, 1923, in-8º). — QUESTIONS A ÉTUDIER : L'étude de l'application des lois révolutionnaires sur le mariage, le divorce, les enfants naturels est à peine commencée. L'utilisation rationnelle des minutes notariales apportera certainement des conclusions très intéressantes, au point de vue de l'histoire sociale, sur les conséquences de la législation nouvelle.

sion approfondie le 17 mai, Durand-Maillane et Lanjuinais furent chargés de présenter un rapport sur la question.

Durand-Maillane, membre lui aussi du Comité ecclésiastique, avait de longue date étudié la laïcisation du mariage. Dès 1789, il avait proposé que les dispenses de mariages, qui jusqu'alors devaient être accordées par l'Église moyennant paiement de droits assez élevés ne fussent plus attribuées que par l'État, et gratuitement. Le 23 décembre 1789, Durand-Maillane avait même proposé au Comité ecclésiastique de fixer au mariage des règles nouvelles ; mais les prêtres et religieux du Comité s'y étaient opposés.

Le mariage apparaissait donc à Durand-Maillane et à Lanjuinais comme le point délicat de la laïcisation de l'état civil. Ils l'étudièrent longuement dans leur rapport. Ils estimèrent qu'il fallait distinguer dans le mariage, d'une part le consentement, qui est un contrat et peut donc faire l'objet d'un acte civil, d'autre part le sacrement, uniquement religieux. Pour séculariser le mariage, il suffisait de séparer le contrat du sacrement. Les prêtres resteraient libres de refuser le sacrement à ceux qu'ils jugeraient ne pas remplir les conditions exigées par l'Église pour le mariage. Mais l'État devait, selon eux, conserver le droit de fixer les conditions nécessaires à la réalisation du contrat et pouvait lui accorder sa garantie. L'Église, ajoutaient les rapporteurs n'avait fait qu'usurper une fonction, qui avait autrefois appartenu à l'État, ainsi qu'en témoignait le droit romain.

Les ecclésiastiques critiquèrent violemment ce rapport, non seulement au nom du droit canon, mais aussi au nom de la tradition. Ils déclarèrent que la Constituante versait dans le protestantisme et que la religion catholique ne pouvait tolérer la séparation du contrat et du sacrement dans le mariage.

Reubell invoqua contre le projet de Durand-Maillane et Lanjuinais des arguments différents, mais qui pesèrent beaucoup sur la décision de l'Assemblée. Il fit valoir qu'on diminuerait le clergé constitutionnel, déjà bien faible, si on lui enlevait la prérogative importante de l'état civil. C'était, déclarait-il, faire le jeu des réfractaires.

Aussi le projet Durand-Maillane qui instituait un mariage civil et un mariage religieux facultatif et pouvant avoir lieu soit avant, soit après le mariage civil, fut-il ajourné (19 mai 1791). La Constituante se borna à insérer dans la Constitution l'article 17 du titre II ainsi libellé : « La loi ne considère le mariage que comme un contrat civil. Le pouvoir législatif établira pour tous les habitants, sans distinction, le mode par lequel les naissances, mariages et décès seront constatés, et il désignera les officiers publics qui en recevront et en consacreront les actes. »

La Législative avait donc la voie tracée. La laïcisation de l'état civil devenait d'ailleurs d'autant plus urgente que le nombre des prêtres réfractaires augmentait, notamment dans les départements de l'Ouest, Vendée et Deux-Sèvres, et qu'ils défendaient aux fidèles de se présenter devant les prêtres constitutionnels pour les baptêmes et les mariages.

Dès le 9 octobre 1791, le ministre de la justice, Duport, déclara qu'une loi sur l'état civil était nécessaire. Le 3 novembre, l'Assemblée demanda à son Comité de législation d'établir un rapport sur cette question. Muraire vint le lire à la tribune le 15 février 1792. A la différence de Durand-Maillane et Lanjuinais, Muraire avait examiné tous les aspects du problème, il ne s'était pas borné à étudier le mariage. La discussion n'eut lieu que le 17 mars. François de Neufchâteau se fit le champion de l'opposition. Le peuple des campagnes, dit-il, n'était pas bien préparé au mariage civil, et celui-ci ferait, comme Reubell l'avait montré à la Constituante, le jeu des réfractaires. François de Neufchâteau estimait qu'il fallait se contenter de rendre le mariage civil facultatif.

Guadet, au contraire, défendit le projet. Il fallait, selon lui, s'empresser de le voter, car les circonstances étaient favorables ; le clergé constitutionnel n'était pas encore devenu assez fort pour s'y opposer. L'Assemblée législative vota qu'il n'y avait pas lieu d'ajourner la sécularisation de l'état civil. Mais la discussion ne fut point close car les députés étaient très divisés sur l'autorité à qui ils pourraient confier la tenue des registres de l'état civil. Les uns proposaient les municipalités, mais on leur rétorquait que, dans les campagnes, celles-ci étaient trop ignorantes. D'autres suggéraient qu'on choisît les notaires ou les juges de paix, ou encore les instituteurs. Mais il n'y avait pas de notaires, ou de juges de paix dans tous les villages, et beaucoup d'instituteurs étaient des curés. Finalement, l'Assemblée se résigna à confier l'état civil aux municipalités. La loi ne fut toutefois promulguée que le 20 septembre 1792.

La loi du 20 septembre 1792, sur l'état civil, prescrit que les actes de mariage, de naissance, de décès seront dorénavant dressés par les municipalités, les actes de mariage sur la déclaration des parties avant ou après la bénédiction religieuse ; les actes de naissance, sur déclaration du père ou de l'accoucheur ; les actes de décès sur déclaration de deux proches parents ou voisins. La Convention précisa le 19 décembre 1792 que les actes de naissance et de décès devaient être établis dans les trois jours suivant l'événement, sous peine de deux mois de prison ; de six, en cas de récidive.

Les témoins devaient être au nombre de deux ou de quatre et âgés de 21 ans au moins. Les femmes, grande innovation, étaient admises à témoigner.

Les déclarations devaient être enregistrées par les municipalités, désormais chargées de tenir en double exemplaire trois registres, correspondant aux naissances, mariages et décès. Ces registres devaient être cotés et paraphés par les présidents de directoires de districts qui, en outre, en recevraient les doubles et les vérifieraient. Les doubles devaient être ensuite conservés par les directoires de départements.

La loi du 20 septembre 1792 ne règle pas seulement l'état civil ; elle apporte au mariage de sérieuses modifications.

L'État ne reconnaît plus désormais les fiançailles, lesquelles étaient obligatoires en droit canon. Il ne reconnaissait pas non plus les empêchements nés d'une affinité spirituelle. Légalement un parrain pourrait, désormais, épouser sa filleule.

De sérieuses atténuations étaient en même temps apportées aux prohibitions de mariage entre parents. L'Assemblée constituante avait, en effet, reçu de nombreuses plaintes contre ces prohibitions trop sévères en théorie, mais dont, en fait, l'Église monnayait les dispenses. Dans beaucoup de petits villages, tous les habitants étaient plus ou moins cousins. Aucun mariage n'y était possible, du moins sans dispense, et ces dispenses coûtaient fort cher. La Constituante n'avait toutefois eu ni la volonté, ni le temps de discuter le problème. La Législative, plus audacieuse n'interdit que les mariages entre proches parents et alliés en ligne directe.

On a vu combien l'ancien droit était exigeant, quant au consentement des parents. La Législative ne le maintint que pour les mineurs, c'est-à-dire les jeunes gens de moins de 21 ans. Naturellement, elle n'obligea plus les jeunes mariés à pratiquer le même culte.

L'âge minimum du mariage fut fixé à 15 ans pour les hommes, 13 pour les femmes ; une seule publication était nécessaire, huit jours avant la célébration. Seules devaient être admises les oppositions des père, mère, tuteurs. Les oppositions éventuelles d'autres personnes devaient être fondées sur des las de nullité du mariage ; la validité des oppositions devait être jugée dans ces trois jours en première instance, dans les huit jours en appel.

Le mariage serait désormais un acte purement civil. Il aurait lieu à la maison commune en présence de quatre témoins et des fiancés. Ceux-ci, déclareraient se prendre en mariage et le représentant de l'État se bornerait à leur en donner acte au nom de la loi.

Une des questions les plus graves qui se posait alors, à propos du mariage, était celle du mariage des prêtres. La Constituante avait reçu de nombreuses adresses lui demandant d'autoriser leur mariage. Le célibat, disait-on, était nuisible à la société, il était souvent une cause de scandale. L'Église d'ailleurs, faisait-on remarquer, n'a jamais considéré le célibat comme un point de dogme, mais seulement comme une affaire de discipline, et son attitude en la matière avait varié selon les temps et les lieux. Les prêtres n'attendirent pas la décision de la Constituante ; certains d'entre eux commencèrent à se marier dès 1791. La Constituante pourtant avait décrété que les religieuses qui se marieraient seraient privées de leur traitement, mais elle revint sur ce décret le 10 septembre 1791. Le 19 octobre suivant, Delaunay d'Angers demanda à la Législative de conserver son traitement à un prêtre qui venait de se marier. L'évêque d'Ille-et-Vilaine, Lecoz, protesta, mais l'Assemblée passa à l'ordre du jour en constatant qu' « aucune loi n'empêchait les prêtres de se marier ». La Constitution de 1791 déclarait, d'ailleurs dans son préambule : « La loi ne reconnaît plus de vœux religieux, ni aucun autre engagement qui serait contraire aux droits naturels ou à la constitution... » Ainsi le mariage des prêtres était, en fait, reconnu. Les mariages de religieux se multiplièrent, lorsque ceux-ci furent assurés de ne plus perdre leur traitement en se mariant ; mais la plupart des évêques y étaient hostiles et destituèrent les prêtres mariés. La Convention prendra plus tard leur défense et les protègera.

Pendant que la Constituante discutait du mariage, elle reçut de nombreuses pétitions réclamant l'institution du divorce. Ces pétitions invoquaient les œuvres de Montaigne, de Charron, de Montesquieu, de Voltaire, et même l'Écriture sainte. D'autres pétitions d'ailleurs s'élevaient contre le divorce.

Mais la logique poussait la Constituante à établir le divorce qui apparaissait, en effet, comme la conséquence de la laïcisation du mariage. Si le mariage n'était qu'un contrat, ne pouvait-il être dissout comme tout autre contrat ? D'autre part, s'engager pour la vie, c'est aliéner sa liberté ; or, la Constituante professait que la liberté était inaliénable. Le divorce semblait en outre légitimé par des besoins sociaux. C'était, observait-on, une institution nécessaire au bonheur des époux et de la société. L'ancienne législation admettait la séparation de corps, mais interdisait le divorce. Sous prétexte de morale elle favorisait donc les scandales et augmentait le désordre, puisque les personnes séparées de corps ne pouvaient se remarier. Les Constituants pensaient que l'homme avait droit au bonheur, s'il n'avait pu l'atteindre par un premier mariage, il fallait, professaient-ils, lui laisser la possibilité de tenter une autre expérience. La menace du divorce donnerait d'ailleurs à la femme une arme qui lui permettrait de lutter contre l'autorité excessive et jalouse de son mari.

Certains députés faisaient remarquer que la liberté de conscience avait le divorce pour corollaire. Puisque les religions juive et protestante admettaient le divorce, pouvait-on empêcher ceux qui pratiquaient ces religions de divorcer ? Pourquoi aussi astreindre les catholiques non-pratiquants à suivre une règle religieuse qu'ils ne voulaient pas reconnaître ? D'ailleurs l'institution du divorce ne nuirait pas, disaient-ils, aux catholiques pratiquants, car personne ne les forcerait jamais à divorcer ; l'Église elle-même, enfin, avait varié dans sa doctrine relative au divorce.

Malgré ces arguments, la Constituante n'osa se prononcer. La question vint de nouveau en discussion à la Législative. Le divorce y suscita, au début, une très vive opposition, puis ses partisans gagnèrent petit à petit du terrain, et finirent par en faire adopter le principe. Restait à déterminer les cas de divorces. Le Comité de législation proposa de distinguer trois séries de cas : certains cas déterminés, le consentement mutuel, l'incompatibilité d'humeur manifestée par *l'un* des époux. Sedillez combattit ce projet, il l'estimait trop défavorable à la femme. Un mari pourrait arguer d'une incompatibilité d'humeur pour se séparer d'une épouse, devenue vieille. Ce qui aboutissait à ruiner le principe du divorce, dont on attendait une amélioration de la condition de la femme.

Le Comité proposait aussi la comparution des époux, en instance de divorce, devant un tribunal de famille. Beaucoup de députés protestèrent contre cette intervention de la famille, qui ne pouvait manquer d'entraîner des discussions désagréables. Ils préféraient le jugement du divorce par un jury. La Législative ne tint, pour ainsi dire, pas compte de ces objections et elle vota presque intégralement, le 20 septembre 1792, le projet du Comité de législation.

La loi distingue donc trois séries de causes de divorce : la première comprend sept cas bien déterminés : la démence ; la condamnation à des peines afflictives ou infâmantes ; les crimes, sévices ou injures graves ; le dérèglement notoire des mœurs ; l'abandon du domicile par un des époux ; l'absence et le fait de ne pas donner de nouvelles, pendant cinq ans au moins ; l'émigration.

Le divorce par consentement mutuel forme la deuxième éventualité. Il a surtout pour but de ne pas rendre publiques certaines causes de divorce.

Enfin le divorce pour incompatibilité d'humeur est admis par l'Assemblée.

La procédure instituée pour le divorce était volontairement assez longue et compliquée, afin de corriger la facilité relative des demandes et d'obliger les intéressés à mûres réflexions. La procédure variait d'ailleurs selon les cas, elle durait d'autant plus longtemps que le cas invoqué était moins net.

Lorsque le divorce était demandé pour incompatibilité d'humeur par un des époux, le jugement était prononcé par trois assemblées de parents et d'amis, réunies respectivement un mois, trois mois et six mois après la première convocation. Au cas où les parties persistaient dans leur demande de divorce, celui-ci était prononcé un an après l'introduction de la demande.

Lorsque c'étaient les deux époux qui désiraient divorcer pour incompatibilité d'humeur, l'affaire était soumise à une seule assemblée de six parents ou amis. Au bout de deux mois, s'il n'y avait pas d'enfants, de quatre dans le cas contraire, le divorce était prononcé par un officier d'état civil.

Le divorce était, au contraire, très rapide lorsqu'il s'agissait des cas bien déterminés au nombre de sept. Un simple arbitrage avait lieu ; si la réconciliation n'était pas immédiate, et, si une condamnation judiciaire motivait la demande d'un des conjoints, le divorce était prononcé sans délai. Il fallait au maximum un an, au minimum un jour pour divorcer sous le régime de la loi du 20 septembre 1792.

Après le divorce, chaque époux recouvrait la liberté et pouvait se remarier au bout d'un an — le mari plus tôt, si le divorce était prononcé dans l'un des sept cas déterminés par la loi. Le divorce entraînait naturellement la séparation des biens et l'annulation des donations faites pour cause de mariage, ou dans le mariage.

En ce qui concerne les enfants, nés du mariage, le Comité de législation avait proposé d'en confier la garde à l'État. L'Assemblée ne le suivit pas, mais décida de les laisser, selon les cas, au père ou à la mère. Dans le divorce par consentement mutuel ou pour incompatibilité d'humeur, les filles suivaient la mère, les garçons, s'ils avaient plus de sept ans, étaient confiés au père. Si le divorce était prononcé dans un des sept cas particuliers prévus, la famille décidait du sort des enfants. Ceux-ci conservaient, en tout cas, tous leurs droits, droits aux aliments et droits successoraux. Il était interdit de prononcer désormais une séparation de corps, sans qu'elle fût suivie du divorce.

Ainsi le divorce n'a pas été institué par la Législative comme une arme contre le catholicisme, mais comme un moyen d'améliorer la morale de la société en faisant disparaître les scandales résultant de la séparation de corps. Quoique peu d'études de détail aient été entreprises sur cette question, jusqu'à présent, il semble bien que les divorces aient été nombreux, dès la promulgation de la loi. Mais beaucoup de ces divorces avaient des raisons politiques : beaucoup de femmes d'émigrés demandèrent le divorce pour conserver leurs biens. D'autres divorcèrent, lassées de la longue absence de leur mari parti aux armées... Beaucoup d'époux séparés de corps depuis longtemps profitèrent de la nouvelle loi pour divorcer. Puis, très rapidement le nombre des divorces alla en diminuant.

Le Comité de législation de l'Assemblée constituante avait préparé un projet qui avait pour but l'unification du droit matrimonial dans toute la France afin d'égaliser les droits des époux. Il proposait la suppression du régime dotal. S'il y avait constitution de dot, celle-ci ne pourrait plus comporter hypothèque sur les biens du mari — ce qui entraînait la ruine du régime dotal. On entendait que la communauté des biens devînt le régime légal et normal. Mais le Comité ne voulait pas conserver le régime communautaire tel qu'il existait, nous l'avons vu, dans le droit coutumier ; il désirait le débarrasser des nombreuses pratiques destinées à préserver les biens de la femme, afin d'assurer la plus grande égalité possible entre les époux. Le mari et la femme auraient ainsi en commun l'administration de la fortune commune. Chacun d'eux ne pourrait s'engager sur ses biens propres sans le consentement de l'autre. Ce système, pensaient les commissaires, renforcerait les liens du mariage.

Pour empêcher toutefois que les époux n'en vinssent à léser leurs héritiers légitimes par des donations mutuelles de trop grande importance, le Comité envisageait d'interdire les donations supérieures au dixième des biens en toute propriété ou en usufruit s'il y avait des enfants. Les donations anciennes devaient même être réduites au sixième des biens. Une exception cependant était prévue, si le conjoint survivant était nécessiteux et reconnu comme tel par le conseil de famille, on souhaitait qu'il pût recevoir la totalité ou une partie des biens du défunt.

Cependant, ni la Constituante, ni la Législative ne se prononcèrent sur ce rapport, et la question devait être reprise par la Convention.

Les deux premières assemblées préparèrent aussi un nouveau statut destiné à régler les rapports entre parents et enfants, mais ne purent prendre, en définitive, qu'un petit nombre de décisions à cet égard. La Constituante aurait voulu remplacer le pouvoir absolu du père de famille, sorte d'image réduite du système monarchique absolu, par des règles basées sur les principes nouveaux de liberté, d'égalité, de fraternité. D'autre part, elle était hostile à toute intervention de l'État dans les querelles de famille. Il résulta de ces tendances diverses l'institution des tribunaux de famille dont nous avons vu l'organisation et le fonctionnement à propos des institutions judiciaires.

Mais ni la Constituante, ni non plus la Législative, ne purent mettre au point des lois régissant les rapports entre parents et enfants. La Législative se borna à fixer la majorité à 21 ans et à déclarer que la puissance des parents cesserait à la majorité. Elle enleva aussi aux parents le droit de faire emprisonner, pour correction, leurs enfants mineurs. Seule une assemblée composée de six ou huit parents et voisins eut désormais le droit de décider l'internement d'un enfant dans une maison de correction, et pendant une durée maxima d'un an. Encore, était-il prévu que la décision ne deviendrait exécutoire qu'après assentiment du président du tribunal de district.

Il est caractéristique de remarquer que ni la Constituante, ni la Législative ne s'intéressèrent aux familles nombreuses. Nul souci d'avantager les grandes familles, de protéger la mère. La Constituante et la Législative, contrairement à ce qu'on écrit parfois, reconnurent la famille, mais non comme une entité, seulement comme une association d'individus isolés. Il était donc logique que ces assemblées s'occupassent de rattacher à la famille les enfants naturels qui, sous l'ancien régime, n'avaient, comme nous l'avons dit, aucun droit.

Ce furent deux articles du *Moniteur*, publiés le 2 juillet 1790 et le 24 janvier 1791 qui attirèrent l'attention des constituants sur les bâtards. L'auteur de ces articles, Peuchet, déclarait qu'il fallait donner à l' « enfant naturel » — l'adjectif est de l'époque, on s'en doute — tous les droits de famille à l'égard de sa mère ; et aussi à l'égard de son père, si celui-ci le reconnaissait. A la suite de ces articles, Le Chapelier présenta à la Constituante, au nom du Comité de législation, un projet de loi proposant de conférer aux enfants naturels le droit de rechercher leurs parents. Mais ce projet rencontra une vive opposition, et fut ajourné. A la Législative, un pétitionnaire demanda, le 25 mars 1792, le vote d'une loi permettant aux enfants naturels de recueillir la succession de leur mère et de recevoir des legs universels.

Un membre du Comité de législation, Léonard Robin, suggéra d'accorder aux enfants naturels, dans la succession de leurs père et mère, la moitié de la part à laquelle ils auraient eu droit, s'ils avaient été légitimes. Les enfants adultérins ne recevraient toutefois que les aliments. Mais la Législative n'eut pas le temps de s'occuper de ces propositions, et la décision, ici aussi, appartiendra à la Convention.

Les deux premières assemblées de la Révolution n'avaient donc fait qu'amorcer la refonte des institutions sociales. Effrayées des changements qu'elles allaient apporter à la structure profonde de la société, elles hésitèrent, et finalement ce n'est que le dernier jour de sa session, le 20 septembre 1792, que la Législative se résigna à voter la grande loi qui établit l'état civil, règle le mariage et organise le divorce.

CHAPITRE X

LES INSTITUTIONS SOCIALES : RELIGIONS ET CULTES RÉVOLUTIONNAIRES[1]

Nous n'avons pas ici le dessein d'étudier les institutions religieuses catholiques, dont il sera traité dans le volume de cette collection consacré à l'ensemble des institutions de l'Église. Nous nous bornerons à l'examen des cultes constitutionnels et révolutionnaires. Cependant, pour comprendre comment la France en est arrivée à créer une religion qui devait rapidement se séparer de Rome, puis à organiser des cultes entièrement nouveaux, il est indispensable de retracer la situation de l'Église de France en 1789, les tentatives de réforme dont elle avait été l'objet à la fin de l'ancien régime, et les vœux formulés à son égard dans les cahiers de doléances.

1. DOCUMENTS ET OUVRAGES D'ENSEMBLE A CONSULTER. — Les documents inédits sont encore très nombreux. Voir Le Grand, *Les sources de l'histoire religieuse aux Archives nationales* (Paris, 1914, in-8º). Les papiers du Comité ecclésiastique se trouvent dans la série D XIX. Consulter aussi les papiers des Comités des rapports (D XXIX) et des recherches (D XXIX bis). Dans les archives départementales, les documents relatifs aux institutions religieuses sont conservés essentiellement dans les séries L et Q (biens du clergé).
On trouvera les discours relatifs à l'Église dans les procès-verbaux des Assemblées et aussi dans la série AD XVIII aux Arch. nat., notamment AD XVIII c, t. 217.
Publication de documents : P. Theiner, *Documents inédits relatifs aux affaires religieuses de la France, 1790-1800* (Paris, 1858, in-8º) ; A. Aulard, *La Révolution française et les congrégations* (Paris, 1903, in-16) ; Robinet, *Le mouvement religieux à Paris pendant la Révolution* (Paris, 1896-98, 2 vol. in-8º) ; la *Collection ecclésiastique* de l'abbé Barruel (Paris, 1791-1793, 14 vol. in-8º) ; la *Correspondance de Le Coz*, publ. par le P. Roussel (Paris, 1900, in-8º) ; les *Mémoires de l'internonce à Paris (1789-1801)* (Paris, 1890, in-8º) ; la *Correspondance secrète de l'abbé de Salamon avec le cardinal de Zélada (1791-1792)*, publ. par le vicomte de Richemont (Paris, 1898, in-8º) ; les *Mémoires de Grégoire*, publiés par Carnot (Paris, 1840, in-8º) ; Durand de Maillane, *Histoire apologétique du Comité ecclésiastique* (Paris, 1791, in-16).
La bibliographie de l'histoire religieuse de la Révolution française est très volumineuse. Nous ne citons ici que les ouvrages synthétiques importants et les études partielles les plus récentes. On y trouvera des indications plus complètes.
Les trois meilleurs ouvrages d'ensemble, de tendances très différentes d'ailleurs sont : A. Aulard, *Le christianisme et la Révolution française* (Paris, 1927, in-16) ; A. Latreille, *L'Église catholique et la Révolution française* (Paris, 1946, in-8º) ; A. Fliche et V. Martin, *Histoire de l'Église*, t. XX, *La crise révolutionnaire*, par J. Leflon (Paris, 1949, in-8º).

I

LA SITUATION EN 1789[1]

A la veille de la Révolution, tous les Français étaient censés être catholiques. Officiellement, nous l'avons vu, il n'y avait pas de protestants avant 1787, et lorsque ceux-ci reçurent un état civil particulier, ils ne constituèrent encore qu'une infime minorité de 700.000 personnes environ, auxquels aucun droit n'était reconnu. Un protestant, Necker, avait bien été, à deux reprises, ministre des finances, mais c'était un étranger, un Genevois. Quant aux juifs, moins nombreux encore que les protestants, ils étaient généralement considérés comme des étrangers. L'Église catholique représentait donc non seulement une institution officielle, mais un élément inséparable de l'État. Cette Église avait pour chef le pape, mais aussi le roi, religieusement sacré à Reims. En effet, l'Église de France était l'Église gallicane, et à cet égard le gallicanisme triomphait depuis l'expulsion des Jésuites, en 1764. Le clergé était traditionnellement divisé en : clergé séculier, généralement respecté, souvent estimé, et clergé régulier souvent très critiqué ; en haut clergé, comprenant les archevêques, évêques et supérieurs des abbayes, se recrutant dans la noblesse, et bas clergé composé à peu près uniquement de roturiers. Il y avait entre le haut et le bas clergé de profondes différences politiques et sociales, mais une parfaite unité de doctrine religieuse. Le clergé régulier était entré en décadence, il se recrutait difficilement, les couvents, d'ailleurs, étaient trop nombreux, la discipline et les mœurs étaient relâchées. L'Église s'était souciée de cette situation, et, de 1760 à 1780, une commission spéciale s'était efforcée d'y porter remède. Elle avait élevé l'âge des vœux à 21 ans pour les hommes, 18 ans pour les femmes et supprimé un certain nombre de monastères. Mais ces réformes avaient été insuffisantes pour redresser la situation du clergé régulier, dont l'impopularité ne cessait de croître.

L'Église gallicane, malgré ses « libertés » et ses privilèges, restait unie à Rome par le concordat de 1516 qui, à la veille de la Révolution, fonctionnait sans provoquer aucune plainte grave.

Le clergé français possédait — nous avons eu l'occasion de le voir[2], — des biens immenses, le quart ou le cinquième du sol, représentant un capital de

---

1. DOCUMENTS ET OUVRAGES A CONSULTER. — Voir la bibliographie générale ci-dessus et les Cahiers de doléances de 1789, catalogués dans le Répertoire de Miss Hyslop (déjà cité, p. 178). — Outre les ouvrages généraux, voir Chassin, *Les cahiers des curés de 1789* (Paris, 1882, in-8°) ; Palmer, *Catholics and unbelievers in XVIII th century France* (Princeton (U. S. A.), 1940, in-8°) ; Sicard, *L'ancien clergé de France* (Paris, 1893, in-8°). — QUESTIONS A ÉTUDIER : Les institutions religieuses en elles-mêmes commencent à être bien connues. Leur fonctionnement l'est beaucoup moins. Il y aurait intérêt à mesurer d'une manière aussi précise que possible la ferveur religieuse, soit catholique romaine, soit constitutionnelle, soit révolutionnaire. Sur les moyens à employer pour mener à bien de telles études, cf. G. Le Bras, *Introduction à l'histoire de la pratique religieuse en France* (Paris, 1942-44, 2 vol. in-8°) ; du même, *Un programme : La géographie religieuse*, dans les *Mélanges d'histoire sociale* (anciennes *Annales d'hist. économique et sociale*, ann. 1945, p. 87-112).
2. Ci-dessus, p. 145.

quatre à cinq milliards de livres et produisant un revenu estimé de 150 à 300 millions, dont 70 pour les dîmes. Avant la Révolution on ne reprochait pas au clergé sa richesse, mais on lui faisait grief d'en mal user. Le bénéficier, en effet, très souvent n'exerçait pas et ne versait au desservant qu'une « portion congrue » ce qui faisait que beaucoup de prêtres gagnaient moins de 400 livres par an et végétaient dans une situation misérable.

Les « bénéfices » étaient, pour la plupart, distribués par le roi ; mais, en ce qui concerne les évêchés et les abbayes, le roi devait obtenir l'accord du pape, après délibération en consistoire des cardinaux. C'est pour cette raison que ces bénéfices étaient appelés bénéfices « consistoriaux ». Les titulaires des bénéfices consistoriaux étaient tenus d'envoyer à Rome, lors de leur entrée en fonction, une redevance égale à la moitié des revenus d'une année. On appelait cette redevance, les « annates » : Celles-ci étaient très impopulaires. On se plaignait que le clergé fît sortir du royaume par les annates, chaque année, d'importantes quantités de numéraire. En 1789, les annates avaient atteint la somme de trois millions de livres.

La richesse du clergé le plaçait dans le royaume à un rang très brillant. C'était vraiment le « premier » ordre. Il était en outre, mis à part le « don gratuit », qu'il votait lui-même, exempté d'impôts. Enfin, c'était le seul ordre organisé car il se réunissait régulièrement tous les cinq ans en assemblées, et entretenait à Paris, hors des sessions, des « agents généraux », qui étaient de véritables ministres sans portefeuille.

Les biens du clergé lui permettaient d'assurer les services qui correspondaient à ce que nous considérons aujourd'hui comme trois grands services publics : l'état civil, l'enseignement et l'assistance publique.

La foi du peuple français justifiait-elle une pareille importance de son clergé ?

Nul doute que la foi populaire, parfois naïve, ait été très profonde. Le catholicisme s'identifiait avec l'existence elle-même. Les Français en avaient appris les premiers principes avec la langue. La religion était associée à tous les actes de la vie. Et ceux qui se proclamaient en 1789, les plus ardents adversaires du catholicisme, en étaient, à leur insu, profondément pénétrés. Être Français et être catholique, c'était alors tout un. La France était le « royaume très chrétien ». Et l'on comprend que les non-catholiques, protestants et surtout juifs, y aient fait figure d'étrangers.

La foi variait cependant de forme et d'intensité selon les classes. Dans la masse des paysans et des artisans, il n'y avait pas de fanatisme, mais une piété sincère, faite d'habitudes ancestrales, et même de superstitions, dont certaines avaient été héritées des vieux cultes gaulois. Ceux qui doutaient, pratiquaient tout de même, par affection pour le curé, car les curés étaient partout populaires. Dans le village, il était le représentant de la culture, le seul parfois à savoir lire et écrire. On le respectait parce que, sans préjudice de son prestige religieux, il tenait l'état civil, parce qu'il lisait au prône les actes du gouvernement, parce qu'il les expliquait. On l'aimait parce qu'il était secourable aux pauvres et aux indigents, dont souvent il partageait la misère.

Dans la société cultivée le nombre des indifférents, et même des incrédules était plus important. Voltaire avait eu, à cet égard, une grande influence. Le rationalisme avait entamé l'autorité de l'Écriture sainte. Mais il n'y avait guère de véritables athées. Ceux qui se disaient le plus farouchement hostiles au catholicisme étaient déistes, et ne pouvaient concevoir qu'on songeât à séparer la religion de l'État.

Peut-on extraire une doctrine anticléricale des principales œuvres philosophiques du XVIIIe siècle ?

Montesquieu se moque souvent du clergé catholique ; mais ce sont là railleries traditionnelles, héritées des fabliaux du moyen âge et des libertins du XVIIe siècle. Montesquieu plaide éloquemment la tolérance, mais ne demande pas la liberté et encore moins l'égalité des cultes. Il pense que la religion — et une religion d'État — est nécessaire : « La religion, même fausse, est le meilleur garant que les hommes puissent avoir de la probité des hommes. » La religion, en outre, a le grand mérite, à ses yeux, de faciliter l'application des lois civiles. Elle doit donc être intimement liée à l'État.

Voltaire, lui, a été représenté comme le grand adversaire de l'Église. Mais s'il attaque souvent, et avec violence, le clergé, ses revendications ne vont pas au delà de la tolérance. Il croit que la religion est nécessaire « pour le peuple », et pour les enfants. Il lui suffit qu'elle soit subordonnée à l'État. Les prêtres ne doivent plus, selon lui, être confinés dans le seul rôle de desservants du culte. Ils doivent rendre des services pratiques à l'État, propager la vaccine ou la culture de la pomme de terre.

D'Holbach est peut-être plus violent que Voltaire dans ses attaques contre le clergé, il ne va pourtant pas jusqu'à envisager la disparition du catholicisme. Tout au plus souhaite-t-il l'établissement d'une « religion civile » qui pourrait lui faire concurrence et lui servir de contrepoids.

Helvétius prêche l'athéisme : l'évolution de la société amènera, pense-t-il, la suppression des religions. C'est là un idéal, vers lequel il affirme qu'il faut tendre, mais qui est encore très lointain. En attendant, il se borne à distinguer la religion du Christ, toute de tolérance, qu'il faut favoriser, et « la religion des prêtres », qu'il rejette.

L'abbé Meslier, en condamnant la religion, la croit, comme Voltaire, « bonne pour le peuple ». « Les arguments d'un athée ne sont pas plus faits pour le vulgaire, qui jamais ne raisonne, que les systèmes d'un physicien ou les observations d'un astronome... »

Rousseau n'est pas catholique, mais il est sincèrement et profondément religieux. Aussi pense-t-il que l'État ne saurait se passer de religion. Il imagine, comme d'Holbach, une religion civile, espèce de syncrétisme des idées et des gestes religieux auxquels le peuple est le plus profondément attaché. Cette religion civile finira, croit-il, par remplacer petit à petit la religion révélée.

Mably n'imagine pas un État sans religion officielle. L'abbé Raynal déclare : « L'État n'est point fait pour la religion, mais la religion est faite pour l'État. » L'État doit donc passer en revue les dogmes et la discipline de la religion, interdire ce qu'il estime contraire aux bonnes mœurs et à l'ordre établi, conserver, et même développer ce qu'il retient : « L'État peut proscrire le culte établi, en adopter un nouveau ou même se passer de culte, si cela lui convient... »

Si les philosophes sont donc, pour la plupart, à quelque degré des adversaires du clergé catholique, aucun n'est hostile à la religion, aucun ne conçoit un État sans religion, un État neutre, un État laïc. « Anticléricaux, écrit A. Mathiez[1] en parlant des philosophes, ils le furent abondamment, irréligieux très rarement, désireux de faire passer leur irréligion dans les lois, jamais. »

La franc-maçonnerie a joué aussi son rôle dans le développement de la propagande anticléricale. Elle n'a pas été agencée pour cela, mais elle a préparé une atmosphère favorable à l'idée d'une religion naturelle, opposée à la révélation, niant l'ordre de la grâce et dispensant l'homme de la sujétion à l'Église. Cette idée ne trouva d'ailleurs, comme le remarque M. A. Latreille aucune réfutation sérieuse du côté catholique. Mais on ne peut affirmer « que les visées antireligieuses aient été le but essentiel de la maçonnerie du XVIIIe siècle ».

Les cahiers d'ailleurs, ne renferment que peu de vœux relatifs à l'Église. Certains demandent la réforme, ou même la suppression de quelques ordres monastiques, d'autres voudraient que l'Église de France s'orientât plus hardiment dans la voie du gallicanisme. Quelques-uns se plaignent de la richesse et du luxe du haut clergé. Aucun ne demande la tolérance, aucun, nous l'avons dit, ne réclame la laïcisation de l'état civil ou la séparation de l'Église et de l'État. Le seul cahier du Tiers de Nîmes, sous l'influence, sans doute, des protestants, émet un vœu en faveur de la liberté de penser. Beaucoup de cahiers, au contraire, insistent pour que le catholicisme reste religion d'État, et pour qu'on n'étende pas les concessions accordées en 1787 aux protestants. Certains cahiers, tel celui de Chaingy, sont même hostiles à la tolérance.

Aussi n'est-il pas étonnant que les constituants aient voulu simplement régler les rapports de l'Église et de l'État afin que « l'Église fût dans l'État, et non l'État dans l'Église ». Ils ne faisaient qu'imiter les réformes opérées par Joseph II en Autriche, celles, même que le gouvernement monarchique français avait inaugurées en expulsant les Jésuites en 1764 ou en créant, en 1768, une commission des réguliers, qui avait supprimé neuf ordres religieux. Loin d'eux la maxime : « l'Église libre dans l'État libre ». Ce qu'ils veulent, ces députés, tous élèves des prêtres, c'est nationaliser le catholicisme, l'asservir à l'État, le faire concourir le plus possible à l'établissement de la constitution qu'ils venaient d'établir. Et lorsqu'ils constateront leur échec,

---

1. A. Mathiez, *La Révolution et l'Église* (Paris, 1910, in-16), p. 2.

pas un instant ils ne songeront à séparer l'Église de l'État, mais, seulement à substituer à la religion catholique une autre religion d'État, une « religion civile », dont ils puiseront les principes dans les ouvrages des philosophes, et dont on voit, dès 1789, se dessiner les premiers linéaments.

II

LA CONSTITUTION CIVILE DU CLERGÉ[1]

Il est fort probable qu'aucun constituant n'avait, en juillet 1789, l'intention de modifier en quoi que ce fût l'organisation de l'Église de France. Mais les réformes politiques, économiques et sociales que l'Assemblée entreprit dès le début d'août rejaillirent automatiquement sur l'Église. La suppression des privilèges, au cours de la nuit du 4 août, entraîna l'abolition des dîmes, du casuel des prêtres, de la distribution des bénéfices, des annates... Ensuite les nécessités financières eurent pour conséquence la mise à la disposition de la nation, et la vente des biens du clergé. Or cette vente supposait la suppression des couvents, donc l'abolition des vœux monastiques, et la transformation du clergé séculier en un corps de fonctionnaires salariés. Mais cette transformation devait donner à l'État le droit de déterminer le nombre des fonctionnaires ecclésiastiques, comme celui des fonctionnaires civils, et par conséquent le droit de fixer l'étendue des circonscriptions religieuses et le tracé de leurs limites. Ainsi, de fil en aiguille, l'assemblée Constituante allait être fatalement amenée à donner au clergé une constitution civile. Il n'est pas douteux que cette constitution civile ait été la cause prépondérante des troubles intérieurs que la France subit dans les années qui suivirent, si l'on peut donc en regretter l'existence, il faut reconnaître qu'elle était fatale.

1. DOCUMENTS ET OUVRAGES A CONSULTER. — Sur l'Église catholique, romaine ou constitutionnelle : A. Aulard, *La séparation des églises et de l'État*, dans son volume d'*Études et leçons*, 5ᵉ série (Paris, 1907, in-16) ; E. Champion, *La séparation des églises et de l'État en 1794* (Paris, 1903, in-8º) ; Abbé Constantin, *L'évêché du département de la Meurthe de 1791 à 1802*, t. I, 1791-1794 (Nancy, 1935, in-8º) ; A. Debidour, *Histoire des rapports de l'Église et de l'État en France de 1789 à 1870* (Paris, 1898, in-8º) ; Gazier, *Études sur l'histoire religieuse de la Révolution* (Paris, 1887, in-12) ; Girardot, *La constitution civile et son application en Haute-Savoie* (Besançon, 1934, in-8º) ; Abbé Giraud, *Essai sur l'histoire religieuse du département de la Sarthe, de 1789 à l'an IV* (Paris, 1920, in-8º) ; Lacouture, *La politique religieuse de la Révolution française* (Paris, 1940, in-8º) ; de La Gorce, *Histoire religieuse de la Révolution française* (Paris, 1909, in-8º) ; Dom Leclercq, *L'église constitutionnelle* (Paris, 1934, in-8º) ; Ch. Ledré, *Une controverse sur la constitution civile du clergé* (Paris, 1943, in-8º) ; du même, *L'Église et la Révolution* (Paris, 1949, in-8º) ; J. Leflon, *Monsieur Emery. L'Église d'ancien régime et la Révolution* (Paris, 1944, in-8º) ; Lesprand, *Le clergé de la Moselle pendant la Révolution* (Montigny-les-Metz, 1933-1936, 3 vol. in-8º) ; A. Mathiez, *Contributions à l'étude religieuse de la Révolution* (Paris, 1907, in-8º) ; du même, *Rome et le clergé français sous la Constituante* (Paris, 1910, in-16) ; du même, *La Révolution et l'Église* (Paris, 1910, in-16) ; Pallaut de Besset, *La résistance à la Constitution civile dans le district de Montbrison* (Saint-Étienne, 1927, in-8º) ; Sciout, *Histoire de la constitution civile du clergé* (Paris, 1872, in-8º) ; Sicard, *Le clergé de France pendant la Révolution* (Paris, 1912, 2 vol. in-8º) ; Sol, *Le clergé du Lot et le serment exigé des fonctionnaires publics ecclésiastiques* (Paris, 1927, in-8º) ; P. Tartat, *L'application de la constitution civile du clergé à Avallon*, dans les *Annales hist. de la Révolution franç.*, 1950, p. 221-246. — QUESTIONS A ÉTUDIER : Voir les indications données p. 217.

Le clergé avait droit à la gratitude du Tiers état, car le comportement de ses députés avait été déterminant lors de la transformation des États généraux en Assemblée nationale. Rappelons que ce furent trois curés du Poitou qui les premiers, le 13 juin se joignirent aux députés du Tiers. Le 14 juin, ils étaient suivis de six autres curés, et la majorité de l'ordre les imitait le 22 juin. Après la séance royale du 23, nombreux furent les membres du clergé qui restèrent, comme les représentants du Tiers état dans la salle des séances ; et la plus grande partie de l'ordre se joignit de nouveau au Tiers, le lendemain, amenant ainsi le roi à sanctionner, le 27, la réunion des trois ordres.

Malgré ces immenses services, l'Assemblée n'hésita pas à abolir les dîmes le 4 août. Le décret d'application, voté le 11, précisait toutefois qu'elles continueraient à être perçues « jusqu'au jour où l'Assemblée nationale aurait avisé aux moyens de subvenir d'une autre manière à la dépense du culte divin, à l'entretien du ministère des autels, au soulagement des pauvres, aux réparations et reconstructions des églises et presbytères, et à tous les établissements, séminaires, écoles, collèges, hôpitaux, communautés et autres, à l'entretien desquels elles étaient alors « affectées ».

L'article 8 du même décret supprimait les droits casuels des curés de campagne, mais seulement à partir de l'époque où ils recevraient un traitement. L'article 12 interdisait à l'avenir le versement des « annates », pour quelque raison que ce fût. L'article 13 abolissait les droits établis en faveur des évêques, archiprêtres, chapitres, etc. L'article 14 faisait défense aux membres du clergé de posséder plus d'un bénéfice, au-dessus de 3.000 livres.

Ces réformes n'atteignaient, en somme, que le haut clergé, sauf les annates, qui en intéressant la Cour de Rome, suscitaient des difficultés dans les rapports entre la France et la papauté. La Constituante les avait prévues, et, pour parer à la riposte probable du pape dont elle pensait qu'il refuserait d'instituer les nouveaux évêques, elle avait voté une résolution décidant que ceux-ci seraient institués par leur métropolitain, et les archevêques par un concile national. Cette résolution, votée sans qu'aucun des ecclésiastiques présents eût protesté, contenait en germe toute la constitution civile du clergé.

Le décret du 11 août contrevenait ouvertement au concordat de 1516. Mais le ministre des affaires étrangères Montmorin, soucieux, avant tout, d'éviter une rupture qui eût provoqué en France de graves répercussions, fit savoir à Rome qu'un arrangement était possible et conseilla au pape de réserver simplement ses droits. Pie VI ferma effectivement les yeux, malgré l'attitude de l'ambassadeur de France, le cardinal de Bernis, qui, violent ennemi de la Révolution, ne suivait pas les instructions de son ministre et poussait le pape à un éclat. Le premier train de réformes semblait donc ne devoir entraîner aucune difficulté sérieuse.

La Déclaration des droits de l'homme, votée quelques jours plus tard, portait une atteinte nouvelle, sinon aux intérêts matériels de l'Église, du moins à sa situation traditionnelle, puisqu'elle proclamait la tolérance et reconnaissait officiellement l'existence en France d'autres religions que la catholique. Elle n'établissait pourtant pas l'égalité des cultes, ni même nettement la liberté de conscience et semblait implicitement maintenir l'Église catholique dans sa situation privilégiée. Aussi le clergé de France ne protesta-t-il pas plus contre la Déclaration que contre le décret du 11 août.

Il n'en alla pas de même lors de la discussion et du vote des lois ordonnant la nationalisation, puis la vente des biens du clergé. Certes, le bas clergé n'y perdait pas, puisque la loi donnait aux curés un traitement minimum de 1.200 livres alors que souvent ils n'en avaient que 400, ou même moins, mais le haut clergé voyait ses revenus sérieusement diminués.

La vente des biens du clergé posait la question de l'existence des couvents. Privés de leurs domaines, ceux-ci allaient-ils continuer à vivre avec des subventions de l'État ? Dès le 28 octobre 1789, l'Assemblée décréta que tous les vœux étaient supprimés. Elle réitéra le 13 février 1790 que les vœux solennels, les ordres et les congrégations dans lesquels on faisait ces vœux étaient abolis, que les religieux seraient libres de sortir des cloîtres et qu'à la seule condition d'en faire la déclaration devant la municipalité, ils recevraient une pension convenable. Toutefois, les maisons d'éducation et de charité devaient subsister, sans changement. Les pensions étaient fixées, pour les ordres mendiants à 700 livres avant 50 ans, 800 de 50 à 70 ans, 1.000 livres au delà ; pour les autres ordres, respectivement à 900, 1.000 et 1.200 livres. La pension des anciens Jésuites, établie d'abord à 400 livres seulement, fut, sur la proposition de Robespierre, fixée à 300, 400 et 500 livres, selon l'âge.

Peu à peu, les couvents se vidèrent.

Il ne faudrait pas croire qu'en supprimant les couvents, la Constituante ait voulu porter un grave coup à l'Église.

Au reste, ces mesures ne causèrent aucun émoi : d'abord parce que la loi civile de l'ancienne France avait toujours eu à connaître des vœux religieux, et à en définir les effets juridiques ; ensuite parce que les religieux les plus utiles demeuraient.

Quelques jours à peine après le vote de cette loi, la Constituante s'efforçait d'ailleurs de lier plus étroitement l'Église à la Révolution en ordonnant, le 23 février 1790, à tous les desservants de paroisse de lire au prône les décrets et de les expliquer aux fidèles. Les curés étaient ainsi étroitement associés au fonctionnement de l'État. Sous l'ancien régime, certains d'entre eux lisaient bien au prône les édits royaux, mais c'était là un acte bénévole de leur part, et les Assemblées du clergé avaient toujours protesté contre toute tentative en vue d'en faire une obligation.

La plupart des curés acceptèrent avec empressement la mesure prise sur ce point par la Constituante. Mais une petite minorité protesta. C'était la première fois que le clergé se scindait, qu'une partie de celui-ci prenait une attitude hostile aux mesures décrétées par l'Assemblée. On se doute que cette minorité était composée des prêtres « aristocrates », de ceux qui se refusaient à lire en chaire le texte de décisions qu'ils désapprouvaient. Ce furent eux qui se firent ainsi inconsciemment les premiers protagonistes de la séparation de l'Église et de l'État.

Mais d'autres prêtres contre-révolutionnaires profitèrent du décret pour commenter les lois dans un sens défavorable à la Révolution, et l'Assemblée comprenant qu'elle avait fait fausse route n'obligea plus, par la loi du 2 novembre 1790, les curés à lire et commenter les décrets au prône. Seuls les prêtres patriotes continuèrent volontairement cette lecture.

La vente des biens du clergé fit comprendre à l'Assemblée qu'une refonte du système religieux français était indispensable. L'étude en fut confiée au Comité ecclésiastique de l'Assemblée, qui avait été formé dès le 20 août 1789. Il comprenait les évêques de Clermont et de Luçon, trois abbés d'opinion modérée, quelques « patriotes » notamment Durand-Maillane et Lanjuinais, quelques « philosophes » dont Treilhard, mais aucun janséniste. Le Comité s'occupa d'abord de dresser un inventaire des biens du clergé. Puis, le 23 novembre 1789, Durand-Maillane soumit à ses collègues un plan de réforme, assez peu audacieux, mais nettement hostile au Concordat de 1516. Malgré sa modération, ce plan fut mal accueilli par les évêques de Clermont et de Luçon. Le Comité fut alors modifié, le nombre de ses membres fut doublé le 7 février 1790, et des partisans des réformes, le Chartreux dom Gerle, les curés Expilly, Massieu, Thibault, le physiocrate, Dupont de Nemours y entrèrent. Les deux évêques ne parurent plus désormais aux séances.

Ce fut le Comité ecclésiastique ainsi modifié qui rédigea la Constitution civile du clergé. Puisqu'une réforme de l'Église de France s'avérait une conséquence indiscutable des mesures politiques et financières déjà votées par l'Assemblée, il désirait du moins l'opérer en revenant, autant que possible, aux pratiques de l'Église primitive, caractérisées précisément par l'égalité et la fraternité qu'on inscrivait dans les Droits de l'homme. Les philosophes étaient séduits par ce retour à l'âge d'or du christianisme, les gallicans par la perspective d'une Église à peu près indépendante du pape, les jansénistes par l'espoir d'une vie religieuse plus austère. Tous se firent les défenseurs du projet dont les principaux avocats furent l'abbé Grégoire, l'ancien avocat du clergé Camus et le philosophe Treilhard. Leur but était de rendre à l'Église sa pureté tout en l'associant étroitement à la vie de l'État. Ils désiraient « nationaliser » le catholicisme par un gallicanisme radical. Quant aux difficultés qui pourraient subvenir du côté du Vatican, ils faisaient confiance au roi pour les dissiper par des négociations directes avec le Souverain Pontife.

Les débats commencèrent à l'Assemblée le 29 mai 1790. Les évêques essayèrent de s'y opposer en déclarant que l'Assemblée ne pouvait délibérer en matière ecclésiastique, et ils réclamèrent la réunion d'un concile national. Soutenus par de nombreux curés démocrates, les juristes répondirent que la

Constituante avait le droit de réformer l'Église, à condition de ne pas toucher au spirituel. C'est à cette occasion que Camus, qui connaissait l'Église pour en avoir été l'avocat, sous l'ancien régime, déclara : « L'Église est dans l'État, l'État n'est pas dans l'Église... Nous avons le pouvoir de changer la religion, mais nous ne le ferons pas... » Après de longues discussions qui durèrent jusqu'au 12 juillet 1790, la Constitution civile du clergé fut finalement votée. Ses principales dispositions concernent la délimitation des circonscriptions ecclésiastiques, la nomination des évêques et des curés, la composition des assemblées ecclésiastiques, la rémunération des membres du clergé.

La nouvelle division de la France en départements semblait rendre inéluctable une nouvelle répartition des sièges épiscopaux et leur adaptation aux circonscriptions administratives établies par la Constituante. L'Assemblée décida qu'il y aurait un évêque par département, ce qui entraînait la disparition de 52 diocèses. Elle maintint dix métropoles ecclésiastiques, Paris, Reims, Besançon, Lyon, Aix, Toulouse, Bordeaux, Bourges, Rennes et Rouen. Le nombre des paroisses fut aussi remanié ; beaucoup de paroisses trop petites furent supprimées. Les chapitres des églises cathédrales disparurent ; les évêques durent être désormais les curés de leur cathédrale, comme dans l'Église primitive. Ces réformes modifiaient, certes, des habitudes fort anciennes, mais il est probable que le pape s'en serait, après négociations, accommodé.

Il n'en allait pas de même du nouveau mode de nomination des évêques et des curés. Sur ce point, l'Assemblée rompait délibérément avec les règles posées par le Concordat. Les évêques membres de la Constituante eussent accepté que les nouveaux évêques fussent élus par un collège composé des ecclésiastiques du diocèse et des membres des corps administratifs du département. Mais la majorité du Comité ecclésiastique voulait donner à cette élection une base beaucoup plus large, elle proposait que l'évêque fût élu par l'assemblée électorale du département. Or celle-ci pouvait comprendre et comprenait même normalement nombre de non-catholiques. Certains députés essayèrent d'obtenir de l'Assemblée qu'elle décidât l'élimination des non-catholiques lors des élections épiscopales, mais la Constituante s'obstina et décida finalement que les évêques seraient élus par les assemblées électorales ordinaires, que les élections auraient lieu le dimanche, à l'issue de la messe, dans l'église principale du chef-lieu de département. L'évêque devait être choisi parmi les ecclésiastiques ayant exercé quinze ans dans le diocèse, c'est-à-dire parmi les curés, vicaires, chanoines, missionnaires, vicaires généraux, ecclésiastiques attachés aux hôpitaux ou chargés de l'éducation, etc.

Pareillement, les curés étaient élus par les assemblées électorales de district, parmi les vicaires ayant au moins cinq ans d'exercice. Quant aux vicaires, ils étaient choisis par les curés et recrutés parmi les prêtres ordonnés ou admis dans le diocèse par l'évêque.

Les élections épiscopales devaient être confirmées par les évêques métropolitains » — tel était le nom restitué aux archevêques. Tout métropolitain qui refuserait une confirmation, devrait le notifier par écrit, l'évêque élu était admis à se pourvoir devant la puissance civile. Il était interdit aux évêques de demander au pape aucune confirmation ; ils pourraient seulement lui écrire «en témoignage de l'unité de foi et de communion ».

Tout évêque dont l'élection était confirmée par le métropolitain, devait être consacré dans sa cathédrale, un dimanche, pendant la messe, par le métropolitain, ou, à défaut, par le plus ancien évêque de l'arrondissement métropolitain, assisté de deux évêques voisins.

Le curé, une fois élu, devait obtenir de l'évêque, l'institution canonique, après avoir été examiné sur sa doctrine et ses mœurs. Si l'évêque refusait de l'instituer, le curé pouvait en appeler à l'autorité civile.

C'est à propos de l'institution des fonctionnaires ecclésiastiques que fut rédigé l'article qui allait devenir rapidement la pierre de touche du clergé « constitutionnel ». La Constituante imposait en effet aux fonctionnaires ecclésiastiques, comme aux fonctionnaires civils, un serment. Il n'y avait là aucune mesure particulièrement dirigée contre le clergé. Le serment était d'usage courant à cette époque, le serment civique était à la base de la vie politique. Et comme le serment était à la fois un acte civil et religieux, il semblait devenir le symbole de l'étroite association de la religion à l'État. Tous les ecclésiastiques devaient donc, aussitôt après leur élection, et avant leur consécration, ou leur institution canonique, prêter, en présence des officiers municipaux, serment de « veiller avec soin sur les fidèles du diocèse, ou de la paroisse qui leur était confiée, d'être fidèles à la nation, à la loi et au roi et de maintenir, de tout leur pouvoir la constitution décrétée par l'Assemblée nationale et acceptée par le roi ».

Le gouvernement de l'Église de France était organisé selon les principes démocratiques. Tous les ecclésiastiques devaient y collaborer. Il existait des synodes métropolitains, composés des ecclésiastiques de la province, des synodes diocésains, formés des ecclésiastiques du département. L'évêque, en outre, était assisté d'un conseil « habituel et permanent » où siégeaient les vicaires de l'Église cathédral (au nombre de seize dans les villes de plus de 10.000 habitants, de douze dans les autres), le vicaire directeur et les vicaires supérieurs du séminaire, au nombre de quatre. Les vicaires de l'Église cathédrale devaient être nommés par l'évêque parmi les prêtres ayant dix ans d'exercice, les vicaires du séminaire étaient choisis par l'évêque assisté de son conseil. Une fois nommés, les membres du conseil étaient inamovibles, de sorte que le conseil était, en fait, plus puissant que l'évêque, et limitait ses pouvoirs.

Les évêques, curés et vicaires devaient être logés « convenablement ». Les évêques se voyaient allouer un traitement considérable pour l'époque : 50.000 livres à Paris, 20.000 dans les villes de plus de 60.000 habitants, 12.000 dans les autres. Les vicaires épiscopaux étaient payés respectivement 5.000, 4.000 et 2.000 livres. Les curés touchaient 6.000 livres à Paris, 4.000 dans les villes de plus de 50.000 habitants, 1.200 livres dans les localités de moins de 1.000 habitants. Les traitements des vicaires variaient de 700 à 1.200 livres. Le bas clergé bénéficiait donc d'une situation infiniment meilleure que sous l'ancien régime. Le budget des cultes atteignait au total, la somme de cent millions.

En contrepartie de ces avantages, la loi exigeait la résidence permanente de tous les ecclésiastiques, sous peine de privation du traitement. Il était, de plus, interdit aux prêtres de devenir maires, officiers municipaux ou membres des directoires de département et de district. Mais ils étaient électeurs et éligibles à l'Assemblée législative, aux conseils de département, de district et de commune.

Dans le système ecclésiastique ainsi édifié, la Constituante n'avait réservé de place ni à l'enseignement, ni à l'assistance. Comme il était logique, l'Assemblée décida, mais le 3 septembre 1791 seulement, que l'instruction et l'assistance deviendraient services publics. Talleyrand présenta à la Constituante un rapport sur l'organisation de l'instruction publique, Condorcet en soumit un autre, remarquable d'ailleurs, à la Législative, mais aucune de ces assemblées ne prit de décision. C'est la Convention qui, nous le verrons, organisera l'enseignement public français.

Le clergé français accueillit la constitution civile par ce qu'on est convenu d'appeler des « mouvements divers ». En général, le bas clergé s'y montra favorable. Mais l'épiscopat se divisa. Plusieurs évêques, qui avaient émigré dès 1789, s'y montrèrent fort hostiles. C'était l'archevêque de Paris, de Juigné, l'évêque d'Arras Conzié, les évêques de Pamiers, d'Apt, d'Auxerre, de Saint-Omer. D'autres évêques, qui étaient restés, ne s'en élevèrent pas moins contre elle. Ce fut le cas, par exemple, de l'évêque de Tréguier Le Mintier. Mais certains estimaient que l'œuvre était excellente et ne pouvait qu'améliorer la situation de l'Église.

Louis XVI, pris entre des conseils contradictoires, se montra très troublé. Il aurait voulu, afin de placer sa conscience en repos, que le pape donnât d'abord son approbation. Il lui soumit donc le texte de la Constitution en exprimant le vœu que le pape donnât une « acceptation provisoire » afin de prévenir le danger d'une division funeste à l'Église, et il attendit la réponse de Rome. Mais celle-ci ne vint pas. Force fut à Louis XVI de se décider de lui-même ; sur les conseils des archevêques libéraux de Vienne et de Bordeaux, il sanctionna la loi le 24 août 1790.

Restait donc à obtenir la décision du pape. Les évêques s'efforcèrent de se le concilier en déclarant, le 30 octobre, que les réformes ne seraient valables qu'après l'approbation du chef de l'Église. Cent seize évêques et 94 ecclésiastiques députés à la Constituante adhérèrent à cette déclaration, mais Pie VI resta intransigeant, entretenu qu'il était dans son attitude par le propre ambassadeur de France, le cardinal de Bernis qui était le plus grand ennemi de la Constitution civile. La doctrine, le caractère divin de l'Église, les traditions du Saint-Siège auraient-elles permis au pape d'approuver la Constitution ? C'est, pour le moins, douteux.

Allait-on passer outre ? Appliquer, malgré le pape, la Constitution civile ? La mort de l'évêque de Quimper obligea la Constituante à prendre une décision. Elle ordonna de procéder à son remplacement dans les conditions prévues par la Constitution, et Expilly, l'un des membres du Comité ecclésiastique, fut élu.

Cependant beaucoup de prêtres, interprétant le silence pontifical comme un désaveu commençaient à s'agiter, à dénoncer la Constitution civile comme entachée d'hérésie. En Alsace, dans certaines régions du Midi, ils s'opposaient à la vente des biens nationaux. La Constituante décida de brusquer les choses en obligeant tous les ecclésiastiques exerçant des fonctions publiques, donc les évêques, curés et vicaires, à prêter le serment prévu par la constitution. Ceux qui refuseraient, les « réfractaires », seraient réputés « avoir renoncé à leur office », et, s'ils provoquaient des troubles, déférés aux tribunaux. Le roi sanctionna ce décret le 26 décembre 1790. Mais son consentement fut donné sous la contrainte, et dès lors il allait s'efforcer d'échapper à l'emprise de l'Assemblée.

D'autre part, le pape ne s'étant toujours pas prononcé, la majorité des ecclésiastiques députés à l'Assemblée, la plupart des évêques, beaucoup de prêtres refusèrent de prêter serment.

Ce fut le schisme. Il s'étendit à toute l'Église de France. Le clergé qui avait été si uni dix-huit mois plus tôt pour faire la Révolution était désormais divisé. Beaucoup hésitèrent d'ailleurs. Certains, qui avaient prêté serment, se rétractèrent ; d'autres, d'abord réfractaires, finirent par jurer. Mais bientôt le fossé s'agrandit. Il y eut, d'un côté les « prêtres patriotes », les « jureurs », les « constitutionnels » ; de l'autre, les « réfractaires », qui s'identifièrent vite avec les « contre-révolutionnaires » et « les aristocrates ».

Au début de 1791, plus de la moitié du clergé paroissial de France avait prêté serment. Mais la répartition des réfractaires variait beaucoup selon les régions. Très nombreux dans le nord, dans l'ouest, où ils atteignaient 80 % du total, dans la Moselle et le Bas-Rhin, où la proportion s'élevait à 92 %, dans le Gard, la Lozère, l'Hérault, la Haute-Loire — où ils étaient encore 60 %, leur nombre était moindre dans la région parisienne, le sud-est, certaines régions du centre. Sept évêques seulement prêtèrent serment.

Tous les réfractaires furent destitués. Il fut d'ailleurs assez facile de les remplacer — sauf dans le nord, en Alsace et dans l'ouest — par les anciens membres des ordres et congrégations qui furent nombreux à prêter serment et heureux de trouver un emploi. Mais à peu près partout, il y eut, à côté du prêtre constitutionnel, un prêtre réfractaire. Tout le pays prenait parti. Il y avait désormais en France deux Églises, l'Église officielle, constitutionnelle, mais schismatique ; et l'Église orthodoxe, réfractaire. La grande union du peuple français dans l'enthousiasme révolutionnaire était brisée.

La Constituante craignit de voir le recrutement du clergé constitutionnel se tarir. Aussi, sur la proposition de Mirabeau, modifia-t-elle, par son décret du 7 janvier 1791, les conditions d'accès à l'épiscopat et aux cures. Serait désormais éligible à l'épiscopat tout Français prêtre, curé ou, depuis cinq ans, fonctionnaire public. La précédente loi exigeait quinze ans d'exercice dans le diocèse. Pour être curé, cinq ans de prêtrise suffirent, au lieu de cinq ans de vicariat. Les vicaires étaient choisis par les évêques et les curés parmi tous les prêtres français et non ceux du seul diocèse ; cinq ans de prêtrise (au lieu de dix) continuaient toutefois à être requis des vicaires épiscopaux. Enfin, pour pousser les anciens religieux à prêter serment, l'Assemblée décida que tout religieux ou ecclésiastique pensionné qui était, ou serait pourvu du vicariat, conserverait la moitié de sa pension en sus de son traitement.

Les constituants publièrent le 21 janvier 1791 une *Instruction* dans laquelle ils essayaient de justifier leurs réformes. Ils déclaraient qu'ils n'avaient pas voulu établir une religion nouvelle, qu'au contraire ils restaient très attachés à la religion de leurs ancêtres. Ils avaient entendu ne toucher ni à la doctrine, ni à la foi et déclaraient s'être bornés à exiger des ecclésiastiques la même déclaration d'obéissance que des autres fonctionnaires publics. Sans doute espéraient-ils par cette *Instruction* arracher au pape son approbation. Mais celui-ci ne rompait pas son silence. Force fut donc à la Constituante de décider le remplacement des évêques réfractaires — très nombreux, puisque sept seulement avaient prêté serment. Les élections eurent lieu. Purent y prendre part, aux termes de la loi, tous les citoyens actifs ; mais comme on avait spécifié que les électeurs assisteraient d'abord à la grand'messe chantée, on pensait que les non-catholiques s'abstiendraient. En fait, ce furent souvent les catholiques les plus pratiquants qui s'abstinrent, et l'on vit des protestants assister à la messe afin de pouvoir voter.

Qui allait instituer et consacrer les nouveaux élus, puisqu'il n'existait ni métropolitain, ni assez d'évêques anciens dans la plupart des arrondissements métropolitains ? La Constituante décréta que les évêques élus s'adresseraient au directoire du département, qui leur indiquerait un évêque français chargé de les instituer. Mais — nouvelle complication — six des sept évêques jureurs, par peur de se compromettre définitivement, refusèrent d'instituer les évêques nouvellement élus. Seul Talleyrand accepta et, le 24 février, consacra les évêques de Quimper et de Soissons, Expilly et Marolles ; puis le nouvel archevêque de Paris, Gobel sacra en deux mois, 36 évêques dont Grégoire élu dans le Loir-et-Cher, Claude Fauchet, évêque du Calvados et Lamourette, archevêque de Lyon.

Le pape ne pouvait plus, après la nomination des évêques, conserver le silence. Sans doute avait-il hésité à faire connaître sa position pour ne pas précipiter l'annexion d'Avignon devant laquelle l'Assemblée Constituante paraissait hésiter. Mais maintenant, il était urgent de parler. Le pape adressa donc deux brefs, le 10 mars et le 13 avril 1791, aux évêques réfractaires, les seuls qu'il reconnût. Il condamnait formellement la Constitution civile, et nominativement les évêques qui l'avaient acceptée, ainsi que les évêques nouvellement élus. Par la même occasion, il fulminait contre toutes les institutions révolutionnaires et contre les principes mêmes qui avaient soulevé l'enthousiasme de la quasi-unanimité des Français, contre la Déclaration des droits de l'homme, et surtout contre la liberté de penser, parler, écrire, imprimer. Il opposait Dieu et la révélation à la nature et à la raison, auxquelles les révolutionnaires avaient entendu se conformer.

La Constituante, très déçue, répliqua d'abord en aggravant la législation du serment. Déjà, le 5 février, elle y avait astreint les prédicateurs. Le 15 avril, elle exigea le serment des chapelains et desservants des hôpitaux et prisons. A Paris, le peuple réagit en envahissant des couvents et en maltraitant des religieuses ; trois d'entre elles en moururent.

Cependant certains Français, à vrai dire en fort petit nombre, pensaient qu'il fallait, conformément à la Déclaration des droits de l'homme, établir la liberté des cultes, laisser les réfractaires pratiquer à leur guise. Le directoire du département de Paris, s'il leur interdit d'officier dans une église paroissiale et nationale sans la permission de l'évêque constitutionnel, les autorisa du moins à pratiquer librement le culte dans les édifices particuliers. Il ne fut pas suivi, il est vrai, par les autres départements, car les directoires du Finistère et du Doubs ordonnaient, au contraire, aux réfractaires, de se retirer à quatre lieues de leur domicile.

La Constituante, non seulement confirma l'arrêté du directoire parisien, mais, après un vif débat, rendit, sur la proposition de Talleyrand, un décret encore plus libéral : les réfractaires pourraient dire la messe dans les églises paroissiales et nationales aussi bien que dans les églises privées. Ces dernières toutefois seraient fermées s'il y était prononcé un discours contre les lois et le prêtre coupable serait poursuivi en justice.

Ce libéralisme ne faisait, à vrai dire, l'affaire ni des constitutionnels, ni des réfractaires. Les uns et les autres voulaient que leur Église fût Église d'État, à l'exclusion de la rivale. Aussi les réfractaires poussaient-ils leurs fidèles, nous l'avons vu, à ne plus se présenter devant les constitutionnels pour les baptêmes, les mariages et les enterrements ; ils conseillaient même — notamment dans la Lozère — aux électeurs catholiques de refuser le serment civique avant les élections.

Quant aux constitutionnels, ils voulaient ou l'application intégrale de la Constitution civile, ou rien. Ils empêchaient en de nombreuses localités les prêtres insermentés de dire la messe dans les églises paroissiales.

Petit à petit, sous cette double influence, la Constituante revint à l'intolérance. Le 21 mai 1791, elle décréta que les électeurs refusant le serment civique seraient privés de leurs droits de citoyens. Un mois plus tard, les 19 et 20 juin, elle priva de leurs traitements et pensions les ecclésiastiques qui s'étaient rétractés, ou ceux qui viendraient à le faire. Dans toute la France, la guerre religieuse s'allumait. A Paris, une église privée fut attaquée, faubourg Saint-Germain. Dans le midi, les catholiques du Vivarais s'armèrent au camp de Jalès pendant l'été 1791 ; dans l'ouest, des troubles éclatèrent en octobre et novembre.

Les députés à la Législative étaient plus persuadés encore que les constituants, que tous ces mouvements étaient fomentés par les réfractaires. Ils décrétèrent le 29 novembre 1791 que tous les prêtres réfractaires seraient tenus pour suspects de révolte ; ils leur enlevèrent leur pension, les éloignèrent de leurs paroisses ou les punirent de deux ans de détention et interdirent le partage des églises entre constitutionnels et insermentés.

Le roi, qui se montrait de plus en plus hostile à la Constitution civile refusa de sanctionner ce décret. Mais après la déclaration de guerre, le 27 mai 1792, la Législative vota une autre mesure, encore plus sévère : tout prêtre réfractaire pouvait être expulsé du territoire français si vingt citoyens actifs de la commune en formulaient la demande, et si celle-ci était approuvée par les directoires du district et du département. Naturellement le roi refusa encore sa sanction. Mais ce refus, ainsi que le veto mis à deux autres décrets intéressant la défense nationale, provoquèrent la manifestation parisienne du 20 juin, puis la journée du 10 août et finalement la chute de la monarchie.

Ces événements amenèrent, comme on pouvait s'y attendre, un surcroît de persécutions contre les réfractaires. Le 4 août, la Législative supprima la plupart les ordres religieux de femmes que la Constituante avait maintenus ; le 18 août elle abolit les dernières congrégations d'hommes et de femmes, à savoir celles qui étaient vouées à l'enseignement et à l'assistance. En même temps, dans toute la France, nombre de prêtres réfractaires étaient emprisonnés, à Paris beaucoup tombaient victimes des massacres de septembre.

Ainsi s'achevait dans le sang le schisme que la Constituante n'avait pas voulu, mais que la logique même de ses actes avait rendu inévitable.

III

LES ORIGINES DES CULTES RÉVOLUTIONNAIRES[1]

Pendant que le culte catholique se fragmentait, se diluait et que la religion perdait de sa vigueur et de son influence, un culte nouveau, une religion nouvelle même apparaissait et tendait à se substituer au catholicisme. Si nous définissons, en effet, avec Durkheim la religion comme un ensemble de croyances et de pratiques relatives aux objets donnés dans ces croyances, si nous observons que le phénomène religieux ainsi défini s'accompagne dans sa période de formation d'une sensibilité surexcitée, que les croyances se concrétisent dans les symboles, qui sont pour les croyants à la fois des signes de ralliement et des talismans, que les néophytes font en général preuve de violence contre les partisans des autres religions, force nous est de constater qu'il a existé dès 1789 une religion révolutionnaire avec ses croyances, son symbolisme, son fanatisme, ses cérémonies, ses fêtes et ses chants liturgiques.

Sans doute, les grandes commotions populaires donnent-elles toutes naissance à des phénomènes d'ordre religieux. Mais dans le cas de la Révolution française, ce culte révolutionnaire a été préparé par les ouvrages des philosophes. Nous avons dit que depuis Descartes, les philosophes avaient cessé de considérer la vie comme une vallée de larmes et qu'ils estimaient que la condition humaine était susceptible d'amélioration indéfinie par la réforme de l'organisme social : les encyclopédistes tiennent le bonheur pour le but suprême de la société. Mais aucun d'eux ne conçoit un État qui ne serait pas religieux. La laïcité de l'État leur est incompréhensible. Nous avons montré que Rousseau préconisait, dans le *Contrat social*, une religion civile : la loi serait proposée au peuple, comme Moïse l'avait proposée aux Hébreux ; la Constitution, pensaient certains, serait un objet de vénération comme autrefois le Décalogue. La loi reconnaîtrait d'ailleurs l'existence d'une divinité bienfaisante ; de la vie future, accordant le bonheur aux justes, le châtiment aux méchants ; et la sainteté du contrat social. La religion révolutionnaire, puis les cultes, qui, après 1794, en dérivèrent subirent tous l'influence de ce chapitre du *Contrat social*.

Certaines décisions de l'Assemblée constituante furent présentées aux Français comme de véritables dogmes religieux. La Déclaration des droits

---

1. TEXTES ET OUVRAGES A CONSULTER. — Les sources sont extrêmement dispersées. On trouvera de nombreux documents sur les premières cérémonies des cultes révolutionnaires dans les délibérations des administrations locales conservées dans les archives départementales ou municipales. — PRINCIPAUX OUVRAGES : M. Dommanget, *Le symbolisme et le prosélytisme révolutionnaire à Beauvais et dans l'Oise*, dans les *Annales hist. de la Révolution franç.*, 1925, p. 131-150, 1926, p. 47-58 et 345-362, 1927, p. 127-134 ; A. Mathiez, *Les origines des cultes révolutionnaires* (Paris, 1904, in-8º) ; P.-H. Thore, *Fédérations et projets de fédérations dans la région toulousaine*, dans les *Annales hist. de la Révolution franç.*, 1949, p. 346-368. — QUESTIONS A ÉTUDIER : Voir les indications données à la bibliographie du § 1.

de l'homme notamment apparut comme un dogme de la nouvelle religion. « Non seulement le peuple doit observer la loi », écrivait la *Feuille villageoise* en 1791, « mais il doit l'adorer ». Le 21 juillet 1792, le futur conventionnel Romme écrivait dans le même journal : « La loi est la religion de l'État » et le procureur syndic de la Commune de Paris, Manuel, déclarait dans une proclamation aux Parisiens, après le 10 août : « Le premier des cultes, c'est la Loi. »

La Constitution elle-même prescrivait d'ailleurs à tous les citoyens actifs un acte essentiellement religieux, le « serment civique ». Le serment était une des institutions essentielles du régime nouveau et il le restera jusqu'à la fin de la Révolution. Il pouvait être prêté par des étrangers — et il le fut par Paine, Schiller et d'autres — qui ainsi devinrent citoyens français.

Quant au texte de la Constitution, considéré comme la Bible de la nouvelle religion, il fut souvent imprimé sous la forme d'un bréviaire.

La salle des séances de l'Assemblée nationale n'était-elle pas généralement qualifiée de « Temple de la Constitution » ? Lors de la première séance de la Législative, « douze vieillards allèrent en procession quérir le livre de la Constitution. Ils revinrent ayant à leur tête l'archiviste Camus, qui portait, à pas lents, en le soutenant de ses deux mains et en l'appuyant sur sa poitrine, « le nouveau Saint-Sacrement ». Tous les députés se levèrent et se découvrirent. Camus garda les yeux baissés, l'air recueilli ».

Le symbolisme révolutionnaire est issu spontanément des croyances et de l'imagination de la bourgeoisie élevée dans les souvenirs de la Grèce et de Rome, éduquée dans les loges franc-maçonniques et de celles du peuple, toutes imprégnées du christianisme.

La « cocarde tricolore » qui apparaît dès le 17 juillet 1789 est sans doute le premier de ces symboles. Elle revêt un caractère sacré. La nouvelle de l'outrage qu'elle subit au banquet des gardes du corps le 1er octobre 1789, provoque la marche des Parisiens sur Versailles quatre jours plus tard. Le port de la cocarde est rendu obligatoire pour les hommes par le décret du 4-8 juillet 1792. La Convention étendra l'obligation aux femmes.

« L'autel de la Patrie » est avec la cocarde un des objets les plus caractéristiques du culte nouveau. Le premier de ces autels est peut-être celui que dressa Cadet de Vaux dans sa propriété de Franconville-la-Garenne au début de 1790, mais la mode de semblables autels se répandit rapidement dans toute la France. La Législative obligea chaque commune, par décret du 26 juin 1792, à édifier un autel de la Patrie qui porterait cette inscription : « Le citoyen naît, vit et meurt pour la Patrie. » L'autel de la patrie, parfois appelé « autel de la Liberté » est le centre des cérémonies de la religion révolutionnaire.

Souvent l' « autel de la patrie » est construit à l'ombre de l'arbre de la liberté. L'arbre de la liberté n'est autre chose que l'ancien « mai » que les paysans plantaient généralement à l'occasion des fêtes votives, tradition héritée sans doute des vieux cultes païens. Les premiers arbres de la liberté furent plantés dans le Périgord, dès le mois de janvier 1790. En mai de cette même année, le curé de Saint-Gaudens, près de Civray-en-Poitou, célébra l'installation de la nouvelle municipalité par la plantation d'un jeune chêne, en présence de tous les habitants. Deux ans plus tard, on comptait en France plus de 60.000 arbres de la liberté. Symboles de la Révolution, ils furent souvent l'objet d'attentats de la part de ses adversaires : Ces attentats furent considérés comme des crimes de lèse-majesté et punis comme tels. Le symbole devait persister dans l'esprit populaire : on plantera de nouveau des arbres de la liberté en 1848, et même sous la Troisième République.

Le « bonnet phrygien », bonnet de la liberté, figure dès le 19 août 1789, dans un projet d'enseigne pour les drapeaux de la garde nationale. Il ne tarda pas à jouir de la plus grande vogue. Au milieu de 1791, on s'en servit comme coiffure. Il devint, avec la cocarde, l'insigne du patriotisme.

Souvent, le bonnet rouge surmonte le « faisceau » qui représente l'union des 83 départements. La « pique », arme des vainqueurs de la Bastille, figure aussi parmi les objets symboliques du culte nouveau.

La Déclaration des droits gravée sur la pierre ou sur le métal à l'imitation des commandements de Dieu, figure parmi les insignes révolutionnaires, de même que le niveau, symbole de l'égalité et les mains entrelacées, image de la fraternité, empruntés tous deux à la franc-maçonnerie. Souvent, la reproduction de la Bastille conquise, sculptée par le patriote Palloy dans une des pierres de la forteresse, figure en bonne place dans les lieux saints de la religion nouvelle.

Ces symboles entretenaient le fanatisme des zélateurs du culte nouveau, qui s'efforçaient de détruire les symboles de l'ancien. Si avant 1793, on ne s'en prend guère à la croix, on abat dans toute la France les marques distinctives de la féodalité, les girouettes, les fourches patibulaires, les armoiries. On change même, dès la fin de 1792, les noms de communes qui rappellent trop visiblement la présence d'un seigneur : Neufchâteau devient Mouzon-Meuse.

La religion nouvelle a ses fêtes, ses cérémonies à grand spectacle, au premier rang desquelles les « fédérations ». La première fédération interprovinciale, qui eut lieu au bourg d'Estoile, près de Valence, le 29 novembre 1789, avait pour objet l'organisation de la défense révolutionnaire des populations du sud-est, et ce fut sans doute encore le but de la fédération de Pontivy, le 15 février 1790 : les gardes nationales des départements voisins se rencontraient, se fédéraient, promettaient de se prêter main-forte en cas de danger. Mais les fêtes qui eurent lieu par la suite, notamment à Strasbourg, le 13 juin 1790, puis à Rennes et à Paris surtout, le 14 juillet suivant, furent avant tout des actes de foi dans la forme nouvelle de la société, des cérémonies où communiaient dans les mêmes aspirations, les foules soulevées par le grand élan de la Révolution.

Au cours de ces fêtes, les symboles révolutionnaires étaient prodigués, les maximes de la nouvelle foi inscrites sur les lieux des grands rassemblements. A Rennes, par exemple, on pouvait lire cette pensée de Rousseau : « La patrie ne peut subsister sans la liberté, la liberté sans la vertu. » Au début, le clergé catholique présidait à toutes ces cérémonies, mais bientôt apparurent des manifestations d'anticléricalisme, et petit à petit les prêtres cessèrent d'assister aux fêtes révolutionnaires.

C'est à la Fédération de Strasbourg qu'eut lieu le premier « baptême civique ». Deux nouveaux-nés, l'un catholique, l'autre protestant, furent baptisés sur l'autel de la Patrie. Le catholique reçut les prénoms de *Charles, Patrice, Fédéré*, le protestant fut nommé *Frédéric, Fortuné, Civique*. Ces baptêmes eurent lieu hors la présence des prêtres, sous les plis du drapeau tricolore et la voûte d'acier des épées de la garde nationale. On accrocha une cocarde sur la poitrine des jeunes bébés et leurs parrains prononcèrent en leur nom le serment civique.

Au cours d'autres fédérations, par exemple à Dôle, le 14 juillet 1790, on célébra des « mariages civiques ».

C'est à l'occasion de ces cérémonies qu'on constate l'apparition des prénoms choisis en dehors du calendrier religieux, et cet usage va devenir de plus en plus fréquent.

C'est aussi avec les fêtes de la Fédération qu'on voit pour la première fois chômer des fêtes laïques. Nous retrouverons plus tard dans le culte de la Raison, dans le culte décadaire et les autres religions révolutionnaires, tous ces usages transformés en véritables dogmes.

Les fêtes de la Fédération ne sont pas les seules cérémonies de la religion en voie de création. Nombreuses sont les fêtes commémoratives. Dès 1790, on célèbre l'anniversaire du 20 juin, jour du serment du jeu de Paume. Une Société s'était constituée pour organiser la célébration de cette journée mémorable à Paris et à Versailles. Mais c'est l'Assemblée constituante qui décida que le 14 juillet sera une fête nationale légale. Elle fut fêtée dans tous les départements en 1791 et 1792. Le 4 août provoqua des manifestations moins unanimes. Pourtant à Gémeaux, dans le district de Riom, une fête fut organisée le 4 août 1791 pour commémorer l'abolition de la dîme.

D'autres fêtes eurent un caractère plus politique. Le 4 février 1790, jour où le roi promit de maintenir la Constitution fut célébré à Paris et en province. La proclamation solennelle de la Constitution le 18 septembre 1791 donne lieu aussi à de nombreuses réjouissances.

Enfin, certaines fêtes furent destinées à rappeler le souvenir des martyrs de la liberté. On organise une fête en mémoire du lieutenant Desilles, qui, à Nancy, le 31 août 1790, ayant essayé de s'interposer entre la garnison révoltée et les troupes de Bouillé, était tombé victime de sa généreuse initiative. La mort de Mirabeau, fut l'occasion à Paris et en province, de plusieurs fêtes funèbres. Le transfert des cendres de Voltaire au Panthéon, le 11 juillet 1791, donna lieu à une grandiose cérémonie. En 1792, une fête fut organisée le 15 avril en mémoire des Suisses de Châteauvieux, victimes des troupes de Bouillé, lors de l'affaire de Nancy ; une autre eut lieu le 3 juin, pour commémorer la mort de Simoneau, maire d'Étampes, tué au cours d'une émeute populaire parce qu'il refusait, ainsi que nous l'avons relaté plus haut[1], de taxer le pain.

Toutes ces cérémonies étaient accompagnées de prières, d'hymnes, de cantiques. En 1791, un canonnier de la garde nationale de Blois publie un recueil de *Prières patriotiques* ; en novembre de la même année, Siauve, curé d'Ampuis, dans la Loire — qui sera plus tard un des chefs de la « théophilanthropie » —, compose une prière patriotique qui connaît un certain succès. Il a de nombreux imitateurs.

Certains chants deviennent célèbres, d'abord le *Ça ira* et la *Carmagnole*, puis, en 1792, *La Marseillaise*. Inévitables accompagnements d'une mystique, qui bientôt poussera les Français à conquérir l'Europe.

1. Voir p. 198.

LIVRE III

LE GOUVERNEMENT RÉVOLUTIONNAIRE

CHAPITRE PREMIER

LA CONVENTION ET LA CONSTITUTION DE 1793[1]

I

LE GOUVERNEMENT DE LA FRANCE APRÈS LE 10 AOUT 1792[2]

Le régime constitutionnel appliqué depuis la réunion de l'Assemblée législative, le 1er octobre 1791 prend fin moins d'une année plus tard, le 10 août 1792 avec la chute de la monarchie. L'Assemblée se préoccupe le jour même d'organiser un régime provisoire. Elle déclare qu'en raison des « dangers de la patrie » et des « vœux tendant à la révocation de l'autorité déléguée à Louis XVI », elle doit faire appel au pays pour nommer une nouvelle constituante, ce qu'on appelle une « Convention » en se conformant à la terminologie américaine.

Le chef du pouvoir exécutif est suspendu, mais le conseil exécutif demeure ; les ministres continuent à être choisis par l'Assemblée, et toujours en dehors d'elle. Donc pas de régime parlementaire. Mais les ministres forment maintenant un véritable « conseil », présidé chaque semaine par l'un d'entre eux à tour de rôle.

---

1. BIBLIOGRAPHIE GÉNÉRALE. — Outre les documents de caractère général déjà cités tels que le *Procès-verbal de la Convention*, on consultera les documents conservés aux Archives nationales dans les séries D (notamment D III, comité de législation de la Convention), AF II, AD XVIII et B II (referendum de 1793). Parmi les plus importantes publications de documents, voir A. Aulard, *Recueil des actes du Comité de Salut public* (Paris, 1889-1933, 27 vol. in-4º) ; P. Caron, *Paris pendant la Terreur, rapport des agents secrets du ministre de l'Intérieur* (Paris, 1910-39, 3 vol. in-8º) ; du même, *Rapports des agents du ministre de l'Intérieur dans les départements* (Paris, 1913, in-8º). La plupart des projets de constitution ont été imprimés dans les *Archives parlementaires* (à partir du t. LII), la constitution girondine a été publiée dans la revue *La Révolution franç.*, t. XXXIV, 1898, p. 503-554. On consultera aussi les mémoires des principaux conventionnels et les plus importants des journaux de l'époque.
Sur la Convention, voir les ouvrages généraux déjà cités, en tête du livre II.
2. DOCUMENTS ET OUVRAGES A CONSULTER. — Sur le Conseil exécutif provisoire et les comités de la Convention : P. Caron, *Conseil exécutif provisoire et pouvoir ministériel*, dans les *Annales hist. de la Révolution franç.*, ann. 1937, p. 4-16 ; du même, *La première Terreur (1792) I, Les missions du Conseil exécutif provisoire et de la Commune de Paris* (Paris, 1950, in-8º) ; Olive, *L'action exécutive exercée par les Comités des assemblées* (cité p. 41). — Sur la Commune de Paris : F. Braesch, *La Commune du 10 août* (Paris, 1910, in-8º). — QUESTIONS A ÉTUDIER : On connaît encore mal le fonctionnement du Conseil exécutif provisoire pendant la fin de l'année 1792. Les ouvrages de M. Pierre Caron cités plus haut, seront un guide utile pour les chercheurs qui s'intéresseront à la question.

Le conseil exécutif promulgue les lois, mais il n'hérite pas du veto royal, qui disparaît. Il nomme les fonctionnaires, privilège important. Le conseil exécutif se montre très influent pendant les derniers mois de 1792. Le ministre de l'intérieur Roland, qui dirige alors l'équivalent de huit ou dix de nos départements ministériels, joue un grand rôle. Le ministre de la justice a moins de pouvoirs, car, ne l'oublions pas, les juges sont tous élus. Mais Danton qui remplit cette fonction jusqu'à la réunion de la Convention, dispose d'une grande influence. Le ministère des affaires étrangères, dont le titulaire est Lebrun, exerce, par suite des circonstances — la guerre — une action décisive. Il en est de même du ministère de la guerre lorsqu'il a à sa tête Bouchotte. Avec 1.800 employés, c'est le département qui compte le plus grand nombre de fonctionnaires. Les ministères de la marine et des contributions paraissent plus effacés.

La Législative fixe, en même temps que l'organisation du pouvoir exécutif, le mode d'élection à la Convention. Elle maintient le vote à deux degrés, avec des assemblées primaires et des assemblées électorales, mais décide qu'il n'y aura plus de citoyens passifs. Le suffrage universel est donc établi. Tout Français âgé de 21 ans, domicilié depuis un an, vivant de son revenu ou du produit de son travail, et qui n'est pas domestique, reçoit le droit de vote.
Les Jacobins protestent contre le maintien du scrutin à deux degrés, et, à Paris, cette restriction au libre choix des électeurs est tournée, car, à la demande de Robespierre, la Commune décide que les choix des assemblées électorales seront ratifiés par les assemblées primaires. Comme les assemblées doivent se tenir dans les mêmes lieux qu'en 1791, les chefs-lieux de canton, la Législative accorde une indemnité aux électeurs obligés de se déplacer.
Pour être élu, il suffit d'être citoyen et d'avoir 25 ans d'âge. Les assemblées primaires se réunissent le 26 août, les assemblées électorales le 2 septembre. Mais, sur 7.000.000 d'électeurs, environ, que compte alors la France, à peine le dixième prend part au vote. Il faut chercher la cause de ces abstentions massives dans les conditions au milieu desquelles se déroule le vote. A Paris, on est en pleins massacres de septembre, la Commune fait imprimer des listes d'électeurs royalistes à écarter des urnes ; on vote en outre publiquement et à haute voix, après avoir prêté le serment d'être fidèle à la liberté et à l'égalité.
En province, des causes analogues jouent, et les abstentions sont souvent plus nombreuses qu'à Paris, dans l'Oise, il y a même moins de votants qu'aux assemblées primaires de 1791, avec le suffrage censitaire.
Malgré la prépondérance des « patriotes » au sein du corps électoral, la Convention est composée de bourgeois, petits commerçants, petits artisans et surtout « d'hommes de loi ». Alors qu'on ne trouve que deux ouvriers sur 750 députés, l'armurier Noël Pointe, élu du Rhône-et-Loire et le député de la Marne Armonville, les gens de loi forment plus du tiers de l'Assemblée.

Les anciens députés à la Constituante et à la Législative sont assez nombreux : 189 ; plus nombreux encore sont les anciens membres d'administrations locales : 390, plus de la moitié. Les Conventionnels se divisent dès le début en trois groupes : à gauche, les « montagnards », rassemblés autour des élus de Paris, forment une masse de 200 députés environ. A droite les « Girondins » représentant surtout le midi et l'ouest sont un peu moins nombreux. Au centre, la « plaine », ou « marais », sans opinion politique bien arrêtée.

Ainsi constituée, la Convention va, en fait, exercer une véritable dictature que ne contrebalanceront pas les pouvoirs sans cesse déclinants du Conseil exécutif provisoire. Cette dictature, la Convention l'applique en vertu de la fameuse théorie du pouvoir constituant que nous avons vu formuler par Sieyès en 1789. L'Assemblée ne subordonne son pouvoir dictatorial qu'au peuple français et déclare, dès le jour de sa réunion, le 21 septembre : « Il ne peut y avoir de Constitution que celle qui est acceptée par le peuple » ; elle pose ainsi, en principe, le recours au referendum constitutionnel. Mais, sans attendre les résultats forcément lointains d'un tel referendum, elle décrète, toujours le 21 septembre « que la royauté est abolie en France » et le lendemain, 22, que « l'an I de la République » partira du 21 septembre 1792. Quatre jours plus tard, elle vote, à la demande de Danton, que la « République française est une et indivisible ».

II
LES PROJETS DE CONSTITUTION[1]

La Convention était avant tout une constituante. Elle avait été élue pour établir une nouvelle constitution. Elle se mit à l'œuvre dès le 29 septembre. Ce jour-là, Cambon demanda la nomination d'un comité de constitution de six membres chargés de rédiger une constitution « courte et précise » renfermant des « principes sommaires » invariables... « et rédigée » de manière à ne pas entraver les opérations du gouvernement : il désirait l'établissement d'un pouvoir central fort. La Convention décida en effet de nommer un comité de constitution de neuf membres. A part Danton, ils furent tous choisis parmi les Girondins. On y vit Thomas Paine, Brissot (remplacé plus tard par Barbaroux), Pétion, Vergnaud, Gensonné, Barère et Condorcet.

Le Girondin Rabaut-Pommier demanda alors que la Convention ne dis-

---

1. DOCUMENTS ET OUVRAGES A CONSULTER. — Sur les projets de constitution, Alengry, *Condorcet guide de la Révolution française* (déjà cité p. 72) ; Léon Cahen, *Condorcet et la Révolution française* (Paris, 1904, in-8º) ; Frayssinet, *La république des Girondins* (Toulouse, 1903, in-8º) ; Galy, *La notion de constitution dans les projets de 1793*, thèse de droit (Paris, 1932, in-8º) ; Gasnier-Duparc, *La constitution girondine de 1793*, thèse de droit (Rennes, 1903, in-8º) ; Hintze, *Staatseinheit und Federalismus im alten Frankreich und in der Revolution* (Stuttgart, 1927, in-8º) ; y joindre le compte rendu par A. Mathiez, dans les *Annales historiques de la Révolution franç.*, ann. 1928, p. 577-586. — QUESTIONS A ÉTUDIER : Les projets de constitution envoyés en 1792 et 1793 à la Convention ont été surtout étudiés du point de vue politique. Il conviendrait d'en reprendre l'examen du point de vue économique et social.

cutât la constitution que deux mois après le dépôt du projet sur son bureau afin que ce projet pût être examiné au préalable par les hommes politiques de toute la France, et même de l'Europe. Cette proposition fut adoptée, et quelques jours plus tard, le 19 octobre, sur l'intervention de Barère, la Convention invita tous les amis de la liberté et de l'égalité dispersés dans le monde entier à lui soumettre leurs projets.

Cependant le Comité travailla lentement. Les préoccupations politiques immédiates, puis le procès de Louis XVI ralentirent ses travaux. Il ne se mit vraiment à la besogne qu'après le 21 janvier 1793.

Les membres du Comité de constitution sont animés d'idées sensiblement différentes de celles qui avaient cours sous la Constituante. Ils prêtent plus d'attention à la philosophie sociale du XVIIIe siècle et aux ouvrages de Rousseau que leurs prédécesseurs. Ils sont aussi plus sensibles à la leçon des faits — ce qui est naturel, puisqu'une expérience déjà a été accomplie. Saint-Just déclarait : « Le droit public est très étendu dans les livres ; ils ne nous apprennent rien sur l'application et sur ce qui nous convient... » Enfin les « conventionnels » cherchèrent plus que les « constituants » à mettre en pratique « l'égalité », que la constitution de 1791 avait sacrifiée à la « liberté » ; ils s'efforcèrent aussi de faire entrer dans les faits la grande idée de « fraternité » humaine.

Le Comité de constitution adopta à peu près, sans modification, le projet rédigé par Condorcet et le déposa le 15 février 1793 sur le bureau de la Convention. C'était un ensemble long et terne de 402 articles précédés d'un préambule ennuyeux. La lecture qui en fut faite ne lui fut pas favorable.

Les Girondins qui l'avaient rédigé s'étaient efforcés d'en combiner les dispositions de façon à faciliter leur maintien au pouvoir. Comme ils s'appuyaient sur le Conseil exécutif, à Paris, sur les administrations départementales, en province, ils s'attachèrent à développer ces deux institutions.

Le Conseil exécutif composé de sept ministres et d'un secrétaire choisi hors de l'assemblée, était élu par le peuple pour deux ans, et renouvelable chaque année par moitié. Les ministres pouvaient être mis en accusation par un jury national composé de jurés élus. Trois commissaires de la Trésorerie et trois commissaires de la comptabilité étaient aussi élus directement. Ils étaient chargés de la gestion des finances.

Ainsi le pouvoir exécutif, issu d'un véritable plébiscite, est très fort. Saint-Just reprochera avec raison aux Girondins de vouloir instituer la « royauté des ministres ». Les montagnards firent porter leurs objections majeures sur cette toute-puissance ministérielle. Robespierre s'écria : « Le ministère de l'Intérieur est un monstre qui dévorerait la République. »

L'Assemblée nationale était, elle aussi, élue par le peuple. Condorcet aurait voulu la diviser, sinon en deux chambres, du moins en deux sections, mais devant l'opposition irréductible des montagnards, il dut y renoncer.

L'importance des administrations départementales était accrue. Condorcet réduisait à 18 les membres du Conseil général du département (qui en comptait 36) et à quatre ceux du directoire (qui en comptait 8). Le procureur général syndic était remplacé par un « commissaire national », choisi par les ministres parmi les membres de l'administration départementale, et révocable à leur gré. Tous les membres de l'administration départementale devaient être élus pour quatre ans et étaient renouvelables par moitié tous les deux ans. Enfin les pouvoirs des « départements » étaient encore accrus du fait de la suppression des districts. Les administrations communales elles-mêmes disparaissaient, remplacées par de « grandes communes », de quatre lieues carrées au maximum, qui devaient amalgamer les populations urbaines jacobines à celles des campagnes, modérées. Certains girondins, tels Lanjuinais proposèrent même de diviser les grandes villes en plusieurs municipalités distinctes, mais le comité ne le suivit pas.

Une des originalités du projet girondin, était l'importance qu'il accordait aux assemblées primaires. Ces assemblées ne devaient pas seulement se réunir, occasionnellement, à propos des élections, mais siéger en permanence, devenir le centre de la vie civique de la section urbaine ou du canton rural. C'était une manière de légaliser la multitude des groupements politiques locaux qui étaient apparus dans toute la France : sociétés populaires, assemblées électorales de communes, de sections, comités révolutionnaires, etc.

Il devait y avoir autant d'assemblées primaires que de groupes de 400 à 900 citoyens. Les citoyens devaient se rendre aux assemblées pour se renseigner sur les nouvelles lois, pour y discuter politique, mais surtout pour voter et exercer le droit de censure. En aucun cas, l'assemblée primaire ne pouvait administrer.

Tous les votes s'exerçaient, en effet, au sein des assemblées primaires. Toute élection — et l'on élisait administrations municipales et départementales, juges, députés, ministres, jurés nationaux, commissaires à la Trésorerie et à la comptabilité, etc. — devait comporter deux scrutins : un scrutin préparatoire destiné à établir une liste de présentation des candidats et un scrutin définitif. Au scrutin préparatoire les citoyens pouvaient désigner qui bon leur semblait, les administrations départementales classant les élus selon le nombre de voix qu'ils avaient obtenues et composant des listes de candidats, en nombre triple des places à pourvoir, avec ceux qui avaient obtenu le plus de voix. Au scrutin définitif, l'électeur choisissait sur ces listes un titulaire et un suppléant pour chaque fonction. Étaient élus d'abord tous ceux qui, proposés comme titulaires avaient obtenu la majorité absolue. Ensuite étaient déclarés élus ceux qui avaient obtenu le plus grand nombre de voix en ajoutant les suffrages qui les proposaient comme titulaires et ceux qui les désignaient comme suppléants. Le scrutin définitif seul était secret, les bulletins du scrutin préparatoire devant, au contraire, être tous signés.

Les ministres devaient être élus selon un système analogue, mais au lieu que la liste de présentation fût départementale, elle était nationale, et comprenait treize noms pour chaque place à pourvoir. Au scrutin d'élection, les Français devaient désigner un titulaire et six suppléants ministériels.

Au total, système d'apparence très démocratique, et qui permettait dans une certaine mesure la représentation des minorités. Mais, outre leur extrême complication, ces scrutins avaient l'inconvénient d'être trop nombreux et Robespierre déclara que seuls les riches, qui avaient du temps à perdre, pourraient y participer. Les « Montagnards » reprochèrent aussi au système d'empêcher l'élection des pauvres, qui ne pourraient jamais recueillir, dans le cadre d'un département, la majorité des suffrages : « Les intrigants portés par un parti puissant qui dominera la République, déclara Robespierre, seront à perpétuité et exclusivement les représentants nécessaires du peuple français. » Le système semblait, en effet, destiné à assurer la permanence des Girondins au pouvoir.

Les citoyens n'exerçaient pas seulement au sein des assemblées primaires leur droit électoral, mais aussi, avons-nous dit, leur droit de « censure ». Sous le titre : *De la censure du peuple sur les actes de la représentation et du droit de pétition*, le projet de Condorcet instituait, en effet, le referendum législatif et constitutionnel, ainsi que l'initiative populaire. Condorcet appliquait de la sorte la promesse de la Convention, qui s'était engagée à soumettre la nouvelle constitution au peuple français. Mais il semble que son système de referendum ait subi l'influence de pratiques semblables inscrites dans les constitutions de certains États américains, Massachusetts, New Hampshire, et dont, au demeurant, Loustalot avait, dès 1790, demandé l'introduction en France.

Tout citoyen pouvait, à condition de réunir cinquante signatures, provoquer un referendum pour obtenir « la réforme d'une loi existante ou la promulgation d'une loi nouvelle ». Si sa proposition était adoptée par une assemblée primaire, elle devait être soumise à toutes les assemblées primaires du département. Si celles-ci confirmaient le vœu, il était transmis à l'Assemblée Législative. En cas de rejet et si la proposition était reprise par un autre département, un referendum avait lieu obligatoirement et, s'il était positif, l'Assemblée législative devait être immédiatement renouvelée, les députés ayant voté contre la motion ne pouvant être réélus membres du Corps législatif pendant une législature.

La proposition de révision pouvait aussi viser la constitution. Si la révision était adoptée, une « convention » comprenant deux députés par département était élue. Elle devait siéger à plus de cinquante lieues du Corps législatif qui restait en fonction, et elle ne pouvait s'occuper que de la révision de la constitution. La constitution était obligatoirement soumise au referendum, en cas d'échec, une nouvelle convention était convoquée. Enfin, le corps législatif pouvait toujours provoquer un referendum sur une question quelconque.

On voit avec quel soin le comité de constitution s'était efforcé de pallier les inconvénients du gouvernement représentatif, en se rapprochant autant que possible de la démocratie directe !

Nous avons vu que dès le 19 octobre 1792, la Convention avait déclaré qu'elle sollicitait les projets de constitution de tous « les amis de la liberté et de l'égalité ». Elle en reçut plus de 300. Les plus importants furent présentés par des députés : Lanjuinais, Dufriche-Valazé, Romme, Saint-Just, Clootz, Boissy d'Anglas, Daunou, Jean de Bry, Durand-Maillane, Harmand (de la Meuse), Isnard, Kersaint, etc. Mais de nombreux Français sans mandat, et même des étrangers tels David Williams et Thomas Paine présentèrent des projets. Il est impossible de les analyser un à un. Mais on peut en relever les tendances les plus caractéristiques.

En ce qui concerne la « souveraineté du peuple », tous les projets sont d'accord pour reconnaître que la démocratie directe est impossible. Mais, ils critiquent, pour la plupart, le régime représentatif et s'efforcent de le corriger par le recours au mandat impératif ou au referendum.

Plusieurs projets tendent à une révision de la division du territoire, la fondant non sur l'égalité de la superficie, mais sur celle de la population. Certains proposent l'établissement de municipalités cantonales ou de grandes communes et le sectionnement municipal des villes importantes. Un grand nombre de ces écrits réclament la suppression des districts, trop coûteux, ou tout au moins leur réduction numérique.

Avec Condorcet, la majorité des auteurs de constitutions considèrent les assemblées primaires comme une institution fondamentale. Certains en étudient le fonctionnement en grand détail et suggèrent même — c'est le cas de Saint-Just — l'institution du vote obligatoire. Mais presque tous sont hostiles à la formation de partis proposant des candidats aux élections.

Tous les projets, ou presque tous, acceptent le suffrage universel et discutent vivement l'exclusion des serviteurs et domestiques à gages. Un petit nombre de projets souhaitent l'établissement — mais pour un avenir imprécis — du suffrage des femmes. On se contenterait, pour l'instant, du vote de certaines catégories d'entre elles seulement, les veuves, les femmes non mariées ayant dépassé la trentaine...

La séparation des pouvoirs qui avait provoqué tant de controverses sous la Constituante est à peine effleurée. Les faiseurs de constitutions admettent tous, en 1793, l'unité du pouvoir et ne reconnaissent que l'existence de deux fonctions, l'exécutive et la législative ; la fonction judiciaire dépendant de l'exécutif. Par voie de conséquence, les projets se montrent hostiles au régime parlementaire tel qu'il fonctionnait en Angleterre.

Beaucoup de projets portent une attention particulière aux institutions judiciaires. Ils se déclarent satisfaits des juridictions arbitrales créées par la Constituante et voudraient les étendre en supprimant, au besoin, les tribunaux civils. En tout cas, on réclame le maintien de l'élection des juges. Certains proposent l'établissement de censeurs, sortes de juges de cassation ambulants, qui auraient aussi le pouvoir de veiller au maintien des bonnes mœurs et de surveiller les établissements d'éducation.

Beaucoup d'auteurs considèrent, en effet, l'éducation nationale comme une des institutions républicaines fondamentales. Mais ils s'intéressent surtout à l'enseignement primaire, qu'ils veulent gratuit et qu'ils étendent souvent aux techniques rurales et artisanales.

Anacharsis Clootz, dans son curieux factum, voit plus loin et plus haut que les autres : la République française n'est que le premier jalon et le berceau d'une république universelle qui comprendra tout le genre humain.

Robespierre n'avait pas déposé à la Convention de projet de constitution, mais il lut aux Jacobins, le 21 avril 1793 une déclaration des droits de l'homme qu'il développa à la Convention le 24 avril, et compléta par un exposé des principes de la constitution. Les idées de Robespierre eurent un immense retentissement. Il se montrait l'adversaire de toute loi agraire. « L'égalité des biens, disait-il, n'est qu'une chimère. La loi agraire n'est qu'un fantôme créé par les fripons pour épouvanter les imbéciles. » Mais cela dit, il ne rangeait point la propriété parmi les droits naturels. Il en faisait une institution sociale. La propriété, expliquait Robespierre, c'est « le droit qu'a chaque individu de jouir et de disposer de la portion de biens qui lui est garantie par la loi... ». Ce droit est « borné, comme tous les autres, par l'obligation de respecter les droits d'autrui ». Ainsi la propriété, pour Robespierre, n'était ni inviolable, ni sacrée ! Robespierre voulait faire reconnaître aussi le droit au travail et le droit à l'assistance : la société est tenue de pourvoir à la subsistance de tous ses membres ; les indigents ont droit à une indemnité pour le temps qu'ils consacrent à la vie publique. Enfin, Robespierre s'élevait aussi au-dessus des considérations nationales : « Les hommes de tous les pays sont frères, celui qui opprime une seule nation se déclare l'ennemi de toutes. » Ainsi les opprimés de tous les pays se doivent une mutuelle assistance contre « les rois, les aristocrates, les tyrans... ».

Le nombre des projets particuliers ne fit guère avancer la discussion de la constitution. La Convention avait bien nommé le 4 avril, pour examiner ces projets, un nouveau Comité de constitution, composé de cinq Girondins et d'un Montagnard, mais la discussion fut entravée par les événements, trahison de Dumouriez, guerre de Vendée, et surtout le conflit entre Girondins et Montagnards. Le 13 mai, Condorcet réclama qu'on en finît. Il faut, disait-il, qu'on vote la constitution dans un délai déterminé, sinon il sera indispensable de convoquer une nouvelle Convention. L'Assemblée parut se hâter davantage. Elle vota péniblement la Déclaration des droits, au sujet de laquelle Girondins et Montagnards s'affrontèrent avec rage. Les Girondins estimaient que les droits individuels primaient le droit social, et maintenaient à quelques modifications près, les articles de 1789. Les Montagnards, au contraire, mettaient l'accent sur le droit social, et certains des leurs demandaient qu'on adoptât la Déclaration rédigée par Robespierre. Finalement le texte voté fut un compromis, mais où les Girondins eurent la plus belle part. La propriété reste un droit naturel. La liberté de la presse est illimitée. Le droit au travail n'est pas formellement reconnu, mais il est affirmé que « les secours publics sont une dette sacrée » (article XXII) et que « la société doit... mettre l'instruction à la portée de tous les citoyens... ».

La Convention avait voté en outre quelques dispositions de la constitution maintenant la division du territoire en départements, districts, communes lorsque intervint le coup de force du 2 juin.

III

LA CONSTITUTION DE 1793[1]

Les Montagnards, maîtres de la Convention après le 2 juin, pressèrent désormais le vote de la constitution.

Ils en avaient besoin pour montrer que les vainqueurs du 2 juin étaient capables, plus que leurs adversaires, d'aboutir vite ; pour montrer aussi que même après l'élimination des chefs girondins, la Convention pouvait valablement délibérer, pour montrer enfin qu'ils avaient foi dans l'avenir de la France et de la république.

Dès le 2 juin, Thurot fait voter par l'assemblée que la Convention s'occupera de la constitution tous les jours, de midi à 6 heures du soir. Le 29 mai, d'ailleurs cinq députés avaient été adjoints au Comité de Salut public pour établir un nouveau projet de constitution. C'étaient Hérault de Séchelles, Ramel, Couthon, Saint-Just et Mathieu. Ils devaient rédiger un texte court, clair et précis. Hérault de Séchelles déposa dès le 10 juin son projet en 80 articles. Il fut voté le 24 juin.

1. DOCUMENTS ET OUVRAGES A CONSULTER. — On trouvera le texte de la constitution dans les recueils cités p. 41, n. 1. Sur la constitution de 1793 : A. Brimo, *A propos de la constitution montagnarde du 24 juin 1793*, dans les *Mélanges Magnol* (Paris, 1948, in-8º), p. 37-56 ; E. Colombel, *La Constitution de 1793 et la démocratie suisse*, thèse de droit (Paris, 1903, in-8º) ; Coste, *Le pouvoir législatif et la Constitution de 1793*, thèse de droit (Paris, 1909, in-8º) ; M. Deslandres, *Histoire constitutionnelle* (citée p. 40) ; E. N. Curtis, *Saint-Just, colleague of Robespierre* (New-York, 1935, in-8º) ; Decencière-Férendière, *La Constitution de 1793*, dans *La Révolution franç.*, 1936, p. 237-254 ; Esmein, *Éléments de droit constitutionnel français et comparé* (Paris, 1896, in-8º) ; Gurvitch, *L'idée de droit social* (Paris, 1932, in-8º) ; Lechevallier, *La Constitution de 1793 et la science sociale* (Paris, 1898, in-8º) ; A. Mathiez, *La Constitution de 1793*, dans les *Annales historiques de la Révolution franç.*, ann. 1928, p. 497-521 ; du même, *La Révolution française et la théorie de la dictature*, dans la *Revue historique*, t. CLXI (1929), p. 304-315 ; du même, *La vie chère et le mouvement social sous la Terreur* (Paris, 1927, in-8º) ; G. Pariset, *Études d'histoire révolutionnaire et contemporaine* (Strasbourg, 1929, in-8º).

Sur le referendum de 1793 : Baticle, *Le plébiscite sur la constitution de 1793*, dans *La Révolution française*, t. LVII (1909), p. 496-525 et t. LVIII (1910), p. 5-31, 117-156, 196-238, 327-342, 385-411 ; Corgne, *Deux plébiscites dans le Morbihan pendant la Révolution*, dans les *Annales histor. de la Révolution franç.*, 1939, p. 47-62 et 142-152 ; Fridieff, *Les origines du referendum*, dans la *Constitution de 1793*, thèse de droit (Paris, 1931, in-8º) ; Riffaterre, *Les revendications économiques et sociales des assemblées primaires de 1793*, dans le *Bulletin de la Commission d'histoire économ. de la Révolution*, ann. 1906, p. 321-380. — QUESTIONS A ÉTUDIER : On connaît mal les réactions qui, en province, ont accueilli la proclamation, puis la suspension de la Constitution de 1793. Une étude des *livres de raison* et de la presse provinciale pourrait nous apporter d'utiles renseignements.

La constitution de 1793 s'est efforcée de traduire les aspirations profondes du peuple français. Mais si elle est nettement démocratique, elle est dans une certaine mesure hostile au libéralisme et plus encore au régime parlementaire.

La constitution montagnarde conserva dans la Déclaration des droits les articles qui avaient été votés avant le 31 mai. Elle en introduisit toutefois quelques autres qui en modifièrent le caractère général. Ainsi la déclaration montagnarde, au contraire de celle des Girondins, fut déiste : « Le peuple français... reconnaît et proclame, en présence de l'Être suprême... » Elle garantit le libre exercice des cultes, alors que Condorcet se bornait à déclarer : « tout citoyen est libre dans l'exercice de son culte ». Ces articles ont été ajoutés à la demande des robespierristes qui voulaient gagner la confiance du peuple resté profondément religieux, si ce n'est chrétien.

La déclaration montagnarde, dans l'énumération des droits fondamentaux place au premier rang l'égalité, avant la liberté, la sûreté et la propriété, et toute la constitution s'inspirera de cette considération.

Enfin, et c'est là un de ses caractères les plus marquants, elle fait de la révolte et de la résistance à l'oppression des droits essentiels : « Que tout individu qui usurperait la souveraineté soit à l'instant mis à mort par les hommes libres » proclame l'article XXVIII, et l'article XXXV complète : « Quand le gouvernement viole les droits du peuple, l'insurrection est pour le peuple... le plus sacré et le plus indispensable des devoirs... » Les Girondins s'étaient bornés à affirmer que le mode de résistance à l'oppression devait être fixé par la constitution.

Ce qui frappe dans cette constitution, c'est son caractère démocratique. Elle instaure en France le suffrage universel, sauf pour les femmes. Mais dans certains cas, les étrangers ont le droit de vote. Elle s'efforce d'amoindrir le pouvoir exécutif. Le Conseil exécutif de 24 membres est, en effet, choisi par l'Assemblée législative, et non par le peuple, comme Condorcet le proposait. L'Assemblée élit les 24 ministres sur une liste préparée par les assemblées électorales des départements à raison d'un candidat par département. Le Conseil exécutif est d'ailleurs strictement subordonné à l'Assemblée. Il n'y a aucune séparation des pouvoirs.

Pour sauvegarder la république contre les entreprises possibles d'un chef militaire, la constitution stipule qu'il ne pourra y avoir de généralissime.

Les députés sont élus — et c'est là une grosse innovation — non au scrutin de liste, mais au scrutin uninominal direct. Si aucun candidat n'obtient la majorité absolue au premier tour, un second tour est prescrit entre les deux candidats les plus favorisés : ainsi la Constitution de 1793 introduisait en France une manière de ballottage.

Afin que ce scrutin uninominal fût possible, la constitution décidait que a France serait divisée en autant de circonscriptions électorales qu'il y aurait de groupes comptant 39 à 41.000 habitants. Ce système avait été conçu pour diviser les départements, isoler les députés et s'opposer ainsi au fédéralisme. Les députés n'avaient pas de suppléants. Si le siège venait à vaquer, on procédait à l'élection d'un nouveau représentant. Ainsi plus de danger de voir se réunir à Bourges ou ailleurs, une assemblée des suppléants ainsi que les fédéralistes avaient tenté de le faire. Saint-Just avait proposé, dans le même dessein une autre solution : organiser pour toute la France un scrutin de liste unique. On lui préféra le scrutin uninominal.

La constitution, par souci d'égalité démocratique, stipulait que tout Français devait contribuer aux dépenses publiques, ne fût-ce que pour une somme minime.

Peu de changements étaient apportés à l'organisation territoriale. La constitution s'efforçait seulement de diminuer le prestige des autorités locales afin qu'elles ne pussent s'opposer, comme lors de la révolte fédéraliste au gouvernement central. Ainsi les administrateurs de départements, de districts et les juges doivent être élus au scrutin à deux degrés : ils ne pourront plus se dire représentants du peuple à l'égal des députés. La constitution spécifie d'ailleurs que les « administrateurs et officiers municipaux n'ont aucun caractère de représentation et ne peuvent, en aucun cas, modifier les actes du pouvoir législatif ni en suspendre l'exécution ».

C'était aussi pour supprimer un obstacle possible à l'exercice de la souveraineté nationale que la constitution ne prévoyait ni Cour suprême, ni Haute Cour de justice.

Le souci de la démocratie s'étend jusqu'à l'organisation des relations extérieures. La politique extérieure d'un État républicain ne peut, en effet, être la même que celle d'une monarchie. Déjà Condorcet reproduisait dans son projet la célèbre déclaration de la Constituante sur la renonciation de la France à toute guerre de conquête, en la corrigeant toutefois, car il ajoutait que la France pourrait annexer des territoires, « après le vœu librement émis » de leurs habitants, mais dans le cas seulement « où ces contrées ne seront pas incorporées et unies à une autre nation en vertu d'un pacte social exprimé dans une constitution antérieurement et librement consentie ». Dans les pays occupés par les armées françaises, les généraux devront assurer aux citoyens « la jouissance entière de leurs droits naturels, civils et politiques... ».

Ces articles, en somme assez anodins, contrastaient avec la politique annexionniste, qui avait été celle des Girondins en décembre 1792. C'est que la situation avait évolué, les revers étaient venus, et les Girondins voulaient se ménager la possibilité d'une paix de compromis.

Robespierre, au contraire, s'il s'était montré un farouche adversaire de la guerre jusqu'en avril 1792, voulait maintenant la mener jusqu'à la victoire, car seule la victoire affermirait la république démocratique. Il proposa de substituer à ces articles une déclaration catégorique enlevant aux défaitistes toute possibilité d'action :

« Les hommes de tous les pays sont frères et doivent s'entr'aider selon leur pouvoir, comme les citoyens du même État ; celui qui opprime une nation se déclare l'ennemi de toutes ; ceux qui font la guerre à un peuple pour arrêter les progrès de la liberté et anéantir les droits de l'homme doivent être poursuivis par tous, non comme des ennemis ordinaires, mais comme des assassins et des brigands rebelles ; les rois, les aristocrates, les tyrans quels qu'ils soient, sont des esclaves révoltés contre le souverain de la terre qui est le genre humain, et contre le législateur de l'Univers qui est la nature. » Ces articles ne furent pas intégralement adoptés, mais leur substance passa sous une forme adoucie dans les articles 118, 119, 120 et 121 de la constitution : « Le peuple français est l'ami et l'allié naturel des peuples libres » (article 118) ; « il ne s'immisce point dans le gouvernement des autres nations. Il ne souffre pas que les autres nations s'immiscent dans le sien » (article 119) ; « il donne asile aux étrangers bannis de leur patrie pour la cause de la liberté. Il le refuse aux tyrans » (article 120) ; « il ne fait point la paix avec un ennemi qui occupe son territoire » (article 121).

Ce dernier article suscita de sérieuses réserves. Sébastien Mercier s'écria le 18 juin : « De tels articles s'écrivent ou s'effacent à la pointe de l'épée. On peut, sur son territoire faire des traités avantageux. Vous flattez-vous d'être toujours victorieux ? Avez-vous fait un traité avec la victoire ? »

« Nous en avons fait un avec la mort », répliqua Basire et l'article fut voté. Remarquons toutefois que la Constitution de 1793 ne définissait pas l'étendue du territoire de la République.

Si la Constitution de 1793 est une des plus démocratiques que la France ait connue, elle se signale par une certaine hostilité au libéralisme, qui avait triomphé dans la Constitution de 1791. Posant en principe que le but de l'État est le « bonheur commun », elle suppose une constante intervention de celui-ci pour hâter, par des réformes sociales, la réalisation de ce bonheur. Aussi subordonne-t-elle les libertés individuelles à l'exercice de la démocratie, et non la démocratie aux libertés. Le caractère relativement moins libéral de la constitution se manifeste notamment dans la réduction du pouvoir des juges : les libéraux l'avaient étendu, en observant que les juges sont les défenseurs naturels de l'individu contre les empiètements de l'État. Le libéralisme relatif de la constitution se manifeste dans la substitution de la hiérarchie des fonctions à la séparation des pouvoirs. Les agents administratifs sont subordonnés au Conseil exécutif, émanation de l'Assemblée, qui dépend elle-même du suffrage universel. Mais que le libéralisme soit en recul sur quelques points, c'est ce qui se marque dans la reconnaissance de certains « droits sociaux » : la société doit la subsistance aux citoyens malheureux, soit en leur procurant du travail, soit en leur distribuant des secours. Elle doit à tous l'instruction. Les conventionnels malgré cela, restent en grande majorité fidèles au libéralisme, tant en matière politique qu'en matière économique.

Le parlementarisme, tel qu'il était pratiqué alors en Angleterre, n'avait en France à cette époque aucun défenseur. La Constitution de 1793 s'efforce d'en empêcher l'instauration : il n'y a qu'une seule Chambre, l'assemblée législative, et elle n'est élue que pour un an. Certaines restrictions à l'inviolabilité des députés sont prévues. Mais surtout, la constitution montagnarde reprend le referendum, qui figurait, nous l'avons vu, dans le projet girondin. Il est vrai qu'elle en diminue singulièrement l'importance.

Le système de referendum organisé par la Constitution de 1793 est curieux : le corps législatif publie des décrets, mais il ne peut que proposer des lois. La constitution énumère de façon très précise les matières qui doivent faire l'objet de projets de lois. Ce sont notamment la législation civile et criminelle, le budget, les biens nationaux, la monnaie, les déclarations de guerre, les limites territoriales, l'instruction publique, les honneurs rendus à la mémoire des grands hommes. Les projets de loi sont définitivement transformés en lois si, quarante jours après leur envoi aux départements, dans la moitié de ceux-ci plus un, le dixième des assemblées primaires de chaque département n'a présenté aucune objection.

Si, au contraire, il y a des objections, la loi doit obligatoirement être soumise au referendum. Ce système eût-il été praticable ? A. Mathiez ne le croit point. Il estime qu'il eût été pratiquement impossible de réunir en quarante jours les objections du dixième des assemblées primaires de chacun des quarante-deux départements, formant la moitié plus un du total. Il faut remarquer, en outre, que le droit d'initiative qui figurait dans le projet girondin a disparu. Ou plutôt il n'existe plus qu'en matière constitutionnelle. En effet, si dans la moitié plus un des départements, le dixième des assemblées primaires de chacun d'eux propose une révision de la constitution, cette proposition est soumise au referendum ; si la proposition est acceptée par le peuple, une « convention » est élue, conformément à une procédure analogue à celle qui est prévue pour le corps législatif ordinaire.

Ainsi la Constitution de 1793 conserve le referendum, mais elle en rend l'usage difficile. En fait, elle organise une véritable dictature de l'assemblée législative, donc du parti dominant cette assemblée. Et les Montagnards, en votant la constitution espéraient bien en être les premiers bénéficiaires.

Pour commencer, le referendum devait être appliqué à la constitution nouvelle. La Convention n'avait-elle pas promis au peuple français le 21 septembre 1792 que la constitution lui serait soumise ? D'ailleurs le vote massif qu'on espérait serait la meilleure arme contre le fédéralisme déjà chancelant.

Le referendum eut lieu durant le mois de juillet, mais à des dates variables selon les localités à cause de la lenteur des moyens de communication. A Paris, le referendum eut lieu au début de juillet ; dans la majeure partie des départements, entre le 14 et le 21. Dans les Basses-Alpes, les Hautes-Alpes et le Var, on ne vota qu'entre le 4 et le 11 août, après la proclamation des résultats !

Les départements où sévissait la guerre, civile ou étrangère, donnèrent leur avis plus tard encore : les Bouches-du-Rhône, les Pyrénées-orientales, les Deux-Sèvres, la Vendée ne furent consultés qu'en novembre ou décembre. La commune de Brasparts, dans le Finistère, ne vota que le 15 germinal an II (4 avril 1794) !

Le vote eut lieu, en général, le dimanche, mais ce ne fut pas une règle universellement adoptée. On vit des assemblées primaires s'ajourner, faute de votants. Le suffrage universel fut appliqué à peu près partout, dans certaines localités on laissa voter les femmes, par exemple à Laon, où 343 femmes déposèrent leur bulletin, et à Pontoise, où non seulement 175 femmes, mais aussi 163 enfants, participèrent au vote !

Avant le vote, la constitution devait être lue à haute voix, et traduite dans le dialecte local, là où la langue française n'était pas comprise. Souvent la discussion était admise. Puis on passait au vote, qui était public et oral, c'est ce qui explique le nombre énorme des abstentions qui ne furent pas compensées par le vote quasi obligatoire des troupes. La séance se terminait par la nomination du député chargé de porter à Paris le résultat du scrutin — il y avait un député par canton. Souvent aussi une fête clôturait la journée.

Au total la constitution fut approuvée par 1.801.918 oui contre 11.610 non. Il y eut donc au moins 4.300.000 abstentions. De plus, beaucoup parmi ceux qui avaient voté pour l'acceptation le firent « sous réserve ». Les principales de ces réserves étaient : la libération et la réintégration des chefs girondins, l'annulation des lois votées depuis leur arrestation, la convocation immédiate d'une nouvelle assemblée législative, le rappel des représentants en mission, l'abrogation du maximum des grains, la suppression des administrations de district, la liberté complète du culte catholique, la publication intégrale des budgets depuis 1789, la suppression de l'article 35 de la Déclaration des droits, qui légitime l'insurrection, et de l'article 121, qui interdit de conclure la paix avec un ennemi occupant le territoire français...

Quoique le nombre des suffrages en faveur du rejet ait été extrêmement faible, il est intéressant d'en étudier la répartition et l'origine afin de déterminer la nature de l'opposition à la constitution de 1793. On constate que les trois quarts des votes négatifs sont localisés dans quatre départements : le Finistère (4.480), le Morbihan (1.448), les Côtes-du-Nord (1.385), le Mont-Terrible (région de Porentruy, aujourd'hui en Suisse) (1.007). Ensuite viennent les départements normands, l'Aveyron, la Gironde, le Lot. Dans la commune de Lanouée (Morbihan) la totalité des électeurs vota *non*. Il y eut une très forte majorité de *non* dans le district de Josselin, 660 contre 184 *oui*, et plus de moitié de *non* dans le district de Ploermel (363 non contre 711). Il n'y a pas de doute que ces *non* soient venus d'opposants, non seulement à la Constitution de 1793, mais au régime républicain même. Ces opposants obéissaient sans doute à des raisons politiques, plus encore à leur foi religieuse, qu'ils jugeaient gravement menacée par les institutions nouvelles. Ailleurs, en Gironde, dans le Lot et l'Aveyron, ce furent des fédéralistes qui votèrent *non*.

Mais les opposants n'appartenaient pas tous à ce qu'on est convenu d'appeler la « droite ». Les extrêmistes de gauche, les « enragés » étaient aussi mécontents de la constitution. Ils la trouvaient incomplète, notamment sous le rapport économique et social.

Le 20 juin, Jacques Roux proposa au club des Cordeliers qu'on ajoutât ces mots à la constitution : « La nation protège la liberté du commerce, mais elle punit de mort l'agiotage et l'usure. » Le lendemain, c'est devant la Commune de Paris que Jacques Roux va porter ses doléances. Il y prononce un violent discours contre la constitution :

« Quelles limites a-t-on posées pour restreindre le commerce dans les bornes prescrites naturellement par l'amour de la chose publique ? Dans quel chapitre l'agiotage, les accaparements, se trouvent-ils proscrits ? Eh ! Qu'est-ce que la liberté, quand une classe d'hommes peut affamer l'autre ? Qu'est-ce que l'égalité quand le riche peut, par son monopole, exercer le droit de vie et de mort sur ses semblables ? Liberté, Égalité, république, tout cela n'est plus qu'un fantôme... et le prix exorbitant des denrées, qui de jour en jour s'accroît au point que les trois quarts des citoyens peuvent à peine l'atteindre, n'est-il pas, de tous les moyens propres à opérer la contre-révolution, le plus certain et le plus funeste ?... Je demande que le conseil, en masse, se transporte demain à l'assemblée conventionnelle pour demander qu'elle décrète comme article constitutionnel que la liberté ne consiste pas à affamer ses semblables... »

Jacques Roux eut un certain succès, malgré cela la Commune n'osa pas le suivre et passa à l'ordre du jour. Jacques Roux ne se tint pas pour battu, et le 23 juin, lors de la fête organisée par la Convention pour célébrer l'achèvement de la constitution, il présenta à la Convention une nouvelle pétition. Mais Robespierre demanda qu'on n'accordât point la parole à Roux et qu'on passât à l'ordre du jour. Deux jours plus tard, le 25 juin, Jacques Roux revint à la charge :

« L'acte constitutionnel va être présenté à la sanction du souverain ; y avez-vous proscrit l'agiotage ? — Non. Avez-vous prononcé la peine de mort contre les accapareurs ? — Non. Avez-vous déterminé ce en quoi consiste la liberté du commerce ? — Non. Avez-vous défendu la vente de l'argent monnayé ? — Non. Eh bien ! nous vous déclarons que vous n'avez pas tout fait pour le bonheur du peuple ! » Roux s'élève ensuite contre « l'aristocratie marchande, plus terrible que l'aristocratie nobiliaire et sacerdotale ». Les denrées nécessaires à tous, ajoute-t-il « doivent être livrées au prix auquel tous puissent atteindre... Quand il y aura une loi claire et précise dans l'acte constitutionnel contre l'agiotage et les accaparements [le peuple] verra que la cause du pauvre vous tient plus à cœur que celle du riche... Sous le règne des Sartine et des Flesselles, le gouvernement n'aurait pas toléré qu'on fît payer les denrées de première nécessité trois fois au-dessus de leur valeur... ». Les Montagnards et Robespierre lui-même combattirent cette pétition, mais déclarèrent que la Convention allait voter des lois contre l'agiotage et l'accaparement.

Il ne faudrait toutefois pas s'exagérer l'opposition des « enragés ». Elle était très limitée, car une faible partie de la population avait conscience des nécessités économiques, et l'opposition de droite était infiniment plus dangereuse pour la Convention.

La Convention, pour briser les dernières tentatives de l'opposition, organisa une grande fête de « Fédération », qui devait consacrer l'union de tous les Français autour de la nouvelle constitution républicaine. Cette fête eut lieu le 10 août 1793. Chaque assemblée primaire de France y avait envoyé un délégué. Ceux-ci avaient reçu 6 livres par poste de trajet et 60 livres pour leur séjour à Paris. La fête ordonnée par le peintre David, membre de la Convention, présidée par Hérault de Séchelles fut grandiose. Le soir, la constitution fut enfermée dans une arche somptueuse en bois de cèdre et déposée dans la salle de la Convention, aux pieds du président. Elle ne devait plus en bouger.

La Constitution de 1793 ne devait, en effet, jamais être appliquée.

Malgré cela, la Constitution de 1793 a, dans l'histoire de la France une importance capitale. Elle devait rester un exemple et un modèle pour les démocrates : Babeuf, Buonarroti, Levasseur (de la Sarthe) en feront l'éloge. Ils en transmettront le souvenir aux rares démocrates de l'époque impériale et de la restauration. Grâce à eux, ce souvenir atteindra les républicains de 1848, qui s'efforceront de prendre pour guide la constitution de 1793. Plus loin encore, les grandes idées, les principes directeurs de cette constitution, ont guidé les constituants de 1946 ; et la première constitution de 1946 portait en de nombreux articles les marques de sa lointaine origine.

La Constitution de 1793 eût-elle été applicable ? Jaurès l'a cru. « La constitution de 1793, a-t-il écrit, répondait aux conditions vitales de la Révolution, à la réalité politique et sociale de la France nouvelle. » A. Mathiez est plus sceptique. La Constitution de 1793 supposait une éducation politique des masses populaires qui n'existait à nul degré : le nombre des illettrés était considérable. A peine un dixième des électeurs s'intéressait aux questions politiques ; le nombre considérable des abstentions le prouve. Une constitution prévoyant des votes très fréquents pouvait-elle vivre malgré l'abstention des trois quarts des citoyens ? On en peut douter. Mais, en la matière, une conclusion catégorique est impossible. Ce qui est certain, c'est que la Constitution de 1793, et c'est là son principal mérite, a posé officiellement et pour la première fois devant le monde, les grands problèmes de la démocratie sociale.

CHAPITRE II

LE MÉCANISME DU GOUVERNEMENT RÉVOLUTIONNAIRE[1]

Depuis la chute du trône, le 10 août 1792, jusqu'à la mise en vigueur de la constitution votée en l'an III par la Convention, c'est-à-dire jusqu'au 5 brumaire an IV (27 octobre 1795) la France a vécu sans constitution, c'est-à-dire sous un gouvernement d'exception : c'est à ce gouvernement d'exception que les contemporains ont donné le nom de « gouvernement révolutionnaire ».

I

LA THÉORIE DU GOUVERNEMENT RÉVOLUTIONNAIRE

En établissant un gouvernement provisoire exceptionnel, les conventionnels ont obéi à la nécessité. La monarchie avait pris fin. Il était impossible de définir du jour au lendemain le gouvernement qui lui succéderait. Mais les conventionnels ont aussi obéi à des théories dont certaines remontent aux débuts mêmes de la Révolution.

1. BIBLIOGRAPHIE GÉNÉRALE. — Aux Archives nationales, consulter surtout les séries D, A F II et F 7. Voir les grands recueils de documents cités dans la bibliographie du chapitre précédent, et, de plus, A. Cochin et A. de Boüard, *Actes du gouvernement révolutionnaire* (Paris, 1920-35, 3 vol. in-8º) ; A. Aulard, *Documents pour l'histoire du club des Jacobins de Paris* (Paris, 1889-97, 6 vol. in-8º) ; Mautouchet, *Le gouvernement révolutionnaire* (Paris, 1912, in-8º) ; à voir aussi A. Cochin et de Boüard, *Précis des principales opérations du gouvernement révolutionnaire* (Paris, 1936, in-8º).
P. Caron, *De l'étude du gouvernement révolutionnaire*, dans la *Revue de synthèse histor.*, ann. 1910, t. XXI (1910), p. 147-163 ; du même, *Les commissaires du pouvoir exécutif et leurs rapports*, dans la *Revue d'hist. moderne et contemp.*, t. XIX (1914), p. 5-23 ; du même, *La première Terreur*, I, ouvr. cité, p. 239 ; Général Herlaut, *Bouchotte* (Paris, 1946, 2 vol. in-8º) ; du même, *Les certificats de civisme*, dans les *Annales historiques de la Révolution franç.*, 1938, p. 481-536 ; G. Lefebvre, *Les thermidoriens* (Paris, 1937, in-16) ; Mathiez, *La réaction thermidorienne* (Paris, 1928, in-8º) ; Mirkine-Guetzévitch, *Le parlementarisme sous la Convention nationale*, dans la *Rev. du droit public et de la science polit.*, 1935, p. 671-700 ; Mortimer-Ternaux, *Histoire de la Terreur* (Paris, 1862-8, 8 vol. in-8º) ; Pariset, *ouvr. cité*, p. 247 ; Taine, *Les origines de la France contemporaine*, t. III, *le gouvernement révolutionnaire* (Paris, 1884, in-12) ; A. Troux, *La vie politique dans le département de la Meurthe de 1792 à 1795* (Nancy, 1936, 2 vol. in-8º) ; H. Wallon, *La Terreur* (Paris, 1873, 2 vol. in-8º) ; G. Walter, *Histoire de la Terreur* (Paris, 1938, in-8º). — QUESTIONS A ÉTUDIER : On connaît mal encore les idées des principaux membres de la Convention sur le gouvernement révolutionnaire. On pourrait entreprendre cette étude en s'aidant des discours, interventions, rapports et mémoires de ces députés. D'autre part, le rôle des ministères, puis des commissions exécutives pendant la période du gouvernement révolutionnaire mériterait d'être éclairci.

Sieyès s'était fait dans *Qu'est-ce que le tiers état ?* le théoricien du gouvernement révolutionnaire lorsqu'il avait écrit : « La volonté nationale n'a besoin que de sa réalité pour être toujours légale, elle est l'origine de toute légalité. » C'est en vertu de ce principe que la Constituante avait exercé une véritable dictature. La Législative après le 10 août 1792, et la Convention, ne firent que l'imiter.

Toutefois, en 1792, les circonstances avaient changé. La France était en guerre. Guerre étrangère et guerre civile. Et ces circonstances nouvelles devaient singulièrement aggraver la dictature de l'assemblée. C'est cette dictature aggravée qui constitue, à proprement parler, le gouvernement révolutionnaire.

C'est la Commune insurrectionnelle de Paris qui, au lendemain du 10 août, prend l'initiative des mesures exceptionnelles qui caractériseront par la suite le gouvernement révolutionnaire. C'est elle qui organise la première « terreur » d'août-septembre 1792, marquée par des arrestations massives de suspects, la création d'un tribunal révolutionnaire — le tribunal du 17 août — l'organisation de comités de surveillance, l'envoi de commissaires en mission dans les départements, les réquisitions et les taxes de denrées alimentaires, les mesures d'assistance aux indigents. Toutes ces institutions disparaîtront en octobre, après la réunion de la Convention, mais bientôt l'assemblée sera contrainte d'y revenir.

La Commune de Paris s'était efforcée de justifier devant la Législative, la légitimité des mesures « révolutionnaires » qu'elle prenait. Dans la soirée du 10 août, son président Huguenin, un ancien commis d'octroi déclarait aux députés : « Le peuple qui nous envoie vers vous, nous a chargés de vous déclarer qu'il ne pouvait reconnaître pour juger des mesures extraordinaires auxquelles la nécessité et la résistance à l'oppression l'ont porté, que le peuple français, votre souverain et le nôtre, réuni dans ses assemblées primaires... » Ainsi la Commune de Paris en appelle des représentants du peuple au peuple lui-même, qui, selon elle, réclame les mesures révolutionnaires. La victoire de Valmy, la réunion de la Convention sembla clore l'ère de la première Terreur. Mais de nouveaux dangers allaient rapidement forcer l'Assemblée à renouveler les mesures de rigueur.

Dans les pays occupés, les armées françaises se trouvaient, en effet, en présence d'une population souvent hostile à la Révolution. Pour protéger les soldats français, pour protéger surtout les révolutionnaires locaux encore peu nombreux, il fallait recourir à des moyens « révolutionnaires ». C'est en proposant ces mesures, le 13 décembre 1792, que Cambon fut amené à formuler de façon plus nette la théorie du « pouvoir révolutionnaire ».

« Tous ceux, dit-il, qui jouissent d'immunités ou de privilèges sont nos ennemis. Il faut les détruire. Autrement, notre propre liberté serait en péril..

Les peuples chez lesquels les armées de la République ont porté la liberté, n'ayant pas l'expérience nécessaire pour établir leurs droits, il faut que nous nous déclarions « pouvoir révolutionnaire » et que nous détruisions l'ancien régime qui les tenait asservis... Aucune institution du régime ancien ne doit exister lorsque le pouvoir révolutionnaire se montre. » A la suite de ce rapport, la Convention ordonna aux généraux de détruire le régime féodal et envoya dans les pays conquis des commissaires munis de pleins pouvoirs pour organiser le régime révolutionnaire.

Mais le véritable théoricien du gouvernement révolutionnaire fut, en réalité, Robespierre, qui avait d'ailleurs inspiré les actes de la Commune insurrectionnelle de Paris du 10 août au 21 septembre 1792.

Cette théorie, Robespierre la formula notamment en deux discours prononcés pour répondre aux attaques des dantonistes et des hébertistes le 27 décembre 1793 et le 5 février 1794.

Robespierre distingue « l'ordre constitutionnel », dans lequel le gouvernement et ses agents sont soumis à une constitution, et « l'ordre révolutionnaire », qui a pour but de défendre un régime constitutionnel en danger et qui instaure pour cela une dictature. Le gouvernement révolutionnaire diffère du constitutionnel par son « activité extraordinaire », indispensable pour faire face aux dangers multiples créés par la guerre. « Il est soumis à des règles moins uniformes et moins rigoureuses, parce que les circonstances où il se trouve sont orageuses et mobiles et surtout parce qu'il est forcé de déployer sans cesse des ressources nouvelles et rapides pour répondre à des dangers nouveaux et pressants. Le gouvernement constitutionnel s'occupe principalement de la liberté publique... » En effet, quand la constitution républicaine n'est pas en danger, l'État peut se soucier du respect des droits de chaque citoyen. Au contraire, quand l'état républicain est en danger, il doit songer avant tout à se défendre contre tous ceux qui l'attaquent. « Le gouvernement révolutionnaire doit aux bons citoyens toute la protection nationale, et ne doit aux ennemis du peuple que la mort... » Et Robespierre illustrait son discours d'une saisissante formule de Marat : « Il faut organiser le despotisme de la liberté pour écraser le despotisme des rois. »

Si le gouvernement révolutionnaire a recours à des moyens expéditifs et à une forme dictatoriale, il n'en est pas moins légitime, poursuit Robespierre, ni moins juste. En effet, « il est appuyé sur la plus sainte de toutes les lois, le salut du peuple, sur le plus irréfragable de tous les titres, la nécessité. Il a aussi ses règles, toutes puisées dans la justice et dans l'ordre public. Il n'a rien de commun avec l'anarchie, ni avec le désordre ; son but, au contaire, est de les réprimer pour amener et pour affirmer le régime des lois ; il n'a rien de commun avec l'arbitraire. Ce ne sont point les passions particulières qui doivent le gouverner, mais l'ordre public. Il doit se rapprocher des principes ordinaires dans tous les cas où ils peuvent être rigoureusement appliqués sans compromettre la liberté publique... ». Robespierre explique que le gouvernement révolutionnaire doit être « terrible aux méchants », mais « favorable aux bons » ; il doit prendre des mesures de rigueur, seulement lorsqu'elles sont indispensables et « s'abstenir des mesures qui gênent inutilement la liberté et qui blessent les intérêts privés sans aucun avantage public ». Le gouvernement révolutionnaire doit éviter à la fois « la faiblesse et la témérité, le modérantisme et l'excès ; le modérantisme qui est à la modération ce que l'impuissance est à la chasteté ; l'excès qui ressemble à l'énergie comme l'hydropisie à la santé ». En un mot, le ressort du gouvernement révolutionnaire, plus encore que du gouvernement républicain constitutionnel, est la vertu : « Le jour où le pouvoir tombera en des mains impures et perfides, la liberté sera perdue... » Mais si la vertu suffit au gouvernement constitutionnel, le gouvernement révolutionnaire a, en outre, besoin de la terreur, « la vertu sans laquelle la terreur est funeste, la terreur, sans laquelle la vertu est impuissante... ».

Et qu'est-ce que la « terreur » ? Ce n'est, selon Robespierre, autre chose que la « justice prompte, sévère, inflexible, elle est donc une émanation de la vertu, elle est moins un principe particulier qu'une conséquence du principe général de la démocratie appliquée aux plus pressants besoins de la patrie ». La « terreur » d'ailleurs avait été « mise à l'ordre du jour » le 5 septembre 1793. Quant à la vertu, il était évident que c'était le seul frein des dictateurs.

Ainsi « révolutionnaire » signifie exceptionnel. Mais qui dit : exceptionnel dit provisoire et la Convention fixa elle-même le terme de ce régime provisoire. Le décret du 10 octobre 1793 stipulait : « Le gouvernement provisoire de la France est révolutionnaire jusqu'à la paix. »

Gouvernement provisoire, mais gouvernement de lutte, qui doit employer des mesures de violence contre ses ennemis.

Billaud-Varenne dit dans son rapport du 28 brumaire an II (18 novembre 1793) : le gouvernement sera terrible pour les conspirateurs, coercitif envers les agents publics, sévère pour les prévarications, redoutable aux méchants, protecteur des opprimés, inexorable aux oppresseurs, favorable aux patriotes, bienfaisant pour le peuple... ».

Le représentant en mission Albitte écrivait, de son côté, le 21 pluviose à la Convention : « J'appelle gouvernement révolutionnaire un gouvernement qui détruit jusqu'au dernier germe du fanatisme, qui anéantit tous les restes détestables de la royauté et de la féodalité, qui ôte aux ci-devant tous les moyens de nuire, qui écrase les contre-révolutionnaires, les fédéralistes et les coquins, qui ranime les patriotes, honore les sans-culottes et fait disparaître l'indigence... »

Le gouvernement révolutionnaire, pour agir avec rapidité et efficacité doit être centralisé. Lanthenas estimait, en effet, après la chute de Robespierre, le 16 thermidor an II (3 août 1794) que la principale caractéristique du gouvernement révolutionnaire était « la centralisation de tous les moyens de défense de la république contre ses ennemis extérieurs, et de tous ceux de vigilance et de force contre ses ennemis du dedans... ».

La centralisation extrême, combinée avec la rapidité d'exécution de toutes les décisions, suppose l'unité des pouvoirs. Aussi Billaud-Varenne, en la préconisant, a-t-il vivement critiqué la séparation des pouvoirs telle que la constitution de 1791 l'avait organisée : « On créa... alors deux centres principaux : le Corps législatif et le pouvoir exécutif : mais on n'oublia pas d'établir ce dernier l'unique mobile de l'action, de neutraliser l'autre en lui ôtant toute direction, toute surveillance, même immédiate sur l'ensemble... » Au contraire, Billaud-Varenne proposait de concentrer tous les pouvoirs dans la Convention et les comités de gouvernement qui en émanaient directement. C'était organiser ainsi le « gouvernement d'assemblée ». Billaud-Varenne demandait à la Convention de tenter au moins cette expérience. « Sa réussite, disait-il, vous servira de modèle pour la rédaction du code organique de la constitution, afin d'en effacer les vestiges vicieux que le pli de l'habitude ou la faiblesse attachée à des considérations particulières pourraient encore y avoir conservés... » Unité des pouvoirs et centralisation extrême du gouvernement caractérisent, en fin de compte, avec les mesures de « terreur », le gouvernement révolutionnaire.

II

FONCTIONNEMENT ET ÉVOLUTION DU GOUVERNEMENT RÉVOLUTIONNAIRE[1]

Le gouvernement révolutionnaire ne s'est pas formé en un jour. Il a été le fruit d'une création continue, d'une évolution lente. Il a été expérimenté du 10 août au 21 septembre 1792, à Paris et dans quelques grandes villes. Du 21 septembre 1792 au 2 juin 1793, on voit apparaître la plupart de ses organes. Mais ceux-ci ne prennent leur forme pour ainsi dire parfaite qu'entre le 2 juin 1793 et le 9 thermidor an II, grâce surtout à la loi du 14 frimaire an II (4 décembre 1794) qui est la grande charte du gouvernement révolutionnaire. Après la chute de Robespierre, le 9 thermidor an II, on assiste au déclin progressif du gouvernement révolutionnaire, qui disparaît, avec la Convention elle-même, le 4 brumaire an IV (26 octobre 1795).

Nous avons vu que, dès le 10 août 1792, la Législative avait jeté les bases du gouvernement en décrétant qu'elle nommerait les ministres, à la place du roi. Ainsi pour la première fois le pouvoir législatif s'attribuait une des prérogatives de l'exécutif. Le 15 août, elle confiait le pouvoir exécutif à un « Conseil exécutif provisoire », formé des ministres. Mais les mesures de « terreur » furent prises à l'instigation de la Commune de Paris : comités de surveillance, arrestation de suspects, tribunal extraordinaire créé pour les juger, le 17 août 1792, commissaires envoyés dans les départements et aux armées, taxation et réquisition de denrées alimentaires...

Ces mesures ne furent pas partout bien accueillies. En général, les muni-

---

1. DOCUMENTS ET OUVRAGES A CONSULTER. — Se reporter à la bibliographie générale, p. 255.

cipalités, déjà composées des éléments les plus « patriotes », parce qu'élus par les assemblées primaires, les acceptèrent favorablement. Mais les administrations départementales formées souvent de modérés élus au second degré, leur furent, en général, hostiles. Le désaccord portait essentiellement sur les réquisitions, les taxes, l'arrestation des suspects. Les départements firent mauvais accueil aux commissaires du pouvoir exécutif chargés de surveiller l'exécution des mesures révolutionnaires, notamment les taxes et les levées d'hommes. Dans plusieurs départements, ils refusèrent de reconnaître leurs pouvoirs, ou même les firent arrêter. Ce fut le cas, par exemple, en Haute-Saône.

Ce désaccord entre les pouvoirs publics, l'indépendance des autorités locales à l'égard du pouvoir central engendrèrent une véritable anarchie, d'autant plus intolérable que la guerre étrangère se développait.

Les Girondins qui dominaient la Convention à ses débuts étaient les adversaires des mesures révolutionnaires. Négligeant le danger de l'anarchie croissante, ils obtinrent la révocation de la plupart des décisions qui avaient été prises depuis le 10 août, firent ordonner le renouvellement de toutes les autorités constituées et se contentèrent de maintenir les pouvoirs concentrés dans la Convention comme ils l'avaient été dans la Législative après la chute de la monarchie, ou même dans la Constituante. C'est pour cette raison que le Conseil exécutif, choisi en dehors de l'Assemblée, perdit désormais chaque jour un peu de son autorité. Les administrations locales prirent l'habitude de correspondre directement avec la Convention, elles ignorèrent le Conseil exécutif. Aussi n'est-il pas étonnant de voir se manifester obscurément, et en dépit de l'opposition théorique à tout régime parlementaire imité de l'Angleterre, le besoin d'un gouvernement représentant la majorité de la Convention.

C'est pour répondre à ce besoin que la Convention décide le 1er janvier 1793 de créer un nouveau comité, plus important que les autres, et qui aurait pour mission d'être l'intermédiaire entre le Conseil exécutif et l'Assemblée : ce fut le « Comité de défense générale ».

Ce Comité facilita quelque peu le gouvernement de la Convention, il ne put cependant faire face aux multiples dangers qui nécessitaient tous des décisions graves et rapides. A l'intérieur c'étaient la crise du ravitaillement, et la campagne des « enragés » pour l'établissement d'un maximum général ; c'étaient surtout les graves insurrections provoquées par les levées de troupes ; à l'extérieur c'était la formation de la première coalition qui groupait contre la France presque toute l'Europe ; aux frontières, c'était la trahison de Dumouriez.

Aussi, le 9 avril 1793, le Comité de défense générale fut-il transformé en « Comité de salut public ». Ce comité n'était plus l'intermédiaire entre la Convention et le Conseil exécutif, il devait lui-même diriger le Conseil. Élu chaque mois par la Convention, il était responsable devant elle. Les ministres, en revanche, étaient réduits au rang de simples commis. Seul le ministre de la

Guerre conserva pendant quelque temps une certaine importance, parce que le titulaire de ce ministère était Bouchotte et que la plupart de ses employés étaient plus ou moins inféodés aux révolutionnaires extrémistes.

L'importance du Conseil exécutif ne cessa néanmoins de décliner, et lorsque les « enragés » eurent été éliminés il devait complètement disparaître le 12 germinal an II (1er avril 1794). Il ne subsista plus que des « Commissions exécutives », simples bureaux du Comité de salut public.

Quant aux autres comités de la Convention, ils furent aussi subordonnés au Comité de salut public qui, à partir du 14 septembre 1793 eut le droit de présenter à la Convention la liste de leurs membres. Seul le Comité de sûreté générale, le Comité des finances et la Trésorerie nationale échappèrent à son action.

Ainsi le Comité de salut public devint le véritable gouvernement, ou plus exactement les comités de salut public et de sûreté générale, qu'on appelle dès lors les « Comités de gouvernement ».

Héritier du comité des recherches de la Constituante et du Comité de surveillance de la Législative, le « Comité de sûreté générale » organisé dès le début de la Convention avait acquis très vite une importance particulière parce qu'il était responsable de la sûreté du territoire. Il fonctionna vite comme un ministère de la police. Dans les circonstances graves, il se réunissait au Comité de salut public, et prenait avec lui des arrêtés communs. Ainsi le pouvoir exécutif était aux mains d'un certain nombre de députés élus par la Convention et responsables devant elle. N'est-ce pas là une des caractéristiques du régime parlementaire ? Mais les Montagnards, qui composaient ce comité ne conservaient la majorité à la Convention que grâce à la pression de la Commune de Paris, des Jacobins, et à la menace de l'émeute.

Ces comités formaient les organes centraux du gouvernement révolutionnaire. Mais il y avait en province des organismes locaux et la Convention créa aussi des organes de liaison.

Tout d'abord les élections furent toutes supprimées, les administrations locales furent épurées et renouvelées par les conventionnels ou les commissaires du pouvoir exécutif en mission. Mais la Convention adjoignit à ces administrations des corps purement révolutionnaires, ou plutôt elle légalisa ces institutions qui, pour la plupart, s'étaient formées spontanément : ce furent, dans chaque commune, les « comités de surveillance révolutionnaires » et les « sociétés populaires », dans de nombreux départements les « armées révolutionnaires », destinées à aider la police politique.

Les organes intermédiaires destinés à assurer la liaison avec Paris furent essentiellement les « commissaires en mission », envoyés soit par le Conseil exécutif, soit par le Comité de salut public, mais surtout les conventionnels ou représentants en mission, qui, munis de pleins pouvoirs, étaient chargés d'organiser « révolutionnairement » les départements. Ils étaient aidés dans leur tâche par la « presse révolutionnaire », qui accomplit une immense œuvre de propagande.

Une « justice révolutionnaire » enfin fut organisée pour punir les traîtres et contraindre par la « terreur » tous les citoyens à l'obéissance. Un tribunal révolutionnaire est installé à Paris le 10 mars 1793. Des tribunaux révolutionnaires sont créés dans certains départements et les tribunaux criminels autorisés, dans certains cas, à juger « révolutionnairement », c'est-à-dire sans appel, ni recours en cassation.

Ainsi en juin 1793 toutes les institutions nécessaires à l'exercice de la dictature révolutionnaire sont en place.

Après leur victoire sur les Girondins, le 2 juin 1793, les Montagnards étaient bien décidés à maintenir le gouvernement révolutionnaire jusqu'à la victoire, c'est-à-dire jusqu'à la paix. Le 19 vendémiaire an II (10 octobre 1793) Saint-Just fit un rapport à ce sujet à la Convention. « La République ne sera fondée, dit-il, que quand la volonté du souverain comprimera la minorité monarchique et règnera sur elle par droit de conquête... Vous avez à punir non seulement les traîtres, mais les indifférents mêmes... » Et Saint-Just montrait que si les institutions étaient révolutionnaires, ceux qui devaient les faire fonctionner ne l'étaient pas. On ne pouvait donc songer à mettre en vigueur la constitution approuvée par le peuple : « Dans les circonstances où se trouve la république, la constitution ne peut être établie : on l'immolerait par elle-même. Elle deviendrait la garantie des attentats contre la liberté parce qu'elle manquerait de la violence nécessaire pour les réprimer... » C'est pour cette raison que la Convention déclara le « gouvernement provisoire de la France révolutionnaire jusqu'à la paix » et augmenta encore les pouvoirs du Comité de salut public en lui donnant le droit de correspondre directement avec les administrations de districts, sans passer par celles des départements et en l'autorisant à proposer à la Convention les candidats aux fonctions de général.

La paix étant cependant lointaine, le gouvernement révolutionnaire allait durer. Pouvait-on maintenir une organisation née de l'expérience quotidienne, réglée par un réseau de décrets parfois contradictoires ? Il parut indispensable à la Convention d'organiser de manière plus cohérente le gouvernement révolutionnaire, de codifier en quelque sorte les mesures qui avaient été prises depuis un peu plus d'un an.

Billaud-Varenne fut chargé de présenter le rapport sur ce décret. Il montra qu'il fallait enlever le pouvoir aux modérés, aux riches bourgeois qui étaient surtout puissants dans les administrations départementales, et rattacher toutes les administrations locales plus étroitement au pouvoir central en remplaçant les procureurs syndics et procureurs des communes par des fonctionnaires nommés par le gouvernement. Le projet fut discuté à partir du 3 frimaire

(23 novembre). Merlin de Thionville aurait voulu que le Comité de salut public prit le nom de « Comité de gouvernement », qui correspondait à ses fonctions réelles. Billaud-Varenne s'y opposa, car la Convention, dit-il, devait rester le centre de toute autorité. Barère l'appuya : « La Convention gouverne seule et doit seule gouverner. Le Comité de salut public n'est pas le seul instrument dont elle se serve... » Billaud-Varenne montra que le gouvernement d'assemblée était la meilleure barrière contre le despotisme : « Tous les politiques savent qu'une grande assemblée ne peut arriver au despotisme. Ce danger est surtout moins à craindre quand ses discussions sont publiques... » Bourdon (de l'Oise) demanda alors qu'on supprimât les ministres devenus inutiles. Mais Robespierre et Barère combattirent sa proposition : « Le ministère actuel est une machine dont le remplacement serait difficile en ce moment et dont la Convention et le Comité du salut public peuvent tirer de gros avantages. » Cependant les attributions des ministres ne furent pas renforcées, ils restèrent étroitement subordonnés au Comité de salut public, en attendant de disparaître.

Le décret fut finalement voté le 14 frimaire (4 décembre). Il traite d'abord de l'exécution des lois, ce qui, évidemment, était essentiel. Pour que les lois fussent exécutées, il était indispensable que leur texte parvînt avec rapidité à tous les échelons de la hiérarchie administrative. Une « Commission de l'envoi des lois » est organisée. Elle se compose de quatre membres nommés par la Convention sur proposition du Comité de salut public. Cette commission est chargée de faire imprimer tous les décrets votés par la Convention dans le *Bulletin des lois de la République,* lequel est adressé chaque jour à toutes les autorités constituées et à tous les fonctionnaires publics chargés de surveiller l'exécution des lois. La loi doit être promulguée dans les vingt-quatre heures de la réception ; elle est immédiatement exécutoire.

Seule la Convention peut interpréter les décrets qu'elle a promulgués. La surveillance des lois est conférée au « Conseil exécutif » en ce qui concerne les lois administratives ; aux seuls districts pour les lois révolutionnaires, les mesures de salut public et de sûreté générale. Les districts doivent rendre compte tous les dix jours aux deux « comités de gouvernement ». L'application des lois est confiée aux administrations départementales en ce qui concerne les contributions, manufactures, travaux publics, domaines nationaux, aux tribunaux en ce qui concerne les lois civiles et criminelles, aux municipalités et comités révolutionnaires en ce qui concerne les lois révolutionnaires. Toutes ces autorités doivent rendre compte tous les dix jours.

Le décret du 14 frimaire fixe ensuite la compétence des autorités constituées : le Comité de salut public s'occupe de la guerre, de la diplomatie. Il correspond avec les représentants en mission. Le « Comité de sûreté générale » a charge de tout ce qui concerne les personnes. La Convention arrête toute la législation générale ; elle nomme les généraux en chefs.

Dans les départements, districts et communes, les procureurs généraux syndics, procureurs syndics, et procureurs sont supprimés. L'administration départementale est réduite à un rôle effacé ; elle ne s'occupe que d'administrer les travaux publics, les finances, les domaines nationaux. En revanche, les administrations de districts voient leurs attributions étendues. Auprès d'elles, comme auprès de chaque municipalité, un « agent national » nommé par le gouvernement est chargé de requérir et de surveiller l'exécution des lois, de dénoncer les négligences ou infractions qui ont pu être commises. Il doit rendre compte tous les dix jours aux « comités de gouvernement ».

Le décret, par souci de centralisation, et aussi pour éviter une nouvelle offensive du fédéralisme supprime toutes sortes d'organismes qui étaient apparus plus ou moins spontanément : les « comités révolutionnaires centraux » ou « départementaux », les réunions de « sociétés populaires », les « armées révolutionnaires locales », et, semble-t-il — l'article est ambigu — les « tribunaux révolutionnaires » de province.

Les « représentants en mission » sont investis, avec les deux « comités de gouvernement » de tous les pouvoirs nécessaires pour épurer les « autorités » et les réorganiser conformément au décret. Désormais, tout fonctionnaire négligent sera puni de la privation de ses droits civiques pendant une période de trois à huit ans, de la confiscation de la moitié de ses biens et de cinq ans de fer.

Le Comité de salut public adressa des circulaires aux représentants en mission, aux administrations locales, aux comités de surveillance pour leur souligner l'esprit de la loi. Aux districts, il déclare notamment : « Ainsi se développe l'ordre révolutionnaire, il aboutit par l'impulsion, au centre du gouvernement, par la surveillance simple, aux districts, par l'exécution, aux communes et à leurs comités de surveillance de manière que, prenant pour ainsi dire tout à coup des voix, des yeux et des bras, le corps politique prononce, regarde et frappe à la fois... »

Une mission de 58 représentants fut envoyée dans les départements le 9 nivose (29 décembre 1793), afin d'établir dans toute la république le gouvernement révolutionnaire tel qu'il avait été défini par le décret du 14 frimaire.

L'évolution marquée par le décret du 14 frimaire aboutit à son terme logique le 12 germinal (1er avril) avec la suppression du « Conseil exécutif ». Les ministres étaient remplacés par douze « commissions exécutives » rattachées toutes — sauf la Commission des finances — au Comité de salut public. Chaque commission se composait de un ou deux membres avec un ou deux adjoints. Commissaires et adjoints étaient nommés par la Convention sur présentation du Comité de salut public. Les commissions correspondaient directement avec le Comité de salut public, qui pouvait annuler ou modifier leurs décisions.

Ainsi fonctionna jusqu'à la chute de Robespierre, le gouvernement révolutionnaire.

Ce serait toutefois une erreur de croire à une application rigide et uniforme.

Le gouvernement révolutionnaire a été une perpétuelle création, il s'est partout adapté aux circonstances, il a pris mille aspects variés, selon les localités. Telle commune n'a subi à peu près aucune modification administrative de 1792 à 1794, alors que sa voisine était à plusieurs reprises bouleversée. Les lois, d'ailleurs, malgré les prescriptions du décret du 14 frimaire, arrivaient lentement et irrégulièrement ; souvent elles se heurtaient, en l'absence de représentants en mission, à l'indifférence, voire à la résistance passive des autorités chargées de les faire exécuter. A plus d'un égard, la rapidité avec laquelle tel ou tel décret a été appliqué est révélatrice des sentiments plus ou moins révolutionnaires des exécutants. D'ailleurs le personnel administratif était nécessairement limité. Le nombre des illettrés se trouvait encore considérable : une fois les bourgeois, souvent « modérés », écartés de l'administration, à qui s'adresser ? Les représentants en mission se sont plaints souvent de la difficulté qu'ils éprouvaient à recruter des fonctionnaires à la fois « patriotes » et « éclairés ».

Les résistances ne furent pas seulement passives, souvent elles furent fort actives. La haute bourgeoisie, qui avait fait à son profit la révolution de 1789 était très irritée de se voir écartée des places, traitée en suspecte, parfois dépouillée. Elle avait à la Convention de nombreux représentants, sans doute même la majorité de l'Assemblée, et celle-ci ne vota les mesures révolutionnaires qu'après une résistance souvent très forte.

L'opposition au gouvernement révolutionnaire ne venait pas seulement de la « droite ». A « gauche », les anciens « enragés », ceux qui avaient survécu à l'exécution des chefs, reprochaient à Robespierre sa politique religieuse ; ils l'accusaient de vouloir se rapprocher de l'Église. Ils étaient mécontents du rappel de ceux des leurs qui avaient été envoyés en mission, et de la suppression des « armées révolutionnaires départementales », où ils dominaient. Pour mater cette double opposition, Robespierre voulut aggraver la « terreur » et détacher le peuple des « enragés » en lui distribuant les biens des suspects. Mais il n'obtint pas l'adhésion du Comité de sûreté générale, et le Comité de salut public lui-même se divisa. Les grandes victoires militaires de juin rendirent la dictature encore plus intolérable. Le 9 thermidor (27 juillet 1794) les chefs montagnards du Comité de salut public furent mis en minorité à la Convention, arrêtés, guillotinés. Dès lors le gouvernement révolutionnaire ne cessa de décliner.

Au lendemain du 9 thermidor, pourtant nul ne songea à revenir au gouvernement constitutionnel. Le maintien de la dictature paraissait indispensable, tant pour achever la déroute des robespierristes et prévenir toute tentative d'insurrection de leurs partisans que pour continuer la guerre contre les ennemis de l'extérieur. Toutefois, la Convention se défiait du Comité de salut public qui, pendant un an, avait gouverné la France. Elle va s'efforcer de rogner ses pouvoirs, et, ce faisant, frappera à la tête le gouvernement révolutionnaire : la chute de celui-ci était fatale, encore qu'elle n'ait eu lieu qu'au bout de quinze mois.

Dès le 11 thermidor (29 juillet) la Convention décida que le Comité de salut public serait renouvelé par quart tous les mois et qu'aucun membre sortant n'y pourrait rentrer avant un mois. Par cette mesure, la force du gouvernement était sérieusement atteinte ; il ne présentait plus aucune stabilité.

Mais la Convention devait bientôt apporter des modifications plus profondes à l'organisation du gouvernement révolutionnaire. Ce fut l'objet du décret du 7 fructidor (24 août 1794) qui a, pour la période thermidorienne, une importance égale à celle du décret du 14 frimaire pour l'époque précédente. Afin de diminuer encore le rôle du Comité de salut public, la Convention réduit le nombre des autres comités, qui passent de 21 à 16, et elle accroît leurs fonctions. Le Comité de législation notamment, qui avait joué jusqu'alors un rôle effacé passe au premier plan. Il devient, avec les comités de salut public et de sûreté générale, l'un des trois « comités de gouvernement ». Désormais, c'est à lui que les administrations de départements, et de districts, les corps judiciaires doivent envoyer chaque mois l'analyse de leurs délibérations et de leurs jugements ; c'est lui aussi qui nomme aux places vacantes dans les administrations ainsi que dans les municipalités, d'abord sur avis de la Convention, puis, après le 14 ventose an III (4 mars 1795), sans même consulter l'assemblée. Nul ne peut être membre de plusieurs comités à la fois, et chaque comité doit être renouvelé comme le Comité de salut public, par quart tous les mois. Les douze commissions exécutives sont maintenues, mais elles ne sont plus subordonnées au seul comité de salut public. Chaque commission doit maintenant rendre compte au comité correspondant. Tout comité ayant le droit de prendre des arrêtés d'exécution, peut suspendre ou destituer les fonctionnaires et agents de l'administration dont il a la charge.

Ainsi le Comité de salut public, s'il reste prépondérant, perd nombre de ses attributions : le gouvernement partagé entre de multiples personnes, voué à l'instabilité, est désormais sans force.

Le décret du 7 fructidor diminue aussi les pouvoirs des représentants en mission : les pouvoirs, à partir de ce moment, sont limités à six mois pour les représentants aux armées, à trois mois pour les conventionnels envoyés dans les départements. Mais les missions restent aussi nombreuses que par le passé. Seules les personnes changent, les nouveaux représentants en mission vont être les meilleurs artisans de la réaction thermidorienne.

Les Girondins qui avaient été proscrits furent rappelés à la Convention. Naturellement, ils exigèrent qu'on rendît aux administrations départementales, souvent peuplées de leurs amis, les pouvoirs qu'on leur avait enlevés. Le décret du 28 germinal (17 avril 1795) rétablit les procureurs généraux syndics des départements, les procureurs syndics des districts et les procureurs des communes. Toutefois ces procureurs furent nommés par les représentants en mission ou le Comité de législation, et non plus élus.

Ces nouvelles décisions diminuèrent encore la centralisation, à grand-peine rétablie en 1793, et éparpillèrent l'autorité. On courait de nouveau à l'anarchie. Thibaudeau vit le danger et proposa à la Convention de confier tout le gouvernement au Comité de salut public. L'Assemblée ne l'écouta pas et se borna le 21 floréal an III (10 mai 1795) à adopter un projet présenté par Cambacérès : elle rendait au Comité de salut public le droit de prendre, de sa seule initiative, les arrêtés relatifs aux mesures d'exécution sur les matières comprises dans ses attributions. Les autres comités ne purent que proposer leurs arrêtés à la Convention. On rendit aussi au Comité de salut public son autorité sur toutes les commissions exécutives.

Ce n'était là qu'une modification *in extremis*. Dans le pays comme à l'Assemblée, les modérés faisaient une violente campagne contre tous les organismes révolutionnaires. Le décret du 7 fructidor n'avait maintenu les « comités révolutionnaires » que dans les chefs-lieux de district ou villes comptant plus de 8.000 habitants, celui du 1er ventose an III (19 février 1795) ne les conserve que dans les communes de plus de 50.000 âmes. Le « club des Jacobins » de Paris est fermé le 21 brumaire (11 novembre 1794) les « sociétés populaires » de province sont dissoutes le 6 fructidor an III (23 avril 1795) ; le « tribunal révolutionnaire » de Paris disparaît le 12 prairial (31 mai 1795). Le mot « révolutionnaire » lui-même est proscrit par décret du 24 prairial (12 juin 1795). Le gouvernement de la France n'avait-il pas été déclaré révolutionnaire jusqu'à la paix seulement ? Or la France venait de conclure la paix avec la Prusse, les Pays-Bas, la Toscane, elle allait la signer avec l'Espagne. Ce n'était certes pas la paix générale ; mais on l'espérait proche. Aussi parut-il légitime de supprimer le terme « révolutionnaire ». Toutefois le gouvernement resta exceptionnel et provisoire jusqu'à la mise en vigueur de la constitution de l'an III, le 5 brumaire an IV (27 octobre 1795).

CHAPITRE III

LES COMITÉS DE GOUVERNEMENT[1]

Le gouvernement révolutionnaire a été si original que, pour en comprendre le fonctionnement, il est indispensable d'étudier avec quelques détails l'organisation et l'évolution des « comités de gouvernement ».

1. BIBLIOGRAPHIE GÉNÉRALE. — Les sources de l'histoire du comité de Salut public se trouvent aux archives nationales, séries D XLII et AF II, ainsi que dans les archives départementales, série L, pour les membres du Comité qui ont été envoyés en mission dans les départements. Voir en outre, le *Recueil* déjà cité (p. 239), d'A. Aulard. En ce qui concerne les sources de l'histoire du Comité de Sûreté générale, les principaux documents sont conservés aux Archives nationales, séries D XLIII et surtout F 7. Voir à ce sujet P. Caron, *Le fonds du Comité de sûreté générale*, dans la *Révolution française*, ann. 1933, p. 5-28. Il ne faut pas négliger les témoignages des principaux membres de ces comités, et notamment l'intéressant mémoire de Prieur (de la Côte-d'Or) publié par Bouchard, *Prieur (de la Côte-d'Or)* (Paris, 1946, in-8°).
Il n'existe, actuellement, aucune synthèse sérieuse ni sur l'histoire du Comité de salut public, ni sur celle du Comité de sûreté générale. Nous donnons ci-après, par ordre alphabétique des noms d'auteurs, la liste des principaux travaux relatifs aux comités de gouvernement : Belloni, *Le Comité de sûreté générale* (Paris, 1924, in-8°) ; voir compte rendu par A. Mathiez, dans les *Annales histor. de la Révolution franç.*, ann. 1925, p. 279-283 ; J. Castelnau, *Le Comité de salut public* (Paris, 1941, in-8°), superficiel ; G. Izard, *Les coulisses de la Convention* (Paris, 1938, in-8°) ; W. B. Kerr, *The reign of the Terror* (Toronto, 1927, in-8°) ; A. Mathiez, *La politique étrangère et le plan robespierriste*, dans les *Annales histor. de la Révolution franç.*, ann. 1935, p. 481-494 ; Mautouchet, *Le gouvernement révolutionnaire* (cité p. 255) ; Mortimer-Ternaux, *Histoire de la Terreur* (cité p. 255) ; Palmer, *Twelve who ruled* (Princeton, 1941, in-8°) ; J. Thompson, *L'organisation du travail du Comité de salut public*, dans les *Annales histor. de la Révolution franç.*, ann. 1933, p. 454-460.
Sur le personnel des comités, voir J. Guillaume, *Le personnel du Comité de salut public*, dans la *Révolution franç.*, t. XXXVIII (1900), p. 297-309 ; du même, *Le personnel du Comité de sûreté générale*, dans la *Révolution franç.*, t. XXXIX (1900), p. 124-193 ; les principaux membres des comités de gouvernement ont été l'objet de biographies, dans lesquelles on trouve des renseignements, parfois très importants, sur l'organisation et l'activité des comités. Voir, notamment, Madelin, *Danton* (Paris, 1914, in-8°) ; Hermann Wendel, *Danton* (Paris, 1932, in-8°) ; Barthou, *Danton* (Paris, 1932, in-8°) ; G. Lefebvre, *Sur Danton*, dans les *Annales histor. de la Révolution franç.*, ann. 1932, p. 385-424 et 484-500 ; Bornarel, *Cambon* (Paris, 1905, in-8°) ; Arnaud, *Cambon* (Paris, 1924, in-8°) ; Saumade, *Cambon* (Paris, 1936, in-8°) ; Thomson, *Robespierre* (Oxford, 1935, in-8°) ; Korngold, *Robespierre* (Paris, 1937, in-8°) ; G. Lizerand, *Robespierre* (Paris, 1937, in-8°) ; G. Walter, *Robespierre* (Paris, 1938, in-8°) ; *Saint-Just*, par Marie Lenéru (Paris, 1922, in-8°) ; E. N. Curtis (New-York, 1925, in-8°) ; G. Bruun (New-York, 1932, in-8°) ; D. Centore-Bineau (Paris, 1936, in-8°) ; Ikor (Paris, 1937, in-8°) ; Korngold, 1937, in-8°) ; Morton (Londres, 1939, in-8°) ; *Jeanbon Saint-André*, par Lévy-Schneider (Paris, 1901, 2 vol. in-8°) ; *Robert Lindet*, par Montier (Paris, 1899, in-8°) ; *Prieur (de la Côte-d'Or)*, par Gaffarel (Dijon, 1900, in-8°) ; Bouchard (Paris, 1946, in-8°) ; *Carnot*, par M. Reinhard (Paris, 1950, t. I, in-8°) ; *Hérault de Séchelles*, par E. Dard (Paris, 1907, in-8°) ; *Prieur (de la Marne)*, par Bliard (Paris, 1906, in-8°) ; *Barère*, par R. Launay (Paris, 1929, in-8°) ; *Joseph Le Bon*, par L. Jacob (Paris, 1932, 2 vol. in-8°). — QUESTIONS A ÉTUDIER : Ainsi que

I
ORIGINES ET DÉBUTS
DES COMITÉS DE GOUVERNEMENT[1]

Le Comité de salut public et le Comité de sûreté générale ont une origine différente, et leurs débuts ne se ressemblent guère.

Des deux comités de gouvernement, celui de sûreté générale est le plus ancien. Il a été formé dès la réunion de la Convention, mais en réalité il remonte à la Constituante.

Le 28 juillet 1789, en effet, la Constituante avait créé un Comité d'information de douze membres, chargé d'examiner les plaintes relatives aux questions de sécurité. Ce Comité prit bientôt le nom de « Comité des recherches ». Ses membres étaient renouvelés chaque mois. Il travaillait en accord avec les comités des recherches de la municipalité de Paris, des municipalités et des sociétés populaires de province. Le « Comité des recherches » était l'intermédiaire entre l'Assemblée, chargée de juger les « crimes de lèse-nation » et les administrateurs chargés de les constater et de les poursuivre. En fait, jusqu'à la fuite de Varennes, le Comité s'est borné à transmettre des rapports à l'Assemblée. Mais après Varennes, réuni au Comité des rapports, il ordonne des arrestations et exerce son autorité sur les ministères de la justice et de l'intérieur.

L'Assemblée législative établit le 25 novembre 1791 un comité analogue au Comité des recherches de la Constituante sous le nom de « Comité de surveillance ». Ce comité pouvait prendre des décrets d'accusation pour crimes de lèse-nation et faire traduire les prévenus devant la Haute-Cour d'Orléans. Après le 10 avril 1792, le nombre des membres du Comité de surveillance est porté de 12 à 31, ses attributions sont élargies : il est autorisé à faire arrêter les suspects.

Dans sa première séance, le 21 septembre 1792, la Convention décida que le Comité de surveillance de la Législative sera provisoirement maintenu en fonction. Quelques jours plus tard, le 2 octobre 1792, le Comité de Sûreté générale est créé, ses membres étant ceux du Comité de surveillance.

Le Comité de sûreté générale avait pour mission essentielle de veiller à la sûreté générale de l'État en entretenant une correspondance régulière avec toutes les autorités de la république. Il devait notamment surveiller, à Paris, les ennemis de la chose publique, les faire arrêter, les interroger, instruire

---

nous l'avons dit plus haut, il n'existe pas encore de bons ouvrages synthétiques consacrés aux deux Comités de gouvernement ». Il serait intéressant aussi d'étudier les rapports entre les « comités de gouvernement » et les ministères, puis les « commissions exécutives ».

1. TEXTES ET OUVRAGES A CONSULTER. — A. Aulard, *La diplomatie du premier comité de salut public*, dans les *Études et leçons...*, t. III (Paris, 1902, in-16) ; A. Mathiez, *Le premier Comité de salut public et la guerre*, dans la *Revue historique*, t. CLVIII (1928), p. 255-271 ; du même, *Danton et la paix* (Paris, 1919, in-16).

leurs procès. Rechercher et poursuivre partout les « fabricateurs » de faux assignats, faire arrêter les agents de l'étranger et ceux qui troublaient l'ordre public, surveiller les individus qui avaient été « subventionnés » par le roi, se faire rendre compte des arrestations qui avaient eu lieu dans toute l'étendue de la république depuis le 10 août, et en faire rapport à la Convention qui prendrait la décision convenable.

Le Comité de sûreté générale est définitivement constitué le 17 octobre. Il est alors composé de 30 membres, parmi lesquels on compte des Montagnards notoires : Hérault de Séchelles, Basire, Chabot, Rovère, Ingrand, Cavaignac, Bernard (de Saintes), Tallien, Drouet, etc.

Le Comité devait être renouvelé par moitié tous les deux mois. Les Girondins firent tous leurs efforts pour s'y emparer de la majorité. Le 3 janvier 1793, ils critiquèrent violemment le Comité, lui reprochant notamment de ne pas tenir registre des arrestations opérées par lui. Les quinze membres élus le 9 janvier furent des Girondins. Mais peu de jours plus tard, lors de l'exécution de Louis XVI, un député, Lepelletier de Saint-Fargeau, était assassiné. Les Montagnards attribuèrent ce crime à la négligence du Comité de sûreté générale, dont ils demandèrent le renouvellement. La Convention décida que le Comité serait réduit à 12 membres et entièrement renouvelé (21 janvier 1793).

Cette fois, douze Montagnards furent élus, parmi lesquels Basire, Chabot, Legendre, Tallien, Duhem... Le nombre des membres varia assez souvent. Beaucoup d'entre eux, en effet, partirent en mission, mais ne furent pas toujours remplacés. Le 25 mars, 6 nouveaux commissaires sont nommés, pour combler les vides, et le 9 avril, la Convention désigne quatre suppléants.

Les Girondins se défièrent de ce comité composé presque toujours de Montagnards, et pour lui enlever les affaires importantes, firent constituer, pour chacune d'elles, des « commissions exceptionnelles ». Le 1er octobre 1792, la commission des 24 est chargée d'inventorier les papiers du Comité de surveillance de la Commune du 10 août, tenue pour responsable des massacres de septembre. Cette commission travailla jusqu'au 19 juillet 1793 et fit arrêter un certain nombre d'individus. Le 20 novembre 1792, une « commission des douze » est créée pour dépouiller les papiers de la fameuse armoire de fer des Tuileries. Cette commission décerne des mandats d'arrêts contre des députés à la Législative soupçonnés d'avoir reçu des subventions de la liste civile. Le 6 décembre suivant, c'est à une commission de six conventionnels qu'on confie le soin de dresser l'acte énonciatif « des crimes de Louis Capet ». Le 11 mars 1793, une commission de six membres est chargée de présenter des rapports sur les personnes à traduire devant le tribunal révolutionnaire. Elle est, il est vrai, supprimée le 2 avril après avoir rédigé seulement deux rapports, et ses attributions sont transmises au Comité de sûreté générale. Enfin, le 18 mai 1793, les Girondins font créer la fameuse « commission des douze », armée de pouvoirs étendus : elle a le droit « d'entendre les ministres de l'intérieur et des affaires étrangères, les comités de sûreté générale et de salut public sur les faits venus à leur connaissance et relatifs aux conspirations « qui ont menacé la représentation nationale ». Ainsi le comité de sûreté générale était subordonné à la « Commission des douze ». Mais on sait que la formation de cette commission provoqua l'insurrection des 31 mai et 2 juin. La victoire des Montagnards entraîne naturellement la suppression de la Commission des douze et dès lors les pouvoirs du Comité de sûreté générale ne cessent de croître.

A la différence du Comité de sûreté générale, le Comité de salut public n'apparaît qu'assez longtemps après la réunion de la Convention.

C'est, nous l'avons vu, le 1er janvier 1793 que fut créé le Comité de défense générale qui devait jouer le rôle d'intermédiaire entre la Convention et le « Conseil exécutif ». Ce Comité de défense générale, établi sur le rapport de Kersaint devait être composé de trois commissaires de chacun des Comités de la guerre, des finances, des colonies, de la marine, de constitution et de diplomatie. Donc 18 membres. Il devait surtout s'occuper des mesures à prendre pour faire face à l'extension de la guerre, et notamment préparer la lutte, qu'on sentait prochaine, contre l'Angleterre. Le projet rencontra une certaine opposition. Plusieurs conventionnels se rendaient compte, en effet, que le nouveau comité allait sérieusement entamer les pouvoirs du Conseil exécutif.

Ce Comité ne rendit pas les services qu'on en attendait. Ses pouvoirs étaient trop imprécis. Il ne pouvait avoir une action rapide et efficace. Le 18 mars 1793, le rapporteur du Comité de défense générale demanda à la Convention « qu'il fût formé incessamment dans le sein de l'assemblée un Comité de salut public, et qu'il fût organisé de manière à prévenir toutes les défiances, à éteindre les discordes et à établir des communications plus actives de la Convention nationale avec le Conseil exécutif ».

La Convention adopta le principe de cette proposition et le 25 mars décida que le Comité de défense générale comprendrait désormais 25 membres et serait chargé de préparer toutes les lois et mesures nécessaires pour la défense extérieure et intérieure de la république. Il entendrait les ministres deux fois par semaine et rendrait compte tous les jours à la Convention. Le lendemain, 26 mars, le comité qu'on appelle déjà communément « Comité de salut public » adopte un plan de travail : lecture de la correspondance, discussion des questions urgentes, conférence avec le Conseil exécutif, délibération sur la défense générale de la république dans l'ordre suivant : intérieur, guerre, marine, relations extérieures.

Mais on s'aperçut tout de suite que ce comité, trop nombreux lors des séances publiques, par conséquent incapable de conserver un secret, était voué à l'impuissance.

Isnard, dès le 3 avril, présenta à la Convention, au nom du Comité de défense générale un projet de réorganisation : Le Comité serait réduit à neuf membres, délibérant en secret, prenant toutes les mesures de défense générale et chargé de toutes les fonctions attribuées au Conseil exécutif. Celui-ci ne disparaissait cependant pas, mais il ne conservait que des attributions purement administratives.

Danton combattit le projet. La discussion traîna. Le 5 avril, Isnard montra à la Convention le danger de laisser la France sans pouvoir exécutif réel. « Dans ce moment (le pouvoir exécutif) n'existe pas... » Bréard déclara : « Il faut investir quelques membres de la Convention du pouvoir et de la confiance, nécessaires pour surveiller les travaux du Conseil exécutif. » Barère proposa alors d'organiser un « Comité de salut public », sans pouvoirs propres, mais surveillant tout et pouvant suspendre les arrêtés du pouvoir exécutif quand il les jugerait préjudiciables à la république.

La Convention combina les propositions d'Isnard et de Barère, et le Comité de salut public fut créé le 6 avril 1793. Composé de neuf membres élus par appel nominal, il devait délibérer en secret, surveiller l'action du Conseil exécutif provisoire — dont il pouvait suspendre les arrêtés —, prendre des arrêtés signés de la majorité de ses membres délibérants (qui devaient être au moins six), décerner des mandats d'arrêt contre les agents d'exécution, à condition d'en rendre compte sans délai à la Convention, disposer de 100.000 livres pour ses dépenses secrètes et rendre compte tous les huit jours à la Convention. Les finances échappaient complètement au Comité. Les membres de ce comité étaient élus pour un mois. Les premiers commissaires furent des Montagnards modérés, Barère fut élu le premier par 360 voix ; vinrent ensuite : Delmas, Bréard, Cambon, Danton, Jean Debry (remplacé peu après par Robert Lindet), Guyton-Morveau, Treilhard, Delacroix. Le Comité de salut public tint sa première séance le 7 avril et organisa ses bureaux : un secrétariat, un bureau de correspondance avec les ministres et les généraux, un bureau central chargé d'étudier les pétitions, adresses, mémoires. Il s'efforça, dès ses débuts, de maintenir les ministres dans un état absolu de subordination, en leur écrivant sur un ton sévère et en leur renvoyant les rapports jugés insuffisants : Le Comité de salut public formait avec le Comité de sûreté générale le véritable gouvernement de la France.

Toutefois ce premier Comité de salut public, qui gouverna jusqu'en juillet 1793, ne semble pas avoir été à la hauteur de sa tâche. Handicapé par les divisions de la Convention, il manquait de confiance dans l'avenir de la république et la victoire de ses armées. Aussi engagea-t-il avec les coalisés, des négociations secrètes humiliantes. A l'intérieur il ne put, ni repousser l'invasion, ni réprimer l'insurrection vendéenne, ni empêcher la révolte fédéraliste, ni triompher de la malhonnêteté des fournisseurs (qui avaient des complices jusque dans le sein même du Comité), ni résoudre le problème financier, ni remédier à la vie chère.

La révolution des 31 mai-2 juin devait nécessairement aboutir à un remaniement du Comité de salut public.

II

LES COMITÉS DE GOUVERNEMENT
DU 2 JUIN 1793 AU 9 THERMIDOR AN II (27 juillet 1794)[1]

Au lendemain du 2 juin, les comités de gouvernement voient leur autorité accrue, leurs attributions élargies. Ils vont rapidement prendre l'aspect qui sera désormais le leur pendant un an, c'est-à-dire pendant la durée de la dictature montagnarde. Tous deux sont installés aux Tuileries et dans ses dépendances, le comité de sûreté générale à l'Hôtel de Brienne, place du Petit-Carroussel, le comité de salut public au Pavillon de Flore, appelé alors pavillon de l'Égalité. C'est dans une atmosphère de luxueux confort, au milieu des ors et des lambris, entourés de Gobelins, de marbres et de glaces qu'ils prennent les célèbres arrêtés qui organisent la terreur.

Le Comité de salut public se transforme rapidement. Dès le 2 juin, la Convention lui adjoint cinq membres spécialement chargés de la rédaction de la nouvelle constitution : Hérault de Séchelles, Couthon, Saint-Just Mathieu, Ramel. Mais ces nouveaux commissaires ne se cantonnèrent pas dans leurs attributions restreintes et prirent part bientôt à toutes les délibérations. En juin à la place de Bréard qui se retire, de Treilhard et Mathieu envoyés en mission, la Convention nomme au Comité Berlier, Gasparin et Jean Bon Saint-André.

C'est le 13 juin que le Comité modifie son organisation intérieure. Ses membres formeront désormais six sections chargées de la correspondance générale, des affaires étrangères, de la guerre, de la marine, de l'intérieur, des pétitions. Les sections siègent chaque matin à 10 heures. L'après-midi à 1 heure, le Comité tient une séance plénière et entend les ministres. Ainsi le Comité de salut public, créé d'abord pour surveiller les ministres, devient, petit à petit, un véritable ministère, et les ministres ne sont plus que ses agents.

Le 10 juillet, à la suite d'une violente attaque de Camille Desmoulins,

---

[1]. DOCUMENTS ET OUVRAGES A CONSULTER. — G. Lefebvre, *La rivalité du Comité de salut public et du Comité de sûreté générale*, dans la *Revue historique*, t. CLXVII (1931), p. 336-343 ; L. Lévy-Schneider, *Les démêlés dans le Comité de salut public avant le 9 thermidor*, dans *La Révolution française*, t. XXXVIII (1900), p. 97-113 ; A. Mathiez, *Les divisions dans les Comités de gouvernement à la veille de thermidor*, dans la *Revue historique*, t. CXVIII (1915), p. 70-87 ; du même, *Les séances des 4 et 5 thermidor aux Comités de salut public et de sûreté générale*, dans les *Annales historiques de la Révolution franç.*, ann. 1927, p. 193-222 ; A. Ording, *Le bureau de police du Comité de salut public* (Oslo, 1930, in-8º) ; Thaon, *L'œuvre du deuxième Comité de salut public et l'idée égalitaire*, thèse de droit (Paris, 1907, in-8º). Voir aussi la mise au point de H. Calvet, *Une interprétation nouvelle de la loi de prairial*, dans le *Bulletin de la Société d'histoire moderne*, mai-juillet 1949, p. 2-5. — QUESTIONS A ÉTUDIER : L'œuvre du deuxième Comité de salut public a été si considérable, que, malgré l'énorme littérature dont il a fait l'objet, de nombreux aspects de son activité (notamment économique) méritent d'être étudiés. D'ailleurs chaque jour quelque nouvelle publication de documents (tel le livre, cité plus haut, de M. Bouchard sur Prieur) fait rebondir, oblige à reconsidérer la question et en souligne l'intérêt.

le Comité est renouvelé et réduit à neuf membres : Jean Bon Saint-André, Barère, Gasparin, Couthon, Hérault de Séchelles, Thuriot, Prieur (de la Marne), Saint-Just, Robert Lindet.

Gasparin devait démissionner dès le 24 juillet. Il fut remplacé le 27, sans doute sur la proposition de Couthon, par Robespierre, qui venait de prendre avec éclat la défense du Comité, attaqué par les modérés.

Le 1er août un nouveau grand débat relatif au Comité a lieu à la Convention. Danton propose d'étendre encore ses pouvoirs. Peut-être tendait-il ainsi un piège aux robespierristes, maîtres désormais du comité ? En tout cas, sa proposition fut repoussée et le « grand comité » sera définitivement constitué lorsqu'il se sera adjoint au début d'août deux techniciens, les capitaines du génie Lazare Carnot et Prieur (de la Côte-d'Or), et, le 6 septembre, deux représentants de l'opposition de gauche, c'est-à-dire deux membres du groupe des « ultra-révolutionnaires », Billaud-Varenne et Collot d'Herbois. Thuriot, seul représentant de la droite, démissionnera le 20 septembre. Le Comité comprend donc douze membres, et son effectif restera fixé à ce chiffre jusqu'à l'arrestation de Hérault de Séchelles, le 26 ventôse (16 mars 1794). Hérault, après son exécution, ne fut pas remplacé, et jusqu'au 9 thermidor le Comité ne compta plus que onze membres.

Les douze membres du Comité étaient loin d'être unanimes dans leurs opinions. Il y avait, malgré le départ de Thuriot, une droite formée de Robert Lindet, Carnot, Prieur (de la Côte-d'Or) ; une gauche, qui comprenait Robespierre et ses amis : Saint-Just, Couthon, Prieur (de la Marne), Saint-André, une extrême-gauche avec Billaud-Varenne et Collot d'Herbois. Au centre, Hérault de Séchelles, et surtout Barère qui, se joignant tantôt aux uns, tantôt aux autres, faisaient pencher le Comité de salut public vers les indulgents ou vers les enragés. Mais le véritable chef de ce Comité est Robespierre. Quoiqu'il n'ait joui d'aucune attribution supérieure à celles de ses collègues, son influence devint vite prépondérante. Il sera de plus le lien vivant entre le Comité et la Convention, d'une part, le Comité et le club des Jacobins d'autre part, le Comité et la Commune de Paris, enfin : c'est lui qui engagera le Comité dans une politique sociale qu'il a ainsi résumée sur son carnet : subsistances et lois populaires.

Le « grand Comité » de salut public centralise peu à peu entre ses mains toute l'autorité gouvernementale. Il administre même, par-dessus la tête des ministres, et à la place de ceux-ci, après leur suppression. Le décret du 10 octobre lui subordonne outre le « Conseil exécutif », les généraux, les corps constitués, le Comité de sûreté générale. Seules les finances lui échappent. Il correspond directement avec les sociétés populaires, qui doivent lui dénoncer les suspects. Il est toujours doté des trois bureaux créés le 6 avril et divisé en six sections conformément à l'arrêté du 13 juin. Mais en fait, la plupart des membres du Comité, et, avec eux, les sections, se spécialisent. Barère fait la liaison avec la Convention et les autres autorités. Robespierre, Saint-Just et Couthon s'occupent de politique et de police politique. Billaud-Varenne et Collot d'Herbois tiennent le bureau de la correspondance avec les administrations civiles et les représentants en mission. Robert Lindet dirige la « section des approvisionnements et transports », Carnot celle de la « guerre », Prieur (de la Côte-d'Or), celle des « armes et poudres ». Les trois autres membres sont la plupart du temps en mission. Dès 7 heures du matin, les membres les plus zélés se rendent au bureau. Vers 10 heures, les commissaires présents « traitent des affaires, en simple conversation... car il n'y eut jamais ni ordre du jour et de parole, ni procès-verbal des séances... On ne laissait jamais traîner les affaires urgentes, mais quelquefois, l'on réservait certains sujets pour les discuter en présence d'un membre dont l'influence ou les lumières étaient utiles... La séance... se prolongeait dans la nuit jusqu'à 1 heure, 2 heures du matin... ».

Le Comité de sûreté générale fut renouvelé à plusieurs reprises après le 2 juin. Les plus notables de ses dix-huit membres sont alors Basire, Chabot, Amar, Drouet, Legendre, Julien (de Toulouse)... Il parut bientôt trop nombreux pour travailler avec efficacité. On proposa de le réduire à neuf membres le 9 septembre ; puis, le 13 septembre, la Convention décréta que les commissaires seraient nommés par elle sur proposition du Comité de salut public. Le lendemain le Comité de salut public proposa une liste de douze noms. Après quelques oscillations, des départs ou des démissions, le nombre des commissaires resta fixé à douze. Ce fut le « grand » Comité de sûreté générale, homologue, si l'on veut, du « grand » Comité de salut public. Les douze membres qui siégèrent ainsi de septembre 1793 au 9 thermidor, furent : Vadier, Le Bas, David, Lavicomterie, Amar, Ruhl, Voulland, Moyse Bayle, Dubarran, Jagot, Louis (du Bas-Rhin), Élie Lacoste.

Les attributions du Comité de sûreté générale, sont désormais bien précisées. Il doit veiller à la sûreté de l'État. Il s'occupe de « tout ce qui est relatif aux personnes et à la police ». Il surveille notamment, par l'intermédiaire des comités révolutionnaires et, après le 14 frimaire, des agents nationaux, l'exécution des lois révolutionnaires. Il doit réprimer la contrefaçon des assignats. Il dirige le contre-espionnage, recherche les agents de l'étranger. Une fois par semaine, il se réunit au Comité de salut public, et tous deux délibèrent en commun sur les mesures « destinées à assurer la tranquillité publique ».

Pour accomplir cet immense travail, le Comité a dû naturellement organiser des bureaux. D'abord divisé en trois sections, par arrêté du 17 septembre 1793 (interrogatoires, correspondance et rapports) il est réorganisé à la fin de brumaire (novembre). Désormais il forme quatre bureaux, de trois commissaires, s'occupant chacun d'une région de la France : Paris, le nord-nord-est, le sud-est, l'ouest et le centre. Les « régions » travaillaient toute la journée. Elles étaient autorisées, dans les cas urgents, à décerner des mandats d'arrêt, à charge d'en référer au Comité. Celui-ci tenait tous les soirs une séance plénière de 8 heures à 11 heures. La majorité absolue des membres présents était nécessaire pour la délivrance des mandats d'arrêt, il fallait six voix au moins pour décider d'un élargissement.

Le Comité était largement pourvu de fonds secrets. Il tirait d'ailleurs des revenus réguliers de la vente des objets confisqués, des dons, etc. Un caissier était chargé de gérer ces fonds.

En germinal, après la suppression des ministères (avril 1794) de nouveaux bureaux furent encore créés auprès du Comité. En plus des quatre « régions », il y eut un « bureau central », un bureau « d'agence générale », un « bureau de l'arriéré », un secrétariat général, un bureau d'exécution, une caisse et une section des archives. Le bureau central comprenait seize employés ; il s'occupait de l'enregistrement des affaires. Le « bureau d'agence générale » était chargé de la surveillance des généraux, des ministres, des membres des commissions exécutives, des députés, des ambassadeurs, des étrangers, des postes et messageries. C'est lui aussi qui correspondait avec le tribunal révolutionnaire. Le « secrétariat général » devait sceller tous les arrêtés, lettres et paquets expédiés par le Comité. Il entretenait deux secrétaires généraux et vingt-quatre employés. Le bureau de l'arriéré devait naturellement liquider toutes les affaires en retard. Au total, le Comité de sûreté générale employait 113 personnes, ce qui était beaucoup pour l'époque. A la tête du personnel, un directeur général s'occupait de tout le « service intérieur ». Le budget du Comité était évalué au 20 germinal (9 avril) à 385.000 livres.

Le Comité de sûreté générale pendant les douze mois de la dictature montagnarde eut à traiter toutes les grandes *affaires* politiques : Procès des Girondins, des fédéralistes, affaire de la Compagnie des Indes, complot de l'étranger. Ce fut lui qui dirigea la « terreur » et il porte la responsabilité d'en avoir accéléré le fonctionnement, après le vote de la loi du 22 prairial (10 juin).

Après la loi du 14 frimaire, et la suppression des ministres le 12 germinal (1er avril 1794), le gouvernement de la France est de nouveau un gouvernement fort, extrêmement centralisé, quoique étroitement subordonné à la Convention. Carnot le définissait très exactement : « Le gouvernement n'est... à proprement parler que le conseil du peuple... Émanation directe, partie essentiellement intégrante de la Convention nationale, le Comité de salut public doit être chargé de tous les objets d'une importance secondaire, qui ne peuvent être discutés en assemblée générale... Placé au centre de l'exécution, c'est à lui de mettre, entre les divers agents de l'action immédiate qui aboutissent à lui, la concordance nécessaire, à leur imprimer le mouvement qu'exige le prodigieux ensemble d'une nation de 25 millions d'hommes... » Ainsi, Carnot le dit nettement, le Comité de salut public, ou, plus exactement, les « comités de gouvernement », forment une espèce de ministère responsable.

La Constituante n'avait pas compris la notion de gouvernement. Les ministres créés par elle, et conservés avec leurs attributions primitives, jusqu'au

1er avril 1794 n'étaient que des commis, chargés de faire exécuter les lois. Par le biais des Comités de salut public et de sûreté générale, la Convention, au contraire, a organisé un véritable gouvernement, renouvelable tous les mois, donc investi chaque mois de la confiance de l'Assemblée. Pour qu'il pût durer, il fallait que ce gouvernement, d'une part maintînt l'union entre ses membres, d'autre part, conservât la majorité à la Convention. Or l'absence d'union intérieure va lui faire perdre cette majorité.

Les dissentiments éclatèrent d'abord entre le Comité de sûreté générale et le Comité de salut public, les rivalités internes gagnèrent ensuite le Comité de salut public lui-même. Les premières difficultés entre les deux comités, signalées par les agents britanniques en France dès mars 1794, s'aggravèrent après le décret du 18 floréal (7 mai 1794) par lequel Robespierre avait fait solennellement reconnaître l'existence de Dieu et l'immortalité de l'âme.

Le Comité de sûreté générale, composé en majorité de déchristianisateurs, fut mécontent. Ses membres en vinrent à considérer Robespierre comme un protecteur masqué du catholicisme, Vadier, pour des raisons religieuses, Amar surtout pour des raisons politiques — Robespierre lui avait reproché d'avoir présenté l'affaire de la Compagnie des Indes comme un procès d'agiotage, non comme une affaire de corruption parlementaire, — devinrent de plus en plus hostiles à Robespierre. Le Comité de sûreté générale fut aussi froissé de constater que son émule lui enlevait le procès des dantonistes. La loi du 27 germinal (16 avril) qui donnait au Comité de salut public les mêmes droits sur les personnes qu'au Comité de sûreté générale vint aggraver le conflit. Et il ne cacha pas son mécontentement lorsqu'il vit que le Comité de salut public se réservait le rapport de la loi sur la réorganisation du tribunal révolutionnaire, la fameuse loi du 22 prairial (10 juin 1794).

Les choses en vinrent à un point tel, qu'après la fête de l'Être suprême, Vadier s'efforça de ridiculiser Robespierre, en le montrant en relations avec une illuminée, Catherine Théot, qui se disait la mère de Dieu et prédisait la venue du messie, qui, selon elle, n'était autre que Robespierre en personne.

Mais la raison déterminante de la brouille entre les membres des deux comités fut l'organisation au Comité de salut public d'un bureau de police. La création de ce bureau était la conséquence naturelle de la loi du 27 germinal (16 avril) qui, nous venons de le voir, donnait au Comité de salut public le droit d'arrestation. Le bureau de police fut constitué au début de floréal (fin avril). Il devint vite une police secrète aux ordres du Comité de salut public. La légende thermidorienne a plus tard déformé l'histoire de ce bureau. Elle l'a montré soumis à la direction exclusive du « triumvirat », Robespierre, Saint-Just, et Couthon et on l'a rendu responsable des exécutions massives de la « grande terreur ».

Les recherches de M. A. Ording ont prouvé que cette conception ne correspondait pas à la réalité. Si Robespierre et Saint-Just ont eu sur ce bureau une influence décisive au début, celle-ci cesse à partir du 12 messidor (30 juin) et nombre de pièces émanées du bureau sont signées des noms de Carnot, de Lindet, et d'autres membres des partis modérés. Toutes les affaires importantes traitées par le bureau ont été soumises au Comité dans son entier, qui en délibérait. Il arrivait toutefois que certains mandats d'arrêts fussent signés par les membres du Comité sans qu'ils les eussent lus. C'est ainsi que Carnot protesta contre l'arrestation d'un de ses secrétaires dont il avait, sans le lire, signé le mandat d'arrêt !

Le bureau de police s'est, en tout cas, occupé surtout de la surveillance des fonctionnaires. Sur 464 mandats d'arrêts délivrés par lui, 300 concernent des fonctionnaires. Il n'en reste pas moins que le Comité de sûreté générale a pu légitimement considérer ce bureau comme un rival gênant. Des individus arrêtés par le bureau de police furent libérés par le Comité de sûreté générale et inversement. En tout cas, il semble bien que le bureau de police n'ait été en aucune manière responsable de la « grande terreur », car il n'a effectué pendant cette période que 250 arrestations, alors que le Comité de sûreté générale en a 1.814 à son actif.

Le bureau de police paraît surtout traduire la tentative de Robespierre et de Saint-Just pour établir une plus grande unité dans le gouvernement. Ils voulaient compléter la centralisation organisée depuis juillet 1793 en substituant aux deux comités de gouvernement la direction unique du seul Comité de salut public, et non leur propre dictature, comme on l'a souvent écrit.

La zizanie n'existait pas seulement entre les deux Comités : on la rencontre, à partir de messidor (juin 1794) à l'intérieur même du Comité de salut public. Billaud-Varenne, Collot d'Herbois à gauche, Carnot et Prieur (de la Côte-d'Or) à droite s'opposent de plus en plus à Robespierre, Saint-Just et Couthon. Barère et Robert Lindet arbitrent la querelle (Jean Bon Saint-André, en mission à Toulon, Prieur (de la Marne), en mission à Brest, sont absents).

Billaud est hostile à la loi du 22 prairial, à la confection de laquelle il n'a pas participé. Collot d'Herbois ne pardonne pas à Robespierre l'exécution des hébertistes. Carnot n'admet pas la politique sociale des robespierristes, et ceux-ci lui reprochent ses relations avec les aristocrates.

Vers le 10 messidor (28 juin) Billaud et Collot traitèrent Robespierre de « dictateur ». Celui-ci entra dans une fureur incroyable, et à partir du 15 messidor (3 juillet), cessa de prendre part aux délibérations du Comité de salut public. Dans un grand discours prononcé le 13 messidor (1er juillet) aux Jacobins, il s'était plaint des accusations dont il avait été l'objet et avait menacé de démissionner. Il reparut pour la dernière fois au Comité, lors d'une réunion commune des deux comités de gouvernement, le 5 thermidor (23 juillet). Mais c'était trop tard : les ennemis de Robespierre avaient profité de son abstention volontaire pour préparer sa chute. La Convention pouvait-elle d'ailleurs continuer d'accorder sa confiance à un gouvernement dont les membres ne s'entendaient plus entre eux ? Mais la chute de Robespierre, le 9 thermidor (27 juillet), eut une portée infiniment plus grande qu'une simple crise ministérielle. Elle marque la fin de la « terreur » ; elle marque aussi l'arrêt de toutes les réformes sociales. La Révolution a cessé de progresser. La réaction va commencer.

III
LES COMITÉS DE GOUVERNEMENT APRÈS THERMIDOR[1]

Après le 9 thermidor, le premier mouvement de la Convention fut de supprimer les comités de gouvernement, mais Barère montra qu'ils étaient indispensables, tant que la constitution n'était pas en vigueur et suggéra seulement d'en renouveler les membres.

La Convention décréta alors que tous les comités seraient renouvelés chaque mois par quart ; un commissaire sortant ne pourrait y rentrer qu'un mois après sa sortie : mesure importante, car elle modifiait complètement la nature du gouvernement dont l'instabilité chronique allait être dès lors le caractère principal.

Le 13 thermidor (31 juillet), six nouveaux membres furent élus au Comité de salut public. Parmi eux, on rencontre Tallien, un des thermidoriens les plus notoires. Les attributions du Comité sont bientôt restreintes. Il perd le droit de présenter à la Convention la liste des membres proposés pour les autres comités ; il ne peut plus faire arrêter aucun député, ni faire perquisitionner chez lui.

Le 7 fructidor (24 août), les « commissions exécutives », c'est-à-dire les ministères sont rendues indépendantes du Comité de salut public. Celui-ci conserve toutefois la direction de la diplomatie, des opérations militaires, de la fabrication du matériel de guerre, de l'importation, de la circulation des denrées à l'intérieur, le droit de réquisition des personnes et des choses, le droit d'arrestation des seuls fonctionnaires et agents civils. Mais il perd une grande partie de ses attributions relatives à l'administration et à la justice au profit du Comité de législation.

Comme le Comité de salut public le Comité de sûreté générale est renouvelé dès le 14 thermidor (1er août). Des thermidoriens y entrent, notamment Merlin de Thionville et Legendre. Le 7 fructidor (24 août), il est complètement réorganisé. Le nombre de ses membres est porté à seize, ses bureaux, en revanche, sont réduits à trois : secrétariat, affaires courantes et archives. Il ne compte plus que 64 employés.

---

[1]. DOCUMENTS ET OUVRAGES A CONSULTER. — G. Lefebvre, *Les thermidoriens* (Paris, 1938, in-16) ; A. Mathiez, *La réaction thermidorienne* (Paris, 1929, in-8º). — QUESTIONS A ÉTUDIER : Les comités thermidoriens ont été beaucoup moins étudiés que ceux de la période précédente, bien qu'ils aient accompli pendant quinze mois une œuvre très importante, à laquelle il importerait de consacrer quelques travaux.

Ses attributions toutefois restent importantes. Le bureau de police du comité de salut public est naturellement supprimé, et toute la police concentrée entre les mains des membres du Comité de sûreté générale. Le Comité continue à décerner les mandats d'arrêts — qui doivent être signés de 5 membres — et à traduire les prévenus par devant le tribunal révolutionnaire. A partir du 24 ventôse an III (14 mars 1795), le Comité de sûreté générale a le droit de nommer tous les commissaires de police de la République.

Aussi, par suite de son rôle policier, le Comité devient-il le principal artisan de la réaction thermidorienne. Il est chargé de poursuivre les terroristes, notamment les jurés ayant siégé au tribunal révolutionnaire avant le 9 thermidor, et les agents envoyés avant cette date dans les départements et convaincus « d'avoir pris part à la conspiration de Robespierre ». Le Comité s'acharne particulièrement contre les robespierristes. Par décret du 21 germinal an III (10 avril 1795) il reçoit mission de faire désarmer tous ceux qui ont participé « aux horreurs commises sous la tyrannie qui a précédé le 9 thermidor ».

Parallèlement, le Comité fait remettre petit à petit en liberté toutes les personnes arrêtées avant la chute de Robespierre.

Le Comité de sûreté générale est aussi chargé de la censure et celle-ci s'exerce à la fois contre les journaux royalistes et les feuilles démocrates. Si le 18 thermidor (5 août 1794) il fait mettre les scellés sur la *Quotidienne*, sur la *Gazette universelle*, sur la *Correspondance politique*, journaux de droite, le 10 pluviose (29 janvier 1795), il poursuit le *Tribun du peuple* de Babeuf.

Quoique les comités de gouvernement fussent devenus les organes de la réaction thermidorienne, ils paraissaient de plus en plus suspects à la Convention. Le 21 floréal an III (10 mai 1795), celle-ci décréta qu'en aucun cas, les Comités de sûreté générale et de salut public ne seraient chargés d'examiner la conduite des représentants du peuple. Le même jour Fréron demanda même l'abolition du gouvernement révolutionnaire, la formation d'un « Conseil exécutif » nommé par la Convention, pris hors de son sein, seulement surveillé par le Comité de salut public, et chargé de l'exécution des lois jusqu'à l'établissement de la Constitution. Il demandait qu'on enlevât, en tout cas, l'initiative des lois aux « comités de gouvernement ».

La Convention n'adopta pas le projet de Fréron, mais en vota un autre, présenté par Cambacérès. Le Comité de salut public conservait encore le droit de prendre des arrêtés d'exécution sur les matières correspondant à ses attributions d'alors. Mais les autres comités ne pourraient plus que présenter leurs propositions à la Convention. Toutes les dépenses devaient être ordonnancées par trois membres de chacun des Comités de salut public et des finances.

Les délibérations communes des Comités de salut public et de sûreté générale restaient admises. Mais les autres comités devaient envoyer, le cas échéant, quatre de leurs membres délibérer avec ceux qui formaient la réunion des deux Comités.

Ce régime fonctionna mal. Le 1ᵉʳ prairial (20 mai 1795) la foule envahit la Convention demandant l'abolition du gouvernement révolutionnaire : c'est que le gouvernement révolutionnaire s'était identifié avec l'anarchie thermidorienne, il n'était plus que la caricature de ce qu'il avait été en l'an II ; il n'en devait pas moins survivre quoique péniblement, jusqu'à l'établissement du Directoire.

CHAPITRE IV

ORGANISMES LOCAUX ET ORGANISMES DE LIAISON DU GOUVERNEMENT RÉVOLUTIONNAIRE[1]

L'application des mesures révolutionnaires fut confiée à l'échelon local, soit à des organismes qui existaient déjà (administrations des départements, des districts, des communes) soit à des institutions créées spécialement par la Convention (les agents nationaux), soit à des corps nés spontanément, et légalisés par le gouvernement (comités de suveillance, sociétés populaires, « armées révolutionnaires »). La coordination de l'activité d'administrations si diverses fut l'œuvre des commissaires en missions (qu'ils fussent ou non membres de la Convention) et de la propagande, confiée surtout à la presse.

I
LES ORGANES RÉGULIERS DE L'ADMINISTRATION[2]

Les administrations départementales s'étaient montrées assez tièdes à l'égard de la révolution du 10 août, elles étaient en effet composées de bourgeois riches qui redoutaient des troubles pouvant porter atteinte à la propriété. A la demande de nombreuses pétitions, la Convention décida, le 19 octobre,

---

1. BIBLIOGRAPHIE GÉNÉRALE. — Les sources de ce chapitre se trouvent essentiellement dans les archives départementales, série L, dans les archives communales et aux Archives nationales, série F. Voir les *Recueils* (cités p. 239 et 255), d'A. Aulard, sur les représentants en mission et sur les Jacobins de Paris. Consulter la presse, parisienne et provinciale, et se reporter à la bibliographie du chapitre III du livre II (p. 87).

En ce qui concerne les travaux généraux, voir les bibliographies générales des chapitres II et III du livre III (p. 255 et 268).

2. DOCUMENTS ET OUVRAGES A CONSULTER. — Sur les administrations départementales : Mme M. Albert, *Le fédéralisme dans la Haute-Garonne* (Aix-en-Provence, 1932, in-8º) ; Boivin-Champeaux, *La Révolution dans le département de l'Eure* (Évreux, 1893, in-8º) ; Delon, *La Lozère pendant la Révolution* (Clermont-Ferrand, 1922, in-8º) ; Dubois, *Histoire de la Révolution dans l'Ain* (Bourg-en-Bresse, 1933, in-8º) ; G. Guibal, *Le mouvement fédéraliste en Provence en 1793* (Paris, 1903, in-8º) ; De Girardot, *Des administrations départementales, électives et collectives* (Paris, 1857, in-8º) ; Jusselin, *L'administration du département d'Eure-et-Loir pendant la Révolution* (Chartres, 1935, in-8º) ; Jolivet, *La Révolution dans l'Ardèche* (Largentière, 1930, in-8º) ; Lallié, *Le fédéralisme en Loire-Inférieure*, dans la *Revue de la Révolution*, 1889, t. 15, p. 5-24, 357-376, 454-473 et t. 16, p. 126-138 ; Magnac, *Le fédéralisme en 1793 et 1794*, dans la *Revue des Questions historiques*, 1907, t. 82, p. 38-56 ; Prentout, *Le fédéralisme en Normandie*, dans la

qu'elles seraient renouvelées, et désormais élues au suffrage universel. Était éligible, tout citoyen âgé de vingt-cinq ans, domicilié depuis un an et qui n'était pas employé comme domestique. Les nouvelles administrations étaient tenues de renouveler leur secrétaire. Le « directoire », au lieu d'être désigné par le conseil général, devait être élu, lui aussi, au suffrage universel, et au scrutin de liste, après deux tours au maximum. C'est ainsi que le conseil général du département de la Meurthe, par exemple, fut renouvelé le 11 novembre 1792. Les citoyens élurent successivement le secrétaire, le président, le procureur général syndic, les membres du directoire (choisis à raison de un par district) puis les administrateurs. Les choix se portèrent, pour la plupart, sur des hommes nouveaux : six directeurs sur huit et vingt et un administrateurs sur vingt-huit n'avaient jamais été membres de l'administration départementale. Mais les nouveaux élus appartenaient, en fait, au même milieu que leurs prédécesseurs. Hommes de lois, anciens administrateurs de communes ou de districts, fonctionnaires ou marchands, c'étaient tous des modérés. Il en fut ainsi dans la plupart des départements. Dans le Rhône-et-Loire, l'administration élue en novembre 1792 fut plus modérée peut-être que la précédente.

Si les Montagnards furent déçus de ces élections, les Girondins, au contraire, se montrèrent satisfaits, et Roland, le ministre de l'intérieur, leur rappela, par une circulaire, les importantes fonctions qui leur étaient confiées : le maintien de l'ordre, la conservation des propriétés, la garantie de la sûreté individuelle, la rapide publication des lois, la libre circulation des grains, la levée des contributions, la vente des biens nationaux...

Les administrations départementales se voyant ainsi soutenues par le

Révolution franç., ann. 1910, t. 58, p. 156-162 ; A. Richard, *Le gouvernement révolutionnaire dans les Basses-Pyrénées* (Paris, 1922, in-8°) ; E. Sol, *La Révolution en Quercy* (Paris, 1930, in-8°) ; A. Troux, *La vie politique dans le département de la Meurthe* (Nancy, 1936, in-8°) ; H. Wallon, *La Révolution du 31 mai et le fédéralisme en 1793* (Paris, 1886, in-8°).

Sur les administrations de districts : A. Claude, *L'administration du district de Neufchâteau-Mouzon-Meuse* (Clamecy, 1933, in-8°) ; Corgne, *Pontivy et son district pendant la Révolution* (Paris, 1938, in-8°) ; Dubreuil, *Le district de Redon, pendant la Révolution* (Rennes, 1904, in-8°) ; du même, *Le régime révolutionnaire dans le district de Dinan* (Paris, 1912, in-8°) ; Romain, *Le district de Cany pendant la Révolution*, s. d. ; G. Sangnier, *La terreur dans le district de Saint-Pol, 10 août 1792-9 thermidor an II* (Lille, 1938, 2 vol. in-8°, t. 58) ; du même, *Le district de Saint-Pol de thermidor à Brumaire* (Lille, 1946, in-8°).

Sur la Commune de Paris : F. Braesch, *op. cit.*, p. 239 ; M. Eude, *La Commune robespierriste*, dans les *Annales hist. de la Révolution franç.*, 1933, p. 412-425 ; 1934, p. 323-347 et 528-556 ; 1935, p. 132-161 et 485-518 ; 1936, p. 284-316 ; P. Sainte-Claire Deville, *La Commune de l'an II* (Paris, 1946, in-8°).

Sur les agents nationaux : Driault, *Un agent national à Alençon pendant la terreur*, dans *La Révolution française*, t. XXIV (1893), p. 431-448 ; Galland, *L'agent national près le district de Laval*, dans la *Bull. de la Com. d'hist. et d'archéologie de la Mayenne*, 1901, p. 261-267 ; A. Mathiez, *Les comptes décadaires des autorités du gouvernement révolutionnaire*, dans la *Revue d'hist. moderne et contemp.*, t. IV (1902-3), p. 157-169. — QUESTIONS A ÉTUDIER : Malgré cette bibliographie abondante, et bornée d'ailleurs aux ouvrages les plus importants, de nouvelles études sur les administrations départementales, communales et de districts seront toujours les bienvenues. Le rôle des agents nationaux mérite d'être étudié avec soin. Une étude d'ensemble sur les agents nationaux d'une région, sinon de toute la France serait extrêmement utile.

ministre s'occupèrent non seulement d'administration, mais de politique. Dès janvier 1793, elles prenaient parti dans la lutte qui opposait la Gironde à la Montagne, et, en majorité, se prononçaient pour les Girondins. Les administrations de la Haute-Loire, du Finistère, de l'Ille-et-Vilaine, de la Meurthe et quelques autres, proposaient, dès cette époque, la formation d'une garde soldée chargée de protéger la Convention contre les violences des Parisiens. Mais les municipalités ne s'étant pas pressées de fournir les hommes demandés, la tentative échoua.

Elle devait être reprise au milieu de mai, lorsque la lutte entre la Gironde et la Montagne atteignit son paroxysme. Le 24 mai, l'administration départementale du Jura invite les « députés suppléants » à se rendre à Bourges pour y former une Convention « de remplacement ». Le département de l'Ain prit un arrêté analogue, le 27 mai. Sur l'initiative de son procureur général syndic, l'administration départementale de la Meurthe envoya à la Convention une adresse protestant contre les agissements des Montagnards ; les départements voisins l'imitèrent.

Après la journée du 2 juin qui consacre le triomphe de la Montagne sur la Gironde, c'est l'immense majorité des administrations départementales qui envoie des adresses de protestations. Elles vont plus loin, elles s'unissent entre elles, elles se « fédèrent », pour résister aux ordres des Montagnards ; elles s'arment même pour lutter contre eux.

Le 7 juin, le département de l'Eure décide de lever un corps de 4.000 hommes pour défendre la Convention contre ses oppresseurs. Le 9 juin, le directoire du Calvados fait arrêter les conventionnels montagnards Romme et Prieur (de la Côte-d'Or), en mission dans ce département. Les départements bretons se joignent aux départements normands. Les administrations de la Somme, de l'Aisne, de la Marne suivent d'abord ce mouvement, mais devant l'attitude de certaines administrations de districts, et surtout des sociétés populaires, elles se rétractent. Le département de la Meurthe organise un « Comité de salut public » antimontagnard (7 juin). Les départements du sud-ouest, — et surtout la Gironde, — ceux du sud-est, — notamment le Rhône-et-Loire, les Bouches-du-Rhône, le Var, passent à la rébellion : près de soixante départements sont bientôt insurgés.

La Convention réagit avec vigueur. Elle destitue les membres des administrations départementales révoltées ; elle crée quelques départements nouveaux auxquels elle donne des administrations composées de Montagnards, — le Vaucluse, le Rhône, la Loire, — enfin, le 26 juin, sur la proposition de Robert Lindet, elle accorde trois jours aux administrations rebelles pour se rétracter. Beaucoup profitèrent de cette proposition. Cependant, un certain nombre d'administrateurs départementaux furent mis en accusation : ceux de la Meurthe, du Rhône-et-Loire, de la Nièvre, de l'Ardèche, de l'Aveyron, de la Loire-Inférieure, du Finistère, du Gers, du Gard...

L'insurrection, grâce à toutes ces mesures, fut bientôt circonscrite. Il n'en restait plus trace, fin juin, que dans quatre centres, Bordeaux, Lyon, Marseille et Toulon, — indépendamment de la Vendée où elle avait éclaté en mars pour d'autres motifs.

Malgré ce succès, la Convention se méfia désormais, des administrations départementales. Les administrateurs qui devaient remplacer ceux qui avaient été destitués furent non plus élus, mais nommés. Lorsque, comme dans la Meurthe, la destitution n'atteignit qu'une partie des administrateurs, ceux qui restaient en fonction furent invités à choisir de nouveaux collègues. Dans les cas de destitutions générales, ce furent les représentants en mission qui nommèrent les administrations nouvelles : tel fut le rôle de Garnier (de Saintes), dans l'Orne, de Baudot et Chaudron-Rousseau, dans la Haute-Garonne, etc.

Mais la Convention ne s'en tint pas là. Dans son rapport du 28 brumaire an II (18 novembre 1793) Billaud-Varenne demanda qu'on diminuât les pouvoirs et l'influence politique des administrations départementales. La grande loi organique du 14 frimaire an II (4 décembre 1793), lui donna satisfaction. Elle supprimait en effet les conseils généraux, les présidents et les procureurs généraux syndics des départements. Seuls les « directoires » subsistaient. Encore leurs attributions étaient-elles restreintes aux travaux publics, à la répartition des contributions entre les districts et à la vente des biens nationaux. Aucune mesure gouvernementale n'était plus de leur ressort. Les élections étant provisoirement supprimées, les directoires des départements devaient être complétés ou renouvelés par les seuls représentants en mission : le directoire de la Meurthe fut ainsi renouvelé six fois par les représentants en mission qui se succédèrent du 11 frimaire an II (1er décembre 1793) à la fin de la Convention.

Ce régime institué par les Montagnards devait naturellement prendre fin lorsque leur influence déclina. Après le 9 thermidor, les pouvoirs des administrations départementales furent, en effet, progressivement restaurés. Dès le 22 fructidor (8 septembre 1794) elles étaient autorisées à correspondre directement avec le Comité de législation.

Quelques jours plus tard, le 7 vendémiaire an III (28 septembre 1794), la Convention décida que les places vacantes dans le département de Paris seraient pourvues par le Comité de législation. Les représentants en mission conservaient le droit de choisir les membres des administrations départementales ; mais, dans les départements où il n'y avait pas de représentants en mission, ce droit était dévolu au Comité de législation, complété pour la circonstance, par les députés du département.

Le 1er ventôse (19 février 1795), il semble que la Convention va persister dans son hostilité à l'égard des administrations départementales, puisqu'elle réduit à cinq le nombre de leurs membres. Mais cette mesure est éphémère. En effet, le 28 germinal (17 avril), la Convention rétablit les administrations départementales dans leurs attributions de 1792. Toutefois les nouveaux membres continuent à être nommés et non élus ; et les conseils généraux de départements ne sont pas restaurés.

Par une circulaire du 21 prairial (9 juin), le Comité de législation précisa leur rôle aux nouvelles administrations départementales : elles devaient surtout s'occuper de la surveillance des autorités secondaires, communes, districts, et adresser à ce sujet, tous les dix jours, des comptes rendus au Comité de législation. Le 3 messidor (21 juin), une nouvelle circulaire, émanée, cette fois, de la Commission des administrations civiles, précisa encore que les administrations départementales étaient pourvues de tous les pouvoirs qui leur avaient été attribués par la Constitution de 1791.

Ainsi le cycle était fermé : les administrations de départements n'avaient été abaissées que pendant le temps nécessaire à l'exercice du gouvernement révolutionnaire.

C'étaient les administrations de districts qui avaient hérité des pouvoirs enlevés aux administrations départementales.

Renouvelées, comme les départements, en novembre 1792, les administrations de districts montrent des tendances un peu moins modérées. On le voit bien pendant la crise fédéraliste. Dans la Marne, les districts de Sainte-Menehould et de Sézanne s'indignent de l'attitude du département, hostile aux Montagnards. Dans l'Yonne, le district d'Avallon, dans les Ardennes, celui de Sedan, dans la Meurthe, celui de Sarrebourg adoptent une attitude analogue. Il ne faudrait pourtant pas généraliser, car l'on voit certains districts, tels que celui de Dinan, dans les Côtes-du-Nord, prendre la tête du mouvement fédéraliste. Néanmoins il est probable que c'est l'attitude des quelques districts restés fidèles à la Montagne qui poussa Billaud-Varenne à proposer à la Convention, le 28 brumaire (18 novembre), d'accroître les pouvoirs des districts, tout en les subordonnant directement à la Convention, afin d'assurer une exécution plus efficace et plus rapide des lois.

La loi du 14 frimaire (4 décembre) plaça en effet les districts sous l'autorité directe de la Convention. De plus, elle transformait leurs procureurs syndics en « agents nationaux », représentants directs du gouvernement ; enfin elle donnait aux districts la surveillance et l'exécution de toutes les lois émanées du gouvernement, notamment des lois révolutionnaires. Les représentants en mission étaient chargés de la mise en place des autorités nouvelles. Ainsi, le représentant Bar, dans le département de la Meurthe, compléta les administrations de districts, après avoir pris avis des sociétés populaires. Les districts, par ailleurs, conservaient toutes leurs attributions anciennes, et notamment la vente des biens nationaux : celui de Figeac mit en vente entre le 14 frimaire (4 décembre 1793) et le 9 thermidor (27 juillet 1794) tous les biens de première origine de son arrondissement. Le district de Dinan, formé de Montagnards le 30 pluviose (18 février 1794), s'occupa, avec zèle, de la levée des troupes, du logement, de l'équipement des recrues, des réquisitions militaires, des subsistances, et de la lutte contre les Chouans. Le district de Pontivy, renouvelé lui aussi en février 1794, manifesta une grande activité en matière de recrutement, de ravitaillement, de vente des biens nationaux et d'assistance publique.

Naturellement, le 9 thermidor porta atteinte à cette prééminence des districts. Le 1er ventôse an III (19 février 1795), la Convention interdit à leurs conseils généraux de siéger en permanence ; le 28 germinal (17 avril), elle les subordonna de nouveau aux administrations départementales, supprima les agents nationaux et rétablit les procureurs syndics. D'ailleurs, à cette époque, les districts avaient été épurés dans un sens thermidorien et les Montagnards en avaient été exclus. Dans la Meurthe, cette épuration fut réalisée en trois étapes, par le représentant Michaud en vendémiaire an III (septembre 1794), par Genevois en nivôse (janvier 1795) et par Mazade en germinal (avril). Le district de Dinan est entièrement renouvelé le 22 frimaire an III (12 décembre 1795) ; ses membres, très modérés, ne montrent pas l'ardeur de leurs prédécesseurs. Les contributions cessent de rentrer, les biens nationaux ne se vendent plus, les Chouans remportent des succès et s'emparent même de la petite ville de Jugon. Dans le district de Pontivy, ce sont les fédéralistes qui reprennent le pouvoir après thermidor : ils sont naturellement incapables d'endiguer la réaction, et la chouannerie prend, dans tout le Morbihan, une grande extension.

Remarquons que si la loi du 28 germinal (17 avril) subordonnait de nouveau les districts aux départements, elle ne leur retirait pas formellement les attributions qui leur avaient été conférées par la loi du 14 frimaire an II. Ce fut une cause d'embarras, et souvent même de conflit entre administrations de département et administrations de district. Une circulaire précisa, le 3 messidor (21 juin 1795), que les actes des districts pouvaient, de nouveau, être annulés par les administrations départementales ; néanmoins les causes de conflit ne disparurent pas entièrement. Les districts en furent déconsidérés auprès des députés thermidoriens, et ce fut une des causes de leur suppression dans la constitution de l'an III.

Les administrations municipales étaient élues depuis 1790, nous l'avons vu, par tous les citoyens actifs, aussi étaient-elles composées de membres plus révolutionnaires que les administrations de départements et de districts. Beaucoup accueillirent avec satisfaction la révolution du 10 août. Mais cette révolution était l'œuvre d'une municipalité, insurrectionnelle à vrai dire, la Commune de Paris. Cette commune insurrectionnelle devait rester en fonction jusqu'en novembre 1792, remplaçant les « notables » de l'ancienne municipalité parisienne, l'ancien « corps municipal » ayant été réintégré dans ses fonctions dès le 1er septembre.

La Commune insurrectionnelle de Paris fut naturellement portée à favoriser les autres municipalités françaises, et c'est, sans doute, à son instigation qu'au soir du 10 août, l'assemblée législative, étendit les pouvoirs des administrations municipales en leur confiant la « police de sûreté générale pour la recherche des crimes concernant la sûreté extérieure et intérieure de l'État ». Toute personne ayant connaissance d'un tel crime devait le dénoncer immédiatement à la municipalité. Tout dépositaire de la force publique, ou même tout citoyen pouvait arrêter et conduire devant la municipalité de sa résidence tout individu « fortement soupçonné » d'un délit de sûreté générale. La municipalité transmettait alors le dossier de l'affaire, par la voie hiérarchique, à l'Assemblée nationale.

Les municipalités furent toutes renouvelées, en même temps que les autres corps administratifs, au mois de novembre 1792. A Paris, le renouvellement du Conseil général donna la majorité aux Girondins, mais, sur la plainte du Corps municipal, les élections furent cassées, et de nouvelles élections donnèrent la majorité aux Montagnards. Le parquet, notamment, fut composé d'extrémistes : Chaumette devint procureur de la Commune, avec Hébert et Réal comme substituts. En province, les élections mirent, dans la plupart des localités, les républicains à la tête des administrations municipales, mais le nombre des abstentions avait été considérable. En tout cas, il est certain que les municipalités furent plus « révolutionnaires » que les autres administrations. Ce fut le cas général, par exemple dans la Meurthe ou dans le Rhône-et-Loire.

A ces municipalités « patriotes », la loi du 21 mars 1793 donna le droit de délivrer des « certificats de civisme », et la loi du 26 mars confia la charge de désarmer les ex-nobles et les prêtres, et en général tous les suspects. Cette loi fut exécutée avec plus ou moins d'empressement, selon le zèle révolutionnaire des municipalités.

La loi du 14 frimaire an II supprima les procureurs des communes et leurs substituts et les remplaça par des agents nationaux dépendant directement du gouvernement et tenus d'envoyer des « comptes décadaires » aux administrations de districts. Les municipalités devaient, comme les autres administrations, être épurées et renouvelées par les représentants en mission. Le Comité de salut public écrivit aux municipalités qu'elles étaient « en quelque sorte les bras qui meuvent le levier révolutionnaire ; les lois mouvant ces bras ».

C'était un rôle important, mais délicat. Beaucoup de municipalités, dans les campagnes surtout, étaient incapables de le tenir. Les représentants n'arrivaient pas à recruter un nombre suffisant de citoyens patriotes et instruits à la fois. Le citoyen Morel signe le procès-verbal des séances de la municipalité de Baud (Morbihan) en qualité de « mère ». Un représentant en mission constate que, dans 26 communes du district de Pontivy, il n'existe « pas un seul homme connaissant l'idiome français ». Dans les villes, en revanche, il fut plus facile d'épurer les municipalités et d'y placer des Montagnards. A Nancy, les représentants Lacoste, Baudot et Bar nomment, au Conseil général de la commune, un commerçant juif nommé Lévy, et de petits artisans, un coutelier, un perruquier, un boucher, un cordonnier. Ils accordent une indemnité annuelle de 2.000 livres aux sept officiers municipaux les plus pauvres, « sans-culottes dénués de fortune... qui, en donnant leur temps à la chose publique, ne peuvent se livrer aux occupations qui les faisaient vivre... ». Ce sont ces municipalités épurées qui durent, selon la loi du 27 germinal (16 avril 1794) dresser la liste des ex-nobles et des prêtres de la commune. Ce travail fut exécuté dans les villes surtout. Les municipalités furent naturellement renouvelées après le 9 thermidor, et leurs pouvoirs, en ce qui concerne les lois révolutionnaires, fut sensiblement réduit. Elles ne purent plus refuser des certificats de civisme sans en préciser les motifs, et ces motifs étaient soumis au directoire du district. Le 28 germinal an III (17 avril 1795), les agents nationaux furent remplacés par les procureurs, rétablis. Les indemnités accordées aux officiers municipaux par certains représentants furent supprimées : elles étaient devenues inutiles, car c'étaient, de nouveau, les riches qui siégeaient dans les conseils communaux.

Créés par le décret du 14 frimaire an II (4 décembre 1793), sur la proposition de Billaud-Varenne, les agents nationaux devaient être les représentants de l'autorité gouvernementale auprès des administrations de districts et des municipalités. Ils étaient tenus d'adresser, tous les dix jours, des « comptes décadaires », les agents communaux au directoire du district, et ceux des districts aux Comités de salut public et de sûreté générale. Ils avaient le droit de « requérir et de poursuivre l'exécution des lois, de dénoncer les négligences et les infractions ». Le Comité de sûreté générale leur prescrit spécialement la surveillance politique de leurs administrés, et notamment des autorités constituées. Ils devront ne rien laisser ignorer au Comité de sûreté générale, de ce qui concerne « la tranquillité intérieure, les conspirations qui pourraient être tramées contre l'égalité et la liberté ; sous quelque masque... que ce soit, les divisions entre citoyens et autorités constituées, entre les membres de ces autorités... l'esprit public, les journaux... la circulation des faux assignats », etc.

Les agents nationaux avaient le droit de décerner des mandats d'arrêt, de faire mettre en liberté, de poser et lever les scellés. Ils devaient visiter les prisons. Alors qu'il était interdit aux administrations de département, district et commune, de se déplacer, — pour éviter tout retour au fédéralisme — le gouvernement recommandait aux agents nationaux de faire des tournées dans leur arrondissement pour surveiller la stricte application des lois. Ils devaient veiller avec exactitude à la distribution du *Bulletin des lois*, créé le 22 prairial an II (10 juin 1794) et à la diffusion de toutes les circulaires du gouvernement.

La plupart des agents nationaux nommés en frimaire ou nivôse furent les anciens procureurs syndics ou procureurs de communes. Dans la Meurthe cependant le représentant Bar destitua plusieurs de ces procureurs pour « insouciance de la chose publique » et les remplaça par des hommes nouveaux.

Dans le district de Dinan, le représentant Le Carpentier choisit aussi un personnage nouveau pour le poste d'agent national. Il en fut de même dans la plupart des districts de l'Orne. L'agent national d'Alençon manifesta une activité remarquable, correspondant non seulement avec les comités de gouvernement, mais avec la société des Jacobins et la Convention elle-même. Dans certains départements, les représentants en mission éprouvèrent des difficultés dans le recrutement des agents nationaux. Le représentant Gaston, en mission dans la Seine-Inférieure, écrit au Comité de salut public : « Quand tout un pays est gangrené, où trouverons-nous des sujets pour remplir des places ?... » Dans la Seine-Inférieure, il est impossible de trouver un homme digne de remplir la place d'agent national de Vernon. Dans le Cantal, le représentant Bô écrit, en parlant des agents nationaux des communes : « Je crois qu'ils firent tout ce qu'on peut attendre d'un cultivateur presque illettré. » Un mois plus tard, Bô est dans le Lot, il constate que les agents nationaux des districts ont « l'activité et le patriotisme nécessaires », mais que souvent ceux des communes « ne savent ni lire, ni écrire, et qu'il n'est pas possible d'en substituer de plus habiles ».

Malgré cela, communes et districts sont pourvus d'agents nationaux, et les comités de gouvernement se voient bientôt débordés par l'arrivée régulière, tous les dix jours, de plus de 500 comptes rendus. La paperasserie bureaucratique enleva à la réforme une partie de son efficacité. Cependant les agents nationaux, surtout ceux des districts, furent les rouages essentiels du gouvernement révolutionnaire en province.

On comprend qu'ils aient été supprimés le 28 germinal an III (17 avril 1795) lorsque le gouvernement révolutionnaire déclina. Ils avaient, d'ailleurs, été renouvelés depuis le 9 thermidor, et la plupart des Montagnards avaient été éliminés. Certains d'entre eux devaient même être arrêtés. Leurs remplaçants durent se faire les auxiliaires de la réaction thermidorienne. On leur demanda de « protéger les bons citoyens contre les scélérats », « d'empêcher les méchants de troubler la tranquillité publique », de poursuivre les dilapidateurs, les fanatiques. On les chargea de vider les prisons ; ils devaient envoyer chaque décade, à partir du 20 ventôse an III (10 mars 1795), au Comité de sûreté générale, un état nominatif des détenus. Les agents qui n'obéirent pas assez vite furent vertement tancés. Le Comité écrivit à celui de Valognes : « Le Comité vous invite à prévenir les moyens coercitifs qu'il serait forcé d'employer pour vous déterminer à plus d'exactitude dans vos fonctions... » Ainsi les agents nationaux nous apparaissent comme les successeurs des intendants, ils annoncent les commissaires du Directoire, et, de plus loin, les préfets de Bonaparte.

II
LES CRÉATIONS SPONTANÉES :
COMITÉS DE SURVEILLANCE, SOCIÉTÉS POPULAIRES,
« ARMÉES RÉVOLUTIONNAIRES »[1]

Les organes peut-être les plus importants du Gouvernement révolutionnaire à l'échelon local sont issus spontanément de la révolte populaire. Ce furent, avons-nous dit, les comités révolutionnaires, les sociétés populaires et les « armées révolutionnaires ».

1. DOCUMENTS ET OUVRAGES A CONSULTER. — Sur les comités de surveillance, il existe un ouvrage d'ensemble : J.-B. Sirich, *The revolutionary committees in the departments of France, 1793-94* (Cambridge, Mass., 1941, in-8º). Les monographies sont très nombreuses. On retiendra surtout : Bouloiseau, *Le Comité de salut public du Havre Marat* (Rouen, 1935, in-8º) ; du même, *Les comités de surveillance d'arrondissement de Paris sous la réaction thermidorienne* dans les *Annales historiques de la Révolution franç.*, ann. 1933, p. 317-337 et 441-453, ann. 1934, p. 233-249, ann. 1936, p. 42-60 et 204-217 ; H. Calvet, *Les rapports du comité de surveillance et des autorités constituées de Loir-et-Cher*, dans les *Annales historiques de la Révolution franç.*, 1928, p. 430-441 ; du même, *Les origines du comité de l'Évêché*, dans les *Annales historiques de la Révolution franç.*, ann. 1930, p. 12-23 ; du même, *Un instrument de la terreur à Paris, le Comité de surveillance du département de Paris* (Paris, 1941, in-8º) ; P. Caron, *Les massacres de septembre* (Paris, 1935, in-8º) ; Combet, *Les comités de surveillance du district de Grasse*, dans *La Révolution française*, t. LVIII (1901), p. 327-354 ; Denis, *Le comité révolutionnaire de Toul* (Toul, 1911, in-8º) ; Descadeillas, *Le comité civil et militaire de Narbonne* (Carcassonne, 1939, in-8º) ; D. Faucher, *Le comité de surveillance révolutionnaire de Loriol*, dans le *Com. des travaux hist., et scient., section d'Hist. mod. et contemp.*, t. VII, p. 123 ; Ginsburger, *Le comité de surveillance de Jean-Jacques Rousseau* (Saint-Esprit-les-Bayonne) (Paris, 1934, in-8º) ; J. Godechot, *Le comité de surveillance révolutionnaire de Nancy*, dans *La Révolution franç.*, t. LXXX (1927), p. 249-262 et 280-311 ; Guillouet, *Le comité de surveillance de Caen*, dans les *Ann. histor. de la Révol. franç.*, t. I, ann. 1908, p. 572-575 ; Général Herlaut, *Les certificats de civisme* dans les *Annales histor. de la Révolution franç.*, ann. 1938, p. 481-536 ; O. Lee, *Les comités et les clubs de patriotes belges et liégeois* (Paris, 1931, in-8º) ; A. Richard, *Le comité de surveillance et les suspects de Dax*, dans les *Annales historiques de la Révolution franç.*, ann. 1930, p. 24-40 ; Rigal, *Procès-verbaux et arrêtés du comité de surveillance de Saint-Geniez d'Olt*, (publication des « Arch. historiques du Rouergue » (t. XVI, 1942) ; Sur les sociétés populaires J. Annat, *La période révolutionnaire dans les Basses-Pyrénées : les sociétés populaires* (Pau, 1940, in-8º) ; A. Aulard, *La législation des clubs pendant la Révolution*, dans *La Révolution franç.*, t. XVII (1889), p. 255-267 ; C. Brinton, *The Jacobins* (New-York, 1930, in-8º, avec une copieuse bibliographie de monographies locales) ; De Cardenal, *La révolution en province* (Paris, 1929, in-8º, avec une importante bibliographie) ; du même, *Les sociétés populaires du 9 thermidor à la fermeture du club des Jacobins*, dans *La Révolution française*, nlle série, nº 10 (1937), p. 113-144 ; Gaston Martin, *Les Jacobins* (Paris, 1945, in-16) ; Starosselski, *Le problème de la dictature jacobine* (en russe) (Moscou, 1930, in-8º) ; G. Walter, *Histoire des Jacobins* (Paris, 1946, in-12).

Sur l'armée révolutionnaire : R. Cobb, *L'armée révolutionnaire dans le district de Pontoise*, dans les *Annales historiques de la Révolution franç.*, 1950, p. 193-220 ; Hadengue, *Les gardes rouges de l'an II* (Paris, 1931, in-12) ; général Herlaut, *Le général baron Dufresse*, dans la *Revue du Nord*, ann. 1927, p. 169-204 ; du même, *Le colonel Bouchotte* (Paris, 1946, 2 vol. in-8º). — QUESTIONS A ÉTUDIER : Comités de surveillance et sociétés populaires ont fait l'objet, on le voit, de multiples études. Cependant on peut reprendre la question de l'origine des comités de surveillance, étudier leur rôle dans la crise économique et dans l'application des décrets de ventôse. On souhaiterait que de nouvelles études fussent entreprises sur les comités départementaux. Enfin, peut-être serait-il temps d'écrire une étude synthétique sur les comités de surveillance, plus complète et plus neuve que celle que M. Sirich leur a consacrée. Les « armées révolutionnaires » sont à peu près inconnues, surtout celles qui furent formées dans les départements. Il serait utile d'entreprendre des recherches à leur propos.

L'origine des comités révolutionnaires remonte à la loi du 11 août 1792, qui ordonnait que la police « de sûreté générale » fut remise aux départements, districts et municipalités. En effet, dès cette époque, des sections, à Paris et dans les grandes villes de province, des sociétés populaires, des municipalités, créent des « comités de surveillance » ou « comités révolutionnaires ». C'est ainsi que fut organisé le fameux « comité de surveillance de la Commune de Paris », qui porte, en partie, la responsabilité des massacres de septembre. Certaines sections parisiennes créent aussi des comités révolutionnaires, un comité central des sections se forme dès octobre et siège régulièrement à l'évêché à partir de janvier 1793. Il avait pour mission de recevoir les dénonciations, lancer les mandats d'arrêt contre les prévenus et de les traduire éventuellement, par devant le tribunal révolutionnaire.

Il en va de même en province. A Toulouse, un comité central des sections se réunit en septembre 1792. Lorsqu'il disparaît, vers janvier 1793, il est remplacé par un comité de surveillance de la « Société populaire », et en mars, par un « Comité de sûreté générale de la commune de Toulouse ». A Montauban, les patriotes constituent en septembre 1792, un comité central des sections, à l'instar de celui de Toulouse. Le 11 novembre 1792, celui-ci se transforme en Comité de salut public ; ses membres sont alors élus par la « Société populaire ». Cette initiative des Montalbanais est chaudement encouragée et approuvée par le représentant Jean Bon Saint-André. A Caen, un comité de surveillance est organisé le 6 août 1792. Des « commissaires du pouvoir exécutif » en mission créèrent quelques comités de surveillance en septembre 1792, par exemple, à Auxerre et à Chalon-sur-Saône.

Lorsqu'au printemps de 1793 le péril extérieur se fit plus menaçant, de nombreux comités de surveillance apparurent. A Largentière, dans l'Ardèche, un comité est créé le 10 février, il doit s'occuper des étrangers, du désarmement des nobles et des aristocrates. D'autres communes de l'Ardèche imitent Largentière. A Nancy, la municipalité crée le 3 mars 1793, un « Bureau de sûreté générale », qui reçoit mandat de « rechercher, faire arrêter et punir les malveillants, interroger les étrangers à la ville, viser leurs passeports ». Sarrebourg imite le chef-lieu du département et organise quelques jours plus tard un comité de surveillance formé de huit membres de la Société populaire. Ce comité obtient le droit de réquisition pour rechercher les armes cachées.

Ce ne sont pas seulement des comités communaux qui sont créés, mais aussi des comités révolutionnaires de départements ou de districts.

Le 5 septembre 1792, à Toulouse, sur la proposition du procureur général syndic, l'administration départementale décide la formation d'un comité de surveillance de quatre membres. Ce comité semble avoir disparu deux mois plus tard ; mais, le 27 mars, à la réception d'une lettre du conventionnel Mazade, député de la Haute-Garonne, qui lui signale les troubles de Vendée, le conseil général du département établit un nouveau comité de surveillance départemental.

Celui-ci prend, en mai, une tendance fédéraliste et c'est à cette tendance qu'il faut rattacher la formation, le 1ᵉʳ juin, dans chaque chef-lieu de canton d'un « conseil de sûreté ». On rencontre aussi des comités départementaux dans les Ardennes, les Landes, l'Indre, l'Aisne, la Seine-Inférieure, la Haute-Marne, l'Eure-et-Loir, la Seine-et-Oise, le Pas-de-Calais, le Maine-et-Loire, etc. Au total une trentaine. Ils sont formés généralement d'un petit nombre de membres — six à Limoges, dix à Arras, trois à Auxerre, exceptionnellement quatorze à Moulins. A Paris, le comité de l'évêché se transforme en comité départemental.

La Convention finit par légaliser une partie du moins de ces comités spontanés : ce fut l'objet de la loi du 21 mars 1793. Prenant prétexte des sévices dont certains Français résidant en Espagne auraient été l'objet, la Convention ordonne, par mesure de représailles, une surveillance des étrangers établis en France. Mais l'organisation de la surveillance des étrangers et des suspects a aussi pour causes l'insurrection de la Vendée (9-10 mars), les défaites du début de mars, en Belgique, et les appréhensions éveillées par la conduite de Dumouriez. La loi du 21 mars ordonne la formation, dans chaque commune, — et dans chaque section en ce qui concerne les villes de plus de 25.000 habitants, — d'un comité de surveillance composé de douze citoyens (les ecclésiastiques, les ci-devant nobles et leurs agents étant exclus), élus, à raison de cent votants pour 1.000 habitants, à la pluralité des suffrages.

Ces comités sont chargés de recevoir les déclarations de tous les étrangers résidant dans la commune. Tout étranger qui ne fera pas cette déclaration sera tenu de quitter, dans les vingt-quatre heures, le territoire de la commune, dans les huit jours celui de la république. Tout ressortissant d'un pays en guerre avec la France doit être immédiatement expulsé s'il ne peut justifier qu'il exerce une profession ou qu'il a acquis une propriété immobilière avant la Révolution. Les étrangers sans propriété ni profession utile devront, pour demeurer en France, fournir un certificat de civisme délivré par six citoyens domiciliés depuis un an dans la commune, et donner caution jusqu'à moitié de leur fortune présumée. Tout étranger saisi dans une émeute et convaincu de l'avoir provoquée ou entretenue par son argent ou ses conseils sera puni de mort. Les comités de surveillance sont chargés tout spécialement de l'exécution de cette loi. Ils doivent, concurremment avec les Conseils généraux des communes, délivrer ou viser les certificats de civisme.

En fait, la loi ne fut pas appliquée partout, ni intégralement. Il fut très difficile de réunir cent votants par mille habitants. Dans le Morbihan, à Gacilly, il n'y eut que douze votants au lieu de 230, dans le Var, à Draguignan, 140 au lieu de 1.400... Aussi les comités ne se constituèrent-ils que très lentement. Dans le Calvados, sur 268 comités dont on conserve les archives, 27 seulement furent formés avant septembre 1793, dans la Seine-Inférieure, 9 sur 290, dans la Loire-Inférieure, 1 sur 48, dans la Creuse, 1 sur 6, de même dans la Sarthe ; dans le Puy-de-Dôme et les Alpes-Maritimes aucun !

D'autre part, beaucoup de comités, surtout dans les communes où ils étaient apparus spontanément avant le 21 mars 1793, — n'avaient pas été élus. C'est ainsi qu'à Nancy, le comité révolutionnaire, renouvelé le 2 avril 1793, est formé de 9 membres, choisis à raison de 2 dans chacun des 3 corps administratifs de la commune, du district, du département, de deux représentants de la société populaire, et d'un juge de paix. A Carcassonne, il comprend 8 membres choisis dans les mêmes administrations et la société populaire, par le conseil général du département. A Toulouse, le comité de surveillance est nommé par la Municipalité. A Montauban, c'est le « comité central des sections », constitué en septembre 1792, qui est prorogé, par ordre des représentants en mission Jean Bon Saint-André et Élie Lacoste, sous le nom de Comité de salut public. A Nantes, le conventionnel Philippeaux établit un comité formé de 6 membres choisis dans les administrations et de 2 élus par la « société populaire ». Il en est de même à Châteauroux, à Laval.

La crise fédéraliste surprit les « comités de surveillance » en pleine organisation. Un certain nombre d'entre eux manifestèrent leur hostilité aux Montagnards, parfois avant les administrations départementales. Ce fut le cas des comités de Nîmes, Lons-le-Saulnier, Dijon, Toulouse, Nevers, Bordeaux, Lyon. Un « comité révolutionnaire fédéraliste » fut créé à Marseille le 5 mai, d'autres à Avignon, Tarascon... Les « comités de surveillance départementaux » surtout, soutenaient l'insurrection. Ils s'arrogeaient un pouvoir discrétionnaire, analogue à celui des représentants en mission, ordonnaient perquisitions, réquisitions, arrestations... A Arras, les forces militaires sont même placées sous la coupe du comité révolutionnaire...

Aussi, le 6 juin 1793, Barère vint-il demander à la Convention, au nom du Comité de salut public la suppression de « tous les comités extraordinaires, autres que les comités de surveillance établis contre les étrangers, et les Comités de salut public maintenus provisoirement par le décret du 5 juin », et la défense à toute autorité constituée de reconnaître aucun de ces comités. Après discussion, la Convention repoussa le projet de Barère. Seuls les comités de surveillance de tendance nettement fédéraliste disparurent. Le comité du département de Paris vit même ses pouvoirs confirmés et augmentés le 8 juin. Il devait s'occuper de la mise en défense et de l'approvisionnement de Paris, de la surveillance des suspects. A ce titre, il poursuivit une centaine de délits d'ordre économique, 355 affaires politiques, et même des délits de droit commun; 37 des suspects arrêtés par lui devaient être condamnés à mort par le tribunal révolutionnaire. Ce comité, toutefois, ne manifesta pas dans le domaine social une activité bien caractérisée, il resta un organe essentiellement politique, superposé aux comités révolutionnaires des sections parisiennes.

Les comités révolutionnaires de province furent non seulement maintenus, mais leurs pouvoirs furent étendus par la loi des suspects, du 17 septembre 1793. Ils étaient désormais chargés de procéder à l'arrestation de tous les suspects, c'est-à-dire des partisans de la tyrannie et du fédéralisme, des ennemis de la liberté, des individus ne pouvant justifier de leurs moyens d'existence ni présenter un certificat de civisme, des fonctionnaires suspendus ou destitués, et naturellement des ci-devant nobles et des parents d'émigrés. Les comités de surveillance devaient apposer les scellés sur les papiers des suspects et envoyer au Comité de sûreté générale la liste des personnes arrêtées avec les motifs de l'arrestation. Les comités pouvaient même procéder à l'arrestation d'individus non compris dans les catégories énumérées par la loi, mais ils devaient, dans ce cas, inscrire les motifs de l'arrestation sur un registre spécial.

Beaucoup de comités montrèrent assez peu de zèle à procéder aux arrestations. A Carcassonne, 54 personnes furent arrêtées, à Nancy, 72, en plus des 89 qui avaient été déjà emprisonnées par ordre du Comité. A Nantes, en revanche, le comité mit dans la recherche des suspects un acharnement qui s'explique par la proximité du centre d'insurrection vendéen ; il fit emprisonner 4 à 5.000 suspects, dont 2.000 au moins devaient être mis à mort par noyade ou fusillade, sans compter ceux qui furent guillotinés.

Dans l'été de 1793, la plupart des comités de surveillance sont réorganisés, épurés par les représentants en mission. Les bourgeois, qui en étaient les maîtres, y sont remplacés par des sans-culottes, c'est-à-dire de petits artisans, fripiers, limonadiers, perruquiers, charcutiers. Les hommes de lois, qui jusqu'alors avaient été nombreux dans les comités, sont en partie éliminés.

La loi du 14 frimaire an II, précisa le rôle et les attributions des comités révolutionnaires : ils étaient désormais chargés de l'application des lois révolutionnaires et des mesures de salut public et de sûreté générale, concurremment avec les municipalités. Ils devaient rendre compte tous les dix jours de leur activité à l'agent national du district. Les président et secrétaire des comités révolutionnaires seraient renouvelés tous les quinze jours et ne pourraient être réélus qu'au bout d'un mois. Les membres des comités révolutionnaires seraient désormais nommés par les représentants en mission.

La loi du 14 frimaire interdit notamment tout « comité central révolutionnaire » ou toute « commission centrale » comme « subversive de l'unité d'action du gouvernement, et tendant au fédéralisme ». Ainsi, tous les comités de surveillance départementaux disparurent, sauf celui du département de Paris, qui subsista peut-être parce que Robespierre éprouvait de l'estime pour certains de ses membres, peut-être aussi parce qu'il rendait certains services. Toutefois, il déclina petit à petit. En floréal an II (mai 1794) il cessa de fonctionner, et il fut supprimé par le Comité de salut public le 21 messidor an II (9 juillet 1794).

La loi du 14 frimaire interdisait aussi aux comités d'établir des taxes sans l'approbation de la Convention. Le Comité de salut public définissait ainsi leur rôle : « Vous êtes les mains du corps politique, dont la Convention est la tête. »

Malgré la loi, beaucoup de communes ne se donnèrent pas de comités révolutionnaires, ou, lorsqu'elles en créèrent un, celui-ci ne fonctionna guère. Ainsi, le comité de Blesme (dans la Marne) ne se réunit que onze fois en six mois, et chaque fois pour constater que « n'ayant rien vu ni reconnu contre les lois », il pouvait lever la séance. Les membres des comités ruraux ne savaient souvent ni lire ni écrire : « Ils entravent plus la marche des lois, écrit un représentant, qu'ils ne concourent à leur exécution. » Aussi dès pluviôse (février 1794), plusieurs représentants en mission proposent-ils de ne laisser subsister de comités révolutionnaires que dans les chefs-lieux de canton.

Ce sont surtout les comités urbains qui manifestent de l'activité. Ils s'occupent de police politique, et parfois économique. Ils s'occupent de l'arrestation des suspects, de la délivrance des passeports et des certificats de civisme, de l'application du maximum. Parfois ils aident les municipalités à ravitailler la ville, et surveillent la levée des recrues. Ils sont chargés, en mars, de l'application des lois de ventôse sur le jugement des suspects et de l'attribution de leurs biens aux indigents. Nous étudierons ces lois plus loin. Qu'il nous suffise de dire ici que les comités révolutionnaires devaient envoyer au Comité de sûreté générale des tableaux contenant les noms de tous les détenus avec les caractéristiques de leur conduite depuis le premier mai 1789, et l'état de leurs biens : Certains comités s'empressèrent d'obéir, et prouvèrent ainsi leur zèle pour la nouvelle révolution sociale préparée par les robespierristes.

Le 21 messidor (9 juillet), les comités révolutionnaires reçoivent l'ordre de mettre en liberté tous les agriculteurs sauf ceux qui se sont rendus coupables de rébellion caractérisée. L'exécution de cette loi constitue en quelque sorte la contre-épreuve du zèle révolutionnaire des comités : ceux qui avaient envoyé le plus rapidement les états réclamés en ventôse mirent beaucoup de lenteur à libérer les agriculteurs. Les autres, au contraire, s'empressèrent d'ouvrir les portes des prisons aux paysans. Ce fut le cas des comités de Montargis, Pithiviers, Châlons-sur-Marne, Douai, Blamont (Meurthe), Caen, etc.

L'attitude des comités varie donc beaucoup d'une commune à l'autre. La majorité s'efforça de maintenir la justice, tout en veillant à l'exécution des mesures indispensables à la défense de la France et de la Révolution. Ce qui n'exclut pas l'existence de comités abusant de leurs pouvoirs. Le représentant Guimberteau destitue le comité révolutionnaire de Tours sous l'inculpation de pratiques dictatoriales. Les représentants Rovère et Poultier signalent que les comités du Vaucluse sont mal composés, que les commissaires font arrêter leurs ennemis personnels, afin de s'emparer de leurs biens. A Alès, trois membres du comité révolutionnaire assassinent un patriote pour le voler. Le représentant Paganel fait arrêter trois commissaires de Moissac, qui détournent à leur profit les taxes imposées aux citoyens. Certains comités sont d'ailleurs menés par des contre-révolutionnaires avérés, qui, par leurs excès s'efforcent de discréditer la Révolution, ou qui cherchent à se faire pardonner un passé douteux.

Ces comités toutefois sont de rares exceptions. Dans la plupart des communes, ils s'acquittent loyalement et honnêtement de leur lourde tâche.

Au lendemain du 9 thermidor, les comités durent mettre les suspects en liberté, lentement d'abord, puis de plus en plus massivement. Ils perdirent donc bientôt leurs raisons d'être. D'ailleurs, les représentants en mission étaient chargés de les épurer. Les membres des comités de l'an II, accusés d'être des « buveurs de sang » sont éliminés, parfois arrêtés et jugés, comme à Nancy, ou dans l'Ardèche. Les membres du comité révolutionnaire de Nantes, fameux pour sa responsabilité dans les massacres de suspects, sont traduits devant le Tribunal révolutionnaire de Paris, mais tous acquittés, le tribunal ayant rejeté sur le seul Carrier la responsabilité des excès commis. Le comité révolutionnaire de la section parisienne du Bonnet-Rouge est aussi envoyé devant le tribunal révolutionnaire sous l'inculpation de falsification de procès-verbaux. Dix de ses membres, sur douze, se voient condamnés à vingt ans de travaux forcés et à l'exposition au pilori.

La loi du 7 fructidor an II (24 août 1794), supprima d'ailleurs les comités révolutionnaires des communes qui, n'étant pas chefs-lieux de districts, possédaient moins de 8.000 habitants. A Paris, le nombre des comités révolutionnaires fut réduit de 48 à 12, soit un par *arrondissement* de quatre sections. Les comités maintenus restaient composés de douze membres. Ceux-ci devaient être renouvelés par moitié tous les trois mois. Aucun fonctionnaire ne pouvait siéger dans un comité révolutionnaire.

Les comités conservaient le droit de lancer des mandats d'arrêt, mais ils devaient interroger les prévenus dans les vingt-quatre heures et leur faire connaître, dans les trois jours, les raisons de leur arrestation, et en informer aussitôt le Comité de sûreté générale.

Pendant l'an III, les comités procédèrent surtout à l'arrestation de prêtres réfractaires. Ils continuèrent à s'occuper des subsistances, dont la rareté et les hauts prix provoquaient un peu partout des troubles.

Le 1er ventôse an III (19 février 1795), le nombre des comités fut encore réduit. Une loi spécifiait qu'à dater du 1er germinal, il n'y en aurait plus que dans les communes de plus de 50.000 habitants. Encore la Convention leur interdit-elle, le 24 prairial (12 juin), de porter le qualificatif de « révolutionnaire » ; ils devaient s'appeler simplement « comités de surveillance ». Les derniers comités de surveillance disparurent avec la Convention elle-même lors de la mise en application de la constitution de l'an III.

Au total, les comités de surveillance semblent avoir bien rempli leur rôle. On peut souscrire pleinement au jugement que Robert Lindet portait sur eux en pleine période thermidorienne : « On ne doit jamais oublier les services qu'ils ont rendus à la république, ils ont porté les derniers coups à l'aristocratie ; ils ont comprimé les ennemis de l'intérieur, ils ont affermi la tranquillité publique. »

A partir du 10 août 1792, les sociétés populaires ont de plus en plus tendance à devenir des organes officiels. Elles seront les auxiliaires indispensables du gouvernement révolutionnaire.

A Paris, les clubs de quartiers, tels que celui des Cordeliers, existent encore, mais ils en viennent petit à petit à se confondre avec les assemblées générales de section. Le club des Cordeliers perd son importance lorsque ses principaux chefs deviennent des membres influents des Jacobins. Les Jacobins de Paris abandonnent leur titre de « Société des amis de la Constitution » pour prendre, le 21 septembre 1792, celui de « Société des Jacobins, amis de la liberté et de l'égalité ». En province aussi, les sociétés se rassemblent, s'unifient. Bientôt, il n'existe plus, dans chaque commune, qu'une seule société populaire, affiliée aux Jacobins de Paris. Elle réunit les éléments les plus montagnards de chaque localité — ce qui ne veut pas dire qu'elle se compose de prolétaires.

Le nombre des membres des sociétés populaires diminue en 1793 : A Beauvais, ils ne sont plus que 141, contre 390 dans la période précédente, à Bergerac 338 au lieu de 901, à Colmar 302 contre 1.038, à Orléans 130 sur 800... Ils représentent à la campagne 8,5 % de la population, 2,2 % seulement dans les villes.

Les artisans sont les plus nombreux (28 % du total des membres), ensuite viennent les petits commerçants (17 %) les paysans (10 %), les marchands (8 %), les gens de loi (7 %), les fonctionnaires (7 %), les membres des autres professions libérales (7 %). Le clergé, l'armée, ne sont que faiblement représentés (2 % pour chacune de ces catégories). Par rapport à la période précédente, on constate une augmentation du nombre des artisans, des petits commerçants et des paysans.

La plupart des Jacobins sont des gens aisés, certains même sont riches. Plus de la moitié paient des impôts, et la moyenne des impôts payés par eux est plus forte que celle qui est payée par les autres habitants de la commune. Les Jacobins riches ne s'étaient pas enrichis pendant la Révolution ou grâce à elle. On trouve leurs noms sur les rôles des vingtièmes de l'ancien régime. Mais beaucoup ont utilisé leur fortune pour acheter des biens nationaux : 21 % des Jacobins sont acquéreurs de biens nationaux ; mais ils ne forment que la moitié des acheteurs. Ainsi, les Jacobins se recrutent essentiellement dans la petite bourgeoisie, l'artisanat et la paysannerie aisée. Le manœuvre de la ville ou des champs n'est pas membre de la société populaire.

Les Jacobins ont joué un grand rôle dans la vie du pays jusqu'au 9 thermidor. Après la chute de Robespierre, leur importance diminue rapidement.

A Paris, Montagnards et Girondins s'affrontent à la Société des Jacobins, avant de se heurter à la Convention. La Société prétend exercer une surveillance réelle sur le député. Elle estime en effet que le mandataire est, *a priori*, enclin à l'infidélité parce que l'exercice de tout mandat comporte une part d'avantages personnels dont l'acquisition entame à la longue l'intégrité première des mieux intentionnés. Les Jacobins, eux-mêmes, « s'épurent » périodiquement, et rejettent ceux qui cessent d'être dans la ligne ; ils forment une véritable église, très intolérante, mais dont l'idéal reste pur et noble, et dont le dynamisme est un des moteurs de la Révolution.

Aussi les Jacobins finissent-ils par éliminer de leurs rangs tous les modérés. Ils réclament de la Convention la peine de mort pour Louis XVI, puis l'éviction des Girondins. Lorsque celle-ci est acquise, le 2 juin 1793, le club parisien se borne à préparer les débats de la Convention. Loi des suspects, lutte contre les factions, mesures contre les prêtres réfractaires, déchristianisation, toutes ces grandes décisions du gouvernement révolutionnaire sont discutées aux Jacobins avant de l'être à l'Assemblée. Robespierre est plus influent aux Jacobins qu'à la Convention ou au Comité de salut public. Couthon déclare : « La Convention ne serait forte qu'à demi, si elle n'était pas composée de Jacobins. »

Les Jacobins de province groupés dans les « sociétés populaires », jouent naturellement un rôle différent. Ils n'atteignent pas à la pleine unanimité. Au début de 1793, un assez grand nombre de ces sociétés manifestent des sentiments régionalistes. Il en est ainsi à Brive, Vienne, Aurillac, Rodez, Perpignan. Les sociétés du Puy, de Lisieux, de Libourne, de Cherbourg vont même jusqu'à rompre avec la société-mère. Mais les montagnards se renforcent bientôt dans les sociétés populaires provinciales. A partir du 15 août, la majorité d'entre elles expédie à Paris des pétitions antigirondines, et bien peu protestent contre le 2 juin. Citons parmi ces dernières les sociétés d'Auch, Agen, Pau, Tarbes, qui se réunissent même en congrès régional. A Bordeaux, le club national montagnard est dissous par les Girondins, maîtres de la société rivale. Les clubs de Niort, Saint-Brieuc, Vannes, Rouen, Bourg-en Bresse, Montpellier, manifestent aussi des tendances fédéralistes. Dans les départements du Nord et du Pas-de-Calais, on voit se former également quelques fédérations de sociétés populaires. Mais bientôt, la plupart d'entre elles se rallient à la Montagne. Un rapport de police du 25 juin 1793 estime à plus de 800 celles qui ont à cette date, donné leur adhésion. Le vote de la Constitution de 1793 rallie les dernières sociétés encore hésitantes.

Dès lors, les sociétés populaires deviennent les auxiliaires du gouvernement et des représentants en mission. Certes, elles ne manifestèrent jamais une uniformité absolue d'opinion, certaines — Carcassonne, Moulins, Nancy, Jonzac, Dunkerque — penchèrent vers les hébertistes et les enragés, d'autres, au contraire, — Auch, Sedan, Angers, Aurillac, — inclinèrent vers les indulgents, mais aucune ne fit plus d'opposition ouverte à la Convention. Dès le 13 juin, la Convention avait interdit aux autorités d'empêcher la réunion des sociétés populaires. Le 25 juillet, elle vote un décret qui punit de cinq ans de fer ceux qui tenteraient de faire obstacle à la réunion d'une société ou de la dissoudre. Le 13 septembre, elle les invite à lui dénoncer tous les fonctionnaires ou agents infidèles. Deux mois plus tard, le 23 brumaire (13 novembre), elle accroît encore leur participation à l'administration en leur demandant de lui désigner les citoyens les plus compétents et les plus patriotes pour remplir les fonctions publiques. Le décret du 14 frimaire (4 décembre) précisera que les sociétés populaires doivent être consultées par les représentants en mission sur chaque épuration. Le Comité de salut public leur écrit, dans une circulaire le 16 pluviôse an II (4 février 1794) : « Vous serez nos plus puissants auxiliaires... Dévoiler l'intrigue qui a souillé les fonctions publiques..., écraser les dernières têtes de la trahison..., dénoncer et l'agent infidèle... et le lâche déserteur... et l'être corrompu qui vend sa pensée... ; exercer aussi un autre genre de dénonciations... l'indication des vertus qui se plaisent dans l'obscurité, voilà ce que la Convention, ce que le Comité de salut public... attendent de vous. » Les sociétés populaires devaient être les « arsenaux de l'opinion publique ».

Effectivement, il n'y eut pas une épuration de fonctionnaires sans que les sociétés populaires fussent consultées par les représentants en mission. Tous les agents du pouvoir exécutif, envoyés du Comité de salut public ou du Conseil exécutif, conventionnels en mission, agents nationaux, s'adressent avant tout aux sociétés populaires. Parfois, ils entrent en conflit avec elles. Le Bon a des démêlés avec celles du Pas-de-Calais, Pflieger avec la Société de Nancy, Duquesnoy avec celle de Metz, Garnier de Saintes avec le club du Mans. Mais ce sont des cas assez exceptionnels. Au contraire, les sociétés populaires, au printemps de 1794, empiètent de plus en plus sur les pouvoirs administratifs, délivrent des certificats de civisme, des passeports, s'immiscent dans l'organisation du ravitaillement. En thermidor, dans beaucoup de localités, les sociétés populaires dominent complètement les administrations publiques.

La chute de Robespierre devait fatalement entraîner le déclin rapide de la Société des Jacobins de Paris qui avait été son plus ferme soutien. Les portes des Jacobins furent d'ailleurs fermées dès le 10 thermidor par Legendre, l'ancien ami de Danton, elles sont rouvertes le 11, mais le club n'aura plus désormais qu'une vie précaire.

En province, les sociétés populaires ne comprirent pas tout de suite la signification du 9 thermidor. Comme elles l'avaient fait lors de la chute des hébertistes ou des dantonistes, elles adressèrent à la Convention des lettres de félicitations plus ou moins hyperboliques ; mais elles se ressaisirent vite et s'efforcèrent de rester fidèles à l'idéal robespierriste. Les Jacobins de Paris, après un moment de stupeur se reprennent eux aussi. Ils demandent « un gouvernement qui ne soit plus à la manière des modérés, ni à la manière des continuateurs de Robespierre, mais qui comprime les fripons, les hommes corrompus, tous les ennemis du peuple, et qui protège l'innocence ».

La correspondance entre les clubs connaît un regain d'activité. La Société de Dijon s'élève contre l'élargissement des suspects. Celles d'Auxerre, Thonon,

Ligny-sur-Serain (Yonne), Aigueperse, Bergerac, Caussade, Versailles, Draguignan, Agde, etc., s'opposent à la politique réactionnaire de la Convention thermidorienne.

Alors, l'Assemblée se fâche. Le 25 vendémiaire an III (16 octobre 1794), elle interdit « toute affiliation, agrégation, fédération, toute correspondance entre sociétés », comme « subversives du gouvernement et contraires à l'unité de la république... ». Les adresses collectives ne seront plus acceptées. De plus, les Jacobins feront l'objet d'une surveillance administrative, la liste de leurs membres devra être adressée aux agents nationaux des communes et des districts. Le vote de ce décret enhardit encore les députés hostiles aux clubs. Ils obtiennent des comités de gouvernement, le 21 brumaire (11 novembre 1794), la fermeture de la salle des Jacobins de Paris.

Les sociétés populaires de province n'étaient pas frappées. Mais la Convention s'efforçait de les transformer, d'en modifier l'esprit. Les représentants en mission les épurent, y font entrer les modérés. Ailleurs, devant la réaction, elles cachent leurs sentiments. Certaines néanmoins, ont le courage de protester contre la fermeture du club parisien. Ainsi fit-on à Saint-Renan (Finistère), à Cosne (Nièvre). Le 9 nivôse (29 décembre 1794), le député Michaud proposa de décréter que « les sociétés populaires n'avaient cessé de bien mériter de la patrie », mais la Convention passa à l'ordre du jour sans voter la motion.

L'hostilité contre les Jacobins grandissait. Sans cesse, les représentants en mission signalent que les clubs demeurent des foyers de robespierrisme, ils dénoncent notamment les sociétés de Montbrison, Auxerre, Lille, Lodève, Amiens, Montdidier, Agde, Sète, Béziers, Toulouse. Mailhe, député de la Haute-Garonne en butte à l'hostilité des Jacobins de Toulouse, déclare à la Convention que ceux-ci ont le front de prétendre « qu'ils sont le peuple souverain », qu'ils s'organisent « en puissance rivale et oppressive » des représentants, et, « au nom de la Nation, étendent un sceptre de fer sur la nation tout entière ». En conclusion, il propose la fermeture de toutes les sociétés populaires (6 fructidor, 23 août 1795). La Convention décide, séance tenante, que « toute assemblée connue sous le nom de club ou de société populaire est désormais dissoute ».

Les clubs jacobins disparaissent officiellement. Les réunions clandestines continuent, notamment à Grenoble, Toulouse, Riom. L'esprit jacobin restera vivant pendant toute la période du Directoire ; il prendra même un nouvel essor et rayonnera dans les pays voisins occupés par les troupes françaises, Italie, Suisse, Allemagne. Seul, Bonaparte, sous le Consulat, lui portera une sérieuse atteinte.

A côté des comités révolutionnaires et des sociétés populaires, les armées révolutionnaires furent une des plus curieuses institutions spontanées de l'an II. Quoique nous n'ayons pas l'intention d'étudier ici les institutions militaires, il nous faut examiner l'organisation, et l'action de ces armées, dans la mesure où elles ne furent que des instruments de police politique, sans participer pour autant à la lutte contre les ennemis de l'extérieur.

La Convention, le jour même de l'insurrection du 2 juin, décrétait le principe de la formation à Paris d'une armée de 6.000 hommes dans laquelle pourrait servir tout citoyen muni d'un certificat de civisme. Chaque soldat recevrait la haute-paie de 40 sous par jour. Mais ce n'était qu'un principe ; il ne fut suivi d'aucune mesure d'exécution.

Le 4 septembre 1793, Chaumette demande à la Commune de Paris la mise en activité de cette armée. Le corps municipal envoie une adresse à la Convention, précisant que l'armée révolutionnaire devra « déjouer les manœuvres des égoïstes et des accapareurs, les livrer à la justice et terminer enfin la lutte impie que les contre-révolutionnaires ont établie contre les bons citoyens... ». Chaumette qui lit l'adresse à la barre de la Convention demande en outre que l'armée révolutionnaire soit accompagnée d'un tribunal incorruptible et d'une guillotine. La Société des Jacobins appuie la pétition de la Commune. La Convention décide que l'armée révolutionnaire sera incessamment recrutée, qu'elle se composera de 6.000 hommes et 1.200 canonniers, et qu'elle sera destinée à « comprimer les contre-révolutionnaires, à exécuter partout les lois révolutionnaires, et protéger le transport des subsistances ». Le 9 septembre, la Convention précise que chaque section parisienne établira la liste des citoyens de 25 à 40 ans. Une Commission composée de six membres du conseil général du département et de six membres du Conseil général de la commune devra statuer sur le civisme des engagés. Les officiers et sous-officiers des compagnies seront élus, les officiers des états-majors de bataillons seront nommés par le Conseil exécutif, et confirmés par le Comité de salut public. Léonard Bourdon demande le même jour aux Jacobins qu'on forme une armée révolutionnaire dans chaque département, mais cette proposition est écartée comme « tendant au fédéralisme ».

L'armée révolutionnaire parisienne est bientôt sur pied. On l'emploie à faciliter les réquisitions de grains et à dissiper, fin octobre, quelques attroupements contre-révolutionnaires dans les environs de Paris, notamment à Auteuil. Un détachement de 2.000 hommes est envoyé à Ville-Affranchie (Lyon). Il contribua à y répandre la terreur, exécuta les fusillades, et les mitraillades ordonnées par Fouché et Collot d'Herbois.

Quoique la Convention n'ait jamais décrété que la levée d'une armée révolutionnaire parisienne, beaucoup d'autres armées révolutionnaires surgirent spontanément dans une trentaine de départements : le 9 septembre, une armée révolutionnaire de mille hommes est mise sur pied à Orléans. Elle doit punir les contre-révolutionnaires, aussi se fait-elle suivre d'une guillotine ambulante. A Tours, le 16 brumaire (6 novembre), le représentant Guimberteau crée une armée révolutionnaire. Les représentants Châles et Isoré décident, le 13 brumaire (3 novembre), que le département du Nord aura aussi son armée révolutionnaire. Les soldats porteront le bonnet rouge. Ils seront accompagnés d'un tribunal pour juger « les ennemis des sociétés populaires, les faux patriotes, les fanatiques, les accapareurs, et les banqueroutiers ». A Nantes, la compagnie Marat organisée par le Comité révolutionnaire est une petite armée révolutionnaire ; elle se rend tristement célèbre par ses excès.

Dans le Lot, c'est le 13 mai 1793, avant donc que la question ait été portée à la tribune de la Convention, qu'une armée révolutionnaire de trois bataillons est créée : Elle est envoyée en septembre dans la région de Gourdon, où elle arrête quelques suspects. En octobre, elle réprime des troubles dans le département de l'Aveyron...

Les armées révolutionnaires furent les instruments des « hébertistes » et des « enragés ». On leur reprocha aussi d'être le refuge de tous ceux qui voulaient esquiver le vrai danger, de tous ceux qu'on appellerait aujourd'hui des « embusqués », qui évitaient ainsi d'aller au front combattre les ennemis de l'extérieur et qui touchaient de plus la haute paie de 40 sous par jour. Le 4 frimaire (24 novembre), le Comité de salut public écrit au représentant en mission Paganel de se méfier de ces armées, car elles pouvaient devenir « une force de terreur dont on abuserait contre la liberté même ». Il recommande à plusieurs représentants en mission de dissoudre les armées révolutionnaires. La loi du 14 frimaire (4 décembre 1793) généralise la mesure : il ne devra plus y avoir désormais que l'armée révolutionnaire centrale, c'est-à-dire celle qui avait été levée à Paris par ordre de la Convention. Un décret du 27 frimaire (17 décembre) précise même que tout citoyen incorporé dans une des armées dissoutes et qui ne remettrait pas dans les vingt-quatre heures ses armes à la municipalité du lieu où il se trouve serait puni de dix ans de fers et même de mort, s'il était officier.

L'armée révolutionnaire centrale ne devait plus vivre bien longtemps. Après l'exécution des hébertistes, le 7 germinal (27 mars 1794) Barère présenta à la Convention un rapport sur l'armée révolutionnaire centrale. Elle a fait, dit-il, du bien et du mal. « Elle fut souvent utile pour apaiser quelques émeutes, dans certains départements ; elle fut quelquefois contraire au but de son établissement par les inspirations des chefs... Elle a apaisé quelques troubles par sa fermeté ; elle a excité le fanatisme par quelques abus... » Mais Barère estimait qu'elle était une institution antidémocratique au premier chef, car elle supposait « deux classes de soldats, deux genres de citoyens ». Et il concluait : « L'armée révolutionnaire est vicieuse sous le rapport de l'égalité ; elle est dangereuse sous le rapport d'une armée attachée à un chef ou à une assemblée ; elle est incohérente avec nos principes parce qu'elle établit deux espèces de soldats et deux classes de citoyens. » La Convention décida le licenciement immédiat de l'armée révolutionnaire centrale. Ses membres pouvaient soit rentrer chez eux, soit servir dans les armées régulières.

III

LES AGENTS DE LIAISON

Pour imposer l'unité d'action à des organes administratifs aussi variés, il était indispensable que le gouvernement fût sans cesse renseigné sur leur activité par des agents munis de pleins pouvoirs, chargés notamment de redresser les abus et de réformer les décisions administratives contraires à la ligne générale qu'il entendait suivre. C'est dans ce dessein qu'il envoya des commissaires en mission. Pour répandre partout les principes qu'il entendait suivre, il fallait aussi que le gouvernement non seulement adressât de fréquentes circulaires aux administrations, mais usât d'une propagande constante par la voie de la presse surtout.

L'envoi en province de commissaires munis de pleins pouvoirs n'a pas été une innovation révolutionnaire. La monarchie absolue avait coutume d'entretenir dans les généralités et auprès des armées des « commissaires » chargés de surveiller la gestion administrative des « officiers » et de faire exécuter dans les régions les plus éloignées de Paris les volontés royales. Les intendants avaient été les plus célèbres de ces « commissaires départis pour la justice, police et finance ».

La Constituante avait imité la monarchie absolue en envoyant deux de ses membres en mission à Nancy le 3 septembre 1790, pour enquêter sur la mutinerie militaire qui avait éclaté en août dans cette ville. D'autres commissaires furent expédiés dans les départements au moment de la fuite à Varennes.

La Législative, après un débat assez vif, le 2 novembre 1791, décida que certains de ses membres iraient en mission aux frontières et aux armées. Le nombre des commissaires de la Législative en mission augmenta après le 10 août.

---

1. DOCUMENTS ET OUVRAGES A CONSULTER. — Sur les commissaires en mission, A. Aulard, *La grande mission du 9 mars 1793*, dans *La Révolution franç.*, t. XVIII (1889,) p. 339-345 ; du même, *Les représentants en mission*, dans *La Révolution franç.*, t. XXV (1893), p. 265-271 ; t. XXXVIII (1900), p. 334-339 ; P. Caron, *Les missions du Conseil exécutif provisoire et de la commune de Paris dans l'est et le nord (août-novembre 1792)* (Paris, 1947, in-8°) ; du même, *La première Terreur*, I, *Les missions du Conseil exécutif provisoire et de la Commune de Paris* (Paris, 1950, in-8°) ; Parmi les très nombreuses monographies de conventionnels, on retiendra, pour l'étude de leurs missions : Bliard, *Le conventionnel Prieur (de la Marne), en mission dans l'ouest* (Paris, 1906, in-8°) ; (voir les comptes rendus, par Lévy-Schneider dans *La Révolution française*, t. LII (1906), p. 269-281, et dans la *Revue d'histoire moderne et contemporaine*, t. VIII (1906-7), p. 515-526 et 640-645 ; S. Blum, *La mission d'Albert dans la Marne, en l'an III*, dans *La Révolution franç.*, t. XLIII (1902), p. 417-442, et t. 45 (1903), p. 193-232 ; Gaston Martin, *Carrier et sa mission à Nantes* (Paris, 1922, in-8°) ; Gaffarel, *La mission de Maignet en l'an II* (Aix, 1912, in-8°) ; L. Jacob, *Joseph Lebon* (Paris, 1934, 2 vol. in-8°) ; H. Libermann, *Les commissaires de l'Assemblée législative et de la Convention, depuis la révolution du 10 août 1792 jusqu'en avril 1793*, thèse de droit (Paris, 1926, in-8°) ; L. Madelin, *Fouché* (Paris, 1901, 2 vol. in-8°) ; Mathiez, *Le lendemain du 10 août*, dans les *Annales histor. de la Révolution franç.*, ann. 1934, p. 385-402 ; L. Meunier, *Albitte, conventionnel en mission*, dans les *Annales historiques de la Révolution franç.*, ann. 1946, p. 49-66 et 238-277 ; H. Wallon, *Les représentants du peuple en mission et la justice révolutionnaire dans les départements* (Paris, 1889-95, 5 vol. in-8°). — QUESTIONS A ÉTUDIER : Si les missions des conventionnels sont, en général, assez bien connues, les missions des divers agents du pouvoir exécutif sont encore à peu près ignorées. M. Pierre Caron a tracé la voie dans les ouvrages cités ci-dessus, il conviendrait de continuer ses études au delà de novembre 1792.

En même temps, le « Conseil exécutif provisoire » et la Commune de Paris envoyaient aussi des commissaires en mission dans les départements et aux armées.

La Convention allait maintenir cette tradition, et la développer. Elle enverra des représentants en mission. Mais le « Conseil exécutif provisoire » et le Comité de salut public continueront pendant un certain temps à entretenir en province des agents ou commissaires en mission.

Deux jours après sa première réunion, le 22 septembre, la Convention envoyait trois de ses membres à Orléans, où avaient eu lieu des désordres provoqués par le défaut de ravitaillement. Le 24 septembre, la Convention autorise ses commissaires à « rétablir l'ordre » partout où il sera troublé, et leur donne toute l'autorité nécessaire pour « prononcer provisoirement la suspension, soit des officiers des états-majors, soit de tous autres officiers civils ou militaires dont le remplacement leur paraîtra nécessaire ; faire mettre en état d'arrestation les personnes qu'ils jugeront suspectes... ; requérir la force publique, soit pour l'exécution des lois, soit pour celle des ordres qu'ils auront donnés eux-mêmes... ». La Convention enjoint en outre aux autorités civiles et militaires d'obéir aux ordres de réquisition...

A la fin de septembre, les missions se multiplient. Le 20 septembre, six représentants sont envoyés dans le département du Nord, « avec pouvoirs illimités, pour assurer le bon ordre... et faire à cet égard telles destitutions et remplacements qu'ils jugeront à propos... ». Au début de 1793, la Convention couvre de représentants en mission l'ensemble du territoire français. A cet effet, le 9 mars, elle divise le pays en 41 sections, de deux départements chacune (exception faite du département de Paris et de quelques départements frontières). Dans chaque section, deux représentants seront chargés essentiellement d'activer la levée de 300.000 hommes, mais aussi de rétablir l'ordre et de suspendre provisoirement les fonctionnaires qui leur paraîtront suspects. Les décrets des 9 et 30 avril firent des représentants en mission aux armées une institution permanente. Mais leur rôle n'était pas uniquement militaire. Ils devaient aussi prendre contact avec les administrations, les sociétés populaires, les « bons citoyens » ; activer la rentrée des contributions, développer les ressources locales.

Les représentants en mission sont un organe de liaison entre le gouvernement central et toutes les autorités révolutionnaires locales. Il leur incombe d'établir l'unité dans le gouvernement, de « lier toutes les parties, tous les intérêts, de les diriger vers le même but, les préparer à recevoir la même impulsion et le même mouvement... ».

Le 16 août 1793, la Convention envoie 18 de ses membres en province avec mission de renouveler les corps constitués, en en excluant les fédéralistes. Le 7 septembre, la Convention déclare que les arrêtés des représentants en mission ont valeur de « lois provisoires, tant que le Comité de salut public ne les a pas dénoncés comme contraires aux principes ».

J. GODECHOT

Les représentants en mission s'occupent donc de tout, et, comme les circonscriptions territoriales dont ils sont chargés sont fort étendues, ils délèguent souvent leurs pouvoirs à des agents, qui, parfois mal choisis, abusent de leur omnipotence et deviennent de véritables tyranneaux.

A côté des représentants en mission et de leurs délégués, on rencontre encore en province durant le printemps et l'été 1793 d'autres commissaires du pouvoir central : les agents du Comité de salut public, et les commissaires du Conseil exécutif.

Le 15 avril 1793 en effet, le Comité de salut public a décidé d'envoyer neuf agents secrets dans les départements pour contrôler les corps administratifs. Ces agents doivent faire connaître au Comité l'esprit public, l'état des armées, des administrations, des tribunaux, des sociétés populaires, l'état des subsistances, de l'agriculture, du commerce, des manufactures. Par la suite, le Comité de salut public expédie d'autres agents en province. Par exemple M.-A. Jullien, chargé d'inspecter Avignon, Marseille, Lyon, ainsi que les grands ports de la Manche et de l'Océan. Jullien a le droit de « requérir au besoin l'assistance des autorités constituées et l'emploi de la force publique » ; mais, sauf le cas d'urgence, il doit en référer d'abord aux représentants en mission.

Quant aux commissaires du Conseil exécutif, c'est depuis le 15 août 1792 qu'ils sillonnent la France. D'abord, ils sont envoyés dans les départements frontières, — et même en missions secrètes à l'étranger. Puis, le 3 mai 1793, le Conseil exécutif divise la France en 29 régions et attache deux commissaires à chacune d'elles. Leur rôle consiste à « observer tout ce qui se passe autour d'eux, étudier les choses et les individus, et transmettre journellement le résultat de leurs observations ».

Naturellement, représentants en mission, délégués des représentants, commissaires du Conseil exécutif, agents du Comité de salut public ne pouvaient vivre en bonne intelligence. Les conflits entre tous ces délégués du gouvernement étaient fréquents. Le 29 mai 1793, les représentants Ferry et Louis, en mission à l'armée du Rhin se plaignent des commissaires du Conseil exécutif, et prennent un arrêté pour leur défendre d'exercer leurs pouvoirs sur les territoires occupés par l'armée avant d'avoir obtenu le visa des représentants. Le 15 octobre, Rovère et Poultier, en mission dans le Gard et à Avignon dénoncent les commissaires du Conseil exécutif : « Nous pensons que c'est avilir les lois que de déléguer une mission quelconque à des hommes pareils... »

Le Comité de salut public avait fait limiter le 18 mai les pouvoirs des commissaires du Conseil exécutif aux armées : ils étaient subordonnés aux conventionnels en mission à qui ils devaient présenter leurs commissions et passeports. Mais, dans les départements, les conflits d'attribution continuaient. Le 23 août, en envoyant 18 de ses membres en mission, la Convention avait spécifié que tous les agents du Conseil exécutif seraient rappelés. Mais cet ordre ne semble pas avoir été exécuté.

La loi du 14 frimaire an II, qui s'efforça de mettre de l'ordre dans les institutions révolutionnaires, précisa les pouvoirs des représentants en mission et limita ceux des autres commissaires.

Les représentants en mission devaient correspondre, au moins tous les dix jours avec le Comité de salut public. Ils ne pouvaient suspendre et remplacer les généraux que provisoirement, et devaient en avertir le Comité dans les vingt-quatre heures. Ils ne pouvaient entraver ni arrêter l'exécution des mesures prises par le Comité. Ils avaient le droit d'avoir des agents, mais ceux-ci devaient se borner strictement à faire exécuter les mesures révolutionnaires et de sûreté générale, ainsi que les réquisitions et arrêtés des représentants qui les avaient nommés. Les pouvoirs des agents du Comité de salut public ont les mêmes limites que ceux des représentants en mission. Le Conseil exécutif conserve le droit d'envoyer des agents dans les départements, aux armées et à l'étranger, mais il doit en soumettre préalablement la liste au Comité de salut public, et ces agents sont tenus de rendre compte de leurs opérations aux représentants en mission les plus voisins.

Mais les représentants en mission s'efforcent d'éliminer leurs concurrents, agents du Conseil exécutif ou du Comité de salut public. Le 27 frimaire (17 décembre), la Convention prescrit aux accusateurs publics de poursuivre, et de punir conformément au code pénal « tout commissaire, agent ou délégué des représentants du peuple, du Conseil exécutif, du ministre de la guerre ou autres, qui, depuis la révocation de ses pouvoirs prononcée, soit par des décrets de la Convention nationale, soit par des arrêtés du Comité de salut public, soit par toute autre autorité investie de ce droit, aura continué ou continuerait ci-après l'exercice de ses fonctions ». Ce décret fut voté à la suite de la dénonciation de plusieurs commissaires accusés notamment, l'un d'avoir intercepté le courrier d'un représentant, l'autre d'avoir arrêté en personne un représentant. Quelques décades plus tard, la loi du 23 ventôse (13 mars) interdit toute mission qui n'aurait pas obtenu, au préalable, l'agrément du Comité de salut public, et rappelle tous les commissaires alors en fonction. La suppression du Conseil exécutif, le 12 germinal (1er avril), entraîne *ipso facto* la disparition de ses délégués.

Ainsi, au printemps de 1794, seuls les représentants du peuple sont pratiquement envoyés en qualité de commissaires aux armées ou dans les départements, et la loi du 22 prairial (10 juin) augmente encore leurs pouvoirs, puisqu'elle leur donne le droit de traduire des accusés devant le tribunal révolutionnaire. Malgré cette unification des agents de liaison, la coordination de leur action avec celle du gouvernement n'est pas toujours satisfaisante. Nombreux sont les représentants en mission qui se plaignent d'être laissés sans instructions, de ne pas même être tenus au courant des mesures prises par la Convention ou le Comité de salut public ; Gaston, dans les Pyrénées-Orientales, et, ailleurs, Ingrand et Mallarmé se plaignent de ne pas même recevoir le *Bulletin* de la Convention. Malgré cela, le Comité de salut public surveille les représentants en mission ; il réprimande Crassous d'avoir nommé des délégués en Seine-et-Oise, et Roux-Fazillac d'avoir laissé, contrairement à la loi, des comités révolutionnaires lever des taxes sur les riches.

Il est très difficile de caractériser dans son ensemble l'action des représentants en mission. Les uns se montrèrent des révolutionnaires intolérants et furent les artisans de la terreur ; les autres — et ils sont la majorité — furent des modérés et s'efforcèrent de faire régner la justice. Leur activité fut fonction non seulement de leur tempérament, mais surtout des circonstances locales. Les représentants violents sont les plus célèbres, les mieux connus. Ce sont Bernard et Guimberteau, qui, dès mars 1793, manifestent un grand zèle dans l'arrestation des suspects de la Charente-Inférieure ; Laplanche, qui, en septembre, fait arrêter en une heure tous les suspects d'Orléans, Laignelot et Lequinio qui établissent à Rochefort un tribunal révolutionnaire, en novembre 1793, et ordonnent de fusiller sans jugement, à Fontenay-le-Peuple, 5.000 prisonniers vendéens. Joseph le Bon, en mission dans le Nord et dans le Pas-de-Calais lutta avec vigueur contre le fédéralisme et la contre-révolution. Plus de 550 suspects périrent à la suite des mesures rigoureuses qu'il prit, mesures souvent justifiées par la proximité de l'ennemi. Carrier séjourne à Nantes, d'octobre 1793 à février 1794. On l'a rendu responsable des horribles massacres et des noyades au cours desquelles plus de 3.500 personnes furent mises à mort. M. Gaston Martin s'est efforcé de démontrer que Carrier, très préoccupé par la guerre de Vendée avait laissé faire le comité révolutionnaire : celui-ci aurait outrepassé les ordres du représentant en faisant noyer les suspects sans jugement. Mais c'est peut-être grâce à Carrier que l'insurrection vendéenne fut circonscrite, à un moment particulièrement critique pour la France.

Fouché le dispute en violence à Carrier. Envoyé à Lyon avec Collot d'Herbois, en octobre 1793, il fait mitrailler les individus condamnés à mort par la commission révolutionnaire. En Provence, Barras et Fréron ont une conduite aussi dure. Mais tous ces représentants sanguinaires sont bientôt rappelés par le Comité de salut public, et c'est parce qu'il leur reprochait leurs excès et annonçait leur mise en jugement que Robespierre fut renversé par eux le 9 thermidor.

Mais, à côté de ces violents, les représentants en mission furent, en majorité, des agents efficaces et justes du gouvernement révolutionnaire. Il n'est pas dans notre programme d'examiner ici l'activité, couronnée de succès, des représentants aux armées. Elle sera étudiée en un autre volume en même temps que les institutions militaires. Mais notons, par exemple, l'état d'esprit de Rovère et de Poultier, qui écrivent au Comité de salut public le 15 octobre 1793 : « En apprenant les mesures révolutionnaires que la Convention prend pour le salut du peuple, parce qu'elles sont calculées avec sagesse et employées avec précaution, nous ne pouvons vous dissimuler que nous détestons les maximes sanguinaires et exagérées, parce qu'elles perdront le peuple et le livreront à la tyrannie. » Le 14 brumaire (4 novembre) le représentant Maure écrit : « Vous ne désapprouverez pas celui qui n'emploie que la douce persuasion au lieu de la force pour amener les réformes nécessaires... Les réformes amenées par la force et la terreur ne sont pas aussi durables que celles qui sont l'effet de l'instruction... » Le Comité de salut public, qui, par une active correspondance, était en rapport avec tous les représentants en mission s'efforçait de rendre leur action homogène, réprimandant les uns, excitant les autres, rappelant les violents, stimulant les timides. C'est ainsi que, pendant l'an II, toute la France put être soumise à la dictature des « Comités de gouvernement ».

La chute de Robespierre et des Montagnards ne mit pas fin à l'institution des représentants en mission, bien au contraire. Ce qui changea, ce fut l'esprit des missions. Les représentants furent envoyés dans les départements pour y organiser la réaction thermidorienne. Ils devaient à nouveau épurer toutes les administrations, mais cette fois, en en chassant les Montagnards. Des conventionnels pourtant commencèrent à critiquer ce système de gouvernement qui enlevait toute indépendance et toute initiative aux autorités locales. Le 7 floréal, an III (26 avril 1795), Thibaudeau attaqua le système des « commissaires » : Avec les pouvoirs illimités dont ils sont revêtus..., ils continuent à entraver la marche du gouvernement et à détruire son unité. Le système des commissaires n'est véritablement qu'une calomnie ambulante contre les autorités constituées des départements. Il est temps d'accoutumer les administrations à n'obéir qu'à la loi et à marcher seules dans la ligne des fonctions qui leur sont déléguées ; il est temps de mettre un terme à ces épurations indéfinies, à ces destitutions arbitraires qui ont réduit les autorités constituées à la nullité, et les fonctionnaires publics, comme tous les citoyens, à la servitude. » A la suite de ce rapport, la Convention restreignit quelque peu les pouvoirs des représentants en mission. Désormais, ils ne pourront plus nommer à aucun emploi militaire, ils ne pourront plus que suspendre les officiers, à charge d'en rendre compte sans délai au Comité de salut public. Mais, pour le reste, les pouvoirs des représentants en mission ne sont pas modifiés : cette institution ne disparaîtra qu'avec la Convention elle-même.

IV
LA PROPAGANDE RÉVOLUTIONNAIRE[1]

Les commissaires en mission n'ont exercé, malgré tout, qu'une action intermittente. Rarement ils restaient plus de quelques jours dans la même

---

1. DOCUMENTS ET OUVRAGES A CONSULTER. — Les journaux de l'an II et de l'an III sont très dispersés. On trouve la plupart des journaux parisiens à la Bibliothèque Nationale, à Paris, mais on en rencontre aussi dans certaines collections étrangères, au British Museum ou à la Bibliothèque de Zurich. Quant aux journaux provinciaux, ils sont conservés dans les bibliothèques municipales, dans les archives locales, et aussi dans les collections privées. Cf. P. Caron, *Manuel pratique* (cité p. 40), n°s 192-203. — Sur la propagande et la presse :
1° Sur la presse parisienne : Avenel, *Histoire de la presse française depuis 1789 jusqu'à*

localité, et ils ne visitaient guère que le chef-lieu du département. Pour infuser aux administrations les plus lointaines, les plus isolées la doctrine gouvernementale, une propagande constante et active était indispensable.

Il ne semble pas que la Convention ou les « comités de gouvernement » aient songé à instituer un organisme officiel chargé de la propagande révolutionnaire. Celle-ci se faisait naturellement par les clubs, le théâtre et surtout par la presse.

Néanmoins, il se forma spontanément en Alsace une association qui prit le nom de « propagande », et se voua effectivement à la propagande révolutionnaire dans les départements alsaciens et lorrains. Cette société comprenait des Jacobins délégués par les principales sociétés populaires alsaciennes. Ils allaient, coiffés du bonnet rouge, dans les villes et les villages, discourir sur la doctrine montagnarde. La « Propagande » arrêta même des suspects. Elle fut réorganisée par Saint-Just et comprit 80 orateurs, dont certains étaient des fonctionnaires. Par exemple, l'un d'eux, Wulliez, était procureur syndic du district de Sarrebourg (Meurthe), un autre, un peu plus tard, agent national du district de Bitche.

Le 24 frimaire (14 décembre), huit orateurs de la « propagande » vinrent en tournée à Nancy « pour développer la vérité et réchauffer l'esprit public... ».

nos jours (Paris, 1900, in-4°) ; E. Boivin, *Histoire du journalisme* (Paris, 1949, in-16) ; Calvet et A. Mathiez, *Le Vieux Cordelier*, introduction (Paris, 1937, in-8°) ; Dommanget, *Pages choisies de Babeuf* (Paris, 1935, in-8°) ; L. Gallois, *Histoire des journaux et des journalistes de la Révolution* (Paris, 1845, in-16) ; E. et J. de Goncourt, *Histoire de la société française pendant la Révolution* (Paris, 1889, in-12) ; Hatin, *Histoire politique et littéraire de la Presse en France* (Paris, 1859, in-16) ; Matton, *Histoire de la presse française*, t. II (Paris, 1944, in-8°) ; Lanfranchi, *Le régime de la presse sous la Révolution*, thèse de droit (Paris, 1908, in-8°) ; Le Poitevin, *La liberté de la presse depuis la Révolution* (Paris, 1901, in-8°) ; A. Mathiez, *La presse subventionnée en l'an II*, dans les *Annales révolutionnaires*, t. X, (1918), p. 112-113 ; Söderhjelm, *Le régime de la presse en France pendant la Révolution* (Paris, 1900-1901, 2 vol. in-8°) ; G. Weill, *Le journal* (Paris, 1935, in-8°) ; G. Walter, *Hébert et le Père Duchesne* (Paris, 1946, in-8°).

2° Pour la province : J.-J. Bernard, *Les journaux de Marseille de 1790 à 1797*, dans *La Révolution franç.*, t. XXXVIII (1900), p. 161-169 ; Brégail, *La presse périodique dans le Gers pendant la Révolution* (Auch, 1922, in-8°) ; Dommanget, *Le symbolisme et le prosélytisme révolutionnaires à Beauvais et dans l'Oise*, dans les *Annales histor. de la Révolution franç.*, ann. 1926, p. 47-58 et 345-362 ; G. Gazier, *La presse bisontine sous la Révolution*, dans les *Mémoires de la Soc. d'émulation du Doubs*, t. VI (1926), p. 44-60 ; Jaquel, *Euloge Schneider en Alsace*, dans les *Annales histor. de la Révolution franç.*, ann. 1932, p. 1-27, 98-115, 336-342 ; 1933, p. 61-73 ; 1935, p. 219-248 ; Joachim, *Un propagandiste révolutionnaire, Fort Lesporarède*, dans la *Revue d'Alsace*, ann. 1914, t. LXV, p. 27-44, 119-138, 220-240 ; E. Labadie, *La presse bordelaise pendant la Révolution* (Bordeaux, 1910, in-8°) ; G. Lavalley, *La presse en Normandie*, dans les *Mém. de l'Acad. des sciences, arts et belles-lettres de Caen*, 1899, p. 205-272 ; C. Leymarie, *Le journal de la Haute-Vienne*, dans le *Bibliophile limousin*, ann. 1901, p. 151-152 ; Seinguerlet, *Strasbourg pendant la Révolution* (Paris, 1881, in-8°). Sur le théâtre, se reporter à la bibliographie du chapitre premier du livre II, paragraphe III (p. 56) et ajouter : Miss B. Hyslop, *The parisian theater during the reign of Terror*, dans le *Journal of Modern history*, 1945, p. 332-355. — QUESTIONS A ÉTUDIER : La propagande révolutionnaire en l'an II n'a pas encore été étudiée. Les journaux provinciaux sont fort mal connus. Il y a donc ici un vaste domaine ouvert aux chercheurs.

Mais la « propagande » était composée d'hébertistes, Saint-Just et Le Bas, fidèles représentants de la majorité du Comité de salut public la supprimèrent. Il ne semble pas que des organisations similaires aient existé dans d'autres départements.

A l'époque de la Convention, le théâtre devient un excellent moyen de propagande révolutionnaire. Il est en effet dans l'étroite dépendance des municipalités, c'est-à-dire des corps administratifs généralement les plus violents. A Paris, en 1792, Pétion interdit un opéra intitulé *Adrien* parce qu'on y voyait paraître un empereur. Le 5 janvier 1793, la Commune de Paris fait arrêter Radet et Desfontaines, auteurs de la *Chaste Suzanne*, parce qu'on y disait : « Vous êtes ses accusateurs, vous ne pouvez être ses juges. » Quelques jours plus tard, elle s'oppose à la représentation de l'*Ami des Lois* de Laya, parce qu'on décelait dans cette pièce des attaques contre Robespierre et Marat. Laya se plaignit à la Convention, qui était en train de discuter le procès de Louis XVI. Celle-ci interrompit le procès, et déclara qu'aucune loi n'autorisait les municipalités à censurer les spectacles. Mais deux jours plus tard, le Conseil exécutif interdit aux directeurs de théâtre de représenter des pièces ayant occasionné quelque trouble. Laya renouvela sa protestation : un décret, le 16 janvier cassa l'arrêté du Conseil exécutif, mais de nouveaux troubles dans la salle empêchèrent de continuer les représentations de l'*Ami des Lois*.

La Convention modifia son point de vue après le 31 mai. Sur la proposition de Boissy d'Anglas, elle décréta en effet, le 2 août 1793 que les théâtres dirigés par la municipalité de Paris représenteraient obligatoirement deux fois la semaine, *Brutus*, *Guillaume Tell*, *Caïus Gracchus* et autres pièces dramatiques qui retraçaient « les glorieux événements de la Révolution et les vertus des défenseurs de la liberté ». La Convention avait décidé qu'une représentation théâtrale serait donnée chaque semaine aux frais de la République et que tout théâtre sur lequel seraient représentées des pièces « tendant à dépraver l'esprit public et à réveiller la honteuse superstition de la royauté, serait fermé, les directeurs arrêtés et punis selon la rigueur des lois ».

A partir de ce décret, le zèle des propagandistes révolutionnaires alla jusqu'à mutiler les classiques. On avait oublié cependant de retrancher de la *Paméla* de François de Neufchateau :

> *Ah les persécuteurs sont les seuls condamnables !*
> *Les plus tolérants sont les plus raisonnables.*

Ces vers, qui provoquèrent du désordre, entraînèrent la fermeture de la Comédie française et l'arrestation de plusieurs artistes. Un arrêté du 25 floréal an II (14 mai 1794), rétablit finalement la censure théâtrale. En trois mois, sur 151 pièces soumises aux censeurs, 33 furent interdites, et 25 corrigées. On admit les pièces de Corneille, Racine, Molière, à condition que le terme de « citoyen » y fût substitué partout à celui de « Monsieur »...

Mais c'est la presse, surtout, qui fut chargée de la propagande. Car la presse devient, au cours de l'an II, une presse officieuse. La liberté illimitée dont elle avait joui depuis mai 1789 prend fin, le 10 août 1792, à Paris surtout ; la presse provinciale resta un peu plus indépendante.

Dès le 12 août 1792, la Commune de Paris ordonne la suppression de tous les journaux royalistes, elle fait d'ailleurs arrêter comme empoisonneurs de l'opinion publique les principaux journalistes connus pour leur hostilité à la Révolution.

Le Journal royaliste, *L'Ami du Roi*, *La Gazette universelle*, *L'Indicateur*, *Le Mercure de France*, *Le Journal de la cour et de la ville*, *La Feuille du jour* disparurent. Leurs presses furent distribuées aux journaux révolutionnaires. C'est ainsi que Marat en obtint quatre. Les journaux « patriotes » furent d'ailleurs soutenus par le gouvernement qui alloua à cet usage 100.000 livres de fonds secrets au ministre de l'intérieur Roland.

Il ne faut pas croire cependant que la presse d'opposition ait complètement disparu. Il restait un certain nombre de feuilles « modérées » qui critiquaient plus ou moins habilement les actes du gouvernement.

Ainsi, la *Feuille du matin* frondait, *L'Avertisseur* protesta contre l'exécution de Louis XVI, le *Journal français* s'éleva contre les massacres de septembre et le procès du roi. La presse républicaine se divisait d'ailleurs, pendant cette période en presse girondine et presse montagnarde. Les Girondins avaient pour principaux organes le *Patriote français*, rédigé par Brissot et Girey-Dupré, le *Courrier des 83 départements* de Gorsas, les *Annales patriotiques* de Carra, la *Sentinelle* de Louvet, journal affiche, le *Thermomètre du jour* de Dulaure. Ces journaux rencontrèrent une hostilité de plus en plus vive. Dans la nuit du 9 au 10 mars, les presses du *Courrier* de Gorsas furent brisées.

Les Montagnards avaient alors comme organes le *Journal de la Montagne*, feuille officielle du club des Jacobins, le *Journal*, puis le *Publiciste de la République française*, suite de l'*Ami du Peuple* et rédigé dans le même style. *Le Père Duchesne* d'Hébert continue à paraître, mais les *Révolutions de France et de Brabant* de Camille Desmoulins et Merlin de Thionville cessent leur publication après 55 numéros.

Jusqu'au début de mars 1793, la presse reste théoriquement libre. En fait, elle doit compter avec la volonté de la Commune de Paris et des clubs. A partir de mars, elle va être officiellement réglementée. Le 9 mars, la Convention met les députés en demeure d'opter entre leur mandat et leur journal. Elle voulait ainsi porter un coup à la presse girondine rédigée surtout par des conventionnels. Presque tous les directeurs de journaux choisirent le mandat, mais continuèrent d'écrire.

Un décret du 29 mars créa des délits de presse. Tout écrivain ayant proposé de rétablir la monarchie, excité au meurtre ou encouragé à la violation des propriétés était passible de six ans de fer ; de mort si l'article avait été suivi d'effet. Les colporteurs, vendeurs et distributeurs des écrits condamnés pouvaient être punis de deux ans de fer, peine réduite à trois mois de prison, s'ils en avaient révélé les auteurs.

C'est en vertu de cette loi que Marat fut traduit devant le tribunal révolutionnaire, qui l'acquitta. En revanche, beaucoup de Girondins furent condamnés à mort comme journalistes.

Après le 2 juin, toute presse d'opposition disparaît à Paris. La réglementation est aggravée encore. La loi du 17 septembre 1793 range parmi les suspects tous ceux qui « par leurs écrits » se sont montrés partisans de la tyrannie ou du fédéralisme et ennemis de la liberté. Des journalistes, des imprimeurs, des libraires payèrent de leur tête ces crimes d'opinion, et comme sous l'ancien régime, leurs publications furent « brûlées au pied de l'échafaud par l'exécuteur des jugements criminels ».

Mais la presse montagnarde se divise, à son tour, en presse modérée et presse extrémiste. Dans la première catégorie on trouve le célèbre *Vieux Cordelier* de Camille Desmoulins, dont le premier numéro parut le 15 frimaire an II (5 décembre 1793) et qui n'en comprit que six au total. Un septième numéro, retrouvé après la mort de Camille fut publié pour la première fois en 1795. Plus qu'un journal, le *Vieux Cordelier* est un vigoureux pamphlet, d'une remarquable tenue littéraire, contre les « enragés » et bientôt contre les robespierristes eux-mêmes. Il devait conduire son auteur et sa femme à l'échafaud, le 5 avril 1794. Les hébertistes eux avaient pour organe le *Père Duchesne*.

Après l'exécution des hébertistes et des dantonistes, il ne reste plus à Paris qu'une presse officieuse, en partie subventionnée. Certains journaux sont expédiés gratuitement aux armées : Le *Journal de la Montagne*, le *Journal des hommes libres*, le *Journal Universel*, le *Batave*, le *Rougyff*, l'*Anti-fédéraliste*, le *Journal militaire*. Le Comité de salut public « publie officieusement la *Feuille de salut public* », « rédigée par une société de gens de lettres patriotes ». Elle prend, le 14 germinal (3 avril 1794), le nom de *Journal de la République*. Le Comité de salut public subventionnait aussi le *Moniteur* et le *Bulletin de la Convention nationale*, très lu dans les départements.

Après la chute de Robespierre, la presse parisienne jouit d'une plus grande liberté. Naturellement la plupart des journaux se firent les champions de la réaction thermidorienne, mais certains menèrent l'opposition. Le journal thermidorien par excellence, c'est l'*Orateur du peuple*, de Fréron, qui se présente comme une suite de l'*Ami du peuple*. On revoit des journaux monarchistes : *Les nouvelles politiques*, la *Quotidienne*, rédigée par Michaud, Fontanes, La Harpe et Suard, le *Censeur des journaux*, de Gallais et surtout l'*Accusateur public* de Richer-Serizy, journal non périodique extrêmement violent. En face des attaques royalistes, les Jacobins se défendent de leur mieux dans le *Journal universel*, de Xavier Audouin, le *Télégraphe politique*, le *Journal de la liberté de la presse* rédigé par Gracchus Babœuf. Cette feuille contient dans son premier numéro un magnifique plaidoyer pour la liberté de la presse en réponse à un article d'Audouin qui prétendait que « la liberté indéfinie de la presse n'était qu'un moyen inventé pour faire la contre-révolution ». Le 14 vendémiaire an III (5 octobre 1794), Babœuf donna à son journal le titre de *Tribun du peuple* avec l'épigraphe : « Le but de la société est le bonheur commun. »

Il ne faudrait pas conclure de cette floraison de journaux que la réglementation eût disparu. Fréron avait pourtant demandé à la Convention, dès le 26 août 1794, la proclamation solennelle de la liberté absolue de la presse. L'Assemblée ajourna sa décision. Mais, le 12 floréal an III (1er mai 1795), sur le rapport de Marie-Joseph Chénier qui montrait l'audace croissante des journalistes royalistes, la Convention décréta que les individus qui, par leurs écrits, provoqueraient l'avilissement de la représentation nationale ou le retour de la royauté seraient bannis. « Qu'on puisse tout imprimer, déclara Louvet, même d'atroces calomnies contre la république, la liberté de la presse est là qui l'autorise ; mais qu'ensuite on soit forcé de répondre d'un écrit coupable devant les tribunaux, la loi... doit l'ordonner... »

A côté de la presse parisienne, il y avait en province une presse nombreuse, active, combattive, mais qui est encore fort mal connue. Beaucoup de ces petits journaux locaux ont, en effet, disparu ; on n'en conserve que quelques numéros isolés. L'Alsace semble avoir été une des régions où la presse départementale joua le plus grand rôle. Elle était en effet bilingue, et les journaux en langue allemande étaient lus en Suisse et outre-Rhin, où ils avaient une grande influence. Les principaux journaux alémaniques étaient la *Strassburgische Zeitung*, le *Weltbote*, montagnard, la *Geschichte der Gegenwärtigen Zeit*, et surtout l'*Argos* qui parut du 3 juillet 1792 au 16 juin 1794, et fut l'organe des extrémistes, dont le chef était Euloge Schneider. Il devait être continué par la *Republikanische Chronick*.

La presse de langue française est représentée par le *Courrier de Strasbourg*, de Laveaux, et le *Courrier de Paris et des départements à Strasbourg*.

A Besançon, la *Vedette* est publiée du 7 novembre 1791 au 12 janvier 1795 par l'abbé Dormoy, Pierre-Joseph Briot et J.-B. Couchery. Elle est d'inspiration montagnarde, et même hébertiste.

A Nancy, le *Journal des frontières* paraît du 10 juin 1792 au 6 juin 1793. Le *Journal républicain du département de la Meurthe*, rédigé par Sonnini lui fait suite. Il est subventionné par le Conseil général du département, qui l'envoie aux districts, communes, sociétés populaires, maison d'éducation et de bienfaisance ; il en conseille la lecture publique, immédiatement après celle des lois. Il y eut également dans la Meurthe un *Journal des départements de la Moselle, de la Meurthe, des Ardennes et des Vosges*.

Le département de l'Oise eut, lui aussi, son *Journal et affiches du département de l'Oise*, rédigé par un certain Clément, ancien prêtre devenu un des champions de la déchristianisation. C'est pour cette raison que son journal ne fut pas très lu. Les clubs de Senlis, et de Gerbe-la-Montagne (Gerberoy), refusèrent, par exemple, de s'y abonner.

Dans le Nord, paraît la *Sentinelle du Nord* rédigée par Barbet, avec, pour devise, cette phrase de Marat : « Nous en avons assez fait pour nous mettre la corde au col devant nos tyrans... notre salut est dans leur mort. » Ce journal eut 210 numéros, du 1er octobre 1792 au 26 floréal an II (15 mai 1794).

En Ardèche paraît *Le pacificateur* dont les 43 numéros furent publiés d'août à novembre 1793. A Toulouse, les *Affiches de la Haute-Garonne*, dont les numéros s'échelonnent de 1794 à janvier 1795, et aussi l'*Antiterroriste*, journal d'une extrême violence, comme son titre l'indique, et d'ailleurs fort intéressant.

Quatre journaux furent publiés dans le Gers sous le gouvernement révolutionnaire : le *Journal constitutionnel*, de tendance feuillantine ne dura que du 14 juillet au 22 août 1792. Ses numéros furent brûlés publiquement par les Jacobins d'Auch. Le *Journal du département du Gers* est fondé le 18 juillet 1793. C'est l'organe officiel de l'administration départementale et ses opinions varient au gré des épurations successives. Il disparaît le 5 mars 1795. Les *Documents de la raison* publiés de janvier à juillet 1794 furent l'organe des déchristianiseurs et attaquèrent violemment l'évêque constitutionnel Barthe. Enfin, le *Journal décadaire du département du Gers*, feuille thermidorienne, fut imprimé d'avril à la fin d'août 1795.

Une enquête méthodique et approfondie montrerait, à coup sûr, le rôle considérable joué par la presse départementale dans la liaison des différentes administrations révolutionnaires.

C'est grâce aux représentants en mission et à la presse que la France de l'an II, modelée, jusque dans ses campagnes les plus écartées, par l'action inlassable du gouvernement révolutionnaire, put se redresser d'un seul bloc contre l'ennemi, de l'extérieur et de l'intérieur, et finalement le vaincre.

CHAPITRE V

LA JUSTICE RÉVOLUTIONNAIRE[1]

Le 11 août 1792, l'assemblée Législative avait confié la police de « sûreté générale » aux administrations des départements, districts et communes. Aussitôt, ces administrations arrêtèrent de nombreux suspects : ce fut ce qu'on a appelé « la première terreur ». Rien qu'à Paris, plus de 3.000 suspects furent emprisonnés. Un très petit nombre devait être jugé par un tribunal extraordinaire établi le 17 août, 1.100 environ furent massacrés dans les prisons pendant les premiers jours de septembre à l'instigation, semble-t-il, du Comité de surveillance de la Commune de Paris. La plupart des autres furent libérés à la fin de l'année 1792. L'armée française partout victorieuse avait pénétré en territoire étranger, rien ne semblait plus justifier le maintien de suspects en prison.

Mais la situation changea en février 1793, lors de la formation de la première coalition. Les revers de Belgique, la trahison de Dumouriez, et l'insurrec-

[1]. BIBLIOGRAPHIE GÉNÉRALE. — On conserve aux Archives nationales, dans la série W les papiers du tribunal révolutionnaire de Paris, et ceux du Tribunal révolutionnaire de Brest. On trouvera dans les archives départementales, soit dans la série L, soit dans les fonds judiciaires les documents provenant des juridictions exceptionnelles qui ont fonctionné en province. Des documents ont été publiés dans le *Recueil...* déjà cité (p. 239), d'A. Aulard et dans *Le tribunal criminel et révolutionnaire de la Dordogne* par les commis-greffiers du Tribunal civil de Périgueux (Périgueux, 1881, 2 vol. in-8°) ; ainsi que dans le *Journal de Louis Debost, Une agonie de soixante-quinze jours* (Paris, 1932, in-12) (sur les prisons de Bourg-en-Bresse et de Lyon pendant la terreur). — OUVRAGES GÉNÉRAUX A CONSULTER : Berriat Saint-Prix, *La Justice révolutionnaire (Ouest-Midi)* (Paris, 1861, in-8°), avec des compléments dans le *Cabinet historique*, ann. 1866 (t. XII), p. 59-61 et 288-289, 1869 (t. XV), p. 297-299, 1870 (t. XVI), p. 118-124, 1871 (t. XVII), p. 34-47 ; Campardon, *Le Tribunal révolutionnaire de Paris* (Paris, 1866, in-8°) ; P. Caron, *Les massacres de septembre* (Paris, 1935, in-8°) ; Domenget, *Fouquier-Tinville et le tribunal révolutionnaire* (Paris, 1878, in-8°) ; Greer, *The incidence of the Terror* (Cambridge (U. S. A.), 1935, in-8°) ; Lenotre, *Le tribunal révolutionnaire* (Paris, 1908, in-12) ; Mathiez, *Comment le tribunal révolutionnaire traitait les mercantis*, dans les *Annales histor. de la Révolution franç.*, ann. 1924, p. 561-564 ; Mautouchet, *Le gouvernement révolutionnaire* (Paris, 1912, in-8°) ; Roblot, *La justice criminelle en France sous la Terreur*, thèse de droit (Paris, 1938, in-8°) ; A.-C. Sabatie, *La justice pendant la Révolution* (Paris, 1914, 3 vol. in-8°) ; Seligmann, *La justice en France pendant la Révolution*, t. II (cité p. 109) ; H. Wallon, *La Terreur* (cité p. 255) ; du même, *Les représentants du peuple en mission et la justice révolutionnaire dans les départements en l'an II* (cité p. 304) ; du même, *Histoire du tribunal révolutionnaire de Paris, avec le journal de ses actes* (Paris, 1880, in-8°) ; G. Walter, *Histoire de la Terreur* (Paris, 1937, in-8°).

tion de la Vendée provoquèrent de nouveau l'inquiétude générale. La Convention jugea utile de placer sous une surveillance spéciale, voire d'interner un certain nombre de personnes qui pouvaient passer pour suspectes.

I
LES SUSPECTS ET LES JUSTICIABLES DES TRIBUNAUX RÉVOLUTIONNAIRES[1]

Au premier rang des suspects devaient naturellement se placer les émigrés rentrés. Ce pouvaient être des espions ou des traîtres. De nombreuses lois avaient déjà été promulguées contre les émigrés. Celle du 28 mars 1793, codifia toute la législation antérieure. Elle définit d'abord l'émigré : Ce mot désigne tout Français, qui, sorti de France depuis le 1er juillet 1789, ne peut justifier de son retour en France avant le 9 mai 1792. Ce mot désigne aussi tout Français qui, durant l'invasion, a quitté les régions non occupées par l'ennemi pour aller résider dans la zone envahie. Toutefois, la justification de résidence était assez compliquée à établir, car le prévenu d'émigration, — et beaucoup de Français n'ayant jamais quitté le sol national furent accusés de ce crime — devait présenter les certificats de huit citoyens domiciliés dans le canton de la résidence, y compris un certificat donné par le propriétaire ou le principal locataire de la maison où il demeurait, où, à défaut, un certificat supplémentaire. Ces attestations, soumises à une foule de formalités, étaient difficiles à obtenir.

Chaque commune devait dresser une liste d'émigrés. Ces listes étaient centralisées au chef-lieu du département. Une liste départementale devait être affichée, et une liste nationale de tous les émigrés devait être publiée. Les émigrés étaient bannis à perpétuité, et leur biens acquis à la république. Tout émigré rentré devait être jugé par le tribunal criminel du département dans les formes révolutionnaires, c'est-à-dire sans appel, ni recours en cassation. Reconnu coupable d'émigration, après confrontation avec des témoins d'un civisme certifié, il devait être condamné à mort et exécuté dans les vingt-quatre heures. Les femmes de 14 à 21 ans n'encouraient que la déportation. Tout citoyen qui aurait saisi et arrêté un émigré recevrait cent livres après l'exécution du jugement.

Avec les émigrés, les prêtres réfractaires étaient suspects, pour ainsi dire

---

1. TEXTES ET OUVRAGES A CONSULTER. — Sur les suspects, on trouvera des renseignements dans les ouvrages généraux cités p. 316.

Sur les prisons : Dauban, *Les prisons de Paris* (Paris, 1870, in-8º) ; Nougaret, *Histoire des prisons des départements* (Paris, an V, 4 vol. in-8º) ; Riouffe, *Mémoires d'un détenu* (Paris, 1823, in-12) ; Savine, *Les geôles de province sous la Terreur* (Paris, 1911, in-8º). — QUESTIONS A ÉTUDIER : Le problème des suspects n'a guère été étudié. La législation des suspects et son application, l'étude statistique des suspects, leur répartition dans les différentes classes sociales, le traitement des suspects (réclusion en prison ou à domicile, impôts spéciaux levés sur les suspects), autant de questions qui méritent d'être élucidées.

par définition. Était réfractaire tout prêtre « fonctionnaire public » n'ayant pas prêté le serment requis en vertu de la constitution civile du clergé, ou qui, l'ayant prêté, s'était rétracté. Les prêtres réfractaires avaient déjà été touchés par la loi du 26 décembre 1790, qui les avait déclarés déchus de leurs droits de citoyens actifs. L'assemblée Législative, émue des menées contre-révolutionnaires de certains d'entre eux avait décrété, le 27 mai 1792, qu'ils pourraient être expulsés du territoire français si vingt citoyens actifs de leur commune le demandaient et si cette pétition était approuvée par les directoires de district et de département. Le roi avait opposé son veto à ce décret, mais, après le 10 août, il devint exécutoire. D'ailleurs, le décret du 26 août 1792, ordonna la déportation à la Guyane de tous les prêtres réfractaires qui n'auraient pas quitté la France dans les quinze jours.

La loi des 23 et 24 avril 1793, renouvela cette prescription et ajouta que tout prêtre « assermenté », mais dénoncé comme « incivique » par six citoyens de sa commune serait désormais passible de la déportation. Tout serment prêté après le 23 mars 1793 était déclaré non avenu, et tout prêtre déporté, mais coupable d'être rentré, devait être, comme les émigrés rentrés, condamné à mort.

Durant les mois de mars et d'avril 1793, à la suite de nouveaux et graves dangers courus par la France, toute une série de lois établit de nouveaux délits politiques et de nouvelles catégories de suspects.

La loi du 10 mars 1793 défère au tribunal révolutionnaire de Paris les auteurs de toute entreprise contre-révolutionnaire, de tout attentat contre la liberté, l'égalité, l'unité, l'indivisibilité de la république, de tout attentat contre la sûreté intérieure et extérieure de l'État, de tout complot tendant à rétablir la royauté ou à établir toute autre autorité attentatoire à la liberté, à l'égalité et à la souveraineté du peuple. Les municipalités étaient spécialement chargées de rechercher ces criminels, mais tous les corps administratifs pouvaient également les dénoncer à la Convention. Les commissaires envoyés par la Convention dans les départements avaient pouvoir de traduire devant le tribunal révolutionnaire « tout conspirateur » qui exciterait des troubles ou s'opposerait aux opérations des conventionnels en mission. La loi du 18 mars fut votée pour rassurer les propriétaires. Elle édictait la peine de mort contre tout individu proposant « une loi agraire, ou toute autre, subversive des propriétés territoriales, commerciales et industrielles ».

Le 21 mars, plusieurs catégories d'étrangers furent déclarées suspectes : naturellement, les ressortissants des pays en guerre avec la France, et les étrangers saisis dans une émeute ou convaincus de l'avoir provoquée ; mais aussi tout étranger qui n'aurait pas fait une déclaration de séjour. Cinq jours plus tard, ce sont tous les « ci-devant nobles », tous les prêtres que l'on considère comme suspects. Ils doivent être désarmés, ainsi que leurs domestiques ou agents, sous peine de six mois de prison. La loi du 29 mars 1793 établit le délit de presse. Tout auteur d'un écrit tendant à la dissolution de la représentation nationale ou au rétablissement de la royauté est passible de mort. Toute personne réputée avoir, par ses écrits, provoqué au meurtre ou à la violation des propriétés sera punie de six ans de fers, et de mort, si la provocation a été suivie d'effets. Les lois des 9 et 30 avril visent les complices de Dumouriez et de « tout autre complot contre la sûreté de la nation ». Ils sont déférés au tribunal révolutionnaire. Les administrations départementales et municipales devancent souvent ces lois, et, au lieu de surveiller les suspects, les font arrêter. Ainsi le directoire du département de la Meurthe ordonne le 24 août l'arrestation immédiate de tous les ex-nobles, parents d'émigrés et « autres individus reconnus vraiment suspects... ».

La Convention estima qu'il était nécessaire, à la fois de codifier toutes les lois visant les suspects, et de légaliser les arrêtés pris par les autorités locales ou les représentants en mission. L'aggravation du danger extérieur, en juillet, et la révolte fédéraliste rendaient nécessaires, d'ailleurs, des mesures destinées à mettre les suspects hors d'état de nuire. Par la loi du 17 septembre 1793, la Convention décida donc l'arrestation de tous les suspects. Étaient dits « suspects » ceux qui, « par leur conduite, leurs relations, leurs propos ou leurs écrits, s'étaient montrés partisans du fédéralisme et ennemis de la liberté » ; ceux qui ne pourraient justifier de leurs moyens d'existence, ni de l'accomplissement de leurs devoirs civiques, ceux à qui auraient été refusés des certificats de civisme, les fonctionnaires suspendus ou destitués par la Convention ou les représentants en mission, les ci-devant nobles, les parents et agents d'émigrés « qui n'auraient pas constamment manifesté leur attachement à la révolution, les émigrés rentrés avant le 9 mai 1792 ».

Un peu plus tard, le décret du 26 frimaire (16 décembre) mettait « hors la loi », c'est-à-dire déclarait passible de mort, sur simple constatation de l'identité, tout Français ayant accepté des fonctions publiques dans les territoires occupés par les armées ennemies ou les rebelles, et tout Français qui, employé au service de la république, n'aurait pas cessé ses fonctions du moment de l'invasion du lieu de sa résidence.

Pendant l'automne de 1793 et l'hiver 1793-94, de multiples prisons se remplirent de suspects. Qu'allait-on faire d'eux ? Les lois des 8 et 23 ventôse (26 février et 13 mars 1794) décidèrent du sort des suspects et de leurs biens, mais elles ne furent jamais appliquées entièrement. La loi du 8 ventôse stipulait que seuls les suspects reconnus ennemis de la Révolution devaient être détenus jusqu'à la paix. A cette époque ils seraient bannis du territoire de la république ; leurs biens confisqués devaient être partagés entre les indigents. La loi du 23 ventôse précisa comment on trierait ces suspects. Six commissions populaires devaient examiner les dossiers de tous les suspects et les classer en trois catégories : ceux qui pouvaient être libérés immédiatement, ceux qui devaient être détenus jusqu'à la paix, puis bannis, et les « traîtres à la patrie » qu'on renvoyait devant le tribunal révolutionnaire. Était réputé « traître à la patrie » quiconque avait favorisé le « plan de corruption des citoyens, de subversion des pouvoirs et de l'esprit public, excité des inquiétudes pour empêcher l'arrivage du ravitaillement, donné asile aux émigrés, tenté d'ouvrir les prisons, introduit des armes dans Paris pour assassiner le peuple et la liberté, tenté d'ébranler ou d'altérer la forme du gouvernement républicain ». La plupart de ces crimes étaient punis de mort.

La loi du 22 prairial an II (10 juin 1793), fameuse parce qu'elle institue la « grande terreur », précise encore, en l'étendant, la liste des justiciables passibles du tribunal révolutionnaire et punissables de mort. On y relève, outre les traîtres et ceux qui ont entretenu des intelligences avec l'ennemi, les individus coupables d'accaparement, et de défaitisme, les fournisseurs de mauvaise foi, les dilapidateurs.

Le nombre des catégories de suspects déterminées par les différentes lois que nous venons de citer laisse penser qu'une grande quantité de personnes furent incarcérées ou surveillées à leur domicile.

Peut-on préciser et donner un chiffre ?

A. Mathiez évaluait à 300.000 le nombre total des suspects, dont 90.000 étaient en prison le 9 thermidor. Mais l'historien américain D. Greer et M. Lefèbvre estiment ces chiffres insuffisants. Ils pensent que 500.000 personnes au moins furent emprisonnées, soit 2 % de la population.

Effectivement, des études locales minutieuses prouvent qu'à Nancy 600 suspects furent arrêtés sur une population d'environ 30.000 habitants, soit 2 %. A Carcassonne, on dénombre 186 arrestations, soit un peu plus de 2 % de la population. A Montauban, 146 suspects furent mis en prison soit 6 pour 1.000. Paris compta 6.000 détenus, environ 1 % du nombre de ses habitants.

Aux suspects emprisonnés, il faut joindre ceux qui sont restés en résidence surveillée dans leur commune, ou à leur domicile, sous la garde d'un gendarme ou d'un garde national — peut-être encore 300.000 personnes. Il y aurait donc eu en France près de 800.000 suspects.

Les suspects en résidence forcée, ou surveillés à leur domicile ne connurent point un sort très misérable. La vie dans les prisons, par contre, était moins enviable, quoiqu'en général elle n'ait pas été particulièrement dure. La plupart des prisons avaient été installées dans les couvents qui s'étaient vidés les années précédentes. Les détenus devaient presque toujours payer leur nourriture, souvent ils étaient autorisés à la faire venir de leur domicile. Parfois ils pouvaient recevoir des visites, et une certaine vie mondaine s'était organisée dans les prisons, pendant l'attente terrible du jugement par le tribunal révolutionnaire. Certaines prisons, celles de Nantes, de Lyon, furent particulièrement mal tenues et la mortalité des prisonniers y fut élevée. Mais ce furent des exceptions.

II

LES JURIDICTIONS RÉVOLUTIONNAIRES[1]

Après le 10 août 1792, on pensa traduire les auteurs de crimes politiques par devant la Haute-Cour créée par la Constitution de 1791, tout spécialement pour juger les délits de lèse-nation. Mais la Haute-Cour acquitta ou évita de juger les accusés qu'on lui envoya. Force fut bien de créer un tribunal extraordinaire. Ce fut le tribunal organisé le 17 août pour juger de manière expéditive les *crimes* commis le 10 août. Ses membres (huit juges et autant de suppléants, deux accusateurs publics, quatre greffiers) étaient élus par le corps électoral de Paris, c'est-à-dire par les sections. Les Commissaires nationaux chargés de

---

[1]. TEXTES ET OUVRAGES A CONSULTER. — Études sur les tribunaux révolutionnaires locaux : Baumefort, *Épisodes de la Terreur. Le Tribunal révolutionnaire d'Orange* (Avignon, 1875, in-8°) ; Boudet, *Les tribunaux criminels et la justice révolutionnaire en Auvergne* (Paris, 1874, in-8°) ; Abbé Boutillier, *Sur le Tribunal criminel révolutionnaire de Nevers*, dans le Bull. Soc. académique de Nevers, 1874, 2ᵉ série, t. VII, p. 410 ; Calvet, *L'accaparement à Paris sous la Terreur* (Paris, 1935, in-8°) ; Combier, *La Justice criminelle à Laon pendant la Révolution* (Paris, 1882, 2 vol. in-8°) ; Catalan, *La justice révolutionnaire à Montpellier et dans le district de Montpellier* (Montpellier, 1902, in-8°) ; De La Chapelle, *Histoire des tribunaux révolutionnaires de Lyon et de Feurs...* (Lyon, 1879, in-8°) ; Duboul, *Le Tribunal révolutionnaire de Toulouse* (Toulouse, 1894, in-8°) ; Delon, *La Lozère pendant la Révolution* (op. cit., p. 88) ; Dubreuil, *Histoire des insurrections de l'Ouest* (Paris, 1929-30, 2 vol. in-8°) ; Falgairolle, *Le Tribunal révolutionnaire de la Lozère* (Paris, 1893, in-8°) ; Fayard, *Histoire des tribunaux révolutionnaires de Lyon et de Feurs* (Paris, 1888, in-8°) ; Gaston Martin, *Carrier et sa mission à Nantes* (op. cit., p. 304) ; Gabory, *La Révolution et la Vendée* (Paris, 1925-28, 3 vol. in-8°) ; L. Jacob, *Joseph le Bon. La Terreur à la frontière, Nord et Pas-de-Calais* (Paris, 1933, in-8°) ; Jolivet, *La révolution dans l'Ardèche* (op. cit., p. 88) ; Lafargue, *La terreur révolutionnaire dans les Landes* (Mont-de-Marsan, 1939, in-8°) ; Lallié, *La justice révolutionnaire à Nantes et dans la Loire-Inférieure* (Nantes, 1896, in-8°) ; Lemas, *Les commissions militaires en Ille-et-Vilaine* (Paris, 1893, in-8°) ; Levot, *Histoire du port et de la ville de Brest pendant la Terreur* (Brest, 1893, in-8°) ; J. Lochard, *La Terreur en Béarn* (Paris, 1893, in-8°) ; J. Masse, *Les Tribunaux de Grenoble pendant les premières années de la Révolution*, dans le *Bull. de l'Académie delphinale*, 1886, t. I, p. 38-119 ; Pons-Devier, *Le Gouvernement et les tribunaux révolutionnaires dans les Pyrénées*, dans la *Revue historique et archéologique du Béarn et du pays basque*, 1923 à 1926 ; A. Proust, *La justice révolutionnaire à Niort* (Paris, 1869, in-8°) ; Poupé, *Le tribunal révolutionnaire du Var* (Draguignan, 1911, in-8°) ; J. A. Paris, *La Terreur dans le Pas-de-Calais et dans le Nord* (Arras, 1879, in-8°) ; Quereau-Lamérie, *La justice révolutionnaire en Maine-et-Loire*, dans la *Revue d'Anjou*, 1909 (t. LIX), p. 161-174, 273-282, 447-454 ; 1910 (t. LX), p. 131-142, 185-296, (t. LXI), p. 209-223, 289-300 ; 1911 (t. LXII), p. 97-118, (t. LXIII), p. 115-151, 211-232 ; 1912 (t. LXIV), p. 273-286 ; Robillard de Beaurepaire, *La justice révolutionnaire en Normandie*, dans la *Revue de la Révolution*, 1888, t. 13, p. 248-269 ; du même, *La justice révolutionnaire à Bourges* (Bourges, 1869, in-8°) ; Sabot, *La terreur dans le département de la Manche*, 1877 ; Salliard, *La Terreur à Poitiers* (Paris, 1912, in-8°) ; Sangnier, *La Terreur dans le district de Saint-Pol* (Lille, 1938, 2 vol. in-8°) ; G. Sergent, *Les tribunaux révolutionnaires dans les Bouches-du-Rhône* (Paris, 1875, in-8°) ; Thomas, *Le tribunal criminel de la Meurthe* (Nancy, 1938, in-8°) ; Tarbouriech, *La justice révolutionnaire à Auch* (Paris, 1869, in-8°) ; Uzureau, *Histoire du Champ des martyrs* (Angers, 1905, in-8°) ; Vivié, *Histoire de la Terreur à Bordeaux* (Bordeaux, 1877, 2 vol. in-8°). Sur la loi du 22 prairial, voir la mise au point de H. Calvet, citée p. 273. — QUESTIONS A ÉTUDIER : Si l'histoire du tribunal révolutionnaire de Paris a été souvent écrite, par contre on connaît mal les tribunaux révolutionnaires provinciaux, et surtout les tribunaux criminels jugeant révolutionnairement. Plusieurs commissions militaires ou commissions populaires mériteraient des monographies.

J. GODECHOT

requérir l'application de la loi étaient nommés par le Conseil exécutif. Les montagnards obtinrent la majorité des places, Robespierre fut élu juge, mais refusa de siéger, car les accusés étaient, disait-il, ses ennemis personnels. Fouquier-Tinville figurait parmi les jurés. Le tribunal jugeait sans appel, ni recours en cassation. En fait il fonctionna si lentement que le 2 septembre il n'avait encore condamné à mort que deux notoires agents secrets du roi. Par contre il avait acquitté des royalistes très compromis, par exemple Montmorin, le Gouverneur du Château de Fontainebleau. Ces lenteurs furent une des causes des massacres de Septembre. Malgré son respect des formes, le tribunal fut supprimé par la Convention le 29 novembre 1792. La Haute-Cour avait disparu le 25 septembre. Ainsi, à la fin de 1792, il n'y a plus, en France, une seule juridiction d'exception.

On le regretta en mars 1793, lorsqu'on apprit les défaites de Belgique, la trahison de Dumouriez, l'insurrection de la Vendée. Les Parisiens, avant de partir aux frontières, comme la Convention le leur demandait, réclamèrent un « tribunal sans appel » pour juger les ennemis de l'intérieur.

Le 9 mars la Convention décrète la création « d'un tribunal criminel extraordinaire pour juger sans appel et sans recours au Tribunal de cassation les conspirateurs et les contre-révolutionnaires ». Le lendemain 10 mars, après rapport du Comité de Législation, la Convention organise le « tribunal révolutionnaire ». Il devait se composer de cinq juges, un accusateur public, deux substituts, douze jurés. Les juges appliqueraient la loi après que les jurés se seraient prononcés sur le fait. Les jugements étaient exécutables dans les vingt-quatre heures, sans aucun recours. Les peines applicables étaient celles qui avaient été établies par le Code ou les lois. Dans le cas de crimes ou de délits non encore prévus, l'accusé devait être condamné à la déportation.

Étaient justiciables du Tribunal révolutionnaire les auteurs d'entreprises contre-révolutionnaires, d'attentats contre la liberté, l'égalité, l'unité de la République, la Sûreté intérieure et extérieure de l'État.

Le 27 mars 1793, la Convention ordonna à tous les tribunaux criminels ordinaires de renvoyer au tribunal révolutionnaire de Paris toutes les affaires qui leur paraîtraient du ressort de ce tribunal, et le 5 avril elle autorisa l'accusateur public du Tribunal révolutionnaire à faire arrêter, poursuivre et juger tout prévenu sur la simple dénonciation des autorités constituées ou même d'un seul citoyen. L'autorisation de la Convention n'était nécessaire que pour arrêter un député, un ministre ou un général.

Devant l'afflux des accusés, le Tribunal révolutionnaire fut bientôt submergé. Il fallut augmenter le 5 septembre, le nombre de ses membres. Il comprit désormais seize juges, soixante jurés et cinq substituts. Quatre sections purent fonctionner en même temps. La procédure fut aussi accélérée. A l'occasion du procès des Girondins, le 29 octobre, la Convention autorisa le Tribunal à limiter à trois jours, si le jury le désirait, la durée des débats. Au bout de ce temps, le jugement pouvait être prononcé, même si tous les témoins n'avaient pas été entendus.

Les décrets de ventôse devaient augmenter encore le nombre des justiciables du Tribunal révolutionnaire, puisque tous les suspects reconnus « traîtres à la patrie » par les six commissions populaires de triage devaient être renvoyés devant lui. On accéléra donc encore la procédure. Ce fut le but de la loi fameuse du 22 prairial an II (10 juin 1794). L'interrogatoire de l'accusé avant l'audience publique était supprimé, comme formalité inutile — puisque l'accusé avait été jugé une première fois par la commission populaire. L'accusé était interrogé à l'audience. Le Tribunal pouvait se déclarer suffisamment instruit par des preuves matérielles ou même « morales » et renoncer à l'audition des témoins. Lorsque des témoins étaient cependant entendus, leur témoignage restait oral. L'accusé n'avait plus de défenseur. A la fin des débats, le président devait exposer l'affaire « avec clarté, précision et simplicité ». Les jurés formulaient alors leur déclaration et les juges prononçaient la sentence qui ne pouvait être que la mort ou l'acquittement. Par ailleurs, le personnel du Tribunal était réduit à douze juges, cinquante jurés et quatre substituts.

Cette loi n'avait été votée par la Convention qu'après une certaine résistance, mais elle parut logique puisqu'il ne s'agissait que de permettre au Tribunal révolutionnaire de compléter rapidement les jugements des commissions populaires. En fait, les choses ne se passèrent pas ainsi. Deux commissions populaires seulement avaient été créées les 24 et 25 floréal (13 et 14 mai) elles ne fonctionnèrent que lentement. Aussi le Tribunal révolutionnaire jugea-t-il sans instruction préalable, sans défenseurs et sans témoins des suspects choisis au hasard dans les prisons et qui n'avaient pas été triés au préalable par les commissions : ce furent les hécatombes de la grande Terreur, dont on a voulu rendre Robespierre responsable, mais elles sont, en réalité, imputables au Comité de Sureté générale qui a saboté les lois de ventôse et de prairial pour discréditer Robespierre dont il était devenu l'adversaire.

En dehors du Tribunal révolutionnaire de Paris, il y eut, dans les départements, d'autres juridictions révolutionnaires. Et tout d'abord, chaque tribunal criminel pouvait juger « révolutionnairement » dans certains cas, par exemple les émigrés ou les prêtres réfractaires déportés rentrés. La loi du 22 nivôse an II (11 janvier 1794) autorisa les représentants en mission à donner aux tribunaux criminels le droit de juger « révolutionnairement ». Lorsqu'ils adoptaient la procédure révolutionnaire, tantôt les tribunaux criminels conservaient leur jury de jugement, tantôt au contraire, ils étaient composés des seuls juges. La loi du 18 germinal an II (7 avril 1794) permit aux tribunaux criminels jugeant « révolutionnairement » de se déplacer. Ils devaient prononcer le jugement au chef-lieu du district qui avait été le théâtre du crime ou de l'insurrection.

A côté des tribunaux criminels il y eut dans certains départements quelques tribunaux révolutionnaires créés par des représentants en mission. On a souvent donné ce nom par erreur aux tribunaux criminels jugeant révolutionnairement, par exemple à ceux d'Arras et de Toulouse, ou à celui de Cambrai qui ne fut qu'une section du tribunal criminel d'Arras.

Mais, à Rochefort, à Brest, à Toulon, à Nancy, à Strasbourg, et sans doute ailleurs encore, siégèrent de véritables tribunaux révolutionnaires, analogues à ceux de Paris.

Le Tribunal révolutionnaire de Rochefort fut créé le 29 octobre 1793, par les représentants en mission Laignelot et Lequinio. Ces mêmes conventionnels auxquels s'était joint Bréard organisèrent le Tribunal révolutionnaire de Brest le 17 pluviose (5 février 1794). A la demande de Jean Bon Saint-André, le Comité de salut public envoya siéger à ce tribunal des juges parisiens, et comme accusateur public, un ancien substitut de Fouquier-Tinville. Le Tribunal révolutionnaire de Brest fit guillotiner un assez grand nombre d'officiers de marine. Les tribunaux révolutionnaires de Nancy et de Strasbourg furent beaucoup plus modérés. Celui de Nancy avait été mis sur pied le 28 brumaire an II (18 novembre 1793) par le représentant Faure ; il ne fonctionna que jusqu'au 15 nivôse (4 janvier 1794). Ses membres avaient tous été nommés par Faure ; il n'y avait pas de jury. Le tribunal révolutionnaire de Strasbourg fut établi par Euloge Schneider. Il poursuivit surtout les crimes économiques et prononça un grand nombre d'amendes et de confiscations plutôt que des condamnations à mort. En fait, la différence entre tribunaux criminels et tribunaux révolutionnaires est plus verbale que réelle : ils jugeaient les mêmes crimes, dans les mêmes formes, et étaient étroitement soumis, les uns comme les autres, aux représentants en mission qui pouvaient — comme cela se produisit pour le tribunal criminel de Nîmes — modifier complètement leur personnel.

Les commissions révolutionnaires, appelées souvent aussi commissions populaires ou commissions extraordinaires, étaient assez différentes. Elles furent créées par les représentants en mission dans les départements insurgés ou les régions troublées pour juger les rebelles capturés en armes. Sans jury, elles ne se composaient que de trois ou cinq juges, quelques-unes n'eurent même pas d'accusateur public ni de greffier. On en compte au total une douzaine connues par le nom de leur président, telle que la commission Parein à Lyon Les commissions qui prononcèrent le plus grand nombre de condamnations capitales furent celles de Lyon, Marseille, Nîmes, Orange, Toulon.

Les commissions militaires étaient encore d'autres juridictions exceptionnelles. Elles avaient été établies par le décret du 9 octobre 1792 pour juger les émigrés pris les armes à la main, soit en France, soit dans les territoires étrangers occupés par les armées de la République. Elles comprenaient trois ou cinq juges militaires, un accusateur public, parfois un greffier, et elles étaient attachées aux armées qu'elles suivaient dans leur déplacement, sans toutefois se confondre avec les tribunaux militaires criminels chargés de juger les crimes ou délits commis par les soldats.

Les commissions militaires ne pouvaient prononcer d'autre peine que la mort, et la sentence était immédiatement exécutoire. Leur compétence fut étendue aux rebelles et révoltés de toutes catégories — notamment aux « chefs d'émeutes » par les décrets des 11 mai et 5 juillet 1793 — aux espions, aux ecclésiastiques armés.

Il y eut plus de soixante commissions militaires désignées, elles aussi, du nom de leur président : Commission Lenoir à Nantes, Volcler à Laval, etc. Les principales de ces commissions furent celles d'Angers, Laval, Le Mans, Noirmoutiers, Rennes, Marseille... Elles furent infiniment plus terribles que les tribunaux révolutionnaires.

La loi du 14 frimaire (4 décembre 1793) qui s'efforça de mettre de l'ordre dans la Révolution, devait faire disparaître les tribunaux révolutionnaires des départements, comme les armées révolutionnaires, comme les comités de surveillance départementaux. Toutefois l'article 17 de la section III de cette loi, qui « interdit toute commission centrale révolutionnaire ou militaire » est ambigu, les tribunaux révolutionnaires ne sont pas formellement désignés. Néanmoins c'est en vertu de cet article que le tribunal révolutionnaire de Nancy disparut.

La loi du 27 germinal (16 avril 1794) en ordonnant que les prévenus de conspiration de tout le territoire de la République soient transférés au Tribunal révolutionnaire de Paris, semblait annoncer la prochaine suppression des juridictions révolutionnaires provinciales. Effectivement le 16 floréal (8 mai 1794) une nouvelle loi précisait que tous les tribunaux et commissions révolutionnaires des départements devaient disparaître et qu'il n'en serait plus établi à l'avenir. Cette loi prévoyait, il est vrai, des exceptions : le Comité de salut public pourrait maintenir en fonction telle juridiction qu'il jugerait nécessaire. En fait, c'est après la publication de cette loi que l'une des commissions révolutionnaires les plus violentes, celle d'Orange, fut créée (21 floréal — 10 mai). Les commissions de Bordeaux, de Nîmes, de Noirmoutiers, de Laval, de Rennes, de Cambrai, le Tribunal révolutionnaire de Brest continuèrent à siéger, et c'est même à cette époque que les victimes furent les plus nombreuses. Toutes ces juridictions ne disparurent qu'au lendemain du 9 thermidor.

Après la chute de Robespierre, la justice révolutionnaire dans les départements est confiée aux seuls tribunaux criminels jugeant « révolutionnairement » certains crimes.

Le Tribunal révolutionnaire de Paris est maintenu, mais réorganisé : la loi du 22 prairial (10 juin) est abolie. Les décrets des 21 et 22 thermidor an II et 8 nivôse an III, réduisent son personnel à douze juges et trente jurés, qui, désormais, seront choisis non plus seulement à Paris, mais dans toute la France. Juges, jurés et membres du parquet seront renouvelés en entier tous les trois mois.

Le Tribunal révolutionnaire doit connaître de tous les crimes contre la sûreté de l'État et contre la représentation nationale, les négligences, malversations et autres délits dont pourraient se rendre coupables les membres des commissions exécutives, ainsi que les juges et accusateurs publics des tribunaux criminels.

L'accusé recevait de nouveau des garanties : il était interrogé avant l'audience publique, était pourvu d'un défenseur et pouvait récuser un ou plusieurs jurés. L'accusé pouvait répondre à chaque témoin. Mais le Tribunal révolutionnaire avait toujours le droit de se déclarer suffisamment éclairé lorsque le procès avait duré trois jours.

Naturellement, le tribunal révolutionnaire servit alors aux thermidoriens qui purent assouvir leurs désirs de revanche. Il ne fut supprimé que le 12 prairial an III (31 mai 1795), et le jugement de tous les crimes et délits révolutionnaires fut rendu aux tribunaux criminels réguliers jugeant dans les formes révolutionnaires.

III

LE BILAN DE LA TERREUR[1]

L'activité des tribunaux et commissions révolutionnaires constitue à proprement parler la « terreur ». Quel fut son bilan ? Combien la terreur fit-elle de victimes ?

Berriat-Saint-Prix, dans le calcul des condamnés à mort pendant la Révolution évaluait en 1865 à 14.807 le nombre des victimes de la terreur. *Le Dictionnaire des individus envoyés à la mort pendant la Révolution* donnait en 1896, le nombre de 13.863 sentences capitales. Mais ces chiffres étaient incomplets, de nombreuses études récentes ont révélé des omissions. Dans un livre sur l'incidence de la Terreur, M. Donald Greer évalue, en 1935, à 16.594 le nombre des condamnés à mort, et il arrondit ce chiffre à 17.000 pour tenir compte des omissions possibles. M. Lefevre estime que c'est là un chiffre encore insuffisant, car, selon lui, 10 à 12.000 individus ont été exécutés sans jugement. Pour dresser le bilan complet de la terreur, il faut encore ajouter les suspects morts en prison, ou décédés des suites d'autres condamnations. Au total il y aurait eu entre 35 et 40.000 victimes, soit 7 à 8 % du nombre des suspects.

La terreur de 1792-94 se place donc sur le même plan que d'autres répres-

---

1. TEXTES ET OUVRAGES A CONSULTER. — L'ouvrage essentiel est le livre de Greer cité à la bibliographie générale du chapitre. Il a complètement renouvelé la question. — QUESTIONS A ÉTUDIER : Le bilan de la terreur évalué par M. Greer n'est certes pas définitif, mais on ne pourra plus lui apporter, semble-t-il, que des retouches de détail, sur le plan local.

sions sanglantes, celle de la révolte des paysans allemands en 1524, ou celle du « Tribunal du sang » institué par le duc d'Albe aux Pays-Bas en 1568. Elle a été moins sanglante que la répression de la Commune de 1871 qui a compté rien qu'à Paris, plus de 20.000 exécutions. Elle a été infiniment moins terrible que la Révolution russe de 1917-21, que la terreur blanche espagnole de 1936-39, et surtout que la terreur brune nazie qui a pesé sur l'Allemagne, puis sur l'Europe de 1933 à 1945. Si on ne tient compte que des otages fusillés par les Allemands de 1940 à 1944, on constate que ceux-ci dépassèrent le nombre de 29.600 pour la France seule, dont 11.000 pour Paris, 3.700 pour Lyon, 2.900 pour Limoges, etc. Et des centaines de milliers de Français furent massacrés ou moururent de faim et de misère dans les camps d'Allemagne. A titre de comparaison, on peut encore signaler que la terreur a fait moins de victimes qu'en un an les accidents d'auto aux États-Unis (35.000) ou deux fois plus que la bataille d'Eylau, après laquelle 20.000 morts furent dénombrés.

La Terreur se répartit, au point de vue géographique, très inégalement. Certaines régions de la France furent terriblement ensanglantées, d'autres à peine touchées, 74 % des condamnations à mort ont, en effet, été prononcées dans l'ouest ou la vallée du Rhône, c'est-à-dire en des contrées dévastées par la guerre civile (Vendée, révoltes de Lyon, Marseille et Toulon). Si on ajoute à ces régions six départements qui furent le théâtre d'insurrections graves et les départements voisins des fronts militaires où la justice devait être plus sévère parce que le danger était plus grand, la proportion des condamnations s'élève à 81 %.

Le Tribunal révolutionnaire de Paris prononça 2.639 sentences de mort dont 704 contre des provinciaux, soit 16 % du total, moins que le département de la Loire-Inférieure qui, avec 3.548 condamnations capitales, atteint la proportion de 21 %. A. Mathiez a fait remarquer que le nombre des condamnés à mort par le Tribunal révolutionnaire de Paris est inférieur à celui des militaires frappés injustement de la même sentence par les conseils de guerre de 1914 à 1918, et réhabilités par la suite.

Dans six départements, il n'y eut aucune condamnation à mort, elles sont inférieures à dix dans 31 départements, comprises entre 10 et 100 dans 32 départements, et supérieures à 100 dans 18 départements ; parmi lesquels la Loire-Inférieure, la Vendée, le Maine-et-Loire, le Rhône et Paris dépassent le chiffre de 1.000.

L'étude des motifs d'accusation est également intéressante, 78 % des condamnations furent prononcées pour rébellion ou trahison, 10 % pour fédéralisme, 9 % pour des délits d'opinion, et seulement 1 1/4 % pour des motifs économiques : accaparement, marché clandestin, et surtout falsification d'assignats.

Les ouvriers fournirent le plus grand contingent aux juridictions révolutionnaires, 31 % du total. Ils étaient nombreux parmi les révoltés de Lyon et de Marseille. Ensuite viennent les paysans (28 %) arrêtés en Vendée et dans les autres départements de l'ouest. Les bourgeois sont un peu moins nombreux (25 %). Ils furent les principaux artisans de la révolte fédéraliste, notamment dans le sud-est et à Bordeaux. Les nobles ne comptent que pour 8 1/4 %, et les prêtres pour 6 1/2 %. Il est vrai que nobles et prêtres étaient beaucoup moins nombreux en France que les paysans et bourgeois, et que proportionnellement à leur ordre, ils eurent un grand nombre de victimes.

La terreur atteignit un maximum d'octobre 1793 à mai 1794, après les grandes victoires sur les rebelles de Vendée, de Lyon, Marseille et Toulon ; 70 % des exécutions eurent lieu pendant cette période. Il y en eut encore 14 % de mai à juillet pendant ce qu'on appelle la *grande terreur*. Avant septembre 1793, le nombre des exécutions n'avait été que de 3,5 % du total.

Ainsi, la terreur a été essentiellement politique et répressive. Elle n'a pas eu pour but de faire disparaître une caste, — celle des nobles ou celle des prêtres, — ou encore une classe, celle des riches, pour en distribuer les biens au prolétariat ; mais elle a uniquement cherché à réprimer violemment des révoltes et des trahisons qui mettaient en danger avec l'unité nationale, la vie même du pays. C'est à peine si de mai à juin 1794, on peut constater une recrudescence de victimes *riches*, consécutive à la politique sociale des robespierristes. La terreur n'a pas été une arme économique, mais un instrument de défense nationale et révolutionnaire.

CHAPITRE VI

LES FINANCES RÉVOLUTIONNAIRES[1]

Lorsque la Convention se réunit la situation financière que lui léguait la Législative était grave, non point désespérée. Il y avait pour 1.972.000.000 d'assignats en circulation (le dernier *plafond* fixé par la Législative était de 2 milliards) mais la valeur des biens nationaux à vendre était estimée à 5.610.000.000 ; elle était par conséquent largement suffisante pour gager l'assignat.

I
LES INSTITUTIONS FINANCIÈRES DE LA CONVENTION GIRONDINE

Ce fut Cambon qui, membre du Comité des finances de la Convention, dirigea en fait les finances françaises jusqu'au 5 avril 1795, époque où il dut se retirer sous les attaques des thermidoriens. Cambon voulait limiter les émissions de papier-monnaie, retirer de la circulation le plus possible d'assignats. Cette politique était appuyée par les montagnards, notamment par Saint-Just qui, le 29 novembre 1792, s'écria à la tribune de la Convention : « Le seul moyen de rétablir la confiance et la circulation des denrées, c'est de diminuer la quantité de papier en émission et d'être avare d'en créer d'autre... Il faut diminuer les charges du trésor public... sans créer de signe, car cette méthode corrompt l'économie et bouleverse la circulation et la proportion des choses... »

---

1. BIBLIOGRAPHIE GÉNÉRALE. — Consulter, en plus des ouvrages signalés au chapitre V du livre II, sur les impôts extraordinaires : Brouillard, *Des impositions extraordinaires sur le revenu, pendant la Révolution, à Bordeaux, op. cit.*, p. 133 ; Jalenques, *Les emprunts forcés sur le revenu sous la Révolution* (Clermont-Ferrand, 1910, in-8º) ; A. Troux, *Le département de la Meurthe, op. cit.*, p. 283.
Sur le personnel de l'administration financière : Briffaud, *Les impôts communaux sous la Révolution, le citoyen Hégon, receveur du district d'Évreux, op. cit.*, p. 133.
Sur les compagnies financières : Houben, *Finance et politique sous la Terreur, la liquidation de la compagnie des Indes* (Paris, 1929, in-12). — QUESTIONS A ÉTUDIER : Il serait utile de répéter dans de nombreux départements ce que M. Schnerb a tenté dans le Puy-de-Dôme : étudier l'établissement, la levée et surtout la rentrée des impôts directs, notamment pendant la période de la Terreur. Le Grand Livre de la dette publique attend toujours son historien. Aucun ouvrage synthétique d'envergure n'a été consacré aux taxes révolutionnaires, non plus qu'aux différents emprunts forcés établis de 1792 à 1795. Enfin la politique financière de la Convention thermidorienne, et notamment ses causes, n'ont pas fait jusqu'à présent l'objet d'études exhaustives.

Cependant, la France était en guerre ; les dépenses, considérables ; les revenus presque inexistants. Il fallut bien émettre de nouveaux assignats et qui servirent, non à éteindre la dette, mais à payer les dépenses courantes, 400 millions d'assignats furent créés le 24 octobre 1792, 800 le 1er février 1793. « La caisse de l'extraordinaire », qui devait utiliser les émissions d'assignats pour amortir la dette fut supprimée : Les assignats étaient considérés comme une ressource normale de la trésorerie. Mais les montagnards s'efforçaient de ralentir la baisse. Marat, Chabot mettent en garde contre de nouvelles émissions. L'assignat de 100 livres tombe à 48 en mai dans les départements frontières, à 60-70 dans ceux de l'intérieur. Pour maintenir les cours, la Convention ordonne les 8 et 11 avril que tous les marchés passés avec l'État soient stipulés en assignats, elle interdit la vente du numéraire et l'affichage des denrées à deux prix différents. Mais elle ne va pas jusqu'à réquisitionner les espèces métalliques, mesure pourtant que beaucoup de représentants jugent indispensable, et propre à relever le cours du papier. En fait, l'état est la première victime du cours forcé, car il reçoit les impôts en assignats, mais doit payer souvent les fournisseurs aux armées en numéraire pour que les troupes soient approvisionnées. Le « maximum » décrété le 4 mai pour le prix du blé, plus tard, le maximum général, exerceront une action bienfaisante en arrêtant la hausse. Mais le 7 mai, la Convention doit encore émettre pour un milliard deux cent millions d'assignats.

Les ressources normales sont faibles. Contribution foncière et contribution mobilière rentrent mal ; la patente est supprimée. Les principales recettes proviennent de ce que la monarchie appelait les « affaires extraordinaires » : vente des biens d'émigrés, estimés à plus de trois milliards, profits de la conquête, assez maigres tant qu'on fit une guerre de propagande révolutionnaire qui empêcha les troupes de vivre sur les pays occupés, nulles lorsqu'on dut évacuer les régions conquises, après février 1793.

Les sans-culottes demandaient qu'on fasse payer les riches, c'est eux qui devaient supporter les frais de la guerre. Déjà, à Paris, la Convention avait autorisé la perception d'un impôt exceptionnel destiné à rembourser aux boulangers la perte qu'ils éprouvaient en vendant le pain à bas prix. Cet impôt comprenait essentiellement une taxe progressive sur les riches, allant de 1/300, pour les revenus compris entre 900 et 3.000 livres, à 1/20 pour les revenus supérieurs à 150.000 livres.

Le 9 mars 1793, une subvention de guerre de 40 millions est décrétée par la Convention. Seuls les riches devront la payer. Les 21 et 26 mars, le représentant Vernier demande à la Convention, au nom du Comité des Finances, l'établissement d'un impôt permanent et progressif sur le luxe des riches. Quoique Robespierre se fût montré le partisan chaleureux de la progressivité de l'impôt, le projet de Vernier fut repoussé.

A défaut d'impôts établis par le Gouvernement central, ce furent les autorités locales qui prirent l'initiative de demander aux riches des contributions supplémentaires. L'administration du département de l'Hérault établit le 19 avril 1793, un impôt de cinq millions sur les riches pour équiper une troupe de 5.000 volontaires et soulager leurs familles. Les riches devaient être désignés par une commission composée des membres des administrations du département et des districts, des municipalités et des sociétés populaires.

La Convention approuve et cite le 27 avril cet exemple avec éloge aux autres départements, qui s'empressent de l'imiter. La Haute-Garonne demande aux riches 6.664.000 livres, le Rhône 6.000.000, la Seine-et-Oise 3.500.000. L'Aube, les Côtes-du-Nord, les Basses-Alpes, le Lot lèvent aussi des contributions sur les riches. Les comités révolutionnaires et les sections de Paris leur empruntent le 3 mai douze millions pour équiper et armer un corps de 12.000 hommes destiné à lutter contre les Vendéens. En fait, c'est le Trésor qui avança la somme aux sections parisiennes et dut ensuite effectuer les recouvrements. C'est ce procédé qui donna sans doute à la Convention l'idée d'un emprunt forcé qui pèserait sur tous les riches de France.

II

LES INSTITUTIONS FINANCIÈRES DE LA CONVENTION MONTAGNARDE[1]

Les Montagnards qui s'emparent du pouvoir le 2 juin 1793 se soucieront beaucoup moins que les Girondins des intérêts des possédants. Ils vont s'efforcer de consolider les biens des pauvres et de stabiliser l'assignat en rejetant autant que possible sur les privilégiés de la fortune les charges de la guerre et de la Révolution.

Ils voulurent d'abord rétablir la confiance dans les finances de la République et garantir les créances des petits rentiers tout en unifiant la dette et en faisant rentrer une partie du papier en circulation. Tels furent les buts du « grand livre de la dette publique ».

Dès le 27 août 1790, Montesquieu avait montré à la Constituante qu'il était nécessaire d'unifier la dette qui comprenait la vieille dette de la monarchie — rentes sur l'Hôtel de Ville de Paris, sur les tailles, les aides, les gabelles, etc. — et la dette nouvelle consécutive au remboursement des offices supprimés en 1789. Cambon reprit ce projet le 15 août 1793. Il développa les avantages que la Révolution retirerait de cette unification. Les antiques parchemins royaux seraient brûlés, tous les créanciers de l'État seraient pourvus de titres semblables quelle que fût l'origine de leur créance.

En août 1793, la dette se composait de quatre parties :

1° Les rentes sur l'Hôtel de Ville de Paris et autres papiers analogues : 100.800.000 livres.

1. TEXTES ET OUVRAGES A CONSULTER. — Voir la bibliographie générale de ce chapitre.

2º La dette à court terme, constituée par les arrérages des emprunts contractés sous le règne de Louis XVI : 416.000.000 de livres ;

3º La dette consécutive à la liquidation des offices de l'ancien régime : 625.000.000 de livres ;

4º La dette en assignats estimée à 3.217.000.000 de livres.

Cambon proposait d'inscrire les trois premières catégories sur un grand livre. En face du nom de chaque créancier de l'État, figurerait le revenu net qu'il devait toucher chaque année. Tous les titres primitifs seraient détruits et remplacés par des « extraits d'inscription sur le grand livre ». La délivrance des copies de titres primitifs était interdite sous peine de dix ans de fers.

Aucune inscription inférieure à 50 livres de rentes n'était admise. Toutes les petites rentes étaient remboursées.

Le système proposé par Cambon devait présenter de grands avantages : La comptabilité centralisée à Paris serait infiniment plus facile. Les rentiers de leur côté pourraient négocier sans formalités leurs inscriptions moyennant un droit de 2 % du capital. Ils pourraient aussi toucher commodément leurs arrérages puisque ceux-ci seraient payables dans tous les chefs-lieux de districts. L'État y gagnerait l'avantage de connaître à chaque instant tout son passif, et de savoir quel était le montant des rentes de chaque citoyen, ce qui faciliterait l'établissement des rôles d'impôts.

L'inscription sur le Grand'livre ne présentait cependant pas pour tous les rentiers des avantages égaux. Sous l'ancien régime, certains emprunts comportaient des lots ; il ne pouvait naturellement être question d'en tenir compte dans l'inscription sur le Grand'livre, de sorte que pour les souscripteurs d'emprunts à lots le grand'livre constitua une sorte de banqueroute partielle.

Cambon espérait enfin que l'institution du Grand'livre permettrait de résorber une partie du papier en circulation. Tout porteur d'assignats était en effet convié à les convertir en rentes sur le Grand'livre. Pour un capital versé en assignats perdant alors de 60 à 75 %, on pouvait espérer jouir un jour d'un intérêt de 5 % en numéraire, de sorte que par rapport au capital effectivement versé, l'intérêt pouvait être plus que doublé. Les souscripteurs volontaires seraient exempts de l'emprunt forcé dont le principe avait été voté le 20 mai, et dont les modalités étaient sur le point d'être publiées.

Le projet présenté par Cambon fut voté sans aucune modification le 24 août 1793. C'est une des lois financières les plus importantes que la Convention ait rendue. Mais elle était tout autant une loi de circonstance — destinée à provoquer la disparition des anciens titres de rentes et la diminution du papier en circulation — qu'à établir une comptabilité précise et rationnelle de la dette publique. La rédaction du Grand'livre fut terminée le 14 messidor an II (2 juillet 1794).

En dehors des catégories de dettes inscrites sur le Grand'livre de la dette publique, il existait en France en 1789 pour cent millions environ de dettes viagères. Celles-ci avaient sans doute décru en 1793 par suite des décès, de l'émigration, etc. Cambon, dans un rapport du 2 germinal (22 mars 1794) montra la nécessité de républicaniser cette catégorie de dettes comme on avait fait pour les autres. Les derniers titres datant de l'ancien régime devaient alors disparaître.

La loi du 23 floréal an II (12 mai 1794) régla les bases d'une conversion obligatoire de la dette viagère en dette perpétuelle :

Tous les titulaires de rentes viagères devaient remettre leurs titres à la Trésorerie Nationale avant le 1er vendémiaire an III (22 septembre 1794). Toutes ces créances seraient transformées en un capital dont le montant devrait être estimé par rapport à l'âge du titulaire selon un barème fixé.

La rente correspondant au capital ainsi estimé était inscrite au Grand'livre de la dette publique.

Toutefois les titulaires de petites rentes viagères — c'étaient souvent d'anciens domestiques — pouvaient conserver ces rentes telles quelles. Elles étaient alors inscrites sur un Grand'livre de la dette viagère.

Toutes les rentes viagères qui n'auraient pas été présentées, accompagnées des pièces justificatives, à la date prescrite seraient annulées.

Une loi du 8 messidor (26 juin 1794) maintint en faveur des parents, femmes et enfants des « défenseurs de la patrie » les rentes viagères de quelque importance qu'elles fussent, constituées sur la tête de ceux-ci.

Quatre-vingt millions de rentes environ furent présentés à la conversion.

Dès le 20 mai 1793, à l'exemple de la décision prise par les sections parisiennes, et sur la proposition de Cambon, la Convention avait voté le principe d'un emprunt forcé de un milliard sur les riches. Le 22 juin, la Convention décida que l'emprunt porterait uniquement sur les revenus et non sur le capital. Seraient assujettis à l'emprunt les célibataires ayant plus de 6.000 livres de revenu, et les ménages en possédant plus de 10.000. Les revenus devaient être déclarés, mais aucune sanction n'était prévue contre les défaillants. En somme, la Convention semblait ajourner la levée de cet impôt ; aussi ces anodines mesures provoquèrent de violentes protestations de Jacques Roux et des enragés.

Le 3 septembre 1793, la Convention réorganisa l'aménagement de l'emprunt. Les citoyens devaient déclarer dans les quinze jours tous leurs revenus et leurs « capitaux oisifs » en caisse ou en portefeuille. Les déclarations seraient examinées par des commissions nommées par les municipalités, et celles-ci recevraient pouvoir de doubler les déclarations jugées insuffisantes.

La franchise était réduite à 1.000 livres pour les célibataires, 1.500 pour les hommes mariés, plus 1.000 pour la femme et chacune des personnes à charge. L'emprunt était progressif à raison du dixième pour le premier millier de livres taxé, du cinquième pour le second, et ainsi de suite. A partir de 9.000 livres taxées, la totalité de l'excédent devait être versée à l'emprunt.

Ainsi un homme seul, ayant dix mille livres de revenu devait payer 4.500 livres.

Le paiement avait lieu entre les mains du receveur du district, par tiers, en décembre 1793, janvier et février 1794. Ces conditions étaient rigoureuses. Mais n'oublions pas que la loi qui avait institué, quelques jours plus tôt, le Grand'livre de la dette publique avait dispensé de l'emprunt forcé tous les souscripteurs volontaires. Ainsi la rigueur même des conditions de l'emprunt devait favoriser, espérait-on, les demandes d'inscription sur le Grand'livre.

Effectivement, au début les assignats affluèrent dans les caisses de l'État au rythme de 4 à 5 millions par jour, tant pour l'emprunt forcé que pour l'emprunt volontaire. Mais bientôt l'application du maximum général réduisit les bénéfices des commerçants et les inscriptions volontaires sur le Grand'livre diminuèrent rapidement. Quant à l'emprunt forcé, sa levée se heurta à toutes sortes d'obstacles. Les municipalités ne se pressèrent pas d'en dresser les rôles. Dans beaucoup de communes, ils n'étaient pas encore terminés en l'an IV ! En Seine-et-Oise, sur 607 communes, 572 déclarèrent n'avoir pas de rôles à dresser, faute de contribuables, et les rôles établis ne se montèrent qu'à 2.500.000 livres. A Bordeaux, les rôles atteignirent la somme de 6.800.000 livres dont 4.500.000 étaient recouvrés à la fin de l'an IV, moitié en récépissés de l'emprunt volontaire, moitié en assignats.

La levée de l'emprunt n'arrête naturellement pas la perception de toutes sortes de taxes révolutionnaires dont la pratique avait, nous l'avons vu, commencé au printemps de 1793. Ces taxes nombreuses et variées, frappant uniquement les riches, sont établies dans la plupart des départements soit par les représentants en mission, soit par les sociétés populaires, soit par les administrations locales. Leur but d'égalité sociale apparaît parfois clairement. A Montauban, le représentant Baudot déclare : il faut « que le riche devienne pauvre et le pauvre devienne riche... ».

Le représentant Laplanche lève deux millions sur les riches de Bourges et fait distribuer vingt livres par tête à 5.000 pauvres. A Rouen, les représentants Delacroix, Legendre et Louchet établissent une taxe de dix millions sur les riches, payable en huit jours. Saint-Just et Lebas frappent les riches du département de la Meurthe d'un impôt de six millions, et 193 riches de Strasbourg d'une taxe de neuf millions à verser dans les vingt-quatre heures. Bernard (de Saintes) impose 600.000 livres à la ville de Montbéliard, et dans le Puy-de-Dôme, Couthon exige 1.200.000 livres des citoyens dont la fortune présumée passe 400.000 livres. Dans la Loire, Javogues limite à 100.000 livres les fortunes des gens mariés, à 50.000 celle des célibataires, le surplus, estimé à 16.500.000 livres devait être partagé entre les pauvres.

Ces multiples taxes révolutionnaires ne pouvaient que nuire à la rentrée des impôts et des emprunts établis par la Convention, aussi la loi du 14 frimaire an II les interdit — sauf en pays ennemi ou « rebelle ».

Combien produisirent-elles ? Il est très difficile de donner une évaluation, même approximative. Il y avait, semble-t-il, moins de riches qu'on ne le supposait. Beaucoup de riches avaient émigré, d'autres étaient emprisonnés, ou se cachaient. Les autres donnèrent des acomptes et ne versèrent jamais le solde. Le banquier Peixotto de Bordeaux, taxé à 1.200.000 livres n'en versa que 67.600. Sur les 9 millions imposés à Strasbourg par Saint-Just et Lebas, 4.800.000 livres seulement étaient payées le 9 thermidor. La taxe de 6 millions sur les riches de la Meurthe produisit à peine un million. Au total, il ne semble pas que les taxes révolutionnaires aient rapporté au trésor plus de 30 à 35 millions.

Les pays conquis — mais en l'an II ils étaient peu importants — durent faire vivre les armées qui les occupaient. Outre de nombreuses réquisitions, en nature, ils furent obligés de verser des contributions de guerre. Hoche leva trois millions sur le duché de Deux-Ponts, deux sur Bliescastel, quatre sur Neustadt — en numéraire, cela va sans dire. En Belgique, le représentant Laurent taxe à deux millions riches et prêtres de Mons, à cinq ceux de Bruxelles, à un million et demi ceux de Malines. A la fin de l'an II, 48 villes belges avaient payé 60 millions dont 13.300.000 étaient arrivés à la Trésorerie.

Le numéraire recueilli dans les pays conquis est malgré tout insuffisant. Il faut beaucoup d'or et d'argent pour solder les achats de la France à l'étranger, il faut du bronze pour fabriquer de la petite monnaie. Les représentants en mission s'efforcent d'obtenir de l'or, de l'argent, du bronze. Ils s'emparent notamment de l'argenterie des églises, et des cloches. Le 2 octobre 1793, Fouché envoie à la Convention, depuis le département de la Nièvre 1.081 marcs d'argent et 1.200 livres d'or. Les représentants Garrau, Pinet, Monestier et Dartigoeyte décrètent dans les Basses-Pyrénées, l'échange forcé des billets contre l'or. Cet arrêté est appliqué ensuite au département de la Haute-Garonne et au district de Montauban. Mais Cambon fait interdire cette pratique le 1er décembre 1793. Sans doute, la Convention craint-elle d'alimenter les caisses des autorités locales dont on redoute encore les penchants au fédéralisme. L'Assemblée prescrit seulement de favoriser l'échange volontaire de l'or et de l'argent contre le papier ; naturellement ses conseils ne furent guère entendus. Au total, l'argenterie des églises aurait produit, selon Cambon de 25 à 30 millions, et les cloches cinq à six.

La Convention acceptait évidemment tous les dons, en nature ou en espèces. Elle s'efforça de multiplier les dons patriotiques, mais leur montant ne semble pas avoir dépassé deux ou trois millions.

Certes, toutes ces ressources « extraordinaires » s'ajoutant aux rentrées — fort lentes — des impôts réguliers ne pouvaient arriver à combler le déficit, qui se fixa, en l'an II aux alentours de 200 millions par mois.

En tout cas, les rentrées d'assignats et de numéraire qui furent la conséquence de tous ces impôts, taxes et emprunts arrêtèrent-elles les émissions massives d'assignats. Le 11 ventôse an II (1er mars 1794) la circulation-papier ne dépassait pas cinq milliards et demi, c'est-à-dire qu'elle était inférieure à la masse des biens nationaux disponibles. La Convention s'était efforcée d'affirmer le cours de l'assignat, elle avait retiré de la circulation en juillet 1793, les assignats à face royale, qui dans certaines régions faisaient prime, et décrété le 5 septembre 1793 la peine de mort contre les auteurs de discours tendant à discréditer les assignats. Aussi le cours de l'assignat a tendance à se stabiliser. Les cours se relèvent de mai à décembre 1793. Ils passent dans le Haut-Rhin de 43 à 48, à Bâle de 43 à 51. Et si la baisse reprend au printemps 1794, du moins est-elle modérée. En juillet 1794, l'assignat de 100 livres en valait 50 dans le Cher, 60 dans la Haute-Marne, 32 dans le Haut-Rhin, 35 à Bâle. Ainsi, par sa politique énergique, la Convention montagnarde était-elle sur le point, au 9 thermidor, d'arrêter l'inflation et de stabiliser la monnaie.

III

LA POLITIQUE FINANCIÈRE DE LA CONVENTION THERMIDORIENNE[1]

Après le 9 thermidor, la Convention revint au libéralisme économique, abolit la réglementation et supprima notamment le maximum le 4 nivôse an III (24 décembre 1794).

Dès lors, ce fut l'inflation. L'assignat tomba avec rapidité. L'assignat de 100 livres, qui en valait encore 34 à Paris au début d'août, est coté 20 en novembre, 14 en mars 1795. La circulation du papier augmente parallèlement, elle atteint 11 milliards en décembre 1794, au lieu de 5.500.000.000 en mars précédent. Chaque mois le déficit va croissant. De 200 millions en brumaire, il passe à 434 millions en pluviose. Naturellement le prix de la vie augmente dans des proportions plus grandes encore.

Cambon s'efforce d'endiguer la catastrophe. Il propose divers remèdes à la Convention, mais celle-ci les rejette, et faisant finalement retomber sur Cambon la responsabilité de l'inflation, l'exclut du Comité des Finances (14 germinal — 3 avril) et le décrète même d'arrestation deux jours plus tard : il échappe et se réfugie en Suisse.

Avec la fuite de Cambon, il semble que la Convention renonce à toute tentative pour sauver l'assignat. Elle abolit bientôt officiellement la fiction de la parité entre le papier et le numéraire. Dès le 18 germinal (7 avril), le député Dupuis demande que les impôts soient majorés à proportion de la baisse des assignats, car, dit-il, il est intolérable qu'un marchand estime vingt

---

1. BIBLIOGRAPHIE. — Voir la bibliographie générale de ce chapitre.

sous un assignat de cinq francs quand il vend sa marchandise, et le donne pour cinq francs à l'État en payant ses impôts. Le lendemain Pelet (de la Lozère) réclame la réouverture de la Bourse de Paris et la cotation officielle de l'assignat. Le 26 germinal (15 avril) Johannot suggère qu'en payement des biens nationaux, on n'accepte plus que les « assignats au cours ».

La Convention rouvre la Bourse de Paris le 6 floréal (25 avril) et reconnaît la légalité du commerce de l'assignat, de l'or et de l'argent. Désormais, tout fut « au cours » jusqu'au crieur de journaux qui clamait « 15 francs ou 2 sous » !

L'établissement de la liberté du commerce de l'or et de l'argent devait entraîner normalement un certain nombre de conséquences : le payement des impôts en assignats au cours, ou en nature, et des mesures pour protéger les créanciers contre le remboursement des dettes en assignats sans valeur.

Dès le 16 floréal (5 mai) Dubois-Crancé demanda à la Convention que l'impôt fût payé en nature, et que l'assignat fut retiré de la circulation. Jean Bon Saint-André réclamait lui aussi le payement de l'impôt en nature, mais estimait qu'il fallait conserver l'assignat. La Convention en discuta longuement mais pendant ce temps la situation financière s'aggravait, la vie chère provoquait des émeutes à Paris et à Toulon, le 1er prairial (20 mai). Sous la pression de l'insurrection, la Convention rapporta le décret autorisant le libre commerce du numéraire métallique et écarta l'impôt en nature.

Tous les débiteurs profitent de la baisse de l'assignat pour rembourser leurs créanciers en papier dévalué. Dans les divorces, les maris restituent la dot de leur femme en assignats sans valeur, et c'est peut-être là, une cause de l'augmentation des divorces. Beaucoup de citoyens qui ont vendu, ou dont les parents ont vendu des biens fonciers avant la baisse de l'assignat, profitent de la possibilité que leur donnent les clauses de « rescision » ou d'annulation pour « lésion d'outre moitié », et rentrent en possession de leur ancienne propriété pour une valeur réelle infime. Ou bien, ils exigent des suppléments de prix et des indemnités aux nouveaux propriétaires.

Pour faire cesser ces scandales, la loi du 3 messidor an III (21 juin 1795) établit officiellement un cours de l'assignat. Toute somme due devait être augmentée d'un quart, en valeur nominale, pour chaque augmentation de 500 millions de la circulation. Les contributions, notamment devaient être payées sur ce pied. Pour l'an III, par exemple, un franc de contribution était payable par six francs en assignats. Les rentes seraient aussi payées selon ce barème, mais seulement à partir du deuxième semestre de l'an IV. Aucune décision n'était prise en ce qui concerne les fonctionnaires ; et les propriétaires de maisons et d'usines étaient exceptés de la loi. De sorte que rentiers, fonctionnaires et propriétaires étaient gravement lésés. Le 25 messidor (13 juillet) la Convention compléta cette législation en suspendant provisoirement les restitutions de dot, en cas de dissolution de mariage, et les remboursements anticipés de dettes. L'assignat se releva légèrement, mais la circulation atteignait 16 milliards et ne cessait de croître. L'assignat de 100 livres était tombé à 3 livres : la loi était insuffisante. Les rentrées d'impôts risquaient d'être illusoires.

La Convention fut donc amenée à modifier encore une fois les conditions de payement des impôts, et même leur organisation.

Elle décida par les lois du 2 et du 3 thermidor (20 et 25 juillet) que la « foncière » serait payable, moitié en assignats, valeur nominale, moitié en grains portables dans des magasins éloignés de trois lieues au maximum. Les cultivateurs ne récoltant pas, ou trop peu de grains, devaient payer cette moitié en assignats représentatifs du prix du blé.

La « mobilière » se composait seulement d'une taxe personnelle, et d'une taxe somptuaire sur divers signes extérieurs de la richesse : cheminées, domestiques, chevaux et voitures de luxe, etc.

La « patente » enfin était rétablie, surtout pour lutter contre le commerce clandestin — il y avait dix fois moins de marchandises et dix fois plus de marchands qu'avant la Révolution. Des patentes générales permettaient tous les commerces, moyennant 4.000 livres, et des patentes spéciales avaient un tarif variable selon les commerces et l'importance des localités. Le fait de commercer sans patente était puni de la confiscation des marchandises, un tiers au profit de l'État, un tiers au profit de la commune, un tiers au profit des officiers de police ou des commerçants patentés ayant dénoncé la contravention. Les marchands de grains étaient soumis à une réglementation spéciale, héritage de l'ancien régime.

Lorsque la Convention se sépare, la situation financière de la France est très alarmante. Le trésor est vide, le louis vaut 3.000 livres assignats, et le billet de 100 livres, une livre dix sous. La circulation fiduciaire atteint vingt milliards et augmente chaque jour. Il semble que seul un gouvernement énergique et respecté pourra, la paix aidant, redresser les finances de la France.

CHAPITRE VII

LES INSTITUTIONS ÉCONOMIQUES : LA TERRE[1]

Le gouvernement révolutionnaire s'efforça d'abolir les derniers vestiges de la féodalité agraire, et de multiplier les propriétaires, soit par la vente de biens nationaux de plus en plus morcelés, soit même par des concessions gratuites, toutefois il resta étranger à toute idée de socialisation ou de collectivisation des terres. Le petit propriétaire reste son idéal social, comme il avait été celui de la Constituante et de la Législative.

I

LE RÉGIME DE LA TERRE[2]

La Législative, on s'en souvient avait maintenu l'obligation du rachat des droits féodaux lorsque le seigneur pouvait en présenter les titres primitifs, cas relativement rare, mais dont la reconnaissance suffisait à maintenir le régime féodal.

La Convention voulut précisément détruire ces derniers vestiges de la féodalité. Par décret du 17 juillet 1793, elle supprima sans indemnité toutes les redevances féodales. La loi atteignait les rentes entachées de la plus légère trace de féodalité, en fait elle amena la disparition de nombre de redevances

---

1. BIBLIOGRAPHIE GÉNÉRALE. — En plus des sources indiquées au chapitre VI du livre II, voir aussi, aux Archives nationales, la série D III, comité de législation de la Convention.
Ajouter aux recueils de documents indiqués p. 157, G. Lefebvre, *Questions agraires au temps de la Terreur* (Strasbourg, 1932, in-8°) ; du même, *Les recherches relatives à la vente des biens nationaux*, dans la *Revue d'Histoire moderne*, 1928, *op. cit.*, p. 165. — Voir les ouvrages généraux indiqués au chapitre VI du livre II.

2. TEXTES ET OUVRAGES A CONSULTER. — Outre les ouvrages mentionnés à la bibliographie du chapitre VI du livre II, consulter, sur l'abolition définitive de la féodalité : Bregail, *Une insurrection des bordiers dans le Gers en 1793*, dans le *Bull. de la Soc. du Gers*, 1901, p. 173-177.
Sur le prolétariat rural et ses revendications : Daniel Guérin, *La lutte des classes de 1793 à 1797* (Paris, 1946, 2 vol. in-8°) ; Rifaterre, *Les revendications économiques et sociales des assemblées primaires de juillet 1793*, dans le *Bull. de la Com. d'hist. écon. de la Révolution*, 1906, p. 321-380. — QUESTIONS A ÉTUDIER : Les questions agraires au temps de la terreur, ne sont pour ainsi dire pas étudiées. On en trouvera une esquisse dans l'ouvrage de M. Lefebvre, cité plus haut. Le fermage, le métayage, le partage des biens communaux appellent de nombreuses études de détail, à entreprendre, surtout à l'aide des archives communales et départementales.

non féodales, mais stipulées par des seigneurs, ou même par des membres du Tiers état. Beaucoup de droits fonciers furent supprimés, soit parce que, dans leur forme, ils imitaient les droits féodaux, soit parce qu'ils leur étaient joints dans les contrats. Ainsi nombre de propriétaires furent spoliés.

Tous les titres seigneuriaux devaient être brûlés afin qu'à l'avenir les droits féodaux ne pussent réapparaître. A cet effet, tous les particuliers devaient, dans les trois mois, apporter leurs titres au greffe des municipalités. Les titres ainsi réunis seraient solennellement brûlés le 10 août dans chaque commune en présence des autorités constituées.

Cette loi était d'exécution difficile. En fait elle ne fut pas respectée. Le 27 janvier 1794, la Convention suspendit son effet et décida que les titres déposés seraient l'objet d'un tri. Seuls les titres réellement féodaux seraient brûlés. Bien peu subirent ce sort, heureusement pour les historiens.

Par décret du 29 floréal an II (18 mai 1794) la Convention précisa encore que toutes les rentes « entachées de la plus légère marque de féodalité devaient être supprimées sans indemnité ». Toutes les dénominations seigneuriales étaient bannies des actes notariés, toutes les instances relatives à des droits seigneuriaux étaient éteintes. Ainsi en 1794, le régime féodal fut-il complètement et définitivement aboli en France.

La propriété communale n'était nullement une propriété féodale, mais dans l'esprit de la majeure partie des membres de la Convention, elle rappelait fâcheusement certaines institutions seigneuriales, et surtout choquait leur sentiment de l'unité et de l'inviolabilité de la propriété. Les conventionnels, comme les députés à la Constituante et à la Législative s'efforcèrent donc de diminuer, dans la mesure du possible, la propriété communale. Le décret du 10 juin 1793 décida qu'à part les forêts, chemins et immeubles, tous les biens communaux pourraient être partagés. Étaient également exceptés les marais dont l'assèchement ne pouvait être réalisé que par une entreprise commune.

Le partage était facultatif. Une assemblée des habitants devait avoir lieu le dimanche, dans les huit jours suivant la promulgation de la loi. Si le *tiers* des habitants se prononçait pour le partage, celui-ci aurait lieu. L'Assemblée pourrait décider d'ailleurs le partage d'une partie seulement des communaux. Au cas où elle maintiendrait un pâturage dans l'indivision, elle devrait fixer les règles de sa jouissance. Elle pourrait aussi décider la vente ou la location d'un communal, mais dans ce cas la décision devait être approuvée par le Directoire du département.

Le partage, lorsqu'il était décidé, devait avoir lieu par tête d'habitant de tout âge et de tout sexe, absent ou présent. Les propriétaires ne résidant pas habituellement dans la commune étaient toutefois exclus, de même que le ci-devant seigneur, s'il avait exercé avant 1789 son droit de triage. Les fermiers, métayers, valets de labour, domestiques avaient droit au partage à condition d'être domiciliés dans la commune depuis le 14 août 1791. Aucun des bénéficiaires du partage ne pourrait aliéner son lot avant dix ans.

Les lots devaient être d'égale valeur, donc de superficie inversement proportionnelle à la qualité du sol. Ils devaient être tirés au sort.

La loi annulait tous les partages antérieurs, ceux-ci devaient être recommencés conformément aux règles nouvelles.

La notion même de biens communaux était étendue, car la loi attribuait aux communes beaucoup de terres dont la propriété était contestée ; « les terres vaines et vastes, gastes, garrigues, landes, etc., sont et appartiennent de leur nature, à la généralité des habitants dans le territoire desquels elles sont situées... ». Si un ancien seigneur les revendiquait, il devrait, pour établir ses droits, produire l'acte authentique prouvant qu'il avait acheté ces terres.

Le partage des biens communaux ne devait, malgré les apparences, nullement favoriser les pauvres. En effet, dans la majorité des cas, les lots furent trop petits pour permettre aux indigents une exploitation rationnelle. Ceux-ci furent amenés à revendre rapidement leur parcelle aux riches qui devinrent les principaux bénéficiaires de l'opération. Un agent du Conseil exécutif, Saint-Victor, vit fort bien les conséquences du partage. Il tendait, dit-il, « à ruiner les journaliers qui élèvent des vaches et des moutons qui sont nourris sur ces mêmes communaux... S'il vient quelque année désastreuse, ils vendront leur portion et se trouveront sans ressources... ».

La Convention qui, par le partage des biens communaux, lésait les intérêts du prolétariat rural, ne prit pas davantage souci de faciliter son accès au fermage ou au métayage. Sous l'impulsion des physiocrates, les grandes fermes s'étaient multipliées avant 1789. Il était de plus en plus difficile aux paysans de trouver à louer de petites ou de moyennes propriétés. Ils réclamaient la division des grandes fermes, la limitation des exploitations agricoles. Les électeurs de Seine-et-Oise indiquent même la limite de 61 hectares. Mais la Convention, malgré les nombreuses pétitions qu'elle reçut à ce sujet, ne modifia rien aux conditions du fermage et ne limita pas les exploitations agricoles.

La Convention n'apporta, non plus, aucun changement notable au régime du métayage, qui pourtant provoquait beaucoup de critiques. Elle se borna, par le décret du 22 octobre 1793, à interdire aux propriétaires d'exiger dans les baux nouveaux la dîme et les droits féodaux de leurs métayers, encore cette prescription ne fut-elle pas obéie partout.

La Constituante avait, on s'en souvient, institué la liberté absolue de la culture, autorisé quiconque à clore s'il le désirait, et interdit la vaine pâture dans les prairies artificielles. La Convention confirma cette liberté et l'inscrivit dans l'article XVII de la Déclaration des droits de 1793. Mais la liberté de culture resta toute théorique, elle se heurtait à des coutumes profondément enracinées dans les campagnes et à l'intérêt des paysans pauvres qui vivaient en grande partie des produits du petit élevage. Des communes protestèrent contre la liberté de culture. Celle de Tourville, dans la Seine-Inférieure, demanda que la question fût au moins laissée à la décision des principaux propriétaires et fermiers du canton. Lors du referendum constitutionnel de juillet 1793, plusieurs citoyens firent des réserves sur la liberté des cultures. La Convention rétablit, mais seulement sous la pression des circonstances exceptionnelles, et notamment de la guerre, une certaine réglementation. La loi du 16 septembre 1793 par exemple édicta quelques prescriptions relatives à la moisson. Un décret ordonna le 14 frimaire an II (4 décembre 1793) le desséchement et la mise en culture des étangs.

Dans une certaine mesure les baux de fermage maintinrent de manière détournée la réglementation. Beaucoup, en effet, interdisaient de dessoler et de désaisonner. Des arrêtés d'administrations départementales agirent dans le même sens. Le 29 juin 1793, le département de l'Aisne stipula que, jusqu'à décision de la Convention, le cultivateur serait tenu de maintenir l'assolement triennal ordinaire et défendit de substituer aux grains une autre culture. Les départements du Pas-de-Calais et de la Seine-Inférieure, les districts de Lille et de Dieppe prirent des mesures analogues. La marquise de Marbœuf, propriétaire à Champs (S.-et-O.) fut même condamnée à mort pour avoir transformé une partie de ses terres à blé en prairies artificielles et avoir ainsi privé « les habitants de la commune de Champs d'une grande quantité de grains nécessaires à leur existence... ». Toutefois, la Convention, et la « commission des subsistances », qu'elle avait organisée se montrèrent toujours hostiles à la réglementation des cultures. Finalement, le comité de salut public prit le 13 germinal an II (2 avril 1794) un important arrêté qui annula tous les arrêtés des autorités locales contre les dessolements et déclara que seul, il avait le droit de prescrire des exceptions à la liberté des cultures. Il se bornait à ordonner — comme la Constituante — la mise en valeur obligatoire de toutes les terres, y compris celles des émigrés et des militaires, le paysan restant libre de les ensemencer à sa guise. Après la chute de Robespierre, le 13 messidor an III (1er juillet 1795), la Convention rapporta la loi du 14 frimaire an II (4 décembre 1793), sur le desséchement obligatoire des étangs.

Le paysan pouvait-il du moins mobiliser le capital représenté par sa propriété foncière pour en améliorer la culture ? La Convention essaya de rendre cette mobilisation possible en établissant un « code hypothécaire ». Celui-ci fut voté le 9 messidor en III (27 juin 1795). Ce code établissait la publicité de l'hypothèque, sans aucune restriction, mais non sa spécialité. L'hypothèque, en effet, devait résulter de l'inscription d'actes authentiques ou publics sur le registre du Conservateur des hypothèques. Mais l'hypothèque portait sur tous les biens, présents et à venir, du débiteur, dans l'arrondissement du bureau où elle a été déclarée.

La grande originalité de la loi résidait dans le fait qu'un propriétaire pouvait prendre sur lui-même hypothèque jusqu'à concurrence des trois quarts de la valeur de ses biens, en émettant des « cédules hypothécaires » transmissibles comme des lettres de change. Un propriétaire pouvait ainsi mobiliser ses biens fonds en émettant un véritable papier-monnaie, gros avantage à une époque où le crédit agricole n'existait pas. Mais l'innovation était telle que la Convention hésita, après l'avoir établie, et finalement ne promulgua point le code hypothécaire.

II
LA VENTE DES BIENS NATIONAUX[1]

La Convention aurait pu facilement multiplier le nombre des petits propriétaires de France, puisqu'elle avait à sa disposition une grande quantité de terres, les biens du clergé et les biens des émigrés.

En ce qui concerne les biens du clergé, la Convention ne songea pas, avant le 9 thermidor, à modifier les conditions de leur vente. Ils constituaient, en effet, le gage de l'assignat, et jusqu'à la chute de Robespierre la Convention s'efforça d'empêcher toute diminution de sa valeur. Elle interdit même par décret du 24 avril 1793 les associations de paysans qui s'étaient formées spontanément pour acheter en bloc des terres et les diviser ensuite. De telles associations, si elles multipliaient la petite propriété, entraînaient la disparition de la concurrence entre acheteurs, donc la baisse des prix. Les achats collectifs disparurent.

Les biens d'émigrés, appelés aussi biens nationaux de deuxième origine, n'avaient pas été destinés primitivement à gager l'assignat. Aussi la Législative aurait-elle voulu les utiliser plus spécialement en faveur des paysans démunis de propriétés. La Convention continua et précisa cette politique. Et, tout d'abord, elle augmenta l'étendue des biens nationalisés en définissant l'émigré par la loi du 28 mars 1793.

Toute inscription sur la liste des émigrés entraînait la confiscation des biens. Or il suffisait d'être absent de la commune où se trouvaient les biens pour qu'on fût inscrit sur la liste. Les radiations étaient soumises à quantités de formalités : production dans le délai d'un mois des certificats de huit ou neuf témoins, selon les cas ; ces témoins ne devaient être ni parents, ni alliés, ni fermiers, ni domestiques, ni créanciers, ni débiteurs, ni agents du certifié ou d'un autre prévenu d'émigration.

1. TEXTES ET OUVRAGES A CONSULTER. — Outre les ouvrages généraux cités p. 165, consulter sur la vente des biens des émigrés : Bouloiseau, *Le séquestre et la vente des biens des émigrés dans le district de Rouen* (Paris, 1935, in-8º) ; du même, *La vente des biens des émigrés* (1792-1830), dans l'*Information historique*, 1949, p. 6-10. — QUESTIONS A ÉTUDIER : La vente des biens nationaux a suscité de nombreux travaux, mais on ne s'est guère attaché à étudier dans quelle mesure les lois qui ordonnaient le morcellement des biens des émigrés en faveur des pauvres, ont été exécutées.

Si l'inscription était maintenue, non seulement les biens de l'émigré étaient confisqués, mais l'État se substituait à lui pour recueillir pendant cinquante ans (quelle que fût la durée de la vie de l'émigré) toute succession qui lui aurait été dévolue s'il avait vécu pendant ce laps de temps, et ces successions devaient grossir la masse des biens nationaux de deuxième origine. C'étaient les municipalités qui étaient chargées de dresser les listes des émigrés et d'établir l'état de leurs biens et de leurs successions. On conçoit le nombre d'erreurs et de contestations qui se produisirent !

En tout cas la Convention crut trouver dans ces biens de quoi satisfaire les paysans pauvres. Plusieurs propositions de morcellement, notamment le 9 janvier et le 4 mars 1793 n'avaient pas été votées, mais les Montagnards, après leur victoire du 2 juin, firent adopter par la Convention les décrets des 3 et 10 juin 1793.

Les biens d'émigrés devaient être lotis. Tout chef de famille possédant moins d'un arpent de terre recevrait une parcelle d'un arpent à condition d'en payer la rente, à 5 % du prix commun des labours depuis la Révolution ; faculté était d'ailleurs laissée d'amortir le capital en dix payements égaux.

Il y avait encore bien des imperfections dans ces décrets, rien ne garantissait notamment que les arpents donnés aux pauvres seraient choisis dans les bonnes terres. Néanmoins la Convention avait fait un geste : il ne devait guère être suivi de résultats.

La loi semble, en effet, n'avoir été appliquée que dans le département de Seine-et-Oise où 1.552 arpents furent répartis entre 1.546 chefs de famille. Ces lots étaient de mauvaise qualité, et la plupart des bénéficiaires s'empressèrent de les revendre.

La loi fut d'ailleurs révoquée dès le 13 septembre 1793. La Convention décida alors d'accorder à chaque pauvre un bon de 500 livres remboursable en vingt annuités, sans intérêt. Ce bon était utilisable pour l'achat des biens nationaux aux enchères. Seuls les pauvres dénués de tout et résidant dans des localités dépourvues de communaux pouvaient en obtenir la délivrance. En fait bien peu de bons furent utilisés.

Le 14 août 1793, François de Neufchâteau avait fait décréter l'aliénation des biens d'émigrés par lots de deux à quatre arpents, payables sous forme de rentes perpétuelles rachetables. Mais les enchères devaient être ouvertes sur chaque lot pour fixation de la rente, et l'adjudication devait se faire de préférence à ceux qui offriraient le rachat immédiat. Cette loi, encore une fois, n'était qu'un trompe-l'œil, en réalité elle avantageait les riches. La vente des biens d'émigrés fut suspendue le 11 novembre devant le mécontentement général.

Le décret du 2 frimaire (22 novembre 1793) ordonna le morcellement de tous les biens nationaux quelle que fût leur origine. Mais l'opération était de longue haleine. En attendant on reprit la vente dans les conditions fixées par la Constituante le 14 mai 1790.

LES INSTITUTIONS ÉCONOMIQUES

Ainsi les montagnards ne firent aucun effort sérieux pour distribuer les biens nationaux aux paysans pauvres. Beaucoup craignaient de voir, avec l'extinction du prolétariat rural, la disparition de la main-d'œuvre indispensable à la grande culture. Ils se contentèrent, comme nous le verrons plus loin, d'organiser l'assistance sous forme de distributions de secours en argent. Leur mentalité de bourgeois s'accommodait de la charité, elle s'effrayait de toute modification profonde de la structure sociale.

Avant le 9 thermidor, par suite de toutes ces tergiversations, peu de biens d'émigrés avaient été vendus. Après la chute de Robespierre, la Convention précisa que tout créancier d'un émigré était créancier de l'État et obtiendrait remboursement, en assignats jusqu'à 2.000 livres, en inscriptions au grand livre pour les sommes supérieures (lois des 13 nivôse et 1er floréal an III — 2 janvier et 20 avril 1795). La loi du 13 nivôse décida aussi le partage des biens des parents d'émigrés, comme si leur succession était ouverte. La loi du 9 floréal (28 avril) précisa que les parents d'émigrés devaient faire dans les deux mois déclaration de tous leurs biens au directoire du district. Celui-ci procéderait au partage entre la Nation et les autres héritiers non émigrés si la valeur du patrimoine déclaré dépassait 20.000 livres. Cette loi spoliait des gens qui souvent étaient innocents, parfois même des patriotes. Les plaintes affluèrent et les partages durent être suspendus le 11 messidor (27 juin) mais les biens non partagés restèrent sous séquestre.

La Convention thermidorienne s'efforça de vendre le plus de biens nationaux possible sans plus chercher à favoriser les paysans pauvres. La loi du 12 prairial an III (31 mai 1795), destinée à accélérer les ventes, stipulait que tout citoyen pouvait se faire délivrer sans enchères tel bien qu'il voudrait à condition de payer 75 fois le revenu de 1790, en quatre termes de 3 mois. Cette loi eut des résultats désastreux : 75 fois le revenu de 1790 en assignats représentaient à peine quatre fois le revenu en numéraire, l'État perdait donc énormément. Quant aux paysans, ils ne retiraient de cette mesure aucun bénéfice. Les riches bourgeois, habitant le chef-lieu de district, soumissionnèrent les grandes propriétés, raflèrent tout ce qui était à vendre, avant même que les paysans fussent prévenus. Un bien qui avait atteint 120.000 livres aux enchères fut vendu pour 90.000 ! Les abus furent innombrables, les plaintes multiples, la Convention dut suspendre la loi quelques jours seulement après l'avoir promulguée.

Au total, cependant, beaucoup de domaines nationaux furent vendus pendant la période du Gouvernement révolutionnaire, le nombre des propriétaires et même des petits propriétaires en fut incontestablement accru, et la République put financer la guerre en grande partie grâce à ces ventes ; mais dans l'ensemble la masse des prolétaires ruraux ne diminua guère.

III

LES DÉCRETS DE VENTOSE[1]

Pourtant la Convention fit encore une autre tentative, sans grand enthousiasme, il est vrai, pour distribuer la terre aux paysans. C'est celle qui s'est traduite dans les célèbres décrets de ventôse an II. Il s'agissait de donner aux *indigents* non plus les biens du clergé ou des émigrés, mais ceux des suspects. L'idée semble en remonter à l'automne de 1793. A cette époque, on voit un certain nombre d'administrations mettre spontanément sous séquestre les biens des suspects : c'est le cas du département de la Haute-Vienne (20 octobre), du représentant en mission Fouché, à Nevers (2 octobre). Ailleurs ce sont des clubs qui réclament la confiscation des biens des suspects et leur distribution aux patriotes. Il en est ainsi à Sedan (16 septembre), Châlons-sur-Marne (3 décembre), Thiers (8 janvier)... Ces revendications étaient l'œuvre surtout des enragés et des hébertistes.

Les décrets de ventôse furent publiés pour satisfaire ces revendications, au moment où le Comité de salut public procédait à l'arrestation d'Hébert et de ses amis. Toutefois il n'est pas douteux que dans l'esprit de certains montagnards, ils n'aient inauguré une période de profond bouleversement social. C'est ainsi que Saint-Just écrivait dans ses *Institutions républicaines* : « De vastes expropriations révolutionnaires appliquées... à toute propriété détenue par un ennemi de la Révolution sont le complément logique du mouvement et la condition du succès... » Et ailleurs il dit encore : « Les malheureux sont les puissances de la terre. Ils ont le droit de parler en maîtres aux gouvernements qui les négligent... Que l'Europe apprenne que vous ne voulez plus un malheureux ni un oppresseur sur le territoire français ! Que cet exemple fructifie la terre, qu'il y propage l'amour des vertus et le bonheur ! Le bonheur est une idée neuve en Europe. Si vous donnez des terres à tous les malheureux, si vous les ôtez à tous les scélérats, je reconnais que vous faites une révolution... »

Le décret du 8 ventôse (26 février 1794) stipule que « les biens des personnes reconnues ennemies de la Révolution seront séquestrés au profit de la République... ».

Le décret du 13 ventôse (3 mars) ordonne à toutes les municipalités de dresser un état des patriotes indigents. Lorsque le Comité de salut public

---

1. TEXTES ET OUVRAGES A CONSULTER. — Sur les décrets de ventôse : A. Mathiez, *La Terreur, instrument de la politique sociale des Robespierristes : Les décrets de ventôse sur le séquestre des biens des suspects et leur application,* dans les *Annales hist. de la Révolution franç.*, 1928, p. 193-219 et *Girondins et Montagnards* (Paris, 1930, in-8º) ; R. Schnerb, *L'application des décrets de ventôse dans le district de Thiers,* dans les *Annales hist. de la Révolution franç.*, 1929, p. 24-33 et 287-288 ; du même, *Les lois de ventôse et leur application dans le Puy-de-Dôme,* dans les *Annales hist. de la Révolution franç.*, 1934, p. 402-434. — QUESTIONS A ÉTUDIER : Il conviendrait de poursuivre dans de nombreux départements l'enquête relative à l'application des décrets de ventôse, que M. Schnerb a amorcée dans le Puy-de-Dôme. Elle apporterait une importante contribution à l'histoire économique et sociale de la Révolution.

aura reçu tous les états, il fera un rapport sur les moyens « d'indemniser tous les malheureux avec les biens des ennemis de la Révolution ». Le décret ne précise pas si on distribuera les biens proprement dits aux indigents ou si on les vendra pour ensuite utiliser l'argent recueilli sous forme de secours pour les pauvres. Le décret demande aussi aux Comités de surveillance la liste des suspects détenus avec l'analyse de leur conduite depuis 1789 et l'état de leurs biens.

Le décret du 23 ventôse (13 mars) décide la formation de six commissions populaires pour juger promptement les ennemis de la Révolution détenus dans les prisons. Il est évident que ceux qui seront reconnus coupables auront leurs biens confisqués, ce sont ces biens qu'on répartira entre les indigents. L'opération a donc une allure nettement différente de la vente des biens nationaux. Il s'agit d'exproprier la plus grande partie des suspects au profit du prolétariat.

Les décrets de ventôse semblent avoir provoqué une assez vive émotion. Un observateur de police écrit qu'on dit dans les groupes : « Les patriotes sont à présent assurés de coucher dans leur lit. » Ailleurs on déclare que « le décret vaut mieux que dix batailles gagnées sur l'ennemi ». Désormais « aucun ennemi de la Révolution ne sera propriétaire, aucun patriote ne sera sans propriété... ». Les clubs de Nancy, de Vesoul, d'Arinthod, dans le Jura, félicitèrent la Convention.

Les décrets de ventôse ne devaient recevoir qu'un commencement d'application. Si certains comités de surveillance envoyèrent avec empressement les listes de suspects au Comité de sûreté générale, d'autres s'efforcèrent d'éluder la loi. Les administrations municipales rencontrèrent beaucoup de difficultés dans l'établissement des listes d'indigents « patriotes ». Dans le Puy-de-Dôme on inscrivit sur ces états non seulement les individus absolument dénués de tout, mais aussi ceux qui jouissaient d'une petite propriété foncière, les petits artisans payant une modique cote mobilière. Certains pauvres sont exclus des listes, sans doute parce qu'on ne les juge pas assez patriotes. On voit également sur ces tableaux des veuves, des malades, des invalides, des vieillards, des infirmes. Cette catégorie n'aurait eu que faire des terres, il lui fallait des secours en argent, ce qui suppose qu'on aurait dû vendre une partie des biens des suspects. Mais alors, la grande révolution annoncée par Saint-Just, ne se réduisait-elle pas à une simple mesure d'assistance publique comme la Convention, nous le verrons, en prit beaucoup ?

En réalité, on n'alla pas jusque-là... Les listes, tant de suspects que d'indigents, arrivaient à Paris avec lenteur. Dans beaucoup de communes les indigents ne montraient aucun empressement à se faire recenser, ils craignaient que cette opération ne fut le prélude, comme souvent sous l'ancien régime, de nouvelles obligations, ou de quelque relégation dans des ateliers de charité... Les membres du Comité de sûreté générale, et même la majorité des membres du Comité de salut public, étaient hostiles à la loi. Dès que Robespierre cessa, en messidor, de paraître au Comité, l'application des décrets fléchit.

Des six commissions populaires destinées à trier les suspects, deux seulement avaient été instituées. Les premières listes de suspects déclarés « ennemis de la Révolution », et dont, par conséquent, les biens devaient être confisqués, ne furent approuvés par les Comités de Gouvernement que les 1, 2 et 3 thermidor (19, 20, 21 juillet). Quelques jours plus tard, au lendemain même du 9 thermidor, les décrets de ventôse étaient rapportés, ce qui montre bien le caractère de réaction sociale pris par la Convention dès la chute de Robespierre. Le projet de redistribution des terres esquissé par les Montagnards figurera de nouveau dans le programme de Babeuf et des « Égaux » un peu plus tard.

Même s'ils avaient eu lieu, le partage et la distribution des biens des suspects eussent été insuffisants pour amener la disparition du prolétariat. Peut-être même que tous les biens nationaux n'auraient pas suffi. Aussi peut-on se demander si les décrets de ventôse ont été destinés à opérer effectivement un grand transfert de propriétés ou s'ils ont eu simplement pour but de dissocier les Hébertistes afin de permettre plus facilement l'élimination de leurs chefs par les Robespierristes.

En tout cas la Convention dans sa politique agraire est restée fidèle, malgré quelques velléités socialisantes, à la conception libérale et individualiste des physiocrates. Elle n'a pas essayé sérieusement de résoudre, par des moyens neufs, le problème agraire français.

CHAPITRE VIII

LES INSTITUTIONS ÉCONOMIQUES : LA PRODUCTION ET LES ÉCHANGES[1]

La Constituante avait proclamé la liberté économique. « Laissez faire, laissez passer », telle avait été sa doctrine. Elle avait établi la liberté de la production en supprimant corporations et compagnonnages, en interdisant grèves et coalitions. Elle avait établi la liberté des échanges en supprimant toute réglementation, même celle qui concernait la circulation et la vente des céréales.

Mais les troubles coloniaux amenèrent bien vite la disparition des produits exotiques : sucre, café, épices. La guerre en diminuant la main-d'œuvre agricole, en augmentant la consommation, en poussant au stockage, fit disparaître les produits essentiels : blé, viande. Dès le printemps 1792, des troubles sont provoqués par la rareté du sucre, puis du blé. La Législative n'en persiste pas moins dans sa politique libérale.

Après le 10 août, les troubles consécutifs au mauvais ravitaillement redoublent. A Carcassonne, le procureur général syndic de l'Aude est assassiné en s'efforçant d'assurer la libre circulation des grains sur le canal du Midi. Cette fois les administrations locales prennent l'initiative de rétablir la réglementation. C'est le département de la Haute-Garonne, semble-t-il, qui donne l'exemple, en ordonnant le 14 août aux municipalités de surveiller et d'arrêter au besoin les accapareurs de grains.

Le 3 septembre, la Législative vote une amnistie pour tous les citoyens poursuivis depuis le 14 juillet 1789 pour entraves à la libre circulation des

---

[1]. BIBLIOGRAPHIE GÉNÉRALE. — En plus des sources indiquées aux chapitres VII et VIII du livre II, consulter les papiers du comité de Salut public, et le *Recueil* déjà cité d'Aulard. Voir aussi : P. Caron, *Procès-verbaux de la Commission des subsistances* (Paris, 1924-25, in-8°) ; du même, *Le maximum général, textes et notes* (Paris, 1930, in-8°) ; Adher, *Le comité des subsistances de Toulouse, op. cit.*, p. 196 ; G. Lefebvre, *Documents relatifs aux subsistances dans le district de Bergues* (Paris, 1914-1921, 2 vol. in-8°).

Outre les ouvrages généraux signalés dans les bibliographies des chapitres VII et VIII du livre II, consulter D. Guérin, *La lutte des classes en France de 1793 à 1797, op. cit.*, p. 339, et Mathiez, *La vie chère et le mouvement social pendant la Terreur* (Paris, 1929, in-8°).

grains. Le 4 septembre, le Conseil exécutif provisoire autorise la réquisition des grains pour l'armée. Le 16 une loi permet aux administrations départementales de fixer les quantités de grains que chaque commune rurale devait obligatoirement apporter aux marchés.

Mais la Convention était tout aussi libérale que les deux assemblées qui l'avaient précédée. Quand la victoire parut assurée, elle abrogea le 8 décembre 1792 ce premier essai anodin de réglementation économique.

I
LE PREMIER MAXIMUM[1]

Les conséquences du rétablissement de la liberté économique ne tardèrent pas à se faire sentir : les troubles recommencèrent, consécutifs à la rareté des denrées et à la hausse des prix.

Dès le 27 janvier 1793, trente-huit communes du district de Vernon (Eure) dénoncent la loi du 8 décembre. Le 3 février les sections parisiennes manifestent contre la hausse, annoncée, du prix du pain. Le 25 février les épiceries en gros de Paris sont pillées. Les marchandises sont vendues à des prix fixés par les chefs des « enragés ». La Convention les blâme. Marat lui-même est hostile à la taxation. En mars et avril les troubles redoublent : émeutes aux Halles, grève des garçons boulangers, manifestations populaires. Enfin les montagnards s'émeuvent. Plus peut-être parce qu'ils ont besoin de l'aide politique des

---

1. TEXTES ET OUVRAGES A CONSULTER. — Sur le ravitaillement : voir le volume publié par la *Commission de publication des documents relatifs à la vie économique de la Révolution, Assemblée générale de 1939*, t. II (Paris, 1944, in-8º) ; et aussi : Brunschwig, *Les subsistances à Strasbourg de 1789 à 1793* (Strasbourg, 1932, in-8º) ; G. Dubois, *Les subsistances dans la Seine-Inférieure* (Rouen, 1936, in-8º) ; Dupéron, *La question du pain dans l'Yonne, production et commerce des grains sous le régime du maximum*, thèse de droit (Dijon, 1910, in-8º) ; Girardot, *La question des subsistances dans le département de la Haute-Saône au printemps 1794*, dans les *Annales hist. de la Révolution franç.*, 1929, p. 559-576 ; E. Soreau, *Contribution à l'histoire du ravitaillement dans le département du Loir-et-Cher pendant la Révolution*, dans les *Annales hist. de la Révolution franç.*, 1934, p. 481-527.

Sur le maximum et les accaparements : Aubert, *La loi du maximum*, thèse de droit (Paris, 1927, in-8º) ; J. Bertrand, *La taxation des prix sous la Révolution française* (Paris, 1949, in-8º) ; Calvet, *L'application de la loi du 12 germinal sur les accaparements*, dans les *Annales hist. de la Révolution franç.*, 1935, p. 539-544 ; du même, *L'accaparement à Paris sous la Terreur* (Paris, 1935, in-8º) ; du même, *Les commissaires aux accaparements de la section des Champs-Élysées*, dans les *Annales hist. de la Révolution franc.*, 1936, p. 332-341 ; O. Delaunay, *Les lois du maximum et leur application dans le district de Moulins*, dans les *Études sur la Révolution dans l'Allier*, 1940 ; M. Eude, *La politique économique et sociale de la commune robespierriste*, dans les *Annales hist. de la Révolution franç.*, 1935, p. 495-518 ; Gardien, *L'origine et l'application en Franche-Comté de la loi du maximum*, thèse de droit (Dijon, 1929, in-8º) ; G. Lefebvre, *L'application du maximum général dans le district de Bergues*, dans le *Bull. com. hist. écon. de la Révolution*, 1913 ; Pellepich et Hubert, *L'affaire Masquet-Montazel*, dans les *Annales hist. de la Révolution franç.*, 1946, p. 35-48. — QUESTIONS A ÉTUDIER : Si, actuellement, nous sommes assez bien renseignés sur l'application et le fonctionnement du maximum des grains, nous connaissons moins bien la taxation des autres denrées. Cette question pourrait donner lieu à de nombreuses monographies.

« enragés » dans leur lutte contre les Girondins que par amour de l'économie dirigée. Le 18 avril, les représentants de la Commune de Paris et des municipalités rurales ayant déclaré que le seul moyen d'empêcher la disette était d'établir un maximum du prix des grains, la Convention se met, le 25 à discuter différents projets de taxation. La discussion dura jusqu'au 4 mai, et fut violente. Le Girondin Barbaroux prononça un violent réquisitoire contre la taxe. Si elle est uniforme, dit-il, elle empêchera le grain de circuler, si elle varie selon les lieux, elle sera difficile à établir, et qui plus est, arbitraire. Le Montagnard Philippeaux s'attacha à justifier le dirigisme par les circonstances. « Nous devons considérer la France, dit-il, comme une ville assiégée... » Les tribunes, pleines à craquer, huaient les orateurs hostiles à la taxation.

La loi établissant un prix maximum des grains fut enfin votée le 4 mai. Elle prévoyait d'abord une déclaration et un recensement des stocks, vérifiés par des visites domiciliaires. Dans chaque département, le Directoire établirait un tableau du maximum, d'après la moyenne des mercuriales des marchés, du 1er janvier au 1er mai. Le maximum serait uniforme dans tout le département. Au cas où les marchés ne seraient pas approvisionnés, l'administration avait le droit de procéder à des réquisitions.

Cette loi rencontra l'hostilité de la plupart des administrateurs. Ils s'efforcèrent de la saboter. Beaucoup d'administrations départementales, composées de Girondins, mirent une lenteur excessive dans l'établissement des tableaux du maximum. Les marchés des départements ayant taxé les premiers furent désertés au profit de ceux où la vente restait libre. Pour maintenir leur approvisionnement, les départements retardataires fixèrent la taxe plus haut que leurs voisins. Ce fut une véritable guerre économique entre départements, voire entre districts ou communes.

La réquisition, pour approvisionner les marchés déficitaires, fut presque impossible à pratiquer, car il fallait laisser chez les producteurs une quantité de grains suffisante pour leur approvisionnement personnel et pour celui des paysans non-récoltants.

La loi n'ayant pas précisé quelle espèce de grains devait être taxée, certains départements taxèrent le seul froment. D'autres, au contraire, établirent un maximum pour toutes les catégories, y compris l'avoine.

Il y eut un déluge de réclamations. Un certain nombre de communes de la Creuse demandèrent que la loi fût rapportée : « Encore vaut-il mieux payer le pain, même très cher, que d'en être entièrement privé. » Plusieurs départements suspendirent l'application de la loi, de leur propre chef.

La Convention sembla prête elle aussi à renoncer à la loi. Par les décrets des 1er et 5 juillet 1793, elle autorisa les administrations départementales à faire acheter des grains chez les particuliers. Si l'achat à domicile devenait la règle, les prix n'étaient plus contrôlés, le maximum était donc tourné. Sur les marchés aussi, des « primes d'encouragement » venaient s'ajouter à la taxe officielle. Mais malgré ce retour déguisé à la liberté des prix du grain, l'approvisionnement restait difficile et insuffisant.

Les conventionnels ne voulant pas admettre que la rareté des denrées était la conséquence d'une production déficitaire, pensèrent qu'elle résultait de stockages spéculatifs, ou, selon le mot de l'époque, « d'accaparements ». Le 26 juillet, la Convention vota sur le rapport de Collot d'Herbois, une loi réprimant l'accaparement. Qu'était-ce que l'accaparement ? C'était, déclarait la loi, le fait, pour des marchands, de dérober à la circulation des marchandises ou denrées de première nécessité, sans les faire mettre en vente journellement et publiquement C'était le fait, pour de simples particuliers, de laisser périr volontairement des denrées de première nécessité — et la liste jointe en était longue et variée, allant du pain et de la viande au cuivre, à l'acier et aux étoffes.

Tous les détenteurs de denrées de première nécessité énumérées par la loi devaient en faire la déclaration dans les huit jours. De leur côté, les municipalités nommeraient des « commissaires aux accaparements chargés de vérifier les déclarations et de veiller à ce que les marchandises déclarées soient mises en vente par petits lots, et à tout venant ». Au cas où le marchand se refuserait à la vente, le commissaire avait le droit d'y procéder. Les dénonciateurs recevraient le tiers des produits confisqués, les commissaires étaient payés sur le produit des amendes et confiscations.

La peine de mort était prévue pour les commerçants qui ne feraient pas leur déclaration dans les délais fixés, pour les auteurs de fausses déclarations et pour les commissaires qui prévariqueraient dans l'application de la loi. Les jugements devaient être rendus par les tribunaux criminels jugeant dans les formes révolutionnaires.

La Convention espérait que la lutte contre les accaparements ramènerait l'abondance, donc la baisse des prix, et permettrait, par suite, la suppression du maximum. Il n'en fut rien. Certes, il y avait des stockages abusifs, mais ils ne furent que mollement réprimés ; le nombre des condamnations à mort pour accaparement est insignifiant. La véritable raison de la disette résidait dans la diminution de la production et des transports maritimes, conséquence inéluctable de la guerre. Aussi la Convention fut-elle amenée, malgré le désir de l'immense majorité de ses membres, à créer de nouveaux règlements.

Le 9 août, elle décida, sur le rapport de Barère, d'organiser dans chaque district un grenier d'abondance. Il sera rempli par les versements des contribuables invités (et non obligés) à verser leurs contributions en nature, ou par des achats opérés par les administrateurs de districts à la disposition de qui la Convention mettait cent millions.

La Convention conseillait aussi la municipalisation de la boulangerie. Les villes devaient construire des fours publics où les habitants pourraient faire cuire eux-mêmes leur pain.

A défaut de ces fours, ou, en attendant leur construction, les boulangers étaient soumis à une surveillance constante des administrations. Ceux qui cesseraient leur travail seraient « réputés étrangers à la République, et comme tels, destitués de leurs droits de citoyens pendant cinq ans et punis d'une année de gêne ».

Le vrai remède à la disette était le rationnement. La Convention pourtant, toujours attachée au libéralisme, répugnait à l'établir. Ce furent les municipalités qui spontanément créèrent des cartes de rationnement. On vit paraître des cartes de pain dans différentes sections, puis dans toute la ville de Paris ; en province dans de nombreuses cités, notamment à Besançon, à Castres, etc. La ration de pain était assez abondante : une livre en général aux femmes et aux enfants, une livre et demie aux adultes, deux livres aux « ouvriers de force ». La carte de viande, et dans quelques localités la carte de sucre, furent aussi établies.

La levée en masse décrétée par la Convention au milieu d'août vint encore compliquer le problème du ravitaillement : la production allait diminuer et la consommation augmenter à un moment critique. Aussi la Convention donna-t-elle aux représentants chargés d'organiser la levée, tout pouvoir pour opérer des réquisitions d'armes, de subsistances, de fourrages, de chevaux. Elle prescrivit en même temps aux administrations locales de faire procéder aux battages le plus rapidement possible.

Toutes ces mesures n'empêchèrent pas, au contraire, les prix de monter. Il fallut établir de nouvelles taxes. Le 19 août, la Convention autorisa les administrations départementales à fixer le prix maximum du bois de chauffage, du charbon, de la tourbe, de la houille.

Le 23 août, la Convention déclarait que le prix de l'avoine ne devait pas dépasser au maximum la moitié du prix du blé.

Le 11 septembre, la Convention unifiait le maximum des grains dans toute la France. Le prix en était fixé à 14 livres le quintal, plus les frais de transport. Il était défendu aux meuniers de faire aucun commerce de grains ou de farine, sous peine de dix ans de fers. Les armées et les villes étaient autorisées à procéder, en cas de besoin, à des réquisitions.

Toutes les mesures économiques votées durant l'été de 1793 portent la marque de l'improvisation, de l'incohérence. C'est à son corps défendant que la Convention s'est engagée dans la voie de l'économie dirigée. Elle fut mal obéie. Les armées restèrent toujours mal approvisionnées, les villes sur le seuil de la disette. Les sans-culottes réclamaient partout des lois plus cohérentes et plus énergiques ; à leur avis, seul le maximum général, c'est-à-dire la taxe de tous les produits, pourrait ramener l'abondance. Les paysans se joignaient à eux, car c'étaient eux qui faisaient les frais de la politique économique de la Convention : obligés de vendre leurs grains à la taxe, ils subissaient les prix forts lorsqu'ils achetaient des instruments agricoles ou des produits d'épicerie indispensables.

II
LE MAXIMUM GÉNÉRAL[1]

Pressée par ces réclamations venues tant de Paris que de province, la Convention se décida à voter, le 29 septembre 1793, la loi sur le maximum général.

La loi du 29 septembre confirme, en ce qui concerne les grains, les prix maxima établis le 11 septembre. Pour toutes les autres denrées le prix maximum est fixé au prix de 1790 augmenté d'un tiers. Le tarif est tantôt national — pour le tabac, le sel, le savon ; tantôt communal — pour les combustibles ; tantôt valable pour un district — pour toutes les autres denrées.

La loi fixe aussi le taux maximum des salaires : c'est le tarif des salaires de 1790 augmenté de 50 %.

Les municipalités étaient chargées de l'application de la loi, aucune dérogation n'était prévue pour les frais de transport, ce qui était, on s'en rendit compte, une faute grave.

La loi semble avoir été bien accueillie partout. Beaucoup de sociétés populaires envoyèrent à la Convention des adresses de félicitations. Mais bientôt les difficultés apparurent.

A Paris, la loi n'était applicable qu'à dater du 12 octobre. Pendant les jours qui précédèrent cette date, les boutiques, prises d'assaut, se vidèrent littéralement. Ensuite, pour assurer la répartition entre les marchands, il fallut instituer un système « d'inscriptions », sous le contrôle des comités révolutionnaires. Naturellement la fraude et surtout la vente clandestine sévirent. A Paris la disette s'aggrava, parce que le tarif du maximum était plus bas que dans les régions voisines. Les marchés furent désertés. Le beurre, notamment, disparut.

En province il en fut de même. Les paysans cessèrent d'approvisionner les villes. Les représentants en mission et les administrations départementales durent prendre toutes sortes de mesures de coercition pour faire approvisionner les marchés : on constata que la loi du maximum général n'était applicable que grâce à la terreur, qui venait d'être mise à l'ordre du jour.

---

1. TEXTES ET OUVRAGES A CONSULTER. — Sur le ravitaillement, voir la bibliographie des paragraphes précédents.

Sur la production industrielle : G. Lefebvre, *Les mines de Littry sous l'ancien régime et pendant la Révolution*, dans les *Annales hist. de la Révolution française*, 1926, p. 16-36 et 117-135 ; C. Richard, *Le comité de Salut public et les fabrications de guerre sous la Terreur* (Paris, 1921, in-8º) ; Reynoard, *Les ouvriers des manufactures nationales sous la Révolution*, op. cit., p. 181 ; Rouvière, *Les mines de charbon dans le Gard, 1789-1810* (Nîmes, 1901, in-8º).

Sur le commerce, en général : G. Lefebvre, *Le commerce extérieur de l'an II*, dans la *Révolution française*, 1925, t. 78, p. 133-156 ; Nussbaum, *Commercial policy*, op. cit., p. 200 ; Pollio, *Le commerce maritime pendant la Révolution*, dans la *Révolution franç.*, 1931, p. 289-321. — QUESTIONS A ÉTUDIER : Il serait fort utile d'étudier l'organisation du commerce extérieur pendant la période de la réglementation. M. Lefebvre en a donné un aperçu dans l'article cité ci-dessus.

La législation nouvelle qui, à rebours des principes invoqués depuis 1789, supposait une intervention constante du Gouvernement dans toute la vie économique, devait être perfectionnée et son application soigneusement surveillée. C'est dans ce but que la Convention créa le 27 octobre, sous l'autorité du Comité de salut public, une « commission des subsistances ».

Cette commission était composée de trois membres, Raisson, secrétaire général du département de Paris, Goujon, procureur général syndic et Brunet, administrateur du département de l'Hérault. Ils avaient pour tâche essentielle de dresser un tarif général, uniforme pour toute la France ; tenant compte des prix des transports et laissant aux grossistes et aux détaillants des marges bénéficiaires suffisantes pour qu'ils aient intérêt à continuer leur commerce. Pour réaliser ce gros travail, la commission créa trois bureaux chargés, l'un de la statistique de la production, le second de la distribution, le troisième de la comptabilité. La commission s'adjoignit un « conseil technique » composé d'un ancien banquier, Moutte, d'un marchand de grains, Vilmorin, et d'un épicier en gros, Léquillier. Elle créa aussi une « agence de commerce », chargée de l'importation des matières premières, de l'exportation des objets de luxe et de la fabrication des denrées de première nécessité.

Le 22 pluviôse an II (10 février 1794), la Commission, surchargée de travail, se scinda en deux : « commission de l'agriculture et des arts », et « commission du commerce et des approvisionnements ».

Les tableaux du tarif général furent prêts le 2 ventôse an II (21 février 1794). Ils étaient divisés en quatre sections : alimentation, textiles, chimie et droguerie, métaux et combustibles.

Le prix à la production était fixé conformément au tarif de 1790, majoré d'un tiers. Les prix de détail tenaient compte de l'apprêt pour les marchandises qui en exigeaient, des frais de transport, et des bénéfices, 5 % pour le grossiste, 10 % pour le détaillant.

On espérait que l'application de ce tarif général ferait enfin renaître l'abondance. Il n'en fut rien. D'abord, certaines erreurs avaient été commises. Par exemple la viande avait été taxée chez le boucher, mais non le bétail sur pied. Conséquence, la viande disparut des boutiques. De plus la fraude s'organisa. « Il faudrait autant de commissaires que de vendeurs et d'acheteurs pour réprimer les fraudes », déclare un rapport de ce temps. La répression fut molle, moins d'un et quart pour cent des condamnés à mort de l'an II le furent pour des motifs d'ordre économique. Le Français est naturellement indulgent au fraudeur, car il admire plus en lui le « débrouillard », qu'il ne blâme le criminel. Malgré cela, le tarif général permit une meilleure répartition des produits existants et modéra l'inflation monétaire.

Le taux fixé pour le maximum des salaires, — ceux de 1790 majorés de 50 % — parut insuffisant aux ouvriers. Beaucoup de salaires avaient doublé, parfois triplé. L'application du « maximum » entraîna donc une baisse de salaires et les ouvriers furent déçus. Certes, théoriquement, les salaires étaient maintenus à un niveau supérieur à celui des marchandises ; mais, dans la pratique, les travailleurs qui, pour s'approvisionner, devaient avoir recours à ce qu'à notre époque, on a appelé le « marché noir » ne gagnaient plus assez. Cependant les autorités révolutionnaires, qui comptaient peu de salariés parmi leurs membres, mirent en général plus de zèle à faire appliquer le maximum des salaires que le maximum des prix. Il y eut des grèves et des coalitions d'ouvriers. Elles furent brisées par la « mise en réquisition » des ouvriers. L'agitation n'en persista pas moins, et c'est en partie pour la mater que les robespierristes firent exécuter les hébertistes, tout en publiant les décrets de ventôse. Il n'en reste pas moins que le « maximum » des salaires détacha les ouvriers des Montagnards. Les artisans des faubourgs de Paris n'écoutèrent pas l'appel de Robespierre, le 9 thermidor.

La Convention ne pouvait réglementer la vie économique du pays sans intervenir aussi dans l'organisation du commerce extérieur. Tout d'abord elle interdit l'entrée des produits manufacturés britanniques, et, en général, tout commerce avec les pays en guerre avec la France (18 vendémiaire an II — 9 octobre 1793).

Mais les conventionnels espéraient que la Révolution donnerait au commerce extérieur français une impulsion nouvelle, comme cela s'était produit en Angleterre un peu plus d'un siècle auparavant. Aussi la Convention vota-t-elle le 21 septembre 1793 un « Acte de navigation » imité du célèbre acte de Cromwell. Le commerce extérieur était réservé aux seuls bâtiments français. Mais ce n'était là qu'une déclaration platonique. La France avait besoin de beaucoup de marchandises et disposait de peu de bateaux. Aussi « l'Acte de navigation », à peine promulgué, fut-il suspendu pour la durée de la guerre, et la plus grande partie du commerce extérieur de la France se fit-il par l'intermédiaire des neutres.

Ce commerce, néanmoins, était réglementé, surveillé de près par l'État au moyen de « commissions » ou « agences » établies dans chaque port. Tous les achats, toutes les ventes à l'étranger devaient passer par l'intermédiaire de ces commissions qui, elles-mêmes, en référaient au Comité de salut public. Ainsi le gouvernement ne laissait-il sortir de France de l'or ou des devises que pour obtenir des denrées indispensables à la marche de la guerre. Il s'efforçait aussi d'exporter les objets de luxe, souvent réquisitionnés : champagne, eaux-de-vie, produits coloniaux, soieries, articles de Paris. Pour ses paiements à l'extérieur, la Convention réquisitionna même des lettres de change, mais elle n'osa pas rendre obligatoire l'échange de l'or et de l'argent contre les assignats.

Ainsi, à la veille du 9 thermidor, toute l'économie de l'État était dirigée par la « Commission de l'agriculture et des arts », et par la « commission du commerce et des approvisionnements ». L'État contrôle la culture. Il dirige l'industrie de guerre, et il a établi lui-même les manufactures d'armes indispensables. Il est le maître de toute l'industrie privée par l'établissement du maximum des salaires. Il réglemente le commerce intérieur par l'établissement du maximum des prix. Il est aussi le maître du commerce extérieur. L'État est devenu producteur et commerçant. Ainsi eut lieu une gigantesque expérience d'étatisme, qui dépassait de loin celle de Colbert.

III
LE RETOUR A LA LIBERTÉ ÉCONOMIQUE[1]

Les Montagnards ne se résignèrent pas de gaîté de cœur à l'économie dirigée, mais ils l'établirent malgré ses inconvénients, malgré la fraude, parce qu'ils sentaient que, sans elle, la hausse des prix deviendrait promptement catastrophique et ruinerait la monnaie, parce qu'ils estimaient que la conduite de la guerre rendait indispensable le contrôle de la production et des échanges. L'économie dirigée pouvait aisément se soutenir tant que ses maîtres disposaient de moyens de coercition, c'est-à-dire de la « terreur », pour y plier les Français.

Les thermidoriens en privant le gouvernement révolutionnaire de sa force au lendemain du 9 thermidor, se condamnaient à supprimer rapidement le maximum : on ne pouvait maintenir la taxation sans la contrainte indispensable pour la faire accepter.

De fait, si le 21 fructidor an II (7 septembre 1794), le maximum général fut officiellement prorogé, pour l'an III, il fut de moins en moins observé. « Dans les marchés, déclare un rapport de police, on ne suit plus le maximum ; tout s'y vend de gré à gré. » (20 vendémiaire an III, 11 octobre 1794.)

Devant les plaintes qui affluent de partout, la Convention substitue, le 19 brumaire (9 novembre), un maximum des grains par district au maximum national. Toutefois, il était précisé qu'en aucun cas, le prix ne pourrait dépasser 16 livres le quintal. Le 23 brumaire (13 novembre), la Convention consent une majoration des frais de transport.

Dans ce même mois de brumaire, la Convention renforce même encore la réglementation. Elle taxe les graines oléagineuses qui, jusque-là, étaient restées en vente libre. Elle développe les fabrications de guerre en régie ou directement contrôlées par l'État. Elle procède à une sorte de nationalisation des entreprises de transport.

1. DOCUMENTS ET OUVRAGES A CONSULTER. — Mêmes références que pour les paragraphes précédents (voir p. 350 et 354). Sur le système métrique : Bigourdan, *Le système des poids et mesures* (Paris, 1901, in-8º) ; G. Bouchard, *Prieur de la Côte-d'Or* (Paris, 1946, in-8º) ; Braesch, *Finances et monnaie révolutionnaires*, 5ᵉ fasc. (Paris, 1936, in-8º) ; A. Favre, *Les origines du système métrique* (Paris, 1931, in-8º) ; Rey-Pailhade, *Documents sur l'heure décimale de la Convention nationale* (Toulouse, 1894, in-8º) ; du même, *Une horloge décimale au Capitole de Toulouse* (Toulouse, 1908, in-8º) ; R. Vivier, *L'application du système métrique dans e département d'Indre-et-Loire, 1789-1815*, dans la *Revue d'histoire économ. et sociale*, ann. 1928, p. 182-216.
— QUESTIONS A ÉTUDIER : Les conséquences de la suppression du maximum et de la réglementation ont été étudiées à Paris surtout. Des monographies locales pourraient encore utilement être entreprises sur cette question. L'introduction du système métrique est assez mal connue. Quelques travaux sur ce sujet seraient les bienvenus.

Mais l'opposition à la réglementation ne cesse de croître, sourde d'abord, violente ensuite. On réclame un peu partout la liberté du commerce. Le 14 brumaire (4 novembre), la Convention exige un rapport « sur les inconvénients du maximum ». Le 16 frimaire (6 décembre), le Comité de salut public décrète que la république n'emploiera plus d'ouvriers à la journée.

Le 19 frimaire (9 décembre), le représentant Giraud soumet au « Comité du commerce, de l'agriculture et des arts » un rapport concluant à l'abolition du maximum. Ce rapport est discuté à la Convention le 3 nivôse (23 décembre). Giraud déclare : « Il ne faut pas se le dissimuler, il est permis d'être épouvanté de la secousse momentanée à laquelle peut donner lieu l'accroissement rapide des prix auxquels les produits s'élèvent au premier instant. » Les objections furent faibles. Personne n'invoqua les dangers de l'inflation. Cochon, cynique, déclara : « Nous marchons entre deux écueils : ne rien avoir ou payer cher. Le second vaut encore mieux que le premier : entre deux maux, il faut choisir le moindre... » Des pauvres, qui continueraient à ne rien avoir, faute d'argent, il n'était évidemment pas question. Depuis le 9 thermidor, on ne pensait plus à eux.

Le maximum, et toute la réglementation économique furent donc supprimés le 4 nivôse an III (24 décembre 1794). Le commerce extérieur redevint libre. La « commission du commerce et des approvisionnements » disparut le 17 nivôse (6 janvier), et fut remplacée par une « commission des approvisionnements » destinée à pourvoir aux seuls besoins des armées.

Comme le représentant Giraud l'avait annoncé, les prix montèrent de façon vertigineuse. A Paris, la livre de beurre passa de 3 livres à 7 livres 10 sous, l'assignat de 100 livres tomba de 31 à 8 livres. Dans le Haut-Rhin, on cessa même d'accepter le papier-monnaie. Si l'on prend la base de 100 en 1790, l'indice des prix en mars-avril atteint 439 pour les terres, et 819 pour les produits alimentaires. Il dépasse l'indice de l'assignat qui n'atteint encore que 581. Parallèlement, les salaires des ouvriers augmentent, mais ils atteignent rarement l'indice 600.

Et malgré le rétablissement de la liberté économique, la disette persiste, les marchés demeurent déserts. Les paysans préfèrent attendre les clients chez eux. Et, pour nourrir les armées, le gouvernement doit effectuer d'importants achats de céréales en Amérique, en Allemagne, en Algérie. Les municipalités doivent maintenir, de leur propre initiative, les cartes et le rationnement. C'est la disette combinée avec la hausse désordonnée des prix qui provoque à Paris les graves émeutes de germinal et de prairial. La Convention y répond par la force ; et la « terreur blanche » se déchaîne... L'erreur des thermidoriens avait été de croire que la liberté économique suffirait à rétablir l'abondance, quand seule une sévère réglementation eût été en mesure de répartir une production insuffisante.

C'est pour faciliter la circulation économique que la Convention vota, le 18 germinal an III (7 avril 1795), l'institution du système métrique.

LES INSTITUTIONS ÉCONOMIQUES

Cette loi fondamentale, avait, à vrai dire, été préparée par de nombreuses études antérieures. En 1789, en effet, c'était en France, qu'au dire d'Arthur Young, les mesures étaient les plus nombreuses, les plus variées et les plus incohérentes. Dans le seul territoire qui devait former le département du Nord, il y avait 18 sortes d'aunes variant de 0 m. 62 à 0 m. 84, 7 sortes de bonniers, de 121 ares 42 ca. à 155 ares 86 ca.

La monarchie s'était bien occupée de généraliser les mesures de Paris, et celles-ci avaient fait quelques progrès dans le courant du XVIIIe siècle ; néanmoins une refonte complète du système des poids et mesures paraissait urgente, et nombre de Cahiers de doléances en réclamaient l'unification pour faciliter le commerce et l'industrie, et détruire les abus auxquels l'imprécision et le nombre des anciennes mesures donnaient lieu. Les milieux scientifiques demandaient aussi des mesures rationnelles et précises pour les travaux minutieux qui étaient en cours. Ils conseillèrent d'adopter comme unité de base une mesure naturelle, facile à retrouver, par exemple la longueur du pendule battant la seconde sur le 45e degré de latitude.

L'Assemblée constituante avait par décret du 8 mai 1790 confié à l'Académie des sciences le soin de lui proposer un nouveau système de mesures. Celle-ci constitua une commission formée de Monge, Borda, Lagrange, Laplace, Condorcet. C'est Borda qui fit décider l'adoption comme unité de base, de la longueur d'un arc du méridien terrestre. Les travaux de mesures d'un arc de méridien entre Dunkerque et Barcelone furent confiés à Delambre et à Méchain. De leurs mesures sortit la définition du mètre : la dix-millionième partie du quart du méridien terrestre. En attendant la fin de ces opérations, qui furent très longues, la Convention décida le 1er août 1793, l'adoption d'un « mètre provisoire », suffisamment précis pour toutes les mesures courantes.

Lavoisier et Haüy déterminèrent la quantité d'eau nécessaire à la définition du gramme. Borda et Coulomb mesurèrent avec la nouvelle unité, la longueur du pendule battant la seconde sur le 45e parallèle. Tillet, Brisson et Vandermonde dressèrent le tableau de l'équivalence entre les mesures anciennes et les nouvelles.

La décision capitale de la commission fut l'application du système décimal aux nouvelles mesures. Car c'est le système décimal qui conféra au système métrique sa supériorité sur les systèmes employés antérieurement.

Le nouveau système devait s'appliquer aux mesures de longueur (mètre), de capacité (litre pour les liquides, stère pour le bois) ; de poids (gramme), de surface (are) ; au thermomètre (thermomètre centésimal substitué au thermomètre de Réaumur), à la monnaie (franc, décime, centime), au cercle (division décimale en degrés, minutes et secondes), même au calendrier, comme nous le verrons plus loin, et à l'heure : des horloges décimales furent construites et mises en place notamment à Paris et à Toulouse. Les multiples et les sous-multiples des unités devaient être indiqués en principe par des préfixes (déca, hecto, kilo, myria, déci, centi, milli).

La loi du 18 germinal an III (7 avril 1795) rendait les nouvelles mesures légales et obligatoires. Les conventionnels espéraient par là faire un peu plus reculer les tendances fédéralistes des provinces, et faciliter le commerce, non seulement à l'intérieur de la France, mais dans le monde entier car ils espéraient bien que le nouveau système serait un jour adopté par toutes les nations et deviendrait universel. En fait, le système métrique décimal ne sera vraiment obligatoire en France qu'à partir de 1840, et il s'en faut encore qu'il soit universel.

CHAPITRE IX

LES INSTITUTIONS RELIGIEUSES DU GOUVERNEMENT RÉVOLUTIONNAIRE[1]

Une des causes de la journée du 10 août avait été le veto opposé par le roi au décret autorisant l'arrestation des prêtres réfractaires. La chute de la monarchie entraîna *ipso facto* la caducité du veto. Aussi les journées qui suivirent le 10 août furent-elles marquées dans toute la France par un vaste mouvement anticlérical.

I

LES DÉBUTS DE LA DÉCHRISTIANISATION

Au lendemain du 10 août, on se mit, un peu partout, à arrêter les prêtres réfractaires. Plusieurs furent massacrés en province, dans la Haute-Vienne, l'Ardèche, les Basses-Alpes, la Gironde. Plus de 300, dont trois évêques furent victimes à Paris, des massacres de septembre.

En même temps, la Législative prenait toute une série de mesures contre l'Église : fermeture des couvents, suppression des corporations régulières ou séculières qui subsistaient encore, vente des biens des fabriques, interdiction du costume ecclésiastique, interdiction des processions et des cérémonies catholiques dans les rues de Paris. Enfin, le 26 août, la Législative vota la déportation de tous les prêtres réfractaires ; 30 à 40.000 partirent, beaucoup plus se cachèrent.

Le 3 septembre, la Législative décida d'imposer à tous les citoyens un nouveau serment qui remplaçait tous les serments antérieurs. Il s'agissait de

---

1. BIBLIOGRAPHIE GÉNÉRALE. — Se reporter au chapitre X du livre II, p. 216, et notamment à l'ouvrage cité de L. Le Grand. Voir, en outre, le *Recueil*, déjà cité d'A. Aulard (p. 239) ; et J. Guillaume, *Procès-verbaux du Comité d'instruction publique* (Paris, 1891-1907, 6 vol. in-8º) ; Boissy d'Anglas, *Essai sur les fêtes nationales* (Paris, an II, in-16) ; Grégoire, *Essai historique et patriotique sur les arbres de la Liberté* (Paris, an II, in-16). Consulter également : Boppe et Bonnet, *Les vignettes emblématiques pendant la Révolution* (Paris, 1911, in-8º) ; Cheutin et Maillot, *Vignettes et sceaux des papiers militaires pendant la Révolution* (Paris, 1911, in-8º).
— En ce qui concerne les ouvrages généraux, voir la bibliographie du chapitre X du livre II (p. 216). — QUESTIONS A ÉTUDIER : Voir ce que nous avons dit, p. 217, à propos du chapitre X du livre II. Il faudrait actuellement diriger les études d'institutions religieuses dans le sens indiqué par M. Gabriel Le Bras (ouvrage cité p. 217).

jurer de maintenir « la liberté et l'égalité ». Les prêtres qui, n'étant pas fonctionnaires, n'avaient pas été astreints au serment de 1790, durent prêter le nouveau serment, dit « Liberté-égalité ». Les autres durent également y souscrire : Un certain nombre refusèrent, quoiqu'il ne fût pas question de religion dans ce serment, mais seulement de « mourir pour l'exécution de la loi ». Pourtant, le supérieur du séminaire de Saint-Sulpice, Émery, le jugea acceptable, et beaucoup d'ecclésiastiques jurèrent. L'Église se trouva donc une fois de plus divisée.

La Convention, à ses débuts ne semble pas avoir eu l'intention de supprimer la « Constitution civile ». Beaucoup de ses membres la considéraient, au contraire, comme parfaitement adaptée au régime républicain. Comme les députés à la Constituante et à la Législative, ils ne concevaient pas un État sans religion nationale. Lorsque Cambon eut proposé, le 13 novembre 1792, de supprimer le budget du culte, l'Assemblée répliqua en décrétant « qu'elle n'avait jamais eu l'intention de priver les citoyens des ministres du culte que la constitution civile du clergé leur avait donnés ». Et cette déclaration fut encore renouvelée le 11 janvier et le 27 juin 1793.

Pourtant les conventionnels allaient être amenés à constater l'antinomie entre le catholicisme, même constitutionnel, et le patriotisme, tel qu'ils le concevaient ; le catholicisme, toujours orienté vers la vie éternelle, et pour qui le bonheur n'était pas de ce monde, le patriotisme qui, au contraire, s'efforçait de réaliser sur terre, et le plus tôt possible, le « bonheur commun ». Ce patriotisme, lui-même fondé sur la « raison », était l'objet, nous l'avons vu, d'un véritable culte. Culte patriotique et culte catholique constitutionnel ne vont pas tarder à se heurter, les premières mesures de déchristianisation vont apparaître.

Les partisans du culte patriotique, de la religion révolutionnaire, se recrutaient surtout en dehors de la Convention, et notamment dans la Commune de Paris. Celle-ci, dès le mois de juin 1792, avait, lors de la Fête-Dieu, interdit aux fonctionnaires et à la garde nationale de paraître en corps à la procession. Elle avait aussi déclaré que les citoyens ne pourraient être obligés de tapisser leurs maisons. A la Noël de 1792, la Commune voulut fermer les églises parisiennes, sous prétexte d'éviter des troubles, mais les fidèles attroupés forcèrent souvent les curés à ouvrir les portes. Le 6 janvier 1793, la Commune décrète que la « Fête des Rois » s'appellera désormais « Fête des sans-culottes ». Puis, elle déclare qu'elle cessera de payer les auxiliaires du culte, chantres, bedeaux, etc. De son côté, la Convention applaudit au mariage des prêtres et censure les évêques constitutionnels qui veulent s'y opposer. Ainsi, l'Église constitutionnelle, qui a déjà perdu avec la laïcisation de l'état-civil une de ses plus importantes attributions, commence à être persécutée par le gouvernement. Elle perd sa cohésion. Certains de ses membres font cause commune avec les réfractaires, d'autres, au contraire, suivent aveuglément le gouvernement, même dans la voie de la déchristianisation la plus complète.

Pendant l'été et l'automne 1793 la déchristianisation marque de grands progrès. Le 10 août, est célébrée, comme une véritable fête religieuse, la « fête de l'unité et de l'indivisibilité de la république ». Un grand cortège, dont l'ordonnance a été réglée par David, défile à travers Paris, de la Bastille au Champ de mars. Il s'arrête devant des reposoirs, ornés de statues de la Liberté, de l'Égalité, du Peuple français, de la Nature. Et c'est à la Nature qu'Hérault de Séchelles, président de la Convention, adresse une invocation.

Mais les « enragés » et les « hébertistes », ne se contentent pas de ces manifestations de la religion révolutionnaire ; ils réclament des mesures énergiques contre tous les cultes, catholique, constitutionnel, protestant, israélite. Le gouvernement, qui a besoin de l'aide des ultra-révolutionnaires pour lutter contre le fédéralisme, pour faire appliquer le « maximum », pour organiser la levée en masse, laisse faire. Certains représentants, en général prêtres défroqués, prennent parfois, sans l'aveu de l'Assemblée, la direction du mouvement de déchristianisation. Ainsi, l'ancien bénédictin Laplanche, dans le Loiret et le Cher ; André Dumont, dans la Somme — ce dernier fait arrêter l'évêque constitutionnel. Ajoutons-y le cas de l'ex-oratorien Fouché, dans la Nièvre, qui ordonne d'afficher sur la porte des cimetières : « La mort est un sommeil éternel. »

II

LE CALENDRIER RÉVOLUTIONNAIRE[1]

Une des premières manifestations importantes de la politique officielle de déchristianisation fut l'institution du calendrier révolutionnaire.

Le but était non seulement de montrer que l'établissement de la république en France marquait le point de départ d'une ère nouvelle dans l'histoire de l'humanité, mais encore de dépouiller la France du manteau chrétien que constituait pour elle le calendrier grégorien.

Le « Comité d'instruction publique » de la Convention, composé de savants (Monge, Lakanal, Fourcroy), et d'hommes de lettres célèbres pour leur irréligion (M.-J. Chénier, Fabre d'Églantine), fut chargé par l'Assemblée de présenter le projet d'un calendrier rationnel fondé sur le mouvement des astres, et, nous l'avons vu, sur le système décimal. C'est Fabre d'Églantine qui,

---

1. DOCUMENTS ET OUVRAGES A CONSULTER. — Sur le calendrier et les noms révolutionnaires, A. Aulard, *Les noms révolutionnaires des communes*, dans *La Révolution franç.*, t. LXXIX (1926), p. 289-315 ; du même, *Les noms des communes pendant la Révolution*, dans *La Révolution franç.*, t. XXXIV, 1898, p. 227-236 ; J. Donat, *Une application du calendrier républicain aux inscriptions à l'état civil*, dans les *Mémoires de l'Acad. des sciences, inscriptions et belles-lettres de Toulouse*, ann. 1933, p. 83-107 ; Figères, *Index des noms révolutionnaires des communes de France* (Paris, 1896, in-8°, public. de la Société de l'hist. de la Révolution) ; L. Jacob, *Fabre d'Églantine* (Paris, 1946, in-8°) ; E. Lévy, *Les prénoms de l'an II*, dans *La Révolution franç.*, t. LXV (1913), p. 496-526 et t. LXVI (1914), p. 15-32 ; Villain, *Études sur le calendrier, révolutionnaire*, dans *La Révolution franç.*, t. VIII (1885), p. 623-656, 740-758, 830-854, 883-888. Une utile *Concordance des calendriers républicain et grégorien* a été publiée par Pierre Caron (Paris, 1905, in-8°).

rapporteur du projet, insista sur son caractère antireligieux : « Une longue habitude du calandrier grégorien, dit-il, a rempli la mémoire du peuple d'un nombre considérable d'images qu'il a longtemps révérées et qui sont encore aujourd'hui la source de ses erreurs religieuses ; il est de nécessité de substituer à ces visions de l'ignorance les réalités de la raison... » Il propose de remplacer le catalogue des saints qui accompagne le calendrier, « répertoire du mensonge, de la duperie et du charlatanisme... », par la liste des « utiles productions de la terre, les instruments dont nous nous servons pour la cultiver, et ces animaux domestiques, nos fidèles serviteurs, bien plus précieux sans doute aux yeux de la raison que les squelettes béatifiés tirés des catacombes de Rome... ».

Fabre, en rédigeant ce rapport n'était peut-être bien que l'instrument des dantonistes, qui, par cette surenchère antichrétienne, cherchaient à supplanter les hébertistes dans la faveur populaire. Quoi qu'il en soit, son projet, même dans les détails, n'était pas entièrement original. Fabre avait imité un calendrier antichrétien, publié par Sylvain Maréchal dès 1788, et, à cette époque, condamné au feu par le Parlement de Paris. Les noms des mois étaient empruntés également à un autre projet de Maréchal, paru en 1793, et celui-ci s'était sans doute inspiré, pour ces noms, d'un vieux calendrier germanique en usage dans l'Allemagne du Sud.

Le calendrier révolutionnaire était divisé en douze mois de trente jours, plus cinq jours supplémentaires, dans les années courantes, et six dans les années bissextiles. Il commençait à l'équinoxe d'automne, correspondant à l'anniversaire de la proclamation de la république, le 22 septembre 1792. Les noms des mois, quelle qu'ait été leur source, sont en tout cas particulièrement heureux, et la langue poétique en a fait un large usage, longtemps après l'abandon du calendrier révolutionnaire. « Nous avons cherché, expliquait Fabre, à mettre à profit l'harmonie imitative de la langue dans la composition et la prosodie de ces mots, et dans le mécanisme de leur désinence, de telle manière que les noms des mois qui composent l'automne ont un son grave et une mesure moyenne (vendémiaire, brumaire, frimaire), ceux de l'hiver un son lourd et une mesure longue (nivôse, pluviôse, ventôse), ceux du printemps un son gai et une mesure brève (germinal, floréal, prairial), et ceux de l'été un son sonore et une mesure large (messidor, thermidor, fructidor). » Ces noms étaient, en effet, mieux venus que ceux que Billaud-Varenne avait proposés : « république », « régénération », « liberté », « justice », « égalité », etc. Il faut, toutefois, remarquer un grave défaut dans la nomenclature de Fabre, qui tendait pourtant à l'universalisme. Elle n'aurait pu être adoptée dans l'hémisphère austral, où thermidor aurait correspondu au mois le plus froid !

Fabre proposait d'appeler les jours supplémentaires des « sans-culottides », expression qui, selon lui, remontait aux Gaulois. Ne donnaient-ils pas à la Lyonnaise le nom de « Gallia bracciata », ou Gaule culottée ? « Le reste des Gaules jusqu'aux bords du Rhin était la Gaule non culottée, nos pères étaient dès lors des sans-culottes ! »

Chaque mois était divisé en trois « décades ». Les jours portaient des noms correspondant à leur place dans les décades : « primidi, duodi, tridi... décadi ». Ce qui ne valait guère mieux que « niveau, bonnet, cocarde... chêne ou repos », proposés par Billaud-Varenne.

Aux noms des saints, Fabre substituait, comme il l'avait annoncé, des noms de grains, d'arbres, de racines, de fleurs, de fruits... A chaque quintidi correspondait un nom d'animal domestique, à chaque décadi celui de l'instrument agricole dont on s'était servi pendant la décade.

Par les décrets du 5 octobre 1793, et du 4 frimaire, an II (24 novembre 1793), la Convention adopta le nouveau calendrier. En conséquence, le repos dominical était supprimé et le décadi devait être chômé. Tous les jours de foires et d'échéances devaient être changés. Coup sérieux porté à des coutumes ancestrales. Le calendrier républicain ne fut suivi que par les administrations. La Convention parut peu disposée à user de rigueur pour en imposer l'usage. Mais il n'en fut pas de même des autorités locales, notamment des « sociétés populaires ». Dans la Côte-d'Or, par exemple, l'administration départementale interdit « tout congé scolaire aux jours ci-devant appelés dimanches et fêtes ». Les vacances étaient reportées aux quintidi et décadi.

Puisqu'on rayait les saints du calendrier, il était logique de débaptiser les communes consacrées à un martyr, ou dont le nom rappelait, même de loin, l'Église, la monarchie, ou la féodalité. Il semble que dans ce domaine aussi l'initiative des changements de noms soit venue des autorités locales. C'est ainsi qu'à l'automne 1793 le district de Lavaur, dans le Tarn, recommande la laïcisation des noms de communes, car il y en a trop qui sont « précédées par un nom de saint, et quoique saint Jean fut, si vous le voulez, un bon saint le nom de Brutus, celui de Scaevola... flattent plus une oreille républicaine que celui d'un anachorète... ». Dans toute la France, les communes portant des noms tant soit peu suspects les modifièrent. Voici quelques exemples empruntés au seul département de la Meurthe : Bouxières-aux-Dames (c'est-à-dire aux religieuses), devint Bouxières-au-Mont ; Château-Salins, « Salins-libre », Dieulouard reprend son nom romain de Scarpone ; Pont-Saint-Vincent devient Pont-la-Montagne ; Royaumeix, Libremeix ; Saint-Louis, la Montagne (on voit combien la Montagne était célébrée), Saint-Nicolas-du-Port, « Port-sur-Meurthe » ; Val-de-Bonmoutier, Val-et-Châtillon, nom qu'il a gardé de nos jours.

Naturellement, dans les villes, les rues changèrent aussi de nom, et chaque municipalité tint à honorer les héros anciens ou modernes : Brutus, Scaevola, Rousseau, Voltaire, Marat, Lepelletier, Barra, Viala...

C'est dans le même esprit de déchristianisation que les citoyens changèrent de noms. Certains abandonnèrent leur patronyme pour prendre celui d'un révolutionnaire romain ou contemporain. D'autres se contentèrent de changer de prénom. A Nancy, un « enragé », Mauger, adopte le prénom de Marat ; on sait que Babeuf choisit celui de Gracchus.

Mais avec l'adoption du nouveau calendrier, ce furent les nouveaux-nés qui reçurent des prénoms révolutionnaires. Dans un petit bourg de l'actuel Tarn-et-Garonne, à Saint-Antonin, la progression fut d'abord lente. De novembre 1793 à février 1794, on rencontre seulement quelques prénoms révolutionnaires, accolés généralement à d'autres, plus traditionnels : Baptiste-Patriote, Louis-Républicain, Élizabeth-Cornélie, Marie-Patriote-Républicaine. De février 1794 à février 1795, au contraire, les bébés reçoivent pour la plupart des prénoms empruntés au seul calendrier révolutionnaire : Narcisse, Persil, Capillaire, Balsamine, Amaranthe, Orange, Bouleau, Serpolet, Lilas, Tell, Franklin, Pigeon, Fougère, Scipion, Angélique, Léonidas, Platon, Tabac, Aspasie... On trouve aussi un Miel-Érasme, une Immortelle-Victoire et un Dugommier-Pignon.

Chaque commune eut d'ailleurs sa spécialité. A Marseille, fleurissent les noms de Montagne, Sans-Culotte, Révolution, Sectione ; à Autun, les noms des jours : Primidi, Duodi ; à Besançon les fruits et légumes : Groseille, Pois, Cerfeuil, Laurier ; à Annecy les grands hommes : Agricola, Barra; à Melun, on rencontre Liberté-Chérie, Frimaire, Génie ; à Compiègne, on cite une Maratine, un Nicanor, une Lucrèce, et une Philosophie. La mode des prénoms révolutionnaires pénétra même dans les pays voisins, à Genève, par exemple, où sur les registres de naissance de 1794, on relève les prénoms d'Égalité, Brutus, Lucrèce, Marat... A partir de février 1795, on revient progressivement aux prénoms venus du calendrier grégorien.

III

LES CULTES DE LA RAISON ET DE L'ÊTRE SUPRÊME[1]

Dans l'esprit des protagonistes de la déchristianisation, le calendrier révolutionnaire ne devait être que l'accessoire du nouveau culte de la Raison. En réalité, il a marqué plus profondément la société, les mœurs et les institutions que les éphémères religions de l'an II.

---

1. DOCUMENTS ET OUVRAGES A CONSULTER. — Sur les cultes de la Raison et de l'Être suprême, en plus des ouvrages sur les cultes révolutionnaires, mentionnés p. 232, voir A. Aulard, *Le culte de la Raison et de l'Être suprême* (Paris, 1885, in-12) ; Bonnefons, *Le culte de la Raison pendant la Terreur*, dans la *Revue des questions histor.*, t. LXXX (1906), p. 199-222 ; B. Bois, *Les fêtes révolutionnaires à Angers de l'an II à l'an VII* (Paris, 1929, in-8º) ; Campagnac, *Les débuts de la déchristianisation dans le Cher*, dans les *Annales révolutionnaires*, ann. 1911, p. 626-637 et ann. 1912, p. 41-49 ; 206-211 ; 359-373 et 511-525 ; Chambon, *La politique religieuse de Couthon*, dans *La Révolution franç.*, t. LI (1896), p. 255-278 et 311-324 ; Dommanget, *Le symbolisme et le prosélytisme révolutionnaires à Beauvais et dans l'Oise, op. cit.*, p. 232 ; Dubois, *La déchristianisation et le culte révolutionnaire à Coutances*, dans *La Révolution franç.*, t. XXX (1896), p. 442-461 et 526-546 ; C.-A. Fusil, *Sylvain Maréchal* (Paris, 1936, in-16) ; Gallerand, *Les cultes sous la Terreur, en Loir-et-Cher* (Blois, 1929, gr. in-8º) ; D. Guérin, *La lutte des classes de 1793 à 1797* (Paris, 1946, 2 vol. in-8º) ; A. Mathiez, *Robespierre et le culte de l'Être suprême*, dans les *Annales révolutionnaires*, ann. 1910, p. 209-238 ; Madelin, *Fouché* (Paris, 1900, 2 vol. in-8º).

Le culte de la Raison n'est que l'aboutissement logique des manifestations religieuses qui avaient commencé avec les cérémonies patriotiques de 1790. Au début de novembre 1793, plusieurs administrations municipales annoncèrent que leurs concitoyens avaient décidé de renoncer au culte catholique pour celui de la Liberté. La Convention proclama alors « le droit qu'ont tous les citoyens d'adopter le culte qui leur convient et de supprimer les cérémonies qui leur déplaisent » (16 brumaire an II, 6 novembre 1794). Le lendemain, l'évêque de Paris, Gobel, et onze de ses vicaires abdiquaient leurs fonctions, cette démission était aussitôt présentée par les « enragés » comme une renonciation au catholicisme. Ils étaient suivis par de nombreux prêtres, par des pasteurs protestants. Seul, des ecclésiastiques de la Convention, l'abbé Grégoire, refusa de se « déprêtriser ».

C'est pour célébrer ces abandons qu'on organisa le décadi suivant, 20 brumaire (10 novembre), une « fête de la Raison ».

Cette fête, célébrée à Notre-Dame, fut une grossière caricature des cérémonies catholiques. La Raison était personnifiée par une actrice de l'Opéra, « image fidèle de la beauté ». La Convention y assista à contre-cœur, sous la pression hébertiste, mais Robespierre déclara que c'était une « mascarade ».

Malgré cela, le culte de la Raison s'étendit à d'autres églises parisiennes. Le catholicisme parut sur le point de disparaître. Le 25 brumaire (15 novembre), la Convention décida d'affecter les presbytères, dans les communes qui auraient aboli le culte, à des œuvres d'humanité ou d'instruction, et le 3 frimaire (23 novembre), la Commune de Paris décida, sur la réquisition de Chaumette que « toutes les églises ou temples de toute religion et de tout culte, qui ont existé à Paris, seraient sur le champ fermés ». Quiconque en demanderait l'ouverture serait arrêté comme suspect.

Par la presse, par les correspondances des clubs, par certains représentants en mission, le culte de la Raison gagna la province. Le 2 frimaire (22 novembre), le corps municipal de Strasbourg ordonna la fermeture de tous les temples et églises, et une cérémonie en honneur de la Raison fut célébrée à la cathédrale. Dans le sud-ouest, les représentants Dartigoeyte et Cavaignac fermaient les églises, organisaient le culte nouveau. Dans le Gers, l'ancien curé Chantreau présidait à Auch une cérémonie en l'honneur de la Raison. A l'étranger, ce culte était défiguré, représenté comme une succession d'orgies et de bacchanales. Il était utilisé comme un argument de plus contre la Révolution par les ennemis de la France.

Robespierre, fidèle disciple de Rousseau, réprouvait ces débordements rationalistes. Le 1er frimaire (21 novembre), il prononça aux Jacobins un grand discours hostile au nouveau culte, en insistant sur le fait que la Convention n'avait ni proscrit, ni eu l'intention de proscrire le culte catholique. C'est sous son influence que la Convention vota, le 16 frimaire (6 décembre), un décret affirmant la liberté des cultes : « Toutes violences et mesures contraires à la liberté des cultes sont défendues... La Convention, par les dispositions précédentes, n'entend déroger en aucune manière aux lois, ni aux précautions de salut public contre les prêtres réfractaires ou turbulents, ou contre tous ceux qui tenteraient d'abuser du prétexte de religion pour compromettre la cause de la liberté... »

Ce décret mit un frein à l'extension du culte de la Raison, et même, dans une certaine mesure, à la déchristianisation : La fête de Noël 1793 fut célébrée dans presque toute la France. Néanmoins, les abdications et abjurations de prêtres continuèrent ; les mariages de prêtres aussi, favorisés par la Convention, qui accordait aux prêtres mariés une pension de 800 livres. Sur 2.000 prêtres environ qui se marièrent, 1.750 le firent en 1794, certains d'ailleurs seulement pour éviter l'incarcération ou même la guillotine. La liberté des cultes, garantie par le décret du 16 frimaire était rarement observée, dans les villes, du moins. Les rassemblements de fidèles étaient généralement dénoncés comme séditieux.

Robespierre voulut réagir davantage encore contre cette vague d'athéisme qui heurtait les sentiments les plus intimes de la grande masse du peuple français, et qui ne manquerait pas, pensait-il, de le dresser rapidement contre la Révolution elle-même.

Au lendemain de l'exécution de Danton, Couthon annonça à la Convention le prochain dépôt d'un « projet de fête décadaire dédiée à l'Éternel, dont les hébertistes n'ont pas ôté au peuple l'idée consolante ».

Le 18 floréal an II (7 mai 1794), Robespierre lut à la Convention un rapport sur les « idées religieuses et morales » et sur les fêtes nationales. Dans cet écrit, il s'élevait contre les hommes qui, vendus à l'ennemi, « attaquèrent tout à coup les cultes par la violence, pour s'ériger eux-mêmes en apôtres fougueux du néant et en missionnaires fanatiques de l'athéisme... ». Pour Robespierre, l'idée de Dieu était indispensable à la vie même de la société : « L'idée de l'Être Suprême et de l'immortalité de l'âme est un rappel continu à la justice, elle est donc sociale et républicaine. » Le culte de l'Être Suprême devait être le seul culte national, pensait Robespierre, car, seul, il pouvait être accepté par tous les Français.

Aussitôt que Robespierre eut terminé son discours, la Convention décréta : ARTICLE PREMIER. — Le peuple français reconnaît l'existence de l'Être Suprême et l'immortalité de l'âme ; ART. 2. — Il reconnaît que le culte digne de l'Être Suprême est la pratique des droits de l'Homme ; ART. 3. — Il met au premier rang de ses devoirs de détester la mauvaise foi et la tyrannie, de punir les tyrans et les traîtres, de secourir les malheureux, de respecter les faibles, de défendre les opprimés, de faire aux autres tout le bien que l'on peut, et de n'être injuste pour personne.

Il était institué toute une série de fêtes nationales : quatre fêtes politiques, aux anniversaires du 14 juillet 1789, du 10 août 1792, des 21 janvier et 31 mai 1793 ; trente-six fêtes morales, une chaque décade, empruntant leur nom « des vertus les plus chères et les plus utiles à l'homme, des plus grands bienfaits de la nature... ». La plus importante de ces fêtes, consacrée à l'Être Suprême, devait être célébrée un mois plus tard, le 20 prairial (8 juin). Le 23 floréal (12 mai), la Convention décrétait qu'au frontispice des édifices « ci-devant consacrés au culte », on placerait l'inscription : « Temple de la Raison. Le peuple français reconnaît l'existence de l'Être Suprême et l'immortalité de l'âme. » Dans toutes les communes, le décret du 18 floréal, et le rapport de Robespierre devaient être lus par l'agent national, chaque decadi, pendant un mois.

Le fête de l'Être Suprême se déroula le 20 prairial sous la présidence de Robespierre qui, précisément avait, quatre jours plus tôt, été nommé président de la Convention. Elle fut marquée essentiellement par une grande procession réglée par David. La France, en apparence, approuva ; mais, en réalité, seule une petite minorité fut satisfaite. Les catholiques ne firent pas de différences entre cette cérémonie et les fêtes de la Raison. Quant aux « déchristianisateurs, » — et ils commençaient à être assez nombreux dans le monde politique, — ils ne pardonnaient pas à Robespierre son décret. Ils jurèrent sa perte, et la fête de l'Être Suprême marqua le point de départ de la coalition thermidorienne.

IV
LA SÉPARATION DE L'ÉGLISE ET DE L'ÉTAT[1]

Les « thermidoriens » abattirent Robespierre, en partie à cause de son attitude religieuse ; parce qu'il avait restauré un culte divin. Logiquement, la déchristianisation aurait dû s'accentuer après le 9 thermidor. Mais cette journée marquait aussi le début du retour à la liberté dans tous les domaines, donc à la liberté religieuse. Il est vrai que cette dernière fut la plus lente à reparaître. Les prêtres sortirent des prisons les derniers, seulement en brumaire, et les cultes révolutionnaires continuèrent à être célébrés. C'est d'ailleurs sous le Directoire qu'ils devaient atteindre leur apogée ; mais ils ne supplantèrent pas le catholicisme, et le concurrencèrent tout au plus.

Le gouvernement, toujours étranger à l'idée de neutralité, tendait en effet de plus en plus à faire du culte révolutionnaire une religion d'État, et à abandonner le catholicisme constitutionnel. Dès avril 1794, le salaire des prêtres constitutionnels avait cessé d'être payé. Le 2e sans-culottide de l'an II (18 septembre 1794), Cambon propose, comme il l'avait déjà fait vainement, en novembre 1792, la suppression du budget du culte. Cette fois, il est entendu, et la Convention décrète que « La République française ne paie plus les frais ni les salaires d'aucun culte ». Les prêtres recevraient une pension analogue à celle des « abdicataires ». Il semblait que la Convention s'orientât vers la séparation de l'Église et de l'État, et la liberté des cultes. Pourtant, le rapport présenté à l'Assemblée le 1er nivôse an III (21 décembre 1794) sur l'instruction

---

[1]. DOCUMENTS ET OUVRAGES A CONSULTER. — Sur la séparation des Églises et de l'État, A. Aulard, *La séparation de l'Église et de l'État sous la Convention et ses origines*, dans les *Études et leçons...*, t. II et t. V (Paris, 1898 et 1907, 2 vol. in-16) ; E. Champion, *La séparation de l'Église et de l'État en 1794* (Paris, 1903, in-8°) ; A. Mathiez, *La Révolution et l'Église* (Paris, 1910, in-16).

publique et les fêtes décadaires par Marie-Joseph Chénier est très hostile au catholicisme. Au cours du débat qui suivit, on vit l'évêque Grégoire monter à la tribune en habit sacerdotal et déclarer que la république ne vivrait que si elle devenait chrétienne. Deux conceptions s'affrontaient. En passant à l'ordre du jour, sur le discours de Grégoire, la Convention montra qu'elle penchait pour la séparation. Mais, que Grégoire eût pu prononcer un tel discours, montrait combien l'esprit de liberté et de tolérance avait fait de progrès.

La liberté des cultes, d'ailleurs paraissait indispensable à la pacification tant intérieure qu'extérieure. Dans les départements de l'ouest, Hoche permettait aux anciens révoltés de rouvrir leurs églises, tandis qu'au cours de ses négociations de paix avec la Toscane, puis l'Espagne, le gouvernement s'engageait à ménager le catholicisme.

C'est à la suite de cette évolution que la Convention vota le décret du 3 ventôse an III (21 février 1795). Ce décret, en apparence dirigé contre le catholicisme, établit la séparation et permet le rétablissement du culte. Il affirme d'abord que la république ne reconnaît et ne salarie aucun culte ; il garantit ensuite le libre exercice de tous les cultes. Tout rassemblement de citoyens pour le culte est placé sous la surveillance des autorités qui ont à pourvoir à la police et à la sûreté publique. Quiconque troublera ces réunions sera passible du tribunal correctionnel. Deux articles restreignent considérablement, il est vrai, le libéralisme du début : ni l'État, ni les communes ne devront fournir de locaux à aucune religion, et tout signe extérieur du culte (tel que sonneries de cloches, inscriptions, vêtements sacerdotaux, etc.) est interdit. En fait, à la campagne, sous la pression de la population, les églises se rouvrirent et les municipalités durent tolérer les sonneries de cloches. Les prêtres réfractaires, mais qui avaient prêté le « serment de Liberté-Égalité » en septembre 1792, se mirent à officier en aussi grand nombre que les constitutionnels.

Devant la réouverture de multiples églises, la Convention dut accepter le fait accompli. Le décret du 11 prairial an III (30 mai 1795) modifia dans un sens plus libéral celui du 3 ventôse précédent. Prenant prétexte de la difficulté qu'elle éprouvait à surveiller les rassemblements de citoyens dans les maisons particulières, la Convention accorda le libre usage des églises non aliénées. Mais lorsque plusieurs cultes étaient célébrés dans la même commune, ils devaient se partager l'église. En contre-partie de cette concession, la Convention exigeait des ministres du culte une déclaration de « soumission aux lois de la république », qui venait donc se substituer au « serment de Liberté-Égalité ». Faute de cette déclaration, les ministres du culte seraient passibles de 1.000 livres d'amende. La loi du 26 prairial (14 juin) précisa que les anciens prêtres réfractaires pouvaient faire la déclaration de soumission aussi bien que les constitutionnels.

Le 7 vendémiaire an IV (29 septembre 1795) une grande loi de police codifie tous les décrets rendus précédemment au sujet des cultes. Elle fixe notamment la formule de soumission : « Je reconnais que l'universalité des citoyens français est le souverain, et je promets soumission et obéissance aux lois de la république. » Elle interdit les cérémonies du culte dans les maisons particulières lorsque plus de dix personnes s'y trouvent rassemblées, défend de publier en France un écrit émané d'un ministre du culte résidant hors de France, menace de « gêne » à perpétuité tout ministre qui provoquera au rétablissement de la royauté ou à des actes contre-révolutionnaires, et de deux ans de prison celui qui par la parole prendra parti contre la vente des biens nationaux.

Cette loi, malgré les restrictions qu'elle contenait, permit la renaissance du catholicisme. Mais le clergé romain en profita surtout pour attaquer les institutions républicaines. Tandis que l'ancienne église constitutionnelle, qui maintenant préférait s'appeler « gallicane », prêchait la soumission au gouvernement.

Aussi les prêtres « romains » parurent-ils responsables de l'émeute royaliste du 13 vendémiaire (5 octobre 1795). Après avoir vaincu, comme on sait, cette insurrection, la Convention expirante revint à la politique anticléricale de naguère. Le 3 brumaire (26 octobre), elle ordonna l'application dans les vingt-quatre heures des lois de 1792 et 1793 aux prêtres sujets à la réclusion ou à la déportation, c'est-à-dire aux anciens réfractaires.

La séparation n'était donc qu'un mot. La liberté des cultes était bien vacillante. La lutte de l'État républicain contre l'Église catholique romaine continuait.

CHAPITRE X

LES INSTITUTIONS SOCIALES DU GOUVERNEMENT RÉVOLUTIONNAIRE[1]

I

L'INDIVIDU ET LA FAMILLE[2]

La Convention a parachevé l'œuvre de la Constituante en supprimant, le 4 février 1794, sur la proposition de Levasseur, Danton et Delacroix, l'esclavage dans les colonies. Ainsi les lois furent-elles désormais conformes

---

1. BIBLIOGRAPHIE GÉNÉRALE. — Voir les *Procès-verbaux de la Convention* et les autres documents indiqués à propos du chapitre IX du livre II (p. 204). En ce qui concerne l'assistance, voir, aux Archives nationales, D XXVI, les papiers du « Comité de salubrité » de la Constituante, de la Législative et de la Convention, et D XXVII, ceux du « Comité des secours » de ces mêmes assemblées ; pour l'instruction publique, D XXXVIII, ceux du « Comité d'instruction publique » des trois premières assemblées révolutionnaires. Voir aussi les arch. départ. série L, et les archives hospitalières. Les principaux textes ont été publiés : C. Bloch, *Recueil des principaux textes législatifs et administratifs sur l'assistance publique, de 1789 à l'an VIII*, dans le *Bulletin trimestriel de la Commission pour l'étude de la vie économ. de la Révolution*, ann. 1908, p. 225-537 ; Adher, *Recueil de documents sur l'assistance publique dans le district de Toulouse 1789-1800* (Toulouse, 1918, in-8°) ; J. Guillaume, *Procès-verbaux du Comité d'Instruction publique de la Convention* (Paris, 1891-1907, 6 vol. in-8°) ; On peut aussi se reporter au recueil de C. Bloch et Tuetey, *Procès-verbaux et rapports du Comité de mendicité de la Constituante* (Paris, 1911, in-8°) et à J. Guillaume, *Procès-verbaux du comité d'instruction publique de l'Assemblée législative* (Paris, 1889, in-8°) ; ainsi qu'à Tuetey, *L'assistance publique à Paris pendant la Révolution* (Paris, 1895-1897, 4 vol. in-8°).

Outre les ouvrages cités à la bibliographie du chapitre IX du livre II (p. 204), voir G. Pariset, *Études d'histoire révolutionnaire et contemporaine* (Strasbourg, 1932, in-8°), et P. Viard, *L'œuvre juridique de la Convention*, dans les *Annales historiques de la Révolution franç.*, ann. 1930, p. 526-548.

2. DOCUMENTS ET OUVRAGES A CONSULTER. — Sur la suppression de l'esclavage : Gaston-Martin, *Histoire de l'esclavage dans les colonies françaises* (Paris, 1948, in-8°) ; — sur les enfants naturels, voir les ouvrages cités p. 208 ; — sur l'adoption, Dejob, *Le rétablissement de l'adoption en France*, thèse de droit (Paris, 1911, in-8°) ; — sur les successions : Bridrey, *La réserve héréditaire*, dans les *Travaux de la semaine d'histoire du droit normand de 1923*, publiés par la *Nouvelle Revue hist. du droit français et étranger*, 1923, p. 625-628 ; G. Aron, *Les lois successorales de la Révolution*, dans la *Nouvelle revue histor. de droit*, ann. 1901, p. 444-489 et 585-620, et 1903, p. 673-710 ; P. Féral, *Le droit successoral égalitaire et ses conséquences agraires dans le Lectourois*, dans la *Revue archéologique du Gers*, 1949, p. 37-47 ; Jeanneaud, *Les lois successorales de la Révolution*, thèse de droit (Paris, 1893, in-8°) ; E. Lambert, *De l'exhérédation*, thèse de droit (Paris, 1895, in-8°) ; P. Viard, *De quelques incidences de l'histoire politique sur le droit privé*, dans les *Annales histor. de la Révolution française*, 1925, p. 305-324.

QUESTIONS A ÉTUDIER : Les problèmes relatifs à l'individu et à la famille à l'époque révolutionnaire ont été négligés à la fois par les juristes, qui n'ont pas prêté grande attention à cette

à la déclaration des droits, et la France cessa-t-elle de faire entre les individus aucune distinction fondée sur la couleur de la peau, la race ou la religion.

La Constituante et la Législative n'avaient pas pu établir de nouvelles lois sur le mariage. La Convention s'efforça d'y suppléer. Elle aurait voulu régler les rapports entre époux en établissant l'unité du régime matrimonial dans toute la France, et l'égalité absolue entre les époux dans le mariage. Son « Comité de législation » élabora un projet en ce sens. Mais le projet fut repoussé ; beaucoup de conventionnels étaient hostiles à l'unité de législation ; d'autres désiraient qu'au moment où le divorce devenait facile, les droits de la femme fussent garantis par l'application du régime dotal. Quant à l'égalité des époux, elle souleva des résistances encore plus grandes. Merlin (de Douai) déclara : « La femme est généralement incapable d'administrer ; l'homme a sur elle une supériorité naturelle. »

Finalement, la Convention ne prit aucune décision. Elle se borna à fixer le taux de la quotité disponible entre époux. Celle-ci n'était pas limitée s'il n'y avait pas d'enfants ; mais, dans le cas contraire, elle ne pouvait excéder — s'il y avait des enfants communs — la moitié de l'usufruit des biens existant au décès ; et, s'il existait des enfants d'un premier lit, la donation ne pouvait dépasser une part d'enfant.

La Convention fixa aussi les droits du conjoint survivant : il n'aurait pas de droit à la succession, mais pourrait obtenir une pension alimentaire fixée par le conseil de famille et proportionnée à ses biens.

Nous avons vu les règles établies pour le divorce par l'Assemblée législative. Elles étaient très libérales. Malgré cela, la Convention facilita encore le divorce. Elle décida que le divorce pour incompatibilité d'humeur pourrait être admis sans qu'il y eût lieu d'en indiquer les motifs. Une absence ou un abandon de six mois, prouvé par acte authentique, ou de notoriété publique devait suffire pour que le divorce fût prononcé séance tenante. Dans les autres cas, les délais pour le prononcé du divorce étaient réduits. La Convention autorisa le mari à se remarier immédiatement, alors que la femme ne pouvait le faire qu'au bout de dix mois.

Les femmes des « défenseurs de la patrie » ou des fonctionnaires éloignés de leur résidence pour le service de la république furent autorisées à profiter du décret, mais tous les règlements qu'elles feraient de leurs droits devaient rester provisoires jusqu'au retour de leur mari. On ne pouvait guère pousser plus loin l'application de la liberté au mariage, considéré comme simple contrat.

période du « droit intermédiaire », et par les historiens, qui manquaient de culture juridique pour les aborder utilement... Cependant les archives, et surtout les minutes notariales recèlent une très riche documentation encore inutilisée sur l'application des lois révolutionnaires aux enfants naturels, à l'adoption, aux successions, au divorce, etc.

L'adoption, qui existait dans le droit romain n'était pas en usage dans la France d'Ancien régime. Les conventionnels pensèrent que l'adoption était une institution indispensable à tout gouvernement républicain. Un premier projet fut présenté par le « Comité de législation » à la Convention le 4 juin 1793. Il réservait le droit d'adopter aux seules personnes sans enfants, et l'adopté devait être obligatoirement choisi dans une famille pauvre : L'adoption était alors considérée comme un moyen d'égaliser les fortunes. La Convention amenda ce projet.

La loi sur l'adoption votée en août 1793 reconnaissait à tous les pères de famille le droit d'adopter. Le choix n'était plus limité aux enfants de familles pauvres. Mais, pour éviter que les héritiers légitimes ne fussent frustrés de leur part de succession par l'adopté, la loi spécifiait qu'il n'aurait droit qu'à un capital produisant au maximum un revenu annuel de 300 quintaux de blé. La loi précisait aussi que seuls les mineurs pouvaient être adoptés.

La Constituante et la Législative avaient, nous l'avons vu, essayé d'améliorer la condition des enfants naturels, mais leurs efforts étaient restés vains. La Convention chargea, le 4 mars 1793, son Comité de législation de reprendre la question... Cambacérès présente un rapport le 4 juin suivant. Il demandait que les enfants naturels succédassent à leurs père et mère lorsqu'ils seraient reconnus par eux, mais repousse leur assimilation complète aux enfants légitimes, afin, déclare-t-il, de « favoriser l'institution du mariage ». Il propose que les enfants naturels nés avant les enfants légitimes héritent de la moitié d'une part d'enfant légitime, ceux qui sont nés après, n'en recevant que le tiers. Dans le cas où les bâtards ne concourraient pour la succession qu'avec des ascendants, ils en percevraient la moitié.

La Convention n'adopta pas toutes les propositions de Cambacérès. Elle se borna à décréter que les enfants naturels succéderaient, en principe, à leurs père et mère. Elle ne vota une loi générale sur les enfants naturels qu'un peu plus tard, le 12 brumaire an II (2 novembre 1793). Cette loi, d'ailleurs dépassait singulièrement le projet de Cambacérès, puisqu'elle assimilait complètement aux enfants légitimes les enfants naturels à condition que ceux-ci ne fussent ni adultérins, ni incestueux. Les enfants adultérins ne devaient recevoir que le tiers de la part des légitimes. Toutefois, pour hériter, les enfants naturels devaient être reconnus publiquement par le père devant l'officier d'état civil, et avoués par la mère. La recherche de la paternité n'était pas admise. Innovation capitale, et contraire dans une certaine mesure à la Déclaration des droits, la loi était rétroactive jusqu'au 14 juillet 1789, en ce sens que les enfants naturels encore vivants étaient admis à égalité avec les légitimes, à la succession de leurs parents décédés depuis le 14 juillet 1789. Ceux dont les parents étaient morts avant cette date ne recevraient que le tiers de la part des légitimes. A partir de la date de promulgation de la loi, les enfants naturels pourraient prendre leur part dans l'héritage des collatéraux.

Pour atténuer le trouble que cette rétroactivité risquait d'apporter dans les familles, des mesures transitoires étaient prévues. Les partages déjà faits ne pourraient être révoqués, et les enfants naturels ne prendraient leur portion que dans les lots existants, les collatéraux gardant, quoi qu'il pût arriver, le sixième de ce qui leur était revenu. Exceptionnellement, les enfants naturels non reconnus étaient admis à prouver la paternité « par des écrits publics ou privés du père, ou des soins donnés à titre de paternité, et sans interruption pour leur entretien et leur éducation ».

La loi contenait quelques dispositions bizarres : Les enfants naturels pouvaient succéder à leurs parents et aux collatéraux, non à leurs aïeux. Enfin, la loi spécifiait que les successions de père mort après le 12 brumaire seraient réglés par le code civil — dont on croyait alors le vote prochain. Mais, comme le code ne fut promulgué qu'en 1804, il en résulta que les enfants naturels purent recueillir la succession de leur mère et des collatéraux, non celle de leur père. Parfois, les tribunaux essayèrent d'interpréter librement la loi, mais leurs jugements furent toujours cassés par le tribunal de cassation.

Malgré ses imperfections et ses étrangetés, la loi du 12 brumaire est fort importante, tant du point de vue social que du point de vue juridique, car elle marque réellement l'apogée de la législation révolutionnaire dans ses efforts vers l'égalité des individus. Sans doute fut-elle votée sous l'influence des hébertistes qui, à la même époque, poussaient aussi à la déchristianisation et à l'attribution de lots de terre gratuits aux indigents. Les partisans de la loi déclarèrent « qu'il n'y avait plus de bâtards en France ». Cependant il faut remarquer que la recherche de la paternité n'était pas admise, alors que, sous l'ancien régime, elle était autorisée dans certains cas. De plus, par suite de la référence à un futur code civil, les enfants naturels n'obtenaient que le droit à la succession de leur mère non mariée, et le droit à la succession des collatéraux maternels. De sorte que cette loi est, en fait, malgré tout, moins démocratique, et moins dégagée des préjugés qu'elle ne le paraît au premier abord.

Cette législation ne devait pas être conservée par le Directoire. Dès le 15 thermidor an IV (2 août 1796), la rétroactivité de la loi sur les enfants naturels fut abolie, les bâtards durent rendre ce qu'ils avaient recueilli dans les successions de leurs père et mère ouvertes entre le 14 juillet 1789 et le 4 juin 1793 ; mais la loi du 2 ventôse an VI autorisa les enfants naturels à recueillir les successions collatérales ouvertes entre le 12 brumaire an II et le 15 thermidor an IV, même dans le cas où leurs père et mère seraient morts avant le 4 juin 1793.

L'importante question du droit successoral n'avait pas été réglée par les deux premières assemblées révolutionnaires. Dès sa réunion, la Convention demanda à son « Comité de législation » un projet de décret sur les « substitutions », c'est-à-dire sur les dispositions par lesquelles, sous l'ancien régime, après avoir fait institution d'héritier, on commettait une autre personne pour recueillir ce legs après la mort de l'héritier institué. Les « substitutions » étaient un moyen de perpétuer les grosses fortunes. La Convention y était hostile. Le rapport fut bientôt prêt, et, dès le 25 octobre 1792, la Convention supprima les substitutions, car elles cumulaient, disait-elle « pendant plusieurs années, sur des têtes privilégiées, des fortunes capables d'alarmer la liberté publique ». Les substitutions anciennes, il est vrai, étaient maintenues ; mais elles étaient déclarées nulles dans toute succession éventuelle.

Ce n'était là qu'un premier pas. La Convention aurait voulu, non pas, selon le programme marxiste, supprimer l'héritage, mais, au contraire, le rendre aussi égal que possible entre tous les héritiers. Mais il fallait empêcher l'individu de troubler cette égalité par des donations entre vifs. Aussi la Convention commença-t-elle par soumettre les donations à des règles très strictes : les donations devaient être toutes, sans exception, irrévocables ; on espérait que cette clause ferait réfléchir les donateurs. La donation était en outre soumise à de multiples et rigoureuses formalités : elle ne devait contenir aucune condition « impossible, contraire aux lois ou aux mœurs », ne pas gêner la liberté politique ou civile du donataire, être déposée chez un notaire, indiquer l'estimation de l'objet donné, être publiée ou affichée par le notaire sur la place publique du lieu du domicile du donateur. De surcroît, la donation était limitée au dixième ou au sixième de la fortune, selon que le donateur avait ou non des descendants, et au maximum à un capital produisant un revenu de 1.000 quintaux de froment ou 10.000 livres d'argent. Le donataire possédant un capital équivalent ne pouvait recevoir. La donation ne pouvait contribuer à accroître le lot d'aucun héritier.

Le 7 mars 1793, sur la proposition de Gensonné et de Mailhe, la Convention décréta que la « faculté de disposer de ses biens, soit à cause de mort, soit entre vifs, soit par donation contractuelle en ligne directe était abolie... ». En conséquence, « tous les descendants auraient part égale sur les biens des ascendants. » Cette loi était plus une loi de circonstance dirigée contre les pères qui manifestaient leur haine contre la Révolution en déshéritant ceux de leurs enfants qui avaient pris parti pour le nouveau régime, qu'une loi destinée à modifier réellement la structure de la société. Elle marquait toutefois une innovation importante. Elle obligeait aussi la Convention à terminer son œuvre en réglementant les successions selon les principes qu'elle avait énoncés.

La Convention décida que tous les biens, quelle qu'en fût l'origine, ne formeraient qu'une masse. Cette masse serait partagée entre les enfants selon l'égalité absolue, maintenue par le rapport des donations, même si le donataire déclarait renoncer à sa part d'héritage (car la donation pouvait être supérieure à une part légitime). L'enfant décédé était représenté par ses ayants droit ; et, bien entendu, l'enfant naturel, pourvu qu'il fût reconnu et qu'il ne fût ni adultérin, ni incestueux, avait la même part que les enfants légitimes. Les ascendants héritaient après tous les descendants directs ; les collatéraux venaient ensuite. A défaut de descendants, l'héritage était partagé également entre les lignes paternelle et maternelle ; les collatéraux devaient hériter « par souche ». Le conjoint survivant n'héritait qu'après tous les parents, même les plus éloignés ; ainsi la femme survivante était particulièrement lésée.

La Convention avait surtout cherché à avantager les héritiers jeunes, supposés les plus pauvres. C'était le meilleur moyen d'égaliser les fortunes. C'est aussi pour maintenir le principe d'égalité qu'elle interdit de donner la quotité disponible à un des héritiers à l'exclusion des autres. A défaut de parents et de conjoint survivant, l'héritage devait revenir à l'État (lois des 5 brumaire, 12 brumaire et 17 nivôse — 26 octobre, 2 novembre 1793 et 6 janvier 1794). Certains députés avaient pensé prélever une partie de chaque héritage au profit de l'État. Durand-Maillane, le 8 juillet 1793, avait proposé qu'un douzième des successions des parents jusqu'au quatrième degré revînt à l'État, un dizième pour les successions de parents du quatrième au septième degré, la moitié ensuite : Ce projet fut repoussé, ce qui montre à quel point, même après le 2 juin, la Convention était éloignée des idées collectivistes.

Comme la loi sur les enfants naturels, les lois successorales furent rétroactives, en remontant jusqu'au 14 juillet 1789. La Convention voulait atteindre par là ceux qui, prévoyant la législation nouvelle, avaient, par avance, essayé de la tourner, au moyen de donations.

Ainsi, toutes les successions ouvertes depuis le 14 juillet 1789, étaient réglées selon le principe de l'égalité entre tous les héritiers ; et les donations à titre universel étaient réduites à la quotité disponible, c'est-à-dire au sixième ou au dixième des biens. Les dons et legs particuliers postérieurs au 14 juillet 1789 étaient annulés, à moins que les donataires ne fussent pauvres. Par là, on visait les « domestiques peu fortunés », ou encore les personnes dont la fortune ne dépassait pas 10.000 livres, augmentées de 5.000 livres par enfant. Par exception, dans les successions excédant 200.000 livres, les dons et legs garderaient leur effet jusqu'à concurrence du sixième, quelle que fût la fortune du donataire ou du légataire, ceci toujours afin de diminuer les grosses fortunes et d'égaliser les richesses.

Les lois successorales furent naturellement violemment critiquées : elles heurtaient trop d'intérêts. On s'en prit surtout à la rétroactivité et tous les moyens furent employés pour tourner la législation nouvelle. Jusqu'à la chute de Robespierre, la Convention n'en maintint pas moins le système qu'elle avait construit. Mais, pendant la réaction thermidorienne, tout en conservant le grand principe d'égalité, voisin d'ailleurs du droit coutumier, elle tendit vers la suppression de la rétroactivité. Le 5 floréal an III (24 avril 1795), elle suspendit toute action ou procédure commencée à l'occasion de l'effet rétroactif de la loi successorale. Le 2 messidor an III (20 juin 1795), Lanjuinais prononça un discours violent contre la rétroactivité des lois successorales : « véritables lois agraires dans leur rétroaction, premiers essais d'un plus vaste système conçu par les tyrans... ». Villetar répondit que « jamais la Convention n'avait eu la pensée d'opérer une révolution agraire et d'établir le partage égal des biens... ». La loi, dit-il, n'avait eu pour but que de revenir au droit naturel et d'avantager les cadets patriotes au détriment de leurs aînés qui l'étaient moins. « Vous allez spolier ces amis de votre gouvernement, ses défenseurs, ajoutait-il, pour enrichir des hommes dont le plus grand nombre, il faut l'avouer, a été compté parmi ses ennemis. » Cet argument impressionna l'assemblée qui passa à l'ordre du jour.

Mais les adversaires de la rétroactivité ne désarmèrent pas. Ils reprirent leurs attaques, et, finalement, le 9 fructidor an III (26 août 1795), la Convention décida que les lois successorales n'auraient d'effet qu'à compter de leur promulgation. Ce décret était d'ailleurs lui-même un décret rétroactif, car il annulait les partages opérés en vertu des lois de brumaire et de nivôse dans les successions ouvertes depuis le 14 juillet 1789, jusqu'à la promulgation des lois. Il était toutefois précisé que ceux qui seraient rétablis dans leurs droits ne pourraient prétendre à aucune indemnité.

II

L'ASSISTANCE PUBLIQUE[1]

Sous l'ancien régime, l'assistance publique était à peu près entièrement assurée par le clergé. La Constituante, après avoir mis à la disposition de la nation les biens du clergé, qui, précisément, lui permettaient de venir en aide aux malheureux, se borna à déclarer que l'assistance était un « des devoirs les plus sacrés de la nation ». Sous la Législative, la création d'un service régulier d'assistance publique devint plus urgente car on commença à mettre en vente les biens affectés aux établissements hospitaliers. De plus, la suppression des congrégations vint compliquer le problème. Qui soignerait désormais les malades ? Les congrégations charitables furent donc exceptées des décrets des 4 et 18 août 1792, qui abolissaient les congrégations régulières, ou, plus exactement, on autorisa les membres des congrégations charitables à continuer leur service dans les hôpitaux à titre individuel. La Législative proclama que

---

1. DOCUMENTS ET OUVRAGES A CONSULTER. — Sur l'assistance : Accarias, *L'assistance publique dans le Puy-de-Dôme sous la Révolution* (Clermont-Ferrand, 1933, in-8º) ; Bouchet, *L'assistance publique pendant la Révolution* (Paris, 1908, in-8º) ; E. Chaudron, *L'assistance publique à Troyes à la fin de l'ancien régime et pendant la Révolution* (Paris, 1923, in-8º) ; J. Dubois, *L'assistance dans le district de Bar pendant la Révolution* (Paris, 1930, in-8º) ; Ferdinand Dreyfus, *L'assistance sous la Législative et la Convention* (Paris, 1905, in-8º) ; L. Lallemand, *La Révolution et les pauvres* (Paris, 1908, in-8º) ; du même, *Histoire de la charité*, t. IV (Paris, 1900, in-8º) ; Parturier, *L'assistance à Paris sous l'ancien régime et pendant la Révolution* (Paris, 1895, in-8º). — QUESTIONS A ÉTUDIER : Il existe, comme on le voit par la bibliographie ci-dessus, quelques bons ouvrages sur l'assistance publique de 1792 à 1795. Cependant on ne sait pas encore exactement dans quelle mesure certaines grandes lois révolutionnaires ont été appliquées, par exemple, la loi du 28 juin 1793 sur l'assistance aux filles-mères, ou celle du 11 mai 1794 instituant un « grand-livre » de la bienfaisance nationale. Des enquêtes à ce sujet seraient utiles.

l'assistance était « le premier des devoirs imposés par le pacte social », mais elle n'en régla pas l'organisation. De nombreux projets d'organisation furent déposés sur son Bureau, sans que l'Assemblée les examinât avant de se séparer.

La Convention, quant à elle, formula une doctrine de l'assistance sociale, et elle s'efforça de lui faire prendre corps par plusieurs grandes lois organiques.
Robespierre, dans son projet de Déclaration des droits avait longuement insisté sur le droit à l'assistance. La Convention ne retint qu'une partie des principes énoncés, mais les fit figurer dans l'article 23 de la Déclaration des droits de 1793 : « La Société doit la subsistance aux citoyens malheureux, soit en leur procurant du travail, soit en assurant les moyens d'exister à ceux qui sont hors d'état de travailler. »
La loi du 19 mars 1793 détermina dans quelles conditions seraient accordés les secours publics. A parité de population, le département comptant le moins de contribuables aurait droit à une plus forte part dans la répartition générale. A parité de population et de non-contribuables, le département qui payait la journée de travail le plus cher aurait une plus grande part dans la distribution. Chaque année, la législature devrait voter les fonds destinés aux secours publics ; ces fonds seraient répartis entre les départements, districts, et cantons en raison inverse du rapport des contribuables à la population, et en raison directe du montant des salaires. Le cinquième des crédits votés devait rester à la disposition de la législature pour faire face aux besoins créés par des calamités imprévues.
Seuls les pauvres infirmes seraient secourus à domicile ou dans les hôpitaux, les pauvres valides devraient effectuer des travaux.
Les biens des hôpitaux ne seraient vendus qu'après organisation complète de l'assistance publique.
Les pauvres étant désormais secourus par l'État, l'aumône serait interdite : « La société, en assurant le travail à ses membres, est autorisée à leur interdire toute action qui la priverait du travail qu'elle a le droit d'exiger... »
La loi prévoyait aussi l'organisation d'une « caisse nationale de prévoyance sociale », alimentée par les souscriptions volontaires versées sur l' « autel de la patrie » les jours de fêtes civiques.

La loi du 28 juin 1793 organisa dans chaque département l'assistance aux filles-mères et aux enfants trouvés. L'assistance, proclame d'abord la loi, « est un droit pour les pères et mères qui n'ont pour toutes ressources que le produit de leur travail, quand ce produit n'est plus en proportion avec les besoins de la famille ». Les filles-mères et les enfants abandonnés ont droit aux mêmes secours que les autres citoyens. Dans chaque district, devra être établie une « maternité » pour les filles-mères. En fait, pour tout le département de la Haute-Garonne, une seule maternité fut ouverte, à Rieux. Les enfants trouvés, à dater du 4 juillet 1793, seraient dits « enfants naturels de la patrie », et élevés dans les hospices nationaux jusqu'à l'âge de douze ans, puis placés dans des maisons d'apprentissage.

Les deux grandes lois des 19 mars et 28 juin 1793 ayant organisé les « secours publics » et interdit l'aumône, il restait à interdire la mendicité, qui n'avait plus sa raison d'être. Ce fut l'objet de la loi du 24 vendémiaire an II (15 octobre 1794). « Toute personne convaincue d'avoir demandé de l'argent ou du pain dans les rues ou voies publiques, déclare le texte, est réputée mendiante, conduite au juge de paix, rapatriée, si elle est Française, conduite à la frontière, si elle est étrangère... »

En conséquence, la Convention établit des maisons de répression au chef-lieu de chaque département. Les mendiants récidivistes y devaient être enfermés pour un ou deux ans. En cas de nouvelle récidive, ils étaient passibles de transportation à la Guyane. Toute distribution de pain ou d'argent était prohibée, sous peine d'amende. « C'est le seul moyen, avait affirmé le rapporteur, d'arrêter efficacement cette pitié mal entendue qui pourrait animer encore des hommes faibles ou orgueilleux, et nourrir dans le pauvre le penchant de la mendicité. »

Quant aux maisons de répression, elles n'auront plus, précise le rapport, aucun point commun avec les « dépôts de mendicité » de l'ancien régime. Ces établissements devront utiliser les mendiants à des travaux conformes à leurs aptitudes, et seront, autant que possible, établis dans d'anciens couvents. Les enfants des mendiants ou vagabonds indignes seront séparés de leurs parents, — idée qui sera reprise un siècle plus tard. Enfin, pour réprimer le vagabondage, qui sévissait alors, la loi décide que les secours ne seront distribués qu'au domicile du pauvre, c'est-à-dire au lieu où sa bonne conduite pourra être attestée. Le changement de domicile est soumis à de nombreuses formalités. Cette loi, si elle avait été appliquée, aurait eu de profondes répercussions, car mendicité et vagabondage avaient caractérisé les campagnes françaises sous l'ancien régime, et depuis 1789, la situation, à cet égard, ne s'était guère améliorée.

La Convention voulut non seulement supprimer la mendicité, mais encore venir en aide à ceux qui se trouvaient dans une situation voisine de l'indigence. Elle avait décrété la tenue, pour les riches, d'un « Grand livre de la dette publique ». Elle décida, pour les pauvres, l'institution d'un « Grand livre de la bienfaisance nationale », où seraient « gravés leurs services industriels, leurs travaux agricoles... ». (Loi du 22 floréal an II, 11 mai 1794.) Trois catégories de personnes pouvaient être inscrites sur ce livre : Les agriculteurs invalides, les artisans vieux ou infirmes, les « mères et veuves » habitant les campagnes. Mais chaque catégorie ne pouvait comprendre qu'un nombre limité de personnes. Le nombre des inscrits au grand livre ne pouvait excéder 400 agriculteurs par département (plus quatre par chaque fraction de 1.000 habitants au-dessus de 100.000). Pour être inscrit comme agriculteur, il fallait habiter la campagne, c'est-à-dire un bourg de moins de 3.000 habitants, avoir cultivé la terre pendant vingt ans, être âgé de plus de soixante ans, infirme et incapable de travailler. Tout inscrit de cette catégorie avait droit à une pension de 160 livres.

Pour la catégorie des artisans le nombre des inscrits devait être pareillement limité à 400. Tout inscrit de cette catégorie devait être invalide du travail. Sa pension était fixée à 120 livres.

La catégorie des « mères et veuves » était plus complexe. Elle comprenait à la fois les mères de famille allaitant et les veuves infirmes ou chargées de deux enfants au moins. Pour les premières il était prévu un nombre maximum de 350 inscrites par département, de 150 pour les autres (plus 4 par fraction de 1.000 habitants dépassant 100.000). La pension était fixée à 60 livres par an.

La loi du 22 floréal s'étendait, aussi, longuement, sur les soins aux malades pauvres. La Convention, contrairement aux tendances actuelles, aurait voulu faire disparaître les hôpitaux, qui, à cette époque, n'inspiraient aux malades que répulsion. Elle organisait donc les soins à domicile. Dans chaque district, il devait y avoir trois « officiers de santé », payés par le gouvernement 1.000 livres par an pour soigner les pauvres à domicile. Il était mis à leur disposition huit boîtes de médicaments, des stocks de farine, de riz, de fécule de pommes de terre. Chaque malade pauvre inscrit sur le « grand livre de la bienfaisance nationale » devait toucher dix sous par jour de maladie plus six sous par enfant de moins de dix ans. Au total le budget du « Grand livre » atteignait plus de douze millions de francs. Somme élevée pour l'époque. Mais, disait Barère, « qu'est cette dépense pour un bienfait national, quand la république dépense 400 millions par mois pour le fléau de la guerre » ? Éternelle opposition entre le gouffre des dépenses militaires et les timides exigences de la politique sociale... Tout imparfait et insuffisant qu'il fût, le « Grand livre de la bienfaisance nationale » n'en constituait pas moins un progrès énorme. C'était un véritable système de retraite des vieux et de prévoyance sociale, inspiré, d'ailleurs, par les livres de Rousseau, dont les cendres devaient être déposées au Panthéon, à la suite d'un décret voté par la Convention le lendemain de cette loi.

En fait, on s'en doute bien, le « Grand livre » fut à peine entr'ouvert. La guerre absorba pour de longues années tous les crédits disponibles. Il faudra recourir, de nos jours, au système des « assurances sociales » pour réaliser enfin, avec cent cinquante ans de retard, le rêve de la Convention.

Seules furent appliquées réellement les lois qui ordonnaient le versement de secours et d'allocations aux parents nécessiteux des défenseurs de la patrie (décret des 26-27 novembre 1792 et surtout du 21 pluviôse an II — 9 février 1794) et aux victimes de la guerre et de la Révolution, notamment aux réfugiés de Saint-Domingue. Ici, on touchait de trop près au système politique dont dépendait le sort de la Révolution pour qu'on pût se permettre de transgresser les lois, qu'on venait à peine de voter. En revanche, en ce qui concerne les lois relatives aux indigents proprement dits, la plupart d'entre elles ne furent pas ou furent à peine appliquées. L'assistance publique dépendait du ministère de l'intérieur. Une division s'y occupait des « hôpitaux, enfants trouvés, prisons et dépôts de mendicité, emploi des fonds de secours au soulagement des pauvres et aux ateliers de charité ». Après la suppression du ministère, le 2 avril 1794, il fut formé une « commission nationale des secours publics ». De son côté la Convention avait créé un « Comité des secours publics ».

Or, ces différents organismes ne mirent jamais en vigueur les grandes lois qui avaient été votées. Ils se contentèrent de donner, conformément à la loi du 5 prairial (24 mai 1794), quinze sous par jour aux mendiants incapables de travailler (vingt-cinq sous s'ils étaient mariés, plus cinq sous par enfant). Les mendiants infirmes, mais en état de se livrer à un travail, ne devaient recevoir que les deux tiers de cette somme ; tout mendiant rencontré dans les rues de Paris devait être arrêté. Encore cette loi ne fut-elle appliquée que pendant quelques mois.

L'assistance prenait d'ailleurs des formes qui variaient selon les localités. A Paris les « secours » votés par la Convention furent distribués par les soins de la « Commission municipale » — puis du « Comité de bienfaisance » et par les « commissions » des sections. Cent vingt mille indigents environ furent secourus pendant l'an II. Ils reçurent, outre les secours en argent, qui leur étaient attribués, des produits alimentaires, pain, viande, lait, farine, des médicaments, du combustible.

A Troyes, un « bureau central de charité », puis un « bureau général des secours » distribuèrent argent et vivres. Les « ateliers de charité » de l'ancien régime ne furent ni supprimés, ni transformés, les pauvres continuèrent à être employés à différents travaux d'intérêt public, sans rapport, le plus souvent, avec leur métier.

A Lyon, les représentants en mission, Fouché, Albitte et Collot d'Herbois, prirent un certain nombre d'arrêtés relatifs aux pauvres. Ils décidèrent que tous « les citoyens infirmes, vieillards, orphelins, indigents, seraient logés, nourris et vêtus aux dépens des riches de leur canton respectif » ; tout mendiant ou oisif devait être incarcéré. Dans beaucoup de régions les représentants en mission s'efforcèrent d'améliorer le sort des pauvres dont la guerre et la vie chère augmentaient sans cesse le nombre.

Malgré la non-application de la plupart des lois sur l'assistance, la Convention crut, sincèrement peut-être, que la mendicité avait disparu, que l'assistance publique fonctionnait normalement. Aussi décréta-t-elle, le 19 germinal an III (8 avril 1795), la suppression des sociétés privées d'assistance. La « Société de charité maternelle », la « Société philanthropique », la « Maison philanthropique » furent supprimées. Elles ressusciteront plus tard, sous le Consulat.

La Convention s'imagina aussi que le simple vote des lois d'assistance permettrait aux hôpitaux de vivre : elle décréta, le 23 messidor an II (11 juillet 1794), la mise en vente des biens des établissements hospitaliers. Quoique ce décret n'ait été que lentement exécuté, il mit les hôpitaux dans une situation difficile. De plus les sœurs de charité demeurées en place « à titre individuel », furent souvent persécutées et durent abandonner leur service.

A Paris, sur quatre hôpitaux, deux doivent fermer, faute d'infirmières et de crédits, dès frimaire an III (décembre 1794). A Troyes, la municipalité s'efforce de retenir les religieuses, qui demeurent sous le nom laïc de « dames hospitalières », mais les fonds manquent bientôt par suite de la vente des biens des hôpitaux. La municipalité de Troyes écrit le 9 fructidor an III (26 août 1795) aux directoires du district et du département : « Les hôpitaux manquent de pain, de vin, de bois et de charbon... Le boucher ne veut plus fournir... » Les hôpitaux de Troyes continuent, d'ailleurs, à être régis par les statuts peu démocratiques de l'ancien régime. A l'Hôtel-Dieu, par exemple, on n'admet ni les femmes enceintes, ni les contagieux. Pratiquement, seuls les malades payants sont acceptés. Faute de ressources financières, la mortalité s'accroit dangereusement. Celle des enfants trouvés, qui était déjà de 61 % en 1789, monte à 86 % ! Un cours d'accouchement et de puériculture est bien institué en 1793, mais il doit fermer au bout de quelques mois. A Clermont-Ferrand, les hôpitaux, à la seule exception de l'Hôtel-Dieu, doivent fermer en 1794. La baisse de l'assignat met l'Hôtel-Dieu lui-même en péril dès l'année suivante, et c'est à grand-peine qu'il peut continuer sa tâche. L'arrêté du 9 fructidor an III (27 août 1795) vient enfin porter remède à cette grave situation. Il décide de surseoir à la vente des biens de tous les établissements hospitaliers. Mais, en contre-partie, la Convention renonce à l'application des grandes lois sociales qu'elle avait votées, et le 12 vendémiaire an IV (4 octobre 1795), le Girondin Delecloy déclare que l'assistance doit ressortir à la bienfaisance privée. La politique sociale des Montagnards est pour longtemps abandonnée.

III

L'ÉDUCATION NATIONALE[1]

Comme l'assistance publique, l'éducation était sous l'ancien régime assurée à peu près exclusivement par l'Église. La mise à la disposition de la nation,

1. DOCUMENTS ET OUVRAGES A CONSULTER. — Sur l'enseignement, en général : L'abbé Allain, *L'œuvre scolaire de la Révolution* (Paris, 1891, in-8º) ; A. Aulard, *L'instruction publique dans le Cher pendant la Révolution*, dans *La Révolution franç.*, t. XLIV (1903), p. 465-467 ; B. Bois, *La vie scolaire et les créations intellectuelles en Anjou, 1789-99* (Paris, 1929, in-8º) ; F. Brunot, *Histoire de la langue française*, t. IX (Paris, 1930, in-8º) ; C. Bloch, *L'instruction publique dans l'Aude pendant la Révolution*, dans la *Revue internationale de l'enseignement*, t. XXVII (1894), p. 36-62 et 193-223 ; G. Compayré, *Histoire critique des doctrines de l'éducation en France* (Paris, 1879, 2 vol. in-8º) ; Dommanget, *L'enseignement populaire et civique dans l'Oise*, dans les *Annales histor. de la Révolution franç.*, ann. 1930, p. 411-442 ; Despois, *Le vandalisme révolutionnaire* (Paris, 1891, in-12) ; A. Duruy, *L'instruction publique et la Révolution* (Paris, 1882, in-8º) ; Dumesnil, *La pédagogie révolutionnaire* (Paris, 1883, in-8º) ; J. Guillaume,

puis la vente des biens du clergé posa le problème de l'éducation nationale. Qui serait chargé de la donner ? Et selon quels plans, quels programmes, avec quelle méthode ?

La Constituante, qui n'avait pas inscrit le droit à l'enseignement dans la Déclaration de 1789, n'approfondit pas la question. Il pouvait sembler, d'ailleurs, que la liberté de penser, qui, elle, figurait dans la Déclaration, impliquait la liberté d'enseigner, mais, d'autre part, comme l'État devait désormais assumer, à la place du clergé, les frais de l'enseignement, on pouvait aussi en déduire que l'enseignement serait désormais un service de l'État. En tout cas la Constituante se borna à mettre, par la loi du 22 décembre 1789, la surveillance de l'éducation publique à la charge des administrations de départements. Plus tard à la suite des intrigues contre-révolutionnaires du clergé réfractaire, la Législative par décret du 18 août 1792, déclara « qu'aucune partie de l'enseignement public ne continuerait à être confiée à aucune des maisons des ci-devant

Études révolutionnaires (Paris, 1908-1918, 2 vol. in-12) ; L. Hippeau, *L'instruction publique en France pendant la Révolution* (Paris, 1881-1883, 2 vol. in-8º) ; Louis-Grimaud, *Histoire de la liberté d'enseignement en France* (Paris, 1898, in-8º, 2e éd., Grenoble, 1944, in-8º) ; F. Picavet, *Les idéologues* (Paris, 1891, in-8º) ; Abbé Sicard, *L'éducation morale et civique avant et pendant la Révolution* (Paris, 1884, in-8º) ; Van Duzer, *Contribution of the ideologues to French revolutionary thought* (Baltimore (U. S. A.), 1935, in-8º).

Sur l'instruction primaire : Babeau, *L'école de village pendant la Révolution* (Paris, 1881, in-8º) ; Brégail, *L'instruction primaire dans le Gers pendant la période révolutionnaire* (Auch, 1899, in-16) ; M. Dupont, *Histoire de l'enseignement primaire à Toulouse*, dans les *Mémoires de l'Académie de Toulouse*. 1905, p. 361-364 ; Lennel, *L'instruction primaire dans le département du Nord pendant la Révolution* (Lille, 1909, in-8º) ; Libois, *L'enseignement primaire dans le Jura à l'époque de la Révolution* (Lons-le-Saulnier, 1897, in-8º) ; V. Pierre, *L'école sous la Révolution française* (Paris, 1881, in-8º) ; Poupé, *L'instruction primaire à Draguignan* (Draguignan, 1897, in-8º) ; M. Schnerb, *L'instruction primaire dans le Puy-de-Dôme pendant la Révolution*, dans les *Annales histor. de la Révolution franç.*, ann. 1935, p. 97-131.

Sur l'enseignement secondaire, Peter, *L'enseignement secondaire dans le département du Nord pendant la Révolution* (Lille, 1912, in-8º) ; Fr. Vial, *Trois siècles d'enseignement secondaire* (Paris, 1936, in-8º).

Sur l'enseignement supérieur, les « livres du centenaire » du *Muséum d'Histoire naturelle* (Paris, 1893, in-8º), de l'*École Normale supérieure* (Paris, 1893, in-8º), de l'*École des langues orientales vivantes* (Paris, 1895, in-8º) ; P. Dupuis, *L'École normale de l'an III* (Paris, 1895, in-8º) ; E. Grimaux, *Lavoisier* (Paris, 1888, in-8º) ; Hamy, *Les derniers jours du jardin du Roi et la Fondation du Muséum d'histoire naturelle* (Paris, 1893, in-8º) ; de Launay, *Monge et la fondation de l'École Polytechnique* (Paris, 1933, in-8º) ; A. Lefranc, *Histoire du Collège de France* (Paris, 1893, in-8º) ; L. Liard, *L'enseignement supérieur en France* (Paris, 1888-1894, 2 vol. in-8º) ; Vié, *L'enseignement supérieur à Toulouse de 1793 à 1820* (Toulouse, 1906, in-8º).

Sur l'enseignement technique, Arzt, *L'enseignement technique en France pendant l'époque révolutionnaire*, dans la *Revue historique*, t. CXCVI (1946), p. 258-286 ; Impériali, Fr. Devosge, *créateur de l'École de dessin et du musée de Dijon* (Dijon, 1924, in-8º).

Sur l'Institut de France, Aucoc, *L'Institut de France* (Paris, 1889, gr. in-8º) ; Franqueville, *Le premier siècle de l'Institut* (Paris, 1895-96, 2 vol. in-8º).

Sur les Archives, les Musées : Boutaric, *Le vandalisme révolutionnaire : les archives pendant la Révolution française*, dans la *Rev. des questions histor.*, t. XII (1878), p. 325-396 ; Despois, *Le vandalisme révolutionnaire* (Paris, 1898, in-12) ; M. Dreyfus, *L'art et les artistes pendant la période révolutionnaire* (Paris, 1906, in-8º) ; Tuetey et Guiffrey, *La commission du Musée du Louvre* (Paris, 1909, in-8º). — QUESTIONS A ÉTUDIER : L'éducation nationale sous la Convention a fait l'objet, on le voit, de multiples ouvrages. Cependant certaines questions, telles que l'enseignement technique ou l'instruction des jeunes filles ont été négligées et mériteraient d'être approfondies.

congrégations d'hommes et de filles ». Toutefois les membres des congrégations dissoutes pourraient continuer à exercer, à titre individuel, à condition de prêter le serment civique. En fait l'enseignement fut complètement désorganisé, et dans beaucoup de localités cessa complètement.

La Convention, pour sa part, s'intéressa beaucoup plus à la question. Elle proclama par l'article 22 de la Déclaration des droits, que tout citoyen avait droit à l'instruction, et elle chargea son « Comité d'instruction publique », composé de 24 membres, dont la moitié au moins était des professeurs, civils ou ecclésiastiques, de préparer l'organisation nouvelle.

Le « Comité d'instruction publique » de la Convention se trouvait en présence de plusieurs projets qui avaient été déposés sur les bureaux des précédentes assemblées, mais sans être discutés. Celui de l'abbé Audrein, du 11 décembre 1790 conférait à l'État le monopole d'un enseignement divisé en trois degrés. Celui de Mirabeau, de 1790 également, prévoyait la liberté de l'enseignement, surtout pour alléger les charges financières de l'État. Celui de Talleyrand, lu à la Constituante les 10, 11 et 19 septembre 1791, organisait une liberté réglementée, les municipalités étant chargées de la surveillance des écoles. Mais le projet le plus important était celui que Condorcet avait défendu à la Législative les 20 et 21 avril 1792.

Condorcet, tout en estimant que l'État avait le devoir d'organiser l'instruction publique, se déclarait l'adversaire du monopole. La concurrence était, selon lui, une condition du progrès de l'enseignement ; les écoles toutefois devraient être neutres du point de vue religieux, les maîtres seraient des laïcs, enfin l'instruction serait gratuite. Condorcet distinguait cinq degrés d'enseignement : des écoles primaires, dans tous les villages, des écoles secondaires dans les chefs-lieux de districts, des « instituts » pour les meilleurs élèves de l'enseignement secondaire, neuf « lycées » pour l'enseignement supérieur et, au sommet, une « Société nationale des sciences ». Les conventionnels Romme, Bancal, présentèrent d'autres projets, assez voisins de celui de Condorcet. Dès le 30 mai 1793, et avant d'avoir pris aucune décision d'ensemble, la Convention décréta que toutes les localités ayant de 400 à 1.500 habitants devaient posséder au moins une école où l'instituteur enseignerait « les connaissances élémentaires nécessaires aux citoyens pour exercer leurs droits, remplir leurs devoirs et administrer leurs affaires domestiques ». Une fois par semaine, les instituteurs donneraient des lectures et des instructions « aux citoyens de tout âge de l'un et l'autre sexe... ».

C'est dans le domaine de l'enseignement primaire, en effet, que la Convention allait fournir le plus gros effort et formuler, sinon effectivement appliquer, les principes et les idées les plus nouvelles, les plus démocratiques. Après de longues discussions, la Convention vota la loi du 29 frimaire an II (19 décembre 1793), rapportée par le représentant Bouquier, peintre et poète de second ordre. Le grand mérite de cette loi était d'établir pour la première fois en France l'obligation scolaire et la gratuité. En effet, l'enseignement primaire était déclaré obligatoire pour tous les enfants de six à huit ans, sous peine d'amende et de privation des droits civiques pour les parents. Néanmoins l'enseignement primaire restait libre, et quiconque pouvait ouvrir une école, sous la seule réserve d'une déclaration à la municipalité, et de la production d'un certificat de civisme. Ainsi les religieux et religieuses n'étaient pas exclus, à condition d'accomplir cette formalité. Les instituteurs et institutrices publiques étaient placés sous la surveillance de la municipalité et touchaient un salaire, à la vérité fort mince, de 20 livres par élève et par an pour les instituteurs, 15 livres seulement pour les institutrices. Les programmes comprenaient la lecture, l'écriture, les premières règles de l'arithmétique, avec obligation de « se conformer aux livres élémentaires qui seraient adoptés et publiés par la représentation nationale » et qui comprenaient notamment la Déclaration des droits de l'homme et le « Tableau des actions héroïques et vertueuses des Français ».

Faute de maîtres et d'argent, la loi ne fut appliquée que lentement et difficilement. A Angers, on ne trouva les onze instituteurs et les sept institutrices nécessaires, que le 21 germinal an II (10 avril 1794). Quatorze autres furent nommés par la suite, à titre provisoire, faute d'avoir pu produire un certificat de civisme. La cause essentielle de la pénurie de maîtres était l'insuffisance des salaires. L'agent national d'Angers écrit à ce sujet : « Examinant les instituteurs inscrits, nous avons eu la douleur de voir que le nombre en était très petit... Nous avons cru devoir nous rendre compte s'ils connaissaient et étaient dans le cas d'enseigner les principes de la lecture, de l'écriture, de l'arithmétique et d'expliquer les droits de l'homme et du citoyen. Nous n'avons trouvé qu'une seule femme qui réunît ces talents, et peu d'hommes... » Saumur ne compte, pour une population de 12.500 habitants que 413 élèves répartis en onze écoles, avec treize instituteurs ou institutrices. Dans les campagnes, seuls les « ci-devant prêtres » se présentent pour remplir les fonctions d'instituteurs.

Dans le nord, la situation est à peu près la même que dans l'ouest. A Douai, on ne trouve que sept écoles de filles groupant au total 583 élèves. Les parents n'envoient pas volontiers leurs enfants à « l'école révolutionnaire ». En Alsace, le tableau n'est pas plus brillant. Le district de Wissembourg qui devait compter 220 écoles n'en a que cinq en activité à la fin de l'an II.

Au total, sur les 557 districts de France, 350 fournirent des rapports sur l'organisation de l'enseignement primaire. Sur ce nombre, 32 seulement avaient ouvert toutes les écoles prévues par la loi.

Avec de la patience, et surtout en relevant les salaires des maîtres, la Convention aurait sans doute pu créer toutes les écoles nécessaires. Mais, après thermidor, l'assemblée se soucia beaucoup moins de l'instruction du peuple. La loi du 27 brumaire an III (17 novembre 1794), votée sur le rapport de Lakanal, supprimait l'obligation scolaire. Elle se bornait à déclarer qu'il devait y avoir une école par 1.000 habitants. L'école serait divisée en deux sections, l'une pour les filles, l'autre pour les garçons. Les écoles libres subsistaient.

Dans chaque district, un « jury d'instruction » était chargé d'examiner les candidats instituteurs. Les traitements étaient quelque peu améliorés, puisque, désormais, ils ne dépendaient plus du nombre des élèves : 1.200 livres pour les instituteurs, 1.000 pour les institutrices.

La grosse difficulté que rencontra l'application de cette loi fut la nécessité de grouper plusieurs villages autour d'une seule école. Les enfants de certaines localités avaient de grandes distances à parcourir pour aller en classe. De plus, le recrutement des instituteurs ne fut pas plus aisé que sous le régime de la loi Bouquier. A la fin de la Convention, dans le Maine-et-Loire, deux districts seulement avaient pris les mesures préparatoires à l'application de la loi. Dans le district d'Avesne, dans le Nord, il fut très difficile de trouver les cinquante instituteurs réclamés pour 73 communes.

Devant ces obstacles, la Convention fit encore un pas en arrière. Avant de se séparer, elle vota le 3 brumaire an IV (25 octobre 1795) une loi, qui ne devait être appliquée que sous le Directoire, et qui supprimait complètement le traitement des instituteurs. Ceux-ci seraient seulement logés, et toucheraient des rétributions de leurs élèves. Ainsi, non seulement l'enseignement primaire cessait d'être obligatoire, mais la gratuité elle-même disparaissait.

La Convention mit moins d'empressement à organiser l'enseignement secondaire. La loi Bouquier n'en parlait pas, et, durant l'an II, ceux des anciens collèges religieux qui le purent, assurèrent l'enseignement tant bien que mal avec leurs professeurs laïcisés. La loi Lakanal n'est pas plus explicite à l'égard de l'enseignement du second degré, et c'est seulement le 7 ventôse an III (25 février 1795) que la Convention décida qu'en principe l'enseignement secondaire serait donné concurremment dans des collèges libres, et, par l'État, dans des « écoles centrales », au chef-lieu de chaque département. Mais les conventionnels n'avaient fixé ni les programmes, ni les méthodes de l'enseignement secondaire, et ils étaient en présence de bien des projets contradictoires. Tous, certes, rejetaient l'enseignement fait en latin, qui avait d'ailleurs à peu près disparu en 1789, mais beaucoup laissaient encore une large place à l'enseignement du latin et du grec. Mirabeau aurait voulu que les jeunes gens consacrassent, à partir de l'âge de dix ans, deux années au latin et au grec, deux années à l'éloquence et à la poésie et deux années aux sciences et à la philosophie. Talleyrand mettait, au contraire, l'accent sur le français, tout en proposant de maintenir une langue ancienne et d'introduire l'enseignement d'une langue vivante. Il faisait aussi une place à l'enseignement de l'histoire, de la religion, de la morale, du droit politique. Innovation intéressante, Talleyrand abandonnait l'ancien cycle des classes, et les remplaçait par des cours donnés chacun par un maître spécialisé et que les élèves pouvaient suivre à leur guise. Plus audacieux encore, Condorcet reléguait le latin à l'arrière-plan. « Nous voulons former la raison, disait-il, le jugement ; apprendre aux jeunes gens la vérité, faire des hommes modernes, adapter les intelligences aux nécessités du temps présent. Or les livres des anciens sont remplis d'erreurs : les mœurs, les coutumes, auxquelles ils font sans cesse allusion, sont tout à fait différentes des nôtres. Il y a donc danger à les étudier de trop près. « Que cent hommes médiocres fassent des vers, ajoutait-il, cultivent la littérature et les langues, il n'en résulte rien pour personne, mais que vingt s'amusent d'expériences et d'observations, ils ajouteront probablement quelque chose à la masse des connaissances, et le mérite d'une utilité réelle honorera leurs sages plaisirs. »

Daunou reprit les principes essentiels que Talleyrand et Condorcet avaient développés. Il y joignit son expérience d'ancien professeur dans les collèges de l'Oratoire, et la Convention adopta son plan d'enseignement dans les écoles centrales, quelques jours avant de se séparer, le 3 brumaire an IV (25 octobre 1795). Les mathématiques, la langue française et le latin formaient la base du nouvel enseignement qui s'étendait aussi à l'agriculture, aux arts et métiers, à l'hygiène, à l'histoire et à l'économie politique.

Nous verrons plus loin comment le gouvernement du Directoire appliquera ce plan et nous étudierons la curieuse expérience que constitua l'enseignement dans les écoles centrales.

Sous l'ancien régime, l'enseignement supérieur était donné en France dans vingt-deux universités, la plupart à quatre facultés (théologie, médecine, droit, arts) et dans différents établissements : Collège Royal, Jardin du roi, Observatoire, Écoles des ponts et chaussées, des mines, des langues, du génie, des cadets. Les sept académies (Académie française, Académies des inscriptions et belles-lettres, des sciences, de peinture, d'architecture, de sculpture, de chirurgie) formaient, en quelque sorte, le couronnement de l'enseignement supérieur.

Les Universités, où professaient surtout des ecclésiastiques, vivotaient en 1789. Les écoles techniques, pour la plupart de création récente, connaissaient, au contraire, un grand succès.

Comme les universités formaient des corporations privilégiées, elles auraient dû disparaître à la suite des décrets du 4 août 1789, mais la Constituante les maintint provisoirement par décret du 26 septembre 1791 : « Tous les corps et établissements d'instruction et d'éducation publique existant à présent dans le royaume continueront provisoirement d'exister sous leur régime actuel, et suivant les mêmes lois, statuts et règlements. »

On attribuait généralement la médiocrité des universités à leur nombre excessif, et nous avons vu que Condorcet proposait de les remplacer par neuf « lycées » qui feraient une large place à l'enseignement des sciences nouvelles, analyse mathématique, applications du calcul, sciences morales et politiques, géographie, économie politique, langues étrangères vivantes.

La Convention discuta à plusieurs reprises la question, sans prendre de décision positive. Elle se borna à supprimer, le 15 septembre 1793, les universités moribondes, mais, dès le lendemain elle suspendait l'exécution de la loi, et l'agonie des vieilles facultés se prolongea jusqu'au 7 ventôse an III (25 février 1795). C'est alors que fut, en effet, décidé le principe de la création des « écoles centrales », et dans l'esprit de Daunou, leur fondateur, ces écoles devaient distribuer à la fois l'enseignement secondaire et l'enseignement supérieur.

Mais la guerre imposait des obligations pressantes. C'est surtout pour y satisfaire que la Convention créa, sans aucun plan d'ensemble, des écoles spéciales qui, pendant une douzaine d'années, allaient constituer les seuls établissements d'enseignement supérieur de la France. Au demeurant, la faveur des conventionnels allait vers ces écoles qui succédaient à celles qui, au XVIIIe siècle, avaient connu une éclatante prospérité.

Le 18 juin 1793, l'ancien « Jardin du roi » est transformé en « Muséum d'histoire naturelle », grande école spéciale destinée à l'enseignement des sciences de la nature. Treize cours y sont professés par les principaux savants de l'époque, notamment par Daubenton (minéralogie), Fourcroy (chimie générale), Jussieu (botanique), Geoffroy Saint-Hilaire, Lacépède, Lamarck (zoologie), Faujas de Saint-Fond (géologie)...

Le 11 mars 1794 apparaît l'idée d'une « École Centrale des travaux publics ». C'est Barère qui présente à la Convention le rapport sur la création d'une école où seraient enseignés les principes communs à tous les métiers d'ingénieur ; tout d'abord l'école formerait des « ingénieurs militaires » dont on avait un besoin urgent. L'école fut organisée par décret du 3 vendémiaire an III (24 septembre 1794) et s'ouvrit le 30 novembre suivant.

Les élèves, pour y être admis, devaient prouver « qu'ils avaient constamment manifesté l'amour de la liberté et de l'égalité, et la haine des tyrans ». Ils devaient montrer « leur intelligence, en subissant un examen sur l'arithmétique et les éléments de la géométrie ». La durée des études était de trois ans. Un arrêté du 26 novembre 1794, rédigé par Monge, établit le plan d'enseignement de l'école. Celui-ci faisait une large place à la géométrie descriptive.

Le régime de l'école était l'externat. Les élèves logeaient à Paris « chez de bons citoyens, des pères de famille sensibles et patriotes, qui, par leurs exemples domestiques, les formeraient aux vertus républicaines ». L'enseignement était donné par des « instituteurs », tous savants remarquables : Monge (géométrie descriptive), Lagrange (analyse), Barruel (physique), Berthollet, Fourcroy, Guyton-Morveau (chimie). Le premier directeur de l'école fut Lamblardie, ancien directeur de l'École des ponts et chaussées.

L'école fit paraître, dès 1795, une revue, le *Bulletin mensuel*. Quelques mois plus tard, l'école changea de nom et s'appela « École polytechnique, le *Bulletin mensuel* devint le *Journal de l'École polytechnique* ».

La loi du 22 octobre 1795 décida qu'à leur sortie de l'École centrale des travaux publics, les élèves entreraient dans des « écoles d'application » : Écoles d'artillerie, du génie militaire (à Metz), des ponts et chaussées, des mines, des ingénieurs géographes, des ingénieurs des vaisseaux (à Paris), d'aérostation (à Meudon).

Le « Conservatoire des arts et métiers » fut fondé le 29 septembre 1794. C'était à la fois une école et un musée de l'industrie. Il succédait aux quelques écoles d'arts et métiers qui avaient existé au XVIIIe siècle. Les principales pièces du musée furent cédées par l'Académie des sciences, qui possédait depuis 1782 la riche collection de Vaucanson.

« L'École normale » fut organisée par décret du 9 brumaire an III (24 octobre 1794). Ce n'était ni une école normale supérieure, telle qu'il en existe de nos jours, ni une école normale primaire, mais un ensemble de cours temporaires destinés à des hommes, jeunes ou vieux, déjà instruits, venus de toute la France, et qui devraient répéter ensuite en province, à l'usage des candidats instituteurs, l'enseignement qu'ils auraient reçu.

Les cours de l'École normale furent cependant confiés, comme ceux de toutes les écoles spéciales, aux savants les plus réputés : Monge, Lagrange, Laplace, Berthollet, Daubenton, Volney, Haüy, Bernardin de Saint-Pierre, La Harpe, Sicard, Garat.

L'école s'ouvrit le 1er pluviôse an III (20 janvier 1795) et comprit 1.400 élèves de 20 à 80 ans, envoyés par les districts à raison d'un par 20.000 habitants. Les cours débutèrent dans l'enthousiasme, mais le succès diminua vite par suite du niveau trop élevé de l'enseignement et du manque d'homogénéité des auditeurs. Beaucoup d'élèves quittèrent l'école avant la fin des cours, qui se terminèrent le 30 floréal (19 mai 1795).

La suppression des Facultés de médecine était réclamée par tous les esprits « éclairés » à la fin de l'ancien régime. Leur routine paraissait un obstacle insurmontable à tout progrès de la science médicale. De plus la liberté des professions décrétée par l'assemblée constituante avait provoqué un véritable foisonnement de dangereux charlatans. Le « Comité de salubrité » de l'assemblée Constituante avait proposé de remplacer les nombreuses facultés par une seule école, à Paris. Mais cela parut insuffisant et la Convention, par décret du 14 frimaire an III (4 décembre 1794) créa trois « écoles de santé », à Paris, Montpellier et Strasbourg. Ces écoles, à la différence des anciennes Facultés, devaient être pratiques en même temps que théoriques, la clinique y était obligatoire. Des hôpitaux, des collections, des laboratoires étaient annexés à ces établissements.

L' « École de santé » de Paris comptait douze professeurs titulaires et douze adjoints. L'enseignement portait notamment sur l'anatomie, la physiologie, la chimie médicale, la physique médicale, l'hygiène, la pharmacie, la pathologie externe et interne, l'histoire naturelle médicale, la médecine opératoire, la clinique, les accouchements, la médecine légale, l'histoire de la médecine. Les travaux pratiques étaient dirigés par un chef de travaux, un peintre, un modeleur, six prosecteurs, un chef et un sous-chef de laboratoire, deux aides, etc.

A Montpellier, l'école fut vite constituée, et inaugurée dès le 5 pluviôse (24 janvier) 1795. Mais les professeurs, tous anciens membres de la Faculté, n'y apportèrent pas l'esprit novateur qui régnait à Paris. L'école de Strasbourg fut plus longue à mettre sur pied, la municipalité ne se montra pas très empressée à fournir les bâtiments indispensables.

La loi organique du 3 brumaire an IV (25 octobre) 1795 qui créait les écoles centrales, prévoyait l'extension du système des écoles spéciales par la fondation d'une « école des sciences politiques ». Celle-ci ne vit jamais le jour. En revanche, la Convention établit des écoles pour les aveugles (28 juillet 1795), pour les sourds-muets (5 janvier 1795), une école d'horlogerie, à Besançon (25 juin 1795), une école pour les orphelins des défenseurs de la patrie.

Le décret du 10 germinal an III (30 mars 1795) ouvrit à la Bibliothèque nationale des « Cours de langues orientales vivantes ». Ces cours sont à l'origine de notre actuelle École nationale des langues orientales vivantes. Ils comprirent, pour commencer, des cours destinés à l'étude de l'arabe, du persan, du malais, du turc, du tatar, du grec moderne. Le « Bureau des longitudes » fut créé par décret du 7 messidor an III (25 juin 1795). Il devait publier chaque année un « Annuaire » et une « Connaissance des temps ». On y donnait également des cours d'astronomie. Le Collège royal fut maintenu sous le nom de « Collège de France » (décret du 13 juillet 1795). Les cours s'y poursuivirent, sans interruption, pendant toute la Révolution. Un cours d'archéologie fut organisé par décret du 30 mars 1795, à la Bibliothèque nationale. C'est l'ancêtre de notre École du Louvre. Le Musée du Louvre lui-même a pour origine le « Musée archéologique des monuments français » ouvert le 1er septembre 1795 au couvent des Petits-Augustins où l'on avait entassé beaucoup d'œuvres d'arts retirées des églises, des couvents ou des maisons d'émigrés. Ce musée contribua à habituer les Français à l'art gothique, qui allait bientôt être réhabilité. Les œuvres des peintres célèbres, recueillis pour partie au palais de Versailles furent réunies, puis exposées, à Paris, dans les galeries du Louvre. Le « Conservatoire de musique » fut établi sur le rapport de Marie-Joseph Chénier, le 3 août 1795.

La Révolution se fit gloire de recueillir tous les témoignages du passé. Certes, beaucoup de documents furent détruits dans les grands auto-da-fé qui le 10 août 1793 consumèrent les titres « odieux » de la féodalité. Mais le décret du 25 juin 1794 ordonna de rassembler méthodiquement les chartes des abbayes, les registres des parlements, les papiers des assemblées et des administrations révolutionnaires. C'est ainsi que furent formées les archives départementales, municipales et nationales. Les livres recueillis dans les maisons religieuses supprimées, ou chez les émigrés allèrent enrichir la Bibliothèque nationale ou constituer les premiers fonds des bibliothèques municipales.

Enfin, au sommet de l'enseignement, fut placé un « Institut National des sciences et arts », créé sur la proposition de Daunou, le 25 octobre 1795. Il devait remplacer les sept anciennes académies, et était destiné à « perfectionner les sciences abstraites par des recherches non interrompues, par la publication des découvertes, par la correspondance avec les sociétés savantes françaises et étrangères ». Il devait aussi suivre « les travaux scientifiques et littéraires qui auront pour objet, lit-on dans le décret qui l'institue, l'utilité générale et la gloire de la république ».

L'Institut, divisé en trois classes, subdivisées elles-mêmes en vingt-quatre sections, devait compter 144 membres résidant à Paris, autant dans les départements et vingt-quatre associés étrangers ; au total, 312 savants se recrutant par cooptation. Nous verrons comment l'Institut fonctionnera sous le Directoire.

La Convention avait donc réalisé une œuvre sociale considérable. Après avoir profondément réformé l'organisation même de la famille et la transmission des biens à l'intérieur de celle-ci, elle s'était efforcée de venir en aide aux malheureux, et de donner à tous les Français une instruction suffisante pour qu'ils pussent accomplir leurs devoirs de citoyens. Si elle ne réussit pas entièrement, c'est que sa durée fut en somme fort brève — un peu plus de trois ans ; c'est surtout qu'elle légiféra au milieu des pires orages, intérieurs et extérieurs. Mais si elle laissa, au Directoire qui allait lui succéder, une œuvre inachevée, celui-ci s'efforcera de la terminer, sans cependant en modifier profondément le sens, mais en abandonnant les grands principes démocratiques qui avaient guidé la Convention, pour faire de la France une république bourgeoise.

LIVRE IV

LA RÉPUBLIQUE BOURGEOISE

CHAPITRE PREMIER

LA CONSTITUTION DE L'AN III[1]

La Convention thermidorienne fut naturellement conduite à considérer la Constitution de 1793, quoiqu'elle eût été acceptée par referendum, comme nulle et non avenue. Toutefois, l'attitude de la Convention évolua lentement, sans doute pensa-t-elle d'abord que d'habiles lois organiques pourraient annuler en fait les dispositions politiques et sociales qui, dans la Constitution, heurtaient le plus la bourgeoisie thermidorienne. C'est pour rédiger ces lois organiques que, le 24 brumaire an III (14 novembre 1794), Barère et Audouin proposèrent la nomination d'une commission. Mais leur proposition demeura

---

1. BIBLIOGRAPHIE GÉNÉRALE. — La plupart des documents concernant les institutions politiques et administratives de la France sous le Directoire sont conservés aux Arch. nat. dans la série AF III, et dans la série F ; dans les archives départementales, série L ; et dans les archives communales. Les *Procès-verbaux du Corps législatif* forment 98 volumes. Les *Actes du Directoire exécutif* (jusqu'en février 1797 seulement) ont été publiés par A. Debidour (Paris, 1910-17, 4 vol. in-4°) ; Les *Messages, arrêtés et proclamations du Directoire* sont groupés en un recueil de 9 volumes in-4°. Pour les débats du Corps législatif, consulter aussi les journaux, notamment *Le Moniteur, Les Archives parlementaires*, etc. Les *Mémoires* des « directeurs » fournissent sur les institutions et leur fonctionnement, des renseignements importants : *Mémoires de Barras*, publiés par G. Duruy (Paris, 1895-96, 4 vol. in-8°) ; de *La Révellière-Lépeaux* (Paris, 1895, 3 vol. in-8°) ; de *Barthélemy* par Dampierre (Paris, 1914, in-8°) ; de *Carnot*, par son fils (Paris, 1861-1864, 2 vol. in-8°) ; de *Gohier* (Paris, 1824, 2 vol. in-8°) ; de *Reubell*, dans la *Nouvelle revue rétrospective*, t. XX (1904), p. 361-413. On consultera aussi avec fruit, A. Aulard, *Paris pendant la réaction thermidorienne et sous le Directoire* (Paris, 1898-1902, 5 vol. in-8°) ; Sur la constitution de l'an III, voir : Sieyès, *Discours dans les débats constitutionnels de l'an III*, édition critique par P. Bastid (Paris, 1939, in-8°). — OUVRAGES GÉNÉRAUX : Nous citerons seulement les plus récents des livres concernant le Directoire. Ce sont ceux de Sciout, *Le Directoire* (Paris, 1895, 4 vol. in-8°) ; A. Mathiez, *Le Directoire* (Paris, 1934, in-8°) ; [jusqu'au 18 fructidor seulement] ; G. Lefebvre, *Le Directoire* (Paris, 1946, in-8°). Se reporter aussi au livre (cité p. 40) de P. Poullet, pour les institutions.

Travaux relatifs à la constitution de l'an III : A. Aulard, *La constitution de l'an III et la République bourgeoise*, dans *La Révolution franç.*, t. XXXVIII (1900), p. 113-161 ; du même, *L'exercice de la souveraineté nationale sous le Directoire*, dans la *Révolution franç.*, t. 40 (1901), p. 5-30 ; Deslandres, *op. cit.*, p. 40 ; Lajusan, *Le plébiscite de l'an III*, dans *La Révolution franç.*, t. 60 (1911), p. 5-38 ; Morizot-Thibaut, *Du pouvoir législatif dans la Constitution de l'an III* (Paris, 1889, in-8°) ; Muntéano, *Les idées politiques de Mme de Staël et la constitution de l'an III* (Paris, 1931, in-8°) ; Vaillandet, *Le plébiscite de l'an III en Vaucluse*, dans les *Annales histor. de la Révolution franç.*, 1932, p. 501-516 ; H. Zivy, *Le 13 vendémiaire an IV* (Paris, 1898, in-8°, fasc. 6 de la « Bibliothèque de la Faculté des Lettres de l'Université de Paris »). — QUESTIONS A ÉTUDIER : On connaît mal, comme tout au long de la période révolutionnaire, le fonctionnement des ministères et de leurs différents bureaux, pendant le Directoire.

sans effet. Elle fut reprise par Fréron, sans plus de succès, le 11 ventôse suivant (1ᵉʳ mars 1795). Ce n'est qu'après les manifestations des sectionnaires de Montreuil et des Quinze-vingt, qui pénétrèrent, le 1ᵉʳ germinal, dans la salle de ses séances en réclamant la Constitution de 1793, que la Convention se décida à nommer une commission (14 germinal — 3 avril). Cette commission, renouvelée dès le 29 germinal (18 avril), finit par comprendre avec quelques républicains sincères (La Révellière, Louvet, Berlier) une majorité de « modérés » (Thibaudeau, Daunou, Lanjuinais, Lesage d'Eure-et-Loir, Boissy d'Anglas).

Boissy d'Anglas fut nommé rapporteur, et sous son influence, la commission décida, non pas de rédiger des lois organiques pour l'application de la constitution de 1793, mais d'élaborer une constitution entièrement nouvelle.

I

*CARACTÈRES GÉNÉRAUX
DE LA CONSTITUTION DE L'AN III*[1]

La nouvelle constitution, œuvre surtout de Daunou, et de Boissy d'Anglas, est un instrument de réaction destiné à arrêter la marche de la démocratie. Ses rédacteurs ont obéi surtout au souci de prévenir l'avènement de toute dictature, qu'elle fût d'un homme ou d'un groupe d'hommes, et d'assurer à la bourgeoisie la paisible jouissance des avantages que la Révolution lui avait procurés. Pour cette raison, elle répudie tout ce qui, dans les constitutions précédentes, avait été établi sous l'influence de Rousseau ou de ses disciples, et s'efforce de suivre le théoricien des « corps intermédiaires », Montesquieu. Aussi, la constitution de l'an III marque-t-elle un recul, non seulement sur celle de 1793, mais même sur celle de 1791.

A la différence des deux premières constitutions, celle de l'an III est très longue et très précise : précédée d'une Déclaration des droits et des devoirs de l'homme et du citoyen, elle ne compte pas moins de 377 articles. Les derniers articles, groupés dans le titre XIV, sont de portée générale, et complètent la Déclaration des droits.

La discussion de la constitution occupa trente séances de la Convention, du 3 au 17 août 1795. Les débats assurèrent le triomphe de toutes les dispositions qui pouvaient le mieux asseoir la domination de la bourgeoisie.

La Constitution n'accorde pas, en effet, la souveraineté ni au peuple français, ni à la nation, mais aux seuls citoyens qu'elle définit. Boissy d'Anglas déclara que la France devait être gouvernée par « les meilleurs », ce qui voulait dire, selon lui, « les plus instruits et les plus intéressés au maintien des lois », donc « ceux qui possédaient une propriété ». Il fit l'apologie du régime censitaire. Daunou se joignit à lui : « Il est impossible, déclarait-il, que tous les

---

[1]. DOCUMENTS ET OUVRAGES A CONSULTER. — Voir la bibliographie générale de ce chapitre (p. 395).

hommes jouissent de leurs droits politiques. » Aussi conseille-t-il d'écarter « ceux qui n'ont rien », car, « en général, l'indigence, ajoute-t-il, suppose la fainéantise ou la paresse ». Il n'y eut que deux protestations, celle de Thomas Paine, et une autre, bien modeste, du député Souhait des Vosges. Encore n'osa-t-il pas la porter à la tribune, et c'est dans un libelle qu'il écrivit : « Cette classe d'hommes que l'on appelle prolétaires s'est armée avec enthousiasme pour la liberté commune... Qui peut douter que la Révolution ait été faite par le peuple ? » Mais Souhait ne fut pas entendu.

Plusieurs conventionnels contestèrent la nécessité d'une Déclaration des droits : La bourgeoisie aurait voulu ne donner au peuple aucun prétexte d'agitation. Daunou fit observer que si la Convention ne publiait pas une nouvelle déclaration, on pourrait lui reprocher de « fouler aux pieds la charte des droits de l'homme et du citoyen », mais on corrigea la Déclaration des droits, en précisant, cette fois, les devoirs de chaque citoyen.

La déclaration de 1795 reproduit dans ses grandes lignes celle de 1789 ; toutefois, les rédacteurs en ont éliminé l'article le plus significatif : « Les hommes naissent et demeurent libres et égaux en droits. » A ceux qui protestèrent, Mailhe et Lanjuinais répondirent le 26 thermidor (13 août), que cet article était ambigu, donc dangereux : Les hommes sont égaux en droit, non en capacité, ni en propriété. On eût pu, en effet, opposer l'article éliminé au régime censitaire que les conventionnels se proposaient de rétablir. Boissy d'Anglas déclara : « L'égalité civile, voilà tout ce que l'homme raisonnable peut exiger. »

La liberté et l'égalité furent définies très sèchement ; la liberté est « le droit de faire ce qui ne nuit pas à autrui », l'égalité est l'absence de « toute distinction de naissance », de « toute hérédité de pouvoir », c'est-à-dire seulement l'égalité devant la loi. On ne pourrait donc plus, au nom de la déclaration des droits, demander à l'État de réduire l'inégalité des fortunes.

La Déclaration des droits n'affirme plus que le « bonheur commun » est le but de la société. Elle ne mentionne ni le droit à l'instruction, ni le droit au travail, ni le droit à l'assistance, ni, bien entendu, le droit à l'insurrection. La liberté de pensée, de parole, d'opinion, de la presse, ne figurent pas dans la nouvelle Déclaration ; elles sont reléguées à la fin de la constitution, sous le titre XIV.

Une seule disposition « sociale » est passée de la déclaration de 1793 dans celle de 1795, c'est l'interdiction de l'esclavage : « Tout homme peut engager son temps et ses services, mais il ne peut se vendre, ni être vendu ; sa personne n'est pas une propriété aliénable » (article XV).

La déclaration des devoirs forme une sorte de catéchisme destiné, dans l'esprit de ses rédacteurs, à être récité au cours des cérémonies décadaires. Elle se compose de neuf articles d'une banale philosophie.

L'article premier est sans portée ; il spécifie seulement que les membres de la Société doivent connaître leurs devoirs. L'article 2 rappelle un principe de la morale courante : « Ne faites pas à autrui ce que vous ne voudriez pas qu'on vous fît. » L'article suivant énumère les devoirs envers la société : soumission aux lois, respect des agents de l'État. Un autre article recommandait aux citoyens d'être « bon père, bon fils, bon ami, bon époux ». Seul, l'article 9 énumérait un devoir précis : le devoir militaire.

II

LA CONSTITUTION[1]

La constitution de l'an III, à la différence de la constitution de 1793, définit, dès son article 3, les limites du territoire de la république. Celle-ci comprend 89 départements métropolitains et 11 départements coloniaux. Parmi les départements métropolitains figurent un certain nombre de territoires annexés depuis 1790 : le Comtat Venaissin (Vaucluse), la Savoie (département du Mont-Blanc), le comté de Nice (Alpes-Maritimes), la région de Porrentruy (département du Mont-Terrible). De plus, sans que la constitution le précise, les enclaves qui existaient encore à l'intérieur du sol français en 1789, telles que la principauté de Salm et celle de Montbéliard, ont disparu. En revanche, la constitution de l'an III ne mentionne pas l'annexion de la Belgique, qui n'a été ratifiée par la Convention que le 1er octobre 1795, trois jours après la clôture du referendum sur la constitution. La Belgique n'en fut pas moins considérée comme faisant partie des « limites constitutionnelles de la France ». Mais les pays d'entre Rhin et Moselle, situés entre Coblence, Mayence et le nord de l'Alsace, dont la Convention avait pourtant décidé l'annexion le 30 mars 1793 restèrent tenus pour étrangers : la possession n'en était pas, en effet, très assurée durant l'automne 1795, car on s'y battait encore, et, de plus, les conventionnels étaient très divisés sur l'annexion de ces territoires.

La constitution de l'an III restreint singulièrement la souveraineté populaire. La souveraineté ne réside plus, en effet, comme en 1789, ou en 1793, « dans la nation », mais seulement dans « l'universalité des citoyens ». Or, sont seuls citoyens, les hommes nés en France, y résidant depuis un an, âgés de 21 ans, inscrits sur le registre civique du canton, et « payant une contribution directe », ou ayant fait une ou plusieurs campagnes pour l'établissement de la république. Ainsi, ni les femmes, ni les pauvres, n'étaient réputés des citoyens, car la distinction établie par la constitution de 1791 entre citoyens actifs et passifs n'avait pas été reproduite. A l'avenir, le nombre des citoyens devait encore être restreint. La constitution prévoyait en effet qu'à partir de l'an XII, il faudrait, pour être citoyen, savoir lire et écrire, et exercer une profession

---

1. DOCUMENTS ET OUVRAGES A CONSULTER. — Voir la bibliographie générale de ce chapitre, p. 395.

mécanique. Il était évident qu'en l'an XII le nombre des illettrés serait encore très grand. A la vérité, la constitution permettait à tout Français de devenir citoyen en payant volontairement une contribution égale à trois journées de travail. Elle autorisait aussi les étrangers fixés en France depuis sept ans, payant une contribution, possédant une propriété foncière, ou ayant épousé une Française, à acquérir les droits de citoyen.

Mais c'étaient là des cas exceptionnels. La constitution de l'an III était une constitution censitaire qui restreignait étroitement l'exercice de la souveraineté nationale.

Elle spécifiait que les droits de citoyen se perdaient par naturalisation étrangère, affiliation à un ordre étranger à base de distinction de naissance ou de vœux religieux, condamnation à une peine afflictive ou infamante. Ils étaient suspendus par la faillite ou l'entrée dans l'état de domestique à gages.

Le nombre des citoyens est singulièrement diminué. Leurs pouvoirs sont réduits aussi. Ils perdent la possibilité d'intervenir dans l'élaboration des lois par referendum — ou « par initiative ». Seul le referendum constitutionnel est maintenu. Le régime est donc essentiellement représentatif. Mais c'est un régime à deux degrés, comme en 1791.

Tous les citoyens sont électeurs au premier degré. En principe, tout au moins, car la loi du 3 brumaire an IV (15 octobre 1795) exclut du droit de suffrage les prêtres réfractaires, les émigrés radiés provisoirement, les parents d'émigrés. La loi du 14 frimaire an V (10 décembre 1796) joint à cette liste les conventionnels montagnards poursuivis pendant la terreur blanche et amnistiés au début du Directoire (4 brumaire an IV — 16 octobre 1795). La loi du 27 messidor an V (15 juillet 1797) rendra le droit de vote et l'accès aux fonctions publiques à toutes ces catégories de citoyens, mais dès le 19 fructidor an V (5 septembre 1797), la loi du 3 brumaire an IV est remise en vigueur et sévèrement appliquée.

A ces exceptions près, les assemblées primaires sont formées des citoyens résidant depuis un an au moins dans le canton. Elles ne peuvent compter plus de 900 membres. Elles exercent leur propre police, et ne peuvent délibérer que sur les questions figurant à l'ordre du jour. Elles élisent au scrutin secret les juges de paix et leurs assesseurs, les présidents des administrations cantonales, les officiers municipaux des communes de plus de 5.000 habitants, et enfin les électeurs au second degré.

Les électeurs au second degré sont peu nombreux : un pour deux cents électeurs primaires, moitié moins qu'en 1791. Seuls peuvent être électeurs les citoyens de plus de 25 ans, possesseurs d'une propriété d'un revenu égal à 200 jours de travail, ou les locataires d'une maison ou d'un bien rural de même valeur. Dans les localités de moins de 6.000 habitants, il suffit d'un revenu de 150 jours de travail. Malgré cela, seuls les riches, les bourgeois aisés, les gros propriétaires fonciers, peuvent être électeurs au second degré. Au total, il n'y a pas en France plus de 30.000 électeurs au second degré : deux fois moins que sous le régime de la Constitution de 1791.

Les électeurs au second degré se réunissent en assemblées électorales pour élire les membres du corps législatif, les juges du tribunal de cassation, les hauts jurés, les administrateurs de départements, le président, l'accusateur public et le greffier du tribunal criminel, les juges des tribunaux civils. La loi du 25 fructidor an III (11 septembre 1795) et l'instruction du 5 ventôse an V (23 février 1797), organisent dans le détail le fonctionnement des assemblées électorales. L'électeur ne dépose son bulletin qu'à son tour, lorsqu'il est appelé, le secret du vote devant être assuré. Ainsi, la loi ne cherche pas à prévenir les abstentions ; au contraire, puisqu'elle oblige l'électeur à des attentes fastidieuses. Tout candidat ayant obtenu la majorité absolue est élu. Si, au premier tour, aucun candidat n'obtient la majorité absolue, il y a « ballottage » ; mais, au second tour, on ne vote que pour l'un des deux candidats qui ont obtenu le plus de suffrages au premier tour. Toutefois, en l'an VI et en l'an VII, on appliqua la loi du 22 décembre 1789 qui prévoyait un vote libre au deuxième tour et, au troisième tour, la proclamation du candidat ayant obtenu la majorité relative.

La vérification de la validité des élections se fait conformément aux dispositions d'une loi votée par le Conseil des Anciens sur proposition du Conseil des Cinq-Cents. Ce furent ces dispositions qui, en amenant l'annulation d'un certain nombre d'élections permirent les « coups d'État » du 18 fructidor an V (4 septembre 1797) et du 22 floréal an VI (11 mai 1798).

Les irrégularités le plus fréquemment relevées dans les élections provenaient de « scissions » des assemblées électorales — parfois même des assemblées primaires : la minorité, ne voulant pas se plier aux désirs de la majorité, abandonnait la salle et allait tenir une assemblée distincte. Le gouvernement se trouvait alors en présence d'une « double élection », et devait valider l'une ou l'autre. Il se décidait en général, non pour les élus de la majorité, mais pour ceux qui appartenaient au parti qu'il désirait avantager.

Nous avons vu que les rédacteurs de la constitution de l'an III, dans le dessein d'écarter toute dictature et d'assurer à la bourgeoisie le paisible exercice du gouvernement, avaient établi une séparation des pouvoirs plus rigoureuse qu'en 1791. L'article 22 de la Déclaration des droits précise d'ailleurs que « la garantie sociale ne peut exister, si la division des pouvoirs n'est pas établie et si leurs limites ne sont pas fixées ».

Pour la première fois, le pouvoir législatif est partagé entre deux chambres. La Constituante, en 1789, avait repoussé l'idée d'une deuxième chambre, parce qu'elle aurait été, pensait-on alors, une chambre de la noblesse. Les thermidoriens jugèrent que la noblesse avait disparu par l'émigration ou dans les massacres de la Terreur. Il n'y avait donc plus d'inconvénient à établir une deuxième chambre. Les deux chambres devaient, d'ailleurs, être égales ; la

LA CONSTITUTION DE L'AN III

différence ne portant que sur le nombre, l'âge et les conditions de recrutement de leurs membres. La division du pouvoir législatif était apparue comme la meilleure garantie contre toute tentative de dictature d'une assemblée.

Les deux chambres étaient élues pour trois ans, et renouvelables par tiers chaque année. Les membres du « Conseil des Cinq-Cents » devaient être âgés de 30 ans au moins (25 ans jusqu'en l'an VIII), et être domiciliés depuis dix ans sur le territoire de la république. Ils n'étaient astreints à aucune condition de cens. Le Conseil des Cinq-Cents avait l'initiative des lois. Il votait les projets de lois, après trois lectures, faites à dix jours d'intervalle ; une procédure d'urgence était toutefois prévue.

Les membres du « Conseil des Anciens », au nombre de 250, devaient avoir 40 ans, être mariés ou veufs, et domiciliés depuis 15 ans. Le Conseil des Anciens approuvait ou rejetait, après trois lectures, les projets de loi votés par les Cinq-Cents. Il n'avait, ni droit d'initiative, ni droit d'amendement. Le Conseil des Anciens était, en revanche, seul qualifié pour fixer le lieu de résidence du pouvoir législatif. Aussitôt le décret de changement de résidence rendu, les Conseils devaient cesser de siéger, sous peine d'attentat contre la sûreté de l'État, et le pouvoir exécutif ne pouvait que s'incliner. Si, dans un délai de vingt jours après le vote d'un décret de changement de résidence, la majorité des membres des deux conseils n'était pas réunie, l'élection de nouveaux députés avait lieu.

Une indemnité parlementaire équivalant à 3.000 myriagrammes de froment était accordée aux membres des deux assemblées.

La Constitution avait prévu de nombreuses mesures pour parer à toute dictature du pouvoir législatif. Nous avons mentionné la division en deux conseils. Mais il était en outre formellement interdit aux conseils de déléguer leurs fonctions ou d'exercer par eux-mêmes ou par personnes interposées le pouvoir exécutif ou le pouvoir judiciaire. Toute fonction publique était déclarée incompatible avec le mandat de représentant. Ceux-ci ne pouvaient être réélus qu'après un délai de deux ans. Enfin, il était interdit aux Conseils de former aucun comité permanent. Pour éviter que les députés ne se groupassent en partis, il leur était prescrit de changer de place chaque mois, les sièges étant attribués par voie de tirage au sort.

D'autres dispositions, en revanche, étaient destinées à protéger le pouvoir législatif contre l'exécutif ou le judiciaire : Nous avons vu que les Conseils fixaient le lieu de leurs séances. Une « Commission des inspecteurs de la salle », composée de cinq membres, était chargée de surveiller la salle, d'arrêter les dépenses nécessaires à la tenue des séances, l'entretien de l'édifice, la police de l'enceinte. Les deux conseils étaient aussi maîtres de leur police et disposaient chacun d'une garde de 1.500 hommes choisis dans les gardes nationales des départements. Le public n'était admis aux séances des Conseils que jusqu'à concurrence de la moitié du nombre des députés présents. Les Conseils pouvaient d'ailleurs se former facilement en comités secrets.

J. GODECHOT

Pour préserver les Conseils de toute tentative de dictature militaire, la constitution avait interdit au Directoire de faire passer ou séjourner aucune troupe, sans réquisition ou autorisation des Conseils dans un rayon de 60 kilomètres du lieu de leurs séances. Les députés étaient, en outre, individuellement couverts par l'immunité parlementaire. Seul le Corps législatif pouvait autoriser des poursuites contre eux, et dans ce cas ils devaient être jugés par la Haute-Cour. Toute dénonciation contre un représentant devait être écrite et signée.

On voit avec quel souci les thermidoriens s'étaient efforcés d'assurer l'indépendance et la dignité du pouvoir législatif.

Le pouvoir exécutif ne fut pas confié à un président, par crainte d'une dictature, voire de l'élection d'un Bourbon. Les thermidoriens préférèrent perpétuer le Comité de salut public sous la forme réduite d'un « Directoire » de cinq membres.

Pour devenir « Directeur », il fallait être âgé de 40 ans, et la constitution précisait qu'à partir de l'an IX seuls les anciens membres du Corps législatif et les anciens ministres pourraient devenir Directeurs. Ceux-ci étaient élus pour cinq ans, par le Corps législatif. C'était là une atteinte au principe de la séparation des pouvoirs, mais faire élire le Directoire par les assemblées électorales eût donné trop de force à l'exécutif. Le Conseil des Cinq-Cents devait établir une liste de présentation de dix candidats pour chaque place vacante. Les « Anciens » choisissent un Directeur dans la liste, au scrutin secret. Malgré cette précaution, les Cinq-Cents furent les maîtres des élections car ils composèrent des listes comprenant, à côté de neuf personnages parfaitement inconnus, une personnalité qui s'imposait au choix des Anciens.

Les Directeurs étaient élus pour cinq ans, le Directoire était renouvelable par cinquième chaque année ; pendant les cinq premières années, le sort devait désigner le Directeur sortant. Un Directeur ne pouvait être réélu qu'après un délai de cinq ans. Chaque membre du Directoire assurait à tour de rôle, pendant trois mois, la présidence du gouvernement. Le Président ne disposait d'aucun pouvoir particulier. C'est le Directoire en corps, ou plutôt sa majorité qui gouvernait. La présence de trois membres suffisait d'ailleurs pour décider les mesures gouvernementales.

Le Directoire jouissait de grands pouvoirs en ce qui concernait les relations extérieures. Il concluait les traités, même les conventions secrètes ; toutefois la guerre ne pouvait être déclarée sans un décret du Corps législatif. Le Directoire disposait de la force armée, mais les Directeurs ne pouvaient exercer un commandement effectif. Les Directeurs nommaient les généraux en chef, ils nommaient et révoquaient les ministres, ils nommaient les commissaires auprès des armées, des départements, des municipalités, des divers tribunaux, les agents diplomatiques, ils nommaient les receveurs des impôts directs de chaque département, les préposés en chef aux régies des contributions et à l'administration des domaines, tous les fonctionnaires des colonies. Les Directeurs avaient le droit de décerner les mandats d'amener et des mandats d'arrêt contre les individus qui trameraient quelque conspiration contre la sûreté extérieure ou intérieure de l'État.

Le Directoire jouissait également du droit de nommer à toutes les places électives, vacantes par décès, démission, suspension, destitution, entre deux périodes électorales. Ce droit fut encore étendu par les lois des 25 brumaire an IV (15 novembre 1795), et 22-24-25 frimaire suivant (12-14-15 décembre 1795) qui permirent au Directoire de nommer les juges, entre deux périodes électorales. C'est en vertu de ces lois qu'après le 18 fructidor le Directoire nomma un grand nombre de juges, ce qui était une grave atteinte au principe de la séparation des pouvoirs et annonçait la réforme consulaire de l'organisation judiciaire.

A tout prendre, les pouvoirs du Directoire apparaissent considérables. Toutefois, son action ne s'exerçait pas sur la Trésorerie, confiée à six commissaires élus de la même manière que les Directeurs, et complètement indépendants. Il ne participe pas non plus à la confection des lois ; il est dépourvu du droit d'initiative. Il peut seulement inviter par message écrit le Corps législatif à prendre un objet en considération. C'est donc entre le législatif et l'exécutif que la barrière est la plus solide.

Si la constitution établit un pouvoir exécutif, relativement fort, elle prend néanmoins des garanties contre ses abus : Les Directeurs peuvent être mis en accusation par devant la Haute-Cour ; ils doivent résider dans la même commune que le Corps législatif, et sont astreints à le suivre dans ses déplacements. Aucun Directeur ne peut s'absenter plus de cinq jours ni à plus de 40 kilomètres, sans l'autorisation du Corps législatif. Enfin, un Directeur ne peut quitter la république dans les deux ans qui suivent la fin de son mandat.

Si la constitution prescrit ces limitations, elle environne du moins le Directoire de toutes sortes d'honneurs. Les Directeurs sont dotés d'un magnifique costume qu'ils doivent porter « en public et en particulier ». Ils sont accompagnés d'une garde à pied et à cheval, et ont droit aux plus grands honneurs militaires, ils logent dans un palais national, le Luxembourg. Ils jouissent enfin d'un gros traitement, l'équivalent de 50.000 myriagrammes de froment, soit 120 à 125.000 francs-or.

Quoique la constitution ne l'ait pas prévu, le Directoire dispose d'un secrétaire général, chargé de rédiger les procès-verbaux des séances — sauf dans le cas de séances secrètes. La chancellerie du Directoire est remarquablement ordonnée, et les registres de délibérations sont tenus avec beaucoup de clarté.

Pour préparer leurs travaux, les Directeurs créèrent neuf bureaux : procès-verbaux, secrétariat, correspondance, intérieur, et police, finances, archives, bureau topographique militaire, bureau diplomatique, bureau d'examen des papiers publics. Ces « bureaux » jouaient le rôle de nos cabinets ministériels, mais ils étaient permanents, leur personnel ne changeant pas avec les Directeurs.

Comme à l'époque du Comité de salut public, les « ministres » ne sont que des commis du Directoire. Nommés et révoqués par les Directeurs, ils ne forment pas un Conseil. Il leur est interdit de délibérer en commun, et ils ne paraissent au Luxembourg que l'un après l'autre, à heure fixe.

La constitution prévoit qu'il y aura six à huit ministres. En fait, il y en eut sept : pour l'intérieur, les relations extérieures, la guerre, la marine, la justice, les finances, la police.

Les ministres correspondent avec les autorités administratives. Ils rédigent, mais rarement, des projets d'arrêtés, des minutes de lettres ; cette tâche est le plus souvent du ressort du Directoire.

Les ministres sont responsables devant le Directoire, de l'inexécution des lois, mais ils n'ont aucune responsabilité législative.

Ainsi, le pouvoir exécutif est presque complètement indépendant du pouvoir législatif, et n'a aucune action sur lui. Quant au législatif, il ne peut agir sur l'exécutif que par la nomination, à date fixe, des Directeurs. Il ne peut interpeller le gouvernement, encore moins le renverser — en théorie du moins, car le 30 prairial an VII (18 juin 1799), le Corps législatif saura contraindre deux Directeurs à la démission.

La constitution avait voulu rendre le pouvoir judiciaire absolument indépendant en posant le principe suivant : « Les fonctions judiciaires ne peuvent être exercées, ni par le corps législatif, ni par le pouvoir exécutif. » Les juges sont tous élus. Nous avons indiqué comment, en fait, le Directoire tourna cette prescription, et nomma un certain nombre de juges. De leur côté, les juges ne peuvent « s'immiscer dans l'exercice du pouvoir législatif, ni faire un règlement ». Ils ne peuvent « ni arrêter, ni suspendre l'exécution d'aucune loi, ni citer devant eux les administrateurs pour raison de leurs fonctions ».

La constitution établit, comme en 1791, une « Haute-Cour de Justice », mais celle-ci doit seulement juger les Directeurs et les membres du Corps législatif. La Haute-Cour n'est pas permanente. Elle se réunit lorsque le Conseil des Cinq-Cents en proclame la formation. Ce sont aussi les Cinq-Cents qui doivent rédiger les actes d'accusation — empiètement, en somme, du législatif sur le judiciaire.

La Haute-Cour comprend cinq juges du Tribunal de cassation, choisis par voie d'élection au sein d'un groupe de quinze, préalablement tirés au sort, deux accusateurs nationaux, également élus par le tribunal de cassation, et des hauts-jurés élus par les Assemblées électorales des départements.

La constitution ne prévoit aucun organe chargé de juger de la constitutionnalité des lois. Sieyès avait bien proposé l'organisation d'une « jurie constitutionnaire », mais ce projet, après d'assez longs débats, avait été écarté.

La constitution s'était efforcée de rendre toute révision constitutionnelle aussi difficile que possible. Ses auteurs croyaient ainsi garantir la stabilité du nouveau régime.

Seul le Conseil des Anciens possédait le droit de proposer une révision. La proposition devait être ensuite ratifiée par les Cinq-Cents. Mais, pour que la révision eût lieu, il fallait que l'initiative des Anciens eût été renouvelée, et approuvée trois fois dans un délai de neuf ans ! En ce cas, une Assemblée de révision serait élue, à raison de deux députés par département, selon le même système électoral que les Conseils. L'Assemblée de révision siégerait à 200 kilomètres du lieu de réunion du Corps législatif. Elle ne pourrait rester en fonction plus de trois mois. Les articles votés seraient soumis au referendum.

III
LES DÉCRETS DES DEUX TIERS ET LE REFERENDUM[1]

La constitution fut complétée par les décrets des 5 et 13 fructidor (22 et 30 août 1795) destinés à perpétuer les conventionnels au pouvoir.

Les décrets spécifiaient que les deux tiers des nouveaux représentants devaient être choisis parmi les conventionnels, à l'exception toutefois de soixante-huit députés montagnards déclarés inéligibles.

Les décrets avaient prévu le cas où parmi les nouveaux élus, il n'y aurait pas deux tiers de conventionnels. C'est d'ailleurs ce qui se produisit. Dans cette situation, les conventionnels réélus devaient se former en « assemblée électorale de France », et coopter le nombre de conventionnels nécessaires pour atteindre le chiffre de 500.

Les décrets des deux tiers devaient être soumis à la ratification populaire en même temps que la constitution.

Le referendum eut lieu selon le mode adopté en 1793, c'est-à-dire au suffrage universel, dans les assemblées primaires, entre le 20 fructidor et le 1er vendémiaire (6-22 septembre 1795). Les citoyens devaient se prononcer séparément sur la constitution et sur les décrets. En fait, il y eut très peu de votants : 1.107.000 (contre 1.900.000 en 1793). Le nombre des abstentions s'explique par le peu d'enthousiasme qu'inspirait le gouvernement thermidorien, et peut-être aussi par les travaux des champs qui, en septembre, absorbent les paysans.

Malgré l'obligation de voter par oui, ou par non, il y eut, comme en 1793, de nombreuses propositions d'amendements. En général, on protesta contre le système censitaire qui excluait, déclarent des citoyens de Chatenois (Moselle) « la plus saine partie » de la nation. On protesta contre le suffrage à deux degrés,

---

1. DOCUMENTS ET OUVRAGES A CONSULTER. — Voir la bibliographie générale de ce chapitre, p. 395.

contre la division du pouvoir exécutif entre cinq personnes, contre les traitements des Directeurs, et des députés qu'on trouva exorbitants. Les royalistes s'élevèrent contre le maintien des lois révolutionnaires sur la vente des biens nationaux, sur les cultes. Beaucoup de citoyens demandèrent l'abolition de la législation relative aux prêtres réfractaires.

Au total, la constitution fut acceptée par 1.057.390 oui, contre 49.978 non seulement. Par contre, les décrets passèrent plus difficilement. Ils ne réunirent que 205.498 oui, contre 107.794 non. Et la Convention n'arriva à ce total qu'en écartant les votes des sections parisiennes, qui avaient rejeté les décrets à l'unanimité sans indiquer avec précision le nombre des votants.

D'une manière générale, les opposants furent les royalistes ; les modérés votèrent oui, les démocrates s'abstinrent. Dans son journal, Dupont de Nemours déclare que les démocrates « égarent le peuple en lui disant que par la nouvelle constitution les places sont pour les riches... ». Dans le midi, on vota en pleine « terreur blanche ». Les démocrates étaient emprisonnés, ou furent écartés des urnes par la force. La constitution eut pour elle les anciens Feuillants, les Girondins, les émigrés rentrés ; naturellement, ils repoussèrent les décrets des deux tiers, dans la Drôme par 3.110 voix contre 1.604. Dans les départements nouvellement réunis, les adversaires de la France votèrent non : dans le Mont-Blanc (Savoie), il y eut 2.884 non, et 11.178 oui ; dans le Mont-Terrible (Porrentruy), la constitution fut repoussée par 1.926 non, contre 171 oui. La région parisienne se montra surtout hostile aux décrets des deux tiers. L'Eure-et-Loir les repoussa par 2.781 non contre 578 oui, et à Paris les quatre cinquièmes des sections les rejetèrent. Ce fut précisément la proclamation de l'acceptation des décrets qui provoqua l'insurrection du 13 vendémiaire (5 octobre).

Ainsi, malgré les apparences, la constitution de l'an III, œuvre des thermidoriens au profit de la seule bourgeoisie, fut loin de recueillir l'approbation de la majorité des Français.

CHAPITRE II

LES INSTITUTIONS ADMINISTRATIVES ET JUDICIAIRES DU DIRECTOIRE[1]

La constitution de l'an III, plus longue et plus complète que les deux précédentes, fixe les détails de l'administration départementale, municipale, et judiciaire. Elle s'efforce de donner le pouvoir aux notables, et essaie, par toutes sortes de combinaisons ingénieuses, de prévenir le retour au pouvoir des démocrates qui, en l'an II, avaient exercé leur dictature grâce à la Commune de Paris.

I

LES ADMINISTRATIONS DÉPARTEMENTALES[2]

Le nombre des départements français est fixé par la constitution qui en reproduit la liste. Celle-ci conserve les départements créés en l'an II pour

---

1. BIBLIOGRAPHIE GÉNÉRALE. — Voir les indications données au chapitre III du livre II et au chapitre IV du livre III. En ce qui concerne les institutions judiciaires, se reporter, p. 109, à la bibliographie du chapitre IV du livre II. En outre, consulter aux Arch. nat. la série AF III.
Pour les travaux généraux, se reporter aux bibliographies des chapitres III du livre II (p. 87), IV du livre III (p. 282), et I du livre IV (p. 395).
2. DOCUMENTS ET OUVRAGES A CONSULTER. — Sur les administrations départementales, outre les ouvrages indiqués dans les bibliographies précitées, on consultera : Brelot, *La vie politique en Côte-d'Or sous le Directoire* (Dijon, 1923, in-8°) ; L. Bour, *La grande révolution dans l'arrondissement de Sarrebourg sous le Directoire et le Consulat* (Metz, 1936, in-8°) ; Delcambre, *La période du Directoire dans la Haute-Loire* (Rodez, 1940, 2 vol. in-8°) ; du même, *La vie dans la Haute-Loire sous le Directoire* (Rodez, 1943, in-8°) ; Dubois, *Histoire de la Révolution dans l'Ain : Le Directoire* (Bourg-en-Bresse, 1935, in-8°) ; Gautherot, *Le département du Mont-Terrible, 1793-1800* (Paris, 1907, in-8°) ; G. Lefebvre, *Les paysans du Nord pendant la Révolution, op. cit.*, p. 157 ; Jusselin, *L'administration du département d'Eure-et-Loir pendant la Révolution, op. cit.*, p. 282 ; Poulet, *Le département de la Meuse à la fin du Directoire*, dans la *Révolution franç.*, t. XLVIII (1905), p. 5-40 ; du même, *L'administration centrale du département de la Meurthe*, dans la *Révolution franç.*, 1906, t. LI, p. 438-458 et 517-543, et 1907, t. LII, p. 48-65 et 144-166 ; Reinhard, *Le département de la Sarthe sous le régime directorial* (Saint-Brieuc, 1935, in-8°). — QUESTIONS A ÉTUDIER : Les travaux concernant l'administration de la France sous le Directoire sont, on le voit, peu nombreux, et pour la plupart récents. Il convient de les continuer, afin qu'on puisse porter un jugement valable sur l'administration directoriale. On établira donc des monographies d'administrations départementales, municipales. On étudiera le personnel de ces administrations, personnel qui, dans la plupart des cas, se perpétuera sous l'Empire.

lutter contre le fédéralisme (Rhône, Loire, Vaucluse). La Corse est en outre divisée en deux départements, le Golo et le Liamone. Nous avons déjà dit que les départements coloniaux figurent aussi sur ce tableau. Le département de Paris s'appelle désormais Seine : il ne devait plus y avoir en faveur de Paris aucun privilège. La Constitution stipulait qu'aucun département ne pourrait dépasser cent myriamètres carrés. Les départements sont divisés en cantons et les cantons en communes. Le district disparaît donc. Les cantons doivent être aménagés de telle sorte qu'il n'y ait pas plus de dix kilomètres du chef-lieu à la commune la plus éloignée.

A la tête de chaque département, est instituée une administration départementale élue par l'assemblée électorale, c'est-à-dire par deux à trois cents citoyens riches, en général gros propriétaires fonciers. L'administration départementale est formée de cinq membres, âgés de 25 ans au moins, et n'étant pas parents entre eux. Elle se renouvelle par cinquième chaque année. Les administrateurs sont rééligibles une fois sans délai, puis de deux en deux ans. Leurs fonctions sont rétribuées. L'administration centrale du département relève directement du ministre ; elle a sous ses ordres les administrations municipales. Le ministre peut annuler les actes des administrations départementales, et celles-ci peuvent, à leur tour, annuler les actes des administrations municipales. Le ministre peut aussi suspendre les administrateurs de départements qui auraient contrevenu aux lois ou aux ordres des autorités supérieures, et les administrations départementales ont les mêmes pouvoirs à l'égard des administrations municipales. Toutefois, aucune annulation d'acte, aucune suspension n'est définitive sans l'assentiment du Directoire.

Lorsque le Directoire destitue les cinq membres d'une administration, il nomme leurs successeurs, mais ceux-ci doivent être obligatoirement choisis parmi d'anciens administrateurs. Si un ou deux administrateurs seulement ont été destitués, ceux qui restent en fonction choisissent les remplaçants. Le Directoire peut renvoyer devant les tribunaux les administrateurs destitués. Les administrations départementales ne peuvent correspondre entre elles que sur les affaires qui leur sont dévolues par la loi. Toute administration doit tenir registre exact de sa gestion afin de pouvoir, à tout moment, en rendre compte.

On voit avec quelle minutie la constitution avait réglé le statut des administrations départementales, afin de restreindre leur indépendance, d'assurer leur obéissance au pouvoir central, et d'empêcher tout fédéralisme.

Ainsi constituées, les administrations départementales ont des attributions importantes : surveillance de la rentrée des impôts, levée des réquisitionnaires, maintien de l'ordre et de la tranquillité publique, application des lois révolutionnaires visant les prêtres réfractaires et les émigrés, direction de la force publique, gendarmerie et garde nationale, travaux publics, etc.

Pour faire face à ces tâches multiples, les administrations départementales disposent de bureaux à la tête desquels est placé un « secrétaire général ». La plupart du temps, les bureaux sont au nombre de cinq : comptabilité, travaux publics, police, contributions, biens nationaux. Chaque bureau comporte un chef, un sous-chef, et quelques employés. Au total, une quarantaine de personnes.

Auprès de chaque administration départementale, le Directoire entretient un commissaire, héritier des procureurs généraux syndics, et plus encore des agents nationaux de l'an II, car, comme eux, ce commissaire est nommé par le gouvernement. On l'appelle généralement commissaire central pour le distinguer des autres commissaires du Directoire. Le commissaire central a pour mission essentielle de requérir l'exécution des lois et de surveiller l'activité de l'administration départementale.

Les commissaires du Directoire sont choisis parmi les citoyens domiciliés depuis un an dans le département, et âgés de 25 ans au moins. Ils reçoivent un traitement de 1.333 myriagrammes de froment et portent un uniforme. Ils correspondent directement avec le ministre, et reçoivent régulièrement les comptes décadaires des commissaires de cantons. Les commissaires centraux jouent un rôle très important, ils siègent à toutes les séances des administrations départementales, peuvent se faire communiquer tous les dossiers, ils ont le droit de « mettre en demeure » les administrateurs par réquisition, et de demander au ministre leur suspension ou leur révocation, s'ils n'obéissent pas. Ils annoncent les préfets de l'an VIII.

Le Directoire choisit avec les plus grands soins ses commissaires centraux, après consultation de la députation de chaque département. Beaucoup d'anciens conventionnels sont nommés à ces fonctions. Ainsi, au début du Directoire, en face des administrations départementales, généralement modérées, on trouve un commissaire central de tendances jacobines. Le Directoire adjoint aux commissaires centraux des « agents militaires » destinés surtout à rechercher et faire rejoindre les déserteurs. Ce sont aussi, pour la plupart, d'anciens conventionnels.

L'application du nouveau régime des administrations départementales se heurta à de sérieuses difficultés. Tout d'abord, deux importantes fractions de la France — les pays de l'ouest et la vallée du Rhône — étaient si troublées qu'on dut, pendant un certain temps, y maintenir un régime d'exception. Dans l'ouest, le général Hoche mit la plupart des communes en état de siège ; il y prit des otages et leur imposa souvent des amendes montant jusqu'au tiers de leurs contributions. Quand le calme fut revenu, les membres des administrations départementales furent non pas élus, mais nommés, soit par le général, soit par des commissaires, tels que Bodin, qui opéra en Vendée. Dans la vallée du Rhône, ce furent aussi des commissaires, Reverchon à Lyon, Fréron à Marseille, qui pacifièrent le pays, procédant à des nominations, destituant des agents élus, employant, en somme, la même méthode que les représentants en mission de l'an II.

Ailleurs, les élections amenèrent des « modérés », parfois même des royalistes avérés, aux postes d'administrateurs. Mais on se heurta souvent à une véritable pénurie de candidats. Dans la Côte-d'Or, deux administrateurs seulement acceptèrent de siéger, les trois autres refusèrent pour des raisons diverses : maladie, affaires, ou parenté avec des émigrés. Il fallut quatre mois et le recours à onze candidats successifs pour compléter l'administration. Dans la Sarthe, deux élus se récusèrent également. Après de longues recherches, on ne put leur trouver qu'un remplaçant, et l'administration ne comprit que quatre membres. Partout où les administrations fonctionnèrent, elles se montrèrent hostiles au Directoire, et à ses commissaires, lorsque ceux-ci étaient Jacobins. Aussi, suspensions et révocations d'administrations départementales furent-elles nombreuses. Du 22 nivôse an IV (12 janvier 1796), au 10 germinal suivant (30 mars), onze administrations départementales furent destituées en tout ou en partie : Allier, Bouches-du-Rhône, Doubs, Seine-et-Oise, Aisne, Haute-Saône, Somme, Haute-Loire, Drôme, Indre-et-Loire, Sarthe. Ailleurs, le Directoire menace le département de déplacer son chef-lieu, s'il continue son opposition. Aussi le Directoire songea-t-il à installer à Lunéville, au lieu de Nancy, l'administration départementale de la Meurthe.

Après le coup d'État du 18 fructidor an V (4 septembre 1797), il y eut, de nouveau, de nombreuses révocations, puis les deux dernières années du Directoire furent sensiblement plus calmes : les administrations départementales, plus républicaines, se montrèrent désormais plus soumises.

II

LES ADMINISTRATIONS MUNICIPALES[1]

La constitution de l'an III s'était efforcée d'uniformiser les municipalités. Elle avait voulu faire disparaître les administrations municipales trop importantes, et qui, par suite, telle la Commune de Paris, auraient pu tenter de jouer un rôle politique, et les administrations trop réduites qui, faute de comprendre un nombre suffisant de membres instruits, auraient eu du mal à se constituer et de la peine à remplir la tâche qui leur était assignée.

---

1. DOCUMENTS ET OUVRAGES A CONSULTER. — Sur les administrations municipales, J. Beyssi, *Le parti jacobin à Toulouse sous le Directoire*, dans les *Annales historiques de la Révolution franç.*, 1950, p. 28-54 et 108-133 ; C. Bloch, *Le recrutement du personnel municipal dans le Loiret pour l'an IV*, dans *La Révolution franç.*, t. XLVI (1904), p. 153-168 ; Dubois, *Le général Cambrai et les administrations municipales dans la Manche en l'an V*, dans *La Révolution franç.*, t. XLVIII (1905), p. 512-534 ; Faller, *La municipalité cantonale de Ribeauvillé*, dans la *Revue d'Alsace*, ann. 1931, p. 40-57, 195-207 et 306-321 ; 1932, p. 215-229 et 335-348 ; 1933, p. 657-695 ; 1934, p. 545-548 ; Gauthier, *L'organisation des municipalités cantonales*, dans la *Révolution franç.*, t. LXVI (1914), p. 427-440 et t. LXIX (1916), p. 243-255 ; G. Lameire, *Les municipalités de canton dans le département du Rhône sous le Directoire*, thèse de droit (Lyon, 1942, in-8º) ; Tricoire, *Un canton des Mauges sous le Directoire : Saint-André de la Marche* (Angers, 1937, in-8º) ; Vergnes, *Contribution à l'histoire des municipalités de canton* (Carcassonne, 1902, in-8º).

Les communes de moins de 5.000 habitants ne possèdent pas de municipalités. Elles ont seulement à leur tête un agent municipal et un adjoint, élus par l'assemblée communale, composée des citoyens de la commune, et distincte des assemblées primaires. Les agents municipaux d'un canton forment la municipalité cantonale dont nous nous occuperons plus loin.

Les communes dont la population est comprise entre 5.000 et 100.000 habitants ont une seule administration municipale composée de cinq, sept ou neuf officiers municipaux selon que la population est inférieure à 10.000, 50.000 ou 100.000 habitants. Enfin, dans les communes de plus de 100.000 habitants, il y a au moins trois administrations municipales. La division de la commune doit être telle que chaque arrondissement ait de 30 à 50.000 habitants. Chaque municipalité d'arrondissement est composée de sept membres. Pour coordonner l'action de ces municipalités d'arrondissement, il y a un « bureau central », composé de trois citoyens nommés par l'administration départementale et confirmés par le pouvoir exécutif. Ce bureau central s'occupe des questions « jugées indivisibles par le pouvoir administratif », notamment de la police et des subsistances.

Auprès de chaque administration municipale est placé un commissaire du Directoire, nommé par le gouvernement, et révocable par lui. Il joue auprès des municipalités le même rôle que le « commissaire central » auprès des administrations départementales. Il doit être âgé de 25 ans au moins et est choisi parmi les citoyens domiciliés dans le département depuis un an au moins. Les officiers municipaux sont élus pour deux ans par les assemblées primaires, rééligibles une fois sans délai, puis après un intervalle de deux ans. Les municipalités se renouvellent par moitié chaque année, mais, lorsque des places sont vacantes en dehors des périodes électorales, il y est pourvu temporairement par des nominations réservées soit au Directoire — dans le cas où la majorité des postes sont libres, — soit aux officiers municipaux restants. En juillet 1797, la droite qui était alors maîtresse de la majorité des conseils municipaux, fit voter une loi décidant que ceux-ci se recruteraient désormais par cooptation, mais, en fait, cette loi ne fut, pour ainsi dire, pas appliquée.

Le rôle essentiel des municipalités est d'ordre fiscal. Elles doivent surveiller la répartition des impôts directs entre les contribuables, et la levée des deniers publics. Elles ont, en outre, à s'occuper naturellement de l'administration communale, et du maintien de l'ordre public. A cet effet, elles disposent d'un secrétaire en chef et d'employés, répartis en bureaux. Les communes de plus de 5.000 habitants ont au moins un commissaire de police nommé par la municipalité.

Comme les administrations départementales, les municipalités éprouvèrent beaucoup de difficultés à se constituer. Dans les communes de moins de 5.000 habitants, il fut souvent difficile de recruter un agent communal et un adjoint. Dans la Sarthe, presque tous ceux qui avaient été nommés à cette fonction refusèrent leurs postes, surtout par crainte des Chouans, et aussi parce qu'ils redoutaient les désagréments que leur vaudraient leurs fonctions. Les commissaires du Directoire parcoururent les campagnes, et tâchèrent de recruter eux-mêmes agents et adjoints, faisant approuver leurs choix par les assemblées communales, hâtivement réunies. La loi du 25 frimaire an IV (16 décembre 1795) permit au Directoire de procéder, faute d'élus, à la désignation d'agents communaux et d'adjoints. Quant à ceux qui, élus, avaient accepté leurs fonctions, beaucoup furent destitués pour avoir favorisé les menées des royalistes, ou simplement pour avoir refusé de prêter « serment de haine à la royauté et à l'anarchie », ou encore pour avoir, lors du referendum, voté contre la constitution ou contre les décrets des deux tiers. Dans la Côte-d'Or, on constate, avec moins d'ampleur, une semblable grève d'élus. Les choix s'étaient portés sur les plus instruits, le plus souvent de gros propriétaires fonciers, tel à Blagny, ce Claude Ponsard, « bon propriétaire qui n'a d'autre occupation que de boire et manger, et d'aller rendre visite à ses amis dans les communes voisines... ». Avec le temps, on arriva à pourvoir toutes les communes d'agents et d'adjoints.

Dans les localités de plus de 5.000 habitants, l'installation des municipalités fut plus facile. La majorité semble avoir été aux mains des « modérés », mais plusieurs grandes villes étaient solidement tenues par les Jacobins. La municipalité du Mans comprenait sept officiers municipaux, tous riches bourgeois, notaires, hommes de loi, avocats, chirurgiens, apothicaires, et tous ennemis des démocrates ; les cinq membres de la municipalité de La Flèche ont même origine et mêmes sentiments. A Mamers, les cinq administrateurs élus arguèrent de leur inexpérience et ne consentirent à siéger qu'en compagnie de trois membres de l'ancienne municipalité. La municipalité de Dijon fut composée de Jacobins. A Toulouse, c'est aussi parmi les Jacobins que furent choisis les neuf administrateurs municipaux. Il est vrai que la minorité démocrate de la ville avait usé de la violence, pour intimider les assemblées primaires. La municipalité de Toulouse devait rester une véritable citadelle jacobine pendant toute l'époque directoriale.

Le district, un des organes de la Terreur en l'an II, avait disparu. Mais il était remplacé, dans une certaine mesure, par l'administration cantonale, intermédiaire entre l'administration du département et la commune rurale. Le système des municipalités cantonales constitue, en France, une expérience intéressante. Au reste, l'idée n'était pas neuve. Dès 1789, Thouret avait proposé la création de « grandes communes » comprenant plusieurs municipalités campagnardes. On retrouve cette notion dans le projet de constitution girondine de 1793. Les municipalités cantonales paraissaient propres à compenser la médiocrité d'un grand nombre de municipalités de villages, et surtout à assurer la domination sur les campagnes des notables, propriétaires fonciers instruits, représentant en politique l'élément modéré.

La municipalité cantonale était composée d'un président, élu par l'assemblée primaire du canton, et des agents municipaux des communes. Il y avait, naturellement, auprès de chaque municipalité cantonale, un commissaire du Directoire. Ses fonctions, comme celles des membres de la municipalité cantonale, étaient gratuites. Or, il y avait en France plus de 10.000 cantons, et le Directoire eut un certain mal à choisir un si grand nombre de commissaires. Pratiquement, les administrations départementales procédèrent à des nominations provisoires, mais le Directoire ne les ratifia pas aveuglément. Beaucoup de ces nominations furent même brutalement annulées, et il en résulta d'assez graves conflits entre le Directoire et les départements. Les municipalités cantonales étaient pourvues d'un secrétaire rétribué par le canton et d'un certain nombre de commis formant des bureaux, quatre en général. Il y avait donc là toute une machinerie administrative déjà lourde.

Les municipalités cantonales éprouvèrent tout autant de difficultés que les administrations départementales ou municipales à se mettre en train : grèves d'élus, parfois même grèves d'électeurs. Près de Paris, les municipalités des cantons de Maisons, Thiais, Orly, ne peuvent être constituées. Dans les Côtes-du-Nord, sur 89 municipalités cantonales, 50 seulement fonctionnent en mars 1796, et 39 d'entre elles ne se composent guère que du commissaire du Directoire et de son adjoint. Dans le Loiret, de nombreux cantons restent longtemps sans municipalités. Dans la Manche, ce sont les Chouans qui s'opposent à leur formation. Dans le Doubs, le commissaire du Directoire du canton de Vernes écrit : « Si les démissions continuent, ainsi que les refus, on aura bientôt épuisé tous les citoyens éligibles. » Dans la Sarthe, il y a peu de votants aux assemblées primaires. Les élus sont des modérés, parfois des royalistes. Dans la Vienne, l'organisation des municipalités cantonales nécessita un nouveau découpage des cantons, leur nombre passant à 49, alors qu'actuellement il n'est que de 32. Certains cantons n'avaient qu'une commune ; d'autres, au contraire, une dizaine. Il y eut, là comme ailleurs, grève de candidats. L'administration départementale pourvut aux places vacantes. Dans le Nord, les présidents des municipalités cantonales, les agents et leurs adjoints furent régulièrement choisis parmi la bourgeoisie rurale. En juillet 1797, dans l'ensemble du territoire français, beaucoup de municipalités cantonales n'étaient pas encore formées, et le gouvernement en fut réduit à nommer, suivant la loi du 27 mars 1791, des « commissaires pour faire exécuter les lois », qui ne disposaient d'ailleurs d'aucun pouvoir délibérant.

Les municipalités cantonales fonctionnèrent mal. Elles furent surchargées de questions financières, répartition et levée des impôts, et ne purent guère s'occuper des affaires proprement administratives, pour lesquelles d'ailleurs elles manquaient de ressources. Elles se réunissaient rarement, et ne pouvaient à aucun degré remplacer les conseils municipaux. En fait, la commune rurale, sous le régime de la constitution de l'an III, perdit toute vie réelle, et ses habitants s'accoutumèrent à être administrés de loin par les gros propriétaires qui n'avaient guère de contact avec les difficultés quotidiennes ; ici aussi la constitution de l'an III prépara la dictature impériale.

III

L'ORGANISATION JUDICIAIRE[1]

Les grands principes de l'organisation judiciaire fixés par la constitution de 1791, furent maintenus en l'an III. L'indépendance du pouvoir judiciaire continue à être assurée en théorie par l'élection des juges. La justice est toujours divisée en justice civile, justice correctionnelle et criminelle. Au sommet du système judiciaire, le tribunal de cassation et la Haute-Cour de justice.

On se souvient que les Constituants de 1791 avaient voulu éviter autant que possible les procès en multipliant les tribunaux arbitraux. La constitution de l'an III maintint l'arbitrage, mais les tribunaux de famille, qui n'avaient pas donné entière satisfaction, furent abolis par la loi du 9 ventôse an IV (29 février 1796). Le juge arbitral par excellence reste donc le juge de paix, et il y en a au moins un par canton. Les juges de paix, élus par les assemblées primaires, jouissent de pouvoirs étendus : Aucune arrestation ne peut être effectuée ou maintenue sans leur signature. Comme souvent des modérés furent élus à ce poste, les lois révolutionnaires restèrent lettre morte, les émigrés rentrés, les prêtres réfractaires purent vivre chez eux en toute sécurité.

Le nombre des tribunaux civils a été très réduit. D'abord par économie, et aussi par nécessité, puisqu'il y avait depuis 1791 un tribunal civil par district, et que les districts ont été supprimés. La constitution de l'an III ne laisse subsister qu'un tribunal civil par département. Chaque tribunal civil est composé de vingt juges au moins, d'un commissaire du Directoire, d'un substitut — tous deux nommés par le gouvernement et révocables par lui — et d'un greffier. Les juges sont payés par l'État. Le tribunal civil se divise en trois sections d'au moins cinq juges chacune. Les appels doivent être portés devant les tribunaux civils des départements voisins. Les juges ne peuvent être révoqués qu'après jugement régulier, selon des formes déterminées.

Les tribunaux civils jugent en première instance les mêmes affaires que les anciens tribunaux de district ; en appel des sentences rendues par les juges

---

1. DOCUMENTS ET OUVRAGES A CONSULTER. — Sur l'administration judiciaire : G. Aron, *Le tribunal correctionnel de Reims sous la Révolution et l'Empire*, thèse de droit (Paris, 1910, in-8°) ; J. Bourdon, *La réforme judiciaire de l'an VIII* (cité p. 108) ; R. Durand, *Le personnel judiciaire dans les Côtes-du-Nord*, dans *La Révolution franç.*, t. LXXIV (1921), p. 218-232 ; Gruffy, *La vie et l'œuvre juridique de Merlin de Douai, 1754-1838*, thèse de droit (Paris, 1934, in-8°) ; Thomas, *Le tribunal criminel de la Meurthe sous la Révolution* (Nancy, 1937, in-8°) ; Seligmann, *La justice en France pendant la Révolution*, t. II (cité p. 108) ; Vincenti, *Le tribunal du département du Vaucluse de l'an IV à l'an VIII*, thèse de droit (Aix-en-Provence, 1928, in-8°).
— QUESTIONS A ÉTUDIER : Il n'existe qu'un petit nombre de monographies de tribunaux pendant la période directoriale. Le tribunal de cassation n'a pas été étudié.

de paix, les tribunaux de commerce, et les tribunaux civils des départements voisins.

Les tribunaux civils, sous le régime directorial, ont un caractère sensiblement différent de ceux qui les avaient précédés. Les juges élus par une minorité de riches, sont, plus encore que sous le régime de 1791, des modérés, parfois des partisans de l'ancien régime, sous lequel ils avaient déjà exercé des fonctions analogues. Mais, après avoir été élus, et avant d'exercer leurs fonctions, les juges doivent recevoir du Directoire une nomination ; aussi le gouvernement en profite-t-il pour révoquer les citoyens douteux. C'est ainsi que, dans le Vaucluse, quatre juges élus furent révoqués comme parents d'émigrés ou de prêtres réfractaires. Ceux qui restèrent en fonction étaient tous des professionnels ; on trouve parmi eux un ancien avocat général du pape, qui devait mourir plus tard conseiller à la cour d'appel de Nîmes. Deux autres avaient été avocats en Avignon avant 1789. Dans la Sarthe, la plupart des juges étaient des magistrats de l'ancien régime ; ils conservèrent leurs fonctions sous l'Empire.

La loi du 22 frimaire an IV (12 décembre 1795) autorisait d'ailleurs le Directoire à nommer provisoirement aux places de juges vacantes par démissions ou autrement ; ses choix devaient porter sur des citoyens ayant occupé une fonction publique en vertu d'une élection populaire et n'étaient valables que jusqu'aux élections suivantes. Cette loi fut abrogée et remplacée par celle du 30 germinal an V (19 avril 1797), qui donna aux tribunaux le droit de se compléter dans les mêmes conditions ; mais, dès le 19 fructidor, le Directoire recouvra le droit de nomination des juges : ainsi, petit à petit, on passa du régime des juges élus à celui des juges nommés.

D'autres inconvénients de la nouvelle organisation étaient l'éloignement du tribunal, installé dans une seule ville du département — qui n'était pas forcément le chef-lieu — et le nombre des affaires dont il fut surchargé. Le tribunal civil du Mans fut débordé, avec 1.869 affaires pour l'an VI. Ses vingt juges ne pouvaient évidemment fournir le même travail que les 45 juges des tribunaux de districts. La Convention avait aboli, au civil, toute procédure. Le Directoire ne la rétablit pas. La plupart des tribunaux suivaient cependant la procédure de 1791. Les avoués, supprimés également par la Convention (loi du 8 brumaire an II — 29 octobre 1793), ne reparurent pas. Quant aux tribunaux de commerce, ils ne subirent aucune modification.

Toute personne arrêtée devait être conduite devant l'officier de police. Nul ne pouvait être maintenu en prison plus de trois jours sans qu'une inculpation précise lui eût été signifiée. La constitution réprime sévèrement le crime de « détention arbitraire » qui est décrit avec précision. Elle qualifie, en effet, « crime », « toutes rigueurs employées dans les arrestations, détentions ou exécutions autres que celles prescrites par la loi ».

Les délits entraînant une peine inférieure à trois jours de prison ou à la valeur de trois journées de travail, étaient du ressort du juge de paix, jugeant correctionnellement. Les délits passibles d'une peine comprise entre trois jours et deux ans de prison étaient jugés par les « tribunaux correctionnels ».

Chaque département comprend de trois à six tribunaux correctionnels. Chaque tribunal correctionnel se compose d'un président choisi parmi les juges du tribunal civil, et renouvelable tous les six mois, de deux juges de paix ou assesseurs, d'un commissaire du pouvoir exécutif nommé et révocable par le Directoire, et d'un greffier, nommé et révoqué par le tribunal. Le tribunal correctionnel a pour ressort une partie du département, ou « arrondissement ».

Les prévenus sont d'abord traduits devant le président du tribunal qui décide s'il y a lieu ou non à poursuite. Les appels sont portés devant le tribunal criminel du département. L'organisation de la justice criminelle est, dans ses grandes lignes, la même qu'en 1791. Chaque département est pourvu d'un tribunal criminel avec deux jurys, jury d'accusation et jury de jugement.

Le président du tribunal correctionnel dirige le jury d'accusation. Il fait aussi fonction d'officier de police et dirige tous les officiers de police de sa circonscription. Il doit poursuivre d'office, ou sur dénonciation, les attentats contre la liberté ou la sûreté individuelle des citoyens, les attentats contre le droit des gens, le refus d'exécution des jugements ou des actes des autorités constituées, les désordres ou voies de fait à l'occasion de la perception des contributions, les entraves à la libre circulation des subsistances et à la liberté du commerce.

Le tribunal criminel est composé d'un président, d'un accusateur public, d'un greffier — élus tous trois par l'assemblée électorale, — de quatre juges choisis dans le tribunal civil, d'un commissaire du pouvoir exécutif et de son substitut, nommés par le Directoire ; et d'un jury de douze jurés. Le tribunal criminel de la Seine compte, en outre, un vice-président, un substitut de l'accusateur public, et quatre juges supplémentaires, ce qui lui permet de se diviser en deux sections.

L'accusateur public poursuit devant le tribunal les crimes et délits retenus par le jury d'accusation. Il transmet aux officiers de police les dénonciations qu'il reçoit. Le commissaire du pouvoir exécutif est chargé de requérir, au cours de l'instruction, l'application de la loi et de poursuivre l'exécution des jugements.

Les juges recrutés parmi ceux du tribunal civil furent, politiquement, des modérés. Ils eurent donc tendance à absoudre les crimes « révolutionnaires » : émigrés ou prêtres réfractaires rentrés. Aussi, lorsque l'aggravation de la situation extérieure et intérieure força le gouvernement à sévir de nouveau contre cette catégorie de citoyens, confia-t-il, par la « loi des otages » du 24 messidor an VII (12 juillet 1799), à l'administration centrale des départements déclarés en « état de trouble », le soin d'interner des otages choisis parmi les parents d'émigrés et de rebelles. Ces otages étaient déportés en cas d'assassinat de patriotes, à raison de quatre pour un, tous étant solidairement responsables des indemnités dues aux familles des victimes. Ainsi, pour parer à la tiédeur des juges, le gouvernement leur avait-il retiré une partie de la justice criminelle.

Ces juges ne se firent pas faute de sévir contre les Jacobins, qui furent inquiétés pour des vétilles. Les commissaires du Directoire, agents du gouvernement, voyaient souvent se liguer les juges contre eux, quand ils poursuivaient les adversaires de la Révolution. Ils durent parfois traduire les juges eux-mêmes devant la justice. Les crimes de droit commun, en revanche, furent poursuivis avec activité, le tribunal criminel de la Sarthe prononça 33 jugements en l'an VI, 71 en l'an VII. Les peines, énumérées par le code du 3 brumaire an IV (24 octobre 1796) sont celles qui ont été prévues par l'Assemblée constituante.

La justice criminelle extraordinaire n'a pourtant point disparu. Les Jacobins arrêtés lors du coup de main sur le camp de Grenelle (23-24 fructidor an IV, 9-10 septembre 1796) sont déférés à une commission militaire, quoique la plupart d'entre eux soient des civils : on invoque contre ces derniers la loi du 30 prairial an III qui ne concernait que les Vendéens et les Chouans. Trois anciens conventionnels sont condamnés à mort et fusillés, mais les autres condamnés introduisent un recours devant le tribunal de cassation, qui déclare la procédure illégale. Les commissions militaires fonctionnèrent fréquemment, comme sous la Terreur, notamment dans l'ouest — et dans toute la France après le coup d'État du 18 fructidor. Il y eut alors au moins 160 fusillés. Le député Bailleul avait proposé de créer un tribunal spécial, sorte de résurrection du tribunal révolutionnaire, mais il ne fut pas suivi. La loi du 30 nivôse an VI (18 janvier 1798) déféra aux tribunaux militaires — tout en laissant l'instruction aux magistrats ordinaires — les actes de brigandage entraînant la peine de mort, quand ils avaient été accomplis par plus de deux personnes : nous verrons le Consulat et l'Empire généraliser cette procédure. Signalons, de plus, que les commissaires du Directoire, quoiqu'ils n'en eussent pas le droit, procédèrent fréquemment à des arrestations par voie administrative et n'hésitèrent pas à violer le secret des correspondances.

Le « Tribunal de cassation » créé en 1791 est maintenu sans modifications notables. Il prononce sur les recours en cassation, sur les demandes de renvoi d'un tribunal à un autre pour cause de suspicion légitime ou de sûreté publique, sur les règlements de juges et les prises à partie contre un tribunal entier. Mais jamais il ne peut connaître du fond des affaires, et doit se prononcer seulement sur les vices de forme. Lorsque après cassation, un deuxième jugement est attaqué, il doit être soumis au Corps législatif, qui vote alors une loi à laquelle les tribunaux sont tenus de se conformer.

Les juges du Tribunal de cassation, au nombre de cinquante, sont élus pour cinq ans et renouvelables par cinquième chaque année. En fait, le Directoire profita des lois d'exception pour en nommer vingt-huit. Auprès du tribunal de cassation, on trouve un commissaire du Directoire et sept substituts. Le tribunal est divisé en trois sections, une section criminelle, une section d'examen des requêtes civiles, une section de jugement des requêtes civiles. Une quatrième section est créée temporairement en l'an VI pour juger l'arriéré. Chaque section, devait, pour prononcer un jugement, compter au moins neuf juges. Le Directoire doit dénoncer au tribunal, par l'intermédiaire de son commissaire les actes par lesquels les juges ont commis un « excès de pouvoirs ». Le tribunal peut annuler ces actes, et, s'il y a forfaiture, les dénoncer au Corps législatif qui a la possibilité de rendre, contre les juges un décret d'accusation. Les juges du Tribunal de cassation, s'ils sont eux-mêmes coupables de forfaiture, sont déférés aux fins de poursuite devant le Corps législatif.

Nous avons mentionné en étudiant le pouvoir judiciaire, cette cour suprême qui ne s'est réunie qu'une seule fois, sous le Directoire, pour juger le procès de Babeuf dans lequel le représentant Drouet était inculpé. Encore la procédure suivie fut-elle entachée d'illégalité, car les juges modifièrent, sans en avoir le droit, l'acte d'accusation, afin de pouvoir condamner à mort les principaux accusés.

Dans son ensemble, la justice a fonctionné régulièrement pendant la période directoriale. Les juges élus ont donné satisfaction, sinon au gouvernement, qui n'a pas toujours prisé leurs tendances politiques, du moins au public. Ils furent en tout cas toujours choisis parmi les techniciens, et l'élection n'a pas amené dans les tribunaux des hommes dépourvus d'instruction ou d'expérience. Le gouvernement, mécontent de leur modérantisme, s'efforça de plus en plus de nommer les juges. Après le coup d'État du 18 fructidor, le Directoire révoqua un grand nombre de juges, et nomma directement leurs remplaçants, ce qui était une grave atteinte à la séparation des pouvoirs, et à l'indépendance de la magistrature. Malgré cela, les tribunaux s'efforcèrent de conserver leur liberté, et en 1799, le tribunal civil de la Sarthe ne craignait pas de prendre position contre le Directoire qui voulait illégalement appliquer la loi des otages dans ce département. Il n'en reste pas moins que, là comme en bien d'autres domaines, le Directoire en nommant des magistrats, a frayé la voie à l'Empire.

CHAPITRE III

L'OPINION PUBLIQUE
LES CLUBS ET LA PRESSE
SOUS LE DIRECTOIRE[1]

La période directoriale a été une époque où l'opinion publique a pu se faire entendre assez librement dans les réunions politiques et par la voie de la presse. La liberté d'expression, sans avoir été aussi grande que pendant les deux premières années de la Révolution, l'a été cependant plus que pendant la Convention, et, naturellement, infiniment plus que sous le Consulat et l'Empire.

I

LES CLUBS[2]

Sous la réaction thermidorienne, la société des Jacobins de Paris avait, nous l'avons vu, été fermée, mais les « sociétés populaires » de province avaient poursuivi leur existence.

1. BIBLIOGRAPHIE GÉNÉRALE. — Voir les indications données aux chapitres I du livre II (p. 56), et IV du livre III (p. 291). Ajouter l'ouvrage d'A. Aulard, *Paris pendant la réaction thermidorienne...* (cité p. 395) et consulter aux Arch. nat. la série AF III. On trouve dans les bulletins de renseignements envoyés par des agents secrets au gouvernement britannique et conservés à Londres, au *Public record office* de nombreux renseignements sur les clubs jacobins (série F. O. 27, 41 à 54). Voir à ce sujet J. Godechot, *Le Directoire vu de Londres*, dans les *Annales histor. de la Révolution franç.*, 1949, p. 311-336 et 1950, p. 1-27.
2. DOCUMENTS ET OUVRAGES A CONSULTER. — A. Aulard, *Les derniers jacobins*, dans *La Révolution franç.*, t. XXVI (1894), p. 385-408 ; B. Bois, *La vie scolaire et les créations intellectuelles en Anjou* (cité p. 383) ; Beyssi, *Le parti Jacobin à Toulouse sous le Directoire*, dans les *Annales histor. de la Révolution franç.*, ann. 1950, p. 28-54 et 108-133 ; G. Claretie, *Les derniers Montagnards* (Paris, 1869, in-8º) ; Caudrillier, *L'association royaliste de l'Institut philanthropique à Bordeaux* (Paris, 1908, in-8º) ; du même, *Bordeaux sous le Directoire*, dans *La Révolution franç.*, t. LXX, 1917, p. 19-55 ; Challamel, *Les Clubs contre-révolutionnaires*, 1895 ; E. et J. Goncourt, *La Société Française pendant le Directoire* (Paris, 1864, in-8º) ; A. Meynier, *Les coups d'état du Directoire* (Paris, 1926-29, 3 vol. in-8º) ; général Pelet, *L'insurrection de l'an VII à Toulouse* (Toulouse, 1908, in-8º) ; Piquenard, *La Société du Panthéon et le parti patriote à Paris*, dans *La Révolution franç.*, t. XXXIII (1897), p. 318-348. — QUESTIONS A ÉTUDIER : Les clubs, en France, sous le Directoire sont fort mal connus. Ils ont été clandestins pendant toute une partie de cette période, ils sont donc assez difficiles à déceler. Néanmoins l'étude n'en est pas impossible, comme l'a montré M. Beyssi pour les Jacobins de Toulouse. D'ailleurs, comme nous le notions plus haut, on trouve dans les archives étrangères, et notamment à Londres, des renseignements de haute valeur sur ce sujet.

La constitution de l'an III s'était pourtant souciée de réglementer le plus possible les réunions politiques. L'article 360 interdisait la formation de « corporations et d'associations contraires à l'ordre public ». L'article 361 précisait : « Aucune association de citoyens ne peut se qualifier société populaire », et l'article 362 déclarait : « Aucune société particulière, s'occupant de questions politiques, ne peut correspondre avec aucune autre, ni s'affilier à elle, ni tenir des séances publiques composées de sociétaires et d'assistants distingués les uns des autres, ni imposer des conditions d'admission et d'éligibilité, ni s'arroger des droits d'exclusion, ni faire porter à ses membres aucun signe extérieur de leur association. » L'article 364 interdisait à ces associations d'envoyer des pétitions collectives. Il était, en outre, interdit par ces textes aux sociétés de constituer des bureaux permanents. Chaque club devait d'ailleurs être étroitement contrôlé par la police, qui entretenait nombre d'espions parmi les assistants.

Malgré tous ces obstacles, les clubs se développèrent rapidement, et d'abord les clubs démocrates ou jacobins, avec l'assentiment, parfois même l'aide du Directoire, préoccupé de lutter contre les royalistes qui avaient failli l'emporter au 13 vendémiaire.

A Paris, les réunions d'anciens Jacobins se multiplient pendant l'automne de 1795. Les amis d'Amar, ancien conventionnel qui avait fait partie du « Comité de sûreté générale », montagnard amnistié après le 13 vendémiaire, se réunissent dans un restaurant de la rue Saint-Honoré. Un club jacobin se tient aussi dans l'église des Quinze-vingt, au faubourg Saint-Antoine. Il est fréquenté surtout par des ouvriers.

Mais le plus important de tous ces clubs fut celui du Panthéon, fondé par un nommé Lebois, imprimeur, ancien maratiste, emprisonné pendant la réaction thermidorienne. Il prit le nom de « Réunion des amis de la République », et s'installa dans l'ancien couvent des Génovéfains, propriété nationale, sur la butte Sainte-Geneviève, devenue, depuis, le Lycée Henri-IV. Le local avait été fourni par un traiteur nommé Cardinaux, qui le tenait en location des domaines. Les ministres de la police et des finances, Benezech et Faipoult, effrayés de ce qu'ils croyaient être la résurrection des anciens Jacobins, proposèrent de casser le bail de Cardinaux pour empêcher la société de se réunir, mais le Directoire s'opposa à cette mesure, ce qui prouve l'intérêt qu'il portait à la réunion. Le règlement définissait ainsi le but de la société : « Satisfaire le besoin naturel de se rapprocher et d'éclairer ses concitoyens, faire circuler des écrits, proposer un contrepoison salutaire aux poisons aristocratiques, contre-balancer les conciliabules ténébreux des royalistes et des sangsues politiques. »

Le club se réunissait tous les jours pairs du calendrier républicain. Les séances étaient présidées par un « orateur » et un « vice-orateur », changés alternativement tous les quinze jours et chargés de maintenir l'ordre et de faire lire les journaux. Une commission de cinq membres, renouvelables, préparait l'ordre du jour. En fin de séance, on quêtait pour les malheureux. Les membres de la « Réunion » étaient les mêmes que ceux des anciens Jacobins : bourgeois, militaires, quelques ouvriers, mais fort peu.

La « Réunion » était au début composée de « modérés ». A part Drouet, l'homme de Varennes, la société n'admit parmi ses membres aucun des anciens Montagnards amnistiés. Durant les séances, on discutait de la cherté de la vie, des menées des prêtres réfractaires, des émigrés, des Chouans. Le 15 frimaire (6 décembre 1795), la « Réunion » décida d'imprimer une affiche intitulée *La vérité au peuple*. On y retracerait les persécutions subies par les patriotes amnistiés. La nuit de Noël, les membres du club allèrent monter la garde au Luxembourg, palais du Directeur, qu'on disait menacé par les Chouans. Le 5 janvier, on rejeta un projet de rétablissement du maximum. Le 21 janvier, la « Réunion » figura aux côtés du Directoire, lors de la célébration de la fête anniversaire de la mort de Louis XVI.

Peu à peu cependant, le club sortit de cette modération. Babeuf, l'auteur du *Tribun du peuple*, y prit de l'influence, et bientôt ses amis furent en majorité au club qui comptait alors plus de 2.000 membres. Le club protesta contre l'arrestation de la femme de Babeuf, à la place de son mari qui avait échappé, et on fit une collecte en faveur des enfants de Babeuf, (6 ventôse — 25 février 1796). Dans les jours suivants, la « Réunion » attaqua de plus en plus violemment la politique économique et financière du gouvernement. Le Directoire décida alors (8 ventôse — 27 février), la fermeture du club, et, le 9 ventôse, chargea Bonaparte d'exécuter ses décisions.

En province, les clubs jacobins, mal connus, semblent avoir vécu une existence assez paisible. A Toulouse, un club s'ouvrit dès les premiers jours du Directoire, dans les conditions requises par la constitution. Mais ses réunions ressemblèrent très vite à celles de l'ancienne société populaire. On n'y admettait, d'ailleurs, que de « vrais Jacobins », portant en signe de reconnaissance une ganse jaune à leur chapeau. Cette société correspondit avec ses « sœurs » de Paris et de la province. Elle s'intitulait « Club des patriotes de Toulouse ». En sortant des séances, les Jacobins se répandaient dans la ville et allaient chanter des hymnes patriotiques autour des arbres de la Liberté. En pluviôse an IV (janvier 1796), quand la « Société du Panthéon » commença à attaquer le Directoire, le ministre s'inquiéta du club toulousain. Il conseilla au commissaire du Directoire près de la municipalité de Toulouse, de veiller à ce que cette réunion ne devînt pas un véritable club. Après l'arrestation de Babeuf, la société toulousaine fut signalée, à plusieurs reprises, comme une filiale de celle de Paris.

A Angers, sous le nom de « Société de littérature et de jeux », l'imprimeur Jahier et le défenseur officieux Pierre Reyneau, fondèrent le 25 frimaire an IV (16 décembre 1795), un club, qui se tint dans la maison d'Étienne Gilot : d'où le nom des Gilotins donné à ses membres. Les Gilotins se recrutaient essentiellement parmi les anciens Jacobins, dont beaucoup, condamnés pendant la réaction thermidorienne, avaient été amnistiés après le 13 vendémiaire. La société était affiliée, au moins à celle de Nantes, et le règlement astreignait, prétend-on, ses membres au secret le plus inviolable. Les Chouans, en tout cas, l'accusèrent de vouloir ramener le régime de l'an II, mais les Gilotins déclarèrent que leur but était seulement de se réunir pour lire et commenter les journaux. Le club, en tout cas, fut fermé par ordre du général Hoche, le 16 ventôse an IV (6 mars 1796).

A Sète, un club fut ouvert sous le nom de « Cercle patriotique » le 6 nivôse an IV (27 décembre 1795). Il se proposait « d'instruire le peuple de ses devoirs et de ses droits ». On signale encore d'autres clubs jacobins à Montpellier, Toulon, Metz. Sans doute, la plupart des grandes villes en possédèrent-elles de semblables.

Les modérés, voire les royalistes, eurent aussi leurs sociétés politiques, mais celles-ci conservèrent un caractère plus fermé, certaines même furent clandestines.

Le club de Clichy se fonda dès la réaction thermidorienne dans la maison d'un riche royaliste habitant rue de Clichy, à Paris. Mais sous le Directoire, il groupa des députés d'opinion variée, quoique toujours modérée, parfois même nettement royaliste. Les principaux membres en étaient : Royer-Collard, Camille Jordan, Mathieu Dumas, le général Willot, Vaublanc, Thibaudeau... Après les élections de l'an V, qui donnèrent dans les conseils la majorité aux modérés, la réunion de Clichy devint très active ; elle sembla préparer nettement une restauration royaliste. Son attitude alarma les patriotes, notamment ceux qui étaient aux armées. La plupart des corps de l'armée d'Italie et de celle de Sambre-et-Meuse envoyèrent au Directoire, à l'occasion du 14 juillet 1797, des adresses contenant des menaces à l'égard du club de Clichy. En province, la réunion de Clichy avait des filiales. A Toulouse, un club modéré se réunissait dans le café du « ci-devant jardin royal ». Mais plus actives que ces réunions de doctrinaires, étaient les sociétés plus ou moins secrètes, dont la principale s'intitulait « Institut philanthropique ». Cet Institut avait son centre à Bordeaux, avec des ramifications qui couvraient 36 départements du midi. Officiellement, son but était d'aider les victimes de la Terreur de l'an II et leurs parents. En fait, il préparait une insurrection pour renverser la république par la violence. Il disposait dans ce dessein de groupes de choc et d'hommes de main connus sous le nom de « Sociétés des amis de l'ordre », « Coterie des fils légitimes » (dans l'ouest et certains départements du midi), « Compagnies de Jéhu ou de Jésus », « Enfants du soleil », etc. Ces divers groupements avaient grandement aidé au succès des royalistes lors des élections de l'an V.

Le Directoire, effrayé par l'ampleur du mouvement royaliste, essaya de répliquer en favorisant l'éclosion de cercles constitutionnels où se retrouveraient tous ceux qui étaient également hostiles à la réaction et à l'anarchie, ceux qui voulaient conserver les conquêtes essentielles de la Révolution, et notamment les gros acquéreurs de biens nationaux. Le premier cercle constitutionnel fut donc formé d'amis du Directoire, pour la plupart députés. Il s'ouvrit en prairial an V (juin 1797), au domicile de l'ancien conventionnel Jean Debry, et eut l'intention de se transporter à l'hôtel de Salm, aujourd'hui palais de la Légion d'honneur : c'est pourquoi on appela ses membres Salmistes, Salmichiens, ou encore Salmigondis, pour mieux caractériser la variété des opinions représentées. Mais le propriétaire de cet hôtel en refusa l'accès, et le club dut émigrer à l'hôtel de Montmorency. On y voyait Mme de Staël, Sieyès, Talleyrand, Marie-Joseph Chénier, Benjamin Constant, le général Jourdan, Tallien, Garat.....

En province, des cercles constitutionnels virent le jour dans la plupart des villes : En réalité, ils n'étaient qu'une nouvelle transformation des anciens clubs jacobins. A Toulouse, le « Cercle constitutionnel » compte 433 « frères » ; il décide de nommer une commission de 24 membres chargés de parcourir les cantons ruraux pour grouper les acquéreurs de biens nationaux et leur demander une contribution de 100.000 livres destinées à la propagande. Dans la Sarthe, un cercle constitutionnel apparaît au Mans, sous le nom de « Salon de lecture » le 26 juin 1797. D'autres se forment à Fresnay, Château-du-Loir, Mamers, La Ferté-Bernard...

Les « Clichyens » se plaignirent de ces cercles constitutionnels « arsenaux de révolte, ateliers d'insurrection, où des scélérats, disaient-ils, s'apprêtaient à « ressaisir par les échafauds le spectre de la Terreur ». Devant ce concert de protestations, les conseils décidèrent, par la loi du 7 thermidor an V (25 juillet 1797), la fermeture de tous les clubs. Cependant, Clichy continua de vivre. Mais après le coup d'État du 18 fructidor, il fut durement frappé, et beaucoup de ses membres furent condamnés à la déportation.

Au lendemain du coup d'État, la loi du 19 fructidor (5 septembre 1797), annula celle du 7 thermidor et permit la réouverture des clubs. Ce fut aussitôt toute une floraison de réunions et de sociétés, en province surtout. Celles-ci, à vrai dire, n'avaient jamais cessé complètement leur activité, et elles reprirent leur nom de « cercles constitutionnels ».

En l'an VI, le cercle de Toulouse comptait 3.000 adhérents. Il se réunissait tous les jours pour entendre la lecture des journaux, discuter sur les troubles des campagnes, célébrer les fêtes républicaines. Pour éviter tout incident, les discours devaient être examinés à l'avance par une commission spéciale. Les adhérents eux-mêmes étaient triés ; leur dossier était étudié par une autre commission ; seuls les Jacobins étaient admis. On comptait, parmi les membres du cercle, un certain nombre d'anciens conventionnels : Barère, Alard, Campmartin, les frères Bô, Bordes. Tous portaient, comme en l'an IV, la ganse jaune à leur chapeau. Le cercle de Toulouse créa des succursales à Caraman, Auriac,

Loubens, etc. Bientôt, il fut dénoncé au ministre de la police comme violant la constitution, soit par son attitude à l'égard du gouvernement, soit par ses correspondances avec les autres cercles. Mais le cercle arriva à se justifier. Toutefois, l'assiduité de ses membres diminua. En l'an VII, les réunions n'en étaient plus guère suivies que par une trentaine de fidèles.

En vendémiaire an VIII (octobre 1799), le « cercle constitutionnel » de Toulouse envoya aux conseils une adresse par laquelle il les invitait à adopter une attitude « vraiment républicaine », et à lutter contre les Chouans. Le 21 brumaire, deux jours après le coup d'État de Bonaparte, le cercle déplorait dans une nouvelle adresse au Conseil des Cinq-Cents, que la république fût menacée par la réaction...

Dans la Sarthe, les « cercles constitutionnels » reprirent leurs séances publiques dès la mi-septembre 1797. Celui du Mans décida que ses membres se rendraient, en compagnie des autorités constituées, chaque décade, dans une commune du département. Là, après des discours et après une « soupe civique », à laquelle on compta jusqu'à 300 convives, après la prestation du serment civique, on fondait un nouveau cercle. Des cercles ambulants analogues à celui du Mans furent créés, à Château-du-Loir, Écommoy, La Flèche. Une espèce de fédération des cercles constitutionnels fut célébrée le 1er vendémiaire an VI (22 septembre 1797). En ventôse an VI (mars 1798), il existait vingt-cinq cercles constitutionnels pour les cinquante-trois cantons de la Sarthe. « Chaque membre était spécialement chargé de surveiller les « ennemis de la république » et d' « instruire sur leurs manœuvres l'autorité publique et les secrétaires du cercle ». Dans certains cantons, les membres des cercles exercèrent, au mépris de la loi, des visites domiciliaires chez les « ennemis de la République ». Grâce à leur action, les élections de l'an VI et de l'an VII amenèrent aux conseils des majorités jacobines.

A Grenoble, c'est l'administration départementale elle-même qui favorisa l'organisation du cercle constitutionnel en mettant à sa disposition la salle décadaire. Un arrêté de la municipalité demanda au cercle de bien se conformer à l'article 362 de la constitution. Dans la Côte-d'Or, on constate l'existence de nombreux cercles, notamment à Dijon, Is-sur-Tille, Flavigny, Saulieu, Arnay, etc. Ils furent vite aux mains des « exclusifs », et dénoncèrent le commissaire central, jugé trop « modéré ». Celui-ci répliqua en accusant les cercles de violer la constitution car, déclarait-il, « on y met aux voix, on correspond avec d'autres clubs, on y établit un mode de réception, on y tient des séances extraordinaires... ». En prairial an VI, le club de Beaune est signalé comme mené par les « anarchistes ». Le 5 ventôse an VII (23 février 1799), le Directoire ordonne la fermeture du club de Seurre.

A Bordeaux, les Jacobins se réunissent à la Grand'Quille, d'où leur nom de Quilleurs ; ils donnent des banquets à l'issue desquels on chante le *Ça ira* et *La Carmagnole*. Les ouvriers bordelais ont organisé un autre club, celui du « Niveau ».

On connaît encore des clubs actifs à Marseille, Lyon, Auxerre... Il semble que tous ces clubs aient correspondu entre eux, et surtout avec celui de Paris, qui reprend vie en 1799.

C'est avec l'approbation des deux conseils qu'un club jacobin s'ouvrit à Paris durant l'été de 1799. Il s'installa dans la salle du Manège, ancienne salle des séances de la Convention, mise à sa disposition par le Conseil des Anciens, il adopta le nom de « Société des Amis de la Liberté et de l'Égalité », et la devise « Liberté, Égalité, Fraternité ». La première séance eut lieu le 18 messidor an VII (6 juillet 1799) sous la présidence de Drouet, élu « régulateur ». Le nombre des membres atteignit bientôt 3.000, dont 250 députés. Le 22 messidor (10 juillet), le club planta solennellement un arbre de la Liberté. La séance du 24 (12 juillet), fut particulièrement animée ; on chanta *La Marseillaise*, mais à la sortie il y eut une rixe violente avec les muscadins, et 28 manifestants furent arrêtés. Le 28 (16 juillet), Félix Lepelletier réclama des mesures de salut public. Dans les séances suivantes, on fit l'apologie de Babeuf. A la suite de ces manifestations, le Conseil des Anciens retira au club la salle du Manège (9 thermidor — 27 juillet). La Société émigra alors à l'église Saint-Thomas-d'Aquin, rue du Bac, elle devint encore plus violente et réclama la proclamation de la « patrie en danger ». Sieyès, alors Directeur, prit peur. Aux Conseils, Roederer proposa d'interdire les sociétés comprenant plus de cinquante adhérents. Fouché, ministre de la police, ferma le club le 26 thermidor (13 août).

Trois jours plus tôt, un autre club s'était ouvert dans le « temple Marguerite » au faubourg Antoine. Il était surtout destiné aux ouvriers, mais ceux-ci y venaient en très petit nombre, car, faisaient-ils remarquer, « ils tiraient leur existence d'un travail assidu, existence qui leur manquerait s'ils passaient leur temps à la réunion... ».

Les clubs restèrent donc pendant tout le Directoire des institutions limitées à la bourgeoisie. Le grand élan populaire qui avait porté en l'an II les ouvriers vers les sociétés de sections était bien mort. Sans l'appui des ouvriers, les bourgeois des clubs n'étaient pas assez forts pour s'opposer à la dictature.

II

LA PRESSE ET LE THÉATRE[1]

Pendant la période conventionnelle, la presse, nous l'avons vu, n'avait pas joui de la liberté inscrite dans les lois. Les journaux royalistes, puis girondins,

---

[1]. DOCUMENTS ET OUVRAGES A CONSULTER. — Sur la presse, Avenel, *Histoire de la presse française* (cité p. 56) ; A. Aulard, *Le Directoire exécutif et la presse périodique*, dans *La Révolution franç.*, t. XXVI (1894), p. 464-471 ; Dommanget, *Pages choisies de Babeuf* (Paris, 1935, in-8º) ; L. Gallois, *Histoire des journaux et des journalistes de la Révolution* (cité p. 56) ; Labadie, *La presse bordelaise pendant la Révolution* (Bordeaux, 1910, in-8º) ; Reinhard, *Le département de la Sarthe, sous le Directoire* (cité p. 407). — Sur le théâtre, voir la bibliographie de la p. 56. — QUESTIONS A ÉTUDIER : La presse et les théâtres en France sous le Directoire

avaient dû disparaître, et, pendant la réaction thermidorienne, les journaux jacobins furent proscrits.

La Déclaration des droits de 1795 était, nous l'avons dit, muette sur la liberté de la presse. Mais les articles 353 et 355 de la constitution définissent cette liberté, tout en la réglementant dans une certaine mesure. « Nul ne peut être empêché de dire, écrire, imprimer et publier sa pensée. Les écrits ne peuvent être soumis à aucune censure avant leur publication. Nul ne peut être responsable de ce qu'il a écrit ou publié, que dans les cas prévus par la loi. » Tel est l'article 353. Mais l'article 355 apporte quelques restrictions : « Toute loi prohibitive en ce genre, quand les circonstances la rendent nécessaire, est essentiellement provisoire et n'a d'effet que pendant un an au plus, à moins qu'elle ne soit formellement renouvelée. » Ainsi, la constitution prévoyait la suppression de la liberté de la presse, à condition qu'elle ne fût que provisoire. Toutefois, au début du Directoire, aucune loi de ce genre ne fut promulguée, et les journaux, nombreux et variés, représentent toutes les nuances de l'opinion.

La presse modérée est surtout représentée par *L'accusateur public*, de Richer-Serisy, pamphlet plein de verve, la *Quotidienne*, rédigée par Laharpe, Suard, l'abbé de Vaucelle, Michaud, Fontanes, lue par tous les aristocrates, *Le thé*, feuille satirique, publiée par Bertin d'Antilly, très redouté pour ses épigrammes. On peut y ajouter le *Censeur des journaux* de Gallais, les *Rapsodies du jour*, de P. Villiers, *Les actes des apôtres et des martyrs*, du comte Barruel de Beauvert, moins intéressants que leurs devanciers de 1789, *Le menteur*, fort spirituel. La presse d'information, neutre politiquement, est représentée par trois ou quatre grands journaux : *Le Journal de Paris*, de Roederer, qui s'occupe avec sérieux de politique, d'économie, de philosophie, *La Clef du cabinet des souverains*, dirigée par Daunou et Garat, *L'historien* de Dupont de Nemours, pontifiant, doctrinaire, et le *Journal du soir*, des frères Chaigneau. La presse d'extrême gauche a disposé, au début du Directoire surtout, de quelques journaux remarquables : *L'orateur plébéien*, de Demaillot et Leuliette, qui prend pour épigramme cette phrase de Babeuf : « Les bêtes féroces ont un antre pour s'y réfugier, et vous, citoyens, vous n'avez ni un antre, ni un asile, ni même un tombeau. » Babeuf publie lui-même un journal, *Le Tribun du peuple* ou *Défenseur des droits de l'homme*, qui paraît de vendémiaire an III (septembre 1794) à floréal an IV (mai 1796). Nous avons conservé la liste nominative des 642 abonnés de ce journal. On y voit figurer des négociants, des fabricants, des banquiers, des notaires, des juges, des militaires, des généraux, des marins, des limonadiers, des médecins, des propriétaires, des fonctionnaires,

---

n'ont guère été étudiés. Les collections de journaux sont rares et incomplètes, surtout les journaux provinciaux. L'analyse en est cependant toujours fructueuse. L'étude du théâtre, en province notamment, se heurte à bien des obstacles, mais apporte des renseignements de premier ordre sur l'opinion publique.

toute la clientèle habituelle des clubs jacobins, et notamment plusieurs amis de Robespierre, les veuves des Montagnards guillotinés, Lebas, Lebon, Hanriot, la sœur de Marat.

L'ami du peuple de Lebois n'a pas le succès de la feuille de Marat. Par contre, *L'ami des lois*, de Poultier, avec plus de 5.000 abonnés, est un des journaux les plus lus de l'époque. *Le Journal des hommes libres* put vivre, malgré de nombreuses vicissitudes et plusieurs changements de titre jusqu'à la fin du Directoire. Ce fut par excellence, le journal des clubs jacobins.

Le Directoire n'essaya pas, au début du moins, de sévir contre les journaux qui l'attaquaient, mais il entretint une presse officieuse et subventionna un certain nombre de folliculaires. Dès le début, le Directoire eut deux journaux à lui, *Le rédacteur* et le *Journal des défenseurs de la patrie*. *Le rédacteur* insérait tous les actes émanés du gouvernement (messages, arrêtés, circulaires, etc.). Le *Journal des défenseurs de la patrie* était destiné surtout à attacher l'armée au Directoire. Mais le gouvernement enverra constamment des communiqués aux autres journaux, surtout à partir du 18 fructidor. Enfin, à partir de cette date, il entretint un véritable « bureau politique », qui fournissait la presse d'articles et à la tête duquel, se trouvait un nommé Barbet, ancien professeur au collège d'Arras et membre de la société populaire de cette ville. Il dirigeait plusieurs journalistes officieux, notamment l'ex-bénédictin Pinglin, un nommé Nicolas Regnard, et un certain Lemoine-Josse. Barbet rédigeait des articles pour le compte de Reubell et les publiait dans *Le Messager du soir*. Pinglin essayait de placer les siens à *L'ami des lois*, tandis que Regnard tenait la plume pour Merlin de Douai.

Les ministres et les directeurs eux-mêmes ne dédaignaient pas d'écrire dans les journaux. Reubell, La Révellière, l'amiral Bruix, François de Neufchâteau, polémiquèrent dans la presse, et imprimèrent leurs productions non seulement dans *Le rédacteur*, et dans le *Journal des défenseurs de la patrie*, mais aussi dans le *Moniteur*, *Le Messager du soir*, le *Journal de Paris*, etc.

Le Directoire accordait naturellement des subventions aux journaux qui lui étaient dévoués. Celles-ci étaient d'ailleurs fort maigres, et ne permettaient aux journaux qui les recevaient que de vivoter : *L'Indépendant* touchait 100 francs par mois, le *Conservateur*, 200, le *Journal des campagnes et des armées* 500, le *Pacificateur*, 600... *Le rédacteur* ne reçut de subsides qu'en l'an VII. Quant au *Journal de Paris*, et à *L'ami des lois*, ils refusèrent obstinément les offres du gouvernement, afin de sauvegarder leur indépendance.

La presse provinciale est alors très vivante, et fort active. Chaque département possède trois ou quatre journaux représentant les principales tendances politiques. Dans la Sarthe, la *Chronique de la Sarthe* paraît en vendémiaire an IV (septembre 1796). C'est un journal « patriote », sans doute subventionné par l'administration départementale. Un ancien terroriste, Saint-Martin Rigaudière, y écrit. La *Chronique* exerça durant dix-neuf mois une influence considérable, dans le sens jacobin. Elle alla jusqu'à écrire que l'exécution de Babeuf était l'assassinat d'un « martyr de la liberté ».

Les royalistes de la Sarthe répliquèrent en publiant à partir du 1er frimaire an V (21 novembre 1796) *Le préservatif de l'anarchie* ou *Espion constitutionnel.* Ce journal, au titre assez malheureux, prônait ouvertement la restauration, et la restitution des biens nationaux. A partir du 1er germinal an V (21 mars 1797), les royalistes disposèrent d'une deuxième feuille, *Le conciliateur,* ou *Annales des assemblées primaires.* Ces deux journaux disparurent, naturellement, après le 18 fructidor.

Dan la Gironde, le *Courrier de la Gironde* est l'organe des Jacobins, tandis que les royalistes publient jusqu'au 18 fructidor le *Journal des journaux.* Deux feuilles sont spécialisées dans les informations d'ordre économique : *L'écho du commerce* et le *Bulletin général.*

En Haute-Garonne, l'*Antiterroriste* est, jusqu'au coup d'État, le journal très mordant, mais fort intéressant, des « modérés », tandis que les Jacobins publient l'*Observateur républicain,* bien rédigé lui aussi. Il serait trop long d'énumérer les autres journaux de province. Citons au hasard *Le troubadour liégeois,* le *Bulletin du Havre,* le *Méridien des Alpes-Maritimes, La trompette du Doubs, Le démocrate* (d'Auch), *Le courrier nantais, Le clair-voyant* (de Grenoble), etc.

Le Directoire ne laissa pleine liberté à la presse que pendant les six premiers mois de son existence. Dès la découverte du complot babouviste, il fit voter d'urgence par les Conseils les lois répressives des 27 et 28 germinal an IV (16 et 17 avril 1796).

La loi du 27 germinal punit de mort « tous ceux qui par leurs discours, ou par leurs écrits imprimés, soit distribués, soit affichés, provoqueraient la dissolution de la représentation nationale ou celle du Directoire exécutif, ou le meurtre de tous ou aucun des membres qui les composent, ou le rétablissement de la royauté... ou celui de tout gouvernement autre que celui établi par la constitution de l'an III... ou l'invasion des propriétés publiques, ou le pillage, ou le partage des propriétés particulières, sous le nom de loi agraire, ou de toute autre manière ». La peine de mort pouvait être commuée en déportation, si le jury accordait les circonstances atténuantes.

La loi du 28 germinal défend à tout journal de paraître sans l'indication du nom de l'auteur, du nom et de l'adresse de l'imprimeur. Les imprimeurs, vendeurs et colporteurs sont tenus de dénoncer les auteurs sous peine de dix ans de fers, ou de déportation en cas de récidive.

Les peines prévues par la loi sont si manifestement excessives que les jurys, plutôt que de condamner à la mort, ou à la déportation, acquittent les journalistes poursuivis par le gouvernement. La loi resta donc sans aucune efficacité. Les journaux royalistes furent plus violents que jamais au début de l'an V, et ce furent eux qui « firent » les élections.

Le Directoire essaya d'obtenir des Conseils, le 5 frimaire an V (25 novembre 1796), le vote d'une loi réprimant la « calomnie écrite ». Le message du Directoire souleva une véritable tempête au sein des deux Conseils. Aux Cinq-Cents, il fut renvoyé à une commission qui proposa la répression des calomnies écrites par le prononcé de peines légères appliquées par la justice correctionnelle, et la publication d'un compte rendu « tachygraphique », c'est-à-dire sténographique des séances des Assemblées. Le projet, voté par les Cinq-Cents, fut repoussé aux Anciens. La presse redoubla de violence. La diffamation s'étala partout.

Il n'est pas étonnant, dans ces conditions, que le Directoire, au lendemain du 18 fructidor, ait songé à « museler » la presse. Dès le 18, le Directoire, en vertu de l'article 145 de la constitution qui lui donnait le droit de procéder à des arrestations dans le cas de conspiration contre la sûreté de l'État, avait fait incarcérer les auteurs et imprimeurs de trente et un journaux royalistes ou modérés qui étaient par ailleurs interdits. La loi du 19 fructidor soumit la presse à l'inspection de la police pendant la durée d'un an, conformément à l'article 355 de la constitution. Tous les journaux maintenus furent frappés d'un droit de timbre. En réalité, beaucoup de journaux suspendus reparurent sous un autre titre ; mais ils se montrèrent moins violents.

Le 26 frimaire an VI (19 décembre 1797), le Directoire suspend seize nouveaux journaux, et encore quinze le 20 messidor suivant (8 juillet 1798). Le Conseil des Cinq-Cents finit par s'émouvoir en constatant qu'au bout d'un an, le régime policier instauré le 19 fructidor (5 septembre 1797) était toujours en vigueur ; il charge une commission de préparer une loi sur la presse. Berlier en présente le rapport le 8 fructidor an VI (25 août 1798). La diffamation devait être jugée par le jury et réprimée de peines rigoureuses. Mais, en attendant le vote de la loi, les pouvoirs exceptionnels du Directoire furent prorogés pour un an. La discussion s'éternisa, et finalement les pouvoirs du Directoire furent supprimés le 4 thermidor an VII (22 juillet 1799). La presse redevint donc entièrement libre et redoubla de violence. Le Directoire se défendit en usant de nouveau de l'article 145 de la constitution ; il fit arrêter comme conspirateurs contre la sûreté de l'État les auteurs et imprimeurs de onze journaux, et supprima leurs feuilles par arrêté du 16 fructidor an VII (2 septembre 1799). Un certain nombre de journalistes, notamment Laharpe, Fontanes, Bertin d'Antilly, Barruel-Bauvert, Richer-Serizy, Gallais, Fiévée... furent déportés à l'île d'Oléron. Beaucoup d'entre eux réussirent d'ailleurs à s'enfuir. Enfin le Directoire interdit le transport par la poste de tous les journaux qui lui déplaisaient. Périodiquement, il dressait la liste des « journaux autorisés à circuler par la poste ».

Ainsi, la presse ne jouit plus sous le Directoire que d'une liberté de plus en plus réduite. A la veille du 18 brumaire, le Directoire, en interdisant les journaux, en incarcérant leurs auteurs, préludait à la dictature de Bonaparte.

Mise dans l'impossibilité de se manifester librement dans les clubs ou par la presse, l'opinion publique cherche un exutoire et le trouve au théâtre. Sous le Directoire, aussi bien à Paris qu'en province, chaque représentation déchaîne des troubles plus ou moins violents. Tantôt ce sont les hymnes joués par l'orchestre ou les airs chantés par les acteurs pendant les entr'actes ou à la fin du spectacle qui provoquent des manifestations, voir des pugilats, tantôt, ce sont les pièces elles-mêmes qui, par les allusions ou les sous-entendus que les spectateurs y découvrent, déclenchent des bagarres.

Le Directoire s'efforça, mais en vain d'y mettre bon ordre en aggravant encore la législation de la Convention sur les théâtres. Le 18 nivôse an IV (8 janvier 1796), le Directoire arrêta que tous les entrepreneurs et propriétaires de spectacles de Paris seraient tenus sous leur responsabilité de faire jouer chaque jour par leur orchestre, avant la levée de la toile, les « airs chéris des républicains » tels que *La Marseillaise*, *Ça ira*, *Veillons au salut de l'Empire* et le *Chant du départ*. Pendant les entr'actes, on devait toujours chanter *La Marseillaise* ou quelqu'autre air républicain. Il était par contre expressément défendu de jouer ou chanter *Le Réveil du peuple*, l'air des royalistes. Le ministre de la police était chargé de faire arrêter tous ceux qui, dans les spectacles, « appelleraient par leurs discours le retour de la royauté, provoqueraient l'anéantissement du Corps législatif et du pouvoir exécutif », troubleraient l'ordre public ou attenteraient aux bonnes mœurs. Cet arrêté n'empêcha pas les spectacles d'être troublés par de nombreuses bagarres, à Paris et en province, notamment à Bordeaux, Toulouse, etc. Le gouvernement en vint à interdire les pièces qui lui déplaisaient, par exemple, en 1797, les *Assemblées primaires*, de Martinville.

CHAPITRE IV

LES INSTITUTIONS FINANCIÈRES DU DIRECTOIRE[1]

La constitution de l'an III, très minutieuse, a fixé rigoureusement l'organisation financière du régime directorial.

Le Directoire dirige les finances, et dispose, à cette fin, d'un ministre des finances. Cet emploi fut confié pendant tout le régime directorial à des techniciens, d'abord Faipoult, pendant les deux premiers mois, puis Ramel-Nogaret durant trois ans et demi, enfin Robert Lindet.

Mais à côté du ministère des finances, la « Trésorerie » échappe complètement au Directoire. Elle est gérée par cinq commissaires élus par le conseil des Anciens sur une liste décuple présentée par les Cinq-Cents. Les commissaires de la Trésorerie restent en fonction pendant cinq ans, et sont renouvelables chaque année par cinquième, ils sont rééligibles. Les commissaires de la Trésorerie sont chargés de surveiller les recettes, d'ordonner les mouvements de fonds et d'assurer le paiement des dépenses consenties par le Corps législatif. Ils doivent tenir compte ouvert avec les receveurs des contributions directes de chaque département et ne peuvent rien payer que sur le vu d'un décret du Corps législatif, d'une décision du Directoire ou de la signature du ministre qui ordonne la dépense.

Il existe en outre cinq « commissaires de la comptabilité nationale », élus dans les mêmes formes que les commissaires de la Trésorerie, chargés de vérifier les comptes et de dénoncer les abus.

---

1. BIBLIOGRAPHIE GÉNÉRALE. — Voir les indications données aux chapitres V du livre II, p. 130 et VI du livre III, p. 329. En plus, consulter aux Arch. nat. la série AF III.
Outre les ouvrages déjà mentionnés dans les bibliographies des p. 130 et 329, consulter, sur l'organisation centrale : V. Marcé, *L'apurement des comptes de l'État pendant la Révolution : Les commissaires de la comptabilité* (Paris, 1893, in-8º). — QUESTIONS A ÉTUDIER : Les institutions financières du Directoire sont encore fort mal connues. Nous ne savons comment fonctionnaient, ni le ministère des finances, ni la Trésorerie, ni la vérification des comptes. La circulation du numéraire en France, l'utilisation du métal trouvé dans les « trésors » des pays conquis n'ont pas fait l'objet d'études approfondies. Les impôts directs sont un peu mieux connus grâce aux travaux de M. R. Schnerb, mais nous manquons de renseignements sur les impôts indirects. Une utilisation judicieuse des documents conservés aux Arch. nat., série AF III, et dans les arch. départementales, série L, permettrait de résoudre la plupart des questions qui se posent à propos des finances du Directoire.

Le Directoire n'a pas l'initiative des lois financières ; il ne peut que conseiller telle ou telle mesure aux Conseils. Il n'a aucun pouvoir sur la Trésorerie, qui d'ailleurs est un nid de contre-révolutionnaires. En l'an VI lorsque le Directoire exigea un état de situation décadaire et décida qu'il n'ordonnancerait les dépenses que jusqu'à concurrence des fonds constatés, la Trésorerie résista, et le Directoire dut renoncer, pour ne pas suspendre tout payement. En thermidor an VI (juillet 1798), la Trésorerie laissa sans argent les généraux chargés de préparer la deuxième expédition d'Irlande ; elle contribua ainsi à la faire échouer.

Ainsi, cette séparation trop marquée de la direction des finances, de la Trésorerie, et de la vérification des comptes engendre de constantes difficultés.

I

LE RETOUR A LA MONNAIE MÉTALLIQUE[1]

Toutefois, ce qui préoccupe le Directoire, lors de son installation, ce n'est pas l'organisation, plus ou moins parfaite du système financier, mais l'inflation et ses conséquences. Le louis d'or vaut 2.500 francs papier, lors de l'installation du Directoire, 3.400 francs cinq jours plus tard. Sans plan bien arrêté, le Directoire ordonne toute une série de palliatifs.

Tout d'abord, le Directoire s'efforce de secourir les victimes de l'inflation. Le 7 frimaire an IV (28 novembre 1795), il porte les traitements des fonctionnaires à trente fois leur valeur de 1790. Mais l'assignat vaut trois cents fois le numéraire métallique. Le gouvernement maintient le payement en blé des Directeurs, ministres, députés. Il ordonne des distributions gratuites de vivres, et institue des « soupes populaires », notamment dans les villes, à Paris, Besançon, Grenoble, Troyes, Tours, Lille...

Mais le gouvernement doit aussi se procurer des « valeurs réelles ». La loi du 22 brumaire an IV (13 novembre 1795), ordonne la réquisition de 250.000 quintaux de grains en acompte de la contribution foncière. Des sanctions sévères sont prévues contre les retardataires et les récalcitrants : amende d'un quart de la réquisition par jour de retard ; six mois de prison et confiscation de la totalité de la récolte en cas de non livraison. Les officiers municipaux sont rendus responsables des versements de leurs administrés et contraints de payer la moitié de la contribution de la commune, au cas où rien n'aurait

---

1. DOCUMENTS ET OUVRAGES A CONSULTER. — Sur le retour à la monnaie métallique, et ses conséquences : Braesch, *La valorisation des créances privées dans le département de la Meurthe*, dans les *Ann. de l'Est*, 1928, p. 101-152 ; du même, *L'assainissement monétaire à la fin de la Révolution*, dans la *Revue politique et parlementaire*, t. CXXXII (1927), p. 61-75 ; R. Schnerb, *La dépression économique sous le Directoire*, dans les *Annales histor. de la Révolution franç.*, ann. 1934, p. 27-49 ; Vermale, *Les dettes privées sous la Révolution et le remboursement en assignats*, dans les *Annales histor. de la Révolution franç.*, ann. 1933, p. 160-166 ; P. Viard, *Vers l'ajustement légal des prix (métal et papier), dans l'Hérault, à la fin de l'an V*, dans les *Annales histor. de la Révolution franç.*, ann. 1928, p. 243-263.

été versé. Mais cette loi rencontre une telle résistance qu'en dépit de sa rigueur, elle n'est pas exécutée.

La loi du 3 brumaire an IV (25 octobre 1795) s'efforce, elle, de faire rentrer les assignats en ordonnant une « taxe de guerre » calculée à raison de 20 francs assignats par franc de contribution foncière, 10 francs par franc de loyer et de patente. Pas plus que la réquisition des grains, elle n'a de résultats favorables.

En fait, le Directoire avait résolu d'abandonner l'assignat. Il ne s'agissait plus que de rechercher par quels moyens on reviendrait à la monnaie métallique. Mais, quel que fût ce moyen, il fallait que le gouvernement se procurât le plus rapidement possible du numéraire. Tel fut le but de « l'emprunt forcé » proposé le 15 frimaire an IV (6 décembre 1795) par le Directoire aux Conseils : l'emprunt se monterait à 600 millions en numéraire ; il serait perçu sur le quart le plus riche des contribuables divisés en seize classes, et imposés de 50 à 6.000 francs. La répartition de l'emprunt devait être la tâche des autorités départementales, qui tiendraient compte des « facilités présumées », de chaque citoyen. On pourrait recevoir les assignats, mais au centième de leur valeur théorique. Les reçus de l'emprunt forcé seraient acceptés en paiement des contributions et des droits d'enregistrement. Le Directoire espérait disposer, après cet emprunt, d'une quantité suffisante de numéraire pour briser les planches aux assignats le 1er germinal an IV.

Mais l'emprunt forcé ne répondit pas aux espérances du gouvernement. Il fut très mal réparti. Les administrateurs en rendirent responsables leurs adversaires politiques, en général des Jacobins. Générateur de troubles, il rentra lentement. Aussi, le Directoire décida-t-il de le mobiliser en émettant des « rescriptions », ou anticipations sur les rentrées de l'emprunt forcé, mais ces « rescriptions » perdirent dès le début 80 % de leur valeur. La mobilisation de l'indemnité de guerre batave, des biens nationaux belges n'apporta qu'un faible appoint. Les droits de douanes, les tarifs postaux, les droits de timbre et d'enregistrement furent relevés et déclarés payables moitié en numéraire, moitié en assignats au cours de cent pour un. On ferma la Bourse pour arrêter la spéculation, et l'on suspendit la vente des biens nationaux qui spoliait chaque jour un peu plus l'État.

Quoiqu'il y eût encore pour 34 milliards d'assignats en circulation (sur 45 milliards qui avaient été émis), les planches aux assignats furent solennellement brisées sur la place Vendôme, à Paris, le 30 pluviôse an IV (19 février 1796). Tous les assignats rentrant désormais au Trésor devaient être brûlés : l'assignat de 100 francs valait alors 30 centimes, à peu près le prix du papier sur lequel il était imprimé.

Le Directoire aurait voulu remplacer l'assignat par un billet de banque. Mais un projet de banque échoua devant les Conseils. Le gouvernement émit alors des billets, appelés « mandats territoriaux » et qui n'étaient qu'une nouvelle espèce d'assignats. En effet, les mandats portaient « délégation spéciale sur la vente des biens nationaux ». Le porteur de ces mandats pouvait se faire délivrer « sans enchères » un bien national à raison de dix-huit à vingt-deux fois son revenu de 1790. Les mandats pouvaient aussi être échangés contre des assignats, mais au taux beaucoup trop favorable de un franc mandat contre 30 francs assignats. Aussi, le mandat se déprécia-t-il aussitôt, et les biens nationaux furent-ils de nouveau mis au pillage. Le 13 thermidor an IV (31 juillet 1796), les Conseils décidèrent que les mandats ne seraient plus reçus qu'à « leur valeur au cours », c'est-à-dire à raison de deux francs-numéraire pour cent francs-mandat. Le Directoire chargea une « compagnie de fournisseurs » de retirer les mandats en circulation. Cette compagnie, la compagnie Dijon réalisa sur l'opération un fructueux bénéfice, mais le papier disparut. Le Directoire reprit les derniers papiers en circulation, assignats ou mandats au taux de 1 %. Dans l'été 1796, le numéraire circulait à peu près seul.

Le Directoire régla alors les questions relatives aux dettes contractées pendant la période du papier-monnaie. La loi du 5 messidor an V (23 juin 1797) décida que toutes les obligations contractées avant le 1er janvier 1791 seraient intégralement remboursées. Les autres le seraient conformément aux cours officiels de la dévaluation de l'assignat qui devaient être établis dans chaque département. A dater du 1er germinal an IV (21 mars 1796), le papier perdait cours légal. La seule monnaie était le franc fixé au cours de une livre trois deniers, et en principe équivalent à cinq grammes d'argent.

Les assignats disparaissaient, à la satisfaction générale. Cependant, ils avaient rendu grand service. M. Harris a calculé, en ramenant les assignats à leur valeur réelle, d'après les tableaux officiels de dépréciation, qu'ils avaient procuré à la France, en six ans, une ressource équivalente à sept milliards de francs métalliques, c'est-à-dire quatorze années de ressources normales.

Il ne s'agissait pas seulement de décréter le retour au numéraire. Encore fallait-il en posséder une quantité suffisante. Ce n'était pas le cas. Dès 1788, il n'y avait en France qu'une masse de numéraire beaucoup trop faible par rapport à la vie économique du pays. Or, depuis cette date, beaucoup de numéraire était sorti de France, soit exporté par les émigrés, soit par suite des paiements massifs effectués à l'étranger pour les achats de vivres ou de matériel de guerre. C'est ce qui explique que le change, — indépendamment de l'assignat — ait été constamment défavorable à la France de 1789 à 1799.

Le Directoire usa de toutes sortes d'expédients pour se procurer du numéraire, à commencer par les contributions de guerre levées sur les pays conquis, 200 millions de florins en Hollande, 16 millions de francs en Allemagne, plus de 50 millions en Italie. Ces contributions de guerre firent tomber le Directoire dans la dépendance des généraux, mais ne lui donnèrent pas encore assez de numéraire pour faire face aux dépenses nécessitées par la reconstruction administrative de la France et par la guerre. Le Directoire paya ses fournisseurs en biens nationaux, en coupes de bois, en anticipations d'impôts, en nantissements sur différentes valeurs appartenant à la République, par exemple les diamants de la couronne. Il paya les réquisitions en bons, repris en acquit d'impôts ou d'achats de biens nationaux.

Tout cela ne suffit pas. Le manque de numéraire engendra une crise économique grave. Les prix s'effondrèrent, les impôts rentrèrent plus mal que jamais, le Directoire ne put ni payer régulièrement ses fonctionnaires ni financer convenablement ses entreprises militaires. La déflation avait été trop brutale. Il aurait fallu au Directoire, ou un bon papier-monnaie — mais on venait d'y renoncer, — ou des emprunts, — mais ils paraissaient impossibles — ou une stricte économie dirigée, — mais l'économie dirigée suppose la contrainte, ce qui eût signifié alors le retour à la Terreur, dont on ne voulait à aucun prix. Le Directoire dut donc vivre d'expédients, quêter des crédits de ses « fournisseurs », mendier à ses généraux des envois d'argent. Lorsque généraux et « fournisseurs » se crurent menacés par les menées des « réacteurs » de Clichy, ils exigèrent du gouvernement un changement d'attitude. Et ce fut le coup d'État du 18 fructidor, dont les causes sont autant économiques et financières que politiques.

II

LA TENTATIVE DE REDRESSEMENT FINANCIER[1]

Après le 18 fructidor, le Directoire essaya de se dégager de la sujétion dans laquelle il se trouvait à l'égard des généraux et des fournisseurs en assainissant la situation financière par une réduction de la dette et la réorganisation du système des impôts.

La réduction de la dette fut obtenue par une véritable banqueroute. Dès le 24 fructidor an V (10 septembre 1797), six jours après le coup d'État, le Directoire proposa aux Conseils la mobilisation des deux tiers de la dette. La loi, établie par le ministre des finances Ramel, fut votée le 9 vendémiaire an VI (30 septembre 1797). La dette était réduite de 250 à 83 millions. Un tiers de chaque titre de rente ou pension demeurait inscrit au grand livre de la dette publique : c'était le « tiers consolidé ». Toutefois, certaines parties de la dette exigible (restitution de valeurs saisies par les comités révolutionnaires, restitution de dépôts, créances sur émigrés, etc.) furent remboursés en « bons du

---

1. TEXTES ET OUVRAGES A CONSULTER. — Sur les faillites : Sciout, *Les banqueroutes du Directoire*, dans la *Revue des questions historiques*, t. LIII (1893), p. 459-507 ; P. Viard, *Quelques faillites à Dijon sous le Directoire*, dans la *Révolution dans la Côte-d'Or*, ann. 1929, p. 91-106. — Sur les emprunts forcés : L. Libois, *Les emprunts forcés de l'an IV et de l'an VII et leur application dans le département du Jura* (Lons-le-Saulnier, 1895, in-8°) ; Montier, *Robert Lindet* (cité p. 268).

tiers » ne produisant, provisoirement pas d'intérêts : ce fut le « tiers provisoire ».

Les deux autres tiers, « mobilisés », étaient remboursés au moyen de bons au porteur qu'on pouvait utiliser en paiement de la portion de biens nationaux payable en papier ou effets. Quelques atténuations furent apportées à cette loi rigoureuse, en faveur des petits rentiers. Ceux qui étaient titulaires de rentes d'un montant inférieur à 50 francs en conservaient la totalité, ceux qui possédaient de 50 à 600 francs de rente n'en perdaient que la moitié.

C'était, en effet, une spoliation, une faillite, car les bons des deux tiers baissèrent très rapidement. En l'an VII, ils ne valaient plus que 37 % de leur valeur, en l'an VIII, 1 %. En l'an IX, les bons des deux tiers seront échangés contre des rentes perpétuelles au $1/400^e$ de leur valeur nominale en capital, c'est-à-dire qu'un capital primitif de 20.000 francs était réduit à 50 francs ! A partir de l'an VII, d'ailleurs, les « bons des deux tiers » étaient devenus inutilisables car on ne les admettait plus en paiement des biens nationaux. Le « tiers consolidé » maintint son cours ; mais, par suite de la rareté de l'argent, le taux de l'intérêt monta jusqu'à atteindre 4 % et même 6 % par mois !

La banqueroute des deux tiers allégea cependant la Trésorerie du Directoire de manière sensible. Le gouvernement voulut encore améliorer la situation en augmentant le rendement des impôts.

Le principal impôt direct reste la contribution foncière dont le Directoire attend plus de 200 millions. Mais elle est toujours fort inégalement répartie. Dans le Puy-de-Dôme, un cultivateur ayant un revenu de 247 francs est taxé à 196 francs, et dans la même commune un autre paysan doté de 242 francs de revenu ne paie que 104 francs d'impôts. Une commune doit 8.100 francs de contribution foncière pour un revenu global de 20.200 francs, une autre 11.300 pour un revenu inférieur : 19.700 francs.

La « contribution personnelle mobilière » doit rapporter 50 millions. C'est un impôt de répartition divisé en quatre taxes : taxe somptuaire sur les domestiques, chevaux, voitures, etc., taxe du vingtième sur les traitements et salaires publics, taxe mobilière, taxe personnelle égale à trois journées de travail. Ici encore, beaucoup d'arbitraire et d'injustices. Dans la Sarthe, il y a, a-t-on pu écrire, « autant de plaignants que de cotisés ».

Pour diminuer ces inégalités, le Directoire institua par la loi du 14 thermidor an V (1er août 1797) les « jurys d'équité ». Ils sont formés de sept membres dans les cantons de plus de 10.000 habitants, de cinq dans les autres, à raison de deux représentants des fortes cotes, deux des moyennes, et un des petites. Ces jurys ne font d'ailleurs qu'entraver la rentrée des contributions, sans remédier aux injustices. On doit créer des commissaires chargés de rédiger les rôles d'impôts dans un délai donné, aux frais des membres des jurys d'équité. Seuls les riches profitent de ces jurys qui les dégrèvent le plus souvent.

La loi du 1er brumaire an VII (22 octobre 1798) réorganise la « patente », en distinguant sept classes de professions, taxées entre trois francs et cinq cents francs, plus un droit proportionnel au loyer des maisons d'habitation, magasins, boutiques, usines, etc. La patente rentra facilement et rapporta environ 17 millions par an.

Le Directoire créa une nouvelle contribution directe, celle des « portes et fenêtres ». Ce fut la quatrième des « quatre vieilles » contributions qui devaient demeurer jusqu'en 1914 la base du système fiscal français.

Une contribution sur les portes et fenêtres avait déjà été réclamée par quelques cahiers en 1789, mais la Constituante l'avait repoussée. Lorsqu'elle fut proposée de nouveau en l'an VII, elle subit encore de violents assauts ; « Quoi, s'écria le représentant Huguet, si pour réchauffer le corps débile de mon vieux père je veux percer une fenêtre à l'aspect du midi, il faudra payer un impôt !... » Les conseils passèrent outre à cette éloquence. On fit valoir la facilité d'établissement de l'assiette de l'impôt. Le taux en fut modique : 0 fr. 20, par ouverture dans les communes ayant de 5 à 10.000 habitants, de 0 fr. 05 en sus par fraction de 10.000 habitants jusqu'à 0 fr. 60. Les portes et portes cochères étaient taxées de 1 à 10 francs. En l'an VII, cet impôt fut doublé, puis triplé. La levée se heurta à de fortes résistances. Les administrations municipales mirent beaucoup de lenteur à dresser les rôles, les recensements furent souvent inexacts. A Thiers, 453 ouvertures furent oubliées. La productibilité resta faible.

Les contributions directes, malgré leurs défauts, auraient été susceptibles de rendements satisfaisants si elles avaient été convenablement perçues. On le vit bien d'ailleurs plus tard, sous l'Empire lorsqu'un nouveau système fut établi. Mais sous le Directoire, la perception des contributions directes reste très défectueuse.

La loi du 22 brumaire an VI (12 novembre 1797) avait pourtant tenté une amélioration en créant dans chaque département une « agence des contributions directes ». L'agence se composait des commissaires du Directoire auprès des administrations départementales, cantonales, municipales, d'un inspecteur et de préposés aux recettes, ayant chacun à s'occuper d'un arrondissement — modèle des arrondissements administratifs que créera le Consulat.

Les « agences » fonctionnèrent mal, parce qu'elles ne disposèrent pas de crédits suffisants pour couvrir leurs frais. Faute d'argent, pour payer des employés, les rôles ne furent pas confectionnés à temps. En brumaire an IX, l' « agent général » du Puy-de-Dôme n'avait pas encore touché son traitement de l'an VII. Les commissaires cantonaux du Directoire, déjà surchargés de travail, étaient obligés de tenir toutes les écritures eux-mêmes.

La perception, d'ailleurs, restait, comme sous la Constituante, objet d'adjudication : c'était celui qui réclamait la commission la plus modeste qui était chargé, pour l'année, de la perception. Aussi, la plupart des percepteurs manquaient-ils totalement de compétence ; souvent même ils étaient malhonnêtes, et l'administration devait leur envoyer des garnisaires, comme sous l'ancien régime.

Pendant tout le temps du Directoire, il y eut un arriéré dans la rentrée des impôts. Cet arriéré était d'environ six mois à un an, ce qui marquait, malgré tout, un progrès sur l'ancien régime où, fréquemment, l'arriéré était de dix-huit mois, voire de deux ans.

Très impopulaires avant 1789, les impôts indirects avaient été à peu près complètement supprimés sous la Constituante. Le Directoire, manquant d'argent, leur accorde une plus grande importance : Dès le 21 vendémiaire an V (12 octobre 1796), les droits de navigation sur divers canaux sont rétablis.

Les « droits d'enregistrement » sont codifiés par la loi fondamentale du 22 frimaire an VII (12 décembre 1798) qui est encore aujourd'hui en vigueur. La loi distingue les droits fixes, de 1 à 25 francs, et les droits proportionnels qui vont de 0,25 % à 5 %. Ils portent essentiellement sur les transmissions de biens par ventes et par succession.

Le « droit de timbre » est précisé et étendu par la loi du 13 brumaire an VII (3 novembre 1798). Les journaux, les cartes à jouer, le papier à musique, les affiches, certains actes, sont soumis au timbre.

Les droits hypothécaires, les droits de douane, les droits sur les tabacs, les droits de marque sur l'or et l'argent, sont fixés, et en général augmentés. La poste aux lettres est affermée. Le prix des places dans les voitures publiques est soumis à un droit. La chasse dans les forêts nationales, la pêche dans les canaux et rivières, les papiers, les étoffes, sont frappés aussi de certaines taxes. Mais ces taxes et droits divers sont insuffisants. On décide alors d'établir un « droit de passe » sur les routes, autrement dit une taxe perçue sur les voitures et bêtes de somme au passage de barrières établies de place en place sur les routes (loi du 24 fructidor an V, 10 septembre 1797). Cet impôt vexatoire fut impopulaire : les barrières gênaient la circulation des gens du voisinage à qui n'étaient pas consentis de tarifs de faveur. Les droits atteignaient de 0 fr. 10 à 1 franc par véhicule, à chaque barrière. L'établissement des barrières provoqua des résistances. Au Mans, la population manifesta ; les percepteurs s'enfuirent ; la troupe appelée sur les lieux refusa d'intervenir. A Château-du-Loir, les barrières furent incendiées. A Grenoble, après avoir subi de nombreuses vexations, les employés des barrières démissionnèrent. D'ailleurs, la fraude fut très grande. On s'arrangeait pour passer de nuit, ou par des chemins détournés. Ou, encore, on corrompait les percepteurs.

Le Directoire dut songer aussi aux finances municipales qui étaient en plus mauvais point que celles de l'État. Certaines villes avaient un déficit considérable : Versailles dépensait 100.000 francs par an pour un revenu de 25.000, Paris 10 millions avec 1.700.000 francs de recettes. Le gouvernement rétablit les octrois par les lois des 27 vendémiaire et 11 frimaire an VII. La loi stipulait, pour éviter le retour des vexations d'autrefois, « qu'en aucun cas les voyageurs ne pourraient être questionnés ni fouillés ». Les tarifs furent modérés.

Malgré cela, les octrois rapportèrent et permirent de combler le déficit des budgets municipaux.

La loi du 11 frimaire autorisait en outre les administrations locales à lever des centimes additionnels aux contributions directes, à raison de 0 fr. 325 par franc de contribution, dont 0 fr. 10 pour le département, 0 fr. 075 pour le canton, autant pour la commune, 0 fr. 05 pour un fonds commun, et 0 fr. 025 pour un fonds de supplément.

Toutes ces ressources furent cependant insuffisantes, et le Directoire dut compter encore sur les contributions de guerre. Les pays occupés continuèrent à être accablés d'impôts. La Suisse fournit plus de seize millions qui servirent surtout à financer l'expédition d'Égypte, la Cisalpine rapporta de vendémiaire an VI à brumaire an VIII au moins quarante millions, la république Romaine versa en numéraire, bijoux et autres valeurs, soixante-douze millions, et Naples environ trente millions. Ainsi, en deux ans, les pays occupés contribuèrent au bas mot pour 158 millions, plus du quart du budget annuel de la France.

Brusquement, la situation s'aggrava de nouveau durant l'été de l'an VII. Une nouvelle coalition s'était formée contre la France, la guerre s'était rallumée sur presque toutes les frontières, l'Italie avait dû être évacuée. Les dépenses augmentèrent rapidement, alors que les recettes diminuaient. Comme le gouvernement ne se résolvait pas à émettre un nouveau papier-monnaie, il cessa de payer les fonctionnaires. Le commissaire du Directoire près la municipalité de Montmirail (Sarthe) écrivait en septembre 1799 : « Les commissaires ne sont donc plus payés ? A la fin du mois, il me sera dû six trimestres. » En Maine-et-Loire, on oubliait même de payer le bourreau. Il fallut songer à de nouveaux emprunts.

Comme il était certain qu'un appel au crédit volontaire n'aurait pas de succès, il fallut se résoudre à un nouvel emprunt forcé.

Le général Jourdan, en faisant voter la loi sur la conscription obligatoire, proposa, surtout pour en couvrir les frais, un emprunt forcé qui fut adopté le 9 messidor an VII (27 juin 1799). L'emprunt devait rapporter 100 millions, il était progressif et touchait tous les contribuables payant au moins 300 francs d'impôt foncier, ou possédant un revenu mobilier de 10.000 francs. L'emprunt était réparti par un jury composé de citoyens non soumis à l'emprunt ; il y avait un jury d'appel. Toute fortune spéculative pouvait être confisquée dans sa totalité. Le gouvernement, pour obtenir une avance, s'adressa aux banquiers Perregaux, Fulchiron, Malet, Germain, Sabathier. Ceux-ci formèrent un syndicat le 19 thermidor (6 août) et prêtèrent au gouvernement une somme de trente millions, sous forme de billets à valoir sur les rentrées de l'emprunt.

Mais les particuliers ne montrèrent guère d'enthousiasme. Les riches cachèrent leur fortune, désertèrent les villes. C'est en partie pour les rassurer et obtenir d'eux de l'argent que le Directoire ferma le club des Jacobins de Paris. Mais en vain. Quelques jours avant le coup d'État du 18 brumaire, il n'était rentré encore que 10 millions. Sans le coup d'État, le Directoire était acculé au papier-monnaie ou à la faillite.

Ainsi, le Directoire n'a recueilli aucun profit des importantes réformes financières qu'il avait réalisées. Il faut pourtant porter à son actif la liquidation de l'assignat, tâche gigantesque, et l'établissement d'un système cohérent d'impôts qui devait vivre plus de cent ans. Mais cette œuvre a surtout profité à Bonaparte. En effet, la déflation et la stabilisation monétaire, trop brutales, ont engendré une crise économique grave. Les impôts, quoique bien conçus, ont été mal levés, parce que le Directoire n'a pas créé le personnel spécialisé chargé de les percevoir. Enfin, le Directoire a voulu vivre en temps de guerre avec une économie et des finances de paix. Faute d'avoir résolu correctement le problème financier, le Directoire est resté pendant toute son existence le prisonnier des fournisseurs et des généraux : il devait périr par eux.

CHAPITRE V

LES INSTITUTIONS ÉCONOMIQUES DU DIRECTOIRE[1]

La période du Directoire est caractérisée par un retour au libéralisme économique, dans les domaines tout au moins où la liberté favorisait les classes possédantes, c'est-à-dire en matière d'agriculture et d'industrie. Le commerce, et surtout le commerce extérieur, est resté réglementé. Cette période est marquée aussi par un retour à une certaine prospérité, et si l'industrie ou les échanges n'atteignent pas le niveau de 1788, ils surpassent nettement celui de 1793. L'artisan du relèvement et de la réorganisation économiques fut essentiellement François de Neufchâteau, un des disciples les plus actifs de l'école physiocratique. Nommé Directeur au lendemain du coup d'État de fructidor, puis ministre de l'intérieur jusqu'à la fin de juin 1799, il n'a cessé de manifester une activité débordante notamment dans le domaine économique où l'on peut dire que toutes les institutions portent sa marque.

I
LA PROPRIÉTÉ FONCIÈRE ET L'AGRICULTURE[2]

La Convention avait, nous l'avons vu, déclaré que toute rente, entachée de la moindre trace de féodalité était abolie. Le Directoire estima que la Convention avait été trop loin dans cette voie, que certains droits nullement féodaux avaient été ainsi supprimés en lésant gravement le propriétaire, qui était souvent la nation elle-même.

---

1. BIBLIOGRAPHIE GÉNÉRALE. — Se reporter aux indications données aux chapitres VI, VII et VIII du Livre II, p. 157, 176 et 189, et aux chapitres VII et VIII du livre III, p. 339 et 349. Consulter aussi les documents de la série AF III, aux Arch. Nat., et les *Pages choisies de Babeuf*, publiées par A. Dommanget (Paris, 1935, in-8º). Voir outre les ouvrages cités dans les bibliographies des p. 157, 339 et 343, sur l'agriculture et la propriété foncière : G. Bourgin, *Babeuf et le babouvisme*, dans les *Cahiers de la Révolution*, nº 1 (1934), p. 77-106 et A. Chabert, *Essai sur le mouvement des prix et des revenus en France de 1798 à 1820*, t. I, *Les prix*, t. II, *Les revenus* (Paris, 1945 et 1948, 2 vol. in-8º). — QUESTIONS A ÉTUDIER : Les institutions économiques du Directoire sont encore fort mal connues. Aucun ouvrage n'a été consacré aux hypothèques. L'œuvre, considérable, de François de Neufchâteau n'a pas été étudiée comme on le désirerait. Les historiens attendent toujours un grand livre consacré aux compagnies de fournisseurs. Rien, non plus sur les foires, les marchés, les banques (notamment les petites banques provinciales).

2. DOCUMENTS ET OUVRAGES A CONSULTER. — Voir ci-dessus la bibliographie générale de ce chapitre.

Les Conseils annulèrent, par la loi du 9 brumaire an VI (30 octobre 1797), le décret de la Législative qui avait déclaré rachetable la « rente convenancière » du domaine congéable en Bretagne. Les rachats effectués depuis 1792 furent soumis à l'appréciation des tribunaux : les uns furent confirmés, les autres annulés.

Les « baux à locatairerie perpétuelle » avaient, quant à eux, été tous déclarés rachetables par la Convention. Or, ces baux, s'ils conféraient la propriété du sol en Provence, ne l'accordaient nullement en Languedoc, où les légitimes propriétaires étaient lésés par la décision de la Convention. Malgré une vive opposition, notamment de la part de Tronchet, les Conseils abolirent le décret du 2 prairial an II (21 mai 1794) sur les « baux à locatairerie perpétuelle » (9 brumaire an VI, 31 octobre 1797). Et ainsi, c'étaient, cette fois, les Provençaux qui étaient victimes, puisque, de propriétaires effectifs, ils redevenaient locataires.

La Législative et la Convention avaient considéré aussi que les « baux à complant », concernant les vignobles transféraient la propriété au preneur. C'était exact pour toute la France, sauf pour le pays nantais. Les Conseils sous le Directoire discutèrent de la question sans parvenir à prendre de décision. Sous le Consulat, le Conseil d'État rendit au bailleur la propriété des vignobles loués à complant, mais dans le seul département de la Loire-Inférieure.

Le Directoire aurait voulu reviser encore de nombreuses abolitions de rentes décrétées par la Convention, alors que l'origine féodale en était fort douteuse. Mais on cria au rétablissement de la féodalité, et ni le Consulat, ni l'Empire n'osèrent plus tard s'avancer plus que le Directoire. Les suppressions de rentes, même injustes, furent maintenues. « Il est des injustices, déclara le député Gillet (de Seine-et-Oise), qui, lorsqu'elles sont consommées, doivent être entièrement oubliées, parce que leur réparation produirait de plus grands maux encore... »

La Convention, on s'en souvient, avait rédigé un code hypothécaire, qui, avec ses cédules, permettant la mobilisation des biens-fonds par le propriétaire, était fort audacieux, si audacieux même que l'Assemblée n'avait pas osé le promulguer.

Le code remanié par les Conseils fut publié le 11 brumaire an VII (1er novembre 1798). Il établissait non seulement, comme le texte de la Convention, la « publicité » des hypothèques, mais aussi leur « spécialité ». Cette loi répondait à un tel besoin que les bureaux des hypothèques furent assaillis de demandes dès leur ouverture. Dans le seul mois de prairial an VII, le bureau de Saverne enregistra plus de 2.800 inscriptions, alors que dans les dix mois suivants, il n'y en eut que 772. L'organisation des hypothèques libérait en partie le paysan de l'usurier.

La loi du 10 juin 1793, nous l'avons vu, avait été diversement accueillie. Elle ne favorisait guère les paysans pauvres. Peu de partages furent réellement effectués. Dans cinq des huit districts de la Haute-Garonne, pour lesquels nous connaissons les résultats de l'opération, 23 % seulement des communes demandèrent le partage, et un quart des communaux était effectivement partagé au début du Directoire. Contre le partage, on invoquait le plus souvent la nature du sol — trop stérile, — la situation des communaux, — sur des montagnes, — leur exiguïté, dans la plaine, les frais d'arpentage, dans toutes les communes, enfin l'hostilité générale des paysans pauvres. Dans toute la France, semble-t-il, il en fut de même. Aussi le Directoire, par décret du 21 prairial an IV (9 juin 1796) abrogea-t-il la loi du 10 juin 1793. Il était sursis à toutes actions et poursuites résultant de cette loi. Enfin, une loi du 2 prairial an V (21 mai 1797) ôta aux communes la faculté d'aliéner ou d'échanger leurs biens. Dès lors, il n'était plus question de partage, beaucoup de communes allaient même s'efforcer de reconstituer les communaux qu'elles avaient aliénés.

Si le Directoire renonçait à accroître le nombre des petits propriétaires par le partage des communaux, il ne cherchait pas davantage à l'augmenter par le morcellement des domaines nationaux les plus étendus. Au contraire, il s'efforça d'avantager les riches, même les spéculateurs. L'époque du Directoire, en effet, fut celle des grosses ventes, et aussi de l'aliénation des presbytères, églises, chapelles ; en ce qui concerne les biens des émigrés, on vendait non seulement leurs domaines, mais ceux dont ils étaient censés devoir hériter, par le système de la « présuccession ».

Les biens nationaux furent vendus selon trois régimes différents qui se succédèrent en l'an IV, l'an V et l'an VII.

La loi du 28 ventôse an IV (18 mars 1796), en créant les « mandats territoriaux » autorisait, on l'a vu, tout porteur de mandat à se faire remettre sans enchères, le bien national qu'il désignerait pour un prix variant entre 18 et 22 fois le revenu de 1790. La somme était payable moitié dans les dix jours, moitié dans les trois mois. Mais, par suite de la baisse rapide du mandat, des spéculateurs purent acheter des biens nationaux à des prix dérisoires : si l'on en croit le journal l'*Historien*, du 2 messidor an IV (20 juin 1796) à Neuf-Brisach (Haut-Rhin), une maison estimée 6.000 francs en 1790 est vendue pour une somme équivalant à 540 francs-numéraire. A Gimont (Gers), un bois de 130 arpents est adjugé 63.000 francs mandats, soit 3.000 francs métalliques. L'acquéreur vend les coupes 25.000 francs-numéraire, et garde le terrain. A Lyon, selon l'*Abréviateur universel* du 27 messidor (15 juillet), la salle de spectacle est adjugée 20.000 francs-numéraire. L'acquéreur la loue deux jours plus tard pour 25.000 francs ! Le Directoire, après avoir plusieurs fois modifié la loi, finit par obliger les acquéreurs à verser la somme en mandats au cours (loi du 13 thermidor an IV — 31 août 1796). Les ventes sans enchères sont elles-mêmes supprimées le 20 fructidor an IV (6 septembre 1796). Ces ventes avaient surtout profité à la bourgeoisie et aux spéculateurs. En effet, l'obligation de faire les soumissions au chef-lieu du département écartait les paysans qui hésitaient à perdre leur temps en voyages. Beaucoup de parents d'émigrés profitèrent aussi de cette loi pour racheter les biens de l'émigré, ou les leurs, vendus au titre de présuccession.

La loi du 16 brumaire an V (6 novembre 1796) rétablit la vente aux enchères publiques. Celles-ci étaient ouvertes au chef-lieu du département, sur la première offre égale au montant de l'évaluation, calculé d'après les règles édictées en 1790. Le paiement a lieu, moitié en numéraire, moitié en papier (ordonnances de fournitures, bordereau de liquidation, etc.). La fraction du prix payable en numéraire devait être versée à raison d'un dixième dans les dix jours, un dixième dans les six mois, les huit autres dixièmes à raison de deux dixièmes par an, à 5 % d'intérêts. Ces modalités profitèrent surtout à la bourgeoisie qui avait de grosses disponibilités en numéraire. Dans le *Nord*, 33.000 hectares et 926 édifices furent acquis par des bourgeois alors que les paysans ne s'étaient fait adjuger que 16.000 hectares et 106 bâtiments. Dans l'*Yonne*, les paysans ne comptent que pour 31 % des acquéreurs avec 11.200 hectares, alors que les bourgeois sont 56 % avec 20.100 hectares.

Le gouvernement estima que ce régime de ventes n'était pas assez avantageux pour l'État. Il le modifia par les lois des 26 vendémiaire et 27 brumaire an VII (17 octobre et 17 novembre 1798). La loi du 26 vendémiaire maintenait les enchères publiques mais prescrivait l'obligation du paiement intégral en numéraire, au cours de dix-huit mois, en sept termes pour ce qui concernait la valeur de la mise à prix ; le reste en trois paiements échelonnés pendant les dix-huit mois suivants. Ainsi, pour la première fois, on exigeait le complet paiement en numéraire des biens nationaux. Mais la loi abaissait les mises à prix, puisque celles-ci ne devaient pas dépasser huit fois le revenu de 1790, pour les biens ruraux, six fois pour les propriétés bâties. La loi du 27 brumaire obligeait les anciens acquéreurs, encore redevables de sommes en papier, de s'acquitter en numéraire à raison de 1 fr. 90 pour 100 francs papier si le paiement avait lieu dans les deux mois, 1 fr. 95 s'il était fait dans les trois mois, 2 francs dans les quatre mois. Passé ce délai, les acquéreurs seraient déchus.

Les acquéreurs de propriétés bâties ne dépendant pas de fonds de terre, conservaient la possibilité de payer leurs acquisitions en bons des deux tiers, à raison de quarante fois le revenu de l'an VII évalué en numéraire.

Ces lois favorisèrent surtout les spéculateurs. Les « compagnies de fournisseurs », Chevallier, Bodin, Rochefort à Paris, Vanlerberghe et Paulée dans le Nord, effectuèrent d'énormes achats. Paulée acquit, par l'intermédiaire de son ami Claro, épicier à Douai, plus de 600 hectares. Dans la Haute-Garonne, on remarque, parmi les gros acheteurs, Fraineau, entrepreneur des fournitures militaires, Grenier, entrepreneur des lits militaires à Montpellier, Roy, fournisseur de la marine à Paris. Les paysans furent presque évincés des ventes en l'an VII.

Quoique l'agriculture fût laissée entièrement libre, conformément aux principes des physiocrates, il existait néanmoins au ministère de l'intérieur, une « division », la quatrième, chargée de la surveiller, de la conseiller, de l'encourager au besoin. On rencontrait parmi les commis de cette division notamment Parmentier, l'apôtre de la pomme de terre, et Vilmorin, l'ancien membre de la « Commission des subsistances » de la Convention, spécialiste du commerce des grains. La division de l'agriculture surveillait la publication de la *Feuille du cultivateur*, journal agricole fort bien rédigé.

François de Neufchâteau demanda, par circulaire du 26 germinal an VII (15 avril 1799) à chaque département une description de ses ressources agricoles, les administrations départementales devaient détailler « les terrains perdus, et qui pourraient être rendus à l'agriculture par des canaux de desséchement ou d'irrigation... ». Les réponses font connaître que les prix ont généralement beaucoup baissé par suite de la pénurie monétaire et des bonnes récoltes de 1797 et 1798. Le blé, pour la première fois depuis 1789 est en surabondance. La libre circulation a été prescrite par la loi du 21 prairial an V (9 juin 1797) qui prévoit une peine de six mois de prison contre toute personne qui s'y opposerait. Le bétail est « à vil prix ». Mais le système de la jachère est en usage presque partout, l'élevage est médiocre, la main-d'œuvre rurale est rare et chère, conséquence de la conscription et de la guerre. Les forêts sont dévastées.

François de Neufchâteau s'efforça d'encourager la renaissance de l'agriculture. Il favorisa le rétablissement des sociétés d'agriculture, une quarantaine existaient en 1799. Une fête nationale fixée chaque année au 10 messidor, devait à partir de l'an VII exalter les mérites de l'agriculture. La fête comprenait des discours, un concours agricole avec des récompenses aux agriculteurs les plus ingénieux. A Paris, on « porta en triomphe » la plus belle toison de laine, et le nom du cultivateur qui l'avait fournie fut « proclamé par le Directoire » qui lui accorda une médaille d'or et quelques bêtes de race. Ainsi, le gouvernement combinait-il le libéralisme économique avec les encouragements : c'était une politique favorable surtout aux gros et aux moyens propriétaires, la paysannerie pauvre n'en profita pas.

II

LA PRODUCTION INDUSTRIELLE[1]

« Laissez-faire », reste la devise qui régit la production industrielle. Il n'empêche que la troisième division du ministère de l'intérieur s'occupe de l'industrie. A la quatrième division, un « Bureau des Arts », est chargé des inventions, tandis que la cinquième division correspond avec les savants et les artistes.

Sous prétexte de maintenir la liberté de l'industrie, le gouvernement sévit vigoureusement contre les ouvriers qui s'organisent afin de défendre leurs salaires.

Quoique interdits par la Constituante, les compagnonnages mènent toujours leur activité clandestine. Les « compagnons du devoir » ou « dévorants » s'assemblent à Tours en l'an VII, et mettent en quarantaine les compagnons

---

1. TEXTES ET OUVRAGES A CONSULTER. — Voir la bibliographie générale de ce chapitre. Ajouter : E. Soreau, *Les ouvriers en l'an VII*, dans les *Annales hist. de la Révolution franç.*, 1931, p. 117-124.

qui ne veulent pas s'affilier. L'administration centrale du département les poursuit et fait arrêter certains ouvriers. Comme les réunions ont lieu tous les jours des « ci-devant fêtes », et les dimanches, on inculpe les délinquants de menées anti-républicaines. Le ministre de l'intérieur approuve et déclare hautement qu'il faut poursuivre par tous les moyens ceux qui veulent faire revivre les associations condamnées par les lois des 17 juin et 22 juillet 1791. Les ouvriers papetiers qui se réunissent à Montargis, à la même époque, sont aussi traqués par l'administration. Le Directoire en arrive même à prendre à l'égard des ouvriers, la même attitude que le gouvernement monarchique. Ainsi, lors d'une agitation des ouvriers chapeliers il leur impose un règlement qui reproduit à peu près textuellement les prescriptions de l'arrêt du 13 juillet 1748, des lettres patentes du 2 janvier 1749 et de l'édit d'avril 1777 : « En cas de difficultés, et pour assurer les droits des ouvriers et leur juste salaire, il sera formé un tarif des dits salaires en présence de l'administration municipale de chaque commune... Ce tarif sera formé tant par les maîtres fabricants que par les chefs ouvriers des fabriques d'une même commune. Ledit tarif sera exécuté jusqu'à ce qu'il ait été remplacé suivant le même mode par un nouveau tarif... » Ainsi, le Directoire renonçait à l'individualisme libéral lorsqu'il s'agissait d'assujettir les ouvriers.

Cette réglementation stricte n'empêcha pas les grèves, fréquentes surtout au début du Directoire, et toujours réprimées : grève de plusieurs ateliers parisiens le 4 frimaire an IV (24 novembre 1795), grève des ouvriers employés aux fabrications d'assignats, le 15 frimaire (25 novembre), grève des typographes, le 19 frimaire (9 décembre) ; le 26 brumaire an VI (16 novembre 1797), à la nouvelle que les ouvriers charpentiers vont se mettre en grève, le Directoire décide de « prendre des mesures pour réprimer les perturbateurs ». Les 22 et 23 floréal an VI (11-12 mai 1798), le Bureau Central de Paris déclare nuls et non avenus les arrêtés pris par des ouvriers « pour s'interdire respectivement et interdire à tous autres ouvriers le droit de travailler à d'autres prix que ceux fixés » par les règlements.

Le Directoire aggrave même la législation ouvrière. Un arrêté du 16 fructidor an IV (2 septembre 1796) interdit aux ouvriers papetiers de quitter leurs ateliers sans avoir prévenu le patron au moins quatre décades à l'avance, à peine de 100 livres d'amende pour l'ouvrier et de 300 livres pour le patron qui l'aurait débauché. Si l'ouvrier « gâte » c'est-à-dire sabote son ouvrage, il sera puni de la même peine que s'il avait quitté le patron sans congé. Le 23 messidor an V (11 juillet 1797), le Directoire interdit aux ouvriers chapeliers d'abandonner un ouvrage commencé.

A partir de l'an VI, les grèves devinrent plus rares, mais le chômage sévit. La déflation économique, le retour de nombreux militaires furent cause de la crise. A Paris, il y avait 60.000 chômeurs à la fin de l'an VI. Les usines travaillaient, certes plus qu'en l'an III, mais moins qu'en 1788. Dans l'Isère, il y avait sept hauts fourneaux en activité en 1788, trois en 1798. La fabrique d'indiennes de Perregaux à Jallieu (Isère) comptait 280 ouvriers avant la Révolution, 50 en 1798. A Grenoble même, en 1798, 950 ouvriers fabriquaient 100.000 paires de gants, la moitié de la production de 1788. A Cholet, sur 200 métiers à tisser, pour la fabrication des mouchoirs, cent étaient en chômage en 1798. A Thiers, la production de la coutellerie est en 1798 les deux tiers de celle de 1788.

Pour donner un coup de fouet à l'industrie, le Directoire, sous l'inspiration de François de Neufchâteau, organisa des expositions nationales. Il s'agissait de montrer non seulement la renaissance de la production française, mais aussi et surtout que la France pouvait se passer des marchandises britanniques.

La première exposition eut lieu à Paris, au Champ-de-Mars, pendant les jours complémentaires de l'an VI (18-21 septembre 1798). Cent dix industriels exposèrent, 23 furent primés ; parmi ceux-ci notons Bréguet, pour un mécanisme d'horlogerie, Didot, pour une édition de Virgile, Conté pour ses crayons... L'exposition eut un grand succès, les journaux en souhaitèrent la prolongation. On décida qu'une nouvelle exposition aurait lieu l'année suivante. Mais les circonstances étaient moins favorables. La guerre continentale avait repris, l'agitation politique à l'intérieur était grande. Néanmoins, l'exposition eut lieu dans la Cour du Palais national des Sciences et connut une certaine affluence. Si les résultats immédiats ne furent pas ceux qu'on attendait, l'exemple du moins, n'en devait pas être perdu pour Bonaparte.

III
LES ÉCHANGES[1]

Avant de se séparer, la Convention avait décidé de maintenir la réglementation existante — taxation exceptée — (7 vendémiaire an IV - 29 septembre 1795). Cette réglementation interdisait la vente des grains ailleurs qu'au marché et donnait aux administrations de districts le droit de les réquisitionner. Mais le district ayant disparu, il n'y eut plus de réquisitions. Il est vrai que, pendant la période de l'inflation, le Directoire disposa des grains versés à titre d'impôts en nature et put, grâce à eux exercer, durant l'hiver de l'an IV une certaine pression sur les cours, ou subvenir aux besoins des nécessiteux. Mais dès l'été de l'an IV, le Directoire s'efforça d'assurer autant

---

1. TEXTES ET OUVRAGES A CONSULTER. — Sur les échanges, les prix, la crise économique : Braesch, *La valorisation des créances privées dans le département de la Meurthe*, dans les *Ann. de l'Est, op. cit.*, p. 432 ; J. Godechot, *Les aventures d'un fournisseur aux armées*, dans les *Annales hist. de la Révol. franç.*, 1936, p. 30-41 ; F. L'Huillier, *Recherches sur l'Alsace napoléonienne* (Strasbourg, 1947, in-8°) ; R. Schnerb, *La dépression économique sous le Directoire*, dans les *Annales hist. de la Révolution franç.*, 1934, p. 27-49 ; Viard, *Vers l'ajustement légal des prix dans l'Hérault à la fin de l'an V*, dans les *Annales hist. de la Révolution franç.*, 1928, p. 243-263 ; du même, *Quelques faillites à Dijon sous le Directoire*, dans la *Révolution dans la Côte-d'Or, op. cit.*, p. 435.

que possible, la liberté des échanges à l'intérieur. Ceux-ci furent gênés, il est vrai, par le mauvais état des voies de communication, et surtout par la pénurie de numéraire. Quant aux échanges avec l'extérieur, ils restèrent soumis à une stricte réglementation douanière.

Selon la doctrine libérale, le Directoire pensa que l'État ne devait intervenir que pour assurer l'honnêteté du commerce. Dans ce dessein, il réglementa sévèrement les opérations de bourse, garantit le commerçant contre le trafic clandestin par la patente, et rétablit la contrainte par corps pour dettes.

La contrainte par corps pour dettes avait, en effet, été abolie par la Constituante. Les Conseils revinrent sur cette mesure en 1797. Dupont de Nemours plaida pour la liberté, Durand-Maillane et Portalis admettaient le principe de la contrainte par corps, mais ne voulaient pas l'appliquer en matière commerciale. La majorité des Conseils n'écouta pas leurs arguments, et invoqua l'expérience. On déclara aussi que la contrainte par corps n'avait été abolie que par « l'esprit de faction », et dans un but de « spoliation », on agita même le spectre de la « loi agraire ». Aussi, la loi du 24 ventôse an V (14 mars 1797) et le décret du 15 germinal an VI (4 avril 1798) rétablissent-ils la contrainte par corps, qui sera inscrite par le Consulat dans le code civil.

Le commerce intérieur est entravé par le mauvais état des routes. Garat écrit en 1798 : « Entre Melun et Nevers, les chemins, quoiqu'on ne fasse pas beaucoup pour les entretenir, et les réparer, sont rarement mauvais, mais quand ils le sont, c'est d'une manière affreuse et dangereuse... » Entre Nevers et Chalon-sur-Saône « ... ils sont presque toujours horribles, et il est rare que les voitures y passent sans avoir besoin d'être réparées plusieurs fois dans leurs parties les plus essentielles... ».

Le « droit de passe » avait été établi, en principe, pour procurer les fonds nécessaires aux réparations. En ventôse an VI, on organise solennellement à Paris le départ des travailleurs allant réparer les routes. Ils quittent la capitale précédés d'une « musique guerrière », suivis de tombereaux remplis de brouettes et accompagnés des fonctionnaires municipaux revêtus de leur écharpe. En province, on trouve difficilement des volontaires ; à Châlons-sur-Marne, les deux tiers sont des fonctionnaires.

A partir de l'an VI, la baisse des prix vint encore ralentir le commerce. Les prix tombèrent alors à leur niveau le plus bas depuis 1789. « Les habitants de Paris virent se réaliser ce vœu qu'ils formaient vainement sous l'ancien régime : Pain à 8 sous (les quatre livres), vin à 8 sous (le litre), viande à 8 sous (la livre). » Ces bas prix facilitèrent le ravitaillement des villes, l'existence des ouvriers, — car les salaires baissèrent moins, — et celle des fonctionnaires — dans la mesure toutefois où ils furent régulièrement payés. Mais le commerce, surtout le commerce de détail, en pâtit. Seuls prospérèrent les grandes compagnies de fournisseurs aux armées, et les commerçants de certaines régions favorisées par la politique extérieure du Directoire.

Le Directoire fut l'âge d'or des « compagnies de fournisseurs ». Ces compagnies, interdites sous la Convention, sont, en effet, autorisées à nouveau, par la loi du 30 brumaire an IV (1er novembre 1795) : « Il est nécessaire, déclare à ce propos Dupont de Nemours devant les Anciens, il est même pressant qu'il se forme de ces compagnies dont le crédit multiplie les moyens de circulation et pourra fournir des secours dans l'état fâcheux où nous laissent les assignats... »

Ces compagnies participèrent à toutes sortes d'opérations bancaires et commerciales : négociations de traites pour le compte du gouvernement, vente des diamants de la couronne, financement de l'expédition d'Irlande, vente de coupes de bois, mais surtout fournitures aux armées. Parmi les plus célèbres, citons la compagnie Flachat qui se fit donner, en échange de la fourniture des vivres, le droit de lever les contributions de guerre imposées à l'Italie. L'un de ses directeurs, Laporte, était député, c'était un ami de Reubell. La compagnie Lamotze, chargée des fournitures à l'armée de Sambre-et-Meuse, se fit délivrer les fonds provenant de la contribution de Francfort. La compagnie Lanchère fournissait les chevaux aux armées. La compagnie Lannoy était chargée de la viande. Elle fut accusée d'avoir fait enlever par des « brigands » le trésor de l'armée de Sambre-et-Meuse : 1.300.000 francs-numéraire. Le fils du célèbre naturaliste suisse, Haller, dirigea une compagnie qui mit Rome au pillage La compagnie Bodin fournit en l'an VII l'armée d'Italie moyennant la cession d'immenses propriétés nationales. Toutes ces compagnies volèrent effrontément ; aucune ne fut poursuivie sérieusement : elles avaient des protecteurs jusque dans le Directoire. Leur prospérité fut donc factice et ne doit pas étonner.

L'activité du commerce dans certaines régions, notamment dans l'est, fut la conséquence du report aux frontières des barrières douanières et, plus encore, de l'occupation des pays voisins : Belgique, Rhénanie, Suisse, Italie. Le commerce de Metz, par exemple, se développa beaucoup depuis 1789. Mais partout, on se plaint du manque de numéraire, du manque de crédit.

Les banques, en effet, sont peu nombreuses, et presque toutes concentrées à Paris : La « Caisse des comptes courants » fut établie le 11 messidor an IV (29 juin 1796), au capital de cinq millions. Elle émettait un papier recherché à l'égal du numéraire. Ce devait être l'ancêtre de la Banque de France. La « Caisse d'escompte et de commerce » est fondée le 4 frimaire an VI (24 novembre 1797), le « Comptoir commercial » date de la même époque. En province, les banquiers de quelque importance sont rares. Citons, en Normandie, la « Société Générale du Commerce de Rouen ». A Metz, les négociants souhaitent « l'établissement d'une banque », car « dans l'état présent des choses », les commerçants « se trouvent obligés d'avoir recours aux banquiers de Paris » ; ils éprouvent « des retards nuisibles, des augmentations de frais, et ne sont point à l'abri d'événements fâcheux... ».

Interrompues pendant la terreur, les foires reprennent en l'an VI, et en l'an VII. Mais, la foire de Beaucaire n'a pas alors le succès qu'elle connaissait avant 1790. La foire de Franciade (Saint-Denis) n'attire qu'un maigre public, mais « cependant assez pour laisser aux marchands qui y sont venus l'opinion que cette foire... reprendra faveur... ». Le petit commerce végète. A Paris, les détaillants se plaignent en l'an VI de « ne plus rien faire ». Le « luxe disparaît » ; les étrangers « quittent Paris ».

Le commerce extérieur reste soumis au tarif douanier de 1791, mais le commerce maritime est presque complètement arrêté, par suite du blocus anglais et de la rupture avec les États-Unis. En revanche, le commerce continental est en progrès, à cause surtout de l'occupation d'une partie de l'Allemagne, de la Suisse, et de l'Italie. Au total, le commerce extérieur atteint 564 millions, un peu plus de la moitié du chiffre de 1789.

Les institutions économiques du Directoire, malgré leur fidélité à la doctrine libérale, n'ont donc pas réussi à rendre à l'industrie et au commerce de la France l'éclat qu'ils avaient connu avant la Révolution.

CHAPITRE VI

LES INSTITUTIONS RELIGIEUSES DU DIRECTOIRE[1]

La Convention thermidorienne avait, nous l'avons vu, établi la liberté des cultes par les décrets des 3 ventôse et 11 prairial an III (21 février et 30 mai 1795). En fait, les prêtres réfractaires avaient en grand nombre repris leurs cures ; mais après l'insurrection du 13 vendémiaire, la persécution anticléricale avait recommencé. Au début du Directoire, en revanche, l'ancien culte constitutionnel, qu'il est plus logique d'appeler « gallican » depuis la séparation, était à peu près libre. Il avait à sa tête des hommes remarquables comme les évêques Grégoire et Saurine, qui publiaient une revue, les *Annales de la religion*. Le culte romain était desservi soit par des prêtres « soumissionnaires », c'est-à-dire ayant prêté le serment prévu par la loi du 11 prairial an III (30 mai 1795), soit par des « insoumissionnaires » ; ces derniers plus ou moins traqués.

A côté du catholicisme, le protestantisme et le judaïsme profitaient silencieusement de la demi-liberté des cultes, tandis que les religions révolutionnaires s'efforçaient, après l'effacement thermidorien, de reprendre de l'activité.

I

LE DIRECTOIRE ANTICATHOLIQUE
(octobre 1795 - avril 1796)[2]

Le Directoire poursuivit naturellement la politique religieuse de la Convention finissante. Parmi ses membres, Reubell était très hostile aux prêtres réfractaires, « les plus cruels ennemis de la patrie » ; pour La Revellière-Lépeaux, l'anticléricalisme était une passion, quant à Barras, il affichait avec

---

1. BIBLIOGRAPHIE GÉNÉRALE. — Se reporter aux indications données à propos des chapitres X du livre II, p. 216, et IX du livre III, p. 361. Consulter, en outre, aux Arch. nat. la série AF III. Voir aussi V. Pierre, *La déportation ecclésiastique sous le Directoire, documents inédits* (Paris, 1896, in-8°). — TRAVAUX. Outre les ouvrages énumérés dans les bibliographies précitées, voir, sur le culte catholique, Grente, *Le culte catholique de la Terreur au Concordat* (Paris, 1903, in-8°) (compte rendu par Aulard dans la *Révolution franç.*, 1905, t. XLIX, p. 378-380) ; C. Latreille, *L'opposition religieuse au Concordat, de 1792 à 1803* (Paris, 1910, in-8°) ; Séché, *Les origines du Concordat, Pie VI et le Directoire*, t. I (Paris, 1894, in-8°).

2. TEXTES ET OUVRAGES A CONSULTER. — Sur l'application du régime de la séparation : Ledré, *Le diocèse de Rouen et la législation religieuse de 1795 à 1800* (Paris, 1939, in-8°) ; R. Patry, *Le régime de la liberté des cultes dans le Calvados* (Paris, 1921, in-8°) ; Sol, *Sous le régime de la séparation* (Paris, 1931, in-8°). — QUESTIONS A ÉTUDIER : Voir les indications données aux chapitres X du livre II, p. 216, et IX du livre III, p. 361.

cynisme l'irréligion qui avait caractérisé toute une partie de l'aristocratie au cours du XVIIIe siècle. Les deux autres directeurs, Carnot et Letourneur, étaient indifférents aux choses religieuses.

Le Directoire chargea donc ses ministres d'appliquer avec rigueur les lois persécutrices, et notamment la loi du 3 brumaire an IV (25 octobre 1795). Le ministre de la police devait veiller à la déportation des prêtres réfractaires, à l'exception des vieillards et des infirmes qui devaient être enfermés. Les réfractaires qui avaient émigré ou avaient été déportés et étaient rentrés devaient être poursuivis devant la justice. Ils étaient passibles de la peine de mort. En fait les autorités élues mirent peu d'empressement à exécuter ces ordres. Les courriers qui les transportaient subissaient des retards extraordinaires, les lettres se perdaient, beaucoup de réfractaires obtenaient des certificats médicaux constatant leur infirmité, mais faute de locaux, ils étaient reclus dans leurs demeures. Quant aux déportés rentrés, avertis qu'on allait les poursuivre, ils se cachaient pour un temps et bien peu comparurent devant les tribunaux. A Toulouse, un seul prêtre réfractaire, soupçonné d'émigration, fut jugé par le tribunal criminel, mais il fut acquitté, faute de preuve. Toutefois à Vesoul une condamnation à mort fut prononcée le 15 janvier 1796 ; à Saint-Omer il y en eut une autre le 12 février. Dans le Morbihan, on en compte quatre entre décembre 1795 et mars 1796.

Quoiqu'elle ne reçoive guère d'encouragements du Directoire, l' « église gallicane » se reconstitue. Grégoire, assisté de quatre évêques, Roger (Ain), Saurine (Landes), Gratien (Seine-Inférieure), Desbois de Rochefort (Somme), s'efforce de ramener son église à la pureté de l'église primitive. Il rejette les prêtres mariés, exige réparation des « traditeurs », autrement dit des prêtres qui ont livré leurs « lettres de prêtrise ». Mais beaucoup de curés résistent à ces injonctions. Sans traitement de l'État, mal payés par les fidèles, les anciens prêtres constitutionnels sont dans la misère ; le recrutement du clergé dit « gallican » est difficile. Grégoire voudrait restaurer l'unité de l'Église de France. Ses *Annales de la religion* font des avances aux « Romains », qui, pour leur part, se montrent intransigeants.

L'athéisme groupe un certain nombre d'intellectuels tels l'astronome Lalande, son confrère Dupuis, auteur de : *L'origine de tous les cultes ou religion universelle*, le poète Parny. Le théoricien de l'athéisme est sans conteste Sylvain Maréchal qui publie en l'an IV *Culte et loi d'une société d'hommes sans Dieu (H. S. D.)*. Dans ce livre, Maréchal invente toutes sortes d'institutions propres aux H. S. D. : Si la guerre civile éclate par exemple, les « H. S. D. sortent tous ensemble le grand livre ouvert de la « Vertu » à leur tête, et parcourent les places publiques en s'écriant avec l'autorité que donne la sagesse en cheveux blancs : « Citoyens, bas les armes devant le livre de la « Vertu » ; n'en déchirez pas les pages avec vos glaives ! » Sylvain Maréchal fit partie du complot de Babeuf ; mais, en dehors de ce cercle, il fit peu d'adeptes.

II
LA POLITIQUE D'APAISEMENT
(avril 1796 - septembre 1797)[1]

Avec le complot de Babeuf, le Directoire, effrayé, va rechercher l'appui des modérés. Aussi leur fera-t-il des concessions sur le terrain religieux en engageant, à l'extérieur, des négociations avec le pape, en atténuant, à l'intérieur, la législation hostile aux prêtres réfractaires.

Dès la signature de l'armistice mettant fin aux hostilités entre le Saint-Siège et la France (23 juin 1796), le pape envoya l'abbé Pierachi à Paris pour négocier la paix. Mais, conseillé par Grégoire, le Directoire aurait voulu que le pape annulât solennellement les brefs qu'il avait lancés contre l'église constitutionnelle. Pierachi refusa, mais déclara que le pape pouvait exhorter les prêtres réfractaires à « se soumettre aux lois de la république » et annuler par des brefs les articles purement politiques. Le Directoire n'accepta point et la négociation fut rompue. Elle devait reprendre un peu plus tard à Florence entre Pierachi et les commissaires aux armées Saliceti et Garrau, sans plus de résultats. Pourtant ces négociations prouvaient que le gouvernement français n'était pas hostile, en principe, à des négociations avec Rome, c'est-à-dire qu'il ne considérait pas la neutralité religieuse de l'État comme une règle intangible. Le pape, de son côté, était prêt aux plus larges concessions. Le nonce Pierachi avait apporté à Florence le projet d'un bref *Pastoralis sollicitudo*, exhortant les réfractaires à se soumettre aux lois civiles, et le pape aurait accordé, prétend-on, le chapeau de cardinal aux évêques Grégoire et Saurine. Ces concessions étaient d'ailleurs jugées intolérables par les plus intransigeants des réfractaires et des « insoumissionnaires ». Plusieurs annoncèrent qu'ils démissionneraient plutôt que de se soumettre.

Bonaparte ayant remporté de nouveaux succès sur les armées pontificales, le pape fut contraint de traiter à Tolentino le 19 février 1797. Il cédait à la France, Avignon et le Comtat, des territoires en Italie, acceptait de verser une énorme indemnité de guerre avec toutes sortes d'objets précieux ; mais aucun article du traité ne concernait les affaires religieuses en France.

Parallèlement à ces négociations, et sans doute en vue de les faciliter, les lois favorables aux prêtres réfractaires se succédaient. Le 12 prairial an IV (31 mai 1796), le gouvernement restituait leurs biens aux prêtres qui s'étaient exilés volontairement. Puis la loi du 11 messidor an IV (29 juin 1796) restituait leurs pensions aux religieuses qui n'avaient pas prêté le serment « liberté-égalité » en temps voulu. Elle prolongeait le délai fixé pour la prestation de ce

---

1. DOCUMENTS ET OUVRAGES A CONSULTER. — Voir la bibliographie générale de ce chapitre, p. 451.

serment. La loi du 19 fructidor an IV (5 septembre 1796) étendait celle du 12 prairial en rendant leurs biens aux réfractaires sujets à la réclusion, c'est-à-dire aux sexagénaires et aux infirmes. En ce qui concerne les autres réfractaires, le ministre de la police Cochon recommandait de les tracasser le moins possible. Les autorités départementales recevaient le droit de rayer de la liste des prêtres déportés tous ceux qui leur paraîtraient avoir été déportés à tort. La loi du 14 frimaire an V (4 décembre 1796) abrogea l'article 10 de la loi du 3 brumaire an IV, qui avait remis en vigueur toutes les mesures de persécution de 1792 et 1793. Dès que cette loi fut connue, beaucoup de prêtres encore détenus furent remis en liberté ; les réfractaires reprirent publiquement le service du culte. La loi du 7 fructidor an V (24 août 1797) abrogea formellement toutes les lois persécutrices de 1792 et 1793, mais maintint l'obligation d'une déclaration de soumission. Elle termina le cycle de ces mesures d'apaisement en autorisant le retour de tous les prêtres déportés. Beaucoup n'avaient pas attendu. Dès le début de l'année 1797 on signale partout l'arrivée de nombreux réfractaires. Dans l'Isère, par exemple, ils sont revenus à Vienne, à Viriville, à Todure, à Pact, etc. On estime à 30.000 environ le nombre des paroisses où le culte catholique romain avait repris au début de fructidor. Mais ce régime libéral ne devait pas durer : le coup d'État y mit fin brusquement le 18 fructidor an V (4 septembre 1797).

III

LA LUTTE ANTICATHOLIQUE ET LES CULTES OFFICIELS APRÈS LE 18 FRUCTIDOR[1]

Au lendemain du coup d'État, la loi du 19 fructidor annulait avec brutalité toutes les mesures qui, depuis dix-huit mois, tendaient à instaurer en France une véritable liberté des cultes. Elle ordonnait à tous les individus inscrits sur la liste des émigrés, et qui n'en avaient pas été rayés définitivement, de quitter la France dans les quinze jours sous peine de mort. La loi du 7 fructidor qui rappelait les prêtres déportés était révoquée ; toutes les lois de 1792 et 1793 contre les prêtres réfractaires étaient remises en vigueur ; toutefois la peine de mort était remplacée par la déportation à la Guyane. De plus, le Directoire était autorisé à déporter par arrêtés individuels les prêtres qui troubleraient la tranquillité publique. D'ailleurs, tous les prêtres demeurant sur le territoire de la république devaient prêter le serment de « haine à la royauté et à l'anarchie ». Les anciens « jureurs » prêtèrent presque tous ce nouveau serment

---

1. DOCUMENTS ET OUVRAGES A CONSULTER. — Sur la théophilanthropie et le culte décadaire : A. Mathiez, *La théophilanthropie et le culte décadaire* (Paris, 1904, in-8°) ; sur l'athéisme, Fusil, *Sylvain Maréchal* (Paris, 1936, in-12). — QUESTIONS A ÉTUDIER : Après la magistrale étude d'A. Mathiez, les travaux devront surtout porter sur le dénombrement des fidèles de la théophilanthropie et du culte décadaire. Il pourrait aussi être utile de poursuivre les études déjà entreprises sur l'application du régime de la séparation dans les différentes régions de la France.

— on les appela les « haineux » ; parmi les anciens réfractaires, une fraction, variable selon les régions, consentit au serment. Dans la Sarthe, près de la moitié des réfractaires jurèrent, dans les Côtes-du-Nord, il n'y en eut qu'un nombre minime. Certains, d'ailleurs, prêtèrent le serment quitte à se rétracter par la suite. Cette incertitude vint surtout de ce que le pape ne put faire connaître son avis, par suite de l'occupation de Rome par les troupes françaises. Parmi les réfractaires, beaucoup prêtèrent serment pour empêcher les « Gallicans » de reprendre les cures. D'autres spécifièrent que l'expression « haine à la royauté » signifiait, dans leur esprit, « haine au despotisme », ce qui, pour eux, voulait dire : haine au Directoire. D'autres réfractaires auraient prêté le serment s'ils n'en avaient été empêchés, surtout dans l'ouest, par l'attitude des Chouans. Au total, il semble qu'un cinquième environ des anciens réfractaires ait prêté le serment de haine.

Si la loi du 19 fructidor avait été intégralement appliquée, elle eût porté un coup terrible au clergé « romain ». Mais, comme les mesures persécutrices de l'an IV, celles de l'an V se heurtèrent à la résistance des administrations locales qui mirent beaucoup de mauvaise volonté dans leur application. Dans la Drôme, dans le Lot, à Montauban, on signale que les prêtres réfractaires célèbrent la messe sous la protection de factionnaires, qui leur indiquent l'arrivée des étrangers. Ce n'est que le 19 brumaire an VII (9 novembre 1798), c'est-à-dire plus d'un an après la promulgation de la loi, que le Directoire du département de la Drôme décida de faire arrêter et interner à Valence les prêtres réfractaires. Il en fut de même dans de nombreux départements.

Cependant le Directoire possédait un redoutable moyen d'action, puisqu'il pouvait prendre des arrêtés individuels de déportation. Il en signa 1.148 en l'an VI et 209 en l'an VII. Il ordonna surtout, le 14 brumaire an VII (4 novembre 1798), la proscription de 8.000 prêtres belges accusés d'avoir favorisé la grande insurrection des conscrits. Mais sur ces 8.000 prêtres, 350 seulement furent réellement relégués dans les îles de Ré et d'Oléron.

La loi du 18 messidor an VI (6 juillet 1798) aggrava encore celle du 19 fructidor. Elle ordonnait des perquisitions destinées à découvrir les réfractaires qui se cachaient et accordait une prime de 100 francs par prêtre aux dénonciateurs. Les arrestations se multiplièrent. Dans la Sarthe, 45 prêtres furent arrêtés, 19 déportés, un condamné à mort et exécuté. Dans la Mayenne, il y eut 80 arrestations, 21 déportations, 3 condamnations à mort.

Beaucoup de ces déportés ne quittèrent pas les îles de Ré et d'Oléron. Cependant un convoi de 155 prêtres fut embarqué pour Cayenne à la fin de 1798 et arriva à destination après six mois d'un voyage mouvementé. Un autre convoi de 108 prêtres parvint en Guyane à la même époque. Une centaine d'entre eux purent s'établir à Cayenne ; les autres furent relégués à Sinnamary et Conanama, lieux malsains, où plus de 60 moururent. Au total, sur ces 263 prêtres (dont 30 belges), 160 périrent soit en mer, soit à la colonie.

Quant aux prêtres exécutés comme « déportés rentrés », il est difficile d'en évaluer actuellement le nombre, mais il ne semble pas avoir été inférieur à 50.

Le Directoire ne manifesta guère de bienveillance envers l' « église gallicane ». Celle-ci, qui poursuivait son effort de réorganisation, se heurtait sans cesse au gouvernement. Elle tint son premier concile national du 28 thermidor an V (15 août 1797) au 22 brumaire an VI (12 novembre 1797), et ce concile, constatant la caducité de la constitution civile du clergé, protesta de son attachement au pape, aux croyances de l'église romaine et aux maximes gallicanes. Il proposa un système de fusion qui devait permettre le rétablissement de l'unité religieuse en France ; mais ce système avait peu de chances d'être adopté par le Saint-Siège, car il supposait et que le pape n'exigerait aucune rétractation, ce qui était invraisemblable, et que le Directoire accepterait le retour de l'église gallicane à l'obédience pontificale, ce qui paraissait peu probable.

Le Directoire fut mécontent de ces résolutions, plus encore de la décision du concile relative à la célébration du « dimanche » substitué « décadi ». Aussi le gouvernement se mit-il à persécuter les prêtres soumis, gallicans aussi bien que romains. Il leur interdit les enterrements publics, les sonneries de cloche, la tenue des registres de baptêmes et de mariages, la publication des bans, la récitation de prières en faveur du pape. L'évêque gallican de la Sarthe fut dénoncé pour avoir rappelé l'indissolubilité du mariage dans sa lettre pastorale du carême 1798. Une centaine de prêtres gallicans furent arrêtés, et, le 17 messidor an VI (5 juillet 1798), le Directoire interdit les *Annales de la religion* comme « opposant les lois de l'Église aux lois de l'État ».

Le Directoire prescrivit l'enlèvement des signes extérieurs du culte, croix, calvaires, etc. Certains disparurent, mais les municipalités firent preuve, en général, de beaucoup de négligence dans l'exécution de cet ordre. Le gouvernement fit également mettre en vente beaucoup d'églises comme biens nationaux ; on devait les démolir et récupérer les matériaux. Dans le département du Nord, ces ventes furent assez nombreuses (487 édifices religieux), et la plupart du temps les prix furent très bas : 915 francs, 600 francs et même 1 fr. 50 ! On voit des hommes d'affaires lillois acheter des lots de 24, 33, 36 églises ou chapelles !

L'église de Cluny a été vendue à cette époque, et — perte irréparable — entièrement détruite. La cathédrale d'Orléans fut mise en vente par lots, mais ne trouva pas preneur. Notre-Dame de Paris fut adjugée 450.000 francs, mais la vente fut annulée l'acquéreur n'ayant pu payer.

Cette politique anticatholique allait de pair avec l'occupation des États pontificaux au début de 1798, et l'expulsion du pape Pie VI, interné d'abord à Sienne, puis à la Chartreuse de Florence, pour être finalement emmené en France au printemps de 1799.

Le Directoire, s'il était hostile aux cultes romain et gallican, ne se cantonnaît pourtant pas dans une stricte « laïcité ». Bien au contraire, il essayait d'établir une nouvelle religion d'État, héritière des cultes révolutionnaires de l'an II.

Après le 9 thermidor, le culte de la Raison et le culte de l'Être Suprême avaient conservé quelques adeptes. Le député Daubermesnil s'était fait le théoricien du « culte des adorateurs » qui devait comprendre un clergé de pères de famille et célébrer, aux changements de saison, des fêtes qui devaient avoir lieu dans des temples où serait entretenu un feu perpétuel. Ces temples serviraient également de lieux d'asile.

Le libraire Chemin appartenait au même cercle lorsqu'il traça, dans un ouvrage publié à la fin de 1796, le plan d'une religion appelée d'abord « théoanthropophilie », puis « théophilanthropie ».

La religion de Chemin eut plus de succès que celle de Daubermesnil. Le directeur La Révellière s'y intéressa ainsi que quelques-uns de ses amis, dont Valentin Haüy, Bernardin de Saint-Pierre, Delisle de Sales, Marie-Joseph Chénier, Daunou, Regnault de Saint-Jean-d'Angély...

Pendant l'été de 1797, les « théophilanthropes » obtinrent le droit de célébrer leur culte, concurremment avec les catholiques dans quelques églises de Paris.

Après le 18 fructidor, lorsque le Directoire recommença à persécuter les catholiques, La Révellière voulut faire de la théophilanthropie un culte officiel. Dès le 23 fructidor (9 septembre 1797) La Revellière prononce une homélie, assez ridicule, dans laquelle il adjure les Français de s'aimer les uns les autres et d'adopter des institutions religieuses en harmonie avec la forme républicaine de leur gouvernement. Le 1er vendémiaire an VI, La Révellière officie en lisant des *Actions de grâces à l'Éternel*. Le décadi suivant, il prononce une nouvelle homélie lors de la fête funèbre célébrée en l'honneur de Hoche, et, le 22 vendémiaire (13 octobre), il lit à l'Institut un *Essai sur les moyens de faire participer l'universalité des spectateurs à tout ce qui se pratique dans les fêtes nationales.* Au cours de ces fêtes, les autorités devaient paraître en costume, les spectateurs chanter des chœurs, se livrer à des exercices gymniques, assister à des courses. Le *Journal des hommes libres* approuve et patronne le culte nouveau. Les théophilanthropes obtiennent de nouvelles églises.

Leur culte s'organise : A la tête de chaque église, un comité de direction. Les prêtres, appelés « lecteurs surveillants », doivent obligatoirement être mariés ou veufs ; ils célèbrent le culte, dirigent l'école paroissiale, enseignent le catéchisme. Cependant toute personne peut officier, à condition de soumettre son sermon dix jours à l'avance au « Comité de direction » et de prêter le « serment de haine ».

Un conseil d'administration s'occupe de la partie matérielle du culte ; il est chargé notamment de l'entente avec les autres cultes, lorsque l'église est partagée.

Chemin avait rédigé pour les théophilanthropes un rituel. Le service religieux était calqué sur la messe, avec chant d'introduction, invitation au recueillement, invocations, sermons.

Les théophilanthropes essayèrent de recruter des adeptes en organisant une propagande assez active par l'image et par la parole. Mais ils se heurtèrent à des résistances très vives. D'abord celle des catholiques, romains ou gallicans, qui ridiculisèrent le culte des « filous en troupe » et troublèrent par leurs manifestations le culte théophilanthrope. Puis celle des athées hostiles à cette religion, qui leur enlevait une partie de leur clientèle. Les théophilanthropes eux-mêmes se divisèrent. Les uns, avec La Révellière, étaient déistes avant tout. Les autres, avec Siauve, voulaient faire surtout de la nouvelle religion un culte de la Raison. Le gouvernement soutint les théophilanthropes pendant six mois. Après les élections de l'an VI, croyant qu'ils avaient partie liée avec les Jacobins, il les abandonna. Le culte théophilanthrope était d'ailleurs resté limité à Paris, sa banlieue et à quelques villes de province, telles que Rouen, Bordeaux, Poitiers, Auxerre ; ainsi qu'à quelques villes de l'étranger telles que Milan et La Haye.

Le culte « décadaire » succéda à la théophilanthropie dans les faveurs directoriales, mais il est bien antérieur à l'an VI. Il remonte aux débuts même de la Révolution, aux premières fêtes patriotiques et prit de l'ampleur lors de l'institution du calendrier révolutionnaire et du vote des lois du 18 floréal an II (7 mai 1794) et 3 brumaire an IV (25 octobre 1795) sur les fêtes nationales. Un certain nombre de ces fêtes — 14 juillet, 10 août, 21 janvier — n'avait cessé d'être célébré, malgré les vicissitudes de la Révolution.

Le 29 fructidor an V (15 septembre 1797), les Conseils décidèrent de ne plus siéger les décadis, de porter un « costume officiel », de célébrer toutes les fêtes nationales, de faire replanter les arbres de la Liberté « avec racines, ajoute-t-on, car la Liberté et la République viennent d'être assurées d'une manière stable et durable ». Un député proposa, à cette occasion, de créer un « livre de famille », mais son projet fut repoussé.

C'est Merlin de Douai qui, semble-t-il, perfectionna le culte décadaire. Il est l'auteur de l'arrêté du 14 germinal an VI (3 avril 1798), qui rendait le calendrier révolutionnaire obligatoire. Il fallait y adapter les marchés, les foires, les spectacles. Les lois des 17 thermidor et 23 fructidor an VI (4 août et 9 septembre 1798) rendirent obligatoire le port de la cocarde nationale et l'emploi du vocable « citoyen ». C'est surtout la loi du 23 fructidor an VI (9 septembre 1798) qui règle dans tous ses détails le culte décadaire. Les administrations municipales devront se rendre tous les décadis dans un « local spécialement désigné » pour y célébrer une véritable cérémonie. Celle-ci comprendrait la lecture des lois et du *Bulletin décadaire des affaires générales de la république*, la célébration des mariages — qui ne pourront se faire d'autres jours — et la proclamation des actes de l'état civil. L'assistance des élèves des écoles était déclarée obligatoire.

La célébration des fêtes nationales devait, pensait-on, compléter celle des fêtes décadaires. François de Neufchâteau, alors ministre de l'intérieur régla l'ordonnance des fêtes nationales. La fête du 9 thermidor an VI fut marquée par la procession triomphale à travers Paris des objets d'art ramenés d'Italie. Celle du 10 août fut l'occasion de courses à pied, de courses de chevaux et de chars. On célébra le 18 fructidor par des chants, et le 1er vendémiaire, nous l'avons vu, par une exposition nationale. Des chants marquèrent aussi l'anniversaire du 21 janvier. La fête de la souveraineté du peuple fut fixée au 30 ventôse an VII, veille des élections. A l'occasion de la fête de la jeunesse, le 10 germinal an VII, on organisa des distributions de prix aux élèves des écoles et et une distribution d'armes aux conscrits.

Malgré les encouragements officiels, les articles de propagande publiés par le *Bulletin décadaire*, et la réglementation minutieuse établie par François de Neufchâteau, les cérémonies décadaires restèrent très froides. On y chantait dans l'indifférence générale des hymnes que Merlin de Douai, et François de Neufchâteau avaient réunis en un *Manuel républicain*.

A Paris, seules les réunions décadaires du « Temple de l'Être Suprême », qui avait son siège à Notre-Dame, eurent quelque succès. En province, les cérémonies les plus suivies furent celles de Strasbourg qui attiraient d'assez nombreux protestants, de Besançon, de Moulins, de Gannat, de Nevers, de Grenoble.

Les administrations engagèrent une lutte incessante pour obtenir des citoyens la célébration du décadi, et obliger ceux-ci à travailler le dimanche. Les Français s'ingéniaient à tourner les lois. Comme elles autorisaient à procéder, le décadi, aux travaux *urgents*, tous les travaux furent déclarés urgents. Comme ces mêmes lois interdisaient les travaux « à la vue du public », on travailla en fermant les portes des ateliers. Les paysans refusèrent de changer la date des foires et des marchés, les citadins de modifier le calendrier des spectacles. L'administration départementale de l'Isère déclara bien : « tous les citoyens français doivent s'imposer l'obligation de républicaniser leurs plaisirs et réserver pour les seuls décadis et les jours de fêtes nationales les épanchements publics de leur allégresse » ; mais ce fut en vain : personne ne respecta cette consigne.

L'appellation de citoyen était employée par les patriotes, mais les adversaires de la république se glorifiaient du titre de « Monsieur ». Entre « messieurs » et « citoyens », il y eut des rixes, qui, à l'armée d'Italie, dégénérèrent même en véritables batailles rangées.

Le culte décadaire eut pour principale conséquence le déclin de la théophilanthropie qu'il concurrençait. Les théophilanthropes se virent privés, le décadi, des édifices du culte désormais consacrés aux cérémonies décadaires. Après le 30 prairial an VII, ces cérémonies se transformèrent souvent en séances de sociétés populaires. Mais lorsque le gouvernement prit de nouveau une position hostile aux Jacobins en août 1799, le culte décadaire déclina à son tour. La fête du 18 fructidor an VII fut célébrée de façon mesquine. Ainsi, les lois religieuses du Directoire ne devaient pas mieux réussir dans le domaine des cultes révolutionnaires que dans celui de la religion catholique. Les Français étaient las de l'intervention perpétuelle de l'État en matière religieuse. Boulay de la Meurthe voyait juste lorsqu'il déclarait, dans un discours, le 7 messidor an VII (25 juin 1799) : « Vous savez que le peuple est plus attaché à l'indépendance de ses opinions religieuses qu'à toute idée de liberté... Je crois qu'un usurpateur habile, même avec des forces peu considérables se ferait des partisans en garantissant cette liberté... » Boulay traçait sa voie à Bonaparte.

CHAPITRE VII

LES INSTITUTIONS SOCIALES DU DIRECTOIRE
INSTRUCTION PUBLIQUE ET ASSISTANCE PUBLIQUE[1]

Le Directoire a été un gouvernement conservateur ; il n'a pas innové en matière sociale, mais il s'est efforcé d'appliquer, surtout dans le domaine de l'enseignement secondaire, les institutions que lui léguait la Convention thermidorienne.

I

L'INSTRUCTION PUBLIQUE[2]

Les bourgeois qui s'installent au pouvoir en 1795 ont avant tout le souci de garantir l'instruction de leurs fils, afin d'assurer définitivement le pouvoir

---

1. BIBLIOGRAPHIE GÉNÉRALE. — Voir, aux Arch. Nationales en plus des documents cités au chap. X du livre III, p. 372, la série A. F. III, les séries F 15, F 16 et F 17, dans les archives départementales, la série L. On trouvera de nombreux renseignements dans les archives communales, dans celles des hôpitaux, et, pour les écoles centrales, dans les archives des lycées et collèges. Se reporter, en outre, à la bibliographie du chapitre X du livre III, p. 383. Outre les ouvrages mentionnés p. 383 voir, sur l'Instruction publique, en général, A. Aulard, *La politique scolaire du Directoire*, dans la *Revue bleue*, t. XIII (1900), p. 585-588 ; Bruneau, *L'instruction publique dans le Cher sous le Directoire*, dans *La Révolution franç.*, t. XLIV (1903), p. 465-468 ; F. Brunot, *Histoire de la langue française*, t. IX (cité p. 383).

2. DOCUMENTS ET OUVRAGES A CONSULTER. — Sur l'enseignement secondaire, le meilleur ouvrage d'ensemble est celui de F. Vial, *Trois siècles d'enseignement secondaire* (Paris, 1928, in-8º). Les monographies d'écoles centrales sont très nombreuses, on en trouvera la liste dans les ouvrages suivants : A. Gain, *L'École centrale de la Meurthe* (Nancy, 1926, in-8º) ; et A. Troux, *L'école centrale du Doubs* (Paris, 1928, in-8º). Voir en outre les récentes études de Dutheil, *Histoire de l'école centrale de la Creuse* (Gap, 1933, in-8º) ; et Coirault, *Les écoles centrales du Centre-Ouest* (Tours, 1940, in-8º). On trouvera une étude sur l'école centrale de la Sarthe et le collège de La Flèche dans le livre de Reinhard, *Le département de la Sarthe sous le régime directorial* (cité p. 407). Enfin ne pas négliger de consulter Stendhal, *Vie d'Henri Brulard* (Paris, 1890, éd. Champion, 1914, 2 vol. in-8º), car Stendhal a été élève de l'école centrale de Grenoble ; et Arbelet, *La jeunesse de Stendhal* (Paris, 1914, in-8º).

Sur l'enseignement secondaire libre : G. Vauthier, *L'enseignement secondaire libre à Paris sous le Directoire*, dans les *Annales histor. de la Révolution franç.*, ann. 1929, p. 465-475 ; — sur l'enseignement primaire : A. Aulard, *État de l'enseignement primaire dans la Haute-Garonne en l'an VI*, dans ses *Études et leçons*, 6ᵉ série (Paris, 1910, in-8º, p. 264-278) ; Lamouzele, *Une*

à la bourgeoisie. Aussi l'application des lois du 7 ventôse an III (25 février 1795) et du 3 brumaire an IV (25 octobre 1795), qui créaient les écoles centrales, est-elle de leur part l'objet de soins minutieux.

Il est prévu au moins une école centrale par département. La loi du 18 germinal an IV (7 avril 1796) en accorde cinq au département de la Seine, trois à celui du Nord, deux aux Côtes-du-Nord, au bec d'Ambès (Gironde), à l'Hérault, à la Manche, au Pas-de-Calais, à la Saône-et-Loire, à la Seine-Inférieure et au Var. Les écoles s'installent en l'an IV, parfois seulement en l'an V dans les bâtiments des anciens collèges.

Dans toutes ces écoles, l'enseignement est divisé en trois sections. La première est ouverte aux jeunes garçons de 12 à 14 ans et comporte l'étude du dessin, de l'histoire naturelle, des langues anciennes, éventuellement des langues vivantes. Ainsi la base de l'enseignement secondaire n'est plus, comme sous l'ancien régime, le latin et le grec, mais l'observation de la nature. La deuxième section, qui reçoit les jeunes gens de 14 à 16 ans, est consacrée exclusivement aux sciences : mathématiques, physique, chimie expérimentale. La troisième section, enfin, destinée aux élèves de 16 à 18 ans, est réservée à la grammaire générale, aux belles lettres, à l'histoire, à la législation. Toutes ces études doivent être abordées d'une manière pratique, et chaque école doit comporter un jardin botanique, un cabinet d'histoire naturelle et un cabinet de physique et chimie.

Pas de classe, mais des cours entre lesquels les élèves peuvent librement opter. Pour la première fois en France, l'enseignement secondaire est entièrement laïque ; pour la première fois, le pas est donné aux sciences sur les lettres. « Nous conviendrons de bonne foi, disait un membre du jury d'instruction de la Meurthe, que le latin et le grec ne tiennent à aucune profession mécanique et ne peuvent être regardés comme absolument nécessaires à un Français... »

Les professeurs sont nommés par un « jury d'instruction » départemental, après un examen et sous condition d'être agréés par le Directoire exécutif.

Les jurys départementaux, nommés par les administrations des départements, sont en général judicieusement choisis. A Nancy on y rencontre Coster, ancien secrétaire de l'Académie de Stanislas, à Grenoble, le Dr Gagnon, grand-père de Stendhal. Parfois le jury soumet les candidats aux fonctions de professeur à un examen réel. Plus souvent il procède à un concours sur titres et sur recommandations. Les candidats paraissent devant le jury, prononcent

---

statistique des écoles primaires dans la Haute-Garonne en l'an VII, dans *La Révolution franç.*, t. XLVI (1904), p. 168-171 ; Macours, *L'enseignement primaire dans le département de l'Ourthe de 1795 à 1812* (Tongres, 1935, in-8°) ; — sur l'Institut de France : F. Aucoc, *L'Institut de France* (cité p. 384) ; R. de Franqueville, *Le premier siècle de l'Institut* (cité p. 384) ; Jules Simon, *Une académie sous le Directoire* (Paris, 1884, in-16). — QUESTIONS A ÉTUDIER : Les écoles centrales étant maintenant suffisamment connues, c'est vers l'enseignement primaire et les écoles spéciales que devront se porter les efforts des chercheurs. L'enseignement libre, florissant à l'époque du Directoire doit également attirer l'attention.

des discours, expliquent comment ils ont l'intention de faire leurs cours. Dans l'Ain, on demande aux concurrents « d'établir les preuves de leur attachement aux principes de la Révolution et à la cause de la liberté ».

Les professeurs touchent un salaire égal à celui des fonctionnaires les mieux payés du département, qui sont les membres de l'administration départementale, soit 2.000 francs par an. Ils ont en outre droit à une rétribution perçue sur chaque élève, mais qui ne peut excéder 25 francs par an. Ils peuvent être logés. Après 25 ans de service, ils ont droit à une retraite égale au traitement de leur dernière année.

Beaucoup de professeurs se recrutent parmi les ecclésiastiques qui avaient enseigné dans les collèges avant 1789 : à Besançon les professeurs d'histoire naturelle, de mathématiques, de physique ; à Grenoble celui de grammaire générale, « abbé coquet, propret, toujours dans la société des femmes, véritable abbé du XVIIIe siècle... » (Stendhal). A Poitiers, on compte sept anciens prêtres sur onze professeurs ; à Angoulême, sept sur neuf. La plupart du temps les professeurs des disciplines littéraires et quelques professeurs de mathématiques sont issus du clergé.

Parmi les laïcs, peu de professeurs de métier, mais des avocats (pour le cours de législation), des médecins et des pharmaciens (pour l'histoire naturelle), des peintres (pour le dessin). A Besançon, le professeur de belles-lettres est Briot, ancien avocat et journaliste, qui sera député au Conseil des Cinq-Cents, puis conseiller d'État à Naples, en 1810, et qui finira sa carrière comme directeur de la compagnie d'assurances « Le Phénix ». A Grenoble, un romancier, qui fut à ses heures auteur dramatique, Dubois-Fontanelle, enseignait les belles-lettres. A Nancy, le professeur d'histoire Coster, avait été premier commis au Contrôle général des finances.

Ce qui caractérise l'enseignement dans les écoles centrales, c'est l'absence de programme. Chaque professeur reste maître absolu de son enseignement, il y a donc autant de programmes que de professeurs.

Le dessin, qui constitue la base de l'enseignement dans la première section n'est pas enseigné de la même manière à Nancy, où il est orienté vers l'art pur (étude de l'anatomie, du paysage, de l'architecture), à Besançon, où le professeur étudie surtout les applications pratiques du dessin et à Grenoble où les 300 élèves doivent copier à longueur de journée des dessins-modèles, en s'appliquant, nous dit Stendhal, à ce que « les hachures soient bien parallèles ; quant à imiter la nature, ajoute-t-il, il n'en était pas question ». L'histoire naturelle était généralement conçue comme un enseignement pratique, avec démonstrations au jardin botanique, excursions, préparations de plantes, herbiers, collections de minéraux. A Tours, l'histoire naturelle est présentée comme une introduction à la médecine : on étudie les animaux en première année, l'homme pendant la deuxième. Un gros effort est fait pour renouveler l'étude des langues anciennes. En général, suivant la méthode Dumarsais, le thème est proscrit et les élèves ont à traduire un latin conventionnel, où les mots sont placés dans l'ordre du français. Malgré de nombreuses réclamations des jurys d'instruction, les chaires de langues vivantes sont très rares en province. Les langues vivantes ne sont enseignées ni à Nancy, ni à Besançon, ni dans aucune des écoles centrales du centre-ouest.

Dans la deuxième section, l'étude des mathématiques obtient partout un grand succès. La plupart des écoles centrales préparent à l'École polytechnique. A Limoges, on enseigne, avec les mathématiques, l'arpentage et la levée des cartes. La physique est étudiée de manière fort différente selon les possibilités des établissements. A Besançon le cours de physique traite des volcans, des tremblements de terre et de la météorologie. A Tours, il comporte l'étude des machines : poulies, grues, crics, etc.

Le cours de chimie reproduit, en général, les travaux récents de Berthollet, Lavoisier, Guyton de Morveau, Fourcroy, Chaptal, accompagnés, dans la mesure du possible, d'expériences.

Dans l'esprit des créateurs des écoles centrales, l'enseignement essentiel, non seulement de la troisième section, mais de tout le cycle, est la « grammaire générale », qui est une création des idéologues. Mais les professeurs ne la comprenaient pas tous de la même manière. Pour les uns, la grammaire générale n'est qu'une sorte de grammaire comparée ; pour les autres, et notamment pour les idéologues, c'est une philosophie fondée sur les ouvrages de Condillac. On l'enseignait de cette manière à Nancy et à Besançon ; mais, à Bruges, le professeur prend parti violemment contre Condillac et déclare qu'il « est d'une inconcevable intrépidité dans ses assertions ». Dans la majorité des écoles, et à la demande des familles, le cours de grammaire générale se transforme en un simple cours de grammaire, voire d'orthographe. Il en est ainsi à Rodez, Quimper, Tours, Caen, Gap. Mais le gouvernement réagit, et François de Neufchâteau, puis Quinette, qui se succèdent au ministère de l'intérieur, rappellent par circulaire que le cours de grammaire générale doit obligatoirement comprendre l'idéologie et la logique.

Les « Belles-lettres » sont consacrées généralement à l'étude pratique de l' « éloquence », « si nécessaire dans les républiques ». Mais, dans certaines écoles, on explique, à l'occasion de cet enseignement, les principaux auteurs français, et même étrangers.

L'enseignement de l'histoire revêt une grande importance, et les professeurs s'appliquent à le rénover. A Grenoble, le professeur insiste sur l'histoire de l'Orient et des Arabes, dont il oppose la civilisation à celle des « peuples d'Europe courbés sous le joug du fanatisme et de l'ignorance ». Il insiste sur les révolutions : « la révolution d'Asie, opérée par Mahomet et ses prosélytes... les révolutions des peuples d'Europe et leurs incursions en Palestine... les révolutions de l'empire de Constantinople... les révolutions de la Perse et des Indes... ». La date de 1307 est tenue pour capitale, car c'est celle, observe-t-on, « où la liberté fut proclamée en Suisse ». Le cours se termine par une comparaison entre « le tableau affligeant de l'ignorance générale et profonde de l'espèce humaine au moyen âge » et les « progrès extraordinaires de l'esprit humain au XVIIIe siècle ». A Nancy, le cours d'histoire passe en revue, en un cycle de huit ans, toute l'histoire du monde. A Besançon, le professeur conçoit l'histoire comme un « recueil de principes moraux et politiques » précédé d'un aperçu géographique. A Châteauroux, on enseigne une espèce de philosophie de l'histoire, à Luçon, Angoulême, Tours, le professeur se borne à l'histoire ancienne. A Limoges, le cours fait une large place à la géographie ; il est accompagné de commentaires de cartes.

Le cours de législation a pour objet de préparer aux métiers d'avoué et de notaire. Il dure deux ans, durant lesquels on examine successivement le droit privé et le droit public. A Angoulême et à Tours, on y joint la morale, à Saintes on va jusqu'à enseigner l'économie politique.

En plus de ces enseignements réglementaires, certaines écoles ouvrent des cours facultatifs de « bibliologie », musique, médecine (à Besançon). Un « cours normal », destiné à former de futurs instituteurs est ouvert sur les instructions de François de Neufchâteau, à l'École centrale du Puy.

Tous les professeurs doivent observer soigneusement la neutralité religieuse la plus absolue. Le professeur de législation d'Épinal est réprimandé par le ministre pour avoir déclaré que, « sans l'immortalité de l'âme, les peines et les récompenses d'une vie à venir ne seraient pas obligatoires... », et le professeur de grammaire générale de Pau reçoit un rappel à l'ordre pour être entré dans « les détails des perfectionnements de l'Être Suprême... ». « Vous devez écarter de vos instructions, déclare François de Neufchâteau, tout ce qui appartient aux dogmes et aux rites des cultes ou sectes quelconques... »

Libres de suivre les cours de leur choix, moyennant le paiement d'une rétribution qui ne peut excéder 25 francs, les élèves ne sont astreints, pour ainsi dire, à aucune discipline. Les règlements des écoles leur recommandent « l'assiduité », mais les seules punitions prévues sont la « censure » en présence des camarades, et l'exclusion du cours ou même de l'école. La loi créant les écoles centrales n'avait pas organisé d'internats ; aussi, des professeurs, et parfois de simples particuliers, ouvrent des pensionnats. Il y en a notamment auprès du « Prytanée français », à Paris (Louis-le-Grand) et dans les départements, à Nancy, Bordeaux, Périgueux, Châteauroux, Le Mans, etc. Des bourses sont accordées aux pensionnaires. A Nancy, en l'an VII, il y a 38 boursiers.

A la fin de chaque année, les élèves prennent part à des concours, les meilleurs sont récompensés par des prix distribués solennellement, en général le 30 fructidor. Les vacances commencent alors et se prolongent jusqu'au 20 brumaire (10 novembre).

Les écoles centrales réussirent-elles ? Leurs nombreux historiens sont très divisés à ce sujet. Certaines connurent un incontestable succès, par exemple celle de Besançon qui compta 500 élèves en l'an VIII, alors que l'ancien collège des Jésuites n'en avait jamais eu plus de 800, et que le lycée impérial ne dépassa jamais l'effectif de 350. Par contre l'école de Châteauroux n'eut pas plus de 54 élèves, et celle de Luçon, 95. D'ailleurs ces chiffres ne rendent compte qu'imparfaitement de la réalité, puisque les élèves ne suivaient pas tous les cours. Certains cours réunirent habituellement de nombreux auditeurs ; ceux de dessin, de mathématiques, de langues anciennes. D'autres, au contraire, tels ceux de belles-lettres, d'histoire, de législation, furent délaissés. Le nombre des élèves augmenta sensiblement après l'arrêté du 27 brumaire an VI (17 novembre 1797) qui obligeait les candidats aux fonctions publiques à prouver qu'ils avaient fréquenté les écoles de l'État, et, s'ils étaient mariés, que leurs enfants y étaient inscrits.

Les écoles centrales ont sans aucun doute à leur actif le caractère pratique de leur enseignement à prépondérance scientifique, la liberté d'option accordée aux élèves, la neutralité religieuse, les mérites du personnel enseignant. On peut, en revanche, leur reprocher le caractère trop élevé de leur enseignement, auquel les élèves, trop jeunes, étaient mal préparés. Les écoles centrales distribuaient un enseignement supérieur plutôt que secondaire. Mais si elles avaient vécu, sans doute auraient-elles corrigé ce défaut de jeunesse, comme elles auraient aussi unifié leur enseignement en imposant des programmes précis aux professeurs. En les condamnant, on risque fort d'être injuste à l'égard d'une institution originale, dont la brève existence n'a pas permis d'apprécier toutes les qualités, sans doute fort supérieures à celles des lycées napoléoniens qui leur succédèrent.

Les lois des 7 ventôse an III et 3 brumaire an IV n'organisaient nullement le monopole de l'enseignement. Elles prévoyaient, au contraire, à côté de l'enseignement public, un enseignement semi-libre et un enseignement privé. En effet, la loi précisait que les communes qui possédaient des collèges, et où il n'était pas établi d'école centrale, pouvaient conserver les locaux affectés à ces collèges, et y organiser à leurs frais, mais avec des subsides éventuels du Corps législatif, des écoles centrales supplémentaires. Un certain nombre de communes profitèrent de cette stipulation, par exemple, La Flèche, qui reprit à sa charge le célèbre collège des Jésuites et concurrença l'école centrale du Mans ; ou Villefranche-de-Rouergue, qui conserva son collège.

Mais il y eut, surtout à Paris, un grand nombre d'établissements secondaires complètement libres — au moins une trentaine en l'an VII. Les uns restèrent fidèles à l'enseignement classique, telle la pension Butet, qui possédait huit classes ; d'autres adoptèrent des méthodes analogues à celles des écoles centrales.

L'enseignement secondaire féminin était uniquement un enseignement libre. A Paris, on compte en l'an VII plus de 70 écoles secondaires de filles. L'une des plus réputées, « l'Institut pour jeunes filles », rue de Sèvres, fait ainsi sa réclame : « bon air, beau jardin, nourriture saine, occupations utiles, études agréables, tout concourt à y former le corps, l'esprit et le cœur ». Certains de ces établissements étaient dirigés par des dames de la plus haute aristocratie, telle Stéphanie-Louise de Bourbon-Conti, qui avait dû prendre ce métier « pour subvenir aux besoins de son existence... ».

On voit se créer aussi à cette époque des écoles techniques. Ainsi, *L'Ami des lois* du 21 vendémiaire an VIII (13 octobre 1799) annonce l'ouverture, à Paris, d'une « école de commerce », tenue par le citoyen Valpelière, 164, rue Montmartre. Elle se charge de former de futurs négociants et banquiers, et vante son enseignement, très supérieur au simple apprentissage, qui ne pourra jamais « former que des teneurs de livres et des caissiers ».

Dans le domaine de l'enseignement primaire, le Directoire ne fit aucun effort pour améliorer la loi du 3 brumaire an IV. Les écoles primaires restèrent donc peu nombreuses, les maîtres rares et médiocres, parce que mal payés par la seule rétribution scolaire des élèves. En l'an VII, le Conseil des Cinq-Cents refusa de rétablir le paiement des instituteurs par l'État. D'ailleurs, faute d'écoles normales, le recrutement de maîtres compétents était presque impossible.

Dans le petit nombre d'écoles qui purent vivre, il n'y eut que fort peu d'élèves. A la campagne, les parents répugnaient à envoyer leurs enfants à l'école laïque — et révolutionnaire. Seules les écoles qui continuèrent, malgré les instructions officielles, à employer les livres de l'ancien régime eurent du succès. Dans l'Isère, l'administration départementale signalait en l'an VI que 36 instituteurs ou institutrices ne se servaient que « de livres conformes à l'ancienne liturgie ».

Les écoles primaires libres, en revanche, ne cessent de croître. Dans la Seine, en l'an VI, on en compte plus de 2.000 contre 56 écoles primaires publiques seulement. Celles-ci sont tenues par des religieux et religieuses, parfois par d'anciens agents des gabelles, d'anciens commis des aides. Le Directoire finit par s'émouvoir, et prend quelques mesures destinées à en restreindre le nombre ou à les surveiller. Nous avons déjà mentionné l'arrêté du 27 brumaire an VI (17 novembre 1797), qui exigeait des candidats aux fonctions administratives la preuve qu'eux-mêmes ou leurs enfants avaient fréquenté une école publique. Par un arrêté du 17 pluviôse an VI (5 février 1798), le Directoire invite les administrations municipales à faire, au moins une fois par mois, à l'improviste, la visite des écoles privées, à surveiller les livres qui y sont en usage, à contrôler l'observation des fêtes républicaines ou décadaires, et l'emploi du titre de citoyen, à contrôler aussi la nourriture, la santé des enfants et la place de l'éducation physique dans l'enseignement. Les administrations municipales peuvent suspendre ou fermer les établissements où ces prescriptions ne seront pas respectées. Les administrations locales appliquent en général les prescriptions officielles. Dans la Sarthe, un arrêté de l'administration départementale du 8 messidor an VI (26 juin 1798) oblige les instituteurs libres à conduire leurs élèves aux fêtes nationales et décadaires. Beaucoup d'écoles qui n'obéissent pas sont fermées, tant à Paris qu'en province. Néanmoins, l'enseignement primaire libre garde sous le Directoire toute la faveur des parents.

Le Directoire conserve le système d'enseignement supérieur organisé par la Convention. Il comprenait, comme on le sait, surtout des « écoles spéciales » où les étudiants étaient admis au concours. En outre, des établissements libres se fondent ou se développent pour distribuer au « grand public » l'enseignement supérieur : le « Lycée de Paris », fondé dès 1781, par Pilâtre de Rozier ; Garat y enseigne l'histoire et Laharpe la littérature ; citons aussi le « Lycée des arts » créé en 1792 par Desaudrai ; l' « Académie de législation » et « l'Université de jurisprudence », où l'on enseigne le droit. Des facultés libres se fondent au même moment dans quelques villes de province.

« L'Institut national », couronnement des établissements de recherche scientifique, établi par la loi du 3 brumaire an IV, exerce sous le Directoire une grande influence. Divisé en trois « classes », celle des « sciences physiques et mathématiques », celle de « littérature et beaux arts », et celle des « sciences morales et politiques », il comprend 144 membres résidant à Paris ; 48 d'entre eux avaient d'abord été nommés par le Directoire, et avaient coopté les 96 autres. La classe des « sciences morales et politiques » devient le refuge du groupe des idéologues, avec Volney, Garat, Guinguené, Destutt de Tracy, Cabanis, Sieyès, etc. Elle édite la *Décade philosophique*, journal d'une haute tenue, qui publie des articles approfondis, relatifs à toutes les grandes questions contemporaines.

Sur la suggestion de l'Institut, François de Neufchâteau crée en vendémiaire an VII un « Conseil supérieur de l'instruction publique », formé de dix membres de l'Institut, et chargé de « rechercher les moyens de perfectionner l'enseignement supérieur ». Le Conseil s'occupa surtout des écoles centrales, dont il examina les règlements et essaya d'unifier les programmes.

L'Institut devait chaque année distribuer des prix, à la suite de différents concours. Les sujets mis au concours montrent bien l'esprit de l'Institut. Le 18 nivôse an VII (4 janvier 1799), il propose le thème suivant : « Rechercher les moyens de donner parmi nous une nouvelle activité à l'étude de la langue grecque et de la langue latine. » Le premier prix était constitué par 500 grammes d'or. Le concours ouvert le 15 germinal an VII (4 avril 1799) comportait une dissertation sur la question suivante : « Par quelles causes, l'esprit de liberté s'est-il développé en France depuis François Ier, jusqu'à la convocation des États généraux de 1789 ? »

II

L'ASSISTANCE PUBLIQUE[1]

Les Directeurs ne développèrent, nous venons de le voir, que l'enseignement des écoles centrales dont leurs fils profitaient. De même ils se préoccupè-

---

1. DOCUMENTS ET OUVRAGES A CONSULTER. — Se reporter à la bibliographie générale de ce chapitre, p. 461 et aux ouvrages cités au chapitre X du livre III, p. 378. — QUESTIONS A ÉTUDIER : On souhaite la publication de monographies sur les bureaux de bienfaisance, les hospices, les dépôts de mendicité à l'époque du Directoire.

rent peu du sort des malheureux — qui n'étaient même plus des citoyens sous le régime de la constitution de l'an III : Ils s'efforcèrent de rejeter le poids de l'assistance sur les administrations locales ou les collectivités privées.

La loi du 16 vendémiaire an V (7 octobre 1796) organise les « hospices civils ». Elle restitue aux anciens établissements charitables celles de leurs propriétés qui n'ont pas encore été vendues comme biens nationaux, et leur accorde une portion de domaines nationaux équivalent à la quantité de biens qui aurait été aliénée en vertu de la loi du 23 messidor an II (11 juillet 1794). Pour gérer l'hospice civil, elle institue une « commission administrative » de cinq membres nommés par l'administration municipale (dans les villes de plus de 100.000 habitants, par l'administration départementale). Les nominations doivent être approuvées par l'administration départementale et le ministre de l'intérieur, qui ont le droit de destitution. Les « commissions administratives » des hospices se renouvellent annuellement par moitié lors des élections générales (loi du 16 messidor an VII — 4 juillet 1799).

Les commissions administratives sont astreintes à suivre certaines règles dans la gestion des biens des hospices : les biens fonds doivent être affermés aux enchères publiques pour trois, six ou neuf ans. Les maisons doivent aussi être louées aux enchères, mais les baux peuvent être de longue durée. Les commissions des hospices ne peuvent vendre, échanger ni acquérir d'immeubles sans une loi spéciale.

Les commissions sont chargées aussi de l'administration intérieure des hospices. Elles doivent procéder à l'adjudication au rabais des fournitures de vivres, médicaments, etc. Elles ont aussi pour mission de procurer du travail dans la mesure de leurs moyens aux vieillards et aux infirmes. Il est décidé que ceux-ci toucheront le tiers du produit de leur travail.

Les commissions administratives nomment ou révoquent les employés des hospices : la plupart du temps le personnel est recruté dans les anciennes congrégations charitables.

Les hospices civils doivent recevoir gratuitement les indigents et les enfants abandonnés. Ceux-ci, toujours appelés « orphelins de la Patrie » doivent être placés en nourrice, à la campagne, et à l'âge de douze ans être « mis en apprentissage chez des cultivateurs, artistes ou manufacturiers », ou encore embarqués comme mousses.

En fait, toutes ces mesures ne suffirent pas à tirer les hospices de leur détresse. En l'an VII, l'hospice de Toulouse se plaint de n'avoir « plus de linge d'aucune espèce », ses magasins à blé et à farine sont vides, et il lui faut subvenir à l'entretien de 1.100 malades ou vieillards et de 1.700 orphelins. L'hospice de Bar-sur-Ornain doit faire travailler ses malades pour se procurer des ressources. A Ligny, faute d'argent, on ne donne aux hospitalisés que du pain et des légumes. A Troyes, les hospices ont perdu presque tous leurs biens ; on ne leur en donne d'autres que lentement, aussi l'an VI fut-il terrible, il fallut supprimer la maternité, diminuer les rations. La mortalité des enfants trouvés atteignit 91 % ; mais, en l'an VII, la situation était meilleure, et, en l'an VIII, après attribution de nouvelles propriétés foncières, les hospices de Troyes jouirent de revenus supérieurs à ceux dont ils disposaient sous l'ancien régime.

A côté des hospices chargés de recueillir enfants trouvés, malades, infirmes et vieillards, la loi du 7 frimaire an V (27 novembre 1796), créa les « bureaux de bienfaisance » chargés de distribuer les secours à domicile. Les bureaux de bienfaisance étaient composés de cinq membres nommés par la municipalité. Ces bureaux devaient distribuer aux indigents, à domicile, des secours provenant soit des biens appartenant à des « établissements de secours à domicile », soit de dons, soit enfin d'un « droit des pauvres » d'un décime par franc sur les billets d'entrée dans tous les spectacles. Ce « droit des pauvres » est toujours en vigueur.

L'organisation des bureaux de bienfaisance ne se fit pas sans difficultés. Les « établissements de secours à domicile » dont les biens devaient passer sous le contrôle des bureaux de bienfaisance étaient, en effet, la plupart du temps des associations religieuses. Elles s'efforcèrent de se soustraire à la loi. De plus, les ressources des bureaux de bienfaisance s'avèrèrent insuffisantes. A Paris, on estimait le nombre des indigents, en l'an VII, à 90.000. Le droit des pauvres ne permettait de distribuer à chacun d'eux que quatre francs par an, soit 0 fr. 01 par jour ! Il est vrai que les bureaux de bienfaisance parisiens ajoutèrent à cette somme des distributions en nature, un pain de quatre livres, une livre de chandelles et un fagot par décade. A Troyes, le bureau de bienfaisance distribuait des secours à 2.300 indigents appartenant à 800 familles.

La Convention, avons-nous dit, avait essayé de faire disparaître la mendicité. Elle n'avait point réussi. Aussi établit-on de nouveau des « dépôts de mendicité ». Le Directoire aurait désiré que ces établissements fussent différents de leurs prédécesseurs d'avant 1789. Par une circulaire du 5 fructidor an VI (22 août 1798), François de Neufchâteau recommande d'établir dans chaque dépôt plusieurs ateliers, afin qu'on puisse y occuper les mendiants, selon leur force et « donner la filature de préférence aux femmes ». Il fallait aussi prendre soin de ne pas concurrencer l'industrie libre et exclure le travail du fer, qui aurait pu permettre aux reclus de fabriquer de fausses clés. Les préférences du ministre allèrent aux travaux agricoles, et surtout au jardinage.

La Convention avait supprimé les établissements privés de bienfaisance : ils reparaissent sous le Directoire. On voit surtout des curés organiser, par exemple à Paris, des soupes populaires. Les commissaires du Directoire protestent contre ces institutions charitables, qu'ils accusent de dissimuler une propagande religieuse. Mais le gouvernement laisse faire. A la fin du Directoire la bienfaisance privée joue un rôle important. Les grandes associations charitables, dissoutes en l'an II, ne vont pas tarder à reparaître.

LIVRE V

LA DICTATURE MILITAIRE

CHAPITRE PREMIER

DU DIRECTOIRE AU CONSULAT : LES TRANSITIONS[1]

On sait comment Bonaparte, avec l'aide de son frère Lucien, chassa, le 19 brumaire les membres du Conseil des Cinq-Cents, et les Anciens du palais de Saint-Cloud où ils avaient transporté le siège de leurs séances.

Au soir de cette journée, les rescapés de l'aventure, ceux du moins qui étaient favorables à Bonaparte, se réunirent et instituèrent une « Commission consulaire » formée de Bonaparte et des Directeurs Sieyès et Roger Ducos. Un acte des Conseils (réduits chacun à une centaine de membres !) confiait le gouvernement à cette « Commission consulaire ». Elle était en outre chargée « d'organiser l'ordre dans toutes les parties de l'administration, de rétablir la tranquillité intérieure, et de procurer une paix honorable et solide ». La Commission pouvait envoyer dans les départements des « délégués » munis de pouvoirs étendus — comme les représentants en mission de la Convention.

Quant au Corps législatif, il était ajourné, mais suppléé par deux « Commissions » de chacune 25 membres, représentant les deux Conseils. Ces Commissions devaient notamment « préparer les changements à apporter aux dispositions organiques de la constitution, dont l'expérience avait fait sentir les vices et les inconvénients ».

L' « Acte » du 19 brumaire était donc une véritable constitution provisoire qui centralisait le pouvoir exécutif en le remettant aux mains de trois membres au lieu de cinq et soumettait un pouvoir législatif très faible à un exécutif tout-puissant, dominé lui-même par un général dont les victoires anciennes et l'équipée récente en Orient avaient renforcé le prestige. Les ministres, dont

---

1. BIBLIOGRAPHIE GÉNÉRALE. — Les œuvres de Sieyès, les papiers de Daunou (à la Bibliothèque nationale, manuscrits des nouvelles acquisitions françaises 21.880 à 21.933, 20.507, 21.565-6) ; Boulay de la Meurthe, *Théorie constitutionnelle de Sieyès* (Paris, 1836, in-8º) ; Mme de Staël, *Des circonstances actuelles qui peuvent terminer la Révolution, et des principes qui doivent fonder la république en France*, éd. Vienot (Paris, 1906, in-8º).

Voir, en outre, aux Arch. Nat., les séries AB XIX 1919 et AF IV 911. *Procès-verbaux* (imprimés) *des séances du Tribunat et du Corps législatif*, Procès-verbaux des séances du Sénat aux Arch. Nat. CC. 1-22. Aulard, *Registre des délibérations du Consulat provisoire* (Paris, 1894, in-8º). — TRAVAUX. Ouvrages généraux : Les manuels déjà cités d'Aulard, Deslandres, Poullet ; *L'Histoire du Consulat et de l'Empire* de L. Madelin, notamment le t. XI (Paris, 1948, in-8º) ; Lucas-Dubreton, *La France de Napoléon* (Paris, 1947, in-8º).

l' « Acte » ne parlait pas, furent conservés avec les mêmes attributions que sous le Directoire. Trois portefeuilles, seulement, furent confiés à des hommes nouveaux, la guerre à Berthier, l'intérieur à Laplace, les finances à Gaudin.

Mais, dès le 20 brumaire, Bonaparte demanda aux « Commissions » et à Sieyès, de préparer une nouvelle constitution. La Commission des Cinq-Cents nomma une « section » de sept membres, la Commission des Anciens une « section » de cinq membres pour élaborer cette nouvelle constitution. Celle-ci fut donc l'œuvre de ces douze hommes — parmi lesquels on remarquait Lucien Bonaparte, Daunou, Boulay de la Meurthe, Chazal, M.-J. Chénier, Cabanis, Garat, Régnier..., — Sieyès et Bonaparte.

Les projets des sections et celui de Sieyès furent officieusement soumis aux Commissions, mais il n'y eut jamais aucune discussion publique. Néanmoins, il est possible de retrouver les sources générales d'inspiration des brumairiens, et de reconstituer les projets qui servirent de base à la rédaction définitive de la Constitution.

I

LES SOURCES DE LA CONSTITUTION DE L'AN VIII[1]

Les constituants de l'an VIII, à la différence de leurs prédécesseurs de 1789 et même de 1793, ne construisirent pas la nouvelle constitution en s'inspirant de doctrines philosophiques ou politiques. C'étaient des réalistes, et ils désiraient tenir compte de l'expérience. Aussi partirent-ils de la constitution de l'an III, en s'efforçant d'en rechercher les défauts. Ils se souvinrent des remèdes qu'on avait tenté d'y apporter, des révisions que, dès le 18 fructidor, on avait projetées en France, et des expériences constitutionnelles qui avaient été réalisées dans les républiques sœurs ou dans les « départements des îles ioniennes » créés en 1797, après la paix de Campo-Formio.

Un des défauts les plus visibles de la constitution de l'an III était la faiblesse,

---

1. DOCUMENTS ET OUVRAGES A CONSULTER. — Un seul auteur a bien posé la question des origines profondes de la constitution de l'an VIII, c'est R. Guyot, dans son étude *Du Directoire au Consulat, les transitions*, dans la *Revue historique*, t. CXI, 1912, p. 1-31. Le sujet a été repris par H.-B. Hill, *L'influence française dans les constitutions de l'Europe*, dans la *Révolution française*, nlle série, 1936, p. 352-363 et 1937, p. 157-166. Le problème des origines immédiates de la constitution a été renouvelé par J. Bourdon, *La constitution de l'an VIII* (Rodez, 1941, in-8°). Se reporter aussi à J. Godechot, *Le Directoire, vu de Londres* (cité p. 419).

Voir en outre, A. Aulard, *Les lendemains du 18 brumaire*, dans le recueil de ses *Études et leçons...*, 2e série (Paris, 1898, in-12) ; P. Bastid, *Sieyès* (Paris, 1939, in-8°) ; A. Mathiez, *Le Directoire* (cité p. 395), chapitre XV ; Munteano, *Les idées politiques de Mme de Staël et la constitution de l'an III* (cité p. 395) ; R. Pariset, *Sieyès et Spinoza*, *Études d'histoire révolutionnaire et contemporaine* (cité p. 372) ; A. Vandal, *L'avènement de Bonaparte* (Paris, 1902-7, 2 vol. in-8°).

— QUESTIONS A ÉTUDIER : Le problème des origines lointaines de la constitution de l'an VIII, abordé seulement par R. Guyot pourrait être utilement repris. Les constitutions des « républiques sœurs » sous le Directoire n'ont fait l'objet d'aucune étude approfondie, non plus que les nombreux projets de révision élaborés à partir du 18 fructidor, tant en France que dans les pays occupés.

ou plus exactement l'isolement de l'exécutif, dépourvu de tout moyen d'action sur le législatif. Lorsque le pouvoir exécutif avait voulu agir sur le législatif, il avait dû violer la constitution. C'est ce qui avait été fait lors des coups d'État des 18 fructidor an V (4 septembre 1797) et 22 prairial an VI (10 juin 1798). Cependant, en dehors de ces coups d'État, quelques lois qui frisaient l'inconstitutionnalité avaient renforcé le pouvoir du Directoire. Ainsi la loi du 30 pluviôse an IV (19 février 1796) lui avait laissé le soin de réviser les listes électorales, et par conséquent d'éliminer ses adversaires ; celle du 9 frimaire an VI (29 novembre 1797) avait permis au Directoire de rayer, s'il le désirait, les anciens nobles inscrits sur ces listes. Par ailleurs, une dizaine de lois votées de l'an V à l'an VII avaient autorisé le pouvoir exécutif à nommer en tout ou en partie les membres des tribunaux et des administrations départementales ou communales, alors que la constitution avait prescrit qu'ils fussent élus.

Le coup d'État du 18 fructidor avait montré la nécessité d'une réforme profonde de la constitution. Au lendemain de cette journée, Boulay de La Meurthe invitait le Corps législatif à trouver des moyens « politiques et réguliers » pour éviter à l'avenir un conflit entre le législatif et l'exécutif. D'Italie, Bonaparte faisait part, dans une lettre à Talleyrand, de ses idées sur la question. Saint-Simon, le futur socialiste, parlait à Thibaudeau d'un plan élaboré par ses amis : il y aurait un Sénat, dont les Directeurs seraient membres de droit à la fin de leur mandat ; le pouvoir exécutif serait centralisé. Lauragais, cousin de Barras, envisageait la désignation d'un « président perpétuel ». Benjamin Constant, qui faisait alors ses débuts comme philosophe politique, est hostile au Corps législatif « permanent » qui ne peut être, d'après lui, en temps normal « qu'un levain de fermentation intérieure ». De courtes sessions annuelles seraient, à son avis, suffisantes. Mme de Staël écrit en 1798 un ouvrage intitulé : *Des circonstances actuelles qui peuvent terminer la Révolution, et des principes qui doivent fonder la république en France.* Elle propose que les Anciens soient nommés à vie. Les Directeurs seraient choisis parmi eux par les Cinq-Cents. Un traitement considérable assurerait aux Anciens « l'indépendance... et la considération attachée à la richesse... ». Le Directoire aurait le droit de veto et celui de dissoudre les Cinq-Cents. Ceux-ci, seuls, seraient élus par le peuple, mais recrutés seulement parmi les hommes ayant déjà rempli des fonctions publiques. Le gouvernement nommerait les juges, qui seraient inamovibles. Si cet ouvrage de Mme de Staël ne devait voir le jour qu'en 1906, les idées qu'il contenait furent diffusées par son auteur ainsi que le prouvent les rapports des agents britanniques en France, et eurent, comme nous le verrons, une grande influence.

Le mouvement qui portait les hommes politiques à souhaiter une réforme de la constitution de l'an III ne se borna pas à des vœux platoniques. Le gouvernement français, en effet, eut l'occasion de procéder entre 1796 et 1799 à de nombreuses expériences constitutionnelles en rédigeant directement ou en conseillant les rédacteurs des constitutions destinées aux « républiques sœurs ». Merlin de Douai, La Révellière, Daunou, Monge, Faipoult, Delacroix purent ainsi exprimer leurs idées constitutionnelles.

En décembre 1796, c'est la république Cispadane qui reçoit une constitution, bientôt appliquée à toute la Cisalpine. Après le 18 fructidor, successivement les républiques batave, helvétique, romaine sont dotées d'un texte constitutionnel, et, en juin 1798, la constitution cisalpine subit un sérieux remaniement. Dans toutes ces constitutions, le pouvoir exécutif est renforcé. Partout les membres du pouvoir exécutif, qu'ils s'appellent Directeurs en Suisse, en Cisalpine, en Hollande ou consuls à Rome, ont le droit de nommer les commissaires à la trésorerie. Ainsi, les finances ne peuvent plus, comme en France, échapper à l'autorité du gouvernement. Dans la république batave, le Directoire reçoit le droit de destituer toutes les administrations, et de les remplacer provisoirement. En Suisse, le Directoire nomme les présidents, accusateurs publics et greffiers de tous les tribunaux supérieurs. A Rome, les consuls nomment les accusateurs publics — qui remplissent aussi les fonctions de commissaires du gouvernement — les directeurs des jurys d'accusation, et même les jurés.

Le pouvoir législatif subit lui aussi des retouches importantes. En général, le droit de suffrage, à la base, est étendu. En Cisalpine, tous les citoyens, sauf les indigents, sont électeurs ; en Batavie, le suffrage est quasi-universel dans les assemblées primaires ; en Helvétie, seuls sont exclus du droit de vote les indigents assistés, les domestiques et les ministres des cultes ; à Rome, le cens électoral, est fixé très bas. Mais, si le droit de suffrage est étendu, divers moyens sont mis en œuvre pour fausser la souveraineté populaire. En Cisalpine, Bonaparte ne tient pas compte des élections, et nomme les députés, les juges, les administrateurs ! Dans un des projets de constitution batave, les électeurs devaient établir seulement des listes de candidats, parmi lesquels des électeurs au troisième degré, tirés au sort parmi les électeurs au second degré, auraient choisi députés, juges, administrateurs. En Suisse, les députés sont élus, mais à très long terme : huit ans. A Rome, la « gradualité » des fonctions, préconisée par Mme de Staël, est établie, c'est-à-dire que nul ne peut être élu député s'il n'a au préalable exercé d'autres fonctions publiques. Partout, le système des deux chambres est conservé. En Suisse, à Rome, le Conseil des Anciens prend le nom de « Sénat », à Rome encore, celui des Cinq-Cents s'appelle « Tribunat ». Dans la république helvétique, les « directeurs » entrent de droit au Sénat, à la fin de leur mandat. Dans la république romaine, les « conseils » ne sont pas permanents, ils ne doivent siéger que huit mois par an, et peuvent s'ajourner sans limitation de temps. Dans l'intervalle des sessions, le gouvernement est le seul maître, il n'y a pas de « commissions intermédiaires ».

Ces constitutions présentent enfin des innovations intéressantes dans les domaines de l'administration et de la justice. En Suisse, comme à Rome, des « préfets », là nationaux, ici consulaires, sont placés à la tête des circonscriptions administratives. En Suisse, le préfet national a de grands pouvoirs, il choisit le président de la chambre administrative cantonale et assiste à ses délibérations. Il est aidé par des sous-préfets. Dans le domaine judiciaire, on constate en Hollande la disparition du jury. Là, comme à Rome, les juges peuvent être poursuivis pour forfaiture par le gouvernement devant des tribunaux spéciaux. Enfin, nous l'avons vu, les présidents, accusateurs publics, greffiers ne sont pas élus, mais nommés dans cette république, ainsi qu'en Suisse.

Nul doute que ces réformes, toutes récentes n'aient été présentes à l'esprit de la douzaine d'hommes politiques chargés de rédiger la constitution de l'an VIII.

II
LES PRINCIPAUX RÉDACTEURS DE LA CONSTITUTION DE L'AN VIII[1]

Quelle qu'ait été l'influence des projets anciens et des expériences récentes, il n'en reste pas moins que trois hommes ont exercé une influence capitale sur la rédaction de la constitution de l'an VIII : Daunou, Bonaparte, Sieyès.

Daunou avait publié, huit jours avant le coup d'État, le 10 brumaire (1er novembre), dans la *Décade philosophique*, un article où il exposait ses idées sur la constitution. D'après lui, il fallait surtout prendre des mesures pour remédier à l'inévitable rivalité entre le pouvoir exécutif et le législatif. Aussi proposait-il de concentrer l'exécutif, d'établir la « gradualité » des fonctions dans la carrière de représentant du peuple, et d'organiser un « pouvoir conservateur » destiné à garantir le respect de la constitution.

Nous connaissons les projets de Bonaparte par la lettre qu'il adressa à Talleyrand, au lendemain du 18 fructidor, lettre que nous avons déjà citée, et par ses brèves et tranchantes interventions, lors de la discussion de la constitution de l'an VIII. Pour Bonaparte, le gouvernement représente le peuple au même titre que les conseils législatifs ; aussi doit-il être doté de très grands pouvoirs. Bonaparte rêvait d'un gouvernement taillé sur le modèle de l'armée, son chef aurait eu autant d'autorité que le général ; il aurait été entouré d'un état-major civil chargé uniquement de préparer ses décisions, les employés de l'administration auraient été soumis à une véritable discipline militaire, passibles de sanctions à la moindre incartade, à la moindre désobéissance. C'était en fait le programme d'une dictature purement militaire.

Ce fut, en réalité, Sieyès qui fut le principal auteur de la constitution de l'an VIII. L'opinion croyait encore que ce révolutionnaire des premiers jours tenait en réserve la constitution idéale qui devait faire le bonheur des Français. Mais Sieyès n'avait, à la vérité, aucun plan préparé d'avance. Il s'inspira des modèles et des projets dont nous venons de parler, y introduisit quelques idées personnelles, d'autres puisées dans Spinoza, et dicta le tout

---

1. TEXTES ET OUVRAGES A CONSULTER. — Voir la bibliographie générale et la bibliographie du § I de ce chapitre, p. 474.

à partir du 20 brumaire (11 novembre) à Boulay de La Meurthe. Daunou et Roederer prirent aussi des notes, mais en modifiant les principes de Sieyès au gré de leur propre tournure d'esprit.

Sieyès distinguait non pas trois, mais cinq « pouvoirs » : le législatif, l'exécutif, le judiciaire, le pouvoir gouvernant et le pouvoir conservateur.

Le pouvoir législatif, selon Sieyès, doit être partagé entre deux assemblées, un « tribunat » qui propose les lois et défend les intérêts du peuple, dont il connaît les besoins, et une « législature », qui adopte ou rejette sans les discuter les projets présentés par les tribuns et par le gouvernement. Ainsi, la législature était-elle, dans l'esprit de Sieyès, un tribunal qui, par ses jugements, devait équilibrer les revendications du peuple et les nécessités du gouvernement. Sieyès stipulait que le corps législatif serait permanent, mais pourrait s'ajourner.

Le « pouvoir exécutif », dans le plan de Sieyès, était distinct du « pouvoir gouvernant ». Le premier, qui était tout action, devait être confié à un seul homme — ou, plus exactement, à deux consuls, l'un maître de la politique intérieure, l'autre de l'extérieure. Le gouvernement, qui était toute pensée, devait être partagé entre plusieurs. C'était l'apanage des conseillers d'État. Sieyès confiait aussi à l'exécutif un très large pouvoir réglementaire : les règlements étant obligatoires pour les seuls fonctionnaires et employés, les lois l'étant pour tous les citoyens.

Sieyès ne s'étendait guère sur le « pouvoir judiciaire », qu'il ne semble pas avoir voulu profondément modifier. Mais il prévoyait un « pouvoir conservateur » confié à un Sénat qui avait un rôle analogue à la « jurie constitutionnaire » vainement proposée par lui à la Convention lors des délibérations relatives à la constitution de l'an III. Ce Sénat devait juger « si les lois étaient conformes à la constitution ». Mais il devait aussi « absorber » les hommes politiques influents qui pourraient, par la suite, devenir dangereux pour la république. Chaque sénateur, en effet, était inéligible à toute fonction publique.

Sieyès avait imaginé un système électoral particulièrement original, car il annihilait, en fait, le principe même de la souveraineté nationale. A la base, tous les citoyens — sans condition de cens, semble-t-il — devaient élire des candidats aux fonctions publiques. Par le terme de « fonctionnaire », Sieyès entendait les administrateurs locaux et les députés, il réservait le mot d' « employés », comme sous l'ancien régime, aux agents du gouvernement. Les listes communales comprendraient le dixième des électeurs (soit 600.000 environ). Les candidats inscrits sur ces listes désigneraient, à leur tour, un dixième d'entre eux pour former des listes départementales, et ceux-ci composeraient de la même manière une liste nationale de 6.000 noms. Le Sénat aurait le droit d'éliminer un dixième des noms. Un magistrat unique, auquel Sieyès donnait le nom de « grand électeur » choisirait dans toutes ces listes députés, administrateurs, fonctionnaires. En effet, déclarait Sieyès, il ne convient pas que « nul soit nommé fonctionnaire par ceux sur qui doit peser son autorité », et il ajoutait : « La confiance vient d'en bas, le pouvoir vient d'en haut. »

Le « grand électeur », nommé à vie, richement doté, disposait donc de pouvoirs considérables, il personnifiait la France, mais, si ses choix déplaisaient, il pouvait être « absorbé » par le Sénat, qui devenait ainsi l'organe prépondérant du système. Pour la première fois, le « grand électeur » serait choisi par le Sénat, dont les membres devaient être, en partie, désignés par les constituants eux-mêmes : Ainsi, les brumairiens se perpétueraient-ils au pouvoir beaucoup plus facilement que les thermidoriens, qui avaient dû recourir à l'expédient impopulaire du décret des deux tiers.

Sieyès enfin, maintenait la division départementale, mais désirait le rétablissement d'une circonscription intermédiaire entre le département et la commune. Daunou proposa d'appeler « arrondissement » cette circonscription. A la tête de chacune de ces trois divisions administratives, Sieyès plaçait un personnage unique, préfet, sous-préfet, maire, nommé par le pouvoir exécutif.

III
L'ADOPTION DE LA CONSTITUTION[1]

Pendant la décade qui suivit le coup d'État, Sieyès exposa ses idées aux deux « sections de constitution » des « commissions intermédiaires », et à quelques hommes politiques, tels que Roederer et Talleyrand. Ils se déclarèrent d'accord sur l'ensemble du projet ; les sections toutefois critiquèrent le système électoral de Sieyès.

Sieyès se rendit alors chez Bonaparte et lui lut son plan. Le général y opposa de vives objections, qui portèrent notamment sur deux points : « le « grand électeur » et le « droit d'absorption ». Bonaparte à qui Sieyès avait proposé les fonctions de « grand électeur » — se souciait fort peu d'un rôle qui ne pouvait lui donner qu'une influence très indirecte sur les affaires de l'État. Il ne voulait pas être « un cochon à l'engrais de plusieurs millions ». Il proposait de remplacer le grand électeur par un « premier consul », qui aurait toute la réalité du pouvoir. Et, pour que ce pouvoir ne pût lui être enlevé, il se déclarait vivement hostile au « droit d'absorption ».

Les sections constitutionnelles s'efforcèrent alors de rédiger un nouveau projet acceptable par les deux grands protagonistes. C'est Daunou qui fut chargé de mettre par écrit le compromis.

Le 16 frimaire (7 décembre), les deux « commissions » et les consuls se réunirent chez Bonaparte. On se mit d'accord pour accepter, malgré les objections des sections, le système des « listes de confiance », qui remplaçait les élections véritables. Du 16 au 22 frimaire (7 au 13 décembre), les « commissions » se réunirent officieusement chaque soir chez Bonaparte, et discutèrent en sa présence, article par article, la constitution. Bonaparte intervint fréquemment,

---

1. TEXTES ET OUVRAGES A CONSULTER. — Voir la bibliographie générale et la bibliographie du § I de ce chapitre, p. 473 et 474.

et chaque fois, pour faire augmenter les pouvoirs du « premier consul ». La dernière réunion eut lieu le 22 frimaire (13 décembre). Ce jour-là, les membres des commissions, sans procéder à aucun vote régulier ni à la procédure prévue par l'acte du 19 brumaire (vote par la commission des Cinq-Cents, puis par celle des Anciens) signèrent la constitution. Il s'agit alors d'élire les trois consuls. Bonaparte voulut encore se dérober à un vote qui eût pu faire apparaître une opposition. Il demanda à Sieyès de désigner lui-même les plus hauts magistrats de la France. Plus intimidé que flatté, Sieyès désigna Bonaparte, Cambacérès et Lebrun. Il était entendu que Sieyès serait président du Sénat, et qu'à ce titre, il choisirait la majorité des membres de cette assemblée.

Bonaparte avait imposé aux constituants de l'an VIII un article stipulant que la nouvelle constitution serait soumise à la ratification du peuple. Le plébiscite eut lieu en nivôse, mais, sans attendre le dépouillement du scrutin, la constitution fut mise en application à dater du 4 nivôse (25 décembre 1799).

Le plébiscite ne se fit pas comme en 1793 ou en l'an III, mais on ouvrit dans chaque commune des registres où les citoyens étaient invités à indiquer par écrit, après avoir signé, s'ils acceptaient ou rejetaient la constitution. Ces registres restèrent ouverts pendant plus d'un mois. Le gouvernement usa de tous les moyens de pression. Dans la Côte-d'Or, Maret, commissaire du gouvernement, — le frère du futur duc de Bassano — fit savoir, par circulaire, que la nouvelle constitution méritait une « obéissance passive... et un respect religieux ». Les résultats ne furent proclamés que le 18 pluviôse (7 février 1799). Il y avait 3.011.007 oui, mais plus de quatre millions de Français s'étaient abstenus ! Dans certaines communes, l'agent national fut le seul votant ! Beaucoup d'acceptants le firent d'ailleurs, en formulant des réserves. Tel ce citoyen qui déclara : « Je l'accepte dans l'espoir qu'elle sera la dernière, que sous son égide, les propriétés seront sacrées et inviolables..., qu'elle rétablira la paix intérieure, et procurera la paix extérieure... ; que le gouvernement qu'elle crée n'abusera pas du pouvoir énorme et des facultés pécuniaires peut-être trop considérables qui lui sont attribuées pour asservir le peuple français et rétablir le despotisme absolu. » Ce citoyen avait bien compris le caractère de la constitution ; il lui avait néanmoins accordé le préjugé favorable. Seuls 1.562 Français eurent le courage de voter « non ». L'un d'eux, un juge de paix de la Côte-d'Or, expliqua ainsi son vote : « Le feu n'est point de la lumière. *Cedant arma togae.* L'ordre seul est durable. »

Mais il faut reconnaître que beaucoup d'anciens révolutionnaires votèrent « oui ». Parce que ces révolutionnaires appartenaient à la bourgeoisie, et qu'il semblait à la bourgeoisie que seul un général pouvait désormais défendre ses conquêtes, contre les ennemis de l'extérieur et de l'intérieur. La bourgeoisie, incapable encore de gouverner seule, répugnant à tout appui populaire, ne pouvait se maintenir au pouvoir que sous la protection d'un sabre. Mais cette protection devait vite se muer en une sévère dictature.

CHAPITRE II

LES CONSTITUTIONS DU CONSULAT ET DE L'EMPIRE[1]

I

LA CONSTITUTION DE L'AN VIII[2]

La constitution de l'an VIII, préparée par un petit groupe de révolutionnaires repentis, les « brumairiens », était issue d'un coup d'État militaire et avait été rédigée dans des conditions fort illégales, puisque ses rédacteurs

---

1. BIBLIOGRAPHIE GÉNÉRALE. — Aux Arch. Nationales on trouvera des renseignements notamment dans la série C, *Procès-Verbaux du Tribunat et du Corps législatif* (imprimés en 59 et 25 volumes), la série CC, procès-verbaux (inédits) du Sénat, la série AF IV 4-15, procès-verbaux des séances des Conseils ; la série BB 30, liberté individuelle ; B 11, votes populaires. Les *Mémoires* de Thibaudeau (Paris, 1827, in-8º), Molé (Paris, 1922-1930, 6 vol. in-8º), Roederer (Paris, 1909, in-8º), Girardin (Paris, 1829, 2 vol. in-8º), les *Mémoires* sur Carnot, par son fils. Le *Moniteur*, les *Archives parlementaires*.
    La *Correspondance de Napoléon* est un document capital (Paris, 1857-1869, 28 vol. in-8º). On se reportera aussi à A. Aulard, *Paris sous le Consulat* (Paris, 1901-19, 4 vol. in-8º) ; du même, *État de la France en l'an VIII et en l'an IX* (Paris, 1897, in-8º).
    Le seul ouvrage d'ensemble est celui de Poullet, déjà cité (p. 40). Mais on le complètera par J. Bourdon, *La réforme judiciaire de l'an VIII* (cité p. 109), qui malgré son titre, donne de nombreux renseignements nouveaux sur un grand nombre d'institutions du Consulat et de l'Empire.
    Sur les principaux réformateurs : Gazier, *Napoléon au Conseil d'État*, dans la *Revue de Paris*, ann. 1903, II, p.160-174 ; A. Marquiset, *Napoléon sténographié au Conseil d'État* (Paris, 1913, in-8º) ; M. Pelet, *Opinions de Napoléon* (Paris, 1833, in-8º) ; Vialles, *L'archichancelier Cambacérès* (Paris, 1908, in-8º) ; J. Bourdon, *Le rôle de Cambacérès sous le Consulat et l'Empire*, dans le *Bulletin de la Société d'histoire moderne*, novembre 1928, p. 67-74 ; J. Lacour-Gayet, *Talleyrand* (Paris, 1930-34, 4 vol. in-8º) ; L. Madelin, *Fouché* (Paris, 1901, 2 vol. in-8º) ; baron Ernouf, *Maret, duc de Bassano* (Paris, 1878, in-8º) ; J. Pigeire, *La vie et l'œuvre de Chaptal* (Paris, 1931, in-8º).
    2. DOCUMENTS ET OUVRAGES A CONSULTER. — Sur le Conseil d'État : Aucoc, *Le Conseil d'État* (Paris, 1876, in-8º) ; Ch. Durand, *Les auditeurs au Conseil d'État sous le Consulat et le premier Empire*, thèse de droit (Aix-en-Provence, 1937, in-8º) ; du même, *Le Conseil d'État napoléonien* (Paris, 1949, in-8º).
    Sur les Assemblées : Mlle Gobert, *L'opposition des assemblées sous le Consulat*, thèse de droit (Paris, 1925, in-8º) ; C. Welschinger, *Tribuns, députés, sénateurs de 1804 à 1810*, Revue hebdomadaire, t. VI, 1898, p. 246-263 ; Dutruch, *Le Tribunat*, thèse de droit (Paris, 1921, in-8º) ; Trouillard, *Le Sénat de Napoléon*, thèse de droit (Rennes, 1911, in-8º) ; J. Thiry, *Les attributions du Sénat du Premier Empire concernant la justice et les droits individuels*, thèse de droit (Paris, 1922, in-8º) ; du même, *Le Sénat de Napoléon* (Paris, 1931, in-8º) ; L. de Brotonne, *Les sénateurs*

n'avaient pas même observé les règles qu'ils avaient eux-mêmes tracées le 19 brumaire. Le plébiscite ne doit pas faire illusion : la constitution fut imposée à la France par la force, et elle instaura un régime de dictature militaire.

« Courte et obscure », comme la voulait Sieyès, la constitution de l'an VIII ne compte que 95 articles. Elle ne traite pas de l'organisation des grands pouvoirs publics, ni de l'administration, ni des finances.

Mais ce qui oppose pourtant la constitution de l'an VIII à celles qui l'ont précédée, c'est qu'elle ne renferme ni déclaration ni même de garantie des droits. Seule l'inviolabilité du domicile est assurée par l'article 76, qui interdit les perquisitions nocturnes. L'article 77 fait vaguement allusion à la liberté individuelle ; l'article 83 mentionne le droit de pétition, mais pour spécifier qu'il est strictement individuel. Les articles 93 et 94 promettent l'irrévocabilité des lois contre les émigrés, et de la vente des biens nationaux. Il n'est question nulle part de la liberté, ni de l'égalité, ni de la fraternité : En fait, l'esclavage devait être rétabli aux colonies par la loi du 20 floréal an X (10 mai 1802).

Le gouvernement — qui participe aussi bien au législatif qu'à l'exécutif — est confié à trois consuls, aux ministres et à un Conseil d'État.

Les trois Consuls sont inégaux, en fait, seul le Premier Consul a la réalité du pouvoir. « La décision du Premier Consul, seule, suffit » énonce l'article 42 de la Constitution. Les deux autres Consuls n'ont que voix consultative ; en cas de désaccord, ils consignent leur opinion sur un registre.

Normalement les Consuls doivent être élus par le Sénat, en dehors de son sein. On a vu comment Sieyès désigna pour ces fonctions Bonaparte, Cambacérès et Lebrun. Cambacérès avait été conventionnel et régicide. Il était censé représenter la tradition révolutionnaire. Lebrun, ancien secrétaire de Maupeou, apporterait, pensait Sieyès, les habitudes administratives de l'ancienne monarchie. En réalité, Cambacérès resta pendant tout le Consulat et l'Empire le chef de l'administration judiciaire, il dirigea toute l'œuvre législative du Conseil d'État et fut maintes fois l'inspirateur de Bonaparte. Ce fut un véritable homme d'État. Lebrun, suspect de royalisme, joua un rôle plus effacé.

Les Consuls étaient élus pour dix ans — le troisième, seulement pour cinq ans — et rééligibles. Ils formaient, comme le Directoire, un Conseil délibérant en présence d'un secrétaire d'État — ce fut Maret, déjà secrétaire du Consulat provisoire — et d'un secrétaire général qui tenait le registre des

---

du Consulat et de l'Empire (Paris, 1895, in-8º) ; A. Aulard, *La liberté individuelle sous Napoléon Ier*, dans le recueil de ses *Études et leçons...*, t. III, p. 290-313 (Paris, 1914, in-8º) ; Le Sciellour, *La liberté individuelle sous le Consulat et l'Empire*, thèse de droit (Paris, 1911, in-8º). — QUESTIONS A ÉTUDIER : Les institutions politiques du Consulat et de l'Empire sont encore fort mal connues. Les ministères, et notamment leurs conseils d'administration, n'ont pas été étudiés. Si l'ouvrage de M. Ch. Durand a renouvelé nos connaissances sur le *Conseil d'État*, par contre, la thèse de M.-J. Thiry sur le *Sénat de Napoléon* n'a pas épuisé le sujet, loin de là. Aucun ouvrage exhaustif n'a été consacré ni au Tribunat, ni au Corps législatif. Le nombre des questions à étudier est donc, dans ce domaine, considérable.

Procès-verbaux. Le secrétaire général fut Lagarde qui avait déjà rempli cette fonction à la satisfaction générale sous le Directoire.

Les Consuls étaient pourvus d'un traitement confortable : 500.000 francs pour le Premier Consul, 150.000 francs pour chacun des deux autres. Ils étaient logés aux Tuileries. Bonaparte s'installa princièrement se « retranchant dans son cabinet » où personne ne pénétrait sauf son secrétaire particulier, Bourrienne, puis Méneval. Pour communiquer avec ses collaborateurs, Bonaparte passait dans une pièce voisine.

Les Consuls étaient irresponsables.

La partie essentielle du pouvoir législatif était dévolue aux Consuls, puisque seuls ils avaient l'initiative des lois et du budget. Le Premier Consul devait publier les lois dix jours après leur adoption par le Corps législatif, si pendant ce délai il n'y avait pas eu recours au Sénat pour inconstitutionnalité. La Constitution était muette sur le pouvoir constituant, mais Bonaparte se l'attribua conjointement avec le Sénat.

Naturellement, les Consuls jouissent du pouvoir exécutif dans toute sa plénitude, et notamment sans aucune des restrictions financières dont il avait été entouré en l'an III. Ils sont dotés, comme Sieyès le désirait, d'un pouvoir réglementaire très étendu. Ils nomment et révoquent tous les fonctionnaires : conseillers d'État, ministres, ambassadeurs et autres « agents extérieurs en chef », officiers des armées de terre et de mer, membres des administrations locales, commissaires du Gouvernement près les tribunaux. Innovation capitale, les Consuls nomment même les juges — sauf les juges de paix et les juges de cassation — mais sans pouvoir les révoquer. Par la suite, ce droit de nomination fut encore étendu à l'organisation religieuse, à l'instruction publique, etc. On peut dire que c'est la Constitution de l'an VIII qui a créé le corps des fonctionnaires français. C'est même à partir de l'an VIII que le mot fonctionnaire qui, nous l'avons vu, désignait auparavant aussi bien les représentants du peuple que les employés, s'est appliqué uniquement aux agents du Gouvernement.

Les Consuls étaient chargés de « pourvoir à la sûreté intérieure et extérieure de l'État ». Il ne leur était pas interdit — comme aux Directeurs — de prendre le commandement effectif des forces armées. Toutefois, pendant la campagne de Marengo, Bonaparte éprouva quelques scrupules à exercer officiellement le commandement en chef, c'est Berthier qui fut général de l'armée de réserve et le Premier Consul assista à la campagne en qualité de simple témoin. Mais, dès l'an IX, ces scrupules disparurent.

Comme les Directeurs, les Consuls peuvent faire arrêter « les personnes présumées auteurs ou complices d'une conspiration contre la sûreté de l'État ». Mais, dix jours après leur arrestation, elles doivent être remises à la justice régulière, ou libérées, sous peine, pour le ministre signataire du mandat, d'être passible du crime de « détention arbitraire ». En fait, les Consuls ne se soucièrent jamais de respecter cette disposition. Quant au « droit de grâce », attribution traditionnelle du chef de l'État, sous la monarchie, la Constitution était muette sur ce point.

C'était aussi dans les mêmes conditions que le Directoire, c'est-à-dire en toute souveraineté, que les Consuls dirigeaient la politique extérieure. Toutefois, les traités de paix, d'alliance, de commerce et les déclarations de guerre devaient être ratifiés par le Corps législatif et promulgués comme lois — les discussions sur ces objets pouvaient, si le Gouvernement le désirait, avoir lieu à huis clos. Mais le Gouvernement était entièrement libre de conclure des traités secrets avec qui bon lui semblait, à condition qu'aucun des articles de ces traités ne contredît un traité patent.

Le Conseil d'État, résurrection de l'ancien Conseil du Roi, était composé de trente à cinquante membres, se divisant en Conseillers en service ordinaire et Conseillers en service extraordinaire, tous nommés et révoqués par le Premier Consul et choisis parmi les citoyens figurant sur la liste nationale d'éligibilité. Le titre de Conseiller en service extraordinaire était purement honorifique. Les Conseillers furent choisis dans tous les partis. Bonaparte s'adressa aussi bien aux anciens jacobins qu'à d'anciens royalistes, girondins ou feuillants.

Le Conseil d'État était divisé en cinq sections : finances, législation, guerre, marine, intérieur. Chacune avait un Président nommé pour un an par les Consuls. Un secrétaire général — ce fut Locré — devait faire le départ des affaires entre les sections et tenir le procès-verbal des assemblées générales.

Les ministres pouvaient assister, sans voix délibérative, aux séances des sections. A partir de 1802, ils eurent le droit d'intervenir dans les discussions. Le Préfet de la Seine, le Préfet de Police, le premier Président du Tribunal de Cassation jouissaient des mêmes privilèges.

Les conseillers d'État recevaient un traitement élevé, 25.000 francs ; le secrétaire général touchait 15.000 francs. Ils ne pouvaient être poursuivis pour des délits personnels comportant une peine afflictive ou infamante qu'après autorisation préalable du Conseil.

La constitution de l'an VIII, et plus encore la pratique gouvernementale assurèrent au Conseil d'État un rôle important dans l'État. Le Conseil avait des attributions législatives et jouait le rôle de tribunal administratif. Il devait obligatoirement être consulté sur la rédaction de tout projet de loi ou règlement d'administration publique. Mais, en fait, le gouvernement, au début du Consulat, lui soumit des projets de décrets, et même d'arrêtés d'exécution. Il est vrai que, si la compétence du Conseil était ainsi étendue, son action était partout subordonnée au chef de l'État. Seul le Premier consul ou un ministre pouvait lui soumettre un projet. La section compétente établissait un texte ou avis qui était envoyé au Premier consul. Celui-ci convoquait alors l'Assemblée générale pour la discussion. Bonaparte présida souvent ces Assemblées et prit une part décisive à leurs délibérations. L'avis du Conseil d'État ne liait d'ailleurs pas les consuls. Pourtant, Bonaparte se rallia parfois à l'avis du Conseil d'État, même lorsque celui-ci était opposé au sien. C'est ainsi qu'il se décida à conserver, conformément à l'avis du Conseil, le jury de jugement, que, personnellement, il était enclin à supprimer. Lorsque le Conseil d'État avait établi un texte de loi, le Premier consul choisissait des conseillers — un à trois — chargés de le défendre devant le Tribunat, puis le Corps législatif. Sous le Consulat, le Conseil d'État fournit un travail considérable. Il élabora toutes les grandes lois organiques, et le code civil. En 1800, il discuta 911 lois, décrets ou arrêtés ; en 1804, il n'examina pas moins de 3.365 textes.

Le Conseil d'État devait aussi être chargé du contentieux administratif qui, sous le Directoire, était du ressort des seuls ministres. Ce contentieux comportait le jugement en appel des affaires jugées en premier ressort par les conseils de préfecture et les ministres, et le jugement en première et dernière instance des recours pour excès de pouvoir d'actes de commandement et de puissance publique. Le Conseil d'État devait aussi par des « décisions » trancher les conflits d'attribution entre les différentes administrations. Le Conseil d'État se montra toujours favorable à l'extension des pouvoirs du gouvernement et à l'accroissement de la centralisation.

Les conseillers, en dehors de leur rôle au Conseil, furent chargés parfois d'importantes fonctions administratives. Un arrêté du 5 nivôse en VIII (26 décembre 1799) avait créé cinq grandes « directions générales » : bois et forêts ; ponts et chaussées, canaux de navigation et cadastre, sciences et arts, colonies. Ces directions générales furent confiées à des Conseillers d'État qui devinrent ainsi de véritables ministres au petit pied. En 1802, deux nouvelles directions, celle de l'instruction publique et celle de l'administration des communes, furent créées de la même manière ; plus tard, d'autres directions furent encore instituées : douanes, enregistrement, domaines, cultes, etc. Les conseillers d'État pouvaient également être envoyés en mission ; plusieurs parcoururent ainsi la France au début de l'an IX.

Les ministres se voient attribuer par la constitution de l'an VIII un rôle analogue à celui qu'ils avaient dans la constitution de l'an III, et qui avait été le leur, en somme, depuis 1789. C'est-à-dire qu'ils continuent à n'être considérés que comme des « agents d'exécution », de simples « commis ». Ils ne forment pas un conseil, et leurs avis, en ce qui concerne les projets de lois, de décrets, le contentieux, sont même soumis au Conseil d'État. Le nombre des ministres n'avait pas été fixé par la constitution. Les consuls conservèrent d'abord les ministres du Directoire. Puis, le 5 vendémiaire an IX (27 septembre 1800) un ministère du « Trésor » fut créé par dédoublement du ministère des finances, et le 17 ventôse an X (8 mars 1801) un ministère de l' « administration de la guerre », par dédoublement du ministère de la guerre. Ce ministère de l'administration de la guerre était chargé des vivres, approvisionnements, habillement, hôpitaux, etc.

Les ministres nommés par le Premier consul, choisis par lui sur la liste nationale d'éligibilité, n'étaient politiquement responsables que devant lui. Au point de vue pénal, les ministres étaient responsables de tout acte signé par eux et déclaré inconstitutionnel par le Sénat, de l'inexécution des lois et règlements d'administration publique, des ordres particuliers qu'ils avaient donnés, si ces ordres étaient contraires à la constitution, aux lois, aux règlements. C'est le Tribunat qui était chargé de dénoncer le ministre coupable. Le Corps législatif devait alors délibérer sur cette dénonciation après avoir entendu le ministre. Le ministre inculpé devait être jugé par la Haute-Cour, sans possibilité d'appel ni de recours en cassation. Quant aux délits privés commis par les ministres, ils ne pouvaient être poursuivis qu'après autorisation du Conseil d'État.

Les ministres devaient, avant tout, faire exécuter les lois. Aucun acte du gouvernement ne pouvait avoir effet s'il n'était contresigné par un ministre. Les ministres nommaient pratiquement un grand nombre de fonctionnaires, les autorités locales correspondaient avec eux. Ils jugeaient en première instance le contentieux administratif. A la tête de chaque département ministériel, il y avait un « conseil d'administration » formé des chefs de division, des commis chargés de la comptabilité de chaque ministère et de conseillers d'État désignés par les consuls pour y assister. Les « conseils d'administration » des finances, de la guerre, de la marine se réunissaient chaque décade, les autres une fois par mois, toujours chez le Premier consul. Ces « conseils d'administration » amoindrissaient encore la puissance des ministres ; ils ont joué un rôle important, mais qu'on connaît mal.

Les ministères fonctionnèrent, d'ailleurs, de manière fort diverse, selon la personnalité de leur chef. Talleyrand, à la tête du ministère des relations extérieures, se montra un homme d'État retors. Seul, il avait obtenu le privilège de communiquer directement avec le chef de l'État. Fouché, ministre de la « police générale », joua aussi un rôle exceptionnel. Il donna à son département une extension que celui-ci n'avait jamais connue sous le Directoire. Le personnel fut augmenté et épuré. Une division nouvelle fut créée, celle de la « police secrète », recrutée dans tous les milieux et qui compta 300 mouchards à Paris. Le ministère de la police dirigeait la préfecture de police, dans le département de la Seine ; les commissaires généraux de police, dans un certain nombre de grandes villes (Lyon, Toulouse, Strasbourg) ou situées en des points sensibles du territoire (Nice, Perpignan, Bayonne, etc.), les commissaires spéciaux de police dans les ports (Boulogne) et quelques villes frontières. La gendarmerie enfin avait été détachée du ministère de la guerre et subordonnée à celui de la police. Les autres ministres, Berthier, puis Carnot à la guerre, Forfait, puis Decrés à la marine, Gaudin aux finances, Lucien Bonaparte puis Chaptal à l'Intérieur, Abrial à la justice, Dejean, puis Régnier à l'administration de la guerre ne furent que d'honnêtes employés. Bonaparte communiquait avec eux, seulement par écrit. Il avait toujours sous la main leurs « carnets », périodiquement tenus à jour. Le secrétaire d'État, Maret, avait rang de ministre, et il eut sans doute une influence notable, mais, pour nous, difficile à déceler. Il était chargé de conserver toutes les décisions prises par les consuls et les ministres. Son contreseing les authentifiait, et il en transmettait une expédition à chacun des ministres intéressés, pour exécution.

Le gouvernement du Consulat nous apparaît donc comme un régime autoritaire, basé sur l'armée et la police, mais extrêmement complexe. Il réussit, car jamais chef ne fut entouré de collaborateurs aussi dévoués, aussi compétents et aussi nombreux. Grâce à eux, Bonaparte put s'instruire et se mettre rapidement au fait de toutes les affaires d'État. Grâce à eux, il put agir rapidement et faire sentir son impulsion dans tous les domaines. Enfin, il exauça les deux plus grands désirs des Français : la paix extérieure et la pacification religieuse. Tel fut le secret de sa popularité initiale.

Les brumairiens qui s'étaient appliqués à accroître les droits et prérogatives de l'exécutif, concentré d'ailleurs entre les mains d'un seul, s'efforcèrent de compliquer et d'éparpiller le pouvoir législatif, qui, du reste, ne représente que de très loin et fort indirectement la volonté populaire. Le système des listes de notabilités ou de confiance, imaginé par Sieyès, avait été intégralement maintenu dans la constitution de l'an VIII : il devait y avoir trois sortes de listes : les listes communales, les listes départementales, les listes nationales.

Les élections, pour les listes communales, devaient avoir lieu au suffrage universel de tous les citoyens, c'est-à-dire de tous les Français âgés de vingt et un ans, inscrits sur le registre civique de l'arrondissement et domiciliés depuis un an. La faillite, l'état de domestique à gages suspendaient l'exercice du droit de suffrage. Par contre, les ex-nobles et parents d'émigrés déchus des droits de citoyen, en vertu de la loi du 19 fructidor an V, étaient réintégrés. Le vote avait lieu dans chaque commune ou section de commune. Les électeurs devaient choisir le dixième d'entre eux ; ce dixième formait la liste des notabilités communales. Les citoyens inscrits sur la liste communale se réunissaient au chef-lieu de l'arrondissement pour inscrire le dixième d'entre eux, soit au total 50 à 60.000 noms, sur la liste départementale.

Les notables départementaux élisaient de même, au chef-lieu du département le dixième d'entre eux pour former la liste nationale.

Les listes une fois établies étaient « permanentes ». Elles ne pouvaient être révisées que tous les trois ans. On remplaçait alors ceux qui étaient décédés ou avaient démissionné ; l'on pouvait, en outre, rayer les noms des notables jugés indignes. Mais cette opération — la seule qui permit à la nation d'intervenir dans l'exercice du pouvoir législatif après la première formation des listes — était très difficile. En effet, alors que la majorité relative des votants suffisait pour être inscrit sur une liste, la majorité absolue des inscrits, condition rarement réalisée, était nécessaire pour une radiation.

D'ailleurs, en l'an VIII, les listes de notabilités n'étaient pas établies, et les « représentants du peuple » furent choisis arbitrairement par le Sénat. Les listes ne furent formées qu'en l'an IX et servirent seulement lors du premier renouvellement du Corps législatif en l'an X. Bonaparte qui était très hostile à ce système le fit disparaître aussitôt qu'il le put.

Ainsi, le peuple français ne fut nullement représenté pendant les deux premières années du Consulat — et plus tard il le fut si peu !

Le pouvoir législatif était partagé entre les consuls — qui seuls avaient l'initiative des lois, — le Tribunat, qui discutait les projets du gouvernement, le Corps législatif, qui les approuvait ou les rejetait en bloc, le Sénat, qui vérifiait la constitutionnalité des lois.

Le Tribunat était composé de cent membres nommés pour cinq ans par le Sénat, et choisis parmi les citoyens de plus de vingt-cinq ans, inscrits sur la liste nationale de notabilités. Le Tribunat était renouvelable chaque année par cinquième, mais les tribuns pouvaient être indéfiniment réélus. En l'an VIII, lors de sa première formation, le Sénat fit entrer au Tribunat des anciens membres des conseils du Directoire, quelques anciens « législateurs » ou « constituants » ; 26 « tribuns » seulement n'avaient pas été députés. Ainsi, en choisissant d'anciens élus du peuple, le Sénat condamnait lui-même le système qui prétendait remplacer l'élection. On remarquait parmi les tribuns Daunou, Benjamin Constant, J.-B. Say, M.-J. Chénier, Fabre de l'Aude, Jean Debry, Laromiguière... Formant en quelque sorte l'état-major des idéologues, et ce que la France possédait de plus remarquable, à cette époque en fait d'hommes politiques, les « tribuns » avaient un traitement de 15.000 francs et jouissaient des immunités habituelles.

Le Tribunat était permanent, mais pouvait s'ajourner. En fait, il ne s'ajournera jamais, mais en dehors des sessions du Corps législatif il siègera rarement. Bien que les séances du Tribunat fussent publiques, on n'admettait pas plus de 200 personnes dans les tribunes. Le bureau du Tribunat (un président et quatre secrétaires) était nommé tous les mois. Les « tribuns », pour éviter la reconstitution des partis, devaient s'asseoir aux places que le sort leur attribuait. Le Tribunat, comme toutes les institutions consulaires, était soumis à une sévère discipline militaire. Le président pouvait prononcer contre ses membres des peines allant jusqu'à « trois jours d'arrêt ». Jusqu'où le caporalisme napoléonien ne pénètre-t-il pas !

Les projets de loi transmis au Tribunat étaient étudiés par des commissions de trois ou cinq membres nommés par l'Assemblée sur proposition du bureau, d'après une liste où les membres du Tribunat s'inscrivaient en indiquant leurs spécialités. Dès que la commission avait étudié le projet — et elle devait aller très vite, car le gouvernement fixait la date de la discussion devant le Corps législatif — le rapporteur venait exposer les conclusions de ses collègues à la tribune. La délibération s'engageait alors. On devait entendre alternativement un partisan et un adversaire du projet. Mais celui-ci devait être accepté ou rejeté en bloc, le Tribunat n'ayant pas le droit d'amendement. Si le Tribunat se ralliait à la proposition de la commission, le rapporteur de celle-ci était désigné d'office pour défendre le point de vue du Tribunat devant le Corps législatif, en compagnie de deux autres orateurs.

Le Tribunat n'avait pas seulement pour fonction de discuter les projets de loi déposés par le gouvernement. Il avait le droit d'émettre des « vœux sur les lois faites et à faire », sur les abus à corriger. C'était une parcelle d'initiative en matière législative ; mais les vœux du Tribunat ne liaient nullement le gouvernement. Le Tribunat devait aussi discuter les cas où la constitution pouvait être suspendue ; il avait le droit de déférer au Sénat pour inconstitutionnalité les listes de notabilités et les actes du Corps législatif ; il pouvait dénoncer les ministres au Corps législatif ; enfin, il devait présenter au Premier consul un candidat à chacune des places vacantes au Sénat.

Le Tribunat pouvait donc, dans une certaine mesure, servir de point de départ à une opposition au gouvernement. Effectivement le Tribunat manifesta dès le premier jour des velléités d'indépendance. Lors de la séance inaugurale, Benjamin Constant prononça un discours hostile au pouvoir personnel. Il contestait notamment le droit que prétendait se réserver le gouvernement de fixer la date du débat au Corps législatif, ce qui revenait à étrangler le Tribunat, à lui enlever son indépendance. Or, déclarait-il, « sans indépendance du Tribunat, il n'y aurait plus ni harmonie des pouvoirs ni constitution ; il n'y aurait que servitude et silence, silence que l'Europe entière entendrait... ». Malgré ce discours, le gouvernement l'emporta. L'opposition n'en persista pas moins. Elle se manifesta par le choix du président — un des premiers fut Daunou —, par les discours qui évoquèrent avec un certain regret la Convention ou célébrèrent le régime républicain, enfin présentèrent des critiques contre les projets gouvernementaux. La plupart du temps, néanmoins, ces projets passèrent ; deux seulement furent repoussés en l'an VIII, trois en l'an IX et deux en l'an X — parmi lesquels le code civil ; mais, même lorsqu'un projet était adopté, l'opposition avait fait entendre sa voix, et réuni une forte minorité qui atteignit fréquemment quarante voix. Le Tribunat ne profita pourtant pas de sa permanence pour gêner l'action du gouvernement. En dehors des sessions du Corps législatif, il aurait pu émettre des vœux « sur les lois faites ou à faire », et les « abus à corriger ». Il n'en fit rien et ne tint que des séances fort espacées — une ou deux par mois — et dénuées d'intérêt.

L'opposition du Tribunat, néanmoins, irrita vivement Bonaparte. Lors du premier renouvellement, en l'an X, comme la constitution n'avait pas fixé le mode de désignation du cinquième sortant, le Sénat, à la demande du Premier consul, établit la liste des « tribuns » qui devaient rester en fonctions. Les vingt personnalités les plus marquantes du Tribunat, qui étaient aussi les opposants les plus acharnés, se trouvèrent ainsi éliminées.

Ce ne fut pas assez au gré de Bonaparte. Sous son inspiration, le Tribunat dut modifier son règlement le 11 germinal an X (1er avril 1802). Il devait être désormais divisé en trois sections : législation, intérieur, et finances. Tout projet de loi serait examiné par la section compétente ; seuls les traités de paix et de commerce, les déclarations de guerre seraient étudiés par une commission spéciale. En cas de divergence entre le Tribunat et le Conseil d'État, les sections correspondantes de ces deux organismes devaient se concerter et s'efforcer d'arriver à un compromis. On ne passait qu'alors à la discussion devant l'assemblée générale du Tribunat, et on pense bien que celle-ci n'avait plus lieu que pour la forme : le rapporteur était toujours favorable au projet. Ainsi, deux ans après sa création, la seule assemblée qui aurait pu dresser une bien fragile barrière contre la dictature était mise au pas...

Le Corps législatif, qui siégeait au Palais-Bourbon, était composé de 300 membres, choisis par le Sénat sur la liste nationale parmi les citoyens de plus de trente ans. Chaque département devait avoir un député au moins. Les représentants étaient nommés pour cinq ans et renouvelables chaque année par cinquième. Ils ne pouvaient être réélus qu'après un an d'intervalle. Le traitement était de 10.000 francs. Les « législateurs » jouissaient des immunités habituelles. En l'an VIII, le Sénat choisit les membres du Corps législatif avec une liberté totale puisque les listes de notabilités n'étaient pas établies d'avance. Il désigna beaucoup d'anciens représentants du peuple aux différentes assemblées révolutionnaires, mais, sauf l'évêque Grégoire, c'étaient à peu près tous des inconnus, 23 représentants seulement n'avaient jamais siégé dans une assemblée législative. Le renouvellement de l'an X eut lieu dans les mêmes conditions qu'au Tribunat, et tous les « législateurs » tant soit peu mal vus de Bonaparte furent exclus.

Le Corps législatif ne devait siéger, en session normale, que quatre mois par an au maximum ; mais il pouvait être convoqué en session extraordinaire, et il le fut en germinal an X pour ratifier le concordat et approuver le traité de paix d'Amiens. Les séances du Corps législatif étaient publiques ; mais le nombre des assistants ne devait dépasser deux cents. Le Corps législatif pouvait se réunir en comité secret pour discuter les déclarations de guerre et les traités de paix et de commerce. Il nommait son président et ses quatre secrétaires qui n'étaient élus que pour quinze jours. Les députés, comme les « tribuns », siégeaient sur des fauteuils répartis par voie de tirage au sort.

Lorsque le gouvernement voulait faire voter une loi, il en déposait le projet sur le bureau du Corps législatif en indiquant la date à laquelle il entendait que ce projet fût discuté. Le Corps législatif transmettait immédiatement le projet au Tribunat. Au jour fixé, trois « tribuns » venaient présenter l'opinion du Tribunat, et trois conseillers d'État exposaient le point de vue du gouvernement. Celui-ci avait toujours le droit de demander l'ajournement ou de retirer le projet. Le Corps législatif « jugeait », sans pouvoir ni discuter le projet, ni l'amender. C'était donc un corps de muets. La même procédure était appliquée au vote du budget, des traités de paix, d'alliance et de commerce. Le Corps législatif pouvait également, par une loi, « suspendre pour un temps et un lieu déterminé l'empire de la constitution ». Mais, en dehors de ses sessions, ce droit capital appartenait au seul gouvernement. Le Corps législatif avait le droit, comme le Tribunat, de présenter un candidat à chaque place vacante au Sénat ; sur dénonciation du Tribunat, il pouvait voter la mise en accusation des ministres devant la Haute-Cour.

Pendant les trois premières années du Consulat, le Corps législatif dut examiner un très grand nombre de projets, souvent fort longs : la loi sur l'organisation judiciaire de la France ne comptait pas moins de sept titres et 97 articles ; elle dut cependant être votée en treize jours. L'examen de la loi sur la division du territoire ne demanda que dix jours !

A la différence du Tribunat, le Corps législatif ne manifesta qu'une rare et timide opposition. En l'an VIII, il ne rejeta que deux lois, dont, il est vrai, le code civil. On peut aussi considérer comme des manifestations d'opinion, l'élection à la présidence, au moment de la négociation du concordat, de Dupuis, l'auteur d'un ouvrage sur *L'origine de tous les cultes*, de tendance nettement anticatholique — ou la présentation au Sénat de candidats mal vus de Bonaparte, tels que Grégoire ou Daunou. Mais, en général, le Corps législatif manifesta la plus grande servilité, à preuve les discours de ses présidents qui firent toujours des éloges dithyrambiques de Bonaparte !

Le Sénat comprenait 60 membres, lors de sa formation, mais il devait être porté progressivement à 80 par la nomination chaque année de deux membres nouveaux. Les sénateurs devaient avoir plus de quarante ans ; ils étaient nommés à vie et inamovibles. A l'expiration de leur mandat, les consuls faisaient — obligatoirement pour le Premier, facultativement pour les deux autres — partie du Sénat, dernier vestige du « pouvoir d'absorption » imaginé par Sieyès.

Lors de sa création, Sieyès et Roger Ducos qui, en tant que consuls sortants, faisaient partie du Sénat, nommèrent 29 sénateurs. Ces 31 premiers sénateurs cooptèrent les 29 autres, mais l'influence de Sieyès fut capitale sur leur choix. Au Sénat, comme au Tribunat, ou au Corps législatif, les vétérans des assemblées révolutionnaires et surtout des conseils du Directoire (26) furent en majorité ; néanmoins cinq généraux, huit savants, deux banquiers, deux négociants figurèrent parmi les premiers sénateurs. Par la suite, les sénateurs devaient être élus par le Sénat à raison d'un pour trois candidats présentés l'un par le Premier consul, le second par le Corps législatif et le troisième par le Tribunat. Ces trois patrons pouvaient, d'ailleurs, s'entendre pour présenter deux candidats seulement, ou même un candidat unique.

Le Sénat installé au Petit-Luxembourg, était permanent, mais ne se réunissait que deux fois par décade — et même, à partir de thermidor an VIII, deux fois par mois. Ses séances n'étaient pas publiques et ses procès-verbaux n'étaient pas imprimés. Son bureau, comprenant le président et deux secrétaires, était élu pour quatre mois et n'était pas immédiatement rééligible. Le Sénat nommait aussi une « commission administrative » de cinq membres, chargée de l'entretien du palais où il siégeait.

Les sénateurs étaient dotés d'un traitement élevé, de 25.000 francs par an, à prendre sur le revenu de certains domaines nationaux. Ils ne pouvaient remplir aucune autre fonction, étaient politiquement irresponsables et jouissaient des immunités habituelles.

Sieyès avait, dans son système, réservé un rôle capital au Sénat, en lui attribuant le contrôle de la constitutionnalité des lois. Tout projet de loi voté par le Corps législatif ne pouvait être promulgué avant un délai de dix jours, délai durant lequel le projet pouvait être déféré au Sénat pour inconstitutionnalité. La constitution n'avait prévu aucune procédure de revision, mais le Premier consul fit admettre que si le Sénat avait le droit de juger l'inconstitutionnalité des lois, il avait aussi celui de reviser la constitution, d'accord avec le gouvernement, par voie de sénatus-consulte. Le premier sénatus-consulte fut publié le 15 nivôse an IX (5 janvier 1801). Il ordonnait, après l'attentat de la « machine infernale » et contrairement à la constitution, la déportation sans jugement, de 130 jacobins accusés, d'ailleurs à tort, d'avoir participé au complot. Le deuxième sénatus-consulte, du 22 ventôse an X (13 mars 1802), régla les formes dans lesquelles s'opérerait le premier renouvellement du Corps législatif et du Tribunat. Ce fut encore un moyen de renforcer la dictature. Le Sénat s'adjugea aussi le droit d'interpréter la constitution. C'est ainsi que, le 6 floréal an X (26 avril 1802), il autorisa la rentrée massive des émigrés. Le Sénat jouissait également d'un important droit de nomination. Il avait hérité, en effet, des fonctions que Sieyès avait voulu attribuer à un « Grand électeur » et nommait les consuls, les « tribuns », les « législateurs », les juges du tribunal de cassation et les « commissaires à la comptabilité ».

Les sénateurs, totalement indépendants, largement payés, munis de pouvoirs étendus, auraient donc pu s'opposer à la dictature napoléonienne. Il n'en fut rien. Tout au plus peut-on compter comme acte d'opposition la nomination de Grégoire au Sénat contre le candidat de Bonaparte. Mais en ordonnant la déportation de 130 jacobins, en éliminant du Tribunat et du Corps législatif les adversaires de Bonaparte, le Sénat avait montré jusqu'où s'étendait sa servilité. Il s'était borné, en effet, pour cette dernière mesure, à obéir aux ordres de Bonaparte, qui avait écrit à Cambacérès, le 28 nivôse an X (18 janvier 1802) : « Je vous prie de tenir la main à ce qu'on nous débarrasse exactement de vingt et de soixante mauvais membres que nous avons dans les autorités constituées...». Il ne fallait donc pas compter sur le Sénat pour élever un rempart devant l'ambition dictatoriale du Premier consul.

II

LA CONSTITUTION DE L'AN X : LE CONSULAT A VIE[1]

Il est incontestable que le rétablissement de la paix extérieure à Lunéville (9 février 1801) et à Amiens (27 mars 1802), la signature du concordat, approuvé par la loi du 9 avril 1802, donnèrent à Bonaparte un regain de popularité qui oblitéra dans l'esprit des Français les tendances dictatoriales du régime. Le Premier consul, en revanche, s'efforça de profiter de cette popularité pour étendre encore ses pouvoirs et consolider la dictature.

Cambacérès, à l'instigation de Bonaparte, avait imaginé un scénario qui permît de satisfaire aux vœux du Premier consul. Aussitôt après la lecture du traité d'Amiens au Tribunat, un « tribun » suggérerait que des félicitations fussent portées au Premier consul. Le président du Tribunat, Chabot, d'accord avec Cambacérès, prononcerait alors l'éloge de Bonaparte et demanderait que le Sénat fût invité à « donner aux consuls un témoignage de la reconnaissance nationale ».

Ainsi fut fait. Le Tribunat envoya deux députations présenter ce vœu, l'une au Sénat, l'autre au Premier consul. Le Sénat pensa que Bonaparte se contenterait d'une prorogation de son pouvoir pour dix ans, et il vota un texte en ce sens, mais le Premier consul manifesta son mécontentement en déclarant qu'il entendait tenir une prorogation de ses pouvoirs, du peuple seul.

Bonaparte saisit alors le Conseil d'État d'un projet de plébiscite. Le Conseil d'État dirigé par Roederer, agent de Joseph Bonaparte, décida que deux questions seraient soumises au peuple français : 1) Napoléon Bonaparte sera-t-il consul à vie ? 2) Aura-t-il la faculté de désigner son successeur ? Bonaparte estima que le Conseil d'État avait poussé l'adulation trop loin et interdit que la seconde question fût posée. Le plébiscite eut lieu selon les mêmes formes que celui de l'an VIII, de prairial à fin thermidor. Il suscita plus d'intérêt que le plébiscite précédent ; il y eut 500.000 abstentions en moins, mais 8.374 non au lieu de 1.562 précédemment. L'étude du plébiscite au niveau départemental est particulièrement instructif. Dans la Côte-d'Or, il n'y eut que 45.926 abstentions, 15.000 de moins qu'en l'an VIII. Les 101 citoyens qui votèrent non furent des isolés, appartenant à toutes les classes de la société : inspecteurs de l'enregistrement, gardes forestiers, anciens soldats, artisans, cultivateurs. Mais beaucoup votèrent oui avec restriction, ne concédant, par exemple, à Bonaparte qu'une nouvelle magistrature décennale, « sauf une seconde élection ». Par

---

[1] DOCUMENTS ET OUVRAGES A CONSULTER. — En plus des ouvrages indiqués à la bibliographie générale et à la bibliographie du § I, de ce chapitre (p. 481), voir sur le consulat à vie : A. Aulard, *L'établissement du consulat à vie*, dans *Études et leçons*, 2ᵉ série (Paris, 1898, in-12) ; Ph. Sagnac, *Le consulat à vie* dans la *Revue des études napoléoniennes*, ann. 1925, t. I, p. 133-154 et 193-211. Sur les sénatoreries, L'Hommédé, *Les sénatoreries*, dans la *Revue des Études historiques*, ann. 1933, p. 19-40. — QUESTIONS A ÉTUDIER : Se reporter aux indications données au § I de ce chapitre, p. 481.

ailleurs, dans beaucoup de communes, le vote eut lieu par acclamation, et l'on inscrivit comme ayant voté oui, indistinctement, tous les citoyens, même des femmes, même des absents. Naturellement, beaucoup d'électeurs, illettrés ou semi-illettrés, ignoraient de quoi il retournait. On connaissait Bonaparte, mais on ignorait son prénom qui est écrit tantôt Léonpon, tantôt Néopole, certains votants déclarent qu'ils sont partisans du « consultat » à vie ou désirent que Bonaparte devienne « consul avis » : Dans l'Ille-et-Vilaine, le nombre des votants est passé de 9.600 en l'an VIII à 40.866, les prêtres qui s'étaient abstenus en masse lors du premier plébiscite ont voté partiellement et en majorité oui en l'an X. Pour l'ensemble de la France, on rencontre quelques votes négatifs remarquables : Lafayette, Latour-Maubourg, des généraux, des soldats. On peut dire qu'en l'an X les 3.568.855 oui sont venus, pour la majorité, de la droite, alors qu'en l'an VIII une partie de la gauche avait approuvé le coup d'État.

Avant même que fût connu le résultat du plébiscite, Bonaparte avait préparé le texte des modifications qu'il voulait apporter à la constitution. Il soumit son projet aux deux autres consuls et à quelques conseillers d'État, qui n'y apportèrent que de faibles retouches. Le projet fut approuvé par le Conseil d'État et le Sénat le 16 thermidor an X (3 août 1802) et promulgué sous forme de sénatus-consulte.

Le sénatus-consulte du 16 thermidor an X est une véritable constitution, presque aussi longue que celle de l'an VIII, puisqu'elle compte 86 articles. Pas plus qu'en l'an VIII elle ne comporte de déclaration des droits. Elle se borne à stipuler que le Premier consul doit prêter serment « de respecter la liberté des consciences » et de « s'opposer au retour des institutions féodales ». Par ailleurs, elle a tous les caractères d'une constitution monarchique. Elle étend encore les pouvoirs du Premier consul, mais diminue ceux des assemblées législatives. Pour masquer cet aspect rétrograde, les élections étaient rétablies. La constitution de l'an X devait d'ailleurs être encore quelque peu modifiée par les sénatus-consultes du 12 fructidor an X (30 août 1802) et 28 frimaire an XII (20 décembre 1803) qui touchèrent aux attributions du Sénat et du Corps législatif.

Le Premier consul, désormais « consul à vie », avait le droit de faire élire son successeur de son vivant et sur sa présentation. Il pouvait aussi, à défaut de cette élection, déposer dans les archives du gouvernement un « vœu » destiné à être ouvert après sa mort. Si aucun vœu n'était exprimé par le Premier consul, les deux autres consuls présentaient un candidat. Le Sénat avait le droit d'écarter deux candidats présentés successivement par les consuls, mais il était obligé d'élire le troisième.

Seule la qualité de citoyen était requise pour devenir consul. Le Premier consul devait, ainsi que nous l'avons indiqué, prêter serment. Il était pourvu d'un traitement considérable, 6.000.000 de francs sur lequel il devait, il est vrai, pourvoir à l'entretien des palais des Tuileries et de Saint-Cloud qui lui étaient attribués. Les deux autres consuls ne recevaient chacun que 600.000 fr. Un embryon de cour était constitué. Le Premier consul devait avoir toujours auprès de lui un des quatre généraux de la garde consulaire, et sa femme était entourée de quatre « dames du palais ».

Si le Premier consul devenait ainsi un véritable monarque, ses attributions dépassaient singulièrement celles d'un roi constitutionnel. Il avait le droit de convoquer le Sénat, de convoquer et d'ajourner le Corps législatif. Il présidait le Sénat, nommait le président du Corps législatif, les présidents des assemblées cantonales et des collèges électoraux. Il possédait le droit de dissoudre le Tribunat et le Corps législatif avec l'assentiment du Sénat. Il était doté du droit de grâce, qu'il exerçait après avoir entendu une commission composée du ministre de la justice, de deux ministres, deux sénateurs, deux conseillers d'État, deux juges au « tribunal de cassation ». Il conservait, naturellement, toutes les attributions que lui avait données la constitution de l'an VIII, mais ses pouvoirs en matière d'affaires étrangères, déjà très grands, étaient encore étendus puisqu'il n'était plus astreint à demander l'assentiment du Corps législatif aux traités de paix et d'alliance, qu'il négociait. Seuls les traités de commerce et les déclarations de guerre restaient soumis à cette approbation, qui n'était, d'ailleurs, qu'une formalité.

La constitution de l'an X ne modifie pour ainsi dire pas l'organisation des ministères et les attributions des ministres. Elle se borne à donner aux ministres le droit de siéger au Sénat. Signalons aussi la suppression — temporaire — du ministère de la police, et l'attribution au ministre de la justice du titre de « Grand Juge ».

Ce ne fut pas la constitution de l'an X, mais la loi du 19 germinal an XI (9 avril 1803) qui modifia l'organisation du Conseil d'État en créant seize auditeurs. Les auditeurs devaient former la pépinière des futurs conseillers d'État, juges, administrateurs. Ils étaient chargés de présenter des rapports aux séances des sections du Conseil d'État. Ils pouvaient assister aux Assemblées générales, mais n'y avaient la parole que pour donner les explications qui leur étaient demandées. Les ministres recevaient en même temps voix délibérative au Conseil d'État. Les attributions du Conseil d'État étaient d'ailleurs quelque peu restreintes, puisque les projets de sénatus-consultes, les traités de paix et d'alliance ne devaient plus lui être soumis.

Un organisme nouveau est créé par la Constitution de l'an X : le « Conseil privé ». Il se composait des consuls, de deux ministres, deux sénateurs, deux conseillers d'État, deux grands-officiers de la légion d'honneur, désignés par le Premier consul lors de chaque réunion. Il incombait au « Conseil privé » de rédiger les projets de sénatus-consultes organiques, c'est-à-dire touchant à la constitution de l'État ou des colonies, et les projets de sénatus-consultes ordinaires — qui pouvaient suspendre l'application de la constitution dans certains départements, entraîner la suppression temporaire des jurys criminels, étendre le droit d'arrestation du gouvernement, annuler les jugements des tribunaux, dissoudre le Corps législatif ou le Tribunat. Il donnait son avis sur les traités de paix et d'alliance et, par adjonction du « Grand Juge », se transformait en commission des grâces.

Bonaparte n'avait guère apprécié les « listes de notabilités » inventées par Sieyès. Sans doute pensait-il qu'elles ne donnaient pas assez au peuple français l'illusion de la souveraineté, illusion nécessaire pour accepter plus facilement la dictature. Aussi rétablit-il dans la constitution de l'an X un système qui, quoique plus directement représentatif, laissait cependant au gouvernement une liberté totale.

A la base, tous les citoyens domiciliés dans le canton étaient électeurs aux « assemblées cantonales », qui rappelaient les assemblées primaires (toutefois il était prévu que, jusqu'en l'an XII, seuls les citoyens inscrits sur les listes de notabilités communales participeraient aux élections). Les assemblées cantonales, subdivisées en bureaux, devaient élire les membres des collèges électoraux d'arrondissement, à raison d'un pour 500 habitants de l'arrondissement, avec minimum de 120 et maximum de 200 ; les membres des collèges électoraux de département, à raison d'un pour mille habitants du département avec minimum de 200, maximum de 300. Les membres des collèges de département devaient être choisis parmi les 600 citoyens les plus imposés du département. Ainsi le « cens », qui avait disparu en 1799, faisait sa réapparition, il allait être désormais de regle en France dans la constitution des collèges électoraux, sans interruption jusqu'en 1848. Les assemblées cantonales élisaient aussi les candidats aux fonctions de juge de paix et de suppléant, à raison de deux pour une place, les candidats aux fonctions de conseillers municipaux dans les villes de plus de 5.000 habitants, à raison de deux par place, et, directement, les conseillers municipaux dans les communes plus petites. Le président de l'assemblée cantonale était nommé par le Premier consul.

Le scrutin devait s'ouvrir au lever du soleil, et ne pouvait être clos avant que la moitié des citoyens inscrits eussent voté. En général le scrutin durait deux jours ; il était écrit et secret. La majorité absolue était requise aux deux premiers tours et, si elle n'était pas obtenue, un scrutin de ballottage avait lieu, au troisième tour, entre les deux candidats les plus favorisés.

Les membres des collèges électoraux étaient élus à vie. Toutefois si un membre d'un collège électoral était dénoncé au gouvernement pour un acte « contraire à l'honneur ou à la patrie », le gouvernement devait inviter le collège à manifester son sentiment sous la forme d'un vœu. Si, à la majorité des trois quarts, le collège approuvait la dénonciation, l'exclusion était prononcée. La qualité de membre du collège électoral se perdait également avec la qualité de citoyen, ou du fait d'une absence non justifiée à trois séances consécutives du collège. Les élections aux collèges électoraux étaient très rares, car les assemblées cantonales ne devaient y procéder que lorsqu'un tiers des places était vacant. En conséquence, ce furent les notables communaux, seuls électeurs jusqu'en l'an XII, qui nommèrent, en fait, l'immense majorité des membres des collèges électoraux.

Les collèges électoraux d'arrondissement comprenaient, en plus des membres élus, des membres nommés à vie par le Premier consul, au nombre de dix au maximum. Ils s'assemblaient sur la convocation du gouvernement. Leurs présidents étaient nommés par le Premier consul. Ils avaient pour mission essentielle d'élire deux candidats et quatre suppléants pour chaque siège vacant au Corps législatif, au Tribunat, au conseil d'arrondissement. Un candidat sur deux devait être choisi hors du collège. Le collège ne pouvait délibérer que sur l'ordre du jour fixé par le gouvernement.

Les collèges électoraux de département comprenaient aussi, outre les membres élus, des membres nommés à vie, au nombre de vingt au maximum, et choisis par le Premier consul parmi les trente citoyens les plus imposés du département. Ils devaient élire deux candidats et quatre suppléants pour chaque place vacante au Corps législatif, au Sénat, au conseil général du département ; un candidat sur deux devait être choisi hors du collège.

Le Conseil d'État jugeait des contestations en matière électorale ; le Sénat pouvait annuler les élections jugées par lui irrégulières.

Les collèges électoraux permanents étaient donc une innovation dans la vie politique de la France, ils devaient se perpétuer jusqu'en 1848, à travers les régimes successifs, créant ainsi en France une aristocratie électorale fondée sur la richesse, et qui constituait en quelque sorte ces « corps intermédiaires » de notables prônés par Montesquieu et dont l'idée avait séduit Bonaparte.

La modification du système électoral entraîna quelques changements dans l'organisation des assemblées législatives. Désormais, tous les députés au Corps législatif durent représenter effectivement un département. Le Sénat choisissait les députés au Corps législatif parmi les candidats désignés par les collèges électoraux. Le renouvellement avait lieu par cinquième chaque année ; les départements étaient divisés, à cet effet, en cinq séries, agencées de telle sorte que pour chaque série les départements fussent dispersés à travers tout le territoire.

Le Corps législatif désormais ne s'assemblait plus de plein droit, mais seulement sur convocation du chef du gouvernement, qui pouvait également l'ajourner, le proroger ou le dissoudre sur proposition du Sénat. Le Premier consul ouvrait personnellement chaque session, il nommait le président du Corps législatif, et les quatre questeurs en les choisissant parmi des candidats proposés par les députés. Le vice-président et les secrétaires restaient élus, mais pour la durée d'un mois seulement.

Les attributions du Corps législatif étaient sensiblement réduites. Il perdait le droit de ratifier les traités de paix et d'alliance, et celui de présenter des candidats au Sénat. En revanche, il retrouvait partiellement le droit à la parole. En effet, le gouvernement était autorisé à lui faire des « communications », sur lesquelles il pouvait délibérer en comité secret.

Quant au Tribunat, il était à l'agonie. Divisé déjà, nous l'avons vu, en trois sections permanentes, le nombre de ses membres était réduit à cinquante, nommés pour six ans (au lieu de cinq) par le Sénat parmi les candidats présentés par les collèges d'arrondissement et renouvelables par moitié tous les trois ans. Il pouvait être dissous par le Sénat.

La composition du Sénat était sensiblement modifiée par la constitution de l'an X. Il devait comprendre — dès l'an XI — 80 membres, choisis par lui-même parmi les candidats présentés par les collèges de département et sélectionnés par le Premier consul. Bonaparte choisit, en général, des ministres déchus, des généraux en retraite, quelques prélats, toutes personnes dont la docilité paraissait certaine. Mais, outre les membres cooptés, le Sénat comptait désormais des membres de droit, les consuls, le successeur désigné du Premier consul, les membres du grand conseil de l'ordre de la Légion d'honneur, et des membres nommés par le Premier consul, sans toutefois que le total des sénateurs pût excéder 120.

Les consuls se voyaient conférer le droit de convoquer le Sénat, qu'ils devaient présider. Ce n'est qu'en leur absence, qu'un vice-président, nommé pour une séance, dirigeait les débats. Les membres de la commission administrative étaient également nommés par le Premier consul, parmi des candidats élus par le Sénat, à raison de trois par place. Un « grand conseil » d'administration, comprenant les consuls, deux secrétaires et sept sénateurs, se réunissait au début de chaque année pour établir le budget du Sénat.

Il y avait peu de changements dans le fonctionnement du Sénat : les ministres y avaient entrée et pouvaient lui faire des communications. Lorsque le Sénat recevait un projet d'initiative gouvernementale, il devait nommer une commission chargée de l'étudier ; il entendait le rapporteur de la commission et les orateurs du gouvernement avant de délibérer. Lorsqu'il s'agissait d'un sénatus-consulte organique, la majorité des deux tiers était requise.

Par les sénatus-consultes, le Sénat recevait des attributions constitutionnelles et législatives extrêmement étendues. Il se voyait conférer aussi le droit de demander la dissolution des deux autres assemblées, il pouvait casser les jugements des tribunaux lorsque ceux-ci lui paraissaient « attentatoires à la sûreté de l'État ». Il avait le privilège de prendre connaissance des traités de paix et d'alliance avant leur promulgation. Il avait enfin, rappelons-le, le droit de nommer les consuls, les « tribuns », les « législateurs » et les juges du Tribunal de cassation. Ce sont des pouvoirs immenses, mais le Sénat, remarquons-le, n'avait pas le droit d'initiative, il ne pouvait agir que sur la proposition du gouvernement ; il n'avait ni le droit d'amendement, ni le droit de décision. Tout au plus pouvait-il suggérer officieusement au gouvernement quelques modifications à ses projets, ce qu'il fit parfois pendant le consulat à vie et au début de l'Empire.

Le Sénat, toutefois, ne tenta jamais d'user de ses prérogatives pour faire de l'opposition au gouvernement ; car le Premier consul avait barres sur chaque sénateur individuellement par l'institution des « sénatoreries ». La constitution de l'an X, en effet, autorisait le gouvernement à créer dans chaque circonscription de tribunal d'appel une « sénatorerie », c'est-à-dire un domaine comprenant une maison et des terres, pris sur les biens nationaux et rapportant de 20 à 25.000 francs par an. Ces sénatoreries étaient données par le Premier consul à des sénateurs présentés par le Sénat à raison de trois candidats pour chaque domaine. La perspective d'une sénatorerie était un moyen efficace pour écarter toute velléité d'opposition. Le Premier consul pouvait, en outre, nommer les sénateurs à des emplois rétribués : consuls, ministres, membres de la Légion d'honneur, inspecteurs de l'instruction publique, commissaires en mission. La servilité du Sénat était assurée. Ainsi, malgré quelques concessions d'apparence démocratique, la constitution de l'an X renforçait considérablement les pouvoirs du Premier consul et marquait une étape décisive dans la marche vers le rétablissement de la monarchie.

III

LA CONSTITUTION DE L'AN XII : L'ÉTABLISSEMENT DE L'EMPIRE[1]

Si le consulat à vie et la constitution de l'an X ont eu pour cause le retour de la paix, la reprise de la guerre, pour sa part, amena l'établissement de l'Empire par la constitution de l'an XII. Ce n'est pas ici le lieu de rechercher les responsabilités de la guerre. Qu'il nous suffise de rappeler que c'est l'Angleterre qui prit l'initiative des hostilités ; aussi Bonaparte eut-il beau jeu de l'accuser de trahison, ce qui fut un excellent prétexte pour renforcer la dictature sans s'aliéner la masse du peuple français.

La reprise de la guerre fut accompagnée d'une recrudescence de l'agitation royaliste, qui se manifesta, notamment, par le complot de Cadoudal. Bonaparte

1. DOCUMENTS ET OUVRAGES A CONSULTER. — Sur l'établissement de l'Empire, la cour, l'étiquette : *Cérémonial de l'Empire français* (Paris, 1805, in-8º) ; *Étiquette du palais impérial* (Paris, 1806, in-8º) ; *Le secrétaire de la cour impériale* (Paris, 1809 et 1811, 2 vol. in-8º) ; Simon, *Armorial général de l'Empire* (Paris, 1812, in-8º) ; *Mémoires* de Bausset (Paris, 1827-8, 2 vol. in-8º) ; B. Constant (Paris, 1830-31, 2 vol. in-8º) ; de la Générale Durand (Paris, 1819, 2 vol. in-12) ; du baron Fain (Paris, 1908, in-8º) ; de Meneval (Paris, 1894, 3 vol. in-8º) ; *Souvenirs sénatoriaux* de Cornet (Paris, 1824, in-8º) ; *Recueil de pièces et actes relatifs à l'établissement du gouvernement impérial héréditaire*, imprimé par ordre du Sénat, ans XII et XIII (Paris, 2 vol. in-8º) ; *L'Almanach impérial* (Paris, in-8º), annuel. Sur l'établissement de l'Empire : G. Hanotaux, *Du Consulat à l'Empire, issue napoléonienne de la Révolution*, dans la *Revue des Deux Mondes*, 7e série, t. XXVI (1925), p. 66-106 ; du même, *Comment se fit l'Empire*, dans la même revue, t. XXVI (1925, p. 344-377) ; Fr. Masson, *Napoléon et sa famille* (Paris, 1897-1919, 13 vol. in-8º). — QUESTIONS A ÉTUDIER : Se reporter aux indications données à la bibliographie du § I de ce chapitre, p. 481.

en fut partiellement informé et pour l'étouffer dans l'œuf, fit enlever en territoire neutre, conduire à Paris, juger sommairement et fusiller le duc d'Enghien. Ce geste provoqua un regain d'opposition dans la vieille aristocratie et une partie de la bourgeoisie, mais servit de prétexte pour donner à la police une vigueur nouvelle. Fouché, écarté deux ans plus tôt, vit son influence renaître ; et, pour la consolider, il fit valoir auprès de Bonaparte la nécessité de tranformer le consulat à vie en empire héréditaire : l'hérédité, déclarait Fouché, écarterait les assassins, puisque l'assassinat serait impuissant à amener un changement dans la forme du gouvernement !

Bonaparte se laissa vite persuader. Fouché travailla dès lors le Sénat. Le 6 germinal an XII (27 mars 1804), celui-ci envoya à Bonaparte une adresse pour le féliciter d'avoir échappé au complot. Il regrettait que la constitution de l'an VIII n'eût pas prévu l'organisation de la Haute-Cour, mais déclarait que même cette juridiction serait insuffisante pour écarter les assassins. Il faudrait y joindre, déclarait-il, « des institutions tellement combinées que leur système vous survive. Vous fondez une ère nouvelle, vous devez l'éterniser... ». Bonaparte répondit le 5 floréal (25 avril) : « Vous avez jugé l'hérédité de la suprême magistrature nécessaire pour mettre le peuple français à l'abri des complots de nos ennemis et des agitations qui naîtraient d'ambitions rivales ; plusieurs de nos institutions vous ont paru devoir être perfectionnées... Je vous invite à me faire connaître votre pensée tout entière... » Ainsi Bonaparte dépassait singulièrement la motion du Sénat qui n'avait jamais parlé d'hérédité ! Le 13 floréal (3 mai), le Tribunat, entièrement domestiqué, émit le vœu que Bonaparte fût proclamé « empereur héréditaire des Français ». Le lendemain, le Sénat se joignit au Tribunat et indiqua quelles modifications il convenait, à son avis, d'apporter à la constitution.

Du 16 au 18 mai, le « Conseil privé » délibéra sur ces propositions. Elles furent transformées en sénatus-consulte le 28 floréal an XII (18 mai 1804). C'est ce qu'on appelle la constitution de l'an XII. Comme les précédentes, elle fut soumise à ratification populaire. Le peuple français était invité à répondre à la question suivante : « Le peuple veut-il l'hérédité de la dignité impériale dans la descendance directe, naturelle, légitime et adoptive de Napoléon Bonaparte et dans la descendance directe, naturelle et légitime de Joseph Bonaparte et de Louis Bonaparte ?... »

Le plébiscite eut lieu dans les mêmes conditions que ceux de l'an VIII et de l'an X, pendant tout le mois de prairial. Les votes présentent les mêmes caractéristiques qu'en l'an X. Dans beaucoup de villages, tous les citoyens furent censés avoir voté oui alors que seuls le maire et les adjoints avaient effectivement signé le registre. Les non sont très dispersés, et représentent toutes les classes de la société. On remarque aussi que les prêtres, qui s'étaient abstenus ou avaient voté non en l'an VIII et dont une minorité seulement avait voté oui en l'an X, apportèrent cette fois leur concours massif à l'Empire. Dans l'Ille-et-Vilaine, 389 prêtres votèrent oui contre 39 en l'an X. Au total, il y eut à peu près autant de oui qu'en l'an X : 3.572.329 (contre 3.568.885), mais il n'y eut que 2.569 non, presque 6.000 de moins qu'en l'an X, à peine mille de plus qu'en l'an VIII. Les opposants ayant constaté l'inutilité de leur vote lors des deux précédentes consultations, et sans doute aussi mieux instruits de la toute-puissance de la police, s'étaient réfugiés dans une prudente abstention.

De toutes les constitutions napoléoniennes, celle de l'an XII est la plus longue, puisqu'elle compte 142 articles. Elle règle, en effet, dans le détail l'organisation de la nouvelle monarchie.

Le chef du gouvernement reçoit le titre d'« Empereur » qui évoque Rome et Charlemagne et manifeste nettement ses prétentions à l'hégémonie européenne. « Le gouvernement de la république, déclare la constitution, est confié à un empereur héréditaire... » Il n'est, naturellement plus question de souveraineté nationale. La justice qui jusqu'alors était rendue au nom du peuple français l'est désormais au nom de l'empereur.

L'empire est héréditaire, de mâle en mâle, par ordre de primogéniture, selon la « loi salique ». Mais, comme Napoléon n'avait pas d'enfant et ne paraissait pas alors destiné à en avoir, le sénatus-consulte du 28 floréal an XII lui donna à lui, mais non à ses héritiers, la faculté d'adoption inconnue de l'ancien droit monarchique. Napoléon pouvait adopter les enfants ou petits-enfants de ses frères, pourvu qu'ils fussent âgés de 18 ans, et à condition qu'à l'époque de l'adoption l'empereur n'eût pas d'enfant mâle. A défaut d'héritier, légitime ou adoptif, la dignité impériale était dévolue à Joseph ou à Louis Bonaparte. Dans le cas ou ni Joseph ni Louis n'auraient de descendants, le trône serait déclaré vacant et un nouvel empereur élu par le Sénat, les grands dignitaires et le peuple : c'était là encore une rupture avec le vieux droit monarchique français.

Une régence était prévue, en cas de minorité de l'empereur. Elle était confiée à un homme de plus de vingt-cinq ans désigné par l'empereur. La régence était distincte de la garde de l'empereur mineur, qui revenait de droit à l'impératrice-mère, ou, à son défaut, au premier prince du sang ou enfin au premier des grands dignitaires. Le régent n'avait pas tous les pouvoirs de l'empereur ; il lui était notamment interdit de promulguer aucun sénatus-consulte. Il était assisté d'un « conseil de régence » nommé par l'empereur, et faisant fonction de « conseil privé ». Le 30 mars 1813, Napoléon constitua, avant de partir aux armées, une régence pour le temps de son absence, mais la confia à l'impératrice Marie-Louise. Celle-ci pouvait présider les différents conseils, mais n'avait le droit de promulguer ni sénatus-consultes, ni lois.

L'empereur devait prêter un serment aux termes duquel il s'engageait notamment à respecter « l'égalité des droits, la liberté politique et civile, l'irrévocabilité des ventes de biens nationaux ». Formules vagues et vaines. L'empereur jouissait d'une liste civile égale à celle qui avait été accordée, en 1790, à Louis XVI : 25 millions. De plus, l'empereur se voyait attribuer un certain nombre de palais nationaux : le Louvre, les Tuileries, Versailles, Marly, Meudon, Compiègne, Fontainebleau, etc. Napoléon tint à être sacré par le pape, comme Charlemagne ; mais le sacre eut lieu à Notre-Dame de Paris, le 2 décembre 1804.

Ayant renoué ainsi avec la tradition monarchique, il ne pouvait pas ne pas créer une cour. Celle-ci était composée des princes, des grands dignitaires et des grands officiers. Seuls les membres de la famille impériale portaient le titre de « princes français ». Il était stipulé que le fils aîné de l'empereur recevrait le titre de « prince impérial », mais, par sénatus-consulte du 17 février 1810, Napoléon lui conféra le titre de « Roi de Rome », qui rappelait celui de « Roi des Romains » porté par le successeur désigné des empereurs germaniques. Les princes français étaient, de droit, membres du Sénat et du Conseil d'État dès l'âge de 18 ans. Ils ne pouvaient se marier sans l'autorisation de l'empereur, sous peine de perdre leurs droits à l'hérédité. Ils pouvaient recevoir des rentes apanagées.

Avec les princes français, les « grands dignitaires » formaient les principaux personnages de la cour. Ils avaient été institués à l'image des grands dignitaires de l'empire germanique. Il y en eut d'abord six : le « grand électeur » (Joseph Bonaparte), chargé de convoquer les assemblées électorales et législatives, l'archichancelier d'Empire (Cambacérès) véritable superministre de la justice, l'archichancelier d'État (Lebrun) aux fonctions plus honorifiques que réelles, le grand connétable (Louis Bonaparte), le grand amiral (Murat) ; ces deux derniers ayant des fonctions exclusivement représentatives.

A partir de 1807, Napoléon créa deux « gouverneurs généraux » pour les départements italiens, un « vice-grand-électeur » et un « vice-grand-connétable », qui prirent rang parmi les grands dignitaires et exercèrent parfois une influence notable sur les affaires de l'État. Les grands dignitaires formaient le « Grand conseil de l'Empire » et le « Grand conseil de la Légion d'honneur » ; ils étaient, en outre, tous membres du « Conseil privé » dont le rôle alla grandissant.

Les « grands officiers » étaient plus nombreux. Les uns étaient militaires ; c'étaient les maréchaux, au nombre de seize au maximum, et les huit inspecteurs et colonels-généraux de l'artillerie et du génie, des troupes à cheval et de la marine ; deux nouveaux inspecteurs furent créés en 1811. Les autres étaient les « grands officiers civils », chambellans et maîtres des cérémonies. Tous étaient inamovibles et justiciables de la seule Haute-Cour.

En 1808, Napoléon créa, par surcroît, une noblesse impériale : aboutissement logique d'une évolution commencée avec la création de la Légion d'honneur et poursuivie par l'institution de la cour impériale. Le décret du 1er mars 1808 créa les titres de prince, altesse sérénissime, duc, comte, baron, chevalier. Certains emplois donnaient ces titres de plein droit. Par exemple, les « grands dignitaires » étaient princes, et leurs fils aînés ducs ; tout membre de la Légion d'honneur était chevalier. Les titres de noblesse étaient transmissibles héréditairement si leurs possesseurs justifiaient de certaines conditions de fortune et créaient des majorats. La noblesse impériale était largement ouverte, car l'empereur pouvait, à son gré, accorder les titres qu'il jugeait convenables aux fonctionnaires et officiers qui s'étaient distingués au service de l'État.

L'organisation du gouvernement ne subit, naturellement, que peu de changements, si ce n'est un renforcement des pouvoirs de l'empereur et une modification dans la composition du Conseil d'État. En plus des pouvoirs qui lui avaient été attribués par les constitutions de l'an VIII et de l'an X, et que celle de l'an XII lui renouvela, l'empereur reçoit le droit, en 1806, d'interpréter les lois, ce qui annule, par avance, toute possibilité de résistance du pouvoir législatif. C'est évidemment l'empereur qui, souverainement, nomme les grands dignitaires et grands officiers, confère les titres de noblesse et les majorats. Quelque grands que fussent ces pouvoirs, ils étaient cependant limités en un point par la constitution : l'empereur ne pouvait déclarer la guerre ni conclure de traités de commerce sans l'intervention du Corps législatif. Or Napoléon ne tint aucun compte de cette restriction et, la plupart du temps, il déclara la guerre et signa des conventions commerciales sans même demander l'approbation des représentants de la nation. Ce fut là précisément un des motifs invoqués par le Sénat pour proclamer sa déchéance le 3 avril 1814.

Le Conseil d'État, sans acquérir plus d'influence que par le passé, voit son effectif considérablement augmenté. Il comprend désormais trois catégories de membres : les conseillers — les uns de droit (princes et grands-dignitaires), d'autres révocables (à moins de cinq ans d'exercice), d'autres à vie, d'autres enfin « en service extraordinaire », — les maîtres des requêtes, — en service ordinaire ou extraordinaire — enfin les auditeurs. A partir de 1809, il y eut un grand nombre d'auditeurs, aux fonctions différentes et spécialisées. D'une part, les « auditeurs en service ordinaire », partagés en deux classes : ceux de « première classe », au nombre de 40 placés, auprès des ministres et des sections du Conseil d'État ; ceux « de deuxième classe », au nombre de 120, les uns adjoints aux préfets de police et de la Seine, ou aux grandes administrations ; les autres employés comme messagers pour porter à l'empereur, perpétuellement en voyage, le portefeuille du Conseil. D'autre part, les « auditeurs en service extraordinaire », exerçant, pour la plupart les fonctions de sous-préfets dans les arrondissements des chefs-lieux de département.

Pour devenir auditeur, il fallait non seulement être âgé de 20 ans et avoir satisfait à la conscription, mais en outre jouir d'une pension ou d'un revenu de 6.000 francs par an. Ainsi, seule une étroite aristocratie de fortune pouvait prétendre à l'auditorat, qui était la pépinière de toutes les grandes administrations de l'État, notamment de l'administration préfectorale et de la diplomatie. A partir de 1810, on exigea cependant en outre, un titre universitaire, la licence en droit.

Cette inflation de personnel ne correspond pas à un développement des attributions du Conseil d'État, qui devient de plus en plus un corps de techniciens étroitement soumis aux ordres de l'empereur. Le Conseil d'État est divisé en six sections : une nouvelle section, celle du commerce est en effet ajoutée aux cinq sections primitives, mais elle ne fonctionna jamais. De plus, en 1806, trois commissions sont créées, celle du contentieux, chargée de l'instruction des affaires contentieuses, celle de la haute police administrative occupée à surveiller et dénoncer les fonctionnaires, et celle des pétitions, qui devait examiner les pétitions adressées à l'empereur. Un « office des relations extérieures » fut enfin créé en 1810. Le Conseil d'État se réunit encore en assemblée générale, mais beaucoup plus rarement qu'au début du consulat ; l'empereur préside parfois, mais les discussions n'ont plus cette animation, cette sincérité, cette liberté, en somme, qui avaient caractérisé les premières réunions du Conseil d'État et lui avaient permis de réaliser en peu de temps une œuvre considérable. L'empereur d'ailleurs ne mettait plus les décisions aux voix et tenait de moins en moins souvent compte des « avis » du Conseil. Les auditeurs n'avaient le droit d'assister aux assemblées générales qu'après deux ans d'exercice.

Le 11 juin 1806, Napoléon créa, à l'imitation des anciens avocats aux Conseils du roi, un corps d' « avocats au Conseil d'État ». Ils étaient chargés de présenter les mémoires et les requêtes des parties dans les affaires contentieuses. Le contentieux tendait, en effet, à devenir la fonction essentielle du Conseil. Le Conseil avait à juger non seulement le contentieux proprement administratif, mais aussi toutes les affaires relatives aux marchés conclus par l'État et, jusqu'à la création de la Cour des comptes, le 16 septembre 1807, il pouvait casser les décisions de la comptabilité nationale. Par la haute police administrative, créée le 11 juin 1806, le Conseil d'État avait enfin une juridiction disciplinaire sur tous les fonctionnaires qui étaient soumis à une étroite discipline militaire. Le Conseil d'État pouvait réprimander, censurer, suspendre ou destituer tout fonctionnaire. Toutefois, la « décision » du Conseil d'État devait, avant d'être appliquée, recevoir l'approbation de l'empereur. Cette procédure fut employée notamment à l'encontre du préfet de la Seine, Frochot, après l'échec de la conspiration du général Malet, en 1812.

Sous l'empire, comme sous le consulat, les ministres restent des commis, de simples agents d'exécution. Leur nombre, toutefois, est augmenté par la création, le 10 juillet 1804, du ministre de l'administration des cultes et par le rétablissement du ministère de la police, enfin par l'organisation, le 16 janvier 1812, du ministère des « manufactures et du commerce ». Malgré la dictature, la France ne connut pas une grande stabilité ministérielle : le ministère de l'intérieur changea cinq fois de titulaire de 1800 à 1814, la justice, les affaires étrangères, la guerre, quatre fois. Seul Gaudin resta ministres des finances pendant tout le consulat et l'empire. Fouché fut au total pendant dix ans à la tête du ministère de la police ; mais Talleyrand ne dirigea les affaires étrangères que pendant six ans.

Les élections, telles qu'elles avaient été organisées par la constitution de l'an X, furent maintenues par le sénatus-consulte du 28 floréal an XII, mais ne fonctionnèrent normalement qu'à partir de 1806. Les Français s'y intéressèrent peu, et il y eut partout un nombre considérable d'abstentions dans les assemblées cantonales. A Semur, en 1804, faute d'électeurs présents, l'assemblée ne put pourvoir que 24 places sur 40 ! Dans les collèges d'arrondissements et de départements, l'influence du gouvernement s'accroît, car le nombre des membres nommés par l'empereur est porté à 25 dans les premiers, à 30 dans les seconds ; de plus, les collèges de départements sont présidés par un grand dignitaire nommé par l'empereur. Dans ces conditions, les membres élus sont peu empressés à remplir leur devoir. Au collège électoral de la Côte-d'Or, qui comptait 256 électeurs, le nombre des votants ne dépassa jamais 144 et, la plupart du temps, atteignit à peine la centaine.

Le pouvoir législatif lui-même n'était plus qu'une façade vermoulue face à la toute-puissance du gouvernement impérial. La constitution de l'an XII interdit au Tribunat moribond de se réunir en assemblée générale pour discuter les projets de loi. Seules ses trois sections sont encore en mesure de fonctionner ; elles rapportent d'ailleurs toujours favorablement tous les projets déposés par le gouvernement. Le Tribunat paraît donc un organe inutile, aussi est-il supprimé par le sénatus-consulte du 19 août 1807 ; les « tribuns » sont nommés membres du Corps législatif.

Le Corps législatif manifesta un enthousiasme délirant en apprenant la suppression du Tribunat. Il croyait que sa suprême ambition — recouvrer la parole — allait enfin se réaliser. Il n'en fut rien. Les sessions du Corps législatif devinrent, en effet, de plus en plus courtes et de plus en plus rares, en 1812 même, il ne fut pas convoqué. Avant la suppression du Tribunat, le Corps législatif tenait deux sortes de réunions, les séances ordinaires, où, muet, il entendait alternativement « tribuns » et conseillers d'État exposer leur opinion sur les projets de loi ; et les « comités généraux », tantôt publics, tantôt secrets, au cours desquels les députés pouvaient exprimer leur avis sur les questions soumises par le gouvernement au Corps législatif.

Après la suppression du Tribunat, le Corps législatif fut tenu de renvoyer les projets de lois à une « commission » spécialisée. Au cours de chaque session, trois commissions de sept membres étaient constituées, l'une pour la législation civile et criminelle, l'autre pour l'administration intérieure, la troisième pour les finances. L'empereur pouvait nommer lui-même, entre les sessions, des commissions spéciales chargées d'examiner des projets de loi particulièrement importants. Si la commission était en désaccord avec la section correspondante du Conseil d'État, leur différend était arbitré selon les cas par l'archichancelier ou par l'architrésorier. Le rapport était présenté ensuite au Corps législatif qui votait la loi après un débat extrêmement bref. Le nombre des opposants, sous l'Empire, varia, en moyenne, de 3 à 15 ; dans certains cas exceptionnels il lui arriva d'atteindre 60. En 1809, le nouveau code d'instruction criminelle suscita même une centaine d'opposants sur 280 députés, ce qui inquiéta Cambacérès et étonna les Français. En fait, le Corps législatif n'était plus qu'une chambre d'enregistrement, composée de députés âgés — une loi du 19 août 1807 avait porté l'âge d'éligibilité à 40 ans — et en grande partie de fonctionnaires, les incompatibilités entre la magistrature et le mandat législatif ayant été supprimées le 6 mai 1811. Les députés étaient indéfiniment rééligibles. Et cependant, malgré cette docilité, l'empereur se passa de plus en plus du Corps législatif. Il légiféra par décrets ou par sénatus-consultes. C'est ainsi qu'il procéda à plusieurs reprises pour les levées de conscrits, pour le budget, pour l'institution du monopole des tabacs, pour l'augmentation des impôts en 1813. Et le Corps législatif n'osa protester ; chaque année, il vota même une adresse adulatrice, sauf à la fin de 1813 où il osa demander la conclusion immédiate de la paix, ce qui lui valut d'être ajourné. De son côté, l'empereur méprisa les « législateurs », leur déniant — avec raison — la qualité de représentants du peuple. C'étaient tout au plus, déclara l'empereur en public, des mandataires des collèges électoraux. Le Corps législatif ne protesta point. Il avait pris l'habitude de l'humiliation.

Le Sénat avait espéré que la constitution de l'an XII augmenterait ses privilèges et son pouvoir. Il aspirait à devenir un corps héréditaire avec droit de veto sur toutes les lois. Pas plus que le Corps législatif, il n'obtint satisfaction. Si, nous allons le voir, quelques concessions, purement formelles, lui furent accordées, en fait sa dépendance envers l'empereur fut accrue, car le Sénat comprit désormais tous les « princes français » âgés de plus de 18 ans, les « grands-dignitaires » de l'empire et tous ceux que l'empereur voulait nommer, sans aucune limitation. Aussi, l'empereur pouvait-il modifier par des « fournées » de sénateurs l'opinion du Sénat. Après le rétablissement de la noblesse, les sénateurs reçurent tous le titre de comte avec l'hérédité, sous certaines conditions de fortune.

Assuré de la docilité du Sénat, Napoléon consentit à lui accorder une ombre de droit de contrôle sur la liberté individuelle, la liberté de la presse et sur toutes les lois votées par le Corps législatif.

La constitution de l'an XII prévoyait, en effet, la formation d'une « commission de la liberté individuelle » et d'une « commission de la liberté de la presse », composées chacune de sept sénateurs, élus par le Sénat et renouvelables par septième tous les quatre mois.

Les ministres devaient communiquer à la « commission de la liberté individuelle » la liste de toutes les personnes arrêtées qui n'étaient pas, dans les dix jours de leur arrestation, traduites devant les tribunaux compétents. La commission pouvait aussi être directement saisie par les victimes d'emprisonnements arbitraires, leurs parents ou leurs amis. Lorsque la commission estimait que la détention n'était pas justifiée par l'intérêt de l'État, elle invitait le ministre qui l'avait ordonnée à faire mettre en liberté le détenu, ou à le renvoyer devant les tribunaux. Si après trois invitations consécutives, renouvelées dans l'espace d'un mois, satisfaction n'était pas donnée, la commission portait l'affaire devant le Sénat qui pouvait déclarer : « Il y a de fortes présomptions que X... est détenu arbitrairement. » Après cette déclaration, le Corps législatif pouvait dénoncer le ministre au parquet de la Haute-Cour.

Cette commission aurait donc pu, dans une certaine mesure, garantir la liberté individuelle. Mais, en fait, la procédure de dénonciation du ministre, longue et compliquée, ôtait par avance toute efficacité aux démarches de la commission. Celle-ci fut néanmoins saisie de 585 affaires. Elle obtint quelques mises en liberté — plutôt par mesure gracieuse qu'au nom de la pure justice. La plus grande partie de ses réclamations restèrent sans effet, et la commission ne montra guère de ténacité pour faire aboutir ses demandes.

La « commission de la liberté de la presse » joua un rôle encore plus insignifiant. Tout d'abord, la presse périodique était hors de sa compétence ! Seuls les auteurs, imprimeurs ou vendeurs d'ouvrages non périodiques avaient le droit de s'adresser à elle, s'ils éprouvaient des difficultés à faire imprimer ou circuler leurs œuvres. La commission fonctionnait alors comme celle de la liberté individuelle : après enquête, elle pouvait déclarer : « Il y a de fortes présomptions que la liberté de la presse a été violée. » L'affaire était alors déférée au Sénat, qui pouvait déclencher contre le ministre la procédure de dénonciation. Mais chacun était si persuadé de la vanité d'une telle procédure que huit affaires seulement furent déférées à la commission, en dix ans ! Encore, les résultats de ses interventions furent-ils tous négatifs !

Le contrôle législatif du Sénat, portait en principe, sur toutes les lois en ce sens que le Sénat pouvait s'opposer à la promulgation d'une loi, non seulement pour « inconstitutionnalité », mais aussi pour les motifs suivants : rétablissement du régime féodal, contradiction avec la législation de la vente des domaines nationaux, atteinte à la dignité impériale ou aux prérogatives du Sénat. Le Sénat devait dans les six jours suivant le vote d'une loi par le Corps législatif faire connaître son avis. L'empereur, d'ailleurs, n'était pas lié par l'avis du Sénat ; il pouvait passer outre sans tenir compte de l'opinion des sénateurs. Mais, en fait, le Sénat n'usa jamais de cette prérogative.

Ainsi le Sénat, malgré les pouvoirs qu'il tenait de la constitution de l'an XII, se montra d'une servilité inouïe et ne s'occupa que des affaires personnelles de ses membres, ne se réveillant de temps en temps de sa torpeur que pour adresser à l'empereur des éloges dithyrambiques.

La constitution de l'an XII, complétant ses deux devancières, établit donc en France un régime dictatorial et militaire qui, malgré les trompe-l'œil, est plus absolu que ne fût jamais le régime monarchique sous Louis XIV.

CHAPITRE III

L'ADMINISTRATION LOCALE DE LA FRANCE SOUS LE CONSULAT ET L'EMPIRE[1]

I

DÉPARTEMENTS ET PRÉFETS[2]

La Constitution de l'an VIII maintint la division de la France en départements. Au lendemain du 18 brumaire la France comptait 98 départements — 88 pour l'actuel territoire métropolitain, 9 départements pour la Belgique

---

1. BIBLIOGRAPHIE GÉNÉRALE. — Consulter aux Archives Nationales : les séries AF IV ; F1c III ; F 7. Dans les archives départementales, voir la série M. Se reporter aussi aux archives communales. — Fleurigeon, *Manuel administratif* (Paris, an IX, 3 vol. in-8º) ; *Recueil des lettres, circulaires... du ministre de l'Intérieur* (Paris, an VII et suiv., in-8º); Chaptal, *Analyse des procès-verbaux des Conseils généraux des départements* (Paris, ans VIII-IX, 2 vol. in-8º) ; Rocquain, *L'état de la France au 18 brumaire* (Paris 1874, in-8º) ; A. Aulard, *Paris sous le consulat* (Paris, 1903-19, 4 vol. in-8º). — TRAVAUX D'ENSEMBLE : E. Blanc, *Napoléon, ses institutions, civiles et administratives* (Paris, 1880, in-8º) ; J. Bourdon, *Les conditions générales de nomination des fonctionnaires au début du Consulat*, dans le *Bulletin de la Société d'histoire moderne*, ann. 1931, p. 31-33 ; Monnet, *Histoire de l'administration provinciale, départementale et communale en France* (Paris, 1885, in-8º).

2. DOCUMENTS ET OUVRAGES A CONSULTER. — Sur les préfets, A. Aulard, *La centralisation napoléonienne, les préfets*, dans les *Études et leçons...*, t. VII (Paris, 1913, in-8º) ; Régnier, *Les préfets du Consulat et de l'Empire* (Paris, 1913, in-12) ; Dejean, *Un préfet du Consulat, Beugnot* (Paris, 1897, in-8º) ; L. Lévy-Schneider, *Jean-Bon Saint-André*, t. II (Paris, 1901, in-8º) ; L. Passy, *Frochot, préfet de la Seine* (Paris, 1867, in-8º) ; L. Pingaud, *Jean de Bry* (Paris, 1909, in-8º) ; études départementales : L. Benaerts, *Le régime consulaire en Bretagne : le département d'Ille-et-Vilaine durant le Consulat* (Paris, 1914, in-8º) ; Chavanon et Saint-Yves, *Le Pas-de-Calais de 1800 à 1810* (Paris, 1907, in-8º) ; Contamine, *Metz et la Moselle de 1814 à 1870* (Paris 1932, 2 vol. in-8º) ; Darmstaedter, *Die Verwaltung des Unter-Elsass unter Napoleon I*, dans la *Zeitschrift für die Geschichte des Oberrheins*, nouvelle série, t. XVIII (1903), p. 286-330 et 538-563 ; t. XIX (1904), p. 122-147, 284-309 et 631-672 ; R. Durand, *L'administration des Côtes-du-Nord sous le Consulat et l'Empire* (Paris, 1925, in-8º) ;F. L'Huillier, *Recherches sur l'Alsace napoléonienne* (Strasbourg, 1947, in-8º) ; H. Parisot, *De l'organisation départementale et communale par un préfet de la Meurthe*, dans les *Annales de l'est*, ann. 1908, p. 399-412 et 578-591 ; R. Portal, *Le Tarn sous l'empire* (Albi, 1912, in-8º) ; Rocal, *Du 18 brumaire à Waterloo en Périgord* (Périgueux, 1943, in-8º) ; P. Sagnac, *Le Rhin français pendant la Révolution et l'Empire* (Paris, 1917, in-8º) ; Saint-Yves et Fournier, *Le département des Bouches-du-Rhône de 1800 à 1810* (Paris, 1899, in-8º) ; P. Viard, *L'administration préfectorale dans le département de la Côte-d'Or sous le Consulat et l'Empire* (Lille, 1914, in-8º). — QUESTIONS A ÉTUDIER : On possède maintenant quelques bonnes monographies de départements, mais le régime impé-

et le Luxembourg annexés le 30 septembre 1795, un pour Genève réunie le 26 avril 1798. Par la suite, avec les conquêtes napoléoniennes, le nombre des départements s'accrut. Le 9 septembre 1800, les quatre départements de la rive gauche du Rhin dont la réunion avait déjà été proclamée le 14 brumaire an VI (4 novembre 1797) furent définitivement annexés. Le 11 septembre 1802 vinrent s'y ajouter six départements piémontais — réduits à cinq en 1805. L'annexion de la république de Gênes, le 8 octobre 1805, augmenta encore de trois le nombre des départements. La Toscane, réunie le 24 mai 1808, fut divisée en trois départements, et Parme annexée le même jour en fournit un autre. 1810 vit encore d'autres agrandissements : le 17 février, les États du pape (deux départements), le 24 avril la Hollande cisrhénane (deux départements), le 13 décembre enfin, le reste de la Hollande, la Westphalie, les villes hanséatiques et le Valais formèrent douze nouveaux départements. L'empire français comptait alors 130 départements.

Si le cadre départemental fut conservé, l'administration du département fut, en revanche, complètement bouleversée. Bonaparte, partisan du régime autoritaire, tant à l'échelon local qu'à l'échelon national, confia l'autorité administrative, dans le cadre du département, à un seul homme, le préfet. Le préfet était toutefois assisté de deux conseils : le Conseil général et le Conseil de préfecture, mais ces conseils ne participaient en rien à l'administration proprement dite ; le premier avait pour tâche essentielle la répartition des impôts, quant au second, c'était surtout un tribunal chargé du contentieux administratif. Ce fut la loi du 28 pluviôse an VIII (17 février 1800) qui régla l'organisation de l'administration départementale.

Les préfets sont nommés par le Premier consul — puis par l'empereur — qui les révoque à sa guise. La loi du 28 pluviôse précise qu'ils doivent être choisis sur des listes de notabilités départementales. En cas de décès, ils sont remplacés provisoirement par le plus ancien conseiller de préfecture.

Le gouvernement apporta un soin minutieux au choix des premiers préfets qui furent nommés au début de mars 1800. Le ministre de l'intérieur avait établi une liste de candidats d'après les renseignements que lui avaient fournis les commissaires en mission, les agents secrets, les députés, tribuns et sénateurs. Beaucoup de préfets étaient d'anciens membres des assemblées révolutionnaires. Dans la première fournée, on compte 15 « constituants », 16 « législateurs », 19 « conventionnels », 5 anciens membres du Conseil des Anciens et 21 des Cinq-Cents. On trouve parmi eux, aussi, un ancien « Directeur », Le Tourneur, nommé préfet de la Loire-Inférieure — d'anciens ministres, des officiers, des diplomates, dont Jean de Bry, quatre anciens ecclésiastiques et surtout beaucoup d'administrateurs départementaux. Les préfets sont

---

rial ayant quelque peu varié d'une région à une autre, il serait intéressant de poursuivre cette enquête. Elle devrait surtout porter sur les origines sociales des fonctionnaires locaux, ainsi que sur la composition, sous le rapport social, des conseils municipaux, d'arrondissement et généraux.

choisis dans tous les secteurs de l'opinion. Certains sont d'ex-nobles, d'autres d'anciens terroristes. Certains sont recrutés sur place, d'autres, au contraire, n'ont jamais eu contact avec leur département. Aucun pourtant n'est originaire des territoires nouvellement réunis. La plupart sont jeunes, 79 d'entre eux ont 43 ou 44 ans. Boullé, nommé préfet des Côtes-du-Nord, avait été avocat à Pontivy avant la Révolution. Député à la Constituante, il avait été arrêté comme fédéraliste en 1793, mais bientôt libéré s'était montré un ferme républicain et un adversaire acharné des Chouans. Il devait rester préfet des Côtes-du-Nord pendant les quatorze années du régime impérial. Le département voisin, l'Ille-et-Vilaine eut à sa tête un homme fort connu, le constituant Mounier. La Dordogne reçut, elle, comme préfet un obscur avocat de Brive, Rivet, qui ne s'était signalé, sous le Directoire, que par sa rigoureuse impartialité dans l'exercice des fonctions de juge. C'était un protégé de l'idéologue Cabanis. Il resta dix ans en place, mais provoqua par sa dureté et ses allures dictatoriales de telles réclamations que Napoléon dut l'envoyer à Bourg-en-Bresse. Il fut alors remplacé par un des rares préfets nés hors des anciennes frontières de la France, Maurice, fils du maire de Genève.

A la différence des départements précédents, la Côte-d'Or vit se succéder un assez grand nombre de préfets. Ce fut d'abord un homme de lettres, ancien « constituant », Guiraudet, né à Alès. Mort en 1804, il fut remplacé par le tribun Riouffe, auquel on reprocha de manquer « de gravité et de dignité dans ses manières » et de « se livrer facilement aux préventions ». Un conflit avec la municipalité de Dijon le força à démissionner en 1806. Napoléon qui recrutait de plus en plus ses fonctionnaires dans l'ancienne robe et dans l'aristocratie, expédia à Dijon le jeune Mathieu Molé, âgé de vingt-six ans, descendant d'une vieille famille de parlementaires et dont le père avait été condamné à mort sous la Terreur. Il réussit si bien qu'au bout de trois ans il fut promu directeur général des ponts et chaussées. Félix Lecoulteux, inspecteur général des vivres lui succéda, mais mourut dès 1812, des suites d'une maladie contractée en visitant un hôpital. C'est alors que le duc de Cossé-Brissac, authentique aristocrate pourvu de 100.000 francs de rentes, arriva dans le département. Il s'empressa de se rallier aux Bourbons, dès 1814.

Dans un département réputé pour ses opinions républicaines, la Moselle, Bonaparte envoya des modérés, d'abord Colchen, ancien subdélégué à Auch avant 1789, commis au ministère des relations extérieures. Son successeur, le comte de Vaublanc, avait un passé plus lourd : orateur du parti feuillant sous la Législative, proscrit sous la Terreur, clichyen sous le Directoire, il s'efforça de servir les aristocrates et accueillit avec enthousiasme les Bourbons qui, dès septembre 1814, le firent grand-croix de la Légion d'honneur.

Dans les départements frontières, il fallait des préfets au courant des questions particulières qui se posaient : langue, contrebande, etc. C'est ainsi que Shée qui fut préfet du Bas-Rhin de l'an XI à 1810, avait été, sous le Directoire, administrateur des pays conquis de la rive gauche du Rhin.

Partout on rencontre ce souci du gouvernement de nommer l'homme le mieux adapté et le plus compétent, mais on constate aussi l'évolution qui amena l'empereur, à partir de 1805, en choisissant ses préfets dans le camp des victimes de la Révolution, à mettre en place des hommes qui n'hésiteront pas à le trahir.

L'article 3 de la loi du 28 pluviôse est catégorique : « Le préfet sera seul chargé de l'administration... » Il hérite donc de tous les pouvoirs de l'ancienne administration centrale du département. C'est, dans le département, un empereur au petit pied. Seules les finances lui échappent en partie, au profit du Conseil général, et lorsque l'Université fut créée, en 1806, le préfet perdit une fraction de son autorité sur le corps enseignant. Mais, relié à Paris par le télégraphe, le préfet des grands chefs-lieux est l'agent le plus typique et le plus efficace de la centralisation napoléonienne.

Le préfet exerce son action par l'intermédiaire des sous-préfets et des maires, qui lui sont étroitement subordonnés. Le préfet nomme en effet les maires et les adjoints des communes qui comptent moins de 5.000 habitants, et il propose à l'empereur la nomination des autres. Il peut suspendre maires, adjoints, conseils municipaux des communes de moins de 5.000 habitants. Il exerce la tutelle administrative de toutes les communes. Dans la Seine, le préfet a des pouvoirs plus restreints, du fait que les attributions de police sont dévolues à un « préfet de police ».

Les préfets sont tenus de faire chaque année une tournée dans leur département et de rendre compte au ministre de leur inspection. Les préfets sont, en effet, étroitement dépendants du ministre de l'intérieur, à qui ils doivent soumettre les plus importants de leurs actes.

Le préfet est aidé dans sa tâche par des bureaux à la tête desquels est placé un secrétaire général nommé par le gouvernement. Bonaparte choisit le plus souvent les secrétaires généraux parmi les personnalités locales : dans le Bas-Rhin, ce fut un nommé Metz, ancien avocat au Conseil souverain d'Alsace, ancien député aux Cinq-Cents ; à Colmar, un certain Mourer, ancien commissaire du Directoire. Dans les Côtes-du-Nord, le secrétaire général Concedieu, venu de Paris, ne put rester en fonctions que quelques mois et dut céder la place au Breton Le Gorrec. Le secrétaire général remplace le préfet en cas d'absence (non pas, nous l'avons vu, en cas de décès). C'est lui qui organise les bureaux sous la direction du préfet ; le nombre de ces bureaux, leurs attributions varient selon les départements. A Saint-Brieuc, on compte cinq bureaux : le secrétariat, les bureaux des contributions, des travaux publics, de la guerre, des domaines nationaux. Ils groupent au total 32 employés. A Dijon, au contraire, il n'y a que deux bureaux — finances, administration — avec seulement vingt employés. Ces employés sont pour la plupart en fonction depuis 1790, souvent même, dans les anciens chefs-lieux de généralités, ont-ils servi dans les intendances, sous l'ancien régime. Ils représentent la permanence des traditions administratives.

Le préfet est assisté d'un « Conseil de préfecture » de trois, quatre ou cinq membres, selon les départements. Les conseillers sont nommés et révoqués par le chef de l'État. Ils furent recrutés, la plupart du temps, parmi le personnel administratif légué par la Révolution, ou parmi les riches propriétaires du département. Les Côtes-du-Nord, par exemple, possédaient cinq conseillers deux d'entre eux étaient d'anciens administrateurs, un troisième avait été évêque constitutionnel, les deux autres députés, l'un à la Constituante, le second aux Cinq-Cents. Il en est de même dans le Bas-Rhin, où les cinq conseillers étaient d'anciens administrateurs, et dans le Haut-Rhin, où l'un des trois conseillers avait été député. En revanche, dans la Moselle et la Dordogne, on rencontre au Conseil de préfecture de riches propriétaires ruraux, politiquement modérés, toujours conciliants.

Le Conseil de préfecture était avant tout une juridiction contentieuse. Il devait prononcer sur les demandes en décharge d'impositions présentées par les particuliers, sur le contentieux entre entrepreneurs publics et administrations, sur les réclamations relatives à des torts et dommages créés par l'administration, sur les contestations concernant les indemnités dues aux particuliers pour terrains expropriés lors de la construction de chemins, canaux et autres ouvrages publics. Il connaissait également des difficultés pouvant s'élever en matière de voirie et du contentieux des domaines nationaux.

Le Conseil de préfecture était présidé par le préfet et, en son absence, par le plus ancien conseiller. Il était permanent, mais se réunissait rarement. Les conseillers de préfecture étaient à peine des fonctionnaires ; ils n'avaient ni désir, ni espoir d'avancer. La place de conseiller de préfecture était considérée comme une sinécure, elle n'astreignait son titulaire qu'à une heure ou deux de travail par semaine. Et malgré cela, il se trouvait encore des conseillers peu consciencieux, tel celui-ci, dont le préfet de la Dordogne écrivait : « Il est instruit en administration, doué de facilité pour le travail et d'adresse dans les affaires ; mais il est fâcheux qu'une paresse invncible et un goût très vif pour le séjour à la campagne l'éloignent presque toujours de Périgueux et de la préfecture... »

Le Conseil général du département tel qu'il est organisé en l'an VIII ne rappelle que de fort loin celui qui avait été créé en 1790. Le nombre de ses membres était de 16, 20 ou 24, selon l'importance du département. La Constitution de l'an VIII stipulait qu'ils seraient nommés pour trois ans, par le Premier consul, et choisis par lui sur la liste des notabilités départementales. La constitution de l'an X rétablit le principe de l'élection. Le collège électoral du département doit présenter au Premier consul deux candidats — dont un pris obligatoirement hors du collège — pour chaque place vacante. Les conseillers sont désormais nommés pour quinze ans, et les élections ont lieu en même temps que les élections législatives.

Une circulaire du 4 germinal an VIII (25 mars 1800) signée de Lucien Bonaparte, prescrit aux préfets de signaler comme candidats aux conseils généraux les personnes qui ont donné des gages à la Révolution, et de préférence des acquéreurs de biens nationaux. En fait, les choix du Premier consul, qui sont entièrement libres, puisque les listes de notabilités n'ont pas encore été dressées, se portent surtout sur d'anciens administrateurs de département : 19 sur 24 dans les Côtes-du-Nord. Les révolutionnaires authentiques sont plus nombreux dans l'ouest que dans l'est. C'est ainsi que dans les Côtes-du-Nord on comptait, au Conseil général, deux anciens conventionnels, deux jacobins notoires, un ancien député aux Cinq-Cents. En revanche, dans l'est, foncièrement républicain, le gouvernement n'hésite pas à désigner des modérés, et même des partisans de l'ancien régime. On peut voir au Conseil général de la Moselle un ci-devant président au Parlement de Metz, un ci-devant baron et un ancien page de Monsieur. On y rencontre bien un député aux Cinq-Cents, un général et un acquéreur de biens nationaux. Par la suite, le caractère aristocratique de cette assemblée ne fera que s'accentuer. Le Conseil général du Bas-Rhin a une composition analogue. On y remarque treize gros propriétaires fonciers, cinq notaires et trois négociants. L'élément révolutionnaire est représenté par deux anciens députés à la Législative et un israélite nommé « parce que, dit le préfet, il est convenable que les individus de cette religion, qui sont nombreux dans le département..., ne soient point exclus des fonctions publiques et qu'ils puissent participer à l'assiette des impositions... ». Le Conseil général de la Côte-d'Or se fait remarquer par son instabilité. Les démissions y sont nombreuses et fréquentes, le nombre des fonctionnaires ne cesse d'y augmenter. Ce sont eux qui, avec les agriculteurs, forment l'élément dominant, tandis que négociants et industriels restent peu nombreux.

Les conseils généraux ne tiennent chaque année qu'une seule session, de quinze jours au maximum, en principe à partir du 15 germinal, mais la date exacte en est fixée par le gouvernement. Le Conseil nomme son président et son secrétaire, il ne peut délibérer que si les deux tiers de ses membres sont présents. Les préfets doivent remettre aux conseils tous les documents nécessaires aux délibérations. Les actes des conseils généraux ne sont pas imprimés, mais copie doit en être adressée immédiatement au ministre de l'intérieur. Celui-ci publie des extraits des délibérations prises par les conseils en l'an VIII et en l'an IX.

Les conseils généraux peuvent se diviser en commissions pour discuter des différentes affaires qui leur sont soumises. Celles-ci concernent essentiellement la répartition des contributions directes entre les arrondissements, le vote des centimes additionnels au profit du département, le jugement des demandes en réduction d'impôts présentées par les conseils d'arrondissement et les municipalités, l'audition du compte rendu du préfet sur l'emploi des centimes additionnels dans le budget précédent. Les conseils peuvent aussi voter des vœux. Au début, ceux-ci sont importants et rendus publics ; par la suite ils deviennent insignifiants, ou sont remplacés par des adresses louangeuses pour le gouvernement ou l'empereur. Aussi les sessions des Conseils généraux perdent-elles de plus en plus de leur intérêt. Elles ont lieu en retard ; dans les Côtes-du-Nord, par exemple, la session de 1808 est reportée à 1809. Elles sont réduites à une durée minime : deux ou trois jours. Les préfets d'ailleurs s'affranchissent des derniers vestiges de tutelle des Conseils généraux. Dans la Côte-d'Or, le préfet établit et lève des centimes additionnels sans en référer au Conseil, ni, plus tard, écouter ses protestations. Ainsi les conseils généraux, comme à Paris les assemblées législatives, sont à partir de 1806 à peu près complètement réduits à l'impuissance.

II
ARRONDISSEMENTS ET SOUS-PRÉFETS[1]

Selon la constitution de l'an III, le département ne comportait d'autres subdivisions que les cantons et les communes. Mais les municipalités cantonales, sous le Directoire, n'avaient pas donné satisfaction. Elles avaient éloigné les administrateurs des administrés. Certains hommes politiques proposaient de doubler le nombre des cantons, afin que ceux-ci, beaucoup plus petits, pussent facilement être dirigés par l'administration cantonale. Les brumairiens préférèrent rétablir, en l'agrandissant, le district de 1790, sous le nom d' « arrondissement communal », et ils restituèrent à chaque commune sa municipalité. La circonscription de l'arrondissement existait d'ailleurs en 1799 : c'était l'arrondissement du tribunal de police correctionnelle du Directoire. Il suffit de lui donner une administration. La France de l'an VIII compta donc 402 arrondissements groupant 5.105 cantons. Il y avait moins d'arrondissements que de districts, quatre à cinq par département alors que les districts étaient au nombre de sept à neuf, en moyenne. Naturellement les anciens chefs-lieux de district qui n'étaient pas promus chefs-lieux d'arrondissement réclamèrent. On vit de nouveau aux prises, comme en 1790, les rivalités locales. Dans la Meurthe, par exemple, Pont-à-Mousson et Dieuze disputèrent l'administration de l'arrondissement à Toul et Château-Salins. Mais le gouvernement resta inébranlable ; il ne consentit aucune modification au tableau des arrondissements, tel qu'il l'avait établi.

A la tête de chaque arrondissement, sauf l'arrondissement du chef-lieu de département, était placé un sous-préfet. A partir de 1809, un auditeur au Conseil d'État remplit même, on l'a vu[2], les fonctions de sous-préfet au chef-lieu du département. Le sous-préfet était nommé par le chef de l'État, qui pouvait le révoquer. Théoriquement, il devait être pris sur la liste des notabilités communales, mais le premier consul choisit librement les sous-préfets en l'an VIII. Sous l'Empire, un certain nombre de sous-préfets devaient être pris dans le Conseil d'État. Beaucoup de sous-préfets furent choisis parmi les

---

1. DOCUMENTS ET OUVRAGES A CONSULTER. — Voir la bibliographie générale et la bibliographie du § I de ce chapitre, p. 508.
2. Voir p. 503.

administrateurs de l'époque précédente, nommés sur place. Ainsi, à Guingamp, Mauviel, homme de loi avant 1790, juge au tribunal de district pendant la Révolution, fut nommé sous-préfet en 1800 et le resta jusqu'en 1814. A Dinan, à Lannion, à Loudéac, les sous-préfets étaient des gens du pays. Le sous-préfet de Sainte-Menehould, dans la Marne, avait eu son heure de célébrité. C'était Drouet, l'homme qui avait fait arrêter Louis XVI à Varenne. Sous le Directoire, impliqué dans le complot de Babeuf, il avait été arrêté, s'était évadé ; après le 18 fructidor, il avait présidé le club jacobin du Manège. Ce qui ne l'empêcha pas d'être un des plus fidèles serviteurs de l'empereur et de conserver son poste jusqu'en 1814. En Alsace, les sous-préfets furent recrutés sur place ou parmi des fonctionnaires ayant déjà servi dans des pays de langue allemande. C'étaient, politiquement, des modérés, pour la plupart ; deux d'entre eux seulement avaient été Jacobins. Mêmes caractères dans la Moselle, où les sous-préfets se rallièrent tous aux Bourbons en 1814. Dans la Dordogne, on remarque à la sous-préfecture de Bergerac, entre 1806 et 1811, le philosophe Maine de Biran. Ainsi les sous-préfets, issus des populations qu'ils avaient à administrer, étaient à même d'en comprendre les besoins et d'en traduire les vœux.

Leurs attributions d'ailleurs étaient fort limitées. Ils n'avaient guère de pouvoirs propres, ils devaient surtout faire exécuter les ordres des préfets. Ils étaient en outre chargés de veiller au maintien de l'ordre, de surveiller la gestion des municipalités, d'activer la rentrée des impôts et la levée des conscrits. Ils pouvaient réglementer, dans des limites fort restreintes, l'exercice des cultes. Le sous-préfet pouvait, en effet, prendre des arrêtés exécutoires dans l'arrondissement.

Le sous-préfet était assisté d'un Conseil d'arrondissement composé de onze membres. En l'an VIII, les conseillers devaient être choisis par le Premier consul sur une liste de notabilités communales. A partir de l'an X, ils furent élus par le collège d'arrondissement à raison de deux candidats pour chaque place vacante. Le chef de l'État choisissait les conseillers parmi les candidats élus. Le mandat de conseiller d'arrondissement, fixé à trois ans en l'an VIII, fut porté à quinze ans en l'an X. Les élections ne pouvaient avoir lieu qu'à l'époque des élections législatives, entre temps, le Premier consul pourvoyait aux places vacantes. Les conseillers élus en l'an VIII furent d'anciens administrateurs, parfois des cultivateurs. Sur les 55 conseillers composant les cinq conseils d'arrondissement des Côtes-du-Nord, on comptait 33 anciens commissaires du Directoire, 12 anciens administrateurs, trois anciens juges, deux ex-receveurs des finances, deux négociants, deux industriels et un rentier. Dans la Moselle quelques anciens nobles siégèrent dès l'origine dans les conseils d'arrondissement. En Alsace, on y rencontre, en plus grand nombre, de gros cultivateurs. Dans la Côte-d'Or, anciens administrateurs, hommes de loi, gros cultivateurs ou viticulteurs se partagent les sièges dans les conseils d'arrondissement. Lors des renouvellements, le nombre des fonctionnaires augmenta, les propriétaires demeurèrent, la plupart du temps, en minorité. Les conseillers d'arrondissement étaient, en général, choisis de manière telle que tous les cantons fussent représentés.

Les conseils d'arrondissement ne devaient tenir qu'une session par an, mais celle-ci avait lieu en deux séries de séances formant un maximum de quinze jours au total. La première série était ouverte deux semaines avant la session du Conseil général, la seconde huit jours après sa clôture. Le Conseil choisissait son président et son secrétaire.

Les conseils d'arrondissement avaient pour mission de répartir les contributions directes entre les communes, et de donner leur avis sur les demandes en décharge formulées par elles ; le Conseil général statuait d'après ces avis. Le Conseil d'arrondissement entendait le compte rendu de l'emploi des centimes additionnels destinés aux dépenses de l'arrondissement. Ce compte rendu était présenté par le sous-préfet qui devait aussi soumettre au Conseil les pièces justificatives. Les conseils d'arrondissement pouvaient émettre des vœux, notamment sur l'agriculture, le commerce, l'industrie, l'assistance, etc.

Les conseils d'arrondissement ne jouèrent qu'un rôle fort effacé. Dans les Côtes-du-Nord, ils émirent quelques vœux au début du Consulat, puis voyant que ces vœux n'aboutissaient à rien, ils se turent. Les sessions s'espacèrent ou se raccourcirent. Le Conseil d'arrondissement de Saint-Brieuc ne tint que quatre séances en 1806. En 1807, trois membres seulement se réunirent. Ils tinrent une seule séance pour constater qu'il n'y avait pas de demandes en dégrèvement d'impôt, et qu'aucune répartition nouvelle n'était à faire, puisque les impôts étaient les mêmes que ceux de l'année précédente. En 1808, pas de session. En 1809, une session d'un jour, avec quatre membres présents. Pas de session en 1812, ni en 1813. Le Conseil d'arrondissement de Guingamp ne siégea pas en 1807, 1808, 1809 et 1810. Celui de Lannion se distingue par les adresses qu'il vota à l'empereur. L'adresse de 1809 laisse apercevoir le grand désir de paix qui se manifestait alors : « Les nouvelles victoires... sont les signes avant-coureurs d'une paix glorieuse et prochaine après laquelle soupire plus particulièrement l'arrondissement de Lannion, dont les ressources se sont en quelque sorte anéanties pendant la guerre... » Les conseils d'arrondissement, malgré quelques vœux utiles et quelques adresses significatives, ne furent qu'un rouage administratif de médiocre importance. Il n'en était pas de même des municipalités.

III

CANTONS ET COMMUNES[1]

Le canton, privé de son administration, redevient une simple unité électorale et judiciaire : c'est au chef-lieu de canton qu'on trouve la justice de

---

1. DOCUMENTS ET OUVRAGES A CONSULTER. — Outre les ouvrages cités dans les bibliographies précédentes, p. 508 et 514, voir Des Cilleuls, *Histoire de l'administration parisienne*, t. I*er*, *1800-1830* (Paris, 1900, in-8°) ; Roger Lévy, *Le Havre entre trois révolutions* (Paris, 1912,

paix, et, à partir de l'an X, qu'on procède aux élections primaires. Aussi peut-on réduire le nombre des cantons, qui avait été augmenté sous le Directoire. Dans certains départements, cette réduction est sensible, même par rapport au chiffre de 1790 ; ainsi la Meurthe ne comprend plus que 29 cantons contre 74 en 1790, et la Côte-d'Or 36 contre 86 sous le Directoire. Naturellement, les communes lésées réclament, d'autres demandent à changer de canton, mais le gouvernement repousse systématiquement toutes les demandes.

La constitution de l'an VIII rend aux communes leur municipalité, mais, comme pour les cantons, elle s'efforce d'en diminuer le nombre. Le gouvernement voulait supprimer les communes n'ayant qu'une population infime, et concentrer les revenus éparpillés entre plusieurs petites communes pauvres. Enfin des communes assez peuplées offraient au gouvernement, — et c'était important, on le verra, — plus de choix pour la nomination des maires. Dans la Meurthe, le nombre des communes fut ramené de 722 à 714, dans l'Ourthe de 438 à 383, dans l'Aveyron de 691 à 600. La Moselle perdit 250 communes, de 1800 à 1814. Mais les préfets auraient désiré des modifications encore plus radicales. Le préfet du Gers demandait que le nombre des communes de son département fût réduit de 700 à 400 ; et celui de l'Aveyron à 190. On en serait revenu petit à petit à la municipalité cantonale, et c'est peut-être ce qui arrêta le gouvernement dans sa politique de réduction. Peut-être aussi craignit-il des conflits dans la répartition et l'usage des communaux, ou tout simplement voulut-il éviter les frais qu'aurait occasionnés la multiplication de la gendarmerie, la police rurale d'une vaste commune ne pouvant guère être confiée à un seul garde-champêtre.

La loi du 28 pluviôse an VIII (17 février 1800) organise l'administration communale. Chaque commune est pourvue d'un maire et d'un conseil municipal. On trouve, en outre, dans les villes de plus de 5.000 habitants, un commissaire de police. Jusqu'à la constitution de l'an XII, les villes de plus de 100.000 habitants furent dotées d'autant de maires et d'adjoints qu'elles avaient, sous le Directoire, d'administrations municipales ; mais elles possédaient un conseil municipal unique, remplaçant le bureau central. A partir de l'an XII, Bordeaux, Lyon et Marseille rentrèrent dans le droit commun. Seul Paris resta divisé en douze arrondissements municipaux ayant chacun à leur tête un maire et deux adjoints. Les organes administratifs centraux étaient constitués par le Conseil général de la Seine (il n'y avait pas de conseil municipal) et le préfet de police.

in-8º) ; Morére, *L'établissement du Consulat à Toulouse en l'an VIII*, dans *La Révolution franç.*, t. XXXIII (1897), p. 5-45. — QUESTIONS A ÉTUDIER : Les études d'administrations d'arrondissement et de villes sous le Consulat et l'Empire sont rares, comme la bibliographie ci-dessus le montre. Il conviendrait notamment d'étudier les maires, et l'usage qu'ils firent de leur pouvoir réglementaire et de police. La liaison des différentes administrations locales entre elles est peu connue et pourrait utilement faire l'objet de quelques monographies. Enfin les problèmes posés par les réunions de communes ont été à peu près négligés par les historiens.

Le mode de nomination des maires et des adjoints, le nombre des adjoints, variaient suivant la population des communes. Les communes de moins de 2.500 habitants étaient dotées d'un maire et d'un adjoint nommés et pouvant être suspendus par le préfet. Les communes dont la population était comprise entre 2.500 et 5.000 habitants possédaient deux adjoints. Les villes de 5.000 à 10.000 habitants avaient, en outre, un commissaire de police ; dans toutes les villes de plus de 5.000 âmes, maire, adjoints et commissaires devaient être nommés par le chef de l'État sur proposition du préfet. Enfin, dans les villes comptant plus de 10.000 habitants, il y avait un adjoint par fraction de 20.000 habitants en plus, et un commissaire de police par fraction de 10.000 habitants en plus. Le Premier consul avait le droit de destituer tous les maires et adjoints. La loi du 28 pluviôse an VIII ne fixait pas la durée des fonctions des maires, la loi du 16 thermidor an X (4 août 1802) précisa qu'ils étaient nommés pour cinq ans, mais ils pouvaient être renommés. Cette loi décida également que les maires devaient être choisis parmi les conseillers municipaux.

Le Premier consul désigna, en l'an VIII, comme maires, d'anciens administrateurs, assez avancés en âge — 50 ans en moyenne — d'opinion modérée. Dans la Côte-d'Or, nous trouvons, à Dijon, Beaune et Auxonne, un ancien juge, deux anciens administrateurs, tous riches. En Alsace, les maires de Strasbourg et de Colmar furent des commerçants aisés, politiquement effacés. Dans les autres villes d'Alsace, les mairies furent confiées à des fonctionnaires qui virent là le moyen d'accéder au poste de sous-préfet.

Il fut beaucoup plus difficile de recruter les maires de villages. Comme au début du Directoire, dans certains départements, il y eut une véritable épidémie de démissions. Ainsi, en Alsace, en Bretagne. Dans les gros bourgs, les préfets trouvèrent parmi les éléments jeunes des maires assez instruits, mais, dans les communes rurales, les maires se montrèrent, la plupart du temps, ignorants et insouciants. Dans la Meurthe, le préfet signale que, pour ne pas se créer d'ennemis, les maires renoncent à réprimer les délits ruraux. Le préfet de la Lozère écrit que plusieurs maires « savent à peine signer leur nom ». Celui de l'Aube remarque : « La majorité de ces fonctionnaires publics est composée d'honnêtes et respectables cultivateurs n'ayant aucune capacité, ne répondant point aux lettres qu'on leur adresse... La plupart du temps, si l'on veut obtenir quelques renseignements indispensables, il faut envoyer dans chaque village un commissaire. » Certains maires même sont malhonnêtes. Dans la Côte-d'Or, un maire, convaincu de s'être rendu, par le moyen d'un intermédiaire, adjudicataire de la perception des impôts directs, n'est pas révoqué, car, « malgré le grand nombre d'habitants, il serait difficile d'en trouver un qui pourrait le remplacer... ». Dans le Bas-Rhin, en 1808, la préfecture proposa le remplacement de 185 maires pour cause de parenté avec le receveur communal, pour exercice du métier d'aubergiste ou simplement pour indélicatesse. Faute de personnes capables, on dut nommer des royalistes avérés, notamment dans les Côtes-du-Nord, en Ille-et-Vilaine.

Pourtant il eût été utile d'avoir des maires instruits, car leurs fonctions étaient importantes. Ils avaient hérité de toutes les attributions des administrations municipales de la période précédente et ils exerçaient un pouvoir réglementaire relativement étendu.

Mais, c'est précisément à cause de l'importance de ces pouvoirs que le gouvernement ne trouve pas de candidats dans les campagnes. Les cultivateurs craignaient d'être en butte aux réclamations des fournisseurs de la commune ou aux représailles de leurs concitoyens poursuivis pour délits ruraux. Enfin les fonctions de maire donnaient beaucoup de travail alors qu'aucune rétribution, n'était prévue ; la Légion d'honneur elle-même n'était que rarement décernée aux maires.

Les maires pouvaient, certes, se faire aider par leurs adjoints. L'adjoint remplaçait le maire en cas d'absence ; il pouvait aussi exercer en tout temps, par délégation du maire, une partie des pouvoirs de ce dernier. Toutefois, le maire ne pouvait en aucun cas délibérer avec ses adjoints : « administrer est le fait d'un seul », tel est là un des principes fondamentaux du régime consulaire et impérial.

Les conseils municipaux des communes de moins de 2.500 habitants comprenaient dix conseillers, il y en avait vingt dans les communes de 2.500 à 5.000 habitants, non compris, dans ces deux cas, le maire et les adjoints. Il y avait trente conseillers, y compris le maire et les adjoints, dans les villes de plus de 5.000 habitants.

Sous le régime de l'an VIII, les conseillers municipaux étaient choisis par le préfet. A partir de l'an X, les assemblées cantonales présentèrent deux candidats pour chaque place de conseiller, dans les communes de plus de 5.000 habitants, le gouvernement choisissait parmi ces candidats. Elles élurent directement les conseillers municipaux des communes de moins de 5.000 habitants. Quand une vacance se produisait dans un conseil municipal de plus de 5.000 habitants, en dehors d'une période électorale, le gouvernement pouvait, comme sous le Directoire, nommer provisoirement un conseiller.

Les conseillers étaient nommés pour trois ans dans le système de l'an VIII, pour vingt ans dans celui de l'an X. Les conseils municipaux devaient se renouveler par moitié. Le premier renouvellement eut lieu en 1812 ; le sort désigna les conseillers sortants.

La loi du 18 pluviôse an VIII demandait seulement aux conseillers municipaux d'être citoyens français ; mais la constitution de l'an X stipula que les candidats présentés par les assemblées cantonales devaient être choisis parmi les cent citoyens les plus imposés du canton. Le régime censitaire était donc appliqué aux conseils municipaux urbains.

Les conseils municipaux des villes furent aisément recrutés parmi les bourgeois, industriels, commerçants, rentiers, membres des professions libérales. Sous l'Empire, des aristocrates de plus en plus nombreux entrèrent aux conseils. Les conseillers ne firent preuve que d'un zèle modéré. A Dijon, un très petit nombre seulement assistait aux séances. Quant aux conseils municipaux ruraux, il fut beaucoup plus difficile de les composer. Dans les petits villages, ce sont les parents du maire et de l'adjoint qui souvent forment tout le Conseil ; les préfets y font entrer, autant que possible, des acquéreurs de biens nationaux.

Les conseils municipaux devaient tenir session chaque année, le 15 pluviôse, pendant quinze jours au plus. Ils pouvaient, en outre, être convoqués par le préfet en session extraordinaire : les conseils municipaux n'étaient donc que des corps consultatifs, ne disposant que de faibles attributions. Pourtant on les voit, dans les villes, lutter, sous le Consulat, contre les empiétements du gouvernement, par exemple à Dijon, mais sans succès. Au contraire, dans les campagnes, les conseils municipaux se montrèrent apathiques ; ils ne délibéraient pas sur les questions qui leur étaient soumises. Le ministre de l'intérieur autorisa le préfet de la Côte-d'Or, le 2 messidor an X (21 juin 1802) à statuer en Conseil de préfecture sur les affaires communales chaque fois que trois convocations adressées au Conseil municipal seraient restées sans effet.

Les municipalités disposent d'employés et de bureaux. Les plus petites ont droit à un secrétaire de mairie ; dans les communes rurales, les préfets sont autorisés à confier les fonctions de secrétaire de mairie au maître d'école. Toute commune possédant plus de 20.000 francs de revenu doit entretenir un receveur municipal. Celui-ci est nommé par le conseil municipal et peut être destitué par le ministre de l'intérieur sur proposition du maire et avis conforme du sous-préfet. A partir de 1811, la centralisation augmentant, le receveur municipal est choisi par l'empereur sur une liste de trois candidats proposés par le conseil municipal.

Les villes importantes disposent naturellement à la mairie de nombreux bureaux. Mais toutes les communes — sauf celle du chef-lieu — ont à résoudre le problème, alors compliqué, de la liaison avec la préfecture ou la sous-préfecture. Il leur faut donc payer des « piétons » chargés de faire la liaison, ce qui entraîne de lourdes dépenses. Dans la Meurthe, six piétons nommés par le préfet effectuent la liaison entre Nancy et les chefs-lieux d'arrondissement ; dans les arrondissements, les communes s'entendent pour entretenir des piétons à frais communs. C'est grâce à ce système que la centralisation et la dictature napoléoniennes peuvent faire sentir leur action jusque dans les lieux les plus reculés de l'Empire.

CHAPITRE IV

LES INSTITUTIONS JUDICIAIRES [1]

L'organisation judiciaire, telle qu'elle avait été fixée par les constitutions de 1791 et de l'an III n'avait satisfait complètement ni les justiciables, ni le gouvernement du Directoire. Les justiciables se plaignaient du petit nombre des tribunaux civils, que la constitution de l'an III avait réduits à un par département ; ils se plaignaient aussi de l'éloignement de ces tribunaux, établis dans les seuls chef-lieux de département, de la lenteur et du coût de la justice. Le gouvernement du Directoire regrettait ; de son côté, de n'avoir pas plus de prises sur la justice. Profitant des lois d'exception, il s'efforça de tourner le principe de l'élection des juges en annulant ces élections et en remplaçant provisoirement les juges élus par des juges nommés. Le Directoire manifesta ses tendances profondes dans la rédaction des constitutions batave et romaine en décidant que, dans ces territoires, les fonctions de commissaire du gouvernement et d'accusateur public seraient confiées à la même personne, ce qui augmentait l'autorité du gouvernement sur les tribunaux. Lors de la rédaction de la constitution de l'an VIII, les consuls provisoires reçurent de nombreux projets de réforme judiciaire. Deux anciens membres du conseil des Cinq-Cents, Vasse et Bergier réclamaient la multiplication des tribunaux civils de première instance, l'accroissement de la compétence des juges de paix, la création de tribunaux d'appel spécialisés dans leur fonction. Vasse, Bergier, et aussi Daunou, estimaient, en effet, qu'il fallait accroître l'autorité des jugements d'appel en les confiant à des tribunaux distincts composés de juges plus nombreux et plus capables. Ils voulaient aussi que les jugements d'appel pussent échapper aux rivalités locales, qui jouaient généralement lorsque les

---

1. BIBLIOGRAPHIE GÉNÉRALE. — Aux Arch. Nat. voir surtout les séries F[1] 268, 269, BB[6], BB[29], BB[30], BB[31], 580, 581 — AB XIX 1915 — 1919, AF IV 46 et suiv. ; la série F 7, *passim*. Dans les Arch. départementales, des fonds judiciaires ont été constitués par les versements des greffes des cours et tribunaux.
Consulter aussi : Locré, *Esprit du code Napoléon* (Paris, 1805-7, 5 vol., in-8°) ; du même, *La législation civile, commerciale et criminelle de la France* (Paris, 1827-1832, 31 vol. in-8°). Sur la police, on lira les bulletins de police publiés par E. d'Hauterive, *La police secrète du premier Empire* (Paris, 1908-1922, 3 vol. in-8°). — TRAVAUX : Le plus important des ouvrages d'ensemble est la thèse de J. Bourdon, *La réforme judiciaire de l'an VIII* (Rodez, 1941, 2 vol. in-8°). Plus ancienne, mais toujours utile est l'*Histoire critique des institutions judiciaires de la France de 1789 à 1848*, par Hiver (citée p. 109).

appels étaient portés d'un tribunal départemental à un autre. Ainsi, le tribunal de Versailles éprouvait un malin plaisir à casser les jugements rendus par celui de Paris. Enfin Vasse et Bergier, Cabanis, Harmand de la Meuse demandaient — après Mme de Staël — que les juges fussent nommés par le gouvernement et inamovibles. Ils pensaient que des juges permanents seraient plus instruits et que l'inamovibilité garantirait l'indépendance, que la nomination gouvernementale paraissait leur enlever.

I
LA RÉFORME JUDICIAIRE DE L'AN VIII : LA JUSTICE CIVILE[1]

La constitution de l'an VIII ébaucha la réforme : elle fut complétée par plusieurs lois, notamment celle du 27 ventôse an VIII (18 mars 1800). La constitution posa naturellement les principes fondamentaux. Son article 60 décida que les juges de paix seraient élus pour trois ans, mais que les autres juges seraient choisis par le Premier consul sur les listes de notabilités départementales, les juges de cassation devant être élus par le Sénat sur les listes de notabilités nationales.

La constitution de l'an VIII maintenait par ailleurs un certain nombre de principes établis par la Révolution : arbitrage, conciliation par les juges de paix, jurys d'accusation et de jugement criminel, tribunal de cassation, mais interprétation de la loi réservée à ceux qui la font. Plus tard ces principes furent quelque peu modifiés, notamment par le Sénatus-Consulte organique du Consulat à vie qui rétablit la hiérarchie dans l'ordre judiciaire et la loi du 20 avril 1810 qui remplaçant les tribunaux criminels par des Cours d'assises, réorganisa toute la justice répressive.

---

1. DOCUMENTS ET OUVRAGES A CONSULTER. — V. Durand, *De la discipline de la magistrature* (Paris, 1894, in-8º) ; Jeanvrot, *La magistrature* (cité p. 117) ; Martin-Sarzeaud, *Recherches historiques sur l'inamovibilité de la magistrature* (Paris, 1881, in-8º) ; Metzger, *Cambacérès second consul*, dans *La Révolution franç.*, t. XLIII (1902), p. 385-391 ; J. Thiry, *Cambacérès, archichancelier de l'Empire* (Paris, 1935, in-8º) ; Vialles, *L'archichancelier Cambacérès* (cité p. 481) ; G. Vauthier, *L'épuration de la Magistrature en 1808*, dans la *Revue des études napoléoniennes* (1919), p. 218-223.

Sur la justice de paix : Guérin, *Les justices de paix de Saintes depuis 1790 jusqu'à nos jours* (cité p. 116). S. de la Chapelle, *Histoire judiciaire de Lyon et des départements de Saône-et-Loire et du Rhône depuis 1790* (cité p. 117).

Sur les tribunaux et cours d'appel, A. Correch, *La Cour d'appel de Pau* (Tarbes, 1920, in-8º) ; Mauléon, *Le tribunal et la cour de Rennes* (Rennes, 1904, in-8º) ; Salvy, *La Cour d'appel de Riom*, thèse de droit (Paris, 1907, in-8º). Voir aussi les grandes monographies départementales citées, p. 508. — QUESTIONS A ÉTUDIER : M. J. Bourdon a renouvelé l'étude du personnel de la magistrature dans le remarquable livre que nous avons signalé plus haut. Il reste à étudier le fonctionnement des tribunaux français sous l'Empire. Quelques cours d'appel sont connues. Mais les tribunaux correctionnels, les tribunaux criminels, les cours d'assises n'ont encore fait l'objet d'aucune étude sérieuse. Il faudrait aussi étudier le problème de la criminalité. A-t-elle augmenté, ou diminué du fait des mesures sévères prises par l'empereur, et notamment de l'application du code pénal de 1810 ? Enfin, sur les prisons et leur régime, nous n'avons que fort peu de renseignements.

En même temps, une œuvre considérable de codification était entreprise. Cinq commissions étaient constituées pour établir des codes : commission du code civil, le 12 août 1800, du code criminel, le 28 mars 1801, du code commercial, le 3 août, du code rural, le 10 août, du code de procédure civile, le 24 mars 1802. Seule la commission du code rural n'aboutit pas. Le code civil fut publié le 21 mars 1804, le code d'instruction criminelle en 1808, le code pénal en 1810, le code commercial en 1807, le code de procédure civile dès 1806.

Il y avait 6.000 juges de paix sous le Directoire. La réduction du nombre des cantons entraîna naturellement une diminution des juges de paix, la loi du 8 pluviôse an IX (28 janvier 1801) fixa leur nombre à 3.000 au moins, 3.500 au plus, la circonscription d'un juge de paix devait compter 10.000 à 15.000 habitants.

Les juges de paix étaient élus par les citoyens des cantons, à la majorité absolue ou au scrutin de ballottage pour trois ans.

A partir de l'an X, l'assemblée cantonale dut élire deux candidats entre lesquels l'empereur choisit. La durée des fonctions fut portée à dix ans, les juges de paix furent pourvus d'une robe, comme les autres magistrats. Pour être juge de paix il suffisait d'être citoyen, et âgé de trente ans. Dans la plupart des départements il n'y eut pas d'élections de juges de paix avant l'an X. Celles-ci réunirent un assez grand nombre d'électeurs, et même de candidats. Dans la Côte-d'Or les fonctions de juge de paix semblent avoir suscité de violentes convoitises, des intrigues, des fraudes, électorales même. La lutte s'étendit aux greffes des justices de paix.

Les juges de paix perdaient leurs attributions en matière répressive, mais ils conservaient leurs anciennes fonctions d'arbitrage et de conciliation. Est-ce à dire qu'ils étaient très capables ? En Alsace, on se plaint de leur « ignorance extrême ». Le préfet du Bas-Rhin se demandait si « les abus commis par eux et leurs greffiers n'étaient pas plus nombreux que ceux qu'ils réprimaient dans les justiciables ». Plusieurs étaient cabaretiers et tenaient séance dans leur débit ! Dans les Côtes-du-Nord, le juge de paix de Paimpol était signalé comme ami du gouvernement, mais on déplorait « sa conduite privée peu régulière », il était au reste « peu estimé » ; celui de La Ploeuc passait pour être ivrogne et dépourvu de talents et de zèle. Celui de Jugon n'avait « aucune éducation, aucune connaissance, une moralité douteuse il devait son élection à l'intrigue ». Il s'est « imaginé », ajoute le préfet, « être capable de remplir toutes ces places depuis qu'il a été envoyé par sa commune porter un vœu à la Convention sur la constitution de 1793 ». En revanche, on déclarait que le juge de paix de Dinan était un « jurisconsulte éclairé ». Au total le fonctionnement de l'institution dépendit beaucoup de la personnalité des juges...

Les tribunaux civils, les tribunaux correctionnels et criminels étaient composés de juges nommés. La loi du 27 ventôse an VIII fixa les conditions à remplir pour être nommé juge : il suffisait d'avoir trente ans et d'être inscrit sur les listes de notabilité. En l'an XI l'âge fut abaissé à 25 ans, en 1810 à 21 ans pour les substituts. La loi du 27 ventôse n'exigeait aucune condition d'instruction, en l'an XII une loi spécifia qu'à partir de 1809, les juges devraient être pourvus de la licence en droit. Étaient dispensés du diplôme les avoués ayant dix ans d'exercice, ou, jusqu'en 1814, les citoyens ayant exercé des fonctions administratives ou judiciaires. La loi du 20 avril 1810 exigea, en outre, des juges deux ans de barreau. Une fois nommé le juge était inamovible, à moins qu'il ne fût radié des listes de notabilités par les électeurs. Cette condition disparut naturellement en l'an X avec la suppression des listes, et l'inamovibilité devint absolue, sauf le cas de forfaiture — le gouvernement pouvait alors destituer le magistrat — ou sauf faute grave pouvant entraîner la suspension prononcée par la Cour de cassation. Les juges étaient exemptés du service de la garde nationale : on voulait éviter ainsi qu'ils ne fussent exposés à devenir les instruments d'exécution de leurs propres jugements ; mais ils étaient tenus de résider dans les localités où ils exerçaient et ne pouvaient s'absenter plus d'une décade sans congé du tribunal, plus d'un mois sans congé du gouvernement, sous peine de sanctions graves telles que la privation du traitement. L'arrêté du 2 nivôse an XI (23 décembre 1802) rendit à la magistrature son ancien costume : robe, toque, simarre, etc.

Le gouvernement dut, dans un délai très bref, nommer une grande quantité de juges. Il se renseigna avec soin : les délégués des consuls provisoires dans les départements, les agents secrets du ministère de l'intérieur envoyèrent des listes de candidats, le ministère de la justice fit des enquêtes, les députations de chaque département (législateurs, tribuns, sénateurs) formulèrent des propositions : ce furent elles qui la plupart du temps, furent agréées par le ministre. Toutefois les listes établies par les bureaux ministériels furent soumises à Cambacérès, qui disposait de moyens d'information personnels. Cambacérès tint conseil avec les députations et dressa enfin les tableaux définitifs pour 62 départements. Ainsi les nouveaux juges furent choisis essentiellement parmi les membres de l'ancien personnel révolutionnaire, favorables aux brumairiens. Comme ils étaient inamovibles, ils devaient rester longtemps en place et perpétuer dans la magistrature l'esprit de la Révolution combiné avec celui de brumaire. Cambacérès, dans ses nominations, s'était efforcé de tenir compte des situations acquises : d'où la présence dans la magistrature nouvelle d'un grand nombre de juges de la période précédente. Il fit preuve d'une grande mansuétude à l'égard des personnes. Ni les opposants au coup d'État de brumaire, ni les Jacobins, ni les terroristes notoires — comme Nodier, ancien président du tribunal criminel du Doubs, père de l'écrivain, ni Marteau-la-Mort, qui avait été membre du tribunal criminel révolutionnaire, organisé par Lebon, ne furent exclus.

Ainsi les nouveaux juges furent en grande majorité des hommes de loi. Mais beaucoup refusèrent à cause de l'insuffisance des traitements. Seuls les riches ou les très pauvres acceptèrent. Dans les villes qui — telle Marseille —

n'avaient pas, avant la Révolution de tribunaux importants, il fut difficile de recruter le personnel nécessaire. Presque partout cependant, les magistrats recrutés localement furent exposés à subir la pression des influences locales. Beaucoup, après ces agitations révolutionnaires considéraient leur poste comme une demi-retraite et travaillaient peu ; certains étaient trop âgés.

Les traitements furent faibles avons-nous dit : en effet, dès le Directoire on trouvait communément que les juges absorbaient une trop forte partie du budget de l'État. Or, en l'an VIII, les juges devaient être beaucoup plus nombreux, par suite de la création des tribunaux d'arrondissement et des tribunaux d'appel : on proposa de payer les juges par prélèvement sur le montant des « amendes » versées par les plaideurs, mais cette solution fut écartée. Si les traitements des juges de cassation, égaux à ceux des membres du corps législatif représentent une augmentation par rapport à 1799, tous les autres sont réduits de moitié environ, ils varient de 800 francs, pour les juges de paix, à 3.000 francs au maximum. Les présidents et vice-présidents de tribunaux, les commissaires du gouvernement touchent un quart en plus, les suppléants ne sont payés que pour les séances auxquelles ils assistent. D'ailleurs, pendant le Consulat, comme sous le Directoire, les paiements furent très irréguliers. En 1806, les traitements furent augmentés, d'un quart pour les petits, d'un cinquième à un huitième pour les plus élevés ; — ceux des présidents et commissaires du gouvernement firent l'objet d'une sérieuse majoration.

Est-ce parce qu'il les payait mieux, que l'Empire exigea que les juges lui fussent entièrement dévoués ? Il y a lieu de penser que Napoléon, au moment où il consolidait la monarchie impériale, voulut se débarrasser des éléments de la magistrature jugés par lui trop révolutionnaires. Le sénatus-consulte du 12 octobre 1807 modifia le statut de la magistrature en décidant qu'à l'avenir les juges ne deviendraient inamovibles qu'après cinq ans d'exercice. Napoléon profita de ce décret pour « épurer » la magistrature. Une commission de dix sénateurs fut chargée de « procéder à l'examen des juges qui seraient signalés pour leur incapacité et leur inconduite, et des déportements dérogeant à la dignité de leurs fonctions ». Les procureurs généraux présentèrent des rapports sur chaque juge. Ils furent parfois sévères. Ainsi, un juge de Loudéac est signalé comme allant « boire dans les auberges » et donnant « l'exemple public de l'ivrognerie ». En Côte-d'Or ce sont des juges restés républicains qui sont dénoncés sous divers prétextes : indélicatesse ou partialité. Il faut reconnaître toutefois que les dénonciations furent relativement peu nombreuses : 194 juges seulement furent proposés par les procureurs généraux pour la révocation. La commission sénatoriale ne retint que 170 noms. Soixante-huit magistrats furent destitués, et 6 admis à une retraite égale au tiers de leur traitement. Ils furent remplacés en général par d'anciens membres des cours royales, de sorte que la magistrature perdit son allure relativement républicaine. Cette épuration prouva, en tout cas, que sous le régime de la dictature napoléonienne, l'inamovibilité n'était qu'un vain mot. Napoléon d'ailleurs, traita les juges et les autres fonctionnaires comme il faisait des militaires, et il les soumit à une sévère discipline sous le contrôle du ministre, du tribunal de cassation ou des tribunaux eux-mêmes, qui pouvaient, à la requête des commissaires du gouvernement, prononcer contre leurs membres, des peines de censure, réprimande et même de suspension.

La loi du 28 pluviôse an VIII établit un tribunal de première instance dans chaque arrondissement — sauf pour la Seine, où il n'y eut qu'un seul tribunal, siégeant à Paris. Au total 400 tribunaux pour 402 arrondissements soit en moyenne un tribunal pour 75.000 habitants. Ces tribunaux ne siégèrent pas nécessairement au chef-lieu d'arrondissement ; néanmoins ils s'y établirent la plupart du temps. Les tribunaux de première instance étaient à la fois des tribunaux civils et des tribunaux correctionnels. Ils étaient composés de trois juges — président compris — et deux suppléants. Dans les villes de moins de 5.000 habitants le président du tribunal exerçait les fonctions de directeur du jury d'accusation. Dans les villes de plus de 5.000 habitants, le tribunal comptait un juge de plus, spécialement chargé de diriger le jury d'accusation, et un suppléant de plus. Dans les villes de plus de 30.000 habitants, les tribunaux de première instance étaient divisés en deux sections, avec sept juges et quatre suppléants, ils y avaient trois sections à Bordeaux, Lyon et Marseille (10 juges et 5 suppléants) à Paris enfin, le tribunal se divisait en 6 sections (dix-huit juges, six directeurs de jury, douze suppléants). Les présidents étaient choisis par le chef de l'État et nommés pour trois ans.

Le ministère public comprenait un commissaire du gouvernement et autant de substituts que le tribunal comptait de sections en plus de la première. A partir de 1804 les commissaires du gouvernement prirent le titre de « procureurs impériaux ». Ils étaient nommés et révoqués au gré de l'empereur.

La loi du 20 avril 1810 créa des « juges auditeurs », avec voix consultative s'ils n'avaient pas l'âge requis pour être juges. C'était un début de carrière ; un cinquième des places de la magistrature était réservé aux juges auditeurs. Après deux ans de fonctions, ils pouvaient être nommés conseillers à la cour d'appel.

Les tribunaux de première instance — comme tous les tribunaux français vaquaient du 1er septembre au 1er novembre. En période de vacation, ils tenaient néanmoins une audience par décade et par section. Le décret du 30 mars 1808 décida la formation de « Chambres des vacations ».

Au civil, les tribunaux de première instance jugeaient toutes les affaires ainsi que les appels des jugements prononcés par les juges de paix. Ils se prononçaient aussi sur les affaires commerciales lorsqu'il n'existait pas de tribunaux de commerce dans la localité. Ces tribunaux durent appliquer le code civil à partir de 1804, et suivre après 1806 le code de procédure civile. Celui-ci marquait une régression sur la procédure suivie depuis 1789, car il s'inspirait surtout de l'ordonnance de 1667 : la procédure civile se réduisit à une manière de duel judiciaire où avoués et avocats, représentant les parties, luttaient à coups d'actes devant le tribunal qui donnait raison au plus habile. Cependant, les jugements devaient être motivés, comme cela se faisait depuis 1790, et les débats restaient publics.

Les tribunaux d'appel devaient statuer sur les jugements de première instance rendus en matière civile par les tribunaux d'arrondissement et sur les jugements des tribunaux de commerce.

En 1800, un certain nombre de réformateurs demandaient qu'il y eût un tribunal d'appel par département. Cette solution fut jugée trop coûteuse. On ne voulait pas toutefois limiter le nombre des tribunaux d'appel à celui des anciens Parlements. Il parut raisonnable de créer un tribunal d'appel pour trois départements, en moyenne, et l'on décida qu'il y en aurait, au total 28. Naturellement les grandes villes se disputèrent les tribunaux d'appel et firent intervenir en leur faveur les personnages influents : Murat défendit les pretentions de Cahors, et La Fayette plaida pour Riom. Le gouvernement tint compte fréquemment de ces interventions. Il décida qu'en principe toutes les villes qui avaient été siège d'une cour souveraine seraient dotées d'un tribunal d'appel. Effectivement, sur dix-sept villes de parlement, quinze obtinrent un tribunal d'appel. Arras et Perpignan furent seules à ne pas recevoir satisfaction. Douze autres tribunaux d'appel furent placés dans des grandes villes ou des villes ayant eu sous l'ancien régime des cours supérieures ou des tribunaux importants. Seul le ressort du tribunal d'appel de Rennes, coïncida avec celui de l'ancien Parlement de Bretagne et comprit au total cinq départements. Les ressorts des tribunaux d'appel de Metz, Nancy, Colmar, Besançon, furent à peu près équivalents à ceux des anciennes cours souveraines. Rouen et Douai eurent des tribunaux d'appel succédant à d'anciens parlements, mais avec des ressorts différents. Caen, qui ne possédait aucun tribunal supérieur sous l'ancien régime, fut doté d'un tribunal d'appel. Dans le midi, Bordeaux, Pau, Toulouse, Aix, Ajaccio, Grenoble, qui avaient été des villes parlementaires, reçurent des tribunaux d'appel ; mais les ressorts de Toulouse et de Bordeaux furent morcelés par la création de quatre tribunaux d'appel à Agen, Limoges, Nîmes et Montpellier. Enfin l'ancien ressort du Parlement de Paris, qui était immense, fut démembré par la création de tribunaux d'appel à Amiens, Orléans, Angers, Poitiers, Bourges, Reims et Lyon. Toutefois le ressort du tribunal d'appel de Paris resta le plus vaste de France et couvrit sept départements.

A partir de 1804, les tribunaux d'appel reçurent le nom de « cours d'appel » ; la loi du 20 avril 1810 les intitula « cours impériales ».

Les jugements d'appel ne pouvaient être rendus par moins de sept juges. Il en résulta que les cours d'appel furent dotées d'un personnel nombreux. Lorsque leur ressort comptait moins d'un million d'habitants, elles devaient posséder douze à quatorze juges et ne former qu'une seule section. Si le ressort comptait plus d'un million d'habitants, les cours avaient deux sections et de vingt à vingt-deux juges. Les cours de Bruxelles et Rennes comptèrent trois sections, de 26 à 31 juges ; celle de Paris, avec trois sections, fut dotée de 33 juges. Le président de la Cour fut nommé à vie à partir de 1804. Il porta le titre de « Premier président » lorsque la cour était divisée en plusieurs sections ; chaque section avait un président.

Le ministère public se composait d'un « commissaire du gouvernement ». A Paris, il était aidé par deux « substituts ». Sous l'Empire les « commissaires du gouvernement » prirent le titre de « procureurs généraux impériaux » ; la loi du 12 avril 1810 nomma leurs substituts « avocats généraux ». Les juges aux cours d'appel devinrent « Conseillers de Sa Majesté dans les Cours impériales ». Le décret du 16 mars 1808 leur adjoignit des « juges auditeurs » appelés « conseillers auditeurs » en 1810. Ces conseillers auditeurs pouvaient prétendre au tiers des places de la magistrature. Ils étaient nommés par l'empereur, parmi trois candidats présentés par la cour et choisis parmi les jeunes avocats ayant deux ans de barreau et pourvus d'un revenu annuel de 3.000 francs ou d'une pension équivalente assurée par les parents.

Sous le Consulat, les juges des tribunaux d'appel se recrutèrent dans les mêmes milieux que ceux des tribunaux civils, c'est-à-dire parmi le personnel de l'époque révolutionnaire. A Rennes, un seul juge avait été sous l'ancien régime conseiller dans un présidial. A partir de 1810, au contraire, le recrutement change. Les cours d'appel se peuplent d'anciens parlementaires ou de fils d'anciens parlementaires : deux d'entre eux sont nommés à Rennes en 1811. Ainsi la justice impériale devient de plus en plus une justice de classe.

A partir du Consulat, les auxiliaires, de la justice, dont le nombre, on l'a vu, avait été considérablement réduit depuis 1789, se mirent à proliférer de nouveau.

Les greffiers de justice de paix furent élus comme les juges eux-mêmes. Ceux des autres tribunaux furent nommés et révoqués par le Premier consul.

Les avocats furent rétablis. Un membre du Tribunat avait demandé, lors de la discussion de la loi du 17 ventôse an VIII, le rétablissement de leur privilège. C'est toutefois seulement la loi du 22 ventôse an XII (13 mars 1804) sur les écoles de droit qui stipula que nul ne pourrait exercer la profession d'avocat, à dater de 1809, sans être pourvu du grade de licencié en droit, sans avoir accompli un stage de trois ans, et sans avoir prêté serment de ne « rien publier de contraire aux lois, aux règlements, aux bonnes mœurs, à la sûreté de l'État et à la paix publique, de ne jamais s'écarter du respect dû aux tribunaux et aux autorités publiques... ». Les avocats ne pouvaient exercer d'autre fonction, sauf celle de juge suppléant.

La loi du 27 ventôse an VIII rétablit les avoués qui avaient été supprimés en 1793 et la loi du 18 fructidor suivant (5 septembre 1800) précisa leurs attributions : ils devaient suivre exactement les règles de procédure établies par l'ordonnance de 1667. La plupart des défenseurs officieux se transformèrent en avoués. Les candidats aux fonctions d'avoués furent très nombreux. Beaucoup d'anciens procureurs reprirent leur métier. Il y eut 50 avoués près le tribunal de cassation, 250 près les tribunaux de la Seine, 915 près les cours d'appel, 5.925 près les autres tribunaux. Après le rétablissement des avocats, les avoués licenciés en droit restèrent autorisés à plaider ; en 1812, cette faculté fut limitée à ceux qui la possédaient déjà. La loi du 22 ventôse an XII (13 mars 1804) précisa les conditions à remplir pour être nommé avoué : la licence en droit, ou cinq ans d'exercice comme clerc d'avocat, ou encore l'exercice de fonctions législatives, administratives ou judiciaires. La loi du 6 juillet 1810 rendit obligatoire pour tous, les cinq ans de cléricature.

Le notariat fut réorganisé par la loi du 25 ventôse an XI (16 mars 1803). Le gouvernement fixa le nombre des notaires. Pour être notaire il fallait avoir été clerc pendant cinq ans et premier clerc pendant un an au moins. Les notaires furent divisés en trois classes : les notaires établis dans les villes où siégeaient un tribunal d'appel et exerçant dans le ressort du tribunal, — les notaires établis dans les villes où il y avait un tribunal d'arrondissement et exerçant dans le seul arrondissement, — les notaires établis dans les autres villes — et exerçant dans le ressort de la justice de paix. On voulait ainsi empêcher la concurrence et garantir la compétence.

Les huissiers près les tribunaux de première instance, tribunaux d'appels et tribunaux criminels furent nommés par le Premier consul sur présentation de ces tribunaux (loi du 27 ventôse an VIII). La loi du 28 floréal an X (18 mai 1802) autorisa les juges de paix à nommer un ou deux huissiers. Beaucoup d'anciens huissiers reprirent leur métier. D'anciens juges, avocats, notaires s'installèrent aussi comme huissiers.

Napoléon rétablit tous ces auxiliaires de la justice, mais il entendait bien les surveiller. Avec ses habitudes militaires, peut-être aussi parce que, en disciple de Montesquieu, il tenait à l'existence de « corps intermédiaires », il les groupa et les soumit à une stricte discipline.

L' « ordre des avocats » fut reconstitué par décret du 14 décembre 1810, avec, à sa tête, un « bâtonnier », choisi par le procureur général parmi les membres du conseil de l'ordre.

Les membres de ce conseil étaient eux-mêmes choisis sur une liste double de candidats élus par les avocats parmi les deux tiers les plus anciens d'entre eux. Le « conseil de l'Ordre » était chargé de veiller à la conservation de « l'honneur de l'ordre » ; il était muni de pouvoirs disciplinaires à l'encontre de ses membres, à charge pour ceux-ci d'en appeler à la Cour impériale. Lorsqu'il y avait moins de vingt avocats auprès d'un tribunal, c'était le tribunal qui remplissait les fonctions du conseil de l'ordre. Le tribunal avait d'ailleurs toujours le droit de réprimer les fautes disciplinaires commises par un avocat à l'audience. Le « conseil de l'ordre » était aussi chargé de pourvoir à la défense des indigents en organisant un bureau de consultations gratuites et en fournissant des avocats d'office. Les devoirs des avocats étaient fixés de manière précise. Du point de vue politique, notamment, il leur était interdit de s'en prendre à la personne de l'empereur, à la monarchie impériale, aux constitutions de l'Empire...

Les avoués eurent leur chambre, instituée dès le 13 frimaire an IX (4 décembre 1801). Elle était à la fois chargée d'organiser des consultations gratuites pour les indigents et de maintenir la discipline parmi ses membres. Le décret du 14 juin 1813 créa, sur le même type, une « chambre disciplinaire des huissiers ». Ainsi les auxiliaires de la justice groupés en corporations, étroitement surveillés par leurs chambres, étaient autant d'agents de la dictature impériale.

II

LA POLICE, LA JUSTICE RÉPRESSIVE, LES COURS SUPRÊMES[1]

L'Empire français fut sans doute le précurseur des modernes États policiers. La police y prit un développement considérable. Le ministère de la police générale, supprimé en l'an X, fut rétabli dès le 21 messidor an XII (10 juillet 1804). Il fut alors complètement réorganisé et devint la machine formidable qui, dix ans durant, mâtera toute opposition politique. Quatre arrondissements se partageaient le territoire de l'Empire, à la tête de chacun de ces arrondissements était placé un conseiller d'État. Réal, véritable vice-ministre surveillait l'ouest, région troublée par la chouannerie, le nord et l'est ; Pelet, de la Lozère, avait dans ses attributions tout le midi et une partie de l'est. Dubois surveillait la région parisienne. Le quatrième arrondissement comprenait toute l'Italie. Importante aussi était la deuxième division du ministère dirigée par Desmarest : elle s'occupait de la police secrète et de la surveillance des prisons.

Le ministère agissait par l'intermédiaire de ses commissaires. Dans les grandes villes, les commissaires généraux de police échappaient à l'autorité du préfet et relevaient directement du ministre. Ils s'occupaient des étrangers, des vagabonds et des mendiants, des prisons, des maisons publiques, des théâtres, des cultes, des réunions diverses, de la petite voierie, de la circulation, de la sûreté, de la salubrité, des approvisionnements, des mercuriales. Ils possédaient donc des attributions administratives ; ils devaient, notamment, passer marché pour le balayage, l'enlèvement des ordures, l'éclairage ; ils ordonnançaient les frais extraordinaires entraînés par les incendies ou les inondations. Ils entraient fréquemment en conflit avec les préfets. On en

---

1. DOCUMENTS ET OUVRAGES A CONSULTER. — Sur la police : d'Hauterive, *Napoléon et sa police* (Paris, 1943, in-8°) ; M. Le Clère, *Histoire de la police* (Paris, 1947, in-16) ; L. Madelin, *Fouché* (cité p. 304) ; sur les tribunaux correctionnels et criminels : G. Aron, *Le tribunal correctionnel de Reims sous la Révolution et l'Empire (1791-1811)*, thèse de droit (Lille, 1910, in-8°) ainsi que les monographies départementales déjà citées ; sur la cour de cassation, *Le tribunal et la cour de Cassation ; notices sur le personnel* (1791-1879) (Paris, 1879, in-8°) ; P. Lafère, *Desmarest, policier de l'empereur* (Paris, 1943, in-16) ; A. Morillot, *La Cour de Cassation, conseil supérieur de la magistrature* (Paris, 1910, in-8°).

comptait une trentaine. Ceux de Rome et d'Amsterdam portaient le titre de « directeurs généraux ». Ils avaient sous leurs ordres des commissaires particuliers, disposaient de la garde nationale et de la gendarmerie. Ils étaient très impopulaires. Dans les ports et les villes frontières des commissaires de police des villes étaient de bien moindres personnages.

Les uns et les autres dirigeaient une nuée « d'agents », recrutés dans les milieux les plus divers, depuis d'anciens terroristes jusqu'à d'anciens Oratoriens, que Fouché avait amenés nombreux avec lui. Des mouchards étaient postés aussi bien dans des salons du faubourg Saint-Germain que dans les cabarets ou les prisons. A l'étranger, la police avait ses indicateurs, notamment parmi les émigrés.

La gendarmerie aidait la police. L'empereur n'empêcha jamais Fouché d'en disposer à sa guise. Fouché l'employa à des mesures de surveillance, en colonnes mobiles, au maintien de l'ordre dans les villes — car il n'y avait point encore de « gardiens de la paix ».

La censure, qui relevait du ministère de la police, constituait pour lui un puissant moyen d'action : censure dramatique, censure de l'imprimerie, et de la librairie, censure de la presse périodique, des journaux et des chansons. Le « cabinet noir », qui ouvrait les lettres, dépendait de la direction des postes, mais collaborait, naturellement, avec le ministère de la police. Il existait aussi une police spéciale pour la répression de la contrebande, une police des prisonniers de guerre, une police des ouvriers. La police était partout. Aussi était-elle détestée. Toutefois, elle était avant tout une police politique dirigée contre les royalistes dans l'ouest, contre les anciens Jacobins ailleurs. L'empereur tenait à être constamment renseigné sur l'activité de sa police. Tous les jours le ministre lui présentait un « bulletin de police », qui contenait l'analyse de la correspondance, le résumé de l'activité policière pendant les vingt-quatre heures précédentes, notamment pour Paris, l' « ordre de police » pour la nuit suivante. Même à Moscou en 1812, Napoléon réclamait son *Bulletin de police*. Il était d'ailleurs renseigné directement lui-même par un certain nombre de correspondants, tels que Fiévée, Mme de Genlis, Regnauld de Saint-Jean-d'Angély, etc.

Si l'activité fondamentale de la police était politique il n'en reste pas moins qu'elle avait pour mission de rechercher les coupables de délits et de crimes.

La procédure criminelle fut réglée jusqu'en 1811 par la loi du 7 pluviôse an IX (27 janvier 1801), qui modifiait assez profondément la procédure établie par la loi du 3 brumaire an IV (25 octobre 1795). La nouvelle loi était caractérisée notamment par le renforcement des prérogatives du ministère public et le retour partiel au secret et à la procédure écrite, dans l'instruction préalable.

C'était le commissaire du gouvernement près de chaque tribunal d'arrondissement ou plus précisément son substitut, chargé spécialement de la recherche des délits et des crimes et nommé pour cela « magistrat de sûreté » qui avait la mission de déclencher l'action publique. Les « magistrats de sûreté » créés par la loi du 7 pluviôse an IX, supprimés le 20 avril 1810, devaient recevoir les dénonciations, les plaintes, et diriger les poursuites avec l'aide des juges de paix, officiers de gendarmerie, maires et adjoints.

Les juges de paix et officiers de gendarmerie ne conservaient le droit de décerner de mandats d'amener que dans trois cas exceptionnels : flagrant délit, accusation par la rumeur publique, indices suffisants dans le cas de délit comportant une peine afflictive. Dans tous les autres cas, l'inculpé devait être conduit devant le « magistrat de sûreté », qui seul pouvait signer un mandat d'amener ou, éventuellement, un mandat de dépôt. Dans le cas où un mandat de dépôt était lancé, le magistrat de sûreté devait en avertir dans les vingt-quatre heures le « directeur du jury ».

Celui-ci menait l'instruction redevenue en partie secrète : il entendait, en effet, les témoins séparément et hors de la présence du prévenu. Le prévenu lui-même était interrogé « avant d'avoir eu communication des charges et dépositions ». Lecture ne lui en était donnée qu'après un interrogatoire, et s'il le demandait, il pouvait alors être interrogé de nouveau.

L'instruction terminée, le « directeur du jury » remettait le dossier au magistrat de sûreté qui dans les trois jours devait faire connaître ses conclusions par écrit. Après lecture de ce rapport, le directeur du jury pouvait ou remettre le prévenu en liberté, ou le déférer, soit au tribunal de simple police, soit au tribunal correctionnel, soit au jury d'accusation. Si le prévenu n'était pas libéré, il fallait décerner contre lui un mandat d'arrêt.

Quand l'ordonnance du directeur du jury n'était pas conforme aux conclusions du Magistrat de sûreté, l'affaire était soumise au tribunal, réuni en Chambre du conseil. Celui-ci après audition du magistrat de sûreté et du directeur du jury, statuait. Cette décision pouvait être portée par le commissaire du gouvernement devant le tribunal criminel, réuni en chambre du Conseil, qui statuait en dernier ressort.

Les juges de paix restaient investis de la juridiction de simple police. La loi du 28 floréal an X (18 mai 1802) stipula que, dans les villes où il y avait plusieurs juges de paix, il n'y aurait plus qu'un seul tribunal de police, chaque juge y siégeant à tour de rôle pendant trois mois. Le ministère public était constitué par le commissaire de police ; s'il n'y en avait pas, par l'adjoint au maire.

Les affaires de simple police entre ouvriers et apprentis, fabricants et artisans devaient être portées à Paris devant le préfet de police ; ailleurs, devant les commissaires généraux de police, à défaut, devant les maires et adjoints, qui prononçaient sans appel.

Les tribunaux de première instance jugeaient en matière correctionnelle. Ils appliquaient la même procédure que sous le Directoire ; leur compétence toutefois était quelque peu élargie, car la loi du 25 frimaire an VIII (16 décembre 1799) ayant abaissé le niveau des peines, beaucoup d'affaires déférées autrefois aux tribunaux criminels étaient désormais jugées en correctionnelle. Les appels des tribunaux correctionnels étaient, comme par le passé, évoqués par les tribunaux criminels. Sous l'Empire les tribunaux correctionnels furent surchargés d'affaires de contrebande, contestations relatives aux droits réunis, vols, recels, procès de presse...

Jusqu'en 1811, l'organisation des tribunaux criminels fut dans son ensemble la même que pendant la Révolution, à cette différence près qu'ils prirent en 1804 le titre de « cours de justice criminelle ».

Le tribunal criminel siégeait au chef-lieu du département. Il était composé d'un président choisi par le chef de l'État ; parmi les juges du tribunal d'appel, chaque année, jusqu'en 1804 ; à vie ensuite ; et de deux juges permanents. Il y avait en outre deux suppléants. Le tribunal criminel de la Seine était le seul à posséder deux sections ; il comprenait donc un président, un vice-président choisis tous deux dans le tribunal d'appel — six juges et quatre suppléants.

La constitution de l'an VIII prévoyait formellement le maintien des deux jurys. Quoique prévenu contre ce système trop démocratique, à son gré, le Premier consul le conserva. La loi du 6 germinal an VIII (27 mars 1800) confia aux juges de paix le soin de dresser la liste des jurés. Innovation remarquable. Pendant la Révolution c'étaient les administrations départementales qui étaient chargées de cette tâche ; après 1811 ce furent les préfets. Tous les trois mois, les juges de paix devaient dresser une liste comprenant trois jurés pour 1.000 habitants. Le sous-préfet la réduisait d'un tiers, le préfet éliminait ensuite la moitié des noms restants, par tirage au sort, en Conseil de Préfecture.

Le ministère public se composait d'un commissaire du gouvernement (procureur impérial à partir de 1804), assisté parfois d'un substitut dans certaines grandes villes de province, de deux à Paris et d'un greffier. L'accusateur public avait disparu.

La procédure était sensiblement modifiée depuis 1799. C'est le magistrat de sûreté qui était chargé de dresser l'acte d'accusation. La loi du 7 pluviôse an IX (27 janvier 1801) stipulait, en outre, que le jury d'accusation n'entendrait plus la partie plaignante ou dénonciatrice, mais jugerait sur pièces. Dans la plupart des départements, les tribunaux criminels de l'Empire perpétuèrent les traditions de ceux de la Révolution : le personnel resta le même. Les affaires proprement criminelles, les appels formulés en correctionnelle n'arrivaient pas à leur donner des occupations très suivies. Ces tribunaux permanents qui occupaient un personnel nombreux passaient donc pour une institution fort coûteuse.

Les tribunaux criminels paraissaient d'ailleurs d'autant moins occupés que, dans les régions agitées, ils étaient doublés par des tribunaux d'exception. Les tribunaux d'exception furent en effet fort nombreux sous l'Empire qui reprit, à cet égard, la pratique du temps de la Terreur. Nous ne parlerons pas ici des tribunaux et commissions militaires, à qui furent parfois déférées des personnes étrangères à l'armée, tel le duc d'Enghien — ni des tribunaux maritimes.

Mais à côté de ces cours militaires, l'Empereur créa un certain nombre de tribunaux spéciaux. La loi du 18 pluviôse an IX (7 février 1801), qui ne fut votée au Tribunat que par 49 voix contre 41, institua des tribunaux criminels spéciaux pour la répression du « brigandage » (ce qui désignait la chouannerie). Le gouvernement recevait le droit d'établir de tels tribunaux partout où il le jugeait utile, et il en créa dans plus de tente-deux départements. Ces tribunaux jugeaient sans jury. Ils étaient composés du président et des deux juges du tribunal criminel ordinaire assistés de trois militaires ayant au moins le grade de capitaine et de deux citoyens. Ces cinq derniers personnages étaient désignés par le Premier consul en personne.

Les tribunaux criminels spéciaux étaient chargés de punir les crimes commis par les vagabonds, gens sans aveu, repris de justice ; les vols commis sur les routes avec violences, les vols commis dans les campagnes avec effraction ou port d'armes, ou par deux personnes au moins, les incendies volontaires, les rassemblements séditieux les assassinats prémédités, l'embauchage et la fabrication de faux assignats. On voit, d'après cette énumération que le tribunal criminel ordinaire n'avait plus grand'chose à juger !

Devant les tribunaux criminels spéciaux, la procédure était expéditive : le commissaire du gouvernement devait poursuivre d'office et sans délai. L'instruction confiée à un juge commis par le tribunal devait être rapide. Le jugement, prononcé en dernier ressort et sans recours en cassation, était exécutoire immédiatement.

Un tribunal de ce type fut établi en 1801 dans les Côtes-du-Nord. Il comprit à côté des juges ordinaires deux officiers de gendarmerie et un capitaine d'infanterie, les deux « citoyens » furent d'anciens juges. Installés dans des formes à la fois solennelles et menaçantes, ce tribunal prononça, durant la première année de ses séances, vingt-quatre condamnations à mort, dont celle d'une femme. En l'an X, il y eut encore treize condamnations à mort, et cinq en 1805. Parmi les condamnés il y avait certes beaucoup de Chouans, de royalistes, mais aussi des assassins et des voleurs de droit commun.

La loi du 23 floréal an X (13 mai 1802) créa des tribunaux spéciaux pour juger tout crime de « faux en écritures publiques ou privées » et d'usage de faux. Ces tribunaux comprenaient six juges, les trois juges du tribunal criminel, plus trois juges du tribunal de première instance de la même localité — ou, à défaut, des hommes de loi désignés par le Premier consul. La compétence de ces tribunaux fut étendue aux incendies volontaires, à la contrebande, aux faux monnayage, dans les départements où n'existaient pas de tribunaux spéciaux pour brigandage. Ils jugeaient sans recours en Cassation. Le tribunal criminel de la Seine était seul compétent pour juger les crimes de faux en effets nationaux, pièces de comptabilité intéressant le Trésor public et falsification de billets de la Banque de France.

Enfin, un sénatus-consulte pouvait suspendre pour un temps et une région donnée le fonctionnement du jury. Les tribunaux criminels ordinaires jugeaient alors comme les tribunaux criminels spéciaux pour faux, à cette différence près que contre leurs jugements, le recours en cassation restait admis.

La constitution de l'an VIII avait prévu l'existence d'une Haute Cour composée de juges du tribunal de cassation et d'un jury. Cette Haute Cour ne fut organisée que par le sénatus-consulte du 28 floréal an XII (18 mai 1804). Elle devait comprendre les princes, grands dignitaires et grands officiers de l'Empire, les 60 plus anciens sénateurs, les six présidents de section du Conseil d'État et les quatorze plus anciens conseillers, les vingt juges les plus anciens de la Cour de Cassation. Le parquet était composé d'un procureur général et d'un greffier en chef nommés à vie par l'empereur. La Haute Cour devait être présidée par l'archichancelier. Elle était chargée du jugement des crimes et délits commis par la famille impériale, les grands dignitaires, grands officiers, ministres, sénateurs, conseillers d'État ; les crimes, attentats, complots contre la sûreté intérieure et extérieure de l'État, contre la personne de l'empereur ou de l'héritier présomptif ; les faits de désobéissance des généraux ; les crimes de concussion ou dilapidation des préfets ; la forfaiture des juges de Cours d'Appel, des cours criminelles ou de la Cour de Cassation, les actes des ministres dénoncés pour détention arbitraire ou violation de la liberté de la presse.

Une procédure assez compliquée était prévue. La Haute Cour ne pouvait prononcer un jugement à moins de soixante membres. Les jugements étaient sans recours, les débats devaient être publics. En fait, la Haute Cour ne se réunit jamais.

Le tribunal de cassation, en revanche fonctionna régulièrement, sous le titre de « Cour de Cassation » à partir du 18 mai 1804.

La Cour de Cassation était composée de 48 juges, élus à vie par le Sénat — sur présentation du Premier consul à partir de l'an X. A dater de l'an XII, la licence en droit fut requise des candidats à la Cour de Cassation. Le Premier président et les présidents de sections, d'abord élus par le tribunal, furent nommés à vie par l'empereur à partir de l'an XII. Le « Grand-juge » pouvait présider la Cour sur l'ordre du gouvernement.

La Cour fut divisée, depuis l'an IV, en trois sections ou « chambres » : chambre criminelle, chambre des requêtes et chambre civile. Les chambres furent formées au début par tirage au sort ; elles se renouvelèrent ensuite par roulement annuel ; elles ne pouvaient juger que si onze juges au moins étaient présents.

Le ministère public était représenté par un commissaire du gouvernement (ou « procureur général impérial ») et par six substituts (ou « avocats généraux »), à raison de deux par section.

Lors de la formation du tribunal de Cassation, un grand nombre de candidats adressèrent des demandes au ministère de la justice. Celui-ci les retransmit au Sénat qui, le 12 germinal an VIII (2 avril 1800) constitua une liste de 354 noms. Le Sénat procéda alors aux élections en s'efforçant de répartir les juges dans toutes les circonscriptions de tribunaux d'appel afin que toutes les régions de France, et toutes les jurisprudences fussent représentées. Deux ressorts seulement, ceux de Nîmes et d'Ajaccio, ne fournirent aucun juge à la Cour de Cassation. Parmi les juges élus, quatorze faisaient partie du Tribunal de Cassation en 1799, quatorze autres y avaient déjà appartenu. Parmi les « nouveaux » on y comptait huit hommes de loi et dix anciens membres des assemblées révolutionnaires, dont un conventionnel, Genevois. Le célèbre jurisconsulte Tronchet fut élu président du Tribunal de Cassation.

Les attributions de ce tribunal, fixées par les articles 65 et 66 de la constitution de l'an VIII, furent les mêmes qu'en 1795. Toutefois des règles nouvelles furent établies pour le cas où, après une cassation, le deuxième jugement sur le fond se trouverait attaqué par les mêmes moyens que le premier : dans ce cas, l'affaire devait être portée devant le Tribunal, toutes sections réunies. A partir de 1807, la Cour put, avant de prononcer un second arrêt, demander que la « loi fût interprétée par le corps législatif ». Si elle ne le demandait pas, le jugement devait être prononcé, toutes chambres réunies sous la présidence du « Grand juge ». Si ce jugement était encore attaqué, l'interprétation de la loi était obligatoire.

La Cour de Cassation disposait aussi d'une juridiction disciplinaire : elle renvoyait devant les tribunaux les juges accusés de forfaiture, elle pouvait suspendre les juges des tribunaux d'appel et des tribunaux criminels pour fautes graves. La Cour de Cassation jouait ainsi, en quelque sorte, le rôle de conseil supérieur de la magistrature.

Des avoués près la Cour de Cassation furent établis par la loi du 27 ventôse an VIII. Le décret du 25 juin 1806 leur donna le titre d' « avocats » qu'avaient possédé leurs devanciers auprès du Conseil du roi.

III

LA RÉFORME DE LA JUSTICE RÉPRESSIVE EN 1811[1]

Le code d'instruction criminelle, terminé le 27 novembre 1808, entraîna une réforme profonde de la justice répressive. Celle-ci fut effectuée en 1810-11

---

1. DOCUMENTS ET OUVRAGES A CONSULTER. — Rondonneau, *Napoléon le Grand, considéré comme législateur* (Paris, 1808, in-8º) ; du même, *Table générale, par ordre alphabétique des matières des codes* (Paris, 1813, 4 vol. in-8º) ; Dalloz, *Répertoire méthodique et alphabétique de législation, de doctrine et de jurisprudence* (Paris, 1845-1870, 48 vol. in-8º) ; sur les prisons, Demaillot, *Tableau historique des prisons d'État sous le règne de Bonaparte* (Paris, 1814, in-8º) ; Desmarest, *Quinze ans de haute police sous le Consulat et l'Empire* (Paris, 1833, in-8º), réédité en 1900 par Grasilier et Savine ; Giraud, *Histoire générale des prisons sous le règne de Bonaparte*

et fournit l'occasion d'une nouvelle épuration de la magistrature, plus générale que celle de 1808. A l'occasion de la réorganisation des tribunaux, de nombreux magistrats à qui le gouvernement impérial avait à reprocher leur attitude pendant la révolution, furent mis à la retraite. Rien qu'à Paris, quinze conseillers à la Cour, sur trente-deux, furent éliminés.

Le code d'instruction criminelle de 1808 marque encore une nouvelle réaction dans la procédure criminelle, puisqu'il rétablit le secret, presque dans les mêmes conditions que l'ordonnance criminelle de 1670. D'autre part il supprime les tribunaux criminels et établit à leur place des cours d'assises temporaires pourvues d'un seul jury. Enfin il crée le juge d'instruction. Tels en sont les caractères généraux.

La recherche et la poursuite des crimes est dévolue aux « procureurs généraux impériaux », les « magistrats de sûreté » sont supprimés. Toutefois, les procureurs généraux ne peuvent délivrer de mandats de dépôts, sauf le cas de flagrant délit ; ils doivent se borner à rechercher et poursuivre les crimes.

Le « juge d'instruction » a un rôle capital. C'est lui qui décerne les « mandats de comparution », lorsque l'inculpé est domicilié et que l'emprisonnement ne s'impose pas — et les « mandats d'amener », lorsque le prévenu est accusé de crime. Le juge d'instruction doit interroger l'inculpé dans les vingt-quatre heures. Si l'interrogatoire ne dissipe pas les soupçons, le juge décerne un « mandat de dépôt », qui est de caractère provisoire. Si la preuve du crime est établie, le prévenu est placé, sous « mandat d'arrêt ». Lorsque l'accusé n'est passible que d'une peine correctionnelle, il peut être mis en liberté provisoire sous caution, à condition que le tribunal, réuni en chambre du Conseil, le permette.

Le juge d'instruction commence alors l'instruction. Celle-ci est entièrement secrète, le prévenu ne peut y assister. Chaque témoin dépose séparément, en présence du juge d'instruction et de son greffier. Les dépositions ne sont communiquées à l'inculpé, que si le juge l'estime convenable.

Lorsque l'instruction est terminée, le juge dépose un rapport à la Chambre du Conseil du tribunal. Pratiquement celle-ci adopte toujours les conclusions du juge, qui peut, soit rendre une ordonnance de non-lieu, soit renvoyer devant les juridictions inférieures, soit transmettre le dossier au « procureur général impérial » aux fins de poursuites devant les assises.

Les pouvoirs du procureur général sont accrus : il a la surveillance de tous les officiers de police judiciaire y compris les juges d'instruction, il peut les

(Paris, 1814, in-8º) ; A. Esmein, *Histoire de la procédure criminelle en France* (cité p. 109) ; M. Leroy, *L'esprit de la législation napoléonienne* (Paris, 1898, in-8º). Sur les arrestations arbitraires et les prisons d'État, M. Carré, *Le régime des lettres de cachet a-t-il reparu sous la Révolution et l'Empire ?* dans les *Études et Documents divers du Comité des travaux histor. et scientif.*, ann. 1928, p. 139-165 ; Deriès, *Le Régime des fiches sous le premier Empire*, dans la *Revue des études historiques*, ann. 1926, p. 153-196 ; Thys, *Un drame judiciaire en 1813* (Paris, 1901, in-8º) ; G. Vauthier, *Les prisons d'État en 1812*, dans la *Revue historique de la Révolution et de l'Empire*, ann. 1916, p. 84-94.

avertir, les dénoncer même à la Cour, qui a le droit de les condamner aux frais de la citation. La Cour d'appel et les préfets peuvent, de leur côté, enjoindre au procureur général de poursuivre tel ou tel crime qui leur aurait été dénoncé.

Ainsi la justice répressive est considérablement centralisée, mais aussi bien son arbitraire que le secret de l'instruction permet, est renforcé.

Le changement essentiel consiste dans la résurrection du tribunal de simple police du maire. Certes, le juge de paix préside toujours, comme sous le régime précédent, le tribunal de simple police, il a le droit de prononcer des peines allant jusqu'à quinze francs d'amende et cinq jours de prison. Il juge exclusivement certaines causes : toutes les contraventions commises au chef-lieu de canton, les injures verbales, certains délits forestiers, les contraventions commises dans les communes du canton par les personnes qui n'y sont pas domiciliées. Toutes les autres affaires peuvent être portées indifféremment devant le tribunal du juge de paix ou celui du maire.

Seuls les maires des communes qui ne possèdent pas de juge de paix peuvent juger en simple police ; le ministère public est alors exercé par l'adjoint, ou, en son absence, par un conseiller municipal. Ceux-ci jugent essentiellement les contraventions dans les cas de flagrant délit, lorsque les coupables sont domiciliés dans la commune. On peut interjeter appel des jugements de simple police lorsque ceux-ci ont donné lieu à des peines de prison ou à des amendes supérieures à cinq francs. Les appels sont jugés en correctionnelle.

Les attributions des tribunaux correctionnels ne subissent pas d'importantes modifications. Les tribunaux correctionnels sont compétents pour tous les délits entraînant une amende supérieure à quinze francs et une peine de plus de cinq jours de prison. Ils jugent également tous les délits forestiers poursuivis à la requête de l'administration.

Innovation importante, les appels des jugements correctionnels ne sont plus déférés aux cours criminelles, mais portés devant le tribunal correctionnel du chef-lieu du département. Quant aux appels du tribunal correctionnel du chef-lieu, ils sont renvoyés devant le tribunal du chef-lieu le plus voisin situé dans le ressort de la même Cour d'appel, ou par la Cour elle-même, si celle-ci est plus rapprochée qu'un autre tribunal correctionnel de chef-lieu. La cour d'appel reçoit également les appels de tous les tribunaux correctionnels du département où elle est installée. Il faut cinq juges au moins pour juger un appel correctionnel ; le procureur général remplit alors l'office de ministère public.

Napoléon, avons-nous dit, était hostile au système des jurys. Aussi avait-il consulté sur cette question le Conseil d'État. Il désirait aussi qu'on supprimât les tribunaux criminels permanents, trop coûteux à son gré. Il aurait voulu que les cours d'appel fussent en même temps tribunaux criminels, de même que les tribunaux de première instance jouaient à la fois le rôle de tribunaux civils et de tribunaux correctionnels. Mais le Conseil d'État se prononça à une forte majorité pour le maintien du jury de jugement. Le recrutement du jury étant presque nécessairement départemental, il fallait maintenir une cour criminelle dans chaque département. Pour diminuer cependant les frais de la justice criminelle, on décida que cette cour serait temporaire et composée de juges choisis au sein des tribunaux civils.

Les « cours d'assises », — nom nouveau des tribunaux criminels, — devaient siéger au chef-lieu de chaque département au moins une fois par trimestre. La cour se composait de juges, d'un jury, d'un parquet. Les juges comprenaient un président et quatre assesseurs. A l'intérieur du département de la cour d'appel, ils étaient tous choisis dans la cour elle-même ; dans les autres départements, seul le président était pris dans la cour, les quatre assesseurs étant recrutés parmi les juges les plus anciens du tribunal de première instance du lieu des séances ; toutefois la Cour d'appel conservait le droit de déléguer comme assesseurs, un ou plusieurs de ses membres. Le président de la Cour d'appel devait désigner le président des assises et les assesseurs. Le « Grand juge » avait toujours le droit de faire cette désignation.

Ce sont les préfets qui désormais sont chargés d'établir la liste des personnes aptes à former le jury. Les jurés doivent être citoyens français, jouir de leurs droits politiques et civils, être âgés de trente ans accomplis. Mais ils ne peuvent être choisis que dans certaines catégories de personnes, et surtout parmi les riches : membres des collèges électoraux, les 300 contribuables les plus imposés, fonctionnaires à la nomination de l'empereur, docteurs et licenciés des Universités, membres de l'Institut ou des autres sociétés savantes, notaires, banquiers, négociants payant patente des deux premières classes, employés des administrations jouissant d'un traitement annuel supérieur à 4.000 francs ; seul le ministre pouvait autoriser d'autres personnes à figurer dans les jurys. D'autre part la qualité de ministre des cultes, de préfet, de magistrat était incompatible avec celle de juré. Aussi la justice criminelle, après la réforme de 1810, prit-elle, plus qu'auparavant, le caractère d'une justice de classe. Les jurés ayant montré un « zèle louable » pouvaient recevoir de Sa Majesté des « témoignages honorables de satisfaction ». L'impartialité du jury était donc atteinte. L'empereur n'avait consenti à conserver le jury qu'à condition de le rendre aussi docile que possible à ses volontés.

La liste dressée par le préfet devait comprendre soixante noms. Le président des assises en choisissait trente-six. C'est parmi ces trente-six noms que le jour de la réunion des assises étaient tirés au sort ceux des douze jurés. Le tirage était renouvelé pour chaque affaire. L'accusé, puis le procureur général avaient le droit de récusation, encore que ce droit s'arrêtât lorsqu'il n'y avait plus que douze noms à tirer.

Le « parquet » était composé du procureur général impérial, ou de son substitut, et du greffier du tribunal de première instance.

Lorsque le procureur général impérial recevait le dossier d'une affaire des mains du juge d'instruction, il devait en aviser aussitôt la « chambre des mises en accusation », formée par la cour d'appel, et qui héritait des attributions du défunt jury d'accusation. La chambre des mises en accusation avait le droit de renvoyer une affaire en correctionnelle, si elle avait été mal qualifiée. Lors qu'elle décidait de la maintenir au rôle des assises, le procureur général dressait l'acte d'accusation.

Une deuxième instruction, totalement différente de l'instruction préparatoire avait lieu alors devant les assises. En effet, alors que l'instruction préparatoire était écrite et secrète, l'instruction définitive restait orale et publique, conformément aux principes de 1789. Après la fin de l'instruction, une question — ou, exceptionnellement, plusieurs questions étaient posées au jury. La « question intentionnelle » ne pouvait être soulevée.

L'avis du jury était alors recueilli, mais non plus par écrit, comme précédemment. Le chef du jury, en chambre des délibérations devait consulter oralement chacun des jurés. La majorité simple suffisait. Mais si le jury se prononçait à la simple majorité, les juges devaient délibérer entre eux sur le même point. Si la majorité des juges ajoutée à la minorité du jury était plus forte que la minorité des juges plus la majorité du jury, l'accusé était acquitté. Hors ce cas, et celui où, les juges, unanimes, estimaient que le jury s'était trompé sur le fond, la décision du jury devait l'emporter. Mais nous avons vu quelles précautions l'empereur avait prises pour que le jury ne rendît que des sentences conformes à l'opinion de l'oligarchie dirigeante. Au reste s'il avait consenti, aux conditions que nous venons de dire, à maintenir le jury, il s'était efforcé d'augmenter le prestige du président des assises. Celui-ci, muni d'un pouvoir discrétionnaire, devait être logé, s'il ne résidait pas dans la ville, au palais de justice ou à l'hôtel de ville, il devait être attendu à cent pas des portes de la ville par une brigade de gendarmerie qui, à son départ, l'escortait de la même manière. Il était reçu par le maire et ses adjoints, ainsi que par le tribunal en corps. Une sentinelle devait monter la garde à sa porte, tous les officiers de la garnison lui rendaient visite, alors qu'il ne devait lui-même se rendre que chez le préfet. Enfin il jouissait d'une indemnité égale au quart de son traitement en province, au huitième à Paris. Les cours d'assises ainsi constituées devaient appliquer le nouveau code pénal, décrété le 12 février 1810.

Le code pénal de 1810 se substituait au code du 25 septembre 1791, dont les dispositions essentielles avaient été reproduites par le code des délits et des peines du 3 brumaire an IV. Comme le code d'instruction criminelle, le code pénal marque une nette réaction par rapport à ceux qui l'avaient précédé. L'idée de justice y est sacrifiée à l'intérêt de la société bourgeoise ; les peines sévères sont prodiguées ; les peines injustes — confiscation générale, mort civile — sont fréquentes. Le seul progrès marqué par ce code est l'abandon de la fixité des peines, qui avait caractérisé le code de 1791. Le code de 1810 établit, en effet, un minimum et un maximum pour chaque peine et prévoit la possibilité de circonstances atténuantes pour les délits ayant causé un préjudice d'une valeur inférieure à vingt-cinq francs. On ne saurait toutefois dénier au code pénal de 1810 de grandes qualités de clarté. Les peines y sont divisées en trois catégories bien nettes : « peines de police », « peines correctionnelles », « peines criminelles ».

Les peines dites de police punissent les contraventions. Ce sont des amendes (de un à quinze francs), l'emprisonnement (de un à cinq jours), la confiscation de certains objets.

Les peines dites correctionnelles comprennent l'emprisonnement de six jours à cinq ans dans un lieu de correction, avec travail obligatoire ; l'interdiction, pendant un temps, de certains droits civiques, civils ou de famille ; des amendes ; le renvoi sous la surveillance spéciale de la Haute police, la confiscation du corps du délit ou des objets qui ont servi à le commettre.

Les peines dites criminelles forment deux groupes : les peines à la fois afflictives et infamantes, les peines infamantes seulement. Dans le premier groupe figure la peine de mort exécutée par décapitation, tout parricide devant avoir, en outre, le poing droit tranché ; y figurent aussi les travaux forcés à perpétuité, qui remplacent la peine des fers prévue dans le code de 1791. Les condamnés aux travaux forcés à perpétuité doivent être utilisés aux travaux les plus pénibles, ils traînent constamment à leur pied un boulet, ou bien sont attachés deux à deux à une chaîne ; les femmes sont employées à des travaux à l'intérieur des maisons de force ; la condamnation aux travaux forcés entraîne la « mort civile ». Toujours dans ce premier groupe figurent, les travaux forcés à temps, de cinq à vingt ans, peine pendant la durée de laquelle le condamné est en état d'interdiction légale ; y figure encore la réclusion de cinq à dix ans dans une maison de force, avec interdiction légale. Tout condamné à une peine afflictive et infamante perd à jamais le droit d'être juré, expert, témoin, tuteur, soldat ; il peut être en outre condamné à des peines accessoires, telles que la marque au fer rouge des lettres T. P. (travaux à perpétuité) T. T. (travaux à temps) ou F (faussaire), la confiscation générale, l'amende. Tout condamné aux travaux forcés ou à la réclusion doit être exposé pendant une heure au carcan.

Les peines infamantes, sans plus, comprennent l'exposition au carcan, une heure durant, la dégradation civique qui exclut le condamné de tout emploi public et l'empêche d'être choisi comme juré, expert, témoin, tuteur ou soldat, enfin le bannissement de cinq à dix ans hors du territoire de l'Empire.

Les Cours d'assises disposent donc de toute une échelle de peines sévères. Les jurys bourgeois ne se firent pas faute d'en user. La cour d'assises d'Ille-et-Vilaine condamna en 1812 une femme à cinq ans de prison pour avoir volé un couteau pendant la nuit, sous l'auvent d'une maison ! Les condamnations à mort pour vol ne furent point rares. La criminalité diminuat-elle grâce à ce code sévère ? Montalivet l'affirme. Il déclare que le nombre des crimes jugés, qui était de 8.500 en 1805 était tombé à 6.000 en 1811 ; mais ces chiffres sont douteux ; aucun travail moderne et précis ne permet de les rectifier. On est toutefois en droit de les contester quand on sait que le nombre total des forçats séjournant dans les bagnes de Brest, Toulon et Rochefort passa de 5.366 pour la décade 1782-1791 et 5.416 pour la décade suivante à 10.342 pour la période 1802-1810, et monta même à 16.305 en 1814 ! Certes on peut toujours alléguer que la justice était plus exacte, qu'un plus grand nombre de criminels était châtié. Mais seule une étude minutieuse des documents d'archives nous permettrait de formuler un jugement valable.

Les bagnes, n'étaient pas seuls, en 1814, à regorger de monde ! Les prisons, elles aussi, étaient surpeuplées, bien qu'elles eussent été multipliées depuis 1799.

Le code d'instruction criminelle de 1808 distinguait, comme celui de 1791, deux catégories de prisons : les maisons d'arrêt et de justice pour les prévenus et les accusés ; les prisons, maisons de correction et bagnes, pour les condamnés. En fait — comme d'ailleurs dans la période précédente, — cette distinction ne fut jamais appliquée. Le code avait aussi pris de grandes précautions pour que les prisons fussent saines et que les prisonniers fussent bien traités. Le juge d'instruction devait visiter tous les mois les personnes détenues dans les maisons d'arrêt, le président des assises une fois par session celles qui étaient enfermées dans les maisons de justice ; le préfet devait faire chaque année le tour des prisons de son département, et les maires devaient, tous les mois inspecter les prisons de leur commune : ces prescriptions ne furent pas, ou ne furent que rarement appliquées. Les prisons restèrent insalubres, parfois infectes. Les inculpés et les condamnés étaient entassés pêle-mêle, quelquefois enfermés avec des vagabonds, qui attendaient longtemps leur jugement. La prison de Loudéac, en Bretagne, nous est signalée comme particulièrement lamentable : « le détenu, écrit le préfet des Côtes-du-Nord, a la perspective certaine d'y trouver la perte de la santé, et souvent la mort ». Partout la promiscuité et l'immoralité sévissent, et il n'y est pas porté remède.

A côté de ces prisons pour inculpés ou condamnés de droit commun, il existait des « prisons d'État », auxquelles le décret du 3 mars 1810 donna une existence légale. Elles étaient destinées à recevoir « les personnes détenues sans qu'il soit convenable, ni de les faire traduire devant les tribunaux, ni de les faire mettre en liberté ». Ainsi, le régime des lettres de cachet reparaissait sous l'Empire. A la vérité cette réapparition était contenue en germe dans l'article 46 de la constitution de l'an VIII, qui avait donné le droit au gouvernement de faire arrêter les personnes tramant une conspiration contre la sûreté de l'État. Certes la constitution ajoutait qu'elles devaient, dans les dix jours être traduites en justice ou remises en liberté, mais le sénatus-consulte du 16 thermidor an X (4 août 1802) donne au Sénat le droit de déterminer « le temps dans lequel les individus arrêtés en vertu de l'article 46 de la Constitution seront traduits devant les tribunaux, lorsqu'ils ne l'ont pas été dans les dix jours de leur arrestation ». La constitution de l'an XII donna une garantie aux personnes arrêtées arbitrairement, en instituant la commission sénatoriale de la liberté individuelle ; mais nous avons vu que cette garantie se révéla illusoire ; la commission ne réussit à faire mettre en liberté qu'un très petit nombre d'individus, tandis que les arrestations arbitraires ne firent que croître et frappèrent même souvent des personnes légalement acquittées par les tribunaux, tel le maire d'Anvers, Werbrouck, acquitté par la cour d'assises pour une affaire de concussion en 1813, mais maintenu arbitrairement en prison où il mourut.

Le décret du 3 mars 1810 donna au « Conseil privé » le droit d'autoriser les arrestations par voie administrative. Théoriquement ces arrestations ne pouvaient être maintenues plus d'un an sans qu'intervînt une décision nouvelle, en fait les individus arrêtés par l'administration n'avaient guère d'espoir de voir cesser leur détention. Ils étaient incarcérés dans les prisons d'État, au Temple, à Bicêtre, à Vincennes dans la région parisienne ; dans les châteaux de Saumur, Ham, If, Pierre-Châtel, Bouillon, Joux, Lourdes, au Mont-Saint-Michel, dans les départements ; à Landskronn, Campiano ou Fenestrelle, dans les pays nouvellement réunis. Et comme ces prisons devinrent vite trop petites, on enferma des individus arrêtés par ordre administratif dans les prisons ordinaires : On comptait plus de 2.500 personnes internées arbitrairement en 1814.

Les prisons d'État étaient confiées à la garde d'un officier de gendarmerie désigné par l'empereur et placé sous la surveillance du préfet. Des conseillers d'État étaient chargés d'inspecter chaque année ces prisons, mais ils ne faisaient libérer qu'un petit nombre de détenus : 145 en 1811, 29 en 1812...

Le gouvernement impérial ne se contentait pas de mettre en prison sans jugement ses adversaires politiques, il les internait parfois dans des maisons de fou — tels le poète Desorgues, ancien chef de la théophilanthropie coupable d'avoir écrit en 1804 ces mauvais vers :

Oui, le Grand Napoléon
est un grand caméléon

ou le général Malet, qui devait tenter un coup de force contre l'empereur en 1812 ; ou encore un interne de Saint-Louis qui avait eu l'audace de crier : « La liberté ou la mort ! » lors de la distribution des aigles. D'autre fois l'administration reléguait les suspects dans certaines localités, ou dans des places fortes, sous la surveillance de la police. Ou bien encore elle les forçait à s'engager dans l'armée, ou prenait leurs fils, en quelque sorte comme otages, dans les lycées, les écoles militaires. Il y eut ainsi, à côté de l'ordre judiciaire élaboré par l'Empire, en apparence harmonieux et clair, quoique retardataire, un envers inavouable, mais réel, une police toute puissante, un espionnage généralisé, des arrestations injustifiées, un régime renouvelé de lettres de cachet, des bastilles rétablies non seulement à Paris mais aux quatre coins de l'Empire : ce fut la rançon de la dictature.

CHAPITRE V

LES INSTITUTIONS FINANCIÈRES[1]

La Constituante et le Directoire avaient doté la France d'un système d'impôts directs qui paraissait excellent. L'Empire ne le modifia guère, et il se perpétua dans ses grandes lignes jusqu'en 1914. En revanche, l'organisation des impôts indirects était fort imparfaite, et ce type d'impôts fut considérablement augmenté par le gouvernement consulaire et impérial. Mais les deux parties les plus originales de l'œuvre financière de Napoléon furent d'une part la création d'une solide administration financière qui n'existait qu'à l'état embryonnaire en 1799, et, d'autre part, sa conception du crédit de l'État.

I

LA RÉORGANISATION DE L'ADMINISTRATION DES FINANCES[2]

Bonaparte mit à la tête de l'administration des finances un excellent technicien, qu'il conserva jusqu'en 1814 : Gaudin. Gaudin avait été recommandé

---

1. BIBLIOGRAPHIE GÉNÉRALE. — Aux Archives Nationales, voir les séries A F IV, notamment 1073, Lettres de Mollien A D IX ; aux Archives départementales, les séries M et suiv. Les archives du cadastre, de l'enregistrement ne sont pas ouvertes au public, mais, avec l'autorisation des directeurs, il est loisible d'y travailler. Leur dépouillement conduirait à des résultats intéressants. Les archives municipales permettent d'étudier les finances locales. Les Archives étrangères sont riches de documents sur l'exploitation des pays conquis.
  Gaudin, *Notice historique sur les finances de la France* (Paris, 1818, in-8°) ; Ramel, *Des finances de la république* (Paris, an IX, in-8°) ; *Comptes du Trésor de l'Empire* (Paris, 1811, in-8°) ; Du Pont de Nemours, *Sur la Banque de France* (Paris, 1806, in-8°) ; les *Mémoires* de Gaudin (nouvelle édition, Paris, 1926, in-8°) ; de Mollien (Paris, 1837, 4 vol. in-8°, nouv. éd., 1898, 3 vol. in-8°) ; d'Ouvrard (Paris, 1827, in-8°). — TRAVAUX : Stourm, *Les finances du Consulat* (Paris, 1902, in-8°) ; M. Marion, *Histoire financière de la France* (cité p. 130) t. IV ; Bigo, *Les origines historiques de la finance moderne* (Paris, 1933, in-16) ; R. Lacour-Gayet, *Les idées financières de Napoléon*, dans la *Revue de Paris*, ann. 1938, t. III, p. 562-593. — QUESTIONS A ÉTUDIER : M. Marion a renouvelé dans son ensemble l'histoire financière de la France napoléonienne. Il reste à étudier, dans le détail, certains de ses aspects essentiels : L'administration financière, par exemple, n'a été l'objet d'aucun travail comparable à celui de M. Bourdon pour la magistrature. Elle le mériterait pourtant. Il serait nécessaire aussi d'étudier dans le cadre du département, les impôts, directs ou indirects. L'exploitation des pays conquis au profit du Trésor impérial nécessiterait aussi une étude. La caisse d'amortissement, la caisse de service le domaine extraordinaire n'ont pas été examinés de près dans leur fonctionnement.
2. DOCUMENTS ET OUVRAGES A CONSULTER. — Sur l'administration financière, peu d'études scientifiques. Voir Portalis, *Essai sur la vie du duc de Gaète* (Paris, 1842, in-8°) ; Liesse, *Portraits*

par le consul Lebrun, qui l'avait connu lorsque celui-ci était entré en 1775 dans l'administration des vingtièmes. Commissaire à la Trésorerie au début de la Révolution, Gaudin avait par deux fois refusé le ministère des finances sous le Directoire ; il l'accepta dès le 18 brumaire, Napoléon devait le faire duc de Gaète.

C'était un libéral convaincu. Dès son arrivée au ministère, il supprima les lois de contrainte, afin de ramener la confiance. La loi des otages fut rapportée le 22 brumaire (13 novembre), l'emprunt forcé le 27 (18 novembre), et remplacé par une taxe de 25 centimes additionnels par franc de contributions foncière, personnelle et mobilière. Quelques expédients, tels que des emprunts (au fournisseur Collot, à la ville de Hambourg, à la république batave, à quelques banques parisiennes) lui permirent de rétablir la situation, et il s'attaqua au problème capital de la réforme de l'administration financière.

Si les impôts directs rentraient mal — le Directoire l'avait compris — c'était essentiellement parce que la levée n'en était pas confiée à des fonctionnaires spécialisés. La loi du 3 frimaire an VIII (24 novembre 1799) supprima l'« agence des contributions directes » et créa, dans chaque département, une « direction du recouvrement des impositions directes » composée d'un directeur, d'un inspecteur et de contrôleurs (au nombre de 840 pour toute la France). Cette direction était exclusivement chargée de l'établissement des matrices des rôles des contributions directes, de leur expédition et du contrôle des réclamations, qui étaient jugées, quant au fond, par le Conseil de préfecture. Ainsi, un corps de fonctionnaires soumis au ministère des finances était substitué, soit à des agents élus par les contribuables, soit aux commissaires cantonaux qui, absorbés par leurs fonctions, essentiellement politiques, n'avaient pu consacrer aux impôts qu'une partie fort réduite de leur activité. Le nouveau corps de fonctionnaires prouva vite son efficacité : les rôles de l'an VII, qui n'étaient pas encore achevés au 18 brumaire furent rapidement conduits à terme, ceux de l'an VIII et de l'an IX furent expédiés avant la fin de l'an VIII avec une célérité jamais encore atteinte depuis le début de la Révolution. Pour la première fois depuis 1789, les impôts d'une année purent être mis en recouvrement dès le début de l'année fiscale.

L'administration des finances comptait déjà un personnel nombreux de receveurs chargés de centraliser le produit des impôts. Gaudin décida qu'il y aurait désormais un receveur particulier par arrondissement, un receveur général par département. Mais la grande innovation fut de leur demander

---

de financiers (Paris, 1908, in-8º) ; Georges Weill, *Le financier Ouvrard*, dans la *Revue histor.* t. XXVII (1918), p. 31-61 ; Arthur Lévy, *Ouvrard*, dans la *Revue de Paris*, ann. 1929, t. IV p. 500-531 et 899-930 et. V, p. 116-147 ; O. Wolff, *Die Geschäfte des Herrn Ouvrard* (Francfort-sur-le-Main, 1932, in-8º) ; *Le Livre du centenaire de la Cour des comptes* (Paris, 1907, in-8º) ; Combarieu, *Le centenaire de la Cour des comptes*, dans la *Revue politique et parlementaire*, t. LIV (1907), p. 85-110 ; Cottez, *Un fermier général sous la Révolution et l'Empire : L'octroi de Lyon (an VIII-1807)*, thèse de droit (Paris, 1938, in-8º) ; Lanzac de Laborie, *Paris sous Napoléon*, t. VI (Paris, 1910, in-8º) ; Pomme de Miremont, *La cour des comptes* (Paris, 1948, in-8º).

un « cautionnement ». Pour accélérer la rentrée des contributions directes, Gaudin fit, en effet, souscrire aux receveurs généraux des « soumissions » comportant obligation de verser chaque mois les fonds qu'ils recueillaient. Les « soumissions » étaient mises en circulation par l'État sous la forme de « rescriptions ». Le paiement de ces rescriptions était garanti par le cautionnement demandé aux receveurs généraux. Ce cautionnement se montait au vingtième de la recette annuelle. Les cautionnements étaient versés dans une caisse spéciale dite « Caisse de garantie » (loi du 6 frimaire an VIII — 27 novembre 1799). Dès l'an VIII, 10.800.000 francs y furent ainsi versés. Durant la même année 4.500.000 francs seulement de rescriptions furent protestées, et elles purent aisément être payées par la caisse. Le taux d'escompte de ces rescriptions, d'abord très élevé (3,5 à 5 % par mois) descendit en l'an IX à 0,5 % par mois, soit en moyenne 6 % par an. Naturellement, on ne put recruter les receveurs généraux que parmi les gens riches, seuls en état de verser le cautionnement. Dans les Côtes-du-Nord, le receveur général était un certain Latimer-Duclézieux, originaire de Moncontour, qui avait spéculé sur les biens nationaux. Il passait pour le plus gros capitaliste du département et, sans préjudice de ses fonctions de receveur général, avançait de l'argent aux particuliers, suppléant ainsi à l'absence de banques locales.

Le système du cautionnement donna de telles satisfactions au gouvernement qu'il l'étendit à tous les fonctionnaires des finances (enregistrement, domaines, douanes, postes, loterie nationale, receveurs particuliers, payeurs et caissiers du trésor) et même aux notaires, avoués, huissiers, commissaires-priseurs, agents de change (lois des 7 et 27 ventôse an IX — 26 février et 18 mars 1801). Aux yeux du Premier consul, le cautionnement avait non seulement l'avantage de fournir des liquidités au Trésor, mais surtout celui d'écarter les pauvres de l'administration financière, de réserver toutes les fonctions entraînant un maniement de fonds à la seule bourgeoisie.

L'administration des contributions directes fut complétée par l'institution des « percepteurs ». Jusqu'alors, on l'a vu, les impôts directs étaient perçus, non par des fonctionnaires, mais par des « percepteurs d'occasion », qui laissaient à désirer tant sous le rapport de l'honnêteté que dans celui de la capacité. Une foule d'abus leur étaient imputés : dans la Somme, un percepteur portait sur les reçus des sommes inférieures à celles qu'il percevait ; dans la Loire, un autre percepteur attendait le moment où les cultivateurs étaient sans ressources pour les accabler de poursuites et d'amendes, sur lesquelles il touchait naturellement un pourcentage.

La loi du 4 pluviôse an XI (14 janvier 1803) établit dans les communes dont les rôles dépassaient 15.000 francs de contributions directes des percepteurs nommés par le Premier consul et fournissant un cautionnement du vingtième de leurs recettes. Ils recevaient comme traitement quatre centimes par franc de contributions perçues. La loi du 5 ventôse an XII (25 février 1804) stipula qu'il y aurait un percepteur pour chaque commune ou groupe de communes dont tous les rôles réunis n'excéderaient pas 20.000 francs. Le cautionnement fut élevé au douzième du principal des autres contributions directes, mais le traitement fut aussi augmenté et porté à cinq centimes par franc. Pendant un certain temps encore les contributions rentrèrent mal, et les percepteurs durent, comme sous le Directoire, envoyer des garnisaires chez les récalcitrants. Puis les contribuables prirent l'habitude de payer plus régulièrement ; mais les percepteurs furent détestés.

L'administration des contributions indirectes avait été fortement organisée par la Constituante et le Directoire. Le personnel fut très augmenté, avec le montant des impôts. En 1804, une « régie des droits réunis » fut créée pour lever les droits sur les alcools, les tabacs, les cartes à jouer, les voitures publiques, les matières d'or et d'argent.

L'organisation du Trésor subit des changements importants. La loi du 1er pluviôse an VIII (21 janvier 1800) supprima les commissaires à la Trésorerie et institua une « Direction générale du Trésor » subordonnée au ministère des finances. Le directeur en fut un ancien premier commis de Necker, Dufresse puis, après sa mort en 1801, Barbé-Marbois, qui devint ministre du Trésor. Le ministre du Trésor devait assurer les recettes, ordonner le mouvement des fonds et les paiements. Un paiement ne devait avoir lieu qu'en vertu d'une loi, d'un arrêté du gouvernement, ou d'un mandat signé par un ministre. Les comptes détaillés de chaque ministre, signés et certifiés par lui, furent régulièrement publiés de 1800 à 1815.

Au-dessous du directeur général ou du ministre du Trésor, était placé un « administrateur ». Ce fut à partir de 1806, le baron Louis, futur ministre de Louis XVIII. Il introduisit, à dater du 4 janvier 1803, la comptabilité « en partie double » dans l'administration du Trésor. Enfin quinze « inspecteurs généraux du Trésor public » furent créés par arrêté du 19 fructidor an IX (6 septembre 1801) pour vérifier les caisses des receveurs généraux et particuliers ainsi que celles des payeurs généraux et de leurs préposés.

La Constituante avait créé, pour vérifier les comptes, un « bureau de comptabilité nationale », dont l'efficacité avait été médiocre parce qu'il n'avait pas reçu le droit de juger les comptables. En l'an III, une « Commission de comptabilité nationale » lui avait été substituée. Réorganisée par l'arrêté du 29 frimaire an IX (20 décembre 1800), celle-ci ne donna pas davantage satisfaction.

La loi du 16 septembre 1807 remplaça la Commission par une « Cour des comptes », composée d'un premier président (qui fut Barbé-Marbois), de trois présidents, de dix-huit maîtres des comptes et de 80 conseillers référendaires. La Cour devait comprendre ordinairement trois chambres, auxquelles, provisoirement, en fut ajoutée une quatrième pour le jugement des comptes arriérés.

La Cour devait vérifier les comptes, sans étudier la légalité des dépenses. « Elles ne saurait juger le gouvernement », déclarait-on. Elle pouvait seulement faire parvenir à l'empereur, par l'entremise de l'architrésorier, des « observations générales » et des « vues d'amélioration » et prononcer contre les comptables en défaut, ou en retard les peines prévues par la loi, c'est-à-dire des amendes ; mais, lorsqu'elle découvrait des concussions ou des faux, elle avait mission d'en avertir le ministre de la justice, afin que les coupables fussent renvoyés devant les tribunaux ordinaires.

La Cour déploya une grande activité pour juger l'arriéré. Sur 3.111 comptes datant de la période 1791-1800, 2.544 étaient jugés en 1813, pratiquement, l'arriéré était liquidé dès 1815.

II
LES RECETTES[1]

Les impôts directs avaient fourni jusqu'au 18 brumaire la plus grande partie des recettes de l'État. Mais on se plaignait généralement de la charge excessive qu'elles faisaient peser sur le contribuable. La contribution foncière, notamment, était jugée trop lourde et mal répartie.

L'Empire en diminua le poids. Alors que la contribution foncière était de 240 millions en 1791, elle s'était abaissée à 206 millions en l'an XII, pour remonter à 208 en 1810 sur le territoire de la France de 1792. Toutefois, ce chiffre ne doit pas faire illusion. La loi du 19 ventôse an XII avait, en effet, exonéré d'impôts les forêts nationales. Tout le poids de la contribution foncière retombait donc sur les cultivateurs, aussi la diminution du chiffre global était-elle en réalité très faible.

L'effort pour parer à l'injuste répartition de l'impôt foncier fut, par contre, plus sensible, et aboutit à des résultats concrets, l'établissement d'un « cadastre ». Dès le 11 messidor an X (30 juin 1802) une commission de sept membres fut réunie pour étudier dans quelles conditions un cadastre pourrait être établi ; elle se prononça pour un « cadastre par masses de cultures », sans distinction de parcelles. On reconnut très vite que cette solution serait insuffisante. L'arrêté du 12 brumaire an XI (2 novembre 1802) décida l'établissement de « cadastres types », très complets à raison de deux communes par arrondissement, aux frais du département. Ce cadastre fut dressé pour 1.915 communes tirées au sort. On devait, par référence à ces cadastres-types, déduire la valeur des terres, donc l'imposition foncière des autres communes du département. Mais ce procédé d'approximation parut médiocre. L'arrêté du 27 vendémiaire an XII (20 octobre 1803) ordonna de poursuivre les opérations du cadastre dans d'autres communes lorsque les deux communes-types de chaque département seraient cadastrées. La loi du 15 septembre 1807, enfin, sanctionna ces

---

1. DOCUMENTS ET OUVRAGES A CONSULTER. — On trouvera une étude départementale des recettes dans certaines des monographies de département citées p. 508, notamment R. Durand, *Le département des Côtes-du-Nord* (cité p. 508).

Voir aussi : M. Bloch, *Le cadastre par nature de cultures*, dans les *Annales d'histoire économ. et sociale*, ann. 1933, p. 152-165 ; T. Dreux, *Le cadastre et l'impôt foncier* (Paris, 1933, in-8º).

travaux en prescrivant l'établissement d'un « cadastre général parcellaire ». Une commission de fonctionnaires des contributions directes et de géomètres fut constituée sous la présidence de Delambre, pour diriger cette immense opération, financée par un fonds d'un trentième de la contribution foncière. En 1808, 1.248 communes étaient cadastrées, 5.243 en 1811, 10.000 environ à la fin de l'Empire. Une loi du 20 mars 1813 ordonna qu'à partir de l'année suivante, la masse des contingents des cantons entièrement cadastrés d'un même département fût répartie entre eux d'après l' « allivrement cadastral ». Cette opération, qui entraînait d'importantes modifications dans les cotes, se heurta à de fortes oppositions, notamment de la part des gros propriétaires qui furent en général taxés davantage. La Restauration abolit la loi, mais poursuivit les travaux du cadastre.

La « personnelle-mobilière » était importante, surtout dans les villes, mais elle était difficile à percevoir, entraînait beaucoup de réclamations, des frais de poursuites, des non-valeurs. Des arrêtés des 4e jour complémentaire an XI (21 septembre 1803) et 5 ventôse an XII (25 février 1804) la remplacèrent, à Paris, par une augmentation des droits d'octroi. Ce procédé parut heureux et le gouvernement l'étendit à Marseille (1804), Lyon (1805), Bordeaux, Nantes, Versailles, Orléans, Turin (1808). Dans son ensemble toutefois la personnelle-mobilière rapporta moins ; elle tomba de 60 millions, en 1799, à 27 millions, en 1810 (y compris les droits d'octroi compensateurs). La contribution des patentes et celle des portes et fenêtres ne subirent pas de changements.

Ainsi les contributions directes paraissent avoir été, malgré tout, en diminution. Encore faut-il y ajouter les centimes additionnels, destinés aux dépenses locales et qui, eux, ne cessèrent de croître.

Les impôts locaux devaient pourvoir aux dépenses départementales. Celles-ci se composaient de dépenses fixes — traitements du préfet, des sous-préfets et fonctionnaires de la préfecture — et de dépenses variables : salaires des employés de la préfecture, réparations des bâtiments, frais d'impression, etc. Aux premières — en augmentation constante — étaient dévolus les centimes fixes, établis par la loi de finances et variant d'un département à l'autre. Les centimes variables étaient destinés au paiement des dépenses variables. Le budget départemental devait d'ailleurs être approuvé par le ministre de l'intérieur. Sous le Consulat, les projets de budgets départementaux furent systématiquement rognés par le ministre. A partir de 1804, au contraire, les centimes additionnels ne cessèrent de croître. Dans les Côtes-du-Nord, ils passèrent de 2.489.000 francs, en l'an IX, à 3.423.000 francs, en 1813, et, pour ce département, l'augmentation des centimes additionnels compensa largement la diminution des impôts directs. Sans doute, dut-il en être de même ailleurs. Ainsi peut-on dire sans invraisemblance qu'au total les contributions directes ne varièrent pas sensiblement durant le Consulat et l'Empire.

Les dépenses des communes devaient être couvertes par les revenus des biens communaux, et par les octrois. Ceux-ci avaient été rétablis, on s'en souvient, sous le Directoire, et au 18 brumaire, trente-quatre villes en étaient pourvues. Ce nombre fut considérablement augmenté sous le Consulat. A la fin de l'an XIII, 2.283 communes avaient créé des octrois, et partout les droits d'octroi avaient été augmentés ou étendus à de nouvelles denrées. Ces rentrés faciles tentèrent le gouvernement. Sous le prétexte que la présence des garnisons augmentait le produit des octrois, un arrêté du 29 frimaire an XI (20 décembre 1802) attribua dans les communes de plus de 4.000 habitants, 5 % des octrois à l'État. La loi du 24 avril 1806, porta même la part de l'État à 10 % et celle du 25 mars 1811 y ajouta encore 1 % pour l'hôtel des Invalides. Le produit brut des octrois passa de 31.700.000 francs en l'an XI à 44.700.000 francs en l'an XIII.

La facilité avec laquelle se percevaient les droits d'octroi et quelques autres impôts indirects rétablis sous le Directoire, les plaintes formulées contre la lourdeur des impôts directs, le fait aussi que les assemblées législatives étaient dirigées par une oligarchie de riches, poussèrent le gouvernement à augmenter de plus en plus les contributions indirectes, à en créer de nouvelles. Les vœux des conseils généraux, on ne doit point s'en étonner, — allaient en ce sens. En l'an IX, Ramel, l'ancien ministre des finances, publia un ouvrage intitulé *Les Finances de la République en l'an IX*, où il conseillait de créer des impôts sur le sel et le tabac.

Les droits réunis établis en l'an XII groupèrent quelques droits anciens (sur les tabacs, les cartes à jouer, les voitures publiques, la marque des objets d'or et d'argent) et des droits nouveaux sur les boissons qui faisaient reparaître, en quelque sorte, les aides d'avant 1789. Les droits sur les boissons comprirent essentiellement un « droit d'inventaire » perçu chez les récoltants fabriquant des boissons alcoolisées, et un « droit de vente », payable par l'acheteur au moment de l'enlèvement, déduction faite d'une consommation familiale très largement calculée. Les employés de la « régie des droits réunis » avaient le droit de pénétrer dans les caves des récoltants durant les six semaines suivant la récolte. Ces droits sur les alcools, et surtout le rétablissement des « rats-de-cave », haïs avant 1789, provoquèrent des murmures. Après Austerlitz, Napoléon se crut assez fort pour créer de nouveaux impôts indirects, et augmenter les anciens.

La loi du 24 avril 1806 créa une taxe de vingt centimes par kilo de sel, à la sortie des marais salants et salines. Cet impôt, quoique faible, avait le tort de rappeler l'odieuse gabelle ; Napoléon le fit accepter en supprimant, à sa place, le droit de passe sur les routes, toujours aussi impopulaire que lorsque le Directoire l'avait établi. Les tarifs postaux furent augmentés, le prix de la lettre de Paris pour Paris passa de 0 fr. 10 à 0 fr. 15, le produit net de la poste s'éleva de 9.900.000 francs en l'an XIII, à 13.000.000 de francs en 1811.

Mais ce furent surtout les droits sur les boissons alcoolisées qui augmentèrent. Le gouvernement porta le droit sur la vente en gros, au vingtième du prix marqué et interdit toute circulation des boissons sans un « congé » constatant le paiement des droits. En outre, un droit fut établi sur la vente au détail et les employés de la régie furent autorisés à visiter les stocks des grossistes et des détaillants (1806).

La loi du 25 novembre 1808 modifia quelque peu ces dispositions. Les droits d'inventaire et de vente en gros furent supprimés et remplacés par un droit de mouvement, variable selon les boissons, et un droit d'entrée dans les communes de plus de 2.000 habitants. A Paris, le droit de vente au détail était déjà remplacé par une augmentation des droits d'octroi sur les boissons. Ailleurs, le droit de vente au détail fut accru. Les tarifs s'élevèrent encore en 1813. Les droits sur les boissons qui avaient rapporté 34.200.000 francs pendant les quinze mois de l'année 1805-1806, finirent par monter à 116 millions 300.000 francs en 1812. Il n'est pas étonnant qu'ils aient suscité des protestations et, dans les pays de vignobles, de véritables manifestations A Bourberain, dans la Côte-d'Or, un cabaretier appela la population à la résistance contre le gouvernement « plus tyrannique que du temps de Robespierre... ». A Montbard, en 1808 ; à Nuits-Saint-Georges, à Is-sur-Tille, la population manifesta contre les « rats-de-cave ». En 1813, ce n'était plus seulement en Bourgogne, mais dans toute la France, que les paysans criaient : « A bas la conscription et les droits réunis ! »

Les droits sur le tabac furent augmentés presque chaque année de 1800 à 1806 ; mais le gouvernement impérial hésita longtemps à établir le « monopole » : il lui eût fallu exproprier et indemniser plus de 1.500 fabriques. Toutefois la licence de 3.000 francs qu'il imposa aux fabricants de tabac amena la fermeture d'un grand nombre de petites entreprises. En 1810, il ne restait plus que 300 manufactures de tabac. Le décret du 29 décembre 1810 établit le monopole de l'achat, de la fabrication et de la vente du tabac en faveur de la « régie des droits réunis ». Les quatorze quinzièmes du tabac utilisé devaient être obligatoirement d'origine française. Alors que les droits sur le tabac rapportaient 25.500.000 francs en 1810, le monopole en produisit 43.000.000 en 1812.

Les droits d'enregistrement et les domaines restèrent organisés comme sous le Directoire, mais leur produit passa de 202.700.000 fr. en l'an XIII à 260 millions en 1809 et 253 millions en 1812. Ainsi tous les impôts indirects augmentèrent, parfois dans des proportions considérables, pendant le Consulat et l'Empire.

A ces recettes ordinaires, il faut ajouter les recettes extraordinaires. D'abord celles que fournirent la vente des biens nationaux, qui continua sous le Consulat et l'Empire. En l'an XI, cette vente rapporta 10 millions, 26 en l'an XIII, en moyenne 13 millions par an. De plus, un gros effort fut entrepris pour apurer les comptes des anciennes ventes et récupérer les sommes encore dues — ce qui, en contre-partie, entraîna l'État à rembourser les trop-perçus. Le directeur de l'enregistrement et des domaines fut stimulé dans ces recherches par la promesse d'une indemnité de 1,5 % sur les sommes recouvrées, les receveurs devaient toucher 1 %. Au 1er juillet 1808, la révision de 143.188 ventes avait procuré au Trésor la somme de 22.700.000 fr., mais en revanche, celui-ci avait dû rembourser 10.300.000 fr. de trop-perçus. De 1808 à 1812, le Trésor fit encore rentrer 39.400.000 fr. et n'en décaissa que 4.400.000 fr. Au total, la révision des ventes de biens nationaux procura à l'État une somme de 35 millions net, environ.

C'était peu de choses à côté des ressources provenant des contributions imposées officiellement aux pays conquis. Quant aux contributions officieuses et aux pillages, il est difficile d'en connaître le montant. Même les impôts officiels sont actuellement, faute d'études précises, difficiles à évaluer. Jusqu'en 1805, les ressources des pays conquis furent peu importantes. Elles consistaient surtout en un subside de quatre millions par an versé par l'Espagne et dans un tribut annuel de 30 millions dû par la république (puis royaume) d'Italie. Après 1805, avec les conquêtes nouvelles, les ressources augmentent. Pendant la campagne de 1805, 118 millions sont imposés à l'Autriche, dont 75 au moins rentrent ; durant celle de 1809, l'Autriche dut payer 250 millions et en verse effectivement 164. Le Portugal, en 1807, est imposé pour 100 millions, mais n'en paie que 6. Il est très difficile d'évaluer les sommes versées par la Prusse de 1806 à 1812, elles varient, selon les estimations, de 470 à 514 millions. Ces ressources permettent de faire vivre les armées presque entièrement aux dépens de l'ennemi et par conséquent de maintenir l'équilibre budgétaire. Ainsi pour Napoléon la guerre fut-elle, jusqu'en 1812, non une source de dépenses, mais une occasion de revenus — une « bonne affaire ». A partir de 1812, il en alla autrement. Les campagnes d'Espagne et de Russie creusèrent des trous énormes dans le budget.

III

LE CRÉDIT DE L'ÉTAT[1]

L'augmentation des impôts et l'amélioration de l'administration financière, les ressources des pays conquis, devaient fournir à Napoléon des recettes abondantes et assez régulières. Toutefois le Trésor n'avait pas toujours disponibles les sommes nécessaires aux dépenses ; les impôts, malgré l'amélioration de leur levée, rentraient avec retard. Il était donc indispensable de

---

1. DOCUMENTS ET OUVRAGES A CONSULTER. — Sur la monnaie : Braesch, *Finances et monnaies révolutionnaires*, 5e fasc. : *La livre tournois et le franc de germinal* (cité p. 144) ; A. Pose, *La monnaie et ses institutions* (Paris, 1942, in-8º) ; — sur la Banque de France : Ch. Ballot, *Les banques d'émission sous le Consulat*, dans la *Revue des études napoléoniennes*, t. I (1915), p. 289-323 ; R. Bigo, *La caisse d'escompte et les débuts de la Banque de France* (cité p. 196) ; G. Ramon, *Histoire de la Banque de France* (Paris, 1929, in-8º) ; Dauphin-Meunier, *La Banque de France* (Paris, 1936, in-8º) ; — sur le domaine extraordinaire, le vicomte de Grimouard, *Les origines du domaine extraordinaire*, dans la *Revue des questions historiques*, t. LXXXIII (1908), p. 160-192.

parer aux à-coups du fonctionnement de la machine financière par quelques procédés, et notamment en recourant au crédit de l'État.

Tout d'abord, il était indispensable de fixer solidement les bases du système financier en définissant rigoureusement la monnaie française. La loi du 18 germinal an III (7 avril 1795) avait bien substitué, comme unité monétaire, le franc à la livre tournois ; celle du 28 thermidor avait bien décidé que la pièce d'un franc en argent, pèserait cinq grammes, qu'on fabriquerait des pièces d'argent de 1, 2 et 5 francs, des pièces de bronze de 1, 2, 5, 10, 20 centimes ; il n'en restait pas moins que la valeur du franc par rapport à l'or n'avait pas été définie et que les pièces fabriquées sous le Directoire étaient très insuffisantes en nombre. Quant aux pièces d'époques antérieures encore en circulation, la plupart étaient altérées par le frai et le rognage. Il arrivait souvent qu'on ne voulût les recevoir qu'au poids. De nombreuses pièces fausses étaient d'ailleurs en circulation, et on ne les tolérait que jusqu'à concurrence du quarantième.

La loi du 7 germinal an XI (28 mars 1803) fixa pour 125 ans la charte monétaire de la France. C'est elle qui donna les caractéristiques du « franc de germinal ». La pièce d'un franc devait peser cinq grammes, au titre de neuf dixièmes d'argent fin. Il y aurait des pièces d'un demi, trois quarts, un, deux et cinq francs en argent ; des pièces d'or de 20 et 40 francs seraient frappées au titre de neuf dixièmes à raison de 155 pièces de 20 francs au kilo. Ainsi le rapport de l'or à l'argent était fixé à 15,5. Des pièces de cuivre pur de 2, 3 et 5 centimes devaient être aussi mises en circulation. Toutefois, il ne faudrait pas croire d'après cette loi que la France ait adopté l'étalon or. Dans l'esprit des contemporains, c'était l'argent qui devait servir d'étalon monétaire, le rapport de l'or à l'argent pouvant varier. En tout cas, pour la première fois, au cours de son histoire, la France était pourvue d'une « monnaie réelle », clairement définie, et qui coïncidait avec la monnaie de compte.

Cependant les anciennes pièces continuèrent à circuler. La loi du 6 fructidor an XI (24 août 1803) ordonna le retrait des pièces d'argent dont l'effigie était effacée ; celle du 25 thermidor an XII (13 août 1804) le retrait de toutes les pièces d'argent antérieures à 1726. Les lois des 8 août et 13 septembre 1810, pour simplifier le calcul de la valeur des anciennes pièces par rapport à la nouvelle monnaie, décida que le louis de 24 livres devrait être accepté pour 23 fr. 55, l'écu de 6 livres pour 5 fr. 80 et la pièce de 24 sous pour un franc. Toutefois, les porteurs pouvaient échanger leurs pièces dans les hôtels des monnaies à des taux plus avantageux, de sorte que les anciennes pièces disparurent dès lors très rapidement.

La nouvelle monnaie française, très saine, était incontestablement la meilleure et la plus pratique de l'Europe. Elle fit prime sur tous les marchés, et le cours des changes s'en ressentit. La livre sterling tomba en 1810 de 20 fr. 30 à 17 fr., à la bourse de Paris. Toutefois, les hôtels des monnaies ne purent fabriquer un nombre de pièces suffisant pour alimenter tous les pays nouvellement annexés à l'Empire. Dans ces régions, les anciennes pièces continuèrent à circuler, malgré leur médiocrité, et donnèrent lieu à toutes sortes de spéculations.

La création d'une bonne monnaie permettait d'asseoir le crédit de l'État sur des bases solides. Toutefois, Napoléon répugnait à l'emprunt public. Un emprunt, est en quelque sorte, un plébiscite ; et, à cette époque, l'administration ne disposait pas des moyens qui eussent pu assurer, coûte que coûte, le succès d'un emprunt. L'échec d'un emprunt serait la preuve que la dictature impériale n'était plus approuvée par une partie importante du peuple français. Napoléon n'émit donc aucun emprunt, à la différence de l'Angleterre, à la même époque, et il mena toutes ses guerres, ce qui est vraiment paradoxal, sans jamais recourir à l'épargne publique. Il préféra s'adresser à de petits groupes de particuliers soigneusement choisis, par l'intermédiaire de caisses ou de banques.

La première de ces caisses fut la caisse d'amortissement créée par transformation, en l'an IX, de la caisse de garantie des receveurs généraux. Napoléon mit à sa tête un conseil de trois membres, puis un seul directeur, Mollien, ancien surveillant de la ferme générale, ami de Gaudin, au demeurant bon administrateur.

Mollien introduisit la « comptabilité en partie double » et grandit le crédit de la caisse en payant exactement toutes les obligations des receveurs généraux qui avaient été protestées. Toutefois la caisse ne servit pas réellement à l'amortissement de la dette. Napoléon voulait qu'elle fût utilisée pour maintenir les cours de la rente. Il considérait, en effet, toute baisse de la rente comme une atteinte à son prestige et à son autorité. Dès que les cours fléchissaient, Mollien recevait l'ordre d'effectuer des achats massifs, ainsi, lors des crises de 1803 (reprise de la guerre avec l'Angleterre), de 1805 (Trafalgar), 1808-9 (Baylen), 1813 (Leipzig). Ces achats massifs, on s'en doute, n'empêchèrent jamais la baisse, si parfois elles la ralentirent. Il est probable que l'affectation des fonds de la caisse à l'amortissement régulier de la dette eût été plus efficace. Mais l'empereur aurait désiré que la Caisse jouât le rôle d'une banque, et émît un papier reçu au pair. Pour cela, il eût fallu débarrasser le marché de toutes les « valeurs mortes » qui l'encombraient en 1800 : les bons de réquisition furent acceptés en paiement des contributions de l'an VIII, puis disparurent. Un arrêté du 15 nivôse an VIII (5 janvier 1800) supprima les « délégations » sur caisses particulières qui avaient été données en paiement aux fournisseurs : 65.000.000 de fr. de délégations furent ainsi à peu près annulées, car elles ne furent remplacées que par une vague promesse d'admission au paiement des biens nationaux. Ce fut une véritable banqueroute partielle, mais, du moins, le mauvais papier disparut.

Aussi la loi du 24 avril 1806 put-elle autoriser l'émission de « bons de la caisse d'amortissement » jusqu'à concurrence de 60 millions, rapportant 6 ou 7 % selon la date de l'échéance. Ces bons servaient à parer au déficit budgétaire ; c'étaient de véritables « anticipations » de recettes. D'avril 1806, à avril 1812, la Caisse émit au total pour 224 millions de bons ; ils perdirent de leur valeur, mais peu — 2 à 3 % seulement. C'est ainsi que la « Caisse d'amortissement » vint au secours du Trésor.

Mais c'est surtout la Banque de France qui aida le Trésor par ses avances. Au début, elle avait été conçue comme une banque privée. En 1799, en effet, le monde de l'industrie et du commerce se plaignait, nous l'avons vu, des difficultés rencontrées pour obtenir des crédits. Il désirait la constitution d'une grande banque, solide, qui pût l'aider dans ses affaires. Bonaparte, de son côté, pensait qu'il était indispensable de faire soutenir par une banque le crédit de l'État. Deux banquiers, Le Coulteux de Canteleu et Perregaux, qui avaient financé le coup d'État et qui avaient déjà proposé au Directoire la création d'une banque, présentèrent un projet à Bonaparte. Les statuts de la banque furent approuvés le 16 nivôse an VIII (6 janvier 1800), et Bonaparte nomma aussitôt les premiers régents de la *Banque de France* : Le Coulteux de Canteleu, Perregaux, Mallet, Mautort, Périer et Perrée. Le 28 nivôse (18 janvier) les premières actions étaient souscrites. On trouvait en tête des souscripteurs Bonaparte et sa famille, Sieyès, Clarke, Duroc, Murat... La moitié du capital de la « Caisse d'amortissement » fut consacrée à l'achat d'actions de la Banque. Toutefois, ce fut insuffisant. Au bout d'un mois, le capital souscrit restait trop faible. On songea alors à une fusion avec la meilleure des banques parisiennes, la « Caisse des comptes courants ». Le 27 pluviôse (16 février), après quinze jours de pourparlers, un accord fut conclu, et la Banque de France s'installa dans les anciens locaux de la Caisse, à l'Hôtel Massiac, place des Victoires.

Le capital de la Banque était fixé à trente millions, divisés en 30.000 actions de mille francs. A la tête de l'établissement étaient placés un « conseil de régence » de quinze membres élus par les actionnaires, et un « comité central » de trois régents nommés par le conseil de régence. En fait, les premiers régents furent les anciens administrateurs de la Caisse des comptes courants, et, au début, la Banque s'efforça de souligner le plus possible sa filiation avec la Caisse des Comptes courants, afin d'affirmer son indépendance à l'égard du gouvernement. La Banque de France était à la fois une banque d'émission, une banque de dépôts et une banque d'escompte. En tant que banque d'émission, elle émettait des billets (de 500 et de 1.000 francs seulement) gagés par les dépôts. La Caisse d'amortissement et la Caisse de la loterie nationale déposèrent leurs fonds à la Banque. L'État, au début, ne lui demanda aucune avance, et ce fut une des conditions du succès : les billets, malgré le souvenir proche des assignats, se maintinrent au pair du numéraire. Les escomptes passèrent de 112 millions en l'an VIII à 511 en l'an XI, de sorte que les actions rapportèrent dès le début 10 % et que leurs titres montèrent en bourse.

Bonaparte désirait avant tout que la Banque réussît. Mais il n'avait nullement renoncé à en faire un instrument plus directement utile aux finances de l'État.

Bonaparte était mécontent de voir que deux autres banques, la « Caisse d'escompte » et le « Comptoir commercial » émettaient des billets. Il voulait réserver à la Banque de France le privilège de l'émission. Des négociations eurent lieu avec ces banques ; elles échouèrent. Bonaparte décida alors de procéder d'autorité. Le 25 ventôse an XI (16 mars 1803), il réunit les deux autres consuls, trois ministres, trois conseillers d'État et les banquiers Perregaux et Lecoulteux : il leur exposa ses intentions. Les régents tentèrent de résister, ils craignaient que la liaison trop étroite entre la banque et l'État ne fît mauvaise impression ; effectivement, quand le public apprit le projet, les actions de la Banque baissèrent. Cependant le 24 germinal (14 avril), le Corps législatif adopta la loi conférant à la Banque de France pour quinze ans le monopole de l'émission des billets, qui devaient obligatoirement être supérieurs à 500 fr. La même loi élevait le capital de la Banque à 45 millions par création de 15.000 actions nouvelles réservées aux actionnaires de la Caisse d'escompte et du Comptoir commercial, qui étaient supprimés. La loi limitait les dividendes à 6 %, les bénéfices supplémentaires devaient servir à constituer un « fonds de réserve », placé en 5 % consolidé. Les actionnaires perdaient le droit de faire exclusivement escompter leurs effets. L'administration de la Banque était modifiée. A la place du « Conseil de régence » et du « Comité central des régents », l'administration de la Banque était confiée à quinze régents et trois censeurs, tous élus par les 200 plus forts actionnaires : ainsi le régime de la Banque était moins démocratique. Il était stipulé, en outre, que sept régents et trois censeurs seraient choisis parmi les actionnaires commerçants ou industriels. Aucune banque émettrice ne devait être installée dans les départements sans l'autorisation du gouvernement, ni émettre des billets d'une valeur supérieure à 250 francs.

En 1805, la Banque subit une crise grave due à la reprise de la guerre avec l'Angleterre et à la formation de la troisième coalition. Au début de septembre, la Banque n'avait plus en caisse que 1.200.000 francs en espèces. Les régents décidèrent qu'on ne rembourserait plus qu'un billet par personne. Une panique eut lieu, qui bientôt s'aggrava. Des personnes de la Cour, de hauts fonctionnaires commencèrent à faire queue à la porte de la Banque. Dans le commerce, on refusait les billets. Récamier un des régents, fit faillite. La nouvelle de Trafalgar, annonciatrice, pour les clairvoyants, de la chute finale, accrut la panique. Le 11 novembre 1805, le billet perdait 10 %. La victoire d'Austerlitz arrêta la baisse ; mais la situation ne se redressa que lentement ; c'est seulement après le traité de Presbourg que la Banque retrouva sa stabilité. Napoléon rendit Barbé-Marbois, ministre du Trésor, responsable de cette crise ; il le chassa et le remplaça par Mollien ; mais, il décida aussi de rendre plus étroite la dépendance de la Banque à l'égard de l'État.

Le projet de réforme, défendu devant le Corps législatif par Regnault de Saint-Jean-d'Angély, fut voté le 22 avril 1806. Il portait à 25 ans, soit pour une période expirant en 1843, le privilège de la Banque. Le capital était doublé, et passait à 90 millions. Le conseil des régents devait comprendre obligatoirement cinq manufacturiers ou commerçants, et trois receveurs généraux. Enfin, et c'était le point capital, la Banque serait dirigée par un gouverneur, nommé par l'empereur, et propriétaire d'au moins cent actions — ce furent Cretet, puis, à partir de 1807, Jaubert — assisté de deux sous-gouverneurs propriétaires de cinquante actions. Cette réforme ne nuisit pas au billet, qui de 1807 à 1814, ne perdit jamais plus de 0,80 %. Le taux de l'escompte fut abaissé à 5 % le 15 novembre 1806, après la prise de Berlin, et l'intérêt des cautionnements de 5 et 6 % à 4 et 5 %. Le taux légal de l'intérêt fut fixé par la loi du 3 septembre 1807 à 5 % en matière civile et 6 % en matière commerciale.

Toutefois, la Banque de France, au dire de Napoléon, lui-même « ne remplissait pas son titre... ». Elle restait la « banque de Paris ». Car le billet ne circulait qu'à Paris ; on ne pouvait le convertir en numéraire qu'à Paris. Le décret du 18 mars 1808 autorisa la Banque à créer des « comptoirs » ou « succursales » en province. Mais deux seulement furent établis, à Lyon et à Rouen. En 1810, Napoléon écrivait qu'il fallait en augmenter le nombre : « Je désire... qu'il y ait au moins quatre autres succursales de cette espèce. » Mais Mollien était hostile à la généralisation de cette institution : il craignait qu'en province des directeurs, mal renseignés, admissent à l'escompte des valeurs suspectes. Mollien ne concevait le billet de banque que comme un instrument d'ordre local. Il ne pensait pas que le billet de la Banque de France, de Paris, pût être utilisé en province. A cet égard, Napoléon avait des conceptions plus modernes que Mollien. Un seul nouveau comptoir fut créé, à Lille ; mais il disparut en 1813. D'ailleurs, les comptoirs provinciaux émettaient des billets distincts de ceux qui circulaient à Paris ; de plus, ils ne faisaient que des affaires médiocres : le total des escomptes des succursales départementales de la Banque ne dépassa jamais 78 millions — en 1810 — alors qu'à Paris il atteignait, la même année, 765 millions.

A partir de 1805, le Trésor eut recours constamment à la Banque de France : le montant des avances, toujours à court terme, ne cessa de croître jusqu'en 1813 : le Trésor n'aurait pu se passer de la Banque. Mais la Banque était encore d'un secours insuffisant. Pour soutenir le Trésor, Napoléon créa la « Caisse de service ».

Celle-ci fut organisée par la loi du 16 juillet 1806, pour parer à la lenteur des recettes budgétaires : Il y avait, en effet, décalage entre les dépenses, qui se faisaient en douze mois, et les rentrées, car les recettes d'un budget annuel mettaient au moins dix-huit mois avant de parvenir au Trésor. La « Caisse de service » devait mettre le Trésor en possession immédiate de ses propres ressources, en assurant l'application instantanée des revenus publics aux dépenses exigibles dans le même lieu. La Caisse remplit ainsi l'office de caisse de compensation. Elle s'ouvrit aux particuliers et leur facilita paiements et recouvrements à distance, moyennant un faible intérêt. Elle accordait, de son côté, un intérêt aux receveurs qui effectuaient des versements avant le terme fixé ; en revanche, elle exigeait d'eux le même intérêt pour tout retard. Ainsi la Caisse de service diminua la quantité de fonds oisifs, réduisit au minimum les transports de fonds et donna plus d'aisance à la trésorerie, ce qui lui permit de modérer ses demandes d'avances à la Banque. Le Trésor, malgré cette aisance relative, eut encore recours à un autre prêteur : le « domaine extraordinaire ».

Le « domaine extraordinaire » était constitué par les produits de la conquête et les biens privés acquis lors des traités de paix. Il était distinct du domaine de l'empereur, subdivisé lui-même en « domaine de la Couronne », — qui avait été accordé par les constitutions, — liste civile, et domaine privé. Mais, pratiquement, le domaine extraordinaire se confondait avec le trésor de l'armée. L'empereur s'en considérait comme souverain maître. Il y puisait, pour les libéralités, souvent considérables, dont il était prodigue envers ses maréchaux (ainsi Berthier reçut 1.250.000 fr.). Le domaine extraordinaire servait aussi aux subventions accordées à des commerçants et à des industriels (elles se montèrent à six millions en 1807). Mais le domaine extraordinaire fit également des avances au Trésor public : elles se montèrent à 45 millions en 1810, pour couvrir les déficits arriérés des budgets de 1801 et de 1808.

Les budgets de l'Empire furent, en effet, souvent en déficit. Il est d'ailleurs difficile de les établir, car, malgré les dispositions constitutionnelles, jamais aucun budget régulier ne fut voté ni observé. Si on connaît assez bien le montant annuel des recettes, on ignore le chiffre des dépenses, car celles-ci furent toujours votées sous forme de lois partielles, souvent remaniées, rarement observées ; il n'y eut jamais de lois annuelles des dépenses. Les budgets des trois premières années du consulat furent à peu près équilibrés, celui de l'an IX grâce surtout aux contributions des pays conquis. En l'an XI, avec la reprise de la guerre, le déficit reparaît, les budgets de l'an XII et de l'an XIII eurent chacun un déficit d'une trentaine de millions, alors que les recettes se tenaient aux alentours de 700 millions. Le budget de l'an XIV - 1806 (quinze mois) fut en équilibre ; mais, en 1807, le déficit atteignit treize millions. S'il est d'à peine 700.000 francs en 1808, il augmente régulièrement à partir de cette date. L'empereur recourut à des procédés quelque peu... cavaliers pour le solder. Ainsi, le 20 mars 1813, il régla tout l'arriéré des budgets de 1800 à 1809 par l'inscription d'un million de rentes, comptées comme formant un capital de vingt millions, alors que la rente n'était qu'à 74, et que la somme due se montait à trente millions. Cependant, la dette publique ne figurait que pour une faible part aux dépenses budgétaires, puisque Napoléon n'emprunta point. Dès le 23 thermidor an VIII (11 août 1800), le gouvernement paya les rentes en numéraire, par l'intermédiaire de la Banque de France. Les porteurs du tiers consolidé étaient donc sûrs désormais de voir leurs coupons honorés, et la rente remonta. Elle atteignit son maximum, — 93 fr. 40, — fin août 1807, après Tilsitt, mais elle retomba vite aux alentours de 77 pour sombrer, en 1813, au-dessous de 50. Si le gouvernement impérial n'eut point recours à l'emprunt, la dette consolidée augmenta pour diverses raisons : la dette arriérée du Directoire, évaluée à 90 millions, fut remboursée en rentes 3 % au pair (ce qui, au cours, ne représentait que 27 millions et constituait, par suite, une banqueroute partielle). Les bons des deux tiers purent être échangés contre de la rente 5 % à raison de 0,25 % de la somme nominale présentée à l'échange. Ainsi un bon des deux tiers de 1.000 francs de capital (coté 16 fr. 50) pouvait être échangé contre 2 fr. 50 de rente (coté 18 fr. 69 le même jour). Enfin le tiers provisoire dont il avait été délivré des titres ne portant provisoirement pas d'intérêt, produisit des intérêts à partir du 1er vendémiaire an XII (24 septembre 1803). Ces différentes opérations amenèrent la dette consolidée à 45 millions à la fin du Consulat, le produit de la contribution foncière devant être affecté, par priorité, au paiement de cette dette. En 1811, la dette augmenta encore, lors de l'annexion de la Hollande, dont la dette se montait à 78 millions : la France en répudia les deux tiers, mais une somme de 26 millions fut consolidée. En 1814, abstraction fait de la dette hollandaise, la dette publique de l'Empire atteignait 63 millions, dont 44 seulement étaient négociables ; le reste appartenait à des établissements publics, et par conséquent se trouvait inaliénable. C'était fort peu, surtout par comparaison avec l'Angleterre.

Les pensions constituaient un poste assez important au chapitre des dépenses, depuis surtout qu'une loi du 11 septembre 1807 permettait d'accorder des pensions allant jusqu'à 20.000 francs à de hauts fonctionnaires, ainsi qu'à leurs veuves et à leurs enfants. Les pensions civiles et militaires se montaient, au total, à 46 millions en 1813. Les dépenses des ministères des finances et du Trésor atteignaient 32 millions environ, celles de l'intérieur 17 millions, celles de la justice passèrent de 21 millions en l'an XIII à 29 millions en 1813, celles des cultes de 13 à 15 millions ; celles des relations extérieures oscillèrent autour de 10 millions. Les travaux publics demandèrent de plus en plus d'argent. Alors qu'ils ne représentaient, en l'an XI, qu'une dépense de 25 millions, ils atteignaient 154 millions en 1811 et demandèrent un total dépassant le milliard pendant tout l'Empire. Mais les dépenses de guerre surtout furent très élevées. Il est difficile de les estimer avec précision. Elles se montèrent semble-t-il, à 350 millions en moyenne de 1805 à 1810, puis s'élevèrent à 600 millions en 1812. Il faut leur ajouter les dépenses de la marine, 100 à 200 millions par an. Ainsi les dépenses militaires formaient la moitié et souvent les trois quarts du total.

C'est uniquement grâce aux conquêtes et aux perpétuelles contributions de guerre que le déficit dut de rester modéré. Que l'armée impériale reculât, et c'était la catastrophe financière, en même temps que militaire. C'est ce qui se produisit en 1812. Au cours de la campagne de Russie, le trésor de l'armée — 55 caissons — fut pris par l'ennemi. En 1813, l'Allemagne et l'Espagne durent être évacuées. Pour faire face aux frais de la campagne de 1814, il fallut recourir à des expédients : vente de biens communaux, émissions massives de bons de la Caisse d'amortissement (qui perdirent vite de 14 à 15 % de leur valeur), appels répétés au domaine extraordinaire, augmentation de 30 % de la contribution foncière, des patentes et des portes et fenêtres, de 50 % de la contribution personnelle mobilière, de 10 % des « droits réunis » et de l'octroi, de 20 centimes par kilo des droits sur le sel, retenue de 25 % sur les traitements et pensions civiles supérieurs à 2.000 francs (décret du 11 novembre 1813). Les impôts rentrèrent d'autant plus mal qu'ils avaient été davantage augmentés. Le décret du 9 janvier 1814 prescrivit de nouvelles augmentations : 50 % sur la contribution foncière, 100 % sur les portes et fenêtres et la personnelle mobilière. Le tout était payable avant le 1er octobre : le décret provoqua un concert de malédictions, la rente tomba à 45 fr. 25 fin mars, l'encaisse or de la Banque de France à 9 millions, alors qu'il y avait pour 16 millions de billets en circulation. Si l'Empire avait survécu, il n'aurait probablement pu continuer la guerre sans recourir à l'emprunt. Mais alors n'aurait-on pas constaté d'une manière éclatante combien les Français lui étaient hostiles ? En réalité, malgré l'excellence du système d'impôts directs — hérité d'ailleurs de la Révolution, — malgré la perfection de l'administration financière, les finances de l'Empire étaient en porte à faux. Elles ne pouvaient vivre que par la conquête. Lorsque l'Empire céda du terrain, l'organisation financière s'avéra incapable de la soutenir : elle ne pouvait s'adapter à la défaite.

CHAPITRE VI

LES INSTITUTIONS ÉCONOMIQUES[1]

Napoléon était hostile aux idéologues, donc aux économistes et aux physiocrates. Ses tendances dictatoriales le portaient tout naturellement vers l'économie dirigée, et la guerre renforça encore ce penchant. Toutefois, sa politique économique ne fut pas la même en ce qui concerne l'agriculture, l'industrie ou le commerce. A l'égard de l'agriculture, dont la mise en tutelle paraissait moins urgente, il se borna, le plus souvent, à des conseils, tels ceux qu'il fit répandre dans la *Statistique élémentaire de la France*, imprimée en l'an XIII et largement diffusée dans les lycées et les écoles. L'industrie, par contre, fut plus étroitement dirigée au moyen de droits de douane, de subventions et d'interventions plus impératives encore. Quant au commerce, à l'intérieur il fut étroitement surveillé, et pour l'extérieur il passa tout entier sous la coupe de l'État.

La volonté « dirigiste » de Napoléon se heurta d'ailleurs à de nombreuses résistances et tout d'abord à celle des organismes chargés de veiller aux différentes branches de l'économie. Jusqu'à la création du ministère des manufactures et du commerce, en 1811, l'agriculture, l'industrie et le commerce relevèrent de la deuxième division du ministère de l'intérieur. L'agriculture était administrée par le premier bureau, dont le chef était Sylvestre, les « arts

---

[1]. BIBLIOGRAPHIE GÉNÉRALE. — Voir, aux Archives Nationales, les séries A F IV et F_{10}, F_{11}, F_{12} (agriculture, industrie, commerce). Dans les Archives départementales, la série M. On trouvera aussi des renseignements dans les archives municipales. Les statistiques départementales, dont beaucoup ont été imprimées, peuvent être utiles. Voir Chaptal, *Mes souvenirs sur Napoléon* (Paris, 1893, in-8º). — Il n'existe pas d'ouvrage d'ensemble sur les institutions économiques de la France sous le Consulat et l'Empire. On aura recours à l'ouvrage ancien, mais précieux, de Cl. A. Costaz, *Histoire de l'administration en France, de l'agriculture, des arts utiles, du commerce, des manufactures, des subsistances, des mines et des usines* (Paris, 1832, 2 vol. in-8º). Voir aussi Ph. Sagnac, *La législation civile de la Révolution op. cit.*, p. 40 ; *Le code civil, livre du centenaire* (Paris, 1904, 3 vol. in-8º) ; M. Leroy, *L'esprit de la législation napoléonienne* (Nancy, 1898, in-8º) ; du même, *Le centenaire du code civil*, dans la *Revue de Paris*, ann. 1903, t. V, p. 511-533 et 753-780 ; Tarlé, *Napoléon Ier et les intérêts économiques de la France*, dans la *Revue des études napoléoniennes*, t. I (1926), p. 117-137 ; P. Viard, *Histoire générale du droit privé français de 1789 à 1830* (Paris, 1930, in-8º) ; C. Herrenschmidt, *La politique industrielle de Napoléon Ier et le Conseil des fabriques et manufactures*, thèse de droit (Paris, 1943, in-8º). — QUESTIONS A ÉTUDIER : On peut dire que tout est à étudier en ce qui concerne l'organisation générale de l'agriculture, de l'industrie et du commerce. Ni les conceptions de l'empereur, ni l'organisation des ministères, ni les organismes consultatifs n'ont fait jusqu'ici l'objet de la moindre monographie.

J. GODECHOT

mécaniques », par le deuxième bureau, soumis à l'autorité de Claude Anthelme Costaz, le commerce, par le troisième bureau, sous la direction d'Arnould aîné, Arnould jeune s'occupant spécialement de la balance du commerce. Ce bureau était notamment chargé des foires et marchés, mercuriales, circulation des subsistances, navigation intérieure, approvisionnements de Paris, arrivages dans les ports. Un bureau chargé de la liquidation des subsistances s'occupa des comptes arriérés de subsistances depuis l'an III, il disparut lorsque sa tâche fut terminée.

A côté du ministère existait un « Conseil général d'agriculture, arts et commerce », de quinze membres, parmi lesquels on remarquait le chevalier de Boufflers, Costaz aîné, de Gérando, Vilmorin. Dans certains départements, fonctionnaient des « conseils départementaux d'agriculture, arts et commerce ».

Le 22 juin 1811 fut institué le « ministère des manufactures et du commerce », qui fonctionna à partir de 1812. Son premier chef fut le comte de Sussy. Le ministère comprenait quatre divisions. Les deux premières s'occupaient de l'industrie, la troisième du commerce, la quatrième des subsistances. Cette dernière eut pour chef Remondat, ancien membre de la commission du commerce et des approvisionnements sous la Convention, et qui était resté fort hostile au libéralisme économique.

Le « conseil général d'agriculture, arts et commerce » se scinda, lui aussi, dès 1810. Il y eut désormais plusieurs conseils : Le « conseil d'agriculture », composé de six inspecteurs généraux des haras, trois inspecteurs généraux des établissements ruraux, le directeur de l' « école vétérinaire » d'Alfort et dix agronomes. Il se réunissait au moins une fois par mois. Le « Conseil d'administration du commerce et des manufactures » était composé des ministres de l'intérieur, des affaires étrangères, des finances, de la marine, de Regnauld de Saint-Jean-d'Angély, Defermont, Sussy, Chaptal. Il devait examiner toutes les questions relatives au commerce et à l'industrie et prendre des décisions en dernier ressort. Le « Conseil des fabriques et manufactures » rassemblait les délégués des « chambres départementales consultatives ». Ceux-ci étaient nommés par le gouvernement. Le « conseil général du commerce » était pareillement formé des délégués des chambres de commerce.

A l'échelon départemental, on retrouvait en plus petit ces organes : « Chambres consultatives des arts et commerce » créées dès 1803, qui avaient pour mission de « faire connaître les besoins et moyens d'amélioration des manufactures ». Ces chambres ne siégeaient pas forcément au chef-lieu, mais dans une ville industrielle. Celle de la Haute-Garonne était installée à Revel, centre de l'industrie drapière. « Conseils de commerce » organisés dès 1801 — par exemple à Marseille — et transformés rapidement en « chambres de commerce » : l'arrêté du 3 nivôse an XI (24 décembre 1802) décida que les chambres de commerces des villes de moins de 50.000 habitants compteraient neuf membres, lorsque la population dépasserait ce chiffre, elles en auraient quinze. Certaines chambres étaient spécialisées dans tel ou tel commerce. Par exemple en Bretagne, les chambres de Loudéac, Moncontour, Quintin s'occupaient uniquement du commerce des toiles. En 1812, on comptait en France 23 chambres de commerce. Celle de Paris, avec des hommes comme Gros-Davillier, Delessert, Ternaux, Périer... était particulièrement influente.

Ces organismes officiels étaient enfin aidés par des sociétés privées qui eurent parfois une grande importance. Les sociétés d'agriculture qui s'étaient reconstituées sous le Directoire prennent leur essor. La « Société libre d'agriculture de la Seine » est transformée par décret du 7 fructidor an XII (25 août 1804) en « Société impériale d'agriculture », avec subvention de 20.000 francs par an. Elle collabore à la *Feuille du cultivateur*, remplacée bientôt par les *Annales d'agriculture*, publiées par le ministère. Dans les départements les sociétés d'agriculture se développent. Celle de la Haute-Garonne, qui s'était créée, à Toulouse dès le 16 prairial an II, et réorganisée en 1798, compte Villèle parmi ses membres les plus éminents. Elle publie le *Journal des propriétaires ruraux pour les départements du midi*, et organise des concours agricoles. La « Société d'agriculture du Bas-Rhin » est fondée le 15 floréal an VIII (5 mai 1800). L'animateur en était le journaliste Saltzmann, elle publiait des *Petites affiches* et s'intéressait à la culture des plantes nouvelles, succédanés du café ou de la canne à sucre. La « Société littéraire et d'agriculture » de Saint-Brieuc participait à la création d'une ferme expérimentale. En 1808, il existait en France 51 sociétés d'agriculture. Une « Société pour l'encouragement de l'industrie nationale » avait été organisée à Paris en 1801, et des sociétés filiales s'étaient constituées en province. Celle de Lyon, par exemple, accorda à Jacquard, une pension viagère de 3.000 francs. Toutes ces sociétés étaient les champions du libéralisme économique. Souvent elles opposèrent à l'Empereur une résistance passive. Mais ce qui est remarquable, c'est que l'Empereur dirigea sa politique économique en maître absolu, ne consultant jamais à son sujet les assemblées législatives pourtant si dociles.

I

LES INSTITUTIONS AGRAIRES[1]

Nous avons vu qu'une commission chargée de rédiger un code rural se réunit le 10 août 1801. Elle avait pour animateur Verneilh-Puiraseau, ancien

---

1. DOCUMENTS ET OUVRAGES A CONSULTER. — *Annales de l'agriculture* (Paris, an IV-1817, 70 vol. in-8º) ; Deverneilh, *Observations des commissions consultatives sur le projet du code rural* (Paris, 1810-14, 4 vol., in-8º) ; Fournel, *Lois rurales rangées dans leur ordre naturel* (Paris, 1819, 2 vol. in-8º) ; de Pradt, *De l'état de la culture en France* (Paris, 1802, in-8º) ; Rougier de La Bergerie, *Histoire de l'agriculture française* (Paris, 1815, in-8º) ; Huzard, *Instruction sur l'amélioration des chevaux en France* (Paris, an X, in-8º) ; Lasteyrie, *Histoire de l'introduction des moutons à laine fine d'Espagne* (Paris, 1802, in-8º).
Sur le code rural, Marmottan, *Sur le code rural projeté*, dans la *Revue des études napoléoniennes*, 1913, t. I, p. 321-345 ; Mauguin, *Études historiques sur l'administration de l'agriculture en France*, t. II (Paris 1876, in-8º) ; — sur la division du sol, Ph. Sagnac, *La division du sol*

député à la Législative, préfet de la Corrèze, puis du Mont-Blanc. La commission envoya en 1802 à tous les fonctionnaires susceptibles de lui donner des renseignements, un questionnaire détaillé, puis elle tomba en sommeil. En 1808, alors que la plupart des codes avaient été publiés, Napoléon donna l'ordre d'accélérer les travaux préparatoires d'un code rural. Dans chaque département devait être formée une commission composée du préfet, du procureur général, de trois conseillers à la Cour, trois conseillers généraux, deux juges de paix, et de cultivateurs, membres, si possible, des sociétés d'agriculture. On demandait à ces commissions de se prononcer sur un projet de code rural, arrêté le 6 avril 1808 par Verneilh-Puiraseau, et qui leur était adressé pour observations. Le projet était divisé en trois titres. Le titre I était relatif « à la propriété rurale considérée pour chaque propriétaire seulement ». Il était extrêmement individualiste et prévoyait la réduction à l'extrême, voire la suppression du droit de parcours, de la vaine pâture, des droits de glanage, grapillage, râtelage et chaumage. Il tendait à développer les clôtures et visait à l'abolition de l'assolement, qui du reste n'était plus obligatoire. Ainsi le projet était directement inspiré des idées des physiocrates et l'adoption d'un tel texte aurait marqué le terme de l'évolution entamée depuis 1750 environ. Le titre II traitait « de la propriété considérée pour tous les propriétaires entre eux ». Il réglait les questions de bornage, de propriété du lit des cours d'eau, des chemins vicinaux, des droits de passage, des biens communaux. Naturellement, il était hostile au maintien de la propriété communale indivise. Le titre III enfin réglait la police rurale. Les commissions départementales présentèrent des observations copieuses et souvent contradictoires, les opinions relatives aux droits collectifs et à l'individualisme agraire étant, comme on le sait, fort variables. Verneilh-Puiraseau mit alors au point un nouveau projet, tenant compte des observations qu'avait suscitées le premier. Il y prévoyait un vaste remembrement rural. Mais le nouveau projet ne parut qu'en 1814, après la chute de l'Empire... Il n'eut pas de suite.

depuis la Révolution, et ses conséquences, dans la *Revue d'histoire moderne et contemp.* t. V (1903-04), p. 457-470 ; Frain de La Goulayrie, *Les majorats depuis le premier Empire jusqu'à nos jours* (Paris, 1909, in-8º) ; M. Sarrazin, *Les majorats dans la législation française* ; Paris, 1906, in-8º (thèse de droit) ; P. Viard, *De quelques incidences de l'histoire politique sur le droit privé*, dans les *Annales historiques de la Révol. franç.*, ann. 1925, p. 305-423.

Sur la réglementation de certaines cultures : Gondolff, *Le tabac dans le nord de la France* (Vesoul, 1910, in-8º) ; Letonnelier et Offner, *Sur l'histoire de la culture de la betterave sucrière et du pastel dans l'Isère sous le premier Empire*, dans les *Procès-verbaux de la Société scientifique du Dauphiné*, 1938, p. 404-409 ; Cl. Fohlen, *A propos du blocus continental ; le pastel toulousain*, dans les *Annales du Midi*, 1949, p. 413-421.

Sur la réglementation de l'élevage : Sirgant *L'élevage dans l'Ariège sous le Premier Empire*, dans le *Bulletin de la Société ariégeoise des sciences, lettres et arts*, ann. 1925, p. 277-284 ; — sur l'ensemble de la question L. de Lavergne, *L'Economie rurale de la France depuis 1789* (Paris, 1861, in-8º) ; et les monographies départementales déjà citées ; — sur les écoles vétérinaires, Arloing, *Le berceau de l'enseignement vétérinaire (Alfort)* (Paris, 1889). — QUESTIONS A ÉTUDIER : La législation de la vaine pâture et des droits d'usage, l'apparition des assurances agricoles, la réglementation des cultures nouvelles mériteraient des études d'ensemble.

Ce sont donc des lois partielles, ou encore le code civil, qui ont modifié, sur des points de détail, le régime de la propriété foncière : Sous le Directoire déjà, des discussions avaient eu lieu dans les assemblées législatives sur le domaine congéable, que certains auraient voulu rétablir dans sa forme antérieure à 1789. Déjà, au lendemain de brumaire, des propriétaires, enhardis par la réaction générale, avaient inséré dans leurs baux, avec la complicité des notaires, des articles tournant la législation révolutionnaire. Malgré cela, après d'assez longs débats, le Tribunat sous le Consulat, puis le Conseil d'État sous l'Empire, maintinrent la loi du 9 brumaire an VI, qui avait réglé le statut du domaine congéable en reprenant dans ses grandes lignes la loi du 6 août 1791.

Le Conseil d'État refusa aussi de rétablir les baux perpétuels : Tronchet, Portalis, Regnauld de Saint-Jean-d'Angély, déclarèrent que les baux de 99 ans autorisés par la loi étaient suffisants, que les baux perpétuels reconstitueraient la féodalité. Pelet de la Lozère, Maleville, Cambacérès soutinrent que les baux à rentes foncières perpétuelles avaient rendu de grands services dans le midi. Bonaparte répliqua qu'il n'en voyait pas l'utilité pour l'État ; son avis l'emporta ; si les baux à rentes foncières furent maintenus, la rente du moins en fut déclarée rachetable au bout de trente ans au plus.

Le code civil admit la publicité des hypothèques ; des actes translatifs de propriété à titre gratuit, susceptibles d'hypothèques, et des substitutions permises. Il supprima, en revanche, la publicité des conventions transférant la propriété à titre onéreux.

En ce qui concerne les baux, le code décida qu'ils ne seraient point résiliés d'office par la mort du bailleur ou par la vente de la chose louée par le bailleur (sauf article contraire du bail) de sorte que la condition du locataire en fut améliorée. Le code admettait aussi le renouvellement des baux par tacite reconduction, sauf congé signifié par le bailleur, ce qui était encore favorable au locataire. En revanche, le débiteur étant rendu personnellement responsable de sa dette ; le propriétaire pouvait faire saisir ses titres de rentes, actions obligations, et même sa personne, car la « contrainte par corps » était rétablie. Ce retour à une prescription de l'ordonnance de 1667 avait paru nécessaire pour garantir les propriétaires qui, « étant pour la plupart éloignés », dit le texte, pourront ainsi être plus sûrs de la fidélité de leur fermier. Sous ce rapport, le locataire, et plus spécialement le fermier était désavantagé.

Après brumaire, il était évident que la liberté de tester, qui avait été à peu près supprimée par la Convention, serait restaurée. La loi du 4 germinal an VIII (25 mars 1800) fit un premier pas en ce sens en élevant la quotité disponible au quart des biens lorsque le testateur avait trois enfants au plus, au cinquième lorsqu'il en avait quatre, et ainsi de suite, de manière qu'elle fût toujours égale à une part d'héritier. Le père recevait le droit d'accorder la quotité disponible à un de ses enfants.

Le code civil accrut encore la liberté de tester. Elle ne maintint la réserve qu'au profit des descendants et ascendants et décida que la quotité disponible — qui variait avec le nombre des héritiers réservataires — ne pourrait jamais être inférieure au quart ni excéder la moitié des biens. La quotité disponible pouvait toujours être attribuée à un héritier. Tout héritier donataire pouvait, en renonçant à la succession, garder ce qu'il avait reçu, à condition que le montant du don n'eût pas entamé la réserve des autres héritiers. Dans le cas d'une succession grevée de dettes, il pouvait ainsi se soustraire aux dettes qui retombaient sur les cohéritiers restants. C'était là une source d'inégalité flagrante, en même temps qu'une véritable injustice. Le code par toutes ces dispositions évoquait le droit d'aînesse, puisque le testataire, s'il le désirait, pouvait attribuer à l'aîné, en plus de sa réserve, la quotité disponible. Le code rétablissait également la substitution au premier degré, puisqu'il permettait de donner la quotité disponible à un parent du testateur, à charge par lui de la rendre aux enfants nés ou à naître de lui (art. 1048 et 1049). Ainsi le code civil permettait la conservation d'une moyenne propriété au profit d'un des enfants et de ses descendants. Mais, en autorisant tout héritier à sortir de l'indivision et en permettant à chacun d'exiger « la même quantité d'immeubles de même nature et de même valeur » (art. 815 et 832) ; il a contribué à accroître démesurément le morcellement du sol français.

C'est peut-être pour parer à cet inconvénient que Napoléon alla encore plus loin dans le rétablissement de l'ancien droit : par décrets des 30 mars 1806 et 1er mars 1808, il restaura, en les aggravant par la perpétuité, les « substitutions », qu'il appela « majorats » : les majorats devaient passer à l'aîné par succession « de mâle en mâle, par ordre de primogéniture ». Ils étaient inaliénables, soumis à la surveillance du « Conseil du sceau des titres », du Conseil d'État et de l'empereur. Les majorats avaient une double origine. Les uns étaient accordés, du propre mouvement de l'empereur, sur son domaine extraordinaire, c'est-à-dire sur les pays conquis, à des nobles de l'Empire. Ils devaient rapporter au moins 200.000 francs de rentes aux ducs, 5.000 francs aux barons. Les autres étaient constitués, sur demande, par des propriétaires, sur leurs domaines personnels. Tous étaient inaliénables, insaisissables, perpétuellement transmissibles sans testament.

La Convention s'était efforcée de répartir la propriété foncière entre le plus grand nombre possible de Français. Tel avait été le but des lois successorales, des lois sur la vente des biens nationaux et sur le partage des biens communaux. On conçoit que l'Empire ait eu d'autres soucis. Lors de la vente des biens nationaux qui restaient encore, lors de la vente des biens communaux qu'il ordonna, il eut en vue surtout le profit qu'en pourrait retirer l'État, et non les conséquences de la vente sur la répartition de la propriété.

Sous le Consulat, les ventes de biens nationaux eurent lieu d'abord sous le régime de la loi du 26 vendémiaire an VII (17 octobre 1798). La loi du 11 frimaire an VIII (2 décembre 1799) accéléra les paiements. Les ventes furent suspendues le 15 floréal an IX (5 mai 1801), pour reprendre un an plus tard sous un régime nouveau : la mise à prix devait se faire à un prix égal à dix fois le revenu pour les propriétés rurales, six fois pour les autres. Le tarif fut doublé le 26 février 1804, et les délais réduits : la première échéance était fixée à trois mois, les autres étaient réparties sur quatre ans, tout le paiement devant se faire en numéraire. Ce régime dura jusqu'à la fin de l'Empire et permit de vendre en moyenne, on l'a vu, pour 13 millions par an. Les acquéreurs furent surtout des bourgeois ou de gros cultivateurs. De 1806 à 1813, dans les Côtes-du-Nord, des nobles achetèrent le sixième des biens mis en vente. Ils s'efforcèrent ainsi de reconstituer leur ancienne propriété foncière. En 1814, on peut considérer la vente des biens nationaux comme terminée. Dans les Côtes-du-Nord, il ne restait plus que pour 70.000 francs de biens à vendre. Au total, la vente des biens nationaux transforma sérieusement l'aspect de la propriété rurale en France : la propriété ecclésiastique disparut complètement ; la propriété noble subit des pertes considérables. Les paysans pauvres n'accédèrent guère à la propriété, mais les paysans déjà propriétaires arrondirent leurs biens, les paysans riches et les bourgeois acquirent beaucoup. Il faudrait toutefois se garder de l'illusion que la nouvelle répartition de la propriété soit restée stable ; les mutations semblent avoir été fréquentes, mais jusqu'ici elles n'ont pas été étudiées. Aussi ne peut-on donner à leur sujet aucune indication.

Malgré la loi du 10 juin 1793, peu de communaux avaient été partagés. L'opération s'était souvent heurtée à l'hostilité de la population, fidèle aux usages communautaires. Ailleurs, les biens étaient trop petits pour être l'objet de partages. Ou bien encore ils étaient constitués par des alpages qui ne se prêtaient pas à la division. La loi du 21 prairial an IV (9 juin 1796) avait en fait aboli la loi de partage, et la loi du 9 ventôse an XII (29 février 1804) avait confirmé celle du 21 prairial : seuls les partages régulièrement effectués étaient maintenus. L'administration impériale s'efforça d'annuler le plus grand nombre possible de partages. Non qu'elle se montrât favorable à l'usage commun, mais elle poussait les communes à l'affermage des communaux, afin que le revenu pût en servir au traitement des ministres du culte et à l'entretien des chemins vicinaux. Elle poussait également à la vente, les communes achetant de la rente avec les sommes qu'elles retiraient des adjudications. Dans le Bas-Rhin, le préfet Laumond annula les partages effectués en 1793 sous les moindres prétextes, en 1810 le partage du communal d'Oberschaeffolsheim fut annulé pour absence de date. Naturellement les annulations de partage, les affermages, les ventes se faisaient au détriment des pauvres, qui perdaient sans compensation soit leur lot, soit leur droit d'usage.

Les pratiques de l'administration furent généralisées par la loi du 20 mars 1813. Cette loi, destinée à procurer des ressources au Trésor épuisé, transférait tous les communaux à la Caisse d'amortissement. La Caisse émettait des bons, et vendait les biens en contre-partie. Les communes étaient remboursées de leurs biens par des rentes sur l'État, dont le montant net annuel devait être égal au revenu des propriétés vendues. Mais les biens des communes étaient généralement affermés à des prix modiques, qui n'étaient que des cens recognitifs. L'État en les vendant un prix normal devait donc réaliser un bénéfice considérable. Il en attendait 230 millions de bénéfice ; mais la vente fut lente et suscita de nombreux conflits entre la régie des domaines, chargée de la vente, et les préfets, tuteurs des communes. Napoléon dut créer une commission chargée d'arbitrer les conflits. Dans le département de la Moselle, 300 acheteurs acquirent six cents lots pour trois millions, Briey voit ses biens communaux réduits de 80 à 12 hectares. Mais, dans d'autres régions, la vente se fit plus mal. Le décret du 7 juillet 1813 admit une baisse d'un cinquantième sur l'estimation d'un bien mis inutilement aux enchères. En octobre, il fallut consentir une nouvelle baisse. Pendant toute cette période, les communes ne touchaient plus ni fermages, ni rentes, ce qui contribua à augmenter encore le mécontentement contre l'empereur au moment précis où il aurait eu besoin d'une confiance accrue. Il est vrai que des capitalistes bourgeois ou ruraux bénéficièrent de ces ventes.

L'évolution générale de la répartition de la propriété foncière, et de son régime était tout à l'avantage de l'individualisme. Il n'est pas étonnant, qu'à défaut de code rural, l'administration soit intervenue pour réduire les droits d'usage, et notamment le parcours et la vaine pâture. Certes, légalement, les propriétaires pouvaient s'y soustraire par la clôture, mais l'imbrication des parcelles dans les différentes soles de la commune empêchaient pratiquement les propriétaires de clore. Il aurait fallu un remembrement. Un essai de remembrement eut lieu à Aiserey (Côte-d'Or), favorisé par le préfet et par François de Neufchâteau, — sénateur du département. Il ne semble pas que cet essai ait été imité. En revanche, le préfet de la Côte-d'Or utilisa son pouvoir réglementaire pour limiter les droits d'usage : il rappela l'interdiction de glaner avant la date fixée par les municipalités et appuya de son autorité la mise en défense des prairies nécessaires à la production des regains. On ignore, faute d'études, si ces initiatives furent copiées dans d'autres départements.

L'État laissa entièrement libres les cultures traditionnelles. Il se borna à favoriser l'expansion des assurances contre les calamités agricoles, dont la première formule semble avoir été trouvée à Toulouse en 1802 par un capitaliste, nommé Barreau. La Société créée par ce dernier indemnisait les cultivateurs victimes de la grêle et des épizooties. Elle fut étendue en 1805 à sept départements du sud-ouest. Une compagnie analogue fut fondée dans les Landes en 1808, approuvée par un décret impérial du 12 juillet de la même année. Un avis du Conseil d'État, du 30 septembre 1809, approuvé par l'empereur le 15 octobre suivant, reconnut d'utilité publique les assurances mutuelles contre les calamités agricoles. Une circulaire du ministre de l'intérieur aux préfets, le 24 janvier 1810, les invita à provoquer la formation de sociétés d'assurances agricoles dans tous les départements.

Le gouvernement impérial agit, en revanche, très énergiquement sur l'économie agricole pour encourager des cultures nouvelles destinées à remplacer les produits dont le blocus continental empêchait l'arrivée en France. C'est ainsi qu'il stimula la culture de la betterave à sucre, du pastel, destiné à produire un colorant bleu, du coton, de la chicorée, succédané du café, et du tabac.

En 1811, le ministre de l'intérieur décida que 100.000 hectares devraient être plantés en betteraves à sucre. Cette superficie fut répartie entre les départements, selon les aptitudes de chacun. Les préfets opérèrent une répartition entre les communes. Dans toute commune où aucun cultivateur n'ensemençait volontairement la surface imposée, on imposait l'obligation d'ensemencer un terrain communal ou de louer un champ destiné à recevoir des betteraves à sucre. En Alsace, les paysans se prêtèrent assez bien à cette culture ; en 1812, dans le Bas-Rhin, 4.000 hectares furent cultivés en betteraves alors qu'on n'en demandait que 3.000 au département : c'est que des fabriques de sucre de betterave s'étaient établies dans le département et que les cultivateurs étaient assurés d'un bon débouché. Dans la Côte-d'Or, en revanche, l'administration se heurta à la résistance passive des populations : les maires ne répondaient ni aux lettres ni aux circulaires relatives à la culture de la nouvelle plante. Le sous-préfet de Châtillon finit par envoyer un « piéton » dans chaque commune : on lui répondit « qu'on ne s'était pas encore occupé de la culture de la betterave » ou « qu'on s'en occuperait l'année prochaine » ou encore que « le sol ne convenait pas ». Dans beaucoup de communes, le maire dut lui-même ensemencer la superficie obligatoire — ou bien encore celle-ci fut répartie entre tous les cultivateurs, qui eurent à cultiver en betteraves une surface dérisoire. On assista, en somme, à un véritable sabotage des ordres ministériels. En Bretagne, il en fut de même. Sur les 400 hectares qu'auraient dû ensemencer les Côtes-du-Nord, une vingtaine seulement furent mis en culture. Dans la Haute-Garonne, sept hectares seulement furent plantés en betteraves.

La culture du pastel, très prospère au moyen âge dans la région de Toulouse et d'Albi, y reprit facilement sur les injonctions gouvernementales en 1811. Trois écoles expérimentales pour la culture du pastel furent créées à Albi, Quiers (Pô) et Borgo-San-Sepolcro (Arno). En Alsace, le pastel réussit assez bien. Dans le Haut-Rhin, une centaine d'hectares lui furent consacrés. Une société pour la culture du pastel fut créée en 1812 à Mulhouse, au capital de 40.000 francs. Dans la Côte-d'Or, il fut aussi l'objet de quelques tentatives éphémères de culture.

Le gouvernement impérial fit tenter la culture du coton en Corse, en Italie et dans les départements du midi. La plupart du temps ces expériences échouèrent. Par des avances, des prêts, il favorise dans le Nord la culture de la chicorée, succédané du café. Enfin le tabac fut plus largement cultivé, malgré la réglementation consécutive au monopole de l'État.

Le gouvernement impérial s'intéressa à l'élevage, surtout à l'élevage des chevaux, indispensables à l'armée et à celui des moutons, dont la laine était non moins utile aux soldats. Il existait avant la Révolution deux écoles vétérinaires, celle de Lyon, créée en 1761 et celle d'Alfort, établie en 1766. Le gouvernement développa surtout l'école d'Alfort qui reçut un nouveau statut par décret du 15 janvier 1813 et devint école de première classe. Elle était ouverte gratuitement à tout fils de cultivateur, de vétérinaire, de maréchal ferrant et de maître de poste agréé par le préfet et nommé par le ministre, pourvu qu'il pût fournir un cautionnement de 600 francs et s'engager à résider six ans dans son département d'origine. Les élèves sortaient d'Alfort avec le titre de « médecin vétérinaire ». L'école de Lyon était seulement une école de deuxième classe, les élèves ne recevaient à leur sortie que le titre de « maréchal-vétérinaire ». A Toulouse, le département avait organisé une école privée, qui ne devint nationale qu'en 1825. Trois autres écoles furent créées sous l'Empire à Turin, Aix-la-Chapelle et Zutchen (Hollande).

La Constituante avait supprimé le 29 janvier 1790 les haras royaux. Le décret du 4 juillet 1806 établit en France six haras nationaux et trente dépôts d'étalons ; il ouvrait en outre un crédit de deux millions destinés à l'allocation de primes aux éleveurs et de prix pour les courses de chevaux. Une administration des haras fut créée.

Les courses de chevaux avaient été officiellement organisées par le décret du 31 août 1805 dans les six départements plus particulièrement adonnés à l'élevage du cheval : Orne, Corrèze, Seine, Côtes-du-Nord, Sarre, Hautes-Pyrénées. Les courses furent d'abord subventionnées par les conseils généraux et les conseils d'arrondissement, puis par le gouvernement. Dans les Côtes-du-Nord, le nombre des chevaux participant aux courses ne cessa de croître jusqu'en 1809, pour diminuer par la suite. Des courses furent aussi organisées dans le département de la Seine et dotées de 15.600 francs de prix annuels. En 1813, une décision du ministre de l'intérieur répartit les courses en trois classes, le montant des prix variant selon la classe.

Pour encourager l'élevage du mouton, le gouvernement impérial se préoccupa d'abord de la destruction des loups, grands mangeurs de moutons. Les officiers de louveterie, qui existaient sous l'ancien régime, avaient été supprimés par les décrets des 2-3 avril 1790 et la loi du 30 avril suivant. La destruction des loups avait été abandonnée aux particuliers, en faveur desquels des primes étaient prévues. Mais ces mesures avaient été insuffisantes et les loups s'étaient multipliés. Par décret du 8 fructidor an XII (26 août 1804), le gouvernement impérial rétablit les « officiers de louveterie », sous la direction du « Grand veneur » (le maréchal Berthier). Le décret du 1er germinal an XIII (22 mars 1805) décida qu'il y aurait un « lieutenant de louveterie » par département et un « capitaine » par conservation des eaux et forêts. Les fonctions d'officier de louveterie, conférées pour un an, étaient purement honorifiques et confiées, autant que possible, à des gens riches, pouvant entretenir les valets et équipages prévus par le décret. Des battues eurent lieu. En 1813, dans les Côtes-du-Nord, 82 loups furent tués ! L'élevage du mouton en fut d'autant facilité.

Mais Napoléon désirait que les races de moutons fussent améliorées par croisement avec des mérinos espagnols. Il fit acheter en Espagne des béliers, reconstitua le « dépôt de mérinos » créé à Rambouillet en 1786 et développa l'école de bergers que le Directoire y avait établi en 1798. En 1807, un nouveau dépôt de mérinos fut fondé à Clermont-sur-Loire (Loire-Inférieure). Le décret du 8 mars 1811 prescrivait la création, dans les deux ans, de soixante dépôts de 150 à 250 béliers mérinos. Des inspecteurs généraux et des inspecteurs particuliers furent chargés de surveiller ces dépôts. En 1813, le ministre de l'intérieur ordonna aux préfets de former dans les départements des « jurys pastoraux » composés de membres des sociétés d'agriculture, de propriétaires, de négociants ou industriels en laine. Ces jurys devaient récompenser les meilleurs éleveurs : la catastrophe de 1814 ne leur permit pas de fonctionner.

Le gouvernement impérial réorganisa aussi l'administration des forêts. Depuis la loi du 29 septembre 1791, la conservation générale des forêts dépendait de la régie de l'enregistrement. Le 16 nivôse an XI (6 janvier 1801), elle devint autonome. A sa tête, cinq « administrateurs des eaux et forêts » résidaient à Paris, la France était divisée en une trentaine d'arrondissements forestiers, dirigés chacun par un « conservateur des eaux et forêts ». Dans chaque arrondissement communal devait résider un inspecteur. La nouvelle administration entreprit une œuvre considérable de reboisement : l'arrêté du 2 juillet 1801 ordonna la plantation de pins dans les landes de Gascogne. Plus de 4.000 hectares de forêts furent reconstitués dans le Bas-Rhin, entre 1800 et 1806. Dans le Haut-Rhin, et pour le seul arrondissement de Colmar, 665 hectares de forêts communales et 291 hectares de forêts nationales furent ensemencés durant le premier trimestre de l'an XIII. Une poursuite active de tous ceux qui dévastaient les forêts fut organisée. La pâture dans les forêts nationales fut rigoureusement interdite.

Cultures industrielles nouvelles, élevage du cheval et du mouton, forêts, tels sont les secteurs de l'économie agricole où l'intervention de l'État se fit le plus nettement sentir.

II

LA LÉGISLATION DE LA PRODUCTION INDUSTRIELLE[1]

Le gouvernement impérial se montra beaucoup plus interventionniste en matière de production industrielle qu'en ce qui concerne l'économie agricole.

1. DOCUMENTS ET OUVRAGES A CONSULTER. — Outre les textes, déjà cités au début de ce chapitre, voir : *Statistique générale et particulière de la France* (Paris, an XII, 7 vol. in-8º) ; Peuchet, *Statistique élémentaire de la France* (Paris, 1805, in-8º) ; *Annales de chimie* (Paris, 1789-1816, 96 vol. in-8º et 3 vol. de tables ; *Annales des arts et manufactures* (Paris, an VIII-1815, 56 vol. in-8º) ; *Journal des mines* (Paris, an III-1815, 38 vol. in-8º et 2 vol. de tables) ;

Napoléon aurait voulu surveiller les ouvriers comme il faisait des soldats, et réglementer l'industrie à sa guise. S'il ne rétablit pas corporations, maîtrises et jurandes, c'est qu'il se heurta à l'opposition déterminée des chambres de commerce. Mais il s'efforça de restreindre la liberté de l'ouvrier, et par différents moyens d'orienter la production selon ses desseins politiques.

Aucun code ouvrier ne fut promulgué, ni même préparé sous le Consulat et l'Empire. Mais la loi du 22 germinal an XI (12 avril 1803) rappela toutes les prescriptions promulguées depuis 1789 sur les rapports entre l'ouvrier et le patron : la loi interdit les coalitions, tant celles des entrepreneurs pour amener une baisse des salaires, que celles des ouvriers qui, par recours à la grève essaieraient de forcer le patron à augmenter leurs salaires. Mais les peines prévues étaient différentes selon qu'il s'agissait du patron ou de l'ouvrier : l'entrepreneur convaincu de coalition était passible d'une amende de 100 à 3.000 francs et d'un emprisonnement d'un mois au maximum, encore fallait-il

---

Vital-Roux, *Rapport sur les jurandes et maîtrises* (Paris, 1805, in-8°) ; Chaptal, *De l'industrie française*, 1819 ; — sur le statut des ouvriers : Ballot, *L'introduction du machinisme dans l'industrie française* (Paris, 1923, in-8°) ; de Charmeil, *Les associations professionnelles de 1789 à nos jours* (Paris, 1903, in-8°) ; Defrennes, *La coalition ouvrière de 1789 à nos jours* (Paris, 1903, in-8°) ; Mlle Impériali, *Note sur le compagnonnage des ouvriers papetiers après la Révolution*, dans les *Annales histor. de la Révolution franç.*, ann. 1929, p. 492-498 ; E. Levasseur, *Histoire des classes ouvrières et de l'industrie en France*, t. I, 2ᵉ édition (citée p. 181) ; Martin-Saint-Léon, *L'évolution de l'idée corporative depuis 1791* (annexe à l'*Histoire des corporations de métiers*, Paris, 1897, in-8°) ; du même, *Le compagnonnage, son histoire* (Paris, 1901, in-8°) ; G. Mauco, *Les migrations ouvrières en France au début du XIXᵉ siècle (1808-1813)* (Paris, 1932, in-8°) ; Office du Travail (ministère du commerce), *Les associations professionnelles ouvrières* (Paris, 1899-1901, in-8°) ; Paul-Louis, *Histoire du mouvement syndical en France* (Paris, 1947, in-16) ; du même, *Histoire de la classe ouvrière en France, de la Révolution à nos jours* (cité p. 181) ; G. Vauthier, *Les ouvriers de Paris sous le premier Empire*, dans la *Revue des études napoléoniennes*, ann. 1913, t. II, p. 426-451. Sur l'enseignement technique, J.-B. Artz, *L'enseignement technique en France* dans la *Revue histor.*, t. CXCVI (1946), p. 257-286 et 385-407 ; Guettier, *Histoire des écoles d'arts et métiers* (Paris, 1880, in-8°) ; F. Euvrard, *Histoire de l'École nationale d'arts et métiers de Châlons* (Paris, 1895, in-8°) ; E.-M. Lévy, *Le conservatoire national des arts et métiers*, dans les *Annales du Conservatoire*, ann. 1933, p. 16-30 ; — sur les rapports de l'État et des manufactures, Ch. Ballot, *L'introduction du machinisme dans l'industrie française* (*op. cit.*, p. 176) ; du même, *Les prêts aux manufactures*, dans la *Revue des études napoléoniennes*, 1912, t. II, p. 45-77 ; Gondolff, *Le tabac dans le Nord de la France* (cité p. 564) ; G. Mathieu, *De quelques conséquences du blocus continental en Corrèze, du point de vue industriel* (Paris, 1916, in-8° de la série des « Mémoires et documents pour servir à l'histoire de l'industrie et du commerce », publiés par Hayem) ; R. Meynier, *L'industrie française de 1800 à 1814*, dans la *Revue de l'Institut Napoléon*, ann. 1938, p. 65-80 ; Ponteil, *La situation économique du Bas-Rhin au lendemain de la Révolution française*, thèse de droit (Strasbourg, 1927, in-8°) ; C. Schmidt, *Les débuts de l'industrie cotonnière en France*, dans la *Revue d'hist. économique*, ann. 1914-19, p. 26-55 ; — de Warenghien, *Histoire des origines de la fabrication du sucre dans le département du Nord*, dans les *Mémoires de la Soc. d'agriculture, sciences et arts du Nord*, t. XII (1909-10), p. 215-627 ; O. Viennet, *Napoléon et l'industrie française : la crise de 1810-1811* (Paris, 1948, in-8°) ; — sur le régime des mines de houille, Rouvière, *L'exploitation des mines nationales du Gard* (Nîmes, 1901, in-8°) ; Vuillemin, *Les mines de houille d'Aniche* (Lille, 1879, in-8°) ; du même, *Le bassin houiller du Pas-de-Calais, son histoire* (Lille, 1880-85, 2 vol., in-8°). — QUESTIONS A ÉTUDIER : L'organisation des confréries ouvrières, des sociétés de secours mutuels, le fonctionnement des conseils de prud'hommes, l'application de la législation ouvrière sous le Consulat et l'Empire n'ont fait l'objet d'aucune monographie. Il conviendrait d'étudier aussi le Conseil des fabriques et manufactures, ainsi que les chambres consultatives des arts et du commerce.

que le caractère de la baisse projetée fût nettement abusif ou injuste ; l'ouvrier, au contraire, était puni, s'il y avait commencement d'exécution, d'un emprisonnement qui pouvait atteindre trois mois. En cas de voies de fait, les auteurs et complices étaient punis des peines prévues au code pénal. L'innovation par rapport à la loi Le Chapelier résidait dans la punition des coalitions de patrons, mais les patrons étaient proportionnellement moins frappés que les ouvriers ; qui d'ailleurs déterminerait si la baisse concertée par les patrons était injuste ou abusive ?

L'arrêté du 9 frimaire an XII (1er décembre 1803) complétait la loi en aggravant singulièrement la situation de l'ouvrier. Celui-ci était obligé de se munir d'un livret délivré par la police ou la municipalité du lieu de résidence. L'entrepreneur détenait le livret pendant que l'ouvrier travaillait chez lui, tous les emplois successifs de l'ouvrier devaient y être mentionnés. Lorsqu'il se déplaçait, l'ouvrier devait être porteur de son livret et d'un passeport. Tout ouvrier en voyage et dépourvu de ces deux documents était tenu pour vagabond et passible de six mois de prison. Ainsi l'institution du livret — qui ne devait disparaître qu'en 1890 — plaçait l'ouvrier sous la surveillance constante de la police.

Le code civil n'accorde que très peu d'attention à l'ouvrier. L'article 1710 définit le louage d'ouvrage. Les articles 1779 et 1781 déclarent que nul ne peut louer ses services qu'à temps et pour une entreprise déterminée. La seule affirmation du patron suffit à établir la quotité du salaire et la preuve de son paiement, ce qui est en contradiction avec les principes mêmes du code civil.

Quant au code pénal, il reproduit la loi du 22 germinal an XI ; de plus, l'article 416 réprime toute entrave à la liberté du travail. Il augmente également les peines prévues à l'encontre des coalitions ouvrières : les meneurs pourraient être punis de 2 à 5 ans de prison. Cambacérès avait insisté pour l'aggravation des peines, car, avait-il déclaré, les « coalitions pouvaient dégénérer rapidement en émeutes ».

Le gouvernement impérial se préoccupa du recrutement de la main-d'œuvre. Il craignait le chômage, générateur de troubles sociaux. L'ordonnance du 20 pluviôse an XII (10 février 1804) autorisa les bureaux de placement, à condition qu'ils ne fussent organisés ni par les ouvriers, ni par les patrons. L'ouverture de ces bureaux fut confiée, en général, aux municipalités. Mais de 1800 à 1814, il n'y eut guère de chômage. La guerre prenait trop d'hommes et la demande de main-d'œuvre fut supérieure à l'offre. L'État se fit fournisseur d'ouvriers. Il permit aux industriels de puiser dans les réserves de l'assistance publique et de recruter largement des femmes. C'est sous l'Empire, en effet, que l'usage d'employer beaucoup de femmes et d'enfants dans l'industrie se répandit largement. A Toulouse, la manufacture de coton de Boyer-Fonfrède employait surtout les enfants de l'assistance publique. Ils travaillaient treize heures par jour ; le patron vantait l'excellence du régime auquel ils étaient soumis : le dimanche, on les peignait, on les lavait « à l'eau chaude » et on les changeait de linge.

En revanche, la manufacture Delaitre, près d'Arpajon, exigeait seize heures de travail par jour. La journée de travail, en effet, n'était limitée que par l'arbitraire des patrons, sauf pour les ouvriers du bâtiment, à Paris, où, d'après une ordonnance du préfet de police du 26 septembre 1806, nul ne devait travailler plus de onze ou douze heures par jour.

Aucune organisation ouvrière n'était en mesure de protester contre la situation faite aux travailleurs, et l'État veillait soigneusement à empêcher les ouvriers de se grouper. Pourtant les sociétés fraternelles, les confréries artisanales qui existaient avant la Révolution se reconstituèrent. A Paris, la confrérie Sainte-Anne, qui groupait les menuisiers, s'étant dès 1792 transformée en « Société fraternelle de secours », le gouvernement consulaire la laissa vivre. Il autorisa en 1801 la reconstitution de la confrérie des typographes sous le nom de « Société des amis de l'humanité ». En 1799, 45 sociétés de secours mutuels existaient, dont seize à Paris. Beaucoup d'autres se créeront de 1800 à 1814, tant à Paris qu'en province : gantiers de Grenoble, chapeliers, charpentiers, orfèvres à Paris, ouvriers en soie de Lyon, chapeliers et cordonniers de Saint-Étienne, etc. L'État les surveilla de près, les réglementa, s'assura qu'elles ne sortaient pas du cadre qu'elles s'étaient assigné, dispensa des secours aux ouvriers malades ou âgés. Le décret du 26 mai 1813 fixa les statuts de la « Société fraternelle » des mineurs de L'Ourthe. Le conseil d'administration, composé de dix membres, ne comprenait que deux maîtres-mineurs et un ouvrier houilleur. Les fonds provenaient des versements consentis par l'État, d'une retenue de 2 % sur les salaires, d'un versement des propriétaires des mines à raison de 0,4 % des salaires. La société distribuait des pensions et des secours. C'était un premier essai d'assurances sociales ; mais les ouvriers n'avaient, pour ainsi dire, aucune part à la gestion de la caisse.

Les ouvriers n'avaient guère confiance dans ces associations constamment surveillées. Ils préféraient leurs vieux compagnonnages, toujours sévèrement interdits et traqués par la police, qui les soupçonnait — avec raison — d'être à l'origine de toutes les coalitions. La police enquêtait sans cesse pour savoir si les sociétés de secours mutuels ne masquaient pas des compagnonnages. En 1810, une caisse de bienfaisance organisée à Mulhouse par les ouvriers que la crise économique réduisait au chômage, fut dissoute par la police. Les ouvriers en conçurent un vif mécontentement. Le maire donna sa démission. La garde nationale fut utilisée pour maintenir l'ordre. L'agitation resta sporadique jusqu'en 1811. La même année, dans la Haute-Garonne, des troubles sont déclenchés par les compagnonnages, des compagnons sont emprisonnés. En 1806, le *Journal de la Côte-d'Or* annonce avec inquiétude que les compagnonnages n'ont pas disparu : « Ces coteries, écrit-il, sont une vraie peste publique », et il ajoute que « les autorités ont l'œil ouvert sur ces sociétés illicites ».

Pourtant l'Empire s'efforça de résoudre les conflits entre patrons et ouvriers. La loi du 18 mai 1806 décida la création d'un « Conseil de prud'hommes » à Lyon. Les décrets des 11 juin 1809, 3 août et 5 septembre 1810 généralisèrent l'institution.

Les conseils de prud'hommes étaient composés de cinq à quinze membres, choisis, les uns parmi les marchands-fabricants, les autres parmi les ouvriers, contremaîtres et chefs d'atelier ; mais les patrons y avaient toujours la majorité. Les prud'hommes devaient être élus par les patrons exerçant depuis six ans (à l'exclusion des faillis) et par les ouvriers qui avaient six ans d'ancienneté et qui savaient lire et écrire : la majorité des ouvriers étaient donc éliminés de ces élections, parce qu'illettrés.

Le conseil des prud'hommes pouvait fonctionner, soit en « bureau général », soit en « bureau particulier ». Dans le premier cas, il comprenait au moins les deux tiers de ses membres et jugeait les infractions aux lois et règlements relatifs à la police de l'industrie, ainsi que les petits différends entre ouvriers ou entre patrons et ouvriers. Dans le second cas, composé d'un patron et d'un ouvrier, il devait s'efforcer de concilier les querelles de faible importance.

Les jugements des conseils de prud'hommes étaient sans appel si la peine n'excédait pas cent francs d'amende, en cas d'appel on devait recourir au tribunal de première instance ou au tribunal de commerce. En cas de « manquements graves des apprentis envers les maîtres », les conseils pouvaient infliger jusqu'à trois jours de prison. C'était donc une discipline quasi militaire que ces conseils appliquaient. Ils rendirent cependant d'utiles services aux ouvriers et aux patrons.

Le gouvernement impérial qui, par suite des progrès de l'industrie, avait besoin d'un grand nombre d'ouvriers qualifiés développa l'enseignement technique plus qu'aucun de ses prédécesseurs. En 1789, il n'existait en France qu'une seule école technique, l'école d'apprentissage créée à Liancourt en 1786 par le duc de La Rochefoucauld. Mais elle avait presque entièrement cessé de fonctionner en 1789. En 1800, l'école de Liancourt fut transférée à Compiègne et forma l'une des trois écoles du « Prytanée français », les deux autres étant des écoles militaires. Trois ans plus tard, l'école d'apprentissage était transformée en « école d'arts et métiers ». Les cours furent réorganisés par un comité où figuraient notamment Monge, Berthollet et Laplace. En 1806, l'école fut transférée à Châlons-sur-Marne, où elle est demeurée jusqu'aujourd'hui. Elle recevait chaque année 100 à 200 élèves âgés de plus de huit ans. Ceux-c étudiaient, de 8 à 10 ans, la lecture, l'écriture, la grammaire, le calcul, le dessin, de 12 à 14 ans la trigonométrie, la géométrie. Tous faisaient du travail d'atelier sous la direction de forgerons, charpentiers, ébénistes, charrons. L'école de Châlons passa alors pour la meilleure d'Europe. Une deuxième école d'arts et métiers fut créée à Beaupréau en 1804, elle devait être transférée à Angers en 1815 ; mais elle fut moins fréquentée que la première. Une autre école encore fut ouverte à Trèves, Napoléon projetait d'en créer à Laibach et à Prato.

Le « Conservatoire des arts et métiers », créé en 1794, se développa. Au musée s'adjoignirent des cours suivis par les meilleurs élèves de l'école de Châlons. En 1810, le Conservatoire comptait 300 élèves ; des prix furent décernés aux meilleurs d'entre eux, en 1811.

Napoléon aurait voulu faire de la France une grande puissance industrielle : C'est un des buts qu'il se proposa quand il organisa le système continental. Il aurait voulu diriger lui-même l'industrie comme il déplaçait ses régiments. Mais devant le libéralisme obstiné des industriels de son temps, il n'osa intervenir directement, sauf en ce qui concerne l'industrie des mines, qui était plus ou moins contrôlée par l'État depuis une cinquantaine d'années.

Une nouvelle loi sur les mines était indispensable, car il y avait contradiction entre le code civil, qui, dans son article 552 avait posé en principe que le sous-sol appartenait au propriétaire du sol, et la loi sur les mines de 1791, qui conciliait les droits sur le sous-sol du propriétaire, de l'exploitant et de l'État. Napoléon aurait voulu que l'État fût le véritable propriétaire des mines. Il avait dit : « On peut, si l'on veut, ne pas dire expressément que les mines font partie du domaine public, mais j'entends, qu'au fond, cela soit ainsi. » Après de longues discussions, la rédaction de la loi fut achevée le 21 avril 1810. Elle distinguait les mines en « galeries », « minières à ciel ouvert » et « carrières de pierres et de terre ».

Les « carrières de pierres et de terre » restaient soumises au droit commun : le propriétaire du sol pouvait les exploiter à sa guise. Pour les minières, on prévoyait une restriction au droit de propriété : le propriétaire devait, pour les exploiter, obtenir une autorisation délivrée par l'administration. Si, dans le voisinage, il y avait des maîtres de forge, ceux-ci pouvaient prétendre, malgré le propriétaire, au droit d'exploiter, à la condition, naturellement, de verser une indemnité à celui qu'ils évinçaient ; dans ce cas, le droit de propriété était sacrifié à l'intérêt de l'État. Le régime des mines proprement dites était encore plus strictement réglementé. Les mines, en effet, ne pouvaient être exploitées, même par le propriétaire, qu'en vertu d'un acte public de concession, et l'État n'accordait de concession qu'aux candidats (français ou étrangers) qui lui paraissaient le mieux outillés. La concession, une fois accordée, était perpétuelle et transmissible comme une véritable propriété. Le concessionnaire devenait propriétaire de la mine ; il devait indemniser le propriétaire du sol, l'inventeur de la mine et payer une redevance à l'État. Cette loi favorisa les industriels riches et permit la fondation d'une véritable féodalité de maîtres de forge propriétaires de mines, tels les de Wendel à Moyeuvre, les Périer et Lecouteulx à Anzin... Pour surveiller l'application de la loi, un « corps impérial des mines » fut créé par décret du 18 novembre 1810, avec une hiérarchie d'ingénieurs et d'inspecteurs généraux. Les « inspecteurs généraux » formaient le « conseil général des mines », chargé de donner un avis sur toutes les demandes de concessions. Les « ingénieurs des mines », répartis entre les divisions et les « arrondissements minéralogiques », étaient chargés de vérifier l'application des règlements de sécurité dans l'exploitation.

En ce qui concerne les autres industries, à part l'article 418 du code pénal, qui punit de prison et d'amende toute personne ayant livré des secrets de fabrication, le gouvernement impérial n'intervint qu'indirectement par des subventions, des prêts, des prix. Les subventions étaient destinées à soutenir l'établissement de nouvelles usines. Ainsi, Bonaparte souscrivit 500.000 fr. lors de la création par un certain Masclet d'une manufacture à Douai. D'autres subventions étaient prévues pour parer au chômage. Napoléon, en effet, redoutait les conséquences du chômage : « Je crains les insurrections fondées sur un manque de pain, disait-il, je craindrais moins une bataille de 200.000 hommes. » En l'an IX, sur le conseil de Chaptal, Bonaparte prête diverses sommes à des filateurs et tisseurs de laine et de coton de Sedan, Orléans, Troyes, Amiens, Paris. En l'an XII, il fait commander par le ministre de l'intérieur pour 100.000 francs de cuivre, tôle, fers vernis à une usine parisienne en difficultés.

Pendant l'hiver 1806-1807, une crise économique se développa, faute de débouchés ; plusieurs usines durent fermer. Napoléon acheta sur sa cassette personnelle pour deux millions de soieries à Lyon, pour un million de tissus dans la région rouennaise. Le 27 mai 1807, au camp d'Osterode, il décréta que la caisse d'amortissement disposerait de six millions pour prêts aux manufactures. Cette somme était gagée sur les marchandises en magasin, l'intérêt du prêt ne devait pas dépasser 2 %. Mais ce furent surtout les gros industriels qui bénéficièrent de cette mesure ; les « chambrelans » n'en profitèrent pas : isolés au milieu des villes, leur mécontentement était moins dangereux que celui d'une grande masse ouvrière soudain privée de son gagne-pain. Au reste, les gros industriels eux-mêmes n'accueillirent pas avec beaucoup de plaisir un prêt qui leur laissait une charge assez lourde. Ils préféraient vendre à perte plutôt que d'immobiliser longuement leurs marchandises. Les remboursements des prêts furent difficiles et irréguliers.

En 1808, Napoléon désireux de répandre la machine à filer la laine, que l'Anglais Douglas venait d'importer en France, proposa aux huit premiers industriels qui l'adopteraient une avance de 20.000 francs, remboursable en quatre ans, moyennant hypothèque d'un immeuble libre valant au moins 30.000 francs. Cette offre n'eut guère de succès. Trois industriels seulement y eurent recours.

En 1810, une nouvelle crise industrielle se produisit, Napoléon envisagea alors la création d'un établissement permanent « tenant à la fois du caractère de la banque et du mont-de-piété ». Effectivement, en 1811, à Amiens, une « caisse de prêts sur consignation est organisée ». La caisse avançait aux industriels des prêts à 5 % remboursables par quart, de mois en mois. Le prêt était égal à la moitié ou aux deux tiers des marchandises consignées. La caisse ne réussit que médiocrement. Elle prêta à peine une centaine de mille francs, et Napoléon renonça à généraliser l'expérience. Pour résorber la crise, il préféra avoir recours au même moyen qu'en 1807 : il fit acheter en grand secret de gros stocks de calicot à Gand, Saint-Quentin et Rouen. Ces achats amorcèrent en quelque sorte la « reprise », et le gouvernement put revendre sans perte les étoffes qu'il avait achetées. En même temps, Napoléon distribuait des secours individuels à quelques gros industriels : un million à Richard-Lenoir, qui employait 12.000 ouvriers, deux millions à Gros-Davillier, cotonnier à Wesserling, dans le Haut-Rhin ; un million et demi à Tassin, fabricant de lainages à Orléans — ce qui ne le sauva point de la faillite — 500.000 francs à Bauwens, filateur à Gand et Paris ; 200.000 francs à l'imprimeur parisien Agasse... Ces secours étaient remboursables à des conditions et dans des délais variables. Au vrai, il s'agissait avant tout d'éviter le chômage ; c'était donc une mesure plus politique qu'économique. Mollien, qui se montra très opposé à ces subventions, estimait qu'elles atteignirent 18 millions, dont la moitié fut récupérée avant 1814.

Ce sont aussi des raisons à la fois politiques et économiques qui amenèrent l'empereur à créer des industries nouvelles pour fabriquer les produits que le blocus empêchait de pénétrer. Le ministère de l'intérieur encouragea, à partir de 1808, la fabrication du sucre de raisin en Piémont et dans le Languedoc. Les produits obtenus restèrent médiocres. En 1810, un certain Fouques, de Draguignan, réussit à produire du sucre de raisin dont le prix de revient était plus bas que celui du sucre de canne. L'empereur lui attribua une récompense de 40.000 fr. Mais la qualité du sucre était inférieure. Le ministère envoya le chimiste Prost dans le département de l'Hérault pour y créer une fabrique modèle de sucre de raisin. Celle-ci n'arriva pas à produire un sucre qui pût rivaliser avec le sucre de canne. Les tentatives faites pour fabriquer du sucre de châtaigne n'eurent guère de succès. On songea alors au sucre de betterave. Dès 1747, le savant allemand, Margraf, avait tenté l'extraction du sucre de betterave. Un huguenot émigré, Achard, reprit les expériences de Margraf et reçut les encouragements de Frédéric II. En 1799, Achard, réussit à fabriquer un excellent sucre de betterave et adressa au gouvernement français un mémoire sur son procédé. Bonaparte présenta le mémoire à l'Institut, qui conclut d'une manière favorable : mais la paix fut signée en 1802, et l'on ne s'occupa plus du sucre de betterave. En 1808, avec l'établissement du système continental, les expériences furent reprises. L'année suivante, Baruel et Ainard traitent, aux frais de l'État, des betteraves sucrières dans la banlieue parisienne, un cultivateur, Scey, fonde une grande fabrique de sucre de betterave dans le Doubs. En 1810, le ministère publia des instructions sur la fabrication du sucre de betterave, rédigées par Baruel et Deyeux. Par décret du 25 mars de la même année, Napoléon promit une prime de 600.000 francs à quiconque fabriquerait du sucre de betterave égal en prix et en qualité au sucre de canne. Le 15 janvier 1812, le gouvernement créait cinq écoles destinées à enseigner la fabrication du sucre de betterave. Elles étaient situées à Wachenheim (Mont-Tonnerre), Strasbourg, Douai, Castelnaudary et dans la plaine des

LES INSTITUTIONS ÉCONOMIQUES 579

Vertus, près de Paris. Chacune devait recevoir cent élèves. Il fut prélevé en même temps sur la liste civile les fonds nécessaires à l'établissement d'une usine propre à traiter deux cents tonnes de sucre brut par an. Les usines privées furent dotées de privilèges, exemptées pendant quatre ans d'impôts et de droits d'octroi. Le gouvernement espérait parvenir à la fondation d'au moins une usine par département et espérait que la production se monterait à 2.000 tonnes par an, mais ce chiffre était loin d'être atteint en 1814, date à laquelle la phase des expériences était à peine dépassée.

C'est pour parer à la pénurie d'indigo que le gouvernement s'efforça d'encourager la fabrication du colorant bleu à partir du pastel, dont la culture, nous l'avons vu, avait repris, surtout en Languedoc. Des « instructions » sur la fabrication du pastel furent rédigées par Chaptal, Bardel, Thénard, Gay-Lussac et Roard. Le 14 janvier 1813, un décret décida la création de trois fabriques impériales d'indigo pastel à Toulouse, Turin et Florence. Des exemptions de droits et des primes étaient promises à tous ceux qui justifieraient d'une production de 200 kilos d'indigo-pastel. Fouques, d'Albi, reçut 10.000 francs pour agrandir son « indigoterie ». En même temps, les droits sur l'indigo étranger passaient de 100 à 200 francs par quintal.

Pour stimuler l'industrie d'une manière générale, le Consulat et l'Empire reprirent la tradition des expositions que le Directoire avait inaugurée en 1798. Une exposition eut lieu en septembre 1801 et réunit 229 participants. Un jury national récompensa les meilleurs exposants. L'année suivante, nouvelle exposition, où l'on remarqua surtout les draperies de Sedan. Mais la plus importante exposition fut celle qui s'ouvrit à Paris le 25 mai 1806. Mille quatre cent vingt-deux industriels ou agriculteurs y prirent part. On y distingua surtout les produits textiles. Le fabricant d'indiennes Haussmann et les filateurs Dollfuss et Mieg obtinrent des médailles de première classe. Les produits de l'industrie métallurgique étaient nombreux eux aussi.

En matière industrielle, l'Empire concilia donc le libéralisme, qui s'était développé depuis une quarantaine d'années avec l'économie dirigée, renouvelée de Colbert.

III

LES ÉCHANGES INTÉRIEURS[1]

En matière d'institutions commerciales, il faut distinguer nettement entre échanges intérieurs et commerce extérieur. L'Empire se contenta de surveiller les premiers ; il dirigea le second au point de l'étatiser.

---

1. DOCUMENTS ET OUVRAGES A CONSULTER. — Les documents officiels fournissent assez peu de renseignements sur les institutions commerciales. Il faut recourir aux archives privées, rares et difficilement accessibles (par exemple, les archives des banques et des vieilles maisons de commerce). On consultera néanmoins avec fruit les journaux, les annuaires départementaux et locaux, les mémoires, les récits de voyage, etc. On trouvera aussi des renseignements dans les statistiques départementales, les procès-verbaux des conseils généraux et municipaux, les

Alors que le code industriel fut à peine ébauché, que le code rural ne put voir le jour, un code de commerce fut promulgué le 15 septembre 1807, après que les chambres de commerce eurent donné leur avis sur les points les plus importants. Ce code est une œuvre peu originale. Il reproduit, dans la plupart de ses dispositions, les ordonnances de Colbert, édit de 1673 et ordonnance de marine de 1681. Il ne répondait déjà plus aux besoins nouveaux, notamment en matière de finances (il ne connaît que la lettre de change), de crédit et d'assurances. En réalité ce code entrava le commerce, bien plus qu'il ne le protégea : Napoléon ne fréquentait guère les commerçants, sauf les fournisseurs aux armées, dont l'honnêteté était souvent sujette à caution. Aussi voulut-il les brimer, — la sévérité des dispositions relatives aux faillites le prouve. Quant au code civil, il ne traite guère que de la propriété foncière et ignore à peu près complètement la propriété mobilière. Cependant en n'apportant aucune restriction à la liberté des conventions (art. 1134) il a contribué à l'essor du capitalisme.

documents provenant des octrois. Pour les généralités, voir Bonnet, *La commercialisation de la vie française du Premier Empire à nos jours* (Paris, 1929, in-8º) ; Cons, *Précis d'histoire du commerce*, t. II (Paris, 1896, in-8º) ; A. Chabert, *Essai sur le mouvement des prix et des revenus...* (cité p. 441) ; S. Charléty, *La vie économique à Lyon sous Napoléon*, dans le *Vierteljahrschrift für Sozial-und Wirtschaftsgeschichte*, t. IV (1906), p. 365-379 ; P. Darmstädter, *Studien zur Napoléons Wirtschaftspolitik*, dans la même revue, t. II (1904), p. 559-615 et t. III (1905), p. 1-31 ; R. Durand, *Le commerce en Bourgogne sous le premier Empire*, dans la *Revue d'histoire économ. et sociale*, ann. 1929, p. 36-57 ; E. Levasseur, *Histoire du commerce de la France* (cité p. 189) ; — sur la circulation à l'intérieur : H. Cavaillès, *La route française* (Paris, 1946, in-8º) ; A. Favre, *Les origines du système métrique* (cité p. 357) ; Cottez, *Un fermier général sous le Consulat et l'Empire, l'octroi de Lyon (an VIII-1807)* (cité p. 545) ; S. Vaillé, *Histoire des postes depuis la Révolution* (Paris, 1947, in-8º) ; — sur les foires et marchés outre les études départementales déjà citées (p. 508) : Fassin, *Essai historique et juridique sur la foire de Beaucaire* (Aix-en-Provence, 1900, in-8º) ; de Gourcy, *La foire de Beaucaire, étude d'histoire économique* (Montpellier, 1911, in-8º) ; Sirgant, *Contribution à l'étude du commerce dans l'Ariège sous le premier Empire : les foires*, dans le *Bulletin de la Société de l'Ariège*, ann. 1933 p. 139-150 ; — sur le commerce des subsistances : L. Boniface, *La disette de 1811-12 dans les Alpes-Maritimes*, dans la *Revue de l'Académie des sciences, lettres et arts des Alpes-Maritimes*, ann. 1936, p. 266-284 ; Lavalley, *Napoléon et la disette de 1812* (Paris, 1896, in-8º) ; L'Huillier, *Une crise des subsistances dans le Bas-Rhin, 1810-12*, dans les *Annales histor. de la Révolution franç.*, ann. 1937, p. 518-536 ; G. Vauthier, *Les soupes économiques en 1812*, dans la *Revue des études napoléoniennes*, ann. 1931, p. 42-43 ; P. Viard, *Les subsistances en Ille-et-Vilaine sous le Consulat et l'Empire*, dans les *Annales de Bretagne*, ann. 1917, p. 328-352 et 131-154 ; ann. 1918, p. 131-154 ; — sur les banques et le crédit : Bigo, *Les banques françaises au XIXᵉ siècle* (Paris, 1947, in-8º) ; du même, *La caisse d'escompte et les débuts de la Banque de France* (cité p. 196) ; A. Courtois, *Histoire des banques en France* (Paris, 1881, in-8º) ; P. Leuillot, *L'usure judaïque en Alsace sous l'Empire et la Restauration*, dans les *Annales histor. de la Révolution franç.*, ann. 1930, p. 231-251 ; Loutchitch, *Allure et mécanisme des variations du taux de l'intérêt en France de 1800 à nos jours* (Paris, 1930, in-8º) ; A. Liesse, *Evolution of credit and banks in France* (Washington, 1909, in-8º), et les ouvrages de G. Weill, Arthur-Lévy, O. Wolff sur Ouvrard, cités p. 545 ; — sur les chambres de commerce : E. Pariset, *La chambre de commerce de Lyon* (Lyon, 1886-89, 2 vol. in-8º) ; Fournier, *La chambre de commerce de Marseille* (Marseille, 1910, in-8º). — QUESTIONS A ÉTUDIER : Les chambres de commerce, les tribunaux de commerce, l'enseignement commercial, l'organisation des foires et des marchés, la réglementation du commerce de la boulangerie et de la boucherie et son application en province n'ont pas été étudiés. Nous ne possédons pas non plus de travail sur les banques parisiennes (excepté la Banque de France), ni sur les banques départementales. Il conviendrait aussi d'étudier les bourses des valeurs.

Le code de 1807 et la loi du 6 octobre 1809 modifièrent l'organisation des tribunaux de commerce, qui avait été fixée en 1790. Le nombre des tribunaux fut augmenté : aucun tribunal ne pouvait avoir une circonscription plus vaste qu'un arrondissement. Ainsi dans les Côtes-du-Nord, aux trois tribunaux de Saint-Brieuc, Paimpol et Quintin, vinrent s'ajouter ceux de Lannion et de Loudéac. Les tribunaux de commerce étaient composés d'un juge-président de sept à huit juges ordinaires, de suppléants et d'un greffier. Chaque jugement devait être rendu par trois juges au moins. Les juges n'étaient pas rétribués, ils étaient élus par les « commerçants notables » de l'arrondissement. La liste des électeurs était dressée par le préfet, approuvée par le ministre. Les élus devaient être institués par l'empereur. Pour être élu, il fallait avoir 30 ans, 40 ans pour être président, et exercer le commerce « avec honneur et distinction ». Le président devait être choisi parmi d'anciens juges. Les juges étaient élus pour deux ans, rééligibles après un an d'intervalle, le greffier était nommé. Les tribunaux de commerce jugeaient en dernier ressort jusqu'à 1.000 francs, ils prononçaient aussi sur les appels des conseils de prud'hommes. L'activité de ces tribunaux variait naturellement selon les localités.

Le gouvernement impérial s'occupa moins de l'enseignement commercial que de l'enseignement technique industriel. Il laissa l'ouverture des écoles commerciales à l'initiative privée. Par ex. : une école de commerce fut ouverte en l'an IX à Bordeaux par des particuliers ; mais le gouvernement invita par circulaire les jeunes gens de la région — jusqu'à Toulouse — à la fréquenter.

C'est surtout pour des raisons militaires que le gouvernement impérial développa le réseau routier ; mais les routes nouvelles ou les routes anciennes améliorées profitèrent au commerce, notamment les routes construites dans les Alpes, celles du Simplon et du mont Genèvre. En 1811, les routes furent classées en trois catégories : « routes impériales », « routes départementales » et « chemins vicinaux ». Les « routes impériales » étaient divisées en trois classes : les routes de première et de deuxième classe, construites aux frais de l'État ; celles de troisième classe, dont les frais incombaient à la fois aux départements et à l'État. Les routes départementales étaient à la charge des départements, des arrondissements et des communes qu'elles traversaient ; les chemins vicinaux, à la charge des seules communes. En dépit de la légende, les routes françaises, sous l'Empire, furent mal entretenues, faute de crédits suffisants. A plusieurs reprises, le gouvernement impérial dut en revenir à la corvée, par exemple dans la Côte-d'Or, en 1807. Quant aux chemins vicinaux, ils restèrent généralement dans un état lamentable, entretenus seulement, de loin en loin, par la main-d'œuvre paysanne. Des ponts furent pourtant construits, notamment sur la Seine, à Paris, et sur le Rhin, à Kehl. Mais beaucoup de ponts, mal entretenus, tombèrent en ruine et ne furent pas réparés. Napoléon réorganisa le service des ponts et chaussées qui fut hiérarchisé sur le même type que celui des eaux et forêts ou celui des mines : « direction générale » avec « inspecteurs généraux » à Paris, « ingénieurs en chef » dans chaque département, « ingénieurs ordinaires », dans les arrondissements, puis « conducteurs », et « cantonniers ».

La circulation intérieure n'empruntait pas seulement la route : la navigation fluviale et la navigation sur les canaux était fort active. Le gouvernement impérial s'efforça de perfectionner le système des canaux. Il utilisa à cet effet la main-d'œuvre des prisonniers, notamment des Espagnols. C'est ainsi que furent entrepris les canaux de Bourgogne, du Nord, et le « canal Napoléon » (du Rhône-au-Rhin). Les fleuves et les rivières navigables furent améliorés, particulièrement le Rhin, qui devint navigable jusqu'à Strasbourg.

Les pays voisins de la mer avaient en général recours au cabotage ; mais celui-ci devint de plus en plus difficile par suite, d'une part du blocus anglais, d'autre part des formalités douanières, extrêmement compliquées, destinées à éviter la contrebande. C'est ainsi qu'en 1810, un commerçant voulant expédier un produit de France en France par cabotage devait adresser au sous-préfet une demande d'autorisation en double exemplaire, dont un sur papier timbré. Cette demande était transmise par voie hiérarchique jusqu'au ministre, qui prenait un « arrêté » et le transmettait par la même voie au sous-préfet et à la municipalité du port d'embarquement. La municipalité pouvait alors accorder une « attestation » au patron du bateau, et le commerçant, moyennant paiement d'un cautionnement, se voyait enfin autorisé à embarquer sa marchandise. La direction générale des douanes avisait en même temps le receveur du lieu du départ, qui surveillait le chargement et délivrait un « acquit-caution ». Cet acquit devait être envoyé au port de réception, il était visé, après déchargement par l'agent des douanes et la municipalité et servait enfin à récupérer le cautionnement. On devine combien cette paperasserie gênait le commerce par cabotage : celui-ci fut néanmoins assez actif en Bretagne.

Le commerce intérieur fut stimulé par la réorganisation des postes et messageries. Avant la Révolution, ce service était affermé à des compagnies. La Convention en avait fait une régie directe sous le nom d' « Agence nationale des postes » (23-24 juillet 1793), mais le Directoire, dès le 9 vendémiaire an IV (1er octobre 1795), était revenu au système de la ferme. Le 1er nivôse an VIII (22 décembre 1799), l'administration des postes fut de nouveau mise en régie ; à la fin du Consulat, Lavalette devint directeur général des postes, il devait le rester jusqu'en 1814. Un tarif postal nouveau et plus simple fut adopté le 27 frimaire an VIII (18 décembre 1799). La lettre pesant moins de 7 grammes payait 20 centimes jusqu'à 100 kilomètres, 10 centimes de plus par zone, au delà de la première (les zones étant de 100 kilomètres jusqu'à 600, de 200 kilomètres de 600 à 1.000). De nouveaux accords internationaux facilitèrent la circulation postale en Europe. *L'Instruction générale des postes* de 1808, précisa dans ses moindres détails le fonctionnement du service. Dans chaque département il y eut un bureau principal, des bureaux secondaires et des bureaux de distribution ; un inspecteur surveillait un, deux ou trois départements. Mais, pour les 37.000 communes de France, il y avait moins de mille bureaux de poste en tout.

Le télégraphe, inventé par Chappe en 1792, comportait un certain nombre de lignes, dont les premières avaient été construites sous la Convention et le Directoire : Paris-Lille, en 1793, puis Paris-Brest, Paris-Strasbourg... Sous l'Empire, la capitale était reliée aux principales villes frontières. Le télégraphe était, en principe, réservé aux communications du gouvernement. Cependant l'État autorisait parfois les banquiers et les grands négociants à l'utiliser pour leurs affaires.

Le commerce profita aussi de la généralisation du système métrique. Après les mesures déjà prises par la Convention, un arrêté consulaire du 13 brumaire an IX (4 novembre 1800) fixa au 1er vendémiaire an X (23 septembre 1801), l'entrée en vigueur du système métrique dans toute la France. Dans tous les départements, des tableaux de comparaison entre les mesures anciennes et les mesures nouvelles devaient être établis. Malgré cela, le système métrique ne se répandit que lentement. L'empereur crut en favoriser l'expansion en admettant, par le décret du 12 février 1812, l'emploi de certaines mesures anciennes sous le nom de « mesures usuelles ». C'est ainsi que l'utilisation de la livre, de la demi-livre furent tolérées : regrettable concession à la routine et régression sur le système métrique. On s'efforça en même temps de garantir l'authenticité des poids employés. Dès le 7 brumaire an IX (29 octobre 1800), un arrêté consulaire autorisa les préfets à établir auprès des foires et marchés des « bureaux de poids public ». En 1802, la pratique du « comble » dans le mesurage des grains fut sévèrement prohibée, le 25 juillet 1802, les jurés-compteurs de bois et charbons sur les canaux et dans les ports fluviaux furent rétablis, ainsi qu'à Marseille les « peseurs-jurés », et les « experts-mesureurs » ou « subrestans ».

La tenue des marchés avait été profondément désorganisée sous le Directoire par l'application du calendrier républicain : les paysans tenaient à leurs marchés traditionnels. Il en était résulté d'innombrables conflits. Le Consulat appliqua d'abord la même politique que le Directoire ; mais, dès la signature du concordat, il autorisa le retour aux vieilles habitudes. En province, les villes importantes avaient, en général, deux marchés par semaine, les autres, un. Toutefois, la liste des marchés devait être établie par le ministre de l'intérieur, sur la proposition du préfet.

Quant aux foires, elles furent encore plus surveillées : l'administration impériale craignait les grands rassemblements où les nouvelles — les mauvaises surtout — se transmettaient avec rapidité. Le tableau des jours de foires devait être établi par décret, signé de l'empereur lui-même. Il était formellement interdit de tenir des foires au dehors des jours fixés. Un arrêté du préfet des Côtes-du-Nord, du 20 avril 1807, ordonna aux maires de dissiper par la force les rassemblements qui auraient lieu sous prétexte de foires, en contravention des décrets impériaux. Cependant, quelques grandes foires, telle que celle de Beaucaire, retrouvèrent leur prospérité d'antan.

Depuis la réaction thermidorienne, le commerce des substances était redevenu complètement libre. Néanmoins les maires conservaient toujours le droit de taxer le pain et la viande de boucherie, que la loi du 22 juillet 1791 leur avait conféré. Bonaparte redoutait beaucoup la liberté du commerce des denrées de première nécessité, générateur de disettes, donc de troubles. Il déclarait que le commerce des denrées alimentaires « ne pouvait rester libre sans danger pour l'ordre et l'intérêt public ». La récolte de l'an VIII ayant été mauvaise, Bonaparte fit adopter toute une série de mesures destinées à pallier une pénurie qui aurait pu atteindre sa popularité : la ville de Paris acheta 12.000 sacs de farine, aux frais de l'État. A dater du 1er frimaire an VIII (22 novembre 1800), l'exportation des grains hors de France fut interdite. La vente des œufs, du beurre, du fromage, à Paris, fut strictement réglementée : interdiction de vendre hors des halles et hors des jours et heures fixés. L'arrêté du 19 vendémiaire an X (11 octobre 1801) sur le commerce de la boulangerie rétablit la plupart des prescriptions en vigueur sous l'ancien régime : interdiction de s'établir boulanger sans autorisation spéciale du préfet de police, cette autorisation ne pouvant être obtenue que moyennant un versement de garantie de quinze sacs de farine dans un magasin public, et d'un approvisionnement permanent de 15 à 60 sacs, selon le nombre des fournées ; défense de quitter la profession de boulanger sans une autorisation accordée par le préfet de police moyennant préavis de six mois ; interdiction de restreindre les fournées indiquées, sans autorisation du préfet. Un syndicat de la boulangerie devait surveiller les boulangers, et des pénalités étaient prévues en cas de contravention. Cet arrêté entraîna naturellement une diminution du nombre des boulangers, qui passa de 689 en 1807 à 560 en 1815 ; il empêcha aussi, comme le régime d'avant 1789, l'introduction de tout procédé nouveau dans l'industrie de la boulangerie. En 1812, cet arrêté, applicable d'abord à Paris, fut étendu à Marseille et Bordeaux, et en 1813-14, à la plupart des grandes villes de province.

Une réglementation analogue concernant la boucherie fut promulguée dès 1803. Comme les lettres patentes du 1er juin 1782, l'avaient ordonné, les bouchers furent partagés en trois classes. Les bouchers devaient fournir cautionnement et ne pouvaient quitter leur profession sans déclaration préalable sous peine de perdre leur cautionnement. La vente de la viande était permise aux étaux seulement, tout étal non garni pendant trois jours consécutifs devant être fermé six mois durant. Un syndicat des bouchers surveillait l'application du règlement. Le nombre des bouchers, comme celui des boulangers, décrut de 580 à 300, entre 1803 et 1814 (en 1789, il était de 317). Une « caisse de la boucherie », dite « caisse de Poissy », constituée par les cautionnements et un versement effectué par la municipalité de Paris, avançait aux bouchers, à trente jours, moyennant un intérêt de 5 %, les sommes nécessaires aux achats de viande sur les marchés de Poissy et de Sceaux.

La récolte de 1811 ayant été de nouveau médiocre, on craignit des difficultés pour la soudure de 1812. Le décret du 4 mai 1812 édicta des mesures sévères, inspirées, pour la plupart, de la législation de 1793 dont un des initiateurs, Remondat, était d'ailleurs chef de la « division des subsistances » du ministère du commerce. Il était interdit de vendre et d'acheter des grains ailleurs que sur les marchés ; les commerçants devaient souscrire une déclaration préalable lorsque les achats étaient destinés à d'autres départements ; le stockage, la spéculation, étaient interdits. Les producteurs devaient déclarer leurs stocks. Sur les marchés, seuls les habitants de la localité et les boulangers pouvaient s'approvisionner pendant l'heure suivant l'ouverture. Le décret du 12 mai alla encore plus loin : il fixa un prix maximum de 33 francs l'hectolitre dans les départements de la Seine, Seine-et-Oise, Seine-et-Marne, Oise, Aisne, Eure-et-Loir. Dans les autres départements, le prix maximum fut aussi fixé à 33 francs, si ces départements s'approvisionnaient à l'intérieur ; il était majoré du prix du transport s'ils importaient leurs grains d'autres départements.

Ces décrets provoquèrent naturellement le mécontentement des producteurs qui s'efforcèrent de les tourner. Dans l'Ille-et-Vilaine, le Bas-Rhin, ailleurs aussi sans doute, les préfets et sous-préfets firent surveiller par les gendarmes les achats clandestins. Le préfet d'Ille-et-Vilaine invita « les bons citoyens » à dénoncer les délinquants, le clergé à user de son influence pour persuader les paysans d'alimenter les marchés. Néanmoins, les déclarations de stocks par les producteurs furent rares ou tardives, toujours fautives. Le préfet d'Ille-et-Vilaine écrit le 23 mai au ministre de la police que « la défiance, l'égoïsme, la cupidité ont supprimé les déclarations, ou les ont rendues inexactes... ». Toutefois, les tribunaux acquittèrent les quelques individus qui furent poursuivis pour défaut de déclaration, parce que le décret du 4 mai ne prévoyait ni délais ni sanctions. En juillet, les marchés furent mal approvisionnés, le marché de Fougères ne reçut pas la moitié des grains requis. Mais les fonctionnaires de l'Empire, attachés au libéralisme économique comme au plus sacré des dogmes, répugnaient à user de rigueur. Dans leurs lettres, les sous-préfets accusent le « maximum » de causer la disette. Heureusement, la récolte de 1812 fut bonne. Dès juin, dans la région parisienne, fin juillet ailleurs, la liberté fut rendue au commerce des grains. Mais, nul doute que si la crise avait persisté, le gouvernement impérial eût rencontré les mêmes difficultés que la Convention en 1793-1794.

Le commerce des valeurs mobilières était devenu libre en 1790 ; les agents de change avaient été supprimés, de même que les courtiers de commerce. Bonaparte, en ce domaine, comme en beaucoup d'autres, en revint à la réglementation. La loi du 28 ventôse an IX (19 mars 1801) et plusieurs arrêtés consulaires réorganisèrent les bourses de valeurs et rétablirent les fonctions d'agent de change et de courtier de commerce. L'arrêté du 29 germinal an IX (19 avril 1801) chargea les tribunaux de commerce, de composer des « jurys de commerce » en faisant appel aux principales notabilités commerciales. Ces jurys devaient se réunir tous les trois mois et proposer des candidats aux fonctions d'agent de change et de courtier de commerce. Les uns et les autres étaient ensuite nommés par l'empereur moyennant paiement d'un cautionnement, variant de 6.000 à 60.000 francs pour les premiers et de 2.000 à 12.000 pour les seconds. Ainsi le commerce des valeurs mobilières fut étroitement surveillé par l'État. Il ne fut pas toutefois très actif. Les crédits manquaient toujours.

Nous avons vu combien, sous le Directoire, les commerçants se trouvaient court de crédit. La situation ne s'améliora guère sous l'Empire. En dehors de la Banque de France, il n'y eut plus à Paris, après la suppression, en 1803 de la « Caisse des comptes courants » et de la « Caisse d'escompte du commerce », que trois banques importantes : Le « Comptoir commercial » ou « Caisse Jabach », fondé en frimaire an IX par Doulcet d'Étigny, pour les « marchands, manufacturiers, artisans et débitants », escomptait les petits effets. Avant 1803, elle émettait des billets de 250 et 500 francs. Elle perdit naturellement son droit d'émission et devint actionnaire de la Banque de France pour la totalité de son capital. La « Banque territoriale », fondée le 3 fructidor an VII (20 août 1799) était une espèce de crédit foncier organisé selon les idées de Dupont de Nemours et Laffon-Ladébat. Elle émettait un papier gagé sur des propriétés achetées à réméré. Mais elle fit faillite dès l'an IX. Il y avait aussi à Paris six banques ou caisses qui pouvaient avancer des fonds : le « Mont-de-Piété », la « Caisse Lafarge », la « Caisse des rentiers », la « Société du numéraire », la « Caisse des employés et artisans », la « Caisse des vieillards ».

Dans les départements, avant l'ouverture des comptoirs de la Banque de France à Lyon et Rouen, en 1808, à Lille en 1810, il n'y avait de banques importantes qu'à Rouen. La « Banque de Rouen » tenait des comptes courants, émettait des billets et pratiquait l'escompte — mais au taux de 1 % par mois. On trouvait aussi à Rouen deux ou trois « banques de sols » qui échangeaient la monnaie de billon contre du papier, lequel servait à acquitter au pair et sans escompte les effets de commerce à trente ou quarante jours. Ailleurs, il n'y avait guère que de très petites banques. En général, les notaires, les receveurs généraux avançaient de l'argent. En Lorraine, en Alsace, les prêteurs juifs étaient nombreux, et souvent ils pratiquaient l'usure. Le code civil, dans son article 1907, autorisait le prêt à intérêt et annonçait qu'une loi en déterminerait le maximum. La loi du 3 septembre 1807 eut autant pour but de compléter le code que d'arrêter l'usure. Elle fixait, nous l'avons vu, le taux légal de l'intérêt à 5 % en matière civile, et 6 % en matière commerciale. Cette loi, toutefois, parut insuffisante contre l'usure des juifs d'Alsace, de Lorraine, de Rhénanie. Le décret du 17 mars 1808 obligea les juifs du nord et de l'est à se munir d'une patente spéciale, annuelle et révocable, délivrée par les préfets sur le vu de certificats accordés par les conseils généraux et les consistoires israélites. Les hypothèques consenties aux juifs et les prêts sur nantissement qu'ils accordaient étaient réglementés d'une manière exceptionnelle.

Le décret était valable dix ans. Les petites banques juives diminuèrent en nombre ; l'usure juive devint moins inquiétante ; elle disparut même dans certaines régions, par exemple dans le département de la Moselle. Cependant on manquait d'établissements bancaires. Napoléon essaya de favoriser quelques banques privées qui se fondèrent à Paris, notamment la banque Simon et la banque Tourton-Ravel. Lorsque ces banques furent en difficulté, en 1810, il leur prêta de l'argent sur sa cassette privée et, contre l'avis de Mollien, il avança 680.000 francs à Simon, 1.500.000 francs à Tourton-Ravel. Mais Napoléon n'eut pas une politique suffisamment libérale en matière financière, ni surtout en matière de commerce extérieur, pour favoriser l'essor de grandes banques de type moderne.

IV

LES ÉCHANGES EXTÉRIEURS[1]

En matière de commerce extérieur, Napoléon fit preuve d'un interventionnisme outré, rendu nécessaire d'ailleurs par sa politique étrangère.

---

1. DOCUMENTS ET OUVRAGES A CONSULTER — Aux Archives nationales, les séries F 12 et A F IV. Les Archives du ministère des Affaires étrangères, les archives des ports. On trouvera beaucoup de renseignements dans les archives étrangères, dont la plupart n'ont pas encore été méthodiquement explorées. Consulter aussi le *Code des douanes* publié par Dujardin-Sailly et Magnien-Grandprez, en 1810 (Paris, in-8º) ; et la *Législation des douanes* (Paris, 1812, in-8º) ; J. Chaptal, *Un projet de traité de commerce avec l'Angleterre sous le Consulat*, dans la *Revue d'économie politique*, t. VI (1893), p. 83-98.

Généralités sur le système continental : F. Bulau, *Staatslexikon oder Encyclopädie der Staatswissenschaften* (Altona, 1835, in-8º) ; Kisselbach, *Die Kontinentalsperre* (Stuttgart, 1850, in-8º) ; Rocke, *Die Kontinentalsperre* (Naumbourg, 1894, in-8º), thèse de Leipzig ; von Brandt, *Beitragen zur Geschichte der französische Handelspolitik* (Leipzig, 1896, in-8º). Plus récemment ont été publiés : Bertin, *Le blocus continental, ses origines, ses effets*, thèse de droit (Paris, 1901, in-8º) ; Dionnet, *Le néomercantilisme au XVIIIe siècle et au début du XIXe* (Paris, 1901, in-8º) ; Dunan, *Le système continental*, dans la *Revue des études napoléoniennes*, ann. 1913, t. I, p. 239-255 ; Hecksher, *The Continental system* (Oxford, 1922, in-8º) ; H. de Jouvenel, *Napoléon et l'économie dirigée* (Paris, 1943, in-8º) ; Tarlé, *L'unité économique du continent européen sous Napoléon Ier*, dans la *Revue histor.*, t. CLXVI (1931) p. 239-255 ; — sur les relations commerciales entre la France et l'Angleterre : A. Chevalley, *Essai sur le droit des gens napoléonien* (Paris, 1912, in-8º) ; Holland Rose, *Napoleon and English commerce*, dans l'*English historical review*, ann. 1893, p. 704-725 ; A. Lumbroso, *Napoleone Iº e l'Inghilterra* (Rome, 1897, in-8º) ; — sur les incidences françaises du blocus continental : Amé, *Étude sur les tarifs de douane* (Paris, 1859, in-8º, 2e éd., 1876, in-8º) ; C. Jullian, *Histoire de Bordeaux* (Bordeaux, 1905, in-4º) ; P. Masson, *Le commerce de Marseille de 1789 à 1815*, dans les *Annales de l'Univ. d'Aix-Marseille*, ann. 1916, p. 1-348 ; du même, *Marseille et Napoléon*, dans la même revue, ann. 1918, in-8º, p. 1-213 ; P. Viard, *Les conséquences économiques du blocus continental en Ille-et-Vilaine*, dans la *Revue des études napoléoniennes*, t. I (1926), p. 52-67 et 138-155 ; O. Viennet, *Napoléon et l'industrie française : la crise de 1810-1811* (cité p. 572) ; L. Villat, *Napoléon à Nantes*, dans la *Revue des études napoléoniennes*, ann. 1912 (t. II), p. 335-365 ; et les monographies départementales déjà citées.

Sur les incidences allemandes du blocus : Dunan, *Napoléon et l'Allemagne. Le système continental et les débuts du royaume de Bavière 1806-1810* (Paris, 1942, in-8º) ; Ch. Schmidt, *Le grand-duché de Berg* (Paris, 1905, in-8º). — QUESTIONS A ÉTUDIER : Ce sont surtout les dérogations au blocus continental, c'est-à-dire les *licences*, qui jusqu'à présent n'ont pas été convenablement étudiées, parce qu'elles étaient secrètes. La contrebande, mieux connue, mériterait cependant une étude d'ensemble.

Depuis le début de la Révolution, il y avait en France, avons-nous dit, un mouvement nettement hostile au libre-échange : le traité de 1786 avec l'Angleterre avait provoqué de vifs mécontentements. Les tarifs douaniers et les traités de commerce conclus depuis 1789 marquent bien cette tendance. Bonaparte signe dès le début du Consulat une série de traités de commerce inspirés par la même politique : traités avec Naples le 18 mars 1800, avec l'Espagne le 21 mars 1801, avec le Portugal le 28 septembre, avec la Russie le 8 octobre, avec la Turquie enfin le 25 juin 1802. Après la paix d'Amiens, l'Angleterre proposa à la France la négociation d'un traité de commerce : elle aurait voulu obtenir des conditions analogues à celles du traité d'Éden de 1786 ; mais Bonaparte, soutenu par l'immense majorité des négociants français, refusa, et ce refus devait être une des causes de la reprise des hostilités en 1803. Le tarif douanier publié en 1803, s'il était pour certains articles plus modéré que celui de 1791, augmentait, en revanche, considérablement les droits sur les cotons (50 francs par quintal sur le coton « en toile », 800 francs par quintal sur les toiles en écru, 1.000 francs sur les toiles blanches) et portait de 7 fr. 50 à 30 francs les droits sur les sucres, ce qui atteignait l'Angleterre de manière sensible. Après la rupture de la paix d'Amiens, Napoléon prit des mesures tendant de plus en plus à frapper, voire à prohiber les marchandises britanniques : le 22 février 1806, l'entrée des étoffes de coton était interdite, le 4 mars le cacao était grevé de 200 francs de droits par quintal, le café, de 150 francs ; un nouveau tarif douanier, publié le 30 avril 1806, était beaucoup plus rigoureux que celui de 1803. A l'exportation, le décret du 14 juin 1804 établissait une échelle mobile de droits sur les grains : la sortie des grains était libre, moyennant un droit d'un franc pour cinq tonnes métriques, tant que le prix du blé était inférieur à 16 francs l'hectolitre dans les départements de l'ouest et du nord, 20 francs dans ceux du midi. Enfin les compagnies de commerce privilégiées étaient de nouveau autorisées : le décret du 27 nivôse an IX (18 janvier 1800) reconstituait la « Compagnie d'Afrique », avec monopole de la pêche du corail, et Bonaparte déclarait « qu'aucune maison de commerce ne pourrait être établie dans les échelles du Levant, de la Barbarie et de la mer Noire sans l'autorisation du gouvernement ».

A partir de 1806, après les grandes victoires remportées sur l'Autriche et la Prusse, Napoléon va faire de l'organisation du commerce extérieur la base d'un système destiné à abattre l'Angleterre en la ruinant. On groupe, en effet, sous le nom de « système continental » toute une série de mesures telles que tarifs douaniers, prohibitions, faveurs accordées au commerce continental et à l'industrie française, confiscations et brûlement de marchandises anglaises, et finalement extension indéfinie des territoires occupés ou annexés. Toutefois, dans l'application de ces mesures, Napoléon s'efforça toujours d'avantager l'industrie et le commerce des territoires anciens de la métropole, afin d'établir l'hégémonie économique de la France en Europe.

LES INSTITUTIONS ÉCONOMIQUES

Les deux actes fondamentaux du système continental sont les décrets de Berlin et de Milan. Le décret de Berlin, du 21 novembre 1806, énumère tous les griefs de Napoléon contre l'Angleterre, qui ne respecte pas les principes du « droit des gens », déclare de bonne prise les ressortissants civils des pays ennemis, et les bâtiments de commerce et surtout « déclare bloquées des places devant lesquelles elle n'a même pas un seul bâtiment de guerre, quoiqu'une place ne soit bloquée que quand elle est tellement investie qu'on ne puisse tenter de s'en approcher sans un danger imminent... ». « Ces abus, déclare l'empereur, n'ont d'autre but « que d'élever le commerce et l'industrie de l'Angleterre sur la ruine de l'industrie et du commerce du continent... » En conséquence, il estime que « quiconque sur le continent faisait le commerce des marchandises anglaises était le complice de l'Angleterre... » ; il déclarait les Iles Britanniques en état de blocus, interdisait tout commerce avec l'Angleterre, ordonnait la confiscation de toute marchandise provenant des fabriques anglaises ou de colonies anglaises, en « quelque lieu qu'on pût la saisir », la destruction de toute lettre en provenance ou à destination de l'Angleterre, l'arrestation comme prisonnier de guerre de tout Anglais séjournant sur le continent ; enfin, il défendait de recevoir dans aucun port un bateau ayant touché les côtes de l'Angleterre ou des colonies anglaises ; en cas de fausse déclaration, le bâtiment serait déclaré de bonne prise. Le décret était applicable non seulement en France, mais dans tous les pays alliés ou occupés, c'est-à-dire l'Espagne, l'Italie, la Suisse, la Hollande, le Danemark, l'Allemagne, et après le traité de Tilsitt, la Russie. Napoléon envahit le Portugal, qui s'était refusé à appliquer le décret.

Le but des mesures édictées à Berlin était, on le sait, non pas d'affamer les Iles Britanniques, mais d'y créer une crise de surproduction, donc de chômage, et de contraindre l'Angleterre à la paix par crainte d'une révolution.

L'Angleterre prit naturellement aussitôt des mesures de rétorsion par une série d' « ordres en conseil ». Elle interdit le cabotage sur les côtes d'Europe, même lorsque ce cabotage était effectué par des bâtiments neutres, et surtout déclara de bonne prise tout bâtiment neutre qui aurait obéi au décret de Berlin, c'est-à-dire se serait muni d'un certificat constatant qu'il n'avait pas touché un port britannique. L'ordre en conseil du 25 novembre 1806 alla encore plus loin : il obligeait tout vaisseau neutre, pour échapper à la capture des croiseurs anglais, à se munir dans un port anglais, et moyennant finance, d'une licence : la neutralité devenait donc impossible. Muni d'une licence anglaise, les bateaux neutres étaient saisis par les Français ; dépourvus de licence, ils étaient capturés par les Anglais. Mais comme les croiseurs anglais étaient infiniment plus nombreux et plus actifs que les français, comme les côtes des pays alliés de la France étaient mal gardées, le commerce de contrebande prit une grande extension.

Napoléon, pour le réprimer, prit le décret de Milan, le 17 décembre 1807 : tout bâtiment ayant souffert la visite d'un vaisseau britannique ou ayant touché un port britannique et y ayant payé un droit, était considéré comme britannique et déclaré de bonne prise. Un décret du 11 janvier 1808 encouragea la délation : tout matelot certifiant qu'un bâtiment avait pénétré dans un port britannique recevrait le tiers du produit net de la vente du navire et de sa cargaison, si la déclaration était reconnue exacte. Le président Jefferson, voulant éviter que les bâtiments américains fussent saisis par les Français ou les Anglais, leur interdit, le 22 décembre 1807, de faire du commerce avec l'Europe. Napoléon en prit prétexte pour proclamer, le 17 avril 1808, que tout bâtiment trouvé en Europe et se réclamant des États-Unis serait déclaré de bonne prise et sa cargaison vendue.

La lutte commerciale atteignit son paroxysme en 1808-1809. Le gouvernement britannique fit alors un effort gigantesque pour développer l'exportation de ses marchandises par contrebande sur le continent. Il constitua à proximité, notamment dans les îles d'Héligoland, Jersey, Sardaigne, Sicile, Malte, ainsi que dans les ports espagnols occupés par lui, des dépôts énormes de marchandises qui étaient revendues, même à perte. De son côté, pour diminuer la contrebande, Napoléon était amené à annexer, la Hollande (1810) les villes hanséatiques (1810), les États pontificaux (1809-10), et plaçait son frère Joseph sur le trône d'Espagne. Les tarifs douaniers ultra-protectionnistes de Saint-Cloud (3 juillet 1810), Trianon (1er août 1810) et Fontainebleau (18 octobre 1810), renforcèrent encore le système. En 1808, l'Angleterre avait paru chanceler sous l'action du système continental. Mais, dès 1809, ses exportations remontaient en flèche : d'abord, ses exportations à destination de l'Amérique latine, qui, révoltée contre l'Espagne ou séparée du Portugal s'était largement ouverte au commerce anglais ; ensuite ses exportations à destination de l'Europe elle-même : la Turquie signait un accord avec l'Angleterre en 1809, l'Espagne et le Portugal échappaient à l'empereur, la Russie elle-même n'appliquait pas avec rigueur le décret de Berlin.

Il apparut dès lors, que le blocus continental n'abattrait pas l'Angleterre. Il pouvait néanmoins, demeurer pour la France un utile instrument de domination économique en Europe. Des fissures au système pouvaient être tolérées, à condition qu'elles fussent fructueuses. C'est ainsi que l'empereur passa du blocus total au blocus mitigé par le système des licences.

Ce fut l'Angleterre qui la première enfreignit les règles du blocus qu'elle avait elle-même posées en délivrant des licences : en avril 1808, le gouvernement anglais délivra à certains bâtiments des licences qui leur permettaient d'aller chercher dans des ports bloqués par lui certaines marchandises, du blé notamment, et de les ramener en Angleterre. Ce trafic se développa en 1809, car la récolte avait été mauvaise en Grande-Bretagne. Ces bâtiments purent venir sur lest charger des grains dans des ports français.

En France, le système continental avait provoqué beaucoup de mécontentement. Les cotonniers, notamment, menaçaient de fermer leurs usines si le coton n'arrivait plus. Napoléon consentit à délivrer, à l'imitation de l'Angleterre

— et aussi de la Hollande, qui l'avait précédé dans cette voie, — des licences d'importation de coton. Ces licences étaient délivrées moyennant payement de droits, les marchandises importées devaient aussi acquitter les taxes douanières, ce qui valait double profit au budget qui, lui aussi, pâtissait du blocus.

Les licences toutefois devaient rester exceptionnelles et secrètes. Plusieurs types de licences se succédèrent. L' « ancien système » des licences fut défini par une circulaire confidentielle de Crétet en date du 14 avril 1809. Les licences de ce type autorisaient l'exportation de France en Angleterre d'eaux-de-vie, fruits, légumes, grains et sel ; l'importation en France de bois, chanvre, fer, quinquina ; la balance commerciale devait toujours rester favorable à la France et le solde se régler en numéraire. Le prix de la licence variait de 600 à 800 fr., 240 licences de ce type furent délivrées.

Un deuxième type de licences fut institué par les décrets des 4 décembre 1809 et 14 février 1810. Il permettait la sortie de produits agricoles, huiles, tissus et l'entrée de fer et de coton. A l'exportation, les trois quarts de la cargaison devaient être constitués de matières premières, le quatrième quart étant constitué par des produits fabriqués. Les 350 licences de ce type permirent l'exportation de dix millions de marchandises, l'importation de six millions. Le bénéfice fut donc de quatre millions. Mais beaucoup de blé fut exporté plus ou moins clandestinement, et il semble que le bénéfice de la France ait été supérieur.

La mauvaise récolte de 1810, le désir de faire profiter la France surtout du système des licences, amenèrent des modifications à ce régime en juillet 1810. Le décret du 3 de ce mois décida que seuls les bâtiments français pourraient obtenir des licences. Celles-ci seraient valables pour six mois et devraient être visées à chaque voyage. L'exportation des grains était interdite. Le décret du 6 juillet étendit le régime des licences sous le nom de permis, au commerce avec les États-Unis. Il définit aussi les caractéristiques du « bâtiment français », en reprenant exactement les termes de l' « acte de navigation » du 21 septembre 1793. Toutefois les bâtiments français, pour éviter la capture, étaient autorisés à se « déguiser en neutres » ; ils devaient, à cet effet, se procurer un « permis de simulation » les autorisant à changer de nom et de pavillon et permettant aux matelots de changer d'état civil.

Le décret du 25 juillet enfin étendit encore le système : tout navire entrant dans un port français ou en sortant devait désormais être muni d'une « licence » signée de l'empereur en personne. Toute importation devait être compensée par une exportation de valeur au moins équivalente. Les exportations devaient comporter un tiers de soieries. Les importations ne devaient comprendre que des denrées alimentaires ou des matières premières venues d'Amérique ou du continent européen. Les marchandises fabriquées en Angleterre restaient sévèrement prohibées. Ce décret instituait donc un commerce extérieur entièrement dirigé par l'État. C'était l'État qui décidait que telle ou telle marchandise pouvait être importée, telle autre exportée. Encore entendait-il que les importations profitassent au maximum au Trésor. Le prix des licences était porté à 1.000 francs et les denrées coloniales taxées de droits très élevés : de 600 francs le quintal pour le café, au lieu de 150, de 1.000 francs au lieu de 200, pour le cacao, de 800 francs au lieu d'un franc pour le coton américain, de 900 francs au lieu de 15 pour l'indigo.

S'il tolérait un certain commerce avec la Grande-Bretagne au moyen de « licences », et avec les États-Unis, au moyen de « permis », du moins l'empereur entendait-il que ce commerce restât confiné dans des limites fixées par lui. Aussi la contrebande fut-elle plus étroitement traquée et plus rigoureusement punie. Le décret du 18 octobre 1810 créa des « cours douanières » fonctionnant comme les « cours criminelles spéciales destinées au jugement des contrebandiers ». Les peines étaient sévères : au moins dix ans de servitude pénale avec marque, la mort dans les cas plus graves. Les denrées coloniales de contrebande devaient être saisies et vendues ; les produits manufacturés brûlés : Les manufacturiers français saluèrent ces mesures avec enthousiasme ; mais le peuple fut mécontent de voir s'évanouir en fumée des denrées de première nécessité. La contrebande ne diminua guère ; le marché clandestin s'amplifia.

Les commerçants n'arrivaient plus à payer les droits de douane devenus exorbitants : l'empereur les autorisa à les acquitter en nature. De même, la loi du 12 janvier 1812 autorisa les corsaires à payer en marchandises les droits de 40 % sur la vente des cargaisons de prise. Les corsaires écoulèrent par ce moyen une assez grande quantité de denrées de contrebande. Ainsi le Trésor se trouva entrer en possession de produits étrangers, qu'il revendit pour son propre compte. Par conséquent, l'État, non seulement dirigeait le commerce, mais se faisait lui-même marchand. Pour éviter les fraudes et restreindre la contrebande, il fut décidé que toute marchandise vendue légalement devait être pourvue des plombs de la douane : celles qui en étaient dépourvues devaient être saisies. Toutes les marchandises stockées à quatre lieues de la frontière étaient réputées de provenance illégale et saisies si les propriétaires ne pouvaient faire la preuve qu'elles avaient été introduites en vertu d'une licence ou d'une prise régulières.

Toutefois, aucune réglementation n'atteignit le trafic du papier de commerce, qui resta libre entre l'Europe et l'Angleterre, et *vice versa*. Si l'exportation du numéraire français était interdite, aucune mesure ne l'empêchait de sortir des pays alliés ou vassaux, ce qui constituait, dans le blocus, une nouvelle fissure dont Napoléon ne vit pas la gravité.

Le « système continental », certes, provoqua des inventions, et, nous l'avons vu, la mise en marche de cultures nouvelles dans une certaine mesure ; il stimula l'industrie française ; mais il n'atteignit nullement, ni le but que l'empereur s'était proposé en 1806, ni même celui, plus modeste, qu'il s'était assigné en adoptant le système des licences en 1809. Il amena, au contraire, la reprise quasi indéfinie des guerres de conquêtes, la rupture de la France avec les États-Unis, la reconstitution des coalitions contre l'Empire et finalement la chute de Napoléon en 1814. Peut-être une des causes de son échec réside-t-elle dans l'absence d'unité de la politique économique de l'empereur : une économie libérale appliquée à l'agriculture, un interventionnisme très modéré pratiqué à l'égard de l'industrie pouvaient-ils se concilier avec un dirigisme total en matière de commerce extérieur ? Les institutions économiques de la France sous l'Empire manquèrent, pour le moins, de cohérence.

CHAPITRE VII

LES INSTITUTIONS SOCIALES : L'ORGANISATION DE LA SOCIÉTÉ[1]

Bonaparte a voulu régir non seulement l'administration et la vie économique de la France, mais la structure même de la société. Naturellement il ne la concevait qu'à l'image de l'armée. Au sommet, le chef de l'État. A la base, la famille, soumise à l'autorité despotique du « père de famille », dont le pouvoir n'est que le reflet de la puissance impériale. Ainsi Napoléon n'est pas aussi individualiste que les révolutionnaires qui n'avaient pas même voulu connaître le « père de famille ». Napoléon redoute de se trouver seul en face de ces innombrables pères de famille. Pour les neutraliser, il les groupe en ces « corps intermédiaires » qu'avait vantés Montesquieu : corps de fonctionnaires, chambre des avocats, des notaires, des agents de change, magistrature, « grands corps » de l'État, tels que Conseil d'État, Cour de cassation, Cour des comptes.

---

1. BIBLIOGRAPHIE GÉNÉRALE. — *Procès-verbaux du Conseil d'État contenant la discussion du projet de code civil* (Paris, an XII, 5 vol. in-8º) ; Bousquet, *Esprit du code Napoléon, tiré de la discussion* (Paris, 1805-8, 5 vol. in-8º) ; Maleville, *Analyse raisonnée de la discussion du code civil au Conseil d'État* (Paris, 1805, in-8º) ; Favard de Langlade, *Conférence du code civil, avec la discussion particulière du Conseil d'État et du Tribunat* (Paris, 1805, in-8º) ; Fenet, *Recueil complet des travaux préparatoires du code civil* (Paris, 1827-28, 15 vol. in-8º) ; Portalis, *Discours et travaux sur le code civil* (Paris, 1844, in-8º).
On consultera aussi A. Aulard, *Paris sous le Consulat* (Paris, 1903, 4 vol. in-8º) ; d'Hauterive, *La police secrète du premier Empire* (cité p. 521) ; Lanzac de Laborie, *Paris sous Napoléon* (Paris, 1905-13, 8 vol. in-12) ; ainsi que les nombreux mémoires écrits par les contemporains.
OUVRAGES : Bertin, *La Société du Consulat et de l'Empire* (Paris, 1890, in-8º) ; de Broc, *La vie en France sous le Premier Empire* (Paris, 1895, in-8º) ; *Le code civil, livre du centenaire* (Paris, 1904, in-8º) ; M. Fourniol, *Le code civil et la Révolution française* dans l'*Information historique*, 1950, p. 90-95 ; G. Hanotaux, *La transformation sociale à l'époque napoléonienne*, dans la *Revue des deux mondes*, t. XXIII (1926), p. 89-123 et 562-597 ; Jac, *Bonaparte et le code civil*, (Paris, 1898, in-8º) ; M. Leroy, *Le centenaire du code civil*, dans la *Revue de Paris*, ann. 1903, t. V, p. 511-533 et 753-780 ; du même, *L'esprit de la législation napoléonienne* (cité p. 561) ; A. Madelin, *Le Premier Consul législateur* (Paris, 1863, in-8º) ; Péroux, *Napoléon Ier et les lois civiles* (Paris, 1866, in-8º) ; Ray, *Essai sur la structure logique du code civil français* (Paris, 1926, in-8º) ; Ph. Sagnac, *La législation civile de la Révolution* (cité p. 40) ; P. Viard, *Histoire générale du droit privé français 1789-1830* (cité p. 40) ; ainsi que les ouvrages cités antérieurement. — QUESTIONS A ÉTUDIER : On a beaucoup, jusqu'à présent, commenté le code civil. On en a infiniment moins étudié l'application : les mariages, les différents types de contrat, les divorces sous l'Empire, la condition réelle et non plus théorique, de la femme, mariée ou non ; l'adoption (Y en eut-il fréquemment ? dans quel milieu social ? A la suite de quels événements ?) Les successions, les partages de biens-fonds n'ont pas mieux été étudiés.

Ces groupements eux-mêmes ne suffisent pas à l'empereur. Ils ne lient pas assez l'intérêt de ses membres au maintien de l'Empire. L'Empereur entend grouper aussi tous ceux qui sont attachés au régime par l'espoir des profits, des honneurs. Profits et honneurs doivent être, dans l'Empire deux appâts puissants. C'est pourquoi Napoléon crée la Légion d'honneur, puis la noblesse d'Empire, qui grouperont à la fois les profiteurs de la Révolution et les défenseurs du régime nouveau.

Mais tous ces corps intermédiaires, Napoléon entend qu'ils lui soient passivement soumis. Il les fait surveiller étroitement et interdit la formation de toute société de plus de vingt personnes sans son autorisation. Il redoute que des groupes se constituent sur d'autres principes que ceux qu'il met à la base de la société, c'est-à-dire les richesses et les honneurs, plutôt que l' « honneur »... Et il se méfie des pauvres et surtout des savants pauvres qui sont souvent des aigris, dangereux pour l'Empire.

A cette société nouvelle, qui est déjà une société censitaire, Napoléon a donné une véritable bible, le code civil.

I
LE CODE CIVIL ET LA SOCIÉTÉ[1]

L'idée de soumettre toute la société française à un code de lois uniforme, n'est pas de Napoléon. Elle est apparue avec la monarchie absolue, et Louis XIV essaya, dans une certaine mesure, de la réaliser en publiant ses grandes ordonnances de 1667 et de 1672. Mais ces ordonnances ne purent être appliquées à tout le royaume ; beaucoup de provinces continuèrent à vivre selon leurs lois propres.

L'unification de la législation civile française ne devait prendre corps qu'après 1789. La Constituante décréta en effet, le 2 septembre 1791 : « Il sera fait un code de lois civiles commun à tout le royaume. » Mais, ni la Législative, ni la Convention, ni le Directoire n'arrivèrent à mener à terme la rédaction de ce code, auquel ils consacrèrent pourtant des travaux préparatoires importants : la variété des lois françaises était telle que le travail d'unification s'avérait de longue haleine.

Le 9 septembre 1794, Cambacérès définit les trois questions essentielles, qu'à son avis le code devait régler : la libre disposition de la personne humaine, l'utilisation des biens par cette personne, pour subvenir à ses besoins, l'emploi de la personne et des biens pour augmenter le profit. « Tous les droits civils se réduisent donc aux droits de liberté, de propriété et de libre contrat... »

Cependant les travaux du code civil progressèrent lentement. Dès le début du Consulat, Bonaparte voulut en finir rapidement. Il confia la préparation du code à une commission restreinte composée de Tronchet, Portalis, Bigot de Préameneu, et Maleville. Dans cette commission, seul Tronchet représen-

---

[1]. TEXTES ET OUVRAGES A CONSULTER. — Voir ci-dessus, la bibliographie générale.

tait le droit coutumier. Les trois autres commissaires avaient été élevés dans des pays de droit écrit, Portalis, toutefois était un modéré et un conciliateur qui s'appliquait à rechercher des formules transactionnelles. La commission devait, dans ses travaux, se préoccuper à la fois de consacrer les conquêtes de la Révolution et d'opérer une synthèse du droit romain et du droit coutumier, afin que la société pût passer sans heurts de l'ancienne législation à la nouvelle.

Le projet de la commission, achevé en quatre mois, fut envoyé, pour observation, au Tribunal de cassation et aux tribunaux d'appel ; puis soumis à la « commission de législation » du Conseil d'État. Cette commission comptait des juristes distingués tels que Boulay de la Meurthe, Berlier, Réal, Thibaudeau, Treilhard, Emmery, Reynier, Muraire, Galli. Bonaparte lui-même ne dédaignait pas d'assister aux séances : et il en présida 57, sur les 102 que la commission tint. Les discussions furent assez âpres ; elles portèrent surtout sur la législation des successions. Les juristes du nord répugnaient à admettre les inégalités testamentaires et la large faculté de tester du midi ; ceux des pays de droit romain se plaignaient, au contraire, que le régime dotal, qui leur était familier, n'eût pas été sérieusement organisé. Cependant, on fut à peu près d'accord pour abandonner le plus souvent possible la législation révolutionnaire. Et c'est surtout pour cette raison que le Tribunat se montra hostile au projet et le fit rejeter par le Corps législatif. Cette opposition exaspéra Bonaparte qui, nous l'avons vu, profita du premier renouvellement du Tribunat pour l'épurer.

Les discussions reprirent alors, entre membres de la « commission de législation » du Conseil d'État et membres du Tribunat. Le projet de code fut remanié, mais dans un sens encore plus antirévolutionnaire. Seul Berlier défendit la législation de la Convention et du Directoire. La plupart des conseillers d'État inclinaient vers le droit romain. Quant à Bonaparte, fort ignorant du droit, il s'efforça de faire prévaloir un certain bon sens bourgeois tiré de sa propre expérience. « Les lois, disait-il, sont faites pour les mœurs. » Il insista sur l'autorité du père de famille, parce que celle-ci reflétait la toute-puissance du chef de l'État. Il fit prévaloir les intérêts des enfants légitimes, au détriment des enfants naturels, mais se montra partisan du divorce, parce qu'il songeait déjà à en user.

Au total, 36 lois, furent préparées et votées de 1801 à 1803. Le 21 mars 1804, leurs 2.281 articles furent réunis dans le *Code civil des Français* qui devait adopter, en 1807, le titre de *Code Napoléon*, quoique l'empereur n'ait pris, personnellement, qu'une faible part à sa rédaction. Pour la première fois, dans son histoire, la France se trouvait dotée d'un code civil, clair, concis, bien ordonné.

Le code civil est un compromis entre les anciennes coutumes, le droit romain et le droit révolutionnaire (auquel les juristes donnent le nom de « droit intermédiaire »). Rédigé par des bourgeois, il a en vue uniquement l'intérêt de la classe possédante. Il règle les conditions d'existence de la famille, considérée sous l'angle de la propriété : le contrat de mariage, les partages, les donations, les successions sont les principaux objets de ses préoccupations. Il considère la propriété comme un droit absolu, indiscutable, inviolable et sacré. Il n'innove en rien, et, sur bien des points, il marque une régression par rapport à la législation révolutionnaire. Cependant il en conserve les principes fondamentaux : égalité devant la loi, laïcité de l'État, liberté de conscience, liberté du travail. Exporté par Napoléon dans les pays occupés par les armées françaises, ce code est resté la trace la plus tangible et la plus durable de l'expansion révolutionnaire. Dans certaines régions, — la Belgique, le Luxembourg, — il s'est maintenu jusqu'à nos jours, en Rhénanie jusqu'à la fin du XIXe siècle. Mais, même là où il n'a pas survécu à l'Empire, il a laissé des marques profondes : les lois civiles de la Hollande, de l'Allemagne, de la Suisse, de l'Italie, de l'Illyrie ont été imprégnées du code Napoléon.

Nous ne reviendrons pas sur les règles édictées par le code au sujet de la propriété. Nous les avons déjà étudiées à propos des institutions économiques. Qu'il nous suffise de dire qu'il consacre l'abolition de la féodalité, et l'affranchissement de la terre. Il exalte la propriété, et surtout la propriété foncière, à tel point qu'au XIXe siècle « être propriétaire » signifiera : posséder des immeubles et surtout des biens-fonds. On se parera du titre de « propriétaire ». Combien de candidats aux élections, n'ont jusqu'en 1914 accolé à leur nom d'autre qualificatif que celui de « propriétaire » ? Dans le code, la propriété est encore renforcée par la possession, qui, en matière de meubles, vaut titre. Toutefois, le code civil porte peu d'attention à la propriété mobilière. Mais, en déclarant en son article 1134, que « les conventions légalement formées tiennent lieu de loi à ceux qui les ont faites », il a singulièrement renforcé le libéralisme économique et contribué à l'essor du capitalisme. Il n'en reste pas moins que le code civil a été essentiellement rédigé pour une nation où les paysans formaient encore l'immense majorité de la population.

En ce qui concerne l'organisation de la famille, le code maintient certains des principes proclamés à l'époque révolutionnaire, notamment l'état civil, indispensable à la conscription, la sécularisation du mariage (tout ministre du culte qui célèbre un mariage religieux avant un mariage civil est passible d'amende) et le divorce. Mais, alors que les lois révolutionnaires tendaient à faire régner dans la famille comme dans l'État, la liberté, et l'égalité, le code civil organisa la famille à l'image de l'Empire, c'est-à-dire sur le principe d'autorité.

En vertu de ce code, la femme non mariée n'est plus considérée comme l'égale de l'homme : elle ne peut faire partie du conseil de famille, ni exercer de tutelle, ni être témoin dans un acte instrumentaire. Elle peut déclarer une naissance comme sage-femme, mais non servir de témoin au déclarant. Elle ne peut être témoin pour un acte d'état civil (mais seulement pour un acte de notoriété destiné à remplacer l'acte perdu). Maigre compensation, la femme n'est pas assujettie à la contrainte par corps.

Lorsque la femme se marie, elle peut être soumise à divers régimes matrimoniaux, mais tous la placent sous l'autorité absolue de son mari. Le code, en effet, n'a pas introduit en France l'unité de la législation matrimoniale : les époux sont libres de conclure un contrat de mariage sous quelque régime qu'ils désirent. Toutefois, on présente aux époux deux grands types de régimes matrimoniaux : le régime de la communauté qui était le régime de la France du Nord (sauf la Normandie) avant 1789, et le régime dotal, qui était le régime de la Normandie et de la France du Midi. Les époux qui ne rédigent pas de contrat sont placés obligatoirement sous le régime de la communauté. Mais quel que soit le régime choisi, la femme est étroitement subordonnée à l'homme ; elle devient une pupille, un être incapable juridiquement parlant. Le code n'a pas prévu que la femme pourrait gagner un salaire, recevoir un traitement, tenir un commerce. Il a songé uniquement aux bourgeoises oisives ou aux paysannes qui aident leur mari aux champs, sans jouir de la moindre indépendance économique.

L'autorité maritale est établie d'une manière catégorique par l'article 213 du code : « La femme doit obéissance à son mari. » Aucune loi de la période révolutionnaire n'avait proclamé une telle subordination ! La femme doit suivre son mari partout où il établit son domicile, même à l'étranger. Elle ne participe en aucune manière à l'administration des biens communs : le mari peut dissiper les biens de la communauté ; la femme ne peut s'y opposer qu'en demandant la séparation de biens. La femme ne peut comparaître en justice, aliéner ou hypothéquer ses biens propres, s'engager pour autrui sans le consentement de son mari. La femme mariée ne peut même être habilitée par une autorisation générale, il lui faut une autorisation spéciale pour chaque acte. Le code civil a ainsi étendu à toute la France des incapacités qui étaient connues des seuls pays de droit romain et totalement ignorés des pays de droit coutumier.

Le code civil n'est pas prolixe en ce qui concerne les enfants. Il maintient l'adoption telle que la législation révolutionnaire l'avait introduite, mais la soumet à un contrôle des tribunaux. Quant aux enfants naturels, ils sont écartés de la famille.

Le divorce a été maintenu dans le code par la volonté expresse de Napoléon qui, dès 1802, songeait à un divorce possible avec Joséphine. Portalis, en effet, s'était montré fort hostile au divorce, et seuls quelques conseillers d'État estimaient qu'il fallait le conserver, afin de permettre aux juifs et aux protestants, dont la religion n'interdit point le divorce, d'y avoir recours : « La loi doit le permettre afin que ceux dont la croyance l'autorise puissent en user... »

Cependant, le code ne reproduit pas intégralement la loi du 20 septembre 1792 sur le divorce. Le divorce pour incompatibilité d'humeur a été supprimé comme contraire à la théorie des contrats : un contrat ne peut se dissoudre par la volonté d'un seul contractant. Il a paru également nuisible à la bonne organisation des ménages.

Le Conseil d'État, après de longues discussions, a conservé le divorce par consentement mutuel : on pensait qu'il éviterait la publicité de scandales familiaux. Toutefois, le code, en a restreint les conditions d'exercice et a cherché à le rendre très rare : les époux n'y peuvent recourir qu'après deux ans ou avant vingt ans de mariage, la femme ayant plus de 21 ans et moins de 45. Il doit être autorisé par les pères et mères ou par les autres ascendants vivants. Les délais nécessaires au prononcé du divorce par consentement mutuel sont fixés à un an au moins, le consentement mutuel devant être exprimé quatre fois durant cette année. Les époux ayant divorcé par consentement mutuel ne peuvent se remarier avant trois ans ; leurs enfants ont droit à la moitié de leurs biens.

Le divorce pour motifs déterminés est maintenu, mais le nombre des motifs est réduit de sept à trois : l'adultère, les excès, sévices ou injures graves, la condamnation d'un des époux à une peine infamante.

Le jugement des divorces est enlevé aux conseils de famille, jugés trop complaisants et dévolu aux tribunaux. Par respect pour les scrupules des catholiques, la séparation de corps est rétablie.

Mais ce qui tranche surtout avec la législation révolutionnaire c'est l'esprit de tout le titre VI du code, consacré au divorce : en effet, c'est là que l'inégalité de l'homme et de la femme, si marqué dans presque tout le code civil atteint à un degré d'injustice révoltant. Portalis justifiait cette différence de traitement en disant : « L'infidélité de la femme suppose plus de corruption et a des effets plus dangereux que celle du mari : aussi l'homme a toujours été jugé moins sévèrement que la femme. » Le code s'efforce, en effet, par des peines graves, d'empêcher la femme d'introduire un étranger dans la famille légitime. Aussi le mari peut-il demander le divorce pour cause d'adultère de la femme, tandis que celle-ci ne peut l'obtenir que si le mari a cohabité avec sa concubine dans la maison commune. En cas d'adultère reconnu de la femme, le mari peut faire enfermer la coupable dans une maison de correction pour un temps variant de trois mois à deux ans, temps d'ailleurs qu'il peut abréger à sa volonté : ainsi le code considère-t-il, dans ce cas, la femme comme une véritable esclave du mari. Au contraire si le mari est convaincu d'avoir cohabité avec sa concubine dans la maison conjugale, il n'est passible que d'une amende de 100 à 2.000 fr.

Si le mari, surprenant sa femme en flagrant délit d'adultère dans la maison conjugale, commet un meurtre, le code le juge excusable. Dans des circonstances analogues mais inverses, un meurtre commis par la femme est réputé sans excuses ! Toute cette législation constitue une violation flagrante du principe de l'égalité proclamé par la Déclaration des droits de 1789.

En fait, sous l'Empire, les divorces furent peu nombreux : Ils sont en moyenne de 60 par an à Paris, de huit par an à Rouen la moyenne n'est que de six seulement à Marseille, de deux à Toulouse (contre vingt par an sous le Directoire et le Consulat). Les délais de prononcé des divorces, très longs (deux à trois ans), décourageaient sans doute les demandeurs. La plupart des divorces enregistrés sous l'Empire ont pour cause des sévices ou injures graves et mettent fin à une vie commune devenue absolument intolérable.

II

LA LÉGION D'HONNEUR ET LA NOBLESSE IMPÉRIALE[1]

Le code civil, s'il proclamait l'égalité devant la loi, ne la réalisait donc que pour les hommes. Mais Napoléon se souciait fort peu de maintenir l'égalité, même entre les seuls hommes. Il rêvait d'une société hiérarchisée, encadrée. Sa conception de la société est toute militaire : des grades distinguant les hommes les uns des autres, mais aussi un groupement des hommes en « corps intermédiaires », ces corps intermédiaires qui, selon Montesquieu, doivent participer au gouvernement mais que Napoléon entend utiliser au plus grand profit de son pouvoir dictatorial. Sa première tentative pour hiérarchiser la société est l'organisation de la Légion d'honneur.

L'idée pourtant n'est pas de lui, et elle procède à l'origine d'une conception fort différente : sous l'ancien régime, il existait un certain nombre d'ordres : l' « ordre de Saint-Michel », créé en 1469, réservé aux gentilshommes de race, l' « ordre du Saint-Esprit », fondé en 1578, conféré aux seuls nobles catholiques, l' « ordre de Saint-Louis », datant de 1693, accessible aux catholiques, nobles ou roturiers, officiers dans l'armée, le « mérite militaire » établi en 1759 pour les officiers suisses ou étrangers de religion protestante, et qui pour cette raison ne pouvaient recevoir la croix de Saint-Louis. Les philosophes français du XVIIIe siècle, et notamment Mirabeau, n'avaient pas assez de railleries pour ces ordres. Aussi la Constituante les avait-elle supprimés le 30 juillet 1791, sauf la croix de Saint-Louis qui avait été rendue accessible à tous. Mais, comme cette décoration était portée avec ostentation par les émigrés et les Vendéens, la Convention l'avait abolie, à son tour, le 28 juillet 1793.

Pourtant il ne semble pas qu'aucun des Cahiers de 1789 ait réclamé la suppression des distinctions honorifiques. Le cahier du tiers de Paris demande même l'établissement « d'une récompense honorable et civique, purement

---

1. DOCUMENTS ET OUVRAGES A CONSULTER. — Voir la bibliographie générale de ce chapitre, p. 594, et : A. Révérend, *Armorial du premier Empire* (Paris, 1894, in-8º) ; Simon, *Armorial général de l'Empire* (Paris, 1812, in-8º) ; — sur la Légion d'honneur : Delarbre, *La Légion d'honneur* (Paris, 1887, in-8º) ; Soulajon, *Les cohortes de la Légion d'honneur* (Paris, 1890, in-8º) ; A. Aulard, *Le centenaire de la Légion d'honneur*, dans la série de ses *Études et leçons*, t. IV (Paris, 1904, in-8º) ; Bonneville et Marsangy, *La Légion d'honneur* (Paris, 1904, in-8º) ; — sur la noblesse, Compardon : *Liste des membres de la noblesse impériale* (Paris, 1899, in-8º, public. de la Société d'histoire de la Révolution) ; Lanzac de Laborie, *Paris sous Napoléon*, t. III (Paris, 1905, in-8º). — QUESTIONS A ÉTUDIER : On ne possède pas d'études statistiques sur la noblesse impériale. Il serait intéressant d'étudier la fortune de la nouvelle noblesse, les origines de cette fortune, l'usage qu'elle en fit.

LES INSTITUTIONS SOCIALES

personnelle et non héréditaire... décernée sans distinction, par le roi, aux citoyens de toutes les classes qui l'auront méritée par l'éminence de leur vertu patriotique ou l'importance de leurs services... ». Dès le 19 juin 1790, la Constituante décide d'accorder aux vainqueurs de la Bastille des récompenses honorifiques : armement complet avec, gravée, la mention suivante : « Donné par la nation à ..., vainqueur de la Bastille. » Le 3 août suivant, la Constituante généralisant cette mesure prévoit qu'il y aura des « marques d'honneur » délivrées par la nation et une « décoration nationale ». Mais la Législative, après étude de la question, se montre hostile à ce projet. La guerre pose le problème avec une acuité nouvelle. La Convention récompense les actes de courage et d'héroïsme en distribuant, avec beaucoup de parcimonie, des armes d'honneur et des couronnes de chêne. Les assemblées du Directoire reprennent le projet de récompense nationale, mais c'est seulement le 11 vendémiaire an VIII (3 octobre 1799) qu'est votée une loi instituant « des récompenses nationales pour les armées de la république ». Il devait y avoir des récompenses collectives — sous forme de décrets portant que telle ou telle armée a « bien mérité de la patrie », transfert du drapeau au Panthéon, proclamation solennelle au cours de certaines fêtes, et des récompenses individuelles pour les soldats. Le Directoire avait disparu avant d'avoir réglé la nature des récompenses individuelles. La constitution de l'an VIII reproduit la loi du 11 vendémiaire, et un arrêté des consuls du 4 nivôse an VIII (25 décembre 1799) décide que les récompenses individuelles consisteront en armes d'honneur, et, pour les canonniers, en une grenade d'or portée sur le parement de l'habit : 1.854 récompenses de ce genre furent accordées.

C'étaient là des récompenses purement civiques, qui ne créaient aucune inégalité devant la loi. Mais tel n'était pas le but de Bonaparte. Il voulait placer à la base de l'État, non le civisme, mais l' « honneur », qui, selon Montesquieu, permet les préférences et les distinctions, suppose des prééminences, des rangs, prépare le rétablissement de la noblesse : la Légion d'honneur préluda en effet à l'institution de la noblesse impériale.

Bonaparte eut l'idée de créer une « Légion d'honneur » au début de mai 1802, les discussions commencèrent au Conseil d'État dès le 14 floréal an X (4 mai 1802). Bonaparte déclara que la Légion d'honneur ne serait pas réservée aux seuls militaires, mais ouverte aussi aux civils, et il fit à ce propos l'éloge du gouvernement civil. Il y eut des opposants. Berlier déclara, avec raison : « L'ordre proposé conduit à l'aristocratie, les croix et les rubans sont les hochets de la monarchie », à quoi Bonaparte fit la célèbre réponse : « C'est avec des hochets qu'on mène les hommes. » Il est en tout cas remarquable de constater que le projet ne passa au Conseil d'État que par quatorze voix contre dix. Le Tribunat, saisi officiellement, fit quelques amendements au projet. Bonaparte les accepta, et la loi fut votée au Tribunat par 50 voix contre 38, au Corps législatif par 166 voix contre 110.

Aux termes de cette loi, la Légion d'honneur avait pour chef le Premier consul, assisté d'un « grand conseil d'administration ». Elle était divisée en quinze cohortes ayant chacune un arrondissement territorial ; une cohorte comprenait sept grands officiers, vingt commandants, trente officiers, 350 légionnaires. Les membres de la Légion d'honneur recevaient un traitement annuel variant de 250 fr. pour le simple légionnaire à 5.000 fr. pour les « grands officiers » ; chaque cohorte disposait, pour payer ces traitements, de biens nationaux produisant 200.000 fr. de rente. Un hospice devait être établi dans l'arrondissement de chaque cohorte pour les légionnaires infirmes.

Les membres de la Légion d'honneur étaient nommés par le « grand conseil d'administration » présidé par le Premier consul. Ils devaient être choisis parmi les militaires ayant rendu des services marqués à l'État pendant la guerre de la liberté, et parmi les citoyens « qui, par leur savoir, leurs talents, leurs vertus avaient contribué à établir ou à défendre les principes de la république, ou fait aimer la justice ou l'administration publique ». Lors de son admission, le nouveau légionnaire devait prêter serment « de se dévouer au service de la république, à la conservation de son territoire dans son intégrité, de ses lois et des propriétés qu'elles ont consacrées ; de combattre par tous les moyens... toute entreprise tendant à rétablir le régime féodal, à reproduire les titres et qualités qui en étaient l'attribut, enfin de concourir de tout son pouvoir au maintien de la liberté et de l'égalité ».

Serment, on le voit, assez démocratique. Comme, en outre, la Légion d'honneur ne comportait ni décoration, ni insigne, ni costume on pouvait croire que cette institution était fort différente des anciens ordres de chevalerie. Rœderer déclarait dans son rapport : « La Légion d'honneur doit être une institution auxiliaire de toutes nos lois républicaines et servir à l'affermissement de la Révolution... C'est une institution politique qui place dans la société des intermédiaires par lesquels les actes du pouvoir sont traduits à l'opinion avec fidélité et bienveillance, et par lesquels l'opinion peut remonter jusqu'au pouvoir. » On ne saurait mieux définir le rôle que Bonaparte attribuait aux « corps intermédiaires » dont la Légion d'honneur était le meilleur exemple.

Cependant, tous les Français n'étaient pas abusés par cette allure démocratique de la Légion d'honneur. Au cours de la discussion de la loi qui la créait, un tribun s'écria que la « Légion d'honneur ne manquait d'aucun des éléments qui ont fondé parmi tous les peuples la noblesse héréditaire ». Rœderer, pourtant, s'obstinait à dire que la Légion d'honneur serait un obstacle à la création d'une nouvelle noblesse. Se trompait-il lui-même, ou voulait-il tromper les autres ? Bientôt la Légion d'honneur évolua vers la noblesse.

Dès le 29 floréal an X, en effet, Napoléon nomma lui-même les membres du « grand Conseil d'administration » de la Légion d'honneur qui auraient dû être élus, et son choix se porta sur ses frères Lucien et Joseph ainsi que sur Lacépède et le général Kellermann. Alors que le « grand conseil » désignait le général Mathieu Dumas comme chancelier, Bonaparte, sans tenir compte de cette indication nomma Lacépède.

Lors de l'organisation de l'Empire, par sénatus-consulte, du 28 floréal an XII (18 mai 1804) ; les « grands dignitaires » furent nommés d'office membres du « grand Conseil de la Légion d'honneur ». Lacépède démissionna, en signe de protestation, mais il reprit sa démission lorsque l'empereur lui promit la sénatorerie de Paris. Désormais le grand conseil fut entièrement à la dévotion de l'empereur, qui choisit les légionnaires selon son bon plaisir.

La Légion d'honneur se rapproche dès lors rapidement des anciens ordres de chevalerie. Le décret du 22 messidor an XII (11 juillet 1804) institue la « décoration » de la Légion d'honneur, « étoile à cinq rayons doubles, émaillée de bleu », en or, pour les officiers, commandants et grands officiers (on l'appelait alors la « grande aigle ») en argent pour les simples légionnaires — c'est la « petite aigle ». La médaille est attachée à un ruban moiré rouge. Le 10 pluviôse an XIII (30 janvier 1805) Napoléon ajoute à cette hiérarchie la « grande décoration ou grand cordon de la Légion d'honneur » pour soixante grands officiers au maximum. Le serment des légionnaires est naturellement modifié. On en retrancha, évidemment, la promesse de combattre toute entreprise tendant à reproduire les titres féodaux, et l'on prend l'habitude de donner du « chevalier », dans les salons, aux légionnaires. La Légion d'honneur ne devait pas tarder à conférer partiellement la noblesse : par décret du 1er mars 1808, Napoléon décide que les membres de la Légion d'honneur porteront officiellement le titre de chevalier, et que ce titre serait transmissible de mâle en mâle par ordre de primogéniture, pour tout légionnaire justifiant d'un revenu net de 3.000 fr. au moins. Nous voilà loin du rapport de Rœderer !

Dès 1804, il est vrai, lors de la première distribution des « étoiles », quelques républicains impénitents tels que Lemercier ou l'amiral Truguet, avaient renvoyé leur brevet. Mais ce furent des exceptions. La Légion d'honneur fut plus convoitée que jamais. De 1802 à 1814, Napoléon fit 48.000 légionnaires, dont 1.400 civils seulement. Il créa, en outre, des maisons d'éducation pour les filles de légionnaires. A la fin de l'Empire il institua deux ordres nouveaux : le 15 août 1809 celui des « Trois toisons d'or » réservé aux seuls militaires (100 « grands chevaliers », 400 commandeurs, 1.000 chevaliers) et, le 18 octobre 1811, celui de la « Réunion » destiné aux civils et aux militaires de tout l'Empire (200 grands-croix, 1.000 commandants, 10.000 chevaliers).

La Légion d'honneur avait abouti à la formation d'une noblesse. Napoléon avait pensé tout d'abord à ne recruter sa noblesse que dans la Légion. Mais il eût été obligé, dans ce cas, de changer radicalement le but de l'institution ou d'éliminer de sa noblesse un bon nombre de personnages dont il jugeait essentiel de s'entourer. Malgré l'insistance du sénateur Sémonville, Napoléon se borna à donner la possibilité aux légionnaires riches de transformer leur grade en titre de noblesse héréditaire.

D'autres mesures présageaient encore le rétablissement d'une noblesse : la création des « sénatoreries » n'équivalait-elle pas à l'institution d'une noblesse foncière ? Les titres princiers, rétablis dès 1804 pour les membres de la famille impériale, le titre de « Monseigneur » qu'on devait donner aux ministres et maréchaux, celui d' « Altesse sérénissime », dont il fallait saluer les grands dignitaires, préparaient l'opinion à la restauration officielle de la noblesse.

Le décret du 1er mars 1808 organisa sans détour une noblesse impériale.

L'empereur était la source unique de toute la noblesse. Il créait les nouveaux nobles et pouvait soit confirmer dans leurs titres les membres de l'ancienne noblesse royale, soit leur accorder de nouveaux titres.

La famille impériale était placée à la tête de la nouvelle noblesse. L'empereur devait en être considéré comme le chef commun. La famille impériale était soumise à un droit civil particulier : aucun mariage, aucune adoption, aucun contrat de mariage ne pouvait intervenir sans le consentement de l'empereur. Pour la famille impériale, la volonté de Napoléon pouvait déroger à toutes les lois, valoir toutes les dispenses. Le divorce était interdit aux membres de la famille impériale, sauf à l'empereur. Le « conseil de la famille impériale » devait s'occuper des intérêts des mineurs et des actions personnelles intentées contre les membres de la famille, les causes réelles restant toutefois du ressort des tribunaux ordinaires.

Les grands dignitaires et les ducs n'étaient pas exclus du droit commun au même point que les membres de la famille, toutefois, pour leurs actes politiques, et leurs éventuels « déportements » ils étaient placés sous la juridiction personnelle de l'empereur.

En revanche, les autres membres de la noblesse impériale étaient entièrement soumis au droit commun : la nouvelle noblesse ne conférait aucun privilège en droit civil ou pénal, aucune exemption fiscale.

La noblesse impériale était héréditaire, « de mâle en mâle, par ordre de primogéniture », inaliénable et soumise à la surveillance du Conseil d'État, du « Conseil du sceau des titres » et de l'empereur lui-même. Elle comportait les titres de « grands feudataires de l'Empire », « princes souverains », « princes », « ducs », « comtes », « barons ». Ces nobles avaient droit aux armoiries et pouvaient établir des « majorats » en faveur de leur fils aîné, dans les conditions que nous avons déjà indiquées.

Certains fonctionnaires étaient nobles de droit. Ainsi les préfets, les évêques ; ces derniers pouvaient créer des majorats pour leurs neveux.

Napoléon obligea certains membres de sa noblesse à résider à Paris : les princes du sang devaient y avoir des « palais », les maréchaux, princes et ducs, des « hôtels » ; les comtes et barons étaient autorisés à y entretenir des hôtels, s'ils avaient constitué un majorat de 100.000 fr. au moins. Toutefois, seuls les princes et ducs pouvaient faire placer leurs armoiries à l'extérieur de leurs hôtels.

Malgré les efforts faits par Napoléon pour attirer auprès de lui les membres de l'ancienne noblesse royale, celle-ci bouda. Quant aux démocrates restés fidèles à l'idéal de 1789, ils méprisèrent la noblesse nouvelle. Cependant, dans son immense majorité, la bourgeoisie se rua à la servitude et brigua avec convoitise les titres nouveaux, qui ruinaient en partie l'égalité devant la loi proclamée par la Déclaration des droits de 1789. La dictature napoléonienne en fut d'autant facilitée.

III

L'ÉTAT ET L'ASSISTANCE[1]

La noblesse est placée au sommet de la société impériale. A l'autre extrémité, la masse des pauvres, des malheureux, des misérables. Comment l'Empire s'est-il occupé d'eux ?

La Convention, en organisant l'assistance publique, avait eu pour objet de soulager la misère, de faire disparaître la mendicité, le vagabondage. Elle poursuivait un objectif essentiellement humanitaire. Le Directoire avait déjà perdu ce but de vue ; de plus, les difficultés financières s'étaient opposées à l'application de la plupart des lois généreuses votées par la Convention. Le Consulat et l'Empire ne considèrent l'assistance publique que sous l'aspect d'un devoir policier. C'est avant tout l'ordre public qu'ils se proposent de préserver en secourant les malades, les pauvres, les infirmes. La « charité », avec tout ce que, dans cet emploi, le mot comporte d'humiliant pour celui qui la reçoit, est remise en honneur, l'assistance privée se développe de nouveau, aux côtés de l'assistance publique.

L'assistance publique pouvait s'exercer à domicile, par l'intermédiaire des « bureaux de bienfaisance », ou dans les « hospices », c'est-à-dire les hôpitaux.

La loi du 7 frimaire an V (27 novembre 1796) avait décrété la formation d'un ou plusieurs bureaux de bienfaisance par ville, ou par canton rural. Une circulaire du 28 brumaire an X (19 novembre 1801) parut maintenir cette prescription en spécifiant qu'il y aurait un bureau de bienfaisance par justice de paix. Mais, d'une part, cette circulaire ne fut pas partout appliquée ;

---

1. DOCUMENTS ET OUVRAGES A CONSULTER. — Voir aux Archives Nationales, les séries A. F. IV, F 8 et F 15, voir aussi les archives départementales et celles des établissements hospitaliers ; — Husson, *Recherches historiques et médicales sur le vaccin* (Paris, 1801, in-8º) ; du même, *Rapport sur les vaccinations pratiquées en France en 1806 et 1807* (Paris, 1809, in-8º) ; *Recueil des mémoires sur les établissements d'humanité* (Paris, ans VII-IX, 2 vol. in-8º) ; — voir en outre, les ouvrages déjà cités, p. 378 et 468, et les monographies départementales ; en outre, Lallemand, *Histoire des enfants abandonnés et délaissés* (Paris, 1885, in-8º) ; Ferdinand-Dreyfus, *Un philanthrope d'autrefois : La Rochefoucauld-Liancourt* (Paris, 1903, in-8º) ; Festy, *La Société philanthropique de Paris 1800-1847*, dans la *Revue d'hist. moderne et contemp.*, t. XVI (1911), p. 170-196 ; G. Vauthier, *La Société maternelle sous l'Empire*, dans la *Revue des études napoléoniennes*, ann. 1914, t. II, p. 70-83 ; G. Weill, *Un groupe de philanthropes français*, dans la *Revue des études napoléoniennes*, 1917 (t. I), p. 199-218.

d'autre part, l'organisation des bureaux de bienfaisance fut centralisée, comme les autres institutions impériales. Il se forma, en effet, une « commission centrale de bienfaisance » dans chaque arrondissement, présidée par le sous-préfet ou le préfet. Un décret du 7 germinal an XIII (28 mars 1805), régla le mode de nomination et de renouvellement des bureaux de bienfaisance : les membres de ces bureaux étaient nommés par le ministre de l'intérieur sur avis du préfet, et choisis sur une liste de cinq candidats par place, présentés par l'administration ; le renouvellement avait lieu, chaque année par cinquième, le sort devant désigner les premiers membres renouvelés. Les juges de paix faisaient de droit partie des bureaux de bienfaisance. Les bureaux de bienfaisance disposaient de ressources assez maigres. Ils avaient le droit d'organiser des quêtes et collectes, de déposer des troncs dans les églises. Ils faisaient distribuer à domicile, en général par des religieuses, des secours en argent, des vivres, des médicaments, des vêtements. Parfois, en Bretagne par exemple, selon une vieille coutume, ils répartissaient les pauvres entre les familles riches de la localité ou du canton : chaque famille aisée devait entretenir un ou deux indigents. Les bureaux de bienfaisance organisèrent aussi des soupes populaires, qu'on appela en 1812, « soupes à la Rumford », du nom d'un philanthrope américain qui avait rendu populaire ce genre de secours. En avril 1812, 95.000 soupes populaires furent distribuées dans le seul département des Côtes-du-Nord, qui comptait alors, 500.000 habitants. Chaque soupe revenait à 0 fr. 75.

Cependant l'efficacité des bureaux de bienfaisance s'avéra médiocre. C'est pourquoi des comités de bienfaisance officieux se créèrent. A côté du Maire, le curé ou le desservant y jouait un grand rôle. Des arrêtés préfectoraux leur conférèrent un caractère officiel à partir de 1812 et ils se substituèrent souvent par leur action aux bureaux de bienfaisance.

Plus efficaces étaient les secours distribués dans les hôpitaux ou hospices. L'administration des hôpitaux était toujours réglementée par les lois de l'an V. Toutefois les pouvoirs de surveillance conférés aux municipalités passèrent aux sous-préfets et aux préfets.

Le décret du 7 germinal an XIII (28 mars 1805) qui fixe le mode de nomination et de renouvellement des bureaux de bienfaisance s'applique aussi aux commissions des hospices : nomination par le ministre de l'intérieur, sur avis du préfet, sur une liste quintuple, présentée par l'administration ; renouvellement par cinquième. Les maires font, de droit, partie de la commission des hospices de leur commune. En fait, ces commissions sont souvent composées d'individus médiocres ou négligents. Le préfet en destitue fréquemment pour incapacité. D'autres démissionnent. En messidor an XII, le sous-préfet de Lannion écrit à ce propos : « En général, les administrateurs exerçant des fonctions purement gratuites n'ont aucune responsabilité, ne veulent pas s'assujettir aux règles d'administration et menacent de se démettre lorsqu'on est obligé de les rappeler à leurs devoirs... » Aussi n'est-il pas étonnant qu'après le Concordat, l'évêque et le curé soient devenus pratiquement les maîtres de ces commissions.

Cependant, la tâche des commissions des hospices est moins pénible que sous le Directoire, car les hôpitaux sont de nouveau dotés de ressources régulières ; les hospices doivent recevoir, soit les biens qu'ils possédaient avant 1789, s'ils n'avaient pas été vendus, soit une quantité de domaines nationaux produisant des revenus au moins équivalents à ceux de 1788. Par de nombreux arrêtés, notamment celui du 4 ventôse an IX (23 février 1801) le gouvernement met à la disposition des hospices des domaines nationaux d'origines diverses, entre autres, tout domaine national usurpé, et toute rente appartenant à la république, dont le paiement aura été interrompu. Une procédure est prévue pour accélérer la récupération de ces biens.

Les hospices peuvent aussi tirer quelques profits des travaux accomplis par les malades ou les vieillards (filatures, tissage, etc.). Plus importantes sont les ressources provenant des octrois, dont les bénéfices doivent, pour une part, revenir aux établissements hospitaliers. Parfois les hospices possèdent aussi certains monopoles, en Bretagne, par exemple, l'enlèvement des boues, les pompes funèbres. Enfin, le droit des pauvres sur les spectacles revient en partie aux hospices.

Le gouvernement permet de nouveau les fondations et pour les encourager, autorise les bienfaiteurs des hospices à se réserver la collation du bénéfice des fondations, ou même une part dans la gestion des biens qui en dépendent.

Le gouvernement admet aussi des fondations avec administrateurs ou distributeurs spéciaux. Par une série d'arrêtés et de décrets, il prescrit le respect des fondations antérieures à la Révolution. Les descendants des fondateurs de lits dans les hôpitaux sont restaurés dans leur droit de présentation ; les fondateurs d'hospices ou leurs héritiers, s'ils se sont réservés le droit de concourir à la direction des établissements dotés, peuvent de nouveau user de ce droit. A partir de 1806, les hôpitaux fonctionnent de nouveau avec un budget en équilibre. Les grosses difficultés des années révolutionnaires sont oubliées.

Les congrégations hospitalières reconstituées en grand nombre au début du Consulat ont repris leur rôle. Les infirmières laïques — qui souvent n'étaient que des religieuses restées à leur poste à titre personnel, — ont disparu à peu près complètement. Les « dames hospitalières », les « dames de Saint-Thomas », les « sœurs de Saint-Charles », et bien d'autres servent de nouveau dans les hôpitaux.

L'exercice de la médecine n'avait plus été sévèrement contrôlé depuis l'abolition, en 1791, des corporations. Guérisseurs, rebouteux et charlatans s'étaient mis à pulluler. Le décret du 19 novembre an XI (10 mars 1803) interdit l'exercice de la médecine à tous ceux qui n'auraient pas obtenu le grade de docteur en médecine, après quatre ans d'études dans une école de médecine, ou d'officier de santé, après un examen subi devant un jury départemental. Les jurys départementaux se réunissaient assez rarement. Dans les Côtes-du-Nord, par exemple le jury ne se rassemble que cinq fois de 1800 à 1815. Entre temps, les préfets étaient habilités à délivrer des autorisations « d'exercer provisoirement la médecine ». Officiers de santé et médecins étaient en très petit nombre. En 1814, les Côtes-du-Nord ne comptent que 107 médecins, chirurgiens, officiers de santé, soit un par 5.000 habitants environ. Et, parmi ces 107 médecins, figurent 50 « officiers de santé ». Il n'y que 26 docteurs ayant fait leurs études dans une école ou une faculté de médecine, depuis 1795. Aucun n'est spécialisé. Les spécialistes ne se rencontrent guère qu'à Paris, et dans quelques grandes villes, mais ils entreprennent des « tournées », et les préfets ou sous-préfets annoncent officiellement leur passage. Il s'agit, en général, d'oculistes. Les médecins donnent leurs soins à la fois aux malades à domicile et à ceux qui sont hospitalisés. Pendant longtemps on considéra qu'ils devaient soigner gratuitement les pauvres des hospices. Ce n'est qu'à partir de 1807, que les médecins des hôpitaux sont rétribués dans les Côtes-du-Nord. L' « internat des hôpitaux » est créé à Paris le 4 ventôse an X (23 février 1802).

Étant donné le petit nombre de médecins, l'absence d'hygiène, les épidémies ravagent fréquemment certaines régions. Le gouvernement s'en soucie. car une épidémie peut provoquer des troubles sociaux et l'accroissement de la mortalité a de fâcheuses répercussions sur la conscription. Aussi, en cas d'épidémie, le gouvernement envoie-t-il des médecins payés par lui, dans la région atteinte. Le gouvernement favorise la vaccination antivariolique. Une circulaire du ministère de l'intérieur du 14 prairial an XII (3 juin 1804) prescrit la formation d'une « société de vaccine » dans chaque département. Dans le Bas-Rhin et la Côte-d'Or, les préfets dirigent une véritable croisade de vaccination, et obtiennent des résultats encourageants. Le Bas-Rhin se classe en tête des départements français avec le sixième des habitants vaccinés, la Côte-d'Or vient au second rang avec un septième de sa population vaccinée. Mais ailleurs la vaccination se heurte à la résistance des paysans, encouragée parfois par le clergé.

La forte mortalité est due non seulement aux épidémies, mais aussi à la fréquence de la mortinatalité, conséquence de l'insuffisance des sages-femmes, La loi du 19 ventôse an XI (10 mars 1803) avait bien prévu la création, dans un hospice au moins par département, d'un « cours gratuit d'accouchements, théorique et pratique ». Mais cette loi fut loin d'être appliquée. On recommanda aux départements, où de tels cours n'avaient pas été créés, d'envoyer des élèves sages-femmes à la Maternité de Paris, les frais du voyage étaient à la charge de l'administration. Malgré ces efforts, le nombre de sages-femmes est encore très insuffisant en 1814. Dans les Côtes-du-Nord, il n'y en a que 67 (contre 30 en 1803) soit moins d'une par canton. Pourtant certaines communes paient une sage-femme, qui, en contre-partie s'engage à soigner gratuitement les indigents.

A supposer que les médecins eussent été assez nombreux, il aurait été difficile de se procurer des médicaments, car le nombre des pharmaciens, était, lui aussi, minime. L'exercice de la pharmacie avait été réglementé, nous l'avons vu, en 1791, lors de la suppression des corporations. La loi du 21 germinal an XI (11 avril 1803) précisa et aggrava cette réglementation. Nul n'était autorisé à préparer, ni à vendre des remèdes s'il n'avait étudié huit ans dans une pharmacie, ou trois ans dans une école et trois ans dans une pharmacie. Ces études devaient être sanctionnées par un diplôme délivré par une école de pharmacie ou un jury départemental. Ce sont ces exigences, légitimes d'ailleurs, qui, sans doute, étaient cause du petit nombre des pharmaciens. Dans les Côtes-du-Nord, il n'y en avait que dix en 1814, un pour 50.000 habitants ! Aussi les sœurs des hospices, en dépit de la loi, vendaient-elles des médicaments au public.

Les hospices donnaient asile aux malades, aux vieillards infirmes et aux enfants abandonnés. En principe, les hospices n'admettaient que les individus originaires de la commune. Mais les préfets s'efforcèrent de lutter contre cette habitude, héritée de l'ancien régime. Ils voulurent ouvrir des hôpitaux, notamment pour les habitants des campagnes. A Saint-Brieuc, enfants et vieillards formaient la majorité des hospitalisés, environ les sept dixièmes ; à Strasbourg, plus de 400 vieillards étaient recueillis dans un hospice spécial.

On comprend que la cohabitation de malades, de vieillards et d'enfants abandonnés ait été désastreuse pour ces derniers. Quoique la mortalité des enfants trouvés ait quelque peu diminué depuis la Révolution, elle était encore très élevée. C'est seulement le 19 janvier 1811 qu'un décret réglemente l'assistance aux enfants trouvés et aux orphelins pauvres. Il prescrit la constitution, dans chaque arrondissement d'un hospice qui ne recevra que les enfants abandonnés. Mais comme l'exécution d'une telle décision se heurtait à des difficultés très grandes — surtout financières — un autre décret du 19 janvier 1812, décida, qu'en attendant la constitution de ces hospices, les enfants trouvés devraient être placés, dans la mesure du possible, à la campagne. Mais précisément à cette date, survint la crise économique, et le nombre des enfants trouvés qui avait diminué depuis 1800, augmenta de nouveau : en fait, la situation, en 1814, était inchangée, la plupart des enfants abandonnés étaient entassés dans les hôpitaux, dans des conditions d'hygiène déplorables.

La Convention, on le sait, avait voulu faire disparaître la mendicité. Elle n'y avait pas réussi. Sous le Directoire, le nombre des mendiants n'avait cessé d'augmenter, et vers 1805, il y en avait plus que jamais. Dans le département du Bas-Rhin, on comptait alors 5.000 mendiants et 20.000 indigents. Dans le Haut-Rhin, 3.000 mendiants, qui envahissaient les communaux, surtout les bois, et commettaient d'innombrables délits forestiers. Le sénateur Cornudet écrivait de Rennes à Napoléon, le 14 mai 1805 : « En la ville de Rennes, les femmes et les enfants mendient avec autant de hardiesse qu'en Italie. C'est une lèpre que l'ancienne magistrature entretenait fastueusement, et qui se perpétuera jusqu'à ce que des moyens de travail soient organisés... » Il y aurait eu 8.000 mendiants à Rennes ! Les préfets prirent des mesures sans attendre les prescriptions gouvernementales. A Strasbourg, tous les individus convaincus d'avoir mendié dans les rues doivent être conduits à l'atelier de travail, où ils sont employés à filer, à tricoter, à tisser. En Ille-et-Vilaine, le préfet ordonne aux maires de renvoyer dans leurs communes de naissance tous les mendiants qui auraient moins d'un an de séjour — sauf les vieillards de plus de 70 ans et les blessés de guerre. Cet ordre peut être assez facilement exécuté dans les villages. Dans les villes, il reste lettre morte. Dans la Côte-d'Or, le préfet crée en l'an XI un atelier de charité, où les mendiants filent la laine. Mais que faire des infirmes ? Le préfet les autorise de nouveau, en 1807, à mendier en ville.

Le décret du 5 juillet 1808 généralise les « ateliers de charité ». Désormais, chaque département devra entretenir un « dépôt de mendicité ». Tous les mendiants sont tenus de s'y rendre. En conséquence, « la mendicité est interdite sur tout le territoire de l'Empire ». Les mendiants de chaque département qui ne se rendent pas spontanément au dépôt de mendicité doivent être arrêtés pour y être conduits de force. Le code pénal de 1810 organise d'ailleurs une répression judiciaire de la mendicité. Son article 269 déclare : « Le vagabondage est un délit » et l'article 270 précise : « Les vagabonds ou gens sans aveu sont ceux qui n'ont ni domicile certain, ni moyens de subsistance, et qui n'exercent habituellement ni métier, ni profession... » Le vagabondage et la mendicité sont passibles de peines correctionnelles, et même, dans certains cas, de peines criminelles. A l'expiration de leur peine, les mendiants doivent d'ailleurs être enfermés dans les dépôts départementaux de mendicité. Mais ces dépôts, il faut les organiser : bien peu sont ouverts en 1814. En Côte-d'Or, par exemple, on a bien nommé dès 1808 un directeur, et des fonctionnaires pour diriger le dépôt de mendicité ; mais, faute de locaux et de crédits, celui-ci n'est pas encore ouvert en 1813.

L'État ne fait donc rien pour relever les indigents de leur malheureuse situation. L'atelier de charité, le dépôt de mendicité ne peuvent en effet que perpétuer la mendicité. En réalité, l'État compte sur la charité privée pour atténuer, dans une certaine mesure, la misère. Les sociétés charitables de l'ancien régime qui avaient disparu pendant la Révolution et qui avaient même été interdites en 1793, se reconstituent.

La « Société de charité maternelle », qui avait été fondée avant 1789 par un groupe de philanthropes, à la tête desquels se plaçait le duc de La Rochefoucauld-Liancourt, reparaît en l'an XI. Elle vit de souscriptions fixes, de 500 francs au minimum, et de dons variables. Bonaparte figure parmi les premiers souscripteurs, il verse 500 fr. Joséphine s'inscrit pour 2.500 fr. Mais cette société privée passe de plus en plus sous la coupe du gouvernement, lorsque après 1810, l'impératrice Marie-Louise en devient la présidente. Le 5 mai 1810, Napoléon signe à Anvers un décret transformant la « Société maternelle », et le nouveau règlement en est publié le 23 juillet 1811. La Société devra être désormais composée de toutes les dames de l'Empire qui auront souscrit et auront été agréées par S. M. l'impératrice. A la tête de la Société, est institué un « conseil général » et un « comité central », dans les 44 « bonnes villes » et, dans les chefs-lieux de départements, des « conseils d'administration ». Les dames composant les conseils d'administration sont nommées par l'impératrice, sur proposition du conseil général. Ce conseil général lui-même est formé de 24 à 48 dames.

Les ressources de la Société sont, comme par le passé, les dons et les souscriptions, mais l'empereur lui accordait une dotation de 500.000 fr. Les souscriptions peuvent être apportées dans les archevêchés et évêchés, les préfectures, sous-préfectures et mairies. Mais les fonctionnaires sont invités à joindre à la liste des dames demandant à faire partie de la société une notice indiquant si elles sont célibataires, mariées ou veuves, la profession de leur père et de leur mari, et une note touchant « la considération dont jouit la famille à laquelle elles appartiennent ». Dans une lettre confidentielle aux préfets, le ministre de l'intérieur écrit : « Il est inutile de vous dire que les dames seules qui ont su se faire estimer feront partie de la société. Vous devrez donc m'adresser une notice toute confidentielle sur la conduite des dames qui se feront inscrire... » Ainsi le gouvernement impérial gâte-t-il une belle institution en l'utilisant pour sa basse police. De la sorte, même les initiatives privées les plus nobles, sont avilies, au contact de la dictature impériale. La « Société » — peut-être à cause des enquêtes qu'elle comportait — connut un médiocre succès. Cinq cents dames à peine, dont plus de la moitié habitait à Paris, donnèrent leur adhésion. Dans dix départements il n'y eut aucune souscription et, dans seize autres, il n'y en eut qu'une seule, généralement apportée par la femme du préfet. Sauf trois exceptions, les prélats s'abstinrent. En province, les Bouches-du-Rhône versèrent la somme la plus forte (25.000 fr.) par suite de l'activité du préfet Thibaudeau, qui obtint des dons importants de la part des conseils municipaux, des grands commerçants. Ensuite venaient, pour l'ancienne France, le Bas-Rhin et le Haut-Rhin, puis l'Arno, la Dyle et la Méditerranée. Paris et le département de la Seine souscrivirent 222.000 fr. ; au total 615.000 fr. furent recueillis. Une seule dame n'avait pas été admise, parce qu'elle ne « paraissait pas jouir de toutes ses facultés ». La société répartit l'argent reçu sous forme de secours accordés aux femmes et enfants des familles pauvres. A Dijon, 75 personnes furent ainsi secourues par le comité local de la société.

La « Société philanthropique », qui, elle aussi, existait avant 1789, reprend, comme la « Société maternelle » son activité. Elle distribue des secours en nature, s'intéresse aux sociétés de secours mutuel et contribue à leur développement. Sous son égide, La Rochefoucauld-Liancourt et Delessert fondent les premiers « fourneaux économiques ». Dans les villes de provinces, d'autres sociétés, de caractère plus strictement local se créent : par exemple à Altkirch, où une « Société de bienfaisance » est établie en 1807 sur l'initiative du préfet : les 72 chefs de famille qui la forment s'engagent à fournir des soupes et du bouillon aux malades et aux indigents, sur les indications du médecin et du curé.

Toutes ces sociétés ont certes soulagé bien des misères. Mais il n'en reste pas moins qu'à la fin de l'Empire, le contraste est choquant entre les fortunes d'une petite minorité de nobles et de trafiquants enrichis grâce à la guerre et aux spoliations qu'elle comporte, et la misère effroyable d'un nombre considérable de pauvres. Et, ces pauvres, l'État ne les connaît guère que pour les enfermer dans les « dépôts de mendicité » ou les prisons. Malgré le code civil, la société française sous l'Empire, reste une société profondément hiérarchisée : la hiérarchie des fortunes a remplacé celle de la naissance.

CHAPITRE VIII

LES INSTITUTIONS SOCIALES
L'ÉTAT ET LES CULTES[1]

Aucune modification radicale ne fut apportée aux rapports entre l'État et les différents cultes dans les semaines qui suivirent immédiatement le coup d'État du 18 brumaire.

Pourtant, l'État cessa vite de soutenir les cultes officiels nés pendant la Révolution, le « culte décadaire » et la « théophilanthropie ». Dès le 3 nivôse an VIII (24 décembre 1799), une loi réduit à deux le nombre des fêtes nationales : 14 juillet et 22 septembre, anniversaire de la république. De plus, sans qu'aucune décision formelle eût été prise, le chômage du dimanche cesse d'être interdit. Le *Bulletin décadaire* interrompt sa publication après le coup d'État. Les cérémonies décadaires ne sont plus observées dans les campagnes lorsque disparaissent, avec la mise en application de la constitution de l'an VIII, les municipalités cantonales qui avaient été chargées de les célébrer. Toutefois, c'est seulement le 7 thermidor an VIII (26 juillet 1800) qu'un arrêté supprime — sauf pour les fonctionnaires — l'obligation de respecter le décadi. Le décadi 30 thermidor à Paris, toutes les boutiques sont ouvertes. Pratiquement le décadi est mort. Quant aux fêtes nationales du 14 juillet et du 1er vendémiaire, elles sont encore célébrées jusqu'en 1805, la première surtout, mais plutôt comme fêtes foraines que sous la forme de cérémonies civiques. Sans avoir jamais été officiellement supprimées, elles sont supplantées par la Saint-Napoléon — le 15 août —, et le 2 décembre, anniversaire du sacre.

La « théophilanthropie » subit une évolution quelque peu différente. Beaucoup de théophilanthropes, mécontents de l'hostilité que leur avait témoignée le dernier Directoire applaudissent en effet au coup d'État. Au début de l'an VIII, ils essaient de réorganiser l'administration de leur Église, projet-

---

1. BIBLIOGRAPHIE GÉNÉRALE. — Les documents relatifs aux relations de l'État et des Églises sont conservés aux Archives Nationales séries A. F. IV et F. 19 ; dans les archives départementales séries M. et V. Sur la fin des cultes révolutionnaires, voir les ouvrages déjà cités de Mathiez. Sur les autres questions, voir les bibliographies des chapitres X du livre II, p. 216; IX du livre III, p. 361, et VI du livre IV, p. 451.

tent la fondation d'écoles et la substitution des fêtes morales aux fêtes politiques. Fouché leur offre son appui à l'insu de Bonaparte. La secte continue donc de vivoter et elle surmonte la crise de la « machine infernale » (3 nivôse an IX, 24 décembre 1800) dans laquelle plusieurs de ses membres, pourtant, se virent impliqués. A la fin de l'an IX, les théophilanthropes comptent encore des églises, à Paris, Versailles, Rouen, Châlons-sur-Marne, Dijon et dans diverses localités de l'Yonne. Depuis l'arrêté du 7 thermidor an VIII, qui avait supprimé le chômage du décadi, les théophilanthropes avaient reporté leur culte au dimanche. Mais il en résultait des conflits plus vifs avec les catholiques du fait de l'utilisation simultanée des églises. Le Pape, lors des négociations du concordat demanda qu'il fût mis fin à ce régime. Bonaparte lui donna satisfaction : l'arrêté du 12 vendémiaire an X (4 octobre 1801), en interdisant aux théophilanthropes de se réunir dans les édifices nationaux, supprima en fait leur église.

Parallèlement, à la disparition des deux cultes révolutionnaires on assiste pendant les premiers mois du Consulat à une renaissance du catholicisme, favorisée d'ailleurs par toute une série de mesures bienveillantes. Ainsi, l'arrêté du 8 frimaire an VIII (29 novembre 1799) annula les ordres de déportation contre les prêtres qui avaient prêté tous les serments exigés depuis 1791 et ne les avaient point rétractés, contre les prêtres mariés, contre ceux qui, ayant cessé d'exercer avant le 27 septembre 1795, n'étaient plus assujettis au serment. Cet arrêté ne visait en réalité qu'un très petit nombre de prêtres ; mais, interprété largement, il permit à beaucoup de prêtres réfractaires de rentrer en France.

Un mois plus tard, le 7 nivôse an VIII (28 décembre 1799) paraissaient trois arrêtés qui devaient avoir un retentissement considérable : le premier substituait au serment de « haine à la royauté et à l'anarchie », exigé par le Directoire, une simple déclaration de fidélité à la constitution ; le second autorisait la réouverture des églises tous les jours, donc le dimanche ; le troisième ordonnait la restitution au culte de toutes les églises non aliénées.

La renaissance religieuse était cependant entravée par les divisions de l'Église catholique en catholicisme romain et catholicisme gallican. Il est difficile de savoir actuellement laquelle des deux tendances a le plus profité des arrêtés de nivôse. En tout cas, le catholicisme romain, qui avait eu plus à souffrir de la Révolution, fut brusquement renforcé par le retour de la masse des prêtres émigrés ou déportés qui souscrivirent la déclaration de fidélité. L'abbé Émery reconstitua le séminaire de Saint-Sulpice et prit la tête du mouvement « soumissionnaire ». Un groupe de prêtres dont il est difficile d'évaluer l'importance refusa cependant la soumission.

Mais « soumissionnaires » et « insoumissionnaires » s'obstinèrent à ne pas « communiquer » avec les anciens constitutionnels, ou gallicans, qui, eux aussi, travaillaient activement à la reconstruction de leurs Églises respectives. Il en résulta parfois des troubles. Dans leurs vœux pour l'an IX, les conseils généraux demandèrent pour la plupart que l'État garantît la liberté des cultes, certains cependant souhaitèrent que le Premier consul mît un terme au schisme. Bonaparte les avait devancés. Depuis plusieurs semaines déjà il avait entamé des négociations avec le pape pour la conclusion d'un nouveau concordat.

I

L'ÉTAT ET LA RESTAURATION DU CATHOLICISME ROMAIN[1]

Lors du coup d'État de brumaire, le trône pontifical était vacant. Pie VI était mort en exil, à Valence le 19 août 1799. Le conclave réuni à Venise sous la protection des baïonnettes autrichiennes élut pape le 14 mars 1800, un moine,

1. TEXTES ET OUVRAGES A CONSULTER. — Outre les documents conservés dans les archives françaises et qui sont décrits par l'abbé V. Carrière, *Introduction aux études d'histoire ecclésiastique locale*, t. I, *Les sources manuscrites* (Paris, 1940, in-8º). On trouvera sur la restauration du catholicisme romain en France, des documents dans les archives du séminaire de Saint-Sulpice à Paris (papiers Emery), dans les archives des évêchés (papiers Fesch à Lyon) et aux archives vaticanes.
Voir aussi les *Actes du Second concile national de France* (Paris, ans IX-X, 3 vol. in-8º) ; Boulay de La Meurthe, *Documents sur la négociation du Concordat et sur les autres rapports de la France avec le Saint-Siège* (Paris, 1891-1905, 6 vol. in-8º) ; Caprara, *Le Concordat et Recueil des bulles et brefs du Pape Pie VI* (Paris, 1802, in-8º) ; de Champeaux, *Le droit ecclésiastique français*, s. d. (Paris [1848], 2 vol. in-8º) ; Consalvi, *Mémoires*, publiés par Crétineau-Joly (Paris, 1864, in-8º) ; nouv. édition par Drochon (Paris, 1896, in-8º) ; Dupin, *Manuel de droit public ecclésiastique français* (Paris, 1844, in-8º) ; Feret, *La France et le Saint-Siège sous le premier Empire, Mémoires pour servir à l'histoire ecclésiastique* (Paris, 1911, in-8º) ; Le Coz, *Correspondance* publiée par Roussel (Paris, 1900-1903, 2 vol. in-8º) ; du même, *Correspondance avec Grégoire*, publiée par A. Pingaud (Paris, 1906, in-8º) ; *Mémoires historiques pour servir à l'histoire ecclésiastique de France pendant le XVIIIe siècle* (Paris, 1853-57, 7 vol. in-8º) ; ... *pendant les premières années du XIXe siècle* (Paris, 1819-24, 3 vol. in-8º) ; Portalis, *Discours, rapports et travaux sur le Concordat* (Paris, 1845, in-8º) ; On consultera également les *Annales de la Religion* (constitutionnelle) jusqu'en 1803 et les *Annales catholiques*. Voir aussi J. Leflon, *E. Bernier, évêque d'Orléans, lettres, notes diplomatiques, mémoires, rapports inédits* (Reims, 1938, in-8º).
LIVRES GÉNÉRAUX : En plus des ouvrages cités p. 216, 221, 369, 451 ; Baunard, *Un siècle de l'église de France* (Paris, 1900, in-8º) ; V. Bindel, *Histoire religieuse de la France au XIXe siècle* (Paris, 1940-43, 3 vol. in-8º) ; Bourgoin, *L'Église de France et l'État au XIXe siècle (1802-1900)* (Paris, 1901, 2 vol., in-8º) ; G. Constant, *L'Église de France sous le Consulat et l'Empire* (Paris, 1928, in-12) ; A. Debidour, *Histoire des rapports de l'Église et de l'État en France, 1789-1870* (Paris, 1898, in-8º) ; Desdevizes du Désert, *L'Église et l'État en France, 1598-1906* (Paris, 1907-8, 2 vol. in-8º) ; De La Gorce, *Histoire religieuse de la Révolution française*, t. V (Paris, 1923, in-8º) ; A. Latreille, *L'Église catholique et la Révolution française*, t. II, *L'ère napoléonienne et la crise européenne* (Paris, 1950, in-8º) ; F. Mourret, *Histoire générale de l'Église*, t. VII (Paris, 1919, in-8º) ; F. de Pressensé, *L'Église et la Révolution française, 1789-1802* (Paris, 1890, in-8º) ; — Sur le Concordat, Crétineau-Joly, *Bonaparte, le Concordat et Consalvi* (Paris, 1869, in-8º) ; Theiner, *Histoire des deux concordats de la République française et de la République cisalpine* (Paris, 1869, 2 vol. in-8º) ; Cte d'Haussonville, *L'Église Romaine et le premier Empire* (Paris, 1870, in-8º) ; A. Séché, *Les origines du Concordat* (Paris, 1894, in-8º) ; Cardinal Mathieu, *Le Concordat de 1801, ses origines, son histoire* (Paris, 1903, in-8º) ; S. Charléty, *L'Établissement du Concordat à Lyon*, dans la *Revue hist. de Lyon*, ann. 1905, p. 209-222 ; Rinieri, *La diplomazia pontificia nel secolo XIX*, Rome, 1903-5, 2 vol., in-8º ; traduction française par Verdier (Paris, 1903, in-8º) ; Sevestre, *L'histoire, le texte et la destinée du Concordat* (Paris, 1905, in-8º) ; Aulard, *Notes sur l'histoire du Concordat*, dans les *Études et leçons sur la Révolution française*, t. V (Paris, 1907, in-8º) ; C. Latreille, *L'Opposition religieuse au Concordat de 1792 à 1803* (Paris, 1910, 2 vol. in-8º) ; du même, *Après le Concordat, l'opposition de 1803 à nos jours* (Paris, 1910, 2 vol. in-8º) ; Boulay de La Meurthe, *Histoire de la négociation du Concordat* (Paris, 1920, in-8º) ; du même,

Chiaramonti, qui prit le nom de Pie VII. Pie VII connaissait mal les affaires du monde. Mais les conditions dans lesquelles il fut élu expliquent assez qu'il se soit montré hostile à la Révolution française et n'ait nullement cherché à prendre contact avec le Premier consul.

Les premières avances furent faites effectivement par Bonaparte. Il avait besoin de l'aide du pape pour détruire l'opposition passive des insermentés, surtout des « cinquante évêques émigrés et soldés par l'Angleterre » Bonaparte pensait en outre qu'un accord avec le pape aurait pour conséquence immédiate un ralliement massif de l'aristocratie contre-révolutionnaire et de la fraction de la bourgeoisie qui lui restait hostile. Un accord avec l'Église romaine favoriserait, en outre, ses desseins dictatoriaux. La religion pousserait le peuple à la soumission aux inégalités sociales. « La société, déclarait Bonaparte, ne peut exister, sans la religion. Quand un homme meurt de faim à côté d'un autre qui regorge, il est impossible de lui faire admettre cette différence, s'il n'y a pas là une autorité qui lui dise : « Dieu le veut ainsi, il faut qu'il y ait des « pauvres et des riches dans le monde, mais ensuite, et pendant l'éternité, le

---

Histoire du rétablissement du culte en France (1802-1805) (Paris, 1925, in-8°) ; de Chauvigny, *La Résistance au Concordat de 1801* (Paris, 1921, in-8°) ; Mathiez, *Les prêtres révolutionnaires devant le Cardinal Caprara*, dans les *Annales hist. de la Révolution franç.*, 1926, p. 1-15 ; A. Latreille, *Napoléon et le Saint-Siège (1801-1808)* (Paris, 1935, in-8°) ; A. Fugier, *Napoléon et l'Italie* (Paris, 1947, in-8°) ; Mouly, *Le Concordat en Lozère et Ardèche, 1801-1805* (Mende, 1943, in-8°).

Sur les négociateurs du Concordat : Gosselin, *Vie de M. Emery* (Paris, 1880, in-8°) ; Méric, *Histoire de M. Emery et de l'Église de France* (Paris, 1885, 2 vol. in-8°) ; J. Leflon, *Monsieur Emery, l'Église concordataire et impériale* (Paris, 1947, in-8°) ; A. Meyer, *L'abbé Bernier* (Paris, 1923, in-12).

Sur les débuts de l'application du Concordat : Grégoire, *Le rétablissement du culte dans le diocèse de Nantes* (Nantes, 1885, in-8°) ; Roussel, *Le Coz, évêque d Ille-et-Vilaine* (Paris, 1898, in-8°) ; Uzureau, *Les premières applications du Concordat et les congrégations*, dans *Études*, 1901, t. 89, p. 136-145 ; Clément, *Le personnel concordataire dans le département de l'Allier* (Moulins, 1904, in-8°) ; Sevestre, *Le clergé breton en 1802, d'après les enquêtes préfectorales*, (Paris, 1912, in-8°) ; L'Héritier, *La restauration du culte catholique à Bordeaux arpès le Concordat de 1801*, dans la *Revue des études napoléoniennes*, 1916, t. II, p. 168-185 ; G. Vauthier, *Les congrégations religieuses sous l'Empire*, dans la *Revue des études napoléoniennes*, 1917 (t. II), p. 233-245 ; Levy-Schneider, *L'application du concordat par un prélat d'ancien régime Mgr Champion de Cicé, archevêque d'Aix et d'Arles, 1802-1810* (Paris, 1921, in-8°) ; Deries, *Les congrégations religieuses du temps de Napoléon* (Paris, 1929, in-8°) ; A. Latreille, *Le catéchisme impérial* (Paris, 1935, in-8°). Voir aussi Welschinger, *Le divorce de Napoléon* (Paris, 1889, in-8°) ; du même, *Le Pape et l'Empereur* (Paris, 1905, in-8°) ; F. Ledré, *Le cardinal Cambacérès, 1812-18* (Paris, 1943, in-8°) ; J. Leflon, *Et. Alexandre Bernier, évêque d'Orléans et l'application du Concordat* (Paris, 1938, 2 vol. in-8°) ; — sur la « Petite Église », Drochon, *La petite église* (Paris, 1894, in-8°) ; Mège, *L'exécution du Concordat et la Petite Église dans le Puy-de-Dôme* (Clermont-Ferrand, 1895, in-8°) ; Mouly, *Concordataires constitutionnels et « enfarinés » en Quercy et en Rouergue au lendemain de la Révolution* (Rodez, 1945, in-8°) ; A. Roussel, *Le centenaire de la Petite Église*, dans le *Correspondant*, t. CCXI (1903), p. 272-284 ; Gros, *La Petite Église de Toulouse*, dans la *Revue de Paris*, ann. 1906, t. III, p. 621-643 ; C. Latreille, *La Petite Église de Lyon* (Mâcon, 1911, 2 vol. in-8°). — QUESTIONS A ÉTUDIER : Comme on le voit, la bibliographie relative à la restauration du culte catholique en France est abondante, encore n'avons-nous pas cité les multiples articles ou brochures concernant telle ou telle localité. Cependant, il semble que les chercheurs se soient surtout préoccupé de la réorganisation matérielle du culte mais aient négligé l'étude de la renaissance du sentiment religieux qu'on pourrait étudier en appliquant les méthodes de M. G. Le Bras, dont nous avons déjà parlé (p. 217).

« partage se fera autrement... » Un accord avec le pape mettrait fin sans doute aux troubles de Vendée, et à ceux que provoquaient les perpétuels conflits entre prêtres romains et gallicans ; il hâterait la soumission des pays nouvellement annexés et profondément catholiques : Belgique, Rhénanie, Piémont. Peut-être même, un concordat, en sanctionnant officiellement la vente des biens du clergé, provoquerait-il parmi les acquéreurs paysans ou bourgeois un surcroît de reconnaissance envers le gouvernement consulaire.

Ce furent toutes ces considérations qui poussèrent Bonaparte à faire des ouvertures au pape, dès le lendemain de la victoire de Marengo. Pie VII et son secrétaire d'État se montrèrent très méfiants.

Mais les manifestations religieuses de Bonaparte, se multiplièrent : *Te Deum* célébrés en l'honneur de ses victoires, marques d'honneur et de considération prodiguées au clergé italien. D'autre part, les troupes françaises avançaient vers Rome ; où le pape s'était installé durant l'été 1800. Le 21 septembre, Pie VII se décida à expédier à Paris deux plénipotentiaires, l'évêque Spina et le moine Caselli. Ils arrivèrent le 6 novembre, et les négociations s'engagèrent aussitôt dans le plus grand secret. Bonaparte était représenté auprès d'eux par l'abbé Bernier, ancien chouan, mais ambitieux et retors ; qui avait paru l'homme de la situation. Bonaparte avait fait élaborer un projet de concordat par un collaborateur de Talleyrand, d'Hauterive, ancien prêtre de l'Oratoire.

Les négociations furent très laborieuses. Il ne fallut pas moins de vingt et une rédactions successives avant d'arriver à un accord. Le pape d'abord très ferme, se fit plus conciliant au fur et à mesure que les victoires françaises s'accentuaient, et surtout après que la paix de Lunéville lui eut enlevé l'appui de l'Autriche (9 février 1801). Cependant Bonaparte, pour accélérer les négociations, chargea le diplomate Cacault de traiter discrètement avec le pape en avril. Les choses ne firent guère plus de progrès. Aussi le 19 mai, Bonaparte chargea-t-il Cacault de présenter un véritable ultimatum au pape. Pie VII refusa de signer. Cacault dut repartir pour Paris, comme il en avait l'ordre, mais pour éviter la rupture, il emmena avec lui le secrétaire d'État Consalvi. Bonaparte n'en parut guère satisfait, et donna à Consalvi, le 21 juin, cinq jours pour conclure. Malgré cela, on négocia encore jusqu'au 16 juillet. Ce n'est en effet que ce jour-là, à 2 heures du matin, que Joseph Bonaparte, le conseiller d'État Cretet, l'abbé Bernier pour la France, Consalvi et Spina pour le Vatican, signèrent le concordat.

Le concordat a pour but essentiel de régler l'exercice du culte catholique en France. Mais il se propose aussi — et ce n'est pas moins important, — de liquider les difficultés qui s'étaient accumulées entre l'État et l'Église, depuis 1790. Enfin, après avoir liquidé le passé, il réorganise l'Église de France sur de nouvelles bases. On peut donc grouper les articles du concordat sous ces trois rubriques différentes.

Tout d'abord, le pape reconnaît formellement la république française.

Dans toutes les églises catholiques de France, on récitera à la fin de l'office, la formule de prière « *Domine, salvam fac Rempublicam, Domine, salvos fac consules* ». C'était là un grand succès remporté par Bonaparte. En revanche, le gouvernement de la république reconnaît que la religion catholique est la religion de la grande majorité des Français. Bonaparte s'était refusé à en faire une religion d'État ; mais il était expressément mentionné que les Consuls en faisaient profession particulière et tout le texte du condordat était sujet à revision, au cas où le chef du gouvernement français ne serait point catholique.

Le culte catholique était déclaré public et libre en France, toutefois il devrait se conformer « aux règlements de police que le gouvernement jugerait nécessaires pour la tranquillité publique... » article vague et quelque peu menaçant : le Saint-Siège avait dû reconnaître ainsi le pouvoir réglementaire de l'État en matière de culte, mais il n'avait pu obtenir en échange la révocation formelle de toutes les entraves que, depuis 1791, les gouvernements successifs avaient apportées au culte. Ainsi l'exercice du culte en France continuait-il à dépendre, en fait, du bon vouloir du gouvernement.

En ce qui concerne la liquidation du passé, nombreuses étaient les questions qui se posaient. La plus importante, sans doute, était celle des évêques. En 1801, il y avait deux catégories d'évêques. Les survivants des évêques de l'ancien régime, tous insermentés et émigrés, mais seuls légitimes aux yeux du pape et les évêques de l'église gallicane, qui n'étaient pour le Saint-Siège que des intrus. Bonaparte proposait de former un épiscopat nouveau. Mais, pour cela, il fallait que le pape demandât leur démission aux évêques légitimes ; s'ils refusaient, le Saint Père n'avait aucun moyen de les y contraindre. De toute manière, le pape en demandant aux évêques légitimes leur démission usait d'un pouvoir nouveau, exorbitant, mais que Bonaparte, peu au fait des questions religieuses, n'hésita pas à lui reconnaître. L'article 3 du concordat stipulait donc que « Sa Sainteté » déclarerait aux titulaires des évêchés français qu'il attendait d'eux avec une ferme confiance, pour le bien de la paix et l'unité, toute espèce de sacrifice, même celui de leur siège. Le concordat précisait d'ailleurs que si un évêque refusait de se démettre, le siège serait néanmoins pourvu d'un nouveau titulaire. A vrai dire, Bonaparte et le pape espéraient l'un et l'autre créer un nouvel épiscopat entièrement docile.

Exigerait-on du clergé encore un nouveau serment ? Le gouvernement proposait de faire souscrire aux ecclésiastiques une simple promesse de soumission à la constitution et d'obéissance aux lois. Finalement Consalvi accepta une formule de serment : « Je jure de garder obéissance et fidélité au gouvernement... Si, dans mon diocèse ou ailleurs, j'apprends qu'il se trame quelque chose au préjudice de l'État, je le ferai savoir au gouvernement... » Ainsi, par ce serment, l'épiscopat se faisait l'auxiliaire de la police. Le serment devait être prêté par les évêques entre les mains du Premier consul, par les autres ecclésiastiques entre les mains de fonctionnaires civils désignés par le gouvernement.

Il fut difficile, pour le gouvernement français, d'obtenir du Saint-Siège ratification de la vente des biens du clergé. Spina réclamait du moins la restitution de ceux qui n'avaient pas encore été aliénés. Bonaparte ne voulait rendre que les églises nécessaires au culte. Le pape accepta que l'article 12 fût ainsi rédigé : « Toutes les églises... non aliénées, nécessaires au culte, seront mises à la disposition des évêques. » Mais comment interpréter l'expression « mises à la disposition » ? S'agissait-il d'une restitution, en pleine propriété ? Les églises restaient-elles au contraire propriétés de l'État ou des communes ? Il y avait là une source de difficultés pour l'avenir. En revanche, le pape déclare, par l'article 13, que « ni lui, ni ses successeurs ne troubleront en aucune manière les acquéreurs de biens ecclésiastiques aliénés, et, qu'en conséquence, la propriété de ces mêmes biens, les droits et revenus y attachés, demeureront incommutables entre leurs mains ou celles de leurs ayant cause... ».

Après avoir ainsi liquidé le passé, il fallait construire l'avenir. Le concordat pose à ce sujet, surtout, des principes généraux. Il sera fait une nouvelle « circonscription » des diocèses de France, par accord entre le Saint-Siège et le gouvernement français ; les évêques traceront ensuite une nouvelle « circonscription » des paroisses avec le consentement du gouvernement.

Les évêques seront nommés conformément aux règles établies par le concordat de 1516 : le Premier consul nommera les évêques ; le pape, leur conférera l'institution canonique. Le concordat, toutefois, ne précise pas dans quels délais le pape devra accorder cette institution. Les évêques nommeront les curés, parmi les « personnes agréées par le gouvernement ».

La reconnaissance de la vente des biens du clergé comportait évidemment, pour le gouvernement, l'obligation de « donner un traitement convenable » aux prêtres et aux évêques. Les évêques avaient droit à un chapitre et pourraient ouvrir un séminaire dans leur diocèse, mais le gouvernement n'était par contraint de doter ces institutions. Le Saint-Siège désirait que l'Église de France pût reconstituer ses biens en acceptant des fondations. Le Premier consul y était, au contraire, hostile ; il ne voulait reconnaître que les fondations constituées en rentes, mais finalement il parut céder sur ce point et l'article 15 stipula : « Les catholiques français pourront, s'ils le veulent, faire en faveur des églises, des fondations. »

Quant au clergé régulier, le concordat n'en parle pas. Cependant c'est au moment des négociations que le gouvernement français accorde les premières autorisations à certaines congrégations, notamment à des sœurs hospitalières ; c'est aussi, à cette époque que se crée à Paris, la fameuse « Congrégation » qui n'était encore qu'une modeste association de prières et de charité. En fait, le gouvernement ne se soucia pas des congrégations parce qu'ayant presque complètement disparu en 1801, elles ne lui paraissent pas dangereuses.

Le concordat, en mettant un terme à dix ans de querelles religieuses, tranche donc aussi d'importantes questions politiques (dont la reconnaissance de la république française par le Saint-Siège), économiques, voire sociales, telles que la vente des biens du clergé ; l'égalité des cultes, la disparition du clergé en tant qu'ordre, et même la laïcité par la reconnaissance implicite de l'état civil.

Ainsi, le gouvernement de Bonaparte obtient des avantages considérables qui renforcent, au premier chef, son autorité et son prestige. Mais le pape, peut se flatter d'avoir mis fin au schisme qui depuis 1791 divisait l'Église de France, d'avoir accru ses pouvoirs traditionnels sur les évêques et finalement d'avoir renforcé l'autorité de l'Église catholique dans le monde.

Le concordat fut ratifié le 15 août 1801 à Rome, le 10 septembre suivant à Paris. Mais il ne devait être mis en application que sept mois plus tard. Le concordat en effet posait surtout des principes. Son application allait soulever de graves difficultés. Du côté romain, le pape avait, pour les résoudre, nommé à Paris un légat *a latere*, le cardinal Caprara, muni de très larges pouvoirs. Du côté français, une « direction générale des cultes », fut instituée au ministère de l'intérieur le 7 octobre 1801, et le conseiller d'État Portalis fut placé à sa tête. Mais encore fallait-il surmonter l'hostilité du Tribunat, du Corps législatif et du Sénat. Bonaparte épura, on le sait, les deux premières assemblées. Mais il attendit l'enthousiasme provoqué par la paix d'Amiens pour leur présenter non pas le seul concordat, mais une loi sur les cultes qui comprenait, outre le texte du concordat, des articles organiques réglementant les cultes protestant et catholique, et apportait de sérieuses atténuations aux principes du concordat. La loi sur les cultes fut votée le 18 germinal an X (8 avril 1802). Les articles organiques extrêmement précis, restreignent, autant que possible, les pouvoirs du pape. Ils constituent un « code complet de droit ecclésiastique en 77 articles », qui reprennent nombre de dispositions anciennes, et les aggravent souvent de mesures nouvelles. Certaines de ces mesures, d'inspiration gallicane, sont destinées à prévenir les développements de l'ultramontanisme. D'autres réglementent avec minutie l'exercice du culte, et en assurent la protection. D'autres enfin sont destinées à réprimer les abus que les ecclésiastiques pourraient commettre.

Les mesures gallicanes sont, pour la plupart, empruntées à l'ancien régime. C'est ainsi que sont subordonnées à une autorisation gouvernementale la publication et la réception des bulles et des brefs pontificaux ; le ministère des nonces et autres délégués du pape ; la publication des décrets conciliaires et synodaux ; la réunion des conciles nationaux et métropolitains, l'établissement des chapitres cathédraux, des séminaires, des fêtes religieuses ; l'ouverture d'oratoires et de chapelles domestiques, la création de paroisses nouvelles. En fait, Napoléon interdit la tenue de tout concile national, mais il en convoque lui-même un en 1811, dans l'espoir que les évêques français le soutiendront dans sa lutte contre le pape, espoir qui est d'ailleurs déçu. Tous les professeurs des séminaires devaient souscrire la déclaration faite par le clergé de France en 1682 et se soumettre à enseigner la doctrine qui y est contenue. Les membres des chapitres cathédraux devaient être agréés par le gouvernement, les évêques ne pouvaient ordonner aucun ecclésiastique qui ne justifierait d'une propriété produisant un revenu de 300 francs par an, et qui ne serait pas âgé de 25 ans au moins. Enfin, il était interdit aux prêtres de célébrer des mariages, avant le mariage civil.

Les articles organiques définissent les droits et devoirs des archevêques et évêques avec toute la rigueur et la précision d'un règlement militaire. Ainsi est-il ordonné aux archevêques de veiller au maintien de la foi, et de la discipline dans les diocèses dépendant de leur métropole, de connaître les réclamations et plaintes portées contre la conduite et les décisions de leurs suffragants. Les évêques ne peuvent être nommés s'ils ne sont français, âgés de 30 ans, et s'ils n'ont préalablement été examinés sur leur doctrine par un évêque et deux prêtres désignés par le Premier consul. Ils sont tenus de résider dans leur diocèse et ne peuvent en sortir qu'avec une permission du chef de l'État. Ils doivent visiter annuellement et en personne une partie de leur circonscription, de manière à parcourir tout leur diocèse en cinq ans. Les évêques doivent nommer les curés avec l'agrément du chef de l'État et, librement, les desservants des succursales. Ils peuvent aussi révoquer à leur gré ces derniers. Les curés sont immédiatement soumis aux évêques dans l'exercice de leurs fonctions ; ils doivent, de leur côté, surveiller vicaires et desservants. Ainsi l'église est organisée à l'image des autres administrations impériales, avec sa stricte hiérarchie d'archevêques, évêques, curés, vicaires, desservants, que l'ancien régime n'avait jamais connue. L'évêque commande à une armée de prêtres, ce qu'il ne pouvait faire avant 1789 alors que beaucoup de curés étaient nommés par des « patrons » privés. Les articles organiques interdisent le port du costume ecclésiastique ; mais cette clause fut abrogée par décret du 8 janvier 1804.

Les « circonscriptions » des diocèses, cures, succursales prévues par le concordat furent fixées par les articles organiques. La France fut divisée en dix archevêchés, 60 évêchés seulement (24 diocèses comprenaient un département, 30 s'étendaient sur deux départements, six sur trois). Les archevêques étaient autorisés à s'entourer de trois vicaires généraux les évêques de deux.

Les paroisses n'étaient qu'au nombre de 3.000 environ : elles devaient, en effet, coïncider, en principe, avec les cantons. Aussi étaient-elles subdivisées en succursales, à raison d'une succursale au moins par commune. Les succursales étaient administrées par des desservants. Ainsi il n'y avait qu'un curé par canton rural. Cette distinction entre curés et desservants était toute nouvelle. Canoniquement elle était injustifiable, puisque tous les prêtres étaient égaux, mais Bonaparte l'avait fait adopter, comme nous le verrons, pour des raisons financières, et aussi parce que, faute de prêtres, il eût été impossible de nommer un curé dans chaque commune.

La liturgie elle-même était fixée par les articles organiques, qui spécifiaient que, dans toute la France, il n'y aurait qu'une liturgie et un catéchisme : « Les curés, aux prônes des messes paroissiales, prieront et feront prier pour la prospérité de la république française et pour les consuls. »

L'entretien des églises dépendait des fabriques, organisées en 1803. Les « fabriques intérieures », créées le 9 floréal an XI (29 avril 1803) étaient chargées de recueillir et d'administrer le produit de tout ce qui pouvait se percevoir dans l'intérieur de l'église et de veiller aux besoins journaliers du culte. Les fabriques *extérieures* créées le 7 thermidor an XI (26 juillet 1803), composées de trois marguilliers par commune, devaient gérer les anciens biens des fabriques, non aliénés et restitués. Les marguilliers étaient nommés par le préfet. Le règlement du 30 décembre 1809 fondit les deux catégories de fabriques. La fabrique unique fut désormais composée d'un conseil et d'un bureau de marguilliers.

Les articles organiques interdisaient la célébration de toute cérémonie religieuse hors de l'église, dans les villes où différents cultes existaient : en fait, cet article ne fut pas appliqué. En ce qui concerne les sonneries de cloche, l'évêque devait les régler après entente avec le préfet. En dehors des sonneries ainsi fixées, aucune sonnerie ne pouvait avoir lieu sans autorisation de la police locale.

On voit la minutie avec laquelle le culte était réglementé. En compensation de ses exigences, qu'accordait l'État à la religion catholique ?

D'abord un salaire aux ministres des cultes : 15.000 francs par an aux archevêques, 10.000 aux évêques, 1.000 ou 1.500 aux curés selon leur « classe ». Encore les pensions dues aux ecclésiastiques en compensation des « bénéfices » qu'ils avaient perdus en 1790, devaient-elles être décomptées de leur traitement. Les grandes communes pouvaient, il est vrai, accorder sur leur budget un supplément à leurs curés. Quant aux desservants, ils ne recevaient que le logement. C'est seulement le 11 prairial an XII (31 mai 1804) qu'un décret accorda 500 francs aux desservants des succursales « approuvées » par l'État. Les autres desservants et les vicaires devaient s'en remettre à la générosité des conseils municipaux. Il était spécifié que les curés et desservants ne devaient demander aux fidèles que les « oblations autorisées par les règlements », c'est-à-dire par le gouvernement à qui tous les règlements devaient être soumis. Contrairement à l'esprit du concordat, les articles organiques n'autorisaient les fondations que si elles étaient constituées en rentes sur l'État. Chaque fondation devait d'ailleurs être approuvée par le gouvernement. Ainsi l'État s'était-il efforcé de réduire au minimum ses dépenses religieuses.

Les articles organiques déclaraient que l'État protégerait l'exercice du culte, mais il fallut attendre le code pénal de 1810, qui punit les voies de fait et menaces tendant à entraver l'exercice d'un des cultes autorisés, d'observer certaines fêtes ou certains jours de repos. Le code pénal punit aussi les troubles et désordres ayant pour but d'interrompre l'exercice du culte, l'outrage envers les ministres ou les objets d'un culte.

Ce furent aussi plusieurs textes postérieurs à la publication des articles organiques qui accrurent le prestige du culte catholique en y associant davantage l'État. La loi du 11 germinal an XI (1er avril 1803) obligea les Français à choisir les prénoms de leurs enfants parmi les noms des saints du calendrier, ou ceux des grands hommes de l'Antiquité. Le sénatus-consulte du 22 fructidor an XIII (9 septembre 1805) fixa le jour de repos des fonctionnaires au dimanche et décida que le calendrier grégorien redeviendrait officiel à dater du 1er janvier 1806. Le décret du 24 messidor an XII (13 juillet 1804) avait déjà ordonné que les honneurs militaires fussent rendus au Saint-Sacrement lorsqu'il passait sur la voie publique. Le décret du 19 février 1806 fixa, nous l'avons vu une des fêtes nationales au 15 août, jour de l'Assomption, mais aussi fête d'un certain saint Napoléon dont on avait eu beaucoup de peine à retrouver les traces dans les martyrologes romains. Enfin l'ordre des préséances plaça les cardinaux avant les ministres, les archevêques avant les préfets, les évêques avant les sous-préfets.

Les articles organiques prévoyaient la répression de tout abus dans l'exercice des cultes. Ces abus devaient être portés devant le Conseil d'État. Le code pénal de 1810 énuméra les abus et régla leur répression par voie judiciaire. Il s'agissait essentiellement de l'usurpation ou de l'excès de pouvoir; des contraventions aux lois et règlements de l'État, des infractions aux règles consacrées par les canons reçus en France, des attentats aux libertés, franchises et coutumes de l'Église gallicane, de toute entreprise qui, dans l'exercice du culte pouvait compromettre l'honneur des citoyens ou troubler leur conscience arbitrairement, dégénérer contre eux en oppression, injure, scandale public; de la censure ou la critique du gouvernement, d'une loi, d'un décret, par un ministre du culte dans l'exercice de ses fonctions; de la correspondance d'un ministre du culte avec une cour ou une puissance étrangère sans autorisation du gouvernement, des voies de fait ou menaces tendant à contraindre quiconque à exercer un culte, à observer certains jours de repos. Les articles organiques furent enfin complétés par la publication le 9 avril 1802 d'un « indult » du pape fixant comme suit la liste des grandes fêtes religieuses françaises : Noël, l'Ascension, l'Assomption et la Toussaint.

Tels qu'ils étaient, les articles organiques ne pouvaient pas, ne pas mécontenter le pape. Cependant, ne voulant pas rompre la paix religieuse qui avait été si péniblement rétablie il ne protesta que fort timidement et demanda seulement la révision de quelques dispositions. Bonaparte fut indigné de cette intervention du pape dans les affaires de l'État. Le fossé entre les deux pouvoirs commença à se creuser; il ne devait se combler qu'après la fin de l'Empire. On le vit, notamment, lors de la nomination des nouveaux évêques. Malgré le pape, Bonaparte choisit douze anciens évêques constitutionnels, dont dix refusèrent de rétracter leurs « erreurs » passées. Le pape ne leur accorda point l'institution canonique; il ne devait le faire que deux ans plus tard, lorsqu'il vint en France pour le sacre de Napoléon, et qu'après de longues négociations, quand les évêques constitutionnels eurent finalement consenti à une rétractation formelle. Seize anciens évêques légitimes et 32 ecclésiastiques de second ordre, tirés presque tous du clergé soumissionnaire formèrent avec les anciens jureurs le nouvel épiscopat. Dans la nomination des curés, Portalis s'efforça aussi de tenir la balance égale entre anciens constitutionnels et anciens réfractaires. Le schisme, qui depuis 1790 divisait l'Église de France, sembla terminé.

En apparence, du moins, car d'anciens réfractaires dirigés par certains évêques non réintégrés, tels que Coucy, évêque de La Rochelle et Thémines, évêque de Blois, formèrent une « Petite Église » qui réunit d'assez nombreux adeptes en Provence (les « fidèles »), en Languedoc (les « purs »), en Guyenne et Gascogne (les « illuminés »), en Poitou (les « dissidents »), en Bretagne (les « Louisets ») ; à Lyon, la « petite église » devait persister jusqu'au XXe siècle.

Quant au clergé régulier, quoique les articles organiques n'en fissent pas plus mention que le concordat, il se reconstitua cependant. Les ordres religieux dans lesquels on se liait par des « vœux perpétuels » demeurèrent interdits, mais le gouvernement, par le décret du 22 juin 1804 se réserva d'autoriser les « agrégations d'hommes et de femmes » : les congrégations reparurent. En 1810, il existait en France plus de 200 congrégations de femmes, la plupart hospitalières ou enseignantes. En ce qui concerne les hommes, seuls les missionnaires (Lazaristes, Missions étrangères) furent autorisés. Mais certaines congrégations notamment les Jésuites, rentrèrent clandestinement.

Le clergé séculier intéressait davantage le gouvernement parce qu'il voyait en lui un corps de fonctionnaires destiné à consolider la dictature impériale. Le préfet de l'Ourthe écrivait que les évêques étaient « des apôtres de l'État autant que de l'Église » et le gouvernement s'efforça d'user de leur influence pour activer la conscription, célébrer les victoires, fulminer contre les ennemis de l'empereur, aider à l'application du blocus continental. Ce sont ces prétentions de l'État sur l'Église qui déchaînèrent les premiers conflits, qu'il n'est pas dans notre dessein d'étudier ici. Par le *Catéchisme impérial* publié en 1806, Napoléon voulut mettre davantage encore l'Église au service de l'État ; dès lors les résistances du clergé grandirent, les accusations du Saint-Siège contre les empiétements de l'État se précisèrent. De plus, en demandant à l'Église le service de sauvegarder sa dynastie, Napoléon ne comprit pas qu'il lui ménagerait une influence politique de nature à se retourner contre lui. Il le constata seulement lorsque son conflit avec le pape devint aigu, après l'annexion en 1809 des États pontificaux. Napoléon put bien extorquer à Pie VII, prisonnier à Fontainebleau un nouveau concordat (25 janvier 1813) aux termes duquel le pape reconnaissait la vassalité de l'Église envers l'État. Le pape se rétracta. En fait, l'Église de France vécut depuis 1809 sans concordat, comme en 1791. L'hostilité du clergé contre l'empereur ne cessait de croître ; elle contribua dans une large mesure à la catastrophe de 1814.

II

L'ÉTAT ET LES ÉGLISES PROTESTANTES[1]

Aussitôt après la signature du concordat, dès le 10 août 1801, Bonaparte avait ordonné au ministre de l'intérieur Chaptal, de s'occuper du culte protestant et de préparer une réglementation qui lui fût applicable. Celle-ci figura dans la « loi relative à l'organisation des cultes », à côté des articles organiques du concordat.

Le culte protestant était soumis aux mêmes dispositions générales que le culte catholique : serment des ministres, prières publiques, traitement des ministres, recours au Conseil d'État en cas d'abus. Deux séminaires devaient former les pasteurs ; l'un luthérien, à Strasbourg, l'autre, calviniste, à Genève. Les professeurs des séminaires étaient nommés par le Premier consul. Aucun pasteur ne pourrait désormais entrer en fonction s'il n'avait fait ses études dans un séminaire.

Les réformés ou calvinistes étaient groupés en églises consistoriales à raison d'une église pour 6.000 fidèles. A la tête de chaque église, était placé un consistoire de six à douze notables ou « anciens », choisis parmi les citoyens les plus imposés au rôle des contributions directes. Les « anciens » étaient renouvelés par moitié, tous les deux ans. Les électeurs étaient en nombre égal aux « anciens », qui avaient aussi droit de vote, et étaient rééligibles. Ainsi les consistoires tombèrent entièrement aux mains d'une petite aristocratie de riches. Les consistoires devaient administrer les biens de l'église et élire les pasteurs. Ils étaient présidés par le plus ancien des pasteurs.

L'ensemble de cinq églises consistoriales, c'est-à-dire 30.000 fidèles formait un arrondissement de synode ; mais le directeur des cultes n'autorisa jamais, sous le Consulat et l'Empire, la réunion d'aucun synode.

Cette organisation nouvelle était en contradiction avec l'administration protestante, très démocratique, à laquelle elle se substituait. En effet, les communautés protestantes du midi qui s'étaient réorganisées à la fin du XVIIIe siècle avaient pris l'habitude de considérer pasteurs et fidèles comme

---

1. DOCUMENTS ET OUVRAGES A CONSULTER. — Aux Archives Nationales, les séries F. 19 et A. F. IV ; aux archives départementales, les séries L, V, les archives consistoriales. — Rabaut (le Jeune), *Annuaire ou répertoire ecclésiastique* (Paris, 1806, 3 vol. in-8º) ; *Almanach des protestants de l'Empire français* (Paris, 1810, in-12) ; Rabaut-Pomier, *Napoléon libérateur, discours religieux* (Paris, 1810, in-8º) ; Rabaut (le Jeune), *Détails historiques et recueil de pièces sur les divers projets de réunion de toutes les communions chrétiennes tentés sous Napoléon en France* (Paris, 1847, in-8º) ; Ch. Durand, *Histoire du protestantisme français pendant la Révolution et l'Empire* (Paris, 1902, in-8º) ; A. Lods, *La législation des cultes protestants* (Paris, 1887, in-8º) ; du même, nombreux articles dans le *Bull. de la Soc. d'hist. du protestantisme français*, 1889, p. 357-368 et 465-474, 1890, p. 337-359, 1892, p. 145-198, 1897, p. 393-417 ; du même, *Études sur les origines des articles organiques protestants*, dans la *Revue illustrée des provinces de l'Ouest*, 1895, t. XV, p. 53-64, 112-116 et 177-191 ; A. Maury, *Le réveil religieux de l'église réformée* (Toulouse, 1892, in-8º).

J. GODECHOT

égaux. Or les articles organiques protestants confiaient aux seuls riches l'administration des églises et donnaient au pasteur, président du consistoire une prééminence qu'il n'avait jamais eue jusque-là. De plus, les communautés protestantes, très dispersées, ne réunissaient que rarement 6.000 fidèles en un même lieu, et chaque petite église avait son organisation particulière, dont les articles organiques semblaient ne pas tenir compte. Ces églises se réunissaient en « colloques régionaux », « synodes provinciaux », « synode nationaux ». En fait, les paroisses protestantes continuèrent à subsister, malgré les articles organiques, et l'église consistoriale se superposa tant bien que mal au « colloque régional ». Les églises locales furent administrées par des « conseils presbytéraux », qui n'étaient pas prévus par la loi... Mais le directeur des cultes ignora ces organismes, il correspondit directement avec les pasteurs présidents des églises consistoriales. Seuls les pasteurs des églises consistoriales étaient payés par l'État et considérés comme fonctionnaires publics.

Le culte luthérien fut organisé d'une manière analogue au culte calviniste. L'église consistoriale fut l'élément de base, cinq églises consistoriales formèrent un arrondissement d'inspection, les inspections furent groupées en trois consistoires généraux. A la tête de chaque inspection, il y eut un conseil, formé d'un pasteur et d'un ancien par église, ce conseil devait élire un pasteur inspecteur et deux anciens, pour diriger l'inspection. Les élections devaient toutefois être approuvées par le Premier consul. Un consistoire général comprenait un député de chaque inspection. Il était présidé par un laïc assisté de deux inspecteurs ecclésiastiques nommés par le Premier consul. Toutefois le consistoire général ne pouvait se réunir sans l'autorisation du gouvernement. Entre les sessions, il était représenté par un directoire permanent formé du président, du plus âgé des deux inspecteurs ecclésiastiques et de trois anciens nommés, l'un par le Premier consul, les deux autres par le consistoire. Le directeur des cultes correspondait directement avec les présidents laïques des consistoires généraux. Naturellement les pasteurs luthériens étaient payés par l'État, comme les calvinistes.

L'application des articles organiques protestants ne souleva pas de difficultés. Le budget des cultes protestants augmenta petit à petit, passant de 22.000 francs environ en 1803 à 695.000 francs en 1813 ; mais, sur cette somme, 320.000 francs seulement furent réservés aux protestants de l'ancienne France, le reste étant destiné aux régions nouvellement annexées, Allemagne, et Pays-Bas surtout. Dans les limites de l'ancienne France, 200 pasteurs calvinistes et 50 luthériens recevaient un traitement variant de 1.000 à 3.000 francs. Beaucoup de pasteurs de petites communautés n'étaient donc pas payés par l'État. Malgré cela, l'organisation imposée par Napoléon aux cultes protestants favorisa un réveil religieux très net. Des temples furent édifiés grâce à des souscriptions auxquelles participèrent parfois les catholiques — notamment à Mazamet ou dans certaines localités de l'Ariège et de la Drôme. Les protestants français se montrèrent, en général, satisfaits d'un régime qui reconnaissait officiellement leurs églises et faisait d'une partie de leurs pasteurs des fonctionnaires publics.

III

NAPOLÉON ET LES JUIFS[1]

Les lois d'émancipation de 1790 et 1791 que nous avons étudiées entraînèrent la dislocation des quelques communautés juives qui existaient en France. Les juifs essaimèrent dans tout le pays et fondèrent un grand nombre de communautés nouvelles régies par des règles différentes les unes des autres, différentes aussi de celles qui étaient en vigueur avant l'émancipation. Cette sorte d'anarchie inquiéta le gouvernement consulaire, il n'inclut, néanmoins, dans la loi sur les cultes, aucun article relatif à la religion juive. Bonaparte déclarait à ce propos au Conseil d'État en 1801 : « Quant aux juifs, c'est une nation à part, dont la secte ne se mêle à aucune autre ; nous aurons donc le temps de nous en occuper plus tard... » Portalis, dans son rapport sur la loi des cultes, déclara semblablement : « Les juifs forment moins une religion qu'un peuple. Le gouvernement a cru devoir respecter l'éternité de ce peuple qui est parvenu jusqu'à nous... et qui, pour tout ce qui concerne son sacerdoce et son culte, regarde comme un de ses plus grands privilèges de n'avoir que Dieu lui-même comme législateur... »

Ces affirmations étaient en partie inexactes. Il faut les attribuer au fait que Bonaparte et, plus encore, Portalis n'avaient eu que de rares contacts avec les juifs. Bonaparte songeait surtout à ceux qu'il avait rencontrés en Égypte ou en Palestine et qui étaient évidemment très loin du citoyen français — ou encore à certains juifs d'Alsace ou de la région rhénane que les fonctionnaires ne cessaient de dénoncer comme des usuriers. Mais, en fait, et nous l'avons déjà dit, les juifs de Bordeaux, de Bayonne, du Comtat, certains juifs lorrains et alsaciens étaient déjà complètement assimilés en 1789, ils ne parlaient d'autre langue que le français et possédaient une culture entièrement et exclusivement française. Le nombre de juifs assimilés n'avait cessé de grandir depuis qu'ils avaient tous reçu les droits de citoyens.

Au demeurant, il était quasi impossible à l'administration d'ignorer les

---

1. DOCUMENTS ET OUVRAGES A CONSULTER. — Aux Archives Nationales, les séries F 19 et A F IV ; aux archives départementales, la série V. Les archives consistoriales sont la plupart du temps mal conservées. — Voir en outre A. Halphen, *Recueil des lois, décrets... concernant les israélites*, 2ᵉ éd. (Paris, 1887, in-8º) ; Penel-Beaufin, *Législation générale du culte israélite* (Paris, 1894, in-8º) ; Anchel, *Napoléon et les juifs* (Paris, 1928, in-8º). Cet ouvrage essentiel comporte une bibliographie très étendue que nous ne reproduisons pas ici. Les conclusions de M. Anchel ont été discutées de manière fort pertinente par A. Mathiez, dans les *Annales historiques de la Révol. française*, ann. 1928, p. 373-383). M. Anchel a résumé lui-même sa thèse en y apportant quelques corrections dans *Les juifs de France* (Paris, 1947, in-8º) ; Voir aussi Leuillot, *L'usure judaïque en Alsace sous l'Empire et la Restauration*, dans les *Annales historiques de la Révol. française*, ann. 1930, p. 231-251 ; et L'Huillier, *Recherches sur l'Alsace napoléonienne* (Strasbourg, 1947, in-8º).

juifs : c'est au gouvernement que les communautés s'adressaient lorsqu'elles éprouvaient des difficultés dans la levée des cotisations destinées à subvenir aux frais du culte. C'est au gouvernement qu'on demandait d'intervenir, lorsque les communautés étaient troublées par l'opposition entre traditionalistes et réformistes. Certaines communautés (Metz) demandaient même au gouvernement de sanctionner leur règlement intérieur pour lui donner plus de vigueur. Dès 1801, le Conseil général du Bas-Rhin réclamait que les rabbins fussent identifiés aux ministres des autres cultes. Pour résoudre ces différents problèmes, Portalis réunit une « commission des affaires juives. » Celle-ci affirma le désir des juifs d'être placés sous la surveillance du gouvernement. De nombreux projets, plus ou moins démocratiques, furent ébauchés ; mais, à la fin de 1805, aucun n'avait vu le jour.

Or, à cette époque, se développe en Alsace et même dans une grande partie de la France un mouvement d'hostilité contre les juifs ; on leur reproche les intérêts usuraires exigés par certains prêteurs. Le ministre de la justice réclame, dans un rapport à l'empereur, des mesures contre les prêteurs juifs. Bonald publie dans le *Mercure* un article antisémite qui impressionne Napoléon. Au retour d'Austerlitz, l'empereur s'arrête en Alsace et reçoit de multiples plaintes contre les juifs. A son tour, le ministre de l'intérieur demande qu'il soit sursis aux poursuites en expropriation pour créances envers les juifs.

Ainsi, l'État était amené à envisager les juifs non plus seulement sous l'angle religieux. C'était tout le problème de l'assimilation qu'il semblait nécessaire de reconsidérer. Napoléon saisit le Conseil d'État de ces questions et il fit désigner comme rapporteur un jeune auditeur de talent, Molé, lié avec Bonald, et peu suspect de sympathies pour les juifs. Toutefois, le président de la section de l'intérieur, Regnault de Saint-Jean-d'Angély, qui avait été en contact avec des juifs italiens sous le Directoire leur était favorable et le rapporteur devant le Conseil, toutes sections réunies, Beugnot, était l'adversaire d'une législation d'exception. Cambacérès, fit habilement ajourner la solution. Une nouvelle séance, du Conseil, eut lieu en présence de l'empereur à Saint-Cloud, le 30 avril 1806. Beugnot s'opposa assez violemment à l'empereur ; et l'on décida seulement que le rapport de Molé serait publié au *Moniteur*. Le 7 mai, dans une autre réunion Napoléon déclara qu'il lui semblait indispensable de promulguer une loi d'exception sur le commerce des juifs. Mais, pour être renseigné sur tout le problème de l'assimilation, il lui paraissait nécessaire de convoquer à Paris des représentants de tous les juifs de l'Empire.

Un décret du 30 mai 1806 convoqua à Paris une assemblée des délégués des juifs de France pour le 15 juillet suivant. Le décret instituait en même temps une première mesure d'exception : un sursis d'un an à l'exécution de tous les contrats passés entre juifs et cultivateurs non-négociants dans les quatre départements de la rive gauche du Rhin et les deux départements d'Alsace, la Moselle et les Vosges. Ce décret discriminatoire provoqua de nombreuses protestations, notamment de l'abbé Grégoire. Néanmoins, en 1807, il fut prorogé jusqu'à l'établissement d'une législation définitive.

L'assemblée juive avait précisément pour objet de donner au gouvernement les éléments nécessaires à l'établissement de cette législation. Elle réunit 95 députés (dont 82 pour les anciens départements français et la rive gauche du Rhin, 13 pour les départements subalpins). Les délégués avaient été non pas élus, mais nommés par les préfets, et selon des données la plupart du temps erronées : ainsi le gouvernement avait estimé à 6.500 la population juive des Vosges, alors qu'elle n'excédait pas 250 ! Un décret du 10 juillet adjoignit à cette assemblée seize représentants des juifs du royaume d'Italie. Les délibérations commencées le 6 juillet 1806 sous la présidence du bordelais Furtado, durèrent jusqu'au 6 avril 1807. La plupart des délégués ignoraient l'objet de leur convocation. Trois commissaires nommés « pour traiter toutes les affaires relatives aux juifs », Molé, Pasquier et Portalis fils, soumirent douze questions à l'Assemblée. Les réponses qu'elle y ferait permettraient au gouvernement de se rendre compte du degré d'assimilation des juifs. Les trois premières questions étaient relatives au mariage et au divorce : est-il licite aux juifs d'épouser plusieurs femmes ? Admettent-ils le divorce sans qu'il soit prononcé par des tribunaux, et en vertu de règles contraires à celles du code civil ? Sont-ils hostiles aux mariages mixtes ? Les trois questions suivantes traitaient de la qualité de citoyens : les juifs se considèrent-ils comme citoyens français ? Pensent-ils qu'ils doivent défendre la France, leur patrie ? Les questions 7, 8 et 9 avaient pour but d'éclaircir la situation et les pouvoirs des rabbins. Les trois dernières questions, enfin, étaient d'ordre économique : la loi juive défend-elle aux juifs de pratiquer l'usure envers leurs coréligionnaires ? Leur permet-elle l'usure envers les chrétiens ?

Il était évident que, selon les réponses faites à ces questions, le gouvernement pourrait soit maintenir les juifs dans la communauté française, soit les en exclure. Les réponses de l'assemblée furent habiles et, semble-t-il sincères. Oui, les juifs, devaient se soumettre à toutes les lois de l'État ; oui, ils devaient « défendre la France jusqu'à la mort » — cette réponse fut votée dans l'enthousiasme par l'assemblée unanime. En revanche, l'assemblée fut plus divisée au sujet des mariages mixtes. Les rabbins y étaient naturellement hostiles. « Ils ne sont pas plus disposés dirent-ils à bénir le mariage d'une chrétienne avec un juif que les prêtres catholiques à bénir de pareilles unions » ; mais l'assemblée déclara que les mariages mixtes conservaient aux yeux des juifs toute leur valeur civile. Quant à l'usure, elle fut répudiée, mais sur le plan dogmatique, non sur le terrain pratique.

Les trois commissaires rédigèrent un rapport qui constatait que les réponses de l'assemblée créaient un préjugé favorable aux juifs, mais ajoutèrent-ils, ces réponses ont été dictées « par un petit nombre d'hommes, les plus riches, les plus polis, ne conservant que le nom et l'apparence de leur foi, par principe d'honneur ».

Napoléon pensa qu'il fallait transformer les principes qui se dégageaient des réponses de l'assemblée, en véritables lois religieuses, valables pour tous les juifs de l'Empire. C'est pourquoi il imagina de ressusciter le « grand sanhédrin » en adjoignant à certains délégués à l'Assemblée des rabbins, choisis dans la plupart des communautés.

Le « grand sanhédrin », qui se réunit le 9 février 1807, comprit comme celui qui l'avait précédé autrefois à Jérusalem, 71 membres, 45 rabbins et 26 laïcs. Le rabbin de Strasbourg, David Sintzheim fut appelé à le présider. Les séances furent empreintes d'une certaine solennité, les délégués revêtirent un costume. De Pologne, Napoléon envoya ses instructions : le « grand sanhédrin » devait établir la distinction entre les dispositions religieuses et les dispositions politiques des lois de Moïse, les premières étant immuables, les secondes ne l'étant pas. Il devait organiser le culte juif, fixer aussi les conditions nécessaires pour que les juifs pussent exercer le commerce, dont certaines formes leur seraient d'ailleurs interdites, prendre des mesures pour qu'une proportion donnée de mariages mixtes (un tiers) fût obligatoire, enfin contraindre les conscrits juifs au service personnel en abolissant pour eux, le remplacement.

Après l'établissement d'une telle réglementation, le Conseil d'État publierait les textes qui la rendraient exécutoire.

Le grand Sanhédrin ne réalisa pas tous les vœux de l'empereur : il se borna à approuver les réponses faites au questionnaire par l'assemblée juive et se sépara le 9 mars 1807 après un mois seulement de session. Cette dissolution rapide surprit. On l'attribua à certaines intrigues, notamment à l'action du jésuite Barruel. Cependant le grand Sanhédrin avait accompli l'essentiel de ce qu'on attendait de lui, en donnant sa sanction aux réponses de l'assemblée. Il ne restait plus qu'à traduire ces réponses en forme de règlement : c'est ce que firent les trois commissaires impériaux, en collaboration avec quelques membres « éclairés » de l'assemblée juive.

Le règlement du culte juif publié le 17 mars 1808 contient des dispositions analogues aux articles organiques catholiques ou protestants : les juifs sont groupés, du point de vue religieux, en circonscriptions territoriales ; dans chaque circonscription est institué un consistoire, composé de laïcs choisis par des notables, « pris parmi les plus imposés et les plus recommandables des israélites ». Ces consistoires devaient dresser la liste des juifs étrangers, surveiller l'application du règlement du culte, maintenir l'ordre dans les communautés, contrôler la gestion des frais du culte, assurer l'interdiction des assemblées de prières irrégulières, exhorter les juifs à l'exercice des professions utiles, dénoncer aux autorités les juifs vivant sans moyens d'existence avoués, faire connaître chaque année aux autorités le nombre de conscrits juifs de la circonscription. A Paris, il y avait un « consistoire central », supérieur à tous les autres consistoires. A la différence des prêtres et des pasteurs protestants, les rabbins n'étaient pas payés par l'État. Sans doute Napoléon recula-t-il devant l'égalité, soit en raison de ses préventions personnelles, soit à cause des objections des catholiques. Cependant le règlement précisait les devoirs des rabbins : enseigner la doctrine du grand Sanhédrin, faire considérer le service militaire comme une obligation sacrée, réciter des prières pour l'empereur, célébrer les mariages et déclarer les divorces conformément au code civil. Ils étaient d'ailleurs obligés de signer une déclaration d'adhésion aux doctrines du grand Sanhédrin, faute de quoi, ils seraient expulsés de l'Empire.

Ce règlement transformait le culte juif, comme il avait fait du catholique, et du protestant. Les rabbins et les consistoires devenaient des auxiliaires de la police, une hiérarchie, — totalement inconnue jusqu'alors — était créée, et les consistoires étaient confiés à une minorité de riches.

Le consistoire central fut alors formé : ses membres furent choisis par le directeur des cultes, d'accord avec les commissaires impériaux (17 juillet 1808). Puis les circonscriptions territoriales (au nombre de dix, de dimensions très inégales) furent tracées, et les préfets désignèrent les notables chargés d'élire les membres du consistoire. Les frais du culte devaient être administrés par les consistoires ; mais, pour que les cotisations pussent rentrer facilement, elles furent levées par des agents de l'État et les réclamations purent être portées devant les conseils de préfecture. Avec le produit des cotisations, les consistoires ne se contentèrent pas de subvenir au culte proprement dit, mais organisèrent des sociétés de bienfaisance, des hospices.

Napoléon aurait voulu que l'assemblée juive adoptât elle-même un règlement instituant des dispositions exceptionnelles pour l'exercice, par les juifs, de certaines professions commerciales, et réprimant l'usure. L'assemblée se refusa à prendre toute mesure discriminatoire, mais, sous la pression des commissaires impériaux, elle consentit — après bien des difficultés, — à voter un arrêté sollicitant l'intervention du gouvernement pour hâter la « réforme sociale des juifs ». Cet arrêté dispensait l'empereur de violer trop ouvertement la constitution ou de la modifier au préjudice d'une catégorie de citoyens par la promulgation, un peu trop éclatante, d'un sénatus-consulte.

Forts du vœu de l'Assemblée, le ministre de l'intérieur et les trois commissaires impériaux joignirent au règlement du culte, du 17 mars 1808, un décret destiné « à la réforme sociale des juifs ». A la vérité, ce décret vise surtout la répression de l'usure ; mais il contient aussi d'autres dispositions.

Le sursis accordé au paiement des créances privées, institué par décret du 30 mai 1806 est abrogé. Les dettes envers les juifs seront soit annulées, soit réduites, soit ajournées, par voie de justice. Désormais, tout juif se livrant à un commerce quelconque devra se munir d'une patente spéciale, annuelle et révocable, délivrée par les préfets sur le vu de certificats accordés par les municipalités et les consistoires. Les hypothèques et prêts sur nantissement accordés par les juifs sont strictement réglementés. Tout juif étranger ne peut s'établir en France que s'il acquiert une propriété rurale, s'occupe d'agriculture et ne se mêle pas de commerce. Aucun juif (même français) n'est autorisé à s'installer en Alsace. Aucun juif ne peut se faire remplacer au service militaire. Toutes ces mesures d'exception sont applicables pendant dix ans, sauf aux juifs de la Gironde et des Landes.

Dès sa publication, ce décret provoqua de multiples réclamations ; en fait, il aboutit, en Alsace et en Rhénanie, à l'abolition de toutes les dettes envers les juifs. La délivrance de la patente spéciale donna lieu à maintes contestations : ici, elle était systématiquement refusée ; là au contraire on l'accordait à tous. Les haines personnelles jouèrent naturellement un grand rôle. En général, les consistoires se montrèrent très rigoureux et n'accordèrent les certificats prévus par le décret qu'après minutieuse enquête. Mais, assez rapidement, les dispositions relatives à la patente tombèrent en désuétude.

On connaît mal la façon dont furent appliqués les articles relatifs à l'installation des juifs étrangers. En revanche, la défense à tout juif de s'établir en Alsace fut rigoureusement exécutée.

Quant à l'article concernant le remplacement, il fut modifié : en 1812, on autorisa les juifs à se faire remplacer par d'autres juifs, de sorte que la charge de la conscription retomba — comme dans tout l'Empire — sur les seuls pauvres. Cependant Napoléon espérait beaucoup de la conscription comme moyen d'assimilation !

L'exemption accordée aux juifs de la Gironde et des Landes poussa d'autres communautés à réclamer la même faveur. Les juifs de Paris, de Livourne, des Basses-Pyrénées furent exceptés du décret de 1808. Après une enquête minutieuse, qui porta sur l'accomplissement de la conscription, la répartition des professions, la fréquentation des écoles publiques, le nombre de juifs occupant des fonctions administratives, les plaintes sur l'usure et les hypothèques, le ministre de l'intérieur par décret du 11 avril 1810, abolit le décret d'exception dans vingt départements (surtout dans le midi de la France et en Italie), mais le maintint dans 48 autres, où il ne fut supprimé qu'à son échéance normale, en 1818.

Certes, le décret sur la « réforme sociale » des juifs était injuste et il leur donna le sentiment d'une persécution. Effectivement certains corps se crurent autorisés à prendre contre les juifs des mesures qui n'étaient pas prévues par la loi ; par exemple, des tribunaux leur imposèrent le serment *more judaico*, qui avait disparu depuis 1790, et l'empereur sanctionna cette coutume pour le ressort de la Cour d'appel de Nancy, malgré les protestations du consistoire central. Mais, il faut reconnaître que Napoléon atteignit en partie son but : à dater de 1823, le Conseil général du Bas-Rhin ne reproduit plus ses plaintes habituelles au sujet de l'usure juive. Dans le Haut-Rhin, les doléances ne cessent de diminuer en nombre et en acuité. En 1818, le préfet de la Moselle reconnaît que l'usure a presque disparu. Napoléon avait dit : « Il y aurait de la faiblesse à chasser les juifs, il y aura de la force à les corriger. » Reconnaissons qu'en employant la force, il a du moins réussi.

Il apparut très vite qu'il manquait au décret du 17 mars des dispositions relatives à l'état-civil des juifs. Ceux-ci, en effet, possédaient tous l'équivalent du nom de baptême, mais rares étaient ceux qui faisaient usage d'un nom de famille. La plupart joignaient à leur nom la mention *bar* ou *ben*, c'est-à-dire *fils de*, suivie du nom de leur père. Quelques-uns se distinguaient par un sobriquet ou surnom. Cette coutume compliquait la tâche de la justice et de l'état-civil ; elle rendait fréquentes des confusions, qui n'étaient pas toutes involontaires. La loi du 20 septembre 1792 avait bien obligé les juifs à adopter un nom de famille, mais elle n'avait, en général, pas été exécutée.

Le décret du 20 juillet 1808 obligea tous les juifs à déclarer leurs noms à la mairie de leur résidence. Ils pouvaient, soit conserver le nom qu'ils portaient, soit en adopter un autre ; mais à l'avenir des peines graves frapperaient ceux qui ne prendraient pas de noms, ou qui en changeraient après en avoir adopté un. Les individus qui voulaient choisir un nom nouveau ne pouvaient le prendre dans l'Ancien Testament, ni adopter un nom de localité. En fait bien peu usèrent de cette faculté. La plupart des juifs choisirent pour nom de famille, soit leur prénom, soit leur surnom. Ainsi, le nom resta souvent un élément distinctif du juif — parfois le seul — dans la société française.

Malgré son caractère discriminatoire, et quelquefois vexatoire, il semble que la législation de l'Empire ait complété l'œuvre de la Révolution et accéléré l'assimilation des juifs. Napoléon leur a conféré une place dans la société et en réprimant, parfois avec dureté et arbitraire, l'usure, il a enlevé tout prétexte aux soulèvements populaires. Quant à la religion juive, sauf en ce qui concerne les frais du culte, il l'a placée sur le même plan que la catholique ou la protestante en lui donnant une organisation analogue, ce qui était, certes, une « audacieuse innovation ».

IV
LA FRANC-MAÇONNERIE[1]

La maçonnerie, à certaines époques, a été surtout une organisation politique. Sous le Consulat et l'Empire, elle se présente comme une espèce de religion déiste qui prend en quelque sorte la succession des cultes révolutionnaires. A la fin du Directoire, la maçonnerie, qui comprenait plusieurs organisations rivales, en assez mauvaise posture par suite des persécutions qu'elles avaient éprouvées sous la Terreur, se reconstitue et s'unifie. Le 10 juillet 1799, les deux principales branches de la maçonnerie, la « Grande Loge de France »

---

1. TEXTES ET OUVRAGES A CONSULTER. — Arch. Nat. série F 7, Arch. dép, série L. TRAVAUX : Bernardin, *Précis du Grand Orient de France* (Paris, 1909, in-8°) ; G. Bourgin, *Contributions à l'histoire de la Franc-maçonnerie sous le premier Empire*, dans la *Révolution française*, 1905, t. XLVIII, p. 412-437 et XLIX, p. 45-79 ; Gaston-Martin, *Manuel d'histoire de la Franc-maçonnerie française* (Paris, 1929, in-16).

et le « Grand Orient » fusionnent. Le 27 décembre 1801, le « Grand chapitre d'Arras » se joint au « Grand Orient ».

A la suite de ces accords le « grand vénérable » fait accepter à toutes les loges françaises le « rite moderne » ou « rite français » à « sept degrés » (apprenti, compagnon, maître, élu, Écossais, chevalier d'Orient, chevalier de la Rose-Croix). Le nombre des « ateliers » augmente rapidement : il passe de 70 en 1800 à 114 en 1802. La vieille franc-maçonnerie royaliste et contre-révolutionnaire disparaît pendant qu'une nouvelle maçonnerie républicaine et rationaliste lui succède.

Cette unité est pourtant menacée dès 1803 par l'apparition en France du « rite écossais » aux très nombreux degrés, qui est importé d'Amérique à cette époque. Le rite écossais nomme Louis Bonaparte « grand-maître du Suprême Conseil du 33ᵉ degré ».

Mais l'unité était jugée par les maçons, plus nécessaire que jamais, pour lutter contre la renaissance du catholicisme, que venait de consacrer la signature du Concordat. Après le sacre de l'empereur, rites français et écossais fusionnèrent (3-5 décembre 1804). Joseph Bonaparte devint « grand-maître », et son frère Louis lui fut adjoint. En 1806, Cambacérès succéda à Louis. Le Grand Orient arriva à maintenir pendant tout l'Empire l'unité de la maçonnerie française, en tolérant toutefois la variété des rites (« sophisiens », 1802 ; « Société du réveil de la Nature », 1804, « Templiers de la Miséricorde », 1807 ; « Philochoreites », 1808 ; « Chevaliers bienfaisants de la Cité-sainte », etc.). Il semble cependant qu'un ou deux rites n'aient pas adhéré au Grand Orient, surtout pour des raisons politiques (« Misraïm » ou « rite égyptien »). Leurs membres restaient secrètement républicains.

Jamais la franc-maçonnerie n'a été aussi florissante en France que sous l'Empire. L'activité des loges ne paraît pas soulever de difficultés avec les catholiques, du moins dans les départements de l'ancienne France. Dans les pays récemment annexés, la franc-maçonnerie, protégée par les autorités, groupa tous ceux qui tenaient au régime. En 1814, le Grand Orient était à la tête de 1.223 « ateliers » groupés en 886 « loges » et 337 « chapitres ». Dans leur immense majorité, ces organisations furent non seulement loyales sous l'Empire, mais contribuèrent, comme les trois grandes religions officiellement reconnues, à soutenir sa propagande et à consolider son autorité.

CHAPITRE IX

LES INSTITUTIONS SOCIALES
L'ÉTAT ET L'ÉDUCATION NATIONALE
LA PROPAGANDE

L'éducation nationale avait une trop grande importance dans la vie de la nation pour que le gouvernement de Bonaparte pût s'en désintéresser : dès le début du consulat il songeait à mettre l'enseignement au service de sa politique. Sous l'Empire il s'efforcera, en organisant le monopole universitaire, de faire de l'éducation nationale une des armes les plus efficaces de la dictature.

I

L'ORGANISATION GÉNÉRALE DE L'ENSEIGNEMENT[1]

Au début du Consulat, l'enseignement était, comme sous le Directoire, extrêmement décentralisé : « écoles centrales », « écoles primaires » ne dépen-

---

1. BIBLIOGRAPHIE GÉNÉRALE. — Généralités sur l'Instruction publique et l'Université. SOURCES. Arch. Nat. séries A. F. IV et F. 17, Arch. Dép. séries L., T. Archives des établissements d'enseignement. *Recueil de lois et règlements concernant l'instruction publique*, 1re série, t. I-IV (Paris, 1814, in-8°) ; 2e série, t. V-VIII (Paris, 1820-28, in-8°) ; *Circulaires et instructions officielles relatives à l'instruction publique de 1802 à 1900* (Paris, 1863-1902, 12 vol. in-8°) (t. I, 1802-30) ; A. Rendu, *Code universitaire* (Paris, 1827, in-8°) ; *Annuaire de l'Instruction publique* (Paris, ans X et XI, 2 vol. in-8°) ; *Almanach de l'Université impériale* (Paris, 1810-13, 4 vol. in-8°) ; Chaptal, *Rapport et projet de loi sur l'instruction publique* (Paris, an IX, in-8°) ; Destutt de Tracy *Lettre et pamphlet sur l'Université*, dans *La Révolution franç.*, 1910, t. LVIII, p. 361-362 ; Teissèdre, *Discours sur l'instruction publique* (Paris, 1809, in-8°) ; Chuquet, *Discours de Napoléon sur l'Université, 1810*, dans la *Revue internationale de l'Enseignement*, 1911, t. LXII, p. 230-321 ; Izarn, *Exposé de l'état actuel de l'instruction publique* (Paris, 1815, in-8°) ; Guizot, *Essai sur l'histoire et l'état actuel de l'instruction publique* (Paris, 1816, in-8°) ; Basset, *Coup d'œil général sur l'éducation et l'instruction publique en France* (Paris, 1816, in-8°) ; A. Rendu, *Système de l'Université de France ou plan d'une éducation nationale* (Paris, 1816, in-8°) ; du même, *Essai sur l'instruction publique* (Paris, 1819, 3 vol. in-8°) ; Fabry, *Le génie de la Révolution considéré dans l'éducation* (Paris, 1817-18, 3 vol. in-8°.

Outre les ouvrages déjà cités dans les chapitres précédents, Aulard, *Napoléon Ier et le monopole universitaire* (Paris, 1911, in-8°) ; Bonnel, *La réorganisation de l'instruction publique* (Paris, 1902, in-8°) ; R. Durand, *Le monopole universitaire et la concurrence ecclésiastique dans les Côtes-du-Nord*, dans la *Revue d'hist. moderne*, 1934, p. 16-47 ; Lanzac de Laborie, *La haute administration de l'enseignement sous le Consulat et l'Empire*, dans la *Revue des études napoléo-*

daient que des autorités locales, départementales ou communales ; l'enseignement supérieur était distribué entre un petit nombre d'écoles spéciales rattachées à divers ministères. Cette décentralisation donnait à l'enseignement et surtout à l'enseignement secondaire une grande indépendance, en dépit de cette indépendance le niveau des études était assez élevé. Malgré cela Lucien Bonaparte déclarait le 22 mars 1800 que l'instruction était « à peu près nulle en France », et annonçait l'intention de réunir tous les professeurs « en un foyer commun » car, disait-il, « l'éducation nationale doit être en harmonie avec toutes les autres institutions ». Donc centralisée, comme la justice ou les finances. De nombreux projets furent mis à l'étude. Celui de Chaptal s'efforçait, tout en centralisant, de maintenir les grandes traditions de la Révolution : il prévoyait la gratuité de l'enseignement primaire et de l'enseignement secondaire. Les écoles centrales (appelées communales dans le plan de Chaptal) conservaient leur originalité, avec la prépondérance donnée aux sciences et à l'observation, on n'y apportait que quelques retouches jugées indispensables à l'expérience : organisation de *classes*, place plus importante accordée au latin. L'enseignement supérieur n'était pas modifié. Mais ce projet ne satisfit pas Bonaparte. Il estimait que les esprits échappaient encore trop à l'emprise de l'État. Il voulait que celui-ci, non seulement dirigeât les trois ordres d'enseignement, mais aussi contrôlât toute la production littéraire, théâtrale, artistique. Le but essentiel était de rendre le peuple discipliné, de faire des écoles autant de pépinières de soldats. Le projet de Chaptal connut une bonne douzaine de rédactions avant de devenir la grande loi du 11 floréal an X (1er mai 1802).

Tous les établissements d'enseignement primaire et secondaire, un certain nombre d'écoles spéciales sont rattachés à *une direction de l'instruction publique*, organisée au ministère de l'intérieur sous l'autorité d'un conseiller d'État. Rœderer avait été nommé dès le 12 mars à cette fonction. Il était expliqué, par une circulaire comment on entendait la remplir : « L'instruction publique peut et doit être une machine très puissante dans notre système politique. C'est par elle que le législateur pourra faire renaître un esprit national... Le département de l'instruction publique est une direction d'esprits par l'esprit. » En fait, l'État ne prenait à sa charge qu'un petit nombre d'établissements

---

niennes, 1916, t. II, p. 186-219 ; Latappy, *L'église et l'Université sous Napoléon Ier*, dans le *Correspondant*, 1901, t. 203, p. 1024-1038 ; Pailhès, *Du nouveau... sur Fontanes* (Paris, 1900, in-8º) ; E. Rendu, *A. Rendu* (Paris, 1861, in-8º) ; G. Rigault, *Histoire générale de l'Institut des frères des écoles chrétiennes*, t. III (Paris, 1940, in-8º) ; Ch. Schmidt, *La réforme de l'Université impériale en 1811* (Paris, 1905, in-8º) ; Tessonneau, *Joubert* (Paris, 1944, in-8º) ; A. Wilson, *Fontanes* (Paris, 1928, in-8º). — QUESTIONS A ÉTUDIER : L'administration centrale de l'enseignement sous le Consulat et l'Empire a fait l'objet d'études suffisantes. Par contre, l'organisation et le fonctionnement des Académies de province n'ont pas encore sollicité les chercheurs. On connaît mal les premiers recteurs, les premiers inspecteurs d'Académie, leur activité, leur œuvre.

secondaires, les « lycées », et les écoles spéciales. Toutes les autres écoles devaient continuer à vivre grâce à l'initiative privée. Mais le contrôle de l'État sur tous les ordres d'enseignement ne cessa de se renforcer, surtout après que Fourcroy eut succédé à Rœderer, le 14 septembre 1802. Néanmoins la concurrence faite par l'enseignement privé empêcha, comme nous le verrons plus loin, les lycées de prospérer. De plus, l'enseignement supérieur restait dispersé entre des écoles spéciales sans lien entre elles, et du reste insuffisantes en nombre pour les besoins de l'Empire.

Il apparut à Fourcroy qu'on pourrait remédier à ces inconvénients, d'une part en donnant à l'État le « monopole » de l'enseignement, d'autre part en organisant un « corps enseignant », formé par l'État, soumis à l'État, entièrement payé par l'État : « Il n'y aura pas d'État politique fixe, déclarait-il, s'il n'y a pas de corps enseignant avec des principes fixes. Tant qu'on n'apprendra pas dès l'enfance s'il faut être républicain ou monarchiste, catholique ou irréligieux..., l'État ne formera pas une nation : il reposera sur des bases incertaines et vagues. Il sera constamment exposé aux désordres et aux changements... » La seule question qui se posait, selon Fourcroy, c'était de savoir si ce corps enseignant serait formé de religieux ou de laïcs. Napoléon opta pour les laïcs : « Mon but principal dans l'établissement d'un corps enseignant est d'avoir un moyen de diriger les opinions politiques et morales. Cette institution sera une garantie contre le rétablissement des moines. On ne viendra plus m'en parler : ils seraient sans cela rétablis un jour ou l'autre... »

Si l'idée de confier l'enseignement public à un ordre religieux fut ainsi écartée, Fourcroy pensa du moins qu'on devait astreindre le personnel enseignant à certaines règles. C'est ainsi, qu'il envisageait d'obliger au célibat tout le personnel logé dans les établissements d'enseignement.

Le projet de Fourcroy proposait la réunion de tous les ordres d'enseignement dans une « grande Université impériale » qui serait pour l'Empire entier ce qu'avaient été les universités de l'ancien régime pour telle ou telle ville. Peut-être ce projet fut-il plus directement inspiré par l'organisation de l'Université de Turin, qui, sous l'autorité d'un « magistrat de la réforme », groupait les collèges secondaires, une école normale, les facultés. L'Université aurait le monopole de l'enseignement. Ce principe du monopole rencontra d'ailleurs des résistances. Portalis le combattit au nom de la liberté du père de famille, qui devait, selon lui, pouvoir donner à ses enfants l'enseignement de son choix. Il évoqua le spectre du « despotisme » que pourrait engendrer un corps enseignant unique. Mais Fontanes répliqua que dans l'état d'anarchie où se trouvait la société, il était indispensable de l'unifier. Seul l'enseignement des filles resterait en dehors du monopole. Napoléon ne s'y intéressait pas. « Je ne crois pas, disait-il, qu'il faille s'occuper d'un régime d'enseignement pour les jeunes filles, elles ne peuvent mieux être élevées que par leurs mères. L'éducation publique ne leur convient point, puisqu'elles ne sont point appelées à vivre en public, les mœurs sont tout pour elles ; le mariage est toute leur destination... »

La loi du 10 mai 1806, complétée par le décret impérial du 17 mars 1808 créa l'Université impériale, c'est-à-dire un corps chargé exclusivement de l'enseignement et de l'éducation des jeunes garçons. Toutefois le monopole ne concernait pratiquement que les enseignements supérieur et secondaire. En effet, pour enseigner dans un établissement secondaire, il fallait, à dater de 1815 ; être titulaire du baccalauréat, de la licence ou du doctorat. Et, pour obtenir le baccalauréat, il serait nécessaire à dater de la loi du 16 février 1810 d'avoir suivi les classes de rhétorique et de philosophie dans un établissement de l'État ou autorisé par l'État. Seuls, des établissements publics, les Facultés, étaient autorisées à délivrer les trois grades de l'Université. Mais on ne supprima point, comme on aurait pu s'y attendre, les établissements privés d'enseignement secondaire. On se borna à en préparer la disparition en les grevant de taxes énormes. Les directeurs de ces écoles privées devaient solliciter du « Grand-Maître de l'Université » un brevet, valable pour dix ans, et délivré moyennant une somme de 200 à 600 fr., selon l'importance de l'établissement. Ils devaient, en outre, verser à l'État une rétribution annuelle fixe de 50 fr. et une somme égale au vingtième de la rétribution scolaire de chaque élève. C'était d'ailleurs, l'État qui établissait le taux, théorique, de cette rétribution : elle était calculée sur le prix de la pension d'internat des établissements publics voisins. Même si une pension privée n'avait que des externes, le directeur devait verser une taxe proportionnelle au prix de l'internat ! Le nombre des écoles privées diminua rapidement, pendant que se constituait le corps tout puissant de l'Université.

L'Université avait été conçue sur le modèle des congrégations. C'était une congrégation laïque : « Je vous fais chef d'ordre », avait déclaré Napoléon à Fontanes en le nommant « Grand-Maître ». Comme toute congrégation, mais aussi, comme l'armée, modèle idéal de toutes les institutions napoléonniennes, l'Université possédait sa hiérarchie qui, du Grand-Maître, allait jusqu'au simple maître d'études en passant par le chancelier, les inspecteurs généraux, les recteurs, les doyens, les professeurs des Facultés, les proviseurs, les censeurs et professeurs de lycées.

Le Grand-Maître qui dépend nominalement du ministre de l'intérieur, est, en réalité, tout puissant dans son domaine. En effet, il nomme à toutes les places, décide des promotions, délivre les diplômes, promulgue les règlements relatifs à l'enseignement, rend compte des recettes et des dépenses. Il jouit d'un très gros traitement, de 100.000 fr. par an. Napoléon choisit pour Grand-Maître Fontanes, sans doute parce qu'il était un homme de lettres et non de sciences, et aussi parce qu'il appartenait à une famille où se mêlaient catholiques et protestants. En réalité, Napoléon semble bien s'être trompé sur la docilité de Fontanes ; et, de tous les grands chefs de service, le Grand-Maître fut sans doute un des moins dévoués à l'empereur. Il introduisit dans l'Université beaucoup de prêtres, plus dévoués au pape ou aux Bourbons qu'à Napoléon, appliqua mollement le monopole, laissant subsister le plus grand nombre possible d'institutions privées, et il favorisa par sa passivité, le développement, au sein de l'Université, d'une opposition à l'Empire : Chateaubriand le loua de cette attitude. « Fontanes, dit-il, éleva dans les doctrines de nos pères, des enfants qu'on voulait séparer du passé pour bouleverser l'avenir... »

Le Grand-Maître devait être logé dans un « palais de l'Université », qui aurait dû également abriter les Archives, l'école normale supérieure, servir de maison de retraite pour les professeurs et de salle des fêtes. Mais, de ce palais, seule la première pierre fut posée sur le quai d'Orsay.

Sous l'autorité du Grand-Maître, un « chancelier » garde les archives et le sceau de l'Université, signe les actes et les diplômes. Le premier titulaire du poste fut un ancien prêtre insermenté, Villaret. Le Trésorier — l'astronome Delambre — réglait recettes et dépenses. Les bureaux étaient répartis entre deux divisions, la première s'occupait de l'enseignement et du personnel, la seconde du matériel.

Le Grand-Maître était assisté du « Conseil de l'Université » groupant dix conseillers à vie nommés par l'empereur — en fait par Fontanes — et vingt conseillers ordinaires nommés pour un an par les inspecteurs généraux, doyens, professeurs de Facultés, proviseurs. Ce conseil se divisa en cinq sections : Perfectionnement des études, administration, comptabilité, contentieux, affaires du sceau. Le conseil fit preuve d'une grande activité, élabora de nombreux règlements, circulaires, arrêtés, statuts, décisions, arrêta les budgets des établissement, jugea les réclamations, les plaintes, admit ou rejeta les livres classiques, entendit les rapports des inspecteurs généraux, jugea le contentieux (avec recours possible au Conseil d'État). Parmi les membres du Conseil, on remarquait Bausset, évêque d'Alès, l'abbé Emery, supérieur de Saint-Sulpice, Bonald, Cuvier, Jussieu, Guéroult... Il s'en fallait, on le voit qu'ils fussent tous des créatures de l'empereur.

Les inspecteurs généraux, agents de renseignement du Grand-Maître, avaient été créés en l'an X, spécialement pour nommer et surveiller les professeurs des lycées. Ils devaient être « l'œil toujours ouvert du gouvernement ». Lors de l'organisation de l'Université, on porta leur nombre à trente au maximum et ils eurent mission de surveiller les trois degrés de l'enseignement. En 1812, il n'y avait cependant que vingt inspecteurs en service, au nombre desquels figuraient des savants tels qu'Ampère, Dupuytren ou le philosophe Royer-Collard.

L'Université impériale était divisée en « académies » à raison d'une « académie » par ressort de cour d'appel, soit 27 pour l'ancienne France. A la tête de chaque académie, était placé un « recteur », nommé pour cinq ans par le Grand-Maître, et qui avait sous ses ordres un ou deux inspecteurs d'académie ; il était assisté d'un « conseil académique » de dix membres, nommés par le Grand-Maître. Ce conseil devait s'occuper de l'état des écoles, des abus, des moyens d'y remédier. Le poste de recteur pouvait être confié — et ce fut le cas fréquemment — à un membre de l'Université exerçant une autre fonction, doyen ou professeur de Faculté, proviseur de lycée, etc. Les premiers recteurs semblent avoir été pour la plupart des hommes obscurs, parfois des prêtres. Le Grand-Maître était, de droit, recteur de l'académie de Paris, mais il était assisté dans cette fonction de cinq vice-recteurs. Recteurs et inspecteurs d'académie étaient en contact direct avec les établissements des trois ordres d'enseignement.

II

LES TROIS ORDRES D'ENSEIGNEMENT[1]

Les écoles centrales, dans leur apparente anarchie, déplaisaient au Premier consul. En revanche, il existait à Paris un établissement qui, par l'ordre qu'on

---

1. DOCUMENTS ET OUVRAGES A CONSULTER. — Outre les documents déjà cités p. 635, on consultera, pour l'enseignement secondaire l'*Almanach des lycées* (Paris, an XII, in-8º) ; P.-F. Dubois, *Souvenirs*, publiés par Lair (Paris, 1902, in-8º) ; Mahul, *Souvenirs d'un collégien 1810-1814* (Paris, 1895, in-8º) ; — sur l'enseignement primaire, O. Gréard, *La législation de l'enseignement primaire*, t. I (1789-1883) (Paris, 1874, in-8º), 2º éd., 1890. Sur l'enseignement supérieur, A. de Beauchamp, *Recueil des lois et règlement sur l'enseignement supérieur*, t. I : *1789-1847* (Paris, 1880, in-8º) ; — OUVRAGES D'ENSEMBLE : Marie-Cardine, *Histoire de l'enseignement dans le département de la Manche (1789-1800)* (Paris, 1889, 2 vol. in-8º) ; V. Bourrilly, *L'instruction publique dans la région de Toulon de 1789 à 1815*, dans les *Mémoires de l'Académie du Var* (Aix, 1894, in-8º) p. 149-336 ; sur l'enseignement secondaire, Gauthier, *La réforme de l'enseignement secondaire sous le Consulat*, dans la Revue universitaire, ann. 1898, p. 218-230 ; G. Weill, *Histoire de l'enseignement secondaire en France de 1802 à 1920* (Paris, 1921, in-8º) ; Fr. Vial, *Trois siècles d'histoire de l'enseignement secondaire en France* (Paris, 1936, in-8º) ; on peut encore tirer profit de Kilian, *Tableau historique de l'instruction secondaire en France* (Paris, 1841, in-8º) ; Villemain, *Rapport au Roi sur l'instruction secondaire* (Paris, 1843, in-4º) ; — Études départementales : Chabot et Charlety, *Histoire de l'Instruction secondaire dans le Rhône (1789-1900)*, (Lyon, 1901, in-8º) ; Peter, *L'instruction secondaire dans le département du Nord (1789-1802)* (Lille, 1912, in-8º) ; Halbwachs, *Les programmes des premiers lycées de 1802 à 1809*, dans le *Bulletin de la Faculté des Lettres de Strasbourg*, 1930, p. 132-136. Les monographies de collèges et de lycées sont extrêmement nombreuses. On en trouvera la liste dans E. Lavisse, *Histoire de France contemporaine*, t. III, par G. Pariset (*op. cit.*, p. 40), p. 320. On pourra y ajouter Gaston-Martin, *Le lycée de Toulouse* (Toulouse, 1930. in-8º) ; et Sirgant, *Contribution à l'étude de l'enseignement dans l'Ariège sous le Consulat et l'Empire : l'école secondaire de Saint-Girons 1803-1811*, dans le *Bulletin de la Société ariégeoise des sciences, lettres et arts*, ann. 1932, p. 41-54 ; Les établissements privés d'enseignement secondaire ont aussi leurs monographies. La plus remarquable est celle de J. Quicherat, *Histoire de Sainte-Barbe*, t. III (Paris, 1864, in-8º). Sur l'enseignement primaire, l'abbé Sicard, *L'éducation morale et civique avant et après la Révolution* (Paris, 1884, in-8º) ; E. Levasseur, *Statistique de l'enseignement public primaire depuis 1801*, dans les *Séances et travaux de l'Académie des sciences morales et polit.*, ann. 1900, t. 153, p. 381-411 ; Brouard, *Essai d'Histoire critique de l'instruction primaire en France* (Paris, 1901, in-8º) ; F. Brunot, *Histoire de la langue française*, t. IX (Paris, 1927, in-8º) ; — sur l'enseignement primaire catholique, Des Cilleuls, *Histoire de l'enseignement libre dans l'ordre primaire en France* (Paris, 1898, in-8º) ; A. Chevalier, *Les frères des écoles chrétiennes* (Paris, 1887, in-8º) ; Fontaine de Resbecq, *L'Enseignement primaire catholique* (Paris, 1901, in-8º). Études régionales : Maggiolo, *Les écoles avant et après 1789* (en Lorraine), dans les *Mémoires de l'Acad. de Stanislas*, ann. 1888, p. 200-280 ; ann. 1889, p. 80-178 ; ann. 1890, p. 1-129 ; Cuissart, *L'Enseignement primaire à Lyon et dans la région lyonnaise avant et après 1789* (Paris, 1880, in-8º) ; Marchand, *L'enseignement primaire dans le Vaucluse (1791-1900)*, dans les *Mémoires de l'Acad. du Vaucluse*, ann. 1900, p. 43-130 ; Dauthuille, *L'école primaire dans les Basses-Alpes depuis la Révolution jusqu'à nos jours* (Digne, 1900, in-8º) ; du même, *L'école primaire dans les Deux-Sèvres* (Paris et Niort, 1904, in-8º) ; Quignon, *Le centenaire des cours primaires normaux dans l'Oise* (Paris, 1905, in-8º), P. Bayaud, *L'enseignement primaire en 1809 dans l'arrondissement de Mauléon*,

y voyait régner, avait éveillé l'admiration de Bonaparte : le « Prytanée français », internat qui avait succédé sous le Directoire à l'ancien collège Louis-le-Grand, et qui devait spécialement recevoir comme boursiers les « élèves de la patrie » c'est-à-dire les meilleurs élèves des écoles centrales de France, ceux qui avaient obtenu des prix lors des fêtes annuelles de la jeunesse. Ces jeunes gens suivaient des cours dans les écoles centrales de Paris. Mais, dès le 1er germinal an VIII (22 mars 1800), le prytanée était devenu un établissement d'enseignement et avait été divisé en quatre sections, à Paris, Fontainebleau, Versailles (puis Saint-Cyr où cette section se transforma en une école spéciale militaire), Saint-Germain (puis Compiègne où l'établissement donna naissance à la première école française d'arts et métiers). La section parisienne du prytanée ressembla fort au collège de l'ancien régime qu'elle remplaçait : internat, uniforme pour les élèves, exercices militaires, pratiques religieuses, prépondérance des lettres anciennes dans l'enseignement.

La loi du 11 floréal an X (1er mai 1802) décida que les écoles centrales seraient remplacées par les lycées ou des écoles secondaires communales. Rappelons, en effet, qu'il ne devait y avoir qu'un lycée par ressort de cour d'appel ; en fait, on compta, au total, 45 lycées, dont quatre à Paris. L'organisation des lycées s'inspirait beaucoup de celle du prytanée français. Dans les lycées, l'État devait entretenir 6.400 pensionnaires dont 2.400 choisis par le gouvernement parmi les fils de militaires et de fonctionnaires, et, pendant dix ans, parmi les enfants originaires des départements nouvellement réunis, ainsi que 4.000 élèves choisis au concours parmi les meilleurs des écoles secondaires. Mais comme ces écoles recevaient elles-mêmes peu de boursiers, les pauvres se trouvaient, pratiquement, éliminés des lycées. Les lycées acceptaient outre les boursiers, des élèves payants, internes et externes. Le lycée était administré par un proviseur, un censeur, un « procureur gérant » (c'est-à-dire un intendant) nommés par le Premier consul. Ces trois hommes devaient être mariés, divorcés ou veufs ; ils formaient le conseil d'administration. Mais il y avait en outre un bureau d'administration qui comprenait le préfet, le

---

à paraître en 1951 dans le *Bulletin de la Société des Sciences lettres et arts de Pau*. Voir aussi l'abbé Uzureau, *L'enquête scolaire de l'an XI dans le Maine-et-Loire* (Angers, 1898, in-8°) ; — sur l'enseignement supérieur : L. Liard, *L'enseignement supérieur en France* (Paris, 1888-1894, 2 vol. in-8°) ; Hayem, *La renaissance des études juridiques en France sous le Consulat*, dans la *Nouvelle revue histor. de droit*, ann. 1905, p. 96-122 et 378-412 ; Prévost, *Les études médicales sous le Directoire et le Consulat* (Paris, 1908, in-8°) ; Piobetta, *Histoire du baccalauréat* (Paris, 1937, in-8°) ; Principales monographies : P. Dupuy, *L'École normale supérieure* (Paris, 1884, in-8°) ; Prévost, *L'école de santé de Paris* (Paris, 1901, in-8°) ; du même, *La Faculté de médecine de Paris* (Paris, 1900, in-8°) ; M. Michon, *Histoire de la Faculté de droit de Poitiers* (Poitiers, 1900, in-8°) ; Bonnecase, *La Faculté de droit de Strasbourg* (Toulouse, 1916, in-8°) ; Viè, *L'université de Toulouse et l'enseignement supérieur à Toulouse (1789-1815)*, dans les *Mémoires de l'Acad. de législation de Toulouse*, t. I (1905), p. 99-136 ; Deloume, *La Faculté de droit de Toulouse* (Toulouse, 1905, in-8°) ; Pery, *Histoire de la Faculté de Médecine de Bordeaux* (Paris, 1888, in-8°). — QUESTIONS A ÉTUDIER : Des trois ordres de l'enseignement, c'est sur le secondaire qu'on est le mieux renseigné. C'est donc sur l'enseignement primaire qu'il conviendra de faire porter l'effort de recherche.

président de la cour d'appel, le procureur général et l'avocat général, le maire et le proviseur.

Les professeurs des lycées furent nommés par le Premier consul, qui choisit pour chaque poste entre deux candidats proposés par les inspecteurs généraux, assistés d'une commission de trois savants — au début le physicien Coulomb, le littérateur Villar, le naturaliste Cuvier. Les professeurs des lycées étaient payés par l'État (à raison de 700 fr. en province et d'un maximum de 3.000 fr. à Paris). Il devait y avoir au moins huit professeurs par lycée.

La discipline était à la fois militaire et monacale. Les élèves pourvus d'un uniforme, étaient répartis en « compagnies » commandées chacune par un sergent et quatre caporaux recrutés parmi les plus brillants d'entre eux. A la tête de tous les élèves, un sergent-major était le meilleur des grands élèves. Un maître d'études pour chaque compagnie d'élèves de plus de 14 ans, deux pour trois compagnies de petits, surveillaient les déplacements qui avaient tous lieu au son du tambour. Les punitions comportaient la prison, la salle de pénitence, les arrêts, et après 1806, la privation de l'uniforme. Le silence était de rigueur pendant les repas, au cours desquels les élèves entendaient une lecture. Chaque jour, de 11 heures à midi, des exercices militaires avaient lieu dans les cours. Les lycées d'abord organisés comme des établissements essentiellement laïques, furent dotés d'un aumônier par arrêté du 19 frimaire an XI (10 décembre 1808) ; les exercices du culte, puis l'instruction religieuse prirent dès lors une place de plus en plus grande.

Bonaparte n'avait pas voulu complètement éliminer des lycées l'enseignement scientifique, notamment « les mathématiques, dont le besoin se retrouve aujourd'hui partout, les sciences physiques, dont il est presque honteux d'ignorer les éléments, dont l'étude répand tant de charmes sur l'existence et promet tant de lumières dans tout le cours de la vie... ». Mais comme on voulait aussi rendre aux lettres leur prépondérance, on avait créé deux sections, l'une littéraire, à base de latin, l'autre scientifique, à base de mathématiques. Les élèves avaient le choix entre les deux sections de la sixième à la première. Toutefois, aucun élève ne pouvait entrer dans la section scientifique s'il n'avait fait une 6e et une 5e littéraires. Il existait, au-dessus de la première, ou « rhétorique », une classe de « mathématiques transcendantes » préparant à l'École polytechnique. L'enseignement des lycées ne comportait ni langues modernes, ni philosophie. En revanche, les élèves avaient la possibilité de prendre des leçons d'écriture, de dessin, de musique et de danse. Chaque lycée devait être pourvu d'une bibliothèque de 1.500 volumes, dont la liste était dressée à Paris.

Les lycées furent ouverts peu à peu à partir de 1802. Celui de Bordeaux fut inauguré le 12 juillet 1803. Pour le peupler, on y admit cent boursiers, dont 38 tirés du prytanée, parmi lesquels les fils de conventionnels girondins célèbres : Barbaroux, Brissot, Guadet, Gensonné. Mais, outre les boursiers, le lycée ne compta qu'un nombre d'élèves très réduit, 130. La bourgeoisie bordelaise boudait le lycée, et la municipalité favorisait ouvertement les pensions privées. Proviseur et censeur étaient pourtant d'anciens prêtres, mais défroqués, et, sur huit professeurs, trois seulement étaient des laïcs. Faute d'élèves, le lycée fut rapidement en déficit. A Lyon, situation analogue, la population traitait le lycée de « couvent d'irréligion ». Le lycée de Rennes, ne compta que 150 élèves. En l'inaugurant, le préfet Mounier, regretta la disparition des écoles centrales : « L'institution des écoles centrales méritait l'approbation de tous les hommes éclairés, par la nature de l'enseignement et par le choix des professeurs, qui, en général étaient dignes de leurs honorables fonctions... » A Strasbourg, la question religieuse se posa avec plus d'acuité qu'ailleurs. Le maire aurait voulu qu'il y eût un lycée catholique et un lycée protestant. Le lycée de Strasbourg ne dépassa jamais, jusqu'en 1814, l'effectif de 300 élèves ; il comptait pourtant parmi ses professeurs un membre de l'Institut, Schweighaüser. Le lycée de Toulouse n'ouvrit ses portes qu'en 1806. Il devait rester pendant tout l'Empire une espèce d'école militaire pour enfants de troupe. En 1806, il semble que l'expérience des lycées ait échoué. Établi par un gouvernement dictatorial et militaire, pour former des sujets, le lycée paraît, même aux yeux de la bourgeoisie, une institution dangereuse.

Alors que les lycées végétaient, les écoles secondaires privées prospéraient. La loi du 11 floréal an X (1er mai 1802) avait autorisé les municipalités et les particuliers à ouvrir des écoles secondaires, c'est-à-dire des écoles où l'on enseignait les premiers rudiments du latin, des mathématiques, de l'histoire et de la géographie. Cependant ces écoles n'étaient pas entièrement libres. Il leur fallait, pour ouvrir, l'autorisation préalable du gouvernement, et elles étaient placées sous la surveillance des préfets. Un arrêté du 4 messidor an X (23 juin 1802) ordonna aux préfets et sous-préfets de visiter dans les dix jours toutes les écoles secondaires de leur circonscription et d'adresser au gouvernement la liste de celles qu'ils proposaient pour une autorisation. Ces autorisations n'étaient accordées que pour un an. Des biens nationaux pouvaient être mis à la disposition de certaines de ces écoles ; mais, par ailleurs, l'État ne participait en rien à leur entretien : Aussi les directeurs étaient-ils autorisés à percevoir une rétribution scolaire. L'arrêté du 12 vendémiaire an XII (5 octobre 1803) imposa à chaque école secondaire un bureau d'administration composé du sous-préfet, du maire, du procureur de la république, des deux conseillers municipaux, du juge de paix. Ce bureau devait présenter deux candidats pour chaque poste de professeur. Le ministre de l'Intérieur faisait la nomination. Il fixait également le montant de la rétribution scolaire. Mais chaque école secondaire devait recevoir au moins un boursier par cinquante élèves. Les boursiers étaient désignés par le ministre. Les programmes devaient être analogues à ceux des lycées. En 1806, on comptait 370 écoles secondaires communales — dont un certain nombre avaient succédé aux écoles centrales — et 377 écoles secondaires particulières. Les unes et les autres groupaient au total 50.000 élèves. Mais il existait plus de 4.500 écoles qui, lit-on dans un rapport du ministre, « sans être aussi fortes que les écoles secondaires, ne pouvaient être rangées dans la classe des écoles primaires... ». Or, ces 4.500 écoles comptaient encore 25.000 élèves soit 75.000 pour l'enseignement privé, contre moins de 15.000 pour les lycées. Certaines écoles privées avaient un grand succès, telle Sainte-Barbe, à Paris, ancien collège religieux qui, pendant la Révolution, avait pris le nom de « Collège des sciences et arts ». L'école secondaire de Saint-Brieuc, qui avait succédé à l'école centrale, comptait 160 élèves, plus que le lycée de Rennes, elle préparait à l'examen de recrutement des aspirants de marine. A Thann, à Colmar, les écoles secondaires avaient chacune plus de cent élèves. Il est vrai que d'autres écoles de ce genre végétaient : ainsi celle de Fougères, avec sept pensionnaires et 33 externes, ou celle de Montbéliard avec 25 élèves seulement. Les congrégations avaient ouvert aussi, clandestinement, un certain nombre d'écoles secondaires, autorisées ou non. A Rennes, on en comptait une qui avait 180 élèves, c'est-à-dire plus que le lycée de la ville. Pour éviter, la multiplication des écoles congréganistes, le gouvernement, dès 1803, renforça la surveillance des établissements privés. Dans une circulaire de cette époque le directeur des cultes écrivait : « L'éducation publique appartient à l'État, car les familles particulières doivent être dirigées d'après le plan de la grande famille, qui les comprend toutes ; il ne faut donc pas qu'à l'insu de l'État, une multiplicité d'institutions qui ne seraient pas suffisamment connues et dont l'enseignement ne serait pas avoué, viennent joindre au danger d'occasionner de mauvaises études, le danger plus grand de préparer de mauvais citoyens... »

C'est précisément pour donner aux lycées les élèves qui leur manquaient, que Napoléon réforma l'enseignement en 1806-1808 et créa, avec l'Université impériale, le monopole de l'État. Nous avons vu les mesures prises pour réduire le nombre des établissements privés en les assujettissant à des droits et taxes de toutes sortes. En contre-partie, l'empereur renforce l'enseignement religieux et la culture classique dans les lycées ; il étend en outre le contrôle de l'État sur les écoles secondaires communales en les transformant en collèges. Désormais, l'enseignement secondaire devait reposer sur les bases suivantes : les préceptes de la religion catholique ; la fidélité à l'empereur, à la monarchie impériale à la dynastie napoléonienne ; l'obéissance aux statuts du corps enseignant, l'uniformité de l'instruction... Le Grand-Maître n'avait-il pas prêté serment de se servir de son autorité « pour former des citoyens attachés à leur religion, à leur prince, à leurs parents » ? Les programmes furent modifiés en conséquence ; un temps plus long dut être consacré aux exercices religieux. « On se conformera, prescrivait le règlement, pour l'enseignement et les exercices de la religion autant qu'il sera possible, aux usages suivis dans les anciens collèges de l'Université... » La section scientifique fut supprimée. Désormais les élèves reçurent tous le même enseignement, à base de latin et de grec. Toutefois une grande nouveauté apparaît alors : une classe de philosophie — imitée de celles qui existaient au prytanée et au collège Sainte-

Barbe — est créée dans quelques grands lycées. Le programme en est fort vague. Il est prescrit qu'on devra surtout y enseigner les doctrines de Descartes, Malebranche, Condillac, ainsi que les rudiments de la physique et de l'astronomie.

L'administration des lycées ne subit guère de changements. Les pouvoirs du proviseur furent accrus par suite de la suppression du « bureau d'administration » dont les attributions furent conférées au conseil académique. Ce fut surtout le statut du personnel qui fut modifié, lors de la création de l'Université. Le décret du 17 mars 1808 astreignit au célibat les proviseurs, censeurs, régents de collège, maîtres d'études. Seuls les professeurs des lycées logeant hors de l'établissement purent être mariés. Aucune femme ne devait être logée dans les lycées et collèges. Seules les visites de mères et sœurs d'élèves étaient autorisées. Tous les professeurs devaient porter ordinairement l'habit noir, avec palme brodée en soie bleue sur la partie gauche de la poitrine. Pour faire leurs leçons, ils devaient revêtir la robe d'étamine noire, avec, sur l'épaule, une chausse, rouge ou jaune selon leur spécialité et brodée de un, deux ou trois rangs d'hermine selon le grade du professeur. Les professeurs devaient s'engager à « l'étroite observation des statuts et règlements de l'Université... à l'obéissance au Grand-Maître dans tout ce qu'il leur commanderait pour le service de l'empereur et le bien de l'enseignement »... Ils devaient rapporter au Grand-Maître tout ce qu'ils entendaient de contraire à la doctrine et aux principes du corps enseignant. Comme les membres du clergé, les professeurs étaient donc tenus pour des auxiliaires de la police. Une stricte discipline militaire pesait sur eux. Il leur était interdit de quitter l'enseignement sans l'autorisation du Grand-Maître. En cas d'infractions au règlement, ils étaient passibles de toute une série de peines : arrêts, réprimande en présence du conseil académique, censure au conseil de l'Université avec exclusion de toutes les fonctions publiques. En revanche, des récompenses étaient réservées aux plus zélés : ils pouvaient être nommés « titulaires de l'Université », « officiers de l'Université » ou simplement « officiers des académies »... Les professeurs des lycées recevaient, comme par le passé, un traitement de l'État. Après 30 ans, de service, ils pouvaient être déclarés « émérites » et recevoir une pension égale aux trois quarts du traitement ; un prélèvement d'un vingt-cinquième du traitement annuel servait à constituer cette pension. Malgré ces modifications, les lycées ne reçurent pas un nombre d'élèves sensiblement plus grand. Les collèges communaux furent nombreux : on en comptait plus de 500 en 1813. Certains étaient plus importants que bien des lycées — par exemple, ceux d'Angoulême, Genève, Aix-la-Chapelle ; plusieurs d'entre eux, possédaient même une classe de philosophie (Saint-Flour), mais d'autres, situés dans des bourgades de moins de 1.500 habitants, étaient minuscules.

Les écoles secondaires privées, à part quelques grands établissements, ne purent supporter les nouvelles charges financières. Beaucoup fermèrent, malgré l'appui que leur accorda Fontanes. L'enseignement congréganiste, en revanche, se développa sous la forme de « petits séminaires », qui préparaient théoriquement les futurs prêtres, mais, en réalité, recevaient beaucoup d'élèves en dehors de toute vocation ecclésiastique.

En 1811, Napoléon tente encore un suprême effort en faveur des lycées : leur nombre devait être porté à cent. Les institutions privées furent réduites au rôle d'internats ; elles devraient envoyer leurs élèves au lycée ou au collège de la ville. Toutefois, à défaut d'un établissement public, elles étaient autorisées à donner un enseignement, mais jusqu'à la classe de seconde seulement. Elles devraient appliquer exactement la même discipline que les lycées. Quant aux petits séminaires, ils étaient soumis à une étroite surveillance. Il ne devait pas en exister plus d'un par département ; leurs élèves étaient astreints à porter l'habit ecclésiastique et à suivre les cours du lycée ou du collège. En fait, ce nouveau régime ne fut pas appliqué. En 1813, l'enseignement privé réunissait encore 31.000 élèves, alors que l'enseignement public (lycées et collèges) n'en comptait que 38.000. Mais l'enseignement féminin restait absolument en dehors de toute cette organisation. Les jeunes filles suivaient des cours dans les institutions privées, pour la plupart religieuses. Un essai de collège féminin tenté à Lyon échoua. Seules les filles d'officiers intéressèrent Napoléon, qui créa pour elles les maisons d'éducation de la Légion d'honneur. Mais ce n'était qu'une infime minorité.

Napoléon ne s'intéressa guère plus à l'enseignement primaire qu'à l'enseignement des filles. La loi du 11 floréal an X (1ᵉʳ mai 1802) n'avait apporté aucune amélioration à la situation qui existait sous le Directoire. Les écoles étaient peu nombreuses parce que les maîtres, rétribués par les élèves, étaient trop mal payés. L'enseignement des filles était presque inexistant. En 1806, selon les rapports des inspecteurs généraux, les écoles primaires étaient « peu avancées », les instituteurs « peu capables » ou réduits à la pauvreté. Beaucoup de communes ne pouvaient fournir aux maîtres d'écoles ni logement, ni indemnité de logement... Elles leur imposaient en outre, toutes sortes de tâches telles que l'obligation de sonner les cloches, balayer l'église, etc. Dans l'Ain, le préfet reconnaît qu'en 1808, il y a moins d'écoles primaires qu'en 1801 : 30 à peine pour tout le département. A Péronne, village situé à un kilomètre seulement de Bourg, sur 304 habitants, il n'y en avait que deux qui sussent lire et écrire ; dans les Côtes-du-Nord, les écoles rurales étaient très rares. En Ille-et-Vilaine, l'arrondissement de Fougères, possédait en 1804, 28 maîtres d'école (dont six institutrices) et 550 élèves pour 57 communes. En Moselle, le conseil général s'inquiète, en 1804, de la « nullité de l'enseignement primaire » et en Côte-d'Or, les conseils municipaux réclament un effort en faveur des écoles. Notons cependant que dans l'arrondissement de Mauléon, en pays basque, il existait en 1809, 135 écoles pour 144 communes, il semble que ce soit là une exception, déjà constatée sous l'ancien régime.

Pourtant, depuis 1802, avec le retour des congrégations, la situation s'était un peu améliorée. La loi du 11 floréal an X n'avait pas interdit les écoles primaires congréganistes ; et, à Paris, le préfet de la Seine les autorisa à condition qu'elles ne fussent pas mixtes. Les « frères des écoles chrétiennes », dits « frères ignorantins » reconstituent à partir de 1801 leur congrégation, qui s'était dispersée dix ans plus tôt. Dès le 13 janvier 1802, le conseil municipal de Reims leur confie les écoles de la ville. Peu à peu, ils créent des établissements, à Saint-Germain, Nogent-le-Rotrou, Soissons, Chartres, puis Valence, Paris, et Lyon. Cependant en 1808, les statuts de la congrégation n'avaient pas encore été acceptés par le Conseil d'État. Les congrégations féminines enseignantes furent au contraire, autorisées en grand nombre en 1803 et 1804 : « Sœurs de la charité », « Sœurs hospitalières », « Sœurs de Saint-Thomas », « Sœurs de Saint-Charles », « Sœurs du Saint-Esprit », ouvrirent des écoles pour les filles.

La création de l'Université impériale ne fit que renforcer la position des écoles congréganistes. Les frères devaient être « brevetés et encouragés par le Grand-Maître » ; leurs supérieurs pouvaient faire partie de l'Université, Effectivement, le Conseil d'État approuva les statuts des Frères, le 4 août 1810. toutefois, leur dépendance envers l'Université resta purement nominale ; ils ne prêtèrent pas serment. L'État cependant subventionna leur noviciat de Lyon et les exempta du service militaire. Les écoles des frères se multiplièrent donc. La plupart du temps les frères étaient payés par les communes comme instituteurs publics. Le gouvernement encouragea cette pratique, et le ministre de l'intérieur, à qui incombait le soin d'approuver les budgets communaux, ne s'opposa jamais à l'inscription d'un crédit en faveur d'un instituteur choisi parmi les frères. Les écoles ouvertes par les religieuses se multiplièrent elles aussi ; en 1813, on en comptait 57 en Alsace, avec plus de 7.000 élèves. Napoléon groupa en 1811 les congrégations s'occupant de l'enseignement des filles « sous la protection de Madame Mère ». Malgré cela, l'enseignement primaire féminin resta très faible. L'État ne fit aucun effort pour augmenter le nombre des instituteurs laïcs. Il eût fallu les mieux payer et ouvrir des écoles normales. Le décret organisant l'Université avait prévu la création de « classes normales » dans les lycées. En 1812, le recteur de Nîmes, Tédenat, s'efforça sans succès de créer une école normale. Au lycée de Strasbourg une classe normale fut ouverte en 1811 à la suite de l'intervention du préfet Lezai-Marnésia. Mais il s'agissait là d'une affaire politique, car il était indispensable de doter l'Alsace d'instituteurs sachant le français. La langue française marque, en effet, quelques progrès sous l'Empire, tant en Alsace que dans la Moselle, mais l'armée y contribue plus que l'école primaire.

Non seulement Fontanes ne favorisa pas le recrutement des instituteurs laïques, mais il les soumit étroitement à la surveillance du clergé : « J'ose vous prier, écrivit-il dans une circulaire aux évêques, d'inviter MM. les Curés de votre diocèse à vous envoyer des notes détaillées sur les maîtres d'écoles de leurs paroisses... » Seuls les instituteurs ayant l'agrément de l'évêque reçurent du Grand-Maître le diplôme indispensable à partir de 1808, à l'exercice de leur métier. Il semble qu'on ne soumît les instituteurs à un examen, que dans l'Académie de Paris. La plupart étaient d'ailleurs fort médiocres, sachant à peine lire et écrire.

Au total, l'enseignement primaire est aussi insuffisant à la fin de l'Empire qu'en 1800, peut-être plus qu'en 1789. Si, dans certaines régions, par exemple en Alsace, la situation s'est améliorée, elle a empiré, ailleurs. Ainsi dans les Côtes-du-Nord, il y a en 1812 seulement 30 instituteurs, contre 41 en 1804. Dans la Moselle, on se plaint toujours de la « nullité » de l'instruction primaire. Pourtant le département compte 725 instituteurs et une centaine d'institutrices. Mais la plupart des écoles sont de simples garderies fonctionnant l'hiver seulement, dans des salles obscures et malpropres. La France entière n'est dotée que de 31.000 écoles primaires qui ne comptent guère plus de 900.000 élèves. Le nombre des illettrés est évalué à 46 % pour les hommes, 66 % pour les femmes soit, si les chiffres sont exacts, une légère baisse par rapport à 1789 (respectivement 53 % et 73 %). Mais l'empereur n'a jamais songé sérieusement à instruire le peuple. Le tenir systématiquement dans l'ignorance, pour mieux le soumettre à sa tyrannie, tels étaient ses principes. Un décret du 15 novembre 1811 ne déclarait-il pas : « Les inspecteurs d'académie veilleront à ce que les maîtres ne portent point leur enseignement au-dessus de la lecture, l'écriture et l'arithmétique ?... »

Si l'empereur jugeait utile de maintenir le peuple dans l'ignorance, il lui était, en revanche, indispensable de développer l'enseignement supérieur afin d'instruire les multiples fonctionnaires qui devaient former les cadres de la nouvelle administration. On se souvient que, depuis la Convention, l'enseignement supérieur était distribué dans un petit nombre d'écoles spéciales. La loi du 11 floréal an X maintint le système, mais prévit une augmentation considérable des écoles spéciales : il devait y avoir désormais dix écoles de droit, trois de médecine, quatre d'histoire naturelle, physique et chimie, deux d'arts mécaniques et chimiques, une de « mathématiques transcendantes », une de géographie, histoire et économie politique, une de dessin et une « école spéciale militaire ». Chacune de ces nouvelles écoles devait être placée auprès d'un lycée et régie par le Conseil d'administration du lycée. Les professeurs devaient être nommés par le Premier consul sur une liste de deux candidats, présentés l'un par l'Institut, l'autre par les inspecteurs généraux. Après l'ouverture des écoles, pour les nouvelles places vacantes, un troisième candidat devait être présenté par les professeurs. En fait, de ce programme ambitieux, seules les écoles de droit et l'école spéciale militaire, dépendant du ministère de la guerre, virent le jour. Les écoles de médecine existaient déjà, depuis la Convention.

La création des écoles de droit répondait en effet à un besoin urgent : depuis la fermeture des écoles centrales (dont l'enseignement comportait un cours de « législation »), le droit n'était plus enseigné que dans deux établissements parisiens privés, l' « académie de législation » (présidée par Portalis) et l' « Université de jurisprudence », qui formait des avocats mais était suspecte au gouvernement comme foyer d'opposition libérale. Or il fallait de nombreux juristes pour peupler les tribunaux ; il fallait des praticiens pour pourvoir des charges de notaires, avoués, huissiers ; il fallait des avocats...

La loi du 22 ventôse an XII (13 mars 1804) et le décret du 4e jour complémentaire an XII (21 septembre 1804) organisèrent les écoles de droit. On devrait y enseigner le droit civil français, le droit administratif, la législation criminelle, la procédure civile et criminelle. Les études étaient sanctionnées par la licence obtenue au bout de trois années et par le doctorat, accordé aux licenciés après une quatrième année. Douze écoles de droit furent ouvertes, à Paris, Dijon, Grenoble, Aix-en-Provence, Toulouse, Poitiers, Rennes, Caen, Strasbourg, Bruxelles, Coblence, Turin. En 1806, elles avaient au total 2.000 étudiants et délivraient mille diplômes de licenciés ce qui, au dire de Napoléon, était excessif et dénotait une trop grande indulgence. Cinq inspecteurs généraux devaient surveiller l'enseignement. Les professeurs, au nombre de quatre par école, recevaient un traitement de 3.000 fr. avec un supplément prélevé sur les droits d'examen, d'inscription et d'acte.

Les trois écoles de médecine qui existaient en 1800 ne subirent aucune modification sensible. On remédia à leur l'insuffisance de nombre en ouvrant quelques cours théoriques et pratiques dans les hôpitaux de certaines grandes villes, Marseille, Bordeaux, Reims, Nantes, Angers, Caen, Dijon...

Les autres écoles restèrent à l'état de projets. Pourtant l'ouverture d'une école de géographie, histoire et économie politique eût été une remarquable innovation. Elle aurait été chargée d'enseigner notamment la bibliographie, la critique historique et l'histoire contemporaine. Napoléon en voyait surtout les aspects pratiques : l'enseignement de l'histoire militaire devait, à ses yeux, donner aux auditeurs « le moyen d'apprendre à profiter des fautes qui ont causé les revers, et à apprécier les dispositions qui les auraient prévenus... ». Il est probable que les créateurs de l'École des Chartes, en 1821, s'inspirèrent du projet napoléonien.

Les autres grandes écoles créées par la Convention ou le Directoire continuèrent à vivre : Polytechnique — dont le caractère militaire fut de plus en plus accentué — l'École des mines, l'École des Ponts et chaussées, etc. Le Collège de France subsista.

L'enseignement supérieur privé ne subit pas non plus d'atteintes jusqu'à la création de l'Université. Les deux écoles de législation dont nous avons parlé restèrent ouvertes, et les deux « lycées » qui donnaient au monde élégant un enseignement littéraire poursuivirent leurs cours sous le nom d' « athénées ». En province, quelques cours privés ou municipaux apparurent : ainsi, à Rouen, un cours départemental de chimie appliquée ; à Lyon, des cours municipaux, de physique, chimie, géométrie pratique, histoire naturelle...

La création de l'Université toucha l'enseignement supérieur, bien plus que le primaire ou le secondaire. En effet, les Facultés reparaissaient. Il ne s'agissait pas, remarquons-le, de rétablir les vieilles universités, mais d'ouvrir dans chaque académie des Facultés isolées et sans liens entre elles. Ce n'est que par exception que les cinq Facultés normales — théologie, droit, médecine, sciences, lettres — se trouvaient réunies dans la même ville, mais même en ce cas, elles ne formaient pas un corps et s'ignoraient mutuellement.

Le décret du 17 mars 1808 créa autant de Facultés de théologie catholique qu'il y avait d'églises métropolitaines. Il y en eut dix, à Paris, Aix-en-Provence, Besançon, Bordeaux, Lyon, Rouen, Toulouse, Pise, Parme et Turin. Chaque Faculté devait posséder trois chaires au moins, histoire ecclésiastique, dogme, morale évangélique. Mais, à Lyon et à Toulouse il y eut, en plus, une chaire d'hébreu, et une chaire d'écritures saintes ; à Paris, outre ces cinq chaires, un enseignement d'éloquence sacrée.

Le but caché de la création des Facultés de théologie était de substituer à l'enseignement des séminaires, relativement indépendant, un enseignement surveillé rigoureusement par l'État et qui aurait pour fondement les doctrines de l'Église gallicane.

Trois Facultés de théologie protestante furent ouvertes, à Strasbourg, Genève, et Montauban. Celle de Genève eut cinq chaires (éloquence sacrée, langues orientales sacrées, dogme, histoire ecclésiastique, morale évangélique) ; les deux autres n'avaient que quatre professeurs. Le nombre total des étudiants en théologie catholique ou protestante, était en 1813 de 596.

Les Facultés de droit, furent tout simplement les anciennes écoles spéciales de droit. La Faculté de droit de Paris fut dotée de cinq chaires : droit romain, code Napoléon, procédure et législation criminelle, code Napoléon approfondi, code de commerce. Les Facultés de province ne distribuaient que les trois premiers enseignements. Par le nombre des étudiants, la Faculté de Toulouse venait en tête des Facultés de province. Les Facultés de droit comptaient en 1813 plus de 4.000 étudiants ; elles avaient fait, de 1809 à 1814, 3.600 licenciés et 76 docteurs.

Les écoles de médecine furent transformées en Facultés de médecine, mais aux trois anciennes écoles de Paris, Strasbourg et Montpellier, on joignit les Facultés de Gênes, Parme, Pise et Turin. Des écoles de médecine, formant seulement des « officiers de santé » fonctionnèrent en outre à Toulouse et Mayence, et des écoles de pharmacie furent rattachées aux Facultés de médecine. Le nombre des étudiants resta relativement faible, il était de 1929 seulement en 1813.

La véritable nouveauté fut la création de Facultés des lettres et de Facultés des sciences substituées aux anciennes Facultés des arts. Ces Facultés, en effet, ne préparaient à aucun métier, à la différence des trois précédentes ; elles dispensaient une culture générale, mais surtout conféraient les grades de bacheliers, licenciés et docteurs. Leurs professeurs, la plupart du temps, étaient empruntés au lycée voisin, et le public se composait des plus grands élèves de l'établissement secondaire.

Il y avait quinze Facultés des sciences : à Paris, Besançon, Dijon, Grenoble, Lyon, Metz, Montpellier, Strasbourg, Toulouse, Bruxelles, Gênes, Genève, Liège, Pise, Turin. En principe, chaque Faculté des sciences était dotée de quatre chaires, deux de mathématiques, une de physique et chimie, une d'histoire naturelle. Grenoble et Metz pourtant n'en avaient que trois, tandis que Paris, en possédait neuf, avec comme professeurs des savants tels que Haüy (sciences naturelles), Gay-Lussac (physique), Geoffroy Saint-Hilaire (zoologie). Les Facultés des sciences de Genève, Montpellier et Dijon étaient aussi particulièrement bien montées avec respectivement 8, 7 et 5 chaires. Les étudiants furent au total peu nombreux, 459 en 1813. Mais l'enseignement était au courant des plus récentes découvertes. L'article 143 du décret du 17 mars 1808, n'avait-il pas prescrit au Grand-Maître de veiller « surtout à ce que l'enseignement des sciences fût toujours au niveau des connaissances acquises, et à ce que l'esprit de système ne pût jamais en arrêter les progrès ?... ».

Les Facultés des lettres étaient les plus nombreuses, à cause du grand nombre de candidats au baccalauréat et il y en eut, en effet, à Paris, Amiens, Besançon, Bourges, Caen, Cahors, Clermont, Dijon, Douai, Grenoble, Limoges, Lyon, Montpellier, Nancy, Nîmes, Orléans, Pau, Poitiers, Rennes, Rouen, Strasbourg, Toulouse, Bruxelles, Gênes, Genève, Parme, Turin. Trois d'entre elles n'avaient que trois chaires (belles-lettres, philosophie, histoire), dix en avaient quatre, par dédoublement de la chaire de belles-lettres en lettres anciennes et lettres modernes, treize en avaient cinq, les enseignements du français, du latin et du grec étant distincts. Pise possédait en outre une chaire de langues orientales, et une de littérature italienne. A Turin, on enseignait aussi les langues orientales. La Faculté des lettres de Paris était naturellement la plus riche, avec dix chaires. Royer-Collard et La Romiguière y enseignaient la philosophie, Guizot était professeur adjoint d'histoire. Mais, sauf à Paris, l'enseignement restait médiocre, imprégné de scolastique. Le professeur d'histoire, par exemple, devait « exposer les principes de la chronologie, les grandes époques de l'histoire et la concordance de la géographie ancienne avec la géographie moderne... ». Les « professeurs de belles-lettres » reproduisaient les cours qu'ils donnaient au lycée voisin. Les étudiants furent peu nombreux. En 1813, la Faculté de Caen avait 62 étudiants, celle de Cahors 39, celle de Clermont 189. Au total 1.841, pour tout l'Empire.

Mais les Facultés des sciences et des lettres n'étaient pas tant destinées à former des étudiants, avons-nous dit, qu'à délivrer des grades. Le baccalauréat, institué en 1809 était conféré par ces Facultés ; il portait sur « tout ce qu'on enseigne dans les hautes classes du lycée ». En 1809, il y eut 31 bacheliers, mais en 1813, 1.700. La Faculté des Lettres de Strasbourg délivra 336 diplômes de bacheliers en 1813, dont, il est vrai 254 à des séminaristes, protestants et catholiques. Les candidats à la licence furent plus rares. Strasbourg ne fit que quatre licenciés ès lettres de 1810 à 1813. Quant au doctorat ès lettres, il consistait en deux thèses, dont une rédigée en latin. Chacune de ces thèses n'était du reste qu'une dissertation sur quelques lieux communs, sans aucune recherche originale. La Faculté des lettres de Paris conféra neuf doctorats en 1812 ; mais, en province, ce grade ne fut accordé que par les Facultés de Rennes, Besançon, Grenoble, Lyon et Poitiers.

Il faut rattacher à l'enseignement supérieur le « pensionnat normal » qui, selon l'article 110 du décret du 17 mars 1808, devait former chaque année 300 jeunes gens « à l'art d'enseigner les lettres et les sciences ». En fait, l'École normale supérieure ne reçut, lors de son ouverture en 1812 que quinze élèves pour l'ordre des sciences et 38 pour les lettres. Les élèves, admis après un examen passé devant une commission d'inspecteurs généraux, étaient boursiers. Ils devaient s'engager à servir l'État pendant dix ans et étaient dispensés de toute obligation militaire. Ils séjournaient à l'École normale pendant deux ans, durant lesquels ils suivaient des cours de la Faculté des lettres ou de la Faculté des sciences, afin d'y prendre les grades de bacheliers et de licenciés. Les dix meilleurs sujets préparaient pendant une troisième année le doctorat.

Mais les élèves recevaient, en outre, à l'École normale, des répétitions, et devaient avoir entre eux des discussions, pour lesquelles on leur recommandait « un fréquent usage de la langue latine ». Tous les trois mois, avait lieu un « exercice général » pour les deux sections. Ces discussions et ces exercices, au cours desquels on n'abusa pas du latin, eurent du moins le mérite de cultiver à l'École normale l'esprit critique, en un temps où il était banni d'à peu près tous les établissements. On n'hésita pas à expliquer à l'école des écrits hostiles à la tyrannie, tels que le *dialogue d'Eucrate et de Sylla*. On applaudissait Guizot, quand il déclarait, à son cours d'histoire, parlant de l'empire romain : « Si l'immensité de ses conquêtes saisit d'abord l'imagination, l'étonnement diminue, quand on songe combien elles avaient été faciles, et combien elles étaient peu sûres... » Il n'est pas étonnant, dans ces conditions, que la première promotion de l'École normale ait produit des Augustin Thierry et des Victor Cousin. Ainsi, l'enseignement supérieur a conservé, malgré l'empereur, le levain de la liberté.

Tout l'édifice de l'enseignement était couronné depuis la Convention par l'Institut national, dont Bonaparte était membre. Mais la classe des sciences morales et politiques de l'Institut était composée « d'idéologues » dont la mentalité déplaisait au chef de l'État, et qui, d'ailleurs, sincèrement républicains pour la plupart, lui faisaient une sourde opposition. Par un arrêté du 3 pluviôse an XI (23 janvier 1803), Bonaparte supprima cette classe, porta l'effectif de l'Institut de 144 à 174 membres et les divisa entre quatre classes, au lieu de trois. La première classe, celle des sciences physiques et mathématiques comprit 65 membres répartis en onze sections, dont une nouvelle celle de géographie et navigation. La deuxième classe ressuscitait l'ancienne Académie française, avec ses quarante membres. Elle portait le titre de section de langue et littérature françaises. La troisième classe, consacrée à l'histoire et à la littérature anciennes comptait aussi quarante membres. Enfin, la classe des beaux-arts, avait 29 membres répartis en cinq sections. La première classe nommait deux secrétaires perpétuels, les trois autres, un chacune.

Le 8 pluviôse an XI (28 janvier 1803) Bonaparte répartit les membres de l'ancienne classe des sciences morales et politiques entre la deuxième et la troisième classe et nomma de nombreux membres nouveaux parmi lesquels Fontanes, Delille, La Harpe, Suard, Target, Morellet, tous de l'ancienne Académie française ; Lucien Bonaparte, Ségur, Portalis, Anquetil-Duperron, Silvestre de Sacy, Vivant-Denon, etc. Ces nouveaux académiciens ne se montrèrent pas tous serviles, Anquetil-Duperron, par exemple, refusa d'adhérer à l'Empire et donna sa démission.

Bonaparte réglementa, en outre, très étroitement, l'activité de chaque classe. La deuxième, c'est-à-dire l'Académie française devait se consacrer à l'établissement d'un dictionnaire, et faire « sous le rapport de la langue » la critique des ouvrages importants de littérature, arts et sciences... La troisième classe, prenant la suite de l'Académie des inscriptions et belles-lettres, avait dans ses attributions la publication des grands ouvrages d'érudition qui avaient été commencés au XVIIIe siècle.

L'Institut décernait chaque année des prix, la première classe, un prix de 3.000 francs, les deuxième et troisième, des prix de 1.500 francs, la quatrième quatre « grands prix » de peinture ; sculpture, architecture, composition musicale. Les lauréats de ces derniers grands prix étaient envoyés à l'Académie de France, à Rome (dans la villa Médicis), où ils étaient entretenus aux frais du gouvernement. Le 24 fructidor an XII (11 septembre 1804), des prix décennaux de 10.000 et 4.000 francs furent institués pour les ouvrages de science, lettres et arts. Ils devaient être décernés par toutes les classes de l'Institut, réunies ; en fait, ils ne furent jamais attribués.

Les membres de l'Institut qui se montrèrent dévoués à l'empereur furent comblés d'honneurs : titres de noblesse, décorations, dotations. Mais, en revanche, les libres discussions disparurent progressivement. Napoléon alla jusqu'à forcer l'Institut à blâmer le vieil astronome Lalande qui avait osé faire publiquement profession d'athéisme.

A l'ombre de l'Institut les anciennes sociétés savantes se reconstituèrent, d'autres se créèrent. La « Société philomathique » était considérée comme le vestibule de la classe des sciences physiques et mathématiques de l'Institut. L' « Académie celtique », fondée en 1805, devenue plus tard la « Société des antiquaires de France », était l'antichambre de la classe d'histoire et littérature ancienne. La « Société de médecine », fondée en 1800, se transformera en « Académie de médecine ». En province, chaque département possède sa ou ses sociétés savantes. Dans les Côtes-du-Nord, par exemple les deux anciennes sociétés de la région, qui étaient entrées en sommeil pendant la Révolution se reconstituent sous le nom de « Société littéraire et d'agriculture » (an VIII) et « Société des amis des sciences » (an XI). Toutefois, lorsque, en 1810, le code pénal eut soumis toute réunion de plus de vingt personnes à une autorisation préalable, ces sociétés durent ou disparaître, ou solliciter la permission, qui ne fut accordée qu'après une minutieuse enquête préfectorale. Ainsi même dans ses manifestations les plus anodines, l'enseignement supérieur et la recherche scientifique étaient soumis aux tracasseries policières.

III

LA PROPAGANDE : LA PRESSE, L'ÉDITION, LES LETTRES ET LES ARTS[1]

L'enseignement était distribué par les établissements scolaires et par les sociétés savantes, mais aussi par les journaux et par les livres, et ceci d'autant plus que, sous le Consulat, et l'Empire, la presse et la librairie se voient interdire toute activité politique libre.

La constitution de l'an VIII était muette sur la presse, comme sur le plupart des libertés publiques. La constitution de l'an XII instituait, nous l'avons vu, une « commission sénatoriale de la liberté de la presse » ; mais celle-ci était chargée de la seule presse non-périodique et encore son activité fut-elle dérisoire.

---

1. DOCUMENTS ET OUVRAGES A CONSULTER. — Aux Archives Nationales, les séries A. F. IV et F. 17, et aux archives départementales, série M. Locré, *Discussions sur la liberté de la presse, la censure, la propriété littéraire, l'imprimerie, et la librairie... dans le Conseil d'État (1808-1811)* (Paris, 1819, in-8º) ; Daru, *Notes statistiques sur la librairie* (Paris, 1827, in-8º) ; Thurot, *Documents relatifs à l'exécution du décret du 5 février 1810*, dans la *Rev. Critique*, 1870, t. II, p. 339-372. Sur la presse : Welschinger, *La censure sous le premier Empire* (Paris, 1882, in-12) ; de Grouchy, *La presse sous le premier Empire* (Paris, 1896, in-8º) ; Delalain, *L'imprimerie et la librairie à Paris* (Paris, 1899, in-8º) ; Van Schoor, *La presse sous le Consulat et l'Empire* (Bruxelles, 1899, in-8º) ; Le Poitevin, *La liberté de la presse depuis la Révolution 1789-1815* (cité p. 56) ; Avenel, *Histoire de la presse française depuis 1789* (cité p. 56) ; Périvier, *Napoléon journaliste* (Paris, 1918, in-8º) ; G. Vauthier, *La rédaction du Moniteur en 1811*, dans la *Revue des études napoléoniennes*, ann. 1919, t. I, p. 108-111 ; sur l'État et les écrivains : G. Vauthier, *Les pensions aux écrivains, 1806-1810*, dans la *Revue des études napoléoniennes*, ann. 1914, t. II, p. 297-303. Sur les théâtres, Hallays-Dabot, *Histoire de la Censure théâtrale en France* (Paris, 1862, in-8º) ; Joannidès, *La Comédie française* (Paris, 1901, in-8º) ; Buffenoir et Hoquette, *Le décret de Moscou et la Comédie française* (Paris, 1902, in-8º) ; Perel et Monval, *L'Odéon* (Paris, 1876-1882, 2 vol. in-8º) ; A. Albert, *Les théâtres des boulevards, 1789-1848* (Paris, 1902, in-8º) ; Crémieux, *Un théâtre de province (Nîmes) pendant le premier Empire*, dans *La Révolution franç.*, t. XXXVII (1899), p. 143-152. Sur les beaux-arts : F. Benoît, *L'art français sous la Révolution et l'Empire* (Paris, 1887, in-8º) ; Vauthier, *Denon et le gouvernement des Beaux-Arts sous le Consulat*, dans les *Annales révolut.*, 1911, p. 336 ; Lelièvre, *Vivant Denon, essai sur la politique artistique du Premier Empire* (Paris, 1942, in-8º) ; Marmottan, *Lucien, ministre de l'intérieur et les arts*, dans la *Revue des études napoléoniennes*, ann. 1925, t. II, p. 5-42 ; Lanzac de Laborie, *Napoléon et David*, dans la *Revue des études napoléoniennes*, ann. 1913, t. I, p. 21-37 ; du même, *Le musée du Louvre au temps de Napoléon*, dans la *Revue des Deux Mondes*, août 1912, p. 608-643 ; Mlle Impériali, *Fr. Devosges, créateur de l'École de dessin et du musée de Dijon* (cité p. 384) ; A. Blum, *La caricature politique en France sous le Consulat et l'Empire*, dans la *Revue des études napoléoniennes*, ann. 1918, t. I, p. 296-312 ; Combarieu, *Histoire de la musique*, t. II et III (Paris, 1924, in-8º) ; Delaborde, *L'Académie des Beaux-Arts* (Paris, 1891, in-8º). — QUESTIONS A ÉTUDIER : Les journaux de l'Empire sont généralement considérés comme insignifiants sauf au point de vue littéraire et théâtral. Ils ont cependant été des instruments de propagande remarquables, très habilement utilisés par le gouvernement. Une étude sur la propagande impériale par les journaux, à Paris, et en province pourrait présenter un vif intérêt.

En fait, pendant tout le Consulat et l'Empire, la presse et la librairie furent soumises à l'arbitraire gouvernemental.

Le décret du 27 nivôse an VIII (17 janvier 1800) supprima tous les journaux politiques de la Seine, sauf treize, sous prétexte qu'ils étaient « dans les mains des ennemis de la république ». Les treize journaux tolérés étaient : Le *Moniteur*, le *Journal des débats*, le *Journal de Paris*, le *Bien-Informé*, le *Publiciste*, l'*Ami des lois*, la *Clé du cabinet*, le *Citoyen français*, la *Gazette de France*, le *Journal des hommes libres*, le *Journal du soir (des frères Chaigneau)*, le *Journal des défenseurs de la patrie*, la *Décade philosophique*. Les journaux s'occupant exclusivement de sciences..., « arts, littérature, commerce, annonces et avis » pouvaient continuer à paraître. Soixante journaux environ furent supprimés. Mais les journaux autorisés eux-mêmes furent gravement menacés, car le décret déclarait : « Seront supprimés sur-le-champ, tous les journaux qui inséreront des articles contraires au respect dû au pacte social, à la souveraineté du peuple, à la gloire des armées, ou qui publieront des invectives contre les gouvernements et nations amis ou alliés de la république, lors même que ces articles seraient extraits des feuilles périodiques étrangères. » Ce décret despotique, ne souleva pourtant aucune protestation : les mesures violentes prises par le Directoire depuis le 18 fructidor à l'égard des journaux avaient habitué l'opinion à la disparition de la liberté de presse. Certes, la censure préalable n'était pas établie, mais la menace de suppression suffisait à assagir les journaux. De plus, comme il était interdit de créer tout nouveau journal, une feuille supprimée ne pouvait espérer, comme sous le Directoire, reparaître sous un autre titre.

La surveillance de la presse et de la librairie fut confiée à la cinquième division du ministère de la police, où un « bureau de presse » fut créé. Désormais la réglementation de la presse et de la librairie ne cessa de devenir plus étroite. Le 5 avril 1800, Fouché, sur ordre de Bonaparte, obligea chaque numéro de journal à porter la signature de son rédacteur. Il interdit de placarder sur les murs de Paris aucune affiche sans autorisation préalable et fit défense aux colporteurs de crier aucun titre de journal ou de pamphlet sans permis spécial. Les marchands d'estampes étaient également surveillés : ils ne pouvaient désormais rien exposer de « contraire aux bonnes mœurs et aux principes du gouvernement ». Pour enlever à la presse un de ses principaux attraits au regard de la curiosité publique, les commissaires de police reçurent l'ordre de ne plus communiquer aux journaux les faits divers.

Lors de la suppression du ministère de la police générale, en 1802, le bureau de la censure passa dans les attributions du ministère de la justice, mais, malgré le retour de la paix, le contrôle gouvernemental ne se relâcha point. Au contraire, un arrêté du 27 septembre 1803 spécifia que, « pour assurer la liberté de la presse, aucun libraire ne pourra vendre un ouvrage avant de l'avoir présenté à une commission de révision, laquelle le rendrait s'il n'y avait pas lieu à censure ». Ainsi, même les ouvrages non périodiques étaient surveillés.

Bonaparte suivait d'ailleurs de très près toute la production des imprimeries. Son secrétaire, Louis Ripault, lui remettait chaque matin l'analyse de tous les journaux, brochures, pamphlets parus la veille. Fiévée, ancien rédacteur à la *Chronique de Paris* avait également pour mission de signaler au Premier consul les articles et livres tant soit peu importants ; il devait, en outre, rédiger, pour les journaux, des articles de propagande en faveur du régime. Bonaparte interdisait rigoureusement la publication de toute nouvelle jugée, par lui, désagréable : « Toutes les fois qu'il parviendra une nouvelle défavorable au gouvernement, disait-il, elle ne doit pas être publiée jusqu'à ce qu'on soit tellement sûr de la vérité qu'on ne doive plus la dire, parce qu'elle est connue de tout le monde. » Aussi des sanctions s'abattirent sur les journaux ayant publié de telles nouvelles. Le *Journal des débats*, la *Gazette de France* furent saisis le 25 septembre 1801 pour avoir reproduit un bref du pape adressé aux dix-huit évêques émigrés à Londres, afin de les inviter à démissionner. L'*Ami des lois* fut supprimé le 8 prairial an VIII (28 mai 1800) pour s'être « moqué » de l'Institut. En province — où l'arrêté du 27 nivôse an VIII avait été étendu — les mesures violentes contre les journaux furent aussi fréquentes. Le 18 avril 1800, le *Républicain démocrate* d'Auch fut supprimé pour avoir publié un article sur le renchérissement des grains. *La Correspondance du concile national*, de Coutances, fut saisie parce qu'elle avait exprimé des opinions ultramontaines. *La Correspondance de littérature, de jurisprudence, de commerce et de politique de la Côte-d'Or* fut interdite à son troisième numéro pour avoir écrit, dans un article consacré au concordat : « La liberté des cultes est un prétexte à l'immoralité... La religion doit obtenir non pas seulement sa liberté, mais une protection prononcée... » (7 messidor an XI — 26 juin 1803) ; le *Journal littéraire à Dijon* fut supprimé le 21 janvier 1804 pour avoir plaisanté les habitants de Beaune, et avoir ainsi « troublé l'harmonie qui règne entre toutes les parties du département ».

A Paris, si le *Moniteur* était devenu dès l'an VIII le journal officiel du gouvernement, le *Publiciste* et le *Journal des débats* s'efforçaient de conserver encore quelques parcelles d'indépendance. Ils refusaient de publier des articles qui faisaient l'apologie de l'assassinat du duc d'Enghien. Et le *Journal des débats*, publié par les frères Bertin, était une véritable puissance, car il avait 12.000 abonnés et faisait 200.000 fr. de bénéfices annuels.

Dès la création de l'Empire, Napoléon s'efforça de domestiquer davantage encore la presse périodique. Lorsque le ministère de la police générale fut rétabli le 10 juillet 1804, le bureau de presse repassa sous son autorité. Puis, on créa progressivement une censure préventive. Dès avril 1805, le *Journal des débats*, reçut un censeur, nommé Esménard. Il devait lire tous les articles sauf le feuilleton dramatique de Geoffroy, qui avait beaucoup de succès. Puis, Napoléon ordonna au *Journal des débats* de changer de titre. Le mot « débats » sentait trop sa république. La feuille s'intitula désormais *Journal de l'Empire*. Le *Journal de l'Empire* dut verser au gouvernement les cinq douzièmes de ses bénéfices. Cette somme servit à payer le censeur et aussi le rédacteur en chef, Fiévée, que, par arrêté du 21 octobre 1805, l'empereur imposa au journal. Fiévée devait être remplacé en 1807 par un auteur dramatique du nom d'Étienne.

Le système du censeur et du rédacteur en chef nommés par l'État, ainsi que les prélèvements sur les bénéfices, furent étendus, petit à petit, aux autres journaux. Le *Publiciste* reçut comme rédacteur en chef et censeur Lacretelle aîné, auquel succéda Jouy en 1807. Le *Publiciste* dut abandonner à l'État quatre douzièmes de ses bénéfices. Le *Mercure de France*, fort lu parce qu'il avait publié des fragments du *Génie du christianisme* de Chateaubriand, devint suspect à cause de l'article incisif de cet écrivain sur le rôle de l'historien, et reçut également un censeur en la personne de Legouvé. Le *Moniteur* quoiqu'il fût un journal officiel, restait propriété privée ; mais ses articles étaient rédigés par le gouvernement. Ainsi, les articles publiés sous la rubrique « politique » étaient confectionnés au cabinet de l'empereur, ou au ministère des relations extérieures, ou copiés dans d'autres journaux français et étrangers, sur les indications d'un ministre. C'était le ministre de l'intérieur qui faisait rédiger tout ce qui était présenté sous le titre « intérieur ». La rubrique « Paris » se composait d'articles communiqués par le cabinet de l'empereur, de résumés des débats des assemblées, de la publication des décrets. Les « mélanges » comportaient des articles de propagande fabriqués dans les ministères. Il y avait aussi des rubriques « institut », « poésie », « littérature », « spectacles », tout aussi officielles.

Le régime des censeurs et des rédacteurs en chef ne fut pas appliqué à la presse départementale ; mais, par circulaire du 6 novembre 1807, Fouché défendit aux journaux départementaux d'insérer aucun article relatif à la politique, à moins qu'il n'eût été copié dans le *Moniteur*, et ce, sous peine de suppression à la première infraction. Les journaux provinciaux étaient, en outre, assujettis, comme ceux de Paris, à un prélèvement sur leurs bénéfices. Les journaux des départements devinrent de plus en plus insignifiants. Par exemple, le *Journal de la Côte-d'Or* traitait de l'influence de la saint-Médard sur les chutes de pluie ; des lois somptuaires de Rome ; de la mode ; de la jurisprudence... Il publiait surtout des extraits du *Moniteur* et des communiqués officiels de l'administration.

Ce régime, si sévère qu'il fût, parut encore insuffisant à l'empereur, qui ne pouvait tolérer la moindre velléité d'indépendance. Le décret du 3 août 1810, décida que, sauf dans le département de la Seine, il n'y aurait plus qu'un journal par département. Ce journal serait sous l'autorité du préfet et ne pourrait paraître qu'avec son approbation. Restaient toutefois autorisées les feuilles d'annonces et les journaux qui s'occupaient exclusivement de littérature, sciences et arts. Certains fonctionnaires du ministère de l'intérieur trouvèrent même ce décret encore trop libéral : ils auraient voulu qu'il n'y eût plus qu'un journal par division militaire. En fait, beaucoup de départements ne possédaient qu'un journal en 1810, d'autres qui n'en avaient pas du tout, s'autorisèrent du décret pour en établir un. Ainsi le *Journal des Côtes-du-Nord* fut fondé le 19 mars 1811. Il paraissait trois fois par semaine et publiait des « nouvelles maritimes » qui ne sont pas dépourvues d'intérêt pour les historiens, mais, en ce qui concerne les autres articles, il n'était, comme ses confrères que le « porte-parole de la police impériale ».

A Paris, le décret du 4 février 1811 ne laissa subsister que quatre journaux, le *Moniteur*, le *Journal de l'Empire*, la *Gazette de France* et le *Journal de Paris*, qui étaient naturellement pourvus chacun d'un censeur, respectivement Sauve, Étienne, Tissot et Jay. Tous les autres journaux étaient supprimés sans indemnités et leurs biens confisqués, sous prétexte que « les produits des journaux ou feuilles périodiques ne peuvent être une propriété qu'en conséquence d'une « concession expresse » du gouvernement. Mais les avoirs mêmes des journaux maintenus étaient partagés entre l'État et des « hommes sûrs ». Ainsi les vingt-quatre actions du *Journal de l'Empire* faisaient l'objet d'une nouvelle répartition : huit d'entre elles étaient attribuées à l'administration générale de la police, les seize autres partagées entre Boulay de la Meurthe, Béranger, Fiévée, Réal, Rémusat, Treilhard, Gérando, etc. En fait, tous les journaux de l'Empire n'avaient plus qu'un seul et unique directeur : le ministre de la police.

Nous avons vu qu'en 1803, une censure avait été établie sur les livres non périodiques. De plus, le gouvernement se réservait le droit, comme le prouve le procès-verbal de la séance des consuls du 27 nivôse an VIII, d'arrêter la circulation de tout livre « reconnu dangereux ». Ce régime dura jusqu'en 1810. Le décret du 5 février 1810 vint brusquement l'aggraver. Désormais, le nombre des imprimeurs fut limité — à 60, à Paris. La profession d'imprimeur et de libraire fut réglementée, comme sous l'ancien régime. Nul ne pourrait l'exercer, s'il n'était pourvu d'un « brevet » du gouvernement. Tout imprimeur devait communiquer sur-le-champ au directeur général de l'imprimerie et de la librairie, ainsi qu'au préfet du département le titre et le nom de l'auteur de tout ouvrage qu'il se proposait d'imprimer : « Le directeur général pourra ordonner, si bon lui semble, lit-on dans le décret, la communication de l'ouvrage, et surseoir à l'impression. » Dans ce cas, des censeurs impériaux (institués par décret du 14 décembre 1810) devaient examiner l'ouvrage, proposer les changements et les suppressions nécessaires. Au cas où l'auteur refuserait d'obéir, la vente du livre était interdite, les formes rompues, les feuilles et exemplaires imprimés saisis. Pour éviter ces désagréments, les auteurs pouvaient, s'ils le désiraient, soumettre spontanément aux censeurs les ouvrages qu'ils se proposaient d'imprimer. D'ailleurs, les décisions de la censure étaient susceptibles de diverses voies de recours ; mais ces prescriptions restèrent lettre morte. A partir de 1810, le régime de l'édition fut plus que jamais soumis à l'arbitraire. Le premier « directeur général de l'imprimerie et de la librairie » fut Portalis fils, nommé le 12 février 1810. Mais son attitude favorable au pape, déplut et il fut remplacé par un ancien préfet anticlérical, Pommereul. Pour être renseigné sur la production imprimée, la direction générale de la librairie fit publier le *Journal général de l'imprimerie et de la librairie* qui, sous le nom de *Bibliographie de la France* n'a cessé de paraître depuis 1811 et qui a rendu d'inappréciables services aux chercheurs et aux libraires. Mais la censure n'en sévit que plus rigoureusement. On sait comment, en 1810, le célèbre ouvrage de Mme de Staël, *De l'Allemagne* fut saisi, et son auteur expulsé de France. Ce ne furent pas seulement les auteurs réputés qui eurent maille à partir avec la censure. En province, les ouvrages touchant de près ou de loin à la religion furent examinés sévèrement. Le préfet des Côtes-du-Nord, Boullé, ancien révolutionnaire voltairien déploya un grand zèle contre toutes les publications religieuses au moment du conflit qui opposa Pie VII à Napoléon. Les récits de miracles, les recueils de cantiques, furent fréquemment saisis.

En contre-partie de ces rigueurs, les écrivains favorables au régime recevaient de splendides pensions. Nous possédons des listes de propositions de 1810 : Haüy y figure pour 6.000 francs, Bernardin de Saint-Pierre pour 2.000, Monge pour 6.000, Ducis pour 4.000, Mme de Genlis pour 3.000, Lacretelle et Sismondi, chacun pour 2.000, etc. L'empereur allait jusqu'à « commander » certaines œuvres à des hommes dévoués. C'est ainsi que l'historien Lemontey fut chargé le 18 janvier 1811, par le ministre de la police, sur l'ordre de l'empereur, d'écrire une *Histoire de France depuis la mort de Louis XIV*, dans laquelle il devait s'attacher à montrer la décadence de la monarchie des Bourbons, qui ferait contraste avec l'ascension de la dynastie napoléonienne...

Le décret du 5 février 1810 eut du moins une conséquence bienfaisante : il fixa pour longtemps les règles de la propriété littéraire. Jusqu'alors, la propriété littéraire avait été fort mal définie. Une loi du 19 juillet 1793 avait bien reconnu aux auteurs littéraires, compositeurs de musique, peintres, dessinateurs et sculpteurs, la propriété de leurs œuvres pendant leur vie entière, avec droit de céder cette propriété ; mais leurs héritiers n'en jouissaient que pendant dix ans. Les décrets des 22 mars 1805 et 8 juin 1806 fixèrent la durée de la propriété des œuvres posthumes à la vie de l'éditeur, et à une période de dix ans après sa mort. Le décret du 5 février 1810, en revanche, garantit les droits d'auteurs à l'auteur et à sa veuve pendant leur vie entière, à leurs enfants pendant vingt ans. Les auteurs pouvaient céder leurs droits, en tout ou en partie. Ces dispositions restèrent en vigueur jusqu'en 1866 et contribuèrent, en un sens, au magnifique essor intellectuel de la France après 1815.

Le théâtre intéressait doublement la police, d'abord parce que c'était un moyen d'expression de la pensée, ensuite parce que les salles de spectacles étaient des lieux de réunions. L'arrêté du 5 brumaire an IX (27 octobre 1800) avait chargé les commissaires généraux de police de « prendre les mesures propres à prévenir ou dissiper les attroupements ou les réunions tumultueuses ou menaçant la tranquillité publique ». Ainsi les commissaires de police avaient le droit d'interrompre un spectacle, s'il était l'occasion de « tumultes ». Quant aux pièces de théâtre, elles devaient être visées à la fois par le ministère de l'intérieur et par celui de la police. D'où de fréquents conflits. Aussi, lorsqu'en 1802, une direction de l'instruction publique fut créée, la censure théâtrale, qui relevait du ministère de l'intérieur, y fut-elle rattachée. Quant aux attributions du ministère de la police, elles passèrent pendant la suppression de ce ministère, à la justice, mais lui furent rendues en 1804. Un décret de 1806 exigea l'autorisation du ministre de la police, préalablement à toute représentation d'une pièce nouvelle. En dépit de ces obstacles, les théâtres étaient nombreux et leur nombre ne cessait d'augmenter. De 15 à Paris, en 1800, ils étaient passés à 33 en 1807. En province, les théâtres s'étaient également multipliés, il y en avait quatre à Bordeaux, trois à Marseille, deux à Lyon, trois à Bruxelles... Au total, 157 pour l'Empire. Mais comme ils se faisaient une concurrence acharnée, leur situation financière était médiocre.

Napoléon voulut mettre de l'ordre, un ordre tout militaire, dans l'organisation des théâtres, comme dans toutes les autres institutions. Ce fut l'objet des décrets des 8 juin 1806, 25 avril, 29 juillet, 25 août et 1er novembre 1807.

Les théâtres parisiens étaient réduits à huit : quatre « grands », le « Théâtre Français », ou « Théâtre de S. M. l'Empereur », l' « Odéon » ou « Théâtre de l'impératrice », l' « Opéra » ou « Académie impériale de musique », l' « Opéra comique » ; quatre théâtres secondaires, la « Gaieté », l' « Ambigu », les « Variétés », et le « Vaudeville ». Le « Théâtre de la Porte Saint-Martin » fut autorisé à rouvrir ses portes quelque temps après. Tous les autres théâtres furent fermés, à dater du 15 août 1807, sans aucune indemnité. Les quatre grands théâtres étaient placés sous la surveillance spéciale d'un « surintendant des spectacles », le chambellan Rémusat. Les théâtres parisiens ne pouvaient représenter que les pièces de leur répertoire, et les pièces nouvelles du « genre » dans lequel ils étaient spécialisés.

En province, le nombre des théâtres était aussi très réduit : Lyon, Bordeaux, Marseille, Nantes, et Turin avaient droit à deux troupes permanentes. L'une des troupes obtenait le monopole des pièces représentées dans les quatre « grands » théâtres parisiens ; à l'autre était réservé exclusivement le répertoire des scènes « secondaires ». Quatorze autres villes étaient dotées d'une seule troupe « stationnaire ». Tout le reste de l'Empire était divisé en 25 « arrondissements théâtraux ». Dans douze de ces arrondissements, existaient deux « troupes ambulantes », dans les treize autres, une seule. La police, les préfets, sous-préfets et maires devaient surveiller la composition des troupes, leur répertoire, l'exécution des contrats conclus. Ainsi le théâtre était militarisé, hiérarchisé, fonctionnarisé. Certes, du point de vue financier, l'opération fut bonne : A Paris, du moins, les théâtres firent de nouveau des bénéfices. Mais le décret du 13 août 1811 les força, ainsi que tous les autres spectacles, jeux et cirques à verser à l'Opéra du vingtième au cinquième de leurs recettes, selon les cas. L'art dramatique en tout cas, n'eut rien à gagner à ces mesures. La surveillance de l'État se fit plus stricte, la censure plus tâtillonne. Les pièces classiques durent être expurgées, comme en 1793 ; les pièces nouvelles furent minutieusement examinées par la police ; et la réglementation se renforça encore. Par un décret fameux, signé à Moscou le 15 octobre 1812, Napoléon réorganisa la Comédie française, et y instaura une discipline militaire. L'Odéon devint une « école des jeunes acteurs » destiné à former les futurs acteurs de la Comédie française. Les répertoires de l'Odéon et des Français étaient soigneusement délimités. En 1813, les arrondissements théâtraux de province furent remaniés, leur nombre augmenté pendant que l'étendue de chacun diminuait Le dix-huitième arrondissement théâtral, par exemple, comprenait les Côtes-du-Nord, le Finistère (sauf Brest) et le Morbihan ; il avait droit à une troupe. Celle-ci représentait des comédies, des drames, des opéras-comiques et surtout des mélodrames, comme le *Chaudronnier de Saint-Flour* ou *Geneviève de Brabant*. Les préfets n'eurent aucune observation à présenter au sujet de ces spectacles ; en revanche, ils s'efforcèrent de s'opposer à la représentation des « mystères bretons » auxquels ils reprochaient « d'entretenir la superstition ». Le quatrième arrondissement théâtral s'étendait sur les départements du Gard et du Vaucluse. La troupe qui s'y constitua — avec beaucoup de peine — devait donner des représentations à Nîmes, Beaucaire, Pont-Saint-Esprit, Uzès, Avignon, Carpentras, Orange. Elle fut toujours en déficit. C'était la conséquence de la réglementation excessive et des multiples entraves apportées par l'Empire à la liberté de l'expression dramatique.

Les beaux-arts, furent tout aussi soumis que le théâtre aux volontés gouvernementales. L'intervention de l'État dans ce domaine était peut-être plus inévitable qu'ailleurs. En effet, la disparition des grandes fortunes dans la tourmente révolutionnaire avait privé les artistes du plus clair de leurs ressources et les avait forcés à réclamer l'aide du gouvernement. Dans un rapport sur les beaux-arts, lu à l'Institut le 13 germinal an V (2 avril 1797) Dufourney demandait que l'État subventionnât les artistes ou leur passât des commandes. Le Consulat, dès le début, eut une politique artistique. Un arrêté du 18 pluviôse an VIII (7 février 1800) nomma David peintre du gouvernement : il devait avoir, semble-t-il, la direction de tous les peintres français. Il estima que c'était insuffisant ; il aurait désiré se voir nommer ministre des beaux-arts, et refusa le poste qu'on lui offrait.

Un peu plus tard, le 23 brumaire an XI (19 novembre 1802) Vivant Denon fut nommé « directeur général des Musées » avec des attributions équivalentes à celles d'un directeur des beaux-arts. Denon, né en 1747, avait été diplomate sous l'ancien régime, mais avait cultivé le dessin en amateur. C'est en Égypte que Bonaparte fit sa connaissance. Il y put apprécier ses talents, à la fois artistiques et administratifs. Comme directeur général des musées, Denon dépendait, nominalement, du moins, du ministère de l'intérieur. Il administrait non seulement le « Musée central des arts et le musée des monuments français » (c'est-à-dire surtout le Louvre) mais encore la « monnaie et les médailles » et les « salons ». Il était aussi chargé des commandes d'œuvres d'art pour l'État. Il en fixait le tarif. Par ces commandes, il exerça une grande influence sur les artistes. Lors de l'établissement de l'Empire, une « intendance de la Couronne » fut créée. Elle fut chargée de commander du mobilier et des tableaux. Finalement, Denon fut aussi attaché à « l'intendance de la Couronne ». De surcroît il reçut par décret du 10 novembre 1810 la direction des fouilles sur le territoire de Rome. Toutes ces attributions firent de Denon, parallèlement à David, un des promoteurs du « style Empire ».

Le gouvernement agissait sur les beaux-arts, non seulement par des commandes, mais aussi par les récompenses qu'il décernait aux artistes. C'était une tradition qui datait de l'ancien régime et que la Révolution n'avait pas interrompue. La Constituante avait décidé que 90.000 livres seraient distribuées aux artistes à la suite des « salons », par un jury qu'éliraient les artistes eux-mêmes. Le Consulat rompit naturellement avec cette organisation démocratique. En l'an X, un décret décida qu'une commission nommée par le gouvernement choisirait chaque année au Salon trois tableaux et trois sculptures. La commission se composa de six membres, le directeur général des musées, trois artistes et deux amateurs. Les salons se tinrent régulièrement, chaque année jusqu'en 1802, tous les deux ans de 1802 à 1814. Le gouvernement avait en outre institué, pour les artistes comme pour les hommes de lettres, des prix décennaux. Ceux-ci devaient être attribués par un jury comprenant notamment le président et tous les secrétaires perpétuels de l'Institut. La première distribution — 35 grands prix, 19 premiers prix et 16 seconds prix — eut lieu le 9 novembre 1810, pour l'anniversaire du 18 brumaire. Comme le jury récompensa Girodet, et non David et qu'il ne décerna aucun prix à Canova, le statuaire officiel de l'empereur, Napoléon en fut mécontent et supprima les prix décennaux.

Napoléon, qui s'y connaissait peu en musique laissa cet art beaucoup plus libre que les autres. L' « Institut national de musique » créé en 1793 et transformé le 3 août 1795 en « Conservatoire national de musique » resta très actif pendant tout l'Empire et jouit d'une relative indépendance. Il fut aidé dans sa tâche par l'Opéra qui, depuis 1804, était devenu une espèce d'institution nationale sous le nom d' « Académie impériale de musique et de danse ». Cependant la prédilection de Napoléon pour la musique italienne et les chanteurs italiens se marqua par la création en 1804, d'un « Théâtre italien », qui connut un grand succès.

Cette liberté de l'art musical ne faisait ressortir que plus vivement le contraste qui l'opposait à la réglementation alors imposée à tous les autres domaines des lettres et des arts et fit de l'Empire une époque peu féconde sous le rapport des lettres et médiocre du point de vue artistique.

CONCLUSION

En 1789, les institutions de la France étaient caractérisées par leur complexité. Bien peu d'entre elles étaient valables pour tout le pays. Lorsqu'on changeait de province, souvent même, lorsqu'on passait d'une paroisse dans une autre, on était régi par des institutions différentes. Or le progrès des communications, la diffusion du rationalisme, l'esprit classique lui-même avaient rendu ce chaos, cette incohérence insupportables. La grande majorité des « cahiers » de 1789 réclamaient plus d'unité dans l'administration. Mais on désirait aussi, en général, la destruction des derniers restes de la féodalité, le morcellement de la grande propriété seigneuriale et ecclésastique, un clergé plus instruit et moins avide, une justice moins chère, rapide, et plus proche des justiciables, une instruction publique plus largement diffusée et plus moderne. En revanche, paysans et ouvriers s'opposaient souvent aux bourgeois dans le domaine économique. Les premiers voulaient conserver de la réglementation ce qui les protégeait contre l'avidité des propriétaires et des commerçants, les seconds souhaitaient un libéralisme favorable à leurs affaires. Enfin tous réclamaient des impôts moins lourds et mieux répartis, des finances saines, une assistance publique efficace.

La Révolution a-t-elle, par ses institutions, réalisé ces vœux ? La Constituante et la Législative, certes ont à peu près complètement détruit le régime féodal. Elles ont unifié la France. Elles ont créé une justice simple, accessible, rapide. Mais dominées par la bourgeoisie, elles ont organisé une économie résolument libérale et contribué au développement de l'individualisme. En essayant de résoudre la décisive question financière, elles ont créé un problème religieux angoissant qui divisa profondément les Français. Enfin elles n'ont eu le temps de donner au pays ni le système d'éducation, ni l'organisation de l'assistance qu'il réclamait.

La Convention n'a plus été libre, dans son œuvre de réformes administratives. La guerre lui dictait ses actes. C'est la guerre qui lui a imposé un programme de centralisation excessive qui répugnait à beaucoup de ses membres, une justice révolutionnaire, un retour à la réglementation économique. C'est la guerre toujours, qui l'a empêchée de résoudre les difficultés religieuses et qui a aggravé le problème financier. Pourtant, malgré la guerre, la Convention dote la France d'un système d'éducation nationale très original et d'une assistance sociale remarquablement en avance sur l'époque. Mais la guerre, grande mangeuse d'argent et d'hommes entrava l'application de ces magnifiques institutions.

Sous le Directoire, la guerre s'éloigna et s'atténua. Une œuvre importante fut réalisée dans le domaine des finances et de l'éducation ; et si, dans celui de l'assistance, toutes les lois de la Convention ne furent pas appliquées, un effort louable fut, du moins, accompli.

Sans doute, si elle avait disposé du temps nécessaire, la première république, même dirigée par la seule bourgeoisie, serait parvenue à corriger les défauts qui marquaient encore les institutions directoriales et à donner à la France une administration répondant aux vœux de la plus grande partie de sa population. Quand on juge l'œuvre institutionnelle du Directoire, on oublie trop souvent, que ses auteurs n'ont eu que quatre ans pour la mettre en train, et que le temps leur a manqué pour remédier aux erreurs commises d'abord.

Que fallait-il donc à la France, en 1800, pour que les revendications de 1789 fussent satisfaites ? Dabord la paix. La paix extérieure, sans laquelle rien n'est durable, et la paix intérieure, c'est-à-dire alors surtout la paix religieuse. La paix et l'ordre matériel rétablis, on se serait vite aperçu qu'il s'en fallait de peu pour que le pays fût doté des institutions stables auxquelles il aspirait. Un corps de fonctionnaires permanents dans l'administration publique et notamment dans la perception des contributions. Pour le reste quelques retouches à l'œuvre révolutionnaire eussent sans doute suffi.

Certes, le Consulat a donné à la France la paix intérieure. Il lui a même donné pour quelques mois la paix extérieure. Mais au lieu de ces retouches aux institutions révolutionnaires, dont Bonaparte se flattait, de conserver l'essentiel nous voyons s'édifier par ses soins la gigantesque armature d'une étouffante dictature. Toutes les institutions modelées sur l'organisation militaire, échafaudent en France une administration toute puissante, infiniment hiérarchisée, et bureaucratique à l'extrême.

Certes, tout n'est pas condamnable dans cet édifice. Il faut porter à son actif le rétablissement et le maintien de l'ordre public. Mais à quel prix ? Arrestations et détentions arbitraires ne se comptent pas. L'inquisition policière se dissimule partout, même sous les institutions charitables. Les finances, du moins, ont, en apparence, convenablement fonctionné. Mais les contributions indirectes très lourdes, ajoutées aux directes à peine allégées et aux multiples réquisitions ont épuisé le pays. La pacification religieuse semble un succès. Eût-elle été durable ? On en doute lorsqu'on constate la tension à laquelle étaient parvenus les rapports de l'empereur et du pape en 1813.

Le passif, en revanche, est lourd. Le besoin d'une réforme de la magistrature ne se faisait pas sentir : les juges élus avaient, en général, donné satisfaction. Les juges nommés, malgré leur inamovibilité plus théorique que réelle, furent plus les agents du souverain que ne l'étaient les juges propriétaires de leurs offices avant 1789, ou les juges élus de 1790. Quant à la justice elle-même, il ne faut pas perdre de vue que son fonctionnement régulier fut sans cesse entravé par une multitude de tribunaux d'exception, de sorte qu'elle fut constamment entachée d'arbitraire.

Les institutions économiques reflètent encore davantage les contradictions du régime. Napoléon a voulu concilier le libéralisme des notables, qui le soutenaient, avec la réglementation imposée par la guerre, d'où une incohérence, dont le pays, en fin de compte, a souffert. Par ailleurs, malgré les plans grandioses et les imposantes hiérarchies de fonctionnaires, les voies de communication, les ports, ont périclité. La société bâtie par l'empereur, dans ses codes, s'éloigne de plus en plus de la Révolution qu'il a prétendu continuer. Le rétablissement de la noblesse est la négation de l'égalité proclamée par le code civil, mais déniée à la femme. Quant à l'assistance sociale, Napoléon n'en garde que ce qui est nécessaire au maintien de l'ordre public. Que dire de l'éducation, si ce n'est que l'instruction primaire n'a fait aucun progrès par rapport à 1789, et a même, en certaines régions reculé ? L'enseignement secondaire certes a eu les faveurs du maître, mais elle a délaissé les voies nouvelles, pleines de promesses où elle s'était engagée en 1795, pour reprendre servilement les traditions des collèges des Jésuites ou des Oratoriens, aggravées d'une discipline militaire inconnue de l'ancien régime. Et ne parlons pas du total anéantissement de toutes les libertés publiques !

Certes, à ce passif il y a des explications, et même des excuses. La France était en guerre, et la dictature était indispensable pour mener la guerre à bien. Mais cette guerre, Napoléon ne l'a-t-il pas voulue ? N'a-t-il pas mené, dès la paix d'Amiens une politique de conquêtes perpétuelles ? Dévoré d'une insatiable ambition n'a-t-il pas poursuivi le rêve irréalisable d'une universelle souveraineté ?

On ne niera point que la guerre ait requis des atténuations aux libertés de presse et de réunion, au libéralisme économique. Obligeait-elle réellement — à cette époque surtout — à tailler toutes les institutions sur le modèle militaire, à faire place à la police dans toutes les administrations ? Ce qui est paradoxal, c'est que des conquêtes de l'empereur, en vue de quoi ses institutions avaient été construites, la France n'a rien gardé, tandis qu'au contraire, les institutions administratives ont survécu au Grand Empire, quasi inchangées, ont duré plus d'un siècle, et se survivent encore, en partie, aujourd'hui. Elles ont donné à la France cette armature administrative rigide qui la distingue tant des autres grandes puissances durant le XIXe siècle, et cette centralisation outrancière dont elle a tant de mal à se défaire. Quoi d'étonnant d'ailleurs à cela ? Les institutions ne sont que les cadres dans lesquels se débattent les hommes ; elles sont le produit de la lutte des classes. La bourgeoisie, victorieuse des ordres privilégiés en 1789, mais menacée par le quatrième état dès 1793, se devait de construire les institutions nécessaires à sa défense. Napoléon l'a satisfaite en ordonnant les institutions de la France impériale à l'abri d'un double rempart, opposé à la fois aux attaques populaires et aux menaces de la réaction. C'est pour cette raison, aussi, qu'elles ne se sont pas effondrées lors du désastre de 1814. Ce n'est que petit à petit, au cours des révolutions du siècle passé, que la France a pu retrouver, par delà les institutions impériales, les sources fécondes de la liberté et de l'égalité qui avaient marqué son destin en 1789.

TABLEAU DE CONCORDANCE DES CALENDRIERS RÉPUBLICAIN ET GRÉGORIEN

Année révolutionre.	II	III	IV	V	VI	VII	VIII	IX	X	XI	XII	XIII	XIV
Mois :													
1 vendémiaire	22 sept. 93	22 sept. 94	23 sept. 95	22 sept. 96	22 sept. 97	22 sept. 98	23 sept. 1799	23 sept. 1800	23 sept. 01	23 sept. 02	24 sept. 03	23 sept. 04	23 sept. 05
10 —	1er oct. 93	1er oct. 94	2 oct. 95	1er oct. 96	1er oct. 97	1er oct. 98	2 oct. 1799	2 oct. 1800	2 oct. 01	2 oct. 02	3 oct. 03	2 oct. 04	2 oct. 05
20 —	11 —	11 —	12 —	11 —	11 —	11 —	12 —	12 —	12 —	12 —	13 —	12 —	12 —
1 brumaire	22 —	22 —	23 —	22 —	22 —	22 —	23 —	23 —	23 —	23 —	24 —	23 —	23 —
10 —	31 —	31 —	1er nov. 95	31 —	31 —	31 —	1er nov. 1799	1er nov. 1800	1er nov. 01	1er nov. 02	2 nov. 03	1er nov. 04	1er nov. 05
20 —	10 nov. 93	10 nov. 94	11 —	10 nov. 96	10 nov. 97	10 nov. 98	11 —	11 —	11 —	11 —	12 —	11 —	11 —
1 frimaire	21 —	21 —	22 —	21 —	21 —	21 —	22 —	22 —	22 —	22 —	23 —	22 —	22 —
10 —	30 —	30 —	1er déc. 95	30 —	30 —	30 —	1er déc. 1799	1er déc. 1800	1er déc. 01	1er déc. 02	2 déc. 03	1er déc. 04	1er déc. 05
20 —	10 déc. 93	10 déc. 94	11 —	10 déc. 96	10 déc. 97	10 déc. 98	11 —	11 —	11 —	11 —	12 —	11 —	11 —
1 nivôse	21 —	21 —	22 —	21 —	21 —	21 —	22 —	22 —	22 —	22 —	23 —	22 —	22 —
10 —	30 —	30 —	31 —	30 —	30 —	30 —	31 —	31 —	31 —	31 —	1er janv. 04	31 —	31 —
20 —	9 janv. 94	9 janv. 95	10 janv. 96	9 janv. 97	9 janv. 98	9 janv. 99	10 janv. 1800	10 janv. 1801	10 janv. 02	10 janv. 03	11 —	10 janv. 05	
1 pluviôse	20 —	20 —	21 —	20 —	20 —	20 —	21 —	21 —	21 —	21 —	22 —	21 —	
10 —	29 —	29 —	30 —	29 —	29 —	29 —	30 —	30 —	30 —	30 —	31 —	30 —	
20 —	8 févr. 94	8 févr. 95	9 févr. 96	8 févr. 97	8 févr. 98	8 févr. 99	9 févr. 1800	9 févr. 1801	9 févr. 02	9 févr. 03	10 févr. 04	9 févr. 05	
1 ventôse	19 —	19 —	20 —	19 —	19 —	19 —	20 —	20 —	20 —	20 —	21 —	20 —	
10 —	28 —	28 —	29 —	28 —	28 —	28 —	1er mars 1800	1er mars 1801	1er mars 02	1er mars 03	1er mars 04	1er mars 05	
20 —	10 mars 94	10 mars 95	10 mars 96	10 mars 97	10 mars 98	10 mars 99	11 —	11 —	11 —	11 —	11 —	11 —	
1 germinal	21 —	21 —	21 —	21 —	21 —	21 —	21 —	21 —	21 —	21 —	21 —	21 —	
10 —	30 —	30 —	30 —	30 —	30 —	30 —	30 —	30 —	30 —	30 —	30 —	30 —	
20 —	9 avril 94	9 avril 95	9 avril 96	9 avril 97	9 avril 98	9 avril 99	10 avril 1800	10 avril 1801	10 avril 02	10 avril 03	10 avril 04	10 avril 05	
1 floréal	20 —	20 —	20 —	20 —	20 —	20 —	21 —	21 —	21 —	21 —	21 —	21 —	
10 —	29 —	29 —	29 —	29 —	29 —	29 —	30 —	30 —	30 —	30 —	30 —	30 —	
20 —	9 mai 94	9 mai 95	9 mai 96	9 mai 97	9 mai 98	9 mai 99	10 mai 1800	10 mai 1801	10 mai 02	10 mai 03	10 mai 04	10 mai 05	
1 prairial	20 —	20 —	20 —	20 —	20 —	20 —	21 —	21 —	21 —	21 —	21 —	21 —	
10 —	29 —	29 —	29 —	29 —	29 —	29 —	30 —	30 —	30 —	30 —	30 —	30 —	
20 —	8 juin 94	8 juin 95	8 juin 96	8 juin 97	8 juin 98	8 juin 99	9 juin 1800	9 juin 1801	9 juin 02	9 juin 03	9 juin 04	9 juin 05	
1 messidor	19 —	19 —	19 —	19 —	19 —	19 —	20 —	20 —	20 —	20 —	20 —	20 —	
10 —	28 —	28 —	28 —	28 —	28 —	28 —	29 —	29 —	29 —	29 —	29 —	29 —	
20 —	8 juill. 94	8 juill. 95	8 juill. 96	8 juill. 97	8 juill. 98	8 juill. 99	9 juill. 1800	9 juill. 1801	9 juill. 02	9 juill. 03	9 juill. 04	9 juill. 05	
1 thermidor	19 —	19 —	19 —	19 —	19 —	19 —	20 —	20 —	20 —	20 —	20 —	20 —	
10 —	28 —	28 —	28 —	28 —	28 —	28 —	29 —	29 —	29 —	29 —	29 —	29 —	
20 —	7 août 94	7 août 95	7 août 96	7 août 97	7 août 98	7 août 99	8 août 1800	8 août 1801	8 août 02	8 août 03	8 août 04	8 août 05	
1 fructidor	18 —	18 —	18 —	18 —	18 —	18 —	19 —	19 —	19 —	19 —	19 —	19 —	
10 —	27 —	27 —	27 —	27 —	27 —	27 —	28 —	28 —	28 —	28 —	28 —	28 —	
20 —	6 sept. 94	6 sept. 95	6 sept. 96	6 sept. 97	6 sept. 98	6 sept. 99	7 sept. 1800	7 sept. 1801	7 sept. 02	7 sept. 03	7 sept. 04	7 sept. 05	
1er jour complre	17 —	17 —	17 —	17 —	17 —	17 —	18 —	18 —	18 —	18 —	18 —	18 —	
5e —	21 —	21 —	21 —	21 —	21 —	21 —	22 —	22 —	22 —	22 —	22 —	22 —	
6e —		22 —								23 —			

Le calendrier républicain a cessé d'être en vigueur le 10 nivôse an XIV-31 décembre 1805

INDEX ALPHABÉTIQUE

Abrial, 126, 486.
Académie impériale de musique et de danse, 662.
académies, 388, 639-640.
Achard, 578.
accaparements, 198, 327, 349, 352.
accusateurs publics, 116, 121, 128, 322, 324, 325, 400, 416, 476, 477, 521, 533.
acte de navigation, 356-357, 591.
adjoints au maire, 517-519.
administration des eaux et forêts, 571.
administrations départementales, 81, 91, 98-101 — dans les projets de constitution de 1793, 242, 243 — dans la constitution de 1793, 249, 260 — sous la Convention, 263, 282-286, 287, 292, 319, 342, 351 — sous le Directoire, 407-410, 413, 424, 459.
adoption, 374.
Agasse, 578.
agence de commerce, 355.
agence des contributions directes, 437, 545.
agence nationale des postes, 582.
agents de change, 585, 586.
agents militaires, 409.
agents municipaux, 412-414.
agents nationaux, 264, 286, 287, 289-290, 300.
agiotage, 194, 253.
aides, 131.
d'Aiguillon (duc), 18, 160.
Ainard, 578.
Alard, 423.
Albitte, 258, 382.
d'Alembert, 10.
d'Allarde, 181-182.
allocations, 381.
alternance des chefs-lieux, 94, 95.
Amar, 275-279, 420.
ambassadeurs, 483.
d'Andlau, 113.
d'André, 99, 113.
Anquetil-Duperron, 653.
Antraigues (comte d'), 43.
appellation de citoyen, 459.
arbitrage, 118, 126, 213, 414, 522.
arbitres, 117.
arbres de la liberté, 233, 234, 458.
archives, 391-392.

Argenson (marquis d'), 9, 89.
armées révolutionnaires, 261, 264, 265, 301-303.
armes d'honneur, 601.
Armonville, 240.
Arnould aîné, 562.
Arnould jeune, 562.
arrondissements, 437, 479, 514-516.
articles organiques, 620-626.
d'Artiguières, 99.
assemblées cantonales, 496-519.
assemblée constituante, 41, 44, 45, 384, 595, 663.
assemblée juive de 1806, 628-630.
assemblée législative, 45, 75-78, 239-241, 259, 287, 288, 304, 318, 343, 349, 350, 361-362, 378-379, 385, 663.
assemblées électorales, 73-74, 85, 91, 99, 240, 399, 400, 408.
assemblées primaires, 73-74, 91, 99, 106, 107, 240 — dans les projets de constitution de 1793, 243 — dans la constitution de l'an III, 399, 411.
assemblées provinciales, 20, 21, 90.
assesseurs de juge de paix, 118, 119, 125.
assignats, 144-156, 182, 270, 289, 327, 329, 338, 343, 345, 383, 432-435, 440.
assistance publique, 218, 227, 345, 347, 378-383, 468-470, 605-612.
assolement, 170.
assurances agricoles, 568.
ateliers de charité, 610.
Aubry-Dubochet, 93.
Audouin (Xavier), 313, 314, 395.
Audrein (abbé), 385.
Augeard, 21.
aumône, 378-383.
autel de la Patrie, 233, 379.
d'Avaray, 113.
avocats, 124, 528, 529, 530.
avocats au Conseil d'État, 504.
avocats généraux, 528, 535.
avoués, 124, 415, 524, 528-529, 530.

Babeuf, 254, 280, 314, 348, 365, 418, 421-425, 426, 428, 452, 453, 515.
baccalauréat, 638, 651.

bagnes, 541, 542.
bail à rente foncière, 163, 173.
Bailleul, 417.
Bailly, 64, 65, 208.
ballottage, 248, 400.
Banque de France, 449, 555-560, 586.
banqueroutes, 193, 435, 436, 554.
banques, 199, 433, 439, 449, 585-587.
Banque territoriale, 586.
baptêmes civiques, 235.
Bar, 286, 288, 289.
Barbaroux, 241, 351.
Barbaroux (fils), 642.
Barbé-Marbois, 547, 556.
Barbet, 427.
Bardel, 579.
Barère, 92, 241, 242, 263, 272, 274, 279, 294, 303, 381, 395, 423.
Barnave, 24, 25, 54, 55, 64, 82, 84, 92, 146.
Barras, 308, 451, 475.
Barruel, 389, 578.
Barruel (jésuite), 630.
Barruel-Beauvert, 426, 429.
Barthe, 315.
Basire, 250, 270, 275.
bâtards, 206, 215, 374-375.
Batz (baron de), 113.
Baudot, 288, 334.
Bausset, 639.
Bauwens, 578.
baux, 162-163, 166, 173, 342, 442, 565.
baux à complant, 442.
baux à locatairerie perpétuelle, 449.
Bayle (Pierre), 6.
Bayle (Moyse), 275-279.
Beauharnais (vicomte de), 24.
Beauvilliers (duc de), 7.
Beaux-Arts, 661-662.
Beccaria, 34, 57, 110, 111.
Begouen, 202.
Benezech, 420.
Bengy-Puyvallée, 92.
Beranger, 658.
Bergasse, 77, 113.
Bergasse-Laziroulle, 153.
Bergier, 521, 522.
Berlier, 273, 396, 429, 596, 601.
Bernard (de Saintes), 270, 308, 334.
Bernardin de Saint-Pierre, 206, 390, 457, 659.
Bernier, 617.
Bernis (cardinal de), 222, 228.
Berryer, 127.
Berthier, 474, 483, 486.
Berthollet, 389, 390, 464, 575.
Bertin, 656.
Bertin d'Antilly, 426, 429.
Beugnot, 628.
Bibliothèque nationale, 391.
bicamérisme, 32, 77, 400, 401.

biens communaux, 12, 17, 158, 164, 165, 168-170, 264, 340-341, 442-443, 560, 567-568.
biens des émigrés, 168, 343-345, 443, 444.
biens des suspects, 346-348.
biens domaniaux, 79, 158, 551.
biens du clergé, 144-156, 165-171, 217-218, 222-223, 224, 343-345, 618-619.
biens nationaux, 144-156, 165-171, 343-345, 423, 433, 434, 435, 436, 442-444, 469-470, 513, 551-552, 566-567, 643.
Bigot de Préameneu, 126, 595.
Billaud-Varenne, 258, 259, 262, 274, 275-279, 286, 289, 364, 365.
billets de banque, 555-560.
billets de confiance, 154-155.
blatiers, 190.
blocus continental, 588-593.
Bô, 290, 423.
Bodin (fournisseur), 444, 449.
Bodin (commissaire), 409.
Bodin (Jean), 145.
Boisgelin, 146.
Boisguilbert, 7.
Boislandry, 30, 201, 202.
Boissy d'Anglas, 245, 311, 396, 397.
Bolingbroke, 6, 8.
Bonald, 628, 639.
Bonaparte (Joseph), 493, 602, 617, 634.
Bonaparte (Louis), 634.
Bonaparte (Lucien), 473, 474, 486, 512, 602, 636, 653.
Bonaparte (Napoléon), 290, 301, 424, 429, 447, 453, 460, 473-499.
Boncerf, 159.
de Bonchamps, 167.
bonnet phrygien, 234.
bons des deux tiers, 435, 436, 559.
Borda, 359.
Bordes, 423.
Bossuet, 4.
Bouché, 30, 33.
boucherie, 584.
Bouchotte, 149, 240, 260.
Boufflers (chevalier de), 113, 186, 187, 562.
Bouillé, 235, 236.
Boulainvilliers, 8.
boulangerie, 190, 350, 352-353, 584.
Boulay (de la Meurthe), 127, 460, 474, 475, 478, 596, 658.
Boullé, 510, 659.
Bouquier, 385-387.
Bourdon (de l'Oise), 263.
Bourdon (Léonard), 302.
Bourrienne, 483.
bourses de commerce, 193.
bourses des valeurs, 337, 448, 585.
Boyer-Fonfrède, 573.
Bradier, 110.

INDEX ALPHABÉTIQUE

Brancas (duc de), 51.
brassiers, 158.
Bréard, 272, 273, 324.
Bréguet, 447.
Breteuil (baron de), 49.
brevets d'invention, 186-187.
Brienne (Loménie de), 21.
Brillat-Savarin, 122.
Briot, 463, 314.
Brissot, 54, 58, 60, 61, 65, 110, 241, 312.
Brissot (fils), 642.
Brisson, 359.
Broglie (duc de), 52.
Bruix, 427.
Brune, 64.
Brunet, 355.
budget national, 143-144, 148, 150, 558-560.
budgets communaux, 142.
budgets départementaux, 141-142.
Buffon, 5.
Bulletin des lois, 263, 289.
Buonarroti, 254.
bureau central de commune, 411, 446.
bureau de comptabilité, 143.
bureau de consultation des arts et métiers, 187-188.
bureau de police (du comité de salut public), 277-279, 280.
bureau des Arts, 445.
bureau des longitudes, 391.
bureau politique (du Directoire), 427.
bureaux de bienfaisance, 470, 605-606.
bureaux (du comité de sûreté générale), 275-276.
bureaux de paix, 118-119, 125.
bureaux de placement, 573.
Bureaux de Pusy, 93.
bureaux des administrations départementales, 100.
bureaux du Directoire, 403-404.
Buzot, 145.

Cabanis, 64, 468, 474, 510, 522.
cabinet noir, 531.
Cacault, 617.
cadastre, 548-549.
Cadet de Vaux, 233.
Cadoudal, 499.
caisse d'amortissement, 554-557, 560.
caisse de commerce, 200.
caisse de l'extraordinaire, 148, 149, 150, 151, 153, 330.
caisse d'épargne et de bienfaisance, 200.
caisse d'escompte, 147, 148, 149, 150, 151, 199, 556.
Caisse d'escompte et de commerce, 449, 586.
Caisse des comptes courants, 449, 555, 586.
Caisse des employés et artisans, 586.
caisse de service, 557-558.

Caisse des rentiers, 586.
Caisse des vieillards, 586.
Caisse Lafarge, 586.
caisse nationale de prévoyance sociale, 379.
caisses patriotiques, 154-155.
Calas, 110.
calendrier républicain, 241, 363-366, 456, 459, 614, 623.
Calonne, 21, 145, 202.
Cambacérès, 127, 267, 374, 480, 482, 492, 493, 524, 525, 565, 573, 595, 628, 634.
Cambon, 241, 329, 331, 332, 333, 335, 336, 363, 369.
Campmartin, 423.
Camus, 24, 31, 147, 224, 225, 233.
cantons, 91, 103-104, 117, 399, 412-414, 516-517.
capitation, 131.
Caprara, 620.
cardinaux, 420.
Carnot, 274-279, 452, 486.
Carra, 60, 312.
Carrier, 297, 308.
carrières de pierres, 576.
Caselli, 617.
Cassini, 93.
Castellane (comte de), 32, 33, 75.
Castries (comte de), 49.
cautionnement, 546.
Cavaignac, 270, 367.
cens électoral, 73, 74, 99, 398, 399, 476, 496.
censure, 531, 654-659.
centimes additionnels, 439, 549.
cercles constitutionnels, 423-425.
Cerfberr, 51.
Cernon, 148, 149.
certificats de civisme, 288, 289, 293.
Cesbron d'Argonne, 167.
Chabot, 270, 275, 330, 493.
Chaigneau, 426.
Châles, 302.
chambres consultatives des arts et commerce, 562, 563.
chambres de commerce, 193, 562, 563, 580.
chambres départementales consultatives, 562.
chambre des mises en accusation, 539-540.
chambres des vacations, 526.
chambre du conseil, 537.
Champion de Cicé, 30, 33, 77.
chancelier de l'Université, 639.
changes, 155, 156, 203, 434.
Chantreau (abbé), 367.
chants patriotiques, 236.
Chappe, 583.
Chaptal, 464, 486, 562, 577, 579, 636.
Charron, 212.
chasse, 172.
Chasset, 24, 181.
Chateaubriand, 639, 657.

Chaumette, 60, 288, 302, 367.
Chaumont de la Galaizière, 20.
Chazal, 474.
Chemin, 457, 458.
chemins vicinaux, 170, 171, 197, 581-582.
Chénier (André), 59, 68.
Chénier (Marie-Joseph), 62, 69, 314, 363, 370, 391, 423, 457, 474, 488.
Chevallier, 444.
Chevreuse (duc de), 7.
circulation des grains, 12, 18, 190-191, 193, 196, 198, 199, 349-360, 584, 585.
citoyenneté, 46, 47, 353, 399, 489.
citoyens (en l'an IV), 398.
citoyens actifs et passifs, 74.
Clarke, 555.
Claro, 444.
Clavière, 148, 199.
Clément, 314.
Clermont-Tonnerre, 30, 52, 65, 77, 84.
clichyens, 422-423, 435.
Cliquot de Blervache, 19.
Clootz (Anacharsis), 245, 246.
clôtures, 12, 16, 17, 159, 160, 168-170, 171, 341, 342, 568.
clubs, 63-68, 152, 153, 298-301, 419-425.
coalitions ouvrières, 20, 446, 572-573.
cocarde tricolore, 233, 235.
Cochon, 358, 454.
code civil, 129, 448, 489, 526, 565, 573, 576, 595-600.
code de commerce, 580-581.
code de procédure civile, 129, 526.
code d'instruction criminelle, 536-540.
code pénal, 122, 540-542, 573, 577, 622.
code rural, 563-564.
Colbert, 19, 145, 191, 202, 579, 580.
Colbert de Maulévrier, 167.
Colchen, 510.
Collège de France, 391.
Collège des sciences et arts, 644.
collèges, 151, 222.
collèges communaux, 645-646.
collèges électoraux, 496-497, 505.
Collet de Messine, 100.
Collins, 6.
Collot, 545.
Collot d'Herbois, 61, 274, 275-279, 302, 308, 352, 382.
colonies, 18, 19.
colportage, 193, 194.
comédie française, 311, 659, 661.
comédien, 48.
comité d'agriculture, 16, 201.
comité de constitution, 43, 61, 68, 77, 86 — de la Convention, 241-254.
comité de défense générale, 260-261, 271, 272.
comité de législation (de la Convention), 266, 285, 286, 374, 375.

comité de salubrité, 390.
comité de Salut public, 247, 262, 264, 265, 266, 267, 268-281, 288, 289, 300, 305, 306-309, 313, 325, 346, 347, 356, 358.
comité des droits féodaux, 161-165.
comité des finances, 261, 329, 330.
comité des recherches, 269.
comité de sûreté générale, 261, 262, 265, 266, 267, 268-281, 289, 290, 347.
comité de surveillance (de la Législature), 269, 331.
comité d'instruction publique, 363, 385.
comité ecclésiastique, 224-225.
comité pour la réforme de la jurisprudence criminelle, 57.
comités de gouvernement, 261, 264, 268-281, 348.
comités de la Convention, 261, 266.
comités de surveillance révolutionnaires, 261, 263, 264, 267, 292-297.
comités secrets, 401.
commerce extérieur, 195-196.
commissaires aux accaparements, 352.
commissaires chargés de l'organisation départementale, 94-97.
commissaires de la trésorerie, 143.
commissaires de police, 411, 486, 530, 531, 532.
commissaires du conseil exécutif en mission, 259, 300, 304-305, 306.
commissaires du Directoire, 402, 409, 411, 416, 417, 437, 470.
commissaires du gouvernement dans les tribunaux, 526, 528, 531, 532, 533.
commissaires du pouvoir exécutif en mission, 261.
commissaires du roi dans les tribunaux, 116, 121.
commission consulaire, 473.
commission de la constitution (de l'an III), 395-398.
commission de l'agriculture et des arts, 355, 356.
commission de l'envoi des lois, 263.
commission des approvisionnements, 358.
commission des inspecteurs de la salle, 401.
commission des secours publics, 382.
commission des subsistances, 355, 445.
commission du commerce et des approvisionnements, 355, 356, 358.
commissions administratives des hospices, 469.
commissions centrales de bienfaisance, 606.
commissions des hospices, 606-607.
commissions du corps législatif, 473-480.
commissions exécutives, 260, 264, 266.
commissions militaires, 324-325, 417, 534.
commissions populaires, 323, 348.
commissions révolutionnaires, 324-325.
commune de Paris, 240, 256, 287, 305, 311, 312, 351, 367, 410.
communes, 21, 93, 103-108, 247, 287-289, 410-414, 479, 511, 517-520.

INDEX ALPHABÉTIQUE

compagnies d'assurance, 200, 568.
compagnies de commerce, 195, 202, 203, 276, 277, 588.
compagnies de fournisseurs, 434, 435, 444, 448-449.
compagnies de Jéhu, 422.
compagnonnages, 20, 176-188, 445, 446, 574.
comptabilité en partie double, 554.
comptabilité nationale, 143, 492, 547.
comptes décadaires, 288, 289.
comptoir commercial, 449, 556, 586.
Concedieu, 511.
concessions de mines, 576-577.
conciliation, 118, 125.
concordat, 493, 617-621, 624.
Condillac, 464.
Condorcet, 28, 30, 54, 57, 59, 64, 69, 90, 104, 107, 111, 241, 242-244, 245, 246, 249, 359, 385, 387, 388.
confréries ouvrières, 573.
congrégations, 223, 231, 378, 384, 385, 607, 619, 624, 644, 646, 647.
Consalvi, 617, 618.
conscription, 439, 632.
Conseil d'administration du commerce et des manufactures, 562.
Conseil d'agriculture, 562.
Conseil de l'Université, 639.
Conseil des Anciens, 400, 401, 402, 404, 405, 425, 429, 473, 476.
Conseil des Cinq-Cents, 400, 401, 402, 404, 405, 424, 429, 473, 476.
Conseil des fabriques et manufactures, 562.
Conseil d'État, 478, 482, 484-485, 493, 495, 497, 503-504, 594.
Conseil du sceau des titres, 566, 604.
Conseil exécutif (dans les projets de constitution de 1793), 242 — dans la constitution de 1793, 248, 250 — de la Convention, 259, 260-261, 263, 264, 274, 280, 311.
Conseil exécutif provisoire, 239-240, 350.
Conseil général d'agriculture, arts et commerce, 562.
Conseil général des mines, 576.
Conseil général du commerce, 562.
Conseil privé, 495-496, 500, 543.
Conseil supérieur de l'instruction publique, 468.
conseillers à la Cour d'appel, 526, 528.
conseils académiques, 639-640.
conseils d'administration des ministères, 486.
conseils d'arrondissement, 513, 515-516.
conseils départementaux d'agriculture, arts et commerce, 562.
conseils de préfecture, 509, 512, 545.
conseils de prud'hommes, 575.
conseils généraux de communes, 105-108, 288.
conseils généraux de départements, 98-101, 283-286, 314, 509, 511, 512-514.
conseils généraux de districts, 101-103.

conseils municipaux, 105, 511, 519-520.
Conservatoire de musique, 391-662.
Conservatoire des arts et métiers, 390, 576.
consistoires israélites, 630-631.
consistoires protestants, 625-627.
Constant (Benjamin), 423, 475, 488, 489.
constitution civile du clergé, 221-231, 362, 456.
constitution de 1791, 41-86.
constitution de 1793, 241-254.
constitution de l'an III, 395-406, 420, 474, 475.
constitution de l'an VIII, 474-480, 481-492, 517, 601.
constitution de l'an X, 493-499.
constitution de l'an XII, 499-507.
constitutions des républiques sœurs, 476-477.
Consulat, 382, 417, 419, 437, 442, 448, 473-499, 664.
consuls, 476, 482-484, 494-495.
Conté, 447.
contentieux administratif, 485.
contrainte de sole, 158, 170, 342.
contrainte par corps, 448, 565.
contrat social, 6.
contrebande, 588-593.
contribution de la patente, 138-140, 330, 338, 436, 437, 448, 549, 560.
contribution des portes et fenêtres, 437, 549, 560.
contribution foncière, 134-136, 330, 432, 436, 548-549, 560.
contribution mobilière, 136-138, 330, 338, 436, 549, 560.
contributions de guerre, 330, 335, 434, 439, 552, 559-560.
Convention, 239-392, 395-398, 406, 663.
Conzié, 227.
Copernic, 5.
cordeliers, 64-65, 70, 298.
Corneille, 311.
Cornudet, 609.
corporations, 12, 19, 176-188.
corps des mines, 576-577.
corps des ponts et chaussées, 581-582.
corps intermédiaires, 594-595, 600.
Corps législatif, 483, 490-491, 497-498, 503, 505-506.
Cossé-Brissac (duc de), 510.
Costaz aîné, 562.
Costaz (C.-A.), 562.
Coster, 462, 463.
Couchery, 314.
Coucy, 624.
Coulomb, 359, 642.
coups d'État du Directoire, 400, 435, 454, 475, 555.
Cour de cassation, 524, 535-536, 594.
Cour des aides, 28.
Cour des comptes, 143, 547-548, 594.
cours d'appel, 527-528, 538, 539.
cours d'assises, 539-540, 541.

cours de justice criminelle, 533-534.
cours d'eau, 171, 172.
cours douanières, 592.
Cour impériale, 502.
courses de chevaux, 570.
courtiers de commerce, 585-586.
Cousin (Victor), 652.
Couthon, 247, 273, 274-279, 299, 334, 368.
Crassous, 308.
Crébillon, 62.
Crenière, 30.
Crétet, 557.
Crillon, 167.
criminalité, 128.
culte décadaire, 458-460, 613-614.
culte de la Raison, 235, 366-369.
culte de l'Être suprême, 277, 366-369.
culte juif, 630-631.
cultes révolutionnaires, 231-236, 277, 366-369, 457-460, 613-615.
culture de la betterave à sucre, 569.
culture du coton, 569.
culture du pastel, 569.
curés, 225-227, 621-622.
Custine, 52.
Cuvier, 639, 642.

Dampierre (comte de), 164.
Dansard, 64.
Danton, 64, 69, 240, 241, 272, 274, 300, 368, 372.
Dartigoeyte, 335, 367.
Daubenton, 389, 390.
Daubermesnil, 457.
Daunou, 245, 388, 389, 392, 396, 397, 426, 457, 474, 476, 477, 478, 479, 488, 489, 491, 521.
David, 64, 254, 275-279, 363, 369, 661-662.
Debry (Jean), 245, 272, 423, 488, 509.
déchristianisation, 361-363, 375.
déclaration des devoirs du citoyen, 397-398.
déclarations de revenu, 135, 136, 137.
déclaration de soumission aux lois de la République, 370-371, 614-615.
déclarations des droits de l'homme et du citoyen, 26-38, 55, 230, 232, 233, 234 — de 1793, 246, 247, 248, 384, 385, 386 — de 1795, 396-398, 426, 599, 605.
décorations, 600-601, 603.
Decrès, 486.
décret des deux tiers, 405-406.
décrets de ventôse, 296, 346-348, 356.
défenseurs officieux, 124, 323, 324, 325, 326.
Defermont, 562.
Dejean, 486.
Dejoly, 55.
Delacroix (Charles), 272, 334, 372, 476.
Delaître, 574.
Delambre, 359, 639.

Delaunay (d'Angers), 211.
Delecloy, 383.
Delessert, 563, 611.
Delfau, 68.
délibérations municipales, 105.
Delille, 653.
Delisle de Sales, 457.
Delmas, 272.
Demaillot, 426.
départements, 87-98, 143, 247, 398, 408, 479, 508-514.
dépôts de mendicité, 380, 470, 610, 612.
députés, 76, 432.
Desaudrai, 468.
Desbois de Rochefort, 452.
Descartes, 4, 5, 6, 10, 232.
Desfontaines, 311.
Desilles, 235.
Desmarest, 530.
Desmeuniers, 77.
Desmoulins (Camille), 59, 60, 61, 64, 74, 273, 312, 313.
Desorgues, 543.
despotisme éclairé, 10, 13.
Destutt de Tracy, 97, 468.
détention arbitraire, 415.
dette publique, 151, 331-333, 435-437, 558-559.
dettes communales, 142.
dettes privées, 337, 338, 434, 448, 631-632.
dettes viagères, 332, 333.
Deyeux, 578.
Diderot, 10, 11, 206.
Didot, 447.
Dijon, 434.
dîme, 145, 151, 161, 221, 222.
diocèses, 619.
Directeurs, 402-403, 421, 432, 476, 483.
direction de l'instruction publique, 636.
direction générale des cultes, 620.
directions départementales des impôts directs, 545.
directions générales, 485.
Directoire, 369, 375, 392, 395-470, 663, 664.
directoires de départements, 98-101, 151, 283-286.
directoires de districts, 101-103, 151, 263.
districts, 93, 99, 100, 101-103, 142, 247, 249, 286-287, 292, 352, 387, 412, 447.
divorce, 206, 212-214, 338, 373, 598-600, 604, 629.
doctorat, 638, 649, 651, 652.
Dohm, 51.
Dolivier, 198.
Dollfuss, 579.
domaine congéable, 163, 165, 442.
domaine extraordinaire, 558-560.
donations, 376, 566.
dons patriotiques, 133, 335, 336.
Dormoy (abbé), 314.

INDEX ALPHABÉTIQUE

douanes, 191, 195, 196, 197, 200-203, 438, 448, 449, 450, 485, 583, 587-593.
Doulcet d'Étigny, 586.
drapeau tricolore, 233.
drapeau rouge, 106.
droit à l'assistance, 179, 246, 250, 397.
droit à l'instruction, 250, 397.
droit au travail, 179, 246, 250, 397.
droit d'aubaine, 47.
droit de censure, 244.
droit de chasse, 172.
droit de clore, 12, 16, 17, 159, 160, 168-170, 171.
droit de coalition, 179.
droit de grâce, 484, 495.
droit de grève, 179.
droit de paix et de guerre, 82-85, 402-403, 495, 498.
droit de parcours, 170, 568.
droit de passe, 438, 448.
droit de propriété, 12, 13, 35, 38, 80, 171-175, 246, 283, 595, 597, 632.
droit de suffrage, 73-74, 240, 248, 476, 487.
droit de triage, 17, 162, 164, 165.
droit naturel, 6, 10, 28.
droits de marque, 438.
droits de navigation, 438.
droits de succession, 140-141.
droits d'usage, 12, 158, 170, 568.
droits féodaux, 12, 29, 158, 159, 160-165, 340.
droits réunis, 547, 550-551, 560.
Drouet, 270, 275, 418, 421, 425, 515.
Dubarran, 275-279.
Dubois, 530.
Dubois-Crancé, 337.
Dubois-Fontanelle, 463.
Dubos (abbé), 9.
Ducis, 659.
Ducos (Roger), 473, 491.
Dufourney, 661.
Dufresse, 547.
Dufriche-Valazé, 245.
Duhem, 270.
Dulaure, 312.
Dumas (Mathieu), 422, 603.
Dumont (André), 363.
Dumouriez, 246, 293, 318, 322.
Dupaty, 57, 110, 111, 114.
Duplay, 64.
Dupont de Nemours, 11, 21, 29, 59, 65, 84, 90, 93, 145, 146, 149, 153, 180, 202, 224, 406, 426, 448, 449, 586.
Duport (Adrien), 27, 33, 52, 53, 62, 91, 115, 127, 210.
Duport-Dutertre, 67.
Dupuis, 336, 452.
Duquesnoy, 300.
Durand-Maillane, 209, 210, 224, 245, 377, 448.
Duroc, 555.

École centrale des travaux publics, 389.
École des langues orientales vivantes, 391.
École des sciences politiques, 391.
École du Louvre, 391.
École normale supérieure, 390, 652.
École polytechnique, 389, 464, 649.
École spéciale militaire, 641.
écoles betteravières, 578-579.
écoles centrales, 388, 462-466, 635-636, 640-641.
écoles d'arts et métiers, 575-576.
écoles de santé, 390-391, 649.
écoles primaires, 222, 385-387, 467, 646-647.
écoles primaires congréganistes, 647-648.
écoles secondaires communales 641-644.
écoles secondaires privées, 644, 645-646.
écoles spéciales, 390, 391, 468, 637, 648-649.
écoles vétérinaires, 570.
éducation nationale, 246, 254, 383-392, 461-468.
égalité, 34, 46-56, 248, 397, 482, 597, 600.
église catholique, 10, 33, 204, 216-231, 265, 361-366, 369-371, 451-456, 614-624.
église constitutionnelle, 226-231, 318, 361-366, 369-371.
église gallicane, 371, 451-457, 614-620.
églises calvinistes, 625-626.
églises luthériennes, 626-627.
d'Elbée, 167.
élevage, 570.
Emery (abbé), 362, 614, 639.
émigrés, 317-321, 343-345, 443, 482, 492.
Emmery, 596.
Empereur, 501-502.
Empire, 417, 418, 419, 499-507.
emprunts de l'État, 132, 133, 194, 435, 545, 554, 559.
emprunts forcés, 333-335, 433, 439, 440.
enfants naturels, 206, 215, 374-375, 379, 380, 598-600.
enfants trouvés, 379-383, 469, 470, 609.
Enghien (duc d'), 500, 656.
enregistrement, 140-141, 438, 485, 551.
enseignement, 218, 227, 383-392, 461-468, 635-654.
enseignement commercial, 581.
enseignement féminin, 466-467, 637, 646.
enseignement primaire, 385-387, 467, 646-648.
enseignement secondaire, 387-388, 462-467, 640-646.
enseignement supérieur, 388-391, 468, 648-654.
enseignement technique, 467, 575-576.
d'Éprémenil, 113.
esclavage, 37, 53-56, 372-373, 397, 482.
Escoubleau de Sourdis, 167.
Esménard, 656.
d'Essuile (comte), 17.
État, 4, 22, 23.
état civil, 204-205, 208-210, 218, 219-220, 633.
États généraux, 7, 27, 28, 29, 41, 76.

états provinciaux, 7, 22.
Étienne, 657, 658.
étrangers, 47, 293-294, 318-319.
évêchés, 225, 618.
évêques, 225, 226, 227, 621.
Expilly, 224, 228, 229.
expositions nationales, 447, 579.
expropriations pour cause d'utilité publique, 172.
d'Eymar (abbé), 147.

Fabre d'Églantine, 60, 64, 363, 364, 365.
Fabre (de l'Aude), 488.
Fabre (de l'Hérault), 125.
fabriques ecclésiastiques, 622.
facultés, 650-652.
faillites, 192, 193.
Faipoult, 420, 431, 476.
famille, 204-215, 372-378, 597-600.
famille impériale, 604.
famille royale, 80.
Fauchet (abbé), 60, 230.
Faujas de Saint Fond, 389.
Faure, 324.
fédéralisme, 264, 284, 286, 289, 294, 335, 408.
fédérations, 234-236, 254.
fédérés, 70.
femme, 47, 48, 206, 372, 377, 398, 597-598, 599, 600.
femme mariée, 48, 206, 597-598, 599, 600
Fénelon, 7, 8, 9.
fermage, 158, 162-163, 341, 342.
Fermat, 5.
ferme générale, 131.
Ferry, 306.
fêtes nationales, 235, 368, 369, 445, 457-460, 623.
feuillants, 65-66.
Fiévée, 429, 531, 656, 657, 659.
filles-mères, 379-380.
finances, 130-156, 274, 329-338, 431-440, 544-560.
Flachat, 449.
Flesselles, 253.
foires, 194, 197, 450, 583.
fonctionnaires, 36, 45, 81, 142-143, 264, 337, 401, 448, 478, 483, 664.
Fontaine (comtesse de), 51.
Fontanes, 313, 426, 429, 637, 638-640, 645, 647, 653.
de Fontenay, 201.
Fontenelle, 5.
Forfait, 486.
Foucauld de Lardimalie, 67.
Fouché, 302, 308, 335, 363, 382, 425, 486, 500, 530, 531, 655, 657.
Fouques, 578, 579.
Fouquier-Tinville, 322, 324.
Fourcroy, 363, 389, 464, 637.

Fraineau, 444.
franc de germinal, 553-554.
franc-maçonnerie, 220, 633-634.
François (de Nantes), 68.
François (de Neufchâteau), 11, 102, 210, 311, 344, 427, 441, 445, 447, 459, 464, 465, 468, 470.
frappe de monnaie, 155.
Fréron, 60, 280, 308, 313, 314, 396, 409.
Fréteau, 110, 111, 126.
Frochot, 504.
Fulchiron, 439.
Furtado, 629.

gabelle, 131.
Gagnon, 462.
Galilée, 5.
Gallais, 313, 426, 429.
Galli, 596.
gallicanisme, 217-231.
Garat, 59, 390, 423, 426, 448, 468, 474.
garde royale, 80.
Garnier (de Saintes), 300.
Garrau, 335, 453.
Gas, 127.
Gasparin, 273, 274.
Gaston, 290, 307.
Gaudin, 474, 486, 544-548, 554.
Gaultier de Biauzat, 31, 184.
Gauthier de Syonnet, 59.
Gay-Lussac, 579, 651.
gendarmerie, 486, 531, 532.
généralités, 88-89.
Genevois, 287, 536.
Genlis (Mme de), 531.
Gensonné, 241, 376.
Gensonné (fils), 642.
Geoffroy, 656.
Geoffroy Saint-Hilaire, 389, 651.
de Gerando, 562, 658.
dom Gerle, 224.
Germain, 439.
Gillet (de Seine-et-Oise), 442.
Gilot (Étienne), 421.
Giraud, 358.
Girey-Dupré, 312.
Girodet, 662.
Gobel, 230, 367.
Gorsas, 60, 312.
Gossuin, 93.
Goudard, 201, 202.
Gougé-Carton, 30.
Goujon, 355.
Gournay, 11.
Gouttes (abbé), 147.
gouvernement révolutionnaire, 237-392.
Gouy d'Arsy, 38, 54, 132, 145, 149.
Gradis (David), 50.
gradualité des fonctions, 477.

INDEX ALPHABÉTIQUE

grand livre de la bienfaisance nationale, 380-381.
grand livre de la dette publique, 331-333, 334.
Grand-maître de l'Université, 638-640, 644.
grand sanhédrin, 630.
grands officiers, 502-503.
Gratien, 542.
greffiers, 121, 125, 324, 325, 400, 416, 476, 477, 528.
Grégoire (abbé), 31, 32, 51, 52, 54, 82, 147, 224, 230, 367, 370, 451, 452, 453, 491, 492, 629.
Grenier, 444.
greniers d'abondance, 352.
grèves, 20, 446, 572-573.
Gros-Davillier, 563, 578.
Grotius, 6, 14, 22, 28, 34.
Guadet, 210.
Guadet (fils), 642.
Guéroult, 639.
Guillaume d'Orange, 6.
Guillotin, 57, 65, 69, 114.
guillotine, 114, 122.
Guimberteau, 302, 308.
Guinguené, 468.
Guiraudet, 510.
Guizot, 651, 652.
Guyot, 159.
Guyton-Morveau, 272, 389, 464.

Haller, 449.
Hanriot, 427.
haras nationaux, 570.
Harmand (de la Meuse), 245, 522.
Harvey, 5.
Haussmann, 579.
Haute-cour, 80, 85, 115, 124, 249, 269, 321, 322, 402, 403, 404, 418, 486, 491, 500, 535.
d'Hauterive, 617.
Haüy, 359, 390, 457, 651, 659.
Hébert, 59, 60, 65, 288, 312, 346.
Helvétius, 219.
Herault de Séchelles, 126, 128, 129, 247, 254, 270, 273, 274, 363.
Hesseln (Robert de), 90.
Hoche, 335, 370, 409, 422, 457.
d'Holbach, 10, 83, 219.
hôpitaux, 151, 222, 379, 380-383, 469-470, 607-610.
hospices civils, 469-470, 606-610.
Huguenin, 256.
Huguet, 436.
huissiers, 125, 529, 530.
Huyghens, 5.
hymne national, 236.
hypothèques, 173, 342, 343, 438, 442, 565, 631-632.

immunité parlementaire, 402.
impôts, 36, 337, 338, 408, 436-440.

impôts directs, 130-131, 133-140, 330-331, 411, 436-438, 545-547, 548-549.
impôts exceptionnels, 330-331, 334-335.
impôts indirects, 131-132, 140-141, 438, 547, 550-552.
impôts locaux, 141-142, 438-439, 549-550.
imprimerie, 658.
indemnité parlementaire, 401.
Ingrand, 270, 307.
inspecteurs généraux de l'Université, 639.
inspecteurs généraux du Trésor public, 547.
Institut national, 392, 468, 652-654.
Institut philanthropique, 422.
intérêt, 194, 586.
Isnard, 245, 272.
Isoré, 303.

jacobins, 63-68, 152, 240, 298-301, 302, 313, 419-425, 440, 515, 531.
Jacquard, 563.
Jacques II (d'Angleterre), 6.
Jagot, 275-279.
Jallet, 83, 84.
Jaubert, 557.
Javogues, 334.
Jay, 658.
Jeanbon Saint-André, 50, 273, 274, 292, 294, 324.
Jefferson, 590.
Johannot, 337.
Jordan (Camille), 422.
Joséphine, 610.
Jourdan, 423.
journaliers, 158, 159, 169.
Jouy, 657.
juges, 116-125, 126, 127, 129, 249, 250, 322, 324, 325, 326, 399, 400, 403, 404, 414-418, 477, 483, 521-543.
juges auditeurs, 526, 528.
juges consulaires, 192.
juges de paix, 115, 117, 118, 119, 125, 182, 414, 416, 483, 522, 523, 532, 538.
juges d'instruction, 537-540, 542.
juifs, 37, 50-53, 194, 217, 627-633.
de Juigné, 227.
Julien (de Toulouse), 275.
Jullien (M.-A.), 306.
jurys, 62, 113, 115, 121, 322, 324, 325, 326, 416, 429, 476, 477, 485, 522, 526, 532, 533, 535, 537, 538-540.
jurys de commerce, 585-586.
jurys d'équité, 436.
jurys d'instruction, 387, 462.
Jussieu, 389, 639.
justice, 109-129, 245, 262, 316-328, 404, 414-418, 521-543.

Kellermann, 602.
Kersaint, 245, 271.

La Barre, 110.
Laborde de Méréville, 33, 149.
Lacépède, 389, 602, 603.
Lacoste, 145.
Lacoste (Élie), 275-279, 294.
Lacoste (J.-B.), 288.
Lacretelle, 659.
La Fare, 52, 65.
Lafarge, 200.
La Fayette, 30, 32, 49, 54, 61, 65, 70, 494, 527.
Laffon-Ladébat, 586.
Lagarde, 483.
Lagrange, 359, 389, 390.
La Harpe, 62, 313, 390, 426, 429, 468, 653.
Laignelot, 308, 324.
Lakanal, 363, 387.
Lalande, 452, 653.
Lally-Tollendal, 30, 77, 82, 91.
Lamarck, 389.
Lamblardie, 389.
Lameth, 54, 64, 65, 75, 82, 115, 145.
Lamoignon, 21, 111.
Lamotze, 449.
Lamourette, 230.
Lanchère, 449.
Lanjuinais, 82, 114, 208, 209, 210, 224, 243, 245, 377, 396, 397.
Lannoy, 449.
Lanthenas, 258.
Laplace, 359, 390, 474, 575.
Laplanche, 308, 334, 363.
Laporte, 449.
Lardoise, 110, 111, 114.
La Révéllière-Lépeaux, 64, 396, 427, 451, 457, 458, 476.
La Rochefoucauld, 54, 59, 62, 202, 575, 610, 611.
Laromiguière, 488, 651.
Lasource (A.), 50.
Latour-Maubourg, 494.
Lauragais, 475.
Laurent, 335.
Lavalette, 582.
Laveaux, 314.
Lavenne, 148.
Lavicomterie, 275-279.
Lavoisier, 149, 359, 464.
Laya, 311.
Le Bas, 275-279, 311, 334, 335, 427.
Leblanc, 187.
Lebois, 420, 427.
Le Bon, 300, 308, 427.
Lebrun, 240, 480, 482, 545.
Le Carpentier, 290.
Le Chapelier, 68, 69, 114, 123, 146, 183-185.
Lecoulteux (Félix), 510, 576.
Lecoulteux de Canteleu, 555, 556.
Lecoz, 211.

Lefèvre d'Ormesson, 113, 126.
Legendre, 65, 270, 275, 279, 300, 335.
légion d'honneur, 502, 595, 600-603.
législation commerciale, 189-203, 349-360, 447-450, 579-593.
législation industrielle, 176-188, 349-360, 445-447, 571-579.
législation ouvrière, 176-188, 349-360, 446-447, 571-576.
Le Gorrec, 511.
Legouvé, 657.
Lemercier, 603.
Le Mintier, 227.
Lemoine-Josse, 427.
Lemontey, 659.
Lenoir, 325.
Lepelletier (Félix), 425.
Lepelletier de Saint-Fargeau, 113, 122, 270.
Léquillier, 355.
Lequinio, 308, 324.
Lesage (d'Eure-et-Loir), 396.
lésion d'outre-moitié, 337.
Letourneur, 452, 509.
Letrosne, 21, 90.
lettres de cachet, 36, 543.
Leuliette, 426.
Levasseur (de la Sarthe), 254, 372.
Lévis (duc de), 31, 32, 82.
Lezai-Marnésia, 647.
libéralisme économique, 37, 188-203, 336-338, 349-360, 445, 561.
liberté, 34, 56-71, 248, 397, 482.
liberté de conscience, 33, 37, 219, 220, 230, 397, 494, 597.
liberté de la presse, 57-62, 230, 247, 397, 425-429, 506, 507, 654-659.
liberté de pétition, 68-71, 482.
liberté de réunion, 63-68.
liberté des cultes, 219, 220, 230, 368, 371, 451-458, 615-624.
liberté du théâtre, 62-63.
liberté individuelle, 57, 80, 112, 113, 482, 506, 507, 542, 543, 595.
licence d'enseignement, 638, 649, 651, 652.
licences de navigation, 589-593.
Lindet (Robert), 272, 274, 275-279, 284, 297, 431.
liste civile, 79, 501.
listes de notabilités, 478-479, 487-488, 496.
livret ouvrier, 179, 573.
locations, 173.
Locke, 6, 8, 14, 22, 28, 34.
loi, 35, 78, 79, 263, 401, 402.
loi des otages, 416, 545.
loi martiale, 106.
Louchet, 334.
Louis (baron), 547.
Louis (D^r), 122.
Louis XIII, 191.

INDEX ALPHABÉTIQUE

Louis XIV, 22, 49, 50, 507, 595.
Louis XV, 4, 7, 8, 49.
Louis XVI, 15, 16, 24, 25, 42, 43, 49, 51, 54, 62, 67, 78-86, 161, 227, 239, 242, 271, 299, 311, 312, 332, 421, 501, 515.
Louis XVIII, 547.
Louis (du Bas-Rhin), 275-279, 306.
Louis-Philippe, 31.
Loustallot, 60, 74, 244.
Louvet, 312, 314, 396.
Lubersac, 31.
lycées, 637, 640-646.

Mably, 220.
magistrat de sûreté, 531, 532, 533, 537.
magistrature, 522-526, 537.
Mailhe, 376, 397.
Maine de Biran, 515.
maires, 105, 107, 479, 511, 517-519, 538.
majorats, 566.
Malesherbes, 8, 49, 51, 110.
Malestroit, 145.
Malet, 439, 504, 543.
Maleville, 565, 595.
Mallarmé, 307.
Mallet, 555.
Mallet du Pan, 59, 65.
Malouet, 31, 65, 147, 153.
mandats d'amener, 120, 121, 403, 532, 537.
mandats d'arrêt, 120, 121, 289, 292, 403, 532, 537.
mandats de dépôt, 532, 537.
mandat impératif, 73, 245.
mandats territoriaux, 433, 434, 443.
Mangin, 127.
Manuel, 233.
Marat, 57, 60, 61, 64, 74, 110, 182, 185, 311, 312, 313, 315, 330, 350, 427.
Marbœuf (marquise de), 342.
marc d'argent, 74.
marchés, 194, 197, 447, 583, 584, 585.
Maréchal (Sylvain), 61, 364, 452.
Maret, 480, 487.
Maret, duc de Bassano, 482.
Margraf, 578.
marguilliers, 622.
mariage, 205-206, 209-212, 373, 621, 629.
mariage des prêtres, 211-212, 368.
Marie-Antoinette, 62, 167.
Marie-Louise, 611.
Marmontel, 10.
Marolles, 229.
Martinville, 430.
Masclet, 577.
Masselin, 28.
Massiac (marquis de), 54.
Massieu, 224.
Massillon, 7.
Mathieu, 247, 273.

matrices des rôles fonciers, 134, 135.
Mauger (Marat), 365.
Maupeou, 10, 16, 18, 21, 482.
Maure, 309.
Maurice, 510.
Maury (abbé), 52, 63, 82, 146, 147, 153, 168.
Mautort, 555.
Mauviel, 515.
maximum, 198, 260, 330, 334, 336, 350-358, 584-585.
Mazade, 287, 292.
Méchain, 359.
médecins, 607-608.
mendicité, 378-383, 470, 609-610.
Méneval, 483.
Mercier, 60, 250.
Merlin (de Douai), 123, 126, 161, 172, 372, 427, 548, 459.
Merlin (de Thionville), 263, 279, 312.
Meslier, 219.
métayage, 158, 341.
Metz, 511.
Michaud, 287, 301, 313, 426.
Mieg, 579.
mines, 172-173, 177, 186, 576, 577.
Mingaud, 50.
ministère des manufactures et du commerce, 561, 562.
ministres, 76, 80-81, 239, 240, 248, 259, 260, 263, 276, 404, 432, 474, 482, 483, 485-487, 495, 504, 562.
Mirabeau, 24, 29, 30, 31, 32, 33, 34, 35, 42, 51, 54, 57, 58, 60, 63, 64, 80, 81, 82, 84, 92, 93, 97, 133, 146, 148, 152, 153, 174, 186, 197, 199, 229, 235, 385, 387, 600.
Molé (Mathieu), 510, 628, 629.
Molière, 311.
Mollien, 554, 556, 557, 578.
Momorot, 64.
monarchie constitutionnelle, 39-236.
Monestier, 335.
Monge, 359, 363, 389, 390, 476, 575, 659.
monnaie métallique, 154-155, 197, 335, 432-435, 553-554.
monopole du tabac, 140.
Montaigne, 212.
Montalivet, 541.
Montbailli, 110.
Mont-de-Piété, 586.
Montesquieu, 8, 9, 10, 11, 13, 16, 35, 43, 57, 75, 110, 212, 219, 331, 396, 497, 594, 600, 601.
Montgolfier, 99.
Montmorency (comte de), 32, 33.
Montmorin, 83, 222, 322.
Morangies, 110.
Moreau de Saint-Méry, 53.
Morellet (abbé), 10, 110, 653.
Morelly, 10.

Mounier, 30, 32, 33, 34, 43, 77, 82, 510, 643.
Mourer, 511.
Moutte, 355.
mulâtres, 53-56.
municipalités, 21, 93, 103-108, 260, 263, 286, 287-289, 292, 318, 319, 334, 349, 354, 358, 385, 408, 410-414.
municipalités cantonales, 410, 412-414, 514.
Muraire, 210, 596.
Murat, 527, 555.
Musée du Louvre, 391, 662.
musées, 391, 662.
Museum d'histoire naturelle, 389.

Napoléon Ier, 499-659, 665.
Nation, 22, 23.
naturalisation, 47.
navigation intérieure, 582.
navigation maritime, 582.
Necker, 21, 49, 131, 133, 147, 148, 149, 150, 152, 177, 179, 199, 217, 547.
Newton, 5.
Noailles (vicomte de), 160.
noblesse impériale, 502-503, 595, 603-605.
Nodier, 524.
noirs libres, 53-56.
noms des communes, 170, 234, 365.
noms des juifs, 633.
notables, 105-108, 287.
notaires, 125, 529.

octrois, 140, 191, 194, 438, 439, 550, 551.
officiers de louveteries, 570-571.
officiers de santé, 381, 608.
officiers ministériels, 125.
officiers municipaux, 105, 249, 399, 411, 432.
Ogé, 55.
ordres religieux, 223, 231, 378, 384, 385, 619, 624.

pacte colonial, 18, 19, 195.
Paganel, 296, 303.
Paine, 233, 241, 245, 397.
paix, 8, 250, 262, 267, 484, 493.
Palloy, 67, 234.
Palm Aelders, 73.
Panchaud, 199.
papier-monnaie, 144-156, 439, 555-560.
Parein, 324.
parlements, 8, 9, 10, 16, 20, 21, 28, 35, 49, 57, 110-111, 113.
Parmentier, 445.
Parny, 452.
partages des communaux, 12, 17, 158, 164, 165, 168-170, 442-443, 567.
Pascal, 5.
Pasquier, 629.
Pastoret, 68, 69.

patente, 138-140, 330, 338, 436, 437, 448, 549, 560.
patente spéciale des juifs, 631-633.
Paulée, 444.
payeurs, 142-143.
péages, 194, 196.
peines criminelles, 122.
peine de mort, 122.
Peixotto, 335.
Pelet (de la Lozère), 337, 530, 565.
Peltier, 59.
pensions, 559.
percepteurs, 546-547.
perception des impôts, 135, 437, 546-547.
père de famille, 206, 207, 214, 215, 374, 594, 596.
Périer, 555, 563, 576.
permanence de l'assemblée législative, 76-77.
Perrault, 5.
Perrée, 555.
Perregaux, 439, 555, 556.
Perrin, 128.
Pétion, 62, 82, 84, 116, 127, 149, 174, 185, 241, 311.
pétitions, 68-71.
Pflieger, 300.
pharmaciens, 609.
Philippeaux, 294, 351.
Pie VI, 456, 615.
Pie VII, 616-625, 659.
Pierachi, 453.
Pilâtre de Rozier, 468.
Pinet, 335.
Pinglin, 427.
plébiscite, 73, 480, 493, 500-501.
poids et mesures, 197.
Pointe (Noël), 240.
police correctionnelle, 119-120.
police générale, 486, 530-531.
police municipale, 119-120.
Pommereul, 659.
Pompadour (Mme de), 9.
ponts et chaussées, 197, 581-582.
Portalis, 448, 565, 595, 596, 620, 624, 627, 628, 629, 637, 653.
Portalis fils, 629.
ports, 201, 203.
poste aux lettres, 438, 550, 582, 583.
Pot (Philippe), 28.
Poultier, 296, 306, 309, 427.
pouvoir constituant, 23, 24, 25, 43, 86, 241, 483.
pouvoir réglementaire, 105, 106, 478, 483.
préfecture de police, 486, 511, 517, 532.
préfets, 290, 409, 477, 479, 508-514, 530.
prénoms révolutionnaires, 235, 366, 622, 623.
préséances, 623.
presse, 57-62, 289, 312-315, 319, 425-429, 654-659.

INDEX ALPHABÉTIQUE

présuccession, 443-444.
prêtres constitutionnels, 226-231, 318, 361-366, 369-371, 451-457.
prêtres réfractaires, 226-231, 297, 317-321, 328, 361-366, 369-371, 451-457, 614.
prières patriotiques, 236.
Prieur (de la Côte d'Or), 274-279, 284.
prisons, 122-123, 320, 530, 542-543, 612.
procédure civile, 121, 526, 527.
procédure criminelle, 121, 531.
proclamations, 78.
procureurs, 124.
procureurs des communes, 105, 264, 267.
procureurs généraux impériaux, 528, 537-540.
procureurs généraux syndics, 98-101, 263, 264, 266, 267, 283-286.
procureurs impériaux, 526, 533.
procureurs syndics de districts, 101-103, 264, 267, 286-287.
production industrielle, 187-188, 445-447, 571-579.
propagande, 309-315.
propriété, 12, 13, 35, 38, 80, 171-175, 246, 248, 283, 441-445, 565-568, 597, 632.
propriété littéraire, 659.
Prost, 578.
protestantisme, 22, 48-50, 625-627.
protestants, 22, 48-50, 217, 220, 625-627.
provinces, 94.
Prudhomme, 59, 60.
prytanée français, 641.
Pufendorf, 28.

Quesnay, 11.
Quinette, 464.
quotité disponible, 373, 565-566.

Rabaut (P.), 49.
Rabaut-Pomier, 50, 241.
Rabaut Saint-Étienne, 30, 32, 33, 49, 50, 77, 82.
rachats des droits féodaux, 157-165.
Racine, 311.
Radet, 311.
Raisson, 355.
Ramel, 247, 273, 431-440, 550.
rationnement, 353-357, 358.
Raymond, 55.
Raynal (abbé), 10, 220.
rayon constitutionnel, 85, 402.
Réal, 288, 530, 596, 658.
Récamier, 556.
receveurs, 142-143, 334, 545, 546.
receveurs municipaux, 520.
recherche de la paternité, 207, 375.
récompenses nationales, 600-601.
recteurs d'académie, 640.
referendum, 73, 244, 245, 251-254, 399, 405-406, 480.

régence, 80, 501.
régie des droits réunis, 547, 550-551.
régime domanial, 157-175.
régime féodal, 44, 157-165, 339-343, 441-442, 494, 597.
régime parlementaire, 251.
régime rural, 157-175, 339-348, 441-445, 563-571.
régimes matrimoniaux, 206, 214-215, 598.
régisseurs des contributions indirectes, 143.
réglementation économique, 105, 176-188, 342, 343, 447, 561, 569, 584-585, 587-593.
réglementation industrielle, 19, 576-579.
Regnard (Nicolas), 427.
Regnault de St-Jean-d'Angély, 59, 457, 531, 557, 562, 565, 628.
Régnier, 127, 474, 486.
remembrement, 170, 568.
Remondat, 562, 585.
Rémusat, 658, 660.
Renaudot (Théophraste), 57.
rentes, 331-333, 558-560.
représentants, 76.
représentants en mission, 262, 264, 266, 285, 286, 304-309, 315, 324, 325, 410.
réquisitions, 199, 351, 356, 435.
rescision, 337.
rescriptions, 433.
retraites, 179.
Reubell, 52, 55, 149, 209, 210, 427, 449, 451.
Reverchon, 409.
révision de la constitution, 86, 244, 404, 405.
Reyneau (Pierre), 421.
Reynier, 596.
Richard-Lenoir, 578.
Richer-Serizy, 313, 426, 429.
Riouffe, 510.
Ripeau (Louis), 656.
Rivarol, 59, 61.
Rivet, 510.
Roard, 579.
Robespierre (Maximilien), 24, 34, 35, 47, 52, 55, 60, 62, 64, 67, 68, 69, 73, 83, 110, 115, 122, 123, 124, 126, 127, 162, 172, 174, 185, 198, 207, 240, 242, 244, 246, 249, 253, 254, 257-266, 274-279, 280, 295, 298, 299, 300, 308, 309, 311, 313, 322, 323, 325, 330, 342, 343, 345, 347, 348, 356, 367, 368, 369, 377, 379, 427, 551.
Rochefort, 444.
Rœderer, 59, 113, 425, 426, 478, 479, 493, 602, 603, 637.
Roger, 452.
roi, 35, 37, 43, 44, 77, 78-86.
Roland, 240, 283, 312.
Romme, 233, 245, 284.
Rousseau (J.-J.), 13, 23, 28, 30, 35, 219, 232, 235, 242, 367, 396.
Roussillou, 201.

routes, 171, 197, 448, 581-582.
Roux-Fazillac, 308.
Roux (Jacques), 253, 333.
Rovère, 270, 296, 306, 308.
Roy, 444.
Royer-Collard, 422, 651.
Rulhières, 49.

Sabathier, 439.
sacre, 623, 624.
sages-femmes, 608.
Saint-Jean, 128.
Saint-Just, 242, 245, 247, 249, 262, 273, 274, 310, 329, 334, 335, 346, 347.
Saint-Martin Rigaudière, 427, 428.
Saint-Pierre (abbé de), 7, 8, 83.
Saint-Priest, 99.
Saint-Simon (duc de), 8.
Saint-Simon (philosophe), 475.
Saint-Victor, 341.
Saliceti, 453.
Salons, 662.
Saltzmann, 563.
Sartine, 253.
Saurine, 451, 452.
Say (J.-B.), 488.
Scey, 578.
Schiller, 233.
Schneider (Euloge), 314, 324.
Schweighaüser, 643.
scissions, 400.
Secrétaire d'État, 482.
Secrétaire général des consuls, 482-483.
Secrétaire général du Directoire, 403.
secrétaires généraux de préfecture, 511.
sections municipales, 106, 154, 192, 331, 382.
Sedillez, 212.
séminaires, 222.
Sémonville, 603.
Sénat, 476, 478, 479, 482, 483, 486, 491-492, 493, 498, 500, 506.
sénatoreries, 499.
senatus-consultes, 492, 494, 498, 522, 525.
séparation de l'Église et de l'État, 220, 369-371.
séparation des pouvoirs, 35, 43, 75-86, 113-114, 119, 120, 245, 400, 402, 403.
Sergent, 64.
serment civique, 47, 226, 228, 240, 361-362, 370-371, 453-457, 614, 618.
serment impérial, 501.
serment more judaico, 632-633.
servage, 9, 10, 12, 22, 48.
Servan, 30, 110.
Shaftesbury, 6.
Siauve, 458.
Sicard, 390.
Sieyès, 23, 24, 30, 32, 42, 44, 54, 57, 61, 64, 65, 73, 77, 82, 86, 91, 97, 104, 107, 114, 115,
147, 160, 241, 256, 404, 423, 425, 468, 473-481, 482, 491, 492, 555.
Simon, 587.
Simoneau, 198, 236.
Simore, 110.
Sintzheim, 630.
Sirven, 110.
sociétés d'agriculture, 16, 445, 563.
sociétés d'assistance, 382, 383, 470, 610-612.
Société de charité maternelle, 610-611.
Société du numéraire, 586.
Société philanthropique, 611.
sociétés fraternelles ouvrières, 574.
sociétés populaires, 65-68, 152, 153, 261, 264, 267, 292, 298-301, 419-425.
sociétés savantes, 653-654.
Sonnini, 314.
Souhait, 397.
Soulier, 50.
sous additionnels, 141-142.
sous-préfets, 477, 479, 511, 514-516.
souveraineté, 35, 72-75, 245, 398.
Spina, 617, 619.
Spinoza, 5, 478.
Staël (Mme de), 423, 475, 476, 523, 659.
Stendhal, 462, 463.
Suard, 62, 313, 426, 653.
substitutions, 376, 566.
subventions à l'industrie, 577-578.
succession au trône, 79.
successions, 47, 140, 174, 175, 344, 345, 373-378, 565-566.
suffrage censitaire, 73, 74.
suffrage des femmes, 73, 245, 248.
suffrage universel, 240, 245, 248, 252, 283.
Suleau, 59.
suspects, 259, 269, 274, 288, 294, 295, 297, 313, 317-321, 346-348.
Sussy (Comte de), 562.
Sylvestre, 562.
symbolisme révolutionnaire, 233.
système continental, 569-571, 576, 588-593.
système métrique, 359-360, 583.

tabac, 140, 438, 550-552.
tabellions, 125.
taille, 130.
Talleyrand, 65, 146, 149, 202, 227, 229, 230, 385, 387, 388, 423, 475, 477, 479, 486, 617.
Tallien, 270, 279, 423.
Target, 30, 57, 58, 77, 114, 126, 653.
Tasset, 578.
taxe de guerre, 433.
taxe des denrées, 198.
Tédenot, 647.
télégraphe, 511, 583.
Ternaux, 563.
Terray (abbé), 16, 18.
terres vaines et vagues, 169, 170, 341.

INDEX ALPHABÉTIQUE

terreur, 258, 262, 265, 316-328, 357, 417.
testaments, 47, 140, 174, 175, 344, 345, 375-378, 565-566.
théâtre, 62-63, 311-312, 430, 659-661.
Thémines, 624.
Thénard, 579.
théophilanthropie, 457-460, 613-615.
Théot (Catherine), 277.
Thibaudeau, 267, 309, 396, 422, 475, 596, 611.
Thibault, 224.
Thieriet de Luyton, 128.
Thierry, 51.
Thierry (Augustin), 652.
Thomassin, 127.
Thouin, 64.
Thouret, 27, 30, 34, 62, 77, 91, 92, 93, 96, 97, 114, 115, 121, 122, 124, 126, 146, 412.
Thuriot, 247, 274.
tiers consolidé, 435, 436.
Tillatson, 6.
Tillet, 359.
timbre, 141, 438.
Tindal, 6.
Tissot, 658.
Toland, 6.
tontines, 200.
torture, 36, 110-111, 112.
Tourton-Ravel, 587.
traites, 131, 194.
traités, 82-85, 402-403, 485, 498.
traités de commerce, 19, 588.
travail des femmes et des enfants, 573-574.
Treilhard, 126, 127, 146, 224, 273, 658.
trésorerie nationale, 143, 261, 331, 335, 403, 431, 432, 436, 547.
trésoriers, 142-143.
trésor public, 142-143, 153, 338, 433, 485, 547, 552, 555-560.
tribunal de cassation, 123-124, 128-129, 322, 375, 404, 417-418, 522, 535.
tribunal de la conservation, 197.
tribunal extraordinaire du 17 août 1792, 259, 321-322.
Tribunat, 476, 486, 488-490, 493, 498, 500, 505, 596, 620.
tribunaux administratifs, 119.
tribunaux civils, 414-415, 521.
tribunaux correctionnels, 416, 532, 533, 538.
tribunaux criminels, 119-122, 127-128, 262, 317-326, 352, 416, 533, 534, 538-539.
tribunaux d'appel, 527.
tribunaux de commerce, 189, 199, 415, 581.
tribunaux de districts, 118-119, 126-127, 414-415.
tribunaux de famille, 118-119, 126, 213, 215, 414.
tribunaux de police correctionnelle, 119-120.

tribunaux de première instance, 526-527.
tribunaux de simple police, 532, 538.
tribunaux municipaux, 119-120.
tribunaux révolutionnaires, 262, 264, 267, 292, 317-326.
tribunaux spéciaux, 534, 535.
Tronchet, 27, 77, 114, 124, 126, 161, 175, 442, 536, 565, 595.
Truguet, 603.
Turgot, 4, 11, 15, 18, 19, 20, 21, 29, 146, 177, 179, 191.

Université impériale, 511, 637, 638, 640, 644.
universités, 388-389.
usure, 253, 586-587, 629, 631-633.

vaccination antivariolique, 608.
Vadier, 275-279.
vaine pâture, 12, 16, 17, 158, 159, 168, 169, 170, 341, 342.
Vandermonde, 359.
Vanlerberghe, 444.
Varnier, 124.
Vasse, 521, 522.
Vauban, 7.
Vaublanc, 68, 422, 510.
Vaucanson, 390.
Vaucelle (abbé de), 426.
vente des biens communaux, 560, 567-568.
vente des biens nationaux, 151-154, 165-170, 224, 330, 343-345, 442-444, 456, 482, 551-552, 566-567.
ventes de biens fonciers, 173.
Vergnaud, 241.
Verneilh-Puiraseau, 563-564.
Vernier, 330.
veto, 78, 82.
vicaires, 225-227.
Villar, 642.
Villaret, 639.
Villèle, 563.
Villetar, 378.
Villiers (P.), 426.
Vilmorin, 355, 445, 562.
visiteurs des rôles de la patente, 139-140.
Vivant-Denon, 653, 661-662.
Volcler, 325.
Volney, 390, 468.
Voltaire, 6, 9, 10, 11, 13, 15, 16, 22, 28, 35, 37, 57, 110, 117, 212, 219, 235.
Voulland, 275-279.

de Wendel, 576.
Williams (David), 245.
Willot, 422.
Wulliez, 310.

Zalkind Hourvitz, 51.

TABLE DES MATIÈRES

	PAGES
Avant-Propos	VII

Livre Premier

LES FONDEMENTS

Chapitre Premier. — Les idées nouvelles à la fin du XVIIIe siècle…	3
§ 1. La monarchie absolue et les idées nouvelles, la théorie de l'absolutisme	3
§ 2. La pensée aristocratique et féodale	7
§ 3. Les partisans bourgeois du despotisme éclairé	9
§ 4. La pensée démocratique	13
Chapitre II. — Les expériences réformatrices et la naissance de l'idée de souveraineté nationale	15
§ 1. Les expériences réformatrices, de 1750 à 1789	15
§ 2. La notion d'État et l'idée de Nation en 1789	22
Chapitre III. — La déclaration des Droits de l'homme et du citoyen.	26
§ 1. Les origines	26
§ 2. Les travaux préparatoires et la discussion	30
§ 3. Analyse de la déclaration des droits	34

Livre II

LA MONARCHIE CONSTITUTIONNELLE

Chapitre Premier. — Les institutions politiques ; la Constitution de 1791, ses principes fondamentaux et leur application	41
§ 1. La Constitution	42
§ 2. L'égalité	46
§ 3. La liberté	56
Chapitre II. — Les institutions politiques : La Constitution de 1791 et l'organisation des pouvoirs publics	72
§ 1. La souveraineté nationale	72
§ 2. Les pouvoirs de la Nation	75
§ 3. Les pouvoirs du Roi	78

	Pages
Chapitre III. — Les institutions administratives : L'organisation territoriale	87
§ 1. Le cadre territorial et la formation des départements	87
§ 2. Les administrations départementales	98
§ 3. Les administrations de district. Les assemblées de districts	101
§ 4. Les municipalités des communes	103
Chapitre IV. — Les institutions judiciaires	109
§ 1. La justice sous l'ancien régime	109
§ 2. La discussion de la réforme judiciaire à la Constituante	113
§ 3. L'œuvre judiciaire de la Constituante	116
§ 4. Le fonctionnement des institutions judiciaires de la Constituante	125
Chapitre V. — Les institutions financières	130
§ 1. Le système financier de l'ancien régime	130
§ 2. Le nouveau système d'impôts	133
§ 3. La solution de la crise financière : La vente des biens nationaux et la création du papier-monnaie	144
Chapitre VI. — Les institutions économiques : La terre	157
§ 1. La situation de la terre en 1789	158
§ 2. L'abolition du régime féodal	160
§ 3. La nouvelle répartition du sol	165
§ 4. Le droit de propriété	171
Chapitre VII. — Les institutions économiques : La production industrielle et artisanale	176
§ 1. Les vœux des cahiers de 1789	178
§ 2. L'abolition des corporations et des associations ouvrières	180
§ 3. L'abolition de la réglementation industrielle	185
Chapitre VIII. — Les institutions économiques : Les échanges	189
§ 1. Les vœux des cahiers	192
§ 2. La Constituante et le commerce intérieur	196
§ 3. La Constituante et le commerce extérieur	200
Chapitre IX. — Les institutions sociales : L'individu et la famille	204
§ 1. L'ancien régime et les vœux des cahiers	204
§ 2. La législation de la Constituante et de la Législative	208
Chapitre X. — Les institutions sociales : Religions et cultes révolutionnaires	216
§ 1. La situation en 1789	217
§ 2. La Constitution civile du clergé	221
§ 3. Les origines des cultes révolutionnaires	232

Livre III

LE GOUVERNEMENT RÉVOLUTIONNAIRE

Chapitre Premier. — La Convention et la Constitution de 1793	239
§ 1. Le gouvernement de la France après le 10 août 1793	239
§ 2. Les projets de constitution	241
§ 3. La Constitution de 1793	247

TABLE DES MATIÈRES

PAGES

CHAPITRE II. — Le mécanisme du gouvernement révolutionnaire.... 255
- § 1. La théorie du gouvernement révolutionnaire.................. 255
- § 2. Fonctionnement et évolution du gouvernement révolutionnaire.. 259

CHAPITRE III. — Les Comités de gouvernement.................... 268
- § 1. Origines et débuts des Comités de gouvernement............. 269
- § 2. Les Comités de gouvernement du 2 juin 1793 au 9 thermidor an II (27 juillet 1794)....................................... 273
- § 3. Les Comités de gouvernement après thermidor............... 279

CHAPITRE IV. — Organes locaux et organismes de liaison du gouvernement révolutionnaire... 282
- § 1. Les organes réguliers de l'administration..................... 282
- § 2. Les créations spontanées : Comités de surveillance, sociétés populaires, « armées révolutionnaires »............................ 291
- § 3. Les agents de liaison....................................... 304
- § 4. La propagande révolutionnaire.............................. 309

CHAPITRE V. — La justice révolutionnaire........................ 316
- § 1. Les suspects et les justiciables des tribunaux révolutionnaires... 317
- § 2. Les juridictions révolutionnaires............................ 321
- § 3. Le bilan de la Terreur..................................... 326

CHAPITRE VI. — Les finances révolutionnaires..................... 329
- § 1. Les institutions financières de la Convention girondine........ 329
- § 2. Les institutions financières de la Convention montagnarde.... 331
- § 3. La politique financière de la Convention thermidorienne...... 336

CHAPITRE VII. — Les institutions économiques : La terre.......... 339
- § 1. Le régime de la terre...................................... 339
- § 2. La vente des biens nationaux............................... 343
- § 3. Les décrets de ventose..................................... 346

CHAPITRE VIII. — Les institutions économiques : La production et les échanges.. 349
- § 1. Le premier maximum....................................... 350
- § 2. Le maximum général....................................... 354
- § 3. Le retour à la liberté économique........................... 357

CHAPITRE IX. — Les institutions religieuses du gouvernement révolutionnaire.. 361
- § 1. Les débuts de la déchristianisation.......................... 361
- § 2. Le calendrier révolutionnaire............................... 363
- § 3. Les cultes de la Raison et de l'Etre suprême................. 366
- § 4. La séparation de l'Eglise et de l'Etat........................ 369

CHAPITRE X. — Les institutions sociales du gouvernement révolutionnaire.. 372
- § 1. L'individu et la famille.................................... 372
- § 2. L'assistance publique...................................... 378
- § 3. L'éducation nationale...................................... 383

Livre IV

LA RÉPUBLIQUE BOURGEOISE

                                                                                   PAGES

CHAPITRE PREMIER. — La Constitution de l'an III 395
  § 1. *Caractères généraux de la Constitution de l'an III* 396
  § 2. *La Constitution* 398
  § 3. *Les décrets des deux-tiers et le référendum* 405

CHAPITRE II. — Les institutions administratives et judiciaires du Directoire 407
  § 1. *Les administrations départementales* 407
  § 2. *Les administrations municipales* 410
  § 3. *L'organisation judiciaire* 414

CHAPITRE III. — L'opinion publique : Les clubs et la presse sous le Directoire 419
  § 1. *Les clubs* 419
  § 2. *La presse, le théâtre* 425

CHAPITRE IV. — Les institutions financières du Directoire 431
  § 1. *Le retour à la monnaie métallique* 432
  § 2. *La tentative de redressement financier* 435

CHAPITRE V. — Les institutions économiques du Directoire 441
  § 1. *La propriété foncière et l'agriculture* 441
  § 2. *La production industrielle* 445
  § 3. *Les échanges* 447

CHAPITRE VI. — Les institutions religieuses du Directoire 450
  § 1. *Le Directoire anticatholique (octobre 1795-avril 1796)* 450
  § 2. *La politique d'apaisement (avril 1796-septembre 1797)* 453
  § 3. *La lutte anticatholique et les cultes officiels après le 18 fructidor* 454

CHAPITRE VII. — Les institutions sociales du Directoire : Instruction publique et Assistance publique 461
  § 1. *L'instruction publique* 461
  § 2. *L'assistance publique* 468

Livre V

LA DICTATURE MILITAIRE

CHAPITRE PREMIER. — Du Directoire au Consulat : Les transitions ... 473
  § 1. *Les sources de la Constitution de l'an VIII* 474
  § 2. *Les principaux rédacteurs de la Constitution de l'an VIII* . 477
  § 3. *L'adoption de la Constitution* 479

CHAPITRE II. — Les Constitutions du Consulat et de l'Empire 481
  § 1. *La Constitution de l'an VIII* 481
  § 2. *La Constitution de l'an X : Le Consulat à vie* 493
  § 3. *La Constitution de l'an XII : L'établissement de l'Empire* . 499

TABLE DES MATIÈRES

	Pages

Chapitre III. — L'administration locale de la France sous le Consulat et l'Empire 508
  § 1. *Départements et Préfets* 508
  § 2. *Arrondissements et Sous-Préfets* 514
  § 3. *Cantons et Communes* 516

Chapitre IV. — Les institutions judiciaires 521
  § 1. *La réforme judiciaire de l'an VIII : la justice civile* 522
  § 2. *La police, la justice répressive, les Cours suprêmes* 530
  § 3. *La réforme de la justice répressive, en 1811* 536

Chapitre V. — Les institutions financières 544
  § 1. *La réorganisation de l'administration des finances* 544
  § 2. *Les recettes* 548
  § 3. *Le crédit de l'Etat* 552

Chapitre VI. — Les institutions économiques 561
  § 1. *Les institutions agraires* 563
  § 2. *La législation de la production industrielle* 571
  § 3. *Les échanges intérieurs* 579
  § 4. *Les échanges extérieurs* 587

Chapitre VII. — Les institutions sociales : L'organisation de la Société 594
  § 1. *Le Code civil et la Société* 595
  § 2. *La légion d'honneur et la noblesse impériale* 600
  § 3. *L'Etat et l'assistance* 605

Chapitre VIII. — Les institutions sociales : L'Etat et les cultes 613
  § 1. *L'Etat et la restauration du catholicisme romain* 615
  § 2. *L'Etat et les églises protestantes* 625
  § 3. *Napoléon et les juifs* 627
  § 4. *La franc-maçonnerie* 633

Chapitre IX. — Les institutions sociales : L'Etat et l'éducation nationale, la propagande 635
  § 1. *L'organisation générale de l'Enseignement* 635
  § 2. *Les trois ordres d'enseignement* 640
  § 3. *La propagande : La presse, l'édition, les lettres et les arts* 654

Conclusion 663

Index alphabétique 667

Table des matières 683

CARTES HORS-TEXTE

Divisions administratives de la France en 1790, avec l'indication des anciennes provinces 96
Carte administrative de l'Empire Français, de 1800 à 1808 512
Carte des départements du Grand Empire, en 1812 592
Tableau de concordance des calendriers républicain et grégorien 666

1951. — Imprimerie des Presses Universitaires de France. — Vendôme (France)
ÉDIT. N° 22.548   IMP. N° 12.363